# RIVELAZIONI

MASSIMO POLIDORO

# RIVELAZIONI

## Il libro dei segreti e dei complotti

PIEMME

Redazione: *Edistudio, Milano*

ISBN 978-88-566-2778-7

I Edizione 2014



Anno 2014-2015-2016 - Edizione 2 3 4 5 6 7 8 9 10

*Ad Alfredo Castelli,*
*amico caro e prezioso*
*con cui ho il piacere di condividere*
*la passione per il mistero e la curiosità.*

# INVITO ALLA LETTURA

Massimo Polidoro è un vero segugio e, se non siete di coloro che piangono quando gli rivelano che Babbo Natale non esiste, leggerete molte storie divertenti. Ma esito a parlare di divertimento. Il fatto che Polidoro debba darsi tanto da fare significa che la credulità è più diffusa di quanto non si pensi. Ben vengano, dunque, libri come questo.

UMBERTO ECO

# PERCHÉ AMIAMO COSÌ TANTO I SEGRETI? È UN SEGRETO!

*Omne ignotum pro magnifico.*
(Tutto ciò che è sconosciuto sembra stupendo)

TACITO, *Vita di Agricola*

Ecco un piccolo segreto in merito ai segreti:
in genere non restano tali molto a lungo.

JONAH BERGER, *Contagioso*

Se state leggendo queste parole, ci sono buone probabilità che ad avervi incuriosito sia stata la parola "segreti" in copertina. Perché? Forse perché tutto ciò che è ignoto affascina l'uomo. O forse perché, come diceva Sir Francis Bacon, «sapere è potere». Se non addirittura ricchezza. Ne sapeva qualcosa il grande armatore greco Aristotele Onassis, forse il più famoso magnate del XX secolo, che amava ricordare come il segreto degli affari è sapere qualcosa che nessun altro sa.

Eppure, anche se i segreti di cui si parlerà in queste pagine non sono quelli che realmente garantiscono – o promettono di garantire – potere, ricchezza o sicurezza come il segreto di stato, il segreto bancario, il segreto industriale, il segreto del confessionale o il segreto professionale, sono sicuro che riusciranno comunque ad affascinarvi.

In questo concordo con John Chadwick, il linguista inglese divenuto celebre per aver decifrato la scrittura micenea *Lineare B*, il quale affermò: «Il desiderio di svelare segreti è profondamente radicato nella natura umana; la promessa di partecipare a conoscenze negate ad altri eccita anche la mente meno curiosa».

I segreti, secondo Jonah Berger, professore di marketing alla Wharton School presso l'Università della Pennsylvania, sono una forma di «valuta sociale». In quanto creature sociali, infatti, siamo portati a cercare e a condividere ciò che ci fa fare bella figura con gli altri, e i segreti rientrano perfettamente in questa definizione. Se pensiamo all'ultima volta che qualcuno ce ne ha raccontato uno, magari chiedendoci di non rivelarlo ad anima viva, probabilmente ricordiamo anche cosa è successo subito dopo: se siamo come la maggior parte delle persone, infatti, l'avremo raccontato a qualcun altro. «Se qualcosa deve rimanere nascosto» commenta Berger «aumentano le probabilità che se ne parli. Il motivo? È valuta sociale.»

Dunque, il "potere" che potrà raggiungere chi leggerà questo libro sarà appunto quello di partecipare a conoscenze sorprendenti e poco note, con cui stupire, incantare o incuriosire gli amici, e la sua "ricchezza" sarà data dalla capacità di stimolare una riflessione o, semplicemente, dall'apparire una persona informata e divertente. Troppo poco? Forse no.

Viviamo in un'epoca in cui non sembra esserci più spazio per i segreti, dove le nostre telefonate possono essere ascoltate in ogni istante, i nostri movimenti monitorati passo dopo passo grazie al GPS del telefonino, i nostri gusti e le nostre preferenze rivelati dalla navigazione e dai siti che visitiamo su internet. E viviamo in un tempo in cui siamo letteralmente bombardati da informazioni e notizie di ogni tipo, trasmesse da ogni sorta di media, a ogni ora del giorno e della notte.

Ecco perché, nonostante sembri che tutto sia ormai a portata di mano e non resti più nulla da scoprire, i segreti non solo resistono, ma sanno ancora essere seducenti.

Non si spiegherebbe altrimenti come *Il codice Da Vinci* – un romanzo avvincente ma tutto sommato non un capolavoro immortale – sia riuscito nell'impresa inaudita di vendere oltre 80 milioni di copie in tutto il mondo. Prometteva di rivelare segreti "proibitissimi" sulla storia della Chiesa, e tanto è bastato per scatenare polemiche, proteste e dibattiti capaci di far esplodere la curiosità.

E cosa contribuisce a tenere acceso il mito di certi personaggi storici, decenni se non addirittura secoli dopo la loro scomparsa, se non l'idea che la loro stessa morte potrebbe nascondere qualcosa di segreto? Da Tutankhamon a Mozart, da Napoleone a Hitler, da Elvis Presley a John Kennedy sono infinite le voci e le leggende che promettono di svelare informazioni inaudite circa la loro dipartita.

Allo stesso modo, il mito di personaggi dichiaratamente fantastici, quali Dracula o Sherlock Holmes, può diventare eterno se si alimenta il sospetto di un segreto: dietro tali figure si nasconderebbero individui realmente vissuti.

E quali erano i segreti di personaggi realmente esistiti, ma così straordinari da finire per trasformarsi essi stessi in leggende? Il mago Houdini possedeva realmente il potere di smaterializzarsi per eseguire le sue spettacolari evasioni? Shakespeare è realmente esistito o le opere a lui attribuite sono state scritte da autori rimasti segreti? Il caso di Jekyll e Hyde è solo finzione? Si è mai scoperto chi fosse veramente Jack lo Squartatore? E chi si nascondeva dietro la maschera di ferro?

Un uomo come Leonardo da Vinci, che si interessava di tutto e sembrava quasi nascondere le sue scoperte nei disegni e nelle annotazioni leggibili solo allo specchio, invece, non ha bisogno di altro per suscitare una grande curiosità, al punto che da sempre ci si interroga su quali fossero i segreti di una mente tanto eccezionale. E, inevitabilmente, tanta curiosità non poteva che generare miriadi di storie – alcune vere e molte false – sull'uomo che rappresenta l'incarnazione stessa del genio.

Potrebbe poi esistere segreto più ghiotto di quello capace di condurre al ritrovamento di un tesoro? Mappe e cifrari non sono solo materia da romanzi d'avventura e di spionaggio: su alcuni di questi codici segreti si arrovellano tuttora scienziati e studiosi impegnati a scardinare porte che forse non si apriranno mai.

Esiste anche chi si nutre di segreti per professione: non mi riferisco qui alla spia, ma al prestigiatore, cioè all'artista che vive creando illusioni. Il trucco è segreto per definizione, eppure conoscere qualcuno dei meccanismi con cui ci lasciamo ingannare non solo non toglie fascino al lavoro del mago, ma ci aiuta a comprendere meglio i limiti delle nostre percezioni. E, di conseguenza, ci permette di capire perché conoscere un segreto possa renderci meno vulnerabili.

Molti segreti sono mere congetture: non tutto ciò che viene rivelato da sedicenti "gole profonde" corrisponde a verità. Dai teorici della cospirazione, che più o meno in buona fede vedono intrecci e complotti ovunque, ai bugiardi patologici, che simulano esperienze mai vissute o inventano malattie immaginarie... sono tantissimi gli individui che costruiscono giganteschi castelli in aria. E non è sempre facile capire se quando gridano «Al lupo!» la belva esista realmente o non si tratti, come spesso succede, di un falso allarme. Per non parlare di chi inventa apposta falsi segreti e misteri per approfittare della credulità altrui.

Ecco perché occorre affinare le proprie capacità analitiche e imparare a valutare l'affidabilità di un segreto. Non sono tecniche difficili da imparare, ma per metterle in pratica occorre prima conoscerle. Ed è proprio un atteggiamento affamato di ignoto, ma al tempo stesso temperato dal senso critico, ciò che mi riprometto di trasmettere nelle pagine che seguono. Perché forse è proprio questo il segreto più importante che, terminata la lettura, vi porterete a casa: non è la destinazione – ovvero la soluzione del mistero – ciò che conta, quanto piuttosto il viaggio che si compie per raggiungerla. Buon viaggio.

# 1
# COMPLOTTI E COSPIRAZIONI

# IL FASCINO DEL COMPLOTTO

Gli attacchi terroristici dell'11 settembre? Una cospirazione ordita dai poteri forti americani per avere il pretesto di scatenare la guerra in Iraq. L'aids? Un'arma di distruzione di massa messa a punto da USA e URSS per ridurre l'aumento della popolazione e annientare neri e omosessuali. Kennedy? Ucciso da una cospirazione voluta da CIA, mafia, cubani e sovietici. La Luna? Non ci siamo mai andati.

Sono solo alcuni esempi contemporanei di teorie della cospirazione, ma l'idea che il mondo sia governato da una "cupola" di pochi uomini potentissimi che agiscono in segreto per scopi illeciti non è una novità del nostro tempo.

È una visione inquietante del mondo e della storia, dove niente è come sembra, nulla è lasciato al caso e ogni cosa diventa parte di progetti e trame occulte che agiscono a livello planetario.

Per cercare di comprendere perché tanta gente finisce per pensare che dietro a fatti eclatanti della storia ci siano sempre trame occulte, il filosofo Karl Popper ha cercato di analizzare quella che chiama la «teoria sociale della cospirazione».

Tale teoria, scrive Popper, «è simile a quella rilevabile in Omero. Questi concepiva il potere degli dèi in modo per cui tutto ciò che accadeva, per esempio nella pianura davanti a Troia, costituiva soltanto un riflesso delle molteplici cospirazioni tramate dall'Olimpo. La teoria sociale della cospirazione è in effetti una versione di questo teismo, della credenza, cioè, in divinità i cui capricci o voleri reggono ogni cosa». Poiché la società si è secolarizzata, il posto degli dèi è stato preso da diversi uomini o gruppi potenti di pressione cui si può imputare di avere organizzato questo o quel disastro sociale.

Quest'idea, aggiungeva Popper, «è molto diffusa, e contiene molto poco di vero. Soltanto quando i teorizzatori della cospirazione giungono al potere, essa assume il carattere di una teoria descrivente eventi reali. Per esempio, quando Hitler conquistò il potere credendo nel mito della cospirazione dei Vecchi Saggi di Sion, cercò di non essere da meno con la propria, personale, controcospirazione».

## Il rischio della paranoia

Per lo storico Richard Hofstadter, che ha insegnato alla Columbia University, l'idea che molti eventi storici importanti siano il prodotto di grandi cospirazioni è centrale nell'immaginario collettivo del popolo americano, sin dalla nascita della Repubblica. Se ne trovano tracce già nel 1760, quando prese corpo la convinzione dell'esistenza di un piano segreto messo in atto dal governo inglese per togliere ai coloni americani i diritti che si erano conquistati. L'esplosione di tali idee arriva però dopo il 1963, quando, per spiegare l'assassinio del presidente Kennedy, ebbero una diffusione straordinaria varie teorie secondo cui l'assassino, Lee Harvey Oswald, non aveva agito da solo ma era soltanto l'esecutore di una cospirazione che coinvolgeva gruppi potenti e misteriosi. Questo fenomeno, secondo Hofstadter, va interpretato applicando le categorie della psichiatria al pensiero sociale: si tratta di un modo di pensare paranoico e in questo senso distorto, che deve essere denunciato e rifiutato.

«Esiste però una fondamentale differenza tra il rappresentante politico dello stile paranoide e il paranoico clinico» spiega Hofstadter. «Entrambi tendono a infiammarsi e sono estremamente diffidenti, aggressivi, grandiosi e apocalittici nel modo di esprimersi. Il paranoide clinico vede il mondo in cui vive come ostile e cospiratorio, rivolto specificatamente contro di sé; il rappresentante politico dello stile paranoide lo vede diretto invece contro una nazione, una cultura, uno stile di vita il cui destino non coinvolge solo lui ma milioni di altri individui. Poiché di solito non vede se stesso come la vittima individuale di una cospirazione *ad personam*, egli è alquanto più razionale e molto più disinteressato. In realtà il fatto che ritenga le sue passioni politiche disinteressate e patriottiche intensifica notevolmente la sua sensazione di stare nel giusto e la sua indignazione morale.»

### Mancanza di equilibrio

Pier Paolo Pasolini diceva che il complotto ci fa delirare perché ci libera dal peso di doverci confrontare da soli con la verità. E il semiologo Umberto Eco è d'accordo. «La psicologia del complotto» dice «nasce dal fatto che le spiegazioni più evidenti di molti fatti preoccupanti non ci soddisfano, e spesso non ci soddisfano perché ci fa male accettarle. Si pensi alla teoria del Grande Vecchio dopo il rapimento di Aldo Moro: com'è possibile, ci si chiedeva, che dei trentenni abbiano potuto concepire un'azione così perfetta? Ci dev'essere dietro un Cervello più avveduto. Senza pensare che in quel momento altri trentenni dirigevano aziende, guidavano jumbo jet o inventavano nuovi dispositivi elettronici, e dunque il problema non era come mai dei trentenni fossero stati capaci di rapire Moro in via Fani, ma che quei trentenni erano figli di chi favoleggiava il Grande Vecchio.»

È una situazione che in psicologia sociale ha un nome: si chiama "dissonanza cognitiva" e consiste nella sensazione di disagio che l'individuo sperimenta di fronte alla consapevolezza di raccogliere in sé due idee contrastanti, il che spinge verso il cambiamento dell'elemento più debole.

Prendiamo il caso dell'assassinio del presidente Kennedy. In questo caso, le idee contrastanti sono: Kennedy, l'uomo più potente e forse più amato del pianeta (1) fu assassinato da Lee Harvey Oswald, un fallito, un solitario, un signor nessuno (2).

Il regno di Camelot abbattuto da un reietto, insomma.

Non sembra una situazione equilibrata e dunque, per ridurre il disagio e riportare l'equilibrio, occorre aumentare il peso dal lato di Oswald: non era solo, altri cecchini erano con lui; era solo una pedina della CIA o del KGB, era innocente e fu trasformato nel capro espiatorio di un complotto tra la mafia, l'FBI, il presidente Johnson e l'industria militare.

Allo stesso modo la dissonanza cognitiva entra in gioco di fronte alla morte prematura di una celebrità amata dal pubblico come Marilyn Monroe, Jim Morrison, Elvis Presley, Michael Jackson o la principessa Diana. Non sembra accettabile che una star possa morire per un'overdose di medicinali o per un banale incidente automobilistico, come accade a tantissima gente normale. Più adeguato immaginare complotti elaborati per togliere di mezzo personaggi scomodi o, addirittura, piani di fuga messi in atto dalle stesse star per allontanarsi dalle pressioni intollerabili del mondo dello spettacolo e rifarsi una vita altrove, con una nuova identità.

Al contrario non c'è dissonanza cognitiva di fronte a un evento come l'Olocausto, tremendo crimine contro l'umanità, perpetrato da uno dei peggiori regimi criminali della storia.

## I pericoli del cospirazionismo

La ricerca maniacale di cospirazioni nascoste può apparire un passatempo innocuo di quanti trascorrono troppo tempo su internet, ma chi la pensasse in questo modo sbaglierebbe enormemente. Uno studio pubblicato nel 2013 da Daniel Jolley e Karen Douglas, due psicologi dell'Università del Kent, ha scoperto che «l'esposizione a informazioni che favoriscono le teorie del complotto riduce l'intenzione di impegnarsi in politica rispetto a chi è esposto a informazioni che confutano le teorie della cospirazione»[1].

Un primo effetto negativo è quello di indurre un senso di impotenza politica. Che cosa può fare la gente comune, insomma, se il mondo è gestito da società segrete come gli Illuminati, famiglie facoltose come i Rockefeller o i Rothschild, agenzie di intelligence come la CIA o il KGB, che operano in segreto per stabilire un nuovo ordine mondiale? Tanto vale arrendersi.

Un secondo effetto, oltre a quello di creare angoscia per qualcosa che non esiste o non costituisce un reale pericolo, è quello di produrre autentici danni sociali. Per esempio credere che i vaccini siano responsabili dell'autismo è una teoria che non ha fondamento e nasce dalla truffa di un medico radiato dall'albo, Andrew Wakefield, pagato per dichiarare il falso[2]. Convinzione che può avere effetti devastanti. Chi rifiuta di vaccinare i propri figli non solo li espone al rischio di malattie che si ritenevano debellate come il vaiolo, la rabbia o il tetano, ma contribuisce alla diffusione dei virus anche nel resto della popolazione.

Un ultimo – ma non per questo meno deleterio – effetto delle teorie della cospirazione è quello di deviare l'attenzione

1 JOLLEY D. & DOUGLAS K.M., *The social consequences of conspiracism: Exposure to conspiracy theories decreases the intention to engage in politics and to reduce one's carbon footprint*, «British Journal of Psychology», 2013, pp. 35-56.

2 DEER B., *How the vaccine crisis was meant to make money*, «British Medical Journal», 2011, 342, p. 5.258.

verso pericoli immaginari o infondati, distogliendola dalle minacce autentiche. Ecco allora scendere in piazza gruppi di persone che manifestano contro le "scie chimiche" (l'innocua condensa degli aeroplani scambiata per misteriosi gas venefici dispersi nell'aria al fine di sterminare l'umanità o alterare il clima), invece di dirigere la propria protesta verso autentiche fonti di inquinamento come gli scarichi delle automobili o lo smaltimento abusivo dei rifiuti tossici.

«Un paio di anni fa mi sono imbattuto in un documento del Pentagono riguardante le procedure di declassificazione» scrive a questo proposito il filosofo e linguista americano Noam Chomsky. «Tra le altre cose consigliava al governo di declassificare periodicamente informazioni riguardanti l'assassinio di Kennedy. Lasciate che la gente cerchi di capire se Kennedy sia stato ucciso dalla mafia, così gli attivisti si impegneranno in un folle e inutile inseguimento anziché andare dietro a veri problemi o organizzarsi.»

Chomsky, insomma, immagina quasi un complotto delle teorie del complotto, dove a trarre maggior beneficio dalla circolazione delle tesi sono proprio le istituzioni che si vorrebbero colpire.

Per tutti questi motivi l'Università di Cambridge ha avviato un progetto per studiare e capire l'impatto delle teorie della cospirazione sulla democrazia[3]. Non per smontare tesi specifiche, piuttosto per comprendere come le persone se ne servono per dare un senso al mondo, e come funzionano le società.

## Come funziona la storia

Eppure, si potrebbe obiettare, le cospirazioni non mancano: dalla congiura per uccidere Cesare a quella dei Pazzi per stroncare l'egemonia dei Medici, dall'assassinio del pre-

[3] Il sito del progetto dell'Università di Cambridge sulle teorie della cospirazione si trova all'indirizzo *www.conspiracyanddemocracy.org*.

sidente Lincoln fino allo scandalo Watergate, che portò alle dimissioni del presidente americano Nixon, gli esempi abbondano e non sono solo i paranoici a vederli.

Ed è vero, spesso si è portati a credere alle teorie della cospirazione perché, effettivamente, i governanti non di rado legittimano questo tipo di sospetti. Decisioni e comportamenti illeciti da parte di chi è al potere, una volta scoperti, alimentano il sospetto e la sfiducia nei confronti delle istituzioni.

Si tratta ovviamente di abusi e reati che vanno denunciati. Ma c'è una differenza fondamentale tra chi denuncia soprusi e illeciti governativi e chi va a caccia di cospirazioni.

I primi raccolgono fatti e sulla base di quelli cercano di costruire una tesi che permetta di spiegare tutti gli episodi in questione. I secondi partono invece da un'idea preconcetta – per esempio, l'11 settembre non può essere opera di Al Qaeda, devono essere stati per forza gli stessi americani ad avere organizzato gli attentati per avere il pretesto di scatenare una guerra in Iraq[4] – e vanno alla ricerca di fatti e particolari che la soddisfino e sembrino confermarla, scartando e ignorando allo stesso tempo tutto ciò che contrasta con tale idea.

Come si distingue allora un complotto immaginario da un complotto reale? Per Marco Revelli, docente di scienza della politica all'Università del Piemonte Orientale, «una teoria cospirativa si fonda su tre princìpi: l'attribuzione degli eventi a una specifica intenzionalità umana; la rigida distinzione tra forze del bene e del male; la credenza in una realtà occulta e sotterranea».

Il primo di questi aspetti, quello cioè di immaginare che gli eventi del mondo procedano ordinatamente, senza caos o arbitrarietà, è forse quello che rivela meglio i limiti del teorico della cospirazione. Le teorie della cospirazione sono

4 Sul tema degli attentati dell'11 settembre ho curato un libro, *11/9. La cospirazione impossibile* (Piemme, 2007), con la collaborazione di esperti come Paolo Attivissimo, Stefano Bagnasco, Andrea Ferrero, Francesco Grassi, Lorenzo Montali e il contributo di personaggi come Umberto Eco, Piergiorgio Odifreddi, James Randi e Michael Shermer.

plausibili, certo, ma schematiche e coerenti. Funzionano in maniera razionale e lineare, rispecchiando così il modo di procedere della mente umana più che la realtà, spesso casuale e incoerente. Nelle teorie del complotto, insomma, il caso non gioca alcun ruolo: tutto è programmato e riconducibile a una precisa volontà nascosta che controlla ogni singolo evento. Ma non funziona così.

«Popper non ha mai negato l'esistenza di cospirazioni» spiega a tal proposito Giulio Giorello, docente di filosofia della scienza all'Università degli Studi di Milano. «Ha invece puntualizzato come esse non si realizzino "mai" o "quasi mai" nei modi in cui gli attori coinvolti si aspettano. Che l'assassino di Marat o quello di Lincoln abbiano agito da soli o con dei complici, le azioni non hanno in ogni caso rispettivamente giovato alla causa legittimista o alla causa dei Sudisti. La nostra analisi della storia non può non tenere conto di quelle che potremmo chiamare le conseguenze non intenzionali delle nostre scelte e decisioni.»

Certo, il successo delle teorie della cospirazione sta proprio nel fatto che semplificando la realtà danno una spiegazione a quanto sembra a prima vista incomprensibile, suscitando sentimenti contro un nemico comune. Se io sto male è colpa delle industrie, se ho perso il posto è colpa di quel raccomandato che fa parte della cricca e me l'ha rubato, se siamo più poveri è colpa delle banche che lavorano per fregarci... Non a caso, tali teorie sono uno strumento perfetto di costruzione del consenso. Ma si tratta di scorciatoie, che tentano di spiegare in maniera lineare il corso storico. Il fatto è che la storia è una realtà estremamente complessa, e quello che risulta difficile da accettare per i teorici del complotto è che non la si può plasmare a proprio piacimento (vedi box *Quando il complotto c'è davvero: il golpe Borghese*). Neppure Hitler, lui stesso un teorico della cospirazione, che godeva di un potere mai visto prima, riuscì a portare a termine i suoi complotti. Il suo piano di conquista del mondo fallì.

«Ma perché fallì?» si chiede Popper nella sua analisi. «Non solo perché altre persone cospirarono a loro volta contro di lui. Fallì, semplicemente, perché uno dei dati sconcertanti della vita sociale è che nessuna azione ha mai esattamente il risultato previsto. Le cose alla fine risultano sempre un po' diverse. A conti fatti dunque, non si riesce quasi mai a produrre esattamente l'effetto desiderato, e di solito si ottiene anche qualcosa che non si voleva.»

**Quando il complotto c'è davvero: il golpe Borghese**

Un buon esempio di un autentico complotto, che però fallì perché le cose non andarono come sperato dai cospiratori, fu il golpe Borghese, un tentativo di golpe militare pronto a scattare in Italia la sera dell'8 dicembre 1970, che prendeva il nome dal suo ideatore, il principe romano Junio Valerio Borghese, ex comandante della X MAS, un reparto della marina fascista. Lo scopo del piano, che – a sentire Borghese – aveva l'adesione di un centinaio di parlamentari, del SID (il servizio segreto militare di allora), della loggia P2 di Licio Gelli, della mafia, e l'appoggio dell'ambasciata americana, era quello di impedire che il Partito comunista arrivasse al governo. Per evitarlo, il paese sarebbe dovuto cadere sotto una dittatura fascista e gli oppositori, comunisti e sindacalisti, avrebbero dovuto essere uccisi o deportati in Sardegna. Quella notte di dicembre, grazie ad alcuni infiltrati, un gruppo di eversori si introdusse effettivamente nell'armeria del ministero degli Interni e caricò due camion di mitra. Altri gruppi erano pronti a catturare il presidente della Repubblica, uccidere il capo della polizia e occupare la sede della RAI. All'ultimo momento però arrivò il contrordine, e il golpe non scattò. Documenti americani riservati – da poco resi pubblici – sembrano dimostrare che i golpisti furono informati che gli Stati Uniti non avrebbero riconosciuto il nuovo governo, e la cosa bastò a fermarli.

# ALLE ORIGINI DEL COMPLOTTISMO

Per riuscire a comprendere il seguito di cui godono attualmente le teorie della cospirazione, al di là del fatto che il web, accanto a tanti benefici, ha indubbiamente favorito anche la diffusione incontrollata di idee strampalate e paranoiche, è importante conoscere le origini storiche del cospirazionismo.

All'origine di tutto furono le Crociate: tanto le teorie dei complotti giudaici per governare il mondo (vedi box *Il complotto demoplutogiudaicomassonico*), quanto la nascita delle società segrete (vedi box *Chi ha paura delle lobby?*) – due elementi che, come si vedrà, sono alla base del complottismo – derivano da lì. A sostenerlo è Daniel Pipes, direttore del Middle-East Forum, *think tank* indipendente specializzato in analisi politiche sul Medio Oriente, e studioso delle teorie del complotto[1]. «Per quanto l'idea di una cospirazione possa essere entrata nel pensiero dei padri della Chiesa, il complotto ipotizzato è sempre stato concepito contro Gesù; non si è infatti mai trattato del timore di un futuro tentativo ebraico di conquistare il potere.»

Con le Crociate, però, le cose cambiarono.

## La caccia illogica ai cospiratori

Il tentativo degli europei occidentali di strappare ai musulmani il controllo della Terrasanta ispirò l'ostilità con-

1 Vedi il suo *Il lato oscuro della storia* (Lindau, 2005).

tro gli ebrei, considerati ancor più infedeli dei musulmani. «Secondo una visione nuova e stupefacente, gli ebrei furono identificati come un popolo nemico, e la loro stessa esistenza era messa in discussione. E mentre soffrivano le persecuzioni, gli ebrei reagirono con un intenso odio per la cristianità.»

Fu la consapevolezza di questo disprezzo a indurre i cristiani a cercare ovunque i segni di una possibile vendetta ebraica. «I loro timori» dice Pipes «condussero alla fioritura di due varianti circa le teorie del complotto ebraico: o gli ebrei cercavano il dominio del mondo per conto proprio, o in combutta con i musulmani.»

Quanto alla nascita delle società segrete, fu proprio per dare protezione ai pellegrini cristiani sulla via di Gerusalemme che intorno al 1119, un nobiluomo francese di nome Hugues de Payns e nove suoi compagni fondarono l'ordine dei cavalieri templari. Poiché col tempo accumularono ingenti somme di denaro, grazie alle donazioni che ricevevano e al fatto che svolsero le prime attività bancarie (custodia di beni di chi partiva e prestiti per finanziare le guerre), divennero moralmente sospetti, e suscitarono la cupidigia di molti. Tra questi il re di Francia Filippo IV che, indebitato fino al collo, accusò i Templari di comportamenti blasfemi, ne sciolse l'ordine e si impadronì dei loro beni.

«C'è qualcosa di sorprendente in ambedue le tradizioni cospirazioniste emerse dall'era delle Crociate» afferma Pipes. «Perché prendersela con gli ebrei, quando i musulmani costituivano una presenza e una minaccia molto più sostanziale? Perché prendersela con i cavalieri templari, che avevano servito come i più valorosi guerrieri di Cristo? In retrospettiva, tuttavia, queste strane scelte coincidono con uno schema: i pretesi cospiratori sono raramente quelli che la logica indica, tendono invece a essere i più alieni dalla cospirazione.»

## Il timore dei “livelli superiori”

Uno dei frutti dell’Illuminismo che più ispirarono speculazioni cospiratorie fu la Massoneria. Si trattava di un ordine iniziatico nato a Londra e volto alla conoscenza, alla tolleranza e al miglioramento di se stessi. Per il fatto che i suoi membri si riunissero in segreto e seguissero particolari riti esoterici, ma soprattutto per via delle sue radici razionalistiche, la Massoneria fu vista come potenziale rivale della Chiesa e dello stato.

«Per gonfiare la propria posizione sociale» dice Pipes «le logge massoniche del Continente iniziarono ad avanzare pretese spurie riguardo alle proprie origini, e assunsero caratteristiche esotiche.»

I francesi, per esempio, sostenevano di discendere dai costruttori del Tempio di Salomone. Il celebre impostore Giuseppe Balsamo, noto anche come Cagliostro, inventò la massoneria “egizia”, ed ebbe un piccolo ruolo nella Rivoluzione francese.

«Approfittando di questo caos» continua Pipes «alcuni antimassoni svilupparono un nuovo e potente argomento contro i loro nemici: secondo loro i capi mantenevano i livelli inferiori nell’ignoranza perché non conoscessero le intenzioni dei superiori, permettendo a questi ultimi di manovrarli a piacimento. Timori di questo tipo riguardo a livelli superiori e segreti divennero un pilastro del cospirazionismo, ed ebbero l’effetto liberatorio di eliminare la necessità di presentare prove fattuali.»

## I “terribili” Illuminati

Un’altra società segreta che nacque sulla scia della Massoneria, cui si contrapponeva, fu l’ordine degli Illuminati, fondato in Germania il 1° maggio 1776 da Adam Weishaupt.

Obiettivo era costruire una comunità giusta all'interno di una società corrotta.

Nonostante nel 1784 l'ordine sia stato represso, e condannato a morte chiunque ne facesse parte, gli illuminati ebbero un potente impatto sul cospirazionismo perché diedero sostanza ai peggiori timori dei teorici del complotto. «Precedentemente, i nemici delle società segrete non avevano mai asserito che un grande e universale complotto fosse alla radice di tutto» dice John Morris Roberts, storico a Oxford. «Ora questa divenne un'idea ricorrente e una chiave essenziale per l'interpretazione di molti eventi. Gli Illuminati furono l'unico esempio verificato di una società segreta all'opera per scopi sovversivi, ma confermarono e resuscitarono sospetti più antichi nei riguardi di sette e società segrete, soprattutto la Massoneria.»

Gli Illuminati ispirarono una prima ondata di paranoia in America tra il 1789 e il 1799, quando alcuni teorici del complotto spinsero gli americani a credere che gli intrighi delle società segrete andassero riconosciuti come uno dei costanti pericoli di quell'epoca. Costoro attribuirono a esse nientemeno che l'obiettivo della distruzione dell'intera civiltà cristiana, e ne fecero la chiave dei problemi del mondo.

Ancora nel 1968 era vivo in America il terrore nei confronti degli Illuminati. La John Birch Society, un'organizzazione di estrema destra, sosteneva pubblicamente che «gli Illuminati dirigono tutte le forze del male» e interpretò la Marcia dei poveri su Washington alla luce della presa della Bastiglia nel 1789. «Entrambi gli eventi» si leggeva in un bollettino della società «sono stati pianificati dalla stessa stirpe di cospiratori, per scopi quasi identici.»

Non deve quindi sorprendere se quella degli Illuminati è un'associazione tuttora molto temuta. Il televangelista Pat Robertson, che nel 1988 partecipò anche alle primarie del Partito repubblicano, affermò nel 1991 che «gli Illuminati non furono un movimento transitorio; la loro influenza ha continuato a riemergere fino a oggi». E i teorici del complotto li collegano a svariati eventi, come il tentativo di creare un governo unico mondiale, lo sviluppo del cristianesimo liberale e, naturalmente, l'assassinio di Kennedy.

**Chi ha paura delle lobby?**

In Italia, spesso, il termine "lobby" è utilizzato nella sua accezione negativa, con riferimento a fenomeni come la corruzione. Ma la lobby è semplicemente la tecnica attraverso la quale i cittadini che condividono uno status sociale, o una funzione produttiva, cercano di influenzare la decisione politica. *Fare lobby* significa quindi fare rappresentanza di interessi nelle sedi pubbliche.
Il termine "lobby" è di derivazione latina medievale, da *laubia* cioè loggia, o portico. E nel 1830, lobby venne a indicare la grande anticamera della House of Commons in cui votavano i membri del Parlamento inglese. In seguito, il termine fu attribuito a quella zona del Parlamento in cui i rappresentanti dei gruppi di pressione cercano di contattare i membri del Parlamento stesso.
Negli USA l'agire del lobbista è tutelato dal primo emendamento della Costituzione che vieta di promulgare leggi che limitino la libertà di fare petizioni al governo. Anche all'interno dei "corridoi" della Comunità Europea è facile incontrare lobbisti in piena attività. In Italia, invece, continua a prevalere il sospetto, eliminabile – a detta degli esperti di settore – solo garantendo, attraverso la legislazione, l'uguaglianza nelle opportunità e la trasparenza delle lobby.
Le proposte di legge presentate finora, però, non sono andate fino in fondo al problema, e si sono arenate in Parlamento.

## Alle origini del Male

La Rivoluzione francese, dunque, ebbe un ruolo profondo nello sviluppo del cospirazionismo. Fu proprio da qui che si svilupparono le prime teorie del complotto mondiale. «Se a causare la Rivoluzione era stato un complotto» spiega Pipes «allora doveva includere molte migliaia di individui mobilitati e organizzati in tutta Europa. Doveva essere una rete enorme, malvagia, clandestina e dall'efficienza quasi disumana. Paradossalmente il cospirazionismo acquistò forza proprio mentre diventava meno plausibile. Prima della Rivoluzione francese, quando piccoli numeri di individui dominavano la società, i complotti non erano difficili da mettere in atto. Ma l'ideologia e la partecipazione di massa li resero meno probabili. In questo modo la Rivoluzione ebbe l'effetto curioso di minare le supposizioni che stavano dietro il cospirazionismo, e al tempo stesso di tramutare il cospirazionismo in una forza politica.»

Furono le solite tre società segrete a emergere come i principali sospettati di questi eventi: gli Illuminati, i massoni e i Templari. E ad alimentare queste credenze fu soprattutto un ex gesuita e abate francese, Augustin Barruel, considerato oggi per i suoi libri il più grande teorico del complotto della storia. Fu lui, tra l'altro, a ipotizzare che dietro le tre grandi società ci fossero gli onnipresenti ebrei, veri padroni di un impero invisibile.

«De Barruel» spiega Pipes «fece molto per far sì che gli ebrei diventassero un obiettivo primario della fobia cospirazionista europea. Da allora in poi furono sempre più spesso accusati di manipolare gli eventi più centrali d'Europa. Secondo gli studiosi, le accuse di Barruel rappresentano la fonte primaria per i *Protocolli dei Savi di Sion*. E, dunque, non è un'esagerazione affermare che le sue idee hanno stabilito alcune delle fondamenta intellettuali delle visioni del mondo che culminarono nei regimi sovietico e nazista.»

## La tragica storia dei *Protocolli dei Savi di Sion*

Quella dei *Protocolli* è una storia infinita. Si tratta di un lungo pamphlet scritto alla fine dell'Ottocento, e poi pubblicato per la prima volta in Russia, che pretendeva di rappresentare l'autentica trascrizione del primo congresso sionista, convocato a Basilea, in Svizzera, nel 1897. A scriverlo sarebbe stata una misteriosa spia zarista presente all'incontro. In esso si esponeva il piano degli Anziani per la conquista del mondo da parte degli ebrei.

In realtà, i *Protocolli* sono un falso, come fu dimostrato da una serie di articoli del «Times» di Londra pubblicati nel 1921, frutto del plagio di precedenti opere di satira politica non correlate agli ebrei.

Il testo fu redatto a Parigi da varie mani all'epoca dell'affare Dreyfus, quando un ufficiale dell'esercito francese di famiglia ebraica fu accusato ingiustamente di spionaggio a favore della Prussia. Fu l'antisemitismo di chi voleva a tutti i costi vedere condannato Dreyfus, e quindi dimostrata la pericolosità degli ebrei, a favorire la costruzione dei *Protocolli.*

Questo libercolo sarebbe andato dimenticato se Henry Ford, il magnate dell'automobile, non l'avesse preso per vero facendolo ristampare negli Stati Uniti. «Si accordano perfettamente con ciò che sta succedendo nel mondo» commentò Ford a proposito dei *Protocolli.* «Hanno sedici anni di vita e spiegano perfettamente gli avvenimenti accaduti fino a ora.»

In Germania, i nazisti ne presero atto, e Hitler fece dei *Protocolli* uno dei cardini della sua campagna antisemita, citandoli spesso a dimostrazione che «l'intera esistenza di questo popolo si basa su una continua menzogna».

«Che i *Protocolli* siano stati presi sul serio all'inizio, può essere spiegabile perché essi venivano presentati come una scandalosa scoperta, e da fonti tutto sommato attendibili» osserva Umberto Eco. «Ma quello che appare incredibile è che questo falso sia rinato dalle proprie ceneri ogni volta che qualcuno ha dimostrato che si trattava di un falso, al di là di ogni dubbio. E la storia continua ancora oggi su internet. Come se, dopo Copernico, Galileo e Keplero, si continuassero a pubblicare manuali scolastici in cui si ripete che il Sole gira intorno alla Terra.»

## Paranoia istituzionalizzata

Non è un caso se i *Protocolli* presero piede all'inizio soprattutto in Russia. La mentalità cospirazionista pervadeva la cultura politica dell'Unione Sovietica. Lenin sosteneva che chiunque non aderisse al Partito comunista era al servizio dei nemici dello stato, e sotto Stalin la paranoia fu istituzionalizzata nella sua variante antimperialista e antisemita.

Se durante e dopo la guerra Stalin alleviò la persecuzione degli ebrei per non offendere l'alleato americano, nei primi anni '50 tornò ad attaccarli, immaginando complotti di medici ebrei impegnati ad assassinare i vertici del partito. Solo la sua morte, nel 1953, troncò la nuova teoria. «Se Stalin fosse sopravvissuto» dice Pipes «tutti gli ebrei russi sarebbero probabilmente stati deportati in Siberia. L'antisemitismo di Stalin, tuttavia, differiva da quello di Hitler nel non essere un pilastro ideologico del regime, ma poteva essere attivato o disattivato a seconda delle circostanze.»

Ma chi dei due fece di più per diffondere il cospirazionismo nel mondo, l'Unione Sovietica o il Terzo Reich? «Senza dubbio la prima» dice Pipes «che sparse sia la variante antisemita sia quella delle società segrete. Il cospirazionismo nazista era più centrale dal punto di vista ideologico, più velenoso dal punto di vista retorico e più malvagio dal punto di vista pratico della variante sovietica; ma il dominio nazista durò soltanto pochi anni e alla fine fu completamente screditato. Per contrasto, l'Unione Sovietica sopravvisse per tre generazioni, e non soffrì mai della stessa ignominia. Perfino dopo il suo crollo, lo stato leninista continua a godere di una reputazione di gran lunga migliore.»

In questo modo il cospirazionismo giocò un ruolo fondamentale nelle numerose tragedie del Novecento.

**Il complotto demoplutogiudaicomassonico**

Una variazione sul tema degli ebrei alla conquista del mondo fu la tesi fascista del complotto "demoplutogiudaicomassonico".

«In genere» dice Umberto Eco «le dittature, per mantenere il consenso popolare intorno alle loro decisioni, denunciano l'esistenza di un paese, un gruppo, una razza, una società segreta che cospirerebbe contro l'integrità del popolo dominato dal dittatore. In genere ogni forma di populismo, anche contemporaneo, cerca di ottenere il consenso parlando di una minaccia che viene dall'esterno, o da gruppi interni. Ma chi ha saputo creare intorno ai propri *casus belli* un efficace contorno di teoria del complotto non è stato solo Hitler, che sul complotto giudaico ha fondato non solo il massacro degli ebrei ma anche tutta la sua politica di conquista contro quelle che la stampa italiana chiamava le plutocrazie demogiudaiche. Un abile miscelatore di *casus belli* e teoria del complotto è stato Mussolini.»

Ne è esempio quanto accadde alla vigilia dell'invasione dell'Etiopia, nel 1935. In passato l'Italia aveva cercato più volte – l'ultima nel 1895 – di prenderne possesso, senza riuscirci. Quando si presentò l'occasione di riprovarci, nazioni come l'Inghilterra protestarono e minacciarono sanzioni.

Mussolini non aspettava altro: si trattava del pretesto per dimostrare che le potenze democratiche, plutocratiche (dove cioè prevaleva l'influenza della grande finanza), ispirate ovviamente dal capitalismo ebraico, puntavano in realtà con le loro proteste ad affamare l'Italia e a "rubare il posto al sole" cui gli italiani avevano supremo diritto. «È solo con l'appello a una frustrazione comune (la sindrome del complotto prevede sempre un complesso di persecuzione)» continua Eco «che si rende emotivamente necessario e comprensibile il colpo di scena finale: "Con l'Etiopia abbiamo pazientato quarant'anni" concluse il suo discorso Mussolini "e ora basta".» Subito dopo iniziò l'invasione italiana.

# IL CASO JFK: ANATOMIA DI UN OMICIDIO

Ciò che accadde il 22 novembre 1963 a Dallas, ovvero l'assassinio del trentacinquesimo presidente americano, John Fitzgerald Kennedy, per mano di Lee Harvey Oswald, uno squilibrato che colse al volo l'occasione per lasciare la sua lurida impronta nella storia, è impresso indelebilmente nella coscienza dell'America, e, stando ai sondaggi, sembra che ad accettare le conclusioni ufficiali dell'inchiesta sia tuttora una minoranza. Nel 2013, in occasione del cinquantesimo anniversario dell'assassinio, un sondaggio condotto dalla Gallup ha rivelato che il 61% degli americani crede alle ipotesi di complotto, e cioè che Oswald non agì da solo ma fu aiutato da altri cospiratori (vedi box *Mille cospiratori, nessun cospiratore*), mentre solo il 30% accetta le conclusioni ufficiali, con un 9% senza opinione.

Raccontare il caso Kennedy per intero richiederebbe centinaia se non migliaia di pagine; quello che si può fare qui è un ennesimo tentativo di chiarezza. Per capire come andarono veramente le cose, infatti, è essenziale liberarsi da preconcetti, reazioni emotive e ragionamenti superficiali, e concentrarsi unicamente sui fatti.

## Un regno contrastato

È quasi mezzogiorno, a Dallas, quando la limousine del presidente e la sua scorta intraprendono un giro propagandistico per la città. Si avvicinavano le elezioni del 1964, dove il democratico Kennedy si sarebbe giocato il secondo mandato. Eletto nel 1960 all'età di 43 anni, era il più giovane presidente della storia degli Stati Uniti; era bello, elegante, intelligente (aveva vinto come scrittore il premio Pulitzer); aveva una moglie affascinante come Jacqueline Lee Bouvier e due fratelli, Robert e Edward, anch'essi impegnati politicamente. I Kennedy sembravano una dinastia imbattibile, che i cronisti paragonavano a quella di Camelot, il regno di Artù. Ma non tutto era tranquillo come sembrava.

Poco dopo l'insediamento, Kennedy dovette far fronte allo scandalo seguito al fallito sbarco di esuli anticastristi, appoggiato militarmente dagli americani, a Cuba, nella baia dei Porci. Kennedy si fece carico del fiasco, anche se l'operazione era stata programmata dal suo predecessore, il repubblicano Eisenhower. Si riscattò però l'anno seguente, quando aerei spia scoprirono basi missilistiche a Cuba, alleata dell'Unione Sovietica. Kennedy avvertì Nikita Krusciov, leader sovietico, che non avrebbe tollerato installazioni di armi nucleari a due passi dall'America. Navi russe che trasportavano missili sull'isola sarebbero state fermate e, se necessario, affondate dalla Marina americana. Il mondo rimase con il fiato sospeso nel timore dell'imminente scoppio di una terza guerra mondiale. Alla fine Krusciov fece marcia indietro e Kennedy ne uscì come un autentico gigante.

Sul fronte interno, JFK, come avevano preso a chiamarlo gli americani, aveva in programma una serie di progetti riformatori di vasto respiro, cui aveva dato il nome di "nuova frontiera", e che miravano a risolvere i più importanti problemi degli Stati Uniti e, si sperava, del mondo intero. Tuttavia, si scontrava con un Congresso poco propenso a seguirlo: le ali conservatrici dei due partiti maggiori si erano alleate nel desiderio di frenare le sue riforme, dando ascolto a quella parte della popolazione in maggioranza paga dello *status quo*.

Tra gli stati conservatori, il Texas era quello più ostile alla presidenza: le proposte di eguagliare i diritti dei cittadini bianchi e di colore erano viste come fumo negli occhi. Il giorno prima della visita a Dallas furono distribuiti volantini con il ritratto di Kennedy di fronte e di profilo – alla stregua di foto segnaletiche – e la scritta RICERCATO PER TRADIMENTO.

Per questo si riteneva che un tour elettorale sarebbe servito a riportare voti al presidente.

**L'assassinio di un presidente**

Nonostante le previsioni di pioggia, quel venerdì di novembre spunta il sole, e si decide di non sistemare la calotta di plastica trasparente sulla Lincoln blu decapottabile del presidente ma di lasciarla aperta, in modo che i cittadini possano vedere ancora meglio l'affascinante coppia presidenziale sul sedile posteriore. Di fronte a loro, sui predellini ribaltabili, il governatore del Texas John Connally con la moglie Nellie, alla guida due agenti dei servizi segreti.

Il corteo di auto, motociclette della polizia e autobus con a bordo giornalisti, autorità e familiari del vicepresidente Lyndon Johnson, texano pure lui, procede a 25 km/h. Per due volte, Kennedy chiede di fermarsi per stringere le mani di alcuni bambini e di un gruppo di suore.

Per evitare di passare per un quartiere decadente, il giro prevede che il corteo, entrando in Dealey Plaza, svolti lungo Houston Street, e segua quindi una curva, passando davanti all'edificio del deposito libri della Texas School, percorrendo tutta Elm Street. Al termine dell'intero giro si raggiunge un sottopassaggio, noto come "triplo" perché vi confluiscono le tre strade della Dealey Plaza; da qui il corteo imboccherà la Stemmons Freeway per giungere, due chilometri più avanti, al Dallas Trade Mart, dove Kennedy terrà il suo discorso.

La limousine rallenta davanti al deposito libri – un massiccio palazzo di sette piani in mattoni rossi – per affrontare la curva stretta. La pubblicità della Hertz in cima all'edificio ha un grosso orologio luminoso che segna le 12.29. Vista la calda accoglienza ricevuta fino a quel momento, Nellie Connally si volta verso JFK e dice: «Signor Presidente, nessuno ora potrà dire che Dallas non la ama».

«No, davvero» risponde lui. Sono le sue ultime parole.

Si sente un rumore secco, si pensa a un petardo o alla scarica di un'automobile. Quando subito dopo arriva un secondo colpo, molti si rendono conto che si tratta di spari. Le mani del presidente si portano istintivamente alla gola. Il governatore Connally sobbalza sul sedile dicendo: «No, no, no, no!», e poi scivola tra le braccia della moglie con la camicia sporca di sangue. «Dio mio» grida «qui ci ammazzano tutti!»

Gli agenti dei servizi segreti reagiscono con lentezza, anche se alcuni si voltano verso quella che sembra la fonte degli spari, il deposito libri. L'autista, invece di accelerare e portare il presidente fuori dal pericolo, rallenta l'auto fin quasi a fermarla, e si volta per vedere cosa succede. Jacqueline guarda sorpresa il marito sofferente. Non c'è tempo per fare altro. Un nuovo sparo fa esplodere la testa del presidente, lanciando in aria sangue e materia cerebrale. Kennedy si accascia e Jacqueline sale d'istinto sulla parte posteriore dell'auto, come per raccogliere i pezzi della testa del marito espolosa. Un agente dei servizi segreti che viaggia sull'auto al seguito riesce appena in tempo a saltare in strada e riportare Jacqueline sul sedile accanto al marito agonizzante, prima che cada. Quindi la limousine finalmente accelera portando il presidente fuori da Dealey Plaza e verso il Parkland Memorial Hospital; qui mezz'ora dopo, nonostante i frenetici sforzi di salvargli la vita, i medici saranno costretti a dichiararlo morto.

Nel giro di un'ora, il feretro accompagnato dalla disperata

Jacqueline è in volo per Washington sull'Air Force One, a bordo del quale Lyndon Johnson presta giuramento quale nuovo presidente.

**Caccia all'assassino**

A Dealey Plaza intanto è il caos: c'è chi corre urlando, chi si butta a terra per non venire colpito da nuovi proiettili, chi scatta fotografie e chi gira filmini, che si riveleranno preziosissimi per sostenere questa o quell'ipotesi. Nonostante la forma a catino della piazza possa provocare echi ambigui, la fonte degli spari viene subito individuata nel deposito libri. La polizia entra, e un agente ferma sulle scale un giovanotto che si muove rapido, ma il direttore del deposito lo riconosce: «Lo conosco, è un nostro impiegato» dice, così il poliziotto lo lascia perdere, e continua a salire. Il giovane si chiama Lee Harvey Oswald, e lavora da poco al deposito libri.

Al sesto piano, dietro pile di scatoloni di libri e accanto a una finestra aperta, si trovano tre cartucce vuote e si scopre che da quella finestra è perfettamente visibile il tratto di strada sul quale il presidente è stato colpito. Non c'è dubbio: quello è il "nido del cecchino". Poco dopo viene ritrovato un fucile con mirino telescopico di fattura italiana, un Mannlicher-Carcano.

Alle 12.45 l'edificio viene posto sotto sequestro per una perquisizione accurata, e i dipendenti radunati in una stanza. Uno solo risulta assente: Oswald.

Si dirama immediatamente il suo identikit, e alle 13.15 l'agente di pattuglia J.D. Tippit nota lungo una strada un uomo visibilmente agitato, che corrisponde alla descrizione. Lo ferma, scende dall'auto, ma costui estrae una pistola e gli spara a bruciapelo, uccidendolo. Poi l'uomo fugge, ma alcuni testimoni chiamano la polizia spiegando dove si è diretto: le sirene si avvicinano e il sospetto viene avvistato lungo Jefferson Avenue, per poi scomparire dentro il cinema Texas. Quando la polizia irrompe in sala, interrompendo la proiezione, all'uomo viene ordinato di alzarsi. Estrae nuovamente la pistola e cerca di sparare, ma l'arma si inceppa. Così, dopo una colluttazione, viene disarmato e portato alla stazione di polizia.

L'uomo fermato è proprio Oswald, che si dichiara innocente ed estraneo a ogni cosa, e sembra quasi divertirsi per l'attenzione a lui tributata da decine di cronisti che affollano i locali della prigione. I testimoni però lo riconoscono come l'omicida dell'agente Tippit, e il guanto di paraffina dimostra che ha sparato nelle ultime ore. Dopo tre giorni di interrogatori, e quando appare chiaro che non solo ha ucciso il poliziotto, ma è anche l'assassino di Kennedy, si decide di trasferirlo al carcere della Contea, ritenuto più sicuro. Alle 11.21 del 24 novembre, davanti a poliziotti, giornalisti e curiosi, Oswald esce scortato nel sotterraneo della stazione di polizia per infilarsi in un furgone blindato. Nel giro di pochi secondi, un uomo, tale Jack Ruby, gli si para davanti e gli spara un colpo allo stomaco, gridando: «Hai ucciso il mio Presidente, topo di fogna!». Oswald muore poco dopo al Parkland Hospital, lo stesso ospedale dove pochi giorni prima era morto Kennedy.

### La Commissione Warren

Questo finale a sorpresa è la scintilla che fa scattare le ipotesi di una cospirazione su larga scala per assassinare il presidente. Oswald, una semplice pedina, sarebbe stato ucciso per il timore che parlasse. Così, per capire in tempi rapidi la verità e accertare se nella morte del presidente possono essere coinvolti Cuba o l'Unione Sovietica – fatto che avrebbe portato dritti alla guerra – Johnson nomina una commissione, presieduta dal capo della Corte Suprema, Earl Warren, perché stabilisca la verità. La Commissione Warren lavora per un anno, raccogliendo 25.000 interviste e 2.300 rapporti d'indagine, ma nei 26 volumi del rapporto finale giunge a una conclusione chiara e netta: Oswald ha ucciso il presidente e lo ha fatto da solo, sparando tre colpi in rapida successione dal sesto piano del deposito libri con un fucile Mannlicher-Carcano acquistato per posta sotto falso nome. Il ritratto che emerge di costui, poi, è quello di un uomo solo, un disperato con seri problemi mentali, affetto da manie di persecuzione, che aveva sparato al presidente per dimostrare di essere qualcuno (vedi box *Lee Harvey Oswald*). Quanto a Jack Ruby, era un altro fallito, malato di protagonismo che, sinceramente addolorato dall'uccisione del presidente, aveva sparato a Oswald senza premeditazione, sperando magari di diventare un eroe (vedi box *Jack Ruby*).

È una conclusione che non accontenta e che, a causa della fretta, dei limiti tecnico-scientifici a disposizione degli investigatori dell'epoca e dell'esigenza di evitare per quanto possibile una figuraccia ai servizi segreti – che, pur tenendo d'occhio da tempo Oswald per i suoi comportamenti estremisti, non erano stati capaci di impedire l'omicidio –, presenta inevitabili lacune e mancanze. Ma cinquant'anni dopo, tutte le verifiche giunte in seguito e la pubblicazione di documenti un tempo secretati hanno solo rinforzato questa posizione, dando una risposta ai tanti interrogativi sollevati da chi insiste nell'immaginare una cospirazione. Proviamo ad analizzare i principali.

## Ci fu più di un cecchino in Dealey Plaza?

A suggerire questa ipotesi contribuì moltissimo, nel 1975, la diffusione in tv di un filmato muto 8 mm girato da Abraham Zapruder, un sarto cineamatore che documentò per caso l'intera sequenza dell'omicidio. Nel film – divenuto il perno attorno al quale ruotano tutte le investigazioni sul caso Kennedy – si vede la testa del presidente prima chinarsi in avanti, coerentemente con uno sparo dal deposito libri, e poi rimbalzare all'indietro, inducendo molti a pensare che qualcun altro l'avesse colpita dal davanti. Ma anche quel secondo movimento si è dimostrato in realtà coerente con uno sparo da dietro. Fu il premio Nobel Luis W. Álvarez, nel 1976, a scoprire l'"effetto jet": la rapida fuoriuscita della massa cerebrale dalla ferita spinge la testa nella direzione opposta, allo stesso modo del combustibile che, liberato da una parte, spinge il razzo dall'altra. L'effetto è poi stato confermato da numerosi esperimenti in cui modelli balistici di teste umane venivano colpiti da proiettili: in tutti i casi, la finta testa cadeva nella direzione da cui arrivava il colpo, e mai in quella opposta.

Secondo gli anatomopatologi infine, se Kennedy fosse stato colpito da davanti, o dal lato destro da un assassino nascosto dietro la palizzata sulla collinetta erbosa, non si sarebbe prodotta la ferita fotografata durante l'autopsia dai periti della Naval Medical School di Bethesda: un foro di uscita con apertura "a rosa" della teca cranica, tipico di un colpo che trapassa la testa e rompe le ossa dal di dentro (figura 1).

### Può un solo proiettile produrre tutte le ferite trovate su Kennedy e Connally?

Se dunque i colpi sparati furono tre, il primo andò a vuoto e il terzo fece esplodere la testa di Kennedy, è il secondo proiettile quello che dovette entrare nella schiena del presidente per uscire dal petto, entrare quindi nella schiena di Connally, uscirgli dal torace, spezzargli il polso, infilarsi nella coscia e uscirne quasi intatto. Nel film di Oliver Stone, *JFK. Un caso ancora aperto*, si punta molto su questo fatto per dimostrare la cospirazione, definendo un colpo simile come prodotto da un "proiettile magico", vale a dire, impossibile. Molti ricordano la frase ripetuta in continuazione dal procuratore Jim Garrison (vedi box *Jim Garrison)*, interpretato da Kevin Costner: «Indietro e a sinistra, indietro e a sinistra», a sottolineare che il colpo non poteva che essere giunto dal davanti e sulla destra, cioè dalla collina e non dal deposito libri. Fatto che avrebbe suggerito la presenza di almeno due cecchini, giustificando così l'ipotesi di complotto.

In verità è Stone a rendere impossibile il percorso del proiettile perché, alterando i fatti, fa sedere Kennedy e Connally allo stesso livello, e mette il governatore di schiena, davanti al presidente. Come invece dimostrano le fotografie e il filmato di Zapruder, Connally era seduto più in basso sul predellino, e girato di tre quarti all'indietro. Con una posizione simile, è possibile verificare che un unico proiettile sparato da dietro e dall'alto può attraversare entrambi i corpi lungo una linea retta, e produrre le ferite in questione (figura 2).

Nel 2003 uno speciale televisivo della ABC mandò in onda una ricostruzione in grafica tridimensionale della sparatoria che aveva richiesto dieci anni di lavoro allo specialista Dale K. Myers[1]. Basandosi su un'analisi fotogramma per fotogramma del filmato di Zapruder, e calcolando le dimensioni reali di Dealey Plaza, Myers poté riprodurre una scena geometricamente perfetta, capace di permettere una visione a 360° da ogni punto e angolazione della piazza. La ricostruzione confermava non solo che i colpi potevano provenire unicamente dal sesto piano del deposito libri, ma anche che le reazioni di Kennedy e Connally, che si potevano

1 Il lavoro di Myers è disponibile al sito *www.jfkfiles.com*.

ora guardare al rallentatore e da più punti di vista, erano coerenti con un unico sparo.

Infine, per verificare cosa accade veramente a un proiettile sparato in quelle condizioni, nel 2004 la rete televisiva Discovery Channel ha prodotto un documentario in cui sono state ricreate le medesime condizioni dello sparo in Dealey Plaza: stesso fucile, stessa altezza del cecchino, stessa distanza dal bersaglio e poi due sagome di gel balistico, riempite con materiale simile alle ossa umane, disposte nella stessa angolazione. Ebbene, un proiettile della Western Cartridge Company di 6,5 millimetri *full metal jacket* per un Mannlicher-Carcano, uguale a quello usato nel 1963, è uscito dalle due sagome (dove ha procurato lo stesso tipo di ferite presenti su Kennedy e Connally) in condizioni pressoché identiche a quelle dell'originale. Un esperimento sorprendente, che ha confermato nei fatti la plausibilità dell'unico proiettile capace di attraversare i due corpi senza frammentarsi.

### Oswald era un pessimo tiratore?

Un'inchiesta dell'ANSA del 2007 determinò che per sparare tre colpi con un Mannlicher-Carcano, arma che necessita di essere ricaricata a ogni sparo, sarebbero necessari 19 secondi contro i circa 7 occorsi a Oswald. La notizia riaprì le polemiche, soprattutto perché Oswald era considerato dai più un tiratore scarso. In realtà, già negli anni '60 i tiratori dell'FBI avevano potuto dimostrare che con lo stesso fucile si potevano sparare tre colpi in circa 5/6 secondi (la simulazione del 1977 dell'House Select Committee on Assassinations dimostrò addirittura che erano necessari solo 3,3 secondi per esplodere tre colpi se il primo proiettile era già in canna) e Oswald era tutt'altro che scarso. Nei Marines era stato addestrato a usare il fucile, e si era qualificato come il secondo tiratore più abile del corpo militare. Il suo istruttore, il maggiore Eugene Anderson, dichiarò anche che Oswald aveva una buona mira, e che sparare a Kennedy dal deposito libri sarebbe stato per lui «un bersaglio facile», che «rientrava pienamente nelle sue capacità». L'uso del mirino telescopico, infine, agevolò indubbiamente il tiro: per Oswald, l'auto che si muoveva a 25 km/h e rallentava doveva sembrare un bersaglio praticamente fermo.

## Il mistero del proiettile perduto

Tra i pochi misteri che ancora resistevano, fino a poco tempo fa, c'era quello relativo alla sorte del primo proiettile sparato da Oswald, che non colpì l'auto del presidente ma si perse chissà dove. Che cosa deviò lo sparo, mandandolo a infrangersi su un marciapiede che si scheggiò ferendo su una guancia uno spettatore casuale, James Tague, tuttora vivo e convinto della presenza di un secondo cecchino?

Nel 2013 un documentario del National Geographic, *JFK: The Lost Bullet*, ha riproposto una teoria avanzata alcuni anni fa dal giornalista Max Holland. Analizzando tutti i filmati disponibili di quegli attimi fatali, e non solo il celebre filmato di Zapruder, Holland si convinse che il primo proiettile potrebbe esser stato sparato un attimo prima di quanto comunemente si crede. Nel momento in cui la limousine svolta su Elm Street, cioè esattamente davanti al deposito libri, Oswald aveva la migliore visuale del bersaglio e qui potrebbe aver premuto il grilletto per la prima volta. Ma il colpo andò a vuoto. Perché?

L'ipotesi di Holland è che il proiettile abbia in realtà colpito il sostegno del semaforo sospeso sopra la strada, e sia stato così deviato. A supporto di questa tesi c'è tra l'altro la visione di filmati dell'epoca, compresi quelli dell'FBI girati pochi giorni dopo il delitto per ricostruire la scena (e presi anche dal punto di vista dell'assassino), in cui si vede chiaramente che il semaforo ha un foro. Non c'è la prova concreta che sia andata così, quel vecchio semaforo è sparito da tempo, ma è la prima volta che un'ipotesi riesce a spiegare in modo convincente come poté quel primo colpo (udito da tutti i testimoni nella piazza) mancare Kennedy.

Inoltre, tale spiegazione ha l'indubbio fascino della "lettera rubata" di Poe. Una soluzione, cioè, che spiega i fatti riuscendo a vedere qualcosa che nessuno ha mai notato prima anche se, per cinquant'anni, era sempre stata sotto gli occhi di tutti. Un cambio di prospettiva riuscito solo dopo che Holland si rese conto che probabilmente il filmato di Zapruder – che, lo ricordiamo, era senza sonoro – non riprendeva tutti e tre gli spari, come si era sempre creduto, ma solo gli ultimi due. Anticipando invece il primo sparo al momento della curva, si ha anche una dilatazione dei tempi: i tre colpi sarebbero stati sparati in 11 secondi, un tempo assolutamente plausibile, anziché nei più difficili 5 o 6 di solito indicati dai teorici della cospirazione.

## Un caso che non può chiudersi mai

La storia dell'assassinio del presidente Kennedy, che ha prodotto in cinquant'anni oltre duemila libri, migliaia di articoli, decine di film e documentari dedicati a dissezionare ogni singolo istante, evento o persona anche lontanamente collegata alla vicenda, sarebbe impossibile da raccontare in poche pagine[2]. Tuttavia, i fatti continuano a confermare

2 Il volume più completo e attendibile sull'assassinio Kennedy è *Reclaiming History: The Assassination of President John F. Kennedy* di Vincent Bugliosi, il PM che incastrò Charles Manson. In italiano, il sito di Federico Ferrero, *www.johnkennedy.it*, è il più documentato, mentre il libro più completo è ancora *Ecco chi ha ucciso John Kennedy* (Mancosu editore, 1998), dello scrittore e regista Diego Verdegiglio, purtroppo uscito per un piccolo editore romano e oggi introvabile. Da parte mia, ho dedicato al caso un centinaio di pagine nel mio *Grandi gialli della storia* (Piemme, 2004 – ristampa in allegato a «Focus Storia», 2013).

tutt'oggi che Lee Harvey Oswald sparò al presidente, e lo fece da solo.

È inevitabile che quando una figura eroica, giovane e amata da tanti muore in modo così tragico e improvviso, nascano leggende, voci e ipotesi sul motivo della morte. Proprio come è successo per tante celebrità del mondo dello spettacolo. Dire che a uccidere JFK è stato solo un pazzo con un fucile non soddisfa: la spiegazione dovrebbe essere più grande e profonda, all'altezza di una figura importante come quella di Kennedy. Ecco perché la storia non finirà qui e, anche se la soluzione è ormai più che chiara, il caso rimarrà aperto ancora per tanto, tanto tempo.

## Mille cospiratori, nessun cospiratore

Le teorie proposte per giustificare una cospirazione ai danni del presidente Kennedy vedono coinvolti, tra gli altri, il presidente cubano Fidel Castro, che voleva vendicarsi per il mancato attentato ai suoi danni ordito dai servizi segreti americani; la comunità anticastrista, delusa dal fiasco della baia dei Porci; il vicepresidente Lyndon Johnson, che voleva prendere il posto di Kennedy; la CIA e l'FBI, con il suo ambiguo capo J. Edgar Hoover minacciato di rimozione, contrari alle politiche democratiche del presidente; la mafia, duramente combattuta dal fratello Robert Kennedy; i petrolieri texani preoccupati per un progetto di aumento delle tasse; il Ku Klux Klan minacciato dal progetto integrazionista di Kennedy; Pentagono e militari, contrari all'ipotesi di un ritiro americano dal Vietnam e, naturalmente, il blocco comunista e il KGB che avevano subìto lo smacco nella crisi dei missili. Anche se molti di questi soggetti avrebbero potuto avere motivi concreti per volere Kennedy morto, ciascuna ipotesi esclude le altre, e non sono mai emersi elementi solidi che possano dimostrare il coinvolgimento nell'assassinio di uno solo di costoro.

**Lee Harvey Oswald**

Ex marine, violento, disadattato ed emarginato, Oswald aveva disertato in Unione Sovietica, dichiarandosi marxista, ma poi era stato espulso e rimpatriato. Sognava di diventare qualcuno, ma nessuno gli prestava l'attenzione che desiderava. Il 10 aprile 1963 tentò di assassinare con il Mannlicher-Carcano Edwin Walker, generale dell'esercito dalle posizioni di estrema destra. L'attentato fallì per un soffio. Sette mesi dopo ci riprovò con Kennedy, e gli andò bene. «Lee se l'è presa con il presidente solo per via dell'opportunità che ha avuto, nient'altro» ha detto di recente Robert, il fratello di Oswald. «Se non avesse lavorato dove lavorava, o se l'auto del presidente non fosse passata di là in quel momento, non sarebbe successo nulla. Non c'era un grande piano o roba del genere. Voleva essere qualcuno, e l'occasione gli capitò per caso, niente di pianificato, niente di organizzato. Aveva seri problemi mentali, ed era seriamente depresso. Voleva assolutamente essere qualcuno. Ma credeva che la società glielo impedisse, voleva che tutti si accorgessero di lui, ma tutti lo ignoravano.»

**Jack Ruby**

Titolare di un night club, Ruby era un signor nessuno che amava farsi notare. Sempre senza soldi, bazzicava le redazioni dei giornali e cercava occasioni per emergere. Non era un gangster, e difficilmente la mafia avrebbe potuto servirsi di un personaggio tanto inaffidabile. Trovatosi al posto giusto nel momento giusto, come Oswald colse l'occasione per entrare nella storia, e gli sparò. Convinto fino alla fine di essere stato un eroe, morì di cancro nel 1967.

### Jim Garrison

Trasformato in un eroe buono nell'interpretazione di Kevin Costner per il film *JFK* di Oliver Stone, il procuratore distrettuale di New Orleans Jim Garrison, che nel 1966 apre un'inchiesta, è in realtà un megalomane paranoico. Costruisce un caso sul nulla, inventa testimonianze fasulle sulla base di ricatti e minacce, imprigiona degli innocenti e tutto al solo fine di farsi pubblicità e passare per eroe. Ci vorranno cinque anni prima che una Corte degli Stati Uniti ribalti le accuse di Garrison che, quando tenterà di ricandidarsi al posto di procuratore distrettuale, sarà sconfitto e accuserà l'FBI e la CIA di avere pilotato le elezioni.

### Quanti presidenti americani hanno subìto attentati?

Ci sono stati almeno venti attentati contro i quarantaquattro presidenti eletti negli Stati Uniti, da George Washington in poi. Il primo ha riguardato Abraham Lincoln, assassinato nel 1865 da un simpatizzante sudista durante una rappresentazione teatrale. L'ultimo, nel giugno 2013, Barack Obama, a cui un anonimo ha spedito una lettera contenente ricina, un veleno fatale, minacciando di assassinare chiunque avesse promosso leggi per cancellare il «diritto concesso da Dio» di possedere armi. Altri tentativi falliti sono stati quelli contro Andrew Jackson (1835), Theodore Roosevelt (1912), Franklin D. Roosevelt (1933), Harry S. Truman (1950), John F. Kennedy (1960), Richard M. Nixon (1974), Gerald R. Ford (sopravvissuto a ben due distinti attentati nel mese di settembre 1975), Jimmy Carter (1979), Ronald Reagan (1981, l'unico colpito da un proiettile che sia sopravvissuto), George H.W. Bush (1993), Bill Clinton (1994) e George W. Bush (2005).

Quattro sono i tentativi riusciti. Dopo Lincoln è toccato a James A. Garfield: gli spararono il 2 luglio 1881, ma morì tre mesi dopo per colpa delle pessime cure mediche ricevute, più che per le conseguenze dirette dell'attentato. Nel 1901 un anarchico sparò a William McKinley, ma nemmeno lui morì sul colpo: se ne andò nove giorni dopo perché non riuscirono a curargli le ferite. Infine, Kennedy, che era già sopravvissuto a un attentato nel 1960, ma restò ucciso in quello del 1963.

# EXTRATERRESTRI: IL PIÙ GRANDE *COVER UP*?

Finalmente, una fonte tra le più alte immaginabili lo ha ammesso. L'8 dicembre 2012, al termine di un'intervista televisiva in cui il premier russo Dmitri Medvedev non sapeva che i microfoni erano ancora accesi, ha rivelato ai giornalisti: «Insieme alla valigetta con i codici nucleari, al leader del Cremlino viene consegnata una speciale cartella "top secret" che contiene informazioni sugli alieni che hanno visitato il nostro pianeta». Inoltre, ha spiegato, «gli viene consegnato un rapporto del servizio segretissimo che esercita il controllo sugli alieni sul nostro territorio nazionale». Alieni sul territorio nazionale? «Informazioni più dettagliate su questo argomento potete ricavarle dal film *Men in Black*» ha risposto il premier «però non vi dirò quanti di loro sono fra noi perché questo creerebbe panico.»

Immediata la reazione degli ufologi sul web una volta che il fuorionda è diventato di dominio pubblico: «Finalmente il grande insabbiamento è finito! Lo conferma il premier russo: gli extraterrestri sono in mezzo a noi».

## UFO "crash" a Roswell

L'idea che le grandi potenze, tra cui sicuramente Stati Uniti e Russia, nascondano da decenni la notizia della documentata esistenza di extraterrestri non è nuova.

Quando il 3 luglio 1947 si verificò uno schianto a Roswell, cittadina del New Mexico, i giornali annunciarono che un disco volante era precipitato nel ranch di un allevatore. Subito partì la smentita dell'esercito statunitense, con la quale si dichiarava che l'oggetto recuperato era in realtà un pallone sonda meteorologico.

In molti pensarono proprio a un *cover up*, cioè a un tentativo di insabbiamento da parte delle autorità. Voci che ripresero vigore nel 1978, quando Jesse Marcel, il maggiore che nel 1947 era stato fotografato con i resti del pallone sonda, dichiarò che la versione dell'Aereonautica Militare era un falso, creato per nascondere la verità. Secondo uno scenario più complesso, infatti, erano stati ritrovati, oltre a un disco volante, anche i corpi di alcuni esseri extraterrestri. Gli alieni sarebbero stati trasferiti in una base militare segreta nel deserto del Nevada, poi divenuta famosa come Area 51. Qui, l'autopsia di un cadavere alieno sarebbe stata persino filmata.

Le teorie del complotto più estreme sostengono che i governi non solo saprebbero dell'esistenza degli extraterrestri, ma sarebbero in contatto con loro. Addirittura, concederebbero agli alieni di rapire esseri umani per condurre esperimenti, in cambio di non meglio specificate tecnologie avanzate.

## Le inchieste ufficiali

Eppure, non si tratta solo di farneticazioni di visionari. Sul fenomeno UFO, infatti, sono stati condotti numerosi studi ufficiali da parte di autorità militari e civili, prima secretati e poi resi pubblici. Tutti hanno constatato che, dal punto di vista statistico, esiste una percentuale interessante di avvistamenti senza spiegazione: il 22% del totale sono casi non identificati dal GEIPAN francese, il 10% quelli che emergono dagli archivi del ministero della Difesa britannico e poco più del 5% quelli del progetto "Blue Book" delle forze aeree americane. Dunque, gli alieni sono veramente tra noi?

In realtà, tutti gli studi sopra citati precisano che non c'è alcuna prova della presenza di intelligenze extraterrestri. I casi non identificati possono avere spiegazioni e cause diverse, tra cui errori di identificazione di vari oggetti convenzionali, falsi a scopo pubblicitario, velivoli militari segreti, casi di isteria di massa e così via.

L'oggetto caduto a Roswell, per esempio, non era semplicemente un pallone meteorologico, ma un pallone spia, usato durante la "guerra fredda" per monitorare i progressi dei russi nello sviluppo di bombe atomiche. Ecco che cosa nascondevano veramente i tentativi di depistaggio.

Quanto all'Area 51, essa è effettivamente una base militare, dove però vengono sviluppate apparecchiature tecnologicamente all'avanguardia (jet militari, moduli spaziali...), mentre non sembra vi sia nascosto alcun disco volante. Infine, il filmato che ritraeva l'autopsia di un extraterrestre si è poi scoperto essere un falso, realizzato da esperti di effetti speciali e venduto per centinaia di migliaia di dollari alle tv di tutto il mondo che lo presero sul serio (vedi box *La farsa dell'autopsia aliena*). Se ancora mancano prove circa l'esistenza di extraterrestri, come spiegare dunque le parole di Medvedev? Probabilmente si è trattato solo di uno scambio di battute scherzose con i giornalisti, come peraltro Medvedev è solito fare. Del resto, nella stessa chiacchierata il premier russo ha ammesso di credere non solo agli alieni ma anche a "Padre Gelo", l'equivalente russo di Babbo Natale. E se in realtà la slitta di Santa Claus fosse un UFO?

## Rapiti dagli alieni

Scherzi a parte, un settore dell'ufologia dove non si racconta solo di avvistamenti più o meno credibili ma si prendono in esame esperienze di "contatto" diretto, spesso anche molto traumatiche, è quello delle cosiddette *abductions*, cioè i rapimenti alieni.

Tutto inizia quando, nel settembre del 1966, la rivista americana «Look» pubblicò la storia di Betty e Barney Hill, due coniugi del New Hampshire che non solo dicevano di avere visto un disco volante, ma sostenevano di essere stati rapiti in quell'occasione dagli extraterrestri.

Fu il primo caso di *abduction*. Da quel momento in poi sarebbero state moltissime le segnalazioni analoghe. Secondo alcuni, sarebbero addirittura 4 milioni i possibili rapiti solamente negli Stati Uniti. Quasi inesistente, invece, il fenomeno negli altri paesi del mondo, Italia compresa (vedi box *E in Italia?*).

Nel caso degli Hill, la coppia raccontò di aver visto un disco volante durante un viaggio in auto. In seguito, a causa di incubi che la tormentavano, Betty disse che le sembrava di non ricordare cosa avesse fatto per un paio d'ore dopo quell'avvistamento. Si convinse così che gli alieni l'avevano rapita e poi avevano cancellato (in parte) il ricordo di quell'esperienza. Ne parlò al marito che, se prima era scettico, col tempo "ricordò" che anche lui era stato rapito e che gli alieni avevano prelevato campioni del suo sperma. Poiché gli incubi continuavano, gli Hill si rivolsero a uno psichiatra, il dottor Ben Simon, che li sottopose a sedute di ipnosi. In questo stato, Barney Hill descrisse gli alieni con due occhi grandi e ovali, senza naso e orecchie e una grande testa calva. Il volto alieno che ormai tutti riconoscono come classico.

I racconti di rapiti che sono arrivati in seguito hanno tutti caratteristiche molto simili. Il ricordo di essere presi, in genere nel sonno, e caricati su un UFO, arriva solo dopo l'esperienza, ed emerge solitamente sotto ipnosi. Tutti descrivono il volto degli alieni più o meno allo stesso modo, dicono che comunicano attraverso la telepatia e ricordano il proprio corpo paralizzato durante il rapimento, a volte coperto da una membrana gommosa che impediva ogni tipo di reazione o fuga.

L'unica sostanziale differenza risiede nel motivo del rapimento: alcuni sostengono che gli alieni sarebbero intervenuti chirurgicamente sui propri organi genitali per prelevare ovuli alle donne e spermatozoi agli uomini, al fine di eseguire esperimenti genetici. Scopo finale, quello di creare una razza ibrida uomo-alieno.

Altri affermano invece che gli alieni avrebbero impiantato loro sotto pelle strani congegni o microchip, al fine di monitorarli. Altri ancora spiegano che gli alieni li hanno rapiti per dare loro avvertimenti sui pericoli che il pianeta corre se continuerà la proliferazione degli armamenti, o l'inquinamento.

## Un problema di ricordi

Ma cosa accade realmente in questi casi? Davvero la Terra è invasa da invisibili dischi volanti che, all'insaputa di tutti, rapiscono dal proprio letto o dalla propria auto milioni di persone per compiere esperimenti genetici o lanciare avvertimenti apocalittici?

È difficile credere che si tratti di esperienze accadute realmente così come vengono descritte, soprattutto perché mancano prove oggettive che possano confermarlo. Anche i famosi "impianti", una volta estratti si dice scompaiano misteriosamente.

«Normalmente si pensa che qualsiasi cosa ricordiamo debba essere vera» dice Marsel Mesulam, direttore del Centro di malattie cognitive della Northwestern University a Chicago. «Ma la memoria non lavora come una videocamera, ed è spesso soltanto una fragile ricostruzione fatta al momento. Per ricordare non abbiamo a disposizione neuroni freschi, né possiamo dare loro una ripulita con dei fazzolettini. I neuroni codificano perciò i nuovi ricordi sopra quelli vecchi, che conservano memorie in parte dimenticate, e nel cervello c'è un costante rimescolamento, per cui le memorie più lontane sono ridistribuite dalle nuove. E a poco a poco i vari aspetti della memoria si degradano per il normale logorio delle funzioni cerebrali.»

Data la sua fragilità, la memoria è estremamente vulnerabile alla suggestione: molti studi, come quelli condotti da Elizabeth Loftus, docente all'Università della California di Irvine e tra i più importanti esperti nel campo della memoria, dimostrano che si possono provocare false memorie attraverso manipolazioni.

«Le mie ricerche sulle distorsioni della memoria risalgono ai primi anni '70, quando iniziai a studiare l'"effetto disinformazione"» mi racconta la Loftus. «Questi studi dimostrano che, quando le persone che sono testimoni di un evento sono poi esposte a nuove e ingannevoli informazioni, i loro ricordi risultano distorti. In un caso, i partecipanti osservavano la simulazione di un incidente automobilistico a un incrocio con segnale di stop: a metà dei partecipanti veniva suggerito che il segnale di stop fosse un segnale di precedenza. Alla successiva richiesta di indicare di quale segnale stradale si trattasse, quelli cui era stato dato il suggerimento tendevano ad affermare di aver effettivamente visto un segnale di precedenza.»

## Creare falsi ricordi

Un conto però è cambiare un dettaglio in un ricordo altrimenti integro, altra cosa è indurre il falso ricordo di un evento mai accaduto. Spiega la Loftus: «Per verificare se ciò è possibile, bisognava trovare il modo per impiantare uno pseudoricordo che non provocasse un inopportuno stress emotivo nei soggetti, sia nella fase della sua creazione sia nel momento in cui rivelavamo di averli intenzionalmente ingannati. D'altra parte eravamo interessati a cercare di instillare un ricordo che avesse una valenza almeno parzialmente traumatica, nel caso l'evento fosse realmente accaduto».

Si provò così a impiantare, in ventiquattro soggetti tra i 18 e i 53 anni, il ricordo di uno smarrimento in un centro commerciale all'età di 5 anni. Ai soggetti, cioè, fu detto che erano stati raccolti da parenti e amici vari ricordi della loro infanzia, molti erano veri ma quello dello smarrimento no. Sette dei ventiquattro partecipanti dichiararono di ricordare in tutto o in parte il falso ricordo. «Statisticamente si potevano rilevare differenze tra i ricordi veri e quelli falsi» precisa la Loftus. «I partecipanti utilizzavano un numero maggiore di parole per descrivere i ricordi veri, che venivano anche indicati come più chiari. Ma se un osservatore esterno avesse sentito molti dei nostri partecipanti descrivere un evento, gli sarebbe risultato difficile stabilire se il racconto fosse relativo a un ricordo vero o falso.»

«In molti casi i falsi ricordi possono essere creati in maniera artificiale proprio durante le sedute di ipnosi» mi dice la psicologa Susan Blackmore della University of West of England di Bristol. «Sappiamo infatti che, in condizioni di ipnosi, i ricordi di una persona possono essere modificati o totalmente fabbricati in seguito a domande ripetute, e anche a causa della pressione sociale di chi ci chiede con insistenza di ricordare qualcosa di specifico. Molti dei casi più noti di *abduction*, come quelli seguiti da psichiatri come Budd Hopkins e John Mack, i più noti sostenitori dell'ipotesi extraterrestre, sono emersi in seguito a sedute ipnotiche.»

Com'è possibile, però, che una persona non capisca se ciò che ricorda è autentico o è solo una fantasia?

«Il problema dei falsi ricordi è molto studiato in psicologia» aggiunge Susan Clancy, psicologa all'Università di Harvard. «Quando ci accorgiamo di sapere qualcosa, ma ci siamo dimenticati da dove arriva quel ricordo, è facile confondersi. Se per esempio io so che gli alieni ti coricano su un tavolo per fare i loro esperimenti, è un'informazione che ricordo perché è capitato proprio a me? Oppure l'ho solo letto in un libro? E quando si immagina qualcosa in maniera molto vivida, come accade sotto ipnosi, diventa ancora più facile confondersi, in seguito, tra eventi solo immaginati ed eventi realmente vissuti.»

### La paralisi notturna

Però non sono solo pazienti di psichiatri che si sottopongono a controverse sedute di ipnosi a ricordare esperienze di *abduction*. Esistono anche molti resoconti spontanei di persone che si svegliano dal sonno in un bagno di sudore, il corpo immobilizzato, e hanno la sensazione che ci sia qualcuno nella stanza con loro.

«In questi casi potrebbe trattarsi della sindrome nota come "paralisi notturna"» continua la Blackmore. «In un tipico episodio di questo tipo, una persona si sveglia e sente il proprio corpo paralizzato, può anche udire ronzii e vedere strane luci pulsanti. Ha poi la sensazione che nella stanza ci sia qualcuno, di visibile o invisibile, e che questo qualcuno si sieda sul suo petto, lo schiacci, lo strangoli oppure lo esamini in vario modo. Dopo un po' il corpo riacquista lentamente la sensibilità, e le sensazioni scompaiono.»

Quella della paralisi notturna è un'esperienza registrata nel corso della storia dalle culture più diverse: i babilonesi chiamavano questa terrorizzante intrusione "Lilitu", demone del vento, che seduceva gli uomini di notte. Gli ebrei la chiamavano "Lilith". Nel Medioevo era nota come "Lamia" e nell'antica Germania come "Mare", la vecchia e orribile donna che sedeva sul petto del dormiente e produceva brutti sogni. Questa figura assumeva anche caratteristiche maschili presso molte culture, e prendeva il nome latino di *Incubus*: incubo. Nel Salmo 91 si trova una definizione che calza a pennello: «terrore notturno».

L'esperienza appare assolutamente autentica perché nel corpo si verificano reali cambiamenti fisiologici. Quando si sogna, durante ogni fase REM (per quattro o cinque periodi ogni notte e, dunque, per un totale di circa 90 minuti), il corpo dell'uomo (a eccezione degli occhi) è completamente paralizzato, non è possibile muoversi e si perde il controllo dei muscoli. Probabilmente, questa paralisi ha la funzione di difendere l'individuo dai movimenti inconsulti provocati dal sogno.

«I circuiti del cervello attivati quando si sogna» spiega Ronald K. Siegel, psichiatra all'Università della California di Los Angeles, «inviano segnali (come l'immagine di un intruso) alla corteccia cerebrale, dove sono elaborati come se provenissero dall'esterno. Dunque le immagini del sogno si estendono alla fase di veglia, e il dormiente vede o sente qualcosa entro il contesto della reale camera da letto. [...] Il tentativo di muoversi nel corso di una paralisi aumenta inoltre la consapevolezza della rigidità muscolare, delle coperte che avvolgono il corpo e del sudore sulla pelle. Tutto questo può tradursi nella sensazione di essere bloccato da mani estranee, o da membrane di gomma.»

Il sogno si estende dunque alla fase di veglia in uno stato di paralisi notturna, e crea una sensazione inquietante e realistica che sarà poi ricordata con terrore.

### Ricordi condivisi

Come si spiega, allora, il fatto che nei casi di *abduction* – sia che vengano ricordati sotto ipnosi, sia che riemergano in maniera spontanea –, tutti descrivono più o meno le stesse cose e soprattutto descrivono alieni che hanno lo stesso volto?

«Si tratta di conoscenze culturalmente condivise» dice la

Clancy: «Teniamo presente che quello dell'*abduction* è un fenomeno prevalentemente nordamericano, ed è iniziato solo dopo che il caso dei coniugi Hill ottenne molta pubblicità e si trasformò in libri, film e documentari molto seguiti».

Lo stesso volto di alieno che Barney Hill descrisse sotto ipnosi potrebbe essere un'immagine che Barney acquisì inconsapevolmente dalla televisione. Due settimane prima del suo racconto fu trasmesso un telefilm della serie *The Outer Limits* in cui compariva un alieno identico a quello da lui descritto (figura 3).

«Insomma, nacque tutto dall'episodio degli Hill» continua Clancy. «Lo stesso Steven Spielberg si servì dell'alieno descritto da Barney Hill per le creature di *Incontri ravvicinati del terzo tipo*, e chi non ha visto quel film? Non è un caso, poi, che un elemento comune di quanti raccontano di esser stati rapiti sia un interesse per la fantascienza o l'ufologia.»

In altre parole, si tratta di persone che sanno già cosa ci si deve aspettare da un rapimento alieno. Ecco allora che, in presenza di un evento emotivamente forte o traumatico come può essere una paralisi notturna o un resoconto immaginario ma molto coinvolgente fatto sotto ipnosi, possono finire per convincersi di esser stati davvero rapiti dagli alieni.

«Perché avviene tutto questo?» si chiede la Clancy. «Io credo che molti abbiano bisogno di un contatto spirituale diretto. Ci sono alcuni che cercano questo contatto con Dio, c'è chi ha visioni mistiche e chi porta su di sé i segni dei supplizi patiti da Cristo. Ma c'è anche chi, invece, cerca il contatto con gli alieni. Penso che sia, in entrambi i casi, la manifestazione di un bisogno culturale di spiritualità.»

### Fotografie di alieni

Eppure esiste un settore dove risulta difficile parlare semplicemente di falsi ricordi, suggestione o allucinazioni, ed è quello delle prove oggettive, come possono esserlo per esempio le fotografie.

Certo, oggi con il digitale è possibile creare foto o video in grado di mostrare in maniera credibilissima lo sbarco a New York, in Times Square, di una corazzata stellare di *Star Wars*, con tanto di giganteschi Camminatori imperiali che seminano il panico sulla Fifth Avenue. Difficile dunque considerare come prove dell'esistenza di UFO foto o filmati che mostrano puntolini luminosi in cielo. Ma una volta non era così.

Prima del digitale, le fotografie si potevano ancora falsificare in tanti modi, ma era meno facile. A guardarle oggi, le foto "migliori" rivelano chiaramente la loro natura fraudolenta: coperchi di pentole appesi a un filo, lampadari gettati in aria, modellini sfocati... Dove non c'era l'inganno, invece, gli UFO, i puntini luminosi ripresi in cielo, erano probabilmente aerei militari, palloni meteorologici, aerei civili, uccelli, meteore, figure gonfiabili, satelliti o persino il pianeta Venere, uno degli avvistamenti più spesso confusi con un disco volante.

Ciò che scarseggiava, ieri come oggi, sono invece le fotografie degli occupanti degli UFO, vale a dire immagini di alieni ed extraterrestri. Ne esistono in totale non più di cinquanta, scattate negli ultimi ottant'anni; ma una volta tolte quelle chiaramente false e sospette, ne restano solo una decina più o meno interessanti. Potrebbero queste foto rappresentare finalmente le prove capaci di rivelare che gli extraterrestri esistono e sono tra noi?

Vediamole una per una (le immagini sono tutte disponibili nell'inserto fotografico del libro).

*Alaska,* USA *(anni '30)*. Sembra essere la più antica, anche se è comparsa per la prima volta solo nel 2003 (figura 4). Si dice che un nonno sul letto di morte abbia consegnato al nipote questa foto scattata in Alaska settant'anni prima.

Non si hanno indicazioni sul nome del fotografo, sulla data o sul luogo dello scatto. La foto mostra un omino con occhi grandi che guarda verso il fotografo. Il fatto che sia palesemente sbilanciato da una parte ha generato il sospetto che possa trattarsi di un modellino piantato nel terreno.

*Roswell, New Mexico,* USA *(7 luglio 1948).* La foto (figura 5) dovrebbe mostrare i resti di un alieno perito nello schianto del suo disco volante. A un più attento esame, sembra invece che la foto mostri il corpo di un pilota umano rimasto ucciso nella caduta del suo velivolo: accanto alla spalla si può scorgere la montatura degli occhiali.

*Wiesbaden, Germania (1° aprile 1950).* La foto (figura 6) comparve nel 1977 tra i documenti resi pubblici dall'FBI su richiesta dell'UFO Information Network. L'immagine sembra mostrare un alieno, collegato a un sistema di respirazione e scortato da due agenti in uniforme, presumibilmente catturato vivo dopo essere precipitato con il suo disco volante. Nel 1981 il giornalista tedesco Klaus Webner scoprì che si trattava di un pesce d'aprile realizzato dal fotografo mascherando debitamente la figlia di cinque anni e pubblicato il 1° aprile del 1950 su un giornale tedesco.

*Colonia, Germania (1° aprile 1951).* Questa foto (figura 7) fu realizzata un anno dopo quella di Wiesbaden, sempre il 1° aprile. Si trattava di una beffa migliore (i ritocchi alla foto erano meno visibili) ma pur sempre di uno scherzo, anche se oggi c'è ancora qualcuno che ritiene le due immagini autentiche.

*Lossiemouth, Scozia (1954).* Un ornitologo dilettante, Cedric Allingham, si trovava in appostamento nel Nord della Scozia quando vide un disco volante scendere a terra, e il suo occupante dirigersi verso di lui. L'alieno, che riferì di provenire da Marte, si allontanò dopo aver scambiato qualche parola. In quel momento Cedric scattò la foto (figura 8). Certo, lo spilungone che ritrae sembra più un idraulico che un alieno. Si è anche sospettato che Cedric Allingham non sia mai esistito, e la foto sia stata messa in circolazione per scherzo dall'astronomo Patrick Moore.

*High Bridge, New Jersey,* USA *(2 agosto 1956).* Howard Menger era un noto "contattista", una persona che sosteneva di essere in contatto abituale con extraterrestri. Nel suo caso si trattava di venusiani che gli avrebbero fornito una moglie e l'avrebbero portato in visita alle loro basi sulla Luna e su Venere. Questa (figura 9) è una delle fotografie da lui scattate dei suoi amici extraterrestri: curiosamente, nelle sue foto gli alieni sono sempre sagome scure illuminate da dietro.

*Solway Firth, Inghilterra (24 maggio 1964).* Jim Templeton, un pompiere inglese, stava scattando foto alla figlia in compagnia della sorellina e della moglie. Al momento degli scatti nessuno notò nulla di strano; una volta sviluppata la foto (figura 10) però appare chiaro sullo sfondo uno strano personaggio, con addosso una tuta bianca: un visitatore dallo spazio? Ci fu chi ipotizzò uno scherzo da parte di un collega del pompiere che indossava una tuta ignifuga.

*Falkville, Alabama,* USA *(17 ottobre 1973).* Nel cuore della notte, lo sceriffo Jeffrey Greenhaw ricevette una chiamata che segnalava un avvistamento di UFO. Raggiunse il posto con una macchina fotografica e vi trovò questo individuo, vestito di una tuta argentea. La figura si lasciò fotografare e corse via, scomparendo nella notte (figura 11). Sembra però che Greenhaw sia caduto vittima di uno scherzo che, in seguito alle polemiche sollevate, gli costò il posto di lavoro e il fidanzamento. Si trattava probabilmente di qualcuno che indossava una tuta d'amianto per pompieri.

*Ilkley Moor, Inghilterra (1° dicembre 1987)*. Scattata da un testimone che vuole restare anonimo, la foto (figura 12) mostrerebbe un alieno sceso da un disco volante che esamina la brughiera. Peccato solo che l'immagine sia del tutto sfocata, e quindi priva di dettagli riconoscibili.

*Carp, Ontario, Canada (15 agosto 1991)*. L'immagine di questa "entità" aliena (figura 13) sarebbe accompagnata dal filmato di un presunto atterraggio di UFO. Il fatto che non si conosca la fonte della foto o del fimato, e che questi siano stati inviati da un personaggio anonimo a un ufologo americano, completi di spiegazione per cui gli alieni in questione rappresenterebbero in realtà una razza evolutasi dai dinosauri milioni di anni fa, non depone a favore della sua autenticità.

## Non siamo soli, ma...

Considerata la mancanza di prove convincenti sull'esistenza degli extraterrestri, dobbiamo allora concludere che altre civiltà intelligenti non possano esistere in qualche parte dell'universo? Assolutamente no: l'ipotesi, anzi, è considerata dagli scienziati piuttosto plausibile.

Solamente nella nostra galassia, la Via Lattea, si calcolano circa 300 miliardi di stelle, vale a dire che di sistemi solari simili al nostro potrebbero essercene circa 5 miliardi. Certo, non tutti avrebbero un pianeta posto alla distanza giusta dal suo sole come è per la Terra, ma gli studiosi calcolano che potrebbero essercene almeno 10 milioni. Di questi, almeno mille potrebbero aver visto svilupparsi una forma di vita di tipo batterico che, almeno su cinquanta pianeti nell'ipotesi più pessimistica, avrebbe potuto evolversi in forme di vita pluricellulari. Da qui l'evoluzione avrebbe dovuto portare a forme di vita intelligenti, e quindi allo sviluppo di civiltà tecnologiche.

Da tutto ciò è stato calcolato che la possibilità di una civiltà tecnologicamente evoluta nella nostra galassia è, nella migliore delle ipotesi, dello 0,000001%. Forse non moltissimo, ma è un numero che, moltiplicato per i circa 500 miliardi di galassie che si stima possano esistere nell'universo, diventa nella più pessimista delle ipotesi cinquantamila. Cioè, cinquantamila possibili civiltà tecnologiche esistenti oggi nell'Universo.

Non si tratta ovviamente di "prove", ma di un gioco statistico e intellettuale che qualche studioso di esobiologia si è divertito a inventare. Non di meno ci aiuta a capire meglio quali siano le dimensioni del cosmo, e le probabilità che esista vita nello spazio.

Il vero problema è un altro: quello delle distanze. L'unico luogo al di fuori della Terra dove l'uomo è finora riuscito a sbarcare è la Luna, il satellite che ci orbita attorno a "soli" 384.400 chilometri di distanza media. Il primo pianeta più vicino a noi, Marte, si trova a una media di ben 250 milioni di chilometri. Ciò significa che sarebbero necessari almeno nove mesi di viaggio per raggiungerlo con un'astronave dalla Terra, e altri nove per tornare a casa. Un anno e mezzo di solo viaggio per visitare quello che è il pianeta più vicino a noi.

Questo per dire che le distanze nello spazio sono molto più grandi di quanto si possa immaginare osservando il sistema solare in una ricostruzione grafica o su una cartina dello spazio. Inoltre, eventuali visitatori extraterrestri non proverrebbero certo dal nostro sistema solare (dove è piuttosto sicuro che non esiste alcun'altra forma di vita intelligente a parte noi), bensì, più probabilmente, da altri sistemi e altre galassie. Ebbene, se pensiamo che un viaggio andata e ritorno verso la stella più vicina a noi (Proxima Centauri, che si trova a 4,2 anni luce) richiederebbe cinquantamila anni, si può facilmente capire come l'idea di viaggi interstellari inizi a sembrare molto meno ragionevole di quello che certi ufologi e teorici del *cover up* vorrebbero farci credere.

## I pericoli della velocità della luce

Certo, si potrebbe obiettare, questo è vero con le tecnologie odierne. Ma eventuali extraterrestri forse dispongono di tecnologie più avanzate che permettono di viaggiare più veloci, magari di avvicinarsi alla velocità della luce (non certo di raggiungerla poiché, come spiega la teoria della relatività ristretta di Einstein, sarebbe necessaria una fonte infinita di energia). È un'obiezione a prima vista ragionevole, ma che deve tener conto di diversi fattori. Il primo è quello del carburante. In teoria, un veicolo potrebbe accelerare fino a una velocità prossima a quella della luce, ma il costo del carburante sarebbe immenso. Anche perché sarebbe necessaria un'astronave di vari miliardi di tonnellate per contenere tutto il carburante necessario. Il razzo *Saturno*, che portò gli uomini sulla Luna, sarebbe un fiammifero paragonato al veicolo necessario per raggiungere la stella più vicina a una velocità prossima a quella della luce.

Potrebbe anche darsi che gli extraterrestri dispongano di altri sistemi di propulsione, a fusione di idrogeno, per esempio, o a raggi laser o ad antimateria. Ma in ogni caso l'energia necessaria, e parliamo di un solo viaggio di andata e ritorno, sarebbe comunque talmente tanta, pari a quella necessaria a far funzionare tutti gli impianti elettrici della Terra per tre o quattrocento anni, che risulta impossibile immaginare un sistema in grado di produrla.

Supponiamo, per assurdo, che per gli extraterrestri procurarsi una tale mole di energia non sia un problema; rimane comunque da risolvere un'altra questione decisiva: quella della distruzione dell'astronave. Viaggiare a una velocità prossima a quella della luce, infatti, sottoporrebbe un'astronave a urti continui con atomi e particelle che rapidamente la ridurrebbero a un colabrodo. Per evitare questo problema bisognerebbe ridurre la velocità, ma così facendo si perderebbe il vantaggio in termini di tempo del viaggio. Dunque, se per ragioni di sicurezza si dovesse scendere anche solo a un decimo della velocità della luce, cioè a 30.000 km/s (pur sempre una velocità straordinaria), un viaggio di mille anni verrebbe vissuto dall'equipaggio pressoché in tempo reale, durerebbe cioè 994 anni.

## Viaggiatori ibernati

Sembra dunque che le altissime velocità necessarie a compiere lunghi viaggi nella galassia in tempi ragionevoli presentino talmente tanti problemi pratici, teorici ed energetici che non si vede proprio come una cosa del genere possa essere realizzabile. Una soluzione, come si è visto in film quali *2001: odissea nello spazio*, *Alien* o *Prometheus*, potrebbe essere quella dell'ibernazione. L'astronave viaggia a velocità ridotta ma con un equipaggio congelato e automaticamente risvegliato a destinazione. Il grande scrittore e divulgatore scientifico Isaac Asimov aveva studiato a lungo il problema, e questo è quello che aveva da dire: «Il problema di congelare una persona senza provocare danni interni e riportarla in vita dopo secoli o millenni, o addirittura centinaia di migliaia di anni, è qualcosa di difficilissimo. E non ci sono molte speranze di una soluzione, anche perché nessuno sa quanto potrebbe durare un corpo in ibernazione. Inoltre, per mantenere le condizioni idonee all'ibernazione e richiamare in vita gli astronauti una volta a destinazione occorrerebbero apparecchiature capaci di funzionare senza guasti per tempi lunghissimi. Non è per niente facile immaginare una cosa del genere».

## Segnali dallo spazio

Considerati dunque i problemi che presenta un viaggio interstellare, disagi che almeno per l'uomo sono oggi insormontabili, si comprende come molto difficilmente qualcuno possa essere giunto sulla Terra nel passato, o riuscirà mai ad arrivarci in futuro. È più probabile, allora, che eventuali extraterrestri facciano come noi, e provino a lanciare nello spazio delle sonde.

Le sonde sono il mezzo più sicuro e meno costoso per viaggiare nel cosmo: difficilmente, però, un'eventuale sonda extraterrestre avvistata dai nostri antenati avrebbe mai potuto essere scambiata per un dio sceso dal cielo, capace di compiere prodigi e accelerare l'evoluzione umana come invece le tante teorie sugli "antichi astronauti" diffuse da autori come von Däniken, Kolosimo, Sitchin, Hancock e Bauval – o da improbabili programmi televisivi come *Ancient Aliens* – vorrebbero darci a bere[1].

Volendo trovare altre civiltà nel cosmo, gli extraterrestri invierebbero segnali radio e scandaglierebbero l'universo per cercarne di nuovi, come stiamo facendo anche noi con programmi come il SETI (Search for Extraterrestrial Intelligence). E se nella preistoria nessuno avrebbe potuto cogliere un segnale radio, oggi che abbiamo la possibilità di farlo non accade.

Non ancora, almeno.

**E in Italia?**

I casi di *abduction* fuori degli Stati Uniti sono pochissimi, conferma ulteriore del fatto che forse si tratta di un fenomeno puramente culturale. Nel nostro paese si ricorda un unico episodio. La vicenda riguarda Pier Fortunato Zanfretta, ex metronotte, che afferma di aver vissuto, tra il 1978 e il 1981, undici episodi di incontri ravvici-

1 Al tema degli "antichi astronauti" e degli avvistamenti di UFO nel passato ho dedicato spazio in altri libri, tra cui numerosi capitoli di *Enigmi e misteri della storia* (Piemme, 2013).

nati con gli alieni. I relativi ricordi sarebbero emersi in seguito a sedute di ipnosi regressiva, una tecnica ritenuta inaffidabile dagli psicologi perché finisce per indurre lo sperimentatore a imbeccare il paziente instillandogli così ricordi di fatti mai accaduti. Zanfretta sostiene però di avere ricevuto anche un oggetto di natura extraterrestre, un tetraedro dorato che ruoterebbe in sospensione. Una conferma oggettiva? No, perché Zanfretta afferma di aver nascosto l'oggetto, e non intende mostrarlo a nessuno (ritiene che nessuno a parte lui possa maneggiarlo senza essere fulminato). Il tetraedro non può nemmeno essere fotografato, non rimane impresso sulla pellicola. A chi obietta che Zanfretta potrebbe anche essere in buona fede, ma che tutta la vicenda sembra l'ennesimo caso di fantasia alimentata da falsi ricordi indotti da altri, l'ex metronotte rispondeva fino a qualche tempo fa che gli alieni stavano per tornare. La data per l'appuntamento galattico apparteneva al 2010, ma di sbarchi alieni non se ne sono visti.

**La farsa dell'autopsia aliena**

Ricordate quel filmato in bianco e nero che sembrava mostrare l'autopsia di un extraterrestre precipitato sulla Terra con la sua astronave? Nel 1995 fece il giro del mondo e rese ricco il suo "scopritore", il produttore cinematografico inglese Ray Santilli. Nonostante lo scetticismo dimostrato allora da scienziati, patologi ed esperti di effetti speciali – che sostenevano come ci fossero troppi elementi che facevano dubitare della sua autenticità – in tanti vi credettero, e numerose stazioni televisive mandarono in onda il filmato, compresa la RAI (all'interno del programma *Misteri*, su RAI 2).
Tuttavia, poco tempo dopo, lo stesso Santilli dichiarò che quell'autopsia era un falso. L'alieno era stato realiz-

zato da uno scultore inglese, John Humphreys, che aveva utilizzato materia cerebrale di una pecora per il cervello della creatura, e una zampa di agnello per l'articolazione di una gamba.
Forse nel tentativo di non apparire un truffatore totale, Santilli precisò che aveva davvero trovato un autentico filmato di autopsia aliena ma che la pellicola era così deteriorata che non era possibile mostrarla. Aveva allora pensato di "restaurarla" rifacendola del tutto, con alcune comparse e la scultura di un alieno.
L'ufologo inglese Philip Mantle, che all'epoca si era dichiarato certo della bontà del filmato, ha successivamente commentato: «Onestamente posso dire che non credo a una parola di quanto detto da Santilli e non ho alcun dubbio che il filmato non sia niente altro che un falso assoluto. Non esiste e non è mai esistito un filmato originale. Santilli aveva ben poca credibilità, e adesso non ne ha nessuna».
L'intera vicenda ha pure ispirato una commedia, *Alien Autopsy*, uscita nel 2006.

# LE STRANE MORTI DEI DIVI

Si racconta che esista negli Stati Uniti un'organizzazione potente e dalle enormi risorse economiche che avrebbe creato un programma di "salvataggio" rivolto a celebrità sottoposte a livelli di pressione straordinari.

Si chiamerebbe semplicemente "il Programma" e consisterebbe in questo: individuata una celebrità con seri problemi di alcol, droga o depressione, l'organizzazione trova il modo di avvicinarla in segreto per proporle il Programma. Si tratta di simulare una morte accidentale, il corpo di un sosia sostituisce quello della star e ricche bustarelle aiutano a fare in modo che medici legali e agenti di polizia compiacenti non si mostrino troppo meticolosi negli esami e nelle indagini.

In tal modo, la celebrità potrebbe seguire programmi di riabilitazione e consulenza psicologica, lontano dai riflettori, quindi le sarebbe gradualmente permesso di recuperare una vita privata con una nuova identità.

Secondo una teoria minoritaria, il primo che avrebbe accettato il Programma fu Glenn Miller, celebre musicista e compositore swing che il 15 dicembre 1944 scomparve sul canale della Manica con il suo aereo diretto a Parigi.

La maggioranza ritiene invece che il primo fu Hank Williams, leggenda della musica country, morto a 29 anni il 1° gennaio 1953. Williams – il cui corpo si dice fu trovato da un improbabile autista diciassettenne – soffriva di alcolismo, e il Programma gli avrebbe permesso di disintossicarsi e rifarsi una vita.

Da allora, l'elenco dei supposti partecipanti al Programma è lunghissimo: James Dean, Marilyn Monroe, Jim Morrison, Jimi Hendrix, Elvis Presley, John Belushi, Kurt Cobain, Heath Ledger, la principessa Diana e, naturalmente, Michael Jackson.

## Jim Morrison poeta a Parigi

È facile trovare in rete questa leggenda, che sembra uscita da un racconto di Stephen King o da un episodio di *Ai confini della realtà*. Molto più difficile provarne la veridicità...

Eppure, per questi e altri personaggi celebri del mondo dello spettacolo, la morte è arrivata improvvisa, in circostanze poco chiare. Come se non bastasse, dopo il decesso molti di loro sono stati avvistati in un café di Parigi, o in qualche tavola calda di Houston.

Il primo per il quale i sospetti di una morte simulata sono sembrati qualcosa di più della fantasia di qualche fan squinternato (e dunque a fare intuire l'esistenza del "Programma") è stato Jim Morrison.

Il 3 luglio 1971 il leggendario leader dei Doors fu ritrovato privo di vita dalla sua compagna, Pamela Courson, immerso nella vasca da bagno, nel loro appartamento di Parigi. Dopo quattro anni di carriera travolgente e di eccessi ai limiti della sopportazione umana fatti di abuso d'alcol e droghe, Jim Morrison, ingrassato e depresso, aveva lasciato gli Stati Uniti in cerca di tranquillità. Il medico legale disse che il cantante era morto per "cause naturali", ma l'annuncio ufficiale fu dato solo sei giorni dopo l'accaduto, quando il suo corpo era già stato sepolto nel cimitero del Père-Lachaise. Nessuno tra quanti lo conoscevano, insomma, poté vederlo dentro la bara, tranne Pamela.

Tutto questo bastò a far scattare la scintilla che alimenta da allora i sospetti sulla sua reale dipartita. Nonostante la magistratura non abbia mai ritenuto che i dubbi sulla sua morte fossero tali da richiedere una riesumazione del cadavere, negli anni seguenti in molti sostennero di aver incontrato il "Re Lucertola", come lo chiamavano i suoi ammiratori. Uno di questi, Jacques Rochart, negli anni '80 pubblicò addirittura un libro, *Jim Morrison: vivo!*, in cui raccontava dei suoi ripetuti incontri con Morrison a Parigi. Il cantante gli avrebbe spiegato di avere inscenato la sua morte per fuggire – guarda un po' – le pressioni della vita pubblica. Morrison gli avrebbe anche consegnato una serie di nuove poesie che Rochart raccolse nel libro ma che, a detta degli esperti, se fossero autentiche indicherebbero come dopo il 1971 il talento di Morrison si sia irrimediabilmente perduto.

## Elvis agente dell'FBI

Ancora più celebre il caso di Elvis Presley, morto il 15 agosto 1977 e continuamente "avvistato" negli anni a venire. Il re del rock non era più lo snello e bellissimo adone che vent'anni prima aveva sconvolto il mondo con il sex appeal delle sue movenze e della sua voce. Era ingrassato e si stancava presto, forse per via dello stress e dei farmaci che era "costretto" a prendere, come dichiarava. I suoi spettacoli a Las Vegas erano sempre più penosi. Elvis dimenticava le parole delle canzoni, farfugliava commenti incomprensibili tra un pezzo e l'altro, imprecava quando non riusciva a raggiungere una nota, ignorava il pubblico e la band. Persino i fan si lamentavano di quanto ogni sua esibizione fosse diventata scadente.

Dopo la morte la confusione iniziale sui risultati dell'autopsia, il fatto che i familiari e gli amici ripulirono immediatamente la stanza in cui morì facendo sparire ogni traccia di medicine, e i contraddittori racconti di chi gli era vicino contribuirono ad alimentare le leggende, a cominciare da quella secondo cui Elvis Presley non sarebbe mai morto, ma avrebbe cambiato identità per sfuggire alle tensioni dello show business.

La scrittrice americana Gail Brewer Giorgio pubblicò alcuni libri in cui dichiarava che la morte di Elvis era stata simulata; allegò addirittura una cassetta contenente la registrazione di una telefonata dello stesso Elvis, che spiegava il modo in cui fosse riuscito a fuggire e quanto fosse difficile nascondersi. Un'analisi vocale condotta dall'FBI poté invece accertare che la voce non era di Elvis ma di un imitatore, David Darlock. Particolare che comunque non impedì alla Giorgio di vendere oltre 3 milioni di copie.

Bill Beeny, un ultraottantenne del Missouri, è così convinto che l'uomo sepolto a Graceland non sia Elvis Presley da aver aperto un museo il cui nome è "Elvis è vivo". «Man mano che si accumulavano gli avvistamenti di chi sosteneva di avere incontrato Elvis» dice Beeny «diventavo sempre più curioso; ho così iniziato una mia personale indagine.» Secondo Beeny, Elvis lavorava in segreto per la DEA, il reparto antidroga dell'FBI, impegnato in un'operazione antimafia; fu però costretto a "sparire" e a inscenare la sua falsa morte per sfuggire alla vendetta dei clan. Le prove? Una stanzona piena di fotografie, cimeli, documenti, misteriosi esami del dna e trascrizioni di telefonate in cui discuterebbe dei suoi affari da dopo morto.

«Ci sono almeno dieci motivi che mi danno la certezza che Elvis è ancora tra noi» aggiunge Beeny. «Uno su tutti: perché la famiglia non ha mai incassato l'assicurazione sulla vita contratta da Presley con la Lloyd's di Londra? Sono milioni e milioni di dollari!»

L'ultimo avvistamento risale al 2007: tale Matt Frost, fotoreporter statunitense, avrebbe trovato Elvis nientemeno che a L'Avana, nello stesso ospedale in cui era ricoverato

Castro per i suoi problemi di salute. Frost, travestito da infermiere, cercava di scattare foto al convalescente *líder máximo*, quando per errore si ritrovò nella stanza dov'era ricoverato Elvis. Quando Frost aprì la porta, vide un uomo di circa 70 anni di corporatura massiccia. Credendo di essere stato scoperto, l'uomo esclamò, in perfetto inglese: «*Yes, it's me, Elvis*». Peccato solo che questa notizia sia trapelata in un giorno davvero poco credibile: il 1° aprile.

### Principesse e banditi

Non sono solo le celebrità del mondo dello spettacolo a trasformarsi nei protagonisti di queste storie. Una morte improvvisa e controversa ha scatenato nell'ultimo secolo ogni tipo di ipotesi anche nel caso di nobili, dittatori, leader rivoluzionari e banditi.

Così, per decenni si è creduto che Anastasia, l'ultima erede dei Romanov, fosse miracolosamente sopravvissuta all'eccidio di tutta la sua famiglia. Almeno finché, nel 2008, test del dna confermarono che resti infantili trovati l'anno prima appartenevano alla piccola Anastasia. Svaniva così il sogno di chi credeva che almeno uno dei Romanov si fosse salvato dal massacro di Ekaterinburg[1].

Qualcosa di simile accadde anche a Ernesto Che Guevara, il rivoluzionario castrista sparito nelle giungle del Sudamerica negli anni '60. La scomparsa ingigantì la sua leggenda, che non finì neppure nel 1967, quando il cadavere, crivellato di proiettili, fu dato in pasto ai media. Anche allora ci fu chi parlò di montatura, poiché il corpo del Che si diceva fosse sepolto in un luogo segreto. Girò anche la falsa voce che lo avessero cremato e ne avessero disperso le ceneri; la scomparsa del cadavere contribuì poi ad accrescere negli anni

1 Mi sono occupato del caso di Anastasia in *Grandi gialli della storia* (op. cit.).

il mistero attorno alla figura del grande rivoluzionario. La località della sepoltura è rimasta celata fino al luglio 1997, quando un gruppo di ricercatori ha identificato il cranio e alcune ossa del Comandante, sepolto in una fossa comune con altri sette *compañeros*, a Valle Grande, circa 150 miglia a sud-est di Santa Cruz.

Anche due banditi leggendari del West, come Butch Cassidy e Sundance Kid, furono dati morti (suicidi, ma più probabilmente uccisi) nel 1908 in Bolivia, dopo uno scontro a fuoco con la polizia. Salvo poi ricomparire qualche anno più tardi. Dato che in Bolivia non c'era stata un'identificazione ufficiale e i loro corpi erano stati sepolti in una tomba anonima, Butch "ricomparve" due volte in America, nel 1925 e nel 1930; mentre del Kid si disse che era rientrato a San Francisco nel 1919 e morto in carcere sotto falso nome. Il test del dna condotto sulla salma di San Francisco riesumata nel 1992, ha però smentito che quelli siano effettivamente i resti del Kid: uno dei pochi casi in cui l'ultimo soggiorno di una celebrità defunta rimane effettivamente oggetto di dibattito.

## Sosia e doppioni

L'idea che la morte di un personaggio celebre possa sfuggire per errore a una verifica o, addirittura, essere simulata apposta come via di fuga magari con l'aiuto di un sosia, non è una mania moderna.

La letteratura, per esempio, ci ha tramandato molti esempi di "sostituzioni" clamorose, benché solo immaginarie. Ne *Il visconte di Bragelonne*, per esempio, Alexandre Dumas ha preso in prestito un episodio reale (un prigioniero costretto a indossare una maschera di ferro) per raccontare una fantasiosa vicenda in cui il re di Francia, Luigi XIV, prende il posto del fratello gemello dopo averlo fatto imprigionare e obbligato a indossare una maschera che gli nasconde il volto (vedi il capitolo *D'Artagnan e l'uomo nella maschera di ferro*).

O, ancora, ne *Il principe e il povero* di Mark Twain: il principe Edward, figlio di Enrico VIII d'Inghilterra, si cambia di posto con Tom Canty, un povero che gli somiglia come una goccia d'acqua, per allontanarsi dalle pressioni di corte e provare a vivere in maniera spensierata.

Film e romanzi, poi, hanno tramandato anche l'idea che un potente, di solito un tiranno, possa servirsi abitualmente di sosia per le occasioni pubbliche ritenute a rischio di attentato. E il fatto che di recente si sia scoperto che un dittatore come Saddam Hussein si servisse, effettivamente, di alcuni sosia non fa che consolidare questa convinzione.

Tutto ciò contribuisce senz'altro a spiegare perché ancora oggi si sospettino manovre oscure dietro la morte improvvisa di una star e, addirittura, si arrivi a credere che uno dei personaggi più famosi degli anni '60, l'ex Beatle Paul McCartney, sia morto, e poi sostituito da un sosia (vedi il capitolo *Il giallo di Paul McCartney*).

## Michael Jackson sta per tornare?

Se le prove sul "ritorno" di Morrison e di Elvis sembrano poco convincenti, che dire allora delle voci che nel 2009 presero a rincorrersi subito dopo la scomparsa del re del pop, Michael Jackson?

Troppa la pressione cui era sottoposto. Nel luglio di quell'anno avrebbe dovuto iniziare una serie di cinquanta spettacoli a Londra, un modo per racimolare i milioni di dollari necessari a coprire i debiti che aveva accumulato negli anni. Ma era troppo debole per farcela e così avrebbe preferito fingere la propria morte.

«A differenza di Elvis, Michael ha scelto di ritirarsi dalla celebrità prima che questa lo distruggesse» dice convinto William Stern, studioso di Elvis e di Jackson. «Una volta che si sarà riposato e ripreso, organizzerà il più straordinario tour del rientro mai visto nella storia del rock. Secondo "fonti informate" Jackson sarebbe ora in un castello medievale in Ungheria, dove resterà finché non sarà pronto a tornare.»

Intanto, non si contano sul web foto e filmati che lo riprenderebbero, vivo, dopo la sua morte. Uno dei più visti mostra un furgone del Coroner nel quale dovrebbe trovarsi la salma del cantante, fermarsi in un parcheggio sotterraneo e... oplà! Dal portello sul retro, anziché un cadavere esce un uomo che ricorda molto Jackson e che, con le sue gambe, infila una porta e sparisce. Il canale televisivo tedesco RTL ha però rivelato di aver realizzato il video per farsi pubblicità, creando un falso furgone ospedaliero e coinvolgendo un imitatore di Jackson.

Certo, se davvero Michael Jackson avesse simulato la sua morte, sarebbe stato un pessimo scherzo ai danni di Conrad Murray, il suo medico curante. Murray, infatti, avendo iniettato a Jackson una dose letale di Propofol, un potente anestetico che il cantante usava per curare l'insonnia, è stato condannato per omicidio colposo e ha scontato quattro anni di carcere, tornando libero solo nell'ottobre del 2013.

### Moana non c'è più

Anche l'Italia conta una celebrità che non sarebbe davvero morta, la pornostar Moana Pozzi. L'attrice, che oltre al successo nel mondo dell'hardcore era riuscita a raggiungere una notevole popolarità anche presso il grande pubblico, scomparve improvvisamente a 33 anni. Morì all'Hotel de Dieu di Lione il 15 settembre 1994; causa ufficiale, un tumore al fegato. Ma, sia perché mancava il certificato di morte, sia perché non fu possibile vedere la salma che fu poi cremata, iniziarono subito a diffondersi le voci di una simulazione. Al punto che, nel 2004, in seguito a una biografia sensazionalistica dell'attrice, la Procura della Repubblica di Roma aprì un fascicolo per scoprire se Moana fosse viva o morta. Solo il ritrovamento del certificato di morte, le dichiarazioni addolorate dei familiari e la confessione del marito dell'attrice, Antonio Di Cesco, che rivelò di avere aiutato Moana a morire per porre termine alle sofferenze, misero un freno al dilagare delle voci.

### La verità più dura da accettare

Ma perché la gente è così pronta a credere che una celebrità possa arrivare a simulare la propria morte? E perché molti sono propensi a pensare che la morte di personaggi come Marilyn Monroe, la principessa Diana, Bruce Lee o John Lennon non sia stata naturale (accidentale o provocata) ma il frutto di una complessa cospirazione[2]?

In effetti, il rifiuto da parte dei fan di accettare che l'amata icona possa morire prima di loro è una costante nella teorizzazione del complotto. Dopotutto, i santi dovrebbero essere immortali.

C'è senz'altro una componente speculativa, alimentata da chi ha scoperto che le teorie del complotto rappresentano un'inesauribile miniera d'oro. Tuttavia, senza le forti motivazioni psicologiche di cui abbiamo discusso nell'apertura di questa parte del libro, a partire dalla dissonanza cognitiva, questa industria non esisterebbe nemmeno.

È un discorso che vale per tutte le star la cui morte non

2 Alle "strane morti" dei divi ho dedicato il libro *Elvis è vivo!* (Piemme, 2006), un'inchiesta che affronta nove casi celebri: Jim Morrison, Bruce Lee, Luigi Tenco, Elvis Presley, Marilyn Monroe, John Lennon, Pier Paolo Pasolini, Kurt Cobain e... Paul McCartney.

viene accettata dai fan. Da un lato abbiamo celebrità giovani, ricche, potenti, amate da milioni di persone e dall'altra una fine spesso improvvisa e insignificante. Perché non vogliamo accettarla? Forse perché farlo significherebbe accettare anche un fatto molto più scomodo: la nostra stessa mortalità. Se fama, ricchezza e successo non hanno salvato le star, chi ci assicura che la loro fine banale e improvvisa non possa toccare anche a noi? E forse è proprio questa la verità più intollerabile.

**Lo scherzo più estremo**

La motivazione più originale per fingersi morto potrebbe essere quella che alcuni attribuiscono al dissacrante e imprevedibile comico americano Andy Kaufman, a cui Miloš Forman dedicò il film *Man on the Moon*. Kaufman non sarebbe morto nel 1984 per una rara forma di cancro ai polmoni, e il fatto di farlo credere per ricomparire magari cinquant'anni dopo rivelando di essere ancora vivo, sarebbe solo uno scherzo. Qualcosa che, per la verità, sarebbe perfettamente in stile con la sua comicità, assurda e surreale.

# IL GIALLO DI PAUL MCCARTNEY

Paul McCartney, l'ex bassista dei Beatles, non fece in tempo a lasciare la sua band perché... morì prima dello scioglimento, e fu rimpiazzato da un sosia. È l'incredibile ipotesi alla base di una delle più celebri leggende metropolitane ambientate nel mondo del rock e, forse, la più divertente da seguire.

## Una favola dark

Tutto cominciò il 12 ottobre 1969, quando il DJ Russ Gibb, dell'emittente WKNR-FM di Detroit, ricevette una telefonata in diretta da un tale "Tom": l'uomo sosteneva di aver analizzato i dischi dei Beatles e di aver scoperto grazie a una nutrita serie di indizi che McCartney fosse in realtà defunto.

Secondo Tom, Paul sarebbe rimasto decapitato in un incidente automobilistico subito dopo aver lasciato gli studi di Abbey Road, dove i Beatles erano soliti registrare. McCartney se n'era andato in seguito a un litigio, era salito sulla sua Aston Martin e aveva perso la vita in un incidente che lo aveva sfigurato.

L'incidente avrebbe avuto luogo alle cinque del mattino del 9 novembre 1966, e sarebbe stato provocato da una sovreccitata autostoppista, una tale Rita, che Paul avrebbe caricato in auto per offrirle un passaggio.

Con la morte del musicista, però, si presentava un grosso problema: i Beatles erano al culmine del successo, la perdita di un componente avrebbe significato la fine di tutto, per loro e per l'industria che vi gravitava attorno. Qualcuno ebbe allora l'idea di non rivelare mai la morte di Paul e sostituirlo con un impostore che gli somigliasse, e sapesse suonare.

Secondo alcune fonti l'impostore sarebbe un attore di nome William Campbell, vincitore di un concorso per trovare un sosia di Paul McCartney. Nella leggenda Campbell non solo aveva la voce del vero McCartney, ma ne condivideva addirittura lo straordinario talento artistico.

L'arrivo del sosia spiegherebbe dunque il motivo per cui i Beatles smisero di esibirsi in pubblico a partire dal novembre 1966, e perché si fecero crescere i baffi (la somiglianza era forte ma non perfetta, camuffare i lineamenti era ora necessario).

Il fatto è che questo terribile segreto generò nei rimanenti Beatles – John Lennon, George Harrison e Ringo Starr – un forte senso di colpa, che li indusse a rivelare la verità ai fan attraverso l'inserimento di indizi e di tracce nelle loro canzoni e nelle copertine degli album.

## Dichiarato ufficialmente morto

Due settimane prima della telefonata alla WKNR, il misterioso "Tom" aveva trovato la prova del complotto nella copertina dell'album *Abbey Road* (figura 14), ultimo disco inciso dalla band. I quattro sono ritratti mentre attraversano le strisce pedonali di fronte agli studi discografici della EMI ad Abbey Road (Londra). L'immagine non poteva che simboleggiare un funerale, con Lennon (in bianco) nei panni dell'officiante, Ringo (in nero) in quelli del becchino e Harrison (in jeans) in quelli dello scavafosse. Paul non è al passo con gli altri, ed è a piedi nudi: sembra infatti che presso alcuni popoli i morti vengano sepolti senza le scarpe. Come se non bastasse, Paul tiene una sigaretta nella mano destra, mentre tutti sanno che il vero Paul era mancino.

In strada è anche parcheggiata una Volkswagen "Beetle" la cui targa riporta LMW 28IF, che starebbe a indicare l'età di Paul: 28 anni *se* (IF) fosse ancora vivo.

Furono rivelazioni che scatenarono al tempo una vera e propria mania nei campus universitari e sui giornali, e ogni settimana si scoprivano nuove tracce sepolte nei dischi più vecchi della band.

Sulla copertina del primo disco inciso dopo la presunta morte di Paul, *Sgt. Pepper's Lonely Hearts Club Band* (figura 15), sarebbe rappresentato un funerale: una folla in piedi davanti a una fossa ricoperta di fiori. Fiori che non solo componevano la parola "Beatles", ma anche la figura di una chitarra per mancini, come quella di Paul. Paul McCartney ha poi una mano che gli spunta da dietro la testa: un segno che in certe società orientali indicherebbe la morte.

Una bambolina indossa una maglietta su cui è scritto: «Welcome the Rolling Stones»; sulla sua gamba si trova un modellino di Aston Martin che sembra dirigersi verso la parola "Stones" (pietre): un'allusione all'incidente?

Se poi si posiziona uno specchietto a metà della scritta sul tamburo, sulle parole *Lonely Hearts*, appare un messaggio nascosto: I ONE IX HE ↑ DIE. I ONE IX è un "chiaro" riferimento alla data del presunto incidente (novembre 9), HE si riferisce a "lui", cioè a Paul, come indica la freccetta, ↑, diretta verso McCartney, e DIE conferma che è morto.

Una volta aperto il disco, poi, nella fotografia interna Paul è seduto a gambe incrociate, una posizione in cui gli antichi celti seppellivano i morti; e indossa un distintivo su cui è scritto OPD, che potrebbe stare per "Officially Pronounced Dead" (Dichiarato ufficialmente morto).

## Ho sepolto Paul

*Sgt. Pepper's* fu il primo disco della storia in cui furono pubblicati i testi delle canzoni: si trovano sul retro della copertina, dove i Beatles posano ancora nei loro costumi sgargianti. Stranamente Paul è l'unico del gruppo che volti le spalle, e il pollice di George punta verso il verso di apertura di *She's Leaving Home* che dice: «*Wednesday morning at five o'clock*» (Mercoledì mattina alle cinque): un ennesimo riferimento al giorno dell'incidente?

In un'altra canzone, *A Day in the Life*, John canta: «*He blew his mind out in a car*» (Si è fatto saltare il cervello in un'auto), e in un'altra, *Good morning, Good Morning*, inizia cantando: «*Nothing to do to save his life*» (Niente che si possa fare per salvargli la vita). E *Lovely Rita* è un riferimento alla ragazza che provocò la morte di Paul? Forse, visto che McCartney (o l'impostore) canta: «*Took her home and nearly made it*» (La portai a casa e quasi ci riuscii). *Quasi*, perché la morte arrivò prima.

Anche gli album successivi riporterebbero un'abbondanza di indizi: sulla copertina di *Magical Mystery Tour* i Beatles indossano maschere di animali. Al centro c'è un tricheco nero che, in certi paesi scandinavi, è visto come un presagio di morte. È l'impostore a indossare il costume? Apparentemente no, visto che nel disco è Lennon a cantare la canzone dal titolo *I Am The Walrus* (Il tricheco sono io). Tuttavia, sulla copertina dell'album, compare una scritta "a mano" dopo il titolo che dice: «No, tu non lo sei!». Dunque, chi è il tricheco?

In un altro album, noto a tutti come l'"Album bianco", per via della copertina interamente bianca (ma intitolato semplicemente *The Beatles*), John Lennon canta in un brano intitolato *Glass Onion*: «*Well here's another clue for you all, the walrus was Paul*» (Eccovi un ennesimo indizio: il tricheco era Paul)!

Sul libretto allegato a *Magical Mystery Tour* Paul è ritratto senza scarpe in alcune foto, è l'unico a indossare un fiore nero al bavero mentre quello degli altri è rosso, in varie fotografie tiene una mano sopra la testa e sopra di lui campeggia una scritta che recita: «*I Was*» (Io ero).

Alla fine della canzone *Strawberry Fields Forever*, se si ascolta con attenzione si sente una voce sussurrare: «*I buried Paul*» (Ho sepolto Paul).

Capovolgendo la copertina dell'album, inoltre, il nome BEATLES si trasforma in un numero di telefono: 2317438. Si dice che chi lo componeva veniva informato sui dettagli relativi alla morte di Paul.

Anche nell'Album bianco si possono ascoltare mormorii che seguono la canzone *I'm So Tired* e risultano incomprensibili. Se si ascolta il disco al contrario, le parole diventano qualcosa come: «*Paul is dead now, miss him, miss him*» (Paul è morto adesso, ci manca, ci manca). Nulla se paragonato alla rivelazione di *Revolution n. 9* che, sempre ascoltata in senso contrario, conterrebbe una voce che ripete: «*Turn me on, dead man*» (Accendimi, uomo morto), seguito dal suono di una terribile collisione, dal rumore del fuoco e di una voce che grida: «Tiratemi fuori!». Una ricostruzione dell'incidente?

## «Io morto? Che esagerazione!»

«Sembra incredibile che il pubblico americano possa aver creduto a una leggenda totalmente infondata come questa» dice Gary Patterson, uno dei principali esperti di questo fenomeno. «Tuttavia, quella stessa generazione di ragazzi era cresciuta con l'idea che il presidente Kennedy fosse stato ucciso da una cospirazione, e che la Commissione Warren avesse lavorato per nascondere la verità. In questo contesto non sembra più tanto assurdo che la presunta morte di un Beatle potesse esser tenuta nascosta.»

La diceria si diffuse al punto che il vero Paul McCartney si sentì in dovere di rassicurare i suoi fan che era vivo e vegeto. In un'intervista al settimanale «Life» disse, scherzando: «Le voci sulla mia dipartita sono esagerate. Tuttavia, se fossi morto davvero sono sicuro che sarei l'ultimo a saperlo».

Offrì anche una spiegazione per gran parte dei presunti indizi che non erano dovuti a semplici coincidenze. Il distintivo OPD significava in realtà "Ontario Police Department"; portava un fiore nero in *Magical Mystery Tour* perché quelli rossi erano finiti; era John a indossare il costume da tricheco e sulla copertina di *Abbey Road* era scalzo perché quel giorno faceva molto caldo.

Anche le altre tracce avevano spiegazioni semplici. John non diceva «*I buried Paul*» ma – come si può chiaramente sentire oggi in una versione più chiara della canzone pubblicata su *The Beatles Anthology vol. 2* – dice: «*Cranberry sauce*» (Salsa di mirtillo), uno dei suoi tipici scherzi.

Tuttavia, sebbene sia vero che molti indizi sono facilmente spiegabili con il caso e la volontà di credere, altri – come i riferimenti al tricheco e alcune interpretazioni delle copertine dei dischi – devono esser stati inseriti dagli stessi musicisti per qualche motivo.

«La mia opinione è che l'idea sia venuta ai Beatles quando hanno scoperto alcune dicerie analoghe legate a loro colleghi come Bob Dylan e Brian Jones» dice Glauco Cartocci, autore del fortunato *Il caso del doppio Beatle*, primo libro in italiano sull'argomento. «Lennon, probabilmente, propose agli altri di inserire nella loro produzione artistica un sottile gioco, che prima o poi avrebbe potuto essere rivelato o meno. Un gioco segreto e intrigante, in linea con i loro idoli Lewis Carroll ed Edgar Allan Poe. Quanto al perché, non escludo che vi si potesse nascondere un progetto pubblicitario. La beffa poteva essere un asso nella manica da giocarsi al momento opportuno: e saltò fuori infatti nel momento in cui la band stava per sciogliersi. Il risultato fu che i loro dischi, anche quelli più vecchi, ripresero a vendere tantissimo.»

I Beatles possono allora certamente affermare di avere creato una beffa non solo redditizia, ma capace di rivaleggiare con la burla dell'invasione marziana di Orson Welles.

**Beatles satanici?**

Le canzoni dei Beatles contengono messaggi nascosti? Si dice, per esempio, che *Lucy in the Sky with Diamonds* celi in realtà l'acronimo LSD, una droga che i Beatles sperimentavano all'epoca. Qualcuno poi sostiene che la band, oltre agli indizi sulla "morte" di Paul, avrebbe nascosto in alcuni brani anche "messaggi satanici". In realtà nelle canzoni dei Beatles non si trova nulla del genere e, anche se ci fosse, uno studio degli psicologi J.R. Vokey e J.D. Read ha dimostrato che questo tipo di messaggi non ha alcun effetto su chi li ascolta. Alcuni gruppi rock che negli anni '80 incisero effettivamente frasi ispirate a Satana lo fecero sperando di far parlare di sé e, quindi, aumentare le vendite dei propri dischi. Quanto a "Lucy", l'ispirazione venne a John Lennon, quando il figlio Julian gli mostrò un disegno fatto a scuola: «Che cos'è?» chiese John. E il piccolo Julian rispose: «È Lucy, nel cielo con i diamanti».

# CHI HA UCCISO TUTANKHAMON?

Tutankhamon è oggi un mito, un'icona al pari di Giulio Cesare, Napoleone o Kennedy. Ma il più celebre dei faraoni potrebbe condividere al pari di questi e altri potenti anche l'ipotesi secondo cui sarebbe stato vittima di un complotto. E pensare che Tutankhamon fu forse il meno importante dei faraoni dell'Egitto!

## La breve storia del re bambino

Salito al trono all'età di 9 anni, fu il dodicesimo e pressoché ultimo faraone della XVIII dinastia del Nuovo Regno. Regnò solo pochi anni (dal 1328 al 1318 a.C. circa) e morì diciottenne senza lasciare tracce di grandiosità nel suo passaggio terreno.

Ciò che rese eterno il suo nome fu proprio la sua morte; o, meglio, il suo monumento funebre e le spoglie mortali. A differenza di tutti gli altri faraoni, la sua tomba fu ritrovata pressoché intatta da Howard Carter, nel 1922. Fu una scoperta straordinaria, uno dei momenti più luminosi di tutta l'archeologia, che scatenò ovunque, immediatamente, un interesse senza precedenti verso la civiltà egizia.

E non avrebbe potuto essere altrimenti, con una combinazione tale di ricchezze favolose e oggetti mai visti prima, delicati e perfetti in tutti i dettagli, e uno splendido sarcofago dorato che racchiudeva un re bambino di 18 anni con un volto che si presumeva straordinariamente bello. Degni di plauso la mirabile tenacia e l'ottimismo di Howard Carter, capace di condurre una simile scoperta in un luogo – la Valle dei Re – setacciato nella storia granello per granello da numerosissimi archeologi prima di lui, che la considerarono infine ormai priva di qualunque interesse. Quindi la morte improvvisa del finanziatore dell'impresa, Lord Carnarvon, ricco ed eccentrico gentiluomo inglese che, solo un mese dopo esser entrato nella camera funeraria di Tutankhamon, fu punto da una zanzara e morì dopo terribili sofferenze. Un tocco di horror soprannaturale che fece straparlare i giornali di una "maledizione" del faraone (vedi box *L'inesistente maledizione della mummia*). Nessun pubblicitario sarebbe stato in grado di inventare un intreccio più intrigante.

**La moda dell'Egitto**

Già ai tempi di Napoleone l'Egitto era stato di moda, e aveva ispirato progettisti e decoratori del movimento neoclassico; in America si costruivano obelischi, e sulle banconote si riproduceva la Grande Piramide. Anche gli artisti ne furono ispirati: nacquero i primi romanzi e racconti dedicati ai "misteri dell'Egitto", da *Sethos* di Jean Terrasson a *Quattro chiacchiere con una mummia* di Edgar Allan Poe. E la musica: da *Il flauto magico* di Mozart all'*Aida* di Verdi, i riferimenti alla mitica terra dei faraoni sono espliciti.

La decrittazione dei geroglifici a opera di Jean-François Champollion spense in seguito gli entusiasmi: ci si rese conto, per esempio, che le misteriose iscrizioni non nascondevano arcani rituali occulti (come creduto solo fino a pochi decenni prima), bensì lunghi nomi di defunti e formule funerarie.

La scoperta di Howard Carter ebbe dunque l'effetto di risvegliare nel mondo occidentale una sopita "Egittomania": l'Art déco ne fu immediatamente influenzata, così come gli scrittori e il cinema, che diedero vita a uno dei cicli di romanzi e film horror più longevi, dedicato alla "maledizione della mummia".

Ma la vera mummia, quella di Tutankhamon, non lanciava maledizioni né tornava in vita: aspettava solo di essere studiata, dopo 3300 anni di riposo ininterrotto. Solo allora, il mistero di un faraone morto ad appena 18 anni sarebbe stato risolto.

## L'apertura della tomba

La camera funeraria del faraone fu aperta alla presenza tra gli altri della regina del Belgio, invitata come ospite d'onore, nel febbraio 1923, quasi tre mesi dopo la sua scoperta. Alla mummia si sarebbe arrivati solo nel novembre 1925: fu prima necessario prendere misure, fotografare, catalogare, spostare e consolidare una stanza dopo l'altra (in tutto la tomba si componeva di quattro camere). I reperti erano tantissimi, agire di fretta era impossibile.

Quando finalmente si arrivò al faraone, si scoprì che Tutankhamon era stato deposto dentro tre sarcofagi antropoidi che si incastravano l'uno nell'altro come in una gigantesca matrioska. A contenerli era un catafalco scolpito da un blocco massiccio di quarzo giallo finissimo, che presentava sugli spigoli gli altorilievi delle dee protettrici Iside, Neftis, Neith e Selkit. Sollevato il pesante coperchio di granito rosa, comparve, coperto da un lenzuolo di lino bianco il primo sarcofago antropomorfo di legno e oro. A questo ne seguiva un secondo molto simile, ricoperto d'oro e intarsiato con vetro e pietre preziose. Infine, un terzo d'oro massiccio pesante 110 chili che era però bloccato da uno spesso strato di resina nera, simile a pece. Ciò che restava di un unguento versato durante la cerimonia funebre e che aveva avuto l'effetto di incollare il sarcofago interno alla base di quello medio. Per riuscire a separarli, fu necessario intervenire con solventi, portare la temperatura a 650 °C e armeggiare di martello. Questi sistemi poco ortodossi ebbero tra altri effetti anche quello di rompere e calcinare le ossa del faraone.

Finalmente all'interno dell'ultimo sarcofago apparve la mummia, il viso coperto dalla bellissima maschera funeraria in oro, lapislazzuli e pietre vitree che ancor oggi si può ammirare insieme agli altri tesori della tomba di Tutankhamon al museo egizio del Cairo (vedi box *Il tesoro di Tutankhamon*). Anche la salma era incollata al fondo del sarcofago, per via degli unguenti usati durante il bendaggio. Si decise così di esaminarla *in situ*.

**Il tesoro di Tutankhamon**

Le migliaia di artefatti ritrovati nella tomba di Tutankhamon appartengono al governo egizio, e a lungo sono rimasti in mostra esclusivamente al museo del Cairo. Tuttavia, dagli anni '60 in poi, una piccola parte degli oggetti ha iniziato a viaggiare in veri e propri "tour" internazionali. La prima mostra itinerante, "I tesori di Tutankhamon", che comprendeva alcune decine di piccoli oggetti d'oro, alabastro, vetro e altri materiali, toccò gli Stati Uniti, la Francia e il Giappone. Tra il 1972 e il 1981 la mostra arrivò a comprendere cinquantatré oggetti e toccò Russia, Stati Uniti, Canada e Germania. Solo a New York contò più di 8 milioni di visitatori. Durante la permanenza a San Francisco, una guardia notturna del museo subì un ictus, e fece causa alla città incolpando la "maledizione della mummia". Esistono inoltre alcune copie (più o meno complete e fedeli) del tesoro e addirittura dell'intera tomba di Tutankhamon: si trovano a Dorchester in Inghilterra, a Las Vegas e persino al Cairo, dove lo scopo è quello di ridurre il flusso di visitatori diretti alla tomba autentica.

**Autopsia di un faraone**

Fu il dottor Douglas Derry, assistito dal collega Saleh Bey Hamdi, a fare la prima incisione nelle bende, l'11 novembre 1925. Il tessuto si era carbonizzato quasi completamente, e non era possibile srotolarlo per capire in che ordine fosse avvenuto il bendaggio. Si prese comunque nota che le dita delle mani, dei piedi e gli arti erano stati fasciati singolarmente, mentre il pene era stato fasciato in posizione eretta. Le braccia erano state incrociate sul petto, con il braccio sinistro appoggiato sul destro. All'interno di ogni singolo strato di bende erano stati inseriti numerosissimi oggetti, tra amuleti d'oro, pugnali, parti di corazza, che avrebbero dovuto accompagnare il viaggio del re nell'aldilà, per un totale di novantasette gruppi separati di oggetti.

Una volta messo a nudo, si dovette smembrare il corpo del re per poterlo togliere dal sarcofago. La maschera, anche lei saldata al sarcofago, fu scalzata usando coltelli arroventati, e per la prima volta dopo tremila anni tornò alla luce il volto di Tutankhamon. Il re aveva un viso di ragazzo, la nuca rasata, il cuoio capelluto coperto da un acido grasso biancastro, il naso appiattito dal bendaggio e i lobi delle orecchie forati per l'usanza di portare orecchini. Labbra, narici e occhi erano sigillati con tela resinosa. La cute era mal conservata e friabile, di un color grigio-bianco, la faccia più scura e con la superficie ricoperta da crepe, sfigurata da macchie di carbonato di sodio, residuo del processo di imbalsamazione. Il cranio era vuoto, a eccezione di una piccola quantità di resina, filtrata dal naso.

Carter e gli altri notarono che la struttura del volto ricordava da vicino quella riprodotta nei monumenti del faraone Akhenaton. Una volta ricomposto, lo snello corpo risultò misurare 1,63 metri di altezza, la stessa delle due "statue-guardiano" poste all'entrata della camera funeraria. Aveva la spina dorsale leggermente curva, e il fatto che le ossa lunghe non fossero saldate indicava che al momento della morte Tutankhamon dovesse avere circa 18 anni. Le cause del decesso, però, non erano evidenti.

### Gli esami ai raggi X

Furono le indagini ai raggi X del 1968, condotte all'interno della tomba con una macchina portatile da Ronald G. Harrison, professore di anatomia all'Università di Liverpool, a sollevare i primi interrogativi circa le cause della morte del faraone. Harrison si rese conto che la mummia non era stata nuovamente fasciata dal 1925, fatto che aveva contribuito al deterioramento dei resti. Inoltre, si accorse che da allora erano spariti sia l'orecchio destro sia il pene del re. Dall'esame ai raggi X si scoprì che mancava una parte della cassa toracica, forse andata perduta nella "Casa della Morte", il luogo in cui era avvenuta la mummificazione. Anche un pezzo d'osso staccatosi dal teschio, forse durante l'imbalsamazione, fu ritrovato all'interno della cavità cranica. La stessa curvatura della spina dorsale poteva essere una conseguenza del processo di mummificazione. In mancanza di cause evidenti di morte, Harrison ipotizzò che Tutankhamon potesse essere stato vittima di un incidente.

### Ipotesi di omicidio

Fu l'egittologo Bob Brier, docente di filosofia alla Long Island University di Brookville (New York) e specialista in paleopatologia, a ipotizzare per il faraone, nel 1998, una morte violenta. Esaminando con cura le radiografie – che non erano mai state pubblicate in ambito accademico – scoprì una conformazione anomala nell'ossatura cranica, una sorta di ispessimento all'estremità inferiore dell'osso occipitale. Poteva trattarsi di un trauma accidentale: l'urto era comunque avvenuto nel punto in cui il collo si unisce al cranio, una zona protetta che è difficile colpire in modo accidentale. Era presente anche una zona di maggiore densità, quello che comunemente si definisce "ematoma subdurale cronico", un fenomeno che impiega tempo a svilupparsi.

Ciò significa che se Tutankhamon fu davvero colpito alla nuca, non morì subito, forse si trovò in uno stato di prostrazione tale che avrebbe potuto condurre, in seguito, al decesso.

Brier arrivò anche a ipotizzare un possibile colpevole per il regicidio: forse il visir Ay, che sognava di diventare re, o il generale Horemheb. Entrambi, effettivamente, dominarono l'Egitto, uno dopo l'altro, al posto dello scomparso faraone. Tuttavia, si trattava di congetture che i raggi X non potevano né confermare né smentire.

### La TAC svela le malformazioni

Nel gennaio 2005, la mummia di Tutankhamon fu sottoposta a una nuova serie di esami. Questa volta il corpo fu estratto dalla tomba ed esaminato con una TAC sotto la direzione di Madeeha Khattab, preside della scuola di medicina dell'Università del Cairo, e la supervisione di Zahi Hawass, segretario generale del Consiglio supremo delle antichità egizie. L'esame accurato del corpo e della testa di Tutankhamon, ottenuto attraverso più di millesettecento immagini digitali, ha potuto accertare che il re soffriva di una leggera forma di palatoschitosi – una malformazione congenita del palato – e che la forma allungata del teschio era probabilmente un tratto di famiglia, dal momento che era stato trovato anche su altre mummie che si presumevano appartenere a parenti del re.

Fu inoltre chiarito che non erano presenti ferite traumatiche alla testa e dunque Tutankhamon non era stato assassinato, almeno non in modo violento. Venne poi alla luce anche una frattura alla gamba sinistra, prodottasi poco prima del decesso. Probabilmente anche questa, insieme ad altri malanni, finì per uccidere il faraone.

### I test del dna: equinismo e malaria

Un'ulteriore serie di test, di tipo genetico, fu condotta negli anni successivi, e i risultati resi noti nel febbraio 2010 con una pubblicazione su «JAMA», il *Journal of the American Medical Association*. Sotto la guida di Hawass fu esaminato il dna di undici mummie della XVIII dinastia, Tutankhamon compreso, al fine di evidenziare eventuali legami di parentela e possibili malattie genetiche. Si poté stabilire che il re era figlio proprio di quel faraone Akhenaton con cui già Carter e i suoi colleghi avevano notato la somiglianza. Sua madre era Kiya, una sorella di Akhenaton. A quei tempi i matrimoni tra consanguinei erano ritenuti normali: non erano infatti note le conseguenze genetiche e le probabili gravi malformazioni sui discendenti. Trovate oggi puntualmente nei test del genoma.

L'analisi genetica ha permesso di stabilire che Tutankhamon non fu un faraone forte, non avrebbe potuto nemmeno guidare una carrozza: fu invece un bambino fragile e debole. Nella sua tomba erano stati rinvenuti anche centotrenta bastoni da passeggio, particolare che ha insospettito il team di scienziati inducendolo a svolgere altri studi, che hanno confermato una malformazione al piede. Tutankhamon dunque soffriva di equinismo al piede sinistro, una malattia ossea non invalidante ma tale da rendere impossibile camminare normalmente. Forse questo è anche il motivo per cui è quasi sempre ritratto seduto.

Sulla base delle analisi del dna, oggi si può dunque affermare che la morte di Tutankhamon non è da imputare a un complotto regicida ma più probabilmente alla malaria, a quell'epoca una malattia endemica sul Nilo, che avrebbe avuto la meglio sul fragile corpo del faraone indebolito da un'insufficienza immunitaria e dalla frattura alla gamba.

## L'ipotesi epilettica

In questa grande varietà di esami e analisi condotti sulle condizioni di salute di Tutankhamon, vi è ancora una postilla: nel 2012 Hutan Ashrafian, chirurgo all'Imperial College di Londra, ha dichiarato di avere individuato la possibile causa della caduta che provocò la frattura al faraone. Secondo Ashrafian, il fatto che Tutankhamon sia rappresentato con tratti femminei e seno pronunciato sarebbe indicativo di una condizione nota come ginecomastia. Considerando questa condizione insieme ai decessi precoci di alcuni suoi familiari, alle "visioni religiose" che avrebbe avuto il padre Akhenaton e ai bastoni presenti nella tomba – indicatori di possibili numerose cadute –, Ashrafian conclude che Tutankhamon potrebbe avere sofferto di epilessia del lobo temporale ereditaria. «Le persone che soffrono di epilessia» spiega il medico «hanno una maggiore incidenza di morte per incidenti e cadute in giovane età. Possono anche soffrire di un fenomeno noto come SUDEP, "Sudden Unexpected Death in Epilepsy", o morte improvvisa e inattesa, in cui l'autopsia non riesce a riscontrare una causa del decesso. In generale, questi pazienti hanno una maggiore probabilità di morire da giovani.»

Da tutto questo si può a ogni modo ricavare che Tutankhamon, se anche non fu vittima di una cospirazione, fu certamente un faraone sfortunato. Almeno in vita, perché da morto riuscì in un'impresa che sfuggì a tutti gli altri faraoni. Grazie al fatto che la sua fu l'unica tomba a essere ritrovata pressoché intatta, divenne universalmente famoso oltre tremila anni dopo la sua morte. Tutankhamon regnò solo pochi anni, ma nel ricordo del mondo il suo nome è l'unico, tra tutti i faraoni della storia, ad aver raggiunto l'eternità.

**L'inesistente maledizione della mummia**

Quando, il 4 aprile 1923, Lord Carnarvon morì, iniziò a circolare la voce che le tombe dei faraoni fossero protette da una maledizione. Secondo la leggenda, nel giro di un anno quasi tutti i protagonisti di quei celebri scavi furono spazzati via da una serie di morti misteriose. Ma esaminando i fatti si scopre in realtà che non esiste alcuna maledizione. Lord Carnarvon – la cui salute era già precaria – fu punto da una zanzara, la ferita si infettò e fu ridotto in agonia da una polmonite. Quando la tomba fu scoperta, poi, Carnarvon non era nemmeno presente; ed era morto già da oltre un anno quando si giunse al sarcofago. Al contrario, chi fu coinvolto più da vicino negli scavi non risentì in alcun modo della presunta maledizione: Howard Carter morì a 65 anni, ben sedici dopo la scoperta del sepolcro. Quanto agli altri componenti della spedizione, l'età media da essi raggiunta si aggira sui 73 anni; inoltre i loro decessi ebbero luogo in media ventiquattro anni dopo l'inizio degli scavi. In alcuni casi, come per la figlia di Carnarvon che fu accanto a Carter al momento della scoperta, o per alcune guardie che dormirono per anni all'interno della tomba, la morte giunse solo nei primi anni '80 del secolo scorso.

# NAPOLEONE: EI FU... AVVELENATO?

«Muoio prima del mio tempo, ucciso dall'oligarchia britannica e dal suo mercenario assassino.» Costretto nel letto che due mesi dopo l'avrebbe visto defunto, Napoleone Bonaparte dettava da Sant'Elena le sue ultime volontà e lanciava la più pesante accusa verso i suoi carcerieri, quella di omicidio.

L'imperatore di Francia, inarrestabile conquistatore e stratega ineguagliabile, dopo vent'anni di campagne in tutta Europa era stato alla fine sconfitto a Waterloo dal duca di Wellington, e fatto prigioniero.

Già una volta, esiliato all'isola d'Elba, Napoleone era riuscito a fuggire, riconquistando il potere e seminando di nuovo il terrore in Europa. Questa volta, l'Inghilterra non intendeva correre rischi. Il 16 ottobre 1815 l'ex imperatore fu sbarcato sulla piccola isola di Sant'Elena, un puntolino nell'oceano Atlantico, larga solo 11 chilometri, lunga 17 e distante 1.750 miglia dal Sudafrica.

A far compagnia al potente stratega i fedeli servitori, tre ex ufficiali del suo esercito che avevano volontariamente deciso di seguire il capo in esilio, e una guarnigione britannica di tremila uomini.

Nel 1821 Napoleone si ammalò. A causa del clima rigido dell'isola e per via del duro regime imposto dagli inglesi, i dolori allo stomaco di cui soffriva da tempo si erano acuiti. Morì il 5 maggio, e il giorno dopo fu condotta l'autopsia.

Il cadavere nudo fu steso su un tavolo da biliardo a Longwood, la fattoria in cui gli era stato concesso di vivere. I medici, tra cui il còrso Francesco Antommarchi, riscontrarono una grossa ulcera benigna allo stomaco, e una dilatazione del fegato: nessuna delle due poteva esser stata la causa della morte, anche se l'ulcera indusse i medici a pensare che fosse morto di cancro, lo stesso male che ne aveva ucciso il padre.

## L'arsenico nei capelli

Eppure, l'idea che le ultime parole di Napoleone potessero suggerire un omicidio non tardò a farsi sentire. Inizialmente si trattò solo di voci, che nel 1955 divennero qualcosa di più: in quell'anno il dentista svedese Sten Forshufvud, esperto di veleni, lesse le memorie di Louis Marchand, leale cameriere di Napoleone. Nel racconto degli ultimi giorni, Marchand raccontava che l'imperatore alternava momenti di torpore e insonnia, aveva i piedi gonfi e si sentiva debole. Per Forshufvud quella sequenza – cui si aggiungeva il fegato ingrossato – era tipica del lento avvelenamento da arsenico. Che il sospetto non fosse sorto durante l'autopsia poteva dipendere dal fatto che il veleno era stato somministrato in piccole dosi per un lungo periodo di tempo; inoltre il tartaro emetico e il calomelano ingeriti negli ultimi giorni, come documentato da Marchand, potevano aver reso il veleno irreperibile nello stomaco.

Tuttavia l'arsenico ha una caratteristica peculiare: è indistruttibile. Sarebbe bastato esaminare i resti dell'imperatore per trovarne eventuali tracce; ma nel 1840 le sue spoglie furono traslate in un mausoleo all'Hôtel des Invalides, a Parigi, meta di milioni di turisti. Impossibile accedervi. Un aiuto giunse ancora da Marchand che, alla morte del padrone, aveva tagliato alcune ciocche per regalarle ai membri della famiglia e a vecchi amici.

Uno di questi capelli fu esaminato nel 1961 da Hamilton Smith, un medico legale scozzese, che vi riscontrò 10,38 microgrammi di arsenico per grammo, vale a dire circa tredici volte la quantità normale, che è di 0,8 parti per milione. I risultati pubblicati da «Nature» sorpresero il mondo.

## L'ipotesi dell'incidente

Vent'anni dopo, il chimico David Jones, pur continuando a parlare di avvelenamento, avanzò sempre su «Nature» l'ipotesi dell'incidente: «Nel corso del XIX secolo, molte persone furono accidentalmente avvelenate dai vapori arsenicali presenti nelle tappezzerie». E se a Napoleone fosse successo lo stesso? Jones prelevò un campione originale della carta da parati della residenza di Napoleone a Sant'Elena, del tipico verde smeraldo prodotto all'epoca con un pigmento di arsenico-rame, e rilevò che misure di fluorescenza a raggi X condotte sulla carta mostravano la presenza di arsenico sufficiente a causare la malattia, se non anche la morte.

Pascal Kintz, tossicologo dell'Istituto di medicina legale di Strasburgo, pubblicò nel 2001 uno studio in cui dichiarava che il livello di arsenico nei capelli di Napoleone era da sette a trentotto volte superiore al livello normale: per una semplice esposizione a una carta da parati tossica, era davvero troppo.

«Se Napoleone fu vittima dell'arsenico, avrebbe dovuto morire molto prima» è poi il parere di Ivan Ricordel, direttore dei laboratori forensi della polizia di Parigi. Esaminando diversi capelli dell'imperatore prelevati nel 1805, 1814 e 1821, scoprì in ciascun campione una concentrazione di veleno superiore al normale. Del resto l'arsenico era al tempo onnipresente, e si usava come topicida, insetticida, conservante, colorante per le carte da parati e per gli abiti. Era prescritto come tonico, e si trovava nelle polveri da trucco delle signore e nelle lozioni per capelli, come in quella usata da Napoleone.

## La parola fine?

Sebbene la questione sia tuttora dibattuta tra gli studiosi di Napoleone, due recenti lavori scientifici sembrano smontare definitivamente la tesi dell'avvelenamento. Il primo data 2007 ed è stato condotto a opera di un gruppo di ricercatori svizzeri, canadesi e americani: esamina i rapporti dell'autopsia originaria e i resoconti relativi allo stato di salute di Napoleone nei suoi ultimi mesi di vita, li confronta con le conoscenze attuali dei tumori gastrici, e conferma in definitiva la tesi del cancro allo stomaco. Nel corso dell'autopsia di Napoleone, Antommarchi aveva rinvenuto una lesione allo stomaco di dieci centimetri, incompatibile per dimensioni con un'ulcera. Non solo, altri "reperti" indicano che Napoleone aveva perso dieci chili – altro chiaro segnale di cancro – ed era stato trovato materiale scuro come la polvere del caffè. Tutto questo accade, spiega Robert Genta del Southwestern Medical Center dell'Università del Texas, quando un'ulcera, del tipo provocato dall'*Helicobacter pylori*, l'unico batterio capace di sopravvivere alle acidità dello stomaco, degenera in cancro.

E l'innegabile presenza di arsenico? È stato un gruppo di ricercatori delle sezioni di Milano-Bicocca e Pavia dell'Istituto Nazionale di Fisica Nucleare (INFN) a fornire nel 2008 una spiegazione che sembra definitiva: dopo avere sottoposto a un flusso di neutroni dodici diversi capelli di Napoleone, tagliati da quando era ragazzo in poi, insieme ad altri capelli del figlio e della prima moglie, Giuseppina, l'équipe guidata dal fisico Ettore Fiorini è giunta a una conclusione sorprendente.

È vero che nel corpo dell'imperatore si rileva una presenza di arsenico che oggi riterremmo tossica, addirittura superiore di circa cento volte quella riscontrabile al giorno d'oggi, ma è analoga a quella riscontrata sui capelli dei congiunti e di altri soggetti vissuti duecento anni fa analizzati per lo studio. Ne consegue che la gente del tempo, essendo più esposta all'arsenico, era anche più resistente e, dunque, la quantità di veleno nei capelli di Napoleone non poteva essere letale.

Quanto alle parole dell'ex imperatore, si riferivano più probabilmente al durissimo trattamento impostogli dagli inglesi. Tant'è vero che nello stesso documento citato all'inizio si legge anche questa precisazione: «La mia morte è la conseguenza di offese degne della mano che me le causava. [...] Come mi avete trattato su questo scoglio! Non vi è indegnità, non vi è orrore di cui non vi siate fatto una gioia di abbeverarmi. Con freddo calcolo mi avete lentamente assassinato. [...] Lego l'obbrobrio e la vergogna della mia morte alla famiglia regnante d'Inghilterra».

**Il caso Mozart**

Altra celebre morte misteriosa è quella di Wolfgang Amadeus Mozart, uno dei più grandi geni della musica. Fu il geloso Salieri a ucciderlo, come vuole una leggenda nata dopo la morte del compositore italiano e resa famosa dal film di Miloš Forman a lui dedicato? Oppure i massoni lo costrinsero al suicidio perché, massone pure lui, Mozart aveva rivelato preziosi segreti della setta ne *Il flauto magico*?

Oggi è impossibile determinare le reali cause della prematura morte del genio, a oltre due secoli di distanza e senza resti da esaminare, visto che il corpo fu sepolto nel 1791 in una fossa comune. All'epoca non fu condotta

autopsia, ma il certificato di morte dichiara una «febbre miliare acuta», definizione oggi insufficiente per tentare una diagnosi.
Le ipotesi sono contrastanti, ma un'analisi epidemiologica del 2009, condotta da Richard H.C. Zegers, del Centro di medicina accademica dell'Università di Amsterdam, ha preso in esame le più comuni cause di morte nella Vienna di Mozart. Nell'inverno del 1791, in particolare, ci fu un'epidemia di malattie infettive che portò nella tomba un numero superiore alla media di uomini giovani. I sintomi di Mozart, edema – cioè un accumulo di liquidi sottocutanei che genera gonfiore –, mal di schiena e rash, ci autorizzano a ipotizzare che con grande probabilità il compositore morì anch'egli per un'infezione da streptococco seguita da glomerulonefrite, una grave malattia renale che provoca gonfiore. Una fine tutt'altro che romantica, dunque, ma purtroppo molto diffusa al tempo; e che inutili e debilitanti pratiche come il salasso – cui venivano sottoposti i malati, Mozart incluso – non potevano che accelerare.

# CHE FINE HA FATTO ADOLF HITLER?

Alla ricerca del dna di Hitler nell'Antartide: è questa la bizzarra notizia lanciata qualche tempo fa dall'agenzia d'informazione russa RIA Novosti e ripresa in tutto il mondo all'arrivo di alcuni scienziati al lago Vostok. Sembra l'ennesima bufala, ma la voce secondo cui Hitler non si suicidò nel suo bunker di Berlino nel maggio 1945, riuscendo a fuggire e trovando riparo in una base nazista segreta al Polo Sud, si diffuse già all'indomani della fine della guerra, e sopravvisse per anni.

Nel 1952 il presidente americano Dwight D. Eisenhower avrebbe dichiarato: «Non siamo stati in grado di trovare alcuna prova concreta circa la morte di Hitler. In molti pensano che sia fuggito da Berlino». Lo stesso capo della commissione che a Norimberga giudicò i criminali nazisti, Thomas J. Dodd, disse: «Nessuno può dire che è morto». L'ex segretario di stato americano Jimmy Byrnes, nel suo libro *Frankly Speaking*, raccontò di aver avvicinato Stalin nel corso della conferenza che i vincitori tennero a Postdam e di avergli domandato: «Che cosa pensa sia successo a Hitler?». Stalin avrebbe risposto: «Non è morto. È fuggito in Spagna o in Argentina...».

In fondo, se tanti gerarchi e criminali nazisti come Adolf Eichmann o Josef Mengele riuscirono a fuggire indisturbati alla fine della guerra, perché una mente diabolica come quella di Hitler non avrebbe potuto escogitare un piano per simulare la propria morte? Del resto era cosa nota che, come tutti i dittatori, si serviva di sosia per confondere i nemici. E se avesse lasciato il cadavere di uno di questi nel bunker di Berlino mentre lui se la filava al Polo Sud?

## Il Reich dei ghiacci

Già a partire dagli anni '30 sembra che l'immaginazione dei gerarchi nazisti e forse dello stesso Hitler fosse rimasta colpita dalle teorie secondo cui la Terra sarebbe cava al suo interno, e popolata da una razza superiore[1]. In particolare, le dottrine esoteriche della mistica Madame Blavatsky, che condivideva queste credenze, avevano ispirato la famigerata Thule, la società segreta di estrema destra che costituì il nucleo originario del Partito nazista. Desiderosi di dimostrare la superiorità della razza ariana, i teorici della svastica presero quindi per buone le leggende che raccontavano di civiltà evolute al centro della Terra: questa razza superiore non poteva che essere la progenitrice del Reich.

Sebbene manchino le prove, alcuni sostengono che sarebbe stata addirittura ordinata da Hitler una spedizione alla ricerca dell'ingresso che conduceva all'interno della Terra, localizzato nel Polo Sud. A questa spedizione avrebbe fatto riferimento l'ammiraglio Karl Dönitz quando durante il processo di Norimberga parlò di una «fortificazione invisibile nel mezzo dei ghiacci eterni» che attendeva la rinascita del Reich.

## La fine del dittatore

Dopo la guerra il simpatizzante nazista Ernst Zündel arrivò a sostenere che Hitler si era salvato grazie a un so-

1 Delle teorie sulla Terra cava ho dato conto in *Enigmi e misteri della storia*, op. cit.

sia: un uomo che somigliava come una goccia d'acqua al dittatore fu ucciso con un colpo alla tempia e lasciato nei giardini della Cancelleria del Reich. Qui lo trovarono i soldati sovietici e lo scambiarono per Hitler, facendosi fotografare e filmando il cadavere.

Nel frattempo il vero Hitler era già oltre confine, fuggito a bordo di una nave con un gruppo di uomini fidati con cui entrò all'interno della Terra passando proprio dal buco al Polo. Da lì gli scienziati nazisti avrebbero lavorato a un piano per invadere nuovamente la superficie della Terra sfruttando una flotta di rivoluzionari velivoli rotondi e senza ali: i dischi volanti.

Di vero, in tutto questo, c'è solo il fatto che un uomo, Gustav Weler, impiegato da Hitler come sosia in situazioni di pericolo, fu effettivamente trovato dai sovietici ucciso con un colpo sulla fronte, e inizialmente scambiato per il Führer. Il resto sono solo spericolate fantasie che, cinquantacinque anni dopo la fine del conflitto, il ritrovamento di documenti dei servizi segreti russi permise finalmente di dissolvere. Si ebbe così la certezza che il dittatore si era suicidato con Eva Braun e il fidato ministro della Propaganda Joseph Goebbels; e come da suoi ordini i corpi erano stati dati alle fiamme. Per questo i veri resti carbonizzati di Hitler non furono riconosciuti dai militari sovietici che li avevano trovati; furono in seguito trafugati dai soldati e una perizia accertò la loro reale identità. I resti furono poi sepolti, riesumati nel 1970 per ordine di Brežnev, infine bruciati e dispersi nelle acque dell'Ehle, allo scopo di evitare pellegrinaggi di fanatici.

### Le leggende non muoiono

E allora, se tutto è chiarito, perché parlare ancora di una possibile fuga di Hitler? Perché le leggende non muoiono mai e oggi, con la riscoperta del lago Vostok, ecco che qualcuno rispolvera un episodio di tanti anni fa. Stando agli archivi navali tedeschi, sembra infatti che mesi dopo la resa nazista agli Alleati, nel 1945, il sottomarino *U-530* sia giunto da Kiel al Polo Sud: là i membri dell'equipaggio non avrebbero costruito una fortezza per il Führer, avrebbero piuttosto nascosto in una grotta di ghiaccio alcune casse contenenti reliquie del Terzo Reich e, addirittura, campioni del dna di Hitler e di Eva Braun per un'eventuale futura clonazione. Compiuta la missione, l'equipaggio avrebbe raggiunto l'Argentina e si sarebbe consegnato alle autorità di Mar del Plata.

Tuttavia, nonostante i titoli sensazionalistici di certi giornali, è altamente improbabile che presto sentiremo parlare del ritrovamento nei pressi del lago Vostok di una simile grotta e delle relative reliquie. Ma non vi è dubbio che anche questo silenzio rappresenterà, per chi ama vedere complotti ovunque, una prova ulteriore del fatto che le reliquie esistano effettivamente.

# 2

# TESORI PERDUTI
# E CODICI SEGRETI

# CACCIA AI TESORI

La notizia secondo cui sarebbe stato ritrovato in una foresta della Florida il tesoro del pirata Jean Lafitte ha fatto nel 2007 letteralmente il giro del mondo.

Secondo la leggenda Lafitte, che terrorizzò i naviganti del golfo del Messico all'inizio dell'Ottocento, avrebbe sepolto l'oro racimolato in anni di scorribande in un punto segreto della foresta che costeggia il fiume Suwannee, nel Nord della Florida. La "prova" che lì ci fosse davvero un tesoro arrivò nel 1897, quando Emmet Baird, operaio in una segheria, ricevette una misteriosa mappa da un amico sul letto di morte.

La mappa tracciava il punto in cui il tesoro del pirata era nascosto, vicino alla foce del fiume Suwannee. Baird dedicò tre mesi a condurre scavi in quella zona e alla fine, a sorpresa, annunciò che abbandonava la ricerca poiché non vi era nulla da trovare.

Tutto normale, l'esito scontato di tante cacce al tesoro. Se non che Baird iniziò a investire grandi somme di denaro. Divenne coproprietario di una banca e costruì uno dei supermercati più grandi della Florida. A Gainesville acquistò una delle dimore più lussuose della zona e, fino alla sua morte, fu inseguito dalle voci secondo cui la sua improvvisa ricchezza fosse il frutto del famoso tesoro, la cui scoperta aveva tenuto nascosta.

Si disse anche che parte del tesoro fosse stata nascosta nella tenuta di Gainesville, spingendo così negli anni i successivi acquirenti a demolire mezza casa nella speranza vana di trovarlo.

Di recente la ricerca del tesoro di Lafitte è tornata a interessare le paludi del Suwannee: Tommy Todd, un architetto per giardini di San Pietroburgo, acquistò nel 2000 alcune centinaia di metri di terreno nella zona. Dopo anni di ricerche, nel marzo del 2007 annunciò di aver fatto bingo.

Sul fondo di un pozzo fangoso profondo quattro metri, furono trovate tracce di legno di mogano. «Forse appartenevano a una delle casse» disse Todd. «Ma c'erano anche frammenti di oro, e altro oro è stato trovato addosso alla muta del sub che si è immerso nel buco, così come sulla punta della perforatrice utilizzata per sondare il terreno. Siamo sicuri che là sotto ci sia qualcosa, e speriamo di poter dare l'annuncio ufficiale del ritrovamento per la fine dell'anno.»

Ma l'annuncio non è mai arrivato: si trattò forse di un altro buco nell'acqua? Oppure Todd ha semplicemente seguito l'esempio del suo predecessore e una volta trovato il tesoro ha preferito mantenere il segreto...

### Il tesoro del capitano Kidd

In passato molti hanno investito tempo e denaro nella ricerca di tesori che non sono mai saltati fuori.

Celebre il caso del "pozzo dei soldi" a Oak Island, nei pressi della costa della Nuova Scozia, dove secondo alcune mappe sarebbe stato nascosto il tesoro del capitano William Kidd (vedi box *Un tesoro di pirati?*). Dalla fine del Settecento a oggi, sono stati investiti milioni di dollari nella ricerca del tesoro, e cinque persone hanno perso la vita. Non è mai stato trovato nulla, e le mappe di Kidd si sono rivelate un falso, creato da uno scrittore per promuovere un suo libro dedicato al celebre pirata. Ciò non ha in alcun modo scoraggiato i cercatori di tesori, convinti che a Oak Island sia comunque sepolto qualcos'altro di molto prezioso, forse il tesoro segreto dei cavalieri templari o, addirittura, il Santo Graal.

Una parte del vero tesoro del capitano Kidd fu tuttavia recuperata su Gardiners Island, vicino a New York, e utilizzata come prova contro di lui nel processo che gli costò la condanna a morte. L'oro fu messo all'asta e con il ricavato fu costruito il Greenwich Hospital. Ma il resto del suo tesoro si dice attenda ancora di essere rinvenuto. Un forziere sarebbe nascosto in Clarke's Island, un'isoletta del fiume Connecticut, nel Massachusetts: secondo la leggenda, il tesoro sarebbe localizzabile solo da tre persone impegnate insieme nella ricerca, in una notte di luna piena, e che lavorino in assoluto silenzio. Agli inizi dell'Ottocento un tale Abner Field e due amici si convinsero di aver individuato il punto esatto sull'isola e, una notte in cui la luna splendeva piena in cielo, si misero all'opera. Quando, dopo ore di scavo silenzioso, la pala urtò qualcosa di metallico, Field vide spuntare lo spigolo di un forziere e gridò: «Eccola, ci siamo!». L'urlo ruppe però l'incantesimo e il forziere sprofondò di nuovo, sepolto e tutt'oggi irraggiungibile.

**Per un tesoro ritrovato...**

«Quello dei pirati che seppelliscono i loro tesori sotto terra è in realtà solo un mito» dice Cori Convertito, curatrice del Mel Fisher Maritime Museum di Key West, in Florida. «I tesori derubati da questa gente finivano tutti nei loro ritrovi preferiti a Port Royal o sull'isola di Tortuga, bruciati in men che non si dica in donne e alcol.»

Se gli esperti sono concordi nel ritenere praticamente impossibile incappare in un'autentica mappa che conduca a un tesoro di pirati, di montagne d'oro appartenute ai bucanieri e andate perdute in giro, però, ce ne sono ancora.

Ne era convinto per esempio Barry Clifford, un insegnante cresciuto a Cape Cod, nel Massachusetts, che aveva ascoltato per tutta la vita storie sulla *Whydah*, la nave appartenuta al pirata Samuel "Black Sam" Bellamy e affondata nel 1717 con un carico di quattro tonnellate e mezzo tra ori, argenti e pietre preziose. Nel 1982 Clifford abbandonò l'insegnamento, e con un gruppo di soci facoltosi investì 6 milioni di dollari per localizzare la nave: nel giro di due anni, a circa cinquecento metri dal Marconi Point di Wellfleet, Massachusetts – proprio nel punto indicato dagli antichi documenti – furono ritrovati un cannone, delle monete e una campanella con lo stemma della *Whydah*.

L'aveva trovata: la nave giaceva sepolta dalla sabbia a soli nove metri sotto la superficie del mare. Da allora, Clifford ha riportato a galla oltre centomila oggetti appartenuti alla *Whydah*; monete, certo, ma anche lingotti, gioielli e oggetti di uso quotidiano, per un valore stimato intorno agli 8 milioni di dollari. Quello della *Whydah* è stato riconosciuto come il primo autentico relitto pirata mai trovato.

## ...questi tesori ancora attendono

Esistono ancora tesori affondati o sepolti, appartenuti o meno ai pirati, che aspettano di essere trovati? Pare di sì. Ecco una galleria dei più celebri, per chi sogna di mettersi sulle loro tracce.

*La* Hussar. DOVE: Bronx (New York, USA), sotto le acque dell'East River, a quarantacinque metri dalla costa, in corrispondenza della 138ª East. IL TESORO: oro inglese per un valore di 4 milioni di euro, affondato insieme alla nave britannica *Hussar*, il cui scafo fu perforato da una roccia durante l'evacuazione inglese di New York del 1780. POSSIBILITÀ: il recupero è in teoria possibile, la nave dovrebbe trovarsi sepolta sotto il fango a una trentina di metri di profondità. Finora tutti i tentativi di recupero sono falliti.

*La Costa del Tesoro.* DOVE: Cape Canaveral (Florida, USA), al largo della Treasure Coast. IL TESORO: oltre 75 milioni di euro in oro e gioielli, carico – frutto delle razzie spagnole in Sudamerica – di undici navi dirette in Spagna: il 30 luglio 1715 le navi si imbatterono in un uragano che le spazzò via. POSSIBILITÀ: sei delle undici navi sono state ritrovate (con oltre sessantamila monete d'oro e d'argento), le altre cinque restano ancora disperse.

*L'isola dei tesori.* DOVE: Isla del Coco (Costa Rica). IL TESORO: si dice che su quest'isola siano nascosti ben sei tesori di pirati, tra cui quelli del pirata Thompson, del corsaro portoghese Benito Bonito e di William Dampier. Ma il più strepitoso sembra essere quello che il pirata Henry Morgan nascose sull'isola dopo avere saccheggiato la città di Panamá nel 1671: valore stimato oltre 94 milioni di euro. POSSIBILITÀ: scarsissime. Oltre quattrocentocinquanta spedizioni hanno cercato di localizzare almeno uno dei tesori, ma tutte hanno fallito.

*Il bottino di Al Capone.* DOVE: Michigan City (Indiana, USA). IL TESORO: duemila casse di whisky di Al Capone, forse nascoste in una grotta sulla costa del lago Michigan. Il valore stimato è di "soli" 230.000 euro, ma si tratterebbe di un ritrovamento storico. POSSIBILITÀ: buone, anche perché dato il basso profitto ricavabile, in pochi vi hanno provato.

*L'oro degli Inca.* DOVE: Isla Róbinson Crusoe (Cile). IL TESORO: il frutto delle razzie dei conquistadores spagnoli in Sudamerica (statue incaiche d'oro puro, tonnellate d'oro e argento, gemme preziose) sarebbe stato sepolto qui nel 1715. Il valore di un tesoro simile si potrebbe stimare intorno ai 7,5 miliardi di euro. POSSIBILITÀ: praticamente nessuna. Finora, grotte e fondali dell'isola hanno respinto i tentativi di centinaia di cacciatori di tesori tecnologicamente attrezzatissimi.

*La miniera perduta dell'olandese.* DOVE: Superstition Mountains, vicino a Phoenix (Arizona, USA). IL TESORO: una ricchissima miniera d'oro appartenuta agli Apache e localizzata sulla fine dell'Ottocento da un ingegnere olandese, Jacob Waltz. POSSIBILITÀ: non si sa con certezza se la storia della miniera sia autentica o sia solo una leggenda; sembra tuttavia che qualche migliaio di persone abbiano tentato di trovarla e alcuni abbiano perso la vita durante la ricerca. Le possibilità di successo sono pressoché nulle.

**Un tesoro di pirati?**

C'è chi sostiene che in fondo al pozzo di Oak Island si nasconda nientemeno che il Santo Graal o il tesoro dei cavalieri templari. Si tratta di fantasie, dicono gli esperti. Più interessante invece l'ipotesi che il capitano William Kidd, il celebre pirata, avesse nascosto il suo tesoro sull'isola. Nel 1935 lo scrittore Harold T. Wilkins ritrovò alcune mappe – attribuite al capitano Kidd – che raffiguravano una misteriosa isola vagamente somigliante a Oak Island. La scoperta indusse a nuove perlustrazioni, che però non portarono a nulla. Il vero tesoro del capitano Kidd era infatti sepolto in Gardiners Island, non lontano da New York, dove fu poi interamente recuperato. Quanto alle mappe trovate nel '35, Wilkins ammise in seguito che erano un falso, e le aveva lui stesso disegnate per far pubblicità a un suo libro dedicato al famoso pirata.

**Pirati, vero e falso**

Grazie alla rinnovata popolarità che i pirati hanno guadagnato dal successo di film come la saga di *Pirati dei Caraibi*, con Johnny Depp, molti sono convinti di conoscere tutto quanto li riguarda. In realtà moltissime convinzioni in merito sono false. Come si è visto, non è vero che i pirati nascondessero i loro tesori seppellendoli sotto terra. Falso anche che costringessero i prigionieri a camminare lungo una tavola sporgente fino a che non cadevano in mare. La punizione preferita consisteva piuttosto nel legare le vittime alla nave, trascinandole in acqua. È vero, invece, che usavano la Jolly Roger, la bandiera nera con il teschio e le ossa, come forma di riconoscimento. Molti pirati poi avevano in effetti gambe di legno, uncini o bande nere per sostituire un arto perso in combattimento o coprire un occhio perduto. Alcuni infine portavano gli orecchini: non per motivi estetici, ma perché convinti che la pressione ai lobi aiutasse a sopportare il mal di mare.

# OAK ISLAND: L'ISOLA DEL TESORO

Nell'estate del 1795 un giovane di nome Daniel McGinnis decise di esplorare nella Mahone Bay, lungo la costa della Nuova Scozia, l'isoletta nota come Oak Island, l'"isola della quercia". Circolavano al tempo molte leggende sui pirati e sui loro tesori, e McGinnis sognava forse di trovarne uno. Camminando si imbatté in una depressione nel terreno, sopra la quale si allungava il ramo di una grande quercia. E se un tempo in quel punto fosse stata scavata una buca e qualcuno vi avesse calato dentro un tesoro, servendosi di una corda e di una carrucola appese proprio al ramo?

McGinnis decise che valeva la pena indagare.

## Inseguendo il tesoro

Tornò sull'isola il giorno dopo con due amici, una pala e un piccone, e i tre si misero a scavare. A un metro dal suolo trovarono effettivamente uno strato di pietre e, tre metri più sotto, uno di assi di quercia. Era evidente che qualcuno le aveva posizionate. Continuando a scavare, ad altri sei metri di profondità trovarono nuovamente alcune assi, così come a nove. Esausti, decisero di abbandonare il lavoro in attesa di aiuto. Lo trovarono solo otto anni dopo, quando un uomo d'affari, un tale Simeon Lynds di Onslow, decise di finanziare gli scavi. Nacque così la Onslow Company, che diede il via alle ricerche nel 1804.

Circa a ogni tre metri di profondità si ritrovavano frammenti di quercia marcita. Finché, a circa ventisette metri, si rinvenne una pietra piatta, che riportava un'iscrizione indecifrabile. Secondo una fonte il messaggio recitava: «Trenta metri più sotto sono sepolti dieci milioni di dollari».

Due metri e mezzo più sotto si colpì qualcosa di solido, e si credette che fosse un forziere. Gli uomini di Lynds, esausti, si concessero una pausa per il resto della giornata. La mattina successiva la fossa si era però riempita d'acqua, per una profondità di diciotto metri e mezzo.

Gli sforzi successivi per liberare il pozzo, scavando pozzi contigui che permettessero di drenare l'acqua, si rivelarono vani. L'acqua continuava a riempire lo scavo. Qualcuno ipotizzò che fosse stato addirittura costruito un sistema di allagamento che impedisse di proseguire. Lynds, ridotto sul lastrico, gettò la spugna.

## Il pozzo dei soldi

Nel 1849 un nuovo gruppo, la Truro Company, riprese gli scavi nel pozzo originale, ormai noto a tutti come "Money Pit", il pozzo dei soldi, ma l'acqua impediva nuovamente di proseguire. Una trivella provò a forare i vari strati di materiale: si trovarono argilla, pezzi di legno e, secondo alcuni, tre anelli di una catena d'oro. Era la prova che il tesoro esisteva davvero? Gli uomini della Truro non conobbero mai la risposta, si arresero prima. Chi li seguì non ebbe migliore fortuna: nel 1861 uno degli scavatori morì bruciato per la rottura di una caldaia, nel 1867 un altro uomo morì precipitando nel pozzo. Le ricerche continuarono anche nel nuovo secolo: seguirono scavi di innumerevoli pozzi, che trasformarono la topografia della zona rendendo così assolutamente inutili le carte antiche. Ancora nel 1965 tre uomini morirono in uno dei pozzi laterali soffocati dai gas di un motore.

Nel 1966 un imprenditore edilizio proveniente dalla Florida, Dan Blankenship, si unì all'uomo d'affari di Montreal David Tobias per riprendere la ricerca. I due incominciarono così un'estesa operazione di trivellazione, scavando quasi sessanta pozzi in un anno e arruolando un gran numero di investitori, in quella che chiamarono Triton Alliance. Diversi problemi di natura meccanica, il crollo della borsa del 1987 e il fallimento di uno dei due fondatori posero fine al "grande scavo". Per qualche tempo l'isola fu aperta ai turisti, poi Blankenship, che vive tuttora sull'isola, decise di chiuderla al pubblico.

### La reale natura del pozzo

«Io ci sono stato» mi racconta l'investigatore americano Joe Nickell (figura 16), esperto nella soluzione di misteri ed enigmi paranormali[1]. «Sapevo che Blankenship era noto per il suo carattere difficile, ma sono riuscito a convincerlo a fare quattro chiacchiere con calma.»

Il titolare della Triton Alliance raccontò a Nickell i tentativi condotti in tutti quegli anni per trovare il tesoro, e mostrò un video realizzato calando una videocamera subacquea a oltre sessanta metri di profondità. «Nel video» continua Nickell «Blankenship diceva di vedere uno scrigno, un secchio e altri reperti, ma era tutto talmente buio e confuso che io non sono riuscito a distinguere granché.»

Di tutta questa vicenda, però, Nickell si è fatto un'opinione ben precisa. «Più andavo a fondo con le indagini e più diventavo scettico. Credo si tratti di un enigma a due

1 A Nickell, un caro amico oltre che collega, ho dedicato un'intervista sull'arte di indagare misteri, pubblicata all'interno di *Enigmi e misteri della storia* (op. cit.).

facce: la prima riguarda la natura stessa del Money Pit, la seconda la fonte di certi elementi presenti nella storia, come la pietra con il messaggio indecifrabile.»

Il pozzo, a leggere i resoconti a oggi pubblicati, sembrerebbe assolutamente artificiale. Tuttavia, se si recuperano le descrizioni più antiche, si scopre che non è vero che ogni tre metri circa si trovassero assi di legno. Un resoconto del 1864 parla di uno strato di foglie a sessanta centimetri e di alcune travi di legno di quercia a tre metri e mezzo. Poi, basta. Gli strati di detriti a intervalli regolari sarebbero una fantasia più recente.

«L'isola in realtà» continua Nickell «si estende su una falda composta principalmente da calcare e anidrite, la cui presenza spesso si accompagna alla formazione di grotte e anfratti. L'aspetto superficiale di queste caverne sotterranee è costituito oltre che da crepe anche da depressioni o gole. Forse, lo stesso Money Pit era solo una gola causata dal naturale cedimento delle rocce sottostanti.»

Il geologo E. Rudolph Faribault, che studiò l'isola nel 1911, trovò numerose gole naturali nella zona e concluse che vi erano "forti elementi" a sostegno del fatto che le presunte strutture artificiali di Oak Island fossero in realtà cavità naturali.

I diversi strati di legname rinvenuti si spiegherebbero, poi, con periodici allagamenti del pozzo, a loro volta causa della caduta all'interno di foglie, rami e alberi caduti, che avrebbero assunto nel corso dei secoli l'aspetto di strati di travi marce. Un pozzo dalle caratteristiche simili fu scoperto nel 1949 sulla spiaggia della Mahone Bay, otto chilometri a sud di Oak Island.

### La pista massonica

Di tutt'altra natura invece le storie relative alla pietra incisa, e altri particolari della vicenda. «A mio parere» dice

Nickell «tutta la storia della ricerca del tesoro non è altro che un'allegoria massonica. La Massoneria si basa infatti su un complesso sistema allegorico-simbolico, che fa spesso riferimento alla costruzione del Tempio di Salomone. Una di queste allegorie parla di una cripta nascosta in cui Salomone avrebbe fatto custodire dei preziosi segreti. Si racconta di tre pellegrini che trovandosi presso le rovine del tempio avrebbero scoperto la stanza sotterranea, e rinvenuto una cassetta contenente l'Arca dell'Alleanza.»

I tre giovani che scoprirono il Money Pit farebbero dunque riferimento ai tre pellegrini che scoprirono la cripta di Salomone. Esiste un particolare rituale massonico per il quale il candidato viene calato con una corda giù per un pozzo, attraverso una serie di botole: proprio come gli scavatori che si calarono nel Money Pit incontrando le presunte piattaforme di legno a intervalli regolari. Durante la cerimonia, il candidato porta con sé vanga, piccone e palanchino, strumenti da lavoro simbolici di un particolare grado della Massoneria.

«Altri elementi si ricollegano direttamente ai rituali massonici» continua Nickell. «Si racconta, per esempio, che nel 1803 gli operai analizzarono il fondo del pozzo con un piede di porco e colpirono quello che pensavano essere uno scrigno: la descrizione è identica a quella relativa alla leggenda della cripta segreta, rinvenuta colpendo il terreno con un piede di porco.»

Circa la pietra cifrata – che, si dice, scomparve nel nulla intorno al 1919 – molti studiosi ritennero il testo una burla, anche considerando il fatto che i rituali massonici parlano proprio di un messaggio cifrato da decodificare, trovato nella cripta segreta. Molte persone coinvolte negli scavi infine erano massoni della Nuova Scozia.

Quanto è solida questa ipotesi? «Credo sarà impossibile» ammette Nickell «capire con esattezza se elementi massonici si siano appoggiati su una preesistente leggenda riguardante un tesoro o se invece sia stata la stessa Massoneria a generare il mistero[2].»

Tuttavia, ciò che emerge senza ombra di dubbio è il fatto che quel pozzo si è meritato il nome di "Money Pit": forse non nasconde un tesoro sul fondo, ma di sicuro un'enorme quantità di denaro, e quattro vite umane, vi sono state versate nel tentativo di cercarlo.

2 A proposito di ipotesi massoniche, Nickell ritiene anche che un altro famoso mistero, quello della cripta "animata" di Barbados, possa avere la stessa spiegazione. Ne ho scritto in *Grandi misteri della storia* (op. cit.).

# INDECIFRABILI. CODICI E SEGRETI

«Qualunque codice inventato dall'umano ingegno può essere risolto dall'ingegno di un altro uomo.» Così scrisse Edgar Allan Poe nel suo racconto *Lo scarabeo d'oro*, e, in gran parte delle situazioni, la riflessione si è rivelata corretta. Esiste tuttavia una serie di messaggi e testi cifrati, delle più diverse provenienze, che ancora attendono qualcuno in grado di rivelarne il significato. Si tratta di codici che da anni – in qualche caso addirittura secoli – hanno dimostrato di essere impenetrabili a qualunque tipo di analisi.

## Il manoscritto Voynich

Presso la Beinecke Rare Book and Manuscript Library dell'Università di Yale, negli Stati Uniti, è conservato un volume di 234 pagine, scritto e illustrato a mano su pergamena di vitellino, datato grazie al radiocarbonio tra il 1404 e il 1438 (figura 17). Un oggetto straordinario da sfogliare e un tormento per gli studiosi. Nessuno, infatti, è ancora riuscito a capire in che lingua sia scritto e perché raffiguri una serie di piante e fiori mai visti prima, oltre a oscure rappresentazioni cosmologiche e astronomiche. Non a caso è stato definito «il libro più misterioso del mondo».

Fu Wilfrid Voynich, mercante di origini polacche, naturalizzato inglese, di libri rari, che lo acquistò dal collegio gesuita di Villa Mondragone, nei pressi di Frascati, nel 1912. Da allora, in tanti hanno cercato di decifrarlo. Quando alla fine della Seconda guerra mondiale gli esperti di crittografia della Marina statunitense studiarono e analizzarono alcuni vecchi codici cifrati per mettere alla prova nuovi sistemi di decodifica, il manoscritto Voynich fu l'unico a resistere a tutte le analisi. Alcuni ipotizzarono fosse stato scritto da un frate francescano scienziato e filosofo, Ruggero Bacone, in un latino camuffato, ma la datazione con il radiocarbonio lo colloca oltre un secolo dopo la morte del frate, e gli esperti escludono qualunque tipo di collegamento. Un filologo si convinse fosse scritto in ucraino con le vocali rimosse: così tradotti, alcuni passaggi acquistano un vago senso; tuttavia non c'è correlazione con le illustrazioni. Un fisico attribuì il testo ai càtari e lo interpretò come un misto di diverse lingue medievali, ma la traduzione proposta si rivelò priva di senso.

Ultimamente qualcosa sembra muoversi: il segreto di questo celebre mistero potrebbe finalmente iniziare a svelarsi. Nel dicembre del 2004, Gordon Rugg, un ricercatore della Keele University in Inghilterra, dopo avere analizzato accuratamente il manoscritto giunse alla conclusione che si trattava di un falso cinquecentesco, realizzato dall'avventuriero elisabettiano Edward Kelley. In un articolo per la rivista «Cryptologia», il ricercatore dimostrava che era possibile ricostruire le caratteristiche linguistiche del manoscritto usando tecniche crittografiche note all'epoca, fatto che, pur non dimostrando al di fuori di ogni dubbio che si tratta di un falso, comunque ne aumenta decisamente la probabilità.

### Il cifrario Beale

Talvolta un codice segreto sembra nascondere un tesoro, proprio come ne *Lo scarabeo d'oro* di Poe. È il caso, ad esempio, del "cifrario Beale" (figura 18). Secondo un libretto del 1885 intitolato *The Beale Papers* e scritto da tale James B. Ward, nel 1817 Thomas Jefferson Beale partì con trenta uomini al seguito per una spedizione di caccia al bufalo quando, nel corso dell'impresa, il gruppo si imbatté in un favoloso giacimento aurifero. Raccolsero qualcosa come tre tonnellate tra oro, argento e pietre preziose che seppellirono in Virginia con l'intenzione di recuperarle in seguito. Ma Beale e i suoi sparirono, e un oste, Robert Morris, cui Beale aveva lasciato una cassetta da aprire dieci anni dopo la sua scomparsa in caso gli fosse accaduto qualcosa, scoprì che questa conteneva solo tre fogli scritti secondo un codice numerico. In una lettera accompagnatoria Beale spiegava che i tre codici celavano la descrizione del tesoro, il luogo del suo nascondiglio e l'elenco dei nomi delle persone tra le cui famiglie andava divisa la fortuna. Morris non riuscì mai a decifrarli, e in punto di morte li passò forse a Ward, che decrittò solo il secondo (la descrizione del tesoro) e pubblicò il libretto.

In tanti hanno cercato di localizzare il tesoro che, secondo alcune stime, potrebbe valere oggi sui 40 milioni di dollari. Le autorità di Bedford County (dove la fortuna sarebbe sepolta) hanno ormai proibito ogni tipo di scavo non autorizzato in seguito ai danni prodotti negli anni alle proprietà della contea. Tutta la vicenda, però, puzza di falso. Non esiste traccia di un simile Thomas Jefferson Beale in quegli anni e in quella zona, e sembra improbabile che trenta persone non solo mantengano il segreto su un possibile tesoro ma scompaiano tutte quante senza che nessun familiare cerchi di scoprirne la sorte (sui giornali dell'epoca non si trova nulla in relazione a queste sparizioni). Inoltre varie incongruenze nel testo della presunta lettera di Beale (come l'uso di parole entrate nel linguaggio solo molti anni dopo l'epoca in cui fu scritta) fanno supporre che l'autore della beffa sia lo stesso Ward, unica fonte del racconto.

## I cifrari D'Agapeyeff e Dorabella

Può accadere che un codice cifrato rimanga inviolato perché il suo autore si è dimenticato la chiave. È successo, per esempio, al cartografo inglese di origini russe Alexander D'Agapeyeff, che in un libretto di crittografia pubblicato nel 1939, *Codes and Ciphers*, inserì come sfida ai lettori un messaggio in codice. Tutti i tentativi di risolverlo, però, fallirono, e lo stesso D'Agapeyeff fu costretto a togliere la sfida dalle successive edizioni del libro perché non ricordava più come aveva ottenuto il cifrario.

Altre volte, uno scherzo può diventare un mistero perché il suo autore è una celebrità. Il compositore inglese Edward Elgar, autore della celeberrima marcia *Pomp and Circumstance*, scrisse nel 1897 una lettera cifrata alla signorina Dora Penny. La donna non fu in grado di decifrarne il significato, che tuttora resta ignoto. Certamente, Elgar non immaginava che la sua lettera sarebbe stata conservata e sarebbe poi divenuta un enigma, noto come "cifrario Dorabella" (figura 19), insolubile per i migliori crittografi del mondo. Sono ottantasette caratteri simili alla scrittura araba, disposti su tre righe, che somigliano a un semplice cifrario a sostituzione, basato cioè su un testo in chiaro scritto in inglese. Ogni tentativo però ha dimostrato che quest'ipotesi non porta a nessun risultato comprensibile. La Elgar Society indisse un concorso nel 2007 – in occasione dei centocinquant'anni dalla nascita del compositore – per la decifrazione del codice, ma nessuno la spuntò.

## Codici cifrati italiani

Anche in Italia esistono alcuni misteriosi messaggi in codice. Nella chiesa dei Santi Faustino e Giovita all'Ortica, a Milano, venne alla luce nel 1979 un misterioso graffito (figura

20). Sembrava la mappa di un tesoro ma, quando vi si riconobbe la scrittura carolina – introdotta ai tempi di Carlo Magno e piena di abbreviazioni – il testo fu interpretato come una preghiera, e tradotto come segue: «Questa supplica è del 12 del mese di aprile dell'anno 1182 perché ci sostenga la clemenza divina». Segue la firma, «Silanus», cioè il nome del monaco che scrisse il testo. La preghiera riguardava gli abitanti di Porta Renza, esiliati in questa zona dall'imperatore Federico Barbarossa, che nel 1162 aveva raso al suolo Milano. Il graffito indica la pescosità del Lambro (l'anguilla che esce dalla bocca dell'uomo), le possibilità di caccia (le anatre selvatiche) e di agricoltura (il fiume in alto a sinistra che scende dai monti della Valassina e bagna i campi della Brianza). La porta in basso a destra è Porta Renza (l'attuale Porta Venezia) e indica la speranza di poter rientrare presto in città.

Ma, per un codice risolto, un altro ancora attende soluzione: a Muggia, in provincia di Trieste, sul muro esterno di un edificio di Calle del Ghetto compare una sequenza di trentuno enigmatiche figure (tra cui una seppia, una torre, un cervo, un leone alato, un uomo che corre, un drago e uno scudo) sovrastate da una data: MCCCCXXVIIII AL MESE DE MAZO. Forse si tratta di un'antica iconografia ebraica che indica come quella casa fosse nel XVI secolo abitata da ebrei, oppure un'iscrizione di tipo alchemico o, ancora, un racconto per immagini di un fatto realmente accaduto. A causa degli agenti atmosferici, le figure si stanno rapidamente deteriorando, e sono oggi a malapena visibili. Chissà se qualcuno riuscirà mai a decifrarle prima che scompaiano completamente.

### Codici e crimini

Che un crimine sia legato a un codice cifrato sembra più facilmente una trama da romanzo di spionaggio che un fatto reale. Eppure, è successo più di una volta. Nel 1948, un uomo senza documenti fu trovato morto sulla spiaggia di Somerton ad Adelaide, in Australia. Cucito all'interno di una tasca dei pantaloni fu trovato un foglietto di carta arrotolato su cui erano stampate le parole TAMAN SHUD. Si scoprì che erano le ultime parole di un libro di poesie, le *Rub'ayyat* del filosofo e matematico persiano Omar Khayyam. E qui le cose si complicarono: un testimone raccontò infatti alla polizia che, la notte prima del ritrovamento del cadavere, aveva scoperto nella propria auto lasciata aperta il libro in questione: emerse in effetti che il rotolino di carta combaciava perfettamente con il pezzo di libro strappato. Tra le pagine era poi appuntato a mano un testo in codice di cinque righe, tuttora inviolato. Da qui partirono nuove sorprese e colpi di scena, che resero il mistero dell'uomo di Somerton uno dei più incredibili dell'Australia.

Anche nelle tasche di Ricky McCormick, vittima nel 1999 di un omicidio a St. Charles County, nel Missouri, furono trovate due paginette scritte in codice. L'FBI non fu mai in grado di decifrarle, o scoprire come o perché McCormick fu ucciso. Sul suo sito l'ente federale[1] chiede ancora aiuto a chiunque possa dare una mano a risolvere l'arcano.

Tra gli anni '60 e '70, il Nord della California fu preda degli omicidi casuali di un serial killer che, in alcune lettere spedite ai giornali, si firmava "Zodiac". Le vittime accertate furono sette, ma Zodiac (la cui identità non fu mai scoperta) sosteneva di aver ucciso trentasette persone. Nei suoi messaggi alla stampa, inviò anche quattro crittogrammi, tre dei quali mai decifrati (figura 22). Nell'unico che fu decrittato spiegava quanto gli piacesse uccidere la gente, mentre nei rimanenti sosteneva fosse nascosta la sua identità. Il caso – che ha ispirato numerosi film, tra cui il primo della se-

1 Il codice si trova qui: *forms.fbi.gov/code*, insieme ai formulari da riempire con la propria ipotesi di decrittazione.

rie dell'ispettore Callaghan con Clint Eastwood – è tuttora aperto in varie giurisdizioni della California[2].

## Sfide e indovinelli

Una sfida tutt'altro che malevola è invece quella che l'artista James Sanborn ha realizzato per conto della CIA. Nel quartier generale dei servizi segreti americani, a Langley, in Virginia, si trova infatti una scultura dalla pianta a forma di "S" che Sanborn ha battezzato "Kryptos" (dal greco "nascosto"). È interamente traforata da 869 lettere dell'alfabeto apparentemente disposte a caso ma che, in realtà, nascondono un messaggio. Poiché Sanborn non ha mai voluto rivelare il significato del suo testo, gli appassionati di crittologia, così come i crittoanalisti della CIA, si sono divertiti a cercare una soluzione. Al momento sono stati decrittati tre quarti del testo: si tratta di una meditazione sulla natura dei segreti e sull'elusività della verità. Sulla quarta parte, però, tutti si sono finora bloccati, ed esiste sul web un gruppo di oltre duemila partecipanti impegnati a trovare una soluzione.

È ancora in cerca di una spiegazione anche una misteriosa iscrizione riportata in un monumento settecentesco a Shugborough Hall, nello Straffordshire (Inghilterra). Il monumento, costruito tra il 1748 e il 1763, fu voluto dall'allora parlamentare inglese Thomas Anson. Mostra una copia in bassorilievo dei *Pastori d'Arcadia*, celebre dipinto di Nicolas Poussin che, come vedremo più avanti (vedi il capitolo *I segreti di Rennes-le-Château*) gioca un ruolo importante nei fantasiosi enigmi raccolti ne *Il codice Da Vinci* di Dan Brown. Al di sotto di questa raffigurazione, si trovano le lettere D ed M (che forse stanno per "*Diis Manibus*", cioè "dedicato alle

2 La vicenda di Zodiac è una di quelle affrontate da Mariano Tomatis nel suo *Numeri assassini* (Kowalski, 2011), un affascinante e originale studio degli intrecci tra crimine, numeri, giochi e codici segreti.

ombre", come si usava sulle tombe degli antichi Romani) e poi una sequenza di otto lettere – O U O S V A V V – il cui significato è ancora oscuro. Un'ipotesi è che si tratti di un acronimo che nasconda una dedica in latino rivolta da Anson alla moglie defunta: "*Optimae Uxoris Optimae Sororis Viduus Amantissimus Vovit Virtutibus*" (Un devotissimo vedovo ha dedicato alle virtù della migliore delle mogli e migliore delle sorelle). Esistono però altre possibili soluzioni, una delle quali sostiene che il messaggio indicherebbe nientemeno che la distanza tra Shugborough e il pozzo di Oak Island. Come a dire che, ancora una volta, mistero chiama mistero...

**Enigma: la macchina dei codici cifrati**

Inventata nel 1918 dal tedesco Arthur Scherbius, la macchina "Enigma" (figura 23) trasformava un testo in un messaggio in codice decifrabile da un'altra macchina Enigma regolata secondo un criterio comune tra le due. Nel corso della Seconda guerra mondiale, l'esercito nazista fece largo uso di Enigma per l'invio di dispacci che dovevano rimanere segreti. Gli inglesi, però, catturarono nel 1941 un sommergibile tedesco e riuscirono così a mettere le mani su una macchina Enigma e sui documenti di cifratura. In questo modo, grazie al lavoro di un team di esperti che comprendeva il grande matematico Alan Turing, per tutta la durata della guerra gli Alleati furono in grado di decrittare importanti messaggi e anticipare le mosse del nemico.

**Il magico quadrato del Sator**

Su un gran numero di reperti archeologici rinvenuti in tutta Europa compare un'iscrizione latina (figura 24), in forma di quadrato magico, composta da cinque parole:

*SATOR*, *AREPO*, *TENET*, *OPERA*, *ROTAS*. Sovrapponendo una parola all'altra nell'ordine indicato si ottiene una frase palindroma, che rimane cioè identica sia che la si legga da sinistra verso destra sia viceversa. L'esemplare più antico fu trovato a Pompei (79 d.C.) su una colonna della Palestra Grande; ma in Italia ne esistono diversi, custoditi tra altri luoghi nel duomo di Siena, nella certosa di Trisulti a Collepardo (Frosinone), nell'abbazia di Valvisciolo a Sermoneta (Latina), nella collegiata di Sant'Orso ad Aosta, e così via. Il significato non è chiaro, una traduzione letterale – ipotizzando che il termine *arepo*, inesistente in latino, indichi un tipo di carro – non aiuta: «Il seminatore, col suo carro, tiene con cura le ruote». Forse un riferimento al Creatore che si prende cura delle sue opere, forse un messaggio apotropaico simile ad "Abracadabra", forse un anagramma che nasconde il simbolo della croce. Nessuno può dirlo con certezza, ma non c'è dubbio che questo strano sigillo, che ci accompagna da almeno duemila anni, continuerà ad affascinare gli studiosi ancora per tanto tempo.

# C'È UN ENIGMA IN QUEL DIPINTO

Osservare un quadro in un museo o a una mostra, oppure semplicemente stampato sulla pagina di un libro, è un'esperienza alla portata di tutti, capace di stimolare meraviglia, stupore, commozione ma anche, a volte, indifferenza, rabbia o disgusto. Difficilmente, però, le sensazioni e il significato che un dipinto riesce oggi a trasmetterci possono essere gli stessi del tempo in cui quella determinata tela venne alla luce, secoli prima.

Riferimenti contemporanei, sfumature, mode e abitudini sono così profondamente cambiati nel corso del tempo da rendere spesso ambigui – se non del tutto misteriosi o incomprensibili – certi dipinti. Al punto che a volte, riletto con il gusto e la sensibilità moderni, un quadro può assumere significati sorprendenti e nuovi, che non appartenevano però al suo autore.

Un classico esempio è quello dell'*Ultima Cena* di Leonardo, reinterpretato in chiave eretica nel romanzo *Il codice Da Vinci*, di cui presto parleremo più avanti (vedi il capitolo *I segreti di Rennes-le-Château*). Nonostante il libro di Brown fosse solo un romanzo, e le sue ipotesi riprese da fantasie di scrittori precedenti, scoppiò un'autentica diatriba che coinvolse storici dell'arte, studiosi del cristianesimo e teologi. La verità, come vedremo, è che il dipinto di Leonardo rispettava pienamente i canoni stilistici dell'epoca e non conteneva nulla di eretico. Tuttavia, la mancata conoscenza dei riferimenti iconografici e storici relativi all'epoca in cui Leonardo lo dipinse può facilmente indurre fuori strada un osservatore moderno.

## I due *San Matteo*

Se oggi possiamo non cogliere alcuni significati, di certo non sfuggivano agli osservatori suoi contemporanei. Opere che a noi possono sembrare del tutto innocue potevano invece causare scandalo e addirittura mettere a repentaglio la reputazione – se non la vita stessa – di chi le aveva dipinte.

Caravaggio, per esempio, fu più volte costretto a rifare i suoi quadri perché non erano conformi ai canoni richiesti dai committenti.

Un caso particolare è quello del *San Matteo e l'angelo* che gli fu commissionato nel 1602 per la chiesa di San Luigi dei Francesi a Roma. Le richieste erano precise: il santo doveva essere rappresentato mentre scriveva il Vangelo e, per mostrare che i Vangeli erano la parola divina, doveva essergli posto accanto un angelo ispiratore. Caravaggio, già allora un artista originale e intransigente, immaginò un vecchio e povero operaio, un uomo semplice, improvvisamente alle prese con un libro da scrivere. Si figurò così un san Matteo calvo, i piedi nudi e polverosi, che afferra goffamente il grosso volume e aggrotta con ansia la fronte nello sforzo inconsueto di scrivere. Al suo fianco dipinse un angelo che con dolcezza gli guida la mano, come può fare un maestro con un bambino.

Quando la congregazione della Chiesa vide il dipinto ne rimase scandalizzata per il modo apparentemente privo di rispetto con cui era stato ritratto il santo. Caravaggio fu costretto a rifare il dipinto attenendosi rigorosamente alle idee più convenzionali circa l'aspetto di un santo e di un angelo. Dei due quadri (figura 25) oggi sopravvive solo il secondo, conservato ancora nella chiesa d'origine; il primo, acquistato da Vincenzo Giustiniani, finì poi a Berlino, dove andò distrutto durante i bombardamenti della Seconda guerra mondiale.

## Cambia il titolo, cambia il quadro

Tutto sommato, a Caravaggio non andò poi così male. E anche a Paolo Veronese, a cui i domenicani della basilica dei Santi Giovanni e Paolo di Venezia commissionarono un'Ultima Cena per il loro refettorio, avrebbe potuto andare molto peggio. Ricevuto l'incarico, il Veronese reinterpretò la tematica da un punto di vista innovativo, inserendo la tavolata di Cristo e degli apostoli in un grande palazzo pieno di gente, paggi, giullari, bambini che giocavano sulle scale. Tale fu il rigetto per quell'interpretazione che il priore si rivolse alla Santa Inquisizione. Veronese si trovò così sotto processo nel 1573, costretto a difendersi davanti al tribunale del Sant'Uffizio. «Vi par conveniente che nella Cena Ultima del Signore si convenga dipingere buffoni, imbriachi, todeschi, nani et simili scurrilità?» gli domandò l'inquisitore sdegnato. Il pittore cercò di difendere il suo lavoro, ma alla fine fu costretto a cedere. Era noto che l'Inquisizione non andava tanto per il sottile quando si trattava di perseguire gli eretici. Tuttavia, anziché cambiare il dipinto, impresa decisamente ardua, fu convenuto che sarebbe stato scelto un altro titolo, *Cena a casa di Levi*, altro episodio del *Vangelo di Luca* in cui Matteo (o, appunto, Levi) prepara una grande festa nella propria dimora.

## Così non è come sembra

La *Ronda di notte* di Rembrandt del 1642 è uno dei quadri più famosi al mondo, fonte d'ispirazione di spettacoli teatrali, film, canzoni e persino del movimento di una sinfonia di Gustav Mahler. Eppure il titolo così celebre non descrive affatto il soggetto del dipinto. Eseguito in origine per la Milizia civica di Amsterdam, ritrae al centro il capitano Cocq e il luogotenente van Ruytemburgh circondati dagli archibugieri. Una bambina porta appeso al fianco un pollo, che richiama il simbolo della stessa Milizia. Ma il dipinto non rappresenta affatto una ronda, cioè un servizio di guardia, bensì l'inizio di una parata, quando i componenti della compagnia sono ancora intenti a prepararsi con orgoglio per sfilare lungo le vie della città. E non si svolge nemmeno di notte. I toni scuri del quadro sono dovuti all'ingiallimento delle vernici protettive, progressivamente ossidatesi nel corso dei secoli. Il suo nome più appropriato sarebbe quindi *La compagnia del Capitano Frans Banning Cocq*, ma non c'è dubbio che questo dipinto, fiore all'occhiello del Rijksmuseum di Amsterdam, sarà per sempre noto con il suo titolo "sbagliato".

### Gioco di specchi

Il soggetto di un dipinto può essere ben diverso da quello che ci appare. Osservando *Las Meninas* di Diego Velázquez del 1656, la nostra attenzione è concentrata sull'Infanta Margarita, al centro del quadro, circondata dalle damigelle d'onore ("las meninas" appunto). Ma è sufficiente osservare meglio il quadro per rendersi conto che, in realtà, il vero soggetto dell'opera si trova... fuori del quadro. Lo stesso Velázquez, infatti, si può intravedere sulla sinistra, impegnato a dipingere qualcosa su una grande tela. E tanto lui quanto l'Infanta, le damigelle, la nana e gli adulti sullo sfondo puntano tutti lo sguardo verso di noi. Che cosa stanno guardando? I due sovrani di Spagna, Filippo IV e sua moglie Marianna, che sono evidentemente il soggetto del quadro che Velázquez è intento a dipingere. Ce lo rivela proprio lo specchio sul fondo della sala, al cui interno è possibile scorgere il riflesso dei due regnanti. Un gioco simile era stato compiuto duecento anni prima da Jan van Eyck nel *Ritratto dei coniugi Arnolfini*. Vi era ugualmente uno specchio sul fondo della sala, ma al suo interno era ritratto lo stesso pittore.

## Simboli nascosti

Gli *Ambasciatori* di Hans Holbein il Giovane (1533) è un dipinto altamente simbolico. I due diplomatici ritratti, Jean de Dinteville e Georges de Selve, compaiono uno in abiti secolari, l'altro in tenuta clericale. Gli oggetti sul mobile, i due globi celeste e terrestre, così come il tappeto di origine orientale, alludono alla natura esplorativa nella professione dei due protagonisti. Troviamo poi vari strumenti di misurazione scientifica e tecnica, libri e simboli religiosi e del materialismo. Potrebbe dunque forse trattarsi di una rappresentazione simbolica dell'unione tra capitalismo e Chiesa. Il liuto con la corda spezzata, tuttavia, significa discordia, così come il libro dei salmi luterano potrebbe suggerire un conflitto tra accademici e clero.

Senza dubbio, però, il simbolo più misterioso è quella strana figura allungata sul pavimento: solo osservando il quadro dal lato destro (e a qualche metro di distanza) la deformazione scompare, e la figura appare per quello che è: un teschio umano. La tecnica usata è quella dell'anamorfosi, già descritta da Leonardo (vedi box *Precursore dell'anamorfosi*, pag. 165), e il significato del teschio può essere quello classico del *memento mori* (letteralmente: "ricordati che devi morire"). Tuttavia, resta da capire perché Holbein vi abbia dato così tanto spazio: forse il dipinto era destinato alla sommità di una scala, una posizione da cui avrebbe stupito chi saliva, e vedeva d'improvviso il teschio; oppure ricordava che nonostante tutto – i bei vestiti, gli strumenti, il lusso della sala – fosse destinato alla polvere, il crocefisso quasi nascosto in alto a sinistra nella tela avrebbe dispensato saggezza. Infine, magari Holbein volle semplicemente dimostrare la sua abilità tecnica per assicurarsi altre commissioni.

## Un trittico di deliziosi enigmi

Tra i dipinti simbolici la cui interpretazione è autenticamente difficile e dibattuta è il trittico del *Giardino delle delizie* dipinto da Hieronymus Bosch tra il 1480 e il 1490 circa. Il grande quadro (220x389 cm), diviso in tre scene e considerato il primo vero dipinto surrealista della storia, si pensa raffiguri – da sinistra a destra – la creazione di Adamo ed Eva, il giardino delle delizie e, infine, l'inferno.

Gli studiosi hanno spesso interpretato la complessa opera come un ammonimento agli uomini circa i pericoli delle tentazioni della vita terrena. Nel corso dei secoli, tuttavia, il significato dei singoli temi, delle figure fantastiche e della connessione tra di esse ha rappresentato una sfida tuttora aperta per gli studiosi dell'arte. È in particolare il pannello centrale a dividere la critica. C'è chi crede che contenga un insegnamento morale per l'uomo circa le conseguenze deleterie dei piaceri dei sensi e la caducità della vita, e chi lo considera una veduta del paradiso perduto. Altri ancora, invece, ipotizzando che Bosch facesse parte della setta cristiana degli Adamiti, vedono il pannello come una rappresentazione ideale dell'amore libero, dove la sessualità non va intesa come peccato ma come pura gioia ed estasi. Nessuna di queste ipotesi, però, risulta totalmente convincente, e la stessa figura di Bosch, sulla cui vita si sa molto poco, rimane un enigma insoluto.

## Fantasie contemporanee

Quella di vedere i dipinti antichi come una sorta di rompicapo al cui interno cercare messaggi ambigui, codici segreti, doppi sensi o significati nascosti è una tendenza tutta moderna che, inevitabilmente, conduce a interpretazioni tanto fantastiche quanto spesso infondate.

È il caso, per esempio, dei *Pastori d'Arcadia* di Nicolas Poussin del 1640, già citato a proposito dell'iscrizione sul monumento di Shugborough Hall. Il gruppo di pastori idealizzati dell'antichità classica, riuniti intorno a un austero sepolcro su cui è scritta la frase ET IN ARCADIA EGO (letteralmente: "Anch'io ero in Arcadia", un'antica forma di *memento mori*), fu in origine dipinto ispirandosi a un analogo quadro del Guercino.

Tuttavia, a partire dagli anni '80 del secolo scorso, l'opera è stata reinterpretata dagli pseudostorici che volevano il dipinto carico di indizi sulla presunta discendenza di Cristo, così come successe anche all'*Ultima Cena* di Leonardo (vedi il capitolo *I segreti di Rennes-le-Château*). In particolare, la scritta ET IN ARCADIA EGO, debitamente anagrammata e con l'aggiunta di alcune lettere, fu trasformata in I! TEGO ARCANA DEI, cioè: "Vattene! Io nascondo i misteri di Dio". Come a dire che quella sarebbe addirittura la tomba di Gesù dopo che, sfuggito alla crocifissione, si sarebbe ritirato con la famiglia sulle colline di Francia per morirvi una volta anziano. Poussin, insomma, sarebbe stato il membro di una società esoterica che intendeva lasciare traccia di questo segreto per tramandarla ai posteri.

Nonostante quello degli indizi nascosti nei quadri sia un classico delle leggende legate a tesori nascosti, non risulta che esistano esempi di una pratica simile nella realtà. Eppure, l'idea del "quadro cifrato" persiste e prospera tuttora.

## Un UFO nel quadro?

Se un osservatore moderno può vedere qualunque cosa in un dipinto di cinque o sei secoli fa, perché allora non un disco volante? È proprio quanto è successo con vari dipinti rinascimentali[1]. Uno dei più famosi è la *Madonna col Bambino e san Giovannino* attribuita a Sebastiano Mainardi. Il quadro è della fine del XV secolo, e si trova oggi al museo di Palazzo Vecchio a Firenze. In alto, dietro la spalla della Madonna, si distingue una strana figura ovale sospesa in cielo. Per certi ufologi sarebbe «un oggetto aereo, color grigio piombo, inclinato sulla sinistra e dotato di una "cupola" o "torretta", apparentemente identificabile come un mezzo volante di forma ovoidale in movimento».

Per capire cosa questo o altri quadri antichi raffigurassero realmente, però, è indispensabile sapere come lavoravano i pittori nel passato. E di solito nessuno di coloro che vede UFO nei quadri si preoccupa di informarsi circa il possibile significato simbolico di quegli strani elementi nell'arte di quel periodo. L'oggetto volante nel quadro di Mainardi e in altri simili, infatti, altro non è che una "nube luminosa". All'epoca, nel contesto delle adorazioni, compariva spesso in cielo un angelo o, come narrato in alcuni Vangeli apocrifi, una nube luminosa. Anche l'omino che sulla destra del dipinto si copre gli occhi guardando in cielo è un elemento caratteristico di questo tipo di quadri. Sembra, però, che più che guardare la nube l'uomo rivolga lo sguardo verso la Stella della Natività e altre tre piccole stelle (in alto a sinistra nel quadro), simbolo della triplice verginità di Maria: anche queste scambiate da alcuni per "astronavi".

1 Al tema dei presunti UFO nei dipinti medievali e rinascimentali ho dedicato molto spazio in *Enigmi e misteri della storia* (op. cit.), traendo ispirazione dall'approfondita e avvincente inchiesta condotta da Diego Cuoghi e disponibile online su *www.sprezzatura.it/Arte/*.

## Pitture alchemiche

Uno degli artisti più bizzarri e stravaganti della storia dell'arte è certamente Giuseppe Arcimboldo, capace di complicati puzzle in cui composizioni di frutta, verdura, fiori, uccelli, pesci e oggetti vari finiscono per trasformarsi in originali figure e volti umani. Uno degli esempi più celebri è *L'ortolano*, nel quale una ciotola che contiene numerosi ortaggi, una volta capovolta di 180°, mostra il volto pacioso e pingue dell'ortolano. L'Arcimboldo recupera le indagini fisiognomiche di Leonardo per creare opere che sembrano caricature grottesche e giocose. Ma, proprio come le immagini che dipinge cambiano di significato cambiando il punto di vista, così il senso vero dei suoi quadri è più profondo di quello che appare nell'immediato. Vicino alla cultura magico-cabalistica del XVI secolo, Arcimboldo, che lavorò a lungo come pittore di corte degli Asburgo a Praga (ritenuta la capitale dell'esoterismo europeo dell'epoca) cercava di riproporre nei suoi quadri la filosofia del "*solve et coagula*", scomporre e ricomporre, tipica dell'alchimia. E anche la scelta dei singoli oggetti utilizzati, come gli ortaggi de *L'ortolano*, nascondeva un significato recondito legato alle teorie degli elementi, degli umori e dei cinque sensi.

## Misteriosi quadri del Rinascimento

Ci sono quadri che lasciano a bocca aperta per la loro bellezza e altri che suscitano meraviglia per gli interrogativi che sollevano. Chi li ha dipinti cosa voleva rappresentare realmente? È un interrogativo particolarmente valido per alcune delle tele più apprezzate del Rinascimento. A quel tempo, infatti, le tradizioni medievali di tipo magico erano ancora molto sentite: se ne trova spesso traccia in quadri dai simbolismi esoterici o alchemici. Generalmente tale interpretazione è riconosciuta e accettata dagli storici dell'arte, ma in alcuni casi il contenuto di certe opere rappresenta un mistero, che suscita ancor oggi diversi dibattiti. È il caso dei dipinti che seguono e che concludono il capitolo.

*Creazione di Michelangelo*. Osservando il capolavoro di Michelangelo nella Cappella Sistina, il neurologo americano Frank L. Meshberger, del St. John's Medical Center di Anderson, Indiana, ha notato che il gruppo di angeli attornianti la figura di Dio crea una sagoma molto simile alla sezione sagittale del cervello. Una coincidenza? Forse no, visto che Michelangelo praticava studi di anatomia e conosceva le argomentazioni neoplatoniche che ponevano la sede dell'intelletto nei ventricoli del cervello: forse intendeva suggerire che Dio è una creazione della mente? Se così fosse, il titolo *Creazione di Adamo* si potrebbe anche leggere come: "Ciò che Adamo crea con la sua mente". L'interpretazione, però, è dibattuta.

*Annunciazione di Leonardo*. In questa prima importante opera di Leonardo, esposta oggi alla Galleria degli Uffizi a Firenze, gli elementi insoliti sono diversi, come il fatto che la Vergine sembri avere tre gambe (ma una è solo il bracciolo della sedia), o che il suo braccio sinistro sia piegato in modo innaturale (forse un errore del maestro?). Vi è anche una montagna misteriosa, che sembra galleggiare sul lago: di cosa si tratta? Dove si trova questo luogo, e cosa rappresenta? L'argomento suscita polemiche ancor oggi, come tra chi sostiene che in quella montagna si possa riconoscere una sfinge e chi – tra cui l'esperto di Leonardo Carlo Pedretti – afferma che si tratta solo di illusori segni di sporco.

*Primavera del Botticelli*. Fu Giorgio Vasari a dare il nome di *Primavera* a quest'opera, anch'essa esposta agli Uffizi. La complessità della composizione ha stimolato nei secoli interpretazioni di vario tipo. Secondo alcuni la tavola si ispira a un'opera letteraria intitolata *Le nozze di Filologia e Mercurio*; altri identificano invece la figura dalla veste fiorita come Florentia (Firenze), mentre le altre figure sarebbero città legate in vario modo al capoluogo toscano: Mercurio-Milano; Cupido (Amor)-Roma; le Tre Grazie-Pisa, Napoli e Genova; Cloris e Zefiro/Borea-Venezia e Bolzano. Non esiste tuttavia accordo unanime sul significato dell'opera.

*Allegoria sacra di Bellini.* Da quando Bellini realizzò questo dipinto di devozione privata (oggi agli Uffizi) le interpretazioni sul suo significato si sono succedute nel tempo, senza che mai si riuscisse a raggiungere una proposta condivisa. L'immagine contiene così tanti significati, e le allegorie sacre e profane si combinano e si accavallano in modo tale, che ogni spiegazione non può che risultare carente. Probabilmente il maestro veneziano si ispirò a un testo letterario in voga in quegli anni, che nessuno ha mai con certezza rintracciato.

# QUEI "SEGRETI" NASCOSTI NEI FILM

Al cinema, in fondo, è normale veder comparire sulla scena dischi volanti, mostri preistorici, fantasmi e viaggiatori del tempo. Ma quando questi fenomeni sembrano fare capolino all'insaputa del regista e degli artisti degli effetti speciali, le cose si fanno decisamente più inquietanti. Per esempio, come si spiega quello che sembra un UFO che sfreccia in una scena de *Lo squalo*? E che cosa sono certe strane creature volanti che si intravedono per alcuni secondi in *Quarto potere*? Ed è il fantasma di un bambino quello che compare dietro una tenda in *Tre scapoli e un bebè*? Secondo alcuni si tratterebbe di riprese accidentali di autentici fenomeni paranormali. È davvero così?

Se è tanto facile fraintendere il significato di un dipinto – e riuscere a scorgervi qualcosa che non esiste nella realtà – perché lo stesso non potrebbe accadere con i film?

## Incontri ravvicinati

I film in cui si intravedono luci che si spostano in cielo senza alcun collegamento con la storia sono moltissimi. A circa 1 ora e 32 minuti dall'inizio de *Lo squalo* di Steven Spielberg, per esempio, alle spalle del protagonista interpretato da Roy Scheider si vedono in rapida sequenza due oggetti luminosi sfrecciare nel cielo notturno. Alcuni hanno pensato che si trattasse di meteore, poi si è scoperto che quella scena era stata girata di giorno con una speciale lente che rendeva tutto più scuro per dare l'impressione della notte. Una tecnica molto usata quando non si poteva girare col buio, né esisteva la possibilità di alterare lo sfondo in modo digitale. Se la scena è girata di giorno, ne consegue che i due oggetti avrebbero dovuto esser molto grossi e luminosi per potere essere filmati: un fenomeno astronomico molto raro, che sarebbe certamente stato registrato dagli osservatori all'epoca, ma non lo fu. Poteva dunque trattarsi di autentici UFO?

Lo stesso Spielberg diede la soluzione al mistero tempo fa, spiegando che da bambino il padre lo portò una notte a vedere una pioggia di stelle cadenti: ne rimase così affascinato che, divenuto regista, per qualche tempo prese a inserire le stelle nei film, come una sorta di "firma".

È certamente più facile che un UFO compaia in *Men in Black*, un film di extraterrestri, dove in una scena due luci impreviste si muovono lente nel cielo sullo sfondo della World's Fair a New York. L'esperto di effetti speciali Peter Hassall, che ha indagato su questo e altri "misteri" cinematografici, ha potuto tuttavia accertare che i puntini luminosi appartengono a due normali aeroplani in fase di atterraggio: poco distante si trova infatti l'aeroporto La Guardia.

## Gli pterodattili di Orson Welles

*Quarto potere* di Orson Welles è tutt'oggi considerato da molti il più grande film della storia del cinema, ma pochi immaginano che potrebbe anche essere l'unico a contenere immagini di autentici pterodattili in volo. La scena da guardare è a circa 1 ora e 42 minuti, e dura una decina di secondi: mentre sullo schermo è in corso una cena all'aperto (che sembra sia stata girata nelle Everglades della Florida) sullo sfondo si vedono svolazzare almeno quattro enormi uccelli dalle lunghe zampe: pterodattili? «In realtà la scena fu girata in teatro, lo sfondo non è reale, ma un'immagine proiettata su uno schermo» spiega Hassell. Gli uccelli erano gru animate meccanicamente, volute da Welles per dare alla scena maggiore realismo. «Facile scambiarle per pterodattili, visto che ricordano molto gli pteranodonti meccanici visibili nel primo *King Kong.*»

## Tre scapoli e un fantasma

La storia del fantasma visibile nel celebre film di Leonard Nimoy *Tre scapoli e un bebè* (figura 26) è tra le più inquietanti e diffuse sul web. In una sequenza a circa 59 minuti dall'inizio l'attore Ted Danson dialoga con l'attrice che interpreta il ruolo di sua madre. Mentre i due si spostano attraverso la stanza, si intravede dietro una tenda la sagoma di un bambino. «Quella che potrebbe sembrare un'inquadratura sbagliata è invece un interessante documento che ci mostra l'apparizione di un presunto fantasma» dice un tipico sito dedicato al paranormale. «Prima che vi girassero il film, infatti, la casa era realmente abitata e la signora che vi viveva, vedendo quei pochi fotogrammi, ha riconosciuto suo figlio, morto tragicamente prima che cominciassero le riprese. La morte fu causata da un colpo accidentale che partì dal fucile del padre.»

Se si guarda il film dopo avere letto una descrizione del genere (la scena è rintracciabile anche su YouTube) è facile rimanere impressionati quando, effettivamente, compare all'improvviso e senza motivo, la figura di quello che sembra un bambino dietro una tenda.

La verità è che quella scena fu girata su un set cinematografico di Toronto, e non in un'autentica dimora. La figura dietro la tenda non è quella di un bambino, ma una sagoma di cartone che riproduce proprio Ted Danson in abito da sera realizzata per motivi promozionali e dimenticata sul set. In un'altra inquadratura (figura 27) la si vede esattamente per quello che è.

Un fantasma comparirebbe anche nella scena del funerale de *Il padrino* di Francis Ford Coppola. Quando Al Pacino si alza, si vede effettivamente sulla destra il volto trasparente di una donna che sembra masticare qualcosa. Il celebre giornalista e critico cinematografico Roger Ebert, però, risolse l'enigma intervistando Kim Aubry, produttore della serie in DVD. «Se guardate i fotogrammi che precedono questa scena vi accorgerete che si tratta dell'attrice Morgana King, seduta accanto a Pacino, forse riflessa da un filtro» dice Aubry. «Quello che ha infastidito Coppola e divertito me è invece il fatto che la King mastica una gomma. Perché mai il suo personaggio dovrebbe fare una cosa del genere al funerale del marito? Semplice, perché pensava di non essere ripresa.»

## Film che viaggiano nel tempo

La palma di film più misterioso spetta però a una pellicola del 1927 del regista Tod Browning, lo stesso del celebre *Freaks*, intitolata *Il fantasma del castello* (*London After Midnight*, il titolo originale), un film dell'orrore interpretato da un Lon Chaney truccato in maniera particolarmente terrificante. L'ultima copia esistente del film andò distrutta in un incendio nel 1965 e tutto ciò che resta è solamente una serie di fotografie di scena. Tuttavia, un autore anonimo che sostiene di avere visto il film ha raccontato al periodico «UFO Roundup» che nel film ci sarebbero evidenti "prove" di viaggi nel tempo.

Nella pellicola, infatti, sarebbe stato possibile riconoscere una sveglia digitale del 1974, una lanterna Coleman a batterie entrata in produzione solo nel 1985 (figura 28) e addirittura la cantante Mariah Carey, nata quarantatré anni dopo il film, che comparirebbe nella scena del teatro.

L'indagine è resa difficile dal fatto che non esistono copie del film, ma Peter Hassell esaminando il copione e le fotografie sopravvissute ha accertato che non sembra ci fosse nessuna scena ambientata in un teatro, e tantomeno esiste un'immagine che ritragga un'attrice somigliante alla Carey. «Inoltre, nonostante tutti i miei sforzi, non ho trovato nulla che somigli anche lontanamente a una sveglia digitale» dice Hassell.

Quanto alla lampada Coleman, Dave DeFrates del Coleman Collectors Club ha osservato le fotografie e concluso che la lampada in questione semplicemente non è una Coleman. «La lanterna del film sembra di quelle a stoppino» dice DeFrates, e non a batteria, come le Coleman. «Assomiglia piuttosto a una lanterna Dietz No. 6 alimentata a kerosene e prodotta a partire dal 1895.» In effetti, le lampade Dietz sono pressoché identiche a quelle del film.

Dunque, nessuna prova di possibili viaggi nel tempo sembra documentata in questo film. Che dire, invece, dell'episodio documentato ne *Il circo* di Charlie Chaplin?

Una donna cammina sola mentre parla tenendo una mano all'orecchio: ovvio pensare che stia usando un telefono cellulare. Ma come è possibile, se il film in questione risale al 1928? È stato il regista inglese George Clark a notare la stranezza in un DVD de *Il circo*. Tra i contenuti extra, vi sono le riprese della prima teatrale del film a Hollywood e, tra le persone che passano davanti al teatro, c'è anche la signora in questione. Clark, un po' scherzando e un po' no, dice che non c'è altra spiegazione per il suo gesto se non quella per cui starebbe parlando a un telefono cellulare. Peccato che nel 1928 era impossibile! Non può dunque trattarsi che di una viaggiatrice del tempo. Tuttavia, c'è anche un'altra possibilità: forse la donna sta tenendosi all'orecchio un cornetto acustico del tipo usato all'epoca. Era uno strumento molto comune per chi aveva problemi di udito, e forse la donna parlava per provarlo o per rispondere a qualcuno – fuori dall'inquadratura – che la avvertiva delle riprese in corso. Certo, è molto più divertente pensare a una viaggiatrice del tempo, ma in questo caso sarebbe lecito chiedersi: con chi parlava al telefono?

### Il caso della stanza 237

Nel 2012 il regista Rodney Ascher e il produttore Tim Kirk hanno realizzato un documentario intitolato *Room 237* nell'intento di rivelare una miriade di simboli nascosti e messaggi segreti contenuti nel film *Shining* di Stanley Kubrick. Il lavoro, che rappresenta indubbiamente l'amore assoluto (forse ossessivo) per il cinema, e in particolare per il lavoro di Kubrick, è un incredibile esempio di fantasia galoppante al lavoro.

Si tratta di un montaggio di scene da *Shining* e altri film di Kubrick commentato da una serie di fan che vedono in particolari inquadrature o in certi oggetti di scena collegamenti con alcuni eventi cruciali della storia, dall'Olocausto allo sbarco sulla Luna fino al genocidio dei nativi americani. Collegamenti che sarebbero stati studiati e volutamente inseriti nel film dallo stesso regista.

Sebbene i commenti dei critici a questa opera siano stati in genere positivi, l'impressione generale è che si tratti, in ogni modo, di un delirio, anche se di un "delirio sensato". Per il critico di «Entertainment Weekly», Owen Gleiberman, «*Room 237* riesce a dare un senso a *Shining* perché, ancora più dello stesso film, mostra la logica di come ragiona un folle».

La parola finale spetta però a Leon Vitali, assistente personale di Kubrick durante la realizzazione di *Shining*, che a proposito di *Room 237* dice: «Ci sono tante idee esposte nel film che so per certo essere colossali sciocchezze. Per esempio la teoria del documentario riguardante il poster di un minotauro si riferisce in realtà a quello di uno sciatore; l'uso di una macchina da scrivere tedesca, interpretata come simbolo dell'Olocausto, fu deciso da Kubrick solo per questioni pratiche. Kubrick non diceva al pubblico che cosa o come pensare, e se qualcuno usciva proponendo il contrario di quella che era stata la sua idea, andava bene. Detto questo, sono sicuro che non avrebbe voluto guardare l'80% di *Room 237*, perché è pura confusione».

Fin qui, dunque, non sembra siano stati documentati su pellicola cinematografica autentici fenomeni anomali, ma i film in circolazione sono talmente tanti che qualche scoperta inattesa è sempre possibile. Forse tra i lettori qualcuno riuscirà a sorprendermi?

**Chi si è impiccato ne *Il mago di Oz*?**

La storia del cinema è costellata di incidenti fatali accaduti durante le riprese. L'attore Brandon Lee fu ucciso dal frammento di un proiettile a salve sparato per sbaglio durante una scena de *Il corvo*; il pilota Art Scholl precipitò nell'oceano durante un'acrobazia per il film *Top Gun*; Harry L. O'Connor, la controfigura di Vin Diesel in *xXx*, morì durante una caduta. Ma in tutti questi casi, pur se filmato, il momento di ciascuna di queste morti non fu mai mostrato né incluso nelle pellicole per rispetto delle vittime e dei loro familiari. Esiste tuttavia un film dove pare che la scena di una comparsa impiccata a un albero sarebbe rimasta nel montaggio definitivo perché nessuno se ne accorse, se non molti anni dopo. Il film è *Il mago di Oz*, e la scena incriminata quella in cui Dorothy si allontana con i suoi tre compagni alla ricerca del mago. Sullo sfondo, tra le piante, si vede un movimento che alcuni hanno interpretato come di uno dei nani del film mentre si suicida a causa di una delusione amorosa. L'episodio ha fatto così tanto scalpore che la MGM, produttrice del film, ha dovuto chiarire che nessuno si era impiccato sul set, e il movimento era stato provocato da uno dei trecento uccelli esotici usati per le riprese. In particolare, si trattava di un grosso emù che sbatteva le ali. Il movimento avviene così lontano, in una luce così scarsa, che ognuno finisce facilmente per vederci quello che vuole. La scena fu girata sul set di un teatro di posa, affollato di tecnici, e nessuno si accorse dell'impiccagione o trovò una persona morta appesa a un ramo. Ma per chi crede alle cospirazioni, tutta la troupe avrebbe potuto esser stata convinta a mantenere il silenzio per evitare uno scandalo...

# LA MISTERIOSA SETTA DEI BEATI PAOLI

Esisteva, nella Palermo settecentesca, un gruppo di uomini misteriosi che di giorno badava ai propri affari e di notte si trasformava in una terribile setta vendicatrice di soprusi e torti. Aristocratici e benestanti proteggevano i poveri e gli oppressi utilizzando un vero e proprio tribunale. Indossavano cappucci neri, non conoscevano la reale identità di ciascuno e si riunivano alla Cuncuma (una grotta sotterranea); attraverso le cavità del sottosuolo la loro vendetta poteva così raggiungere chiunque, dovunque. Erano noti come i Beati Paoli (figura 29), e chiunque si fosse macchiato di qualche prepotenza tremava solo a sentirne il nome.

## La "sacra" novella

Queste sono a grandi linee le caratteristiche della leggendaria setta dei Beati Paoli. Una storia a lungo tramandata in Sicilia solo per via orale e raccontata, sotto forma di romanzo a puntate, solo nel 1909. Autore del *feuilleton* fu Luigi Natoli, che si firmava con lo pseudonimo di William Galt, e che raccontò la vicenda in ben 239 puntate pubblicate quotidianamente dal «Giornale di Sicilia».

Ma ben prima la storia fu raccontata e ripetuta dai siciliani con tale passione e interesse da diventare patrimonio comune, tanto della povera gente quanto della borghesia. Per gli abitanti del Capo, il quartiere di Palermo dove per tradizione si riteneva si riunisse la setta, il romanzo di Natoli divenne quasi un testo sacro, letto ogni sera ad alta voce dal capofamiglia, ascoltato in religioso silenzio. Secondo lo storico Rosario La Duca, «in Sicilia *I Beati Paoli* è ancor oggi l'unico libro che molta gente del popolo abbia letto in tutta la vita».

Tuttavia ben pochi fuori della Sicilia ne hanno mai sentito parlare. Ma soprattutto è lecito chiedersi se la storia dei Beati Paoli sia solo una leggenda o abbia qualche reale fondamento storico.

### Una setta di «empia e capricciosa gente»

Lo studioso della Palermo antica Francesco Maria Emanuele Gaetani, marchese di Villabianca, vissuto alla fine del Settecento, fu il primo a occuparsene: nei suoi *Opuscoli palermitani*, primo testo a citare la setta, spiega che, già ai suoi tempi, dei Beati Paoli «se n'era perduta la semenza». Nessuno, insomma, se li ricordava più.

Fu lui a ricostruirne la storia, definendoli innanzitutto una setta di «empia e capricciosa gente», detta "dei Vendicosi", e rintracciandone l'origine addirittura al 1185. Dal Medioevo la setta si sarebbe continuamente rinnovata fino ad arrivare a uno dei periodi più turbolenti della storia siciliana, quello che nel romanzo di Natoli tocca gli anni dal 1698 al 1719.

Era un'epoca di forti contrasti, agitata da anni di guerre e spinose discordie tra Chiesa e stato. Basti pensare che in quei vent'anni la Sicilia vide succedersi ben tre monarchie. Prima quella spagnola, con l'ascesa al trono di Filippo V, primo re dei Borbone di Spagna; poi di Vittorio Amedeo II di Savoia; quindi degli austriaci, con Carlo VI d'Asburgo.

In questo clima era inevitabile che nobili e potenti abusassero del proprio potere a danno dei più deboli. La giustizia dello stato, dove non era assente, era quasi sempre al servizio dei più forti; e gli stessi nobili si servivano spesso di uomini d'armi per risolvere alla svelta i casi che, per opportunità, preferivano non sottoporre ai tribunali.

Ecco, allora, secondo il Villabianca, il motivo che diede i natali ai Beati Paoli: «Le persone mezzane quindi, e basse, non potendo fare tal spesa di mantenere Sicarij si formavano il vanto col procedere empiamente da per se stessi colle loro mani».

Non si trattava però di una giustizia personale, quindi fragile; ma di una giustizia gestita da un organismo che agiva nell'ombra e, dunque, per sua natura inafferrabile e potente a sua volta.

## Antenati della mafia?

Per il popolo i Beati Paoli erano eroi, difensori degli oppressi (così li dipinge Natoli). Altri, tuttavia, come il giornalista ottocentesco Vincenzo Linares, li ritenevano «empi sicari», che talvolta intervenivano per raddrizzare soprusi (e per questo erano ben visti) ma più spesso agivano per vendette personali o per compiere altri delitti comuni. Sempre secondo Linares, la setta fu alla fine sgominata e dispersa.

C'è anche chi vuole vedere un legame tra i Beati Paoli e la mafia, intesa come setta segreta. Durante una deposizione il pentito Tommaso Buscetta, grande estimatore del libro di Natoli, ebbe a dichiarare: «La mafia non è nata adesso, viene dal passato. Prima c'erano i Beati Paoli che lottavano coi poveri contro i ricchi [...]: abbiamo lo stesso giuramento, gli stessi doveri».

Un altro pentito, Totuccio Contorno, si faceva chiamare "Coriolano della Floresta", proprio come il protagonista del romanzo di Natoli.

E già dopo l'assassinio del tenente di polizia Joe Petrosino, nemico della malavita italiana trapiantata negli Stati

Uniti e ucciso a Palermo il 12 marzo 1909, l'inchiesta portò alla luce che la mafia (responsabile della morte del poliziotto italo-americano) non solo si era già appropriata del mito dei Beati Paoli ma si riuniva in un sotterraneo, proprio come la leggenda vuole facesse l'antica setta.

Si tratta però, secondo gli storici, di "appropriazioni indebite": «La mafia» spiega La Duca «ha un'origine legata alla terra connessa al disintegrarsi della struttura feudale dell'Isola avvenuta all'inizio del XIX secolo, quando ormai la setta dei Beati Paoli era da tempo scomparsa.»

Il libro di Natoli, dunque, avrebbe involontariamente contribuito ad alimentare in termini apologetici il sentire mafioso. «Il palermitano» dice lo studioso Francesco Paolo Castiglione «è ormai certo che in un'epoca indeterminata – come sono sempre i riferimenti storici del popolo – ha avuto la precisa coscienza dei propri diritti ed è stato capace di vendicare le violenze che era obbligato a subire. Ma chiari indizi mostrano che, fintantoché i romanzieri non cominciano a costruire fantasiose favole letterarie sui Beati Paoli, la setta non è così misteriosa come si è in seguito ritenuto, essendone sufficientemente noti sia il carattere di fazione politico-militare sia l'epoca in cui essa agì.»

### L'antro della setta

Si è mai saputo chi fossero in realtà i Beati Paoli, e dove si riunissero esattamente? Nel suo saggio, il Villabianca ne identifica solo tre. Del primo, Giuseppe Amatore, si sa solo che era un «maestro scopettiere», cioè un fabbricante di fucili, detto "u Russu"; e che fu impiccato a Palermo il 17 dicembre 1704, all'età di 27 anni. Il secondo, Girolamo Ammirata, «razionale» di professione (vale a dire contabile), fu impiccato al Piano del Carmine nel 1723 per aver ucciso un uomo «con colpo di carrubina». Il terzo pare che

Villabianca lo abbia conosciuto di persona. Si tratta di un famoso vetturino di Palermo, Vito Vituzzu, che conobbe da bambino e definì «l'ultimo facinoroso della Compagnia de' Beati Paoli», scampato alla forca e ridottosi, sciolta la setta, a fare il «massaro di chiesa» (vale a dire il sacrestano) a San Matteo al Cassaro.

Quanto alla grotta luogo dei misteriosi ritrovi, la Cuncuma, è così chiamata dall'espressione dialettale *tenere concùmiu*, che significa "tener consiglio, congiurare".

La descrive Natoli: «Era una specie di grotta scavata nel tufo di forma circolare a cupola, in mezzo al locale vi era posizionata una tavola di pietra; l'uomo che aveva dato l'ordine stava seduto dietro la tavola, il suo cappuccio nero era ampio e tutto chiuso come i confrati incappucciati, e gli scendeva in mezzo al petto».

Secondo il Villabianca, il luogo di riunione dei Beati Paoli fu identificato in una cavità sotterranea presente nel quartiere del Capo, in prossimità della chiesa di Santa Maria di Gesù.

Vi si accedeva attraverso quella che, all'epoca in cui scriveva Villabianca, era la casa dell'avvocato Giovanbattista Baldi: «Dal primo piano dell'ingresso di questa casa, passando per una porticina, si accede a un piccolo baglio scoperto, in cui sorge un basso albero boschigno, e il piano su cui si cammina non è altro che lo strato di una volta ben larga, che copre la grotta sottostante. Nel centro della volta vi è un occhio con grata di ferro che serve da spiraglio e lume alla sotterranea caverna». Si scendevano poi cinque scalini di pietra e si entrava in una stanzetta che dava sulla grotta principale, con tanto di sedili scavati nella roccia e scansie «nelle quali si posavan l'armi sia di fuoco che di ferro».

L'esistenza di questa grotta fu confermata a fine Ottocento dalla visita di un erudito palermitano, Vincenzo Di Giovanni, che la ritrovò, specificando che nel 1889 vi si accedeva passando «dalla casa del Barone Biandano nella via Beati Paoli n. 35».

Oggi la Cuncumà non è più accessibile, gli ingressi sono stati murati, ma dopo la sua visita Di Giovanni fece affiggere una targa marmorea sul palazzo che, a scanso d'equivoci, recita: ANTICA SEDE DEI BEATI PAOLI.

Grotte e cunicoli, in effetti, sono ben noti nella zona, e fanno parte di un complesso cimiteriale cristiano sviluppatosi nel IV secolo d.C., sul letto naturale del fiume Papireto. «Ma la fantasia popolare» commenta La Duca, che è anche esperto conoscitore della topografia di Palermo «ritenne e ritiene ancora che ogni cavità esistente nel sottosuolo della città o del suo vicino territorio sia stata utilizzata dai componenti della società segreta. Sono sorte così le più impensabili leggende che trovano un giustificabile sostegno nella presenza, nella zona nord-ovest del territorio palermitano, di vastissime cave di pietra coltivate in galleria che rendono in buona parte vuoto e percorribile il sottosuolo.»

## Mito e realtà

Dunque una storia, quella dei Beati Paoli, che si muove inevitabilmente tra leggenda e realtà. Lo stesso nome, la cui origine non è chiara, ne è un esempio. Giuseppe Pitrè, antropologo palermitano vissuto nell'Ottocento, racconta: «Particolarmente fortunato doveva ritenersi chi nasceva nella notte di San Paolo (29-30 giugno), in quanto era credenza molto diffusa che avrebbe posseduto virtù sovrannaturali non comuni a nessun altro mortale. Egli è forte e prosperoso, maneggia impunemente le vipere, le aspidi, i serpenti, i rettili velenosi di ogni genere... fa fronte ai licantropi... sa indovinare il futuro, viene considerato oracolo infallibile. È probabile quindi che [i nati in questa data], ritenuti sovrannaturali e quasi incarnazione dell'apostolo Paolo, abbiano dato il nome alla setta dei Beati Paoli, anch'essi ritenuti esseri sovrannaturali, sia per l'alone di mistero che li avvolgeva che per la segretezza delle loro azioni».

Vero o falso che sia, i Beati Paoli sono entrati anche nel linguaggio comune. E se un tempo "averne quanto i Beati Paoli" significava prendere un sacco di legnate, oggi sopravvive in Sicilia un altro modo di dire. Sembra infatti che di giorno, vestiti da monaci di san Francesco di Paola (altra possibile origine del nome), i Beati Paoli andassero nelle chiese fingendo di recitare il rosario. Si trattava in realtà di uno stratagemma per poter apprendere meglio i fatti che accadevano in città e nottetempo complottare e mettere in atto vendette. Ecco allora perché, ancor oggi, per indicare una persona in apparenza buona e in realtà pericolosa, si sente dire a Palermo e dintorni: «*Pari nu Biatu Paulu*».

*Si ringrazia Fara Di Maio*

# 3
# CODICE LEONARDO

# I MISTERI DI LEONARDO DA VINCI

È il genio per antonomasia, l'incarnazione stessa del Rinascimento italiano. Leonardo da Vinci rappresenta un *unicum* nella storia del mondo: un uomo che riuniva in sé una quantità di conoscenze e di abilità tecniche del tutto singolari e capaci di renderlo un maestro assoluto in quasi tutto ciò che faceva. Pittore, inventore, anatomista, ingegnere, architetto, naturalista, scenografo ma anche musicista, filosofo, poeta, enigmista e umorista: sembra non ci fosse nulla che non lo affascinasse.

Ebbe la fortuna di vivere molto per il suo tempo (quando morì, nel 1519, aveva 67 anni), accumulando così conoscenza ed esperienza in grandi quantità. Ma se non fosse stato per la sua indomita curiosità non avrebbe lasciato dietro di sé un tale numero di intuizioni, scoperte e capolavori d'arte.

Alcuni sostengono che dietro i suoi mille interessi ve ne fossero alcuni meno noti e più inquietanti, come il sospetto di eresia, che si trattasse di un negromante affiliato a oscure sette, che nascondesse misteriosi simboli esoterici nelle sue opere e avesse creato la Sindone; o addirittura che fosse in contatto con gli extraterrestri.

Cerchiamo dunque di fare chiarezza, e capire se in qualcuna di queste affermazioni esistono fondamenti di verità.

## Simboli esoterici nelle opere

Leonardo era un eretico? Probabilmente no, ma è possibile che il genio toscano, non certo un fervente cattolico, sia entrato in contatto con idee all'epoca considerate eretiche, come quelle neoplatoniche e gnostiche. Gli gnostici, per esempio, credevano in "Sophia", la dea madre che creò il mondo e che Leonardo potrebbe avere voluto rappresentare nella *Leda col cigno*, un quadro perduto di cui però esistono copie, dove la grande madre è vista come "uovo cosmico", da cui altre uova danno origine agli esseri umani. Gli gnostici credevano anche che esistessero due Gesù, uno carnale morto sulla croce e uno che era solo spirito. Nella *Vergine delle Rocce* sono presenti due bambini somiglianti: forse il secondo è il doppio Gesù, poi indicato come Giovannino per farlo accettare dai committenti religiosi? Chissà. Un altro interrogativo riguarda la propensione di Leonardo a ritrarre spesso san Giovanni Battista. Qualcuno si è chiesto se questo attaccamento al santo non nascondesse dell'altro, ovvero l'adesione alla setta dei Giovanniti, i cavalieri dell'Ordine di Malta devoti appunto a san Giovanni?

Sono ipotesi su cui gli storici, e non solo quelli dell'arte, si interrogano. Ecco per esempio il parere dello storico e saggista Franco Cardini: «Una cosa è sicura: se Leonardo avesse realizzato alcuni dei suoi quadri un secolo dopo, cioè ai tempi della Controriforma, l'Inquisizione lo avrebbe sicuramente arrestato e condannato. Ma a cavallo fra il XV e il XVI secolo la Chiesa era molto più elastica. Un cardinale che avesse compreso il messaggio di un quadro gnostico si sarebbe più stupito che scandalizzato, di fronte all'originalità e alla cultura del pittore. In quegli anni Marsilio Ficino tradusse il *Corpus ermeticum* di Ermete Trismegisto, testo neoplatonico che ebbe grande successo. È molto probabile che Leonardo conoscesse le opere di Ficino, e si trovasse a suo agio con i simboli gnostici, ma da qui a immaginarlo impegnato in dispute religiose, sette e messaggi segreti...».

## Fu lui l'autore della Sindone?

Secondo Lynn Picknett e Clive Prince la Sindone sarebbe opera di Leonardo. La scrittrice Victoria Hazel interpreta un passaggio nel codice Atlantico come una "confessione" da parte del suo autore: «Quando io feci Domene Dio putto, voi mi mettesti in prigione: ora s'io lo fo grande, voi mi farete peggio». Non solo: secondo l'americana Lillian Schwartz, il volto della Sindone combacerebbe con l'autoritratto di Leonardo e sarebbe dunque un esperimento di tecniche prefotografiche ideato dal genio di Vinci.

In realtà, tanto le fonti storiche – il primo riferimento scritto alla Sindone è in un memoriale del 1389 – quanto la datazione scientifica operata con il radiocarbonio circoscrivono l'età del telo sindonico a un periodo compreso tra il 1260 e il 1390[1]. Si tratta dunque verosimilmente di un'opera d'arte, ma che non può essere stata realizzata da Leonardo, dal momento che esisteva già da almeno un secolo prima della sua nascita.

## La scrittura "segreta"

Leonardo possedeva un'insolita scrittura speculare, che si muoveva da destra verso sinistra; spesso poi iniziava a riempire di caratteri l'ultimo foglio per giungere al primo.

1 Sulle indagini che dimostrano come la Sindone sia quasi certamente un artefatto medievale, si vedano i libri di Luigi Garlaschelli, *Processo alla Sindone* (Avverbi, 1998), e di Antonio Lombatti, *Sfida alla Sindone* (Centro Editore, 2000), e il sito *sindone.weebly.com*. Tra i miei libri, si veda *Grandi misteri della storia* (op. cit.).

Questa peculiarità è stata spesso interpretata come un tentativo messo in atto da Leonardo di tener segreto e incomprensibile ai più il proprio lavoro. Per questa sua caratteristica, chi lo considerava un eretico era addirittura arrivato a definirlo "scrittore del diavolo". In realtà, si trattava del suo modo spontaneo di scrivere. I neurologi hanno infatti dimostrato che la sua era un'abitudine acquisita nell'infanzia, naturale per i mancini che, come Leonardo, non sono stati corretti. Egli scriveva anche con calligrafia "normale", ma con minore facilità e soprattutto in casi dimostrativi, come per esempio per alcune carte topografiche. Non a caso, Leonardo faceva scrivere ad altri le sue missive e le lettere di presentazione.

## Un negromante "ladro" di cadaveri

Quanto al fatto che sarebbe stato un negromante, si tratta di accuse che gli furono mosse da alcuni suoi contemporanei, spaventati perché manipolava cadaveri ed eseguiva altre pratiche considerate "magiche", come la bollitura degli occhi. In verità, Leonardo eseguiva autopsie sui cadaveri per poterne studiare e descrivere l'anatomia; di certo non li trafugava dai cimiteri, bensì gli erano forniti dagli ospedali grazie all'amicizia che coltivava con famosi medici del tempo, come Marcantonio della Torre.

Circa le pratiche messe in atto su di essi, si trattava di tecniche usate per metterne in evidenza le parti da studiare. Per evidenziare il percorso dei nervi, per esempio, occorreva macerare il cadavere in acqua corrente. Per studiare meglio i ventricoli cerebrali occorreva iniettare nel cranio cera fusa, mentre per poter sezionare l'occhio bisognava immergerlo in albume d'uovo e farlo bollire, perché si indurisse. Tutte procedure – alcune inventate dallo stesso Leonardo – che permisero al Maestro non solo di realizzare quelle che sono considerate le prime vere tavole di anatomia della storia, ma anche di scoprire parti del corpo umano mai osservate prima, come l'appendice e il chiasma ottico (cioè l'incrocio tra i due nervi ottici nel percorso dagli occhi al cervello) e intuire disturbi e modificazioni del corpo, come l'arteriosclerosi, che verranno pienamente compresi solo molto tempo dopo.

## Chi è in realtà la Gioconda?

L'identità della donna dipinta nel ritratto più celebre al mondo è stata a lungo dibattuta. Alcuni autori hanno suggerito, adducendo prove non sempre credibili, che la donna fosse una Sforza: forse Caterina, oppure la madre Caterina Buti del Vacca o, ancora, la sorellastra Bianca. Inoltre, c'è anche chi pensa che la *Gioconda* altro non sarebbe che un autoritratto di Leonardo al femminile, come dimostrerebbe una sovrapposizione al computer dei due volti.

Il mistero si deve al fatto che l'identificazione non è chiara, come invece avviene per altre donne famose del tempo ritratte da Leonardo, come Isabella d'Este o Cecilia Gallerani, amante di Ludovico Sforza e ritratta ne *La dama con l'ermellino*. Il quadro è descritto per la prima volta da Antonio de Beatis nel suo diario: il 10 ottobre 1517, durante una visita a Leonardo che si trovava al castello di Cloux, egli scriveva del dipinto di una «certa donna Fiorentina facta di naturale ad istantia del quondam magnifico Juliano de Medici».

In verità, si è piuttosto certi che la donna ritratta sia Lisa Gherardini, cioè "Monna" – diminutivo di "Madonna", come oggi si direbbe "signora" – Lisa, moglie di Francesco del Giocondo (e quindi "Gioconda"). Più difficile invece stabilire quale sia il luogo sullo sfondo. Il ponte sulla destra ricorda quello di Buriano presso Arezzo, ma è più probabile che si tratti di un paesaggio idealizzato.

## Quell'extraterrestre di Leonardo

Che dire, infine, della pretesa di alcuni, come gli autori della serie televisiva *Ancient Aliens*, secondo cui Leonardo avrebbe in realtà prodotto le sue conoscenze, le sue idee rivoluzionarie e i suoi progetti futuristici non per merito della sua intelligenza e curiosità ma, piuttosto, grazie all'aiuto degli extraterrestri? Non vale la pena spendere troppe parole sulle elucubrazioni sensazionalistiche di questo tipo di programmi, per nulla interessati a capire realmente il genio di Leonardo ma semplicemente impegnati a proporre congetture sensazionali per cercare di sollevare il più possibile gli indici di ascolto. Basti dire che tra le "prove" dei presunti contatti alieni di Leonardo ci sarebbe il fatto che, a bottega dal Verrocchio, l'artista dipinse un angelo dell'Annunciazione utilizzando una pittura a base di piombo anziché di tempera. Perché? Secondo *Ancient Aliens* perché sapeva che secoli dopo qualcuno avrebbe esaminato il quadro ai raggi X e l'angelo da lui dipinto sarebbe scomparso. Anche ammesso che Leonardo avesse potuto immaginare i raggi X, la scomparsa dell'angelo che scopo avrebbe avuto? La risposta è che forse l'angelo nascondeva un messaggio segreto. Quale? Non si sa. A questa domanda nessuno dei famigerati "esperti" di *Ancient Aliens* nemmeno cerca di dare una risposta perché, dietro l'angelo, non c'è proprio alcun messaggio segreto. Come si vede, si tratta di congetture del tutto inutili, che non conducono da nessuna parte ma servono unicamente a creare il sospetto che Leonardo fosse troppo strambo per non nascondere qualcosa.

Ancora una volta questo tipo di programmi dimostra la totale incapacità dei suoi autori – sempre ammesso che siano in buona fede – di accettare il fatto che i nostri antenati seppero essere geniali, creativi e fantasiosi, a volte anche più di noi.

**Precursore dell'anamorfosi**

L'anamorfosi è quella tecnica pittorica di distorsione della prospettiva che inserisce in una composizione scene o immagini non percepibili se non osservate di scorcio o da un dato punto di vista. Anche di questa invenzione Leonardo, con Piero della Francesca, può essere considerato il precursore. Sappiamo che Leonardo realizzò per Francesco I immagini anamorfiche di cavalli e una zuffa tra animali, andate però perdute. Ci restano solo due schizzi, su un foglio del codice Atlantico (così chiamato a causa del suo formato, adatto cioè agli atlanti), che a prima vista non sembrano avere molto senso ma che, osservati dal margine del foglio, mostrano il volto di un bambino e un grande occhio. Trascurata in Italia, la lezione di Leonardo ebbe molta fortuna nel Nord dell'Europa e, non a caso, il dipinto che contiene il più celebre esempio di anamorfosi, gli *Ambasciatori*, oggi alla National Gallery di Londra, è del tedesco Hans Holbein il Giovane (vedi il paragrafo *Simboli nascosti*, pag. 135).

# CHE FINE HANNO FATTO LE OPERE PERDUTE DI LEONARDO?

Un personaggio dalle mille sfaccettature come Leonardo è talmente ricco di spunti e stimoli da indurre chiunque si avvicini alla sua figura a studiare e approfondire le sue imprese, indipendentemente dalla necessità di immaginare fantomatici codici nascosti o messaggi segreti.

Tra gli enigmi autentici, in parte ancora senza risposta, c'è sicuramente quello che riguarda le sue opere andate perdute.

Alla sua morte, avvenuta il 2 maggio 1519 ad Amboise, una cittadina nel dipartimento dell'Indre e Loira in Francia, Leonardo aveva già deciso a chi dovevano spettare i suoi beni con un testamento redatto pochi giorni prima. Il 23 aprile di quell'anno, infatti, stabilì in un documento che i manoscritti, i disegni e i suoi strumenti andassero all'allievo Francesco Melzi, mentre i dipinti che si trovavano nel suo studio spettavano a Gian Giacomo Caprotti, detto Salaì.

Melzi rimase un paio d'anni ad Amboise per cedere alcuni quadri al re di Francia Francesco I – che aveva accolto e ospitato Leonardo nei suoi ultimi due anni di vita – e per eseguire le ultime volontà del suo maestro. Tornò a Milano nel 1521 con i bagagli gonfi di migliaia di pagine di taccuini e disegni. Conservò il tutto nella sua villa di Vaprio d'Adda, lo mise a disposizione degli studiosi e cercò di classificare e ricopiare gli appunti in vista di una possibile pubblicazione. Alla sua morte, però, il figlio Orazio gettò alla rinfusa i manoscritti in alcune casse che stipò in un granaio; ne vendette poi una parte e lasciò che amatori e collezionisti si prendessero il resto. Nei secoli a venire i fogli di Leonardo passarono di mano in mano, venduti, rubati, saccheggiati, ritagliati, incollati e rilegati in grossi volumi. Oggi, i manoscritti che sono sopravvissuti a questa dispersione sono suddivisi nelle biblioteche di mezzo mondo, dall'Ambrosiana e dalla Trivulziana di Milano al Metropolitan di New York; dall'Institut de France di Parigi al British Museum e al Victoria and Albert Museum di Londra; dalla Royal Library di Windsor alla Library of Christ Church di Oxford, fino all'Accademia di Venezia e all'ex Biblioteca Reale di Torino. Un importante taccuino è anche presente in una collezione privata: già noto come codice Hammer, il codice Leicester è oggi proprietà di Bill Gates, miliardario e filantropo americano fondatore della Microsoft Corporation, che lo acquistò nel 1994 per 30,8 milioni di dollari.

Si calcola, però, che quattro quinti degli scritti di Leonardo siano andati perduti.

## I dipinti

Per quanto riguarda i dipinti in possesso del Maestro, tornarono subito in Italia insieme a Salaì, ma il 19 gennaio 1524 costui morì, ucciso pare da un soldato francese. Un documento trovato di recente elenca i dipinti in suo possesso: «Quadro dicto una Leda, numero 1, sc. 200; Quadro de Santa Anna, numero 1, sc. 100; Quadro dicto la Joconda, dicto la honda, sc. 100; Quadro cum uno Sancto Johanne Grando numero 1, sc. 80; Quadro cum uno Sancto Hieronimo Grando, numero 1, sc. 40; Quadro cum una mezza nuda, numero 1, sc. 25; Quadro cum uno Sancto Hieronimo mezo nudo, numero 1, sc. 25; Quadro cum uno sancto Johanne pizinino zoveno, numero 1, sc. 25...»

Si tratta di un elenco che apre molti problemi, tra cui

quello dell'identificazione dei quadri. Erano opere di Leonardo o copie dello stesso Salaì? A favore dell'autenticità dei quadri ci sono i prezzi espressi in scudi: se si considera che a Milano, agli inizi del Cinquecento, dipinti di autori di una certa fama e di grandi dimensioni raramente superavano la cifra di 6-10 scudi, stime sbalorditive di cento e duecento scudi non possono che riferirsi all'opera del grande Maestro. Inoltre, i titoli ricordano capolavori ben noti di Leonardo: *Leda*, *Sant'Anna*, *Gioconda*, *San Girolamo*, *San Giovanni*. Il fatto è che fino a poco tempo fa si riteneva che molti quadri di Leonardo fossero rimasti in Francia, passando direttamente o meno nelle collezioni reali. Non è nemmeno da escludere che quelli di Salaì fossero copie, visto che in Lombardia, spesso, dipinti della scuola di Leonardo circolavano come autentici.

Sia come sia, le opere che ci restano del Maestro non sono moltissime. In Italia sono rimasti l'*Annunciazione*, l'incompleta *Adorazione dei Magi* e un *Battesimo di Cristo* del Verrocchio in cui Leonardo avrebbe curato un angelo e il paesaggio (tutti alla Galleria degli Uffizi di Firenze). A Milano si trovano poi un *Ritratto di musico* (Pinacoteca Ambrosiana), alcuni frammenti di *Tronchi d'albero con rami, radici e rocce* sull'intonaco del Castello Sforzesco e, naturalmente, l'*Ultima Cena* (refettorio di Santa Maria delle Grazie). A Parma è il disegno de *La Scapigliata* (Galleria Nazionale) e alla Pinacoteca Vaticana è l'incompleto *San Girolamo penitente*.

Il bottino più corposo se lo è conquistato Parigi, anche grazie alle razzie di Napoleone, che al Louvre conserva: la *Gioconda*, la *Vergine delle Rocce*, il *San Giovanni Battista*, il *Bacco*, il *Ritratto di Isabella d'Este*, il *Ritratto di dama* (*La Belle Ferronnière*), e *Sant'Anna, la Vergine e il Bambino con l'agnellino*. Alla National Gallery di Londra si trovano la seconda versione della *Vergine delle Rocce* e un cartone preparatorio della *Sant'Anna*. La famosa tela *La dama con l'ermellino* è conservata a Cracovia (castello del Wawel), mentre a Washington (National Gallery of Art) si possono ammirare il *Ritratto di Ginevra de' Benci* e la prima *Madonna col Bambino* disegnata da Leonardo. Altre due "maternità" si trovano a San Pietroburgo (State Hermitage Museum) e a Monaco (Alte Pinakothek).

## Le disavventure dei quadri

Che i dipinti di Leonardo giunti fino a noi siano poco più di una ventina, non deve sorprendere. L'artista aveva una vera propensione per l'incompiuto e per la sperimentazione di materiali pittorici inadatti, che portarono alla perdita di alcuni capolavori. È il caso, per esempio, della *Battaglia di Anghiari*, di cui parleremo ampiamente in seguito, andata rovinata a causa delle difficoltà incontrate dal Maestro nell'applicare una tecnica innovativa, ispirata a una ricetta di Plinio. Anche il *Cenacolo*, realizzato con mezzi molto precari, è stato salvato più volte da distruzione certa, benché in passato i restauri abbiano portato più danni che benefici.

Pure i quadri rimasti hanno avuto in molti casi una vita avventurosa. Se si considera, per esempio, la vicenda del *San Girolamo*, c'è da stupirsi che qualcosa sia sopravvissuto: tornato in Italia con Salaì, il *San Girolamo* appartenne nell'Ottocento ad Angelica Kaufmann a Roma, poi per qualche motivo fu tagliato in due pezzi: uno fu utilizzato come piano per un tavolo, mentre l'altro, il riquadro con la testa del santo, fu usato da un ciabattino come sedile per il suo sgabello! Fu il cardinale Fesch a riconoscere e acquistare il pezzo più grande nel 1820, mentre ci vollero anni prima che si riuscisse a recuperare anche il quadrato con la testa e a ricomporre il quadro, che finì poi in Vaticano, ai cui musei oggi appartiene.

Anche la *Gioconda* rischiò di scomparire nel 1911,

quando fu rubata dalla sua teca al Louvre. L'emozione fu enorme e le indagini portarono addirittura all'interrogatorio del pittore Pablo Picasso e all'arresto del poeta Guillaume Apollinaire. Solo due anni dopo fu arrestato il vero colpevole, l'italiano Vincenzo Peruggia, che era semplicemente uscito dal museo con la tela nascosta sotto il cappotto. Disse di averlo fatto per "patriottismo", ma in realtà fu arrestato quando cercò di venderla a un mercante d'arte fiorentino.

## I capolavori perduti

Ma per un *San Girolamo* o una *Gioconda* recuperati, quante altre opere sono andate perse?

Leonardo teneva diari minuziosi in cui annotava tutto ed è proprio grazie a questi taccuini che oggi sappiamo quante cose siano andate perdute. Innanzitutto, è svanita buona parte delle opere giovanili: Giorgio Vasari, nelle sue *Vite*, ci parla per esempio di una testa della Medusa dipinta a olio, di una rotella lignea su cui il pittore dipinse «un animalaccio molto orribile e spaventoso» e di un cartone di Adamo ed Eva nel paradiso terrestre per un arazzo destinato al re del Portogallo (mai eseguito). C'è poi il dipinto di un «drago in zuffa con il leone», di cui ci resta solo una copia disegnata e conservata agli Uffizi.

Nel 1478 Leonardo annota che ha cominciato a lavorare a «due Virginie Marie». Una è la *Madonna Benois*, l'altra è la *Madonna del gatto* che conosciamo solo attraverso gli schizzi preparatori. Sono andati persi anche un *Cristo tra i dottori*, commissionato forse da Isabella d'Este, un *Angelo dell'Annunciazione* e una *Natività* che gli sarebbe stata commissionata dagli Sforza non appena giunse a Milano. Persi anche un'*Assunzione*, che egli realizzò per il portale di Santa Maria delle Grazie, nel capoluogo lombardo; e un grande cartone con la Madonna, sant'Anna, il Bambino e l'Agnello (uno degli studi preparatori della *Sant'Anna* oggi visibile al Louvre).

Così come perduto è un disegno raffigurante Nettuno intento ad attraversare le acque, che Leonardo realizzò nel 1504 per l'amico Antonio Segni. Vasari lo vide e lo descrisse come fatto «con tanta diligenzia, che pareva del tutto vivo».

Persi anche i due unici nudi femminili: la *Gioconda nuda* e la *Leda*. Secondo una leggenda, quest'ultima sarebbe stata fatta bruciare nel Settecento da Madame de Maintenon, colta da un accesso di bigottismo. Ne esiste tuttavia una pregevole copia conservata alla Galleria Borghese di Roma.

## Gli abbagli

Periodicamente, i giornali annunciano con tanto di copertine e titoli strillati il ritrovamento di un Leonardo perduto, salvo poi dover ammettere che si era trattato di abbagli o, comunque, di opere non pienamente attribuibili al genio.

È il caso, per esempio, di alcuni dipinti in passato riconosciuti come suoi, come la *Madonna Litta* (all'Ermitage), le due versioni della *Madonna dei Fusi* (in collezioni private), *La dama con la retina di perle* (Pinacoteca Ambrosiana), *La bella principessa* su pergamena (collezione privata) e il *Salvator mundi* (Galleria Borghese).

Ma come è possibile che un giornale dia spazio a quella che subito dopo si rivela una bufala? Il problema è dato dalla fretta di bruciare la concorrenza su un possibile scoop e dalla difficoltà di trovare storici dell'arte davvero affidabili. «Mentre l'esercizio abusivo della professione medica è un reato, chiunque può provare a proporsi come storico dell'arte» osserva Tomaso Montanari, docente di storia dell'arte moderna all'Università di Napoli e autore di un saggio dedicato al fenomeno suggestivamente intitolato *La madre dei Caravaggio è sempre incinta* (Skira, 2012). «Sotto

sotto c'è il pregiudizio per cui la storia dell'arte non è una scienza, che tutte le opinioni sono equivalenti e non c'è mai modo di sapere chi ha ragione. Ma la capacità di riconoscere gli autori delle opere d'arte non è una dote innata, una rabdomanzia, un fiuto. È invece il frutto di un lungo e faticoso esercizio, una tecnica che si impara e che si insegna, un metodo del quale si può dar conto razionalmente.»

Dunque, è sempre possibile che nuove bufale vengano spacciate per autentici capolavori perduti di Leonardo. L'unico antidoto è quello di affidarsi a veri esperti e guardarsi dai ciarlatani, non di rado anche titolati.

### *Marginalia*

La pratica di utilizzare i margini per note e osservazioni è un'antica forma di "lettura attiva" che sopravvive ancora oggi, specie sui testi universitari. I codici di Leonardo, così come i libri della sua biblioteca personale, sono ricchi di notazioni e appunti a margine (i cosiddetti *marginalia*). Leonardo era solito inserire tre tipi di interventi: note aggiuntive, segni di evidenziazione, disegni. Non tutti i *marginalia* presenti sui suoi manoscritti sono però di suo pugno: molti, infatti, sono risultati opera dell'allievo Francesco Melzi. Ma se oggi apparirebbe quasi un sacrilegio che un giovane apprendista scarabocchi gli appunti del maestro, ai tempi di Leonardo non era così. Ogni bottega era un opificio, e ogni foglio di carta quasi un miracolo: chi ne aveva bisogno lo usava, non farlo sarebbe apparso bizzarro.

### I resti perduti

Il mistero di Leonardo non risparmia neppure i suoi resti (figura 30). La sua tomba, infatti, non esiste più, e nessuno sa dove giacciano ora le sue ossa. Fu sepolto nella chiesa di Saint-Florentin, ad Amboise. Ma nel 1802, in seguito all'erosione del tempo e al vandalismo rivoluzionario, le rovine della cappella furono distrutte, e le pietre sepolcrali e le lapidi vennero usate per restaurare il castello. Poiché i bambini giocavano con le ossa abbandonate, un giardiniere le raccolse, e le seppellì. Nel 1863, il poeta Arsène Houssaye scoprì uno scheletro intatto, con un braccio piegato e un teschio molto ampio. Poco distante rinvenne anche i frammenti di una lastra la cui iscrizione recitava: EO DUS VINC ("*Leonardus Vincius*"?). Queste ossa finirono nel castello di Amboise, dove ancora si trovano: una targa avverte che «si suppone» possano essere quelle di Leonardo.

# LA *BATTAGLIA DI ANGHIARI*: ALLA RICERCA DEL CAPOLAVORO "NASCOSTO"

«Massimo, avresti voglia di andare a Firenze a "risolvere" il mistero della *Battaglia di Anghiari* di Leonardo? Sarebbe proprio un bell'enigma adatto a te.»

A scrivermi queste parole in una mail, nel 2009, è Sandro Boeri, allora direttore del mensile «Focus», con cui da sempre collaboro. Si tratta di un'offerta che un appassionato di misteri (e di Leonardo) come il sottoscritto non si farebbe mai sfuggire. Partii allora per Firenze, e iniziai a documentarmi sulla storia di questo capolavoro perduto.

Origine del tutto è un messaggio vecchio di oltre cinquecento anni: «Entrato in Palazzo (Vecchio) e salito le scale della Sala Grande, diligentemente date una vista a un gruppo di cavalli e d'uomini che vi parrà una cosa miracolosa».

A scrivere queste parole a un amico, nel 1549, è Angelo Doni, un ricco fiorentino per il quale Michelangelo dipinse un quadro che ancora oggi porta il suo nome, il *Tondo Doni*.

La «cosa miracolosa» di cui scrive Doni è un'opera di Leonardo da Vinci, la *Battaglia di Anghiari*, ritenuta dai contemporanei il capolavoro massimo del genio toscano, e andata perduta poco tempo dopo la lettera. Ora, dopo cinquecentocinquant'anni, sembrerebbe che, grazie ai progressi della tecnologia e alla tenacia di un uomo, la *Battaglia* sia sul punto di rivedere la luce. Ma succederà davvero? Per capirlo, occorre fare qualche passo indietro.

## Due giganti a confronto

È il 1503 e, dopo la cacciata della famiglia principesca dei Medici, Firenze è governata da una Repubblica. Il gonfaloniere Pier Soderini, l'equivalente del sindaco della città, decide di completare i lavori nella Sala del Maggior Consiglio (l'attuale Salone dei Cinquecento) a Palazzo Vecchio, in Piazza della Signoria. La sala, uno dei luoghi simbolo dello spirito repubblicano della città, era stata realizzata otto anni prima per volontà del priore Girolamo Savonarola.

La Signoria decide di decorare la parete orientale con le rievocazioni di due gloriose imprese militari: la battaglia di Anghiari (1440), in cui Firenze batté Milano, e la battaglia di Cascina (1364), un episodio legato alla guerra contro Pisa. A realizzarle sono chiamati i maggiori artisti del tempo: Leonardo, cui viene affidata la prima, e Michelangelo, cui invece viene commissionata la seconda. Quest'ultimo però avrà il tempo di preparare solo un bozzetto su cartone: poco dopo infatti viene chiamato a Roma ad affrescare la Cappella Sistina. Alla firma del contratto è presente anche Niccolò Machiavelli, segretario della Cancelleria repubblicana.

Quale bottega d'eccezione, a Leonardo viene messa a disposizione la Sala del Papa presso il convento di Santa Maria Novella. Per il gigantesco cartone preparatorio (vedi box *Che fine ha fatto il cartone?*), infatti, Leonardo necessita di grandi spazi: l'affresco dovrà misurare ben diciotto metri di larghezza per otto di altezza, tre volte il *Cenacolo* realizzato a Milano.

Nel giugno 1505 Leonardo termina i lavori preparatori, e si appresta a iniziare la pittura sul muro. Ma l'affresco non è la tecnica a lui più congeniale. Richiede un'esecuzione rapida e sicura, mentre il Maestro ha bisogno di tempi lunghi per le sue riflessioni e per le modifiche che ama apportare un po' alla volta. Volendo, inoltre, dare maggior resistenza e vivacità ai colori, decide per una tecnica insolita. Recupera così la ricetta di Plinio il Vecchio per l'encausto, antica tecnica che prevede l'utilizzo di colori a olio, e una fonte di calore a elevatissime temperature per fissarli sulla parete.

In un suo appunto datato 6 giugno 1505, Leonardo annota che «in venerdì al tocco delle 13 ore cominciai a colorire in Palazzo. Nel qual punto di posare il pennello si guastò il tempo». Cadde addirittura il cartone per la violenza del temporale e il cielo si fece nero. Sapendo come sarebbero andate le cose, può ben sembrare un infausto presagio.

La tecnica dell'encausto, che ben si adatta a dipinti di piccole dimensioni, è quasi impossibile da gestire su spazi molto estesi: richiede enormi bracieri posti a poca distanza dal dipinto, in modo che si possa rapidamente asciugare. Leonardo decide di provare comunque, ma i bracieri scaldarono solo la parte inferiore dell'opera e i colori in alto si sciolsero subito, rovinando in parte il lavoro.

Nel maggio del 1506 Leonardo viene chiamato a Milano, ma l'intento del Maestro era di rimettere mano all'opera in seguito. Non lo farà più, forse deluso per la cattiva riuscita.

## La scuola del mondo

L'incompiutezza del lavoro dei due grandi artisti non deve far pensare a opere mediocri, anzi. Per i contemporanei tanto il lavoro preparatorio di Michelangelo quanto l'intrico di cavalli e uomini aggrovigliati nella bestialità della battaglia dipinta da Leonardo, rappresentano qualcosa di straordinario. Benvenuto Cellini nelle sue memorie definisce le due opere «la scuola del mondo», eterno riferimento dei giovani artisti. Persino Raffaello, che a quell'epoca è a Firenze, non sa trattenersi dal copiare alcuni particolari della *Battaglia* di Leonardo.

Ed è proprio grazie alla fama dell'opera – e alle copie che ne saranno realizzate – che oggi sappiamo come do-

*Figura 1. L'autore su Dealey Plaza, a Dallas, con alle spalle il deposito libri da cui Oswald sparò al presidente Kennedy. (Credit: Massimo Polidoro)*

*Figura 2. Il percorso seguito dal secondo proiettile di Oswald mostra come non ci furono le deviazioni impossibili immaginate da chi ipotizzava più di uno sparo. (Credit: Gerald Posner)*

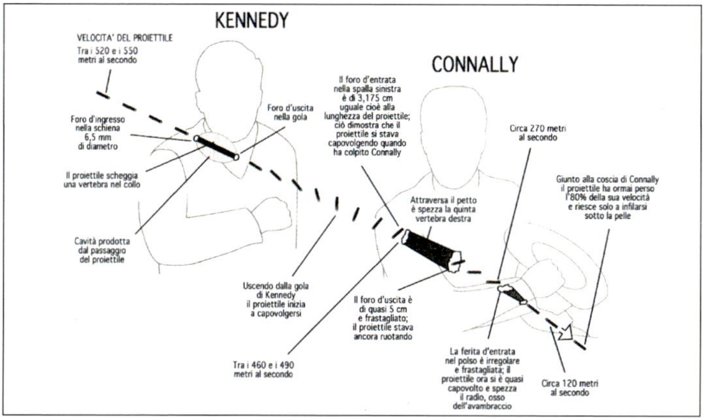

*Figura 3. L'inquietante extraterrestre che comparve nel telefilm* The Outer Limits. *Questa figura potrebbe avere suggestionato i coniugi Hill che dodici giorni dopo la messa in onda del programma raccontarono di essere stati rapiti dagli alieni. (Credit: Wikipedia)*

*Figura 4. Alaska (anni '30): extraterrestre o modellino?*

*Figura 5. I resti di un alieno perito in uno schianto di* UFO *a Roswell o il corpo bruciato di un pilota (come la montatura degli occhiali vicino alla spalla lascia intuire)?*

*Figura 6. La prova della "cattura" di un alieno? La foto fu pubblicata il 1° aprile del 1950 in Germania ed è, per l'appunto, un pesce d'aprile.*

*Figura 7. Nuova cattura di alieno? No, nuovo pesce d'aprile: questo è del 1951.*

*Figura 8. Un marziano o un idraulico?*

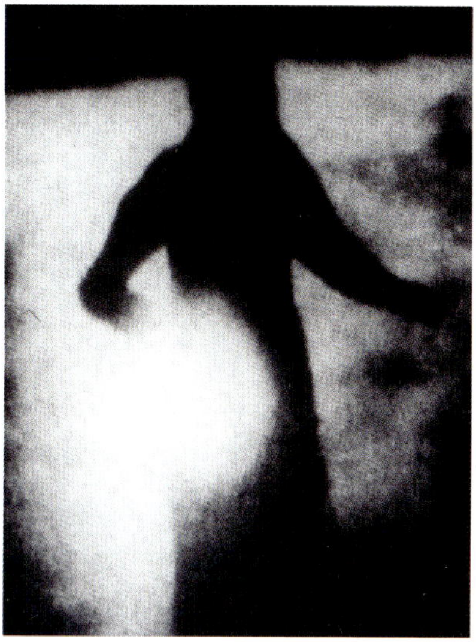

*Figura 9. Difficile riconoscere un extraterrestre qui, eppure è una delle "prove" portate dal contattista Howard Menger per dimostrare i suoi contatti con gli alieni.*

*Figura 10. La più suggestiva delle presunte foto di extraterrestri: chi è l'individuo in bianco alle spalle della bambina?*

*Figura 11. Extraterrestre o pompiere in tuta d'amianto?*

*Figura 12. Testimone anonimo, foto sgranata… potrebbe essere un extraterrestre o il pupazzo di Yoda.*

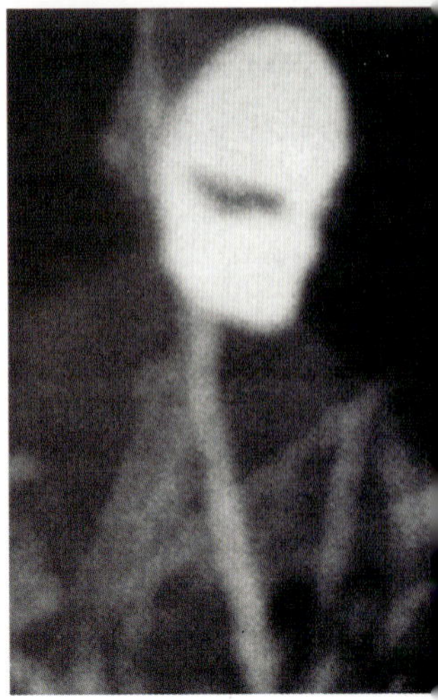

*Figura 13. Tra tutte le foto di alieni, forse la meno credibile.*

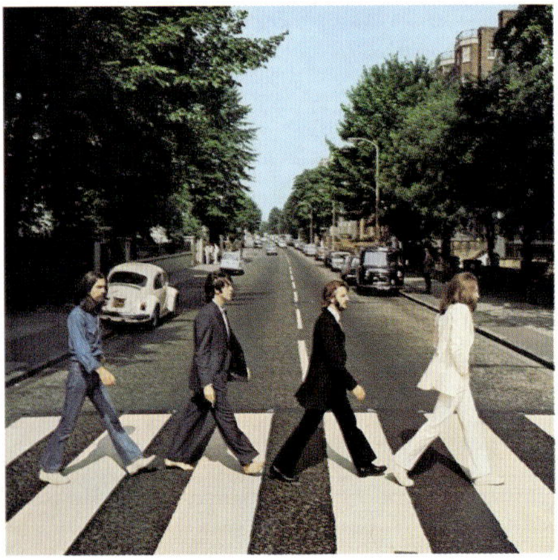

*Figura 14. La copertina di* Abbey Road, *dei Beatles: secondo alcuni nasconderebbe un "funerale" per commemorare la morte di Paul McCartney e la sua sostituzione con un sosia.*

*Figura 15. La copertina di* Sgt. Pepper's Lonely Hearts Club Band, *album dei Beatles che secondo i teorici della cospirazione nasconderebbe tantissimi indizi della morte di Paul.*

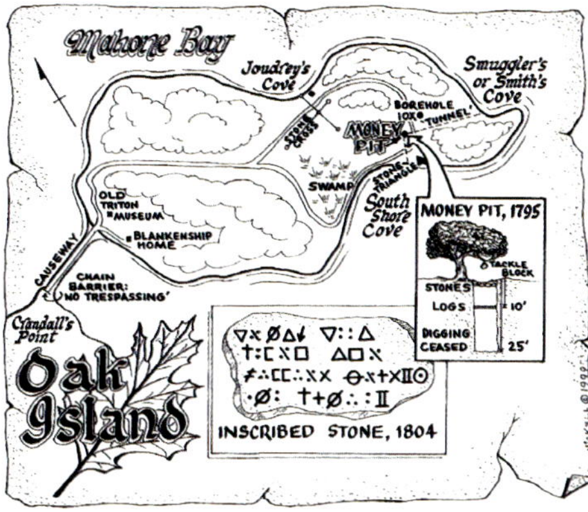


Figura 16. Una cartina di Oak Island disegnata dall'investigatore di misteri Joe Nickell. (Credit: Joe Nickell)

Figura 17. Particolare da una pagina del manoscritto Voynich, scritto in una lingua sconosciuta. (Credit: Wikipedia)

Figura 18. Il terzo codice, tuttora irrisolto, del cifrario Beale. (Credit: Wikipedia)

317, 8, 92, 73, 112, 89, 67, 318, 28, 96, 107, 41, 631, 78, 146, 397, 118, 98, 114,
246, 348, 116, 74, 88, 12, 65, 32, 14, 81, 19, 76, 121, 216, 85, 33, 66, 15, 108, 68,
77, 43, 24, 122, 96, 117, 36, 211, 301, 15, 44, 11, 46, 89, 18, 136, 68, 317, 28, 90,
82, 304, 71, 43, 221, 198, 176, 310, 319, 81, 99, 264, 380, 56, 37, 319, 2, 44, 53,
28, 44, 75, 98, 102, 37, 85, 107, 117, 64, 88, 136, 48, 154, 99, 175, 89, 315, 326,
78, 96, 214, 218, 311, 43, 89, 51, 90, 75, 128, 96, 33, 28, 103, 84, 65, 26, 41, 246,
84, 270, 98, 116, 32, 59, 74, 66, 69, 240, 15, 8, 121, 20, 77, 89, 31, 11, 106, 81,
191, 224, 328, 18, 75, 52, 82, 117, 201, 39, 23, 217, 27, 21, 84, 35, 54, 109, 128,
49, 77, 88, 1, 81, 217, 64, 55, 83, 116, 251, 269, 311, 96, 54, 32, 120, 18, 132, 102,
219, 211, 84, 150, 219, 275, 312, 64, 10, 106, 87, 75, 47, 21, 29, 37, 81, 44, 18,
126, 115, 132, 160, 181, 203, 76, 81, 299, 314, 337, 351, 96, 11, 28, 97, 318, 238,
106, 24, 93, 3, 19, 17, 26, 60, 73, 88, 14, 126, 138, 234, 286, 297, 321, 365, 264,
19, 22, 84, 56, 107, 98, 123, 111, 214, 136, 7, 33, 45, 40, 13, 28, 46, 42, 107, 196,
227, 344, 198, 203, 247, 116, 19, 8, 212, 230, 31, 6, 328, 65, 48, 52, 59, 41, 122,
33, 117, 11, 18, 25, 71, 36, 45, 83, 76, 89, 92, 31, 65, 70, 83, 96, 27, 33, 44, 50, 61,
24, 112, 136, 149, 176, 180, 194, 143, 171, 205, 296, 87, 12, 44, 51, 89, 98, 34, 41,
208, 173, 66, 9, 35, 16, 95, 8, 113, 175, 90, 56, 203, 19, 177, 183, 206, 157, 200,
218, 260, 291, 305, 618, 951, 320, 18, 124, 78, 65, 19, 32, 124, 48, 53, 57, 84, 96,
207, 244, 66, 82, 119, 71, 11, 86, 77, 213, 54, 82, 316, 245, 303, 86, 97, 106, 212,
18, 37, 15, 81, 89, 16, 7, 81, 39, 96, 14, 43, 216, 118, 29, 55, 109, 136, 172, 213,
64, 8, 227, 304, 611, 221, 364, 819, 375, 128, 296, 1, 18, 53, 76, 10, 15, 23, 19, 71,
84, 120, 134, 66, 73, 89, 96, 230, 48, 77, 26, 101, 127, 936, 218, 439, 178, 171, 61,
226, 313, 215, 102, 18, 167, 262, 114, 218, 66, 59, 48, 27, 19, 13, 82, 48, 162, 119,
34, 127, 139, 34, 128, 129, 74, 63, 120, 11, 54, 61, 73, 92, 180, 66, 75, 101, 124,
265, 89, 96, 126, 274, 896, 917, 434, 461, 235, 890, 312, 413, 328, 381, 96, 105,
217, 66, 118, 22, 77, 64, 42, 12, 7, 55, 24, 83, 67, 97, 109, 121, 135, 181, 203, 219,
228, 256, 21, 34, 77, 319, 374, 382, 675, 684, 717, 864, 203, 4, 18, 92, 16, 63, 82,
22, 46, 55, 69, 74, 112, 134, 186, 175, 119, 213, 416, 312, 343, 264, 119, 186, 218,
343, 417, 845, 951, 124, 209, 49, 617, 856, 924, 936, 72, 19, 28, 11, 35, 42, 40, 66,
85, 94, 112, 65, 82, 115, 119, 236, 244, 186, 172, 112, 85, 6, 56, 38, 44, 85, 72,
32, 47, 73, 96, 124, 217, 314, 319, 221, 644, 817, 821, 934, 922, 416, 975, 10, 22,
18, 46, 137, 181, 101, 39, 86, 103, 116, 138, 164, 212, 218, 296, 815, 380, 412,
460, 495, 675, 820, 952.

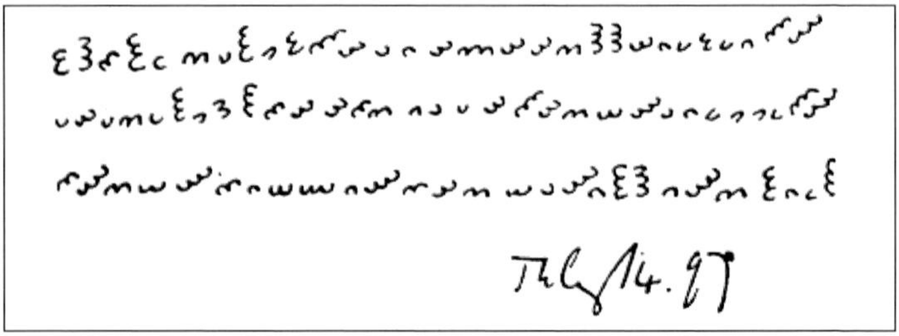

*Figura 19. Il codice Dorabella creato da Edward Elgar e rimasto irrisolto. (Credit: Wikipedia)*

*Figura 20. Il graffito presente su una lastra ritrovata nella chiesa dei Santi Faustino e Giovita all'Ortica, a Milano. Il suo significato è stato interpretato così: «Questa supplica è del 12 del mese di aprile dell'anno 1182 perché ci sostenga la clemenza divina». (Credit: Massimo Polidoro)*

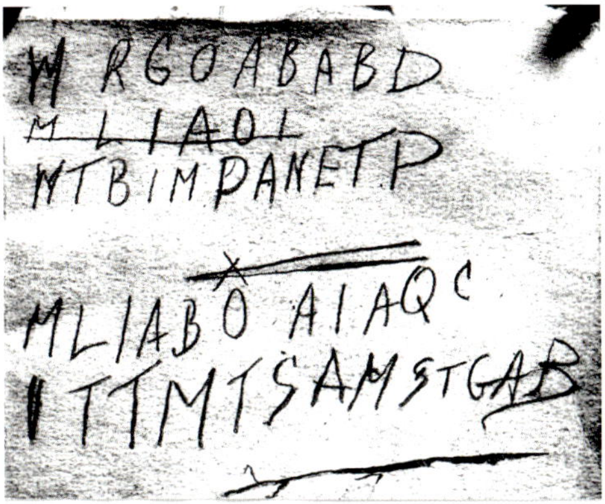


*Figura 21. Il misterioso foglietto ritrovato cucito nel risvolto dei pantaloni di un uomo rinvenuto morto sulla spiaggia di Somerton ad Adelaide, in Australia. (Credit: Wikipedia)*

*Figura 22. Uno dei messaggi mai decifrati inviati alla stampa dal serial killer Zodiac. (Credit: Wikipedia)*

*Figura 23. Una macchina "Enigma" usata dalle forze armate tedesche durante il periodo del nazismo e della Seconda guerra mondiale per la codifica cifrata di messaggi. (Credit: Magnus Manske, Wikimedia WikiCommons)*

*Figura 24. Il magico quadrato del Sator, una cui possibile interpretazione potrebbe essere la seguente: «Il seminatore, col suo carro, tiene con cura le ruote». Ma nessuno può dirlo con certezza.*

*Figura 25.* San Matteo e l'angelo *nelle due versioni dipinte da Caravaggio, la prima rifiutata dai committenti (in bianco e nero, perché il dipinto andò distrutto nel corso della Seconda guerra mondiale) e quella poi accettata e tuttora visibile presso la chiesa di San Luigi dei Francesi a Roma. (Credit: Wikipedia)*

*Figura 26. Un fotogramma dal film* Tre scapoli e un bebè *in cui, secondo la leggenda, si vedrebbe sulla sinistra il fantasma di un bambino morto nell'appartamento del film.*

*Figura 27. In realtà, il fantasma era solo una sagoma dell'attore Ted Danson che, in questo fotogramma dallo stesso film, si vede meglio.*

*Figura 28. Uno scatto dal film* Il fantasma del castello *di Tod Browning (1927): secondo alcuni, l'attore regge in mano una lampada che sarebbe entrata in produzione solo nel 1985. Prova di un viaggio nel tempo?*

*Figura 29. Un telone che racconta le imprese della setta dei Beati Paoli. (Credit: Tommaso Aiello)*

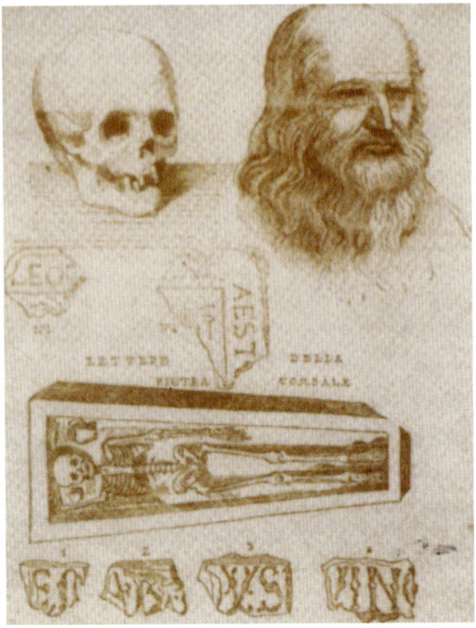

*Figura 30. Una riproduzione dei resti ritrovati ad Amboise e forse appartenuti a Leonardo da Vinci.*

*Figura 31. La copia realizzata da Pieter Paul Rubens della* Battaglia di Anghiari *di Leonardo da Vinci. (Credit: Wikipedia - Museo del Louvre, Parigi)*

*Figura 32. Particolare da* La vittoria di Cosimo I a Marciano in Val di Chiana *di Giorgio Vasari. Su uno stendardo dei combattenti si leggono le parole* CERCA TROVA*: un indizio per i futuri cercatori del Leonardo andato perduto?*

*Figura 33. La* Tavola Doria *conservata al Museo Statale di Palazzo Taglieschi ad Anghiari, Arezzo. (Credit: Wikipedia)*

*Figura 34.* Il Sacro Catino, *conservato nella Cattedrale di San Lorenzo a Genova, da alcuni indicato come il vero Santo Graal. (Credit: Wikipedia - Sylvain Billet)*

*Figura 35. L'autore a Rennes-le-Château, sullo sfondo la Tour Magdala del Priorato. (Credit: Massimo Polidoro)*

*Figura 36. Un cartello a Rennes-le-Château segnala gli orari delle visite guidate sulle orme del misterioso curato Bérenger Saunière. (Credit: Massimo Polidoro)*

*Figura 37. Alla base di una statua a Rennes-le-Château il misterioso acronimo «CHRISTUS A.O.M.P.S. DEFENDIT» era interpretato come: "Cristo difende l'antico ordine mistico del Priorato di Sion", prova dunque dell'esistenza del Priorato di Sion. (Credit: Massimo Polidoro)*

*Figura 38. L'iscrizione sulla base dell'obelisco di papa Sisto V in piazza San Pietro, a Roma, invece, svela il vero significato di quell'A.O.M.P.S.:* «CHRISTUS AB OMNI MALO PLEBEM SUAM DEFENDAT», *cioè:* "Che Cristo difenda il suo popolo da ogni male". *(Credit: Massimo Polidoro)*

*Figura 39. Un particolare dall'*Ultima Cena *di Leonardo da Vinci. La figura con la testa reclinata e i tratti dolci è in realtà la Maddalena? E perché Pietro sembra minacciarla? In realtà, non è così, come spiegato alla pagina 201 e seguenti. (Credit: Wikimedia Commons)*

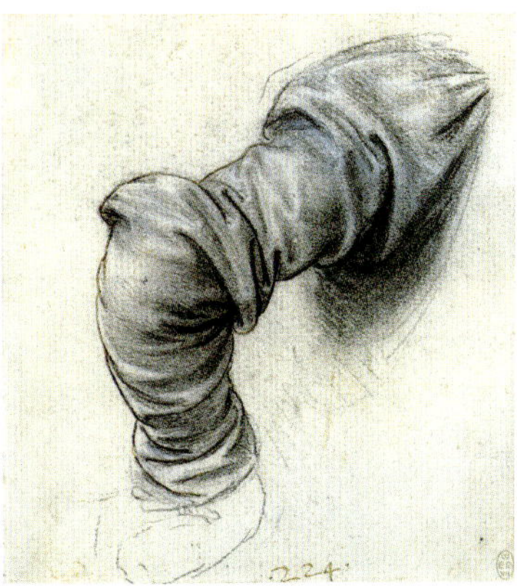

*Figura 40. Un disegno preparatorio di Leonardo conservato alla Royal Library di Windsor mostra come il braccio piegato appartenga proprio a Pietro e non sia quindi "disincarnato". (Credit: Wikimedia Commons)*

*Figura 41. Un'illustrazione del gioco in cui Erone il Vecchio tagliava la testa al suo cavallo "metallico", senza che per questo la testa cadesse o smettesse mai di bere.*

*Figura 42. In questa sequenza la spiegazione del segreto dietro "Il giocatore di scacchi automatico" di von Kempelen.*

*Figura 43. Equilibrismo su una canna di bambù: un numero che, osservato dagli occidentali all'inizio del XX secolo, può essere stato trasformato, attraverso ricordi falsati, nel mai realmente documentato numero della "corda indiana".*

*Figura 44. Prestigiatori come l'americano Howard Thurston interpretarono e cercarono di ricreare la leggenda del numero della corda indiana, come documenta il manifesto. (Credit: James Randi Collection)*

*Figura 45. Un ritratto di Harry Houdini, ammanettato e incatenato, poco prima di tuffarsi nel fiume da cui riemergerà libero. (Credit: James Randi Collection)*

*Figura 46. Il numero della Pagoda della tortura dell'acqua, forse il più celebre nel repertorio di Houdini. (Credit: Massimo Polidoro)*

*Figura 47. Un poster di James "The Amazing" Randi al culmine della celebrità quale artista della fuga. (Credit: Massimo Polidoro)*

*Figura 48. La casa natale di Vlad, detto "Dracul", sovrano di Valacchia che ispirò la figura del vampiro Dracula. Oggi l'abitazione, che si trova a Sighişoara, in Transilvania (Romania), è stata trasformata in un ristorante. (Credit: Massimo Polidoro)*

*Figura 49. L'autore in compagnia de "L'uomo nella maschera di ferro", impersonato da un attore nel corso della rievocazione storica che ogni anno si svolge a Pinerolo, la cui fortezza ospitò realmente per alcuni anni il misterioso prigioniero. (Credit: Massimo Polidoro)*

*Figura 50. Il professor John Bell, con tanto di mantellina e cappello da caccia. Fu lui il modello a cui Arthur Conan Doyle si ispirò per creare il personaggio di Sherlock Holmes.*

*Figura 51. "Thisman", l'identikit del misterioso uomo che, nel 2009, si raccontò comparisse nei sogni di tantissime persone…*

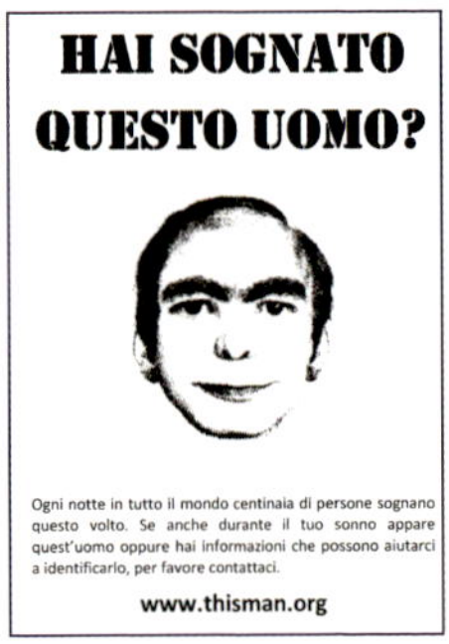


*Figura 52. Una fotografia del 1940 che, secondo alcuni, mostrerebbe un viaggiatore del tempo: l'uomo con gli occhiali scuri e la strana maglia sembra infatti troppo moderno rispetto agli altri. (Credit: Museo Virtuale del Canada)*

veva figurare. Ne sopravvivono circa una ventina di riproduzioni; tra quelle più note la *Tavola Doria* – un dipinto a olio su legno di pioppo di autore anonimo, delle dimensioni di 86x115 cm, e raffigurante la parte centrale della *Battaglia di Anghiari*, ovvero la *Lotta per lo stendardo* – sembra la più completa e fedele, e conserva anche i colori dell'originale. Altre, come un disegno di Pieter Paul Rubens (figura 31) oggi al Louvre, eseguito in origine da un anonimo e poi ritoccato e completato da Rubens, potrebbero essere in realtà copie del cartone preparatorio.

Nella Firenze rinascimentale la situazione politica cambia in fretta: dopo la morte di Leonardo nel 1519, i Medici tornano al potere, e Cosimo I decise di trasferire la sua corte a Palazzo Vecchio. Incarica così Giorgio Vasari di trasformare il Salone dei Cinquecento nel luogo di rappresentanza del Duca. Nel 1561 Vasari affresca le pareti del Salone, e della *Battaglia di Anghiari* non si ha più notizia. Per i cinque secoli successivi ci si chiederà se l'opera di Leonardo sia andata distrutta oppure sia solo nascosta dietro uno degli affreschi del Vasari, magari protetta da un'intercapedine, in attesa di venir nuovamente alla luce.

## "Cerca trova"

«Fu Carlo Pedretti, il grande storico di Leonardo, a chiedermi nel 1975 se esisteva un sistema per sondare gli affreschi del Vasari e capire se dietro si nascondeva ancora la pittura murale di Leonardo.» A parlarmene in questi termini è Maurizio Seracini, docente di ingegneria all'Università della California di San Diego ed esperto di diagnostica dei beni artistici e architettonici. «Tentammo quanto di più sofisticato all'epoca, un'indagine agli ultrasuoni. Realizzammo così una mappa della stratificazione degli intonaci e venne fuori che sotto le pitture murali del Vasari non c'era altro.»

Questo significava che Vasari non aveva ricoperto il lavoro di Leonardo con altro intonaco per realizzare i suoi affreschi. Difficilmente in effetti un uomo come Vasari, che non solo era un artista e un architetto ma anche uno storico dell'arte, un biografo e un grande estimatore di Leonardo, avrebbe mai potuto distruggere il capolavoro di un genio che così tanto ammirava.

«Procedemmo a un'altra verifica non invasiva con la termografia» continua Seracini. «Questa tecnica permetteva di superare l'intonaco e visualizzare la struttura muraria sottostante, per capire come era stato costruito il salone. Dopo due anni di tentativi, dovemmo prendere atto che non esistevano tecnologie adatte allo scopo.»

Passarono circa ventitré anni, durante i quali quasi nessuno si interessò più al capolavoro perduto. Alla fine degli anni '70 si tentò solo di staccare una parte di affresco del Vasari per vedere se dietro vi fosse qualcosa, ma la risposta fu negativa. Quello però – e lo si sarebbe scoperto in seguito – era l'affresco sbagliato dietro cui cercare.

Già nel 1975 Seracini aveva invece notato che un affresco in particolare, quello raffigurante *La vittoria di Cosimo I a Marciano in Val di Chiana*, conteneva un dettaglio suggestivo (figura 32). Su un gonfalone dei soldati in battaglia, a circa una decina di metri da terra (e dunque non visibile a occhio nudo, se non utilizzando un'impalcatura) si leggono le parole CERCA TROVA. Forse un suggerimento del Vasari per i futuri cercatori del Leonardo perduto?

## La ricerca del comparto segreto

Finalmente, nel 2000, arrivò la svolta. La tecnologia era ben altra cosa rispetto agli anni '70 e, soprattutto, si fece avanti un finanziatore, Loel Patrick Guinness, un filantropo inglese.

«La ricerca è così ricominciata, e ci siamo posti tre obiettivi» mi spiega Seracini. «Prima di tutto capire come era stato costruito il salone, dov'erano in origine porte e finestre e, dunque, dove Leonardo poteva aver dipinto. Fatto questo, si doveva capire quali erano state le modifiche di Vasari, che aveva raddoppiato l'altezza dei soffitti, chiuso alcune finestre e modificato gli spazi. Abbiamo così stabilito che Vasari doveva aver costruito un secondo muro antistante quello originale. Il dipinto di Leonardo dovrebbe quindi trovarsi proprio dietro il pannello vasariano di destra, quello che rappresenta la battaglia di Scannagallo e che si trova accanto all'ingresso degli uffici del sindaco. Resta ora un unico obiettivo: stabilire se la *Battaglia di Anghiari* è ancora là dietro.»

E questa terza fase è quella più tecnologica, quella che forse, secondo Seracini, lo stesso Leonardo avrebbe apprezzato di più. Poiché il genio aveva utilizzato nei colori pece, cera e olio, primo passo è quello di stabilire la presenza o meno di materiali organici, composti principalmente di idrogeno.

Per farlo senza danneggiare nulla, Seracini pensò di utilizzare un fascio di neutroni a bassa energia prodotto da un generatore portatile. «I neutroni attraversano la parete, e se incontrano l'idrogeno vengono in qualche modo rimbalzati. A quel punto possiamo catturare la componente che ritorna con un rilevatore di neutroni e stabilire con certezza la presenza di materiali organici nell'intercapedine.»

Un passo avanti, ma non ancora la certezza che si tratti di pigmenti.

«Bene, si passa alla fase successiva. Poiché conosciamo l'elenco dei materiali usati da Leonardo sappiamo quali sono gli elementi chimici che li compongono. La biacca alessandrina, per esempio, è un bianco di stagno e per capire se all'interno della muratura c'è dello stagno si usano ancora i neutroni. A contatto con questo elemento chimico, infatti, producono raggi gamma che ci danno l'impronta digitale di quella sostanza. Facendo un'analisi spettroscopica di questi raggi, alla fine, potremo creare una mappa di tutti i pigmenti usati, organici e inorganici. Se arriveremo a questo punto, avremo dimostrato che la *Battaglia di Anghiari* è ancora lì, e aspetta solo di essere riportata alla luce.»

Il lavoro dell'équipe di Seracini ha ricevuto nuovo impulso dal sostegno del sindaco Matteo Renzi, che ha fatto marciare spedite tutte le pratiche burocratiche. Ora, si aspettano solo nuovi finanziatori.

«Noi siamo pronti, i permessi ci sono, le tecniche anche: mancano solo i soldi. E ci tengo a sottolineare che, finora, tutte queste ricerche non sono mai costate un euro alla pubblica amministrazione, i finanziatori sono sempre stati sponsor stranieri. Io che insegno in California, dico che noi italiani abbiamo bisogno di lanciare messaggi positivi al mondo ed esserne orgogliosi. Spesso si tende a dimenticare che questa ricerca non è una caccia al tesoro: qui si sta cercando, con la speranza di trovarla, la più alta testimonianza del Rinascimento. Il capolavoro più stupefacente del suo tempo, l'opera di gran lunga più importante nella vita di Leonardo. Arrivare in fondo a questa ricerca ci farebbe anche capire quanto ancora avremmo da cercare e trovare nell'immenso patrimonio artistico di questo paese».

**Stop alle ricerche**

Dopo il mio incontro con Seracini, tuttavia, tutto sembra fermarsi finché nel 2011 la National Geographic Society decide di sponsorizzare la ricerca, da cui ricaverà servizi esclusivi e un documentario intitolato *Leonardo, l'ultimo segreto*. Si riesce così a organizzare una prima perlustrazione ottica dietro l'affresco del Vasari. Seracini chiede di poter eseguire fori in quattordici aree diverse, ma i restauratori dell'Opificio delle Pietre Dure di Firenze ne consentono solo sette.

Un primo foro viene ricavato sopra il ginocchio destro di un soldato, e vi si inserisce un endoscopio. La sonda a fibre ottiche si ferma su una superficie crivellata di buchi – che sembra quindi dimostrare la presenza di un'intercapedine –, ma per parlare di successo bisognerebbe almeno rinvenire qualche traccia di pigmenti.

Tuttavia, l'indagine solleva numerose polemiche: Italia Nostra presenta un esposto alla Procura di Firenze, promosso dallo storico dell'arte Tomaso Montanari e sottoscritto da oltre quattrocento studiosi, tecnici e docenti, indignati nell'apprendere dei fori praticati sul dipinto del Vasari.

Ma ecco che dai campioni prelevati dalla parete posteriore l'affresco sembra emergere un pigmento di colore nero, che Seracini definisce «terra d'ombra», spiegando che potrebbe avere una composizione chimica compatibile con il nero usato nella *Monna Lisa* e nel *San Giovanni Battista* custoditi al Louvre. Poco tempo dopo rivela in un articolo pubblicato sul «National Geographic» del marzo 2012 che sarebbe stato trovato anche un pigmento di colore rosso, una lacca che «ha delle fortissime analogie con quella presente su un'altra opera di Leonardo: l'*Adorazione dei Magi*».

Ma a questo punto la ricerca si interrompe di nuovo, forse definitivamente. A settembre dello stesso anno i tecnici dell'Opificio delle Pietre Dure si mettono al lavoro per celare e restaurare quelli che nel frattempo erano diventati sei fori praticati dall'équipe di Seracini.

Che cosa è successo? «È l'epilogo previsto di un'impresa che di scientifico non ha mai avuto niente» è il commento di Montanari. «Questa fine sotto tono (e assolutamente antimediatica) di una campagna dove la pubblicità e gli effetti speciali hanno dominato incontrastati, colpisce in modo particolare. Il riflettore del grande spot ora è stato spento, per fortuna. Si torna a studiare.»

## L'ipotesi della *Tavola Doria*

Verrebbe qui da chiedersi se la posizione degli studiosi indignati non sia quella, tipica, di chi, arroccato su posizioni conservatrici, rifiuta ogni novità e combatte senza quartiere ogni slancio "non autorizzato". Che le cose non stiano così, e le polemiche (oltre ai timori di chi tutela le Belle Arti) siano in fondo giustificate, lo si evince anche dall'ipotesi avanzata da Louis Godart, docente di civiltà egee all'Università di Napoli Federico II.

Secondo Godart, Vasari non avrebbe nascosto proprio nulla dietro il suo affresco perché non c'era nulla da nascondere. Leonardo, in altre parole, non avrebbe nemmeno iniziato i lavori sulla parete del Salone dei Cinquecento.

Se così fosse, come si spiegano allora le copie realizzate dai contemporanei e l'invito di Angelo Doni a osservare quella «cosa miracolosa» di Leonardo conservata a Palazzo Vecchio?

Nel suo avvincente saggio *La Tavola Doria* (Mondadori, 2012), Louis Godart recupera le testimonianze storiche e propone che la «cosa miracolosa» osservata nel Cinquecento dai fiorentini e dai visitatori stranieri non fosse la pittura murale tentata e abbandonata da Leonardo, ma piuttosto il disegno del cartone preparatorio che era esposto su un ripiano della scala di Palazzo Vecchio. Lo stesso Vasari, nelle sue *Vite*, pur dedicando ampio spazio a Leonardo e parlando della commissione per il Salone dei Cinquecento, cita unicamente il cartone preparatorio e descrive nei dettagli un dipinto dello stesso soggetto, ma non parla della pittura nella sala. Dice solo che Leonardo, volendo trasferire sulla parete quel dipinto, iniziò a preparare una mistura molto densa che, però, dopo poco iniziò a colare e «in breve tempo abbandonò quella».

Di conseguenza, conclude Godart, se Vasari non parla di una pittura di Leonardo nel Salone, probabilmente è perché questa non esiste.

E l'indizio "cerca trova" che proprio Vasari avrebbe dipinto sullo stendardo verde del suo affresco nel Salone dei Cinquecento? In verità, non si tratta nemmeno di un indizio; per capirlo però occorre conoscere meglio la storia della scena raffigurata.

Nella battaglia di Scannagallo quella frase ha un significato ben preciso: secondo lo storico cinquecentesco Bernardo Segni, il re di Francia Enrico II aveva donato ai giovani fiorentini fuoriusciti, alleati dei francesi e dei senesi per cacciare i Medici da Firenze, venti bandiere verdi su cui campeggiava la parola LIBERTÀ nel celebre verso dantesco «libertà va cercando, ch'è sì cara», oltre ad altre bandiere con motti inneggianti alla libertà di Firenze.

Nell'affresco però si legge solo "cerca trova". Fu Lionello Giorgio Boccia, in uno studio pubblicato nel 1969, a chiarirne il significato: «Altre (bandiere), numerose, sono verdi ed erano [...] quelle dei fuoriusciti fiorentini antimedicei [...]. Una di esse (la penultima verso l'estrema alla sinistra dello Strozzi) è iscritta, con pesante ironia, "cerca trova", per alludere alla falsa ricerca di libertà dei fuoriusciti, divenuti strumento straniero, e che ora trovavano il giusto castigo».

Dunque, non un indizio alla Indiana Jones rivolto ai posteri, piuttosto un motto di scherno verso chi combatteva per cacciare i Medici.

Dunque, se Vasari non ha coperto un dipinto di Leonardo sulla parete del Salone dei Cinqucento, qual è la pittura che egli nelle sue *Vite* descrive così dettagliatamente, citando anche i colori (assenti sul cartone preparatorio)? Forse una delle tavole dipinte dai copisti sulla base del cartone leonardesco; oppure, come propone Godart, Leonardo realizzò oltre al cartone una tavola a olio mentre si trovava nella Sala del Papa: tale tavola coinciderebbe con la già citata *Tavola Doria* (figura 33), il cui nome deriva dalla famiglia di collezionisti genovesi che ne erano in possesso.

L'idea è suggestiva, ma al momento non trova conferme

nel mondo degli storici dell'arte. L'attribuzione della *Tavola Doria* resta discussa, per alcuni indubitabile opera del Maestro, per altri una copia di bassa qualità.

## Un mistero ancora aperto

Così il mistero della *Battaglia di Anghiari*, anziché trovare risposta definitiva, resta tuttora intatto, e solleva nuovi interrogativi. Dov'è finito il disegno di Leonardo? Si riduce al solo cartone preparatorio, ormai perduto, o ne esisteva una sua versione a colori? E dove si trovava? Forse dipinta nel Salone dei Cinquecento, anche se, come sostengono alcuni storici, sulla parete occidentale e non su quella orientale, su cui ha lavorato l'équipe di Seracini? Leonardo ne aveva forse dipinto una versione ridotta a olio, per mostrare ai committenti quale sarebbe stato il risultato finale? E in tal caso, che fine aveva fatto questa tavola? Coincide con la *Tavola Doria*, è ancora nascosta in qualche collezione privata o è andata definitivamente perduta?

Domande che, almeno per ora, restano senza risposte chiare e definitive. Tomaso Montanari trae la conclusione migliore, facendoci riflettere sull'idea malriposta per cui tutto ruoterebbe sempre attorno a noi uomini del XXI secolo: «L'idea di ritrovare Leonardo può apparire romantica, ma se la si guarda con un po' di senso critico appare antistorica, velleitaria, pericolosa e demagogica. È da escludere che Vasari, che venerava Leonardo, abbia nascosto un simile capolavoro. Egli aveva tutti i mezzi tecnici per tagliare il muro e salvare il dipinto: lo fece con maestri quattrocenteschi che amava assai meno del Vinci. Solo una mentalità da "codice Da Vinci" e la nostra infantile illusione di essere al centro della storia può indurci a credere che Vasari abbia seppellito un tesoro sotto un muro introvabile: per quale futuro, e a quale scopo?».

### Che fine ha fatto il cartone?

Che ne è stato del cartone preparatorio utilizzato da Leonardo per la *Battaglia di Anghiari* e copiato da numerosi artisti contemporanei? Si sa che Leonardo, prima di andare a Milano, lascia una parte del cartone a Firenze, forse al Monte dei Pegni dell'ospedale di Santa Maria Nova. Quello che sembra un suo frammento è lo studio della testa di Niccolò Piccinino conservato all'Ashmolean Museum di Oxford. Il disegno (38,6 × 50,4 cm) presenta alcuni contorni e perforazioni annerite, che potrebbero suggerire un utilizzo da parte di Leonardo per la trasposizione della composizione in dipinto murale. Ma se questo particolare è stato ritagliato dal cartone originale, che ne è stato del resto?

Alcuni ritengono sia andato distrutto poco dopo, ma ne esiste notizia nel diario di un viaggiatore che, alla fine del Settecento, si sposta da Bologna a Firenze: in quell'occasione visita Palazzo Medici Riccardi e, al piano nobile, descrive proprio il cartone della *Battaglia* di Leonardo, grande tanto da riempire la sala (non era dunque la copia di qualche imitatore). Dove sia finito in seguito, nessuno lo sa: forse fu portato in Francia da Napoleone, oppure rimase a Firenze, dove magari, come pensano alcuni, è ancora oggi nascosto. Nessuno può dirlo, ma è perlomeno curioso che non ci sia mai stato alcun tentativo di ricerca.

# L'ENIGMA DEL SANTO GRAAL?

A legare indissolubilmente il nome di Leonardo da Vinci al Santo Graal è il già più volte citato bestseller di Dan Brown *Il codice Da Vinci*, del 2003. Ci avevano già provato altri prima di lui, ma nessuno vi era mai riuscito con la stessa abilità. Il volume, 80 milioni di copie vendute in tutto il mondo, è così diventato un caso editoriale di portata storica.

Per capire con esattezza il significato di questo collegamento – sempre che ne esista davvero uno – è necessario affrontare l'argomento in due distinti capitoli. Il primo approfondisce la storia della più celebre (ed elusiva) reliquia della cristianità; il secondo proverà a chiarire cosa c'entri Leonardo in tutto questo.

## Il Santo Graal

«Che cosa sia il Santo Graal si sa: è qualcosa di cui non si sa né cosa sia né se ci sia.» Quella del matematico Piergiorgio Odifreddi, professore di logica presso l'Università di Cornell negli Stati Uniti, sembra una battuta, ma descrive molto bene una delle "cose" più elusive mai immaginate dall'uomo.

Il Graal, infatti, per alcuni sarebbe un oggetto: il calice usato da Cristo durante l'Ultima Cena, la coppa in cui Giuseppe d'Arimatea raccolse il sangue di Gesù morente, un meteorite, un calderone magico, l'Arca dell'Alleanza, la Sacra Sindone... Altri invece lo pensano un simbolo, o addirittura una stirpe "sacra". Il luogo in cui è custodito è indicato nei posti più disparati: a Glastonbury in Inghilterra, a Rennes-le-Château in Francia, a Oak Island in America, a Valencia in Spagna, così come su e giù per l'Italia, da Bari a Genova, da Torino a Torre Canavese (vedi box *Il Graal a Torre Canavese?*).

## Il Graal multiforme

«Esistono tre possibili approcci al "Graal"» dice lo studioso Mariano Tomatis. «Il primo considera il Graal come un oggetto dalle precise caratteristiche fisiche, nella maggioranza dei casi legato alla figura di Cristo. Motivo comune di queste ricerche è il tentativo di identificare con assoluta precisione il luogo ove si troverebbe. Una seconda categoria di studi preferisce accantonare le ricerche "sul campo", ritenendole soltanto l'aspetto volgare di una ricerca dai tratti più simbolici e spesso esoterici. Una terza categoria si limita a considerazioni di natura filologica intorno al tema del Graal, studiandone le origini letterarie e individuando il progressivo evolversi del mito attraverso i secoli, con l'analisi delle diverse simbologie che man mano si sono delineate intorno a esso.»

Non è possibile identificare una fonte univoca che abbia determinato la nascita del mito del Graal. Si può invece individuare con precisione l'anno in cui l'Europa vide comparire per la prima volta in un romanzo il termine "graal": è il 1190, l'anno in cui muore lo scrittore Chrétien de Troyes, lasciando incompiuto il suo ultimo romanzo cortese, *Le Roman de Perceval ou le conte du Graal*.

È la storia di un giovane di nome Perceval, che lascia la sua casa per diventare cavaliere. Nel corso delle sue peregrinazioni si imbatte nel castello del Re Pescatore, dove viene accolto. Qui è testimone di una cerimonia durante la quale una damigella attraversa in processione la stanza con in mano un «graal», da cui emana una luce sfavillante. Non ne vengono descritte le fattezze né il contenuto: l'autore parla di un generico *graal*, che all'epoca era un nome comune in lingua d'oil per indicare un recipiente.

«Il fatto che il *Perceval* sia il primo romanzo in cui si cita il graal» continua Tomatis «non ci autorizza a concludere che sia stato Chrétien a creare quello che diventerà l'archetipo del calice, della coppa, del vassoio "graal". In Europa, nella cultura celtica, già erano presenti oggetti miracolosi in forma di vasi, caldaie e coppe: un'antica leggenda gallese, per esempio, descrive la Caldaia della dea Ceridwen, un grande paiolo nel quale ella aveva preparato un magico elisir della saggezza; sarebbe bastato immergere un dito nella pozione per acquistare il dono della conoscenza.»

Tra la fine del XII secolo e l'inizio del successivo il "graal" diviene il "Graal": il fatto che la parola fosse pressoché sconosciuta fuori dal contesto franco-celtico favorì il passaggio del termine a nome proprio. In latino esisteva già *gradalis*, mentre verso la metà del XII secolo compaiono le varianti d'oil *grazal* e *grasal*; ancora oggi in Val d'Aosta si usa il termine *grolla*.

«Da allora, quella coppa è diventata il Santo Graal, oggetto di racconti, studi, polemiche, sogni e manipolazioni» spiega Franco Cardini, docente di storia all'Università di Siena. «I temi fiabeschi però non sono mai frutto di pura fantasia. Discendono in genere da un insieme di miti. Il Graal rientra nella serie degli oggetti magici, dono dell'Altro Mondo, che si trovano in molte tradizioni».

Fu Robert de Boron, intorno al 1200, a identificare per la prima volta il Graal con il *Veissel* ("vaso") in cui Gesù aveva celebrato l'eucaristia durante l'Ultima Cena e nel quale, poi, Giuseppe d'Arimatea aveva raccolto il Sangue della crocifissione.

Intorno al 1210, nel poema *Parzival*, il tedesco Wolfram von Eschenbach assimila il Graal a una pietra parlante. Un'allusione a Gesù Cristo come "pietra angolare". «Pietra che in area germanica era simbolicamente associata allo zaffiro a forma di cuore della corona imperiale degli Ottoni: intagliato, secondo la leggenda, dalla pietra caduta dalla fronte di Lucifero quando fu precipitato dal paradiso» precisa Cardini.

Oltre che con una coppa e con una pietra, il Graal è stato identificato anche con un libro. Secondo alcuni studiosi, infatti, c'è una similitudine tra *gradalis* e *Graduale*, il libro della liturgia cattolica. Da qui la connessione tra Graal e Libro di Sapienza. Dice Cardini: «Il Graal è un oggetto che assume varie forme nei diversi sistemi mitico-religiosi, ma mantiene sempre un valore universale ed è comunque simbolo di potere e conoscenza».

Ma, al di là delle sue caratteristiche fisiche, se davvero il Graal esiste dove sarebbe nascosto?

## Nascondigli

Secondo de Boron, il Graal sarebbe stato portato da Gerusalemme in Inghilterra dallo stesso Giuseppe d'Arimatea, e qui finito in fondo a un pozzo nei pressi di Glastonbury, dove sarebbe sepolto anche re Artù. Il fatto che questa leggenda sia stata diffusa nel 1191 dai monaci di Glastonbury, subito dopo che un incendio aveva distrutto la loro chiesa ed erano necessari molti soldi (come quelli derivanti dai pellegrinaggi), rende la storia poco credibile.

Secondo un altro racconto, il Graal sarebbe stato trovato sotto le rovine del Tempio di Salomone quando i cavalieri templari arrivarono a Gerusalemme. Lasciata la Terrasanta, poi, i Templari lo avrebbero riportato con sé, e ora il Graal si troverebbe insieme ad altri tesori, mai rinvenuti, in qualche stanza segreta del castello di Gisors, in Francia.

Anche un archeologo nazista, Otto Rahn, era convinto che i Templari avessero riportato il Graal in Francia, ma per consegnarlo ai càtari, eretici perseguitati dalla Chiesa. La leggenda era del tutto inventata, ma Rahn riuscì a convincere Heinrich Himmler, l'esaltato comandante delle SS e appassionato di occultismo, a finanziare le sue ricerche. Secondo Rahn, il Graal doveva trovarsi nel castello di Montségur, ultima roccaforte dei càtari, ma dopo molti scavi nella zona l'archeologo se ne andò a mani vuote.

Un'altra leggenda racconta che i Templari si sarebbero spinti oltre l'oceano, al largo della costa della Nuova Scozia, dove si trova quell'isoletta di forma triangolare nota come Oak Island, l'"isola della quercia". Qui, si vocifera da oltre due secoli, sarebbe sepolto un favoloso tesoro che forse comprende il Graal.

I Templari, in fuga dal re di Francia, sarebbero salpati nel 1307 da La Rochelle verso la Scozia. Avrebbero stretto amicizia con il principe Henry Sinclair, terzo barone di Roslin, e lo avrebbero aiutato a costruire una cappella, la Rosslyn Chapel, che contiene tutt'oggi centinaia di simboli relativi ai Templari e al Santo Graal impressi sulle sue volte e colonne, sui pavimenti e sulle lastre tombali. Sarebbero quindi partiti verso il continente americano, ove desideravano creare una nuova Gerusalemme fuori della portata pontificia, dalla quale operare una vasta missione evangelizzatrice. Proprio in Nuova Scozia, a Oak Island, avrebbero scavato il pozzo sul fondo del quale sarebbe stato custodito il mitico tesoro che i Templari avevano accumulato nel corso dei secoli in Terrasanta, compreso quindi il Santo Graal. Ma Oak Island è stata ormai perforata e scavata in ogni modo possibile, e nessun tesoro è mai emerso (vedi il capitolo *Oak Island: l'isola del tesoro*).

Un'altra tesi ancora vuole che il calice sia stato portato a Roma da san Pietro. Durante una persecuzione san Lorenzo avrebbe fatto trasferire il Graal nella città spagnola di Juesca per proteggerlo, e da qui, nel 713, sarebbe passato in un monastero per esser spostato nel 1399 a Saragozza e ancora, nel 1437, a Valencia. È in questa città, presso la gotica Capilla del Santo Cáliz, che ancora oggi si venera una coppa, fatta di cornalina e pietre preziose, ritenuta dai fedeli l'unico vero Santo Graal.

### E se invece fosse in Italia?

A Genova, la cattedrale di San Lorenzo custodisce, sin dal tempo delle Crociate, il Sacro Catino di Cesarea (figura 34). Si tratta di un bacile ottagonale di vetro portato nel capoluogo ligure dai marinai che nel 1101 conquistarono la città palestinese di Cesarea. In realtà, il Catino era in origine ritenuto il piatto che secondo la tradizione avrebbe accolto la testa del Battista; cominciò a essere considerato il Graal molto dopo, quando la leggenda prese a diffondersi.

Altri ritengono che la presenza del Graal spiegherebbe il mistero che aleggia intorno a Castel Del Monte, nei pressi di Andria, in Puglia, una costruzione voluta dall'imperatore Federico II. Secondo la leggenda, la setta islamica dei sufi avrebbe affidato il Graal all'illuminato Federico II affinché lo preservasse dalle distruzioni scatenate dalle Crociate, e lui lo avrebbe nascosto in una stanza segreta (mai trovata) del castello.

Sempre in Puglia, secondo un'altra tradizione, si dice che sia la basilica di San Nicola a Bari a custodire il Graal: la coppa vi sarebbe stata portata nel 1087 insieme alle ossa del santo da un gruppo di mercanti. La Chiesa di Roma avrebbe poi deciso di conservarla in quel luogo perché punto di partenza delle Crociate, e il Graal avrebbe riversato sui cavalieri i suoi benefici effetti. Sul portale della cattedrale si trova un'immagine di re Artù che sembra antecedente alla diffusione in Italia delle storie arturiane, e un'indicazione stilizzata del nascondiglio[1].

Anche Torino è stata spesso indicata come possibile sede del Graal, che insieme alla Sindone vi sarebbe stato condotto dai Crociati nel Medioevo o, più tardi, dai Savoia. A indicare il nascondiglio sarebbero le statue sul sagrato della chiesa della Gran Madre di Dio. La statua della Fede, in particolare, tiene nella mano destra un libro aperto e nella sinistra un calice levato verso il cielo. L'idea che stia guardando verso il nascondiglio del Graal, avanzata da alcuni, è certo affascinante, ma la mancanza di pupille nei suoi occhi rende oltremodo difficile il calcolo di una qualunque coordinata a partire dalla direzione dello sguardo.

C'è poi anche chi, come lo studioso Noel Currer-Briggs nel suo *The Holy Grail and the Shroud of Christ: The Quest Renewed*, identifica il calice con la Sindone di Torino. La parola "graal" deriverebbe secondo Briggs da *greil* o *greille* ("griglia" o "grata"), a indicare il graticcio dorato sotto il quale sarebbe stato custodito a Costantinopoli il telo sindonico ripiegato. Sulla stessa linea, lo storico americano Daniel Scavone fa notare come probabilmente la Sindone venisse mostrata gradualmente, *gradatim* in latino, da cui *Graal*. Si tratta, comunque, di ipotesi poco plausibili secondo l'opinione della maggior parte degli storici.

Dunque, con tante possibili interpretazioni, non è forse lecito pensare che il Graal non esista affatto? «Che l'immaginario graelico sia fatto di tanti elementi, anche di diversa origine, non vuol dire che non ci sia un'unità originaria» dice Cardini.

«La vera forza del Graal» aggiunge Tomatis «consiste nell'essere una coppa vuota, che ognuno può riempire come

1 L'idea che il Graal si nasconda nella basilica di San Nicola a Bari è in realtà una geniale invenzione di Alfredo Castelli, aiutato da Gerardo Cioffari, per un'avventura della serie a fumetti di Martin Mystère (*Il segreto di San Nicola*, settembre 1995). Un esempio perfetto di come anche la finzione più fantasiosa, se ben congegnata, finisca per essere presa sul serio dagli appassionati.

crede, facendola diventare il simbolo di quel che desidera raggiungere.»

«A differenza della Sindone» conclude Odifreddi «il Graal affonda le radici del suo mistero proprio nell'evanescente ineffabilità, cioè nell'inesistenza materiale. La ricerca del Santo Graal è dunque divenuta simbolica del percorso di avvicinamento a un oggetto misterioso di indefinita natura spirituale e trascendente, che in profondità non può che coincidere con Dio stesso.»

**Il Graal a Torre Canavese?**

A ipotizzare che la reliquia sia nascosta nel paesino ai piedi delle Alpi è nel 1996 lo scrittore Mariano Tomatis, che in quei luoghi è nato. Ma si tratta solo di uno scherzo. «Ho trascorso giornate nella biblioteca civica» racconta Tomatis «per inventare il percorso storico che il Graal avrebbe seguito dalla Terrasanta per giungere a Torre Canavese, dove ancora oggi si erge in mezzo ai boschi un pilone votivo che rappresenta proprio il calice della Passione.»

Tomatis scrive un saggio sulla storia, *Il Santo Graal a Torre Canavese*, dove tutti i dati sono veri e verificabili: è il loro accostamento a essere del tutto arbitrario. Dopo averne stampate e distribuite alcune copie in paese, Tomatis si accorge però che il suo intento ironico è stato frainteso. Escono recensioni lusinghiere e si organizzano convegni. «Il mio fine ultimo era quello di dimostrare che con la storia si può giocare e che, partendo da una serie di proposizioni vere, è possibile giungere a conclusioni errate. Proprio come fanno tanti scrittori di misteri. Non mi aspettavo certo di essere preso sul serio.»

# I SEGRETI DI RENNES-LE-CHÂTEAU

E se il Santo Graal non fosse una coppa, un bacile o un libro ma piuttosto qualcosa di immateriale, come una stirpe: fosse cioè un "*Sang Real*"? L'idea, proposta per la prima volta nel 1982 da un'inchiesta giornalistica condotta da Henry Lincoln, Richard Leigh e Michael Baigent, è alla base de *Il codice Da Vinci*.

Lincoln e soci ipotizzano che il "sangue reale" fosse quello di Gesù Cristo, che non sarebbe morto sulla croce ma si sarebbe sposato con Maria Maddalena, avrebbe avuto dei figli e quella stirpe si sarebbe perpetuata intatta e nascosta per circa quattrocento anni, fino a unirsi con i Franchi, per confluire nella dinastia merovingia. Gesù stesso sarebbe morto di vecchiaia in Francia e poi sepolto nei pressi di un piccolo paesino francese sui Pirenei, Rennes-le-Château.

Questa incredibile storia sarebbe stata tenuta nascosta per quasi due millenni dal Priorato di Sion, una misteriosa setta che avrebbe fondato anche l'ordine dei Templari, per fuggire le ire della Chiesa cattolica. Nonostante le precauzioni, però, indizi della vicenda sarebbero stati disseminati nel corso dei secoli da alcuni iniziati del Priorato, come Isaac Newton, Victor Hugo, Claude Debussy e, naturamente, Leonardo da Vinci. È così che Lincoln e i suoi collaboratori sarebbero riusciti a ricostruirla, decifrando codici segreti, enigmi, giochi di parole e indicazioni celate in alcuni celebri dipinti. Ma andò davvero così?

## Il mistero di Rennes-le-Château

«Questa è la leggenda, la realtà è un'altra cosa» dice Mariano Tomatis. «Bisogna però fare un passo indietro, al 1969, quando Henry Lincoln legge un giallo del francese Gérard de Sède, intitolato *Le trésor maudit de Rennes-le-Château* (Il tesoro maledetto di Rennes-le-Château). Nella finzione del romanzo, il tesoro del titolo era stato trovato intorno al 1891 da un parroco di campagna grazie alla decifrazione di alcuni documenti rinvenuti nella sua chiesa. E qui si innesta un'altra storia, altrettanto fantasiosa.»

Il sacerdote si chiamava François Bérenger Saunière, ed era realmente esistito. Nel 1885 era diventato il curato del villaggio di Rennes-le-Château, un paese che raggiunge oggi un centinaio di abitanti e che all'epoca ne contava almeno il doppio. Appollaiato in vetta a una collina, Rennes sorge a una quarantina di chilometri da Carcassonne.

Ho avuto la possibilità di visitare per due volte Rennes-le-Château, la prima per un documentario prodotto da Discovery Channel, la seconda su invito del mensile «Focus» per condurre un'inchiesta sul fenomeno de *Il codice Da Vinci*. In questa seconda occasione, ho voluto accanto a me proprio Tomatis, che dell'argomento è ormai diventato uno dei massimi esperti internazionali, al punto da essere stato incaricato dal sindaco del paese di curare il Museo Bérenger Saunière[1].

Ma torniamo al 1885. La chiesa parrocchiale, dedicata alla Maddalena, si trovava allora in condizioni di avanzato degrado. Così, raccolto il denaro necessario per i restauri, il sacerdote diede il via ai lavori nel 1887. «Da qui in poi i fatti lasciano il posto alla fantasia» continua Tomatis «perché spostando la pesante lastra di marmo che faceva da altare, Bérenger Saunière avrebbe scoperto che nella colonna

1 Mariano coordina anche il gruppo di documentazione su Rennes-le-Château, che ha realizzato tra l'altro ventiquattro numeri di una circolare (riuniti in due gigantesche raccolte) e un ricchissimo sito: *www.renneslechateau.it.*

che la sosteneva c'era una cavità che nascondeva quattro pergamene. Due contenevano genealogie, mentre le altre due presentavano scritte enigmatiche che, opportunamente decifrate, avrebbero fornito strani messaggi.»

Uno dei più importanti era questo: A DAGOBERT II ROI ET A SION EST CE TRESOR ET IL EST LA MORT (A re Dagoberto II e a Sion appartiene questo tesoro, ed egli è morto là).

Il parroco avrebbe mostrato le pergamene ad alcuni esperti di Parigi, e in quell'occasione avrebbe acquistato la riproduzione del dipinto di Nicolas Poussin intitolato *Pastori d'Arcadia*. La tela, del 1640, rappresentava un sarcofago con l'iscrizione *ET IN ARCADIA EGO*. Il sarcofago esisteva realmente a poca distanza da Rennes-le-Château, e fu identificato confrontando il paesaggio sullo sfondo del quadro con quello reale (sul quadro di Poussin vedi anche il paragrafo *Fantasie contemporanee*, pag. 137).

Intanto i lavori alla parrocchia proseguivano. Sotto il pavimento fu rinvenuta una lapide di pietra che fu rimossa, ma solo Saunière ebbe modo di vedere cosa celava. Da quel momento il parroco cominciò a compiere lunghe esplorazioni nei luoghi circostanti finché, qualche tempo dopo, i lavori di restauro ripresero. Ma questa volta il denaro sembrava non finire più. Saunière acquistò molti terreni nei dintorni e fece edificare una torre che chiamò *Tour Magdala*, in onore di Maria Maddalena (figure 35 e 36). Decorò la chiesa di strane statue e fece incidere sull'architrave d'ingresso l'iscrizione latina *TERRIBILIS EST LOCUS ISTE* (Questo luogo è terribile). Saunière morì nel 1917 per un ictus cerebrale e tutti i suoi averi furono ereditati dalla perpetua, Marie Denarnaud.

### Il tesoro del curato

Qual era la fonte della ricchezza del curato? Secondo Lincoln e compagni, le pergamene ritrovate sotto l'altare contenevano in codice un messaggio sconvolgente: Gesù non era morto sulla croce, e la prova di questo fatto si trovava proprio a Rennes-le-Château.

Uno dei messaggi segreti affermava che il «tesoro», ovvero il segreto sulla linea di sangue di Cristo, apparterrebbe a re Dagoberto II, dunque ai Merovingi, e al Priorato di Sion. Quel «egli è morto là» potrebbe indicare la presenza di un sepolcro intorno a Rennes contenente il corpo di Gesù. Tale sepolcro sarebbe stato rappresentato sulla tela di Poussin e la scritta *ET IN ARCADIA EGO* può essere anagrammata e letta così: *I! TEGO ARCANA DEI* (Vattene! Custodisco i segreti di Dio). Con pergamene e segreti del genere tra le mani, Bérenger Saunière avrebbe potuto facilmente ricattare sia il vescovo di Carcassonne sia lo stesso Vaticano, e garantirsi un tenore di vita sempre più ricco e agiato.

«Ma le cose non sono andate così» mi spiega Tomatis. «Innanzitutto, non esiste alcuna prova documentaria del fatto che Saunière abbia ritrovato delle pergamene all'interno del pilastro che sorreggeva l'altare; addirittura è evidente che il pilastro in questione presenta una buca talmente piccola da non poter nascondere granché. Nemmeno del viaggio a Parigi che sarebbe seguito al ritrovamento esiste alcuna prova documentaria. Se il sacerdote non trovò improbabili pergamene o mappe del tesoro, sappiamo però per certo che durante il restauro della chiesa rinvenne dei reperti di valore. Annotò la scoperta sul suo diario e – forse per lucrarci un po' – cercò in ogni modo di tenerla nascosta. Con ogni probabilità vendette i reperti rinvenuti e iniziò una serie di scavi anche nei dintorni della chiesa per ritentare la fortuna.»

Esiste un'annotazione nel suo diario di quei giorni che è stata più volte fraintesa, e che è in effetti molto suggestiva. Il sacerdote scrive il nome di una persona aggiungendo le parole «*et secret*». Era il "segreto" di cui Saunière era custode? «No» risponde Tomatis. «A quell'epoca, le parole “*et secret*” seguivano sempre i nomi di coloro che avevano un segretario. Saunière voleva, infatti, annotare d’avere incontrato una persona accompagnata dal suo *secrétaire*».

E allora, i soldi di Saunière arrivavano solo dalla vendita dei reperti trovati sotto la chiesa?

«Non solo», mi dice lo storico Mario Arturo Iannaccone, autore di *Rennes-le-Château, una decifrazione. La genesi occulta del mito*. «C’era anche la vendita delle messe. I giornali francesi dell’epoca erano pieni di inserzioni pubblicitarie del parroco di Rennes in cui si invitavano i fedeli a fare donazioni per la chiesa e nei registri di Bérenger Saunière si trovano i dettagli di migliaia di donazioni simili. Jean-Jacques Bedu, nel suo *Rennes-le-Château – Autopsie d’un mythe*, calcola esattamente il numero enorme di messe vendute.»

Si trattava di un comportamento illecito, che costò a Bérenger Saunière l’accusa di simonia da parte del vescovo di Carcassonne e la sua sospensione dall’incarico. Ma non è tutto.

«Le mie ricerche» continua Iannaccone «mi hanno portato a scoprire che l’epicentro della vicenda di Rennes è un episodio importantissimo e misconosciuto della polemica che contrappose cattolici e massoni fra fine Ottocento e inizio Novecento: la vendita di documenti importanti che fruttarono molti altri soldi a Bérenger Saunière. Costui, infatti, era una sorta di “sovversivo” monarchico, in contatto con gruppi di legittimisti in Austria e in Spagna, al centro di una rete di preti e laici cattolici, impegnati in modo molto concreto per “minare” la Repubblica. Un’impresa assolutamente perdente, che fruttò molti soldi che non furono usati per il ritorno della monarchia, ma finirono in gran parte nelle tasche di Bérenger Saunière e di almeno un’altra decina di personaggi, tra cui lo stesso vescovo.»

Nessun altro segreto quindi a Rennes? «Come no!» esclama divertito Jean-François Lhuilier, sindaco del paese. «Questo è un luogo di culto, o di ispirazione, sin dall’antichità. Lo dimostra un'enorme pietra preistorica che riporta strani simboli sacri. Inoltre, è certo che sotto la chiesa del X secolo si trovi una cripta, e sono in corso diversi studi per accertarlo. Un ultimo mistero riguarda le indicazioni secondo cui a Rennes sarebbe sepolto un discendente di sangue reale. Di chi si tratti, non ne abbiamo la minima idea.»

### L'enigmista

Forse potrebbero dirlo le misteriose iscrizioni presenti nella chiesa e nel suo cortile? «Non credo» risponde Tomatis, mentre me le illustra una a una. «Basterebbe infatti una minima conoscenza biblica per giustificare quelle che alcuni considerano delle "anomalie".» Prendiamo la scritta (figura 37) che compare alla base di una statua: *CHRISTUS A.O.M.P.S.* DEFENDIT. Alcuni hanno interpretato l'acronimo così: CHRISTUS *Antiquum Ordinem Mysticum Prioratus Sionis* DEFENDIT (Cristo difende l'antico ordine mistico del Priorato di Sion), e ne hanno dedotto che Bérenger Saunière facesse parte della stessa società segreta. In realtà basterebbe osservare l'iscrizione (figura 38) che a Roma si trova sulla base dell'obelisco di papa Sisto V, che recita: CHRISTUS *Ab Omni Malo Plebem Suam* DEFENDAT (Che Cristo difenda il suo popolo da ogni male)».

Allo stesso modo la scritta sopra l'ingresso della chiesa ("Questo luogo è terribile") è soltanto una citazione biblica dalla *Genesi*, dove «terribile» non significa affatto "spaventoso" bensì "mirabile" o "degno di lode": «Quanto è terribile questo luogo! Questa è proprio la casa di Dio, questa è la porta del cielo!» (*Genesi* 28, 17).

Ma chi è "l'enigmista" che ha potuto escogitare una storia così incredibile a cui, peraltro, in tanti hanno creduto?

«L'uomo chiave di questa vicenda è Pierre Plantard» dice Tomatis. «Antisemita, antimassonico ed esponente della destra francese, Plantard orchestrò una macchinazione molto astuta nella quale caddero Lincoln e soci. Fu lui a ideare le due pergamene – realizzate dall'amico Philippe de Cherisey – ricche di messaggi nascosti, e ad affidarle a Gérard de Sède. Fu ancora lui a inventarsi il Priorato di Sion nel 1956 e a depositare presso la Biblioteca Nazionale di Parigi manoscritti falsi, in cui si legava il Priorato a Rennes-le-Château.»

Il nome "Priorato di Sion" deriva da quello di una montagnola sopra Annemasse, dove Plantard pensava di installare una casa per ritiri spirituali. Anticamente, poi, esisteva una "abbazia di Nostra Signora del Monte Sion" fondata nel 1099 a Gerusalemme da Goffredo di Buglione, divenuto re di Gerusalemme in seguito alla Prima crociata. La comunità di monaci dell'abbazia – e non "priorato", dal momento che il superiore era chiamato abate e non priore – in Palestina sopravvisse fino al 1291, quando fu travolta dall'avanzata musulmana. I pochi monaci sopravvissuti si rifugiarono in Sicilia, dove la comunità si estinse nel XIV secolo. Si trattava di una normale comunità monastica senza alcun collegamento con i Templari, la Maddalena o segreti esoterici il cui "recupero" da parte di Plantard si risolve nel semplice riferimento a un nome.

Quanto alla lista di "iniziati" che avrebbero fatto parte del Priorato, fu copiata dall'elenco di presunti *Imperator* (capi supremi) dell'Antico e Mistico Ordine della Rosa-Croce, fondato nel 1915 negli Stati Uniti da un altro creatore di fantasie, Harvey Spencer Lewis, con cui Plantard era in contatto. Non era una novità: tutte le organizzazioni esoteriche fondate dal XVIII secolo a oggi si dotano di genealogie mitiche che risalgono ai Templari, a Noè, a san Giovanni o a Salomone e "inglobano" personaggi famosi della storia, della letteratura e dell'arte. In genere i loro membri meno sprovveduti sono consapevoli del carattere meramente simbolico e mitico di queste genealogie.

A quale scopo, però, architettare un piano tanto complicato? «È chiaro» risponde Iannaccone. «Plantard desiderava creare una linea storica verosimile che dimostrasse la sua discendenza dai Merovingi. Essere erede di una tale dinastia gli avrebbe procurato un enorme vantaggio rispetto ai molti Gran Maestri di ordini concorrenti. E i Merovingi erano una dinastia persa nelle nebbie della storia, che gli dava un'ampia possibilità di manovra. Non esiste però discendenza di Dagoberto II, né tantomeno vivono Merovingi pretendenti a un trono che è caduto con Luigi XVI.»

### Leonardo e il segreto della Maddalena

In che modo, infine, Leonardo sarebbe legato alla vicenda del Graal? Secondo l'architettura fantasiosa elaborata da Lincoln, Leigh e Baigent prima, e da Dan Brown poi, il Maestro avrebbe nascosto la verità sulla discendenza di Cristo nella sua opera più famosa, l'*Ultima Cena*. Qui, infatti, avrebbe espresso la sua teoria, che vedeva il Cristo e Maria Maddalena sposi. Secondo queste interpretazioni la donna andrebbe identificata con l'apostolo dai tratti femminei che siede alla destra di Gesù. Andrebbe inoltre notato che i due corpi di Gesù e della Maddalena sembrano quasi formare una "M", come a ribadire il nome della sposa. Se si era sposato, Cristo non era morto in croce: dalla tavola manca infatti il calice del vino, simbolo del suo sangue.

Tutto questo, naturalmente, avrebbe dovuto restare nascosto, e sarebbe così diventato il più grande segreto della Chiesa. Ecco allora una serie di avvertimenti, nel caso in cui la verità fosse venuta alla luce: una mano davanti al collo della Maddalena minaccia il taglio della testa e un'altra mano, che non sembra collegata a nessun braccio, brandisce un coltello (figura 39).

Tutto molto suggestivo, e allo stesso tempo falso. Nella

realtà, Leonardo si ispirò al *Vangelo di Giovanni*, dove non si fa cenno all'eucaristia; motivo per cui il calice con il vino manca dalla tavola. La mano che tiene il coltello poi non è affatto disincarnata, ma appartiene a Pietro – come dimostrano anche i disegni preparatori di Leonardo conservati alla Royal Library di Windsor (figura 40) – e fa riferimento a un episodio del Vangelo in cui Pietro taglia l'orecchio al servo del sommo sacerdote. Infine, accanto a Gesù non vi è una donna ma l'apostolo Giovanni, il cui aspetto delicato appartiene all'iconografia dell'epoca, quando l'apostolo più giovane, il "prediletto", era sempre rappresentato come un adolescente dai capelli lunghi e i lineamenti dolci.

Tutto questo dovrebbe insegnarci che è sicuramente divertente lasciar correre la fantasia quando si legge un romanzo, ma se vogliamo invece parlare di fatti reali e di storia, prima di immaginare complotti e macchinazioni guardando un dipinto sarebbe il caso di conoscere meglio i canoni stilistici e i riferimenti iconografici relativi all'epoca in cui l'opera fu realizzata. Altrimenti il rischio di prendere lucciole per lanterne è quanto mai presente. Oppure, naturalmente, si potrebbe decidere di farlo apposta.

Scrive Umberto Eco ne *Il pendolo di Foucault*: «Credi che ci sia un segreto e ti sentirai iniziato. Non costa nulla. Creare un'immensa speranza che non possa mai essere sradicata perché la radice non c'è. Degli antenati che non ci sono non saranno mai lì a dire che hai tradito. Creare una verità dai contorni sfumati: non appena qualcuno cerca di definirla, lo scomunichi. Perché scrivere romanzi? Riscrivere la Storia». Ed è quello che Pierre Plantard e i suoi seguaci hanno cercato di fare.

# IN CERCA DELLA MADDALENA: UN CASO DI DIPINTI MISTERIOSI

Se l'ipotesi secondo cui Maria Maddalena sarebbe stata l'amante di Cristo, avendo da lui un figlio, è stata resa universalmente popolare da *Il codice Da Vinci*, è solo negli ultimi tempi che alcuni studiosi sono arrivati a sostenere di aver trovato prove concrete della paternità di Cristo in un antico affresco conservato nella chiesetta templare di Tempio di Ormelle, in provincia di Treviso. Possibile?

## Ritratto di donna

La figura della Maddalena, peccatrice convertita da Gesù e trasformatasi in una delle sue più convinte discepole, stimola da sempre la curiosità e la fantasia di artisti e cultori del mistero. La stessa ipotesi che la vede compagna di Cristo non è una novità inventata da Brown e soci.

«È un'idea che nasce nella "controcultura" parigina di fine Ottocento formata da artisti contestatori, spesso impegnati nell'occultismo, che volevano scuotere le convenzioni» dice lo storico del cristianesimo Mario Arturo Iannaccone, autore tra l'altro di *Maria Maddalena e la dea dell'ombra* (SugarCo, 2006). «Per esempio, nel 1888 fu rappresentata a Parigi l'opera *L'amante du Christ* scritta da Darzens e l'amante era naturalmente la Maddalena. Nel 1896 fu pubblicato il *Vangelo di Maria Maddalena*, un apocrifo importante che rafforzò il femminismo. Nei romanzi, la Maddalena divenne una *femme fatale*. Lawrence, autore de *L'amante di Lady Chatterley*, scrisse un racconto sulla donna e Gesù intitolato *Il risorto*, pieno di doppi sensi».

Ma anche i pittori dell'Ottocento ne rimasero affascinati, tanto da ritrarla in numerose opere.

«Durante l'epoca decadente si trasformò in un personaggio conturbante, come Salomè» continua Iannaccone. «Ci sono molti quadri in cui è rappresentata come una splendida donna ingioiellata, oppure nuda, a simboleggiare la sua ritrovata innocenza. Ne sono esempio le Maddalene "penitenti" di Francesco Hayez, del 1825 e del 1833. Ma a quel tempo centinaia di donne della bella società si facevano ritrarre nude o seminude, "*à la Madaleine*", come si diceva. Rappresentavano così la loro bellezza giovanile e la loro purezza. Un gioco di ambiguità e malizie.»

### Una Sacra Famiglia

Ora, qualcuno ritiene che non furono solo decadenti e romantici a dipingere la Maddalena, ma prima di loro ci pensarono i pittori del Rinascimento e, ancor più indietro, gli artisti medievali. E in queste antiche opere d'arte la Maddalena non si limiterebbe a essere una donna conturbante, ma abbraccerebbe Gesù, gli appoggerebbe la testa su una spalla e, addirittura, in alcuni dipinti sarebbe ritratta distesa, dopo il parto, mentre Gesù tiene tra le braccia un neonato: suo figlio.

Anche il premio Nobel Dario Fo, autore di un testo dedicato a Cristo e alle donne, pensa che qualcosa di vero ci possa essere nell'ipotesi di un amore non solo platonico tra Gesù e la Maddalena. Ipotesi che Fo vede confermata in alcune celebri opere. «Dal ciclo dipinto da Giotto nella basilica superiore di Assisi, tutto dedicato a Maddalena, con lei che ascende in cielo portata dagli angeli ben prima della Madonna, all'affresco degli Scrovegni di Padova» ha spiegato Fo in un'intervista al «Corriere della Sera». «Dove, ritraendo Gesù che caccia i mercanti dal tempio, Giotto inserisce la presenza di un bimbetto che, spaventato, si va a rifugiare nel grembo di una donna: Maddalena, sul cui capo troneggia un'aureola. Quel bimbo, fa intendere il pittore, si aggrappa alla madre quasi a chiederle protezione dallo scoppio d'ira di un uomo che aveva sempre visto sorridente. Il padre, Gesù».

Su YouTube e tra le pubblicazioni dedicate ai misteri è poi facile trovare chi si è convinto di aver scoperto un affresco del XIII secolo raffigurante una "Sacra Famiglia" composta da Gesù, la Maddalena e il loro bambino.

L'affresco in questione si trova nel paese trevigiano di Tempio di Ormelle, presso una chiesetta medievale costruita dai cavalieri templari. Secondo i cultori di misteri, la chiesa era dedicata proprio alla Maddalena, di cui i Templari erano devoti. E che nell'affresco consunto dal tempo quella ritratta sia proprio la Maddalena lo si deduce dal fatto che indossa una veste rossa, attribuita tradizionalmente a lei, e dalla presenza di una torre alle sue spalle, altro carattere della sua iconografia.

Possibile, però, che un dipinto dal contenuto tanto scandaloso ed eretico sia potuto rimanere sconosciuto per secoli? Se questa interpretazione fosse vera sarebbe davvero una delle scoperte più sconvolgenti tanto della storia dell'arte quanto, soprattutto, di quella della Chiesa.

## I Templari e la Maddalena

Quello della Maddalena che via via è stata vista come prima femminista, maga, strega, sacerdotessa di una non meglio definita religione della dea madre, vera fondatrice del cristianesimo o di un cristianesimo alternativo, è in realtà un mito moderno. «Si tratta di una reinterpretazione della figura di questa donna che fu proposta a fine Ottocento» spiega Iannaccone. «Da allora, la Maddalena si è caricata di significati inediti, diventando un prisma che riflette tutto lo spettro della contestazione moderna contro il cristianesimo tradizionale.»

*Il codice Da Vinci* aveva reso popolare l'idea della "stirpe" di Gesù. «Sono fantasie moderne spesso collegate a fantastiche "linee di sangue sacre" o "graaliche"» continua Iannaccone. «Nessuno storico serio, che tenga alla propria reputazione, le ha però mai prese sul serio, semplicemente perché ne mancano le basi. Altro peso hanno gli studi della cosiddetta teologia femminista, che intende rivalutare il ruolo giocato dalle donne nel cristianesimo delle origini e dunque anche quello della Maddalena: è un ambito ideologico, storico, teologico, questo, rispettabile e culturalmente rilevante. Dove però il mito moderno della Maddalena non c'entra nulla.»

Se, dunque, quella dipinta da Leonardo nel *Cenacolo* non è una Maddalena, potrebbe esserlo quella raffigurata nell'affresco di Tempio di Ormelle?

«Prima di tutto occorre chiarire che il colore rosso non è una caratteristica della sola Maddalena, ma lo è anche della Madonna, per esempio» dice lo studioso Diego Cuoghi, esperto di storia dell'arte e autore di un documentato studio sul caso di Ormelle[1]. «E la torre è una caratteristica iconografica di santa Barbara (rinchiusa in una torre) e di Maria Vergine (definita *Turris davidica* nelle litanie)».

Gli elementi iconografici che contraddistinguono la Maddalena nell'arte sono infatti altri: il vaso degli unguenti in epoca medievale, poiché la Maddalena lavò i piedi di Cristo; il teschio, il libro e il crocifisso dal XVI secolo in poi.

1 Consultabile al sito *www.diegocuoghi.com/tempio.*

«Quanto ai Templari» continua Cuoghi «non hanno mai dedicato alcuna chiesa alla Maddalena ma solo a Maria Vergine, il cui culto era stato diffuso in maniera appassionata da san Bernardo da Chiaravalle, redattore della regola dei Templari e "inventore" del termine "*Notre Dame*".»

Iannaccone concorda: «I Templari erano per lo più francesi, e la tradizione della prostituta pentita approdata in Provenza si fissò nel X secolo dando origine a un culto vivace, in tutta la Francia. Pertanto un certo numero di Templari francesi fu sicuramente devoto a santa Maria Maddalena, ma come poteva esserlo ad altri santi.»

## Un affresco poco misterioso

Che cosa rappresenta allora l'affresco di Tempio di Ormelle se la figura distesa nel letto non è quella di Maddalena? E perché quello che è certamente Gesù, caratterizzato dal nimbo crociato, tiene tra le braccia un bambino appena nato?

Spesso, come si è visto, chi si avventura in questo tipo di interpretazioni temerarie lo fa ignorando l'intera storia dell'arte, e travisando le immagini secondo i propri personali preconcetti.

«Vi sembra possibile che, se nel XIII secolo fosse esistito un dipinto con un soggetto del genere (il parto della Maddalena e Gesù che tiene in braccio suo figlio) sulle pareti di una chiesa, nessuno lo avrebbe saputo? Gli stessi ecclesiastici commissionari dell'opera non avrebbero avuto nulla da ridire? Io non credo» osserva Cuoghi. «Basta pensare ai tanti quadri che Caravaggio fu costretto a rifare perché non erano conformi ai canoni richiesti, o a ciò che accadde con l'*Ultima Cena* del Veronese, destinata al refettorio del convento domenicano dei Santi Giovanni e Paolo a Venezia e che l'artista aveva popolato con nani, animali e saltimbanchi, come se fosse uno spettacolo a palazzo. Il dipinto venne rifiutato e l'artista processato dall'Inquisizione.»

A un esame più attento, dunque, la scena raffigurata sui muri della chiesetta di Tempio si rivela come qualcosa di ben diverso.

«È quella che si definisce una *Dormitio Virginis*, o *Transito della Vergine*, episodio finale della vita di Maria raccontato solo da alcuni apocrifi ma raffigurato in molte opere d'arte fino alla fine del XV secolo, soprattutto nelle chiese a lei dedicate» spiega Cuoghi. «In questa scena è raffigurata la Vergine morente, mentre in piedi di fianco a lei il figlio Gesù riceve la sua anima nella forma di un neonato in fasce. In altre versioni Gesù si trova già in cielo, e porta con sé l'anima della Madonna. Bellissimi esempi di *Dormitio* si possono ammirare a Roma nei mosaici absidali di Pietro Cavallini in Santa Maria in Trastevere, e in quelli di Jacopo Torriti in Santa Maria Maggiore, entrambi datati alla fine del XIII secolo, la stessa epoca dei dipinti di Tempio di Ormelle.»

Non a caso sui muri della stessa chiesa – dedicata alla Madonna come molte di quelle costruite dai Templari – si racconta affresco dopo affresco la vita di Maria. E il ciclo si conclude proprio con la *Dormitio*, ovvero la morte e l'ascensione in cielo della Vergine.

### La modernità di Maddalena

E gli affreschi di Giotto che tanto hanno colpito Dario Fo?

Iannaccone: «Sfogliando l'ampia bibliografia di testi scritti da studiosi che hanno approfondito l'opera di questo pittore, da Toesca e Salvini sino a Frugoni, Pisani, Wolf, Fornari (per limitarsi a ciò che è stato pubblicato in Italia), si può facilmente verificare che nessuno di costoro è andato nemmeno vicino a queste interpretazioni "moderne".

Appunto perché sono letture moderne, antistoriche, prive di metodo, che ignorano totalmente le fonti. Dario Fo ha raccolto gli scherzi di suo figlio Jacopo, comico anche lui, che si è aggrappato, non so con quanta convinzione, alle invenzioni di Dan Brown. Prima dell'uscita de *Il codice Da Vinci* non ne aveva mai parlato».

Ma perché oggi si discute così tanto della Maddalena, che cos'ha di così speciale questa donna da attirare l'attenzine degli appassionati di misteri?

«La Maddalena ci è stata tramandata come donna libera, consapevole del proprio fascino, che segue liberamente Gesù» conclude Iannaccone. «È una figura femminile completa, più vicina alla sensibilità moderna rispetto, ad esempio, a Maria madre di Gesù o alle altre donne che lo seguono. Fu definita "apostola degli apostoli" perché era vicinissima a Gesù e perché ricevette, secondo i Vangeli, l'annuncio della sua Resurrezione. Gregorio Magno scrisse in un sermone che si era convertita alla santità dopo una vita di peccato. Questa proposta (storicamente incerta) ebbe successo. Due o tre figure di donne citate nei Vangeli vennero fuse in un personaggio coerente, la perfetta penitente che aveva però sperimentato tutto della vita, compresa una sessualità libera.»

# 4
# I SEGRETI DELLA MAGIA

# QUATTRO PASSI NELLA MAGIA

Quelli di magia sono certamente tra i segreti più stimolanti e intriganti per il pubblico ma, allo stesso tempo, sono tra quelli che meno si vorrebbe conoscere.

Il paradosso è dovuto al fatto che il gioco di prestigio, la magia dell'illusionista, mettendo in scena un fenomeno che sembra contraddire le leggi della natura crea automaticamente un senso di meraviglia e di curiosità. Lo spettatore sa benissimo di trovarsi di fronte a una rappresentazione teatrale, a una finzione: sa, insomma, che non esiste una pozione o una formula capace di vincere la forza di gravità o la legge di conservazione dell'energia.

Così, se per alcuni la magia rappresenta una sfida in cui occorre lambiccarsi la mente per trovare la soluzione all'enigma, per la maggior parte delle persone è ben più forte il piacere di abbandonarsi allo stupore, accettando il fatto che il mago, se è bravo, è riuscito a metterci nel sacco.

Capire però quali sono i meccanismi su cui si fonda l'arte magica può essere un primo passo per riuscire ad apprezzare ancor meglio l'ingegno, la bravura e la tenacia di chi presenta le illusioni, e di quanti le inventano.

### L'arte (forse) più antica

Tra i prestigiatori circola una battuta secondo cui la magia sarebbe la seconda professione più vecchia al mondo.

Se anche così non fosse, è però molto probabile che si tratti della più antica tra le arti teatrali, visto che numeri di illusionismo, tutt'oggi rappresentati, sono già descritti in papiri e geroglifici risalenti agli antichi Egizi.

Con il termine "magia", naturalmente, non si intende la pratica di negromanti o occultisti che pretendono di governare le leggi della natura attraverso improbabili facoltà soprannaturali. Un termine più appropriato è "prestigiazione", o anche "prestidigitazione", che sta appunto a indicare l'arte di presentare giochi di prestigio, illusioni ottenute con destrezza o trucchi di vario tipo.

«Il prestigiatore» dice l'illusionista americano James Randi «è in buona sostanza un attore che interpreta la parte del mago. Ma non afferma certo di possedere realmente doti magiche: se lo facesse sarebbe meglio definirlo un ciarlatano. L'artista della magia è piuttosto un professionista capace di sbalordire il pubblico con le sue straordinarie illusioni, non dissimile nell'approccio al suo lavoro da un attore o da un cantante.»

Per questo motivo il prestigiatore di professione si specializza solitamente in uno specifico settore, in modo da affinare e rendere sempre più perfetta la sua esibizione. L'illusionismo, infatti, non è un'arte monolitica, dove tutto funziona sempre allo stesso modo. Si è soliti suddividere l'arte magica in almeno quattro branche principali, ben distinte l'una dall'altra.

**Come diventare prestigiatori**

Come si diventa prestigiatori? «La risposta» dice Silvan, il nostro più grande illusionista, unico vincitore non americano, e per ben due volte, dell'Oscar della magia, «non può che essere una: prestigiatori si nasce (o quasi). Mi rendo conto che detta così può sembrare poco incorag-

giante e, se volete, la posso modificare in questo modo: "Prestigiatori si diventa: artisti si nasce". La realtà, però, rimane la stessa: l'illusionismo esige un lungo, paziente e faticoso tirocinio, essendo un'arte che si impara sul campo, affinando la propria personalità, che non è mai disgiunta da quello che si è realmente nella vita.»
Qual è il segreto più grande per un illusionista? «Come amo dire sempre: conoscere un gioco è niente, saperlo fare è già qualcosa, saperlo presentare è tutto. Ecco il vero, grande segreto del prestigiatore: saper creare l'atmosfera giusta in cui il gioco deve avvenire. E qui, più che mai, occorre uno studio psicologico di chi vi sta di fronte e occorre dimostrare quello che voi sapete fare stupendoli.»
Qualche consiglio pratico? «Fare il gioco in continuità, cioè sempre e dovunque, è la miglior maniera per apprendere come va eseguito, smussandone le spigolosità e rendendolo "magico" e non un semplice puzzle per chi osserva. Non svelate mai il trucco, perché così facendo perdereste immediatamente l'interesse del pubblico non soltanto per il gioco in sé, ma anche per la vostra persona. Non ripetete mai un gioco davanti allo stesso pubblico (a meno che non abbiate altre soluzioni per l'esecuzione dello stesso). Vi coglierebbero in flagrante proprio nel momento critico.»

### La magia a distanza ravvicinata

Come dice il nome, la "micromagia" (*close up*, in inglese) è quella realizzata a breve distanza e con piccoli oggetti; di solito si tratta di oggetti di uso quotidiano, che si trovano magari sulla tavola dopo una cena. L'uso di oggetti comuni non è casuale: noi tutti siamo abituati a usare monete, posate, fiammiferi, tazzine e sappiamo bene come funzionano, cosa fanno e che cosa *non* fanno. Dunque, difficilmente sospetteremmo che la moneta che da un lato sembra 1 euro, dall'altro lato mostri la faccia dei 50 centesimi; oppure che il cucchiaino, che sembra così solido, a un tocco del mago si possa sciogliere come burro; o che il fiammifero annerito, perché già usato, in realtà si possa accendere di nuovo. Truccare gli oggetti di uso quotidiano è uno dei sistemi più semplici per stupire il pubblico.

Anche per questo la micromagia è una delle forme più popolari di magia. Importante, naturalmente, è anche il fatto che non richiede allestimenti complessi, ma può essere presentata per gruppi di persone ristretti e in condizioni quasi improvvisate. Ciò non significa che si tratti di una forma di magia semplice: la stretta vicinanza a cui si deve esibire il mago richiede una particolare attenzione affinché il trucco non venga scoperto.

È dunque necessaria una buona parlantina, per distrarre con le chiacchiere chi guarda, nonché un'abilità tecnica che dovrà essere affinata davanti a uno specchio per molte ore, prima di potersi esibire con scioltezza di fronte a un pubblico. «Una delle "armi" fondamentali dei prestigiatori, specie nelle esibizioni di micromagia» continua Randi «è il "depistaggio" (*misdirection*, in inglese). Consiste nella capacità di dirigere l'attenzione dello spettatore verso particolari insignificanti, distraendola da quelli che potrebbero svelare il trucco.»

Ad esempio, il prestigiatore chiede a uno spettatore di tenere una moneta diversa in ogni mano, quindi si volta di spalle e invita la persona a "pensare" a una delle due monete, portandola alla fronte. Dopo qualche istante il prestigiatore si gira, chiede allo spettatore di mostrargli le monete e indovina quella giusta. In realtà, osserva le mani dello spettatore: quella che è stata alzata alla fronte è più bianca, perché è fluito meno sangue. Il prestigiatore non ha però detto: «Alza una mano e io la indovinerò», perché così facendo lo spettatore avrebbe potuto capire il trucco.

## 52 magiche assistenti

La cartomagia è quella forma di magia che si basa esclusivamente sull'uso delle carte da gioco. Ciò non deve indurre a pensare che si tratti solo di una variante della micromagia: il grande illusionista e storico americano Ricky Jay, per esempio, è riuscito a riempire per due settimane di seguito un teatro di Broadway con il suo spettacolo intitolato *Ricky Jay e le sue 52 assistenti*, dove le 52 assistenti altro non erano che le carte di un mazzo. Il numero di trucchi possibile con un mazzo di carte è davvero incalcolabile: secondo alcuni ammonterebbe addirittura ad alcune migliaia.

Esistono diversi modi di esecuzione: la manipolazione, innanzitutto, consiste nella destrezza con cui l'artista riesce a fare comparire e sparire le carte dal nulla. Il culmine degli spettacoli del mago Silvan lo vede manipolare centoquaranta carte contemporaneamente, con una sola mano: un esercizio che ha richiesto una vita di allenamenti. Si tratta infatti di tecniche che richiedono una grande agilità delle dita e, quindi, un esercizio quotidiano.

Più accessibili sono i giochi che fanno uso di mazzi di carte preparate. La forma più antica è data dalla "marcatura" delle carte, tecnica usata anche dai bari; altri trucchi utilizzano carte a "doppia faccia", ad esempio con il re di picche da un lato e il tre di cuori dall'altro: ciò permette, tra le altre cose, di realizzare impossibili "ribaltamenti" di una carta nel mazzo. Ci sono poi mazzi di carte tutte uguali, dove il mago non avrà nessuna difficoltà a indovinare la carta scelta dallo spettatore. E mazzi che aperti da una parte sembrano formati da carte tutte diverse, e aperti dalla parte opposta mostrano che le carte sono tutte uguali. Le varianti sono davvero tante: la bravura del mago sta nel non insospettire mai gli spettatori, e nell'indurli a non volere mai controllare il mazzo. Più facile a dirsi che a farsi.

Tuttavia, i giochi migliori e più efficaci sono proprio quelli che si servono di un normalissimo mazzo di carte, spesso preso in prestito, e nei quali sta all'abilità del mago dire in maniera credibile cose ben diverse da quelle che sta facendo.

### Grandi illusioni

Sono quelle che esigono una notevole preparazione scenica, che può richiedere macchinari realizzati apposta e una scenografia costruita espressamente per quel numero. Tante celebri illusioni di questo tipo sfruttano la trasmissione di informazioni erronee dai nostri sensi al cervello. Prendiamo l'illusione della donna tagliata in due: una ragazza viene fatta coricare in una scatola poi, apparentemente, segata in due pezzi e, in seguito, "ricomposta". In un caso come questo entrano in gioco i limiti della nostra vista. La forma svasata del tavolo fa sembrare impossibile che vi si nasconda una seconda persona. Ma solo perché diamo per scontato che il tavolo sia costruito come quelli cui siamo abituati (ci sono poi versioni di questo gioco che utilizzano tavoli sottilissimi, dove è impossibile che si nasconda qualcuno: in questi casi il trucco è ancora diverso).

Lo stesso principio si usa per il trucco dell'attraversamento del muro. Sulla scena due muratori costruiscono uno spesso muro in mattoni; sotto il muro è steso un tappeto. Si appoggiano due paraventi ai lati del muro: il mago entra da una parte, conta 1, 2… e al 3 esce dal paravento sull'altro lato. L'illusione è che abbia attraversato il muro: in realtà ci è passato sotto, grazie a una botola nel palco. Il fatto che ci sia un tappeto, però, ci induce a pensare che sia impossibile passare da sotto: ma il tappeto non è però una lastra di acciaio che non si deforma; sotto il peso del mago può piegarsi e permettergli di passare da una parte all'altra.

## Escapologia

Consiste nella capacità di liberarsi da qualunque tipo di legame e costrizione: manette, catene, bauli, prigioni… È l'arte di cui Harry Houdini fu il maestro indiscusso. Ma quali sono i trucchi possibili per riuscire a scappare da una vasca colma d'acqua, sigillata dall'esterno con catene e lucchetti, dentro cui l'escapologista viene chiuso, nudo e a testa in giù?

Ci sono vari artifici, di cui parleremo più ampiamente da pagina 246 in poi, che richiedono particolari tecniche e strumenti. Altre evasioni, invece, si possono eseguire anche senza nessuna preparazione. Houdini spiegava che il trucco più semplice è quello di farsi legare con una corda e poi liberarsi: il segreto consiste nell'utilizzare una corda molto lunga, piuttosto che tanti pezzi di corda più corti. Questo perché è più facile che la corda si allenti da qualche parte e si riesca così a sfilarla più rapidamente. Se poi si gonfiano i muscoli nel momento in cui si viene legati e li si rilassa in seguito, la corda si allenta e diventa più facile sfilarla.

## Quante magie

Accanto a queste forme di magia, ne esistono comunque molte altre. Fondamentale – e oggi forse la forma d'arte magica che più ha successo di pubblico – è il mentalismo.

C'è poi chi si specializza in manipolazioni (non solo di carte, ma anche di monete, sigarette, pipe…), una forma di magia tra le più difficili: richiede un allenamento costante che, come per il pianista di professione, non può mai essere interrotto, altrimenti si rischia di perdere l'elasticità e la destrezza delle dita. C'è chi si specializza in giochi di magia per bambini, tutt'altro che semplici, visto che i bambini si distraggono facilmente e sono molto scettici per natura; chi si esibisce per strada fermando i passanti, in una forma d'arte magica che è tornata di moda in questi anni, con esponenti come David Blaine e Criss Angel, che ne hanno fatto un tipo di spettacolo televisivo molto seguito; infine chi fa il mago comico, come Raul Cremona o il Mago Forest, chi il trasformista, come Arturo Brachetti, chi esegue solo giochi matematici, chi mette in scena finti rituali di antica magia (la cosiddetta *Bizarre Magick*) e chi, addirittura, si specializza nel *pickpocketing*, che consiste nel sottrarre agli spettatori orologi e portafoglio con l'abilità di un borsaiolo (vedi il capitolo *Ladri gentiluomini: il pickpocketing*). Se poi la carriera teatrale non dovesse funzionare, almeno questi ultimi sapranno come mettere a frutto le proprie abilità...

**L'omertà dei maghi**

È il comandamento principale di tutti i buoni prestigiatori: «Non spiegate mai il trucco dei vostri giochi di prestigio». Perché tanta segretezza? Perché il fascino di uno spettacolo di magia sta tutto nel mistero che esso riesce a creare. Parte del divertimento che si prova nel guardare un bravo illusionista, insomma, risiede proprio nel cercare di capire come può aver fatto a ingannarci sotto i nostri occhi. D'altra parte, basterebbe visitare una qualunque libreria per acquistare libri in cui si spiegano per filo e per segno tutte le più famose illusioni, per non parlare di quello che si può trovare su internet. Se non si è mossi da vera passione e si è spinti solo dalla curiosità, però, non si potrà che restare delusi: molto spesso, infatti, i trucchi sono di una banalità sconcertante. Ma ciò dipende dal fatto che il vero segreto di ogni grande illusionista non sta nel trucco nudo e crudo ma nella personalità del mago, nel modo cioè in cui presenta le sue magie. È un po' come per i grandi musicisti: le note sono sette e sono sempre quelle, ma non tutti i pianisti diventano come Glenn Gould.

# QUANDO LA SCIENZA SI FINGE MAGIA

La vigilia di Natale del 1862, in pieno boom dello spiritismo, una platea selezionata poté assistere, ben in vista su un palcoscenico di Londra, alla materializzazione di un fantasma: non si trattava di un tizio con un lenzuolo in testa, ma di una figura trasparente e impalpabile, che un giovane cercava invano di trapassare con una spada. L'esperienza fece scalpore e convinse gli inventori dell'illusione, Henry Dircks e John Henry Pepper, che solo la scienza poteva creare fenomeni che avevano tutta l'aria di manifestazioni soprannaturali.

Il fantasma di quella sera non era uno spirito disincarnato, ma il frutto di un'ingegnosa applicazione scientifica: sfruttava un principio fisico di cui siamo testimoni ogni volta che ci troviamo in una stanza fiocamente illuminata di notte, e guardiamo fuori attraverso il vetro della finestra: vedremo il nostro riflesso spettrale sovrapposto alla veduta esterna.

Per creare lo stesso fenomeno su un palco, Dircks e Pepper posizionarono un'enorme lastra di vetro davanti a un palcoscenico, e la inclinarono in modo che riflettesse un attore truccato da fantasma nascosto nella buca dell'orchestra. Agli occhi del pubblico, il suo riflesso appariva quello di una figura traslucida che si muoveva sul palco dietro il vetro.

Il "fantasma di Pepper" era l'ennesima dimostrazione che un'illusione stupefacente non è solo dovuta alla bravura recitativa del mago, ma è spesso anche frutto di un'originale applicazione tecnica di qualche principio scientifico.

### Una tradizione molto antica

Da sempre, l'arte magica, per produrre strabilianti illusioni, sfrutta fenomeni naturali poco noti e nuove scoperte scientifiche. Ai tempi di Erone il Vecchio (62 a.C.) si costruivano otri e fontane che a comando potevano versare acqua o vino, porte che si aprivano "automaticamente" mediante l'accensione di un braciere e che naturalmente si chiudevano altrettanto automaticamente al suo spegnersi. Gli ingegneri del tempo sfruttavano le conoscenze derivate dallo studio della pressione generata dal vapore per creare fantastiche "meraviglie", che lasciavano di stucco il popolo ignaro.

Lo stesso Erone possedeva conoscenze meccaniche non comuni, che gli permisero tra le altre cose di costruire un cavallo metallico in grado di bere da una coppa. Quando poi un soldato brandiva una spada e "tagliava" la testa del cavallo, facendo passare la lama da una parte all'altra del collo, non solo la testa non cadeva ma il cavallo non smetteva mai di bere (figura 41).

Un altro prodigio della meccanica, anche se venuto quasi duemila anni dopo, è il teschio parlante di Joseffy. Ai primi del Novecento, Joseffy, un abile meccanico che si chiamava in realtà Josef P. Freud, creò un teschio dall'apparenza umana che, poggiato su una lastra di vetro sostenuta da quattro spettatori, si animava al comando del prestigiatore. Si voltava per guardare gli astanti e rispondeva alle loro domande battendo i denti. Era in realtà un complesso meccanismo a molla, in cui i movimenti del teschio erano programmati in anticipo e il prestigiatore doveva calcolare al secondo le sue parole e le reazioni del pubblico, in modo che non si sovrapponessero mai con le risposte automatiche del teschio.

## Il giocatore di scacchi

Se in casi come questi l'abilità tecnica del "mago" doveva restare ignota perché l'effetto risultasse stupefacente, altre volte era il contrario: perché l'illusione facesse effetto, la complessità del meccanismo doveva essere sbandierata. È il caso del "giocatore di scacchi automatico": nel 1770 l'ungherese Wolfgang von Kempelen, per divertire l'imperatrice d'Austria-Ungheria, costruì un formidabile turco meccanico in grado di giocare meravigliosamente a scacchi. La macchina si presentava come una grossa cassapanca, con sei piccole porte apribili, in cima alla quale si trovava una scacchiera e appoggiato a essa il manichino di un turco: quasi tutti quelli che giocavano una partita di scacchi con l'automa perdevano, proprio come se la macchina fosse dotata di intelligenza. Prima di ogni esibizione, von Kempelen apriva a turno le varie porticine per mostrare che all'interno c'era solo una miriade di intricati meccanismi.

In tanti cercarono di indovinare il trucco (e tra questi Edgar Allan Poe), ma nessuno ha potuto spiegare con certezza il funzionamento del meccanismo fino al 1971, quando John Gaughan, collezionista di automi e fabbricante di attrezzature per prestigiatori, ricostruì il turco in base alle indicazioni del suo inventore, e lo esibì in pubblico. La cassapanca nascondeva in realtà un uomo, abile giocatore di scacchi, che man mano che venivano aperte le porticine, si spostava velocissimo da una parte all'altra per non farsi vedere (figura 42).

## Specchi e fili invisibili

Nascondere l'evidenza e mettere in scena l'improbabile è da sempre la sfida degli inventori di illusioni. L'illusionista inglese Charles Morritt era ossessionato dal fatto che si potevano usare gli specchi per mascherare scomparti segreti con il riflesso della scenografia. Arrivò al punto di tenere pezzi di specchio sotto il cuscino per testare le sue ispirazioni notturne. Collocando specchi ad angoli obliqui e inducendo l'occhio a eseguire lievi adattamenti, Morritt perfezionò l'uso degli specchi trovando il modo di rendere invisibile un uomo posto in una gabbia apparentemente vuota.

L'illusione consisteva in una gabbia di acciaio staccata dal suolo e poggiata su un piedistallo. Aveva spesse sbarre su tre lati ed era aperta sul davanti, ma al centro c'era una gabbia più stretta, grande abbastanza da contenere un uomo. Morritt entrava in scena con l'uomo prigioniero della gabbia. Abbassava poi le tendine sui quattro lati, e un istante dopo le faceva scattare verso l'alto. Non solo il prigioniero era evaso, era anche scomparso. Il trucco risiedeva in un brillante utilizzo di specchi, che creavano un "angolo invisibile" all'interno del quale si poteva nascondere l'uomo.

Tra le cose che tutti i maghi hanno sempre cercato di rendere invisibili ci sono gli inevitabili sostegni che permettono all'illusionista o a una sua assistente di volare. Un tempo un mago come Howard Thruston utilizzava spessi fili di nylon per la sua "principessa levitante", e quando chiamava un ragazzino sul palco perché la osservasse da vicino si chinava accanto a lui e gli sussurrava oscenità all'orecchio in modo da distrarlo dai fili e farlo restare a bocca aperta per lo stupore. Oggi, il principio non è cambiato poi molto: certo, i fili sono molto più sottili perché realizzati con fibre tecniche super-resistenti, ma la bravura del mago si vede ancora da come riesce a distrarre gli spettatori per impedire loro di scorgere eventuali riflessi di luce sui fili tesi.

## Le "bugie" della televisione

L'esempio più eclatante di tecnologia applicata alla creazione di illusioni ci arriva dalla televisione. Se all'inizio dell'era magica televisiva, con i vari Doug Henning e David Copperfield, era quasi sempre vero che non c'erano "trucchi televisivi", oggi non è più così. Gli speciali televisivi di artisti come David Blaine, Criss Angel o Dynamo sembrano esibizioni improvvisate per strada, con passanti scelti a caso. In realtà, lo stesso numero è di solito ripetuto decine di volte e solo la versione meglio riuscita finirà per essere mostrata in tv; inoltre, grazie a una sapiente opera di montaggio – che prevede il taglio "invisibile" delle sequenze più delicate – sembrerà davvero che nessun trucco sia possibile. L'unica conseguenza di queste manipolazioni televisive è che gli stessi numeri non potranno mai essere presentati in teatro. E, per quanto divertenti siano, certi show televisivi non possono reggere il paragone con la sensazione di stupore che si prova ogni volta che un mago veramente bravo, a poca distanza dallo spettatore, riesce a tagliare una ragazza in tre pezzi (e poi a ricomporla) o a fare scomparire un'automobile.

# I SEGRETI DEL MENTALISMO

Patrick Jane, nella serie *The Mentalist*, legge i segnali del corpo dei sospetti e scopre i colpevoli. Cal Lightman, in *Lie to Me*, riconosce le bugie prestando attenzione ai movimenti involontari o al tono di voce degli interlocutori. In Inghilterra, Derren Brown sembra in grado di indovinare in anticipo i numeri vincenti della National Lottery, mentre il ticinese Federico Soldati arriva terzo a *Italia's got talent*, dando l'impressione di leggere il pensiero degli spettatori. E in Italia, Francesco Tesei spopola in teatro e nella serie televisiva *Il mentalista*, su Sky, riuscendo a condizionare in modo subliminale, e quindi a conoscere in anticipo, le scelte di coloro che partecipano ai suoi esperimenti.

Quello che tutti questi personaggi (reali o di fantasia) hanno in comune è il fatto di essere dei mentalisti.

## Magia della mente

Il mentalismo è una forma d'arte oggi particolarmente di moda ma che, nonostante sembri rifarsi a tecniche psicologiche ardue da padroneggiare, si basa in realtà su tecniche illusionistiche spesso molto antiche.

«Nel mentalismo l'artista è in sostanza un prestigiatore che veste con abito moderno le sue esibizioni. Non a caso si parla anche di "magia della mente"» spiega Mariano Tomatis, scrittore e tra i massimi esperti dell'argomento[1]. «Se negli anni '30 il mentalista giustificava le sue "magie" infarcendole di termini come "onde radio" e riferimenti a Marconi (Cesare Gabrielli si faceva chiamare "la radio umana"), negli anni '70, con il successo di Uri Geller che rivoluzionò il mentalismo, l'accento si spostò sulla parapsicologia e le capacità ESP. Oggi che i fenomeni paranormali hanno perso credibilità, non essendo mai stato possibile accertarli in condizioni tali da escludere trucchi, il pubblico non ci crederebbe più, e così nessuno più li cita. In tal modo, per apparire credibili, i mentalisti condiscono i loro spettacoli con riferimenti alla PNL (vedi box *Il mentalista del caso Kennedy*) o ai messaggi subliminali.»

In altre parole, il mentalista oggi non è più l'uomo dell'impossibile ma l'uomo dello straordinario (curioso come, sebbene in passato ce ne furono, non risulta oggi nessuna "donna mentalista"). Non fa più affermazioni difficili da credere, che metterebbero lo spettatore sulla difensiva; piuttosto, sostiene di utilizzare capacità che potrebbero anche essere vere.

«Per me» dice Tony Binarelli, volto noto della magia in tv e precursore del moderno mentalismo «è la forma più alta della prestigiazione, perché rappresenta il sogno dell'uomo di poter controllare se stesso e la natura con le proprie facoltà mentali e intellettuali.»

«Un esempio di mentalismo?» dice Tesei. «Le parole, se usate nel modo opportuno, hanno la capacità di indurre determinate scelte.» Osservate le carte qui sotto, non fate scorrere lo sguardo ma memorizzatene una soltanto:

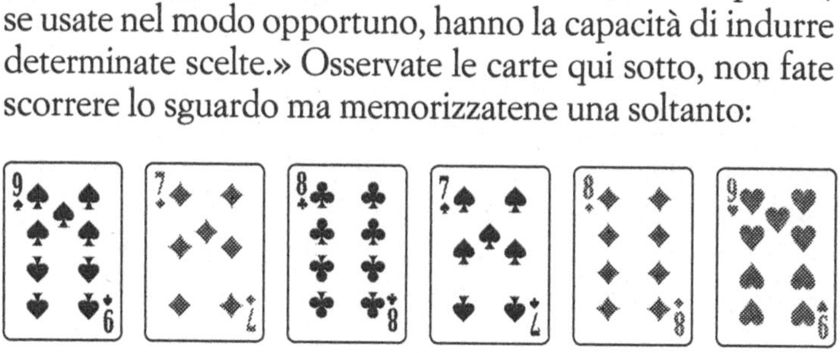

1 Chi volesse approfondire il tema del mentalismo, non può trovare titoli più adatti, in lingua italiana, dei libri di Mariano Tomatis, come *La magia della mente* (SugarCo, 2009) e *Te lo leggo nella mente* (Sperling & Kupfer, 2013).

Ce l'avete? Bene, se le parole che avete letto ora hanno avuto effetto, guardate qui sotto e vedrete che la carta da voi pensata non c'è più.

**Tra realtà e finzione**

L'effetto è sorprendente e, per chi non avesse capito come funziona, si osservino le carte di questa pagina e le si confrontino con quelle di pagina 225. Le seconde sono tutte diverse, anche se somigliano alle prime. Per questo si ha la sensazione che manchi proprio quella pensata, in realtà mancano tutte.

«È un piccolo esempio delle cose che faccio» continua Tesei. «Certo, non sono state le parole a condizionare la scelta, quella è solo *misdirection*, depistaggio insomma. Credo comunque che la prova dimostri bene come sfruttando certi meccanismi del cervello, in questo caso il fatto che la nostra attenzione ha forti limiti e ci porta a notare solo i dettagli che ci interessano, sia possibile creare dimostrazioni stupefacenti. Ed è quello che cerco di fare nei miei spettacoli. Tuttavia, ci tengo a dire che io non affermo di compiere miracoli né di avere chissà quali poteri. Ma è anche vero, come diceva lo psichiatra Milton Erickson, che ognuno di noi è molto di più di ciò che pensa di essere e sa molto di più di ciò che pensa di sapere.»

Si tratta comunque di una disciplina dove la verità è sempre molto sfuggente. «È vero,» dice Derren Brown, uno dei più famosi mentalisti contemporanei «spesso non sono sincero nel parlare delle mie tecniche. Lo sono però quando affermo di essere disonesto. Lo dico prima di ogni spettacolo: “Io mescolo magia, suggestione, psicologia, inganno e istrionismo”. Ammetto senza problemi di barare, fa tutto parte del gioco. Spero che parte del divertimento per lo spettatore stia proprio nel non sapere che cosa è vero e cosa non lo è.»

Non si tratta però di un'arte alla portata di tutti. Occorre avere una forte personalità, saper creare un personaggio unico e disporre di una grande capacità di recitazione. Come Orson Welles, regista e attore, che con la sua personalità imponente fu anche un grande mentalista. Oggi, i veri maestri del mentalismo si contano sulle dita di una mano.

Uno di questi è senza dubbio l'americano Max Maven, che ha trasformato se stesso, anche nell'aspetto fisico, in un essere quasi ai confini della realtà. Ventiquattr'ore su ventiquattro, infatti, Maven si veste di nero, indossa occhiali scuri e porta un taglio di capelli assolutamente originale. «Sono ormai trent'anni che mantengo questa immagine, ma devo dire che negli Stati Uniti si vedono in giro persone anche più strane di me. Il taglio di capelli deriva da un personaggio di Flash Gordon, e chiaramente è fondamentale nel darmi un aspetto mefistofelico. A differenza di ciò che avviene con la prestigiazione, infatti, nel mentalismo si deve creare negli spettatori la sensazione che ciò a cui si sta per assistere potrebbe appartenere a qualche strana dimensione. Se nessuno crede veramente che David Copperfield tagli le sue assistenti in due, in molti potrebbero invece pensare che un mentalista può veramente leggere il pensiero.»

**Tecniche d'inganno**

Ma come fa il mentalista a creare questa illusione? «Alcuni anni fa» continua Maven «chiesero allo scrittore Stephen King qual è la differenza tra terrore e orrore. King rispose che il terrore era una forma più raffinata di suspence ed era quella che lui cercava sempre di scatenare nei suoi lettori. Se però non vi riusciva, in una certa scena poteva puntare all'orrore. "Ma" disse "se non riesco a ottenere nemmeno quello, allora cerco di colpirli con qualcosa di schifoso." Allo stesso modo, io cerco di sorprendere il pubblico solo con l'uso della psicologia: ne osservo le reazioni corporee, i gesti involontari, le frasi, e riesco a intuire cosa faranno o diranno. Se serve, però, posso usare un bluff o qualche sotterfugio verbale. Se non funziona nemmeno quello, allora userò qualche vero e proprio trucco.»

Per Maven le tecniche su cui si basa l'arte del mentalismo sono solo tre: 1) *forzare*: consiste nel manipolare uno spettatore a dire, fare o pensare qualcosa che sembra una libera scelta, ma è in realtà una scelta condizionata; 2) *rubare*: nel senso di ottenere tramite qualche sotterfugio informazioni che non dovrebbero essere note al mentalista; 3) *manipolare i fatti*: per esempio, mostrare di aver previsto in anticipo qualcosa, quando in realtà la "previsione" è stata realizzata solo dopo che l'informazione in questione è stata ottenuta.

Nella tipica forzatura, il mentalista sventaglia un mazzo di carte davanti allo spettatore, dicendogli: «Scelga una carta». Verso il centro del mazzo, c'è una carta che sporge leggermente più delle altre (la carta da forzare): poiché è la più semplice da prendere, nove volte su dieci lo spettatore sceglierà proprio quella.

### Un passo avanti

«Uno dei princìpi di base» spiega l'illusionista americano James Randi (vedi box *L'incredibile Randi*, pag. 255) «è che il mentalista si trovi sempre un passo avanti rispetto agli spettatori. Deve cioè fare in modo di sapere in anticipo qualcosa che sarà rivelato in seguito, come fosse un grande portento. Per esempio, sparpaglia un mazzo di carte, a faccia in giù, su un tavolo. Quindi chiede a uno spettatore di concentrarsi, e di mettere il dito sul tre di fiori. Ovviamente, nessuno può sapere qual è il tre di fiori, quindi lo spettatore tocca una carta a caso. Il mentalista la prende, la guarda e la mette da parte senza dire niente. Chiede poi a un altro spettatore di trovare il fante di picche, e quello tocca un'altra carta a caso che il mentalista guarda e mette da parte. Infine dice che ci vuole provare anche lui, e troverà il sette di cuori. Quando svelerà l'identità delle tre carte scelte, si vedrà che sono proprio quelle che aveva detto lui.»

Il segreto risiede nel fatto che il prestigiatore conosce in anticipo l'identità di una carta, in questo caso sa dov'è il tre di fiori. Può per esempio averla messa in cima al mazzo e poi, quando lo sparpaglia, la sistema in un punto dove la può facilmente riconoscere. Così, al primo spettatore dice di prendere il tre di fiori, quello indica una carta a caso, il mentalista non la fa vedere a nessuno ma la guarda, come per accertarsi se ha indovinato. Invece, prende nota mentalmente di che carta è (per esempio il fante di picche) e allo spettatore che viene dopo dirà di trovare proprio quella carta. Quello, invece, toccherà un'altra carta (per esempio il sette di cuori), ma il mentalista quando la guarda finge che sia quella giusta. A questo punto, per risolvere il gioco, non gli resta che spiegare che il suo compito sarà quello di trovare il sette di cuori e puntare il dito sulla carta di cui conosce la vera identità, ovvero il tre di fiori. Quando volterà le tre carte non dovrà fare altro che mescolarle prima di mostrarle per evitare che qualcuno riconosca l'ordine in cui sono state tolte dal mazzo.

«Come si vede,» conclude Randi «il mentalista è sempre un passo avanti e si serve delle informazioni che scopre di volta in volta per creare alla fine l'illusione di aver previsto tutto in anticipo.»

### Luoghi comuni e matematica

Qualche volta il mentalista fa buon uso di certi luoghi comuni. Invita cioè qualcuno a pensare a qualcosa di specifico (per esempio un numero o un animale): lo spettatore crede di avere un'ampia scelta ma in realtà non sa che questa è molto limitata. «Per esempio» dice Maven «se io vi chiedessi adesso di pensare a un numero dispari da uno a dieci, a un colore, al nome di un musicista di opere liriche e a un fiore, sono certo che molti di voi risponderanno: 7, rosso, Giuseppe Verdi e rosa. E rispondereste così perché in genere sono quelli a cui si pensa per primi.»

«A me viene in mente un altro esperimento» dice Binarelli «di cui però non rivelo la spiegazione, chissà se i lettori ci arrivano da soli. Immaginate un grande orologio le cui ore sono ferme sulle 10.10. Adesso uscite di casa e passate davanti alla vetrina di un orologiaio. Quando sarete lì fissate un solo orologio... segnerà proprio le 10.10.»

Anche la matematica può venire in soccorso del mentalista, e i giochi di questo tipo sono tantissimi. Per esempio, ecco come indovinare l'età di una persona mai vista prima (supponiamo che abbia 30 anni). Consegnate alla persona un pezzo di carta e una penna per fare i conti: chiedetele di moltiplicare per due la cifra che corrisponde alla sua età ($30 \times 2 = 60$), quindi di aggiungere il numero 5 (65) e di moltiplicare il numero ottenuto per 50 (3.250); ditele di togliere 365 (2.885) e di aggiungere prima un numero a caso tra 1 e 99 (es. 43 = 2.928), che promettete di indovinare in seguito, e poi di aggiungere 115 (3.043). Il numero finale vi rivelerà l'età della persona (30) e il numero segreto aggiunto (43).

«Certo,» mi diceva Martin Gardner, che tra le altre cose è stato anche il più grande esperto di giochi magici e matematici al mondo, «questo è un esempio un po' rozzo di mentalismo che sfrutta la matematica. Ma esistono giochi anche più raffinati. Per esempio, prendete una scatola di cerini nuova, che dovrebbe contenerne venti, strappate un numero qualsiasi di cerini non superiore a nove e scartateli. Contate i cerini rimasti. Sommate le due cifre di questo numero e togliete dalla scatola un numero di cerini pari alla somma. Togliete altri due cerini. Scrivete il numero di cerini rimasto nella scatola. Il numero che scriverete non potrà che essere 7. Funziona sempre, sembra magia e invece è matematica!»

## Il rischio del mago

Il rischio più grosso per un mentalista, però, è quello di indurre i suoi spettatori a credere che davvero possieda poteri "magici". «In effetti, i numeri del mentalista non sembrano "trucchi"» dice Randi «e poiché c'è molta disponibilità da parte di tante persone a credere che esistano strani poteri della mente, o tecniche psicologiche come la PNL, la cui validità scientifica è ancora tutta da dimostrare, a volte per un mentalista può essere difficile ammettere che si tratta soltanto di trucchi piuttosto che di vere dimostrazioni soprannaturali. Io stesso, da giovane, per poco non cadevo in questa trappola. A 18 anni riuscii a prevedere con tre giorni di anticipo i risultati dei mondiali (con un trucco, ovviamente). I giornali ne parlarono e l'impresa mi procurò nuovo lavoro. Una sera, però, venne da me un signore pronto a pagarmi un notevole stipendio settimanale se solo gli fornivo i nomi dei cavalli vincenti alle corse. Gli spiegai che ero solo un prestigiatore, ma non ne voleva sapere di andarsene. A quel tempo avevo davvero bisogno di denaro e la tentazione di cedere alle sue preghiere fu molto forte. Alla fine lo convinsi, ma posso capire come per certa gente sia difficile resistere alla tentazione di far soldi così facilmente.»

«Un buon mentalista» conclude Binarelli «deve possedere la capacità di emozionare il suo pubblico, mettendo in un certo senso davvero in contatto la propria mente con quella degli spettatori. Il confine tra il dire e il non dire, dunque, è estremamente sottile. Nello spettacolo l'attore deve recitare e far credere al pubblico che ciò che vede sia vero. Nella vita privata, però, deve evitare di trasformarsi nel "miracolato di turno" e proporre prodigi. Poi bisogna lasciare che sia il pubblico a decidere: non c'è modo di convincere il credente che la telepatia non esiste né lo scettico che questa esiste realmente.»

«Idealmente» dice Tomatis «lo scopo del mentalismo è creare esperienze teatrali fuori dell'ordinario, capaci di offuscare il confine tra realtà e finzione e mettere in discussione gli schemi classici con cui si interpreta la realtà.»

Una definizione abbastanza vaga, dietro cui si nasconde quello che Tomatis chiama «l'obiettivo segreto di molti mentalisti». «Alcuni, infatti, scorgono nei metodi di quest'arte una facile scorciatoia per acquisire lo status di supereroi dotati di facoltà mentali straordinarie, senza dover affrontare il duro allenamento che tali capacità richiederebbero. Per loro il mentalismo è uno strumento come Photoshop per appiattire il ventre senza sottoporsi a diete faticose: in un mondo dove l'immagine conta più del contenuto, si tratta di una sirena al cui canto seduttivo è difficile sottrarsi.»

Per Tomatis, sui libri dedicati al mentalismo dovrebbero comparire per legge le parole sussurrate ai generali romani durante il loro trionfo: «*Hominem te esse memento*» (Ricorda che sei solo un uomo). «Indovinare i pensieri del pubblico con un trucco non autorizza a proporsi come psicologi» spiega Tomatis. «Dimostrare di distinguere verità e menzogna non fa dei mentalisti dei credibili consulenti di marketing. Ritrovare una chiave nascosta usando un pendolo non giustifica una collaborazione con la polizia per individuare persone scomparse. Esibirsi di fronte a chi è disposto a credere non legittima il fatto di prendersi gioco di costoro.»

### Il mentalista del caso Kennedy

Il 22 novembre 1963 a Dallas fu assassinato il presidente Kennedy e, pochi giorni dopo, il suo assassino, Lee Harvey Oswald, fu a sua volta ucciso da Jack Ruby, titolare di un night club. Un mentalista, Bill DeMar, si esibiva al Carousel, il locale di Ruby, con un test mnemonico che coinvolgeva venti persone. Al termine della performance, gli spettatori si convincevano che egli fosse dotato di una memoria straordinaria. «DeMar aveva raccontato in giro di avere visto il killer del presidente tra il pubblico del Carousel» racconta Tomatis. «La notizia si diffuse, giungendo alle orecchie della Commissione Warren, che indagava sull'assassinio di Kennedy. Il 2 giugno 1964 il mentalista fu convocato e interrogato. DeMar si accorse presto di essere in trappola. Dai racconti di chi l'aveva visto in azione, la commissione aveva dedotto che per l'uomo fosse naturale ricordare con precisione il volto di una persona. Il mentalista, però, si rendeva conto delle implicazioni della sua confessione, e non era poi così sicuro di quello che aveva visto. Bill DeMar voleva ritrattare la dichiarazione fatta alla stampa, ma per farlo avrebbe dovuto ammettere la verità: l'infallibilità a cui alludeva la sua performance era fasulla, frutto di un trucco da illusionista. Prigioniero di un personaggio troppo brillante per essere vero, il mentalista fu costretto a vuotare il sacco. «Come la maggior parte dei mentalisti contemporanei, Bill DeMar aveva ceduto alla tentazione di usare la propria arte per guadagnarsi uno status superiore. Attraverso tecniche relativamente semplici, aveva millantato capacità fuori dell'ordinario, proponendosi come un individuo speciale anche al di fuori del palcoscenico. Ma quando la verità viene a galla, come accadde miseramente a Dallas, meglio non trovarsi nei loro panni.»

# LADRI GENTILUOMINI: IL *PICKPOCKETING*

«Prego, accomodati da questa parte» mi dice il tipo simpatico mentre mi aiuta a sedermi al tavolo. «Ti aiuto io» e il mio orologio è già sparito.

«Ecco, siediti qui. Ti sposto la sedia» e la penna si è volatilizzata dal taschino.

«Che c'è? Ti vedo un po' teso. Slaccia un po' la camicia» e anche la cravatta finisce nelle tasche del mio interlocutore.

Gli avventori del ristorante sorridono divertiti e io mi ritrovo a guardarli perplesso, ancora ignaro di quello che mi è realmente capitato.

No, non sono finito tra le grinfie di un cleptomane, piuttosto ho fatto conoscenza con Apollo Robbins, in arte il "ladro gentiluomo". Si tratta di uno straordinario *pickpocket*, un artista capace di attirare folle nei suoi spettacoli a Las Vegas e impiegato come consulente dalle forze di polizia e dalle agenzie impegnate nella sicurezza.

«Immagina qualcuno che sottrae un oggetto o un capo d'abbigliamento a un volontario, senza che costui se ne accorga» mi dice Apollo. «Bene, se lo restituisce per poi farsi applaudire allora abbiamo un artista del *pickpocketing*, se invece se lo porta a casa abbiamo un ladro.»

Quella del *pickpocketing* è in effetti una branca della magia da scena, dove il mago, armato solo della propria abilità manuale e di una forte personalità, riesce a incantare una platea comportandosi come un perfetto borsaiolo.

«Ladri e borseggiatori ci sono sempre stati» mi spiega Apollo «ma il furto come forma d'arte è una cosa piuttosto recente e risale ai primi anni '30. A Parigi, Dominique era noto dopo la guerra come "L'uomo dalle 300.000 bretelle", che erano quelle che si stimava avesse sfilato agli spettatori durante i suoi spettacoli. Borra, da molti considerato il più bravo in assoluto, era un abilissimo serbo. Quando saliva in scena iniziava a parlare e, dopo qualche istante, si toglieva dalle tasche portafoglio, orologi, collane e cinture e chiedeva rivolto al pubblico a chi appartenessero. Varie persone si alzavano in piedi sbalordite, sostenendo che Borra non si era nemmeno mai avvicinato a loro. In realtà, prima dell'inizio dello spettacolo, travestito da anziano inserviente, Borra aveva accompagnato ciascuno ai posti assegnati, prelevando loro tutto quello che riusciva ad arraffare.»

Un altro grande artista fu il "Dottor Giovanni", nome d'arte di un ungherese poliglotta. «È vero che parlava tante lingue» spiega Apollo «ma tutte male. E, ogni volta che faceva uno strafalcione, si piegava letteralmente in due dal ridere, appoggiandosi allo spettatore per sostenersi. Chiaramente, con la scusa di appoggiarsi gli sfilava dalle tasche tutto quello che poteva.»

## Occhio alle tasche

Il segreto del *pickpocketing*, in effetti, sta tutto qui. Con una scusa qualunque, il mago distrae la vittima e in quel momento gli sottrae qualcosa.

«Che, del resto, è esattamente quello che succede nella vita reale sugli autobus o al mercato» mi dice il mago Alexander, al secolo Elio De Grandi. E anche lui è uno che se ne intende, visto che l'Assessorato di polizia locale della Regione Piemonte lo ha ingaggiato per tenere un corso di *pickpocketing* ad agenti di polizia e carabinieri.

A chi ha obiettato che sarebbe stato più ortodosso affidarsi, come insegnante, ad agenti esperti, come quelli che in borghese battono quotidianamente i luoghi affollati dove prosperano i borseggiatori, ha risposto Roberto Bellezza del dipartimento di polizia locale della Regione Piemonte, ideatore della "scuola" antimanolesta: «Nessun agente sarebbe in grado di sfilare un portafoglio da una tasca con la destrezza del mago Alexander. È l'insegnante perfetto».

«Sono affascinato dal *pickpocketing* da quando ero ragazzino» continua il mago «e da tredici anni studio il fenomeno dal punto di vista della prevenzione nella vita di tutti i giorni. Ovunque vado, giro armato di una telecamera nascosta per filmare eventuali borseggi, che poi studio. Probabilmente i più bravi sono gli slavi, con i colombiani e i cileni. In un certo senso li ammiro per l'inventiva delle loro tecniche.»

Una delle più utilizzate è nota con il nome di "*bump*". «*Bump* è una parola onomatopeica che in inglese significa urto» spiega Alexander. «È una tecnica che si basa sul principio per cui tra due urti ricevuti notiamo solo quello più forte. Immaginiamo un signore che cammina per la strada: dietro c'è il borseggiatore che cammina in sincrono con lui, mentre davanti alla vittima designata c'è un complice che cammina verso di lei e la urta. Nello stesso istante in cui avviene l'impatto, il borseggiatore entra in azione e sottrae il portafoglio, mentre il rapinato si concentra esclusivamente sul colpo ricevuto dal complice.»

Un altro sistema è quello del "piccione": «I ladri aspettano la vittima vicino a un bancomat, oppure fuori della posta il giorno in cui vengono pagate le pensioni. Quando adocchiano la persona giusta, uno di loro, senza farsi accorgere, spruzza della senape in bustina sul cappotto o sulla giacca del malcapitato. Il borsaiolo gli si avvicina e gli fa notare che un piccione deve avergli sporcato la giacca.

Mostrandosi gentile e altruista, lo aiuta a togliersi la giacca per pulirla e, nel frattempo, gli sfila i soldi che ha appena ritirato».

C'è poi il "metodo del cartone", tipico delle zingare. Mettono un cartone con qualche scritta pietosa davanti alla vittima per schermare la mano che fruga nelle tasche. Succede spesso nei mercati. «Una variante è quella del "turista"» dice Alexander. «Un tizio si avvicina spaesato reggendo una cartina della città. Vi chiede aiuto per trovare una strada e, mentre voi guardate la cartina, lui da sotto vi fruga nelle tasche.»

## Trappole psicologiche

«Non sempre il borsaiolo vuole distrarre l'attenzione della vittima in modo che si concentri su qualcosa di diverso dai soldi» aggiunge Alexander. «A volte, vogliono proprio costringervi a pensare al denaro che avete addosso per scoprire dove lo tenete. Per esempio, in metropolitana, un compare del borseggiatore potrebbe mettersi a gridare in mezzo alla folla: "Aiuto! Mi hanno rubato il portafoglio". Istintivamente, tutti toccheranno la tasca o la borsa dove si trovano i propri soldi e, in questo modo, il ladro potrà andare a colpo sicuro.»

La scelta della vittima, tanto per un ladro quanto per un artista del *pickpocketing*, è dunque fondamentale: «Non ci si può buttare su una persona scelta a caso» continua Apollo. «Perché le manipolazioni necessarie per slacciare un orologio o sfilare un portafoglio passino inosservate, l'artista, come fa il borsaiolo, è obbligato a osservare con attenzione il proprio pubblico. Per togliere un orologio, per esempio, la persona ideale è un po' più piccola del mago e certamente magra. Questo perché così il prestigiatore potrà sovrastare la "vittima" e stringerle le mani senza incontrare difficoltà o resistenze. E questa deve essere magra perché di solito le persone robuste stringono eccessivamente il cinturino sulla carne, rendendo molto difficile sfilarlo.»

Ma se sul palcoscenico non si rischia nulla e, dunque, ci si può anche abbandonare al gioco e lasciarsi derubare di tutto – tanto si sa che le cose saranno restituite – nella vita reale è meglio stare sul chi va là.

«Il problema del borseggio per la strada» spiega Alexander «è che i ladri hanno buon gioco perché normalmente siamo tutti piuttosto distratti. La signora che fa la spesa al mercato a volte lascia la borsa aperta, con il portafoglio o le gioie bene in vista. Una tentazione invincibile anche per il ladro più scarso. Per rendere la vita difficile ai ladri, però, si può seguire qualche piccolo accorgimento (vedi box *Come difendersi dai borseggiatori*). Gli uomini, per esempio, dovrebbero evitare di tenere il portafoglio nelle tasche posteriori dei pantaloni, e le donne non dovrebbero mai mettere il denaro nella borsetta, meglio addosso.»

E poi, volendo, si può anche cercare di beffare il borsaiolo al suo stesso gioco, quello della distrazione. Ci si può portare appresso un portafoglio vuoto o pieno di carta da tenere in un luogo accessibile, mentre il denaro sarà nascosto dentro una cintura con una tasca o appeso al collo in una busta a zip nascosta sotto gli indumenti. Un eventuale ladro punterà la falsa preda, e si ritroverà scornato.

**Come difendersi dai borseggiatori**

Non è facile riconoscerli perché fanno di tutto per non sembrare dei ladri. Vestono bene, sembrano impiegati di banca, a volte le donne hanno in braccio dei bambini. Altri ancora si fingono turisti. Per difendersi, quindi, meglio dare per scontato che i borsaioli sono tra noi, e ren-

dere loro difficile derubarci. Meglio tenere il portafoglio nella tasca anteriore dei pantaloni. Se avete una borsa o uno zaino, quando vi trovate in un luogo affollato tenetela stretta sotto il braccio, non in spalla.
In generale, per ridurre i danni, si può cercare di non tenere soldi, documenti e carte di credito tutti nello stesso posto. Inoltre, meglio non portarsi appresso codici di accesso e password. Fare delle fotocopie di documenti, passaporto e carte di credito da tenere a casa è sempre una buona idea, anche quando si viaggia: riduce i tempi se servono duplicati, e semplifica le denunce.

# LA LEGGENDA DELLA CORDA INDIANA

Da oltre un secolo circolano in tutto il mondo storie mirabolanti circa uno spettacolare fenomeno che avrebbe luogo in India, l'esempio forse più alto e inspiegabile di illusionismo da strada: il numero della corda e del bambino che scompare. Nella versione classica del gioco, che si svolgerebbe all'aperto, un fachiro prende una corda e la lancia per aria: la corda sembra irrigidirsi e rimanere sospesa nel vuoto. Un ragazzino, assistente del fachiro, si arrampica sulla corda e, una volta raggiunta l'estremità superiore, scompare nel nulla. Il fachiro ordina al ragazzino di farsi vedere, ma non ottiene alcuna risposta; allora, sale lui stesso sulla corda armato di pugnale e scompare a sua volta. Dopo pochi istanti, dall'alto cominciano a cadere parti del corpo dell'assistente, braccia, gambe... Il fachiro quindi ridiscende, ritira la corda, copre i macabri resti con un telo e, come per incanto, un attimo dopo dal telo riappare il ragazzino, di nuovo integro e più vivo che mai.

«È un numero straordinario, che i prestigiatori di tutto il mondo hanno cercato in ogni modo di imitare» dice Peter Lamont, storico della magia e ricercatore all'Università di Edimburgo[1]. «Peccato solo che non sia vero: si ha notizia di questo esercizio, infatti, intorno al 1890 in un articolo

1 Sul tema Lamont ha scritto l'avvincente *La leggenda della corda e del bambino che scompare* (Neri Pozza, 2004).

comparso sul "Chicago Tribune", il quotidiano americano. Prima di allora nessuno aveva mai sentito parlare del "gioco della corda indiana". L'autore dell'articolo, John Elbert Wilkie, avrebbe in seguito confessato che si era trattato di una di quelle bufale giornalistiche d'estate che certi giornali si inventano anche oggi, quando non sanno cosa scrivere. Quello che Wilkie non si aspettava era che la falsa notizia diventasse così popolare.»

L'articolo del «Tribune», infatti, fu ripreso da tanti altri giornali americani e stranieri, mentre la smentita, pubblicata dallo stesso giornale quattro mesi dopo, venne ignorata da tutti. Nel 1904, si fece addirittura avanti il primo "testimone" che sosteneva di avere visto di persona il trucco della corda indiana. Si chiamava Sebastian Burchett ma, una volta sottoposto a una serie di domande da parte degli studiosi della Società per la Ricerca Psichica inglese, si capì subito che l'uomo aveva una fantasia fin troppo fervida. L'ennesimo esempio «dell'inaffidabilità della memoria riguardo a episodi di questo genere», come affermarono gli studiosi.

## Spiegazioni improbabili

«Ma il fascino di questa leggenda, che dipingeva un'India ignota e misteriosa, proprio come era abituata a vederla la cultura occidentale e coloniale dell'epoca, era divenuto ormai così grande da non volersene andare più» spiega Lamont. «Alcuni cercarono allora di spiegare il gioco della corda sostenendo che si trattava di un caso di "ipnosi di massa". In altre parole il fachiro ipnotizzava il pubblico, facendogli credere di vedere qualcosa che non c'era. Al di là del fatto che la spiegazione sembrava più contorta dello stesso numero, cominciarono a comparire le prime fotografie, che sembravano smentire l'ipotesi di una suggestione.»

Fu lo «Strand», la stessa rivista su cui uscivano le avventure di Sherlock Holmes, a pubblicare nel 1919 quella che fu presentata come «la prima fotografia della più celebre e discussa esibizione di giocoleria al mondo». A scattare la foto fu il tenente F.W. Holmes, militare pluridecorato e in nessun modo legato al celebre detective: secondo Holmes la corda era stata srotolata, gettata in aria ed era rimasta rigida; un ragazzino vi era poi salito ed era restato in equilibrio. La foto era stata scattata in quell'esatto momento, poi il bambino era sparito. «Non so dare alcuna spiegazione» fu il suo commento.

Furono allora proposte altre possibili soluzioni all'enigma. Negli anni '30, un prestigiatore tedesco suggerì che la corda fosse truccata e composta da ossa di pecora che si incastravano l'una nell'altra formando una sorta di "palo" rigido, su cui un ragazzino si poteva arrampicare. Negli anni '50 la spiegazione più popolare sosteneva invece che il numero si svolgeva in un avvallamento. Un filo sottile come un capello ma resistentissimo era steso tra le due colline e la corda del fachiro, una volta lanciata in aria, si agganciava a questo filo grazie a un piccolo arpione nascosto a un'estremità. Il numero si svolgeva di sera, quando il ragazzino saliva la corda e, nascosto dal buio e dal fumo prodotto dai falò, sembrava scomparire. Il fachiro, avvolto in un ampio mantello, saliva poi anche lui in cima alla corda e, al riparo dal fumo, toglieva da sotto il mantello gli arti amputati di una scimmia e li gettava a terra. Il ragazzino, infine, scendeva con lui, nascosto sotto il mantello, e alla fine del numero fingeva di ricomparire al posto degli arti amputati.

«Sono esempi di spiegazioni ancor più incredibili del fenomeno stesso» commenta Lamont. «Chi può scambiare delle ossa di pecora per una corda? E dove è mai esistito, in India o altrove, un filo sottile come un capello, che si possa tendere tra due colline e sia capace di reggere ben due persone? In realtà, ci si sforzava di trovare una soluzione a un mistero che, semplicemente, non era mai esistito. Le fotografie, come quella di Holmes, ritraevano infatti una cosa ben diversa dal numero della corda indiana, cioè un esercizio di equilibrio su canne di bambù tutt'oggi rappresentato in certe parti dell'India» (figura 43).

Si tratta di un vero numero di giocoleria, eseguito nell'antichità tanto in India quanto in Cina, in cui un ragazzo sorregge, con una corda legata intorno alla vita, una robusta canna di bambù; su di essa sale poi un altro giovane che, giunto in cima, vi resta in equilibrio per qualche istante e poi ridiscende.

## Ricordi alterati

Dice Lamont: «Ciò che mi interessava, dunque, era capire come i vari testimoni oculari erano arrivati a scambiare un gioco di equilibrio per il ben più straordinario numero della corda indiana».

Così, con lo psicologo inglese Richard Wiseman, Lamont ha ipotizzato che esistesse una correlazione diretta tra la sensazionalità del racconto e il periodo di tempo intercorso tra il fatto e il suo resoconto. In altre parole, i ricercatori supponevano che il racconto di un testimone si faceva più incredibile man mano che il tempo passava.

Hanno così raccolto tutte le testimonianze oculari esistenti, riportate in libri, saggi, articoli di giornali e riviste, accumulandone in totale quarantotto. Di queste furono scartate le testimonianze indirette, le testimonianze in cui non era riportato l'anno dell'accaduto, quelle che non contenevano alcuna descrizione dell'evento o che riportavano dettagli insufficienti per la ricostruzione del numero. Rimasero ventun versioni dirette, sufficientemente dettagliate e comprensive dei dovuti riferimenti temporali, che furono poi suddivise in cinque categorie ordinate per grado di sensazionalità.

«La conclusione cui siamo giunti» spiega Lamont «conferma la nostra ipotesi e dimostra una volta di più quanto sia poco affidabile la testimonianza oculare. I testimoni in questione, infatti, avevano effettivamente visto il gioco di equilibrio sull'asta ma, con il passare degli anni, avevano arricchito le loro descrizioni con particolari di cui avevano solo letto o sentito raccontare. Significativo il fatto, inoltre, che dagli anni '30 in poi non si trovi più nessuno che dica di aver visto il numero di persona.»

Il vero segreto del numero della corda indiana, quindi, sembra risiedere più che altro nella nostra mente e nel modo in cui il cervello combina eventi reali cui ha assistito e leggende di cui ha solo sentito parlare, creando così una storia avvincente, mai accaduta in realtà, ma tanto, tanto affascinante.

**La corda "magica"**

Tra l'Ottocento e il Novecento, il numero della corda indiana divenne così popolare in tutto il mondo che alcuni prestigiatori arrivarono a considerarlo una minaccia per la loro professione. «L'esistenza di quel numero tanto incredibile» spiegava John Booth, storico dell'illusionismo «sembrava dare l'impressione che i prestigiatori indiani fossero di gran lunga superiori ai loro colleghi occidentali.» Ecco allora che i maghi dell'epoca, da Horace Goldin a Howard Thurston (figura 44), si sforzarono in ogni modo di scoprire il trucco. Andarono in India per interrogare guru e fachiri, sentendosi dire, per tutta risposta, che nessuno aveva mai sentito parlare di quel trucco. Sospettando allora che gli indiani non volessero condividere i loro segreti, i prestigiatori occidentali si ingegnarono per riprodurre quel numero in teatro con sistemi di loro creazione. «Inutile dire» commenta Booth «che il risultato fu sempre deludente: un conto era sentire raccontare di quel fantastico esercizio realizzato all'aperto, ben altra cosa era vederselo rifare in un ambiente artificiale e sospetto come un palcoscenico, dove ogni tipo di trucco era possibile.» Non stupisce, allora, che il numero della corda indiana sia ancor oggi indicato spesso dai prestigiatori come "la più grande illusione al mondo" ma non venga mai rappresentato da nessuno. «È qualcosa che semplicemente non si può fare» concludeva Booth. «Una sorta di Santo Graal dell'illusionismo, un sogno che tutti sperano un giorno di riuscire a realizzare ma che nessuno raggiungerà mai.»

# I SEGRETI DEL GRANDE HOUDINI

Non sarebbe possibile chiudere questa parte dedicata ai segreti della magia senza parlare del re dei maghi, Harry Houdini.

A quasi novant'anni dalla morte, il nome di Houdini è ancora sinonimo di magia e mistero, fatto questo che da solo basterebbe per considerarlo il più grande illusionista di tutti i tempi. In realtà, la sua fama è più che meritata.

La divina Sarah Bernhardt una volta chiese al grande illusionista se, usando la sua magia, avrebbe potuto farle ricrescere la gamba amputata. Il presidente Roosevelt si convinse che quell'uomo doveva avere straordinarie facoltà medianiche, visto il modo in cui riusciva a leggergli il pensiero. Arthur Conan Doyle, il papà di Sherlock Holmes, concluse che il mago poteva realizzare le sue leggendarie fughe perché capace di smaterializzarsi. E il drammaturgo George Bernard Shaw amava ripetere che la fama di quell'uomo era paragonabile solo a quella di Gesù Cristo.

Qual è dunque il segreto di Houdini?

## Una vita romanzesca (romanzata)

Ehrich Weisz, questo il suo vero nome, nasce a Budapest nel 1874 ed emigra quattro anni dopo negli Stati Uniti con il padre, un rabbino, la madre e quattro fratelli. Fa la fame a lungo, ma la sua ascesa, per quanto lenta, si rivela inarrestabile. Sceglie di chiamarsi Houdini in omaggio a Robert-Houdin, il padre francese della magia moderna, e, dopo una lunga gavetta, finalmente nel 1899 i giornali si accorgono di lui. Houdini che si libera da ogni tipo di manette e catenacci portati dal pubblico, Houdini che esce nel giro di pochi minuti dalle prigioni più sicure, Houdini che riesce a fuggire da un paio di manette costruite da un famoso fabbro di Birmingham, un pezzo unico frutto di cinque anni di lavoro.

Non c'è sfida che lui non accetti, e che alla fine non vinca. Il suo successo è planetario: l'America, l'Europa, la Russia e l'Australia gli tributano un vero e proprio trionfo a ogni nuova impresa, come quando, ammanettato e incatenato, si getta dai ponti di Parigi, Londra e di qualunque altra città visiti per riemergere libero dai fiumi, spesso ghiacciati, prima di morire annegato o assiderato (figura 45). O come quando inventa la più spettacolare fuga di tutti i tempi: il numero della pagoda della tortura cinese (figura 46), un grande contenitore in vetro pieno d'acqua in cui Houdini è inserito a testa in giù con i piedi legati al coperchio, a sua volta chiuso all'esterno con dei lucchetti. Tempo qualche minuto e Houdini è fuori, e la pagoda alle sue spalle chiusa come gli spettatori l'avevano lasciata.

Negli anni successivi esordisce al cinema girando cinque film, e batte un altro record diventando, nel 1916, il primo uomo a volare su un aeroplano in Australia. Dedica l'ultima parte della sua vita a smascherare i medium e gli spiritisti che, sfruttando i trucchi dei maghi, ingannano il pubblico simulando inesistenti contatti con l'aldilà.

Una sera di ottobre del 1926 uno studente lo aggredisce, prendendolo a pugni nello stomaco. Il giorno successivo Houdini accusa fortissimi dolori al basso ventre. Viene visitato e operato d'urgenza: la diagnosi è peritonite. Il 31 ottobre, notte di Halloween, Houdini muore. Ma la sua leggenda è appena cominciata. Come disse un suo amico: «Houdini poteva scappare da qualunque cosa, ma non dalla nostra memoria».

### Ipotesi e supposizioni

Ma la domanda resta: come riusciva nelle sue imprese impossibili, come poteva realizzare le sue incredibili evasioni?

Houdini era il primo ad ammettere di essere solo un illusionista, forse il più grande mai vissuto, ma niente più di un artista che si serviva di trucchi per i suoi numeri. Trucchi spettacolari, ingegnosi, che richiedevano un'enorme abilità e concentrazione in alcuni casi, ma pur sempre trucchi.

Eppure sembra davvero impossibile immaginare un trucco per riuscire a scappare da una vasca colma d'acqua, sigillata dall'esterno con catene e lucchetti.

Certi trucchi se li è portati nella tomba. Parte del merito va sicuramente alla sua destrezza e alla forza fisica, così come alla potenza dei suoi polmoni e all'agilità con cui muoveva le dita dei piedi, praticamente prensili. Ma in parte, naturalmente, per aprire le serrature doveva servirsi di grimaldelli, duplicati di chiavi e altri ferri tipici dello scassinatore. Il problema, se mai, è capire dove poteva nasconderli, visto che si esibiva quasi sempre nudo, con una commissione di controllo che lo perquisiva e vigilava a pochi passi da lui.

Houdini era per esempio capace di ingoiare piccoli oggetti, trattenerli nello stomaco e poi rigurgitarli a comando. Forse nascondeva delle piccole chiavi in una capsula che poi ingoiava... ma è solo una supposizione.

Siamo allora destinati a rimanere all'oscuro? I segreti di Houdini sono stati sepolti insieme a lui? Non è così. Al di là dei numeri che sono entrati nel repertorio degli escapologi moderni – e che pertanto non si possono qui rivelare – esiste per nostra fortuna una serie di evasioni e fughe spettacolari che lo stesso Houdini intendeva rendere pubbliche prima o poi ma che, a causa della morte prematura, non fece in tempo a pubblicare. Le potete leggere qui di seguito.

**Le evasioni rivelate**

*Liberarsi dalle manette.* La prima volta che Houdini arrivò in Inghilterra, nel 1900, si presentò a Scotland Yard sfidando la polizia a chiuderlo in un paio di manette. Il capo dei gendarmi gli chiese di abbracciare un pilastro di ferro, quindi gli serrò i polsi in un paio di manette. «Ecco cosa facciamo ai criminali yankee» disse poi con una risata. Ma fece appena in tempo a voltarsi per tornare nel suo ufficio, che alle sue spalle si sentì un colpo secco sul pilastro. La guardia si voltò e vide Houdini libero, con le manette aperte in mano: «Ed ecco come noi yankee ci liberiamo» fu la sua risposta.

Come vi era riuscito? Il successo di questa e di altre imprese non era frutto del caso: Houdini aveva dedicato anni a studiare tutti i modelli esistenti di lucchetti, serrature e manette, e aveva scoperto che quelle inglesi erano le più facili da aprire: era infatti sufficiente batterle in un determinato punto contro il muro perché si aprissero istantaneamente. Oggi quelle manette non si usano più, ma gli artisti contemporanei della fuga sono in grado di togliersi anche le manette più sofisticate in uso alla polizia.

*L'evasione dalla caldaia.* Nel 1907 Houdini realizzò una prodigiosa evasione da una caldaia di ferro, avvitata dall'esterno. Un'ora dopo esser stato chiuso dentro Houdini ne uscì, gli abiti stracciati, sporco, sanguinante, sfinito, ma libero. Convinti che si trattasse di un sosia, gli operai che avevano costruito la caldaia tagliarono via il coperchio ancora sigillato, e videro che era effettivamente vuota.

Il metodo di questa evasione fu reso noto da un meccanico amico di Houdini negli anni '50 del secolo scorso sulle pagine di un quotidiano. Vista l'indiscutibile difficoltà, questo numero non è mai stato ripreso da nessun altro prestigiatore: è quindi possibile rivelarne il segreto del successo, che al di là del metodo ingegnoso dimostra la prontezza di spirito di un grande artista.

Houdini e il meccanico misurarono la caldaia, e decisero di realizzare copie identiche delle viti che sarebbero state usate per sigillare il coperchio. Una volta chiuso nella caldaia, Houdini si sarebbe servito di un seghetto in miniatura, nascosto sotto gli abiti, per tagliare le viti che sporgevano all'interno. In questo modo, avrebbe potuto sollevare il coperchio e, una volta fuori, sostituire le viti tagliate con le copie realizzate dal meccanico.

La sera dello spettacolo, però, Houdini scoprì di aver fatto un errore, anche se il pubblico non lo seppe mai. Non appena segò la prima vite si accorse che dove la lama finiva di tagliare un piccolo lembo di ferro rimaneva sollevato, e impediva alla vite di scivolare fuori. Madido di sudore, provò di tutto per liberare le viti, ma senza successo. Il tempo passava, gli assistenti osservavano sempre più ansiosi la cabina dietro cui si trovava la caldaia, e l'orchestra dovette ripetere più volte il proprio repertorio. Alla fine Houdini ebbe un'illuminazione: smontò il seghetto e ne usò un pezzo come martello e un altro come scalpello, e riuscì a spingere fuori ogni singola vite. I quotidiani del giorno seguente annunciarono la vittoria di Houdini nel suo «test supremo». Houdini stesso scrisse nel suo diario: «Questa sfida rappresenta il mio limite. È la prova più grande che abbia mai superato».

*La sepoltura prematura.* È forse il numero più pericoloso mai inventato da Houdini. Ecco come lo descrive nei suoi appunti: «Mi faccio inchiodare in una cassa da imballaggio e calare in una fossa di due metri che viene poi riempita di terra o di sabbia. La cassa può essere fatta in modo che si apra da un lato, affinché io possa [uscire e] strisciare verso l'aria. Bisogna che la fossa sia spaziosa, in modo che uscendo io non mi trovi contro la terra compatta, ma possa strisciare tra la sabbia o la terra che hanno sepolto la cassa. Bisogna provare prima, per vedere quanta aria ho nei polmoni».

In realtà, la prova è molto più difficile di quanto sembra. La prima volta che la testò, Houdini ebbe una brutta sorpresa. Quando si trovò sepolto, e riuscì a uscire dalla cassa, fu schiacciato dal peso della terra, che gli si infilava in bocca e gli tappava il naso. Gli mancava l'aria, si lasciò prendere dal panico e per un istante si sentì perso. Quindi si calmò, e trovò la forza per risalire. Dovette strisciare come un verme, scavando con le dita e spezzandosi le unghie, per uscire, completamente esausto, e rivedere l'azzurro del cielo. Nei suoi appunti, scrisse: «Ho provato il "sepolto vivo" a Hollywood e quasi ci restavo secco. Molto pericoloso; il peso della terra è micidiale».

*Fuga dalla camicia di forza.* Una delle fughe più famose di Houdini era la prova spettacolare della camicia di forza, che riusciva a togliersi mentre dondolava a testa in giù appeso al cornicione di un palazzo. Le contorsioni necessarie per liberarsi, per quanto estenuanti e difficoltose, erano visibili a tutti, certo, ma questo non toglieva nulla alla meraviglia del numero. Come per la maggior parte delle imprese di Houdini, non era tanto il *modus operandi* quello che contava, quanto la presentazione che lo accompagnava. «Il segreto di un valido spettacolo» scrisse Houdini ribadendo una massima fondamentale dell'illusionismo «non consiste tanto in ciò che tu fai realmente ma in quello che il pubblico, amante del mistero, ritiene che tu faccia.»

Ecco come Houdini spiegava la fuga dalla camicia di forza: «La prima cosa da fare per liberarsi è sistemare il gomito (la cui mano corrispondente si trova *sotto* il gomito opposto) su qualche solido appoggio, e con un grande sforzo fisico esercitarvi una pressione tale da spingerlo gradualmente verso la testa. Con un altro sforzo prolungato, quindi, si può spingere la testa sotto il *braccio più basso* per portare entrambe le braccia sul davanti. Una volta posizionate le braccia in questo punto, si possono sganciare con i denti le fibbie delle cinghie dei polsini; si aprono quindi quelle del dorso con le mani ancora chiuse nelle maniche di tela, e ci si sfila la camicia di forza».

### Il segreto più grande

Rivelate alcune delle imprese di Houdini, resta ancora da spiegare il segreto più grande: come è possibile che un uomo scomparso da novant'anni sia ancora vivo tra noi e la sua leggenda non accenni a diminuire, anzi si amplii e si arricchisca a ogni nuovo libro o film a lui dedicato? Qual è il vero segreto di tanto successo?

Per lo storico americano Kenneth Silverman, parte del perenne fascino di Houdini risiede nel fatto che era un uomo del XX secolo: «Sia che pendesse a testa in giù da un grattacielo sia che telefonasse dalla sua cassa immerso nell'acqua, la sua carriera è stata un'icona della modernità, inseparabile dai grattacieli, dagli strilli in prima pagina, dagli aeroplani, dalla radio, dalle automobili, dai sottomarini...».

Lo scrittore E.L. Doctorow, che lo ha immortalato nel suo romanzo *Ragtime*, ha detto che ciò che Houdini voleva più di ogni altra cosa era diventare immortale. E c'è sicuramente riuscito, visto che il suo nome è usato alla stregua di un aggettivo, e lo si vede frequentemente ripreso anche nelle pubblicità, nei cartoni animati o nelle vignette satiriche.

Probabilmente fu la moglie di Houdini, Bess, a cogliere nel segno quando disse semplicemente che «il segreto di Houdini è Houdini stesso». Chiunque, se volesse, potrebbe ripetere le sue illusioni o le evasioni più conosciute, e tanti prestigiatori e illusionisti lo hanno effettivamente fatto: ma evidentemente non basta, perché nessuno all'infuori di Houdini è mai più riuscito a guadagnarsi un posto perpetuo nell'immaginario collettivo. C'è stato un solo Houdini, e non ce ne potranno essere altri.

**L'incredibile Randi**

L'unico a poter essere considerato il vero erede di Houdini è l'americano James Randi, in arte "The Amazing Randi" (L'incredibile Randi). Nato nel 1928, girò il mondo evadendo da catene, manette, camicie di forza e prigioni proprio come il suo idolo (figura 47). E come lui, sul finire degli anni '60, decise di rivolgere la sua attenzione al mondo dell'occulto per smascherarne frodi e inganni. Tra i suoi bersagli i guaritori filippini, i cucchiaini di Uri Geller, le profezie di Nostradamus, i trucchi dei guaritori carismatici, le frodi dei falsi medium...

«È un lavoro affascinante» spiega Randi. «Non avete idea della quantità di truffatori che ho smascherato. Ma ci tengo a precisare una cosa: non tutti i fenomeni paranormali sono trucchi di imbroglioni. Anzi, gli imbrogli in malafede costituiscono forse solo il 5% dei casi. Il restante 95% è frutto di coincidenze, illusioni, convinzioni personali, suggestione o errori di valutazione. Io mi occupo di tutto questo, studio il fenomeno per scoprire se ha una base scientifica.» E ha mai trovato qualcosa di autentico? «Posso assicurare che in tanti anni di ricerca, e dopo oltre

seicento casi studiati, non mi sono mai trovato davanti a qualcosa di realmente misterioso: ogni volta è stato possibile scoprire che il fenomeno aveva una spiegazione naturale. Ma io sono ancora qui, continuo a cercare.»
Randi, a cui negli Stati Uniti è intitolata una fondazione (*www.randi.org*), ha anche messo in palio un milione di dollari per chiunque riuscisse a dimostrare reali facoltà paranormali. «Ma ormai» dice «mi sono convinto che quei soldi sono più sicuri che in banca.»
Randi ha ricevuto importanti riconoscimenti e lauree *honoris causa* dalle università di mezzo mondo, oltre al plauso di scienziati e divulgatori come Isaac Asimov, Arthur C. Clark, Stephen Jay Gould e Carl Sagan, che lo ha definito «un tesoro nazionale».

# 5

# REALTÀ ROMANZESCA O FINZIONE REALISTICA?

# L'OMBRA DI DRACULA

Alla fine dell'Ottocento, il giovane avvocato londinese Jonathan Harker parte per la Transilvania, dove incontra il conte Dracula, un anziano signorotto interessato a trasferirsi in Inghilterra per curare alcuni affari. Con il passare dei giorni, però, la situazione nel castello si fa sempre più inquietante, finché Harker scopre il tremendo segreto del conte: egli è in realtà un terribile mostro che si nutre del sangue dei vivi. Un vampiro che si accinge a colpire l'Inghilterra per prolungare la sua esistenza malata.

Solo dopo mille pericoli, che coinvolgeranno anche chi gli è più vicino, e con l'aiuto dell'ambiguo dottor Abraham Van Helsing, Harker riuscirà a uccidere il conte e liberare il mondo dalla sua follia.

La figura di Dracula, l'invincibile vampiro romeno creato nel 1897 dallo scrittore irlandese Bram Stoker, è una delle icone del male più conosciute al mondo. Ciò nonostante, i suoi connazionali ne scoprirono l'esistenza solamente nel 1992: con la caduta del comunismo, infatti, il classico di Stoker fu finalmente tradotto e pubblicato anche in Romania.

E, per la prima volta, anche i romeni scoprirono un segreto inaspettato, vale a dire il fatto che la figura del terribile vampiro romanzato era stata forse ispirata da un uomo realmente esistito, un signore della guerra vissuto nel Medioevo e chiamato Vlad III, ma noto anche come Vlad Dracula.

## L'incarnazione del male

Ciò che sappiamo oggi di Vlad III (1431-1476), detto anche Vlad Ţepeş, cioè "l'impalatore", per via del supplizio che era solito riservare ai suoi nemici, deriva da una serie di racconti sensazionalistici risalenti alla fine del XV secolo.

Le incisioni in essi contenute raffigurano un uomo circondato da cadaveri impalati, un tiranno folle che pasteggia tranquillo davanti alle sue vittime e ne beve il sangue. In uno di questi libelli si narra che, durante un pasto dopo la battaglia, Dracula ricevette la visita di un cronista dal Vaticano. Costui si rivolse al principe dicendo: «Ma mio Signore, come fate a mangiare qui? L'odore è insopportabile». Dracula non interruppe nemmeno il pranzo, ma ordinò a una guardia di impalare l'uomo più in alto di tutti, cosicché non avesse a sentire l'odore dei corpi putrescenti.

Stoker condusse ricerche per sette anni prima di scrivere il suo romanzo, ed è certo che nel suo studio sul folklore balcanico si imbatté nell'antica parola "draculea", che significa "figlio del diavolo". Decise subito di servirsene per il nome del suo vampiro, al posto di quello più banale che aveva utilizzato fino a quel momento, e cioè conte Wampyr. Non è invece chiaro se conoscesse la figura di Vlad, e se questa sia stata effettivamente una fonte d'ispirazione per il personaggio.

Di vero c'è che la fama di Vlad III è quella di essere uno degli uomini più malvagi della storia, un tiranno come Erode, l'assassino degli innocenti, o come i persecutori dei cristiani Nerone e Diocleziano. Si dice che avrebbe fatto impalare tra i venti e i quarantamila civili (rivali politici, criminali, o chi era semplicemente ritenuto "inutile per l'umanità"...) e oltre centomila Turchi, suoi acerrimi nemici. Ma, nonostante tanta ferocia, la sua fama potrebbe non essere del tutto giustificata.

## Un mondo feroce

«Quello che per noi oggi è un comportamento feroce va in realtà inserito nel giusto contesto storico» ci ricorda Antonello Biagini, docente di storia dell'Europa orientale alla Sapienza di Roma. «È vero che Vlad era un uomo particolarmente feroce, ma vita e guerra, a quel tempo, erano feroci.»

Radu Constantinescu, esperto di diritto medievale, ha paragonato le punizioni inflitte dal principe valacco a quelle previste dalle leggi dei Sassoni della Transilvania. La conclusione – alquanto straordinaria – è che Vlad, quando torturava e giustiziava i Sassoni, non faceva altro che applicare le pene previste dalle loro stesse leggi.

«La vita a quei tempi non aveva il valore che ha assunto in seguito» continua Biagini. «Inoltre, non esisteva il concetto di prigioniero. Chi non poteva essere sfruttato come schiavo, quindi come forza lavoro, veniva ucciso per evitare di lasciare in circolazione potenziali nemici.»

Quando il monaco Hans, rifugiato a Târgovişte, scrisse a Vlad chiedendogli perché si accanisse tanto sulle donne, i bambini e i neonati innocenti, lui rispose così: «Quando qualcuno vuole davvero dissodare prima di cominciare un duro lavoro, deve tagliare tutti i rami che sono cresciuti, senza dimenticare la radice sotto terra. Perché se risparmia le radici, entro un anno dovrà toglierle di nuovo e non farle ricrescere. Se li lasciassi crescere, i piccoli che sono qui diventerebbero grandi nemici. No, voglio annientarli, senza lasciare radici, perché altrimenti oseranno facilmente vendicare i loro padri».

C'era poi anche un altro motivo di ordine psicologico che, in un certo senso, giustificava agli occhi dei combattenti di allora tanta crudeltà. «La ferocia» dice Biagini «rappresentava un ammonimento per gli altri. In un'epoca in cui non esisteva ancora la propaganda, il comportamento spietato delle truppe induceva chi si andava a conquistare ad arrendersi più in fretta, agevolava la conquista. Naturalmente, poi, un esercito nemico che si imbatteva in una foresta di corpi impalati ci pensava due volte prima di proseguire il cammino. Dobbiamo anche ricordarci che lo stesso supplizio dell'impalatura (che oggi giustamente ci appare tremendo e inumano) è una pratica che non fu introdotta da Vlad, bensì dai Crociati nel Duecento.»

Per Matei Cazacu, specialista della Romania e docente all'Università di Parigi IV, «il supplizio del palo non era che una variante romena e ungherese delle pene capitali occidentali della ruota, del rogo e dell'affogamento».

Alla luce di queste considerazioni, dunque, ricostruire la storia di Vlad III può riservare numerose sorprese.

### Il figlio del diavolo

Nato a Sighişoara, in Transilvania, intorno al 1431, Vlad era noto sin da giovane anche con il nome di Draculea. «L'origine del soprannome è tuttora discussa» dice Cazacu. «Per la maggior parte dei ricercatori starebbe a indicare l'appartenenza del padre, Vlad Dracul, all'ordine del Dragone fondato nel 1408 dall'imperatore Sigismondo di Lussemburgo. Poiché dal latino *draco* deriva il romeno *drac*, con il significato di "diavolo", Dracul sarebbe quindi "il diavolo", e Dracula (nella forma popolare *Drăculea*) "il figlio del diavolo". Secondo altri studiosi, invece, il soprannome Dracul, "diavolo", andrebbe piuttosto inteso con un significato vicino a quello dell'espressione "diavolo d'un uomo".»

Quando Vlad aveva sei anni, il padre scacciò il legittimo governatore della Valacchia, come si chiamava allora la Romania, e ne divenne «gran voivoda», cioè signore e regnante.

In quell'epoca, incombeva sui Balcani la minaccia dell'Impero ottomano fondato dai Turchi musulmani. Costoro avevano già conquistato la Serbia e la Bulgaria, e si apprestavano a invadere la Grecia. Se ci fossero riusciti, a quel punto la Valacchia avrebbe rappresentato uno strategico stato di confine tra gli Ottomani e il principale stato cristiano della regione, l'Ungheria. Per assicurarsi la fedeltà dei Valacchi, dunque, il sultano turco Murad II prese in ostaggio Vlad e il fratellastro Radu. Quando Vlad II morì, il trono di Valacchia passò di mano da un principe all'altro.

Non ancora diciottenne, Vlad riuscì a convincere il sultano ad aiutarlo nella riconquista del trono paterno. Dovettero però passare alcuni anni e, nel frattempo, Vlad fece in tempo a cambiare alleanze. Quando finalmente fu acclamato sovrano di Valacchia, nel 1456, giurò fedeltà al re d'Ungheria Ladislao il Postumo, ma mantenne buoni rapporti con i Turchi. Almeno finché Murad II morì e suo figlio, Maometto II, minacciò di invadere la Transilvania se Vlad non avesse pagato l'esoso tributo di 10.000 ducati e non avesse giurato fedeltà al sovrano. Vlad cercò l'aiuto del re d'Ungheria e dei Sassoni, tedeschi che commerciavano liberamente sui territori romeni, spiegando che gli bastavano poche decine di uomini per impressionare l'ambasciatore e convincere i Turchi a lasciar perdere: «Dovete riflettere su questo,» scrisse loro in una lettera «quando un uomo o un principe è forte e potente può fare la pace come e quando vuole; quando invece è debole, un altro più forte di lui si farà avanti e farà di lui quello che vorrà». Ma i Sassoni, egoisticamente, rifiutarono, convinti che il re d'Ungheria li avrebbe protetti, e Vlad fu costretto a cedere al ricatto di Maometto II.

### Un principe in bilico

Ladislao ritenne che Vlad ormai non poteva più essergli fedele, e iniziò a tramare per sostituirlo con un sovrano più malleabile. Vlad, accortosi del complotto per assassinarlo, supplicò il re d'Ungheria di dirgli se l'accordo di pace tra i loro paesi era ancora valido oppure no. Al silenzio di Ladislao, Vlad replicò facendo bruciare villaggi e castelli nelle terre dei signorotti sassoni che avevano tramato contro di lui.

«Nel primo racconto tedesco su Dracula stampato a Vienna nel 1463» dice Cazacu «questi attacchi sono presentati senza alcuna spiegazione né concatenazione di cause, come frutto della crudeltà gratuita del tiranno.» Mentre, in sostanza, erano una rivalsa contro chi aveva tentato di ucciderlo.

Seguì una tregua, i Sassoni riconobbero i propri torti e Vlad confermò loro i privilegi di libera circolazione e di commercio in Valacchia. Quando però chiese che lo stesso favore venisse riconosciuto ai sudditi valacchi, ricevette un rifiuto.

Se da una parte tornava la pace, per quanto fragile, dall'altra Vlad doveva vedersela con le truppe ottomane che, di ritorno da una campagna di guerra in Serbia, attaccarono una cittadella romena protetta da Vlad. Quando Dracula lo seppe, partì alla caccia dei soldati turchi con un esercito di cinquemila uomini. Ebbe incredibilmente la meglio sugli invasori ben più numerosi: ne massacrò oltre diecimila e riuscì a mettere in fuga i sopravvissuti.

Quindi, per preparasi a fronteggiare l'inevitabile ritorsione turca, decise di raccogliere finanziamenti per le sue truppe imponendo nuove imposte agli ingrati Sassoni. Con questa mossa, però si isolò ancora di più, e all'interno della corte iniziò a circolare l'idea che forse era arrivato il momento di sostituirlo con un altro principe.

Vlad, che riusciva sempre a sapere tutto, decise di risolvere la cosa a modo suo. Si racconta che la domenica di Pasqua del 1459 convocò un grande banchetto nel palazzo di Târgovişte con tutti i nobili e i signori del paese, oltre cinquecento persone. Chiese loro quanti principi avessero visto nella loro vita. I boiardi, con fare beffardo, risposero che ne erano passati oltre cinquanta, come dire che chi occupava il trono del principato non aveva poi tanta importanza. «Come è possibile che abbiate avuto tanti principi?» domandò Vlad. «La colpa è delle vostre vergognose discordie!» Detto questo, fece condurre dalle sue guardie i nobili fuori dal castello e li fece impalare su bastoni appuntiti, insieme alle mogli e ai servi.

«Cinquecento persone impalate, la cifra è impressionante... ma è falsa» spiega Cazacu. «Secondo i miei calcoli, nella stanza dei banchetti del palazzo non potevano starci più di cinquanta persone. Sempre tante, ma è un'altra dimostrazione di come le cronache del tempo, compilate dai tedeschi ostili a Vlad, tendevano a ingigantirne la crudeltà.»

Dai Sassoni partì un nuovo tentativo di spodestare Vlad, ma il pretendente al trono, Dan III, fu sconfitto da Dracula, che lo decapitò e ne sterminò l'esercito. Quindi portò la sua vendetta contro le terre dei Sassoni, bruciò raccolti e messi e fece impalare tutti quelli che aveva catturato, compresi vecchi, donne e bambini.

### Fine del regno

Fu poi la volta dei Turchi, che cercarono di tendergli un'imboscata. Lui se ne accorse in tempo e reagì sterminando e impalando la guarnigione che avrebbe dovuto catturarlo. Si trattava di qualche decina di uomini che rimasero appesi al palo per una quarantina di giorni, a scopo intimidatorio. Per impressionare maggiormente gli Ottomani, Vlad condusse anche una spedizione lampo sulle rive del Danubio, che portò al massacro di oltre ventimila persone: anche questa volta nessuno fu fatto prigioniero.

Quando l'esercito ottomano decise di reagire ed entrò in Valacchia, Vlad, che possedeva un esercito numericamente inferiore (31.000 uomini contro oltre il doppio di soldati turchi), fu costretto a indietreggiare, bruciando ogni cosa al suo passaggio per privare i Turchi degli approvvigionamenti.

Sembrava che gli Ottomani fossero sul punto di annientare il piccolo esercito di Vlad, finché non si imbatterono in una scena orripilante: una foresta di oltre ventimila corpi impalati e in putrefazione, un tremendo spettacolo di morte che si estendeva per tre chilometri in lunghezza e uno in larghezza. Erano le vittime dell'ultimo massacro di Vlad. Quello spettacolo, e il fatto che Vlad e i suoi uomini si nascondevano nelle impenetrabili foreste della Valacchia, convinsero i Turchi a fare marcia indietro. Dracula si sentì vincitore. Ma per poco.

Il sultano Maometto II, infatti, lasciò in Valacchia Radu il Bello, fratellastro di Vlad e anche lui soprannominato Dracula. Costui trovò un accordo con i nobili e i boiardi, che non potevano dimenticare lo sterminio dei loro parenti, e grazie al loro sostegno salì al trono. Vlad fu costretto alla fuga e il nuovo re d'Ungheria, Mattia Corvino, che intendeva assecondare il progetto di Radu, fece catturare Vlad, accusandolo di cospirare con i Turchi, e lo sbatté in prigione.

## Vittima della propaganda

«Fu con l'arresto di Vlad che inizia la propaganda tesa a screditarlo» spiega Cazacu. Corvino, infatti, non intendeva intraprendere una crociata contro i Turchi, come il papa gli chiedeva con insistenza di fare, ma aspirava piuttosto ad assumere il ruolo di imperatore che gli austriaci gli avevano offerto. Così, decise di prendere tempo, togliendo di mezzo Vlad, un sovrano pericoloso e capace di innescare nuovi conflitti con gli Ottomani. Continua Cazacu: «Mattia Corvino giustifica al papa e al mondo l'arresto di Vlad elencando (e ingigantendo) le mille atrocità di cui si sarebbe reso colpevole». Dello stesso periodo è la pubblicazione del pamphlet in lingua tedesca intitolato *Storia del voivoda Dracula*, un catalogo di orrori che, tolti dal contesto storico in cui si svolsero, appaiono del tutto folli e ingiustificabili. «Non si tratta di una *Storia*» dice Cazacu «ma di un volgare repertorio di fatti di cronaca.» È curioso che l'uomo che nel XIX secolo ispirò uno dei romanzi del terrore più famosi di tutti i tempi, nel XV secolo era già il protagonista di una delle primissime storie dell'orrore mai pubblicata. Questi racconti diedero addirittura un forte impulso all'industria tipografica, ancora agli inizi in Europa, e i testi che raccontavano nei dettagli più crudi gli orrori di Vlad divennero i primi "best seller" della storia.

Quella di Vlad, comunque, fu una prigionia solo politica: si convertì al cattolicesimo, e gli fu concesso di sposare una componente della famiglia reale, da cui ebbe tre figli. Solo quando i Turchi tornarono a farsi minacciosi, Mattia si decise a scalzare il nuovo sovrano di Valacchia, Basarab III, e a rimettere Vlad sul trono. Sperava che le gesta di Dracula contro i Turchi si sarebbero rivelate all'altezza di quelle di un tempo. E all'inizio fu così: Vlad con l'aiuto dell'esercito di Mattia inflisse sconfitte pesanti agli Ottomani, ma verso il Natale del 1476, Basarab III, alleatosi con i Turchi, fece ritorno in Valacchia e riuscì ad avere la meglio su Vlad. Dracula fu ridotto in pezzi e la sua testa, consegnata a mo' di trofeo a Maometto II, fu esposta in pubblico quale prova della sconfitta del mortale nemico.

### Padre della patria

Per molti romeni, ancora oggi, Vlad è un eroe nazionale, un patriota. Essi rifiutano l'etichetta di tiranno psicopatico e la definiscono frutto della propaganda alimentata dai nemici di Vlad.

La riscoperta in chiave patriottica di Vlad III avvenne ai tempi della dittatura di Nicholae Ceauşescu. Fu dipinto come un'icona nazionalista, un uomo che aveva unito e protetto i romeni dai loro nemici, gli imperialisti turchi e i mercanti capitalisti della Germania. Nel 1976, il cinquecentesimo anniversario della morte di Vlad fu celebrato da un film, da quadri, romanzi, racconti storici e da un francobollo commemorativo.

«Ceauşescu riabilitò Vlad proprio come all'epoca di Stalin ci fu la riscoperta delle gesta di generali zaristi» dice Biagini. «Il recupero di figure storiche del passato serve a regimi come questi per ricompattare l'opinione pubblica interna e aumentare il consenso. È come dire: "Noi siamo stati indipendenti, siamo forti e possiamo opporci a ogni nemico esterno". È un discorso che riscuote successo sul popolo. E continua a riscuoterlo anche dopo che il regime cade. Il risentimento verso una Russia che potrebbe domani tornare a dire la sua, ci aiuta a comprendere meglio l'adesione entusiasta di questi paesi ex comunisti alla NATO: "Solo la NATO e gli USA ci potranno proteggere dall'imposizione di un dominio esterno".»

Oggi che ha scoperto il fascino immortale esercitato dalla figura di Dracula, la Romania vede nascere un'industria turistica ancora agli albori. Dalla casa natia (figura 48) alla tomba di Vlad, tutto diventa attrazione, e si contano vari "autentici castelli di Dracula", bellissimi palazzi che però sono di almeno un paio di secoli più giovani di Vlad, mentre l'unico vero castello a lui appartenuto, la fortezza di Poenari, è ridotta a un ammasso di ruderi.

Quello verso il Dracula vampiro è però un amore tormentato. «Qualche anno fa» spiega Biagini «ci fu chi voleva erigere una specie di Disneyland dedicata a Dracula: ci fu una sollevazione popolare, perché va bene tutto, ma ai romeni farebbe piacere essere conosciuti anche per altro.»

### Il vampiro malato

Secondo Wayne Tikkanen, professore di chimica alla California State University di Los Angeles, i vampiri altro non erano che malati. Nella Romania e nell'Ungheria del XVI e XVII secolo finirono uccise centinaia di persone che non erano l'incarnazione del demonio ma semplicemente malati di porfiria, una rara malattia del sangue che provoca lo sfiguramento dei tratti e fa calare la resistenza dei tessuti ai raggi ultravioletti. Ecco perché queste creature bevevano il sangue degli animali per alleviare il dolore (un rimedio della medicina popolare allora assai comune) ed evitavano la luce del sole, uscendo magari di casa solo dopo il tramonto. Quando la malattia è in uno stadio avanzato, la pelle comincia a scurirsi e si crepa per effetto dei raggi solari. Le cicatrici si coprono di un'anormale quantità di peli, le labbra spaccate si ritirano scoprendo i denti, il naso si consuma come, in qualche caso, le dita delle mani, che diventano simili a delle zampe. Giustificato anche il terrore per l'aglio, perché negli ammalati esso stimola le tossine contenute nel sangue facendoli gravemente peggiorare. La paura di questi "vampiri" per la croce, poi, appare più che comprensibile: i poveretti erano terrorizzati dal simbolo degli inquisitori, i quali li avrebbero messi al rogo come agenti di Satana. In alcuni casi, la malattia porta alla demenza. Oggi la porfiria, considerata nella maggior parte dei casi ereditaria, è curabile; ne sono affette circa centomila persone nel mondo.

# D'ARTAGNAN E L'UOMO NELLA MASCHERA DI FERRO

«Un uomo mascherato visse nella Bastiglia per anni, e mascherato vi morì. Due moschettieri stavano al suo fianco, pronti a ucciderlo se si fosse tolto la maschera. Mangiava e dormiva indossando la maschera. Deve, senz'altro, esserci stata qualche buona ragione per questa pratica, poiché per il resto era trattato bene, e gli veniva dato tutto ciò che chiedeva.»

A scrivere queste parole, il 15 ottobre 1711, è Elisabetta Carlotta del Palatinato, duchessa d'Orléans e cognata del re Luigi XIV. È il primo riferimento noto in cui si parla di un prigioniero, rinchiuso alla Bastiglia, la terribile prigione parigina, la cui identità era a tutti sconosciuta.

In uno dei suoi famosi romanzi, Alexandre Dumas immagina che i tre moschettieri salvino l'uomo nella maschera di ferro e scoprano che si tratta del fratello gemello di Luigi XIV, Filippo, imprigionato dal re per impedirgli di avanzare pretese sulla corona.

Quanta verità c'è in questa storia che, in trecento anni, ha prodotto oltre duecento libri, decine di film e una moltitudine di possibili candidati[1]? E quanto è credibile l'ipotesi secondo cui il prigioniero era mascherato perché bisognava nascondere un indicibile segreto, vale a dire che si trattava di uno degli eroi più amati di Francia, ingiustamente incarcerato?

1 Ho avuto modo di esaminare le varie ipotesi sulla possibile identità dell'uomo nella maschera di ferro in *Grandi gialli della storia* (op. cit.).

## Il moschettiere mascherato

«Il grande filosofo Voltaire, che fu imprigionato alla Bastiglia e raccolse voci e informazioni precise da prigionieri e carcerieri, pubblicò un articolo in cui non solo confermava che l'uomo nella maschera di ferro era vissuto veramente, ma sosteneva anche che aveva un volto così famoso che chiunque l'avesse visto l'avrebbe subito riconosciuto» mi racconta lo storico inglese Roger MacDonald.

Che un prigioniero il cui volto era coperto da una maschera sia davvero esistito lo sappiamo anche dalle lettere che il suo carceriere, Bénigne Dauvergne de Saint-Mars, scriveva al ministro della Guerra, il marchese di Louvois. Dalla loro corrispondenza si evince che il nostro uomo era stato arrestato nel 1699 e imprigionato a Pinerolo, all'epoca una piazzaforte francese (vedi box *La Maschera a Pinerolo*); poi, sempre insieme a Saint-Mars, era stato trasferito al castello di Exiles, quindi sull'isola di Santa Margherita, al largo di Cannes, e infine alla Bastiglia, dove morì nel 1703.

Ma chi era e perché era costretto a indossare una maschera? «Per quest'uomo sono state proposte qualcosa come cinquantadue diverse identità» racconta MacDonald. C'è chi dice che fosse una spia italiana, un tale Antonio Ercole Mattioli, segretario di stato per il duca di Mantova e protagonista di un oscuro intrigo; chi lo identifica nel ministro delle Finanze Nicolas Fouquet, colpevole di appropriazione indebita; chi addirittura nel celebre drammaturgo Molière, colpevole di aver messo in ridicolo i potenti nelle sue commedie. «Io invece penso che dietro la maschera ci fosse qualcuno di più famoso, qualcuno che conosceva tutti gli scandali della corrotta corte di Luigi XIV ma era troppo onesto per condividerli. Qualcuno che dunque doveva essere tolto di mezzo. E sono convinto che questo qualcuno non fosse altri che D'Artagnan, il famoso moschettiere.»

Anche D'Artagnan, infatti, è davvero esistito, ed è proprio

a lui che Dumas si è ispirato per i suoi romanzi. Ma nella realtà il famoso moschettiere morì nell'assedio di Maastricht del 1673, dunque come poteva essere lui il prigioniero con la maschera?

«Sono convinto che il re avesse fatto in modo di farlo uccidere in quella battaglia, ma qualcosa andò storto» continua MacDonald. «D'Artagnan si salvò e gli scagnozzi del re dovettero farlo sparire alla svelta; lo imprigionarono quindi, e lo mascherarono per non farlo riconoscere. Le prove? Per esempio il fatto che il biografo di D'Artagnan, Courtilz, fu imprigionato alla Bastiglia quando vi era rinchiuso anche l'uomo nella maschera di ferro: forse la sua biografia è poi risultata così precisa e dettagliata perché fu lo stesso D'Artagnan (con la maschera) a raccontargli la sua vita.»

Se davvero era lui, non sarebbe stato più semplice ucciderlo? «No, perché Saint-Mars era molto amico di D'Artagnan, e credo anche che sia stato lui ad aver avuto l'idea di nasconderlo dietro una maschera di ferro.»

### Lo scandalo dei veleni

L'ipotesi di MacDonald, per quanto suggestiva, non sembra convincere gli esperti. «Se si studiano davvero i documenti e i registri delle prigioni» dice lo storico francese Jean-Christian Petitfils «si scopre che c'è solo una persona che ha davvero seguito Saint-Mars nei suoi trasferimenti da un carcere all'altro. Si tratta di un uomo che si chiamava Eustache Dauger, o Danger. Non sappiamo esattamente chi fosse, probabilmente il valletto di un diplomatico e che, come tale, forse aveva assistito a qualche incontro segreto che non avrebbe dovuto vedere.»

Che cosa vide non si sa, ma doveva essere qualcosa che avrebbe potuto rovinare la carriera di persone importanti. Di conseguenza, era cruciale assicurarsi che non rivelasse a nessuno il suo segreto. Quando il marchese di Louvois affidò il prigioniero a Saint-Mars, gli scrisse infatti: «È della massima importanza per il servizio di Sua Maestà che [il prigioniero] riceva una stretta vigilanza e che non fornisca informazioni su di sé né spedisca lettere a nessuno. [...] Non dovrete mai ascoltare, per nessun motivo, ciò che potrà volervi rivelare, dovrete sempre minacciarlo di morte se aprirà la bocca per parlare di qualcosa che non riguardi i suoi bisogni quotidiani».

Secondo un altro studioso, Maurice Duvivier, Dauger fu coinvolto nello "scandalo dei veleni". Era successo che alcune nobildonne avevano ammesso nel confessionale di aver avvelenato i loro mariti. Le indagini della polizia di Parigi avevano scoperto un gruppo di maghi e occultisti impegnati in grottesche messe nere, che avevano come fine la preparazione di pozioni d'amore, ma anche la creazione di veleni per nobildonne desiderose di sbarazzarsi dei consorti. L'inchiesta portò alla condanna a morte di trentasei persone e all'allontanamento di Madame de Montespan, amante di Luigi XIV, coinvolta nello scandalo. Dall'inchiesta emerse inoltre che i veleni furono procurati da un tale "dottor d'Auger" e Duvivier è convinto che questo dottore e Eustache Dauger siano la stessa persona.

«Ma perché la maschera?» si chiede Petitfils. «Forse perché rappresentava un simbolo di terrore. Poteva servire ad alimentare le voci su quanto il re fosse potente e implacabile; dunque, era il messaggio, conveniva rispettare le leggi piuttosto che essere fatti "sparire" dal re.»

**Strumento di propaganda**

Anche lo studioso John Noone, che ho incontrato sull'isola di Santa Margherita, a Cannes, pensa che il prigioniero fosse Dauger, ma è anche convinto che la maschera avesse un altro scopo: «La mia opinione è che quell'improbabile maschera non serviva a nascondere chi era il prigioniero, ma chi non lo era. In altre parole, l'uomo dietro la maschera era un tizio qualunque, Dauger appunto, ma sono convinto che Saint-Mars lo abbia obbligato a mascherarsi per motivi tutti suoi. Il suo scopo era quello di far credere che l'uomo mascherato fosse importantissimo e che, di conseguenza, se lo avevano affidato a Saint-Mars voleva dire che anch'egli era un uomo di tutto rispetto».

In effetti, Saint-Mars iniziò come umile moschettiere e finì, al culmine della carriera, come governatore della Bastiglia. Non stupisce dunque che per tutto questo tempo Saint-Mars si sia portato sempre appresso, in ogni carcere presso cui veniva promosso, anche il prigioniero con la maschera. Esiste addirittura un documento, risalente al 1687, in cui si descrive il passaggio dalla cittadina di Grasse di un corteo guidato da Saint-Mars su un cavallo bianco e con l'uomo nella maschera di ferro seduto su una portantina.

«Se davvero si voleva nasconderne l'identità» conclude Noone «che senso aveva portare in parata quest'uomo così che tutti lo potessero vedere? È evidente che Saint-Mars si serviva di questa trovata solo per farsi pubblicità e sfruttarla per fare carriera.»

**La Maschera a Pinerolo**

Il mistero della maschera di ferro non è solo uno dei più famosi enigmi della storia, è anche il nome di un'associazione (l'Associazione Storica Culturale "La Maschera di Ferro") che dal 1999, ogni anno, organizza a Pinerolo – la cui fortezza ospitò il prigioniero per alcuni anni – una rievocazione storica dedicata alla vicenda del celebre incarcerato (figura 49). «La manifestazione si svolge in ottobre, dura due giorni e coinvolge centinaia di figuranti in costume» dice Luigi Oddoero, direttore dell'associazione. «L'evento clou è naturalmente il corteo che segue per le strade della città l'uomo nella maschera di ferro, accompagnato dai moschettieri. Alla fine della giornata, l'uomo si toglie la maschera e svela sempre un personaggio famoso.» I membri dell'associazione preferiscono però non sbilanciarsi sulla reale identità dell'antico uomo mascherato: «Meglio non saperlo, altrimenti non ci sarebbe più nessun mistero!».

**Chi fu veramente William Shakespeare?**

Il più celebrato drammaturgo di tutti i tempi, l'autore di capolavori come *Otello*, *Giulietta e Romeo*, *Amleto* e *Macbeth*, forse non è William Shakespeare che – addirittura – alcuni ipotizzano non essere mai esistito. Di Shakespeare, infatti, si sa molto poco. Nacque a Stratford-upon-Avon il 23 aprile 1564 da un padre conciatore, si sposò ed ebbe figli, e poco altro. I dubbiosi si chiedono come potesse aver sviluppato una così fluente capacità letteraria con un'educazione scolastica così essenziale, e come avesse potuto accumulare conoscenze tanto precise di politica, legge, scienza e geografia (come le sue opere rivelano), non avendo viaggiato più in là di Londra. Forse – è la conclusione – non si tratta di una persona reale, ma di uno pseudonimo.
Fu alla fine del Settecento che il reverendo James Wilmot iniziò a sospettare che il vero autore delle tragedie fosse Sir Francis Bacon, filosofo e uomo di stato che si sarebbe servito di uno pseudonimo per non compromettere il proprio status sociale. In seguito furono avanzate altre possibili identità: Christopher Marlowe, altro autore teatrale elisabettiano, che non sarebbe morto nel 1593, come si pensa, ma avrebbe operato come spia per la corona componendo le sue opere di nascosto. Altre ipotesi sono: Ben Jonson, anch'egli drammaturgo dell'epoca,

Mary Sidney, contessa di Pembroke, e addirittura la stessa regina Elisabetta I.
Tra coloro che ritengono quello di Shakespeare uno pseudonimo, il candidato più probabile per il reale autore delle opere è però Edward de Vere, 17° conte di Oxford e poeta di scarso successo. Di buona famiglia, de Vere studiò legge per tre anni, viaggiò in Italia e conobbe a fondo la vita e la politica di corte. Autore di commedie e sonetti, smise di pubblicare con il suo nome nel 1593, lo stesso anno in cui il nome di William Shakespeare comparve per la prima volta su un manoscritto. Alcuni ritengono che de Vere conoscesse Shakespeare, e semplicemente abbia preso in prestito il suo nome. Perché? Perché molte opere contenevano riferimenti precisi alla corte elisabettiana e a scandali amorosi o politici, e de Vere, nella sua posizione, non poteva permettersi di essere coinvolto. Tuttavia, non tutto torna: c'è per esempio il fatto che oltre un terzo dei drammi shakespeariani fu pubblicato dopo la morte di de Vere, nel 1604, ma i sostenitori di quest'ultimo ipotizzano che gli eredi abbiano tenuto le opere nascoste in un cassetto per pubblicarle in seguito. Una tesi difficilmente credibile.
Nonostante i tanti dubbi, però, con il tempo sono emersi molti documenti legali e anagrafici che attestano, oltre ai dati sulla sua vita privata, che William Shakespeare esistette veramente; e certificano le sue attività in veste di drammaturgo, attore e impresario teatrale. Con l'eccezione di alcuni anni precedenti il 1592, su di lui si conosce più di ogni altro autore teatrale suo contemporaneo. E gli studiosi del Bardo, com'era soprannominato, considerano gli attacchi a Shakespeare una forma di dottrina snob che non riconosce l'eccellenza delle scuole di epoca elisabettiana, ed è incapace di accettare l'idea che il genio possa emergere anche in circostanze umili come accadde per William Shakespeare.

# IL VERO SHERLOCK HOLMES

«Certo, lei è un militare, e più precisamente un sottufficiale» disse l'uomo dal profilo aquilino.

«È così signore» rispose l'altro stupito.

«Faceva parte del reggimento delle Highland e ha prestato servizio a Barbados. Da poco è in congedo.»

Sempre più sbalordito, l'uomo annuì. «Ma come fa a sapere queste cose? Io non ho ancora parlato.»

«Elementare. Lei è entrato nella stanza senza togliersi il cappello, come se entrasse in fureria, e ne ho dedotto che era un militare. L'aria leggermente autoritaria, abbinata all'età, mi ha fatto capire che era un sottufficiale. Inoltre, l'eruzione cutanea sulla fronte mi ha indicato che era stato a Barbados perché quel tipo di infezione della pelle colpisce solo laggiù.»

Può sembrare l'inizio di un'avventura di Sherlock Holmes, si tratta invece di un momento di una lezione di diagnostica del professor John Bell (figura 50), docente di medicina all'Università di Edimburgo. In effetti – ecco il "segreto" – fu il professor Bell l'uomo che ispirò il personaggio del detective infallibile a uno dei suoi studenti, Arthur Conan Doyle (vedi box *Sir Arthur Conan Doyle*).

## Una figura immortale

La figura di Sherlock Holmes è una delle più straordinarie e longeve creazioni della fantasia letteraria. Il detective privato che lavora per il piacere di risolvere enigmi impossibili e possiede una straordinaria capacità di osservazione e deduzione; il detective freddo, logico e riservato – ma anche pronto a scattare in azione –, che ama definirsi «un cervello, tutto il resto è un'appendice», non smette mai di stimolare nuove produzioni a lui ispirate. Furono infatti nel tempo pubblicati ponderosi saggi che, tra il serio e il faceto, presentarono il personaggio come un uomo realmente vissuto. Raccolte di avventure apocrife, documentari, fiction e film escono poi di continuo, per un pubblico che non sembra mai sazio. Eppure, quando più di un secolo fa il giovane medico scozzese che esercitava a Southsea (nei pressi di Portsmouth), occupava il tempo libero dai pazienti scrivendo racconti polizieschi, tutto poteva immaginare fuorché di creare un mito immortale.

**Le deduzioni del medico**

«Leggendo alcune storie poliziesche fui colpito dal fatto che quasi sempre i risultati erano raggiunti fortuitamente» scrisse Doyle nelle sue memorie. «Gaboriau mi affascinava per lo svolgersi pulito delle sue trame, e l'eccezionale detective di Edgar Allan Poe, Monsieur Dupin, era stato uno dei miei eroi sin dall'infanzia. Ma potevo aggiungere anch'io qualcosa di nuovo? Pensai di cimentarmi in una storia in cui il protagonista trattasse il crimine come il dottor Bell trattava le malattie e in cui la scienza si sostituisse al caso. Il risultato fu Sherlock Holmes.»

Il dottor Joseph Bell cui faceva riferimento Doyle era un celebre chirurgo, suo ex professore all'Università di Edimburgo[1]. «Se ne stava seduto nella sala d'attesa con quella faccia da pellerossa, e faceva diagnosi ai pazienti prima an-

1 Vedi anche *Conan Doyle & Joseph Bell: The Real Sherlock Holmes* (Royal College of Surgeons of Edinburgh, 2007) di Alan Mackaill e Dawn Kemp.

cora che questi avessero aperto bocca. Non solo spiegava loro i sintomi in atto, specificava persino alcuni dettagli del loro passato, e raramente si sbagliava».

Un altro celebre esempio di tale abilità, poi quasi ricalcato parola per parola da Doyle ne *I cinque semi d'arancio*, vede Bell dare il benvenuto in classe a una donna con un bambino in braccio.

«Come ha fatto il viaggio da Burntisland?»

«In carrozza.»

«E poi è andata a piedi per Inverleith Row?»

«Sì.»

«E a chi ha lasciato l'altro bambino?»

«A mia sorella, a Leith.»

«E pensa di tornare a lavorare alla fabbrica di linoleum?»

«Certo.»

«Vedete, signori,» disse poi Bell rivolto alla classe «quando la signora mi ha salutato al suo ingresso ho notato il suo accento del Fife, che come sapete è vicino a Burntisland. Noterete poi la terra rossa sulle suole delle scarpe, e l'unica terra di quel tipo entro venti miglia da Edimburgo si trova ai Giardini botanici. Inverleith Row è la strada più comoda per chi arriva da Leith, ed è l'unica strada che costeggia i giardini. Osserverete poi che il cappottino sul braccio è troppo grande per il bimbo che tiene in grembo, e dunque fuor di dubbio la donna era uscita di casa con due bambini. Noterete infine una dermatite sulle dita della mano destra tipica di chi lavora nelle fabbriche di linoleum di Burntisland.»

Ma al di là di queste spettacolari dimostrazioni, che servivano al professore per sottolineare l'importanza di un esame dettagliato durante le diagnosi, è possibile che Doyle sia stato ispirato anche da altri aspetti della vita del medico. Joseph Bell infatti fu talvolta consultato dalla polizia in occasione di alcuni crimini, proprio come un altro suo collega, il medico legale Henry Littlejohn.

Secondo alcuni studiosi, durante i sanguinosi omicidi di

Jack lo Squartatore nell'estate del 1888, sia Littlejohn che Bell furono consultati dalla Metropolitan Police di Londra. Entrambi esaminarono il fascicolo della polizia – dove si evidenziavano quattro sospetti – ed entrambi giunsero alla stessa conclusione sulla possibile identità dell'assassino. Quale fosse, però, nessuno lo sa, poiché la valutazione dei due medici (se mai è esistita) è oggi irreperibile (vedi box *Chi si nascondeva dietro Jack lo Squartatore?*).

## Ritratto di un detective

Sherringford Holmes. All'inizio doveva essere questo il nome del detective. «Non sapevo come chiamarlo» ricordava Doyle. «Ho ancora dei fogli di taccuino su cui sono segnati molti dei nomi che mi vennero in mente. Mi ribellavo all'idea di ricorrere al banale espediente di usare un nome che suggerisse l'identità del personaggio, come Mister Sharps (Signor Sveglietti) o Mister Ferrets (Signor Indagini). Il primo nome che scelsi fu Sherringford Holmes, che in seguito modificai in Sherlock Holmes.»

Per il nome, Doyle si ispirò quasi certamente a un compagno di classe, Patrick Sherlock, poco brillante a scuola ma appassionato di recitazione, proprio come il detective che spesso amava indagare in incognito assumendo identità diverse. Holmes, invece, è un tributo allo scrittore e anatomista americano Oliver Wendell Holmes, che Doyle ammirava sia come giurista sia come pioniere della medicina. Le sue monografie, la sua profonda conoscenza dei tabacchi e la sua mente analitica erano tutti elementi che sarebbero stati assorbiti in seguito dal segugio di Baker Street.

Memore della figura del narratore nei racconti di Poe incentrati su Auguste Dupin, ma anche del poco brillante socio di Lecoq, Absinthe, Doyle era convinto che il suo detective avesse bisogno di una spalla. «Siccome Holmes non poteva raccontare egli stesso le sue avventure, era necessario ideare un personaggio che gli fosse compagno abituale, un uomo d'azione, colto, il quale partecipasse ai fatti per poi narrarli. Ci voleva un nome corrente, senza ostentazione, e "Watson" era adatto.»

E forse il fatto che un altro medico noto di Edimburgo a quei tempi si chiamasse proprio Patrick Heron Watson può avere contribuito a questa scelta. Da notare che negli appunti relativi alla prima storia, *Uno studio in rosso*, il personaggio si chiamava Oliver Sacker.

Quanto all'aspetto fisico del suo detective, ancora una volta Doyle si ispirò al suo vecchio docente: il naso aquilino, lo sguardo penetrante, le dita lunghe e affilate tipici di Holmes sono tutti tratti "rubati" a Joseph Bell.

Tuttavia, quando lo «Strand», la rivista che pubblicava regolarmente i racconti di Sherlock Holmes, decise di illustrare le storie, un imprevisto fece sì che il volto del protagonista venisse per sempre identificato non con i tratti di Bell, ma con quelli di un celebre disegnatore del tempo, Walter Paget. Era a lui che il direttore dello «Strand» aveva pensato come illustratore delle sue storie, ma per un errore l'incarico fu affidato al fratello Sidney, che scelse proprio il volto affilato e aquilino di Walter come modello su cui modellare Holmes.

Pipa ritorta, cappellino da caccia a due tese e mantellina in Principe di Galles, invece, sono tutte invenzioni di Hollywood. Così come la celebre frase «Elementare, Watson!», che non compare in nessuno dei romanzi.

## Una pratica rischiosa

Quando Doyle pubblicò la prima raccolta antologica di avventure di Holmes, nel 1892, fece in modo che nel frontespizio del libro comparisse la dedica: «Al dottor Joseph Bell».

E tanto nelle interviste, così come nell'unico filmato sonoro esistente, lo scrittore sottolineò sempre in maniera esplicita chi fu il vero ispiratore del celebre detective. Allo stesso Bell, Doyle scrisse il 4 maggio 1892: «È a lei che debbo Sherlock Holmes e, sebbene nelle storie io abbia il vantaggio di fargli vivere ogni tipo di situazione drammatica, non credo che il suo lavoro analitico sia un'esagerazione di alcuni effetti sperimentati sui nostri pazienti».

Da parte sua Bell sembrava gradire l'attenzione e la riconoscenza del suo ex studente. Di lui scrisse che lo reputava un «narratore nato». «Il suo successo è ben meritato, il nome del suo eroe è amato dai ragazzi di questo paese per la meravigliosa astuzia dei suoi metodi. Vi dimostra come sia facile, se solo osservate, scoprire tante cose circa il lavoro e la personalità dei vostri ignari amici e allo stesso modo smascherare i criminali e scoprire le loro trame.»

Tuttavia Bell, che non amava la pubblicità e anche quando aveva aiutato la polizia in alcuni casi aveva sempre chiesto che il suo nome non fosse citato, sembrava esprimere in privato giudizi meno entusiastici.

Secondo la biografa Jessie Saxby, che pubblicò un libro su Bell due anni dopo la sua morte, il medico reputava le storie di Holmes un'«accozzaglia di ciance». Inoltre, affermava: «Sono sicuro che Doyle non immaginava la quantità di sciocchezze che mi sarebbero piovute sul capo come conseguenza delle sue storie».

Se davvero fosse questa la vera opinione di Bell nei confronti di Sherlock Holmes è possibile che ciò dipenda dal rigore scientifico del medico. Bell, infatti, cercava sempre durante le sue lezioni di far capire agli studenti quanto fosse importante osservare i dettagli nei pazienti, ma allo stesso tempo quanto fosse indispensabile verificare ogni supposizione.

A differenza di Sherlock Holmes, Bell era ben consapevole dei rischi inerenti ogni diagnosi fatta solo attraverso l'osservazione, senza cercare altri elementi che confermassero le deduzioni. A questo proposito, raccontava sempre di quando fece visita a un paziente costretto a letto:

«Lei suona in una banda, non è vero?»

«Sì» ammise il malato.

Quindi, voltandosi verso gli studenti che lo accompagnavano, spiegò: «Vedete, è molto semplice: quest'uomo ha una paralisi dei muscoli della guancia prodotta dal troppo soffiare in uno strumento a fiato. Non ci resta che chiedere per avere conferma. Che strumento suona, buon uomo?».

«La grancassa» fu la risposta.

**Sir Arthur Conan Doyle**

Quando si accorse che la popolarità rischiava di schiacciare ogni altro suo lavoro, Doyle finì per detestare Sherlock Holmes, al punto da decidere di ucciderlo dopo solo venticinque avventure. Fu poi unicamente per l'enorme pressione del pubblico e degli editori, disposti a pagargli una fortuna perché lo riportasse in vita, che accettò di raccontare nuove avventure del geniale detective. Ma Doyle era certo che sarebbero stati i suoi romanzi storici a restare nella memoria: *Le avventure del brigadiere Gérard*, il *Sir Nigel*, così come i suoi racconti medici o la sua produzione esoterica e spiritista. Non fu così. Però, oltre a Holmes, Doyle è padre anche di un altro personaggio memorabile, il professor Challenger, protagonista tra l'altro de *Il mondo perduto*, straordinaria avventura dove una spedizione di esploratori scopre una terra in cui sopravvivono animali preistorici. Quando, ottant'anni dopo, Michael Crichton scriverà *Jurassic Park*, riconoscerà l'ispirazione dovuta a Doyle intitolando il seguito del romanzo *The Lost World*. A testimonianza che anche la grande letteratura fantastica moderna spesso si regge sulle spalle di giganti del passato.

**Chi si nascondeva dietro Jack lo Squartatore?**

È il primo e più famoso serial killer di tutti i tempi, autore di almeno cinque terribili delitti di prostitute commessi nel malfamato quartiere di Whitechapel a Londra tra il 31 agosto e l'8 novembre 1888. Eppure la sua identità resta tuttora un mistero.

Le persone sospettate nel corso dei decenni di essere state Jack sono oltre cento, compresi Oscar Wilde, Lewis Carroll, il pittore Walter Sickert, il padre di Winston Churchill e il duca di Clarence, erede al trono d'Inghilterra; ma i sospetti della polizia si concentrarono all'epoca su una manciata di persone ben diverse. Il primo, definito un "pazzo ebreo polacco", si chiamava Aaron Kosminski, parrucchiere, scapolo e malato di mente rinchiuso in manicomio nel 1891. Fu l'ex capo di Scotland Yard, Sir Robert Anderson, a prendersi il merito di averlo smascherato, ma Kosminski non corrisponde per aspetto ed età ai vari uomini osservati con le vittime prima della loro morte. Un altro, Montague John Druitt, era descritto come medico, e morì suicida nel Tamigi nel dicembre 1888. In realtà, non era medico né frequentava Whitechapel, fu sospettato solo perché il suicidio ebbe luogo poco tempo dopo l'ultimo delitto. Per l'ispettore Abberline, incaricato di indagare sui delitti, il principale indiziato era invece George Chapman, emigrato polacco, un violento, che visse a Whitechapel nel periodo dei delitti: condannato per un altro omicidio, sembrava che ovunque andasse si portasse dietro una terribile aura di morte. Quando era a Whitechapel, nel 1888, vi furono i tremendi delitti di Jack, e quando se ne andò in America, a Jersey City, i delitti di Whitechapel cessarono improvvisamente e ne iniziarono di nuovi, molto simili, nel New Jersey. Quando poi tornò in Inghilterra questi si interruppero, e Chapman iniziò a uccidere una moglie dopo l'altra. Tuttavia, al di là di tutte queste coincidenze, non c'è nulla che leghi davvero

l'uomo ai delitti di Whitechapel: se fosse stato portato a processo, lo avrebbero assolto per mancanza di prove.
Ci fu anche chi, come lo stesso Doyle, ipotizzò che l'assassino fosse una donna, magari una levatrice, che poteva dunque girare indisturbata con il grembiule sporco di sangue a qualunque ora del giorno e della notte senza suscitare sospetti. Nel 1992 spuntò addirittura un diario che sembrava essere appartenuto a un tale James Maybrick, commerciante di cotone che in quelle pagine confessava i delitti di Jack lo Squartatore. Il diario poi si dimostrò un falso, una truffa realizzata per tentare di vendere le "memorie" di Jack a caro prezzo.
Più interessante una lettera di John George Littlechild, capo dello Special Branch di Scotland Yard nel 1888, emersa nel 1993 in cui si indica come sospetto un americano di origini irlandesi, un certo Francis Tumblety. Si scoprì così che i giornali americani dell'epoca avevano dato effettivamente conto della caccia a questo Tumblety per i delitti di Whitechapel. Quest'uomo detestava le prostitute (forse perché ne aveva sposata una che poi lo aveva lasciato) e conservava in casa una collezione di reperti anatomici in formalina che mostrava orgoglioso ai suoi ospiti. Nonostante i forti indizi, però, non fu mai arrestato: il suo aspetto – alto, di colorito rosso e con grandi baffi – non era di quelli che si dimenticano, e differiva dai sospetti descritti dai testimoni.
Nel 1988 John Douglas, l'esperto "profiler" dell'FBI che ispirò il personaggio del detective Jack Crawford ne *Il silenzio degli innocenti*, cercò di capire chi potesse essere stato lo Squartatore. Lo descrisse come un uomo solo, dal viso segnato, con problemi di linguaggio, cresciuto da una madre dominatrice e un padre sottomesso, e che dopo ogni delitto trovava rifugio in un nascondiglio dove ripulirsi del sangue. Ma più di questo nemmeno il più celebre cacciatore di serial killer poté fare, e Jack lo Squartatore elude ancor oggi i suoi inseguitori.

# LO STRANO CASO DI JEKYLL E HYDE

Nella Londra vittoriana l'avvocato Utterson scopre di avere tra i suoi clienti un certo signor Hyde quale beneficiario del testamento di un caro amico, il dottor Jekyll. La cosa è inquietante perché quanto Jekyll ha fama di uomo mite e altruista, tanto Hyde è malvagio e depravato, colpevole di aver aggredito brutalmente una bambina per strada, e di chissà quante altre nefandezze. L'avvocato si mette così sulle tracce di Hyde: lo trova, gli parla, ma la conversazione dura pochi secondi perché Hyde sparisce. Invano l'avvocato chiede chiarimenti a Jekyll. Il medico è evasivo e, anzi, a un certo punto non si fa neppure trovare. C'è un omicidio per il quale Hyde è sospettato, e Jekyll non solo sembra proteggere la "bestia", ma le offre anche riparo in casa sua. È evidente che Hyde ha in qualche modo il controllo sul buon medico, forse lo ricatta. La verità viene alla luce solo alla fine, quando si scopre che Jekyll e Hyde sono la stessa persona: il medico ha infatti scoperto una droga che gli permette di trasformarsi in una creatura mostruosa. Non riuscendo più a liberarsi della sua parte malvagia, Jekyll la uccide bevendo un veleno e, di fatto, si suicida.

*Lo strano caso del dottor Jekyll e del signor Hyde*, pubblicato da Robert Louis Stevenson nel 1886, è uno dei romanzi più celebri della storia (vedi box *La novità di Jekyll e Hyde*). Ebbe da subito un successo straordinario. Appena pubblicato vendette quarantamila copie e in Inghilterra fu letto da tutti, dal primo ministro alla regina Vittoria. Nelle chiese, i sacerdoti lo prendevano come spunto per i loro sermoni e sui giornali rappresentava un pretesto per le vignette satiriche. Fu portato in scena in tre differenti versioni teatrali, e la figura di Jekyll/Hyde si diffuse subito nel gergo comune quale allegoria del fatto che Bene e Male coesistono inevitabilmente in ognuno di noi.

«La grande scoperta di Stevenson» ricorda lo scrittore Sandro Veronesi «riguarda la tragica indissolubilità tra Bene e Male, l'impossibilità di tenerli separati. Così come nel grasso e bonario dottore vittoriano è contenuto il criminale segaligno che la pozione proietta all'esterno, nel criminale segaligno sopravvive la moralità del dottore, per cui, alla fine, uno sdoppiamento che doveva dividere in realtà moltiplica: quello che cambia è soltanto il dominio di una parte o dell'altra sul tutto. Come fare a pezzi un lombrico: ottieni solo tanti lombrichi.»

## L'ispirazione del Male

Lo spunto per il romanzo venne a Stevenson da un celebre personaggio della fine del Settecento, William Brodie, un rispettabile artigiano di Edimburgo che di notte si trasformava in ladro. Poiché la sua specialità consisteva nel costruire armadi e cassettiere di cui preparava anche le serrature, era in grado di copiare in segreto le chiavi dei suoi clienti più altolocati e di usarle per derubarli poi senza fatica. La sua doppia vita e i suoi guadagni illeciti gli permettevano di mantenere due amanti, cinque figli e una passione sfrenata per il gioco d'azzardo.

A tradirlo e a condurre la polizia al suo arresto fu un complice, arrestato dopo una rapina fallita. Fu condannato a morte per impiccagione, ma dopo la sua esecuzione presero a circolare voci che fosse sopravvissuto e si fosse nascosto a Parigi, rendendolo così un personaggio immortale del folklore scozzese.

Quand'era bambino, Stevenson aveva nella stanza della sua casa di Edimburgo una libreria e una cassettiera costruite da Brodie, e la sua governante gli raccontava fantasiose storie ispirate al celebre scassinatore. Così ne parla lo stesso Stevenson: «Ai suoi tempi, Brodie era considerato un grand'uomo; ben accetto nella buona società, era un ebanista provetto, uno capace di intonare con gusto una canzone. Molti notabili erano orgogliosi di invitarlo a cena, se ne separavano a malincuore a tarda ora, e sarebbero rimasti allibiti se avessero saputo quanto presto e sotto quali spoglie sarebbe tornato il loro ospite. Eppure agli occhi della mente egli può apparire come un uomo tormentato da una immane doppiezza, capace di sgattaiolare dal salotto del magistrato per calarsi nei panni del ladro e andare a forzare le porte al guizzo di una lampada cieca».

Il personaggio era già stato protagonista di un'opera teatrale di Stevenson, intitolata *Deacon Brodie*; fu solo in seguito a un incubo che nacque l'idea per Jekyll e Hyde.

## Tra la vita e la morte

«Lo sentii urlare d'orrore nel sonno e lo svegliai» racconta la moglie di Stevenson. «Al che mi disse indignato e con aria di rimprovero: "Stavo sognando un bel racconto orripilante", e proseguì raccontandomi brevemente la storia di Jekyll e Hyde fino alla scena della metamorfosi, momento in cui era stato destato.»

All'alba stava già lavorando, e nel giro di tre giorni ebbe pronta la prima stesura. Quando la moglie osservò che si era concentrato solo sugli aspetti sensazionalistici della vicenda, tralasciando di approfondire l'allegoria che avrebbe potuto trasformare il racconto in un capolavoro, Stevenson gettò il manoscritto nel fuoco. Tre giorni dopo aveva già pronta la nuova stesura, quella che tutti conosciamo.

«La scrittura di quel romanzo fu un'impresa sbalorditiva, da qualunque aspetto la si consideri» racconta Lloyd Osbourne, figliastro di Stevenson. «Sessantaquattromila parole in sei giorni, più di diecimila parole al giorno. Per coloro che si intendono poco di queste cose, posso spiegare che mille parole al giorno è una buona media per qualunque scrittore di romanzi.»

E lo è ancora di più se si considera che la salute di Stevenson era particolarmente precaria. Soffriva di continue emorragie, non poteva quasi parlare ed era costretto a letto per gran parte del giorno.

Tra le ispirazioni del romanzo ci fu anche un episodio riguardante un dentista del Connecticut che, verso la metà dell'Ottocento, era assurto a una certa notorietà giornalistica. Il dottore conduceva una doppia esistenza, finché non venne arrestato per aver gettato vetriolo in faccia a una prostituta. In un lungo articolo di confessione, il dentista ammise la duplicità della propria condizione, e la forte carica di sadismo che connotava una parte di sé. Scritto l'articolo, si uccise in carcere.

Non furono solo casi di doppia personalità finiti sulla cronaca nera a ispirare Stevenson, ma anche private riflessioni sui propri "sdoppiamenti". Si potrebbero citare i contributi che inviò alla Society for Psychical Research aventi per oggetto una sorta di autoanalisi, un dialogo fra due componenti della sua mente, fra un "se stesso" e un "altro da sé", fra le voci dell'incubo e del delirio, irrazionali e amorali, e la coscienza che le rimuove o conferisce a esse un fine morale.

Già da ragazzo, Stevenson era propenso ad analizzare se stesso e i propri comportamenti. Durante una gita in canoa, ebbe l'impressione di non essere lui a remare, e scrisse nel diario: «Il mio corpo sembrava non avere più intima relazione con me di quanto ne avessero la mia canoa, il fiume o le rive. Né ciò era tutto: qualcosa dentro la mente, una parte del mio cervello, una zona del mio essere, si era liberata dalla leale sudditanza e aveva preteso di fare da sé [...]. Si può meglio raffigurare tale stato immaginandoci ubriachi fradici e allo stesso tempo sobri per goderne». Che è poi esattamente la sensazione che proverà Jekyll quando rientrerà in sé, dopo avere vissuto nella notte gozzovigli ed eccessi nei panni di Hyde.

Stevenson morì di ictus a 44 anni, nel 1894, a Vailima, nelle isole Samoa, dove si era trasferito per godere del clima particolarmente favorevole. Poco prima di stramazzare a terra, aveva stappato una bottiglia del suo Borgogna preferito e aveva gridato d'improvviso alla moglie una frase che sembra provenire dal dottor Jekyll: «Che mi succede? Cos'è questa stranezza? È cambiata la mia faccia?».

## La metà oscura

In una storia di Dylan Dog, *La metà oscura*, uno psichiatra, usando l'ipnosi, riusciva a far emergere i lati peggiori di alcuni suoi pazienti, che diventavano così assassini. Lo stesso tema del doppio cattivo si riscontra in storie horror come quella omonima di Stephen King o nel corrispettivo film di Romero in cui il pensiero di un gemello cattivo mai nato si infiltra nella mente di uno scrittore; in letteratura, basti pensare a *Il visconte dimezzato* di Calvino, metà buono e metà cattivo. Insomma, i cambiamenti di personalità repentini dovuti a pozioni chimiche o a interventi di altro tipo sono sempre stati affascinanti.

«È possibile ritenere che tutti noi abbiamo personalità multiple, non siamo la stessa persona quando discutiamo seri di lavoro, o vezzeggiamo da innamorati, quando giochiamo a pallone, o a scacchi» spiega Sergio Della Sala, professore di neuroscienze all'Università di Edimburgo e presidente del CICAP[1]. «Pensate poi alle divergenze culturali sulle personalità socialmente emarginate, pensate agli sciamani africani o sudamericani o alle improbabili storie nostrane di possessione diabolica, in cui sembra di udire le persone possedute parlare in più lingue, spesso a loro sconosciute. La storia delle personalità doppie è storia antica, che assume le fattezze della società e del tempo in cui si osservano.»

Esiste tuttavia una realtà clinica dove si verificano sdoppiamenti di personalità , anche se in modo meno eclatante, e con modalità meno fantasiose rispetto a quelle romanzesche. Continua Della Sala: «Per esempio le persone che subiscono un danno, dovuto a un ictus o un trauma cranico alle aree anteriori del cervello, le cosiddette regioni frontali, subiscono cambiamenti evidenti della loro personalità. Persone che prima della lesione erano ligi lavoratori e pii padri di famiglia, possono dimostrare comportamenti aggressivi, blasfemi o socialmente inappropriati; possono fare gaffe continue e avere atteggiamenti sessuali inadeguati. Poi, lentamente, grazie al tempo che passa e alle cure riabilitative – soprattutto a impronta cognitivista – possono migliorare, e talvolta "tornare quelli di prima"».

Tuttavia, non è corretto in questi casi parlare di "personalità multiple". «È un termine che è stato recentemente rivisto» dice Della Sala «e ora si tende a parlare di "dissociazioni" (Dissociative Identity Disorders), come definite dall'American Psychiatric Association. Menziono il termine americano perché la diagnosi di personalità multipla viene fatta prevalentemente in Nordamerica. Da noi si tratta di eccezioni e di curiosità cliniche.»

Ciò detto, esistono casi di doppia personalità. «Ricordo un nostro paziente, che chiameremo A.O. per nasconderne

1 Sul CICAP, il Comitato Italiano per il Controllo delle Affermazioni sulle Pseudoscienze, si può trovare un approfondimento in appendice a questo libro.

l'identità, che ebbe un incidente automobilistico e da quel momento esibì un'apparente doppia personalità. A.O. parlava contemporaneamente con la sua voce (affabile) e in falsetto (aggressivo e autodistruttivo); manteneva dialoghi tra le due voci/personalità e talvolta, entrato nella personalità cattiva, tentava di picchiare quella buona, cioè si picchiava da solo e contemporaneamente chiedeva con la sua voce buona "perché mi picchi?"[2].»

Esiste poi l'allucinazione di vedere il proprio doppio, di riconoscerlo come persona reale, come altra persona, ma con le nostre fattezze. Spiega Della Sala: «Sono casi noti con il nome di autoscopia (o *doppelganger*)[3]. Esiste anche il fenomeno contrario, cioè una persona che, in presenza di un danno cerebrale, disconosce un parente, tipicamente la moglie o il marito, affermando che "sì, quella persona è davvero molto simile, parla e si muove come la vera moglie, ma certo non è lei". È un disturbo che prende il nome di sindrome di Capgras».

Per tornare alla vicenda di Jekyll e Hyde, qualcosa di simile alla storia raccontata da Stevenson potrebbe avere luogo anche nella realtà di tutti i giorni. «I casi che più si avvicinano alla dissociazione tipo Jekyll/Hyde» spiega Della Sala «sono probabilmente quelli noti come "amnesie dissociative", ovvero una forma di perdita di memoria, spesso raccontata nei film, in cui il o la protagonista non ricordano chi sono né come mai si trovano in un dato posto. Nella vita reale questo fenomeno talvolta si associa a crimini, spesso orrendi, la cui memoria è poi bloccata e non raggiunge il livello di coscienza consapevole.»

È una forma di amnesia non rara tra gli omicidi. Michael Kopelman, un neuropsichiatra londinese, stima che in oltre

2 Per i lettori interessati, questo caso è riportato su «Brain Injury» (1999, 13, pp. 219-228).

3 Peter Brugger e i suoi collaboratori dell'Università di Zurigo raccontano un caso recente in un articolo che si può trovare online sulla rivista «Cortex» (*www.cortex-online.org*), alle pp. 666-674.

il 40% dei casi la memoria del crimine non ritorna neppure dopo anni. Cioè queste persone commettono crimini efferati in uno stato emozionale patologico che poi sopprimono e tornano a essere persone gradevoli e benigne.

«Ricordo di un caso giudiziario che alcuni anni fa tenne la Gran Bretagna con il fiato sospeso» racconta Della Sala. «Il convivente di una giovane donna, Janet Charlton, minacciò la figlioletta di lei apertamente. L'uomo divenne particolarmente aggressivo e intimò a Janet di soddisfare i suoi appetiti per evitare ulteriori problemi alla piccola Olivia. Janet assecondò le perversioni sadomasochistiche dell'uomo, e una volta legatolo e bendatolo come lui chiedeva lo uccise a colpi d'ascia sulla testa. Poi si lavò, si cambiò d'abito e andò in un giardinetto a giocare con la figlia. Tornata a casa "scoprì" il cadavere, chiamò la polizia senza riuscire a spiegarsi chi poteva avere usato una simile violenza sul suo amante. Una brava madre, e una compagna docile, che si trasforma in feroce assassina in un momento di emozione insostenibile.»

**La novità di Jekyll e Hyde**

*Lo strano caso del dottor Jekyll e del signor Hyde* fu un romanzo innovativo per molti aspetti. A differenza di altri celebri romanzi gotici, come *Frankenstein* o *Dracula*, la vicenda non è ambientata in qualche remota landa primitiva. «C'era all'epoca una sorta di accordo sottinteso, tra autore e lettore, secondo cui simili orrori erano così estranei alla personalità di chi divorava questi romanzi che non potevano che essere ambientati in epoche o luoghi meno civilizzati» spiega Robert Mighall, studioso di letteratura gotica vittoriana e membro della Royal Society of Arts. «Stevenson si libera di queste convenzioni e ambienta la sua storia nella Londra contemporanea, identificando il protagonista con un rappresentante della classe professionale, un medico.»

Il romanzo viene visto anche come un'efficace denuncia dell'ipocrisia della società vittoriana, pulita e rispettabile in superficie, corrotta e disonesta nel privato. «Forse la cosa più inquietante del romanzo» continua Mighall «è che lo strano caso di Jekyll e Hyde non è poi così strano come sembra. Il racconto, infatti, mette in evidenza un fatto ripetuto più volte, e cioè che è "normale" nella società dell'epoca avere comportamenti peccaminosi purché siano tenuti segreti. La storia di Stevenson, dunque, ci mostra in maniera efficace che non ci si può mai fidare delle apparenze.»

# 6
# VERO O FALSO?

# IL MITO DELLA CINTURA DI CASTITÀ

Secondo la tradizione l'uso delle cinture di castità, fasce metalliche flessibili in grado di coprire i genitali e chiuse da lucchetti, risalirebbe ai tempi delle Crociate, quando i cavalieri in partenza per il Santo Sepolcro volevano assicurarsi la fedeltà delle proprie mogli durante la loro assenza. Studi recenti, però, sembrano escludere che tali strumenti siano stati realmente utilizzati nel Medioevo.

Vi è innanzitutto un problema di igiene: anche se la classica cintura prevede piccole aperture per i bisogni fisiologici, le più svariate infezioni sarebbero potute sopraggiungere in tempi molto rapidi. È plausibile, poi, che prima di partire i cavalieri si accoppiassero con le proprie mogli, magari nella speranza di trovare un bambino al loro ritorno. È evidente che la presenza di una cintura di ferro avrebbe impedito il parto. Senza contare l'obiezione più semplice: qualunque serratura, al tempo del Medioevo, poteva essere aperta da un fabbro in breve tempo.

Lo storico Alessandro Barbero, docente di storia medievale all'Università del Piemonte Orientale a Vercelli, in onda a *SuperQuark* – programma televisivo di Piero Angela con cui collabora – ha raccontato a questo proposito una storiella significativa: «Un cavaliere medievale doveva andare in battaglia, e mise allora la cintura di castità alla moglie. Ma siccome aveva paura di morire in guerra e non tornare, decise di affidarne la chiave al suo migliore amico, di cui si fidava ciecamente. Quindi partì, ma dopo solo un'ora di viaggio sentì un veloce galoppo alle sue spalle. Si fermò ed era il suo amico: "Fermati, fermati: mi hai dato la chiave sbagliata"».

Al di là delle incongruenze logiche, a suggerire che quella delle cinture di castità in epoca medievale sia una leggenda c'è il fatto poi che non esistono cinture autentiche databili al Medioevo.

### Astinenza

L'idea di astinenza sessuale è certamente antichissima, e lo stesso termine latino *cingulum castitatis* (traducibile appunto come "cintura di castità") compare, a partire dal VI secolo, in alcuni testi di papa Gregorio Magno, Alcuino di York, san Bernardo di Chiaravalle, fino a Giovanni Boccaccio. Ma in tutti questi casi è inteso come un simbolo di purezza teologica, non certo come un oggetto di dissuasione erotica.

Il concetto di patto di castità tra due innamorati compare invece più avanti, in alcuni poemi del XII secolo, come il lai *Guigemar* di Maria di Francia. Qui, alla partenza del cavaliere Guigemar la sua donna chiede all'amante di annodarle la camicia intorno alla vita, come patto di fedeltà fino al ritorno. Ma anche questo è un patto simbolico e, soprattutto, voluto dalla donna.

Per trovare la prima attestazione grafica di un oggetto che ricordi vagamente una cintura di castità dobbiamo aspettare il 1405 e un manoscritto, il *Bellifortis* di Konrad Kyeser, dedicato alla tecnologia militare dell'epoca. Il congegno qui disegnato, quasi un'armatura, è presentato come uno strumento imposto alle donne fiorentine dai mariti gelosi, ma i commenti di Kyeser sono ironici e probabilmente il disegno è stato realizzato sulla base del sentito dire, non copiando un oggetto autentico. Di certo nella Firenze del tempo non risulta nulla del genere.

Alcune incisioni del XVI secolo, tra cui una attribuita ad Haus Sebald Beham, raffigurano una donna che indossa una "cintura di castità" chiusa da un lucchetto in piedi tra due uomini, mentre riceve e consegna denaro: l'interpretazione che ne è stata data è che si tratti di una prostituta in mezzo al cliente e al protettore, quest'ultimo disposto ad aprire il lucchetto solo al pagamento della prestazione. Anche se vera e non solo simbolica, dunque, la cintura rappresentava qui uno strumento professionale.

### Falsi

Le prime cinture di castità a fare la loro comparsa sono quelle che finiscono nei musei intorno al 1840. Al museo d'arte medievale di Cluny a Parigi, per esempio, fino a poco tempo fa si poteva ammirare una cintura che si diceva fosse appartenuta a Caterina de' Medici. Fu solo nel 1990 che i responsabili del Museo si accorsero che si trattava di un falso del XIX secolo. Anche un altro esemplare simile, esposto al British Museum di Londra e a lungo indicato come risalente al XVI secolo, è stato di recente datato alla metà dell'Ottocento e tolto dalle esposizioni. Quasi tutti i musei che conservavano queste cinture e le attribuivano all'epoca medievale hanno oggi corretto i loro cataloghi per indicarne una fattura ben più recente, o l'origine fraudolenta.

È però proprio nel XIX secolo, l'epoca che, soprattutto nei paesi anglosassoni, riscopre il puritanesimo, che le cinture di castità divengono un oggetto di uso quasi comune. Si trattava, tuttavia, di cinture più morbide e da indossare solo per brevi periodi: erano usate dalle donne per proteggersi dal rischio di stupro, o imposte agli adolescenti per impedire la masturbazione, considerata dannosa per la salute e comunque peccaminosa per la morale del tempo. In alcuni casi le cinture furono pubblicizzate sui periodici dell'epoca come strumenti per assicurarsi la fedeltà delle mogli, trasformando così in fatto reale quello che fino ad allora era stato solo un mito attribuito al Medioevo. Oggi le cinture di castità, realizzate nei materiali più diversi, rappresentano solo uno strumento utilizzato come gioco erotico nelle pratiche di sadomasochismo.

### *Ius primae noctis*? Un altro mito

Il "diritto della prima notte", secondo cui il signore feudale poteva trascorrere con la sposa di un suo servo della gleba la prima notte di nozze, è in realtà un altro mito. Non esistono infatti riferimenti contemporanei, legislativi, civili o ecclesiastici, a questo presunto "diritto". Almeno per quanto riguarda l'Europa medievale, visto che tradizioni di "deflorazione rituale", comunque non imposta da un tiranno, esistevano realmente nell'antica Mesopotamia o nel Tibet del XIII secolo.
Certamente, allora come oggi, le donne potevano essere vittime di violenza, ma un signore che avesse preteso di portarsi a letto tutte le donne del suo villaggio nella loro prima notte di nozze non sarebbe durato a lungo. Nella *Vita e miracoli di san Cutberto*, un'opera in versi e prosa dell'VIII secolo, si racconta di un signore scozzese che pretendeva che tutte le donne che lavoravano nei suoi campi fossero nude. Il giorno dopo aver dato quest'ordine, il suo corpo fu trovato senza vita e divorato dai corvi. Al di là della veridicità o meno della storia (difficile immaginare qualcuno che lavora nudo in un posto freddo come la Scozia), è un racconto che chiarisce senza ombra di dubbio quale poteva essere la reazione dei contadini – anche nel Medioevo – di fronte alle pretese ingiuste del proprio signore.

# MALATTIE MISTERIOSE

Nel 2001, la biologa americana Mary Leitao, osservando una piccola piaga sotto il labbro del figlioletto di 3 anni, nota alcuni peletti. Li preleva e li osserva al microscopio giocattolo del bambino, convincendosi di aver scoperto qualcosa che non dovrebbe trovarsi in quel punto e sulla pelle: "fibre" di vari colori. Gli otto diversi medici cui la donna si rivolge non trovano nulla di particolarmente strano nel prurito del bambino, né alcuna allergia, e prescrivono normali creme dermatologiche.

Ma la Leitao non è soddisfatta, ed è convinta che il figlio sia vittima di una nuova malattia, che lei chiama "Morgellons", da un'oscura cronaca di un medico del XVI secolo in cui si parla di peli neri; e poco dopo crea nella sua casa una fondazione dedicata allo studio della malattia. Si sente profondamente sola, combatte contro l'establishment medico e raccoglie nel tempo altre testimonianze di malati che presentano gli stessi sintomi del figlio, in particolare un prurito incontrollabile e la presenza di fibre di vario tipo (tessili, peli, lanugine).

Si scatenano così le ipotesi sul web, e iniziano a circolare le voci più estreme. Si va dall'esperimento militare finito male, che avrebbe portato a contagiare per sbaglio migliaia di persone, al tentativo volontario di avvelenare la popolazione tramite le famigerate "scie chimiche". Per arrivare a chi immagina che le fibre siano "nanorobot", comandati a distanza, che si autoreplicano, oppure impianti alieni applicati sottopelle.

### Che accade ai "malati" di Morgellons?

«Come sempre succede in questi casi, nessuna prova viene fornita a sostegno di tali affermazioni» dice Salvo Di Grazia, medico e curatore del blog MedBunker, dedicato alla corretta informazione scientifica in campo medico. «Non è stata mai isolata una fibra di struttura o provenienza ignota, né sono mai state ritrovate fibre in zone del corpo "inaccessibili" a fibre naturali. Tutte le analisi effettuate hanno sempre dimostrato che questi "filamenti" hanno tutti le caratteristiche di fibre tessili di fabbricazione umana o naturale.»

Il clamore attorno alla vicenda è tale che persino i Centers for Disease Control and Prevention (CDC), l'organismo di controllo sulla sanità pubblica degli Stati Uniti, hanno condotto verifiche ed esami durati sei anni. La conclusione attesta però che non esiste alcuna nuova patologia concreta e nessuna fonte di infezione. Cosa succede dunque alle persone che si ritengono vittime della sindrome di Morgellons?

«Sono in realtà vittime di una forma di parassitosi maniacale» continua Di Grazia. «Una sorta di delirio, insomma. Chi soffre di questa patologia è convinto di sentire lungo il corpo migliaia di insetti, parassiti e animali vari che provocano prurito, costringendolo a grattarsi continuamente. La parassitosi maniacale è la forma più frequente di psicosi osservata in dermatologia.»

E la presenza delle fibre, come si spiega? «Si tratta semplicemente di lana, capelli o cotone a contatto con il corpo, che possono accidentalmente finire intrappolati in una ferita. A volte vi finiscono persino volontariamente, come nel caso di una "malata di Morgellons" che infilò dei capelli in una ferita della bocca per farli ritrovare al suo dentista».

## La sindrome di Münchhausen

Sentirsi colpiti da malattie inesistenti non è un fenomeno nuovo, ed è facile trovarne anche spassose rappresentazioni, come accade con il *Malato immaginario* di Molière. Ma l'ipocondria è ben diversa dalla situazione di chi si ritiene vittima di una ben precisa sindrome, per quanto immaginaria.

«L'ipocondriaco ha centinaia di malattie immaginarie che cambiano secondo i sintomi» spiega Di Grazia. «L'affetto da Morgellons ne ha una sola. Costui cerca conferme per sentirsi appartenente a una categoria di malati ben precisa e, se i disturbi non li ha, li crea.»

Non molto diversamente da quanto accade con la "sindrome di Münchhausen", in cui una persona simula una malattia in modo da ottenere un ricovero ospedaliero e sottoporsi anche a indagini invasive o interventi chirurgici. Il nome deriva dal barone di Münchhausen, peraltro realmente vissuto (1720-1797), protagonista di un romanzo di Gottfried August Bürger. Il barone amava raccontare storie in cui si attribuiva straordinarie e inverosimili prodezze, come quando sosteneva di viaggiare a cavallo di una palla sparata da un cannone o di essersi salvato da solo da una palude tirandosi fortemente per i capelli.

L'unico scopo di chi è affetto da questo disordine è quello di assumere il ruolo di malato. Per queste persone il ruolo del "paziente" è qualcosa di familiare, che dà conforto e risponde al bisogno di essere accettati.

Una sua variante ancora più estrema è nota come "Münchhausen per procura". In questo caso una persona induce una malattia in qualcuno che è sotto la sua cura, come una madre con il figlio, al fine di attirare attenzione e simpatia su di sé. (Non a caso, fu proprio questa sindrome a essere diagnosticata a Mary Leitao: nessun medico infatti riscontrò mai autentici disturbi nel figlio.)

## Quando immaginaria è la gravidanza

La ricerca di gratificazione e il desiderio di affermazione personale possono anche avere conseguenze inaspettate sul corpo umano. Suzie, una donna americana di 25 anni, raccontava di essere incinta di nove mesi: non aveva più le mestruazioni, l'addome era enormemente gonfio, i capezzoli pigmentati; aveva secrezioni lattee, nausee mattutine e avvertiva i movimenti del feto. Ma non vi era nessun bambino nel suo ventre: la donna era vittima di un'illusione, quella che i medici definiscono *pseudociesi*, o gravidanza isterica.

«Secondo i rari studi effettuati su questo strano disturbo della mente e del corpo» spiega Vilayanur S. Ramachandran, neurologo all'Università della California a San Diego, «l'ingrossamento dell'addome è perlopiù causato dalla combinazione di vari fattori, tra cui l'accumulo di gas intestinale, l'abbassamento del diaframma, lo spostamento in avanti della porzione pelvica della colonna vertebrale e in sporadici casi il reale aumento del volume dell'utero. Quanto alle altre alterazioni, le loro cause si possono ricercare nel fatto che l'intenso desiderio di un figlio e la depressione indotta dalla mancanza di gravidanza riducono nel cervello i livelli di dopamina e norepinefrina, i "neurotrasmettitori della gioia". Ciò a sua volta ridurrebbe la produzione degli ormoni responsabili dell'ovulazione e delle mestruazioni e, contemporaneamente, un aumento della prolattina, responsabile dell'ingrossamento del seno e della secrezione lattea.»

Senza dubbio, poi, i fattori culturali hanno un ruolo importante e spiegano perché le false gravidanze siano tanto diminuite: da una su duecento alla fine del Settecento sono divenute oggi una su diecimila. «In passato pressioni sociali molto forti inducevano le donne a desiderare un figlio sopra ogni altra cosa» continua Ramachandran «e quando esse si sentivano incinte nessuna ecografia poteva smentire la diagnosi. Oggi, invece, mettere la paziente di fronte alla prova fisica di un'ecografia basta a infrangere l'illusione e a far scomparire i cambiamenti fisici a essa associati.»

## Creatori di malattie

Altre volte, però, non è il paziente a ipotizzare particolari disturbi o situazioni fisiologiche che non hanno poi riscontro nella realtà. Talvolta, sono gli stessi "esperti" a immaginare spiegazioni fantasiose per fenomeni che inquietano e che, a prima vista, non sembrano avere risposte razionali. Come accade per esempio con la combustione umana spontanea, o la possessione demoniaca (vedi box *Se la malattia è "soprannaturale"*).

In una società che cerca di trarre profitto da qualunque situazione, trasformare un semplice fastidio o malessere in una malattia che deve essere curata con specifiche medicine è qualcosa a cui le case farmaceutiche sono tutt'altro che estranee.

«Si chiama *disease mongering* ed è argomento piuttosto delicato del quale abbiamo esempi ogni giorno» dice Di Grazia. «La calvizie è una malattia? E la cellulite? Trasformare un sintomo in una patologia da curare è questione di "scelte" e quando le scelte le fanno le aziende farmaceutiche e non la scienza vi è l'evidente possibilità di un interesse economico e non medico.»

Se oggi, per dire, è definita "ipertesa" (ovvero che ha la pressione arteriosa elevata) una persona che ha valori superiori a 140/90 millimetri di mercurio, basterebbe diminuire lievemente questo limite per avere milioni di "nuovi malati" ai quali somministrare una terapia, con tutte le conseguenze – negative – per la popolazione e – positive, in senso economico – per le aziende farmaceutiche.

«Fortunatamente, il metodo scientifico dispone di alcuni mezzi per contrastare questa tendenza, primo tra tutti il controllo della stessa comunità scientifica. Si procede per piccoli passi, e talvolta si può sbagliare, ma anche gli errori sono necessari per migliorare la medicina e consentirci di offrire cure sempre più efficaci, da somministrare, però, solo se necessarie.»

Chi cerca conforto ed è bisognoso di attenzioni non sempre tende a mostrarsi in condizioni svantaggiate, attribuendosi disturbi e malattie inventati. Anzi, più frequente forse è il caso di chi si dipinge meglio di come realmente è, cosa che proveremo ad approfondire nelle prossime pagine.

**Se la malattia è "soprannaturale"**

Esiste davvero la "combustione umana spontanea", ovvero un'improvvisa reazione chimica all'interno del corpo capace di provocarne la combustione al punto da ridurlo in cenere? I casi sono rarissimi e poco documentati: nessun testo di medicina legale fa cenno al fenomeno, e mai le autopsie hanno trovato che gli organi interni delle vittime fossero più danneggiati delle parti esterne. Emergono inoltre fattori comuni che sembrano spiegare i fatti in modo del tutto normale. Si trattava solitamente di vittime anziane, che avevano assunto alcol o sonniferi. In tutti i casi poi era sempre presente una fonte di calore esterna, come sigarette, pipe, scaldini, stufe o caminetti. La comunità scientifica non considera quindi l'autocombustione umana un fenomeno reale.

Lo stesso discorso – in cui il fenomeno si verifica ma ha cause diverse da quelle soprannaturali immaginate da alcuni – vale per la "possessione demoniaca". Per quanto sia plausibile che persone disturbate pronuncino parole strane e insulti, e si dibattano se qualcuno cerca di tenerle ferme, nessuno ha mai dimostrato in condizioni controllate che esse possano levitare, possedere una forza sovrumana o doti di chiaroveggenza, come affermato dagli esorcisti. I disturbi mentali, fra cui alcune turbe delle facoltà visive o uditive e la paralisi isterica (un tempo ritenute opera di demoni), sono oggi spiegate dalla fisiologia e dalla psichiatria come sintomi di vari disordini patologici quali la schizofrenia paranoide, la depressione o la sindrome di Tourette. Quest'ultima, in particolare, è caratterizzata da una sintomatologia particolarmente appariscente e può anche manifestarsi con disturbi della psicomotricità e un impulso anormale verso l'uso di espressioni oscene.

# RAMBO IMMAGINARI

Il professor Joseph J. Ellis, docente di storia americana al prestigioso Mount Holyoke College nel Massachusetts, e vincitore di un National Book Award per una biografia su Thomas Jefferson, sapeva come tenere i suoi studenti con il fiato sospeso: durante le lezioni dedicate ai rapporti tra Stati Uniti e Vietnam, raccontava i suoi giorni da soldato a Saigon. Riferiva con dovizia di particolari i suoi pattugliamenti nei pressi di Mỹ Lai nel 1968 poco prima del famoso massacro; o di come si ripulì la faccia dai resti del cervello di un suo commilitone mentre sputava fuoco con il suo M16 contro i vietcong. Raccontava storie strappacuore, come quella in cui si innamorò senza speranze di una ragazza vietnamita, o il momento in cui vide spirare tra le sue braccia più di un amico ferito a morte. L'esperienza di soldato lo lasciò così disgustato da indurlo a unirsi poi come attivista al movimento contro la guerra, e a impegnarsi nella causa dei diritti civili al fianco di Martin Luther King.

Ma il professor Ellis non ha mai messo piede in Vietnam: la sua chiamata alle armi fu ripetutamente rimandata, e in quegli anni, anziché in perlustrazione nella giungla di Hanoi, Ellis era a Yale a studiare lettere. Dopo che il quotidiano «Boston Globe» scoprì la triste verità, il professor Ellis lasciò l'insegnamento e si ritirò in famiglia a meditare sui suoi problemi comportamentali.

## Eroi per finta

La vicenda di Ellis non è unica: di celebri personalità che si sono inventate un passato da reduci del Vietnam o da eroi in genere, è pieno il mondo.

Come il giudice californiano Patrick Couwenberg, rimosso dall'incarico per avere affermato sotto giuramento di avere conseguito un master in psicologia, di essere stato decorato in Vietnam e di aver partecipato a missioni segrete per conto della CIA nel Sudest asiatico. Non vi era niente di vero.

Un docente universitario dell'Oklahoma si è dovuto scusare con gli studenti e i colleghi per aver raccontato in modo del tutto falso di aver fatto parte dei SEAL, le forze speciali della Marina americana.

Anche il senatore democratico Tom Harkin, tuttora in carica al Parlamento americano, ha più volte raccontato di aver pilotato aerei spia sul Vietnam, mentre in realtà, si è poi scoperto, aveva trascorso il periodo di leva in Giappone come meccanico riparatore di motori.

E addirittura Jeffrey Archer, ex membro della Camera dei Lord inglese, è stato sorpreso così tante volte a mentire che ha dovuto affrontare un processo per falsa testimonianza ed è stato condannato a quattro anni di carcere.

Curiosa anche la storia di Brian Dennehy, l'attore che nel film *Rambo* interpreta il perfido sceriffo che dà addosso al reduce del Vietnam interpretato da Sylvester Stallone: anni dopo il film, Dennehy iniziò a raccontare di essere lui stesso un reduce e di essere anche rimasto ferito in Vietnam.

Emerse poi che Dennehy aveva avuto in quegli anni una ben diversa esperienza di combattimento: lavorando come barista a Manhattan, qualche volta buttava fuori gli ubriachi con la forza. Anche lui fu costretto a scusarsi pubblicamente per le sue menzogne.

## Se la menzogna è patologica

Ma cosa porta un uomo a mentire in modo tanto spudorato? Non ci troviamo qui di fronte a persone con serie difficoltà di socializzazione, che finiscono per inventarsi malattie che non hanno pur di suscitare simpatia e comprensione. Si tratta al contrario di individui ricchi, famosi e rispettati per i propri meriti: che bisogno hanno di inventarsi storie campate per aria che, una volta smascherate, rischiano di rovinare loro la reputazione? «Sono vittime di una forma di menzogna patologica nota come "pseudologia fantastica"» dice Bryan H. King, psichiatra del Seattle Children's Hospital. «Non cercano vantaggi immediati, economici o di altro tipo. Semplicemente, cominciano per gioco a immaginarsi migliori di come si vedono, e iniziano a credere alle proprie fantasie.»

Analizzando settantadue casi di pseudologia fantastica (vedi box *Il caso di Tania, la "sopravvissuta" dell'11/9*) descritti nella letteratura medica dell'ultimo secolo, King ha individuato le caratteristiche di questo sintomo psichiatrico: «Innanzitutto le storie non sono totalmente improbabili ma, spesso, si fondano su una matrice di verità e resistono nel tempo. Inoltre, non vengono raccontate per un personale tornaconto, ma tendono a dare un'immagine autocelebrativa di se stessi. Infine, chi fantastica è diverso da chi si illude, nel senso che il primo, messo davanti ai fatti, riconosce che le sue storie sono solo fantasie».

Gli psichiatri, però, sottolineano che la menzogna patologica fa parte di una condizione mentale di forte disagio, in cui non si riescono ad accettare le cose per come sono. «Io distinguerei due tipi di menzogna» aggiunge lo psichiatra Sabino Nanni. «Quella di tipo isterico, come può essere la pseudologia, la mitomania o la sindrome di Münchhausen; e quella di tipo "alessitimico", detta anche del falso sé. Nel primo caso, la bugia comunica qualcosa di vero, anche se solo in forma simbolica. A tutti noi può capitare di usare un'iperbole isterica: "Sto morendo!" diciamo, anche se non stiamo morendo davvero. Una simile esagerazione, però, serve a segnalare quanto è forte la sofferenza che stiamo provando. Allo stesso modo, il bugiardo isterico esagera nelle sue bugie, ma in fondo ha il problema autentico di non riuscire a esprimersi per quello che è veramente. In ambito letterario, un buon esempio di bugiardo isterico è il Peer Gynt di Ibsen (vedi il paragrafo *Peer Gynt e Ivan Il'ič: bugiardi letterari*), che vive una situazione di vuoto miserabile e a cui le bugie servono per costruirsi un mondo in cui ritrovarsi al centro dell'attenzione.»

Ben più grave sembrerebbe il caso dei bugiardi che si costruiscono una falsa personalità: «Certo, perché non comunicano niente di vero. Un paziente di questo tipo esprime solo la propria perspicacia a indovinare quello che l'interlocutore vuole da lui, specie se si tratta di un'autorità. Un esempio letterario potrebbe essere l'Ivan Il'ič di Tolstoj, un uomo che si conforma a quello che i superiori vogliono da lui; ma fuori del lavoro è una persona ottusa e incapace di empatia e rapporti umani. L'alessitimico, insomma, si conforma a quello che gli chiede l'ambiente perché non ha una propria personalità forte da esprimere».

## Un lungo percorso di guarigione

Il bugiardo patologico prosegue solitamente nella sua folle corsa, incapace di smettere di mentire, finché arriva il momento in cui non è possibile andare oltre. Allora il castello di carte che ci si è costruiti intorno crolla. C'è chi, giunto a quel punto, rifiuta comunque di affrontare la realtà e cambia città, ricominciando da capo a raccontare bugie. E chi invece si arrende all'evidenza e cerca di guarire.

«Un mio paziente» racconta Nanni «si presentò lamentando problemi con la madre, una donna iperapprensiva che gli stava sul collo perché aveva fumato un paio di spinelli. Il ragazzo sembrava rispondere benissimo alla cura, era il paziente ideale. Non solo, era piacevole conversare con lui e sembrava perfettamente consapevole di tutto. Se però è facile per un bugiardo apparire convincente, è più difficile costringere il proprio corpo a mentire. Fisicamente, infatti, mi accorgevo che il ragazzo era deperito e stava male. Quando gli chiesi di sottoporsi ad alcuni esami di controllo trovava sempre scuse per non farli. Alla fine, mi arrabbiai per questo continuo rimandare e lui crollò. Mi confessò di avere una doppia vita. Ragazzo modello per la madre, gli insegnanti, il datore di lavoro e persino per il medico, e tossicodipendente, affetto da HIV, in segreto. La confessione lo aiutò, pian piano, a riprendersi in mano la sua vita. Ma, e trovo sia molto interessante, lo aiutò ancora di più a trovare l'amore, proprio come accadeva a Gynt: si innamorò della moglie di un amico. I due fuggirono insieme, e ricominciarono a vivere.»

Quella di Peer Gynt, il personaggio creato da Ibsen, si può considerare la storia d'un processo di "autoguarigione" da parte d'un bugiardo durato tutta la vita. Ma come si cura un bugiardo patologico?

«Come tutte le pseudologie fantastiche» dice Nanni «anche le "frottole" di Peer non hanno il solo scopo d'attirare l'attenzione altrui, ma anche quello di comunicare un nucleo d'esperienza autenticamente vissuta. Spesso, come nel caso di Gynt o del mio paziente, si tratta di traumi legati a una situazione difficile con i genitori: conflitti, mancanza di affetto, iperprotezione, situazioni traumatiche vissute nell'infanzia e così via. Scoperto di che cosa si tratta, una terapia efficace può essere la classica cura psicoterapica, volta a instaurare un'interazione tra medico e paziente, in modo da arrivare a capire insieme i conflitti infantili scatenanti. Si tratta in sostanza di migliorare il rapporto che il paziente ha con se stesso. Viceversa, nel caso dei bugiardi alessitimici le cose sono più difficili. Qui ci troviamo di fronte un paziente che non ha contatto con se stesso. L'approccio psicoterapico classico non è efficace. In genere, partendo da un trattamento a base di farmaci specifici, pian piano è possibile aiutare il paziente a sviluppare un rapporto "autentico" con il medico e, di conseguenza, arrivare faticosamente alla coscienza di sé.»

**Il caso di Tania, la "sopravvissuta" dell'11/9**

È quasi certamente un caso di pseudologia fantastica (e non quello di una iena che speculava sulle disgrazie altrui) il caso di Tania (al secolo Alicia Esteve), sopravvissuta miracolosamente al crollo delle Torri Gemelle e diventata presidentessa della rete dei sopravvissuti agli attentati. Il «New York Times» ha infatti scoperto che "the Survivor", la superstite per eccellenza dell'ecatombe, colei che faceva da guida ai visitatori nel cratere-santuario, è solo una povera mitomane. Non c'era storia umana più straziante e più tenera della sua: Tania Head raccontava di trovarsi al 78° piano della Torre Sud, negli uffici della Merrill Lynch, quando sotto i suoi piedi il volo 175 della United Airlines si era appena schiantato sul palazzo, e aveva cominciato a consumarlo. Nel panico, aveva resistito aggrappata al pensiero del suo amore, Dave, che lavorava nell'altra torre già colpita; e a quell'abito bianco che già si era comprata, centesimo dopo centesimo, per l'imminente matrimonio. Ancora non sapeva che Dave era già morto, nell'altra torre. Stava però cedendo ai fumi quando sentì due braccia forti sollevarla da terra e portarla via, verso i piani più bassi, e la salvezza. Una fiaba tragica, crollata su se stessa quando Merrill Lynch ha dichiarato di non aver mai avuto dipendenti con quel nome, e nessuno degli altri diciannove scampati al rogo del piano in cui si sarebbe trovata Tania si ricordava di lei, né si sono mai trovate tracce del fantomatico Dave. «Non ho mai fatto nulla di illegale» è l'unica cosa che Tania continua a ripetere oggi. Ed è vero: a differenza di alcuni sciacalli che hanno simulato la morte per incassare il premio dell'assicurazione, Tania aveva cercato di trasformarsi in un monumento per un'esperienza che non aveva mai vissuto.

## Peer Gynt e Ivan Il'ič: bugiardi letterari

Il *Peer Gynt* è una dramma scritto nel 1867 dal drammaturgo norvegese Henrik Ibsen e messo in musica dal compositore Edvard Grieg. Racconta le disavventure di Peer, figlio di un uomo benestante che diventa un ubriacone, e perde tutto. Peer vuole ritrovare onore e ricchezza, ma si perde in un mondo di sogni a occhi aperti e bugie che lo portano a vagabondare senza meta e ad assumere le identità più disparate: uomo d'affari, profeta beduino, imperatore... Solo quando, ormai vecchio, incontra l'amore e trova una persona che crede in lui è finalmente redento.

*La morte di Ivan Il'ič* è una novella dello scrittore russo Lev Tolstoj, del 1886. Il'ič è un giudice della Corte Suprema di San Pietroburgo e conduce una vita normale. Si conforma a quello che i suoi superiori si aspettano da lui e fa carriera; a casa, con la moglie e il figlio è però una persona arida, incapace di provare empatia. Non è un uomo viscido ma, come la farfalla è attratta dalla luce, così Il'ič non può fare a meno di adottare i costumi dei suoi superiori e, assecondandoli, viene quindi preso in simpatia. Solo dopo un incidente (che lo condanna a morte certa) si rende conto di non essere mai stato se stesso e di aver quindi trascorso una vita priva di senso.

# L'UOMO DEI SOGNI

«Migliaia di persone lo sognano, ma nessuno sa chi sia. Su internet si moltiplicano le teorie sulla sua identità. E il mondo gli dà la "caccia".» Così inizia un articolo de «La Stampa» del 28 ottobre 2009 dove si dà notizia di un fenomeno assolutamente inedito e misterioso: ogni notte, nel mondo, migliaia di persone sognerebbero lo stesso uomo. Nessuno lo conosce ma, nelle descrizioni di tutti, appare avere le stesse identiche caratteristiche: lineamenti morbidi, capelli corti, labbra sottili e sopracciglia folte e congiunte come quelle di Elio delle Storie Tese.

È l'"uomo dei sogni": nessuno sa come si chiami o da dove venga, ma tutti continuano a vederlo.

## Avete sognato quest'uomo?

Il fenomeno sarebbe stato segnalato la prima volta dal quotidiano tedesco «Bild», che riportò la storia di una donna di New York. Nel 2006 la donna raccontò al suo psichiatra di aver fatto uno strano sogno, con un uomo bizzarro. E, fatto ancora più curioso, l'uomo del sogno tornava tutte le notti per darle consigli sulla vita. Così fece un ritratto, che rimase sulla scrivania del dottore. Qualche giorno dopo, quel disegno catturò l'attenzione di altri pazienti, che rivelarono di avere sognato anche loro lo stesso individuo. Lo psichiatra contattò allora alcuni colleghi, e scoprì che la faccia dello sconosciuto aveva infestato il sonno di migliaia di persone in tutto il mondo.

Poco tempo dopo nacque un sito web, *www.thisman.org*, che chiedeva ai visitatori: «Avete mai sognato quest'uomo?» e cercava di fornire spiegazioni al fenomeno. Secondo alcuni il volto dello sconosciuto (figura 51) sarebbe un'immagine archetipo, farebbe cioè parte di una sorta di inconscio collettivo dove sono racchiuse tutte le esperienze, tristi e felici, degli esseri umani. Altri invece ritengono che l'uomo sia l'incarnazione dei sogni. C'è anche chi crede che sia un essere umano capace di intrufolarsi nella mente degli altri, e che in qualche modo possa manipolarla. C'è chi pensa, infine, che possa trattarsi di Dio.

Fino a poco tempo fa, si poteva così scoprire che il sito *www.thisman.org* era stato registrato dall'agenzia romana Kook del sociologo Andrea Natella, specializzata nel *guerrilla marketing*.

## Campagne d'assalto

«Il *guerrilla marketing* è una strategia di comunicazione non convenzionale» spiega Elisabetta Pittana, copywriter presso l'agenzia di pubblicità Armando Testa a Roma. «Esce cioè dai consueti spazi che su stampa, radio e tv vengono venduti per la pubblicità, e riesce a riguadagnarsi la presenza sugli stessi media come contenuto informativo. In parole povere, un'operazione di questo tipo dovrebbe creare abbastanza curiosità o scalpore da essere notata da giornalisti e blogger, e pubblicata come notizia.»

Un'altra agenzia romana specializzata in questo genere di attività – la Guerrilla, sito: *www.guerrillamarketing.it* – ha creato diverse campagne riuscite. Per il lancio di *Jurassic Park*, un ciclo di documentari della National Geographic, ha disseminato per le strade di Milano, Roma e Napoli una serie di coproliti, vale a dire enormi escrementi (finti) di dinosauri. Per un altro programma televisivo di Discovery Channel, sono stati applicati degli adesivi speciali, resistenti all'acqua, negli urinatoi dei locali più trendy di Milano e Roma. A sorpresa gli adesivi svelavano il logo del programma solo al contatto con la pipì.

«Una delle regole d'oro del *guerrilla marketing* è spendere poco e ottenere molto» dice Arnald, blogger e copywriter del network creativo WorldWildWeb. «L'obiettivo è ottenere interesse e spazio sui media senza pagare un centesimo. Qualche estate fa avevamo ideato una campagna per sollevare interesse sul tema delle morti sul lavoro. Abbiamo così steso un manichino sulla spiaggia libera di Ostia e lo abbiamo coperto con un lenzuolo. In un cartello accanto si poteva leggere: SENZA LA GIUSTA PROTEZIONE, SUL LAVORO CI LASCI LA PELLE. Scioccante, certo, e infatti Repubblica.it ha parlato di noi, e altri l'hanno seguito. Volevamo regalare questa campagna alla CGIL, ma non ci hanno nemmeno risposto. Con cento euro abbiamo guadagnato 50.000 euro di spazi: pensate cosa avrebbe potuto fare un sindacato o un partito se ne avessero impegnati mille portando il manichino, contemporaneamente, nelle maggiori dieci spiagge d'Italia.»

## Streghe, UFO e banditi

Il termine *guerrilla marketing* è stato coniato dal pubblicitario statunitense Jay Conrad Levinson nel 1984. Nell'omonimo libro Levinson intendeva indicare forme di promozione pubblicitaria non convenzionale e a basso budget ottenute attraverso l'utilizzo creativo di mezzi e strumenti aggressivi capaci di far leva sull'immaginario e sui meccanismi psicologici degli utenti finali.

Uno dei primi esempi di questa tecnica è la leggenda metropolitana lanciata in rete nel 1999, e da lì ripresa dagli altri media, in cui si raccontava di quattro cineasti scomparsi in una foresta del Maryland cinque anni prima, di cui furono ritrovate le riprese. Un sito trattava del caso e, poco tempo dopo, uscì al cinema *The Blair Witch Project – Il mistero della strega di Blair*. Si trattava di un horror costato 500.000 dollari ma che, grazie anche all'originale campagna pubblicitaria, fruttò in tutto il mondo quasi 250 milioni di dollari.

«Come molte altre categorie del marketing, "*guerrilla*" è in realtà un'etichetta appiccicata a posteriori a una tecnica che in qualche modo è sempre stata usata, più o meno consapevolmente» spiega Pittana. «In fondo, anche le manifestazioni di piazza, prima che diventassero abusate come ai nostri giorni, sono state una forma di *guerrilla marketing*.»

In Italia, il *guerrilla marketing* è arrivato nei primi anni Duemila, sulla scia delle "beffe mediatiche" sperimentate dal nome collettivo Luther Blissett. Alcuni componenti di Luther Blissett diedero poi vita a Roma a Guerrilla, prima agenzia italiana ad aver applicato la strategia al business italiano.

Nell'estate del 2001 comparvero nel parcheggio dell'Aquafan di Riccione tre misteriosi cerchi di due metri di diametro ciascuno. Subito si scatenò tra gli ufologi e sui giornali l'ipotesi di un atterraggio extraterrestre. Era invece una campagna commissionata a Guerrilla dallo stesso comune, e finalizzata alla promozione turistica, lo slogan: «Riccione: ultimo pianeta prima della Terra». Secondo una ricerca della cattedra di tecniche della comunicazione pubblicitaria della facoltà di scienze della comunicazione di Roma, il valore dell'operazione – a costo zero – è risultato stimabile in 200.000 euro.

Non sempre però l'effetto è quello desiderato: un caso controverso è stata la campagna di Sky a supporto della serie *Romanzo criminale*, ispirata alle gesta della banda della

Magliana. In quel caso furono sistemati davanti al palazzo della Civiltà Italiana di Roma dei busti in similmarmo che riproducevano quattro appartenenti alla banda. L'operazione suscitò l'intervento dell'allora sindaco Gianni Alemanno, che definì la posa dei busti «un'operazione di cattivo gusto».

«Il *guerrilla marketing* è ormai diventato una moda anche da noi» continua Pittana. «Spesso però le grandi marche parlano di *guerrilla*, ma in realtà fanno *ambient advertising*, un tipo di pubblicità esterna che interagisce in modo originale con l'ambiente circostante. Quanto differenzia il guerrilla è proprio la dimensione di viralità, il fatto cioè di creare interesse in chi ne viene a conoscenza scatenando il desiderio di informare gli altri. La notizia si diffonde quindi in maniera esponenziale, come un virus. Spesso poi in una campagna di guerrilla il marchio o il nome di chi comunica non viene svelato subito, in modo da aumentare la curiosità o creare un effetto sorpresa.»

## Esperimento sociale?

Dunque, che anche "l'uomo dei sogni" sia un esempio, senz'altro tra i più riusciti, di *guerrilla marketing* sembra ormai assodato. L'agenzia che ha registrato il sito thisman.org, da me contattata, non ha confermato o smentito nulla, spiegando che per il momento preferivano non rilasciare dichiarazioni.

«Prima che si parlasse diffusamente di *guerrilla marketing* avrei definito questa campagna come una burla diffusa via internet, come i famosi *bonsai kitten* (un finto sito che vendeva "gattini bonsai" in bottiglia)» conclude Pittana. «Quando ho saputo che dietro la registrazione del dominio c'era un'agenzia di *guerrilla*, quindi, non mi sono stupita più di tanto. Anche se non ci fosse un prodotto dietro, sarebbe un'ottima operazione autopromozionale. Ma, in effetti, potrebbe anche trattarsi di un "esperimento sociale" disegnato per vedere quante persone ci credono. È evidente la ricerca della viralità – con la possibilità di stampare i volantini da appendere per diffondere la conoscenza del sito – e la storia è perfettamente congegnata per creare curiosità.»

Nel maggio 2010 arriva però l'annuncio che il regista americano Bryan Bertino avrebbe diretto *This Man*, un horror prodotto da Sam Raimi e basato sulla storia creata da Natella. Diventa a questo punto sempre più difficile capire cosa sia vero e cosa falso, se la campagna di *guerrilla marketing* sia nata cioè per promuovere il film o, piuttosto, se sia stata creata per vendere l'idea a chi ne avrebbe potuto trarre una produzione di qualche tipo. Resta il fatto che, a quattro anni di distanza, del film di Bertino non si ha più notizia, ma sul web la leggenda dell'uomo dei sogni continua a circolare come se nulla fosse.

# LO SMEMORATO: IL CASO DI PIANO MAN

Sembra una favola, seppure ancora in attesa del lieto fine, quella che il 7 aprile 2005 ha catturato le prime pagine dei giornali di tutto il mondo: una pattuglia in servizio intercetta un vagabondo nelle strade di Sheerness, una località marittima del Kent. Si tratta di un giovane sui 20-30 anni, indossa un abito scuro e una cravatta ed è completamente zuppo d'acqua. Gli agenti gli chiedono chi sia, se ha bisogno di aiuto. Ma lui non parla, è muto. Sembra stordito, smarrito. Non ha documenti con sé, nessuno lo conosce e, particolare che sembra rubato da un romanzo giallo, tutte le etichette dei suoi vestiti sono state staccate.

L'uomo viene condotto presso il Medway Maritime Hospital, dove i sanitari gli forniscono carta e penna affinché possa scrivere qualcosa di sé. Ma lui, anziché scrivere, disegna, con dovizia di dettagli, un pianoforte.

Forse è un pianista? Lo accompagnano all'interno della cappella dell'ospedale. L'uomo si siede al piano, inizia a suonare brani di Cajkovskij e dei Beatles e non si ferma più, lasciando di stucco tutto lo staff medico. La sua performance – che dura quattro ore finché l'uomo si accascia, sfinito – sembra degna di un grande maestro.

Ma resta tutto quello che si riesce a sapere da lui, e nemmeno l'ausilio di vari interpreti, ingaggiati per scoprire se l'uomo sia di un'altra nazionalità, dà alcun frutto.

«Non ho mai lavorato con nessuno come lui prima d'ora,

certamente non con questa impossibilità di comunicare» dice Michael Camp, l'assistente sociale che lo ha seguito al momento del ricovero al Medway. «In passato c'era sempre qualcuno che conosceva il paziente, o noi ne conoscevamo la storia. Ma qui non abbiamo nulla da cui partire. Quest'uomo mostra segni di forte stress, probabilmente ha subìto un trauma. È molto vulnerabile e non si può lasciare andare via da solo, è come se fosse spaventato da qualcosa. Solo davanti al pianoforte ha ripreso vita.»

Parole che ricordano la storia di David Helfgott, il brillante pianista australiano che, vittima di un esaurimento nervoso, ne uscì ricominciando a suonare il pianoforte dopo un intervallo di dieci anni, e che ha ispirato il film *Shine* del 1996.

Un appello lanciato dai servizi sociali britannici per scoprire l'identità dell'uomo che i media hanno subito ribattezzato "Piano Man", rivolto in modo particolare alle orchestre di tutta Europa, fa il giro del mondo. Nel giro di quattro settimane sono oltre mille le risposte e le segnalazioni: c'è chi lo riconosce in un musicista di strada francese, chi pensa facesse parte di una rock band ceca, chi lo riconosce in un ragazzo autistico del Middlesex, chi in uno studente svedese caduto vittima di una setta che pratica il "lavaggio del cervello", ma nessuna identificazione appare certa.

Secondo una delle ipotesi più toccanti, Piano Man potrebbe soffrire della sindrome di Asperger, a giudicare dal modo in cui tiene le mani e dai suoi tratti delicati, e forse la sua è una famiglia povera dell'Est, che non può prendersi più cura di lui. Così, hanno privato gli abiti di qualunque cosa potesse aiutare a identificarlo e lo hanno abbandonato in Inghilterra, dove servizi sanitari migliori di quelli del paese d'origine certo si sarebbero presi cura di lui.

Non è un caso che da Hollywood si siano fatti subito sentire produttori interessati a trasformare la sua storia in un film.

**Smemorati storici**

Storie del genere, di persone comparse dal nulla, prive di memoria, ma con qualche caratteristica peculiare, si sono già verificate altre volte in passato. È accaduto, per esempio, con la ragazza senza nome ripescata in un fiume di Berlino dopo un tentato suicidio, nel 1920. Lentamente, la giovane, che assunse il nome di Anna Anderson, parve riacquistare la memoria, e affermò di essere nientemeno che Anastasia Romanova, l'unica figlia dello zar Nicola II, sopravvissuta allo sterminio della sua famiglia operato dai bolscevichi tre anni prima.

La storia della donna e della sua battaglia per essere riconosciuta dagli eredi della famiglia imperiale come la vera Anastasia è stata narrata in un celebre film del 1956 con Ingrid Bergman e Yul Brinner. Ma solo nel 1995 gli esami del dna permetteranno di accertare che la donna non è imparentata con i Romanov.

Vicenda che a sua volta rimanda al caso di Kaspar Hauser, un ragazzino che nel 1828 comparve alle porte di Norimberga: non sapeva parlare, né era in grado di stare dritto o camminare, e tutto quello che aveva era un lettera in cui un anonimo invitava chi trovasse il ragazzo a prendersi cura di lui. Kaspar, come lo chiamarono alla stazione di polizia, divenne il beniamino della Germania, e in molti ipotizzarono che fosse il figlio indesiderato di una famiglia nobile tedesca. Ma, come era successo per Anastasia, e come accade oggi per Piano Man, ci fu chi diceva che si trattava di un'impostura, di una messinscena con cui il ragazzo cercava solamente di attirare l'attenzione su di sé. Fatto sta che, cinque anni dopo, Kaspar finì pugnalato da un assalitore misterioso e morì.

Anche allora in molti pensarono che era stato Kaspar stesso a ferirsi, forse per rinverdire la sua popolarità, ma aveva colpito il punto sbagliato e la sua messinscena era finita in tragedia. Nel 1996, un esame del dna sul sangue che si trovava sui suoi vestiti conservati, messo a confronto con quello dei discendenti della famiglia nobile accusata di averlo ripudiato, rivelò che non vi era alcuna parentela. Ma, come per Anastasia, anche qui i risultati furono contestati[1].

Per quanto riguarda i casi di cronaca, la storia di Piano Man riporta alla memoria anche una vicenda tutta italiana. Nel 1927, «La Domenica del Corriere» pubblicò la fotografia di uno sconosciuto che aveva smarrito la memoria. Era stato sorpreso a rubare in un cimitero di Torino, ed era stato ricoverato nel manicomio di Collegno. Una signora di Verona, Giulia Canella, vi riconobbe il marito, il professor Giulio Canella, disperso in guerra. Lo smemorato venne accolto dalla famiglia Canella, ma qualche tempo dopo una lettera anonima ai giornali rivelò che l'uomo era in realtà Mario Bruneri, un truffatore torinese. L'Italia si divise in due, vi era chi pensava che si trattasse proprio di Bruneri, ex tipografo pieno di amanti e di guai interessato a lasciarsi alle spalle un passato scomodo per godersi un futuro agiato con una bella moglie e due figli, e chi invece appoggiava la famiglia Canella. La signora Giulia ignorò tutte le critiche e i dubbi, si tenne il marito "ritrovato" e fuggì con lui a Rio de Janeiro. Nel 1931 un tribunale decise che l'uomo era Bruneri, ma una quarantina d'anni dopo, morti tutti i protagonisti, il Vaticano sancì che lo sconosciuto era proprio Giulio Canella. La signora Giulia tornò così a essere considerata la moglie legittima del proprio convivente, e i figli nati dalla coppia furono finalmente dichiarati legittimi.

Anche quella volta la vicenda ispirò l'arte, offrendo lo spunto a Pirandello per l'opera *Come tu mi vuoi*, a Leonardo Sciascia per *Il teatro della memoria. La sentenza memorabile* e a Totò e Macario per il film *Lo smemorato di Collegno*.

1 Mi sono occupato del caso di Kaspar Hauser in *Grandi gialli della storia* (op. cit.).

## L'ipotesi della truffa

E se davvero anche Piano Man fosse un truffatore? La sua storia ricorda molto da vicino un fatto avvenuto in Canada nel novembre 1999: un uomo entrò al Toronto General Hospital, e si presentò come Philip Staufen. Aveva un forte accento inglese, e sosteneva di essere stato aggredito e di aver perso la memoria. Anche in quel caso le etichette dei vestiti erano state rimosse, e l'uomo non aveva un passaporto né altri elementi che permettessero di accertarne l'identità.

Si sapeva solo che conosceva il latino, il francese e l'italiano. Come Piano Man, anche il dramma di Staufen commosse un'intera nazione. Oggi, invece, in molti pensano che Staufen fosse un imbroglione. L'uomo – che ha cambiato il suo nome in Sywald Skeid – è ancora una non persona in Canada e, privato del passaporto, si è trasformato in un recluso.

Alcuni hanno così pensato che Staufen potesse aver trovato il modo di lasciare il Canada per ripetere il suo scherzetto in Inghilterra. Anche se i due uomini si somigliano fisicamente (tranne per il naso, che è diverso), l'ipotesi sembrò subito improbabile. Per Stephen Bone, il detective della polizia canadese che si occupò del caso di Staufen, Piano Man non è l'imbroglione su cui lui ha indagato. Però i due potrebbero essere legati in altro modo.

«Può darsi che Piano Man abbia imparato da Staufen» spiega Bone. «Ti togli le etichette dai vestiti e te ne stai zitto. Noi portammo Staufen da un professore di lingue e potemmo accertare che il suo accento era dello Yorkshire e, da lì, risalimmo a un ex attore porno che era sparito dalla zona e che gli somigliava come una goccia d'acqua. Se questo tizio aprisse bocca si potrebbe scoprire da dove viene. Sospetto che non sia inglese ma che stia tentando qualcosa di simile. Non può essere solo una coincidenza il fatto che indossi vestiti senza etichette.»

Se la teoria del detective Bone è corretta, vorrebbe dire che Piano Man, come Staufen, potrebbe essere un abile manipolatore, capace di sfruttare a suo vantaggio la simpatia che suscita nel prossimo. «Vista la notorietà raggiunta da questa storia» dice Bone «se ci fosse stato qualcuno che ha curato l'autismo di Piano Man avrebbe letto sui giornali della vicenda e si sarebbe fatto avanti. Credo che Staufen pensasse di poterci prendere tutti in giro, e forse questo tizio sta facendo la stessa cosa.»

Forse è solo un imbroglione, si sostiene, ma potrebbe anche essere davvero malato. Il suo comportamento, infatti, ricorda da vicino quello di un paziente vittima di una forma di amnesia denominata "affettiva", come ha affermato Fabrizio Tagliavini, direttore della divisione di neuropatologia all'Istituto neurologico Carlo Besta di Milano. «Si tratta di un rifiuto incosciente del soggetto di una parte della sua storia personale a seguito di un trauma, che può essere una perdita o un evento scioccante a livello emotivo» ha spiegato Tagliavini. «A differenza dell'amnesia organica, in cui si ha una compromissione di alcune strutture cerebrali importanti per la memorizzazione e la rievocazione dei ricordi, a seguito della quale alcuni di questi, o progressivamente tutti, vanno perduti, nelle forme di amnesia affettiva, o funzionale, il ricordo esiste ancora, ma viene bypassato. In questi casi, se si fa un'indagine neuroradiologica nel cervello, non si evidenzia nessuna anomalia.»

Al di là del mistero che circonda il caso, una cosa sembra chiara a tutti: la triste storia di uno sconosciuto in mezzo a noi, più che indurci a fare domande su chi sia, ci spinge a interrogarci su noi stessi.

«Quell'uomo è come una pagina bianca» osserva lo psichiatra inglese Darian Leader «su cui ciascuno di noi può proiettare le proprie fantasie. Da dove nasce infatti il fascino che questa vicenda esercita su di noi? Forse proprio dal sogno comune di fuggire un'esistenza monotona. L'idea di una pagina bianca ci intriga perché rappresenta un nuovo inizio, l'aprirsi di nuove ed emozionanti possibilità».

## Si scopre la verità su Piano Man

Alla fine, però, anche il mistero di Piano Man trova una soluzione. Quattro mesi dopo la comparsa del ragazzo, il quotidiano inglese «Daily Mirror» rivela che si tratta di un impostore. Piano Man è in realtà un tedesco, figlio di allevatori di un paesino sperduto della Baviera, e il suo nome è Andreas Grassl.

Affamato di notorietà, Grassl aveva tentato in tutti i modi di sfondare nel mondo dello spettacolo, senza riuscirci. Terminato il servizio civile, si è imbarcato su una nave diretta in Inghilterra, dove ha deciso di simulare uno stato di confusione e mutismo. Lo confessa lui stesso quando un'infermiera del Little Brook Hospital di Dartford, dove il ragazzo è ricoverato, gli chiede, come tutti i giorni, se finalmente dirà qualcosa. «Sì, credo di sì» risponde Andreas, raccontando la sua storia. Forse ha taciuto per quattro mesi a causa dello choc e della depressione, come dichiara il suo avvocato, oppure lo ha fatto per evitare grane con la polizia; certo è che dopo la confessione viene rispedito in Baviera, e l'ospedale non esclude di chiedergli il rimborso delle spese mediche: decine di migliaia di sterline.

Alla delusione per la bella favola, rivelatasi un caso psichiatrico o una mezza truffa, si aggiunge infine la beffa: Piano Man non sa suonare il pianoforte. Altro che virtuosismi, come ha raccontato un assistente sociale che si è forse lasciato trasportare dal romanticismo dell'intera vicenda: il giovane si limitava a schiacciare per ore lo stesso tasto. Quando gli domandano il motivo per cui subito dopo il suo ritrovamento, abbia disegnato proprio un pianoforte, Andreas risponde: «È la prima cosa che mi è venuta in mente».

### I bambini verdi

Una delle più antiche storie di "apparizioni" misteriose capitò a Woolpit, un paesino del Suffolk, in Inghilterra, nel XII secolo. Si racconta che, durante il regno di re Stefano (1135-1154 d.C.), alcuni contadini trovarono due bambini, un maschio e una femmina, in un fosso. Erano «vestiti in abiti di strani colori e tessuti mai visti», ma la cosa più stupefacente era il colore della loro pelle: verde. Nessuno poteva capire cosa dicessero e i due bimbi rifiutavano qualunque cibo, tranne i piselli. Il maschio morì dopo alcune settimane, ma la bimba crebbe, diventò cameriera per Sir Richard de Calne, nella contea di Wykes, si sposò, e con il tempo perse il colorito verdastro. Sembra probabile che i contadini dell'epoca abbiano un po' "colorito" la storia del ritrovamento dei due bimbi, probabilmente due trovatelli stranieri. Il verde, nel Medioevo, era un colore cui si attribuivano doti soprannaturali e non stupisce che, in tempi più recenti, uno dei soprannomi dato agli "extraterrestri" sia proprio quello di "omini verdi".

# SCOMPARSI NEL NULLA!

In un racconto di Sherlock Holmes si accenna al bizzarro caso del signor James Phillimore che, rientrato in casa per prendere l'ombrello, svanì dalla faccia della Terra. Niente di strano. Nella letteratura come nel cinema di fantascienza, dove rapimenti alieni, passaggi attraverso universi paralleli o teletrasporti avanti e indietro nel tempo sono la norma, i casi di misteriose sparizioni rappresentano un classico. Ma nella realtà no. La gente solitamente non scompare nel nulla.

Chi sparisce a volte lo fa di sua volontà, per sottrarsi a problemi per i quali non vede una soluzione possibile; oppure è vittima di disturbi psichiatrici, di incidenti o di delitti in cui il cadavere finisce distrutto o nascosto per sempre. E non sono pochi. Dagli anni '70 a oggi, gli scomparsi solo in Italia sono 27.000, 58.932 in Francia, 356.000 in Inghilterra e 692.944 negli Stati Uniti. Ma nessuno di questi, fino a prova contraria, si è mai volatilizzato nel nulla. Eppure, proprio la mancata conoscenza di ciò che è accaduto realmente rende la scomparsa di alcuni persone, celebri o meno, un genere di misteri tra i più enigmatici e appassionanti.

## Aviatori, scrittori e banditi

Forse il caso più celebre è quello dell'aviatrice americana Amelia Earhart, che nel 1937, nel tentativo di diventare la prima donna a circumnavigare il globo in aereo, scomparve in volo nei pressi dell'isola di Howland, nel Pacifico, insieme al suo copilota Fred Noonan. Che cosa accadde esattamente non si sa. All'approssimarsi dell'isola, dove era dislocata una postazione della guardia costiera americana, Amelia comunica via radio: «Dobbiamo essere sopra di voi ma non riusciamo a vedervi. Il carburante sta finendo». I disperati tentativi di segnalazione della guardia costiera non servono a nulla, e l'aeroplano si perde. Il presidente Roosevelt autorizza per le ricerche l'impiego di nove navi e sessantasei aerei, spendendo qualcosa come 4 milioni di dollari, ma dopo oltre due settimane di perlustrazioni – in cui sono state setacciate 250.000 miglia quadrate di oceano – si decide di interrompere le ricerche. Negli anni si è ipotizzato di tutto: che Amelia fosse una spia americana abbattuta dai giapponesi, che fosse finita su un'isola deserta dove morì e persino che fosse sopravvissuta e poi tornata in incognito negli Stati Uniti con una nuova identità. Nel 2010 un gruppo di ricercatori affermò di aver trovato resti di ossa e oggetti sull'atollo disabitato di Nikumaroro, nel Sud Pacifico, ma i test del dna non hanno permesso di determinare se le ossa fossero umane o appartenessero a una tartaruga. L'ipotesi più probabile resta quella secondo cui l'aereo sarebbe affondato al largo dell'isola di Howland, e si troverebbe ora da qualche parte nell'oceano a cinque chilometri di profondità[1].

Un'altra vicenda che non ha trovato risposte è quella dello scrittore e giornalista americano Ambrose Bierce, che nel dicembre 1913 probabilmente raggiunse il Messico, dilaniato dalla guerra civile, e si unì come osservatore ai rivoluzionari di Pancho Villa. In una lettera a una cugina, inviata il 26 dicembre dalla città di Chihuahua, scrisse: «Parto domani per una destinazione sconosciuta». Dopodiché, di lui non si

1 Di Amelia Earhart ho scritto in *Grandi gialli della storia* (op. cit.).

ebbe più notizia. Secondo alcuni sarebbe stato fucilato dai messicani, oppure sarebbe morto durante la battaglia di Ojinaga e quindi sepolto in qualche fossa comune. Altri, come lo studioso Joe Nickell, dubitano che Bierce sia mai andato in Messico, visto che non esistono prove di quel viaggio, e dato che Bierce era già anziano per intraprendere spedizioni di quel tipo, e non nutriva simpatie per Villa. Inoltre, della famosa lettera nessuno avrebbe mai visto l'originale. Resta il fatto che alla fine del 1913 Ambrose Bierce scomparve, e di lui non si seppe più nulla.

Come ancora si cercano i resti del controverso sindacalista statunitense Jimmy Hoffa, condannato per corruzione e complicità con la mafia. Dopo quindici anni di carcere, e proprio quando tentava di riaffermare il suo potere tra gli autotrasportatori, il 30 luglio 1975 scomparve dal parcheggio di un ristorante di Bloomfield, vicino a Detroit, e nessuno lo vide più. Secondo quanto disse prima di sparire, avrebbe dovuto incontrarsi con due leader della mafia, Anthony Giacalone e Anthony Provenzano. Quella sera, non vedendolo tornare a casa, la moglie chiamò la polizia. Al ristorante fu trovata l'auto di Hoffa, ma di lui nessuna traccia. I due mafiosi poterono dimostrare di non essersi avvicinati al ristorante e di non avere programmato incontri con Hoffa. Sebbene non se ne abbiano prove certe, l'FBI ipotizzò che Hoffa fosse stato ucciso e fatto sparire proprio dalla mafia, infastidita dai suoi tentativi di riconquistare un ruolo di potere all'interno del sindacato. Ogni tentativo di rintracciarne il corpo, però, è andato finora a vuoto.

Anche la sorte di due banditi patentati del leggendario West, come Butch Cassidy e Sundance Kid, non è chiara: furono dati per morti (suicidi, ma più probabilmente uccisi) nel 1908 in Bolivia, dopo uno scontro a fuoco con la polizia, salvo poi ricomparire qualche anno più tardi. Poiché in Bolivia non c'era stata un'identificazione ufficiale e i loro corpi erano stati sepolti in una tomba anonima, Butch "ricomparve" due volte in America, nel 1925 e nel 1930, mentre il Kid sarebbe rientrato a San Francisco nel 1919 e morto in carcere sotto falso nome. Il test del dna condotto sulla salma di San Francisco, riesumata nel 1992, ha smentito, però, che quelli fossero i resti del Kid. Un'altra ipotesi sosteneva che Sundance fosse in effetti rientrato in America ma vivesse con il nome di William Henry Long nella cittadina di Duchesne, nello Utah. Long morì nel 1936 e fu sepolto nel cimitero locale. Nel dicembre 2008 i suoi resti sono stati riesumati, ma anche questa volta i test del dna hanno smentito la teoria. E così, mancando i loro corpi, i due banditi che ispirarono romantici film e romanzi d'avventura continuano a eludere ogni certezza che li vorrebbe inchiodare in una bara, tanto di nome e cognome. E i dubbi sulla loro vera fine continuano.

Sembra invece aver trovato parziale risposta la sorte subita dallo scrittore e pilota francese Antoine de Saint-Exupéry, autore de *Il piccolo principe*. Durante un volo di ricognizione nel corso della guerra, partito il 31 luglio 1944 dalla Corsica e diretto a Lione, Saint-Exupéry e il suo aereo scomparvero nel nulla. Si parlò di suicidio e di incidente. Almeno fino a sessant'anni dopo, quando nell'aprile 2004, sul fondo del mare, al largo dell'Île de Riou, furono rinvenuti alcuni rottami attribuiti con certezza all'aereo del pilota, forse abbattuto dai tedeschi. Il mancato ritrovamento di resti umani, così come la presenza sull'aereo di mitragliatrici (mentre Saint-Exupéry era noto per non volere armi con sé), sono però elementi di dubbio sufficienti per coloro che continuano a pensare che la sorte dello scrittore resti ancora un mistero.

### Sparizioni di massa

Non sono però solo singole persone quelle che sembrano scomparire nel nulla: talvolta si tratta di gruppi, anche piuttosto numerosi. Come successe per esempio all'esercito di cinquantamila uomini del re persiano Cambise che, secondo Erodoto, scomparve nel 524 a.C. nel deserto egiziano mentre tentava di raggiungere il paese degli Ammoni (oggi oasi di Siwa) per conquistare l'oracolo di Zeus. Per quanto improbabile sembri la scomparsa di cinquantamila persone, l'evento è plausibile: in quella zona di deserto soffia il terribile vento khamsin, che nei secoli ha sepolto per due volte persino la Sfinge di Giza. Dunque avrebbe potuto sollevare abbastanza sabbia da seppellire anche l'armata di Cambise. Armata che forse contava molti meno uomini di quelli indicati da Erodoto, una forza militare esagerata per quel tipo di missione, ma certamente qualche migliaio di soldati dovevano farne parte, e scomparvero nel nulla. Nel 2000 una spedizione archeologica pensò di aver ritrovato l'armata perduta: nella zona, infatti, furono rinvenute alcune punte di freccia, un pugnale, un bracciale, degli orecchini e un finimento per cavalli di origine persiana. Mistero risolto? Forse. Il fatto è che quegli oggetti potrebbero anche appartenere a spedizioni militari successive. E dunque, l'enigma rimane.

Assolutamente nulla, invece, è mai stato trovato della colonia di oltre cento inglesi che nel 1587 raggiunse l'isola di Roanoke, nell'attuale North Carolina, durante il secondo tentativo britannico di stabilire un insediamento nel Nordamerica. Fu il governatore John White, che aveva guidato la spedizione e poi era tornato in Inghilterra per acquistare approvvigionamenti e combattere nella guerra con la Spagna, a fare la sconcertante scoperta. Tornato tre anni dopo a Roanoke trovò solo case disabitate, nessuna traccia di lotta o resti di cadaveri. L'unico indizio era la scritta CROATOAN incisa sul tronco di un albero: forse indicava che la colonia si era trasferita sulla vicina isola di Croatoan, ma White non riuscì a raggiungerla per via di una tempesta. Le ipotesi sulla fine dei cento inglesi scomparsi a Roanoke sono diverse: forse stanchi di aspettare tentarono di tornare via mare e fecero naufragio, oppure furono attaccati e mangiati dai cannibali, o forse sterminati dagli spagnoli che, già in passato, avevano massacrato la colonia francese di Fort Charles. L'ipotesi più probabile però è che il gruppo si disperse, integrandosi con i vari insediamenti di nativi della zona. Resta da spiegare perché non siano mai stati trovati gli oggetti, i manufatti, gli abiti che avevano con sé.

### Scomparsi italiani

Anche l'Italia ha la sua considerevole quota di scomparsi. Primo fra tutti il celebre fisico Ettore Majorana, che nel marzo 1938, dopo un soggiorno di soli due giorni a Palermo, scrisse a un amico che sarebbe tornato a Napoli e invece scomparve. Si fecero ricerche ovunque, si interessò lo stesso Mussolini e fu offerta una ricompensa di 30.000 lire per chi avesse fornito notizie, ma non emerse mai nulla. In alcune lettere a familiari e amici, scritte prima di sparire, Majorana adombrava l'idea del suicidio, senza però parlarne esplicitamente. Per alcuni fu proprio questa la sua fine. Tuttavia, prima della scomparsa ritirò una discreta somma di denaro (circa 10.000 euro di oggi) che mal si accorda con l'ipotesi del suicidio. Leonardo Sciascia suggerì che si fosse rinchiuso in un monastero, per sfuggire al mondo, dal momento che detestava la vita sociale. Altri immaginarono avesse messo i suoi servizi a disposizione del Terzo Reich e fosse poi fuggito in incognito in Argentina. Altri ancora ipotizzarono che si fosse trasformato a Napoli in un barbone dall'intelligenza straordinaria, famoso per risolvere i compiti agli studenti che incontrava. Le indagini sulla sua scomparsa sono ancora aperte.

Analoga incertezza regna sulle sorti dell'economista Federico Caffè, che la mattina del 15 aprile 1987 uscì dalla sua casa di via Cadlolo a Roma lasciando sul comodino gli occhiali da lettura e i documenti per poi svanire nel nulla. Il fratello, con cui viveva, non si accorse di niente. Polizia, studenti e amici lo cercarono ovunque, senza successo. Caffè aveva subìto una serie di disgrazie, tra cui le morti della madre, di un collega assassinato dalle Brigate Rosse e di amici cari che, unite al fatto di dover lasciare la cattedra alla Sapienza per raggiunti limiti di età, lo avevano fatto cadere in una profonda depressione. Non mangiava più e parlava apertamente di suicidio. Anche in questo caso ci fu chi immaginò si fosse rinchiuso in un convento, ma per altri l'ipotesi più probabile resta quella del suicidio. I suoi resti però non furono mai rinvenuti.

Che dire invece dei casi di bambini e ragazzi che non erano celebrità ma sono comunque scomparsi nel nulla? Come Angela Celentano, una bimba di 3 anni, che il 10 agosto 1996 sparì durante una gita al monte Faito, a Napoli, organizzata dalla famiglia con la comunità evangelica di Vico Equense; o Denise Pipitone, 4 anni, sparita dalla stradina davanti a casa dove stava giocando il 1° settembre 2004, e per la cui scomparsa sono sotto inchiesta la sorellastra Jessica e il fidanzato Gaspare Ghaleb. O, ancora, come le gemelline svizzere Alessia e Livia Schepp, prelevate dal padre il 30 gennaio 2011: quest'ultimo si suicidò buttandosi sotto un treno a Cerignola (Foggia), ma delle bambine non si è mai più trovata traccia.

A volte, come è stato nei casi di altre tragiche scomparse di minori, i corpi vengono ritrovati per caso e rivelano una fine terribile. È successo a Ciccio e Tore, i due fratellini Pappalardi spariti a Gravina in Puglia il 5 giugno 2006. Fu arrestato il padre con l'accusa di sequestro, omicidio e occultamento di cadavere, ma il 25 febbraio 2008 l'imprevisto: un bambino cadde in un pozzo abbandonato a Gravina. Qualcuno sentì le sue urla e i soccorritori riuscirono a tirarlo fuori, ma contemporaneamente fecero anche una macabra scoperta: in fondo al pozzo c'erano i resti mummificati dei due fratellini, di cui evidentemente nessuno aveva mai sentito le grida.

Anche i resti di Elisa Claps, scomparsa il 12 settembre 1993, furono ritrovati per caso (si dice) il 17 marzo 2010 durante i lavori di ristrutturazione del tetto della chiesa della Santissima Trinità di Potenza, luogo dove il giorno della scomparsa aveva appuntamento con un conoscente, Danilo Restivo, oggi indagato per omicidio.

Non si è invece più saputo nulla di Emanuela Orlandi, una ragazza di 15 anni residente in Vaticano scomparsa il 22 giugno 1983. Il caso divenne rapidamente uno dei più ingarbugliati misteri italiani, che coinvolse non solo il Vaticano, ma anche lo IOR, il Banco Ambrosiano e i servizi segreti. Di recente alcune rivelazioni di pentiti degli ambienti malavitosi hanno riportato in luce la pista che vedrebbe la banda della Magliana quale artefice del rapimento. Le indagini sono ancora in corso.

Più vicino a noi il caso drammatico di Ylenia Carrisi, la figlia ventitreenne di Albano Carrisi e Romina Power, che nel gennaio 1994, da New Orleans dove aveva fatto tappa nel viaggio per il mondo che stava intraprendendo, telefonò a casa e poi scomparve. Fu vista l'ultima volta il 6 gennaio dal proprietario dell'albergo in cui alloggiava, mentre l'amico con cui stava, il musicista di strada Alexander Masakela, spiegò di averla vista uscire sola. Il guardiano dell'acquario comunale dirà poi di avere visto una ragazza che somigliava a Ylenia gettarsi nel Mississippi al grido di "Appartengo alle acque". Masakela, sospettato all'inizio di essere coinvolto nella scomparsa, fu rilasciato per mancanza di prove. Il padre Albano non ha dubbi che la figlia sia morta affogata per colpa della droga: «Già una volta, sotto l'effetto di stupefacenti, era entrata nel Mississippi, rischiando la vita. Ho nutrito per anni la speranza, ma oggi so che se n'è andata tra le acque di quel fiume». Nel giugno 2011, un giornale tedesco rilancia la tesi secondo cui Ylenia sarebbe viva e si sarebbe rifugiata in un convento greco-ortodosso di Phoenix, in Arizona. A sostenerlo è la squadra omicidi della polizia di New Orleans, dove l'indagine su Ylenia è ancora aperta, ma manca ogni conferma, e per Albano si tratta solo di una «vergognosa speculazione».

# VISITATORI DAL FUTURO?

Nel marzo del 2010, internet rivela che in una foto del 1940 sarebbe visibile un uomo vestito in modo esageratemente moderno per appartenere a quell'epoca. Un mese dopo a Ginevra viene arrestato un giovane, vestito in modo eccentrico, che sostiene di voler bloccare l'acceleratore di particelle per impedire la futura distruzione del pianeta. A dicembre si ritrova la sequenza del film di Chaplin, *Il circo*, del 1928, in cui una passante sembra parlare in un telefono cellulare. Che cosa sta succedendo, stiamo forse per scoprire che il nostro mondo è – o è sempre stato – visitato da viaggiatori provenienti dal futuro?

La domanda è meno bizzarra di quanto sembri: in via teorica, la fisica non esclude la possibilità di spostarsi avanti o indietro nel tempo, anche se ciò potrebbe avvenire solo in condizioni estreme, impossibili da realizzare con le tecnologie attuali. Nulla, però, impedisce di fantasticare che in un futuro lontano queste tecnologie potranno essere alla nostra portata.

## Uomini volanti

Non è la prima volta che qualcuno pensa di aver trovato la prova che sia possibile viaggiare nel tempo: da quando, nel 1895, Herbert George Wells rese popolare l'idea dei viaggi temporali, con il suo romanzo *La macchina del tempo*, fiorirono gli avvistamenti di cose o persone anacronistiche, ma alcuni episodi insoliti si erano verificati anche prima.

La sera del 12 luglio 1877, per esempio, a Quebradillas, Puerto Rico, il signor Ordóñez era sul balcone di casa quando notò un uomo in strada: «Aveva in mano un piccolo oggetto scintillante... portò poi le mani sulla fibbia della cintura e un aggeggio che aveva sulla schiena, come uno zaino, si accese, emise un rumore che ricordava un trapano elettrico... quindi si sollevò in aria e sparì tra gli alberi».

Testimonianze di strani uomini volanti si ripeterono in America. Il 28 luglio 1880 due testimoni di Louisville, nel Kentucky, dissero di aver visto volare un uomo «circondato da macchinari che sembrava manovrare con le mani». Qualche settimana dopo, nel North Carolina, fu segnalato l'avvistamento di uno strano oggetto volante con un uomo a bordo e i testimoni, nonostante l'oggetto si trovasse a un'altitudine stimata di trecento metri, dissero di averne visto perfettamente il volto, specificando addirittura che «aveva un'espressione crudele e determinata».

In Inghilterra, invece, altri scorsero strane piattaforme volanti. Nel 1916 la signora Whiteland, di Aldeburgh, nel Suffolk, si affacciò alla finestra e vide una decina di persone su quella che sembrava una piattaforma rotonda, con tanto di ringhiera tutt'intorno, sospesa a nove metri d'altezza. «Indossavano uniformi blu e piccoli cappelli tondi, simili a quelli dei marinai» disse. La macchina non produceva suoni, poco dopo si mosse e sparì dietro alcune case.

Quarant'anni dopo, il 18 ottobre 1955, il reverendo Pitt-Kethly, che viaggiava in treno verso Londra, vide dal finestrino una piattaforma grande come un piccolo bus che viaggiava a un'altezza di circa quaranta metri e a una velocità di circa 30 km/h. Sopra di essa stavano una ventina di uomini con uniformi color kaki ed elmetti.

Chi potevano essere tutti questi strani uomini su macchinari volanti improbabili per l'epoca, se non esploratori dal futuro?

Il problema dei ricordi di testimoni oculari, come è ormai chiaro dalla psicologia forense, è che possono alterarsi e trasformarsi senza che il testimone si accorga di riferire qualcosa che non è mai successo, o che è successo ma in maniera completamente diversa. Di conseguenza è estremamente difficile accettare oggi questo tipo di resoconti come prove oggettive di autentici viaggiatori del tempo.

Che dire, allora, di prove che documenterebbero anacronismi temporali molto più tangibili? Lasciando da parte gli artefatti dei cosiddetti "antichi astronauti", come si spiega l'impronta di una suola di scarpa in un sedimento risalente a 500 milioni di anni fa?

**La scarpa del Cambriano**

Nell'estate del 1968, William J. Meister, un disegnatore che collezionava trilobiti fossili, durante la ricerca di nuovi esemplari trovò in una roccia scistosa una forma oblunga, che sembrava l'impronta di una suola di scarpa. Niente di strano, se insieme all'impronta non avesse trovato anche alcuni trilobiti risalenti al Cambriano: come dire che chi lasciò quell'impronta calpestò anche i trilobiti, e che ciò successe oltre 500 milioni di anni fa!

La scoperta venne portata a sostegno delle idee creazioniste, secondo cui la Terra sarebbe molto più giovane di quanto pensiamo. Per altri, invece, significava che qualche nostro pronipote era riuscito a tornare indietro nel tempo e a farsi una passeggiata nella preistoria.

Ma un'analisi più accurata del ritrovamento dimostra che i fatti sono ben diversi: i trilobiti si sono rivelati autentici, ma "l'impronta" è solo un'illusione. Per cominciare, non esistono in zona altre impronte, come sarebbe logico attendersi se una persona avesse davvero camminato in quel punto (e come è stato trovato per altre impronte di piedi di epoca preistorica). Inoltre, l'orma è molto sottile e non mostra i segni dovuti alla pressione di un piede né le deformazioni tipiche legate al suo movimento. Il presunto "tacco" è in realtà solo una crepa che attraversa l'intera roccia oltre il perimetro dell'impronta. Se, infine, davvero quella fosse un'impronta, significherebbe che qualcuno aveva camminato sul fondo del mare: i trilobiti erano infatti creature marine.

La polemica si protrasse per alcuni anni, finché chi era convinto dell'inspiegabilità dell'oggetto riconobbe l'errore e nessuno considerò più l'impronta come una prova di visitatori dal futuro.

**Chi sparava ai bisonti 30.000 anni fa?**

Negli anni '60, scrittori di fantascienza come Peter Kolosimo o Erich von Däniken raccontavano di un teschio di bisonte vissuto dai 30.000 ai 70.000 anni fa e conservato al museo di paleontologia di Mosca, che presentava sulla fronte un foro rotondo come quello di una pallottola. Chi poteva a quel tempo sparare ai bisonti se non qualcuno proveniente dal futuro?

Ma in questo caso, come per altri simili, il diffondersi della leggenda è dovuto principalmente alla superficialità di alcuni scrittori: nel cranio, infatti, mancava il relativo "foro d'uscita" dell'ipotetico proiettile e, come dimostravano le ossa che avevano rimarginato la ferita, il foro non aveva ucciso l'animale. Davvero poteva trattarsi di un colpo d'arma da fuoco?

L'ufologo Roberto Pinotti, incuriosito dalla vicenda, scrisse già nel 1965 a Konstantin Flerov, curatore del museo russo e indicato come colui che credeva all'ipotesi del cacciatore dal futuro. Pinotti scoprì che non era affatto così: «È possibile che tale foro sia dovuto al corno di un altro bisonte, a seguito di un combattimento nella stagione degli amori» rispose infatti Flerov. «Ma più probabilmente l'apertura è conseguenza dell'azione di parassiti. Abbiamo diversi altri crani con molte aperture che mostrano limitate tracce di cicatrizzazione.» Nessun cecchino dal futuro, quindi.

### Crononauti

Se avvistamenti casuali o ipotetiche tracce involontarie non dimostrano l'esistenza di viaggiatori del tempo, ci si può allora chiedere se qualche crononauta non si sia mai palesato in maniera esplicita. In effetti, nel 2000 fece molto parlare di sé un tale "John Titor", che diceva (solo sul web) di esser tornato indietro nel tempo e di giungere dal 2036. La vicenda sollevò molta curiosità, anche perché l'uomo sembrava conoscere fatti noti a pochi, o relativi al futuro. In seguito, si ipotizzò che si fosse trattato di uno scherzo e anche i racconti del futuro di Titor – come una guerra civile americana che avrebbe dovuto iniziare nel 2005 e concludersi nel 2015, con tanto di lancio da parte della Russia di bombe atomiche sull'America – si rivelarono fortunatamente sbagliati.

Nel 2010 si venne a sapere che un altro uomo che affermava di provenire dal futuro, Eloi Cole, era stato arrestato nei pressi del Large Hadron Collider, il superacceleratore di particelle del CERN di Ginevra. Il sabotatore, vestito in modo eccentrico, sosteneva di essere tornato indietro nel tempo per bloccare l'acceleratore e impedirgli così di distruggere il mondo. Cole sarebbe poi stato trasferito in un ospedale psichiatrico, dal quale si sarebbe allontanato... Ma già il giorno seguente si scoprì che si trattava solo di uno scherzo: in effetti, la notizia di Cole era stata diffusa sul web, sì, ma il 1° aprile...

## Foto-ricordo dal passato

Mentre della donna col "cellulare" nel film di Chaplin già abbiamo detto (vedi il paragrafo *Film che viaggiano nel tempo*, pag. 145), resta ancora da spiegare la fotografia del 1940 (figura 52) che sembrerebbe mostrare un uomo del futuro. La foto, conservata al Bralorne Pioneer Museum e pubblicata all'inizio del 2010 sul sito del Virtual Musem of Canada, iniziò a circolare sul web, e qualcuno notò le più svariate anomalie. Era una giornata di sole novembrino e, stando alla didascalia del museo, la folla nella foto assisteva alla riapertura del ponte di South Fork, una cittadina della British Columbia, in Canada, dopo la sua chiusura in seguito a un'inondazione.

Gli uomini indossano il cappello, la giacca e alcuni la cravatta, un abbigliamento normale per il 1940. Vi è però un uomo che spicca sugli altri: ha i capelli un po' troppo lunghi, è senza cappello, non porta giacca né cravatta, e indossa una maglietta con uno strano logo e una felpa con cappuccio. È anche l'unico a portare un paio di occhiali da sole, peraltro dalla foggia inusuale per l'epoca, e tiene tra le mani quella che sembra una piccola macchina fotografica compatta. Ce n'è abbastanza per indurre alcuni a pensare di aver finalmente tra le mani una foto autentica (secondo vari esperti non sembrava un'elaborazione digitale) di un viaggiatore del tempo.

Anche qui, però, ciò che a prima vista sembrava strano, a un esame più attento si è rivelato normale: occhiali molto simili a quelli indossati dall'uomo erano già di moda negli anni '40, e la macchina fotografica sembra una delle tascabili che la Kodak realizzava all'epoca. Anche l'abbigliamento, per quanto poco formale, era allora disponibile, tipico di uno studente. La stessa maglia con la "M" gigante ricorda quelle usate nel 1940 dalla squadra canadese di hockey dei Montreal Maroons.

Ma il motivo per cui è improbabile che quello ritratto sia un autentico viaggiatore del tempo – così come sono improbabili tutti gli altri casi qui discussi – è che, se davvero qualcuno potesse tornare indietro nel tempo, si comporterebbe senz'altro diversamente. Potrebbe infatti manifestare la sua presenza in maniera clamorosa, portando prove solide del suo viaggio: così facendo però rischierebbe di alterare il futuro, e non essere mai nato. Oppure, più probabilmente, farebbe di tutto per non farsi notare: ed ecco perché, paradossalmente, forse in futuro i viaggi nel tempo esisteranno davvero, a oggi infatti non ne abbiamo prova.

**Lo speculatore del 2256**

Nel marzo 2003 il «Weekly World News» pubblicò la notizia che un tale Andrew Carlssin, un uomo proveniente dal 2256, era stato arrestato per *insider trading*. Con in mano i dati sull'andamento della Borsa, Carlssin era tornato indietro nel tempo per diventare ricco: nel giro di due settimane, partendo da 800 dollari ne aveva guadagnati 350 milioni, attirando così l'attenzione dell'FBI, che lo aveva arrestato. Ovviamente, Carlssin era poi scomparso dalla sua cella. La verità è che il «WWN» è famoso per essere un giornale che pubblica notizie clamorose ma decisamente false («Hitler nascosto sulla Luna», «Donna partorisce bimbo-pipistrello», «UFO abbattuto dai russi»...). Eppure, ripresa sul web da Yahoo, la notizia è stata considerata da molti autentica, e la Commissione americana per la sicurezza negli scambi commerciali è stata sommersa di telefonate di quanti cercavano conferma del fatto straordinario.

## *In conclusione*
# LE 10 REGOLE PER INDAGARE UN MISTERO

Come spero sia emerso dalla lettura di questo libro, indagare misteri può essere un'impresa molto divertente, oltre che istruttiva. Certo, richiede pazienza, la voglia e il tempo di documentarsi, il desiderio di non fermarsi in superficie ma andare sempre a fondo dei misteri, la possibilità di consultare esperti, e tante altre piccole e grandi strategie per giungere alla fine del percorso con una spiegazione risolutiva, o perlomeno un'ipotesi plausibile in mancanza di verifiche definitive.

Sarebbe impossibile spiegare in poche righe come diventare "indagatori di misteri". Il CICAP organizza ogni anno un corso apposito che prevede diversi incontri da seguire, esperti competenti da cui apprendere, libri e documenti da approfondire ed esperienze pratiche da realizzare. Esistono comunque anche ottimi libri da cui si può iniziare[1]. Quello che possiamo fare qui, a chiusura di queste pagine, è indicare alcuni suggerimenti pratici da tener sempre presenti ogni volta che ci si trova di fronte a un programma

1 Un buon punto di partenza è *Sulla scena del mistero. Guida scientifica all'indagine dei fenomeni inspiegabili* di Stefano Bagnasco, Andrea Ferrero e Beatrice Mautino (Sironi Editore, 2010). In inglese, si può iniziare con *Missing Pieces. How to Investigate Ghosts, UFO's, Poltergeists, & Other Mysteries* di Joe Nickell e Robert A. Baker (Prometheus Books, 1992) e proseguire con *Scientific Paranormal Investigation. How to Solve Unexplained Mysteries* di Benjamin Radford (Rhombus Publishing Company, 2010).

televisivo, a un servizio giornalistico o a un articolo che sembrano dare notizia di un fatto inspiegabile. Per partire bastano solo un po' di curiosità per l'argomento e la voglia di impegnarsi a fare chiarezza.

**1) Accertarsi che il mistero esista veramente.**

È la prima regola. Più volte di quante si possa immaginare, escono sui giornali o in tv notizie che non hanno la minima fondatezza: sono in genere episodi curiosi trovati su internet ma mai accaduti nella realtà, fantasie di personaggi in cerca di pubblicità, pessime traduzioni di notizie uscite in una lingua straniera e fraintese dal cronista o, magari, leggende metropolitane che per l'ennesima volta vengono spacciate come fatti autentici. In tutti questi casi, chi ha la pazienza di fare qualche domanda scopre immancabilmente che non è possibile spiegare il mistero perché, semplicemente, non c'è nessun mistero da spiegare. Quando lo si fa notare alla redazione del giornale, del sito o del programma che ha dato la notizia, tuttavia, la reazione non sempre esprime gratitudine: nel migliore dei casi viene pubblicata una smentita, anche se di solito in caratteri minuscoli; nel peggiore, la notizia viene fatta sparire dal web senza ulteriori spiegazioni. Contattando la redazione che ha preso l'abbaglio, dunque, meglio evitare commenti sarcastici o rimproveri: gli errori possono capitare a tutti, meglio offrire le proprie scoperte come ulteriore contributo all'approfondimento e augurarsi che, in futuro, le notizie siano verificate più a fondo prima di essere diffuse.

**2) Verificare l'attendibilità della fonte.**

Se a dire che gli omini verdi sono sbarcati sulla Terra fosse il direttore in carica della NASA, l'attendibilità della notizia sarebbe ben più alta di quando a fare certe affermazioni è un'ex attrice o uno scrittore di romanzi di fantascienza caduto in disgrazia. Questo non significa che l'autorità di una fonte sia sufficiente a rendere l'affermazione vera – l'elenco di cantonate prese da premi Nobel o capi di stato è purtroppo lunghissimo – ma, almeno, può rappresentare un primo filtro di credibilità.

**3) Condurre ricerche approfondite e risalire alle fonti originali.**

Non fidarsi mai dell'accuratezza di quanto viene riportato da fonti secondarie. Anche senza volerlo, una notizia può essere distorta perché capita male dal cronista, perché il testimone non si è saputo spiegare, perché le sue affermazioni sono state modificate per renderle più presentabili o per mille altre ragioni. Da un lato, quindi, è importante mettere a confronto più versioni possibili dello stesso episodio e, dall'altro, ogni volta che si può, occorre risalire a chi per primo ha fatto l'affermazione in questione. Solo così si può sperare di ridurre il "rumore di fondo" aggiunto a una storia da tutti coloro che sono venuti dopo.

**4) Non formulare ipotesi prima di avere tutti i fatti.**

Questa era una delle regole chiave di Sherlock Holmes e lo è tuttora per chi, come gli indagatori del CICAP, si avvicina a un presunto mistero. Nell'immaginare possibili spiegazioni per un mistero di cui non si sa ancora nulla, si rischia di alterare i fatti per farli combaciare alla teoria. Occorre, invece, avvicinarsi al mistero con mente aperta e raccogliere ogni dettaglio e particolare possibile. Lo stesso vale per una notizia letta su un giornale o ascoltata in tv: anche se il giornalista è capace e attento, lo spazio limitato a disposizione potrebbe averlo costretto a tralasciare particolari che potevano forse apparire insignificanti ma, se conosciuti e osservati nella giusta prospettiva, potrebbero condurre alla soluzione del mistero.

**5) Riprodurre le condizioni originali.**

Ricreare le condizioni in cui si verifica un determinato fenomeno può essere talora sufficiente a condurre gli investigatori alla soluzione. Una volta, per esempio, esaminammo alcuni filmati in cui si vedeva una sensitiva russa muovere oggetti senza toccarli: l'unica spiegazione possibile sembrava l'uso di fili invisibili o calamite. Quando però avemmo l'occasione di ricreare le stesse condizioni, utilizzando un tavolino in plexiglas identico a quello della sensitiva, scoprimmo con enorme sorpresa che qualunque oggetto di un certo peso e di una certa forma appoggiatovi sopra si muoveva da solo per una reazione dovuta all'elettricità statica prodotta dal plexiglas quando veniva sfregato[2].

**6) Dove possibile, controllare di persona i fatti.**

Mai fidarsi dei resoconti proposti da altri, per quanto possa trattarsi di persone affidabili e serie: ogni volta che se ne ha l'opportunità, recarsi di persona sul luogo di un presunto mistero è il modo migliore per immaginare spiegazioni alternative e magari intuire come possono essere andate veramente le cose. Guardare programmi tv o leggere pagine sul web sono esperienze nemmeno lontanamente paragonabili a quella di recarsi di persona sul campo per condurre l'indagine.

**7) Chiedere consiglio agli esperti.**

Non illudersi mai di sapere tutto, tanto più in un'epoca superinformata come la nostra. Rivolgersi agli esperti appropriati è l'unico sistema utile per risolvere un dubbio tecnico o pratico. I consulenti del CICAP appartengono alle discipline più diverse: fisici, chimici, biologi, psicologi, neurologi, climatologi, geologi... ma, nonostante ciò, c'è sempre qualche nuovo mistero che richiede un parere specialistico ancora

2 Il caso è raccontato, tra l'altro, in *Investigatori dell'occulto* di Massimo Polidoro e Luigi Garlaschelli (Avverbi, 1999).

diverso. Cercare un esperto appropriato per l'indagine che si desidera svolgere può essere un'attività divertente in sé, e potrebbe magari dare il via a collaborazioni che porteranno a condurre nuove indagini e verifiche.

**8) Imparare a distinguere tra fatti e fantasie.**

Il plurale di aneddoto non è prove. Vale a dire che, per quante storie si raccolgano su un determinato mistero, non avranno mai il valore probatorio di un singolo fatto documentato. Si potranno avere anche mille testimoni che sostengono di aver visto un medium levitare a mezz'aria, ma non si potrà mai dichiarare genuina la levitazione se il medium non si solleva, nemmeno una volta, in condizioni che escludano possibili trucchi o suggestioni.

**9) Prendere i testimoni con le molle, ma educatamente.**

Ascoltare con rispetto e pazienza chi ha osservato qualcosa di insolito o crede di avere le prove di un fenomeno paranormale. È vero, forse costoro si sbagliano, del resto i fattori che influenzano la testimonianza oculare sono talmente tanti e del tutto fuori portata del controllo del testimone, che una persona può credere in perfetta buona fede a ciò che afferma[3]. Occorre però ricordare sempre che il compito di un indagatore di misteri è quello di ricostruire i fatti per giungere alla verità, non attaccare o ridicolizzare le credenze o le motivazioni delle persone.

**10) Applicare il rasoio di Occam.**

È forse la regola più importante, e consiste nel cercare sempre la spiegazione più semplice. Si tratta di un criterio di ricerca della verità, formulato nel XIV secolo dal francescano inglese Guglielmo di Occam, e noto per l'appunto

3 Sulla valutazione della testimonianza oculare vedi: *Si può credere a un testimone?* di Giuliana Mazzoni (Il Mulino, 2003) e *Il sesto senso* di Massimo Polidoro (Piemme, 2000).

come *rasoio di Occam.* Consiste in questo: quando esistono spiegazioni alternative per uno stesso fenomeno, conviene scegliere la più semplice perché molto probabilmente è quella corretta, eliminando dunque tutte quelle ipotesi che non sono strettamente necessarie. In altre parole, prima di formulare teorie rivoluzionarie, occorre verificare se un certo fenomeno non possa essere interpretato con le teorie esistenti.

Sulla scorta di queste dieci regole, chiunque può ora iniziare ad affrontare con piglio analitico quelli che fino a ieri sembravano misteri inspiegabili. E non si tema che la "fredda luce della ragione" possa finire per togliere magia all'universo, tutt'altro: il cosmo è pieno di misteri che ancora attendono risposte e se, nel frattempo, si riesce a fare chiarezza anche su qualche piccolo enigma terrestre, si avrà solo da guadagnarci.

Non è con la superstizione, il pregiudizio o l'ignoranza, infatti, che si può sperare di fare progressi. Se i nostri antenati hanno potuto assumere la posizione eretta ed evolvere dalle scimmie che eravamo negli *Homo sapiens* che oggi costruiscono sofisticatissimi computer, trovano cure alle malattie e progettano viaggi spaziali, la molla va ricercata nel bisogno di sapere e nello stimolo alla conoscenza. La stessa molla, insomma, che un domani potrà permetterci di scoprire nuovi e sempre più incredibili mondi.

*Appendice*
# IL CICAP E IL VALORE DEI FATTI

> Alcuni dicono: «Perché non ignorare i propalatori di falsità e illusioni e gli sciocchi che li seguono?». Perché facendo così si trascura l'influenza che la pseudoscienza esercita su società e politica, dimenticando come, in passato, teorie pseudoscientifiche fornirono a dittatori e nuovi guru argomenti per stermini e suicidi di massa.
>
> MARGHERITA HACK

Chi volesse approfondire gli argomenti trattati in questo libro troverà un punto di riferimento utilissimo nel CICAP (Comitato Italiano per il Controllo delle Affermazioni sulle Pseudoscienze) e nella sua rivista trimestrale «Query. La scienza indaga i mysteri» (www.queryonline.it).

Dal 1989, per iniziativa del giornalista Piero Angela, il CICAP porta avanti un'opera di informazione e educazione riguardo ai temi dell'insolito, del mistero, del paranormale e delle pseudoscienze per favorire la diffusione di una cultura e di una mentalità aperte e critiche, e del metodo razionale e scientifico nell'analisi e nella soluzione dei problemi. Da un lato dunque il CICAP lavora per sostenere l'applicazione del metodo scientifico, ovvero la necessità di verificare i fatti, anche attraverso indagini, sperimentazioni e ricerche condotte dai suoi esperti; dall'altro sostiene l'esigenza di un'informazione corretta e documentata. Per questo il suo motto è: «Esploriamo i misteri per raccontare la scienza».

Alla base del lavoro del CICAP, infatti, ci sono alcuni princìpi tra cui quello che viene chiamato il "valore dei fatti", la necessità cioè che le diverse affermazioni, teorie, ipotesi di spiegazione per fenomeni in apparenza straordinari siano adeguatamente supportate da evidenze che le sostengono. I fatti, cioè, devono venire prima delle opinioni.

Connesso a questo vi è un secondo principio, il "valore della trasparenza", per cui i fatti devono essere raccolti, discussi e divulgati con trasparenza. E, infine, il "valore della responsabilità": chi raccoglie fatti o chi li divulga deve assumersi la responsabilità di quanto raccoglie e diffonde, ed è un principio che riguarda tanto coloro che producono conoscenza scientifica e tecnica, quanto coloro che operano nel mondo dell'informazione e della divulgazione, poiché orienta la loro azione nella direzione del bene pubblico.

Sulla base di questi valori, il cicap lavora poiché ritiene che, soprattutto in contesti di crisi e difficoltà, sia utile ripartire dalla cultura per promuovere consapevolezza e partecipazione, e per accrescere il capitale umano del paese.

Tra gli altri, sono membri onorari del cicap Umberto Eco e il premio Nobel e senatore Carlo Rubbia; vi aderiscono come garanti scientifici numerosi rappresentanti del mondo della scienza e della cultura, quali Silvio Garattini, Tullio Regge, Edoardo Boncinelli e Umberto Veronesi. Tra le personalità che hanno sempre sostenuto il lavoro del cicap ricordiamo poi Edoardo Amaldi, Margherita Hack, Giuliano Toraldo di Francia, Aldo Visalberghi e i due premi Nobel Rita Levi Montalcini e Daniel Bovet.

Chiunque pensi che la scienza sia una cosa seria, e che valga la pena fare il check up alle affermazioni pseudoscienfiche cercando di contrastare, per quanto possibile, il diffondersi di credenze irrazionali profondamente diseducative, potrà trovare nel comitato persone che la pensano allo stesso modo, e con le quali potrà collaborare.

Chi lo desidera può aderire al cicap o anche solo sottoscrivere un abbonamento a «Query». Inoltre, il cicap organizza corsi per la formazione di studiosi e investigatori critici di fenomeni misteriosi.

Come ricorda Piero Angela: «Aderire al cicap è qualcosa di molto gratificante, perché si ha la certezza di fare qualcosa di utile tanto per gli altri quanto per se stessi. È una vera e propria scuola intellettuale, che arricchisce moltissimo anche dal punto di vista morale, perché offre l'occasione di sostenere in modo pulito e disinteressato i valori della scienza, e consente di capire molte cose sulla natura umana».

Le modalità di adesione, e le possibilità di partecipazione, sono presentate sul sito www.cicap.org, o si possono richiedere informazioni scrivendo a: cicap – Casella postale 847, 35100 Padova; tel. 049-686870; mail: info@cicap.org.

Negli Stati Uniti vi è il csi (Committee for Skeptical Inquiry): www.csicop.org. Fondato nel 1975, il comitato che ha ispirato il cicap e che ha visto e vede tra i suoi membri e fondatori grandi scienziati come i premi Nobel H.C. Francis Crick e Murray Gell Mann, il biologo Stephen Jay Gould, l'astronomo Carl Sagan, lo psicologo B.F. Skinner, il biochimico e scrittore Isaac Asimov e il matematico Martin Gardner. Pubblica la rivista bimestrale «The Skeptical Inquirer».

Sempre negli Stati Uniti ha sede anche la James Randi Educational Foundation, www.randi.org, organizzazione per l'indagine scientifica del presunto paranormale, costituita nel 1996 e presieduta dal celebre indagatore di misteri James Randi.

# *Ringraziamenti*

Vorrei ringraziare Sandro Boeri, Marco Casareto, Francesca Folda e Jacopo Loredan, i direttori che si sono avvicendati alla guida di «Focus» e «Focus Storia», così come di «Focus Extra» e «Focus Biografie», testate con cui ho il piacere di collaborare da oltre vent'anni, e sulle quali sono stati pubblicati alcuni dei capitoli contenuti in queste pagine. Per l'occasione li ho rivisti, ampliati e aggiornati.

Ringrazio con riconoscenza Emanuela Guizzo, che ancora una volta ha riletto con pazienza il testo scovando refusi e ripetizioni sfuggite al mio controllo.

Grazie a tutti coloro che hanno collaborato con la loro consulenza, i consigli, il materiale fornitomi e, in generale, il loro prezioso aiuto. Ringrazio in particolare Piero Angela, Simone Angioni, Paolo Attivissimo, Stefano Bagnasco, Antonello Biagini, Susan Blackmore, Eugene Burger, Matei Cazacu, Diego Cuoghi, Elio De Grandi, Sergio Della Sala, Salvo Di Grazia, Fara Di Maio, Umberto Eco, Andrea Ferrero, Federico Ferrero, Marino Franzosi, Silvano Fuso, Mauro Gaffo, Luigi Garlaschelli, Ray Hyman, Mario Arturo Iannaccone, Peter Lamont, Anna Rita Longo, Elizabeth Loftus, Roger MacDonald, Beatrice Mautino, Max Maven, Lorenzo Montali, Marco Morocutti, Sabino Nanni, Joe Nickell, John Noone, Jean Christian Petitfils, Daniel Pipes, Elisabetta Pittana, James Randi, Gianluca Ranzini, Apollo Robbins, Maurizio Seracini, Silvan, Mariano Tomatis, Diego Verdegiglio, Richard Wiseman.

Grazie al caro amico Stefano Tettamanti, mio agente insieme agli amici della Grandi & Associati: Laura Grandi, Maria Paola

Romeo, Anna Borrelli, Carlo Braga, Claudia Del Giudice, Agnese Fabbri, Irina Focsaneanu e Mara Franchini.

E grazie infine a Carlo Musso, caro amico e mio editor in Piemme, casa editrice dove gli amici da ringraziare per il loro lavoro sono tanti: Luigi Bavagnoli, Valeria Caprioglio, Elena Cassarotto, Claudia Coccia, Chiara Fiengo, Alice Fornasetti, Giovanni Francesio, Elena Orlandi e Ester Ruberto.

# *Indice*

3

CODICE LEONARDO



4

I SEGRETI DELLA MAGIA



5

REALTÀ ROMANZESCA O FINZIONE REALISTICA?

## 6
## VERO O FALSO?

Stampato presso ELCOGRAF S.p.A. - Stabilimento di Cles (TN)

OXFORD LOGIC GUIDES: 44

# OXFORD LOGIC GUIDES

1. Jane Bridge: *Beginning model theory: the completeness theorem and some consequences*
2. Michael Dummett: *Elements of intuitionism* (1st edition)
3. A. S. Troelestra: *Choice sequences: a chapter of intuitionistic mathematics*
4. J. L. Bell: *Boolean-valued models and independence proofs in set theory* (1st edition)
5. Krister Seberberg: *Classical propositional operators: an exercise in the foundation of logic*
6. G. C. Smith: *The Boole–De Morgan correspondence 1842–1864*
7. Alec Fisher: *Formal number theory and computability: a work book*
8. Anand Pillay: *An introduction to stability theory*
9. H. E. Rose: *Subrecursion: functions and hierarchies*
10. Michael Hallett: *Cantorian set theory and limitation of size*
11. R. Mansfield and G. Weitkamp: *Recursive aspects of descriptive set theory*
12. J. L. Bell: *Boolean-valued models and independence proofs in set theory* (2nd edition)
13. Melvin Fitting: *Computability theory: semantics and logic programming*
14. J. L. Bell: *Toposes and local set theories: an introduction*
15. R. Kaye: *Models of Peano arithmetic*
16. J. Chapman and F. Rowbottom: *Relative category theory and geometric morphisms: a logical approach*
17. Stewart Shapiro: *Foundations without foundationalism*
18. John P. Cleave: *A study of logics*
19. R. M. Smullyan: *Gödel's incompleteness theorems*
20. T. E. Forster: *Set theory with a universal set: exploring an untyped universe*
21. C. McLarty: *Elementary categories, elementary toposes*
22. R. M. Smullyan: *Recursion theory for metamathematics*
23. Peter Clote and Jan Krajíček: *Arithmetic, proof theory, and computational complexity*
24. A. Tarski: *Introduction to logic and to the methodology of deductive sciences*
25. G. Malinowski: *Many valued logics*
26. Alexandre Borovik and Ali Nesin: *Groups of finite Morley rank*
27. R. M. Smullyan: *Diagonalization and self-reference*
28. Dov M. Gabbay, Ian Hodkinson, and Mark Reynolds: *Temporal logic: mathematical foundations and computational aspects: Volume 1*
29. Saharon Shelah: *Cardinal arithmetic*
30. Erik Sandewall: *Features and fluents: Volume I: a systematic approach to the representation of knowledge about dynamical systems*
31. T. E. Forster: *Set theory with a universal set: exploring an untyped universe* (2nd edition)
32. Anand Pillay: *Geometric stability theory*
33. Dov M. Gabbay: *Labelled deductive systems*
34. Raymond M. Smullyan and Melvin Fitting: *Set theory and the continuum problem*
35. Alexander Chagrov and Michael Zakharyaschev: *Modal logic*
36. G. Sambin and J. Smith: *Twenty-five years of Martin-Löf constructive type theory*
37. María Manzano: *Model theory*
38. Dov M. Gabbay: *Fibring logics*
39. Michael Dummett: *Elements of intuitionism* (2nd edition)
40. Dov M. Gabbay, M. A. Reynolds and M. Finger: *Temporal logic: mathematical foundations and computational aspects: Volume 2*
41. J. M. Dunn and G. Hardegree: *Algebraic methods in philosophical logic*

42. H. Rott: *Change, choice and inference: a study of belief revision and nonmonotoic reasoning*
43. P. T. Johnstone: *Sketches of an elephant: a topos theory compendium: Volume 1*
44. P. T. Johnstone: *Sketches of an elephant: a topos theory compendium: Volume 2*

# Sketches of an Elephant
# A Topos Theory Compendium

## VOLUME 2

PETER T. JOHNSTONE

*Reader in the Foundations of Mathematics*
*University of Cambridge*

CLARENDON PRESS • OXFORD

2002

**OXFORD**
UNIVERSITY PRESS

Great Clarendon Street, Oxford OX2 6DP

Oxford University Press is a department of the University of Oxford.
It furthers the University's objective of excellence in research, scholarship,
and education by publishing worldwide in

Oxford New York

Auckland Bangkok Buenos Aires Cape Town Chennai
Dar es Salaam Delhi Hong Kong Istanbul Karachi Kolkata
Kuala Lumpur Madrid Melbourne Mexico City Mumbai Nairobi
São Paulo Shanghai Taipei Tokyo Toronto

Oxford is a registered trade mark of Oxford University Press
in the UK and in certain other countries

Published in the United States
by Oxford University Press Inc., New York



First published 2002

Reprinted 2003 (twice)



A catalogue record of this title is available from the British Library

Library of Congress Cataloging in Publication Data
(Data available)

ISBN 0 19 853425 6 (Vol. 1)

ISBN 0 19 851598 7 (Vol. 2)

ISBN 0 19 852496 X (2 Vol. set)

10 9 8 7 6 5 4 3

Printed in Great Britain
on acid-free paper by
TJI Digital, Padstow, Cornwall

# PREFACE

## Introduction and apologia

Four men, who had been blind from birth, wanted to know what an elephant was like; so they asked an elephant-driver for information. He led them to an elephant, and invited them to examine it; so one man felt the elephant's leg, another its trunk, another its tail and the fourth its ear. Then they attempted to describe the elephant to one another. The first man said 'The elephant is like a tree'. 'No,' said the second, 'the elephant is like a snake'. 'Nonsense!' said the third, 'the elephant is like a broom'. 'You are all wrong,' said the fourth, 'the elephant is like a fan'. And so they went on arguing amongst themselves, while the elephant stood watching them quietly.[1]

The notion of topos resembles an elephant in that it is possible to come up with very different descriptions of what topos theory is about, depending on the direction from which you approach the subject. It was André Joyal, in his lecture at the 1981 Cambridge Summer Meeting on Category Theory, who first drew attention to the parallel, and I am grateful to him for allowing me to use it as the basis for the title of the present work. He listed seven different descriptions of 'what a topos is like':

(i) 'A topos is a category of sheaves on a site'

(ii) 'A topos is a category with finite limits and power-objects'

(iii) 'A topos is (the embodiment of) an intuitionistic higher-order theory'

(iv) 'A topos is (the extensional essence of) a first-order (infinitary) geometric theory'

(v) 'A topos is a totally cocomplete object in the meta-2-category $\mathfrak{CART}$ of cartesian (i.e., finitely complete) categories'

(vi) 'A topos is a generalized space'

(vii) 'A topos is a semantics for intuitionistic formal systems'

In the 20 years that have passed since that lecture, the category-theory community has added a few more descriptions to the list (and the theoretical computer scientists have contributed yet others); for example,

(viii) 'A topos is a Morita equivalence class of continuous groupoids'

(ix) 'A topos is the category of maps of a power allegory'

[1] The story of the blind men and the elephant exists in numerous versions in Indian folklore. This version is freely adapted from E. J. Robinson, *Tales and Poems of South India* (London, 1885).

(x) 'A topos is a category whose canonical indexing over itself is complete and well-powered'

(xi) 'A topos is the spatial manifestation of a Giraud frame'

(xii) 'A topos is a setting for synthetic differential geometry'

(xiii) 'A topos is a setting for synthetic domain theory',

and so on. But the important thing about the elephant is that 'however you approach it, it is still the same animal'; this book is an attempt to demonstrate that the same is true of topos theory.

## A brief bibliography of topos theory

This book resembles an elephant in another respect: namely its gestation period. To explain (and apologize for) this, I have to go back still further into the history of the subject. I must also crave the reader's indulgence for what may seem an excessively egocentric view of that history in the paragraphs which follow.

The original notion of topos, as a 'generalized space' suitable for supporting the exotic cohomology theories required in algebraic geometry, sprang from the fertile brain of Alexandre Grothendieck in the early 1960s, and was developed in his 'Séminaire de Géometrie Algébrique du Bois-Marie' particularly during the academic year 1963–64. The duplicated notes of that seminar circulated widely among algebraic geometers and category-theorists over the next decade, until Springer-Verlag did the world a service by publishing a revised and expanded edition in three volumes of *Lecture Notes in Mathematics* in 1972 [36]. But by then the subject had already been 'reborn' in its second incarnation, as an elementary theory having links with higher-order intuitionistic logic, through the collaboration of Bill Lawvere and Myles Tierney during 1969–70 (which, in turn, built upon Lawvere's work on providing a categorical foundation for mathematics, which had been developing since the early 1960s).

As a graduate student in the early 1970s, I was fortunate to 'get in on the ground floor' of elementary topos theory, by attending Tierney's summer school lectures [1167] at Varenna in 1971, and later Saunders Mac Lane's lectures during his Cambridge sabbatical in autumn 1972. At that time the only general accounts of the subject in print were the lecture notes [649] by Anders Kock and Gavin Wraith, which were not all that widely available, and Peter Freyd's survey article [371], whose view of the subject was idiosyncratic to say the least – though they were joined over the next two years by the notes of Tierney's lectures, already cited, and by Wraith's second account [1236].

More or less immediately after completing my Ph.D. in 1974, I embarked on the writing of what became the first account in book form of the elementary theory of toposes, published by Academic Press in 1977 [504]. With the brash self-confidence of youth, I attempted to provide between one pair of covers a full account of as many aspects of the elephant as I could muster: the result was a book which, though universally acknowledged as 'far too hard to read, and not for the faint-hearted',[2] remained in demand for a long time – and continues to be widely cited even today, despite being nearly 25 years out of date.

For some time [504] was the only available book on elementary topos theory. But by the time of Joyal's 1981 lecture it had been joined by a second, Robert Goldblatt's *Topoi: the categorial analysis of logic* [411], and over the next decade or so a good many other books appeared which either were devoted to topos theory or contained a good deal of topos-theoretic material: *Teoria toposurilor* [997] by Alexandru Radu in 1981–2, *Toposes, triples and theories* [87] by Michael Barr and Charles Wells in 1985, *Introduction to higher order categorical logic* [682] by Joachim Lambek and Philip Scott in 1986, *Toposes and local set theories* [95] by John Bell in 1988, *Categories, allegories* [381] by Peter Freyd and Andre Scedrov in 1990, *Models for smooth infinitesimal analysis* [856] by Ieke Moerdijk and Gonzalo Reyes in 1991, *Lecture notes on topoi and quasitopoi* [1248] by Oswald Wyler, also in 1991, *Sheaves in geometry and logic* [751] by Saunders Mac Lane and Ieke Moerdijk in 1992, *Elementary categories, elementary toposes* [760] by Colin McLarty, also in 1992, *Relative category theory and geometric morphisms* [238] by Jonathan Chapman and Frederick Rowbottom, yet again in 1992, and finally the third volume of Francis Borceux' remarkable *magnum opus Handbook of categorical algebra* [147] in 1994.

Each of these books contributed a new view of the elephant, illuminating features not visible from other angles, and thus each of them was valuable. But I hope I shall not offend the authors listed above by saying that none of them, with the possible exception of the last, really attempted to give a picture of the whole animal: indeed, in several cases the concentration on one part of its anatomy is self-evident from the title.

Meanwhile, my own book had gone out of print in 1987, despite a corrected reprint (some time after the original stock had run out) in 1985. There was some suggestion at that time that Academic Press might be willing to publish a revised second edition of the book, if I were willing to write it; but their procrastination over, and lack of enthusiasm for, the 1985 reprint did not fill me with enthusiasm for that course of action. Another reason for my reluctance was the extent to which the subject had grown since the mid-1970s: since the principal merit of my book, in comparison with the others by then available or forthcoming, was its comprehensiveness, there would be no point in replacing it by anything other than a comprehensive account of the subject as it stood by then, and such an account would inevitably be very much longer than the 1977 book.

[2] The quotation is from the comments of an anonymous referee consulted by OUP about the present book.

## The three blind men

By the mid-1980s Ieke Moerdijk had also become concerned (despite his involvement as co-author in two of the books mentioned above) about the lack of any single account of topos theory which could properly claim to give a comprehensive picture of the subject. However, like me he felt daunted by the prospect of writing such a book single-handed. Sometime early in 1986, he mentioned to me his idea that what was needed was a 'handbook' type publication in which a small team of experts would contribute extended essays on the different aspects of the subject, under the overall supervision of a co-ordinating editor – he felt that I was the ideal person to take on the latter rôle. I was not, at first, greatly taken with this idea: as I saw it, the chief problem with the 'handbook' style was that, although the elephant has many different aspects, their interconnectedness is such that it is impossible fully to appreciate any one of them without making some reference to most of the others. So I foresaw that the job of a co-ordinating editor, for such a volume, would be more than usually nightmarish.

Nevertheless, discussions between Ieke and myself about the idea continued to take place on the odd occasions when we met, and they soon came to involve my former student Andrew Pitts as another possible author. The 'handbook' idea gradually metamorphosed into something more like a 'Bourbaki' volume or the *Compendium of continuous lattices* [404], in which each author would have individual responsibility for the first drafts of particular sections, but the final text would have to be agreed by all the authors (and the individual authorship of the different sections would not be publicly identified). At a meeting between the three of us in December 1987, we formally agreed to go ahead with a three-author work on that basis, and a rough table of contents – including the division of the book into six parts, although they did not correspond exactly to the six parts in the present table of contents – was worked out, together with the responsibilities of the three of us for drafting the more introductory sections. The working title *Sketches of an elephant* was also agreed at this meeting.

By the late summer of 1988 we had enough material in draft to approach publishers with a definite proposal, and we signed an agreement with Oxford University Press in January 1989. At the time (I blush to recall it now) we hoped that we would be able to deliver a complete typescript to the publishers by the end of September 1991. We also estimated that the overall length of the book might be around 1000 pages; in the event, that estimate has proved more accurate than the temporal one.

Over the next couple of years, a substantial quantity of draft material was written, with P. T. J. working mainly on Parts A and B, I. M. on Part C and A. M. P. on Part D. Ieke produced large quantities of draft material, principally on topics from Chapters C2 and C3, although virtually none of it has survived into the version that exists today; on the other hand, stylistic experts may just be able to detect the origins of the present Sections D1.1–D1.3 in a draft written by Andrew, even though it has been heavily rewritten by me. But it had become clear by early 1991 that the project was a much larger one than we had realized: in particular, the problems of co-ordination between the three of us, and of reaching agreement on a text that all three could be happy with, seemed overwhelming. It was at least partly these problems that led Ieke and Andrew independently to decide to withdraw from the project in late 1992.

I should make it clear that, despite their not seeing the project through to completion, I remain enormously indebted to both Ieke and Andrew. If it had not been for their support in the early stages, I should never have dared to embark on the writing of a work on this scale, and their encouragement kept me going until the book had progressed far enough to acquire its own momentum. Also, their constructive criticisms of my early drafts of Part A caught many infelicities that I should probably not have noticed myself. And on a more mundane level, Andrew taught me to use LaTeX,[3] without which the project would have been not just foolhardy but downright impossible.

## One blind man

I thus found myself in early 1993 faced with three options: to abandon the project myself, to try to find other co-authors, or to accept the burden of writing the whole book myself. The first of these was unattractive because it would mean abandoning the large amount of material (including a complete draft of Part A) that I had already written, and the second did not appeal since I could not think of any potential co-author who would be as easy to work with, or as productive, as I knew Ieke and Andrew to be. So I decided to go ahead with the third option, although I knew that that would involve a 'long hard slog' over several years – I found it impossible to estimate how many.

With my other commitments to teaching, research and administration, progress was indeed slow: often, several months would pass without my finding time to open the files where the text of the book was stored. In addition, I often felt like Heracles wrestling with the Hydra: every attempt to draft a new section seemed to entail the rewriting of at least two existing ones, so that I appeared to come no nearer to the goal of a complete text. (There was also, at times, the fear that the subject was advancing faster than I could write it down.)

Nevertheless, progress did sometimes get made. One thing which helped to spur the drafting, or revision, of certain sections was the chance to lecture about the material in them, to audiences around the world, on occasions which included the following:

- In June 1994 I was invited to lecture on classifying toposes at Shaanxi Teachers' University, Xi'an, China, through the good offices of Wang Guo-Jun

[3] Whilst I am on that subject, I should also record my indebtedness to another of my former students, Paul Taylor, whose TeX diagram-drawing macros are used throughout the book.

and my former student Zhao Dongsheng. This involved the polishing of material from Chapters A1, D1 and D3.

- In May 1995, Francis Borceux invited me to lecture on locales at a summer school on 'Topological Applications of Category Theory' in Alle-sur-Semois, Belgium: this involved material from Chapters C1 and C3.
- During my sabbatical visit (arranged by Max Kelly) to Sydney, Australia, during February and March 1996, I gave a number of talks in the Sydney Category Seminar covering material from Chapters B1 and B3.
- In July 1997, as an invited speaker at the 'Workshop on Logic, Langage, Information and Computation' (commonly known as WoLLIC) in Fortaleza, Brazil, I had the opportunity (thanks to Ruy de Queiroz) to give a tutorial on categorical logic before the main conference: once again, this provided an occasion to polish the material in Chapters D1 and D2.

I mention these meetings in order publicly to record my thanks to the organizers named: though they were not aware of it, they helped to bring the project closer to completion.

By the beginning of the third millennium, however, it had become clear to me that what was absolutely essential, if the writing of Parts A–D was ever to be finished, was to find an extended period of time in which I could set all other work aside and concentrate full-time on the book. (Although I had at various times begun work on several sections from Part F, I had by then taken the decision that the only sensible route to completion was to concentrate on the first four parts, which were too strongly interconnected to be written separately, and to leave the last two – which, dealing as they do with applications, are less strongly tied to the others – for completion at a later date and publication as a separate volume.) By great good fortune, such an opportunity arose with the invitation to participate in the 'Mathematical Logic Year' at the Institut Mittag-Leffler in Djursholm, Sweden, for a two-month period in January–March 2001. My gratitude to the organizers of that programme (Dag Normann, Viggo Stoltenberg-Hansen and Jouko Väänänen), for providing me with this opportunity, is impossible to exaggerate; and I am also deeply grateful to Kjell-Ove Widman and the staff of the Institut Mittag-Leffler for providing such a near-perfect working environment.

The speed with which everything fell into place, once I had the opportunity for uninterrupted work on the book, greatly surprised me. Although the proportion of the total text which was written in Sweden is not so great, the number of sections which reached (more or less) their final form during my time there is very large: about half of those in Part B, almost all in Part C apart from Chapter C1, and most of those in Chapters D4 and D5. (In addition, a good deal of material was added to the supposedly complete draft of Part A.) Within a month of my return to Cambridge, I was able to produce a complete text of the first four parts, except for three sections in Part D. Copies of this draft were circulated to a number of colleagues (including Ieke Moerdijk and Andrew Pitts, as well as Martin Hyland, Anders Kock and Gavin Wraith) for their comments and suggestions; the latter (which were, in many cases, of considerable value) were taken into account in the final revision of the text which took place in August–September 2001, after the writing of the last three sections had been completed.

At the time of writing these words, Parts E and F of the original plan remain to be written. In view of my experience so far, I am making no promises about how long it will take to write them; but I hope that interested readers will not have to wait as long for the third volume as they have done for the first two.

## How to read this book

'Begin at the beginning,' the King said gravely, 'and go on till you come to the end; then stop.'[4]

Whilst the King of Hearts's advice to the White Rabbit is generally sound, it is not particularly helpful in relation to this book. At the December 1987 meeting to which I have referred, the three of us took a number of decisions about the overall structure and content of the book: despite the many changes of detail which have taken place since then, the general principles which we agreed have by and large survived unchanged. Since some understanding of these principles is important for anyone who seeks to obtain information from this book, I shall describe them here.

The first and most important is that *the book is not a textbook.* It is not addressed to those who are trying to learn about topos theory for the first time,[5] but rather to those who already have some acquaintance with the subject and who wish to deepen their understanding, or to learn about aspects of it which they have not previously encountered. In keeping with this, there are no 'exercises for the reader' (which are often the lazy author's way of leaving out the proofs of results that he can't be bothered to write out in full): instead, all results needed in the book (with the exception of a few results from other areas of mathematics, for which references to standard works are given) are proved in full, and all examples are fully worked out.[6] This is not to say that the book *cannot* be used as a course text: it would, for example, be possible to base an introductory course on the purely category-theoretic side of topos theory on Chapters A1, A2 and A4, although the instructor would have to be fairly selective about the specialized material which has been inserted in those chapters for future reference, and would also probably want to leaven the presentation with some material from Parts C and/or D.

[4] Lewis Carroll, *Alice's Adventures in Wonderland* (London, 1865).

[5] For those who do seek an introduction to the subject, the one by Mac Lane and Moerdijk [751] remains (in the present writer's opinion) the most recommendable.

[6] It should be understood that this policy does not debar the author from leaving routine 'diagram-chasing' and other calculations to the reader.

Secondly, *the book is not intended to be read sequentially.* The whole point of the six-part structure is that the book is seeking to present several different approaches to topos theory, so where one starts reading will depend on the line of approach one wishes to follow. Most readers, however experienced, will probably wish to start by at least skimming through Chapter A1, in order to familiarize themselves with the book's conventions on categorical notation and terminology (about which I shall have more to say below); but thereafter a reader who already knows the basic category theory of toposes may well decide to jump to Chapter B1, C1 or D1, depending on the approach he wishes to take. However, almost any reader will have to be prepared to refer backwards and/or forwards a good deal. Although it would have been theoretically possible to write entirely independent accounts of the geometric and logical aspects of topos theory in Parts C and D (and that was more or less our original intention), in fact the two are so thoroughly interconnected that such a course would have involved an immense amount of duplication (and of course increased the overall length of the book).

There is some duplication, which is quite deliberate: for example, the treatment of natural number objects in Section A2.5 overlaps with that in Section D5.1, the construction of classifying toposes is treated in two different ways in Sections B4.2 and D3.1, and exponentiability of toposes is treated in Sections B4.3 and C4.4. And there are numerous smaller instances, where an individual result is proved in two different ways, using material from different areas of the book. But in general, if there is an optimal proof of a particular theorem, and it clearly belongs (say) in Part D, there does not seem to be any point in writing it out a second time in Part C if it happens to be needed there. So the reader who wishes to see the full picture must be prepared to skip around from one part to another, when necessary. (On the other hand, a reader who is willing to 'take on trust' the results quoted from other parts of the book should be able to follow any given chapter as a (more or less) connected narrative.)

I have at least done my best to make the cross-references easy to use. All numbered references (definitions, lemmas, theorems, examples, etc.) within a given section are numbered in a single sequence: thus 'B3.4.5' denotes the fifth numbered reference (in fact a corollary) in the fourth section of the third chapter of Part B. For references within a given Part, the letter is omitted: thus if the corollary just mentioned is cited elsewhere in Part B, it appears as '3.4.5'. If a lemma, proposition, theorem, corollary or scholium[7] is subdivided into parts, they are normally labelled (i), (ii), (iii) and so on, whereas definitions, examples and remarks are subdivided (*a*), (*b*), (*c*),.... The symbol □ is used to denote the end of a proof; if it appears at the end of the statement of a result, it means

[7] I should perhaps explain that I use the term 'scholium' (literally, a marginal note) to denote something which follows directly from the proof of a preceding result, as opposed to a corollary which follows directly from the statement of the preceding result.

either that no proof is given, or that the proof is contained in the discussion which precedes the statement.

At the December 1987 meeting we adopted the principle that, for every major result to be included in the book, we should seek to find the optimal proof,[8] although that should not preclude us from giving alternative proofs if they helped to shed additional light on the result. (I hope it is unnecessary to add that I am conscious of having not always succeded in this aim.) Partly for this reason, we decided that we would not attempt to give detailed attributions for all the results in the book, since the optimal proof is often not the original one, but has been arrived at through successive polishing of the latter by several hands. Nevertheless, I have attempted to compile a comprehensive bibliography of topos theory, and to give attributions where credit is clearly due to a single source. (I considered attempting to classify the bibliography entries by subject area, as was done in [404], for example; but the task seemed too large and ultimately of doubtful value.) And in most sections I have provided a list of references at the end of the section for those who wish to pursue the topic(s) covered in the section in greater detail.

We also recognized that the choice of terminology and notation, in a book of this nature, was of immense importance. It is impossible to be entirely consistent about notation, in a subject of this size: there simply aren't enough different letters and typefaces for one to avoid re-using some of them in mutually contradictory ways. But I have done my best to ensure local consistency of notation, within each chapter. As regards terminology, I have consciously attempted to use this book to disparage some of the sloppier pieces of inappropriate usage which are common among category-theorists; whether it will have any influence in this respect of course remains to be seen, but readers who are familiar with the existing terminology may well find some of my choices rather surprising at first. I have, however, listed alternatives to my chosen terminology in the index, where they appear in italics, and in most cases my reasons for discarding them will be found in the text at the points to which the index entries refer.

A comprehensive index is also of great importance in a book of this nature. I have done my best to provide one: in addition to listing alternative terminology in italics, as already mentioned, it also contains entries for many of the principal theorems, particularly those which occur in several different versions in different places, and I hope that this will assist the specialist in finding his way quickly to the information which he wants. One point which should be mentioned about the index is that, where an index entry begins with a mathematical symbol, it is listed in the alphabetical order as if the name of the symbol had been spelled out: thus, for example, '$\sigma$-pretopos' will be found between 'sifted coverage' and 'signature'. In addition to the general index, there is also an index of standard notation, ordered alphabetically on the same principle.

[8] That is, the one which the late Paul Erdős would have described as belonging to 'The Book'.

## Conclusion

I have already mentioned my indebtedness to several colleagues who have played particular rôles in the story which led up to the writing of this book. But there are many other workers in topos theory to whom I am indebted, for their ideas which have contributed to my own understanding of topos theory, and which have in many cases found their way into the text which follows without specific acknowledgement. It would be quite impossible to thank them all individually, so I hope that they will accept these few words of collective thanks.

Finally, I must thank the staff of Oxford University Press, and in particular Elizabeth Johnston and Alison Jones: not only for their enormous patience in waiting for this text ten years beyond the date when we originally promised to deliver it, but also for their enthusiastic and helpful response when I was finally able to let them know that its delivery was within sight. It has been a pleasure to work with them, and I look forward to doing so again when Parts E and F are ready for publication.

Cambridge
September 2001

P. T. J.

# CONTENTS VOLUME 1

# CONTENTS VOLUME 2

## CONTENTS VOLUME 3*



* Volume 3 is being written and therefore the table of contents is liable to change.

# PART C

# TOPOSES AS SPACES

# C1

# SHEAVES ON A LOCALE

## C1.1 Frames and nuclei

In this chapter, our main aim is to describe the 'geometric' origins of topos theory, by setting up the topos of sheaves on a topological space, and indicating how topological properties of spaces and continuous maps may be translated into properties of toposes of sheaves and geometric morphisms between them. However, there is a significant 'generalization' of the notion of topological space, namely the notion of locale, which is of importance in the topos-theoretic context, and almost everything that can be said about toposes of sheaves on spaces carries over without extra effort to toposes of sheaves on locales. Since the notion of locale may not be familiar to the reader, we therefore begin with a couple of sections setting up the category of locales, and describing its relation to the category of spaces.

If $X$ is a topological space, we shall write $\mathcal{O}(X)$ for the lattice of open subsets of $X$; this lattice is complete (since arbitrary unions of open sets are open), and satisfies the *infinite distributive law*

$$U \wedge \bigvee_{i \in I} V_i = \bigvee_{i \in I} (U \wedge V_i)$$

for all $U$ and all families $(V_i \mid i \in I)$ of elements of $\mathcal{O}(X)$. (This is because the operations of arbitrary join and finite meet in $\mathcal{O}(X)$ coincide with the set-theoretic operations of union and intersection, which are well known to satisfy all possible distributive laws. However, the lattice-theoretic dual of this law may fail in $\mathcal{O}(X)$, since the meet of an infinite family of open sets is not their intersection but the interior of their intersection.) Moreover, if $f\colon X \to Y$ is a continuous map of topological spaces, the mapping $f^{-1}\colon \mathcal{O}(Y) \to \mathcal{O}(X)$ preserves finite meets and arbitrary joins. These two observations motivate the following definition:

**Definition 1.1.1** A *frame* is a complete lattice $A$ satisfying the infinite distributive law

$$a \wedge \bigvee_{i \in I} b_i = \bigvee_{i \in I} (a \wedge b_i)$$

for all $a \in A$ and all families $(b_i \mid i \in I)$ of elements of $A$. A *frame homomorphism* $h: A \to B$ is a mapping preserving finite meets and arbitrary joins. We write **Frm** for the category of frames and frame homomorphisms.

**Remark 1.1.2** A complete lattice is a frame iff it is a Heyting algebra (cf. A1.5.11), since the Adjoint Functor Theorem tells us that $a \wedge (-): A \to A$ preserves arbitrary joins iff it has a right adjoint $a \Rightarrow (-)$. (This is, of course, a special case of the assertion that geometric categories are Heyting categories, which we noted in A1.4.18, since a frame is just a geometric category which is a poset.) However, frame homomorphisms do not in general preserve the implication operation.

In particular, we note that any complete Boolean algebra is a frame. Since frame homomorphisms are in particular lattice homomorphisms, they preserve complements of elements when they exist; hence a frame homomorphism between complete Boolean algebras is the same thing as a complete Boolean homomorphism (i.e. a map preserving arbitrary meets and joins). We shall have more to say about the relationship between frames and complete Boolean algebras in 1.1.21 below.

In this section we study the 'algebraic' aspects of frame theory; its 'topological' aspects will be the subject of the next section. From the algebraic point of view, one of the most important results about frames is that free frames exist, i.e. that the forgetful functor **Frm** $\to$ **Set** has a left adjoint. There are several different constructions of this left adjoint, which correspond to different factorizations of the forgetful functor through various 'intermediate' categories of posets; we shall want to make use of all of them at different times in what follows, and so we devote the next few paragraphs to setting them up.

We shall wish to distinguish notationally between the categories **jSLat** and **mSLat** of join-semilattices and meet-semilattices; abstractly, these are of course the same category, but their forgetful functors to **Poset** are different. (Incidentally, for us a semilattice will always have a unit element: that is, a join-semilattice has a bottom element and a meet-semilattice has a top element.) **DLat** will denote the category of (finitary) distributive lattices, and **CjSLat** the category of complete join-semilattices: that is, an object of **CjSLat** is a poset with arbitrary joins (and hence also arbitrary meets), and a morphism of **CjSLat** is a function preserving arbitrary joins (equivalently, having a right adjoint), but not necessarily preserving meets. We shall use the term *domain* for a poset having joins of (upwards) directed subsets, and write **Dom** for the category of domains (and functions preserving directed joins). Finally, a *preframe* is defined to be a poset with finite meets and directed joins, which satisfies the infinite distributive law of 1.1.1 whenever the family $(b_i \mid i \in I)$ is directed (though the law may fail for other families, even if the joins happen to exist), and a *preframe homomorphism* is a function preserving finite meets and directed joins; we write **PFrm** for the category of preframes.

Clearly, we have forgetful functors

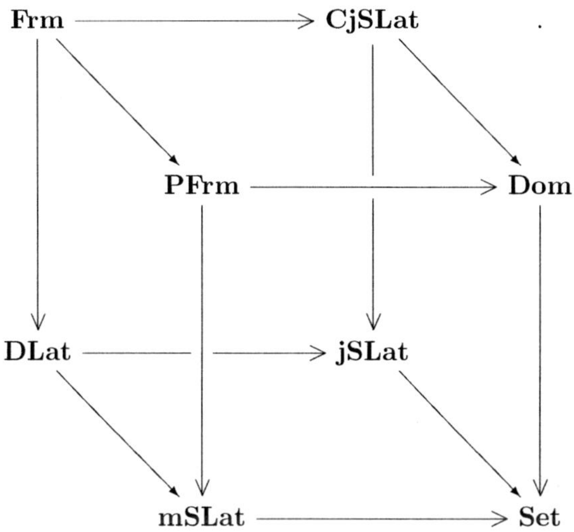


**Lemma 1.1.3** *All the functors in the above diagram have left adjoints.*

**Proof** We shall not give explicit constructions of all the left adjoints (those that we do not mention can easily be shown to exist using the Adjoint Functor Theorem, or by the adjoint lifting theorem A1.1.3). However, we shall give descriptions of the ones of particular interest to us.

First, the free join-semilattice on a set $A$ is the set $KA$ of finite subsets of s$A$, ordered by inclusion (cf. D5.4.9): given a function $f\colon A \to B$ where $B$ is a join-semilattice, its unique extension to a join-preserving map $\overline{f}\colon KA \to B$ is given by $\overline{f}(S) = \bigvee\{f(s) \mid s \in S\}$. Hence also the free meet-semilattice on $A$ is simply $KA^{\mathrm{op}}$. A similar argument shows that the free complete join-semilattice on a set $A$ is the set $PA$ of all subsets of $A$, ordered by inclusion. And the free domain on a set $A$ is just $A$ itself, with the discrete ordering; note that this is a domain, since its only directed subsets are singletons.

The free functor **mSLat** $\to$ **Frm** sends a meet-semilattice $A$ to the set $LA$ of all lower (i.e. downwards-closed) subsets of $A$, ordered by inclusion; the unit map $\eta\colon A \to LA$ sends $a$ to the principal ideal $\downarrow(a) = \{b \in A \mid b \leq a\}$. It is clear that $LA$ is a frame (and indeed a coframe), since it is closed under arbitrary meets and joins in $PA$; and $\eta$ preserves all finite meets (indeed, all meets which happen to exist in $A$). Now if $B$ is a frame and $f\colon A \to B$ is a map preserving finite meets, the only possible candidate for a frame homomorphism $\overline{f}\colon LA \to B$ extending $f$ is given by

$$\overline{f}(S) = \bigvee\{f(s) \mid s \in S\},$$

since each lower set is the union of the principal ideals which it contains; this map clearly does preserve joins (and extend $f$), and it also preserves finite meets since $\overline{f}(A) = f(1_A) = 1_B$ and

$$\begin{aligned}\overline{f}(S) \wedge \overline{f}(T) &= \bigvee\{f(s) \wedge f(t) \mid s \in S, t \in T\} \\ &= \bigvee\{f(s \wedge t) \mid s \in S, t \in T\} \\ &= \bigvee\{f(u) \mid u \in S \cap T\} = \overline{f}(S \cap T)\end{aligned}$$

where we used the infinite distributive law in $B$ at the first step.

A similar argument shows that the free distributive lattice on a meet-semilattice $A$ is the set of finitely-generated lower sets in $A$ (that is, sets which are finite unions of principal ideals); and the free preframe on $A$ is the set $IA$ of *ideals* (= directed lower sets) in $A$. (Note that the intersection of two ideals $S$ and $T$ in a meet-semilattice is an ideal; for if $a$ and $b$ are two elements of $S \cap T$, we can find upper bounds $c$ and $d$ for $\{a, b\}$ in $S$ and $T$ respectively, and then $c \wedge d$ is an upper bound for $\{a, b\}$ in $S \cap T$.)

For a *join*-semilattice $A$, the construction of $IA$ yields the free complete join-semilattice on $A$: it is not necessarily closed under finite unions (or intersections) in $PA$, but it does have binary joins given by

$$S \vee T = \{s \vee t \mid s \in S, t \in T\}$$

(and the mapping $a \mapsto \downarrow(a)$ preserves them), as well as a least element $\{0\}$. Since it also has directed joins (which are simply unions), it is a complete join-semilattice: the proof that it is freely generated by $A$ is similar to those already given. The same construction, applied to a distributive lattice $A$, yields a frame which is (unsurprisingly) the free frame generated by $A$.

We shall not give explicit constructions of the free functors **CjSLat** $\to$ **Frm** and **PFrm** $\to$ **Frm** here, since we shall not need them; but we shall discuss the relationship between **Frm** and these two categories further in 1.1.10 below. □

In passing, we note

**Scholium 1.1.4** *The free frame on any set $A$ is of the form $\mathcal{O}(X)$ for a suitable topological space $X$.*

**Proof** From 1.1.3, we see that the free frame on $A$ may be constructed as $L(KA^{\mathrm{op}})$, which is manifestly a topology on the set $KA$. Alternatively, we may describe it as the open-set lattice of the $A$-fold cartesian power of the *Sierpiński space* $S = \{0, 1\}$ with topology $\mathcal{O}(S) = \{\emptyset, \{1\}, S\}$. To establish the isomorphism between $\mathcal{O}(S^A)$ and $L(KA^{\mathrm{op}})$, note that a nonempty 'open rectangle' $\prod_{a \in A} U_a$ in $S^A$ is determined by the set $\{a \in A \mid U_a = \{1\}\}$, which is necessarily finite (but the inclusion ordering on open rectangles is the reverse of the inclusion ordering on finite subsets of $A$), and that an arbitrary open subset of $S^A$ is determined by the set of open rectangles which it contains, by the definition of the product topology. □

Since the functor $\mathcal{O}\colon \mathbf{Sp}^{\mathrm{op}} \to \mathbf{Set}$, which sends a space to its set of open subsets, is representable by the Sierpiński space, the result just established says that elements of the free frame on $A$ correspond (to continuous maps $S^A \to S$, and hence) to natural transformations $\mathcal{O}^A \to \mathcal{O}$. In other words, the theory of frames is exactly the (infinitary) algebraic theory of the functor $\mathcal{O}$, in the sense of [724].

All the categories in the diagram before 1.1.3, except for **Dom** and **PFrm**, are equationally presented (that is, they are the categories of models of (infinitary) algebraic theories, cf. D1.1.7($a$)): hence they are all monadic over **Set**, and in particular they are complete and cocomplete. (The two exceptions are *not* monadic over **Set**: the monad induced by the forgetful functor **Dom** $\to$ **Set** and its left adjoint is the trivial one whose functor part is the identity, and that induced by the forgetful functor **PFrm** $\to$ **Set** is the same as that induced by **mSLat** $\to$ **Set**, since it is easily seen that every ideal in a meet-semilattice of the form $KA^{\mathrm{op}}$ is principal. On the other hand, the forgetful functor **PFrm** $\to$ **mSLat** is monadic; and **PFrm** is still complete and cocomplete. These results are proved in [548], but we shall not give the details here.)

**Proposition 1.1.5** *The categories* **CjSLat** *and* **PFrm** *both have (symmetric) closed monoidal structures.*

**Proof** We consider first the category **CjSLat**. The algebraic theory of complete join-semilattices is commutative (also called entropic, or autonomous in the sense of [725]): that is, each of its operations commutes with each of the others (and with itself). Hence, given two complete semilattices $A$ and $B$, the set of **CjSLat**-morphisms $A \to B$ is closed under (pointwise) joins in the set of all functions $A \to B$, and so forms a complete semilattice $[A, B]$. If $C$ is a third object of **CjSLat**, then **CjSLat** morphisms $C \to [A, B]$ are easily seen to correspond to functions $f\colon C \times A \to B$ which are 'bihomomorphisms' in the sense that $c \mapsto f(c, a)$ is a homomorphism for each fixed $a \in A$ and $a \mapsto f(c, a)$ is a homomorphism for each fixed $c \in C$. So we define $A \otimes B$ to be the codomain of the universal bihomomorphism with domain $A \times B$: explicitly, it is freely generated by symbols $a \otimes b$ ($a \in A$, $b \in B$), subject to the relations

$$\bigvee_{i \in I} (a_i \otimes b) = (\bigvee_{i \in I} a_i) \otimes b \quad \text{and} \quad \bigvee_{j \in J} (a \otimes b_j) = a \otimes (\bigvee_{j \in J} b_j)$$

for all $a, b, a_i$ and $b_j$. Just as for the usual tensor product of abelian groups (or of modules over a commutative ring), it is straightforward to verify that this construction is commutative and associative up to coherent isomorphisms (for example, the 'twist' isomorphism $A \otimes B \to B \otimes A$ is the unique morphism sending $a \otimes b$ to $b \otimes a$ for each $(a, b)$), that the free complete semilattice on one generator is a unit for it (again, up to coherent isomorphism), and that $(-) \otimes A$ is left adjoint to $[A, -]$. (The free complete semilattice on one generator is simply the power-set $P1$, by the results of 1.1.3; we shall denote it by $\Omega$, because if we replace **Set** by a more general topos $\mathcal{E}$ in this discussion, the unit becomes the subobject classifier of $\mathcal{E}$. Note also that the generator of $\Omega$ is its top element $\top$.)

The argument for **PFrm** is similar: if $A$ is a preframe, the infinite distributive law ensures that the binary meet operation $A \times A \to A$ preserves directed joins, since if $(a_i \mid i \in I)$ and $(b_i \mid i \in I)$ are directed families (indexed by the same directed set $I$) then $(a_i \wedge b_i \mid i \in I)$ is final in the family $(a_i \wedge b_j \mid i, j \in I)$. Thus the theory of preframes is 'commutative' in an appropriate sense: in particular, if $A$ and $B$ are preframes then the set $[A, B]$ of preframe homomorphisms $A \to B$ is closed under (pointwise) finite meets and directed joins in the set of all maps $A \to B$, and hence forms a preframe. As before, the tensor product of two preframes $A$ and $B$ (which we shall denote by $A \odot B$, since we wish to distinguish it from the **CjSLat** tensor product) is the codomain of the universal 'bihomomorphism' from $A \times B$: equivalently, it is generated by elements $a \odot b$ ($a \in A$, $b \in B$) subject to relations which ensure that $a \mapsto a \odot b$ is a preframe homomorphism for each $b$, and $b \mapsto a \odot b$ is a homomorphism for each $a$. The unit of the tensor product is the free preframe on one generator: by the results of 1.1.3, this is the preframe $I(K1^{\mathrm{op}})$, but since $K1^{\mathrm{op}}$ is isomorphic to $K1$ (even constructively, cf. D5.4.5(ii)) we may identify this with $I(K1) \cong P1 = \Omega$. (However, the generator of $\Omega$ as a preframe is its *bottom* element $\bot$.) □

**Remark 1.1.6** Although **Frm** itself does not have a closed structure, its hom-sets do have an obvious partial ordering, given by $f \leq g$ iff $f(a) \leq g(a)$ for all $a$ in the domain of $f$; and this partial ordering has (pointwise) directed joins, since a directed join of frame homomorphisms is both a preframe homomorphism and a complete-join-semilattice homomorphism. Thus **Frm** is enriched over the category **Dom** – a fact which we shall subsequently use when working in the opposite category **Loc**.

**Remark 1.1.7** In fact **CjSLat** has even more categorical structure than that described in 1.1.5. It has a self-duality (i.e. a functor $(-)^* : \mathbf{CjSLat} \to \mathbf{CjSLat}^{\mathrm{op}}$ whose square is the identity): for an object $A$, $A^*$ is simply the opposite poset $A^{\mathrm{op}}$ (we have already noted that this has arbitrary joins if $A$ does), and for a morphism $f: A \to B$, $f^*$ is the right adjoint of $f$ regarded as a morphism $B^{\mathrm{op}} \to A^{\mathrm{op}}$. Moreover, the duality is enriched in the sense that we have $[A, B] \cong [B^*, A^*]$, naturally in $A$ and $B$: for the pointwise ordering on the right adjoints of morphisms $A \to B$ is the opposite of that on the original morphisms, and it becomes reversed again when we dualize the objects $A$ and $B$. It follows in particular that we have natural isomorphisms $A^* \cong [\Omega, A^*] \cong [A, \Omega^*]$, i.e. the duality is representable in the enriched sense. (Of course, $\Omega^*$ is classically isomorphic to $\Omega$, but they are different in a non-Boolean topos, and so we choose to distinguish between them here.) Hence also we have natural isomorphisms

$$[A, B] \cong [B^*, A^*] \cong [B^*, [A, \Omega^*]] \cong [(B^* \otimes A), \Omega^*] \cong (B^* \otimes A)^* \cong (A \otimes B^*)^*$$

or equivalently $(A \otimes B) \cong [A, B^*]^*$: the interpretation of this last isomorphism is that we may identify $A \otimes B$ with the poset of *Galois connections* (that is, contravariant adjunctions on the right) between $A$ and $B$. Summarizing the foregoing, we say that **CjSLat** is a $*$-*autonomous category* in the sense of [72].

We recall that, given a symmetric monoidal category $(\mathcal{C}, \otimes, I)$, we may form the category $\mathbf{CMon}(\mathcal{C})$ of commutative monoids in $\mathcal{C}$, i.e. objects $A$ equipped with morphisms $m\colon A \otimes A \to A$ and $e\colon I \to A$ satisfying the appropriate diagrammatic form of the equations for commutative monoids. We also recall the following result (cf. [368]):

**Lemma 1.1.8** *Let $(\mathcal{C}, \otimes, I)$ be a symmetric monoidal category. Then*

(i) *The category $\mathbf{CMon}(\mathcal{C})$ has finite coproducts; and the forgetful functor $\mathbf{CMon}(\mathcal{C}) \to \mathcal{C}$ is universal among functors from categories $\mathcal{D}$ with finite coproducts to $\mathcal{C}$ which map the cocartesian monoidal structure on $\mathcal{D}$ to the given monoidal structure on $\mathcal{C}$.*

(ii) *If the monoidal structure on $\mathcal{C}$ is closed, then the forgetful functor $\mathbf{CMon}(\mathcal{C}) \to \mathcal{C}$ creates any filtered colimits which exist in $\mathcal{C}$.*

**Proof** (i) It is straightforward to verify that if $(A, m, e)$ and $(A', m', e')$ are commutative monoids in $\mathcal{C}$, then $A \otimes A'$, with its obvious monoid structure, is their coproduct in $\mathbf{CMon}(\mathcal{C})$: the coprojections are given by $1 \otimes e'\colon A \cong A \otimes I \to A \otimes A'$ and $e \otimes 1\colon A' \cong I \otimes A' \to A \otimes A'$, and if $f\colon A \to A''$ and $f'\colon A' \to A''$ are two monoid homomorphisms the induced homomorphism $A \otimes A' \to A''$ is $m''(f \otimes f')$. Similarly, the unit $I$ with its obvious monoid structure is an initial object of $\mathbf{CMon}(\mathcal{C})$. On the other hand, if $\mathcal{D}$ is any category with finite coproducts, then each object $B$ of $\mathcal{D}$ has a unique commutative monoid structure given by the codiagonal map $B + B \to B$ and the unique morphism $0 \to B$; so any functor $\mathcal{D} \to \mathcal{C}$ which maps the finite coproduct structure onto $\otimes$ has a unique factorization through $\mathbf{CMon}(\mathcal{C}) \to \mathcal{C}$.

(ii) Suppose $A = \varinjlim_{i \in I} A_i$ is a filtered colimit in $\mathcal{C}$, where each $A_i$ has a commutative monoid structure and the transition maps $A_i \to A_j$ are monoid homomorphisms. Since $A \otimes (-)$ preserves colimits, it is easy to see that we have $A \otimes A \cong \varinjlim_{i,j \in I \times I}(A_i \otimes A_j)$; but the fact that $I$ is filtered implies that the diagonal $I \to I \times I$ is final (cf. B2.5.12), and so $A \otimes A \cong \varinjlim_{i \in I}(A_i \otimes A_i)$. Hence the multiplications $m_i\colon A_i \otimes A_i \to A_i$ induce a unique morphism $m\colon A \otimes A \to A$; and we similarly have a morphism $e\colon I \to A$ induced by any of the $e_i\colon I \to A_i$ (since $I$ is nonempty and connected). The verification that these morphisms are a commutative monoid structure on $A$, and that they make $A$ into the colimit of the $A_i$ in $\mathbf{CMon}(\mathcal{C})$, is straightforward. □

We note that the argument of 1.1.8(ii) also works for reflexive coequalizers (cf. A1.2.12); thus we could have replaced the word 'filtered' by 'sifted' in the statement. Also, since arbitrary colimits may be constructed from finite coproducts, reflexive coequalizers and filtered colimits, 1.1.8 in principle tells us how to construct arbitrary colimits in $\mathbf{CMon}(\mathcal{C})$ in terms of $\mathcal{C}$.

More explicitly, the identification of finite coproducts in $\mathbf{CMon}(\mathcal{C})$ with tensor products may be extended to pushouts, by the following device. Given a commutative monoid $(A, m, e)$ in $\mathcal{C}$, we may define an *A-module* to be an object $B$ of $\mathcal{C}$ equipped with an action map $\beta\colon A \otimes B \to B$ which is associative and unitary in the obvious sense. Provided $\mathcal{C}$ has reflexive coequalizers, and the functor $A \otimes (-)$ preserves them, the category $A$-$\mathbf{Mod}(\mathcal{C})$ of $A$-modules in $\mathcal{C}$ has a monoidal structure, with the tensor product $B \otimes_A C$ of two modules defined to be the coequalizer of

$$B \otimes A \otimes C \underset{1 \otimes \gamma}{\overset{\beta \otimes 1}{\rightrightarrows}} B \otimes C$$

(note that since $A$ is commutative we do not have to distinguish between left and right $A$-modules), and unit given by $A$ itself. Now if $f\colon A \to B$ is a morphism of $\mathbf{CMon}(\mathcal{C})$, then $B$ acquires an $A$-module structure given by

$$A \otimes B \xrightarrow{f \otimes 1} B \otimes B \xrightarrow{m} B;$$

moreover, the multiplication of $B$ factors through the quotient map $B \otimes B \twoheadrightarrow B \otimes_A B$, making $B$ into a commutative monoid in $A$-$\mathbf{Mod}(\mathcal{C})$. Conversely, any commutative monoid $B$ in $A$-$\mathbf{Mod}(\mathcal{C})$ is in particular a commutative monoid in $\mathcal{C}$, and its unit map in the former category becomes a monoid homomorphism $A \to B$ in the latter. These two constructions establish an equivalence between the co-slice category $A\backslash\mathbf{CMon}(\mathcal{C})$ and $\mathbf{CMon}(A\text{-}\mathbf{Mod}(\mathcal{C}))$; so, in particular, we obtain

**Corollary 1.1.9** *Suppose $\mathcal{C}$ is a symmetric monoidal category with reflexive coequalizers which are preserved by the functors $A \otimes (-)$, and let $f\colon A \to B$ and $g\colon A \to C$ be two commutative monoid homomorphisms in $\mathcal{C}$ with common domain. Then (the codomain of) their pushout may be identified with the $A$-module tensor product $B \otimes_A C$.* □

The significance of 1.1.8 and 1.1.9 for us is contained in

**Proposition 1.1.10** *The category* **Frm** *may be identified with coreflective (full) subcategories of both* $\mathbf{CMon}(\mathbf{CjSLat})$ *and* $\mathbf{CMon}(\mathbf{PFrm})$.

**Proof** If $A$ is a frame, then the infinite distributive law of 1.1.1 says precisely that the binary meet map $\wedge\colon A \times A \to A$ is a bihomomorphism of complete join-semilattices; so it induces a map $m\colon A \otimes A \to A$. And the top element 1 of $A$ corresponds to a unique **CjSLat** morphism $e\colon \Omega \to A$. The fact that $m$ and $e$ satisfy the equations for commutative monoids is immediate from the fact that $\wedge$ and 1 do so (with respect to the cartesian monoidal structure); and it is clear that if $B$ is another frame then a **CjSLat** morphism $A \to B$ is a morphism of commutative monoids iff it also preserves finite meets, i.e. iff it is a frame homomorphism. Thus we have identified **Frm** with a full subcategory of **CMon**(**CjSLat**).

Of course, not every commutative monoid in **CjSLat** is of this form; but we may characterize those which are, as follows: $(A, m, e)$ is a frame iff $a \leq e(\top)$ and $a \leq m(a \otimes a)$ for all $a \in A$. For these conditions clearly hold in a frame; conversely, if the conditions hold, then for any $a, b \in A$ we have $m(a \otimes b) \leq m(a \otimes e(\top)) = a$ and $m(a \otimes b) \leq b$ similarly, and if $c \leq a$ and $c \leq b$ then $c \leq m(c \otimes c) \leq m(a \otimes b)$, so $m(a \otimes b)$ is the meet of $a$ and $b$. Now, if $(A, m, e)$ is an arbitrary commutative monoid in **CjSLat**, consider the set

$$A_f = \{a \in A \mid a \leq e(\top) \text{ and } a \leq m(a \otimes a)\};$$

it is clear that $A_f$ is a sub-complete-semilattice of $A$, since if $a$ is the join of a family $(a_i \mid i \in I)$ then $m(a \otimes a) \geq m(a_i \otimes a_i) \geq a_i$ for each $i$. Moreover, if $a$ and $b$ are in $A_f$ so is $m(a \otimes b)$, using the fact that $m$ is commutative and associative; and hence $m$ maps $A_f \otimes A_f$ into $A_f$. Similarly, since $e(\top) \in A_f$, $e$ factors through $A_f \rightarrowtail A$, and thus $A_f$ is a sub-commutative-monoid of $A$. By the remarks above, it is a frame; and it is also clear that any commutative monoid homomorphism from a frame to $A$ must take values in $A_f$. So we have constructed the required coreflection.

The arguments in the preframe case are very similar. This time we consider the binary join map $\vee: A \times A \to A$ of a frame $A$ as a preframe bihomomorphism: it is a bihomomorphism for finite meets by the (finitary) distributive law, and for directed joins (in fact for all nonempty joins) since $a \vee (\bigvee_{i \in I} b_i) = \bigvee_{i \in I}(a \vee b_i)$ provided $a$ appears at least once on the right-hand side. The induced preframe morphism $m: A \odot A \to A$, together with the unique preframe morphism $e: \Omega \to A$ sending the preframe generator $\perp$ of $\Omega$ to $0_A$, defines a commutative monoid structure on $A$; and a preframe homomorphism between frames is a homomorphism of commutative monoids iff it preserves finite joins, i.e. iff it is a frame homomorphism. A commutative monoid $(A, m, e)$ in **PFrm** arises in this way from a frame iff $e(\perp)$ is the least element of $A$ and $m(a \odot a) \leq a$ for all $a \in A$; using this, we may prove as before that **Frm** is coreflective in **CMon**(**PFrm**). $\square$

**Remark 1.1.11** It follows from 1.1.8(i) and 1.1.10 that if $A$ and $B$ are frames then their coproduct in **Frm** may be identified with both their complete-semilattice tensor product $A \otimes B$ and their preframe tensor product $A \odot B$; so these two are isomorphic as posets. However, the isomorphism does not identify the generators of $A \otimes B$ with those of $A \odot B$; if we write $\nu_1$ and $\nu_2$ for the coprojections in **Frm**, then $a \otimes b$ is $\nu_1(a) \wedge \nu_2(b)$, and $a \odot b$ is $\nu_1(a) \vee \nu_2(b)$. It follows easily that they are related to each other by the equations

$$(a \odot b) = (a \otimes 1_B) \vee (1_A \otimes b) \quad \text{and} \quad (a \otimes b) = (a \odot 0_B) \wedge (0_A \odot b)\,.$$

Similar remarks apply to pushouts in **Frm**, using 1.1.9.

The representations of frames as commutative monoids in **CjSLat** and in **PFrm** will be extensively exploited in Sections C3.1 and C3.2 respectively. However, before leaving the topic for now, we note one useful application of 1.1.10:

**Corollary 1.1.12** *Let $(A_i \mid i \in I)$ be the vertices of a filtered diagram in* **Frm**, *whose transition maps $A_i \to A_j$ are all injective. Then the legs $A_i \to \varinjlim_{i \in I} A_i$ of the colimiting cone in* **Frm** *are also injective.*

**Proof** By 1.1.8(ii) and 1.1.10, it suffices to prove the corresponding result in the category **CjSLat**. But in the latter category we can appeal to the duality of 1.1.7: in other words, it suffices to show that, given a cofiltered diagram of complete semilattices $(B_i \mid i \in I)$ and surjective homomorphisms, the induced maps $\lambda_j \colon \varprojlim_{i \in I} B_i \to B_j$ are surjective. Let $b \in B_i$ for some $i$; since the forgetful functor **CjSLat** $\to$ **Set** creates limits, we have to construct a family of elements $(b_j \in B_j \mid j \in I)$ such that $b_i = b$ and such that $\beta(b_k) = b_j$ for each edge $\beta \colon B_k \to B_j$ of the diagram. For each $j$, we may choose morphisms $\alpha \colon B_k \to B_i$ and $\gamma \colon B_k \to B_j$ in the diagram with common domain; we define $b_j = \gamma(\alpha^*(b))$, where $\alpha^*$ is the dual of $\alpha$. It is clear that, if we can show $b_j$ to be independent of the choice of the pair $(\alpha, \gamma)$, then $(b_j \mid j \in I)$ will be a compatible family. But if we had made a different choice $(\alpha', \gamma')$, we could find $\delta \colon B_l \to B_k$ and $\delta' \colon B_l \to B_{k'}$ in the diagram with $\alpha\delta = \alpha'\delta'$ and $\gamma\delta = \gamma'\delta'$, so that

$$\begin{aligned} \gamma(\alpha^*(b)) &= \gamma\delta(\delta^*\alpha^*(b)) \\ &= \gamma'\delta'(\delta'^*\alpha'^*(b)) \\ &= \gamma'(\alpha'^*(b)) \end{aligned}$$

where we have used the fact that $\delta$ and $\delta'$ are surjective and so the counits of the adjunctions $(\delta \dashv \delta^*)$ and $(\delta' \dashv \delta'^*)$ are identities. □

Since **Frm** is monadic over **Set**, it is an effective regular category as defined in Section A1.3: in particular, for any frame $A$, there is a bijection between regular quotients of $A$ (that is, isomorphism classes of regular epimorphisms $A \twoheadrightarrow B$) and equivalence relations on $A$. Since monomorphisms in **Frm** are injective frame maps, the latter may be identified with frame congruences on $A$, that is subsets $R \subseteq A \times A$ which are both equivalence relations on (the underlying set of) $A$ and subframes of $A \times A$. But there are a number of other ways of representing regular quotients of $A$, which will be of use to us. First we note that, since a frame congruence $R$ is closed under arbitrary joins in $A \times A$, each $R$-equivalence class has a greatest member (the join of all its members); thus we can represent

$R$ by the mapping ($j$, say) $A \to A$ which sends each element of $A$ to the greatest member of its $R$-equivalence class, since we then have $(a, b) \in R$ iff $j(a) = j(b)$. And the properties of $j$ needed to ensure that the relation defined in this way is a frame congruence are simply

(i) $a \leq j(a)$;

(ii) $j(a) = j(j(a))$; and

(iii) $j(a \wedge b) = j(a) \wedge j(b)$

for all $a, b \in A$. We call such a mapping a *nucleus* on $A$. (The above conditions should be compared with the definition of a local operator in a topos (A4.4.1): a local operator is simply an internal nucleus on the internal frame $\Omega$, and much of the discussion of nuclei which follows in this section exactly parallels the discussion of local operators in Section A4.5.) Further, a nucleus $j$ is determined by its image (equivalently, by (ii), its *fixset* $A_j = \{a \in A \mid j(a) = a\}$), since conditions (i) and (ii) (plus the fact that $j$ is order-preserving) say that $j$ is left adjoint to the inclusion $A_j \to A$. Moreover, in this context condition (iii) on $j$ is equivalent (by A4.3.1) to the assertion that $A_j$ is an exponential ideal as defined in Section A1.5, i.e. that $(a \Rightarrow b) \in A_j$ whenever $b \in A_j$, where $\Rightarrow$ is the Heyting implication in $A$ (cf. 1.1.2). We have thus established

**Proposition 1.1.13** *For any frame $A$, there are bijections between any two of the following sets:*

(i) *the set of regular quotients of $A$, i.e. isomorphism classes of surjective frame homomorphisms with domain $A$;*

(ii) *the set of frame congruences on $A$;*

(iii) *the set of nuclei on $A$;*

(iv) *the set of fixsets in $A$, i.e. subsets which are exponential ideals and closed under arbitrary meets.* □

We remark that it is possible to proceed directly from a regular epimorphism $q: A \twoheadrightarrow B$ to the nucleus $j$ on $A$ which corresponds to it: in fact $j$ is the composite $q_* q$, where $q_* : B \to A$ is the right adjoint of $q$. (This is because $q_*(b)$ is the largest $a \in A$ satisfying $q(a) = b$.) And, given $j$, we may recover $q$ directly: $A_j$, ordered as a subset of $A$, is isomorphic to the quotient $A/R$ (since it contains one element of each $R$-equivalence class) and hence a frame; and $j$ itself, considered as a map $A \to A_j$, is a (surjective) frame homomorphism (it preserves joins because it is left adjoint to the inclusion).

**Remark 1.1.14** The three conditions in the definition of a nucleus may be combined into a single equation: *for any frame $A$, a function $j: A \to A$ is a nucleus iff it satisfies the condition that*

$$(a \Rightarrow j(b)) = (j(a) \Rightarrow j(b))$$

*for all* $a, b \in A$. To prove this, suppose first that $j$ is a nucleus; then from $a \leq j(a)$ we obtain $(a \Rightarrow j(b)) \geq (j(a) \Rightarrow j(b))$, since $\Rightarrow$ is order-reversing in its first variable. But we also have

$$\begin{aligned} j(a) \wedge (a \Rightarrow j(b)) &\leq j(a) \wedge j(a \Rightarrow j(b)) \\ &= j(a \wedge (a \Rightarrow j(b))) \\ &\leq j(j(b)) = j(b), \end{aligned}$$

so $(a \Rightarrow j(b)) \leq (j(a) \Rightarrow j(b))$. Conversely, suppose $j$ satisfies the condition. Putting $a = b$, we obtain $(a \Rightarrow j(a)) = 1_A$, so $a \leq j(a)$ for all $a$. Similarly, putting $a = j(b)$ yields $j(j(b)) \leq j(b)$, whence $j(j(b)) = j(b)$. Next, if $a \leq b$ then $a \leq j(b)$, whence we obtain $(j(a) \Rightarrow j(b)) = 1_A$, so $j$ is order-preserving. Finally, from $a \wedge b \leq j(a \wedge b)$ we obtain $a \leq (b \Rightarrow j(a \wedge b)) = (j(b) \Rightarrow j(a \wedge b))$, so $a \wedge j(b) \leq j(a \wedge b)$, and a similar argument yields $j(a) \wedge j(b) \leq j(a \wedge b)$; but the reverse inequality follows from the fact that $j$ is order-preserving. However, in practice it is usually easier to verify the three separate conditions, for a given $j$, than to verify the single equation given here.

Of course, each of the sets described in 1.1.13 has a canonical ordering; but some of the bijections between them are order-reversing. If we order congruences by inclusion, this corresponds to the pointwise ordering on nuclei (i.e. $j \leq k$ iff $j(a) \leq k(a)$ for all $a \in A$), but it is the reverse of the inclusion ordering on fixsets, since larger nuclei have fewer fixed points. For definiteness, we shall deal with nuclei in what follows, and write $N(A)$ for the set of all nuclei on $A$ with its pointwise ordering.

**Proposition 1.1.15** *For any frame* $A$, $N(A)$ *is a frame.*

**Proof** It is straightforward to verify that the (pointwise) meet of an arbitrary family of nuclei is a nucleus; this defines arbitrary meets in $N(A)$, and shows that it is a complete lattice. However, joins in $N(A)$ are not in general computed pointwise; so it is not possible to deduce the infinite distributive law in $N(A)$ directly from that in $A$. One possible proof, which may be found in [520], involves constructing the Heyting implication operation on $N(A)$ and appealing to 1.1.2; we shall give a simpler proof, due to J. T. Wilson [1229], which in fact shows that the fixsets in $A$ form a coframe in the inclusion ordering. For this, we note first that an arbitrary intersection of fixsets is a fixset. The join of two fixsets $B$ and $C$ may be described as the set $\{b \wedge c \mid b \in B, c \in C\}$; this follows from the fact that meets of nuclei are computed pointwise, since an element $a$ of $A$ is $(j \wedge k)$-fixed iff it is the meet of $j(a)$ and $k(a)$. Now suppose $B$ and $C_i$, $i \in I$, are fixsets, and let $a \in \bigcap_{i \in I}(B \vee C_i)$. Then we have $a = b \wedge c_i$ for each $i$, where $b$ is the least element of $B$ above $a$ and $c_i$ is the least element of $C_i$ above $a$. So

$$(b \Rightarrow a) = (b \Rightarrow (b \wedge c_i)) = (b \Rightarrow c_i) \in C_i \quad \text{for each } i$$

since $C_i$ is an exponential ideal, whence $a = (b \wedge a) = (b \wedge (b \Rightarrow a)) \in B \vee \bigcap_{i \in I} C_i$. Thus we have

$$\bigcap_{i \in I} (B \vee C_i) \subseteq B \vee \bigcap_{i \in I} C_i;$$

but the reverse inclusion holds in any complete lattice. □

We next consider some important examples of nuclei and fixsets: the first three of the following examples should be compared with their topos-theoretic analogues introduced in A4.5.1, A4.5.3 and A4.5.9 respectively.

**Examples 1.1.16** (*a*) Let $A$ be a frame, $a$ an element of $A$. The principal ideal $\downarrow(a)$ is easily seen to be a frame, and the infinite distributive law implies that $(-) \wedge a \colon A \to \downarrow(a)$ is a (surjective) frame homomorphism. So by 1.1.13 it corresponds to a nucleus on $A$. Since the right adjoint of $(-) \wedge a$ is $a \Rightarrow (-)$, it is easy to see that this nucleus is simply $a \Rightarrow (-) \colon A \to A$. We denote this nucleus by $o(a)$, and call it the *open nucleus* determined by $A$, for reasons which will become clear in 1.2.6 below.

(*b*) Again, let $a$ be an element of a frame $A$. The principal filter $\uparrow(a)$ generated by $a$ is also a frame, and $(-) \vee a \colon A \to \uparrow(a)$ is a surjective frame homomorphism by distributivity. The right adjoint of this homomorphism is simply the inclusion $\uparrow(a) \to A$, and so the corresponding nucleus is simply $(-) \vee a$ (and the corresponding fixset is $\uparrow(a)$ itself). We denote this nucleus by $c(a)$, and call it the *closed nucleus* determined by $a$. We note that $o(a)$ and $c(a)$ are complementary elements of $N(A)$, for any $a$: for their pointwise meet $o(a) \wedge c(a)$ satisfies

$$\begin{aligned}(o(a) \wedge c(a))(b) &= (a \Rightarrow b) \wedge (a \vee b) \\ &= (a \wedge (a \Rightarrow b)) \vee (b \wedge (a \Rightarrow b)) \\ &= (a \wedge b) \vee b = b\end{aligned}$$

using standard identities for Heyting algebras (cf. A1.5.11), and so it is the identity mapping, i.e. the least element of $N(A)$. On the other hand, their join corresponds to the intersection of the corresponding fixsets, i.e. to

$$\{b \in A \mid (a \leq b) \text{ and } (a \Rightarrow b) = b\},$$

but this is the singleton $\{1\}$, i.e. the smallest fixset in $A$.

(*c*) We call a fixset $A_j$ (or the corresponding nucleus $j$) *dense* if it has nontrivial intersection with every nontrivial open fixset in $A$. It is not hard to see that this condition is equivalent to saying that $j(0) = 0$; for if $j(0) = a$ then $A_j \cap A_{o(a)} = \{1\}$, by the argument given above, and conversely if $0 \in A_j$ then $\neg a = (a \Rightarrow 0) \in A_j \cap A_{o(a)}$ for any $a$. We note that *every frame contains a smallest dense fixset*, namely the subset $A_{\neg\neg} = \{\neg a \mid a \in A\}$: this is a fixset, since it is closed under arbitrary meets ($\neg\neg$ being left adjoint to the inclusion $A_{\neg\neg} \to A$) and an exponential ideal because $(a \Rightarrow \neg b) = \neg(a \wedge b)$ for any $a$

and $b$. And $A_{\neg\neg}$ is dense since $\neg\neg 0 = \neg 1 = 0$; but if $A_j$ is any dense fixset then $\neg\neg a = (\neg a \Rightarrow 0) \in A_j$ for all $a \in A$.

(*d*) We shall also occasionally need to invoke the stronger notion of *flat* nucleus: a nucleus $j$ is called flat if it preserves finite joins (including the empty join 0). Equivalently, a fixset $A_j$ is flat if it is a sublattice of $A$. In general, flat nuclei are much less common than dense ones; we note in particular that the largest dense nucleus $\neg\neg$ is flat iff $A$ is a *Stone algebra*, a condition which we shall discuss in greater detail in Section D4.6.

(*e*) Let $(P, T)$ be a site (as defined in A2.1.9) whose underlying category $P$ is a poset. (Such a site is occasionally referred to as a *posite*.) The subterminal objects in the functor category $[P^{\mathrm{op}}, \mathbf{Set}]$ are those functors $F$ such that each $F(p)$ is either empty or a singleton; so, up to isomorphism, we may identify them with the subsets $\{p \in P \mid F(p) \neq \emptyset\}$, i.e. with the lower subsets of $P$. The lower sets which correspond to subterminal objects of the subcategory $\mathbf{Sh}(P, T)$ are those sets $I$ with the closure property that, if $p$ is any element of $P$ and $R \in T(p)$ is a cover all of whose members are (more strictly, have their domains) in $I$, then $p$ itself must be in $I$. We call such subsets $T$-*ideals*; the name derives from the fact that, if $P$ is a distributive lattice considered as a coherent category, and $T$ is its coherent coverage, then these subsets are exactly the ideals of $P$ in the classical sense. (Thus the result we are about to establish includes the fact, already mentioned in the proof of 1.1.3, that the ideals of a distributive lattice form a frame.) We write $T\text{-Idl}(P)$ for the set of all $T$-ideals of $P$, ordered by inclusion; we claim that it is a fixset in the frame $LP$ of all lower sets in $P$ (so that in particular it is a frame – though we could have deduced that from the fact that we have identified it with the lattice of subterminal objects of a cocomplete topos). It is clearly closed under arbitrary intersections in $LP$; so we need only verify that it is an exponential ideal. But the Heyting implication in $LP$ is given by

$$(I \Rightarrow J) = \{p \in P \mid (\forall q \leq p)((q \in I) \Rightarrow (q \in J))\},$$

since the latter is the largest lower set whose intersection with $I$ is contained in $J$. If $J$ is a $T$-ideal, and $p \in P$ has a covering family $R$ all of whose members are in $(I \Rightarrow J)$, then for any $q \leq p$ such that $q \in I$, we have a covering family $R'$ on $q$, by the stability condition $(C)$ of A2.1.9, each of whose members lies below some member of $R$, and is therefore in $J$ since it is in the lower set $I$. So every such $q$ is in $J$; hence $p \in (I \Rightarrow J)$, as required.

We note that $T\text{-Idl}(P)$ is a dense fixset in $LP$ (that is, it contains the least element $\emptyset$ of $LP$) iff every $T$-covering family is nonempty. (We shall return to this condition in 2.2.4(*e*) below, and again in 3.1.18.) If in addition every $T$-covering family is (upwards) directed as a subset of $P$, then $T\text{-Idl}(P)$ is flat in $LP$; for if $I$ and $J$ are $T$-ideals and $R \in T(p)$ is a directed cover all of whose members lie in $I \cup J$, then either $R \subseteq I$ or $R \subseteq J$ (if not, we can find $q_1 \in R \setminus I$ and $q_2 \in R \setminus J$, and then an upper bound for $\{q_1, q_2\}$ in $R$ cannot be in either $I$ or $J$), so $p \in I \cup J$. More generally, if $S$ and $T$ are two coverages on $P$ such that

$S \subseteq T$, and every cover in $T \setminus S$ is directed, then the same argument shows that $T$-Idl($P$) is flat in $S$-Idl($P$). In particular, taking $P$ to be a frame, $S$ to be the coherent coverage on $P$ (i.e. the coverage given by all finite joins in $P$), and $T$ to be the coverage given by all joins which are either finite or directed, we see that the $S$-ideals are the ideals in the usual sense and the $T$-ideals are the principal ideals; thus we have shown that *every frame occurs, up to isomorphism, as a flat fixset in one of the form $IA$ for a distributive lattice $A$.*

We remark that the use of non-constructive logic in the preceding paragraph cannot be avoided: the complementations can be eliminated, but if this is done the argument is then seen to depend on an instance of the 'dual Frobenius rule' that $(\phi \vee (\forall x)\psi(x))$ may be deduced from $(\forall x)(\phi \vee \psi(x))$ – cf. D1.3.9. However, the final italicized result is constructive: it is easy to see directly that any frame $A$ is both a sublattice of, and a fixset in, its ideal lattice $IA$.

A further important tool in elucidating the structure of $N(A)$ is the following:

**Lemma 1.1.17** *Any nucleus on a frame is expressible as a join of nuclei of the form $o(a) \wedge c(b)$.*

**Proof** Let $A$ be a frame, and $j$ an arbitrary nucleus on $A$. For each $a \in A$, consider the nucleus $k_a = o(a) \wedge c(j(a))$. We have

$$k_a(a) = (a \Rightarrow a) \wedge (j(a) \vee a) = 1 \wedge j(a) = j(a) .$$

But for any $b$, we have

$$(a \Rightarrow b) \wedge j(a) \leq j(a \Rightarrow b) \wedge j(a) = j((a \Rightarrow b) \wedge a) \leq j(b),$$

so that

$$\begin{aligned} k_a(b) &= (a \Rightarrow b) \wedge (j(a) \vee b) \\ &= ((a \Rightarrow b) \wedge j(a)) \vee ((a \Rightarrow b) \wedge b) \\ &\leq j(b) \vee b = j(b) . \end{aligned}$$

Thus $j$ is the (pointwise) join of the nuclei $k_a$, $a \in A$. □

Next, we investigate the functoriality of the construction $A \mapsto N(A)$. For this we need

**Lemma 1.1.18** *Let $h: A \to B$ be a frame homomorphism, $a \in A$. Then*

(i) *$h$ factors through $A \to A_{o(a)}$ iff $h(a) = 1_B$.*

(ii) *$h$ factors through $A \to A_{c(a)}$ iff $h(a) = 0_B$.*

(iii) *There are pushout squares*

$$\begin{array}{ccc} A & \xrightarrow{h} & B \\ \downarrow & & \downarrow \\ A_{o(a)} & \longrightarrow & B_{o(h(a))} \end{array} \quad \text{and} \quad \begin{array}{ccc} A & \xrightarrow{h} & B \\ \downarrow & & \downarrow \\ A_{c(a)} & \longrightarrow & B_{c(h(a))} \end{array}$$

*in* **Frm**.

**Proof** (i) One direction is immediate, since $a$ maps to the top element of $A_{o(a)}$. Conversely, suppose $h(a) = 1_B$. Then for any $b \in A$, we have

$$h(a \Rightarrow b) \leq h(a) \Rightarrow h(b) = 1 \Rightarrow h(b) = h(b)$$

(where the first inequality derives from the fact that $h$ preserves finite meets); so $h$ identifies any two elements of $A$ which are identified by $o(a)$.

(ii) is similar, using the fact that $a$ maps to the bottom element of $A_{c(a)}$.

(iii) follows immediately from (i) and (ii). □

**Proposition 1.1.19** *The assignment $A \mapsto N(A)$ defines a functor* **Frm** $\to$ **Frm**; *and the frame homomorphisms $c \colon A \to N(A)$ define a natural transformation from the identity to this functor, which is both monic and epic.*

**Proof** Given a frame homomorphism $h \colon A \to B$, the operation of pushing out maps along $h$ preserves regular epimorphisms, and so defines a mapping $N(A) \to N(B)$, which we take to be $N(h)$. It requires verification that $N(h)$ is a frame homomorphism; but it clearly preserves joins, since they correspond to cointersections of regular quotients, and so we need only consider finite meets.

First we consider a meet of the form $o(a) \wedge c(b)$. From 1.1.18(iii), we have $N(h)(o(a)) = o(h(a))$ and $N(h)(c(b)) = c(h(b))$; and since $o(a) \wedge c(b)$ is complementary to $c(a) \vee o(b)$, by 1.1.16(b), a straightforward calculation shows that $N(h)(o(a) \wedge c(b)) = o(h(a)) \wedge c(h(b))$. Also, since $o(a_1) \wedge o(a_2) = o(a_1 \vee a_2)$ and $c(b_1) \wedge c(b_2) = c(b_1 \wedge b_2)$, the meet of two nuclei of this form is again of the same form, and $N(h)$ preserves all such meets. The general case now follows from 1.1.17: by this result, plus the infinite distributive law in $N(A)$, we can reduce an arbitrary meet $j \wedge k$ to a join of pairwise meets of nuclei of the form $o(a) \wedge c(b)$, and hence it is preserved by $N(h)$.

Next, we observe that $c$ is a frame homomorphism: it preserves finite meets by distributivity of $A$, and arbitrary joins because joins commute with joins – note that joins of closed nuclei are actually computed pointwise. The fact that $c$ is a natural transformation is immediate from 1.1.18(iii); it is monic because we can recover $a$ from $c(a)$ by applying it to the least element of $A$, and epic because we saw in 1.1.17 that $N(A)$ is generated as a frame by the elements $c(a)$ and their complements (and frame homomorphisms preserve complements). □

**Corollary 1.1.20**

(i) *For any frame $A$, $c\colon A \to N(A)$ is universal among frame homomorphisms $h\colon A \to B$ mapping all elements of $A$ to complemented elements of $B$.*

(ii) *$c\colon A \to N(A)$ is an isomorphism iff $A$ is a complete Boolean algebra.*

**Proof** (i) By 1.1.16($b$), we know that $c$ has this property. Suppose given another such homomorphism $h$. Then, for any $a \in A$, $N(h)(c(a)) = c(h(a))$ is a closed nucleus on $B$; but so is $N(h)(o(a))$, since $o(b_1) = \neg c(b_1) = c(b_2)$ if $b_1$ and $b_2$ are complementary elements of $B$. It now follows from 1.1.17 that $N(h)$ maps arbitrary nuclei on $A$ to closed nuclei on $B$, i.e. it factors through $c\colon B \to N(B)$. This factorization is a frame homomorphism $N(A) \to B$ extending $h$; and it is unique, since $c\colon A \to N(A)$ is epic.

(ii) It is clear that the identity morphism on $A$ has the universal property mentioned in (i) iff all elements of $A$ are already complemented, i.e. iff $A$ is a Boolean algebra. □

**Remark 1.1.21** Using 1.1.20, we might try to construct a left adjoint for the inclusion functor **CBool** → **Frm**, where **CBool** is the category of complete Boolean algebras, as follows. Given a frame $A$, we may define a sequence of frames $N_\alpha(A)$ for all ordinals $\alpha$, and frame homomorphisms $c_{\alpha,\beta}\colon N_\alpha(A) \to N_\beta(A)$ for all $\alpha \leq \beta$, by recursion:

(i) $N_0(A) = A$, $c_{0,0} = 1_A$ (in fact $c_{\alpha,\alpha}$ is the identity for all $\alpha$);

(ii) $N_{\alpha+1}(A) = N(N_\alpha(A))$, $c_{\beta,\alpha+1} = c \cdot c_{\beta,\alpha}$ (where the unsubscripted '$c$' is the homomorphism of 1.1.19);

(iii) if $\lambda$ is a nonzero limit ordinal, then $N_\lambda(A)$ is the colimit in **Frm** of the diagram formed by the $N_\alpha(A)$ and the $c_{\alpha,\beta}$ for $\alpha, \beta < \lambda$, and the $c_{\alpha,\lambda}$ are the legs of the colimiting cone.

An easy extension of 1.1.20 shows that any frame homomorphism $h\colon A \to B$, where $B$ is a complete Boolean algebra, factors uniquely through $c_{0,\alpha}\colon A \to N_\alpha(A)$ for all $\alpha$; hence *if there exists $\alpha$ such that $N_\alpha(A)$ is Boolean (equivalently, such that $c_{\alpha,\alpha+1}$ is an isomorphism), then $N_\alpha(A)$ is the reflection of $A$ in* **CBool**.

However, in general this reflection does not exist: for it is well known that the forgetful functor **CBool** → **Set** has no left adjoint (specifically, the free complete Boolean algebra on a countable infinity of generators does not exist), and so if we take $A$ to be the free frame on a countable infinity of generators, i.e. the open-set lattice of the countable power of Sierpiński space (cf. 1.1.4), then the frames $N_\alpha(A)$ are all non-Boolean. But it is also easy to see that the morphisms $c_{0,\alpha}$ are epic (as well as monic) for all $\alpha$: given $h, k\colon N_\alpha(A) \rightrightarrows B$ such that $h \cdot c_{0,\alpha} = k \cdot c_{0,\alpha}$, we may prove by induction on $\beta$ that $h \cdot c_{\beta,\alpha} = k \cdot c_{\beta,\alpha}$ for all $\beta \leq \alpha$. So we conclude that *the frame $A = \mathcal{O}(S^{\mathbb{N}})$ has a proper class of epimorphic images in* **Frm**, *no two of which are isomorphic in the co-slice* *category* $A\backslash\mathbf{Frm}$. In particular, the category **Frm** is not well-copowered, and it does not have a cogenerating set of objects (cf. A1.4.17).

Finally in this section, we briefly introduce the 'fibrewise' versions of denseness and closedness for nuclei, which we shall need for our development of the theory of localic groups in Chapter C5. Given a frame homomorphism $h\colon A \to B$, we say that a nucleus $j$ on $B$ is *fibrewise dense* relative to $A$ if $j(h(a)) = h(a)$ for all $a \in A$. We also say $j$ is *fibrewise closed* relative to $A$ if is the least nucleus in its $A$-equivalence class, where two nuclei are called $A$-equivalent if they agree on all elements of the form $h(a)$, $a \in A$. The reason for the names is that in the 'classical' case when $h$ is the frame homomorphism $\mathcal{O}(X) \to \mathcal{O}(Y)$ induced by a continuous map of spaces $f\colon Y \to X$, and the nucleus $j$ corresponds to a subspace $Y'$ of $Y$, then $j$ is fibrewise dense (resp. fibrewise closed) relative to $\mathcal{O}(X)$ iff $Y' \cap f^{-1}(x)$ is dense (resp. closed) in the fibre $f^{-1}(x)$, for each point $x \in X$. (We shall prove this in 1.2.16 below.) However, we do not have a corresponding notion of 'fibrewise open nucleus', as might have been expected; fibrewise closed nuclei are not in general complemented in $N(B)$. (We may see this by taking $h$ to be the identity map $B \to B$, in which case every nucleus on $B$ becomes fibrewise closed.)

Since $f$ preserves the bottom element, it is clear that fibrewise dense implies dense in the sense of 1.1.16($c$), and similarly closed in the sense of 1.1.16($b$) implies fibrewise closed, since $c(b)$ is the least nucleus sending 0 to $b$. If $A$ is the two-element frame $\{0, 1\}$, then the converse implications hold, since any nucleus fixes 1; however, constructively it is not true that the converse implications hold even for fibrewise closedness and denseness relative to the initial frame $\Omega$ – we shall sometimes use the terms 'weakly closed' and 'strongly dense' for the fibrewise notions relative to $\Omega$, to distinguish them from the notions defined in 1.1.16. We note the following elementary properties of fibrewise closedness and denseness:

**Lemma 1.1.22** *Let $h\colon A \to B$ be a frame homomorphism. Then*

(i) *There exists a largest $A$-fibrewise dense nucleus on $B$.*

(ii) *For any nucleus $j$ on $B$, there exists an $A$-fibrewise closed nucleus $j^A$ (its* $A$-fibrewise closure*) which agrees with $j$ on elements of the form $h(a)$, $a \in A$.*

(iii) *The $A$-fibrewise closed nuclei on $B$ form a subframe $N_A(B)$ of $N(B)$, and there is a pushout square*

$$\begin{array}{ccc} A & \xrightarrow{\ c\ } & N(A) \\ {\scriptstyle h}\downarrow & & \downarrow \\ B & \longrightarrow & N_A(B) \end{array}$$

*in* **Frm**.

**Proof** Since the notions depend only on the image of $h: A \to B$, we shall simplify our notation by assuming that $h$ is injective and identifying $A$ with a subframe of $B$. (Indeed, for much of this proof, we could generalize to the case when $A$ is an arbitrary subset of $B$; but we shall not need this extra generality.)

(i) We have to show that an arbitrary join of fibrewise dense nuclei is fibrewise dense. But joins of nuclei correspond to intersections of fixsets, as we observed in the proof of 1.1.15; and it is clear that $j$ is fibrewise dense iff the fixset $B_j$ contains $A$. So the result is immediate.

(ii) Clearly, we may define $j^A$ to be the meet of all nuclei agreeing with $j$ on the subframe $A$, since meets of nuclei are constructed pointwise. Alternatively, we may define $j^A$ to be the join

$$\bigvee\{(o(a) \wedge c(j(a))) \mid a \in A\},$$

and verify as in the proof of 1.1.17 that we have $j^A(b) \leq j(b)$ for all $b$, with equality if $b \in A$. But this definition of $j^A$ depends only on the $A$-equivalence class of $j$, as defined above; so $j^A$ is the least element of this equivalence class.

(iii) We claim that $N_A(B)$ is exactly the subframe of $N(B)$ generated by all elements of the form $o(a)$ $(a \in A)$ or $c(b)$ $(b \in B)$. It is clear from the second construction of the fibrewise closure in (ii) that every fibrewise closed nucleus belongs to this subframe; for the reverse inclusion, it suffices to show that any nucleus of the form $o(a) \wedge c(b)$ is fibrewise closed, since the set of nuclei of this form is closed under finite meets, and it is clear that joins of fibrewise closed nuclei are fibrewise closed (since, by (ii), they form a coreflective sub-poset of $N(B)$). But if $j$ is any nucleus agreeing with $o(a) \wedge c(b)$ on elements of $A$, then in particular $j(a) = (a \vee b)$, whence for any $b'$ we have

$$j(b') \geq j(a) \wedge j(a \Rightarrow b') \geq b \wedge (a \Rightarrow b');$$

and $j(b') \geq b'$ in any case, so $j(b') \geq (b \vee b') \wedge (a \Rightarrow b') = (c(b) \wedge o(a))(b')$.

In particular, we have shown that $N_A(B)$ is a subframe of $N(B)$. To show that the diagram is a pushout, it suffices to note that this subframe contains the image of $c: B \to N(B)$, and that a frame homomorphism $k: B \to C$ factors (uniquely) through $B \to N_A(B)$ iff $k(a)$ (that is, $k(h(a))$) is complemented in $C$ for all $a \in A$, by the argument in the proof of 1.1.20(i). □

We note that the fibrewise closure $j^A$ of $j$ may be characterized as the unique fibrewise closed nucleus $k$ on $B$ such that $B_j$ is fibrewise dense as a fixset in $B_k$. We shall derive some further elementary properties of these notions in 1.2.14 below.

**Suggestions for further reading:** Johnstone [520], Johnstone & Vickers [548], Simmons [1110, 1111], Vajner [1182].

## C1.2 Locales and spaces

In the previous section, we studied frames from an 'algebraic' point of view. However, it is important to recognize that they have topological aspects as well: we are primarily interested in thinking of frames *as if* they were lattices of the form $\mathcal{O}(X)$ for a topological space $X$, even though in fact they are not all of this form. For this reason, it is convenient to introduce a different terminology and notation, which we shall use when thinking of frames from a topological point of view.

**Definition 1.2.1** A *locale* is the same thing as a frame; however, we use letters like $X, Y, \ldots$ to denote locales, and write $\mathcal{O}(X)$ for the frame corresponding to a locale $X$. Elements of $\mathcal{O}(X)$ will be denoted by letters like $U, V, \ldots$. A *continuous map* of locales $f: X \to Y$ is defined to be a frame homomorphism $f^*: \mathcal{O}(Y) \to \mathcal{O}(X)$. We write **Loc** for the category of locales – that is, for the category $\mathbf{Frm}^{\mathrm{op}}$.

Thus the functor $\mathcal{O}: \mathbf{Sp} \to \mathbf{Frm}^{\mathrm{op}}$ becomes nameless as a functor $\mathbf{Sp} \to \mathbf{Loc}$: if $X$ is a space, we write $X$ also for the locale which 'is' the frame $\mathcal{O}(X)$ of open subsets of $X$. (If we allow consideration of non-sober spaces – which we shall shortly legislate out of existence – this notation is potentially ambiguous; for the moment, we shall remove the ambiguity by writing $X_l$ for the locale corresponding to a space $X$.)

We define a *point* of a locale $X$ to be a continuous map $p: 1 \to X$, where 1 denotes (the locale corresponding to) the one-point space; equivalently, it is a frame homomorphism $p^*: \mathcal{O}(X) \to \mathcal{O}(1)$. Such a map $p^*$ is determined by the subset $F = \{U \in \mathcal{O}(X) \mid p^*(U) = 1\}$ of $\mathcal{O}(X)$; the requirement that $p^*$ be a frame homomorphism corresponds to the requirement that $F$ be a *completely prime filter* in $\mathcal{O}(X)$, that is a filter such that $\bigvee S \in F$ implies $S \cap F \neq \emptyset$, for any $S \subseteq \mathcal{O}(X)$. So we frequently identify points of $X$ with such filters; that is, instead of regarding open sets as sets of points (as is usual in topology), locale theory regards points as (appropriate) sets of 'open sets'. (There is clearly scope for a more symmetric development of topology, in which we take both 'point' and 'open set' as primitive notions, together with a binary relation between them. For an indication of this line of development, see [1205].) We note that if $X$ is a space and $p$ a point of $X$ (in the classical sense), then the completely prime filter in $\mathcal{O}(X)$ which corresponds to $p$ is simply $\{U \in \mathcal{O}(X) \mid p \in U\}$, the *neighbourhood filter* of $p$.

Classically, a filter is completely prime iff its complement is a principal prime ideal; so it is tempting to identify the points of a locale with the prime elements of the corresponding frame (i.e. those which generate prime principal ideals). However, we shall do our best to resist this temptation, since we wish as many as possible of our arguments concerning locales to be constructively valid, and so applicable to internal locales in an arbitrary topos. (There are some results – for example 1.2.4 below – where we shall have to employ non-constructive reasoning; we shall try always to indicate these explicitly.)

Writing $X_p$ for the set of all points of a locale $X$, we have a map $\phi_X : \mathcal{O}(X) \to P(X_p)$ (where $P(A)$ denotes the power-set of $A$), given by $\phi_X(U) = \{p \in X_p \mid p^*(U) = 1\}$. It is easy to verify that $\phi_X$ is a frame homomorphism, and so its image is a topology on $X_p$; from now on, we regard $X_p$ as a space equipped with this topology. Moreover, if $f: X \to Y$ is a continuous map of locales, then composition with $f^*$ defines a mapping $X_p \to Y_p$, which is easily seen to be continuous with respect to the topologies just defined; that is, $X \mapsto X_p$ becomes a functor $\mathbf{Loc} \to \mathbf{Sp}$.

**Lemma 1.2.2** *The functor $X \mapsto X_p$ just defined is right adjoint to the functor $X \mapsto X_l : \mathbf{Sp} \to \mathbf{Loc}$. Moreover, the adjunction is idempotent.*

**Proof** For a space $X$, the mapping $\eta_X$ which sends a point $p$ of $X$ to the completely prime filter $\{U \in \mathcal{O}(X) \mid p \in U\}$ is a continuous map $X \to X_{lp}$, since we have $\eta_X^{-1}(\phi_{X_l}(U)) = U$ for any $U \in \mathcal{O}(X)$. And for a locale $Y$, we have a continuous map $\epsilon_Y : Y_{pl} \to Y$ given by $\epsilon_Y^* = \phi_Y : \mathcal{O}(Y) \to \mathcal{O}(Y_p)$. These maps are easily verified to be natural in $X$ and $Y$, and to satisfy the triangular identities for an adjunction. We note that $\phi_Y$ is always surjective, by the definition of the topology on $Y_p$; if $Y$ is a locale of the form $X_l$, then it is bijective, since if $U$ and $V$ are distinct open subsets of $X$ then there must be a point of $X$ lying in just one of them, and composition with $\eta_X$ yields a point of $Y$ lying in just one of $\phi_Y(U)$ and $\phi_Y(V)$. Thus $\epsilon_{X_l}$ is an isomorphism for all spaces $X$, i.e. the adjunction is idempotent. (It follows from the general theory of adjunctions that $\eta_{Y_p}$ must be an isomorphism for all locales $Y$; in fact this could have been proved directly, by a similar argument.) □

We call a space $X$ *sober* if $\eta_X$ is an isomorphism; in fact, given the way in which the topology is defined on $X_{lp}$, this is equivalent to demanding that $\eta_X$ be bijective, i.e. that each completely prime filter in $\mathcal{O}(X)$ is of the form $\{U \in \mathcal{O}(X) \mid p \in U\}$ for a *unique* $p \in X$. And we call a locale $Y$ *spatial* if $\epsilon_Y$ is an isomorphism. We thus obtain three immediate corollaries of 1.2.2:

**Corollary 1.2.3**

(i) *The full subcategory* **Sob** *of* **Sp** *whose objects are sober spaces is reflective in* **Sp**, *the reflector being given by $X \mapsto X_{lp}$. We call $X_{lp}$ the* sobrification *of $X$.*

(ii) *The full subcategory* **SLoc** *of* **Loc** *consisting of spatial locales is coreflective, the coreflector being given by $Y \mapsto Y_{pl}$.*

(iii) *The adjunction of* 1.2.2 *restricts to an equivalence of categories between* **Sob** *and* **SLoc**. □

In passing, we note that the $T_0$ axiom for spaces is equivalent to the assertion that $\eta_X$ is injective, since $\eta_X(p) = \eta_X(q)$ iff there is no open set in $X$containing just one of $p$ and $q$. Thus sober spaces are necessarily $T_0$. In the opposite direction, we have

**Lemma 1.2.4** *Hausdorff spaces are sober.*

**Proof** Let $X$ be a Hausdorff space, and $F$ a completely prime filter in $\mathcal{O}(X)$. Then

$$V = \bigcup\{U \mid U \in (\mathcal{O}(X) \setminus F)\}$$

is an open set which is not the whole of $X$ (since it is not in $F$) but has the property that any open set strictly containing it must be in $F$. Now if $x$ and $y$ are two distinct points of $X \setminus V$, then we can find disjoint open neighbourhoods $M$, $N$ of $x$ and $y$; and then $V \cup M$ and $V \cup N$ are open sets in $F$ whose intersection is not in $F$, contradicting the fact that $F$ is a filter. So $X \setminus V$ is a singleton $\{x\}$, from which it follows easily that $F = \{U \mid x \in U\}$. □

We remark that the use of complementation in the above proof is unavoidable; unlike the other results proved so far in this chapter, 1.2.4 is not constructively valid. We shall give a counterexample in 1.6.8 below.

There is no implication in either direction between sobriety and the $T_1$ axiom. If $X$ is an infinite set equipped with the cofinite topology, then the family of all nonempty open subsets of $X$ is a completely prime filter which is not in the image of $\eta_X$; so $X$ is not sober. And the Sierpiński space $S$ is easily seen to be sober but not $T_1$. (It is also of interest to note that the space $KA$ (with topology $L(KA^{\text{op}})$) considered in the proof of 1.1.4 is not sober if $A$ is infinite: the completely prime filters of $L(KA^{\text{op}})$ correspond bijectively to arbitrary subsets of $A$, not just to finite ones – and in fact the sobrification of $KA$ turns out to be homeomorphic to $S^A$.)

Despite the foregoing examples, it seems to be the case that one does not lose any interesting examples of topological spaces by restricting one's attention to sober spaces. (Essentially, this is because most of the interesting topological properties of a space – such as compactness and connectedness – reside in its open-set lattice; and we can always replace a non-sober space by a sober one having the same open-set lattice, namely its sobrification.) So from now on, unless we specifically say otherwise, all spaces will be assumed to be sober; and we shall drop the use of the notation $X_l$ – a (sober) space will be identified with the spatial locale to which it corresponds. (Thus the spatial coreflection of a locale $Y$ will simply be denoted by $Y_p$, not $Y_{pl}$; and if we ever do encounter a non-sober space we shall denote its sobrification by $X_s$ rather than $X_{lp}$. The point is that it really doesn't matter, for a lot of the things we wish to do, whether we consider a particular object to be a sober space or a spatial locale.)

In passing from spaces to locales, we have thus sacrificed the 'pathological' non-sober spaces, and gained the non-spatial locales. The reader may be forgiven for wondering whether this is a genuine gain: are not the non-spatial locales (of which, be it noted, we haven't given any examples yet) just as pathological as the non-sober spaces? Before we can give a straight answer to this question (cf. 1.2.8 and 1.2.9 below), we need to consider sublocales, i.e. regular monomorphisms in **Loc**.

We define a *sublocale* of a locale $X$ to be a regular subobject of $X$ in **Loc**; i.e. it is the locale corresponding to a regular quotient of $\mathcal{O}(X)$. We write $\mathrm{Sub}(X)$ for the lattice of sublocales of $X$; note that the natural ordering on it (defined as in Section A1.3) corresponds to that on fixsets in $\mathcal{O}(X)$, so as a lattice $\mathrm{Sub}(X)$ is isomorphic to $N(\mathcal{O}(X))^{\mathrm{op}}$. (This notation conflicts with our usual practice, introduced in Section A1.3, whereby $\mathrm{Sub}(X)$ denotes the preorder of *all* subobjects of $X$; but we shall not have occasion to consider this latter concept in the category of locales – one reason is that **Loc** is not well-powered, as we saw in 1.1.21. We shall also use the phrase 'image factorization' in **Loc** in the opposite of our usual sense, introduced in Section A1.3: that is, the image factorization of a continuous map of locales is its factorization into an epimorphism followed by a regular monomorphism, corresponding to the surjection–injection factorization of the corresponding frame homomorphism. Again, this nonstandard usage may be justified by the fact that **Loc** is not regular; in fact its regular epimorphisms are not even stable under composition – see [980].)

We note also that if $Y$ is a subspace of a space $X$, then the definition of subspace topology implies that $i^{-1}\colon \mathcal{O}(X) \to \mathcal{O}(Y)$ is a surjective frame homomorphism (where $i\colon Y \to X$ is the inclusion); so the sublocales of a space include all its subspaces. Incidentally, we should mention that not all subspaces of a sober space need be sober; but we have

**Lemma 1.2.5** *Let $X$ be a (not necessarily sober) space. Then there is a closure operation $Y \mapsto \check{Y}$ on subsets of $X$, such that for any $Y$, $\check{Y}$ is the largest subspace for which the inclusion $Y \rightarrowtail \check{Y}$ induces a bijection of open-set lattices. If $X$ is sober, then $\check{Y}$ is (homeomorphic to) the sobrification of $Y$, for any $Y \subseteq X$.*

**Proof** We recall that a subset of $X$ is said to be *locally closed* if it is expressible as the intersection of an open and a closed subset. We define $\check{Y}$ (which is sometimes called the *subclosure* of $Y$) to be the set of all points $x$ such that every locally closed set containing $x$ meets $Y$.

Now if $U$ and $V$ are open sets in $X$ having the same intersection with $Y$, then they have the same intersection with $\check{Y}$; for the locally closed sets $U \setminus V$ and $V \setminus U$ do not meet $Y$, and hence cannot meet $\check{Y}$. Thus $\mathcal{O}(Y) \cong \mathcal{O}(\check{Y})$. On the other hand, if $x$ is a point of $X \setminus \check{Y}$, then it belongs to the difference of two open sets having the same intersection with $Y$, and so cannot belong to any subspace having the same open-set lattice as $Y$. So $\check{Y}$ is the largest subspace of $X$ with this property.

Now suppose $X$ is sober, and let $F$ be a completely prime filter of open sets in $Y$. Then $G = \{U \in \mathcal{O}(X) \mid U \cap Y \in F\}$ is a completely prime filter in $\mathcal{O}(X)$, and so defines a unique point $x$ of $X$ such that $U \in G$ iff $x \in U$. Now if $C = U \cap (X \setminus V)$ is a locally closed set containing $x$, then $U \in G$ but $V \notin G$, so $U \cap Y \not\subseteq V \cap Y$, i.e. $C \cap Y \neq \emptyset$. So $x \in \check{Y}$. Conversely, if $x \in \check{Y}$, then $\{U \in \mathcal{O}(\check{Y}) \mid x \in U\}$ is a completely prime filter in $\mathcal{O}(\check{Y})$, and so the intersections of these sets with $Y$ form a completely prime filter in $\mathcal{O}(Y)$. Thus we have set up a bijection between the points of $\check{Y}$ and those of $Y_s$; it is easy to see that it must be a homeomorphism. □

A space $X$ is said to be a *$T_D$-space* if every singleton subset of $X$ is locally closed. For such spaces, it is clear that every subspace $Y$ is subclosed (i.e. satisfies $Y = \check{Y}$), and so *every subspace of a sober $T_D$-space is sober*. Note also that open subspaces and closed subspaces of sober spaces are always sober.

Reverting to our main theme, we now know that if $X$ is a (sober) space then $\mathrm{Sub}(X)$ contains a copy of the poset of subclosed subsets of $X$. (However, they do not form a sublattice of $\mathrm{Sub}(X)$: unions of spatial sublocales are spatial, but we shall see that intersections need not be.) Next, we revisit the first three examples of nuclei studied in 1.1.16, to indicate our localic notation for them.

**Examples 1.2.6** (*a*) Let $X$ be a locale, $U \in \mathcal{O}(X)$. Then we have a sublocale of $X$ corresponding to the open nucleus $o(U)$. We denote this sublocale by $U$ itself; in other words, we identify $\mathcal{O}(X)$ with the poset of open sublocales of $X$. This identification is 'harmless' because the mapping $o\colon \mathcal{O}(X) \to N(\mathcal{O}(X)) \cong \mathrm{Sub}(X)^{\mathrm{op}}$ sends finite meets to joins and arbitrary joins to meets, using 1.1.19 and the fact that open nuclei are complementary to closed ones. In keeping with it, we shall henceforth tend to denote the top and bottom elements of $\mathcal{O}(X)$ by $X$ and $\emptyset$ respectively, rather than 1 and 0; and we shall tend to use $\bigcup$ and $\cap$, rather than $\bigvee$ and $\wedge$, to denote joins and finite meets in $\mathcal{O}(X)$. Note that if $X$ is a space, and $U$ is an open subset of $X$, we may identify the sublocale $U$ with the space obtained by equipping $U$ with the subspace topology, since the open-set lattice of the latter may be identified with the principal ideal $\downarrow(U)$ in $\mathcal{O}(X)$. In particular, *an open sublocale of a spatial locale is spatial.*

(*b*) For the closed sublocale of $X$ corresponding to the nucleus $c(U)$ on $\mathcal{O}(X)$, we shall use the notation $\complement U$. Once again, if $X$ is a space and $U$ an open subset of $X$, we may identify this sublocale with the space obtained by equipping the closed set $X \setminus U$ with the subspace topology; so *a closed sublocale of a spatial locale is spatial.* (However, the use of complementation is an indication that this result, unlike that cited at the end of (*a*), is not constructively valid. Indeed, the assertion 'every closed sublocale of a discrete locale is spatial' implies the law of excluded middle: for in a discrete locale (that is, one corresponding to a frame of the form $PX$) every point is an open sublocale, and hence every spatial sublocale (being the union of its points) is open. The quoted assertion thus implies that the lattice of open sublocales of any discrete locale (that is, $PX$ for any $X$) is Boolean.)

(*c*) Of course, we call a sublocale of $X$ *dense* if it corresponds to a dense nucleus on $\mathcal{O}(X)$. It is again easy to see that any dense subspace of a space $X$ gives rise to a dense sublocale of $X$; but in general a space will have many more dense sublocales than dense subspaces. In particular, we write $X_b$ for the smallest dense sublocale of $X$, corresponding to the nucleus $\neg\neg$ ('$b$' stands for

'Boolean': recall that $\mathcal{O}(X_b) = (\mathcal{O}(X))_{\neg\neg}$ is a Boolean algebra). It is rarely spatial: for example, if $X$ is a sober $T_D$-space without isolated points (i.e. such that $\{x\}$ is not open for any $x \in X$), then the subspaces $X \setminus \{x\}$ are all dense, so $X_b$ is contained in their intersection, and thus cannot have any points.

The fact that intersections of dense sublocales are dense is thus the key difference between the categories **Sob** and **Loc**. In fact, **Loc** is in a sense the minimal modification of **Sob** which makes this result possible:

**Lemma 1.2.7** *Assuming classical logic, any locale is expressible as an intersection of dense spatial sublocales of a spatial locale.*

**Proof** We saw in 1.1.4 that free frames are spatial locales; and every frame is a quotient of the free frame on its underlying set, i.e. any locale is a sublocale of a spatial locale. To obtain the stronger statement above, note first that any sublocale has a closure: that is, a regular monomorphism $Y \rightarrowtail X$ in **Loc** has a factorization $Y \rightarrowtail \overline{Y} \rightarrowtail X$, where $Y \rightarrowtail \overline{Y}$ is dense and $\overline{Y} \rightarrowtail X$ is closed. (If $j$ is the nucleus on $\mathcal{O}(X)$ corresponding to $Y$, then $\overline{Y}$ corresponds to $c(j(\emptyset))$.) Since closed sublocales of spatial locales are spatial, we now know that any locale $Y$ is expressible as a dense sublocale of a spatial locale $X$. Lemma 1.1.17 then expresses it as an intersection of sublocales of the form $U \cup \complement V$, which are spatial because they are unions of spatial sublocales of $X$, and dense in $X$ because they contain $Y$. □

We now give a couple of interesting examples of non-spatial locales, which we hope may convince even the classically-minded reader that something has been gained by the switch from spaces to locales.

**Example 1.2.8** Let $A$ be a nonempty set, and let $X$ be the set of all functions $\mathbb{N} \to A$, equipped with the Tychonoff topology where $A$ is regarded as a discrete space, i.e. the topology in which the basic open neighbourhoods of a function $f$ have the form

$$\{g \in X \mid g|_n = f|_n\}$$

for some $n \geq 0$ (where $g|_n$ means the restriction of $g$ to $\{0, 1, \ldots, n-1\} \subseteq \mathbb{N}$). Note that $X$ is (a Hausdorff space, and therefore) sober. For each $a \in A$, let $X_a$ be the subspace $\{f \in X \mid a \in \text{im } f\}$; clearly $X_a$ is dense in $X$. Let $Y = \bigcap_{a \in A} X_a$, where the intersection is computed in the lattice of sublocales of $X$; then $Y$ is also dense in $X$. However, $Y_p$ is the intersection of the $X_a$ in the lattice of subspaces of $X$; so if $A$ is uncountable then $Y_p = \emptyset$, and hence $Y$ is not spatial.

We may identify $\mathcal{O}(X)$ with the Lindenbaum algebra (cf. D1.4.14) of the geometric propositional theory of functions $\mathbb{N} \to A$, that is the theory over the signature with primitive propositions $p(n, a)$ indexed by $\mathbb{N} \times A$ whose axioms are

$$\begin{array}{ll} (\top \vdash \bigvee_{a \in A} p(n,a)) & \text{for all } n, \text{ and} \\ ((p(n,a) \wedge p(n,b)) \vdash \bot) & \text{for all } n, a, b \text{ with } a \neq b. \end{array}$$

If we add the further axioms

$$(\top \vdash \bigvee_{n \in \mathbb{N}} p(n,a)) \quad \text{for all } a,$$

we obtain the geometric theory of surjections $\mathbb{N} \twoheadrightarrow A$, whose Lindenbaum algebra is $\mathcal{O}(Y)$. The fact that this theory is always consistent, even though it may have no models in **Set** (i.e. $Y$ may have no points) will be of importance in the representation theorems of Chapter C5.

**Example 1.2.9** For another example in a similar vein, consider the localic translation of 1.1.12: *if* $(X_i \mid i \in I)$ *are the vertices of a cofiltered diagram in* **Loc** *whose transition maps* $X_j \to X_i$ *are all epimorphisms, then the legs* $(\varprojlim_{i \in I} X_i) \to X_i$ *of the limiting cone are also epic.* This is well known to be false for spaces (even for discrete spaces): again, let $A$ be an uncountable set, let $I$ be the poset of finite subsets of $A$ ordered by reverse inclusion, for each $i \in I$ let $X_i$ be the set of injections $i \rightarrowtail \mathbb{N}$ (with the discrete topology), and for $j \supseteq i$ let $X_j \to X_i$ be the restriction map. Then a point of the inverse limit $\varprojlim_{i \in I} X_i$ in **Sp** would be an injection $A \rightarrowtail \mathbb{N}$, so no such points exist; but the inverse limit in **Loc** is nontrivial, since it maps epimorphically to each $X_i$.

Once again, we may think of the frame corresponding to this locale as a Lindenbaum algebra: this time for the theory of injections $A \rightarrowtail \mathbb{N}$, which we may present using the same signature as the theory of 1.2.8, with the second and third groups of axioms displayed there, plus

$$((p(m,a) \wedge p(n,a)) \vdash \bot) \quad \text{for all } (m,n,a) \text{ with } m \neq n.$$

The reader may be prompted to ask at this point whether the theory of bijections $A \to \mathbb{N}$ (i.e. the propositional theory with all four groups of axioms from 1.2.8 and 1.2.9) also has a nontrivial Lindenbaum algebra when $A$ is uncountable. The answer is yes, but it seems harder to give a direct locale-theoretic proof of this with the tools currently at our disposal. (One possible proof runs as follows: since the theory of injections $A \rightarrowtail \mathbb{N}$ is consistent by 1.2.9, it has a model in a non-degenerate Boolean topos $\mathcal{B}$ by D3.1.16; but in a Boolean topos the Cantor–Bernstein theorem is valid by D4.1.11, and so we can construct a bijection $A \to \mathbb{N}$ in $\mathcal{B}$.) We shall also encounter the intersection of the theories of 1.2.8 and 1.2.9 in 3.3.11($c$) below (and see also D4.1.9).

Restating Lemma 1.1.18(iii) in localic terms, we have

**Lemma 1.2.10** *Let $f\colon X \to Y$ be a continuous map of locales, $U \in \mathcal{O}(Y)$. Then there are pullback squares*

$$\begin{array}{ccc} f^*(U) & \longrightarrow & U \\ \downarrow & & \downarrow \\ X & \xrightarrow{f} & Y \end{array} \quad \text{and} \quad \begin{array}{ccc} \mathsf{C}(f^*(U)) & \longrightarrow & \mathsf{C}U \\ \downarrow & & \downarrow \\ X & \xrightarrow{f} & Y \end{array}$$

*in* **Loc**. □

The 'open' half of 1.2.10 tells us that there is no ambiguity, given our identification of elements of $\mathcal{O}(X)$ with open sublocales of $X$, in using $f^*$ both for the frame homomorphism corresponding to a continuous map $f\colon X \to Y$ of locales and (as usual) for the effect of pulling back sublocales of $Y$ along $f$. We shall write $f_!\colon \mathrm{Sub}(X) \to \mathrm{Sub}(Y)$ for the left adjoint of $f^*$, i.e. the map which sends a sublocale $S$ of $X$ to the image of the composite $S \rightarrowtail X \to Y$. (In general, $f_!$ does not restrict to a map $\mathcal{O}(X) \to \mathcal{O}(Y)$; we shall investigate the circumstances in which it does so in Section C3.1.)

Although sublocales are the 'natural' localic generalization of subspaces, the fact that they fail to form a Boolean algebra is sometimes inconvenient. For some purposes, it is useful to restrict our attention to the Boolean algebra $\mathrm{Sub}(X)^c$ of complemented sublocales of $X$: note that this contains all open or closed sublocales of $X$. (However, it is rarely complete as a lattice.) For future reference, we note a couple of results concerning complemented sublocales.

**Lemma 1.2.11** *Let $f\colon X \to Y$ be an epimorphism in* **Loc**. *Then every complemented sublocale $S$ of $Y$ satisfies $S = f_! f^*(S)$. In particular, $f^*$ is injective on complemented sublocales.*

**Proof** Let $T$ be the complement of $S$ in $\mathrm{Sub}(Y)$. The maps $f^*$ and $f_!$ both preserve finite joins: $f_!$ because it is a left adjoint, and $f^*$ because it is a coframe homomorphism (by 1.1.19). So $f_! f^*(S) \cup f_! f^*(T) = f_! f^*(Y) = f_!(X) = Y$ (the last step using the fact that $f$ is epic). But from the adjunction we have $f_! f^*(S) \leq S$ and $f_! f^*(T) \leq T$, so

$$\begin{aligned} S &= S \cap (f_! f^*(S) \cup f_! f^*(T)) \\ &= (S \cap f_! f^*(S)) \cup (S \cap f_! f^*(T)) \\ &\leq f_! f^*(S) \cup (S \cap T) \\ &= f_! f^*(S) \cup \emptyset\,. \end{aligned}$$

The second assertion is immediate from the first. □

**Example 1.2.12** To show that the result of 1.2.11 fails for arbitrary sublocales, let $Y$ be a sober $T_D$-space without isolated points, let $X$ be the same set retopologized with the discrete topology, and let $f\colon X \to Y$ be the identity map. Then clearly $f^{-1}\colon \mathcal{O}(Y) \to \mathcal{O}(X)$ is injective, i.e. $f$ is an epimorphism in **Loc**; but the pullback of $Y_b$ along $f$ is the empty sublocale of $X$, since it has no points and every sublocale of $X$ is (open, by 1.1.20(ii), and hence) spatial. In particular, we note from this example that *epimorphisms in* **Loc** *are not stable under pullback.*

**Lemma 1.2.13** *Let $Y$ be a spatial locale, $S$ a complemented sublocale of $Y$. Then (assuming classical logic)*

(i) *$S$ is spatial.*

(ii) *For any morphism $f\colon X \to Y$ in* **Sob**, *the pullback of $S$ along $f$ in* **Loc** *coincides with the pullback in* **Sob**.

**Proof** (i) Again, let $T$ denote the complement of $S$ in $\mathrm{Sub}(Y)$. Since the terminal locale 1 has only two sublocales 1 and $\emptyset$ (this is where we use classical logic!), it is clear that any point of $Y$ defines an atom in $\mathrm{Sub}(Y)$, and hence must factor through either $S \rightarrowtail Y$ or $T \rightarrowtail Y$. So, writing $S_p$ for the spatial part of $S$ as before, we have $S_p \cup T_p \geq Y_p = Y$; but $S_p \leq S$ and $T_p \leq T$, whence $S_p = S$ follows as in the proof of 1.2.11.

(ii) Clearly, a pullback of a complemented sublocale is complemented. So this follows immediately from (i) and the fact that the 'spatial part' functor $X \mapsto X_p$, being a right adjoint, preserves pullbacks. □

Not every spatial sublocale of a spatial locale is complemented. If $X$ is a (sober) space and $S$ a (subclosed) subspace such that both $S$ and $X \setminus S$ are dense in $X$ (for example, if $X = \mathbb{R}$ and $S = \mathbb{Q}$), then any sublocale $T$ of $X$ satisfying $S \cup T = X$ must contain all the points of $X \setminus S$; so both $S$ and $T$ are dense and thus $S \cap T \geq X_b$. Hence $S$ does not have a complement in $\mathrm{Sub}(X)$. In fact it can be shown that a subclosed $S$ defines a complemented sublocale of $X$ iff there does *not* exist a nonempty subset $Y \subseteq X$ such that both $S \cap Y$ and $Y \setminus S$ are dense in $Y$; see [484].

If $X$ is a locale, we write $X_d$ for the locale defined by $\mathcal{O}(X_d) = N(\mathcal{O}(X))$, and call it the *dissolution* of $X$. Translating 1.1.19 and 1.1.20 into localic language, we see that $X \mapsto X_d$ is a functor **Loc** $\to$ **Loc**, and that there is a natural transformation $d_X : X_d \to X$ which is both monic and epic, and has the property that pullback along $d_X$ induces a bijection between arbitrary sublocales of $X$ and closed sublocales of $X_d$. (Thus one dissolves a locale by declaring everything to be closed.) If we assume classical logic (so that $\mathcal{O}(1)$ is Boolean), then $d_X$ induces a bijection between the points of $X_d$ and those of $X$; indeed, for a space $X$, the spatial part $X_{dp}$ of $X_d$ is simply $X$ retopologized by declaring all subclosed sets to be closed (in particular if $X$ is a $T_D$-space, this is just the discrete topology on the underlying set of $X$). However, $X_d$ is rarely spatial, and the construction

$X \mapsto X_d$ is rarely idempotent. We note, on the other hand, that the morphism $d_X : X_d \to X$ is stably epic in **Loc** (that is, all its pullbacks are epic), in contrast to 1.2.12; this follows easily from 1.1.22(iii), since the bottom edge of the frame pushout displayed there is a monomorphism in **Frm**.

Next, we translate the elementary properties of fibrewise dense and fibrewise closed nuclei into localic terms. Of course, given a locale map $f: Y \to X$ and a sublocale $Y'$ of $Y$, we say $Y' \rightarrowtail Y$ is fibrewise dense (resp. fibrewise closed) over $X$ if the corresponding nucleus on $\mathcal{O}(Y)$ is fibrewise dense (resp. fibrewise closed) relative to $\mathcal{O}(X)$.

**Lemma 1.2.14**

(i) *Suppose given locale maps $Y' \rightarrowtail Y \to X \to X'$ of which the first is an inclusion. If $Y' \to Y$ is fibrewise dense over $X$ (resp. fibrewise closed over $X'$), then it is fibrewise dense over $X'$ (resp. fibrewise closed over $X$). The converse implications hold if $X \to X'$ is an inclusion.*

(ii) *If $i: Y' \rightarrowtail Y$ is fibrewise dense over $X$ and $f: Y \to X$ is an epimorphism, then the composite $fi: Y' \to X$ is an epimorphism.*

(iii) *Arbitrary intersections of fibrewise dense sublocales (over a given base locale $X$) are fibrewise dense.*

(iv) *Arbitrary intersections, and finite unions, of fibrewise closed sublocales are fibrewise closed.*

(v) *Fibrewise closedness is stable under pullback; that is, given a pullback square*

$$\begin{array}{ccc} Z' & \longrightarrow & Y' \\ \downarrow & & \downarrow \\ Z & \longrightarrow & Y \end{array}$$

*of locales over $X$ where the vertical morphisms are inclusions, then $Z' \rightarrowtail Z$ is fibrewise closed over $X$ if $Y' \rightarrowtail Y$ is.*

(vi) *Fibrewise closure is functorial; that is, given a commutative square as in the statement of* (iv)*, the composite $\overline{Z'}^X \rightarrowtail Z \to Y$ factors through $\overline{Y'}^X \rightarrowtail Y$, where $\overline{(-)}^X$ denotes fibrewise closure over $X$.*

(vii) *Fibrewise closedness is stable under change of base; that is, given a locale morphism $X' \to X$ and a fibrewise closed inclusion $Y' \rightarrowtail Y$ in* **Loc**/$X$*, the induced morphism $Y' \times_X X' \rightarrowtail Y \times_X X'$ is fibrewise closed over $X'$.*

**Proof** The 'forward' implications in (i) are immediate from the definitions of fibrewise dense and fibrewise closed nuclei; the reverse ones from the fact that they depend only on the image of the frame homomorphism $\mathcal{O}(X) \to \mathcal{O}(Y)$. For (ii), we use the fact that $i_*(fi)^* = i_*i^*f^* = f^*$ if $i$ is fibrewise dense; so $(fi)^*$ must be injective if $f^*$ is.

(iii) is a translation of 1.1.22(i), and (iv) is a translation of the fact, included in 1.1.22(iii), that the fibrewise closed nuclei form a subframe of the frame of all nuclei. (v) also follows from 1.1.22(iii), since pulling back sublocales of $Y$ along $g: Z \to Y$ corresponds to applying the frame homomorphism $N(g^*)$ of 1.1.19 to nuclei on $\mathcal{O}(Y)$, and it is clear from the pushout diagram in the statement of 1.1.22(iii) that this operation preserves fibrewise closed nuclei.

(vi) is now immediate from (v), since the pullback along $Z \to Y$ of the fibrewise closure of $Y' \rightarrowtail Y$ is fibrewise closed in $Z$ and contains $Z'$. Finally, for (vii), we note that it follows from (v) that $Y' \times_X X' \rightarrowtail Y \times_X X'$ is fibrewise closed over $X$; hence by (i) it is fibrewise closed over $X'$. □

Unfortunately, the analogue of 1.2.14(vii) for fibrewise denseness is false in general; we shall see a counterexample shortly. However, it is true in the case when the morphism $Y \to X$ is open, as we shall see in 3.1.14 below. We note an alternative characterization of fibrewise denseness:

**Lemma 1.2.15** *Let $f: Y \to X$ be a locale morphism, and $Y' \rightarrowtail Y$ a sublocale of $Y$. The following are equivalent:*

(i) *$Y' \rightarrowtail Y$ is fibrewise dense over $X$.*

(ii) *For each closed sublocale $X' \rightarrowtail X$, the pullback of $Y' \rightarrowtail Y$ along $X' \rightarrowtail X$ is a dense inclusion.*

(iii) *For each locally closed sublocale $X' \rightarrowtail X$, the pullback of $Y' \rightarrowtail Y$ along $X' \rightarrowtail X$ is a dense inclusion.*

**Proof** Since denseness (in the usual sense) is by definition stable under pullback along open inclusions, the equivalence of (ii) and (iii) is immediate. For (i) $\Leftrightarrow$ (ii), we note that if we pull back $Y$ and $Y'$ along a closed inclusion $\complement U \rightarrowtail X$, we obtain the sublocales $\complement f^*(U)$ and $\complement j(f^*(U))$ respectively (where $j$ is the nucleus on $\mathcal{O}(Y)$ corresponding to the sublocale $Y'$), and so the assertion that $j$ fixes $f^*(U)$ is exactly the assertion that the second of these is a dense sublocale of the first. □

**Corollary 1.2.16** *Assuming classical logic, if $X$ is a (sober) $T_D$-space, then an inclusion of spaces over $X$ is fibrewise dense iff its pullback over every point of $X$ is a dense inclusion.*

**Proof** One direction is immediate from 1.2.15 (and the fact that the points of a $T_D$-space, being locally closed, are complemented as sublocales, so that by 1.2.13 we do not have to worry about the difference between localic and spatial pullbacks). For the converse, we use the fact that every closed sublocale of $X$ is spatial (1.2.6(*b*)), and hence the union of its points. □

The analogue of 1.2.16 for fibrewise closedness is also true, by 1.2.14(vi). Hence, given $f: Y \to X$ in **Sob**, where $X$ is a $T_D$-space, and a (subclosed) subspace $Y'$ of $Y$, we form its fibrewise closure over $X$ by forming the union, over all points $x \in X$, of the closure of $Y' \cap f^{-1}(x)$ in the fibre $f^{-1}(x)$. This explains the use of the word 'fibrewise' for these notions.

However, the $T_D$ assumption cannot be omitted from 1.2.16. Let $Y$ be the set of real numbers with the Euclidean topology, let $X$ be the same set topologized so that the only nonempty open sets are the cofinite sets containing 0, let $f : Y \to X$ be the identity mapping, and let $Y' = Y \setminus \{0\}$. Then it is easily seen using the criterion of 1.2.15(ii) that $Y' \rightarrowtail Y$ is fibrewise dense over $X$; but its pullback over the non-locally-closed point 0 of $X$ is not dense.

We conclude this section with some remarks on regularity and the Hausdorff property for locales. Classically, a space $X$ is regular iff every open set can be expressed as a union of open sets whose closures it contains; correspondingly, we define a locale to be *regular* if every $U \in \mathcal{O}(X)$ satisfies $U = \bigcup\{V \in \mathcal{O}(X) \mid V \lhd U\}$, where $V \lhd U$ is an abbreviation for 'there exists $W \in \mathcal{O}(X)$ such that $V \cap W = \emptyset$ and $U \cup W = X$ (equivalently, such that $V \leq \complement W \leq U$ in $\mathrm{Sub}(X)$)'. We say $X$ is *Hausdorff* if the diagonal $X \rightarrowtail X \times X$ is a closed sublocale: because locale products do not coincide with space products in general, this is actually a stronger condition for spaces than the usual Hausdorff axiom (that is, there exist Hausdorff spaces which are not Hausdorff as locales). For this reason, Hausdorff locales (in our sense) have been called 'strongly Hausdorff locales' by some authors (e.g. [476, 520]); however, we now prefer the unadorned name 'Hausdorff' for this property. There is no totally satisfactory analogue of the $T_1$ property for locales (see [886, 1057]), but the following condition is sometimes useful: we say $X$ is a *$T_U$-locale* (short for 'totally unordered') if, for any two locale maps $f, g : Y \rightrightarrows X$, the relation $f \leq g$ (in the partial ordering of 1.1.6) implies $f = g$. For a (sober) space $X$, this clearly implies that the points of $X$ are discretely ordered in the 'specialization' ordering ($x \leq y$ iff $x$ is in the closure of $\{y\}$), and hence that $X$ is a $T_1$-space, but once again the locale-theoretic condition is stronger (see [886]).

We stress that, in the definition of Hausdorff locale, the word 'closed' is used in its original strong sense, not in the weak 'fibrewise' sense of 1.1.22. Constructively, there are weak 'fibrewise' versions of all the basic separation axioms (see [533]), but we shall not need to consider them here.

**Lemma 1.2.17**

(i) *Regular locales are Hausdorff.*

(ii) *In a regular locale, every sublocale is an intersection of open sublocales.*

(iii) *Hausdorff locales are $T_U$.*

**Proof** (i) Suppose $X$ is regular; let $(a, b) : \overline{X} \rightarrowtail X \times X$ be the closure of the diagonal sublocale. We must show that the two projections $a$ and $b$ are equal. Now if $U, V$ are any two opens in $X$ such that $V \lhd U$, then since the open sublocale $\neg V \times V$ of $X \times X$ (where $\neg V$ is the complement of the closure of $V$, i.e. the Heyting negation of $V$ in $\mathcal{O}(X)$) is disjoint from the diagonal it is also disjoint from $\overline{X}$; that is, $a^*(\neg V) \cap b^*(V) = \emptyset$ in $\mathcal{O}(\overline{X})$. But $\neg V \cup U$ is the whole of

$X$, so $a^*(\neg V) \cup a^*(U)$ is the whole of $\overline{X}$. It follows that we have $b^*(V) \leq a^*(U)$, for all such pairs $(U, V)$. But $U = \bigcup\{V \in \mathcal{O}(X) \mid V \lhd U\}$, and $b^*$ preserves this union, so $b^*(U) \leq a^*(U)$. By symmetry, we also have $a^*(U) \leq b^*(U)$; so $a = b$, as required.

(ii) It suffices by 1.1.17 to show that every closed sublocale is an intersection of open sublocales. But this is immediate from the definition, since for any $U \in \mathcal{O}(X)$ we have

$$\begin{aligned} \complement U &\leq \bigwedge\{\neg V \mid V \lhd U\} \\ &\leq \bigwedge\{\complement V \mid V \lhd U\} \\ &= \complement U\,. \end{aligned}$$

(iii) We claim that if $f \leq g$ then $(f, g)\colon Y \to X \times X$ factors through the closure of the diagonal. For if $U \times V$ is any open rectangle disjoint from the diagonal we have $(f, g)^*(U \times V) = f^*U \cap g^*V \leq g^*U \cap g^*V = g^*(U \cap V) = \emptyset$. Hence if the diagonal is closed we have $f = g$. □

At this point we shall break off our study of locale theory, in order to begin the development of sheaf theory. However, further parts of the theory of locales will be developed as they are required from time to time in the remaining sections of this chapter, and also in Chapters C3–C5. For a more connected account of the subject, see [520].

**Suggestions for further reading:** Fourman & Grayson [363], Isbell [476, 482, 484], Johnstone [520, 528, 533], Joyal & Tierney [560], Kock & Plewe [639], Plewe [980, 981], Sambin [1078, 1079], Valentini [1183, 1184], Vickers [1205].

## C1.3 Sheaves, local homeomorphisms and frame-valued sets

There are three, substantially different, ways of defining the category of sheaves on a space or locale. All three of them were introduced (for spaces, at least) at different points in Part A, and they were shown to be toposes. In this section, we shall recall the three definitions (generalizing them to locales in the process) and give a direct proof that they yield equivalent categories.

The first and most familiar, originally introduced in A2.1.8, regards a sheaf as a special sort of presheaf.

**Definition 1.3.1** (*a*) A *presheaf* (of sets) on a locale $X$ is a functor $\mathcal{O}(X)^{\mathrm{op}} \to$ **Set**. Thus a presheaf $F$ assigns to each open $U \rightarrowtail X$ a set $F(U)$ (whose elements are commonly called *sections* of $F$ over $U$), and to each inclusion $V \leq U$ of open sublocales a *restriction map* $F(U) \to F(V)$, subject to the obvious compatibility properties.

(*b*) A presheaf $F$ on $X$ is said to be a *sheaf* if, given any family of sections $(s_i \in F(U_i) \mid i \in I)$ which are *compatible* in the sense that, for each pair $(i, j)$, the restrictions of $s_i$ and $s_j$ are equal in $F(U_i \cap U_j)$, there is a unique $s \in F(\bigcup_{i \in I} U_i)$ whose restriction to $F(U_i)$ equals $s_i$, for all $i \in I$. Informally, 'compatible families of sections can be uniquely patched together'.

($c$) A *morphism of sheaves* $f : F \to G$ is simply a natural transformation of functors. We write $\mathbf{Sh}(X)$ for the category of sheaves on $X$.

The second definition requires consideration of local homeomorphisms between locales. Of course, we say a continuous map $p : E \to X$ of locales is a *local homeomorphism* if $E$ can be covered by open sublocales $U$ for which the composite $U \rightarrowtail E \to X$ is (isomorphic to) the inclusion of an open sublocale of $X$. We shall need the following elementary facts about local homeomorphisms:

**Lemma 1.3.2**

(i) *A composite of local homeomorphisms is a local homeomorphism.*

(ii) *A pullback of a local homeomorphism is a local homeomorphism.*

(iii) *Given a commutative triangle of continuous maps*

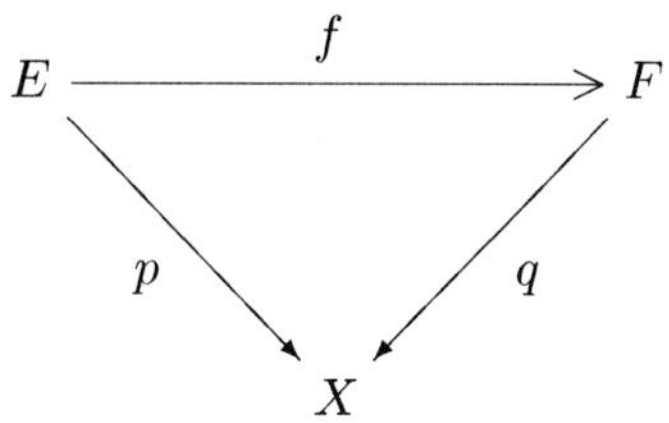

,

*if $p$ and $q$ are local homeomorphisms then so is $f$.*

(iv) *The inclusion functor from the category of locales and local homeomorphisms to* **Loc** *creates pullbacks.*

(v) *If $X$ is a spatial locale, then so is the domain of any local homeomorphism $p : E \to X$.*

**Proof** (i) Let

$$E \xrightarrow{\quad p \quad} X \xrightarrow{\quad q \quad} Y$$

be a composable pair of local homeomorphisms. Suppose that $U \in \mathcal{O}(E)$ and $V \in \mathcal{O}(X)$ are such that the composites $U \rightarrowtail E \to X$ and $V \rightarrowtail X \to Y$ are isomorphic to the inclusions of opens $\overline{U} \in \mathcal{O}(X)$, $\overline{V} \in \mathcal{O}(Y)$ respectively. Then it is easy to see that the composite $U \cap p^*(V) \rightarrowtail E \to X$ is isomorphic to $\overline{U} \cap V \rightarrowtail X$, and that this in turn composes with $q$ to yield an open sublocale of $Y$. But since $p^*$ preserves unions of open sublocales and the infinite distributive law holds in $\mathcal{O}(E)$, $E$ can be covered by open sublocales of the form $U \cap p^*(V)$. Thus $qp$ is a local homeomorphism.

(ii) Let

$$\begin{array}{ccc} E & \xrightarrow{\;g\;} & F \\ {\scriptstyle p}\downarrow & & \downarrow{\scriptstyle q} \\ X & \xrightarrow{\;f\;} & Y \end{array}$$

be a pullback square in **Loc**, where $q$ is a local homeomorphism. For any $U \in \mathcal{O}(F)$, the square

$$\begin{array}{ccc} g^*(U) & \longrightarrow & U \\ \downarrow & & \downarrow \\ E & \xrightarrow{\;g\;} & F \end{array}$$

is also a pullback by 1.2.10, and hence so is its composite with the square above; thus if $U$ is such that $U \rightarrowtail F \to Y$ is an open inclusion, then so is $g^*(U) \rightarrowtail E \to X$. Since $g^*$ preserves unions of open sublocales, the result follows.

(iii) It is clear that if $E$ can be covered by open sublocales which map by local homeomorphisms to $F$, then $E \to F$ is itself a local homeomorphism; so we may reduce to the case where $p$ is the inclusion of an open sublocale $U \rightarrowtail X$. Now if $V \in \mathcal{O}(F)$ is such that $V \rightarrowtail F \to X$ is the inclusion of an open sublocale $\overline{V}$, then $f^*(V)$ may be identified with the open sublocale $U \cap \overline{V}$ of $U$, and the composite $U \cap \overline{V} \rightarrowtail U \to F$ with the inclusion $q^*(U) \cap V \rightarrowtail F$. So, once again, the result follows from the fact that $f^*$ preserves unions of open sublocales.

(iv) From (ii), we know that if $p\colon E \to X$ and $q\colon F \to X$ are local homeomorphisms, then so are the projections from the pullback $E \times_X F$ in **Loc**. This does not suffice to show that it is a pullback in the subcategory; we need to show that if $f\colon Z \to E$ and $g\colon Z \to F$ are local homeomorphisms satisfying $pf = qg$, then the induced map $(f, g)\colon Z \to E \times_X F$ is also a local homeomorphism. But this follows from (iii), since (by (i)) both $Z$ and $E \times_X F$ admit local homeomorphisms into $X$.

(v) If $X$ is spatial, then so is any open sublocale of $X$ (1.2.6($a$)); hence the assertion that $p\colon E \to X$ is a local homeomorphism implies that $E$ can be covered by spatial (open) sublocales, and is thus spatial. □

In this chapter, we shall write **LH** for the category of locales and local homeomorphisms between them. In Part A, we used this name for the category of spaces and local homeomorphisms, but the difference is not a substantial one: although we have 'enlarged' the category **LH**, Lemma 1.3.2(v) tells us that we have not changed the category **LH**$/X$ when $X$ is a space. 1.3.2(iii) says that **LH**$/X$ is a full subcategory of **Loc**$/X$, for any $X$; and 1.3.2(iv), plus the (obvious) fact that identity morphisms are local homeomorphisms, says that it is closed under finite limits. Our second definition of the category of sheaves on $X$ is simply as the slice category $\mathbf{LH}/X$ (cf. A1.2.7).

We remark in passing that local homeomorphisms are often known as 'étale maps'; this is based on a mistranslation of the French term 'espace étalé' (literally, 'displayed space') for (the domain of) the local homeomorphism over $X$ corresponding to a given sheaf on $X$ under the equivalence of 1.3.11 below, and does not derive from the 'étale morphisms' of algebraic geometry. For this reason, we shall avoid using the term as far as possible.

The third definition of the category of sheaves is as the category of $\mathcal{O}(X)$-valued sets, which was introduced at the end of Section A3.3 as the category of maps in a certain allegory $\mathbf{Mat}(\mathcal{O}(X))[\check{\mathcal{S}}]$. We give a more explicit definition here:

**Definition 1.3.3** (*a*) An *$\mathcal{O}(X)$-valued set* is a pair $(A, \epsilon)$ where $A$ is a set and $\epsilon\colon A \times A \to \mathcal{O}(X)$ is a function satisfying

$$\epsilon(a_1, a_2) = \epsilon(a_2, a_1)$$

and

$$\epsilon(a_1, a_2) \cap \epsilon(a_2, a_3) \leq \epsilon(a_1, a_3)$$

for all $a_1, a_2, a_3 \in A$. Thus $\epsilon$ is a 'symmetric and transitive $\mathcal{O}(X)$-valued relation on $A$'. We do not require $\epsilon$ to be reflexive; we sometimes abbreviate $\epsilon(a, a)$ to $\epsilon(a)$, and call it the *extent* of the element $a$.

(*b*) A *map of $\mathcal{O}(X)$-valued sets* $\phi\colon (A, \epsilon) \to (B, \delta)$ is a function $\phi\colon B \times A \to \mathcal{O}(X)$ satisfying

$$\begin{gathered}\phi(b, a) \leq \delta(b) \cap \epsilon(a),\\ \phi(b_1, a_1) \cap \delta(b_1, b_2) \cap \epsilon(a_1, a_2) \leq \phi(b_2, a_2),\\ \phi(b_1, a) \cap \phi(b_2, a) \leq \delta(b_1, b_2),\end{gathered}$$

and

$$\epsilon(a) \leq \bigcup\{\phi(b, a) \mid b \in B\}$$

for all $a, a_1, a_2 \in A$ and all $b, b_1, b_2 \in B$. Informally, $\phi$ is an '$\mathcal{O}(X)$-valued functional relation from $(A, \epsilon)$ to $(B, \delta)$'.

(*c*) Given maps $\phi\colon (A, \epsilon) \to (B, \delta)$ and $\psi\colon (B, \delta) \to (C, \gamma)$, the composite $\psi\phi\colon (A, \epsilon) \to (C, \gamma)$ is defined by

$$\psi\phi(c, a) = \bigcup\{\psi(c, b) \cap \phi(b, a) \mid b \in B\}\,.$$

It is straightforward to verify that $\psi\phi$ is a map of $\mathcal{O}(X)$-valued sets (i.e. that it satisfies the conditions in (*b*)), and that composition is associative. Further, $\epsilon$ itself acts as an identity map $(A, \epsilon) \to (A, \epsilon)$ for any $\mathcal{O}(X)$-valued set $(A, \epsilon)$; so we have a category of $\mathcal{O}(X)$-valued sets, which we denote by $\mathbf{Set}(\mathcal{O}(X))$.

We now embark on proving the equivalence of the categories $\mathbf{Sh}(X)$, $\mathbf{LH}/X$ and $\mathbf{Set}(\mathcal{O}(X))$, for any locale $X$. First we define a functor $\Gamma\colon \mathbf{Loc}/X \to \mathbf{Sh}(X)$: given a locale $p\colon E \to X$ over $X$, $\Gamma(p)$ is the presheaf whose sections over $U \in \mathcal{O}(X)$ are the continuous sections of $p$ over $U$, i.e. the commutative triangles

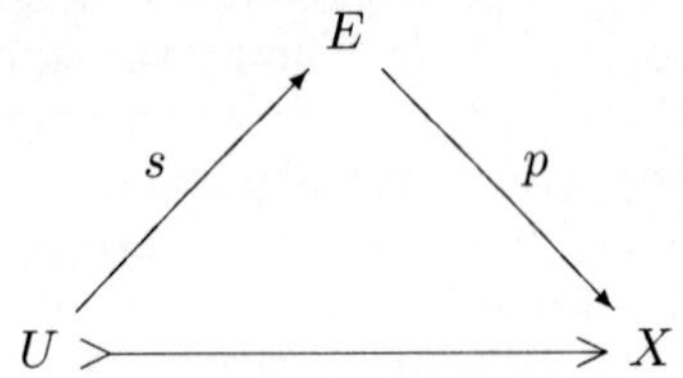


in $\mathbf{Loc}$. To verify that $\Gamma(p)$ is a sheaf, we need to show that open coverings are colimits in $\mathbf{Loc}$, i.e.

**Lemma 1.3.4** *Let $X$ be a locale, and $(U_i \mid i \in I)$ a family of open sublocales of $X$ with union $U$. Then the inclusion maps $U_i \rightarrowtail U$ form a colimit cone for the diagram of locales whose vertices are all the $U_i$ and the $U_i \cap U_j$, and whose edges are the inclusions $U_i \cap U_j \rightarrowtail U_i$ and $U_i \cap U_j \rightarrowtail U_j$.*

**Proof** We recall that colimits in $\mathbf{Loc}$ are just limits in $\mathbf{Frm}$, and that the latter are created by the forgetful functor $\mathbf{Frm} \to \mathbf{Set}$. So this is easy to verify, bearing in mind that $\mathcal{O}(U)$ may be identified with the principal ideal $\downarrow(U)$ in $\mathcal{O}(X)$, and the frame map $\mathcal{O}(U) \to \mathcal{O}(U_i)$ corresponding to the inclusion is identified with $(-) \cap U_i$. □

It follows that a compatible family of continuous maps $s_i\colon U_i \to E$ may be uniquely patched together to a continuous map $s\colon U \to E$; and if the $s_i$ are all sections of $p$, then so is $s$, by the uniqueness of maps out of colimits. Thus $\Gamma(p)$ is a sheaf, as claimed. Also, it is clear that if

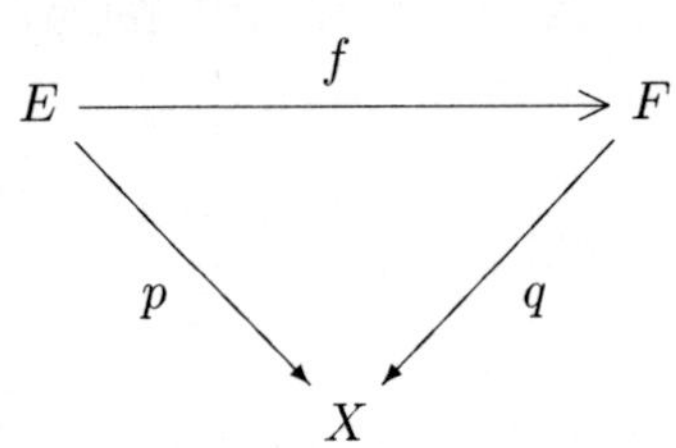


is a map of locales over $X$, then composing sections of $p$ with $f$ yields a morphism of sheaves $\Gamma(f)\colon \Gamma(p) \to \Gamma(q)$. Thus $\Gamma$ becomes a functor $\mathbf{Loc}/X \to \mathbf{Sh}(X)$. (Its restriction to the subcategory $\mathbf{LH}/X$ will be part of the equivalence which we seek.)

Next, we define a functor $\Theta\colon [\mathcal{O}(X)^{\mathrm{op}}, \mathbf{Set}] \to \mathbf{Set}(\mathcal{O}(X))$. Given two sections $s \in F(U)$, $t \in F(V)$ of a presheaf $F$ on $X$, we let $\epsilon_F(s,t)$ denote the union of all open $W \leq U \cap V$ such that the restrictions of $s$ and $t$ to $W$ are equal. (If $F$ is a sheaf, then we may alternatively define $\epsilon_F(s,t)$ as the largest open sublocale on which the restrictions of $s$ and $t$ are equal, because we can patch together their restrictions to all the open sublocales where they agree.) In particular, $\epsilon_F(s) = \epsilon_F(s,s)$ is just the open $U$ such that $s \in F(U)$. It is now easy to see that the disjoint union $\Theta(F) = \coprod_{U \in \mathcal{O}(X)} F(U)$, structured with the map $\epsilon_f \colon \Theta(F) \times \Theta(F) \to \mathcal{O}(X)$, is an $\mathcal{O}(X)$-valued set, as defined in 1.3.3($a$). Given a morphism of presheaves $f \colon F \to G$, we define $\Theta(f) \colon \Theta(G) \times \Theta(F) \to \mathcal{O}(X)$ by

$$\Theta(f)(t,s) = \epsilon_G(t, f(s)) \,.$$

Again, it is straightforward to verify that $\Theta(f)$ is a map of $\mathcal{O}(X)$-valued sets; the key observation is that we have $\epsilon_F(s_1,s_2) \leq \epsilon_G(f(s_1), f(s_2))$ for any $s_1, s_2 \in \Theta(F)$. And if $g \colon G \to H$ is another morphism of presheaves, then

$$\begin{aligned} \Theta(g)\Theta(f)(u,s) &= \bigcup\{\epsilon_H(u, g(t)) \cap \epsilon_G(t, f(s)) \mid t \in \Theta(G)\} \\ &\geq \epsilon_H(u, gf(s)) \cap \epsilon_G(f(s), f(s)) \\ &= \epsilon_H(u, gf(s)) \cap \epsilon_H(gf(s), gf(s)) \\ &= \epsilon_H(u, gf(s)) \end{aligned}$$

and conversely

$$\epsilon_H(u, g(t)) \cap \epsilon_G(t, f(s)) \leq \epsilon_H(u, g(t)) \cap \epsilon_H(g(t), gf(s)) \leq \epsilon_H(u, gf(s))$$

for any $t$; so $\Theta(g)\Theta(f) = \Theta(gf)$, and we have proved

**Lemma 1.3.5** *$\Theta$ is a functor $[\mathcal{O}(X)^{\mathrm{op}}, \mathbf{Set}] \to \mathbf{Set}(\mathcal{O}(X))$.* □

The second of our circle of three functors will be the restriction of $\Theta$ to the subcategory $\mathbf{Sh}(X)$. Before we complete the circle by defining a functor $\mathbf{Set}(\mathcal{O}(X)) \to \mathbf{LH}/X$, we pause to note that the $\mathcal{O}(X)$-valued sets which are the images of sheaves under the functor $\Theta$ are of a rather special type. Given an $\mathcal{O}(X)$-set $(A, \epsilon)$, we define a *singleton* of $(A, \epsilon)$ to be a mapping $\sigma \colon A \to \mathcal{O}(X)$ satisfying

(i) $\sigma(a) \cap \epsilon(a,b) \leq \sigma(b)$ and

(ii) $\sigma(a) \cap \sigma(b) \leq \epsilon(a,b)$

for all $a, b \in A$. For any $a \in A$, the mapping $b \mapsto \epsilon(a,b)$ is easily seen to be a singleton, which we denote by $\tilde{a}$.

**Definition 1.3.6** We say an $\mathcal{O}(X)$-set $(A, \epsilon)$ is *complete* if every singleton of $(A, \epsilon)$ is of the form $\tilde{a}$ for a unique $a \in A$.

**Lemma 1.3.7** *For any sheaf $F$ on $X$, the $\mathcal{O}(X)$-valued set $\Theta(F)$ is complete.*

**Proof** Let $\sigma$ be a singleton of $\Theta(F)$, and consider the family of all sections $s_i \in F(U_i)$ such that $\sigma(s_i) = U_i$. From the definition of a singleton, it is clear that each $F(U_i)$ contains at most one such element, and that the set of all such elements is closed under restriction; so they form a compatible family. Now it is straightforward to verify that $\sigma = \tilde{s}$ iff $s$ is the unique section obtained by patching the $s_i$ together. □

In the converse direction, if $a \in A$ and $U \leq \epsilon(a)$, then the function $b \mapsto \epsilon(a,b) \cap U$ is readily seen to be a singleton; so the assertion that $(A, \epsilon)$ is complete implies that for every such pair $(a, U)$ there exists a unique $a|_U \in A$ with $\epsilon(a|_U) = \epsilon(a, a|_U) = U$. Thus the assignment $U \mapsto \{a \in A \mid \epsilon(a) = U\}$ can be made into a presheaf $F$ on $X$. And this presheaf is a sheaf, because if $(a_i \in F(U_i) \mid i \in I)$ is a compatible family of sections of it, then the function $b \mapsto \bigcup_{i \in I} \epsilon(a_i, b)$ is again a singleton, and it is of the form $\tilde{a}$ iff $a$ is a patching of the $a_i$. Thus the $\mathcal{O}(X)$-valued sets which occur in the image of $\Theta$ are precisely the complete ones.

Complete $\mathcal{O}(X)$-valued sets are easier to work with than arbitrary ones, because maps between them have a particularly simple description:

**Lemma 1.3.8** *Let $\phi\colon (A, \epsilon) \to (B, \delta)$ be a map of $\mathcal{O}(X)$-valued sets, and suppose $(B, \delta)$ is complete. Then there is a unique function $f\colon A \to B$ such that $\phi(b, a) = \delta(b, f(a))$ for all $a \in A$, $b \in B$. Moreover, we have $\delta(f(a_1), f(a_2)) \geq \epsilon(a_1, a_2)$ for all $a_1, a_2 \in A$, with equality if $a_1 = a_2$.*

**Proof** For each $a \in A$, the mapping $b \mapsto \phi(b, a)$ is a singleton of $(B, \delta)$, so we can write it as $\widetilde{f(a)}$ for a unique $f(a)$. This defines the function $f$. Now we have

$$\delta(f(a)) = \bigcup_{b \in B} \delta(b, f(a)) = \bigcup_{b \in B} \phi(b, a) = \epsilon(a)$$

by one of the identities in the definition of a map of $\mathcal{O}(X)$-valued sets, which proves the last assertion of the lemma; and

$$\begin{aligned}
\delta(f(a_1), f(a_2)) &= \phi(f(a_1), a_2) \\
&\geq \phi(f(a_1), a_1) \cap \epsilon(a_1, a_2) \\
&= \delta(f(a_1)) \cap \epsilon(a_1, a_2) \\
&= \epsilon(a_1) \cap \epsilon(a_1, a_2) = \epsilon(a_1, a_2)
\end{aligned}$$

which proves the penultimate one. □

It is also easy to verify that composition of maps between complete $\mathcal{O}(X)$-valued sets, as defined in 1.3.3(c), corresponds to ordinary composition of the representing functions as defined in 1.3.8; so the full subcategory of complete $\mathcal{O}(X)$-valued sets becomes a concrete category. Moreover, we do not lose anything by restricting our attention to complete $\mathcal{O}(X)$-valued sets:

**Lemma 1.3.9** *For any $\mathcal{O}(X)$-valued set $(A, \epsilon)$, there is a complete $\mathcal{O}(X)$-valued set $(\tilde{A}, \tilde{\epsilon})$ which is isomorphic to it in* $\mathbf{Set}(\mathcal{O}(X))$.

**Proof** We define $\tilde{A}$ to be the set of all singletons of $(A, \epsilon)$, with

$$\tilde{\epsilon}(\sigma, \tau) = \bigcup_{a \in A} (\sigma(a) \cap \tau(a)) .$$

It is straightforward to verify that $(\tilde{A}, \tilde{\epsilon})$ is an $\mathcal{O}(X)$-valued set. Moreover, if $a, b \in A$, then

$$\begin{aligned} \tilde{\epsilon}(\tilde{a}, \tilde{b}) &\geq \tilde{a}(a) \cap \tilde{a}(b) \\ &= \epsilon(a) \cap \epsilon(a, b) = \epsilon(a, b), \end{aligned}$$

the reverse inequality being trivial. Now if $\tau$ is a singleton of $(\tilde{A}, \tilde{\epsilon})$, let $\sigma \colon A \to \mathcal{O}(X)$ be defined by $\sigma(a) = \tau(\tilde{a})$; then it is easily verified that $\sigma$ is a singleton of $(A, \epsilon)$, and it is the unique singleton such that $\tau = \tilde{\sigma}$. Thus $(\tilde{A}, \tilde{\epsilon})$ is complete. Finally, we define $\iota \colon \tilde{A} \times A \to \mathcal{O}(X)$ by $\iota(\sigma, a) = \sigma(a)$; then $\iota$ satisfies the conditions of 1.3.3($b$) both as a map $(A, \epsilon) \to (\tilde{A}, \tilde{\epsilon})$ and as a map $(\tilde{A}, \tilde{\epsilon}) \to (A, \epsilon)$, and the composites of these two maps either way round are the appropriate identity maps. □

Of course, the function $A \to \tilde{A}$ which corresponds, via 1.3.8, to the isomorphism $\iota \colon (A, \epsilon) \to (\tilde{A}, \tilde{\epsilon})$ is simply $a \mapsto \tilde{a}$. With a little more effort, one may show that the construction $(A, \epsilon) \mapsto (\tilde{A}, \tilde{\epsilon})$ of 1.3.9 is functorial, and that $\iota$ is a natural isomorphism; thus the category $\mathbf{Set}(\mathcal{O}(X))$ is equivalent to its full subcategory $\mathbf{CSet}(\mathcal{O}(X))$ of complete $\mathcal{O}(X)$-valued sets. (Combining this with the remarks after 1.3.7, it is now easy to construct an inverse equivalence for $\Theta \colon \mathbf{Sh}(X) \to \mathbf{Set}(\mathcal{O}(X))$.) For the next step of constructing a functor to $\mathbf{LH}/X$, we shall take our domain to be $\mathbf{CSet}(\mathcal{O}(X))$ rather than $\mathbf{Set}(\mathcal{O}(X))$; this is not strictly essential, but it does considerably simplify the description of how the functor acts on morphisms.

Given a (complete) $\mathcal{O}(X)$-valued set $(A, \epsilon)$, we construct a diagram $D(A, \epsilon)$ in $\mathbf{Loc}/X$ as follows. For the vertices, we take one copy of the inclusion $\epsilon(a) \rightarrowtail X$ for each $a \in A$, and one copy of $\epsilon(a, b) \rightarrowtail X$ for each pair $(a, b)$. And for each $(a, b)$, we take the inclusions $\epsilon(a, b) \rightarrowtail \epsilon(a)$ and $\epsilon(a, b) \rightarrowtail \epsilon(b)$ as edges of the diagram. We define $\Delta(A, \epsilon)$ to be the colimit of this diagram in $\mathbf{Loc}/X$; for the moment, let us denote it by $p \colon E \to X$.

We need to prove that $p$ is a local homeomorphism: but for each $a \in A$, the $a$th leg $\lambda_a \colon \epsilon(a) \to E$ of the colimiting cone is a sublocale inclusion (i.e. a regular monomorphism), since its composite with $p$ is an (open) inclusion. And these sublocales clearly cover $E$; so it suffices to prove that they are open. But since $\mathcal{O}(E)$ is a limit in $\mathbf{Frm}$, we can give an explicit description of it, much as in 1.3.4: its elements correspond to families $(U_a \mid a \in A)$ of opens in $X$ such that $U_a \leq \epsilon(a)$ for each $a$ and $U_a \cap \epsilon(a, b) = U_b \cap \epsilon(a, b)$ for each $(a, b)$. Under this correspondence, (the image of) $\lambda_a$ clearly corresponds to the family $(\epsilon(a, b) \mid b \in A)$.

So far, we have not made any use of completeness of $(A, \epsilon)$; but in defining the effect of $\Delta$ on morphisms of $\mathcal{O}(X)$-valued sets, it will be convenient to assume that they are induced by functions on the underlying sets as in 1.3.8. So let $\phi\colon (A, \epsilon) \to (B, \delta)$ be a map of $\mathcal{O}(X)$-valued sets, and let $f\colon A \to B$ be the function corresponding to it. Then each vertex of the form $\epsilon(a)$ in the diagram $D(A, \epsilon)$ maps by the identity to the vertex $\delta(f(a))$ of $D(B, \delta)$, and each vertex $\epsilon(a, b)$ maps by an inclusion to $\delta(f(a), f(b))$; composing these maps with the appropriate legs of the colimit cone for $D(B, \delta)$, we obtain a cone under $D(A, \epsilon)$, and hence a continuous map (necessarily a local homeomorphism, by 1.3.2(iii)) from the colimit $\Delta(A, \epsilon)$ to $\Delta(B, \delta)$. It is easy to verify that this construction is functorial, and so we have

**Lemma 1.3.10** *$\Delta$ is a functor* $\mathbf{CSet}(\mathcal{O}(X)) \to \mathbf{LH}/X$. □

**Theorem 1.3.11** *For any locale $X$, the categories* $\mathbf{Sh}(X)$, $\mathbf{LH}/X$, $\mathbf{Set}(\mathcal{O}(X))$ *and* $\mathbf{CSet}(\mathcal{O}(X))$ *are all equivalent.*

**Proof** The equivalence of $\mathbf{Set}(\mathcal{O}(X))$ and $\mathbf{CSet}(\mathcal{O}(X))$ was dealt with in 1.3.9 and the remarks immediately following it. And we have constructed functors

$$\mathbf{Sh}(X) \xrightarrow{\Theta} \mathbf{CSet}(\mathcal{O}(X)) \xrightarrow{\Delta} \mathbf{LH}/X \xrightarrow{\Gamma} \mathbf{Sh}(X);$$

so we need to show that the composite of these three functors, in any of the three possible orders, is isomorphic to the identity.

First, let $F$ be a sheaf on $X$. Each $s \in F(U)$ can be regarded as an element $s \in \Theta(F)$ with $\epsilon(s) = U$, and so it defines a vertex of the diagram $D(\Theta(F))$ which is a copy of the inclusion $U \rightarrowtail X$. Thus the $s$th leg $\lambda_s$ of the colimiting cone is a continuous section of $\Delta\Theta(F)$ over $U$. Moreover, if $t$ is the restriction of $s$ to an open $V \leq U$, then $\epsilon(s, t) = V$, and so the commutative diagram

$$\begin{array}{ccc}
\epsilon(s,t) & \rightarrowtail & \epsilon(s) \\
\big\downarrow & & \big\downarrow \lambda_s \\
\epsilon(t) & \xrightarrow{\lambda_t} & \Delta\Theta(F)
\end{array}$$

implies that $\lambda_t$ is the restriction of $\lambda_s$ to $V$; thus $s \mapsto \lambda_s$ is a natural transformation, i.e. a morphism of sheaves $\lambda\colon F \to \Gamma\Delta\Theta(F)$. And from the definition of the three functors on morphisms, it is readily seen that $\lambda$ is itself natural in $F$.

So it remains to check that $\lambda$ is bijective. Given an open $U \rightarrowtail X$ and a continuous section $s$ of $\Delta\Theta(F)$ over $U$, we may form the pullback

$$\begin{array}{ccc} V_t & \rightarrowtail & V \\ \downarrow & & \downarrow{\scriptstyle \lambda_t} \\ U & \xrightarrow{\ s\ } & \Delta\Theta(F) \end{array}$$

for each $t \in F(V)$ (as $V$ varies over $\mathcal{O}(X)$). Note that $\lambda_t$ and $s$ are both (local homeomorphisms, and hence) open inclusions; so $V_t$ is an element of $\mathcal{O}(X)$ contained in $U \cap V$. And since the $\lambda_t$, as $t$ varies over all sections of $F$, cover $\Delta\Theta(F)$, the $V_t$ form an open covering of $U$. Moreover, the restrictions $t|_{V_t}$ form a compatible family, since $V_t \cap V_{t'} \leq \epsilon(t, t')$, and so they patch to a unique section $\overline{s} \in F(U)$, which is easily seen to be the unique element of $F(U)$ satisfying $\lambda_{\overline{s}} = s$. Thus $\lambda$ is a natural isomorphism from the identity functor on $\mathbf{Sh}(X)$ to $\Gamma\Delta\Theta$.

The proof that $\Theta\Gamma\Delta$ is isomorphic to the identity on $\mathbf{CSet}(\mathcal{O}(X))$ is almost identical to the above; recall that we have already, after 1.3.7, observed that sheaves are essentially the same thing as complete $\mathcal{O}(X)$-valued sets.

Finally, we consider the composite $\Delta\Theta\Gamma$. Given a local homeomorphism $p: E \to X$, the elements of $\Theta\Gamma(p)$ are the continuous sections of $p$ over arbitrary open sublocales of $X$, and they define a cone (with vertex $p$) under the diagram $D(\Theta\Gamma(p))$ in $\mathbf{Loc}/X$, and thus a morphism $\phi_p: \Delta\Theta\Gamma(p) \to p$ in $\mathbf{Loc}/X$ (and hence in $\mathbf{LH}/X$). Once again, it is easy to see that $\phi_p$ is natural in $p$, so we have only to verify that it is an isomorphism for all $p$.

Let $s$ be a continuous section of $p$ over $U \in \mathcal{O}(X)$. Then the diagram

$$\begin{array}{ccc} U & = & U \\ {\scriptstyle \lambda_s}\downarrow & & \downarrow{\scriptstyle s} \\ \Delta\Theta\Gamma(E) & \xrightarrow{\ \phi_p\ } & E \end{array}$$

(where we have written $\Delta\Theta\Gamma(E)$ for the domain of $\Delta\Theta\Gamma(p)$) commutes, by the definition of $\phi_p$; but since $\Gamma(p)$ is a sheaf, it is not hard to verify that this square is a pullback. Noting that the vertical morphisms in the diagram are in fact open inclusions, we may rephrase this as saying that, for each $U \in \mathcal{O}(E)$ such that $U \rightarrowtail E \to X$ is an open inclusion, the pullback of $\phi_p$ along $U \rightarrowtail E$ is an isomorphism. But by assumption $E$ is covered by such opens $U$, and hence $\phi_p$ is an isomorphism. □

We recall that two of the three functors used in the proof of 1.3.11 were originally defined on larger categories than those on which we used them. (Of course, the extension of $\Theta$ to $[\mathcal{O}(X)^{\mathrm{op}}, \mathbf{Set}]$ does not take values in $\mathbf{CSet}(\mathcal{O}(X))$; but we can remedy this by composing it with the completion functor of 1.3.9.) If we analyse how much of the proof survives without the assumption that $F$ is a sheaf (resp. that $p\colon E \to X$ is a local homeomorphism), we see that we still have a natural map $\lambda\colon F \to \Gamma\Delta\Theta(F)$ (resp. $\phi\colon \Delta\Theta\Gamma(p) \to p$), which becomes an isomorphism whenever the additional hypothesis is satisfied. Thus we have

**Scholium 1.3.12**

(i) *The inclusion* $\mathbf{Sh}(X) \to [\mathcal{O}(X)^{\mathrm{op}}, \mathbf{Set}]$ *has a left adjoint, given by the composite* $\Gamma\Delta\Theta$.

(ii) *The inclusion* $\mathbf{LH}/X \to \mathbf{Loc}/X$ *has a right adjoint, given by the composite* $\Delta\Theta\Gamma$. □

Of course, the left adjoint to the inclusion $\mathbf{Sh}(X) \to [\mathcal{O}(X)^{\mathrm{op}}, \mathbf{Set}]$ may be constructed by other means; see for example A4.4.4, or 2.2.6 below. We note that either half of 1.3.12 implies that $\mathbf{Sh}(X)$ is complete and cocomplete, since both $[\mathcal{O}(X)^{\mathrm{op}}, \mathbf{Set}]$ and $\mathbf{Loc}/X$ are complete and cocomplete.

Much of the power of sheaf theory lies in the fruitful interplay of the three different, but equivalent, descriptions of the category of sheaves on a locale: whenever we need to prove something about categories of sheaves, we can appeal to whichever description yields the simplest proof. For example,

**Corollary 1.3.13** *Any slice category of a category of the form* $\mathbf{Sh}(X)$ *is again of this form.*

**Proof** This is easy if we regard sheaves as local homeomorphisms, because (as we saw in Section A1.1) $(\mathbf{LH}/X)/(p\colon E \to X)$ is isomorphic to $\mathbf{LH}/E$. □

In other cases, it may be equally easy to use any of the three descriptions:

**Proposition 1.3.14** *The equivalent categories of* 1.3.11 *are all toposes.*

**Proof** Of course, it suffices to prove that any one of them is a topos. But we have already given three different proofs of this in Part A: for $\mathbf{Sh}(X)$ in A2.1.8 (see also A4.3.9), for $\mathbf{Set}(\mathcal{O}(X))$ in A3.4.13, and for $\mathbf{LH}/X$ in A4.2.4($e$). (The last of these three relied on the fact that $X$ was a space rather than a general locale, but the other two did not.) We shall not repeat the details here. □

To conclude this section, we note that the locale $X$ may be recovered, up to isomorphism, from its category of sheaves:

**Proposition 1.3.15** *For any locale* $X$*, the lattice of subterminal objects (i.e. subobjects of* 1*) in* $\mathbf{Sh}(X)$ *is isomorphic to* $\mathcal{O}(X)$.

**Proof** It is easy to see (it follows from the fact that $\mathbf{Sh}(X)$ is reflective in $[\mathcal{O}(X)^{\mathrm{op}}, \mathbf{Set}]$) that the monomorphisms in $\mathbf{Sh}(X)$ are exactly the injective natural transformations between sheaves. Since the terminal object of $\mathbf{Sh}(X)$ is the constant functor with value 1, a sub-presheaf $S$ of it is thus determined by the set $\{U \in \mathcal{O}(X) \mid S(U) = 1\}$, which must be a downward-closed subset of $\mathcal{O}(X)$. But if $S$ is a sheaf, this subset must be closed under coverings, and is thus a principal ideal $\downarrow(U)$, for some $U \in \mathcal{O}(X)$. This establishes a bijection between $\mathrm{Sub}(1)$ and $\mathcal{O}(X)$, which is readily seen to be order-preserving.

Alternatively, we could argue in terms of local homeomorphisms. It is clear that the inclusion of an open sublocale is a local homeomorphism, and it is again not difficult to verify that these are exactly the monomorphisms in **LH**. Thus the subterminal objects of $\mathbf{LH}/X$ (equivalently, the subobjects of $X$ in **LH**) are exactly the (inclusions of) open sublocales of $X$. □

**Suggestions for further reading:** Fourman & Scott [366], Gray [415], Tennison [1163].

## C1.4 Continuous maps

In the previous section, we considered sheaves on a single locale $X$. We are now ready to investigate the functoriality of the construction $X \mapsto \mathbf{Sh}(X)$.

Let $f: X \to Y$ be a continuous map of locales. By 1.3.2(ii), we know the pullback functor $f^*: \mathbf{Loc}/Y \to \mathbf{Loc}/X$ restricts to a functor (which we shall still denote by $f^*$) from $\mathbf{LH}/Y$ to $\mathbf{LH}/X$, and by 1.3.11 we can regard this as a functor $f^*: \mathbf{Sh}(Y) \to \mathbf{Sh}(X)$, which we call the *inverse image functor* associated with $f$.

**Lemma 1.4.1** *For any $f$, $f^*: \mathbf{Sh}(Y) \to \mathbf{Sh}(X)$ is cartesian.*

**Proof** As a functor $\mathbf{Loc}/Y \to \mathbf{Loc}/X$, $f^*$ preserves all limits, since it has a left adjoint (A1.2.8). And the inclusion $\mathbf{LH}/X \to \mathbf{Loc}/X$ creates finite limits, by 1.3.2(iv); so the restriction of $f^*$ preserves them. □

Of course, we have also used $f^*$ as the name for the frame homomorphism $\mathcal{O}(Y) \to \mathcal{O}(X)$ corresponding to $f$. This notation is consistent with that just introduced: if we identify open sublocales of $Y$ with subterminal objects of $\mathbf{LH}/Y$, as in 1.3.15, then 1.2.10 tells us that $f^*(U)$ is indeed the pullback of $U$ along $f$.

**Remark 1.4.2** Before moving on, we pause to note a special case of the construction of 1.4.1. Suppose $X$ is the terminal locale 1, and $Y$ is a (sober) space; then continuous maps $X \to Y$ may be identified with points of $Y$. Moreover, the domain of any local homeomorphism $p: E \to Y$ is a space, by 1.3.2(v). Now the inclusion $\mathbf{Sob} \to \mathbf{Loc}$ does not preserve all pullbacks, as we saw in Section C1.2; but by 1.2.10 it preserves pullbacks of open inclusions, and from this one may easily verify that it preserves pullbacks of local homeomorphisms (essentially, because the proof of 1.3.2(ii) works in spaces as well as locales). Thus, for a point $y: 1 \to Y$, the functor $y^*: \mathbf{Sh}(Y) \to \mathbf{Sh}(1) \simeq \mathbf{Set}$ sends $p: E \to Y$ to the fibre $E_y = \{e \in E \mid p(e) = y\}$ of $p$ over $y$ (which of course has the discrete topology as a subspace of $E$). We call this set the *stalk* of $p$ (or of the sheaf on $Y$ which corresponds to it) at the point $y$.

Next, we observe that $f^*: \mathcal{O}(Y) \to \mathcal{O}(X)$ preserves covers and finite intersections – that is, those operations on open sublocales which are used in the definition of a sheaf (1.3.1). Thus it is immediate that if $F$ is a sheaf on $X$, the composite

$$\mathcal{O}(Y)^{\text{op}} \xrightarrow{f^*} \mathcal{O}(X)^{\text{op}} \xrightarrow{F} \mathbf{Set}$$

is a sheaf on $Y$. And this construction is clearly functorial in $F$, so it defines a functor $f_*: \mathbf{Sh}(X) \to \mathbf{Sh}(Y)$, which we call the *direct image functor* associated with $f$.

**Theorem 1.4.3** *For any $f: X \to Y$, the inverse image functor $f^*: \mathbf{Sh}(Y) \to \mathbf{Sh}(X)$ is left adjoint to $f_*: \mathbf{Sh}(X) \to \mathbf{Sh}(Y)$.*

**Proof** Let $p: E \to Y$ be a local homeomorphism, and $F$ a sheaf on $X$. By the proof of 1.3.11, we know that $p$ is a colimit in $\mathbf{Loc}/Y$ of a diagram $D(\Theta\Gamma(p))$ whose vertices are open inclusions $U_i \rightarrowtail Y$, the legs $\lambda_i: U_i \to E$ of the colimiting cone themselves being open inclusions. Since $f^*$ preserves unions of open sublocales, it follows that $f^*(p)$ is the union of the open sublocales $f^*(\lambda_i): f^*(U_i) \rightarrowtail f^*(E)$ , and hence (by 1.3.4) it is the colimit in $\mathbf{Loc}/X$ of the $f^*(U_i)$. Thus a morphism $f^*(p) \to \Delta\Theta(F)$ in $\mathbf{LH}/X$ corresponds to a compatible family of morphisms $U_i \to \Delta\Theta(F)$, i.e. to a compatible family of sections $s_i \in \Gamma\Delta\Theta(F)(f^*(U_i)) \cong F(f^*(U_i))$. (Warning: 'compatible' here means that the restrictions of $s_i$ and $s_j$ agree on the open sublocale which is the intersection of $f^*(U_i)$ and $f^*(U_j)$ in $f^*(E)$, not on their intersection in $X$.) But precisely the same data defines a morphism $p \to \Delta\Theta(f_*(F))$ in $\mathbf{LH}/Y$; so we have set up a bijection between these two hom-sets, which is clearly natural in both $p$ and $F$. □

Combining 1.4.1 and 1.4.3, we see that the pair of functors $(f_*, f^*)$ forms a geometric morphism $\mathbf{Sh}(X) \to \mathbf{Sh}(Y)$, as defined in A4.1.1. (In A4.1.11 we gave an alternative construction of this morphism, in which both $f_*$ and $f^*$ were defined in terms of sheaves rather than local homeomorphisms; of course, by the uniqueness of adjoints, the functor $f^*$ defined there is naturally isomorphic to the one introduced in this section.)

If $g: Y \to Z$ is a continuous map of locales composable with $f$, then the composite frame homomorphism $(gf)^*: \mathcal{O}(Z) \to \mathcal{O}(X)$ is simply $f^*g^*$, from which it follows easily that the functor $(gf)_*: \mathbf{Sh}(X) \to \mathbf{Sh}(Z)$ is the composite $g_*f_*$. Similarly, it is easy to see that $(gf)^*: \mathbf{LH}/Z \to \mathbf{LH}/X$ is canonically isomorphic (though not necessarily equal) to the composite $f^*g^*$. Thus we have

**Proposition 1.4.4** *The assignment $X \mapsto \mathbf{Sh}(X)$ is the object-map of a (pseudo-)functor* $\mathbf{Loc} \to \mathfrak{Top}$. □

But there is a further level of structure to be considered. Recall from 1.1.6 that **Loc** is actually a 2-category (albeit a locally ordered one; i.e. its hom-categories are posets): given a parallel pair of continuous maps $f, g\colon X \rightrightarrows Y$, we write $f \leq g$ if $f^*(V) \leq g^*(V)$ for all $V \in \mathcal{O}(Y)$. (On the subcategory **Sob**, this structure is normally defined in terms of the 'specialization' partial ordering on points: given points $x, y$ of a space $X$, we write $x \leq y$ if every open set containing $x$ also contains $y$ – note that the $T_0$ axiom is equivalent to the assertion that this relation is a partial order rather than a preorder, but we are working under the assumption that all spaces are sober and hence $T_0$ – and then, given continuous maps of spaces $f, g\colon X \rightrightarrows Y$, we set $f \leq g$ if $f(x) \leq g(x)$ for all $x \in X$. It is not hard to verify that this definition is equivalent to saying that $f^{-1}(V) \subseteq g^{-1}(V)$ for all $V \in \mathcal{O}(Y)$.)

Now we may regard an inequality $f \leq g$ as a natural transformation $f^* \to g^*$, when the latter are regarded as functors between the posets $\mathcal{O}(Y)$ and $\mathcal{O}(X)$; and if we regard them as functors $\mathcal{O}(Y)^{\mathrm{op}} \rightrightarrows \mathcal{O}(X)^{\mathrm{op}}$, then the direction of the natural transformation is of course reversed. Thus we see that the inequality $f \leq g$ induces a natural transformation $g_* \to f_*\colon \mathbf{Sh}(X) \to \mathbf{Sh}(Y)$, and hence by adjointness a natural transformation $f^* \to g^*\colon \mathbf{Sh}(Y) \to \mathbf{Sh}(X)$. Alternatively, we could have constructed the latter directly: if $p\colon E \to Y$ is a local homeomorphism, then for each $V \in \mathcal{O}(E)$ such that $V \rightarrowtail E \to Y$ is an open inclusion, we have a morphism $f^*(V) \rightarrowtail g^*(V)$ in $\mathbf{Loc}/X$, and these morphisms combine to give a natural transformation between the diagrams in $\mathbf{Loc}/X$ whose colimits are $f^*(E)$ and $g^*(E)$ respectively. It is clear that this construction yields a functor from the ordered set $\mathbf{Loc}(X, Y)$ to the category $\mathfrak{Top}(\mathbf{Sh}(X), \mathbf{Sh}(Y))$ of geometric morphisms and geometric transformations between them; so the assignment $X \mapsto \mathbf{Sh}(X)$ is actually a 2-functor. Moreover, we have

**Proposition 1.4.5** *Let $X$ and $Y$ be locales. Then the functor $\mathbf{Loc}(X, Y) \to \mathfrak{Top}(\mathbf{Sh}(X), \mathbf{Sh}(Y))$ just described is (one half of) an equivalence of categories.*

**Proof** Let us, for the moment, write $G(f)$ for the geometric morphism $\mathbf{Sh}(X) \to \mathbf{Sh}(Y)$ induced by a continuous map $f\colon X \to Y$. If $g\colon \mathbf{Sh}(X) \to \mathbf{Sh}(Y)$ is an arbitrary geometric morphism, then since $g^*$ preserves 1 and monomorphisms it restricts to a functor $\mathrm{Sub}_{\mathbf{Sh}(Y)}(1) \to \mathrm{Sub}_{\mathbf{Sh}(X)}(1)$ – equivalently, by 1.3.15, to an order-preserving map $\mathcal{O}(Y) \to \mathcal{O}(X)$. Moreover, this map preserves finite intersections (since they are products in $\mathbf{Sh}(Y)$); and it has a right adjoint (since $g_*$ also restricts to a functor between subobjects of 1) and hence preserves arbitrary unions. So it is a frame homomorphism; we let $F(g)\colon X \to Y$ denote the corresponding locale map. Now we noted earlier that the restriction of $G(f)^*$ to subterminal objects is just $f^*$, i.e. that $FG(f) = f$, for any locale map $f$. And for a geometric morphism $g$, we know that $g^*$ is determined up to isomorphism by its restriction to subterminal objects, since every object of $\mathbf{LH}/Y$ can be written as a colimit of a diagram in $\mathrm{Sub}(1)$, and $g^*$ preserves colimits; hence we have $GF(g) \cong g$. Similarly, if $h$ is another geometric morphism $\mathbf{Sh}(X) \to \mathbf{Sh}(Y)$, then a natural transformation $g^* \to h^*$ is uniquely determined by its values at subterminal objects; hence there is at most one such transformation, and it exists iff $g^*(V) \leq h^*(V)$ for all $V \in \mathcal{O}(Y)$. So ($F$ is functorial, and) the isomorphism $GF(g) \cong g$ is natural in $g$. □

From now on, we shall usually not distinguish notationally between a continuous map of locales and the geometric morphism of sheaf toposes which it induces; in other words, we shall identify **Loc** with the full sub-2-category of $\mathfrak{Top}$ whose objects are toposes of the form $\mathbf{Sh}(X)$. In fact we can do slightly more than this: since **Loc** has a terminal object 1, and it is easy to see (using any of the three descriptions of the last section) that $\mathbf{Sh}(1)$ is equivalent to **Set**, we can in fact regard $\mathbf{Loc} \cong \mathbf{Loc}/1$ as a full sub-2-category of $\mathfrak{Top}/\mathbf{Set}$.

The next problem is obviously to identify which objects of $\mathfrak{Top}/\mathbf{Set}$ lie in this sub-2-category; i.e. which toposes over **Set** are equivalent to ones of the form $\mathbf{Sh}(X)$. One advantage of working with locales rather than spaces is that the answer to this question takes on a particularly simple form. First we recall from A4.1.9 that, for a topos $\mathcal{E}$, there is (up to canonical isomorphism) at most one geometric morphism $\mathcal{E} \to \mathbf{Set}$, and that such a morphism exists iff $\mathcal{E}$ is locally small and has set-indexed copowers. The latter condition does not imply that $\mathcal{E}$ has all set-indexed coproducts, as we saw in Example A2.1.7, but it does imply the existence of some nontrivial coproducts:

**Lemma 1.4.6** *If there exists a geometric morphism $\gamma\colon \mathcal{E} \to \mathbf{Set}$, then any set-indexed family of subterminal objects in $\mathcal{E}$ has a coproduct.*

**Proof** Let $(U_i \mid i \in I)$ be such a family. For each $i$, let $\chi_i\colon 1 \to \Omega$ be the classifying map of $U_i \rightarrowtail 1$; then since $\gamma^*(I)$ is the $I$-indexed copower of 1, the $\chi_i$ induce a map $\chi\colon \gamma^*(I) \to \Omega$. Let $m\colon U \rightarrowtail \gamma^*(I)$ be the subobject classified by $\chi$. Then for each $i \in I$ we have a pullback

$$\begin{array}{ccc} U_i & \xrightarrow{\phi_i} & U \\ \downarrow & & \downarrow{\scriptstyle m} \\ 1 & \xrightarrow{\nu_i} & \gamma^*(I) \end{array}$$

where $\nu_i$ is the $i$th coprojection. But pullback along $m$ has a right adjoint (A2.3.3) and so preserves any colimits which exist; so $1_U$ is the coproduct of the $\phi_i$ in $\mathcal{E}/U$, i.e. $U$ is the coproduct of the $U_i$ in $\mathcal{E}$. □

An easy generalization of the proof of 1.4.6 shows that, under the same hypothesis on $\mathcal{E}$, we may form the coproduct of an arbitrary set-indexed family $(A_i \mid i \in I)$ of objects of $\mathcal{E}$, provided there exists some $A \in \mathrm{ob}\,\mathcal{E}$ which contains each $A_i$ as a subobject.

We recall that in A4.6.1 we defined a geometric morphism $f: \mathcal{E} \to \mathcal{F}$ to be *localic* if every object of $\mathcal{E}$ is expressible as a quotient of a subobject of an object of the form $f^*A$, $A \in \text{ob}\,\mathcal{F}$. Now we can state

**Theorem 1.4.7** *Let* $\gamma: \mathcal{E} \to \mathbf{Set}$ *be a topos defined over* **Set**. *The following conditions are equivalent:*

(i) $\mathcal{E}$ *is equivalent to a topos of the form* $\mathbf{Sh}(X)$, *for some locale* $X$.

(ii) *The subterminal objects of* $\mathcal{E}$ *form a generating set.*

(iii) *The geometric morphism* $\gamma$ *is localic.*

It was of course this theorem which inspired the use of the term 'localic' for geometric morphisms.

**Proof** (i) $\Rightarrow$ (ii): We already know that $\mathbf{Sh}(X)$ is generated by subterminal objects, since every object of $\mathbf{LH}/X$ is the colimit of a diagram whose vertices are subterminal objects. (Alternatively, we could argue that the representable functors form a generating set for $[\mathcal{O}(X)^{\text{op}}, \mathbf{Set}]$, and hence also for the full subcategory $\mathbf{Sh}(X)$ (since they lie in this subcategory); but they are precisely the subterminal objects of $\mathbf{Sh}(X)$, by 1.3.15.)

(ii) $\Rightarrow$ (iii): If the subterminal objects of $\mathcal{E}$ generate, then the family of all maps from such objects to a given object $A$ of $\mathcal{E}$ is jointly epic; and this family is a set, since $\mathcal{E}$ is locally small. So by 1.4.6 we can construct an epimorphism $U \twoheadrightarrow A$ where $U$ is a coproduct of subterminal objects, and hence (by the proof of 1.4.6) a subobject of some $\gamma^*(I)$. So $\gamma$ is localic.

(iii) $\Rightarrow$ (ii): Conversely, if $\gamma$ is localic, then for any object $A$ we have an epimorphism $U \twoheadrightarrow A$ where $U$ is a subobject of some $\gamma^*(I)$, and hence (by pulling back along the coprojections) an $I$-indexed coproduct of subterminal objects. So the family of all maps from subterminal objects to $A$ is epic, i.e. the subterminal objects form a separating family for $\mathcal{E}$ – and in fact they form a set, since we can identify $\text{Sub}_{\mathcal{E}}(1)$ with $\gamma_*(\Omega_{\mathcal{E}})$. But $\mathcal{E}$ is balanced (A1.6.2), so any separating set is also a generating set.

(ii) $\Rightarrow$ (i): Suppose $\mathcal{E}$ is generated by subterminal objects. The lattice $\text{Sub}_{\mathcal{E}}(1)$ of subterminal objects of $\mathcal{E}$ is a Heyting algebra, by A1.5.10 (or by A1.6.3). But it also has set-indexed unions by 1.4.6, since we can construct these as images of maps from coproducts to 1; so by 1.1.2 it is a frame, and we take it to be $\mathcal{O}(X)$. Now for any object $A$ of $\mathcal{E}$, the restriction of the functor $\mathcal{E}(-, A)$ to $\text{Sub}(1)$ is a presheaf $P(A)$ on $X$; and in fact it is a sheaf, since the construction of unions in $\mathcal{O}(X)$ just described enables us to show that they are colimits (in $\mathcal{E}$) of diagrams like that described in 1.3.4. Clearly, given a morphism $f: A \to B$ of $\mathcal{E}$, composition with $f$ yields a natural transformation $P(A) \to P(B)$; so $P$ is a functor $\mathcal{E} \to \mathbf{Sh}(X)$. In the opposite direction, given a sheaf $F$ on $X$, we can regard the diagram $D(\Theta(F))$ constructed in the last section as a diagram in $\mathcal{E}$ (whose vertices are subterminal objects) rather than in $\mathbf{LH}/X$; and it has a colimit in $\mathcal{E}$ by 1.4.6, since we may construct colimits in the usual way from coproducts and coequalizers. We take this colimit to be $Q(F)$; then the proof in 1.3.10 that $\Delta$ was functorial also shows that $Q$ is a functor $\mathbf{Sh}(X) \to \mathcal{E}$.

Now if $F$ is any sheaf on $X$, the proof given in 1.3.11 that $\Gamma\Delta\Theta(F) \cong F$ can be carried through (with suitable changes of notation) in $\mathcal{E}$ rather than in $\mathbf{LH}/X$, and it yields a proof that $PQ(F) \cong F$, naturally in $F$. So it remains to show that we have a natural isomorphism $QP(A) \cong A$, for $A \in \mathrm{ob}\,\mathcal{E}$. We certainly have a natural transformation $\epsilon\colon QP \to 1_{\mathcal{E}}$, since the family of all maps from subterminal objects to $A$ forms a cone under the diagram whose colimit is $QP(A)$. And, by the construction of this diagram, each morphism from a subterminal object to $A$ factors through $\epsilon_A$. Moreover, the factorization is unique, since the argument used to prove $PQ(F) \cong F$ shows that any morphism $U \to QP(A)$, where $U$ is subterminal, is one of the legs of the colimit cone. So the fact that the subterminal objects form a generating set implies that $\epsilon_A$ is an isomorphism for any $A$. □

**Remark 1.4.8** If we consider how much of the proof of (ii) ⇒ (i) above survives without the assumption that $\mathcal{E}$ is generated by subterminal objects, we see that this assumption was only used in the proof that $\epsilon$ is an isomorphism. Hence, for a general **Set**-topos $\gamma\colon \mathcal{E} \to \mathbf{Set}$, the functor $Q$ is left adjoint to $P$, and identifies $\mathbf{Sh}(X)$ (where $\mathcal{O}(X)$ is the frame of subterminal objects of $\mathcal{E}$) with a coreflective subcategory of $\mathcal{E}$. In fact it can be shown that $Q$ preserves finite limits; so the pair $(P, Q)$ is a geometric morphism, and this yields another construction of the hyperconnected–localic factorization of the geometric morphism $\gamma$, as originally considered in A4.6.5. In particular, we note once again that the sub-2-category $\mathfrak{LTop}/\mathbf{Set}$ of localic toposes over **Set** is reflective in $\mathfrak{Top}/\mathbf{Set}$ (cf. A4.6.12), and hence that *the functor* **Loc** $\to$ $\mathfrak{Top}/\mathbf{Set}$ *which sends* $X$ *to* $\mathbf{Sh}(X)$ *preserves limits* (in an appropriate 2-categorical sense). This is one more advantage of working with locales rather than spaces: as we have already seen, the inclusion **Sob** $\to$ **Loc** fails to preserve even finite limits (the examples we saw involved intersections of subspaces, but there are also easy examples to show that a product of two spatial locales can fail to be spatial), and hence so does $X \mapsto \mathbf{Sh}(X)$ considered as a functor on **Sp**.

**Remark 1.4.9** If we wish to characterize toposes of the form $\mathbf{Sh}(X)$ for a space (as opposed to a locale) $X$, we may do so by adding to the conditions of 1.4.7(ii) or (iii) the requirement that the family of all inverse image functors $\mathcal{E} \to \mathbf{Set}$ should be jointly conservative. We know that this is true for the topos of sheaves on a space, by the description of these functors in 1.4.2. Conversely, if $Y$ is a non-spatial locale, then any point of $Y$ factors through its spatial part $Y_p$, and so the corresponding inverse image functor $\mathbf{Sh}(Y) \to \mathbf{Set}$ inverts any inclusion between subterminal objects which is inverted by the frame homomorphism $\mathcal{O}(Y) \to \mathcal{O}(Y_p)$.

Before leaving this topic, we pause to note a very special case of 1.4.7, which fulfils a promise made at the end of Section A2.1.

**Corollary 1.4.10** *For a* **Set**-*topos* $\gamma\colon \mathcal{E} \to \mathbf{Set}$, *the following are equivalent:*

(i) $\gamma$ *is an equivalence.*

(ii) $\mathcal{E}$ *is non-degenerate (i.e.* $0 \to 1$ *is not an isomorphism), and its terminal object is a generator.*

**Proof** (i) $\Rightarrow$ (ii) since we know that **Set** has these properties.

(ii) $\Rightarrow$ (i): If (ii) holds, then by 1.4.7 $\mathcal{E}$ is equivalent to $\mathbf{Sh}(X)$, where $X$ is the locale defined by $\mathcal{O}(X) = \mathrm{Sub}_{\mathcal{E}}(1)$. But if $U$ is any subterminal object of $\mathcal{E}$ such that $U \rightarrowtail 1$ is not an isomorphism, then $0 \rightarrowtail U$ must be an isomorphism (since there are no morphisms from 1 to either 0 or $U$); so, given that $\mathcal{E}$ is non-degenerate, $\mathcal{O}(X)$ has just two elements, and $X$ is the terminal object 1 of **Loc**. □

## C1.5 Some topological properties of toposes

In this section, our aim is to show how some familiar topological properties of locales and continuous maps are reflected in categorical properties of the corresponding sheaf toposes and geometric morphisms. This subject will be investigated in much greater detail in Chapter C3 below; but it will be useful to introduce some of the definitions now, before we move on to considering sheaves on sites. In fact, despite the title of the section, almost all the properties we study will be properties of geometric morphisms rather than properties of toposes: it turns out that many things which are traditionally thought of as properties of a space (or locale) $X$ are actually properties of the geometric morphism $\mathbf{Sh}(X) \to \mathbf{Set}$. Thus the act of translating these properties into their topos-theoretic form allows us to 'relativize' them; that is, to apply them to arbitrary geometric morphisms and thence, by specializing to the case of morphisms $\mathbf{Sh}(X) \to \mathbf{Sh}(Y)$, to arbitrary continuous maps of locales. We shall investigate this point of view further in Section C1.6.

First, and most importantly, we show how sheaf toposes motivate the definitions of geometric inclusions and surjections, introduced in Section A4.2. One half of the following result was in fact proved there (see A4.2.12(c)), but the other was deliberately postponed until now.

**Proposition 1.5.1** *Let* $f\colon X \to Y$ *be a continuous map of locales.*

(i) $f$ *is a sublocale inclusion (i.e. a regular monomorphism in* **Loc***) iff the direct image functor* $f_*\colon \mathbf{Sh}(X) \to \mathbf{Sh}(Y)$ *is full and faithful.*

(ii) $f$ *is an epimorphism in* **Loc** *iff the inverse image functor* $f^*\colon \mathbf{Sh}(Y) \to \mathbf{Sh}(X)$ *is faithful.*

**Proof** (i) $f$ is a sublocale inclusion iff the frame homomorphism $f^*\colon \mathcal{O}(Y) \to \mathcal{O}(X)$ is surjective. If this condition holds, then it is easy to see that, for functors $F, G\colon \mathcal{O}(Y)^{\mathrm{op}} \rightrightarrows \mathbf{Set}$, any natural transformation $F \circ f^* \to G \circ f^*$

derives from a unique natural transformation $F \to G$; so $f_*$ is full and faithful. Conversely, if $f_*$ is full and faithful, then the counit of $(f^* \dashv f_*)$ is an isomorphism; so any subterminal object $U$ of $\mathbf{Sh}(X)$ satisfies $U \cong f^*f_*(U)$, i.e. the restriction of $f^*$ to subterminal objects is surjective.

(ii) This requires a little care, because in general epimorphisms are not stable under pullback in **Loc**, as we saw in 1.2.12. However, it follows from 1.2.11 that epimorphisms in **Loc** are stable under pullback along open inclusions. From here, a standard argument along the lines of 1.3.2(ii) shows that they are stable under pullback along local homeomorphisms. Now if

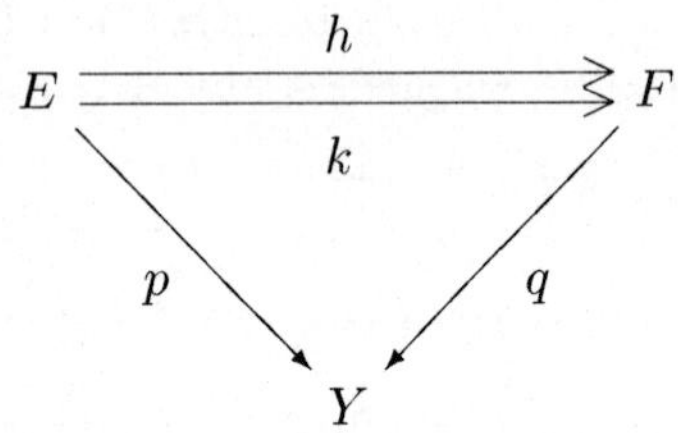


is a parallel pair of morphisms in $\mathbf{LH}/Y$ having the same image under $f^*$, then $h$ and $k$ are equalized by the projection $f^*(E) \twoheadrightarrow E$, and so if $f$ is epimorphic they must be equal.

Conversely, if $f^* : \mathbf{Sh}(Y) \to \mathbf{Sh}(X)$ is faithful then it is also conservative, since $\mathbf{Sh}(Y)$ is balanced; so in particular it reflects isomorphisms between subterminal objects, and hence $f^* : \mathcal{O}(Y) \to \mathcal{O}(X)$ is injective, i.e. $f$ is an epimorphism in **Loc**. □

**Corollary 1.5.2** *Let $f : X \to Y$ be a continuous map of locales. Then the image factorization of the induced geometric morphism* $\mathbf{Sh}(X) \to \mathbf{Sh}(Y)$, *as constructed in* A4.2.10, *corresponds to the factorization of $f$ in* **Loc** *as an epimorphism followed by a regular monomorphism.* □

For spaces, the analogue of 1.5.1 does not look quite so neat as it does for locales. If $f : X \to Y$ is a subspace inclusion (resp. a continuous surjection), then the corresponding map of locales is a regular monomorphism (resp. an epimorphism); but the converses do not hold without mild separation hypotheses on the spaces involved. For the inclusion case, all we require is that $X$ should be a $T_0$-space, which is covered by our blanket assumption of sobriety (if $f^{-1} : \mathcal{O}(Y) \to \mathcal{O}(X)$ is surjective, then two points of $X$ with the same image under $f$ must lie in exactly the same open sets of $X$); but in the surjection case, the most that we can deduce from knowing that $f^{-1}$ is injective is that the image of $f$ is *superdense* in $Y$, i.e. that its subclosure (as defined in 1.2.5) is the whole of $Y$. If $Y$ is a $T_D$-space, this forces $f$ to be surjective; but in general it does not. Nevertheless, we shall commonly use the term *surjection* to refer to an epimorphism in **Loc**.

Next, we consider open maps. Of course, we say a continuous map $f : X \to Y$ of locales is *open* if, for every open sublocale $U$ of $X$, its image $f_!(U)$ in $\mathrm{Sub}(Y)$

is an open sublocale of $Y$. Once again, this is not quite equivalent to the usual notion of openness for continuous maps of spaces; it is implied by the latter, but in the opposite direction it only implies that the set-theoretic image of each open subset of $X$ is 'almost open' in $Y$, in the sense that its subclosure is open. Even when $X$ and $Y$ are both sober, this does not suffice to make all such images open (see [292]), but it obviously does so if $Y$ is a $T_D$-space.

We shall need the following result from locale theory.

**Lemma 1.5.3** *For a continuous map $f: X \to Y$ of locales, the following are equivalent:*

(i) *$f$ is an open map.*

(ii) *The frame homomorphism $f^*: \mathcal{O}(Y) \to \mathcal{O}(X)$ has a left adjoint $f_!$, which satisfies the* Frobenius reciprocity *condition that*

$$f_!(U \cap f^*(V)) = f_!(U) \cap V$$

*for all $U \in \mathcal{O}(X)$, $V \in \mathcal{O}(Y)$.*

(iii) *$f^*: \mathcal{O}(Y) \to \mathcal{O}(X)$ is a homomorphism of complete Heyting algebras; i.e. it preserves arbitrary meets and the Heyting implication operation.*

**Proof** (i)$\Leftrightarrow$(ii): The assertion that $f^*$ has a left adjoint is equivalent to saying that, for every $U \in \mathcal{O}(X)$, there is a unique smallest open sublocale $V = f_\bullet(U)$ of $Y$ such that $U \rightarrowtail X \to Y$ factors through $V \rightarrowtail Y$. For openness, we need to know in addition that $f_\bullet(U)$ actually coincides with $f_!(U)$; equivalently, that the induced map $\check{f}: U \to f_\bullet(U)$ is a locale epimorphism. But if we identify the frames $\mathcal{O}(U)$ and $\mathcal{O}(f_\bullet(U))$ with the appropriate principal ideals in $\mathcal{O}(X)$ and $\mathcal{O}(Y)$, then the frame homomorphism $\check{f}^*$ sends an open $V \leq f_\bullet(U)$ to $f^*(V) \cap U$, and this is easily seen to have a left adjoint, namely $f_\bullet$ restricted to open sublocales contained in $U$. So the Frobenius reciprocity condition implies that the counit of this adjunction is the identity, and hence that $\check{f}^*$ is injective. Conversely, if $\check{f}^*$ is injective, then the Frobenius reciprocity condition holds for pairs $(U, V)$ such that $V \leq f_\bullet(U)$; to deduce the general case, we note that $U \leq f^* f_\bullet(U)$ by adjointness, and so

$$f_\bullet(U \cap f^*(V)) = f_\bullet(U \cap f^* f_\bullet(U) \cap f^*(V)) = f_\bullet(U \cap f^*(f_\bullet(U) \cap V)) = f_\bullet(U) \cap V,$$

the last step by the special case already established.

(ii)$\Leftrightarrow$(iii): $f^*$ preserves arbitrary meets iff it has a left adjoint, by the adjoint functor theorem; and then it also preserves implication iff the Frobenius reciprocity condition holds, by A1.5.8. □

**Theorem 1.5.4** *Let $f: X \to Y$ be a continuous map of locales. Then $f$ is open iff the inverse image functor $f^*: \mathbf{Sh}(Y) \to \mathbf{Sh}(X)$ is a Heyting functor (i.e. commutes with universal quantification).*

**Proof** Suppose $f$ is open. Then the same is true of the pullback of $f$ along any open inclusion $V \rightarrowtail Y$ (since, by 1.2.10, this is the restriction of $f$ to an open sublocale of its domain), and hence it is also true for the pullback of $f$ along any local homeomorphism $E \to Y$: if $U$ is an open sublocale of $f^*(E)$, we can express it as a union of open sublocales $U \cap f^*(V)$ where $V \rightarrowtail E$ is an open sublocale such that $V \rightarrowtail E \to Y$ is an open inclusion, and the image of $U$ under the morphism $f^*(E) \to E$ is the union of the images of the $U \cap f^*(V)$, and so open in $E$. (In fact we shall see later that open maps of locales are stable under arbitrary pullback.) Thus, for any object $A$ of $\mathbf{Sh}(Y)$, we may deduce from 1.5.3(ii) that the functor $\mathrm{Sub}_{\mathbf{Sh}(Y)}(A) \to \mathrm{Sub}_{\mathbf{Sh}(X)}(f^*(A))$ obtained by applying $f^*$ to subobjects of $A$ has a left adjoint $f_!^A$. Moreover, the Frobenius reciprocity condition is tantamount to saying that these left adjoints commute with pullback along open inclusions (that is, monomorphisms in $\mathbf{Sh}(Y)$); and a similar argument to the one above enables us to show that they commute with pullback along arbitrary local homeomorphisms, i.e. the square

$$\begin{array}{ccc} \mathrm{Sub}(f^*(B)) & \xrightarrow{f_!^B} & \mathrm{Sub}(B) \\ \Big\downarrow{\scriptstyle (f^*h)^*} & & \Big\downarrow{\scriptstyle h^*} \\ \mathrm{Sub}(f^*(A)) & \xrightarrow{f_!^A} & \mathrm{Sub}(A) \end{array}$$

commutes up to isomorphism for any $h: A \to B$ in $\mathbf{Sh}(Y)$. Taking right adjoints of all the functors in this diagram, we deduce that

$$\begin{array}{ccc} \mathrm{Sub}(A) & \xrightarrow{f^*} & \mathrm{Sub}(f^*(A)) \\ \Big\downarrow{\scriptstyle \forall_h} & & \Big\downarrow{\scriptstyle \forall_{f^*h}} \\ \mathrm{Sub}(B) & \xrightarrow{f^*} & \mathrm{Sub}(f^*(B)) \end{array}$$

also commutes up to isomorphism, i.e. $f^*$ is a Heyting functor.

Conversely, suppose $f^*$ is a Heyting functor. Since the Heyting implication in the subobject lattices of a Heyting category is definable in terms of universal quantification (A1.4.13), $f^*$ also preserves this operation; in particular, $f^*: \mathcal{O}(Y) \to \mathcal{O}(X)$ is a Heyting algebra homomorphism. But if $\gamma: \mathbf{Sh}(Y) \to \mathbf{Set}$ is the unique geometric morphism, then $\gamma^*(I)$ is the $I$-indexed copower of 1 in $\mathbf{Sh}(Y)$, and its subobjects correspond to $I$-indexed families of subobjects of 1; and universal quantification along $\gamma^*(I) \to 1$ corresponds to taking intersections of such families. So $f^*$ preserves all such intersections, and we have verified condition (iii) of 1.5.3. □

In view of this result, we define an arbitrary geometric morphism $f: \mathcal{E} \to \mathcal{F}$ to be *open* if its inverse image is a Heyting functor. Open geometric morphisms will be studied in detail in Section C3.1.

Next, we consider compactness. Of course, a locale $X$ is said to be *compact* if the top element $X$ of $\mathcal{O}(X)$ is inaccessible by directed joins: i.e. if, whenever we have a directed family $(U_i \mid i \in I)$ of open sublocales of $X$ whose union is the whole of $X$, then some $U_i$ is the whole of $X$. This translates easily into topos-theoretic terms:

**Lemma 1.5.5** *A locale $X$ is compact iff the direct image functor $\gamma_*: \mathbf{Sh}(X) \to \mathbf{Set}$ preserves directed unions of subobjects.*

**Proof** We recall that $\gamma_*$ is (isomorphic to) the representable functor $\mathbf{Sh}(X)(1, -)$. Now, given an object $A$ of $\mathbf{Sh}(X)$ which is the directed union of a family of subobjects $(A_i \mid i \in I)$, for each $(x: 1 \to A) \in \gamma_*(A)$ we may form the pullback

$$\begin{array}{ccc} U_i & \rightarrowtail & 1 \\ \downarrow & & \downarrow{\scriptstyle x} \\ A_i & \rightarrowtail & A \end{array} ,$$

and then the $U_i$ form a directed family of subterminal objects whose union is 1. So if $X$ is compact, one of the $U_i$ must be the whole of 1; i.e. $x$ must factor through some $A_i \rightarrowtail A$. So $\gamma_*(A)$ is the union of the $\gamma_*(A_i)$. The converse follows immediately from considering subobjects of 1. □

We shall study morphisms whose direct image functors preserve directed unions of subterminal objects in Section C3.2, under the name *proper maps*; we shall see that there is an important sense in which the class of proper maps is 'dual' to that of open maps.

For not-necessarily-localic morphisms, the condition that a direct image functor should preserve directed unions seems less 'natural' than the condition that it should preserve all filtered colimits; however, the latter is strictly stronger (even in the localic case). We shall study geometric morphisms with this property, under the name *tidy morphisms*, in Section C3.4.

We digress briefly to consider a still stronger form of compactness. By a *focal point* of a space $X$, we mean a point $x$ whose only neighbourhood is the whole of $X$. (The name is justified by the fact that a point is focal iff every sequence converges to it.) Clearly, in a $T_0$-space (in particular, in a sober space) there can be at most one focal point. We say a space is *local* if it has a focal point; this name derives from the fact that the prime spectrum of a local ring is a local space (the focal point being that which corresponds to the unique maximal ideal of the ring). An equivalent frame-theoretic condition is that the top element of $\mathcal{O}(X)$ is inaccessible by arbitrary joins (i.e. that $\{X\}$ is a completely prime filter in $\mathcal{O}(X)$ – equivalently, that every open cover of $X$ has a singleton subcover), and we take this as the definition of localness for a locale.

**Lemma 1.5.6** *A locale $X$ is local iff the direct image functor $\gamma_*$:* **Sh**$(X) \to$ **Set** *has a right adjoint.*

**Proof** If $\gamma_*$ has a right adjoint, then it must be the *inverse* image part of a geometric morphism $c$: **Set** $\to$ **Sh**$(X)$, and the latter must correspond by 1.4.5 to a point of the locale $X$. The completely prime filter in $\mathcal{O}(X)$ corresponding to this point is the set $\{U \in \mathcal{O}(X) \mid \gamma_*(U) = 1\}$; but from the description of $\gamma_*$ as a representable functor, this set is the singleton $\{X\}$. So if such a point exists then $X$ is local. Conversely, if $X$ is local, then from the description of stalk functors given in 1.4.2 we see that the stalk functor at the focal point is isomorphic to **Sh**$(X)\,(1, -)$; so the latter has a right adjoint. □

We call a geometric morphism $f : \mathcal{E} \to \mathcal{F}$ *local* if $f_*$ has a right adjoint $f^\#$ which is full and faithful. (Note that the latter condition is automatic in the situation considered in 1.5.6, since the point $c$ must be an inclusion.) Local morphisms will be considered in Section C3.6.

Next, we consider global and local connectedness. Traditionally, a space $X$ is called *connected* if $\mathcal{O}(X)$ has precisely two complemented elements $\emptyset$ and $X$. As our definition for locales, we shall take the classically equivalent, but constructively more sensible, condition that, if $(U_i \mid i \in I)$ is a pairwise-disjoint family of open sublocales whose union is the whole of $X$, then exactly one $U_i$ must be the whole of $X$. (For the equivalence, note that for each $i \in I$ the open $U_i$ is complemented by the union of the rest of the $U_j$; so it must be either $\emptyset$ or $X$.)

**Lemma 1.5.7** *For a locale $X$, the following are equivalent:*

(i) *$X$ is connected.*

(ii) *The terminal object of* **Sh**$(X)$ *is indecomposable (cf.* A1.1.10*).*

(iii) *The inverse image functor $\gamma^*$ :* **Set** $\to$ **Sh**$(X)$ *is full and faithful.*

(iv) *The direct image functor $\gamma_*$ :* **Sh**$(X) \to$ **Set** *preserves coproducts.*

**Proof** (i) $\Leftrightarrow$ (ii) is trivial, given the identification of subterminal objects of **Sh**$(X)$ with elements of $\mathcal{O}(X)$ (1.3.15).

(ii) $\Rightarrow$ (iv): Since $\gamma_*$ is the functor represented by the terminal object of **Sh**$(X)$, an element of $\gamma_*(\coprod_{i \in I} A_i)$ corresponds to a morphism $1 \to \coprod_{i \in I} A_i$, and hence (by pulling back the coprojections) to an $I$-indexed coproduct decomposition of 1 in **Sh**$(X)$. So (ii) says that every element of $\gamma_*(\coprod_{i \in I} A_i)$ derives from an element of $\gamma_*(A_i)$ for some $i$; i.e. the former is the disjoint union of the latter.

(iv) $\Rightarrow$ (iii): If $\gamma_*$ preserves coproducts, then so does the composite $\gamma_*\gamma^*$. But this composite also preserves 1; and every set $I$ is an $I$-fold coproduct of copies of 1, so we have $\gamma_*\gamma^*(I) \cong \coprod_{i \in I} 1 \cong I$. Thus the counit of the adjunction $(\gamma^* \dashv \gamma_*)$ is an isomorphism; equivalently, $\gamma^*$ is full and faithful.

(iii) ⇒ (ii): Suppose given a coproduct decomposition $1 = \coprod_{i \in I} U_i$ in $\mathbf{Sh}(X)$. Then the inclusions $U_i \to 1$ combine to form a morphism $1 \cong \gamma^*(1) \to \gamma^*(I)$. If this equals $\gamma^*(i)$ for some $i: 1 \to I$ in **Set**, then the corresponding $U_i$ is the whole of $X$. □

We therefore define a geometric morphism to be *connected* if its inverse image part is full and faithful, or equivalently if the unit of the adjunction is an isomorphism. We note that hyperconnected morphisms, as defined in A4.6.6, are connected; and so are local morphisms as defined earlier in this section, since $f_* f^*$ is isomorphic to the identity functor iff its right adjoint $f_* f^\#$ is. In 3.4.14 below we shall prove that 1.5.7(iii) and (iv) are equivalent over an arbitrary base, provided we interpret the coproducts in (iv) as being indexed by objects of the base.

We say a locale $X$ is *locally connected* if every open sublocale of $X$ is expressible as a union of connected open sublocales. It is easy to see that, when restricted to spatial locales, this is equivalent to any of the usual definitions of local connectedness for spaces. Also, it is a local property: that is, not only is it inherited by open sublocales, but if $X$ has an open cover by locally connected sublocales $V_i$, then $X$ is locally connected (since any $U \in \mathcal{O}(X)$ is the union of the sublocales $U \cap V_i$, and these are unions of connected open sublocales). Hence if $X$ is locally connected, so is the domain of any local homeomorphism $p: E \to X$. We shall also require

**Lemma 1.5.8** *If $X$ is locally connected, then any open sublocale of $X$ has a pairwise-disjoint covering by connected open sublocales.*

**Proof** It suffices to construct such a covering of $X$ itself. Let $(U_i \mid i \in I)$ be an arbitrary family of connected open sublocales covering $X$; we define an equivalence relation $R$ on $I$ to be the transitive closure of the relation which relates $i$ and $i'$ precisely when $U_i \cap U_{i'} \neq \emptyset$. Let $J$ be the set of $R$-equivalence classes, and for each $j \in J$ let $V_j = \bigcup_{i \in j} U_i$; then by construction (plus the infinite distributive law in $\mathcal{O}(X)$) the $V_j$ are pairwise disjoint, and they cover $X$. We must show that they are connected. But if $(W_k \mid k \in K)$ is a pairwise-disjoint open cover of some $V_j$, then for each $i \in j$ the sublocales $(W_k \cap U_i \mid k \in K)$ form a pairwise-disjoint open cover of $U_i$, and so one of them, say $W_{f(i)} \cap U_i$, must be the whole of $U_i$. This defines a function $f: j \to K$; but if $U_i \cap U_{i'} \neq \emptyset$ we must have $f(i) = f(i')$, since the $W_k$ are disjoint, and so $f$ is constant on the equivalence class $j$. Hence there exists $k \in K$ such that $W_k$ contains every $U_i$, $i \in j$, and so $W_k = V_j$. □

It is easy to see that the disjoint decomposition of $X$ into connected open sublocales, which we have constructed in the proof of 1.5.8, is unique; of course, we call its members the *components* of $X$. Although the proof of 1.5.8 appears to require classical logic, in that the equivalence relation $R$ is defined in terms of an inequality, we shall see when we reach Section C3.3 that the definition of local connectedness implies the (classically vacuous) property of openness (i.e. the property that the unique map from $X$ to the terminal locale 1 is open), and for open locales we may use the notion of positivity developed in 3.1.17 as a substitute for nonemptiness. Thus the constructively valid version of 1.5.8 asserts that, for any locally connected locale $X$, there is a family of connected open sublocales $\{U_i \mid i \in I\}$ which is 'pairwise disjoint' in the sense that $U_i \cap U_j$ is positive iff $i = j$, and whose union is the whole of $X$.

**Proposition 1.5.9** *For a locale $X$, the following are equivalent:*

(i) *$X$ is locally connected.*

(ii) *The geometric morphism $\gamma\colon \mathbf{Sh}(X) \to \mathbf{Set}$ is essential, i.e. $\gamma^*$ has a left adjoint $\gamma_!$.*

(iii) *$\gamma^*\colon \mathbf{Set} \to \mathbf{Sh}(X)$ is a cartesian closed functor (i.e. preserves exponentials).*

**Proof** (i) $\Rightarrow$ (ii): We define $\gamma_!$ in terms of local homeomorphisms; specifically, we define $\gamma_!(p\colon E \to X)$ to be the set of components of $E$ (which we have already observed to be locally connected). This is functorial, because the image of a connected locale under a continuous map is readily seen to be connected, and so a map $f\colon E \to F$ between (the domains of) two local homeomorphisms over $X$ maps each component of $E$ into a component of $F$. Now suppose given a morphism $f\colon (p\colon E \to X) \to \gamma^*(I)$ in $\mathbf{LH}/X$. Since $\gamma^*(I)$ is the disjoint union of the subobjects $\nu_i\colon 1 \rightarrowtail \gamma^*(I)$, the inverse images of these subobjects along $f$ form a disjoint decomposition of $E$, and so each component of $E$ is contained in just one of them; this defines a function $\gamma_!(p) \to I$. Conversely, given such a function $g$, we may define a morphism $p \to \gamma^*(I)$ in $\mathbf{LH}/X$, by setting its restriction to the $k$th component $E_k$ of $E$ equal to the composite

$$E_k \longrightarrow 1 \xrightarrow{\nu_{g(k)}} \gamma^*(I)\,.$$

These two constructions are clearly inverse to each other, and define the required adjunction $(\gamma_! \dashv \gamma^*)$.

(ii) $\Rightarrow$ (iii): Given that $\gamma^*$ has a left adjoint, we know from A1.5.8 that it is cartesian closed iff the Frobenius reciprocity condition

$$\gamma_!(E \times \gamma^*(I)) \cong \gamma_!(E) \times I$$

holds for all objects $E$ of $\mathbf{Sh}(X)$, $I$ of $\mathbf{Set}$. But $E \times \gamma^*(I)$ is the coproduct of $I$ copies of $E$ in $\mathbf{Sh}(X)$, since $E \times (-)$ preserves coproducts; and $\gamma_!$ also preserves coproducts since it is a left adjoint, so this is immediate.

(iii) $\Rightarrow$ (i): For any object $E$ of $\mathbf{Sh}(X)$, morphisms $E \to \gamma^*(I)$ correspond to $I$-indexed coproduct (= disjoint union) decompositions of $E$ in $\mathbf{Sh}(X)$. So the assertion that $\gamma^*$ preserves the exponential $J^I$ is equivalent to saying that, for any $E$, the map from the set of $J^I$-indexed decompositions of $E$ to the set of $I$-indexed families of $J$-indexed decompositions of $E$, which sends a decomposition $(E_f \mid f \in J^I)$ to the family of decompositions in which the $j$th member of the $i$th family is $\coprod_{f(i)=j} E_f$, is bijective. But if this holds for all $I$ and $J$, then the lattice $\mathrm{Sub}^c(E)$ of complemented subobjects of $E$ is complete, since given any family of complemented subobjects $(E_i \mid i \in I)$ we can form the $I$-indexed family of $\{0,1\}$-indexed decompositions consisting of the $E_i$ and their complements, and then one of the elements of the $\{0,1\}^I$-indexed decomposition corresponding to this must be the meet of the $E_i$ in $\mathrm{Sub}^c(E)$. And a similar argument shows that $\mathrm{Sub}^c(E)$ must satisfy the complete distributive law; but since it is a Boolean algebra, this forces it to be atomic, i.e. every object of $\mathbf{Sh}(X)$ has a coproduct decomposition into subobjects which admit no nontrivial decompositions. In particular, this holds for every subterminal object in $\mathbf{Sh}(X)$; but this is precisely the statement that $X$ is locally connected. □

Proposition 1.5.9 illustrates one of the problems we encounter in seeking to 'relativize' topological properties: it is sometimes the case that there are several conditions which are equivalent for morphisms of the form $\mathbf{Sh}(X) \to \mathbf{Set}$, but not for more general geometric morphisms. In this case, the conditions in (ii) and (iii) are not equivalent for a general $f \colon \mathcal{F} \to \mathcal{E}$: the mere existence of a left adjoint for $f^*$ does not suffice to ensure that Frobenius reciprocity holds, and the mere preservation of exponentials by $f^*$ does not suffice to ensure that it has a left adjoint. The answer in this case (as in many others) is to demand that the appropriate condition should hold in the context of $\mathcal{E}$-indexed categories (where $\mathcal{E}$ is the codomain of $f$): thus we define a geometric morphism $f$ to be *locally connected* if $f^*$ has an $\mathcal{E}$-indexed left adjoint (and this *is* equivalent to saying that it is cartesian closed as an $\mathcal{E}$-indexed functor, as we shall see in 3.3.1 below).

Before concluding this section, we feel bound to give one example of a topological property which is 'absolute' in the sense that it really is a property of the topos $\mathbf{Sh}(X)$ rather than of the geometric morphism $\mathbf{Sh}(X) \to \mathbf{Set}$. The best-known such property is extremal disconnectedness: recall that a topological space $X$ is said to be *extremally disconnected* if the closure of each open subset of $X$ is open. An equivalent formulation, which makes sense for locales as well as spaces, is that the Heyting negation map $\neg \colon \mathcal{O}(X) \to \mathcal{O}(X)$ takes values in the sublattice of complemented elements of $\mathcal{O}(X)$; equivalently again, the fixset $\mathcal{O}(X)_{\neg\neg}$ corresponding to the smallest dense sublocale of $X$ (cf. 1.2.6($c$)) coincides with the sublattice of complemented elements of $\mathcal{O}(X)$.

**Lemma 1.5.10** *A locale $X$ is extremally disconnected iff the canonical morphism $(\top, \bot) \colon 1 \amalg 1 \to \Omega_{\neg\neg}$ is an isomorphism in $\mathbf{Sh}(X)$.*

**Proof** The object $1 \amalg 1$ of $\mathbf{Sh}(X)$ is the sheaf of sections of the codiagonal map $X \amalg X \to X$; so its sections over an open sublocale $U$ correspond to complemented elements of $\mathcal{O}(U)$. Similarly, since elements of $\Omega(U)$ are arbitrary open sublocales of $U$, the elements of $\Omega_{\neg\neg}(U)$ are the regular open sublocales of $U$, i.e. those which coincide with the interior of their closure in $U$. So the assertion that

$1 \amalg 1 \to \Omega_{\neg\neg}$ is an isomorphism is equivalent to saying that every open sublocale of $X$ is extremally disconnected. But it is easy to verify that extremal disconnectedness is inherited by open sublocales; so this happens iff $X$ is extremally disconnected. □

Toposes satisfying the condition in Lemma 1.5.10 are studied in greater detail in Section D4.6.

**Suggestions for further reading:** Grayson [417, 418], Johnstone [520, 523, 524], Joyal & Tierney [560].

## C1.6 Internal locales

The concept of frame, as defined in Section C1.1, is clearly capable of being interpreted constructively; and so we can talk about internal frames and locales in any topos, in particular in a topos $\mathbf{Sh}(X)$ of sheaves on a locale. The main result to be proved in this section is that the category $\mathbf{Loc}(\mathbf{Sh}(X))$ of internal locales in $\mathbf{Sh}(X)$ is equivalent to the slice category $\mathbf{Loc}/X$ of locales over $X$; so any constructively valid result about locales, when interpreted in $\mathbf{Sh}(X)$, yields a result about locales over $X$. (This is, once again, an instance of the superiority of locales over spaces: we can also talk about internal topological spaces in $\mathbf{Sh}(X)$, but these correspond to a rather restricted class of spaces over $X$, as we shall see in 1.6.7 below.) For this section, we shall assume some familiarity with the interpretation of logic in a topos, as set out in Chapter D1, and with the notion of completeness for internal posets (cf. B2.3.9).

We recall first from A2.1.8 that the subobject classifier $\Omega_Y$ in $\mathbf{Sh}(Y)$ is the sheaf given by $\Omega_Y(U) = \{V \in \mathcal{O}(Y) \mid V \leq U\}$ for each $U \in \mathcal{O}(Y)$. As it is in any topos (A1.6.3), $\Omega$ is an internal Heyting algebra in $\mathbf{Sh}(Y)$; it is also complete as an internal poset in $\mathbf{Sh}(Y)$, by B2.3.8($a$). Now suppose we are given a continuous map $f\colon Y \to X$ of locales, inducing a geometric morphism $f\colon \mathbf{Sh}(Y) \to \mathbf{Sh}(X)$ as in 1.4.4; then the direct image functor $f_*$ preserves Heyting algebras (because it is cartesian) and complete internal posets (by B2.3.7), and so the sheaf $f_*(\Omega_Y)$ on $X$ (defined by $f_*(\Omega_Y)(U) = \{V \in \mathcal{O}(Y) \mid V \leq f^*(U)\}$) is an internal complete Heyting algebra, and hence an internal frame, in $\mathbf{Sh}(X)$. Let us write $\mathcal{I}(f)$ for the corresponding internal locale in $\mathbf{Sh}(X)$, and call it the *internalization* of $f$.

**Proposition 1.6.1** *The assignment* $f \mapsto \mathcal{I}(f)$ *is a functor* $\mathbf{Loc}/X \to \mathbf{Loc}(\mathbf{Sh}(X))$.

**Proof** Suppose given a commutative triangle of locale maps

$$\begin{array}{ccc} Y & \xrightarrow{\quad h \quad} & Z \\ & {\scriptstyle f}\searrow \quad \swarrow{\scriptstyle g} & \\ & X & \end{array} .$$

Then for each $U \in \mathcal{O}(X)$, $h^*$ restricts to a frame homomorphism $h^*_U : g_*(\Omega_Z)(U) \to f_*(\Omega_Y)(U)$, since $h^*g^*(U) = f^*(U)$. Moreover, these maps form a natural transformation $g_*(\Omega_Z) \to f_*(\Omega_Y)$, since $h^*$ commutes with binary intersections. This natural transformation is clearly an internal lattice homomorphism in $\mathbf{Sh}(X)$; to prove that it is an internal frame homomorphism, it is enough to show that the right adjoints of the $h^*_U$ also form a natural transformation. But the right adjoint of $h^*_U$ is easily seen to send $V \leq f^*(U)$ to $h_*(V) \cap g^*(U)$, and this is natural in $U$ since

$$\begin{aligned} h_*(V \cap f^*(U')) \cap g^*(U') &= h_*(V) \cap h_*h^*g^*(U') \cap g^*(U') \\ &= h_*(V) \cap g^*(U') \\ &= (h_*(V) \cap g^*(U)) \cap g^*(U') \end{aligned}$$

whenever $U' \leq U$ in $\mathcal{O}(X)$. Thus we have an internal locale morphism $\mathcal{I}(h) : \mathcal{I}(f) \to \mathcal{I}(g)$; and it is clearly functorial in $h$. □

In the opposite direction, suppose we are given an internal frame $L$ in $\mathbf{Sh}(X)$. Since the global sections functor $F \mapsto F(X)$ is the direct image of the (unique) geometric morphism $\mathbf{Sh}(X) \to \mathbf{Set}$ (cf. A4.1.9), it follows from an argument we have already used in this section that $L(X)$ is a complete Heyting algebra, and hence a frame, in **Set**. Moreover, since we may identify elements of $\mathcal{O}(X)$ with subterminal objects in $\mathbf{Sh}(X)$, and since elements of $L(U)$ correspond to morphisms $U \to L$ in $\mathbf{Sh}(X)$, the completeness of $L$ as an internal poset tells us that, for each $V \leq U$ in $\mathcal{O}(X)$, the restriction map $\rho^U_V : L(U) \to L(V)$ has a left adjoint $\sigma^V_U : L(V) \to L(U)$, and that the (Beck–Chevalley) square

$$\begin{array}{ccc} L(V_1) & \xrightarrow{\ \rho\ } & L(V_1 \cap V_2) \\ \Big\downarrow{\scriptstyle \sigma} & & \Big\downarrow{\scriptstyle \sigma} \\ L(U) & \xrightarrow{\ \rho\ } & L(V_2) \end{array}$$

commutes whenever $V_1, V_2 \leq U$ (cf. B1.4.2). (In particular, taking $V_1 = V_2$, this says that $\rho^U_V \sigma^V_U$ is the identity on $L(V)$.) Since $L$ is an internal Heyting algebra in $\mathbf{Sh}(X)$, the maps $\rho^U_V$ are also Heyting algebra homomorphisms, from which we deduce by A1.5.8 that the Frobenius reciprocity law

$$\sigma^V_U(y \wedge \rho^U_V(x)) = \sigma^V_U(y) \wedge x$$

holds for $x \in L(U)$, $y \in L(V)$. In particular, taking $U = X$ and $y$ to be the top element $\top_V$ of $L(V)$, we obtain

$$\sigma^V_X \rho^X_V(x) = x \wedge s(V)$$

where $s(V) = \sigma^V_X(\top_V) \in L(X)$. It follows easily that $L(V)$ may be identified, via $\sigma^V_X$, with the principal ideal $\{y \in L(X) \mid y \leq s(V)\}$ of $L(X)$.

We claim that $s\colon \mathcal{O}(X) \to L(X)$ is a frame homomorphism. To see this, note first that if we chase the element $\top_{V_1}$ around the Beck–Chevalley square above (with $U = X$) and then apply $\sigma^{V_2}_X$ to the result, we obtain the equality

$$s(V_1 \cap V_2) = \sigma^{V_2}_X \rho^X_{V_2}(s(V_1)) = s(V_1) \wedge s(V_2),$$

so $s$ preserves binary meets (and clearly $s(X) = \top_X$). Now suppose $U = \bigcup_{i\in I} U_i$ in $\mathcal{O}(X)$. Then $\top_U = \bigvee_{i\in I} \sigma^{U_i}_U(\top_{U_i})$ in $L(U)$, since $L$ is a sheaf and each side of the equation restricts to $\top_{U_i}$ in $L(U_i)$, for each $i$. Applying $\sigma^U_X$ to this equation (and noting that $\sigma^U_X$, being a left adjoint, preserves joins), we obtain $s(U) = \bigvee_{i\in I} s(U_i)$, so $s$ preserves joins.

Thus we have proved

**Proposition 1.6.2** *For any internal frame $L$ in* $\mathbf{Sh}(X)$, *there exists a locale morphism $f\colon Y \to X$ such that $L \cong \mathcal{O}(\mathcal{I}(f))$.*

**Proof** Take $Y$ to be the locale defined by setting $\mathcal{O}(Y) = L(X)$, and $f$ to be the locale map defined by setting $f^* = s$. Then for each $U \in \mathcal{O}(X)$ we have $L(U) \cong \{x \in L(X) \mid x \leq f^*(U)\}$, as already noted; it is easy to check that these isomorphisms are natural in $U$, and so define the required isomorphism of internal frames in $\mathbf{Sh}(X)$. □

To complete the proof of the equivalence, we must make the assignment $L \mapsto (f\colon Y \to X)$ of Proposition 1.6.2 into a functor $\mathcal{E}\colon \mathbf{Loc}(\mathbf{Sh}(X)) \to \mathbf{Loc}/X$ ($\mathcal{E}$ stands for 'externalization', of course). But this is straightforward: an internal frame homomorphism $h^*\colon L \to L'$ in $\mathbf{Sh}(X)$ will induce an external frame homomorphism $h^*(X)\colon L(X) \to L'(X)$; and because the diagram

$$\begin{array}{ccc} L(U) & \xrightarrow{h^*(U)} & L'(U) \\ \Big\downarrow{\scriptstyle \sigma^U_X} & & \Big\downarrow{\scriptstyle \sigma^U_X} \\ L(X) & \xrightarrow{h^*(X)} & L'(X) \end{array}$$

commutes (since $h^*$ preserves joins) and $h^*(U)$ preserves the top element, we have $h^*(X)(s(U)) = s'(U)$, i.e. $h^*(X)$ is a frame homomorphism under $\mathcal{O}(X)$. Once again, it is trivial to verify that this construction is functorial; so we have

**Theorem 1.6.3** *For any locale $X$, the categories* $\mathbf{Loc}(\mathbf{Sh}(X))$ *and* $\mathbf{Loc}/X$ *are equivalent.*

**Proof** We have constructed the functors $\mathcal{I}$ and $\mathcal{E}$, and we verified in 1.6.2 that $\mathcal{IE}$ is isomorphic to the identity on $\mathbf{Loc}(\mathbf{Sh}(X))$ (we did not verify that the isomorphism is natural, but that is entirely straightforward); so it remains to show that $\mathcal{EI}$ is naturally isomorphic to the identity on $\mathbf{Loc}/X$. It is clear from the constructions that for any $f: Y \to X$ we have $\mathcal{O}(\mathrm{dom}\, \mathcal{EI}(f)) = (f_*(\Omega_Y))(X) \cong \mathcal{O}(Y)$, so we have only to verify that the frame homomorphism $s: \mathcal{O}(X) \to (f_*(\Omega_Y))(X)$ coincides with $f^*$. But this is easy, since if we identify $f_*(\Omega_Y)(U)$ with $\{V \in \mathcal{O}(Y) \mid V \leq f^*(U)\}$ then its top element $\top_U$ is $f^*(U)$, and $\sigma_X^U$ is identified with the inclusion map. Once again, the naturality of this isomorphism $\mathcal{EI}(f) \cong f$ is easy to verify. □

We recall from 1.3.11 that $\mathbf{Sh}(X)$ itself is equivalent to a full subcategory of $\mathbf{Loc}/X$, namely $\mathbf{LH}/X$; so Theorem 1.6.3 identifies it with a full subcategory of $\mathbf{Loc}(\mathbf{Sh}(X))$. Of course, the objects of this subcategory are the *discrete* internal locales (that is, those whose frames are power objects $\Omega^A$): if $f: E \to X$ is a local homeomorphism, then $\mathbf{Sh}(E) \simeq \mathbf{Sh}(X)/\Gamma(f)$, where $\Gamma(f)$ is the sheaf of sections of $f$, and so $f_*(\Omega_E) \cong f_*f^*(\Omega_X) \cong \Omega_X^{\Gamma(f)}$ by A2.3.2 and A1.5.2. More generally, it is straightforward to check that the functors $\mathcal{I}$ and $\mathcal{E}$ both preserve local homeomorphisms, and so we obtain

**Scholium 1.6.4** *For any locale morphism $f: Y \to X$, the topos* $\mathbf{Sh}(Y)$ *is equivalent (as a topos defined over* $\mathbf{Sh}(X)$*) to the topos of sheaves on the internal locale $\mathcal{I}(f)$ in* $\mathbf{Sh}(X)$. □

We say an internal locale $Z$ is *spatial* if its frame $\mathcal{O}(Z)$ is (isomorphic to) a subframe of a power object $\Omega^A$ – equivalently, if there exists a locale epimorphism from a discrete locale $A$ to $Z$. Translating this via the equivalence of 1.6.3, we obtain

**Proposition 1.6.5** *Let $f: Y \to X$ be a locale morphism. The following conditions are equivalent:*

(i) *$f$ corresponds to a spatial internal locale in* $\mathbf{Sh}(X)$.

(ii) *There exists a locale epimorphism $h: E \to Y$ such that $fh$ is a local homeomorphism.*

(iii) *The canonical map $\Delta\Theta\Gamma(f) \to f$ (the counit of the adjunction of* 1.3.12(ii)*) is an epimorphism.*

(iv) *The family of all partial sections of $f$ over open sublocales of $X$ is epimorphic.*

**Proof** (i)$\Leftrightarrow$(ii): Since $\mathcal{I}$ and $\mathcal{E}$ form an equivalence of categories, they preserve and reflect epimorphisms (and so does the forgetful functor $\mathbf{Loc}/X \to \mathbf{Loc}$). So this is immediate from the identification of discrete internal locales in $\mathbf{Sh}(X)$ with local homeomorphisms over $X$.

(ii)$\Leftrightarrow$(iii) since any epimorphism in $\mathbf{Loc}/X$ from a local homeomorphism to $f$ must factor through the counit.

(iii) $\Leftrightarrow$ (iv): By definition, $\Delta\Theta\Gamma(f)$ is the colimit in $\mathbf{Loc}/X$ of a diagram whose vertices are open sublocales of $X$, and under which the partial sections of $f$ form a cone. So the family of partial sections is epimorphic iff the induced morphism from the colimit (i.e. the counit map) is epic. □

**Corollary 1.6.6** *Suppose $f: Y \to X$ corresponds to a spatial internal locale in* $\mathbf{Sh}(X)$. *Then*

(i) *$f$ is an open map.*

(ii) *If $X$ is spatial, so is $Y$.*

**Proof** (i) It is clear from the definition of open maps that if $fh$ is open and $h$ is epimorphic, then $f$ is open. So this follows from 1.6.5(ii) and the fact that local homeomorphisms are open maps.

(ii) similarly follows from 1.3.2(v) and the fact that an epimorphic image of a spatial locale is spatial. □

From 1.6.6(ii), we see that if $X$ is a sober space then the category $\mathbf{Sob}(\mathbf{Sh}(X))$ of internal sober spaces in $\mathbf{Sh}(X)$ (equivalent to internal spatial locales) may be identified with a full subcategory of $\mathbf{Sob}/X$. But 1.6.6(i) shows that it is by no means the whole of this category. In fact, for $T_D$-spaces, the spaces over $X$ which correspond to spatial internal locales are characterized by a familiar condition:

**Corollary 1.6.7** *Let $f: Y \to X$ be a continuous map of sober spaces. If $Y$ is a $T_D$-space, then $f$ corresponds to a spatial internal locale in* $\mathbf{Sh}(X)$ *iff it is a* submersion, *i.e. every point of $Y$ lies in the image of a continuous section of $f$ over some open subset of $X$.*

**Proof** This is immediate from 1.6.5(iv), since a family of maps to a sober $T_D$-space is epimorphic in $\mathbf{Loc}$ iff it is surjective (cf. the remarks after 1.5.2). □

**Example 1.6.8** To fulfil a promise made after Lemma 1.2.4, we now give an example to show that that result can fail in a non-Boolean topos. Let $X$ be a Hausdorff space (in $\mathbf{Set}$) which is not discrete, and let $\tilde{X}$ be the internal locale in $\mathbf{Sh}(X)$ corresponding to the projection $\pi_1: X \times X \to X$. $\pi_1$ is a submersion, since any point $(x, y)$ of $X \times X$ is in the image of the (global) section $t \mapsto (t, y)$; so $\tilde{X}$ is a spatial internal locale in $\mathbf{Sh}(X)$. Indeed, since the identity map $X \times X_{dp} \to X \times X$ (where $X_{dp}$ denotes $X$ retopologized with the discrete topology, cf. the remarks after 1.2.13) is a continuous surjection, we can regard $\mathcal{O}(\tilde{X})$ as a topology on the sheaf $\check{X} = \Gamma(\pi_1 : X \times X_{dp} \to X)$, i.e. the sheaf whose sections over $U$ are all locally constant functions $U \to X$. And since $X$ is (externally) Hausdorff, it is not hard to verify that this topology makes $\check{X}$ into an internal Hausdorff space in $\mathbf{Sh}(X)$. But it is not sober: its sobrification is (the 'sheaf of points' of) $\tilde{X}$, i.e. the sheaf $\Gamma(\pi_1 : X \times X \to X)$ whose sections over $U$ are all continuous functions $U \to X$. And this is strictly larger than $\check{X}$, since the identity function $X \to X$ is not locally constant.

We may also exploit Theorem 1.6.3 along the lines foreshadowed at the beginning of Section C1.4, by establishing the equivalence of various topological properties of internal locales in $\mathbf{Sh}(X)$ and properties of the locale maps $Y \to X$ which correspond to them. However, we shall postpone this line of development until Chapter C3, when we shall investigate it in some particular cases.

For future reference, we shall need a description of internal frames in a topos of the form $[\mathcal{C}^{\mathrm{op}}, \mathbf{Set}]$, where $\mathcal{C}$ is a small cartesian category, similar to the description of internal frames in $\mathbf{Sh}(X)$ which we gave earlier in this section. For this, it is convenient to proceed by way of complete join-semilattices.

**Lemma 1.6.9** *Let $\mathcal{C}$ be a small cartesian category, and let $L : \mathcal{C}^{\mathrm{op}} \to$ **Poset** be a functor, considered as an internal ordered object in $[\mathcal{C}^{\mathrm{op}}, \mathbf{Set}]$.*

(i) *$L$ is an internal complete join-semilattice in $[\mathcal{C}^{\mathrm{op}}, \mathbf{Set}]$ iff it takes values in the category* **CLat** *of complete lattices (i.e. $L(U)$ is a complete (semi-) lattice for each object $U$ of $\mathcal{C}$, and $L(a)$ preserves arbitrary joins and meets – equivalently, has adjoints on both sides – for each morphism $a$), and the Beck–Chevalley condition holds, i.e., for each pullback square*

$$\begin{array}{ccc} U & \xrightarrow{a} & V \\ {\scriptstyle b}\downarrow & & \downarrow{\scriptstyle c} \\ W & \xrightarrow{d} & X \end{array}$$

*in $\mathcal{C}$, the square*

$$\begin{array}{ccc} L(V) & \xrightarrow{L(a)} & L(U) \\ {\scriptstyle \Sigma_c}\downarrow & & \downarrow{\scriptstyle \Sigma_b} \\ L(X) & \xrightarrow{L(d)} & L(W) \end{array}$$

*(where $\Sigma_b$ and $\Sigma_c$ are the left adjoints of $L(b)$ and $L(c)$) commutes.*

(ii) *$L$ is an internal frame in $[\mathcal{C}^{\mathrm{op}}, \mathbf{Set}]$ iff it satisfies the conditions in* (i), *and additionally each $L(U)$ is a frame and the Frobenius reciprocity condition*

$$\Sigma_a(L(a)(u) \wedge v) = u \wedge \Sigma_a(v)$$

*holds for all $a\colon V \to U$ in $\mathcal{C}$, $u \in L(U)$ and $v \in L(V)$.*

**Proof** (i) First, suppose that $L$ is an internal complete semilattice; equivalently, that the $[\mathcal{C}^{\mathrm{op}}, \mathbf{Set}]$-indexed category $[L]$ defined as in B2.3.3 is cocomplete. By B2.4.8 (or by the remark after B2.3.9), it is also complete. To see that the individual posets $L(U)$ are necessarily complete and cocomplete, we observe that $F \mapsto F(U)$ is the direct image of a pre-geometric morphism; specifically, it is the composite

$$[\mathcal{C}^{\mathrm{op}}, \mathbf{Set}] \xrightarrow{Y(U)^*} [\mathcal{C}^{\mathrm{op}}, \mathbf{Set}]/Y(U) \xrightarrow{\gamma_*} \mathbf{Set}$$

where $Y$ denotes the Yoneda embedding and $\gamma_*$ is the direct image of the unique geometric morphism. So by B2.3.7 it preserves (co)completeness of posets. The Yoneda embedding $\mathcal{C} \to [\mathcal{C}^{\mathrm{op}}, \mathbf{Set}]$ preserves pullbacks, so by B1.4.9 this implies that the $\mathcal{C}$-indexed category obtained by restricting $[L]$ to representables is also complete and cocomplete. But this is just $L$ itself regarded as a functor $\mathcal{C}^{\mathrm{op}} \to$ **Cat**; so we deduce that the transition maps $L(a)$ have left and right adjoints, and that the Beck–Chevalley conditions hold. (Of course, either of them implies the other, as we observed in B1.4.6.)

For the converse, we use the characterization of cocomplete internal posets provided by B2.3.9(ii): that is, we construct a join map $\bigvee\colon PL \to L$ left adjoint to the principal-ideal map $\downarrow\colon L \to PL$. We recall that $PL(U)$ may be identified with the set of all subfunctors of $L \times \mathcal{C}(-, U)$; and $\downarrow_U$ sends an element $u$ to the subfunctor whose value at $V$ is the set of pairs $(v, a)$ such that $v \leq L(a)(u)$. Given an arbitrary subfunctor $F \rightarrowtail L \times \mathcal{C}(-, U)$, we define $\bigvee_U(F)$ to be the join, over all $V \in \mathrm{ob}\,\mathcal{C}$ and all $(v, a) \in F(V)$, of the elements $\Sigma_a(v)$ of $L(U)$. To see that this defines a natural transformation $PL \to L$, we use the Beck–Chevalley condition: given $b\colon W \to U$ in $\mathcal{C}$ and $(v, a) \in F(V)$, we have $L(b)\Sigma_a(v) = \Sigma_c L(d)(v)$, where

$$\begin{array}{ccc} X & \xrightarrow{\;c\;} & W \\ {\scriptstyle d}\downarrow & & \downarrow{\scriptstyle b} \\ V & \xrightarrow[\;a\;]{} & U \end{array}$$

is a pullback in $\mathcal{C}$, and the pair $(L(d)(v), c)$ belongs to $PL(b)(F)(X)$. So naturality follows from the fact that $L(b)$ preserves joins. It is also clear that $\bigvee_U \downarrow_U (u) \leq u$ for all $u \in L(U)$, since the inequality $v \leq L(a)(u)$ is equivalent to $\Sigma_a(v) \leq u$ (in fact we actually have $\bigvee_U \downarrow_U (u) = u$, since the pair $(u, 1_U)$

belongs to $\downarrow_U (u)(U)$); and $\downarrow_U \bigvee_U(F) \supseteq F$ for all $F \in PL(U)$, by a similar argument. So we have the required left adjoint.

(ii) Suppose $L$ is an internal frame. Then by 1.1.2 it is an internal Heyting algebra, so each $L(U)$ is a Heyting algebra and hence a frame. Also, each $L(a)$ is a Heyting algebra homomorphism, so by A1.5.8 the Frobenius reciprocity law holds. Conversely, if each $L(U)$ is a frame and Frobenius reciprocity holds, then $L$ is an internal Heyting algebra and hence a frame. □

We may easily extend 1.6.9(ii) from functor categories $[\mathcal{C}^{\mathrm{op}}, \mathbf{Set}]$ to toposes $\mathbf{Sh}(\mathcal{C}, T)$ of sheaves for a coverage on $\mathcal{C}$. We recall from B2.3.10(ii) that, if $j$ is a local operator on a topos $\mathcal{E}$, then the complete internal posets in $\mathbf{sh}_j(\mathcal{E})$ are just those complete internal posets in $\mathcal{E}$ whose underlying objects are $j$-sheaves; since the same is clearly true for Heyting algebras (by D1.2.13, if you insist), we deduce that the internal frames in $\mathbf{sh}_j(\mathcal{E})$ are simply those internal frames in $\mathcal{E}$ whose underlying objects are sheaves. Also, by A4.3.5 and A4.4.8, we know that every coverage on a small category $\mathcal{C}$ corresponds to a local operator on $[\mathcal{C}^{\mathrm{op}}, \mathbf{Set}]$. So we may immediately deduce

**Corollary 1.6.10** *Let $(\mathcal{C}, T)$ be a small site whose underlying category $\mathcal{C}$ is cartesian. Then internal frames in* $\mathbf{Sh}(\mathcal{C}, T)$ *may be identified with functors $L\colon \mathcal{C}^{\mathrm{op}} \to$* **CLat** *such that each $L(U)$ is a frame, the underlying set-valued functor of $L$ is a $T$-sheaf, and $L$ satisfies the Beck–Chevalley condition of* 1.6.9(i) *and the Frobenius reciprocity condition of* 1.6.9(ii). □

**Suggestions for further reading:** Fourman & Grayson [363], Joyal & Tierney [560], Moerdijk [825], Stout [1122].

# C2

# SHEAVES ON A SITE

## C2.1 Sites and coverages

We have seen in the last chapter how we may regard many familiar topological properties (of spaces or locales) as properties of sheaf toposes. This in itself would not be a significant gain, were it not for the fact that there are other contexts in mathematics where 'topological intuition' seems to be present, and which cannot be adequately described by either spaces or locales – but these contexts *do* give rise to toposes.

Such contexts first arose in algebraic geometry, in the study of cohomology theories such as étale cohomology (see Chapter E3): here one has a cohomology theory living on something which resembles a space in that it possesses 'localizations' and 'coverings', but which has an additional feature, not present in topology, that its 'points' have nontrivial automorphism groups which form part of the structure of the 'space'. It was A. Grothendieck [36] who first saw how to give a unified description of such contexts, via the notion of a *site*.

Grothendieck's idea was that, in the definition of a sheaf on a space (or locale) $X$, the fact that the category $\mathcal{O}(X)$ on which the presheaves are defined is a frame is incidental: all one needs is a good notion of 'covering' in the category, in order to be able to formulate the sheaf axiom. Grothendieck used the name 'topology' for this notion of covering; but this name, and the rather rigid axiomatization of the notion which he formulated, has unhelpfully tended to obscure the real magnitude of the generalization involved in passing from frames to sites (categories equipped with a notion of covering). In particular, the fact that in a frame the coverings are determined by the structure of the category (they are exactly the colimit cones) has no parallel in the more general context, where the notion of covering is something arbitrarily imposed on a given category. Thus we have chosen to adopt the name 'coverage', which carries less emotional baggage around with it than 'topology', for the structure which is needed in order to define sheaves.

A further fruitful source of possible misunderstanding in Grothendieck's account [36] is that his notion of 'topology' is defined by three closure conditions of which one plays a very different rôle from the other two: one (in fact the second, in the order in which they are usually stated) is essential to the definition of the category of sheaves (cf. 2.1.13 below), whereas the other two are 'saturation conditions' which might as well be there because one can always close off under them without affecting the notion of sheaf. In our account, we shall (we hope) keep the distinction between the former and latter conditions clear; in fact we start off by assuming only the former.

The definition of a coverage has already been given in A2.1.9, but we shall repeat it here – with one minor change: in Section A2.1 we considered coverages only on small categories, but here we shall not assume anything (for the time being, at least) about the size of the underlying category. (We also make one notational change: we shall denote objects of the underlying category by letters like $U, V, W, \ldots$ rather than $A, B, C, \ldots$, partly to maintain continuity with the previous chapter and partly because we want to reserve $A, B, C, \ldots$ for objects of the topos of sheaves.)

**Definition 2.1.1** Let $\mathcal{C}$ be a category. By a *coverage* on $\mathcal{C}$, we mean a function assigning to each object $U$ of $\mathcal{C}$ a collection $T(U)$ of families $(f_i : U_i \to U \mid i \in I)$ of morphisms with common codomain $U$ (called *$T$-covering families*), such that

($C$) If $(f_i : U_i \to U \mid i \in I)$ is a $T$-covering family and $g : V \to U$ is any morphism with codomain $U$, there exists a $T$-covering family $(h_j : V_j \to V \mid j \in J)$ such that each $gh_j$ factors through some $f_i$.

A *site* is a category equipped with a coverage. By a *small site*, we mean one whose underlying category is small.

As we have already indicated, the purpose of introducing sites is in order to be able to define sheaves. Once again, we restate the definition from Section A2.1; for convenience, we also recall the definition of separated functor from A2.6.4($d$).

**Definition 2.1.2** Let $\mathcal{C}$ be a category. We say a functor $A : \mathcal{C}^{\mathrm{op}} \to \mathbf{Set}$ *satisfies the sheaf axiom* for a family of morphisms $(f_i : U_i \to U \mid i \in I)$ if, whenever we are given a family of elements $s_i \in A(U_i)$ which are *compatible* in the sense that, whenever $g : V \to U_i$ and $h : V \to U_j$ satisfy $f_i g = f_j h$ (here $i$ and $j$ need not be distinct), we have $A(g)(s_i) = A(h)(s_j)$, then there exists a unique $s \in A(U)$ such that $A(f_i)(s) = s_i$ for each $i \in I$. We say $A$ is *separated* for $(f_i \mid i \in I)$ if it satisfies the above condition with 'a unique' replaced by 'at most one'. If $T$ is a coverage on $\mathcal{C}$, we say $A$ is a *$T$-sheaf* (resp. *$T$-separated*) if it satisfies the sheaf axiom (resp. is separated) for every $T$-covering family. And we write $\mathbf{Sh}(\mathcal{C}, T)$ (resp. $\mathbf{Sep}(\mathcal{C}, T)$) for the full subcategory of the functor category $[\mathcal{C}^{\mathrm{op}}, \mathbf{Set}]$ whose objects are $T$-sheaves (resp. $T$-separated functors).

The collection of all families of morphisms for which a given functor $A$ satisfies the sheaf axiom has a number of important closure properties; so there is no harm in adding these closure properties to the condition ($C$) which we have assumed in 2.1.1. We begin with the simplest one: recall that a *sieve* on an object $U$ of $\mathcal{C}$ is a family $R$ of morphisms with codomain $U$ which is a right ideal in $\mathcal{C}$, i.e. $f \in R$ implies $fg \in R$ whenever the composite $fg$ is defined. In the terminology introduced in A4.5.2 and A4.5.5, sieves on an object $U$ of $\mathcal{C}$ are sieves in the slice category $\mathcal{C}/U$. (If $\mathcal{C}$ is locally small – which it generally will be from now on – then sieves on $U$ correspond bijectively to subobjects in $[\mathcal{C}^{\mathrm{op}}, \mathbf{Set}]$ of the representable functor $\mathcal{C}(-, U)$, the correspondence sending a sieve $R$ to the functor $V \mapsto \{f \in R \mid \mathrm{dom}\ f = V\}$.) Any family $(f_i : U_i \to U \mid i \in I)$ generates a sieve on $U$, consisting of all the morphisms with codomain $U$ which factor through at least one $f_i$.

**Lemma 2.1.3** *Let $(f_i : U_i \to U \mid i \in I)$ be a family of morphisms of $\mathcal{C}$ with common codomain, and $A : \mathcal{C}^{\mathrm{op}} \to \mathbf{Set}$ a functor. Then $A$ satisfies the sheaf axiom (resp. is separated) for $(f_i \mid i \in I)$ iff it satisfies the sheaf axiom (resp. is separated) for the sieve generated by this family.*

**Proof** From the very definition of a compatible family, it is easy to see that any compatible family with respect to $(f_i \mid i \in I)$ extends uniquely to a compatible family with respect to the sieve generated by the $f_i$. So this is immediate. □

It is clear that a collection $T$ of families of morphisms satisfies condition $(C)$ iff the same is true for the collection $\overline{T}$ consisting of all the sieves generated by members of $T$; so we may replace any site $(\mathcal{C}, T)$ by a site $(\mathcal{C}, \overline{T})$ which has the same sheaves, in which all the covering families are sieves. We shall call a coverage *sifted* if it has this latter property. Note that the definition of compatibility with respect to a family of morphisms can be simplified when the family is a sieve: $(s_f \mid f \in R)$ is compatible with respect to a sieve $R$ iff, whenever $f \in R$ and $\mathrm{dom}\ f = \mathrm{cod}\ g$, we have $s_{fg} = A(g)(s_f)$. A further simplification is possible in the case when $\mathcal{C}$ is locally small, so that we can identify sieves with subfunctors of representable functors: in this case, a compatible family $(s_f \mid f \in R)$ of elements of $A$ is exactly (the image of) a natural transformation $R \to A$. Bearing in mind the Yoneda Lemma, which says that elements of $A(U)$ correspond to natural transformations $\mathcal{C}(-, U) \to A$, we thus obtain

**Lemma 2.1.4** *Let $\mathcal{C}$ be a locally small category, and $R$ a sieve on an object $U$ of $\mathcal{C}$. Then a functor $A : \mathcal{C}^{\mathrm{op}} \to \mathbf{Set}$ satisfies the sheaf axiom (resp. is separated) for $R$ iff each natural transformation $R \to A$ factors uniquely (resp. in at most one way) through the inclusion $R \rightarrowtail \mathcal{C}(-, U)$.* □

One further advantage of restricting our attention to sifted coverages is that the statement of axiom $(C)$ can be simplified. Given a sieve $R$ on $U$ and a morphism $f : V \to U$ we define $f^*(R)$ to be the family (which is clearly a sieve on $V$) of all morphisms $g$ with codomain $V$ such that $fg \in R$. (In the case when $\mathcal{C}$ is locally small and we identify sieves with subfunctors of representable functors, this is simply the pullback

$$\begin{array}{ccc} f^*(R) & \longrightarrow & R \\ \downarrow & & \downarrow \\ \mathcal{C}(-,V) & \longrightarrow & \mathcal{C}(-,U) \end{array}$$

where the bottom edge of the square is the natural transformation induced by $f$.) Then condition $(C)$, for a sifted coverage $T$, is equivalent to saying that if $R \in T$ then $f^*(R)$ contains a sieve in $T$ for every morphism $f$ whose codomain matches that of $R$.

However, there are also disadvantages in passing from arbitrary covering families to sieves. The principal one is that, in many particular cases (see the list of examples of sites in A2.1.11), the covering families may be easier to specify explicitly than the sieves which they generate (for example, the generating families may be finite); and the verification that particular functors are sheaves also tends to be easier when we work with the generating families, at least in the case when the underlying category $\mathcal{C}$ has pullbacks. For this reason, we shall state the next three lemmas in two different versions, one for generating families and the other for sieves. (They also have alternative versions for separated functors rather than sheaves, but we shall leave the reader to supply these.)

**Lemma 2.1.5** *Let $U$ be an object of $\mathcal{C}$, and $A\colon \mathcal{C}^{\mathrm{op}} \to \mathbf{Set}$ a functor.*

(i) *$A$ satisfies the sheaf axiom for the singleton family $(1_U)$.*

(ii) *$A$ satisfies the sheaf axiom for the sieve $M_U$ of all morphisms with codomain $U$.*

**Proof** The two statements are equivalent, since the family $(1_U)$ generates the sieve $M_U$. And (i) is immediate from Definition 2.1.2. □

**Lemma 2.1.6** *Let $A\colon \mathcal{C}^{\mathrm{op}} \to \mathbf{Set}$ be a sheaf for a coverage $T$ on $\mathcal{C}$.*

(i) *Let $(f_i\colon U_i \to U \mid i \in I)$ be a $T$-covering family, and $(g_j\colon V_j \to U \mid j \in J)$ a family of morphisms with the same codomain, such that every $f_i$ factors through at least one $g_j$. Then $A$ satisfies the sheaf axiom for $(g_j \mid j \in J)$.*

(ii) *If $T$ is a sifted coverage, then $A$ satisfies the sheaf axiom for any sieve which contains a $T$-covering sieve.*

**Proof** It suffices to prove (i), since (ii) is a direct translation of it into 'sifted' language. For (i), let $(t_j \in A(V_j) \mid j \in J)$ be a compatible family with respect to the $g_j$. For each $i \in I$, we can choose a factorization $f_i = g_{j(i)}h_i$ of $f_i$ through some $g_j$, and define $s_i = A(h_i)(t_{j(i)}) \in A(U_i)$. The compatibility of the $t_j$ ensures that $s_i$ is independent of the choice of $j(i)$ and $h_i$, and that the $s_i$ form a compatible family with respect to the $f_i$; so there is a unique $s \in A(U)$

such that $A(f_i)(s) = s_i$ for each $i \in I$. This is clearly the unique element of $A(U)$ which could possibly satisfy $A(g_j)(s) = t_j$ for all $j \in J$; to see that it actually does so (for a particular $j$), we need to observe that if $k\colon W \to V_j$ is a morphism such that $g_jk$ factors through some $f_i$ (say $g_jk = f_il$), then

$$A(k)A(g_j)(s) = A(l)A(f_i)(s) = A(l)(s_i) = A(l)A(h_i)(t_{j(i)}) = A(k)(t_j)$$

(where the last step uses the compatibility of the $t_j$). But by condition $(C)$ there is a $T$-covering family of morphisms $k$ with this property, and so the result follows since $A$ is a $T$-sheaf. □

**Lemma 2.1.7** *Let $A$ be a functor $\mathcal{C}^{\mathrm{op}} \to$ **Set**.*

(i) *Let $(f_i\colon U_i \to U \mid i \in I)$ be a family for which $A$ satisfies the sheaf axiom, and suppose, for each $i \in I$, there is a family $(h_{ij}\colon U_{ij} \to U_i \mid j \in J_i)$ for which $A$ also satisfies the sheaf axiom. Then $A$ satisfies the sheaf axiom for the family of all composites $(f_ih_{ij} \mid i \in I, j \in J_i)$.*

(ii) *Suppose $T$ is a sifted coverage for which $A$ is a sheaf. Let $R$ be a $T$-covering sieve on an object $U$ of $\mathcal{C}$, and $S$ a sieve on $U$ such that $f^*(S)$ is a $T$-covering sieve on* dom $f$ *for each $f \in R$. Then $A$ satisfies the sheaf axiom for $S$.*

**Proof** (i) Suppose given a compatible family $(s_{ij} \in A(U_{ij}) \mid i \in I, j \in J_i)$. For each fixed $i \in I$, the family $(s_{ij} \mid j \in J_i)$ is compatible with respect to the family $(h_{ij} \mid J \in J_i)$, and so defines a unique element $s_i \in A(U_i)$ such that $A(h_{ij})(s_i) = s_{ij}$ for all $j \in J_i$. Further, the compatibility of the $s_{ij}$ ensures that $(s_i \mid i \in I)$ is a compatible family relative to the $f_i$. Since $A$ satisfies the sheaf axiom for the $f_i$, there is a unique $s \in A(U)$ satisfying $A(f_i)(s) = s_i$ for all $i$.

(ii) The second version of the statement is not quite a simple translation of the first into the language of sieves, since $S$ may be strictly larger than the sieve of all composites $fh$ with $f \in R$ and $h \in f^*(S)$ – there may be morphisms in $S$ which do not factor through any member of $R$. But Lemma 2.1.6(ii) provides the extra information we need. □

The next definition, like the last three lemmas, could be given separately in 'unsifted' and 'sifted' versions, but from now on we shall leave to the reader the task of formulating the former.

**Definition 2.1.8** We define a *Grothendieck coverage* on a category $\mathcal{C}$ to be a function assigning to each object $U$ of $\mathcal{C}$ a collection $T(U)$ of sieves on $U$, satisfying the closure property $(C)$ of 2.1.1 and also

$(M)$ For any object $U$, the maximal sieve $M_U$ is in $T(U)$.

$(L)$ If $R \in T(U)$ and $S$ is another sieve on $U$ such that, for each $f \in R$, the sieve $f^*(S)$ belongs to $T(\mathrm{dom}\ f)$, then $S$ also belongs to $T(U)$.

The condition $(L)$ is sometimes referred to as the *local character condition*. We note that, if a sifted coverage $T$ satisfies both $(L)$ and $(M)$, then any sieve which contains a $T$-covering sieve must be $T$-covering; for if $R \subseteq S$, then $f^*(S) = M_{\mathrm{dom}\ f}$ for each $f \in R$. Hence, in the presence of $(L)$ and $(M)$, $(C)$ may be replaced by the simpler condition

$(C')$ If $R \in T(U)$ and $g$ is any morphism with codomain $U$, then $g^*(R) \in T(\mathrm{dom}\ g)$.

(This is the form in which the definition of 'Grothendieck topology' is usually presented.) One further closure property which we could have demanded is that $T(U)$ should be closed under finite intersections (and so form a filter in the lattice of subfunctors of $\mathcal{C}(-, U)$); the fact that the sieves for which a given $A$ satisfies the sheaf axiom are closed under finite intersections can be proved by similar means to the last three lemmas. However, there is no need to do so explicitly, since this closure property follows from $(L)$ and $(C')$: for any $f \in R$, we have $f^*(R \cap S) = f^*(S)$.

From Lemmas 2.1.5, 2.1.6 and 2.1.7, we immediately deduce

**Proposition 2.1.9** *For any coverage $T$ on a category $\mathcal{C}$, there is a Grothendieck coverage $\widetilde{T}$ having the same sheaves as $T$.*

**Proof** First replace $T$ by a sifted coverage $\overline{T}$ as in 2.1.3, and then take $\widetilde{T}$ to be the intersection of all Grothendieck coverages which contain $\overline{T}$. It is clear from the nature of the closure conditions $(L)$ and $(M)$ that $\widetilde{T}$ is itself a Grothendieck coverage. Moreover, if $A$ is any $T$-sheaf then it is also a $\overline{T}$-sheaf by 2.1.3; and so it follows from the last three lemmas that the collection of all sieves $R$ such that $A$ satisfies the sheaf axiom for every $f^*(R)$ (as $f$ ranges over all morphisms with the same codomain as the members of $R$) is a Grothendieck coverage containing $\overline{T}$. So $A$ is a sheaf for $\widetilde{T}$. The converse is immediate. □

In the case when $\mathcal{C}$ is small, $\widetilde{T}$ can also be constructed from $\overline{T}$ by a transfinite iteration: first adjoin all the maximal sieves $M_A$ to $\overline{T}$, and then repeatedly adjoin those sieves whose presence is required by $(L)$, until the process converges. However, if $\mathcal{C}$ is large, there may be a proper class of distinct sieves on a given object of $\mathcal{C}$, and so there is no guarantee that this process will converge.

For the rest of this and the next two sections, we shall assume that all coverages are Grothendieck coverages, unless explicitly stated otherwise. We shall also tend to denote Grothendieck coverages by letters like $J$ and $K$ rather than $T$: in addition to drawing attention to the fact that a particular coverage is a Grothendieck coverage, this notation is consistent with that which we used in Sections A4.4 and A4.5, in the following sense.

**Proposition 2.1.10** *Let $\mathcal{C}$ be a small category, and $J$ a function assigning to each object $U$ of $\mathcal{C}$ a set $J(U)$ of sieves on $U$. Then $J$ satisfies condition $(C')$ iff it is a subfunctor of the subobject classifier $\Omega$ of $[\mathcal{C}^{\mathrm{op}}, \mathbf{Set}]$. Moreover, if this* *condition is satisfied, then $J$ is a Grothendieck coverage iff the classifying map $j\colon \Omega \to \Omega$ of $J \rightarrowtail \Omega$ is a local operator in the sense of* A4.4.1.

**Proof** The first assertion is immediate from the definition of $\Omega$ in A1.6.6. Given this, the natural transformation $j\colon \Omega \to \Omega$ corresponding to $J$ is easily seen to be defined by

$$j_U(R) = \{f\colon V \to U \mid f^*R \in J(V)\},$$

so it is clear that $J$ satisfies $(M)$ iff $1_U \in j_U(M_U)$ for all $U$, iff $j\top = \top$. If condition $(L)$ also holds, then we have $j_U(R) \in J(U)$ iff $R \in J(U)$, so that $jj = j$; and from the fact, noted above, that the set of $J$-covering sieves is closed under finite intersections we similarly deduce that $j$ satisfies the third condition of A4.4.1. Conversely, if $j$ satisfies the second and third conditions of A4.4.1, and $R$ and $S$ are two sieves on $U$ satisfying the hypotheses of $(L)$, then we have $R \subseteq j_U(S)$, whence $j_U(S) = j_U j_U(S) \supseteq j_U(R) = M_U$, so $S \in J(U)$. □

We may now deduce (at least for small categories) the result that a Grothendieck coverage is determined by its sheaves; this is sometimes known as the 'little Giraud theorem'.

**Corollary 2.1.11** *For a small category $\mathcal{C}$, the assignment $J \mapsto \mathbf{Sh}(\mathcal{C}, J)$ is a bijection from the set of Grothendieck coverages on $\mathcal{C}$ to the class of reflective subcategories of $[\mathcal{C}^{\mathrm{op}}, \mathbf{Set}]$ with cartesian reflector.*

**Proof** In A4.4.8 we established a bijection between such subcategories and local operators on $[\mathcal{C}^{\mathrm{op}}, \mathbf{Set}]$. So the only remaining ingredient is to show that if $J$ and $j$ are related as in 2.1.10 then $\mathbf{sh}_j([\mathcal{C}^{\mathrm{op}}, \mathbf{Set}])$ coincides with $\mathbf{Sh}(\mathcal{C}, J)$. But this was essentially done in A4.3.5: for the operator $d$ on subobjects defined there is easily seen to coincide with that obtained by composing classifying maps with $j$ (and in particular it is always idempotent if $J$ is a Grothendieck coverage). □

We shall extend 2.1.11 to non-small categories in 2.2.5 below.

We saw in the proof of 2.1.9 that, for a given functor $A\colon \mathcal{C}^{\mathrm{op}} \to \mathbf{Set}$, there is a unique largest sifted coverage for which $A$ is a sheaf, and it is a Grothendieck coverage. By intersecting such coverages, we may construct the largest coverage for which each of a given family of functors is a sheaf. In particular, when $\mathcal{C}$ is locally small, we define the *canonical coverage* on $\mathcal{C}$ to be the largest sifted coverage for which all representable functors are sheaves.

We say a sieve $R$ on $U$ is *effective-epimorphic* if it forms a colimit cone under the (large!) diagram consisting of the domains of all the morphisms in $R$, and all the morphisms over $U$ between them. And we say $R$ is *universally effective-epimorphic* if $f^*(R)$ is effective-epimorphic for every $f$ with codomain $U$. It is easy to see that a sieve is effective-epimorphic iff every representable functor satisfies the sheaf axiom for it; hence the universally effective-epimorphic sieves are exactly the covering sieves for the canonical coverage. We say a coverage is *subcanonical* if all its covering sieves are effective-epimorphic, i.e. if it is contained in the canonical coverage; we say a site $(\mathcal{C}, J)$ is *standard* if $\mathcal{C}$ is small and cartesian, and $J$ is subcanonical. We shall also call a coverage *separated* if all its covering sieves are epimorphic families; clearly, this is equivalent to saying that all the representable functors are separated in the sense of 2.1.2.

We shall see in the next section that there is no loss of generality (at least if we are interested not in the sites themselves, but only in their categories of sheaves) in restricting our attention to standard sites.

**Examples 2.1.12** (*a*) The empty sieve on an object $U$ of $\mathcal{C}$ is effective-epimorphic iff $U$ is an initial object; it is universally effective-epimorphic iff $U$ is a strict initial object (cf. A1.4.1). (And it is merely epimorphic iff $U$ is a quasi-initial object as defined before A1.5.14.)

(*b*) Let $R$ be the sieve generated by a single morphism $f\colon V \to U$. Then $R$ is effective-epimorphic iff any morphism $g\colon V \to W$ which satisfies $gh = gk$ whenever $fh = fk$ factors uniquely through $f$. If $f$ has a kernel-pair $(a, b)\colon K \rightrightarrows V$, then $g$ satisfies the above condition iff $ga = gb$; so $R$ is effective-epimorphic iff $f$ is a coequalizer of its kernel-pair, i.e. iff $f$ is regular epic. If $\mathcal{C}$ has pullbacks, then $R$ is universally effective-epimorphic iff every pullback of $f$ is regular epic; in particular, we deduce that *in a regular category, the sieve generated by a single morphism $f$ is universally effective-epimorphic iff $f$ is a cover* (a fact which we used in Example A2.1.11($a$)). If $\mathcal{C}$ is a regular category, we define the *regular coverage* on $\mathcal{C}$ to consist of all sieves which contain a cover (in the sense of A1.3.2); it is easy to see that this is in fact a Grothendieck coverage, and if $\mathcal{C}$ is small then the resulting site is standard.

(*c*) We saw in A2.1.11($h$) that the collection of all singleton families of morphisms defines a coverage on $\mathcal{C}$ iff $\mathcal{C}$ satisfies the 'right Ore condition' that any pair of morphisms with common codomain may be embedded in a commutative square. The Grothendieck coverage generated by this coverage as in 2.1.9 clearly consists of all inhabited (= nonempty) sieves on objects of $\mathcal{C}$. Can it be the canonical coverage? Clearly, this will be the case if every sieve generated by a singleton is effective-epimorphic, and the empty sieve is not universally effective-epimorphic on any object. So, combining ($a$) and ($b$) above, we deduce that *if $\mathcal{C}$ is a category satisfying the right Ore condition, in which every morphism is regular epic and no object is strict initial, then the canonical coverage on $\mathcal{C}$ consists of all inhabited sieves.* Examples of such categories are the category of (finite) sets and epimorphisms, and the dual of the category of (finite) sets and monomorphisms; we shall meet others in 3.5.9 below.

(*d*) Let $\mathcal{C}$ be a coherent category, and let $(f_i\colon V_i \to U \mid 1 \leq i \leq n)$ be a finite covering family, i.e. one such that the union of the images $U_i \rightarrowtail U$ of the $f_i$ is the whole of $U$. Then the sieve $R$ generated by the $f_i$ is effective-epimorphic (and hence universally effective-epimorphic, since finite covering families are stable under pullback in $\mathcal{C}$); for if $(g_i\colon V_i \to W \mid 1 \leq i \leq n)$ is a compatible family of elements of $\mathcal{C}(-, W)$ relative to the $f_i$, then each $g_i$ factors through $V_i \twoheadrightarrow U_i$ (since it coequalizes the kernel-pair of $f_i$) and the induced morphisms $U_i \to W$ can be combined, by repeated use of A1.4.3, into a unique morphism $U \to W$. (Once again, this argument was sketched before in A2.1.11($b$).) We define the *coherent coverage* on a coherent category $\mathcal{C}$ to consist of all sieves which contain a finite covering family; by the remarks above, this coverage is subcanonical. If $\mathcal{C}$ is a pretopos, then finite covering families are the same thing as finite (jointly) epimorphic families, by A1.4.9; the coherent coverage on a pretopos is sometimes called the *pre-canonical coverage.*

($e$) Similarly, if $\mathcal{C}$ is a geometric category (resp. an $\infty$-pretopos), we may show that sieves generated by small covering families (resp. small epimorphic families) are universally effective-epimorphic. There is a converse result if $\mathcal{C}$ has a separating set of objects, as defined in Section A1.2: for then any epimorphic sieve (in particular, any effective-epimorphic sieve) on an object $U$ must contain an epimorphic family of morphisms $V \to U$ whose domains are all in the separating set, and there is only a set of such morphisms since a geometric category is locally small. Thus *in an $\infty$-pretopos with a separating set of objects, the canonical coverage consists precisely of those sieves which contain small epimorphic families.* This result will be of considerable importance in the next section.

Before leaving this section, we give an example to emphasize the difference already mentioned between condition ($C$) and the other closure conditions that we have introduced in the course of the section: if we omit the former from our definition of a coverage, we arrive at a notion of 'category of sheaves' very different from that which we wish to study. For simplicity, we formulate the definitions in this example in terms of posets, but they can in fact be considered for more general categories; cf. [540].

**Example 2.1.13** Given a poset $P$, we define an *interval* in $P$ to be a (nonempty) subset of the form

$$[a, b] = \{x \in P \mid a \leq x \leq b\}$$

with $a \leq b$ in $P$. We write $\mathrm{Int}(P)$ for the set of all intervals in $P$, ordered by inclusion. Int is a functor **Poset** $\to$ **Poset**: given an order-preserving map $f\colon P \to Q$, we define $\mathrm{Int}(f)([a, b]) = [f(a), f(b)]$. We say that $f\colon P \to Q$ is an *interval fibration* if, for every $a \leq b$ in $P$, the restriction of $f$ to $[a, b]$ is an order-isomorphism $[a, b] \to [f(a), f(b)]$; equivalently if, given $u \in Q$ with $f(a) \leq u \leq f(b)$, there exists a unique $c \in P$ with $a \leq c \leq b$ and $f(c) = u$. It is not hard to verify that $f$ is an interval fibration if and only if $\mathrm{Int}(f)\colon \mathrm{Int}(P) \to \mathrm{Int}(Q)$ is a discrete fibration in the sense of B1.3.11; that is, iff it corresponds to a functor $\mathrm{Int}(Q)^{\mathrm{op}} \to \mathbf{Set}$ via the Grothendieck construction of A1.1.7. Moreover, if $f\colon P \to Q$ and $f'\colon P' \to Q$ are both interval fibrations, then order-preserving maps $P \to P'$ over $Q$ (are necessarily interval fibrations, and) correspond bijectively to order-preserving maps $\mathrm{Int}(P) \to \mathrm{Int}(P')$ over $\mathrm{Int}(Q)$. Thus the category $\mathbf{IFib}/Q$ of interval fibrations over $Q$ is equivalent to a full subcategory of $[\mathrm{Int}(Q)^{\mathrm{op}}, \mathbf{Set}]$.

An arbitrary discrete fibration $d\colon E \to \mathrm{Int}(Q)$ need not be of the form $\mathrm{Int}(f)$. However, if it is, then we may clearly reconstruct the domain $P$ of $f$ by taking its underlying set to be

$$\{a \in E \mid d(a) \text{ is a singleton }\},$$

with $a \leq b$ in $P$ iff there exists $x \in E$ with $d(x) = [f(a), f(b)]$ and such that $a \leq x, b \leq x$ both hold in $E$. In general, this definition yields a relation on $P$ which is reflexive and antisymmetric, but not necessarily transitive; for transitivity, what we need is precisely that the functor $\mathrm{Int}(Q)^{\mathrm{op}} \to \mathbf{Set}$ corresponding to $d$ should satisfy the sheaf axiom for the family

$$([u,v] \subseteq [u,w]\ ,\ [v,w] \subseteq [u,w])$$

whenever $u \leq v \leq w$ in $Q$. Thus we may conclude that $\mathbf{IFib}/Q$ is equivalent to '$\mathbf{Sh}(\mathrm{Int}(Q), T)$', where $T$ is the set of all such families.

Now let $Q$ be the four-element poset $\{0, u, v, 1\}$ with $0 \leq u \leq 1, 0 \leq v \leq 1$ but $u$ and $v$ incomparable. It is clear that, for this $Q$, the collection of covers $T$ fails to satisfy condition $(C)$: there is no $T$-covering family on $[v,v]$ which factors through the covering $([0,u] \subseteq [0,1], [u,1] \subseteq [0,1])$ of $[0,1]$. Moreover, in this case $\mathbf{IFib}/Q$ is very far from being a topos. To see this, note that monomorphisms in $\mathbf{IFib}/Q$ are just injective order-preserving maps, and so the subterminal objects of $\mathbf{IFib}/Q$ may be identified with those sub-posets of $Q$ for which the inclusion is an interval fibration. Among these, we have the subsets $\{u\}$, $\{0,u\}$, $\{0,u,v\}$ and $\{u,1\}$ as well as $Q$ itself; but $\{0,u,1\}$ is not a subterminal object, and so the join of $\{0,u\}$ and $\{u,1\}$ in $\mathrm{Sub}_{\mathbf{IFib}/Q}(1)$ is the whole of $Q$. Thus the five subterminal objects mentioned above form a non-modular (and in particular non-distributive) lattice. It now follows from A1.4.2 that $\mathbf{IFib}/Q$ is not a coherent category, from A1.5.10 that it is not cartesian closed, and from A1.6.3 that it does not have a subobject classifier. (In fact it is not hard to show that $\mathbf{IFib}/Q$ is not even regular.)

**Suggestions for further reading:** Artin et al. [36], Bunge & Niefield [204], Johnstone [540], Pedicchio & Vermeulen [946].

## C2.2 The topos of sheaves

In A2.1.10, we gave a sketch proof of the fact that the category of sheaves on an arbitrary small site is a topos. (A more detailed proof can be extracted from the results of Sections A4.3 and A4.4, in particular A4.3.5 and A4.4.5.) For technical reasons which will become apparent shortly, we now wish to prove a more general version of this result, in which the hypothesis of smallness is relaxed slightly. In order to do this, we shall first need to establish a result (the Comparison Lemma) of considerable importance in its own right, which provides a criterion for determining when two sites give rise to equivalent categories of sheaves. We shall assume in this section that all coverages are Grothendieck coverages, unless stated otherwise.

**Definition 2.2.1** Let $(\mathcal{C}, J)$ be a site. We say a subcategory $\mathcal{D}$ of $\mathcal{C}$ is *$J$-dense* (or simply *dense*, if $J$ is obvious from the context) if

(i) every object $U$ of $\mathcal{C}$ has a covering sieve $R \in J(U)$ generated by morphisms whose domains are in $\mathcal{D}$ (equivalently, the sieve generated by all morphisms $V \to U$ with $V \in \text{ob}\,\mathcal{D}$ is $J$-covering); and

(ii) for any morphism $f: U \to V$ in $\mathcal{C}$ with $V \in \text{ob}\,\mathcal{D}$, there is a covering sieve $R \in J(U)$ generated by morphisms $g: W \to U$ for which the composite $fg$ is in $\mathcal{D}$ (equivalently, the family of all such morphisms generates a $J$-covering sieve).

It is easy to see that, in the presence of condition (i) of 2.2.1, condition (ii) may be reduced to the special case in which the domain $U$ as well as the codomain $V$ of $f$ is in $\mathcal{D}$; hence if $\mathcal{D}$ is a *full* subcategory condition (ii) may be omitted altogether. (On the other hand, given condition (ii) as we have stated it, condition (i) becomes redundant provided every object of $\mathcal{C}$ admits a morphism to some object of $\mathcal{D}$ – for example if $\mathcal{D}$ contains a terminal object of $\mathcal{C}$.) In practice, the Comparison Lemma is most often used for full subcategories, and many texts only define denseness in this case; however, the extra generality afforded by the definition we have given is occasionally useful – we shall see an instance of its use in 5.2.5 below.

Given any subcategory $\mathcal{D}$ of $\mathcal{C}$ and a coverage $J$ on $\mathcal{C}$, we define the *induced coverage* $J_{\mathcal{D}}$ on $\mathcal{D}$ by setting $J_{\mathcal{D}}(V)$ to be the collection of all sieves $R \cap \text{mor}\,\mathcal{D}$, where $R \in J(V)$. It is straightforward to verify that $J_{\mathcal{D}}$ satisfies the closure conditions $(C)$, $(L)$ and $(M)$ if $J$ does.

**Lemma 2.2.2** *Let $(\mathcal{C}, J)$ be a site, and let $\mathcal{D}$ be a subcategory of $\mathcal{C}$ satisfying condition* (ii) *of* 2.2.1. *Then*

(i) *A sieve $S$ on an object $V$ of $\mathcal{D}$ is $J_{\mathcal{D}}$-covering iff the sieve $\overline{S}$ in $\mathcal{C}$ generated by the members of $S$ is $J$-covering.*

(ii) *For any $J$-sheaf $A$ on $\mathcal{C}$, the restriction of $A$ to $\mathcal{D}$ is a $J_{\mathcal{D}}$-sheaf.*

**Proof** (i) The right-to-left implication is clear, since $\overline{S} \cap \text{mor}\,\mathcal{D} = S$. For the converse, suppose that $S = R \cap \text{mor}\,\mathcal{D}$ for some $J$-covering sieve $R$. Then, for any $f: U \to V \in R$, $f^*(\overline{S})$ contains all morphisms $g: W \to U$ with $fg \in \text{mor}\,\mathcal{D}$, and is therefore $J$-covering; so $\overline{S}$ is $J$-covering by $(L)$.

(ii) Suppose $S \in J_{\mathcal{D}}(V)$, and let $(s_f \in A(\text{dom}\, f) \mid f \in S)$ be a compatible family of elements for $S$. By (i), it is sufficient to show that $(s_f \mid f \in S)$ extends to a compatible family for $\overline{S}$, i.e. that if we have a commutative diagram in $\mathcal{C}$

$$\begin{array}{ccc} W & \xrightarrow{g_1} & U_1 \\ {\scriptstyle g_2}\downarrow & & \downarrow{\scriptstyle f_1} \\ U_2 & \xrightarrow{f_2} & V \end{array}$$

with $f_1, f_2 \in S$ then $A(g_1)(s_{f_1}) = A(g_2)(s_{f_2})$. But $W$ can be $J$-covered by morphisms $h\colon X \to W$ such that the composites $g_1 h$ and $g_2 h$ both lie in $\mathcal{D}$, so that the images of the two elements above under $A(h)$ both coincide with $s_{f_1 g_1 h}$. Since $A$ is a $J$-sheaf, it follows that the two elements are equal. □

Thus, under the hypotheses of Lemma 2.2.2, the functor $[\mathcal{C}^{\mathrm{op}}, \mathbf{Set}] \to [\mathcal{D}^{\mathrm{op}}, \mathbf{Set}]$ which sends $A$ to its restriction to $\mathcal{D}$ itself restricts to a functor $\mathbf{Sh}(\mathcal{C}, J) \to \mathbf{Sh}(\mathcal{D}, J_{\mathcal{D}})$. To get a functor in the opposite direction, we shall need to introduce some smallness hypotheses.

**Theorem 2.2.3 (Comparison Lemma)** *Let $(\mathcal{C}, J)$ be a site such that $\mathcal{C}$ is locally small, and let $\mathcal{D}$ be a small dense subcategory of $\mathcal{C}$. Then the restriction functor $\mathbf{Sh}(\mathcal{C}, J) \to \mathbf{Sh}(\mathcal{D}, J_{\mathcal{D}})$ just defined is (one half of) an equivalence of categories.*

**Proof** Let $B\colon \mathcal{D}^{\mathrm{op}} \to \mathbf{Set}$ be a functor. For each object $U$ of $\mathcal{C}$, let $(\mathcal{D}{\downarrow}U)$ denote the category whose objects are morphisms $f\colon V \to U$ in $\mathcal{C}$ with $V \in \mathrm{ob}\,\mathcal{D}$, and whose morphisms $f \to f'$ are morphisms $g\colon \mathrm{dom}\ f \to \mathrm{dom}\ f'$ in $\mathcal{D}$ such that $f'g = f$. The hypotheses on $\mathcal{C}$ and $\mathcal{D}$ ensure that $(\mathcal{D}{\downarrow}U)$ is a small category, and hence we can form the limit $A(U)$ of the composite

$$(\mathcal{D}{\downarrow}U)^{\mathrm{op}} \longrightarrow \mathcal{D}^{\mathrm{op}} \xrightarrow{\ B\ } \mathbf{Set},$$

where the first factor is the forgetful functor $f \mapsto \mathrm{dom}\ f$. The assignment $U \mapsto A(U)$ becomes a functor $\mathcal{C}^{\mathrm{op}} \to \mathbf{Set}$ in an obvious way: a morphism $U \to U'$ induces a functor $(\mathcal{D}{\downarrow}U) \to (\mathcal{D}{\downarrow}U')$ over $\mathcal{D}$, and hence a comparison map between the two limits. Similarly, the assignment $B \mapsto A$ itself becomes a functor $[\mathcal{D}^{\mathrm{op}}, \mathbf{Set}] \to [\mathcal{C}^{\mathrm{op}}, \mathbf{Set}]$. (Of course, this is just the usual construction of the right Kan extension of $B$ along the inclusion functor $\mathcal{D}^{\mathrm{op}} \to \mathcal{C}^{\mathrm{op}}$.)

Next, we note that the denseness of $\mathcal{D}$ ensures that any sheaf $A$ on $\mathcal{C}$ is isomorphic to the Kan extension of its restriction to $\mathcal{D}$. For if we are given an element of the above limit (with $B$ taken to be the restriction of $A$), i.e. a family of elements $(s_f \in B(\mathrm{dom}\ f) \mid f \in \mathrm{ob}\ (\mathcal{D}{\downarrow}U))$ satisfying the appropriate compatibility conditions, then an argument like that in the proof of 2.2.2(ii) ensures that this family extends to a compatible family for the sieve (in $\mathcal{C}$) generated by all morphisms from objects of $\mathcal{D}$ to $U$, and hence that there is a unique $s \in A(U)$ with $A(f)(s) = s_f$ for all $f$.

Similarly, any $J_{\mathcal{D}}$-sheaf $B$ on $\mathcal{D}$ is isomorphic to the restriction of its right Kan extension. If $\mathcal{D}$ is a full subcategory of $\mathcal{C}$ this is trivial, since $1_V$ is a terminal object of $(\mathcal{D}\downarrow V)$ for every $V \in \mathrm{ob}\,\mathcal{D}$. In general, if we are given an element $(s_f \in B(W) \mid (f\colon W \to V) \in \mathrm{ob}\,(\mathcal{D}\downarrow V))$ of $A(V)$ where $V \in \mathrm{ob}\,\mathcal{D}$, then for each $f$ the morphisms $g\colon X \to W$ in $\mathcal{D}$ for which $fg \in \mathrm{mor}\,\mathcal{D}$ generate a $J_{\mathcal{D}}$-covering sieve, so that $s_f$ is uniquely determined by the $s_{fg}$ for all such $g$ – and these are in turn determined by $s_{1_V}$. So we have a canonical bijection from $B(V)$ to $A(V)$.

Thus, in view of Lemma 2.2.2, it remains only to prove that the right Kan extension of a $J_{\mathcal{D}}$-sheaf on $\mathcal{D}$ is indeed a $J$-sheaf on $\mathcal{C}$. For this, we can conveniently use the characterization of sheaves given by 2.1.4: suppose $A$ is the right Kan extension of $B$, and we are given $R \in J(U)$ and a natural transformation $\alpha\colon R \to A$. We have to produce an element of $A(U)$; but by definition this consists of a compatible family of elements $(x_f \in B(V) \mid f\colon V \to U, V \in \mathrm{ob}\,\mathcal{D})$. For each such $f$, the sieve $f^*(R) \cap \mathrm{mor}\,\mathcal{D}$ is $J_{\mathcal{D}}$-covering on $V$, and $\alpha$ defines (by restriction) a compatible family of elements of $B$ relative to this cover; so we use the $J_{\mathcal{D}}$-sheaf axiom for $B$ to construct the required element $x_f$. The rest is straightforward verification. □

We shall say a site $(\mathcal{C}, J)$ is *essentially small* if $\mathcal{C}$ is locally small and has a small $J$-dense subcategory. We note that, although we required the subcategory $\mathcal{D}$ to be small in the statement of 2.2.3, the result has an immediate extension to the case where $\mathcal{D}$ (with the induced coverage $J_{\mathcal{D}}$) is an essentially small site: for if $\mathcal{D}'$ is a small $J_{\mathcal{D}}$-dense subcategory of such a $\mathcal{D}$, it is easy to see that $\mathcal{D}'$ is also $J$-dense in $\mathcal{C}$, and hence both $\mathbf{Sh}(\mathcal{C})$ and $\mathbf{Sh}(\mathcal{D})$ are equivalent to $\mathbf{Sh}(\mathcal{D}')$.

It is also possible to formulate a still more general version of the Comparison Lemma, for functors $F\colon \mathcal{D} \to \mathcal{C}$ between the underlying categories of sites which are not even faithful; but we shall not need this extra generality.

**Examples 2.2.4** (*a*) Let $X$ be a locale, and consider the category $\mathbf{LH}/X$, equipped with its canonical coverage $J$. By the proof of 1.3.11, any object of $\mathbf{LH}/X$ is a colimit of a diagram whose vertices are open inclusions $U \rightarrowtail X$, and these colimits are stable under pullback; so the full subcategory (isomorphic to $\mathcal{O}(X)$) whose objects are these inclusions is $J$-dense in $\mathbf{LH}/X$. Moreover, the induced coverage $J_{\mathcal{O}(X)}$ on $\mathcal{O}(X)$ is readily seen to be the (canonical) coverage used in the original definition of a sheaf on a locale; so we deduce that $\mathbf{Sh}(\mathbf{LH}/X, J)$ is equivalent to $\mathbf{Sh}(X)$ (and hence, by 1.3.11, to $\mathbf{LH}/X$ itself). This example is a special case of a general phenomenon which we shall observe in 2.2.7 below.

(*b*) More generally, by a *basis* for a locale $X$ we mean a subset $\mathcal{B}$ of $\mathcal{O}(X)$ which generates it as a complete join-semilattice, i.e. such that every element of $\mathcal{O}(X)$ is expressible as a join of members of $\mathcal{B}$. Then the inclusion $\mathcal{B} \rightarrowtail \mathcal{O}(X)$ satisfies the conditions of 2.2.1 with respect to the canonical coverage $J$ on $\mathcal{O}(X)$, so we may also regard $\mathbf{Sh}(X)$, up to equivalence, as $\mathbf{Sh}(\mathcal{B}, J_{\mathcal{B}})$. For example, if $\mathcal{O}(X) = IA$ is the frame of ideals of a distributive lattice $A$ (cf. 1.1.16(*e*)), and $\mathcal{B}$ is the subset of principal ideals (isomorphic as a poset to $A$), then the induced coverage $J_{\mathcal{B}}$ is simply the coherent coverage, since any covering of a principal ideal has a finite subcover. Thus we obtain the result that *the topos of sheaves on a distributive lattice A for its coherent coverage is equivalent to the topos of sheaves on the locale corresponding to the frame of ideals of A.*

($c$) Let $G$ be a topological group, and consider the topos $\mathbf{Cont}(G)$ of continuous $G$-sets, defined in A2.1.6, as a site equipped with its canonical coverage $C$. It is easy to see that the full subcategory consisting of the transitive $G$-sets is dense, since any continuous $G$-set is the disjoint union of its $G$-orbits; so we may make the transitive continuous $G$-sets into the objects of a site $(\mathcal{C}, J)$ such that $\mathbf{Sh}(\mathcal{C}, J) \simeq \mathbf{Sh}(\mathbf{Cont}(G), C)$. (As with example ($a$) above, we shall see in 2.2.7 below that the latter is equivalent to $\mathbf{Cont}(G)$ itself.)

Clearly, any transitive continuous $G$-set is isomorphic to the set $G : H$ of left cosets of some open subgroup $H$ of $G$, with $G$ acting by left translation; so we may take these $G$-sets to be the objects of our category $\mathcal{C}$. Alternatively, we can take the objects to be the open subgroups themselves, with morphisms $H \to K$ labelled by left cosets $gK$ of $K$ such that $H \subseteq gKg^{-1}$ – note that this makes sense, since the conjugate $gKg^{-1}$ depends only on the coset $gK$, and not on the choice of representative $g$. (The idea is that $gK \colon H \to K$ corresponds to the unique $G$-equivariant map $G : H \to G : K$ sending $H$ to the coset $gK$.) The composite of

$$H \xrightarrow{\quad gK \quad} K \xrightarrow{\quad hL \quad} L$$

is $ghL$; again, we need to check that this is well-defined, but the inclusion $K \subseteq hLh^{-1}$, or equivalently $h^{-1}Kh \subseteq L$, implies that $KhL = hL$, and hence $ghL = gKhL$ depends only on $gK$ and $hL$. And since every morphism between transitive $G$-sets is epic in $\mathbf{Cont}(G)$, the coverage $J$ on this category has the property that every inhabited sieve is covering (cf. 2.1.12($c$)). We leave to the reader the task of verifying that $\mathcal{C}$ satisfies the right Ore condition.

As in ($b$), we may replace the set of all open subgroups in this example by a basis for the open subgroups, i.e. a family $\mathcal{B}$ of open subgroups such that every open subgroup contains a member of $\mathcal{B}$. And in 5.3.9 below we shall see that this site can still be used in the case of a non-spatial localic group $G$ (that is, a group object in $\mathbf{Loc}$); we already knew that the continuous actions of such a group formed a topos, by B3.4.14($b$), but we did not previously have a description of it as a category of sheaves on a site. (Nontrivial examples of localic groups with no points other then the identity element do exist: for a simple one, revisit the non-spatial locale constructed as an inverse limit in 1.2.9, and replace the sets $X_i$ appearing in the inverse system by the free groups which they generate.)

($d$) Let $\mathcal{C}$ be any locally small category, $\mathcal{D}$ a small full subcategory of $\mathcal{C}$, and define a coverage $J$ on $\mathcal{C}$ by saying that a sieve $R$ on $U$ is $J$-covering iff it contains all the morphisms from objects of $\mathcal{D}$ to $U$. It is easily verified that this is indeed a (Grothendieck) coverage, that $\mathcal{D}$ is a $J$-dense subcategory, and that the induced coverage $J_{\mathcal{D}}$ is the trivial one whose only covers are the maximal sieves $M_V$, $V \in \text{ob}\, \mathcal{D}$. Thus 2.2.3 yields an equivalence $\mathbf{Sh}(\mathcal{C}, J) \simeq [\mathcal{D}^{\text{op}}, \mathbf{Set}]$.

In the case when $\mathcal{C}$ is also small, this equivalence identifies the geometric inclusion $\mathbf{Sh}(\mathcal{C}, J) \to [\mathcal{C}^{\mathrm{op}}, \mathbf{Set}]$ with that induced as in A4.2.12(*b*) by the full embedding $\mathcal{D}^{\mathrm{op}} \to \mathcal{C}^{\mathrm{op}}$. (We shall return to this example in 2.2.19 below.)

(*e*) Let $(\mathcal{C}, J)$ be a site, and let $\mathcal{C}'$ be the full subcategory on those objects of $\mathcal{C}$ which are *not* $J$-covered by the empty sieve. Then it is clear that $\mathcal{C}'$ is $J$-dense in $\mathcal{C}$. Moreover, it follows easily from $(L)$ that the induced coverage $J'$ on $\mathcal{C}'$ has all its sieves nonempty; so (provided we assume classical logic in our base topos **Set** – a point to which we shall return in Section C3.1 below) we see that *every category of sheaves on a site is equivalent to one on a site where every covering sieve is nonempty.* This condition on a site $(\mathcal{C}, J)$ correponds to saying that $\mathbf{Sh}(\mathcal{C}, J)$ is a dense subtopos of $[\mathcal{C}^{\mathrm{op}}, \mathbf{Set}]$, i.e. that the initial object of $[\mathcal{C}^{\mathrm{op}}, \mathbf{Set}]$ (the constant functor with value 0) is a sheaf; so we can regard the italicized statement above as an analogue for toposes of the fact, noted in 1.2.7, that any locale is a dense sublocale of a space.

**Remark 2.2.5** We may now prove, as promised in the last section, that *if $J$ and $K$ are two Grothendieck coverages on a category $\mathcal{C}$ such that the sites $(\mathcal{C}, J)$ and $(\mathcal{C}, K)$ are both essentially small, and $\mathbf{Sh}(\mathcal{C}, J)$ coincides with $\mathbf{Sh}(\mathcal{C}, K)$ as a subcategory of $[\mathcal{C}^{\mathrm{op}}, \mathbf{Set}]$, then $J = K$.* For we may find a small (full) subcategory $\mathcal{D}$ of $\mathcal{C}$ which is dense for both $J$ and $K$; then $\mathbf{Sh}(\mathcal{D}, J_{\mathcal{D}})$ and $\mathbf{Sh}(\mathcal{D}, K_{\mathcal{D}})$ coincide as subcategories of $[\mathcal{D}^{\mathrm{op}}, \mathbf{Set}]$, and so $J_{\mathcal{D}} = K_{\mathcal{D}}$ by 2.1.11. But, given that $J$ satisfies $(L)$, it is easily seen that we may recover it from $J_{\mathcal{D}}$, as follows: a sieve $R$ on an object $U$ of $\mathcal{C}$ is $J$-covering iff, for each $f : V \to U$ with $V \in \mathrm{ob}\, \mathcal{D}$, the sieve $f^*R \cap \mathrm{mor}\, \mathcal{D}$ is $J_{\mathcal{D}}$-covering. Hence $J_{\mathcal{D}} = K_{\mathcal{D}}$ implies $J = K$.

We next recall

**Proposition 2.2.6** *For any small site $(\mathcal{C}, J)$, $\mathbf{Sh}(\mathcal{C}, J)$ is a topos, and has all small limits and colimits. Moreover, it is reflective in $[\mathcal{C}^{\mathrm{op}}, \mathbf{Set}]$.*

**Proof** As we remarked earlier in this section, we have already proved this in Part A, but we shall repeat the proof here, expanding on the brief outline given in A2.1.10.

The first step, the construction of small limits in $\mathbf{Sh}(\mathcal{C}, J)$, does not in fact require any smallness assumption; it is immediate from the definition that the class of functors which satisfy the sheaf axiom for a given family is closed under all (pointwise) limits in $[\mathcal{C}^{\mathrm{op}}, \mathbf{Set}]$, and hence that it has all small limits.

From now on, we assume that $\mathcal{C}$ is small. In A1.5.5, we saw that $[\mathcal{C}^{\mathrm{op}}, \mathbf{Set}]$ is cartesian closed; we shall show that $\mathbf{Sh}(\mathcal{C}, J)$ is an exponential ideal in $[\mathcal{C}^{\mathrm{op}}, \mathbf{Set}]$, and hence cartesian closed in its own right. Suppose given a $J$-sheaf $A$, an arbitrary functor $B : \mathcal{C}^{\mathrm{op}} \to \mathbf{Set}$, and a natural transformation $\theta : R \to A^B$ where $R \in J(U)$ for some $U \in \mathrm{ob}\, \mathcal{C}$. Then extending $\theta$ to a natural transformation $\phi : \mathcal{C}(-, U) \to A^B$ is equivalent to extending $\overline{\theta} : R \times B \to A$ to a natural transformation $\overline{\phi} : \mathcal{C}(-, U) \times B \to A$; we shall show that the latter is uniquely possible. Given any $f : V \to U$ and any $x \in B(V)$, the sieve $f^*R$ is $J$-covering, and the pairs $((fg, B(g)(x)) \mid g \in f^*R)$ form a compatible family of elements of

$R \times B$, so their images under $\overline{\theta}$ form a compatible family of elements of $A$. We define $\overline{\phi}_V(f, x)$ to be the element of $A(V)$ obtained by applying the sheaf axiom to this family; it is easy to check that $\overline{\phi}$ is natural, and that it is the unique natural transformation extending $\overline{\theta}$.

We saw in A1.6.6 that the subobject classifier $\Omega$ in $[\mathcal{C}^{\mathrm{op}}, \mathbf{Set}]$ is given by $\Omega(U) = \{\text{sieves on } U\}$ with $\Omega(f)(R) = f^*(R)$. We define a sieve $R \in \Omega(U)$ to be *$J$-closed* if every $f\colon V \to U$ such that $f^*(R) \in J(V)$ belongs to $R$, i.e. if $f^*(R) \in J(V)$ implies $f^*(R) = M_V$. It is clear from the definition that the assignment $U \mapsto \{J\text{-closed sieves on } U\}$ defines a subfunctor $\Omega_J$ of $\Omega$; moreover, if $A$ is a sheaf, then a subfunctor $A'$ of $A$ is a sheaf iff, for any $x \in A(U)$, the sieve $\{f\colon V \to U \mid A(f)(x) \in A'(V)\}$ is $J$-closed, i.e. iff the classifying map of $A' \rightarrowtail A$ factors through $\Omega_J \rightarrowtail \Omega$. So, provided we can show that $\Omega_J$ itself is a $J$-sheaf, it will serve as a subobject classifier for $\mathbf{Sh}(\mathcal{C}, J)$. But, if $R \in J(U)$ and we are given a compatible family $(S_f \mid f \in R)$ of $J$-closed sieves on the domains of the members of $R$, then there is a unique closed sieve $S$ on $U$ with $f^*(S) = S_f$ for all $f$, namely the sieve of all $g\colon V \to U$ such that $S_{gf} = M_W$ for all $f\colon W \to V \in g^*(R)$.

The existence of all small colimits in $\mathbf{Sh}(\mathcal{C}, J)$ may be shown either by appealing to the Monadicity Theorem (A2.2.7) or by showing that $\mathbf{Sh}(\mathcal{C}, J)$ is reflective in $[\mathcal{C}^{\mathrm{op}}, \mathbf{Set}]$. We did the latter in A4.4.4, but we shall give a different construction of the reflection here. Given a functor $A\colon \mathcal{C}^{\mathrm{op}} \to \mathbf{Set}$, we define $A^+(U)$ to be the colimit, over the ordered set $J(U)$ of $J$-covering sieves on $U$, of the sets of morphisms $R \to A$; equivalently, an element of $A^+(U)$ is an equivalence class of pairs $(R, s)$ where $R \in J(U)$ and $s = (s_f \in A(\mathrm{dom}\, f) \mid f \in R)$ is a compatible family of elements of $A$ relative to $R$, the equivalence relation identifying $(R, s)$ and $(R', s')$ iff there is a $J$-covering sieve $R'' \subseteq R \cap R'$ on which the restrictions of $s$ and $s'$ agree. Given $f\colon V \to U$ in $\mathcal{C}$, it is easy to see that we obtain a well-defined mapping $A^+(U) \to A^+(V)$ sending the equivalence class of $(R, s)$ to that of $(f^*(R), (s_{fg} \mid g \in f^*(R)))$; thus $A^+$ becomes a functor $\mathcal{C}^{\mathrm{op}} \to \mathbf{Set}$. Moreover, the assignment $A \mapsto A^+$ is itself functorial in an obvious way, and we have a natural transformation $\eta_A\colon A \to A^+$ sending $s \in A(U)$ to the equivalence class of $(M_U, (A(f)(s) \mid f \in M_U))$, which is an isomorphism iff $A$ is a $J$-sheaf. Hence every morphism from a general $A$ to a sheaf factors uniquely through $\eta_A$.

For a general $A$, $A^+$ need not be a sheaf, but it is at least $J$-separated. To see this, let $(R, s)$ and $(R', s')$ represent two elements of $A^+(U)$ which agree when restricted to the domain of every morphism in a third $J$-covering sieve $R''$ on $U$. Thus, for every $f\colon V \to U$ in $R''$, we have a $J$-covering sieve $S_f$ on $V$, contained in $f^*(R) \cap f^*(R')$, such that $s_{fg} = s'_{fg}$ for every $g \in S_f$. But then, by (L), the sieve consisting of all the composites $fg$, as $f$ ranges over $R''$ and $g$ over $S_f$, is $J$-covering on $U$; so $(R, s)$ and $(R', s')$ represent the same element of $A^+(U)$.

To complete the construction of the left adjoint, it suffices to show that if $A$ is separated then $A^+$ is a sheaf; for then we shall know that $A^{++}$ is a sheaf for any functor $A$, and every morphism from $A$ to a sheaf factors uniquely through the composite $\eta_{A^+} \circ \eta_A\colon A \to A^+ \to A^{++}$. So suppose $A$ is separated; then we see that if $(R, s)$ and $(R', s')$ represent the same element of $A^+(U)$, then $s$ and $s'$ must agree on the whole of $R \cap R'$ (rather than on some covering sieve contained in $R \cap R'$), since for any $f \in R \cap R'$ the elements $s_f$ and $s'_f$ agree on a $J$-covering sieve. Thus each element of $A^+(U)$ has a canonical representative, namely the union of all the families which represent it. So if we now have a covering sieve $R$ on $U$ and a compatible family of elements $(t_f \in A^+(\text{dom } f) \mid f \in R)$, the canonical representatives $(S_f, s_f)$ of the $t_f$ can be combined into a single compatible family of elements of $A$ indexed by the sieve $\{fg \mid f \in R, g \in S_f\}$, which is again $J$-covering by (L). In this way we obtain an element $t$ of $A^+(U)$ such that $A^+(f)(t) = t_f$ for each $f \in R$; so $A^+$ satisfies the 'existence' as well as the 'uniqueness' part of the definition of a sheaf. □

We recall that in Section A4.4 we not only constructed a left adjoint for the inclusion $\mathbf{Sh}(\mathcal{C}, J) \to [\mathcal{C}^{\text{op}}, \mathbf{Set}]$, but also proved that it is cartesian (i.e. preserves finite limits). In terms of the construction given in the proof of 2.2.6, the same result may be obtained by observing that the poset $J(U)$ of $J$-covering sieves on $U$ is codirected, since it has finite intersections; so the fact that filtered colimits and finite limits commute in **Set** implies that the functor $A \mapsto A^+$ is cartesian. As we remarked at the end of Section A4.4, there is also an 'internal' version of this construction of the associated sheaf functor, applicable to any local operator in an elementary topos; cf. [501].

We note that a topos of the form $\mathbf{Sh}(\mathcal{C}, J)$, as well as having all small colimits, is locally small; hence by A4.1.9 it admits a geometric morphism to **Set**. It is also well-powered (since subobjects of an object $A$ correspond bijectively to morphisms $A \to \Omega$) and hence an $\infty$-pretopos as defined in Section A1.4. In the converse direction, we have

**Proposition 2.2.7** *Let $\mathcal{C}$ be an $\infty$-pretopos with a separating set. Then the canonical coverage $J$ makes $(\mathcal{C}, J)$ into an essentially small site, and every $J$-sheaf on $\mathcal{C}$ is representable.*

**Proof** By 2.1.12($e$), we know that the canonical coverage consists of all sieves which contain small epimorphic families. But the definition of separating set says that, for any $U \in \text{ob } \mathcal{C}$, the family of all morphisms from objects in the separating set to $U$ is (small and) epimorphic, so the full subcategory $\mathcal{D}$ on these objects is $J$-dense. Thus $(\mathcal{C}, J)$ is essentially small.

Let $l \colon \mathcal{C} \to \mathbf{Sh}(\mathcal{C}, J)$ be the factorization through $\mathbf{Sh}(\mathcal{C}, J)$ of the Yoneda embedding $U \mapsto \mathcal{C}(-, U)$. By the argument of A2.1.11($a$) and ($b$), $l$ preserves covers and small unions, i.e. it is a geometric functor. We must show that every object of $\mathbf{Sh}(\mathcal{C}, J)$ is isomorphic to one in the image of $l$. Given a sheaf $A$, let $S$ be the set of pairs $(V, x)$ with $V \in \text{ob } \mathcal{D}$ and $x \in A(V)$, and let $W$ be the coproduct (in $\mathcal{C}$) of the $S$-indexed family $(V \mid (V, x) \in S)$. From the proof of 2.2.3, we know that any $J$-sheaf $B$ is isomorphic to the right Kan extension of its restriction to $\mathcal{D}$, and so an element $y \in B(U)$ (for any $U \in \text{ob } \mathcal{C}$) is uniquely determined by the family of elements $(B(f)(y) \mid f \colon V \to U, V \in \text{ob } \mathcal{D})$. It follows that two natural transformations $A \rightrightarrows B$ which agree at all objects of $\mathcal{D}$ must be equal, and hence the natural transformation $l(W) \cong \coprod_{(V,x)\in S} l(V) \to A$ whose $(V,x)$th component is (induced by) $x$ is epimorphic in $\mathbf{Sh}(\mathcal{C},J)$.

Now form the kernel-pair $R \rightarrowtail l(W) \times l(W)$ of $l(W) \twoheadrightarrow A$. By the same argument, we can find an epimorphism $l(X) \twoheadrightarrow R$. But $l$ (is full and) preserves images, so we have $R \cong l(I)$, where $I$ is the image of the corresponding pair $X \to W \times W$ in $\mathcal{C}$. And since epimorphisms in $\mathbf{Sh}(\mathcal{C},J)$ are regular, and $l$ preserves coequalizers of equivalence relations, we now have $A \cong l(Q)$, where $Q$ is the coequalizer of $I \rightrightarrows W$ in $\mathcal{C}$. So the result is proved. □

Summarizing the results of this section so far, we now have the characterization of sheaf toposes known as Giraud's Theorem [405].

**Theorem 2.2.8** *For a category $\mathcal{E}$, the following are equivalent:*

(i) *There exists an essentially small site $(\mathcal{C},J)$ such that $\mathcal{E} \simeq \mathbf{Sh}(\mathcal{C},J)$.*

(ii) *There exists a small site $(\mathcal{C},J)$ such that $\mathcal{E} \simeq \mathbf{Sh}(\mathcal{C},J)$.*

(iii) *There exists a standard site $(\mathcal{C},J)$ such that $\mathcal{E} \simeq \mathbf{Sh}(\mathcal{C},J)$.*

(iv) *$\mathcal{E}$ is a cocomplete, locally small topos with a separating set of objects.*

(v) *$\mathcal{E}$ is a topos, and there exists a bounded geometric morphism $\mathcal{E} \to$ **Set** (cf. B3.1.7).*

(vi) *$\mathcal{E} \simeq$ **Map**$(\mathcal{A})$, where $\mathcal{A}$ is a tabular effective positive geometric allegory with a strong separator (cf. A3.4.11).*

(vii) *$\mathcal{E}$ is an $\infty$-pretopos with a separating set of objects.*

(viii) *$\mathcal{E}$ is locally small and has a small subcategory which is dense for the canonical coverage, and every sheaf for the canonical coverage is representable.*

(ix) *$\mathcal{E}$ is locally presentable (cf. D2.3.4), locally cartesian closed and balanced, and is effective as a regular category.*

**Proof** (i) ⇒ (ii) follows from 2.2.3, and (iii) ⇒ (ii) is obvious. (ii) ⇒ (iv) was all proved in 2.2.6, except for the separating set of objects; but it is well known that the hom-functors $\mathcal{C}(-,U), U \in \mathrm{ob}\,\mathcal{C}$, form a separating set for $[\mathcal{C}^{\mathrm{op}}, \mathbf{Set}]$ if $\mathcal{C}$ is small, and since $\mathbf{Sh}(\mathcal{C},J)$ is reflective in $[\mathcal{C}^{\mathrm{op}}, \mathbf{Set}]$ their images under the reflector form a separating set for $\mathbf{Sh}(\mathcal{C},J)$. Now (iii) ⇒ (ix) because D2.3.7 shows that any category satisfying (iii) is locally presentable, and the other hypotheses of (ix) are satisfied by any topos. The equivalence of (iv) and (v) was established in B3.1.8(*b*) (cf. also A4.1.9), and that of (v) and (vi) in B3.1.9. (iv) ⇒ (vii) because a locally small topos is well-powered, and a cocomplete well-powered topos is an $\infty$-pretopos. Similarly, (ix) ⇒ (vii) because the infinitary analogue of A1.5.13 shows that $\mathcal{E}$ is a geometric category (it is well-powered by A1.4.17) and hence an $\infty$-pretopos by the infinitary analogue of A1.5.14, and it has a generating set by the definition of local presentability. (vii) ⇒ (viii) by 2.2.7 and the fact (which follows from 2.1.12(*e*)) that any separating set for an $\infty$-pretopos defines a dense full subcategory for the canonical coverage. Assuming (viii), let $J$ be the canonical coverage on $\mathcal{E}$; then, since the Yoneda embedding $l: \mathcal{E} \to \mathbf{Sh}(\mathcal{E}, J)$ is full and faithful, (viii) says that $l$ is a weak equivalence, and so (with choice) we have an equivalence $\mathcal{E} \simeq \mathbf{Sh}(\mathcal{E}, J)$. Hence (i) holds.

It remains to show that (iii) is implied by the other conditions. First, we note that if $\mathcal{D}$ is a dense subcategory then so is the full subcategory $\overline{\mathcal{D}}$ of $\mathcal{E}$ on the same objects; and the induced coverage $J_{\overline{\mathcal{D}}}$ on the latter will be subcanonical, since all the functors $\overline{\mathcal{D}}(-, V)$ ($V \in \text{ob } \mathcal{D}$) are sheaves for it. Moreover, $\overline{\mathcal{D}}$ is small if $\mathcal{D}$ is, since $\mathcal{E}$ is locally small; and we may further close it under finite limits in $\mathcal{E}$ without destroying its smallness (and clearly without destroying its denseness either). □

**Definition 2.2.9** A category satisfying the equivalent conditions of 2.2.8 is called a *Grothendieck topos.*

**Remark 2.2.10** We have seen that a Grothendieck topos is complete, cocomplete, locally small and well-powered, and it has a separating set. It is also well-copowered (because isomorphism classes of epimorphisms with domain $A$ correspond bijectively to equivalence relations on $A$), and has a coseparating set (in fact a single coseparator), by B3.1.13. Thus we are always free to appeal to the Special Adjoint Functor Theorem (B2.4.6) when considering functors between Grothendieck toposes: that is, *a functor between Grothendieck toposes has a left (resp. right) adjoint iff it preserves all small limits (resp. colimits).* In particular, we note that if $F: \mathcal{E} \to \mathcal{F}$ is a geometric functor between Grothendieck toposes, then it preserves all small colimits (by the argument of A1.4.19), and so has a right adjoint; thus it is the inverse image of a geometric morphism $\mathcal{F} \to \mathcal{E}$. (This is essentially a restatement of something we observed in A4.1.18.)

Another consequence of the 'smallness condition' built into the definition of a Grothendieck topos is also worth stating explicitly. Although the hom-categories of the 2-category $\mathfrak{BTop}/\mathbf{Set}$ of Grothendieck toposes need not be small, they do have an important 'smallness property':

**Lemma 2.2.11** *Let $\mathcal{E}$ and $\mathcal{F}$ be Grothendieck toposes. Then there exists a set $K$ of geometric morphisms $\mathcal{F} \to \mathcal{E}$ which is 'relatively conservative': that is, if $u: A' \rightarrowtail A$ is a monomorphism in $\mathcal{E}$ such that $f^*(u)$ is an isomorphism for all $f \in K$, then $g^*(u)$ is an isomorphism for* all *geometric morphisms $g: \mathcal{F} \to \mathcal{E}$.*

**Proof** Let $(\mathcal{C}, J)$ be a small site such that $\mathcal{E} \simeq \mathbf{Sh}(\mathcal{C}, J)$, and as usual let $l: \mathcal{C} \to \mathcal{E}$ denote the composite of the Yoneda embedding and the associated sheaf functor. For each $U \in \text{ob } \mathcal{C}$ and each subobject $m: R \rightarrowtail l(U)$ in $\mathcal{E}$, if there exists a geometric morphism $f: \mathcal{F} \to \mathcal{E}$ such that $f^*(m)$ is not an isomorphism, then choose one and call it $f_m$; let $K$ be the set of all such $f_m$, as $m$ ranges over (a representative set of) subobjects of objects of the form $l(U)$. Now let $u: A' \rightarrowtail A$ be an arbitrary monomorphism in $\mathcal{E}$, and suppose $g^*(u)$ is not an isomorphism for some $g: \mathcal{F} \to \mathcal{E}$. Since $A$ can be expressed as a colimit of objects of the form $l(U)$, and since $g^*$ preserves colimits and pullbacks, there must exist $x\colon l(U) \to A$ in $\mathcal{E}$ for which the pullback

$$\begin{array}{ccc} R & \longrightarrow & A' \\ {\scriptstyle m}\downarrow & & \downarrow{\scriptstyle u} \\ l(U) & \xrightarrow{x} & A \end{array}$$

is such that $g^*(m)$ is not an isomorphism. But then we have $f_m \in K$ such that $f_m^*(m)$ is not an isomorphism, and hence $f_m^*(u)$ is not an isomorphism either. □

Lemma 2.2.11 is most often of use in the particular case $\mathcal{F} = \mathbf{Set}$. By analogy with the case of sheaves on a locale, we define a *point* of a Grothendieck topos $\mathcal{E}$ to be a geometric morphism $\mathbf{Set} \to \mathcal{E}$, and we say that $\mathcal{E}$ *has enough points* if the class of all inverse image functors $\mathcal{E} \to \mathbf{Set}$ is jointly conservative. We may thus deduce

**Corollary 2.2.12** *A Grothendieck topos $\mathcal{E}$ has enough points iff there exists a surjection $\mathbf{Set}/K \to \mathcal{E}$ for some set $K$.*

**Proof** By B3.4.1 and the remarks following it (plus A1.1.6, if you insist), specifying a geometric morphism $\mathbf{Set}/K \to \mathcal{E}$ is equivalent to specifying a $K$-indexed family of points of $\mathcal{E}$. Moreover, the former is surjective iff the inverse images of the latter are jointly conservative. So the result is immediate from 2.2.11. □

In D2.3.12 we prove a stronger version of 2.2.11: namely, that $\mathfrak{BTop}/\mathbf{Set}\,(\mathcal{F},\mathcal{E})$ contains a set of objects $K$ such that every object is expressible as a filtered colimit of members of $K$. (We recall from B3.4.8 – though it also follows easily from 2.2.10 – that filtered colimits in $\mathfrak{BTop}/\mathbf{Set}\,(\mathcal{F},\mathcal{E})$ are computed 'pointwise' at the level of inverse image functors, so 2.2.11 does indeed follow from this assertion.)

Next, we digress to consider the analogue for quasitoposes of Giraud's Theorem. By a *bisite*, we mean a category $\mathcal{C}$ equipped with two coverages $J$ and $K$, such that $J \subseteq K$. We say a functor $A\colon \mathcal{C}^{\mathrm{op}} \to \mathbf{Set}$ is *biseparated* for the pair $(J, K)$ if it satisfies the sheaf axiom for all covers in $J$ and is separated for all covers in $K$; and we write $\mathbf{Bisep}(\mathcal{C}, J, K)$ for the category of all such functors (and natural transformations between them). If $\mathcal{C}$ is small, it is easy to see that these functors are exactly the objects of $\mathbf{Sh}(\mathcal{C}, J)$ which are separated (in the sense of A4.3.4) for the local operator $k$ corresponding to the subtopos $\mathbf{Sh}(\mathcal{C}, K) \subseteq \mathbf{Sh}(\mathcal{C}, J)$; hence by A4.4.5 $\mathbf{Bisep}(\mathcal{C}, J, K)$ is a quasitopos. Moreover, it is reflective in $\mathbf{Sh}(\mathcal{C}, J)$ and hence in $[\mathcal{C}^{\mathrm{op}}, \mathbf{Set}]$; so it is complete and cocomplete, and has a generating set consisting of the reflections of the representable functors.

One more definition: we say an equivalence relation $R \rightrightarrows A$ in a regular category is *strong* if the corresponding monomorphism $R \rightarrowtail A \times A$ is a cocover (i.e. a strong monomorphism). Clearly, every effective equivalence relation is strong, since the indicated monomorphism is an equalizer. We say that a regular category is *quasi-effective* if every strong equivalence relation is effective. The proof given in A2.4.1 that a topos is effective as a regular category may easily be adapted to prove that a quasitopos is quasi-effective.

**Theorem 2.2.13** *For a category $\mathcal{E}$, the following conditions are equivalent:*

(i) *There exists a Grothendieck topos $\mathcal{F}$ and a local operator $k$ on $\mathcal{F}$ such that $\mathcal{E} \simeq \mathbf{sep}_k(\mathcal{F})$.*

(ii) *$\mathcal{E}$ is equivalent to $\mathbf{Bisep}(\mathcal{C}, J, K)$ for some small bisite $(\mathcal{C}, J, K)$ (whose underlying category may be taken to have finite limits).*

(iii) *$\mathcal{E}$ is a locally small, cocomplete quasitopos with a generating set.*

(iv) *$\mathcal{E}$ is locally presentable, locally cartesian closed and quasi-effective.*

**Proof** The proof of (i) $\Leftrightarrow$ (ii) $\Rightarrow$ (iii) $\Rightarrow$ (iv) is mostly contained in the discussion before the statement of the theorem; the only thing missing is the local presentability, which may be established as in D2.3.7. So it remains to prove (iv) $\Rightarrow$ (ii).

Suppose $\mathcal{E}$ is locally $\kappa$-presentable. Then by D2.3.4 we can represent it as the category of $\kappa$-continuous functors $\mathcal{C}^{\mathrm{op}} \to \mathbf{Set}$, where $\mathcal{C}$ is a small category (equivalent to the full subcategory of $\kappa$-presentable objects of $\mathcal{E}$) with $\kappa$-small colimits. We shall take this $\mathcal{C}$ as the underlying category of our bisite, and regard it as a full subcategory of $\mathcal{E}$. The coverages $J$ and $K$ are defined as those induced on $\mathcal{C}$ by the coverages on $\mathcal{E}$ consisting of sieves containing small effective-epimorphic families, and small epimorphic families, respectively: note that, since $\mathcal{E}$ is a geometric category by A1.5.13, these families are indeed stable under pullback. Also, since every object of $\mathcal{E}$ is a ($\kappa$-filtered) colimit of objects of $\mathcal{C}$, the inclusion $\mathcal{C} \to \mathcal{E}$ is $J$-dense and hence also $K$-dense; and every representable functor $\mathcal{E}^{\mathrm{op}} \to \mathbf{Set}$ is a $J$-sheaf and $K$-separated, so we have $\mathcal{E} \subseteq \mathbf{Bisep}(\mathcal{C}, J, K)$ as subcategories of $[\mathcal{C}^{\mathrm{op}}, \mathbf{Set}]$.

For the reverse inclusion, we need to show that every $(J, K)$-biseparated functor $\mathcal{C}^{\mathrm{op}} \to \mathbf{Set}$ preserves $\kappa$-small limits. Consider first a coproduct $U = \sum_{i \in I} U_i$: by (the infinitary analogue of) A1.5.14, this coproduct is quasi-disjoint, i.e. the coprojections $\nu_i \colon U_i \to U$ are monic and $U_i \cap U_j$ is a quasi-initial object for each $i \neq j$. In particular, each $U_i \cap U_j$ is $K$-covered by the empty sieve; so if $A \colon \mathcal{C}^{\mathrm{op}} \to \mathbf{Set}$ is $(J, K)$-biseparated, then each $F(U_i \cap U_j)$ is either empty or a singleton. Now the $\nu_i$ generate a $J$-covering sieve; the sheaf axiom for this sieve says that $A(U)$ is the limit of a diagram whose vertices are the $A(U_i)$ and the $A(U_i \cap U_j)$, but the triviality of the latter means that we can omit them from the diagram without changing its limit. (Note that if any $A(U_i \cap U_j)$ is empty, then both $A(U_i)$ and $A(U_j)$ must be empty too.) So $A(U) \to \prod_{i \in I} A(U_i)$ is an isomorphism, as required.

It remains to consider coequalizers. First we note that the Yoneda embedding $h: \mathcal{C} \to \mathbf{Bisep}(\mathcal{C}, J, K)$ preserves regular epimorphisms: since a regular epimorphism $q: V \twoheadrightarrow W$ generates a $J$-covering sieve, $h(q)$ is the coequalizer of its kernel-pair in $\mathbf{Bisep}(\mathcal{C}, J, K)$. Now consider an arbitrary coequalizer diagram

$$U \underset{g}{\overset{f}{\rightrightarrows}} V \xrightarrow{q} W$$

in $\mathcal{C}$; let $q': h(B) \twoheadrightarrow Q$ be the coequalizer of $(h(f), h(g))$ in $\mathbf{Bisep}(\mathcal{C}, J, K)$, and $(a, b): R \rightrightarrows h(V)$ the kernel-pair of $q'$ in this category. We note that $h(q)$ factors through $q'$ (so that $h(q)a = h(q)b$), and that $(h(f), h(g))$ factors through $(a, b)$.

We claim next that $R$ lies in $\mathcal{E}$. We have a monomorphism $(a, b): R \rightarrowtail h(V) \times h(V)$; but $h(V) \times h(V)$ lies in $\mathcal{E}$, so if we are given any other coequalizer diagram $U' \rightrightarrows V' \twoheadrightarrow W'$ in $\mathcal{C}$ and a morphism $h(V') \to R$ having equal composites with $h(U') \rightrightarrows h(V')$, then the composite $h(V') \to R \rightarrowtail h(V) \times h(V)$ factors uniquely through $h(V') \twoheadrightarrow h(W')$, and from the fact that $h$ preserves regular epimorphisms we get a unique lifting of this factorization through $R \rightarrowtail h(V) \times h(V)$. So $R$ preserves equalizers as a functor $\mathcal{C}^{\mathrm{op}} \to \mathbf{Set}$; but by the argument already given we know that it preserves $\kappa$-small products, and hence it lies in $\mathcal{E}$.

In fact $(a, b): R \rightarrowtail h(V) \times h(V)$ is a cocover in $\mathbf{Bisep}(\mathcal{C}, J, K)$, since it is regular monic; but the inclusion $\mathcal{E} \to \mathbf{Bisep}(\mathcal{C}, J, K)$ is easily seen to preserve epimorphisms, so it is also a cocover in $\mathcal{E}$. Hence $R \rightrightarrows h(V)$ is a strong equivalence relation in $\mathcal{E}$, and so it is the kernel-pair of its coequalizer there; but the latter may be identified with $h(q)$, by the existence of the factorizations mentioned earlier and the fact that $h$ preserves coequalizers as a functor $\mathcal{C} \to \mathcal{E}$. So $h(q)$ is isomorphic to $q'$, since both are regular epimorphisms in $\mathbf{Bisep}(\mathcal{C}, J, K)$ and they have the same kernel-pair. Thus we have shown that the inclusion $\mathcal{C} \to \mathbf{Bisep}(\mathcal{C}, J, K)$ preserves coequalizers; equivalently, every object of $\mathbf{Bisep}(\mathcal{C}, J, K)$, considered as a functor $\mathcal{C}^{\mathrm{op}} \to \mathbf{Set}$, preserves equalizers.

□

A category satisfying the equivalent conditions of 2.2.13 is called a *Grothendieck quasitopos*.

**Examples 2.2.14** (*a*) We saw in A2.6.4(*a*) that any Heyting algebra is a quasitopos. Clearly, a Heyting algebra is a Grothendieck quasitopos iff it is complete, i.e. iff it is a frame. Given a frame $L$, we know from 1.3.15 that $L$ may be recovered (up to equivalence) as the lattice of subterminal objects of $\mathbf{Sh}(L, J)$, where $J$ is the canonical coverage on $L$; equivalently, it can be represented as $\mathbf{Bisep}(L, J, K)$ where $K$ is the coverage (sometimes called the *chaotic coverage*) in which every sieve is covering, and so the only sheaf is the terminal object.

(*b*) The quasitopos **Fre** of Fréchet spaces (A2.6.4(*c*)) was identified with a full subcategory of the topos $\mathbf{Sh}(M, J)$ of A2.1.11(*j*), where $M$ is the monoid of continuous endomorphisms of the space $\mathbb{N}^+$ and $J$ is (the Grothendieck coverage generated by) the coverage defined in A2.1.11($j$). It is not hard to see that **Fre** consists precisely of the $\neg\neg$-separated objects of this topos; equivalently, we may identify it with $\mathbf{Bisep}(M, J, K)$, where $K$ is the coverage consisting of all jointly-surjective sieves of endomorphisms of $\mathbb{N}^+$ (equivalently, of those sieves which contain all the constant maps $\mathbb{N}^+ \to \mathbb{N}^+$). So it is a Grothendieck quasitopos.

The assumption '$\mathcal{E}$ has a generating set' in 2.2.13(iii) cannot be weakened (as in 2.2.8(iv)) to '$\mathcal{E}$ has a separating set'. The quasitopos **Choq** of Choquet spaces, considered in A2.6.4($b$), has a single separator, namely 1; but it does not have a generating set, by an argument like that given for **Sp** in A1.2.5. Similarly, the assumption of quasi-effectiveness cannot be omitted from 2.2.13(iv) (and effectiveness cannot be omitted from 2.2.8(ix)). We shall give a counterexample in 4.2.4 below.

We now revert to the study of toposes. Given a (Grothendieck) topos $\mathcal{E}$, by a *site of definition for* $\mathcal{E}$ we mean a site $(\mathcal{C}, J)$ such that $\mathcal{E} \simeq \mathbf{Sh}(\mathcal{C}, J)$. Of course, there are many possible sites of definition for a given topos; but, at least if we restrict our attention to separated sites, it is possible to characterize them via Proposition 2.2.16 below. Given a small site $(\mathcal{C}, J)$, we shall normally write $l\colon \mathcal{C} \to \mathbf{Sh}(\mathcal{C}, J)$ for the composite of the Yoneda embedding $h\colon \mathcal{C} \to [\mathcal{C}^{\mathrm{op}}, \mathbf{Set}]$ with the associated sheaf functor $L\colon [\mathcal{C}^{\mathrm{op}}, \mathbf{Set}] \to \mathbf{Sh}(\mathcal{C}, J)$.

**Lemma 2.2.15** *Let $(\mathcal{C}, J)$ be a small site. Then the functor $l\colon \mathcal{C} \to \mathbf{Sh}(\mathcal{C}, J)$ is faithful (resp. full and faithful) iff the coverage $J$ is separated (resp. subcanonical).*

**Proof** If $J$ is subcanonical, then the Yoneda embedding $h$ factors through the inclusion $\mathbf{Sh}(\mathcal{C}, J) \to [\mathcal{C}^{\mathrm{op}}, \mathbf{Set}]$, and we may identify $l$ with this factorization; so the fact that it is full and faithful follows from the corresponding property of $h$. If $J$ is merely separated, then for each $U \in \mathrm{ob}\,\mathcal{C}$ the unit map $h(U) \to l(U)$ is monic, and so composition with it induces an injection

$$\begin{aligned} \mathcal{C}\,(V, U) &\cong [\mathcal{C}^{\mathrm{op}}, \mathbf{Set}]\,(h(V), h(U)) \longrightarrow [\mathcal{C}^{\mathrm{op}}, \mathbf{Set}]\,(h(V), l(U)) \\ &\cong \mathbf{Sh}(\mathcal{C})\,(l(V), l(U)) \end{aligned}$$

which is clearly the effect of the functor $l$ on morphisms $V \to U$.

Conversely, suppose $l$ is faithful. Then for any two objects $U$ and $V$ of $\mathcal{C}$, we have an injection

$$h(U)(V) = \mathcal{C}\,(V, U) \longrightarrow \mathbf{Sh}(\mathcal{C})\,(l(V), l(U)) \cong [\mathcal{C}^{\mathrm{op}}, \mathbf{Set}]\,(h(V), l(U)) \cong l(U)(V);$$

and these injections are natural in $V$, so they define a monomorphism $h(U) \rightarrowtail l(U)$ in $[\mathcal{C}^{\mathrm{op}}, \mathbf{Set}]$. Hence by A4.3.6($a$) $h(U)$ is separated for any $U$, i.e. $J$ is a separated coverage. If $l$ is full as well as faithful, then the above monomorphism is an isomorphism; so the $h(U)$ are all sheaves, i.e. $J$ is subcanonical. □

It follows from 2.2.15 that, given $\mathcal{E}$, every small separated (resp. subcanonical) site of definition for $\mathcal{E}$ occurs, up to equivalence, as a subcategory (resp. a full subcategory) of $\mathcal{E}$ itself. In the subcanonical case, we can delete the word 'small' from this assertion: although the inclusion $\mathbf{Sh}(\mathcal{C}, J) \to [\mathcal{C}^{\mathrm{op}}, \mathbf{Set}]$ may not have a left adjoint if $\mathcal{C}$ is not small, it is still true that if $J$ is subcanonical then the Yoneda embedding factors through the inclusion, and so we may identify $\mathcal{C}$ with a full subcategory of $\mathbf{Sh}(\mathcal{C}, J)$. Moreover, it is not hard to see which (full) subcategories of $\mathcal{E}$ give rise to such sites: they are precisely those which satisfy the hypotheses of the Comparison Lemma 2.2.3, when we equip $\mathcal{E}$ with its canonical coverage. Finally, the assertion that a full subcategory $\mathcal{C}$ is dense for the canonical coverage is clearly equivalent to saying that ob $\mathcal{C}$ is a separating family for $\mathcal{E}$. Thus we have established

**Proposition 2.2.16** *Let $\mathcal{E}$ be a Grothendieck topos. Then, up to equivalence,*

(i) *the small sites of definition $(\mathcal{C}, J)$ for $\mathcal{E}$ such that $J$ is separated are precisely the sites obtained by equipping small dense subcategories of $\mathcal{E}$ with the coverages induced by the canonical coverage on $\mathcal{E}$; and*

(ii) *the essentially small sites of definition $(\mathcal{C}, J)$ for $\mathcal{E}$ such that $J$ is subcanonical are precisely the sites obtained by equipping full subcategories $\mathcal{C}$ of $\mathcal{E}$ such that* ob $\mathcal{C}$ *is a separating family for $\mathcal{E}$ with the coverages induced by the canonical coverage on $\mathcal{E}$.* □

The 'fundamental theorem of topos theory' (A2.3.2) says that if $\mathcal{E}$ is a topos then so is $\mathcal{E}/A$ for any object $A$ of $\mathcal{E}$. Moreover, it is easy to see that if $\mathcal{E}$ is a Grothendieck topos then so is $\mathcal{E}/A$. The following result is often useful in obtaining a site of definition for $\mathcal{E}/A$.

**Lemma 2.2.17** *Let $(\mathcal{C}, J)$ be an essentially small subcanonical site, $U$ an object of $\mathcal{C}$. Define a sieve $R$ on an object $(f: V \to U)$ of $\mathcal{C}/U$ to be $J_U$-covering iff the sieve $\{\Sigma_U(g) \mid g \in R\}$ is $J$-covering on $V = \Sigma_U(f)$. Then $(\mathcal{C}/U, J_U)$ is an essentially small subcanonical site, and $\mathbf{Sh}(\mathcal{C}/U, J_U) \simeq \mathbf{Sh}(\mathcal{C}, J)/l(U)$.*

**Proof** It is clear that $J_U$ satisfies conditions $(C)$, $(L)$ and $(M)$ if $J$ does; and if $\mathcal{D}$ is a small dense full subcategory of $\mathcal{C}$, then the full subcategory of $\mathcal{C}/U$ on all objects $(f: V \to U)$ with $V \in \mathrm{ob}\, \mathcal{D}$ is (small and) dense. Moreover, $J_U$ is subcanonical: given a $J_U$-covering sieve $R$ on an object $f: V \to U$ of $\mathcal{C}/U$ and another object $g: W \to U$, a compatible family of morphisms $(h_k: \mathrm{dom}\, k \to g \mid k \in R)$ is in particular a compatible family for the sieve $\{\Sigma_U(k) \mid k \in R\}$, and hence induces a unique morphism $h: V \to W$, and the latter is a morphism $f \to g$ in $\mathcal{C}/U$ (that is, $gh = f$) since $\mathcal{C}(-, U)$ is a $J$-sheaf. The final assertion now follows from 2.2.16(ii), since if we identify $\mathcal{C}$ with a dense full subcategory of $\mathbf{Sh}(\mathcal{C}, J)$ then $\mathcal{C}/U$ will be identified with a dense full subcategory of $\mathbf{Sh}(\mathcal{C}, J)/l(U)$ (and the coverage induced on it will be exactly $J_U$, since the forgetful functor $\mathbf{Sh}(\mathcal{C},J)/l(U) \to \mathbf{Sh}(\mathcal{C},J)$ preserves and reflects epimorphic families). □

Before leaving this section, we revert briefly to the consideration of those coverages which arise as in 2.2.4(*d*).

**Definition 2.2.18** Let $(\mathcal{C},J)$ be a site.

(*a*) We say an object $V$ of $\mathcal{C}$ is ($J$-)*irreducible* if the only $J$-covering sieve on $V$ is the maximal sieve $M_V$.

(*b*) We say $J$ is *rigid* if, for every $U \in \mathrm{ob}\,\mathcal{C}$, the family of all morphisms from $J$-irreducible objects to $U$ generates a $J$-covering sieve.

If $J$ is rigid, then for every $U \in \mathrm{ob}\,\mathcal{C}$ the sieve described in 2.2.18(*b*) must be the unique smallest $J$-covering sieve on $U$; in particular, every object has a smallest $J$-covering sieve (cf. A4.5.2). (But the latter condition does not imply rigidity: for example, on any dense totally ordered set, such as $\mathbb{Q}$ or $\mathbb{R}$, we have a (Grothendieck) coverage in which each object $U$ has just two covering sieves, namely $M_U$ and the sieve of all morphisms $V \to U$ with $V < U$, and this clearly has no irreducible objects.) Clearly, a coverage which arises as in 2.2.4(*d*) is rigid, the irreducible objects being (retracts of) objects of the full subcategory $\mathcal{D}$; conversely, if $J$ is a rigid coverage on $\mathcal{C}$, then (provided the full subcategory $\mathcal{D}$ of $J$-irreducible objects of $\mathcal{C}$ is small) the Comparison Lemma yields an equivalence $\mathbf{Sh}(\mathcal{C},J) \simeq [\mathcal{D}^{\mathrm{op}},\mathbf{Set}]$.

**Example 2.2.19** Let $\mathcal{C}$ be a small cartesian category, and $\mathbf{Reg}(\mathcal{C})$ the regularization of $\mathcal{C}$, as defined in A1.3.9. Then the regular coverage $J$ on $\mathbf{Reg}(\mathcal{C})$ is rigid; for we saw in the proof of A1.3.9 that objects of the form $I(A)$, $A \in \mathrm{ob}\,\mathcal{C}$, are projective in $\mathbf{Reg}(\mathcal{C})$ (and hence $J$-irreducible, since any cover $C \twoheadrightarrow I(A)$ is a split epimorphism); on the other hand, as we noted in A1.3.10(*b*), every object of $\mathbf{Reg}(\mathcal{C})$ can be covered by one of the form $I(A)$. So in this case the Comparison Lemma tells us that $\mathbf{Sh}(\mathbf{Reg}(\mathcal{C}),J)$ is equivalent to the functor category $[\mathcal{C}^{\mathrm{op}},\mathbf{Set}]$. More generally, if $\mathcal{D}$ is any small regular category with enough projectives (i.e. such that every object can be covered by a projective), then the topos of sheaves for the regular coverage on $\mathcal{D}$ is equivalent to $[\mathcal{C}^{\mathrm{op}},\mathbf{Set}]$, where $\mathcal{C}$ is the full subcategory of projective objects of $\mathcal{D}$.

As an application of the notion of rigidity, we may establish a useful companion for A1.1.10:

**Lemma 2.2.20** *For a Grothendieck topos $\mathcal{E}$, the following are equivalent:*

(i) *There exists a small category $\mathcal{C}$ such that $\mathcal{E} \simeq [\mathcal{C}^{\mathrm{op}},\mathbf{Set}]$.*

(ii) *The canonical coverage on $\mathcal{E}$ is rigid.*

(iii) *$\mathcal{E}$ has a separating set of indecomposable projective objects.*

**Proof** (i) $\Rightarrow$ (iii) follows easily from (the remarks before) A1.1.10, since the representable functors form a separating set for $[\mathcal{C}^{\mathrm{op}},\mathbf{Set}]$.

(iii) $\Rightarrow$ (ii): Suppose $A$ is an indecomposable projective in $\mathcal{E}$. Then, given any epimorphic family $(f_i\colon B_i \to A \mid i \in I)$, at least one $f_i$ must be a split epimorphism; for projectivity allows us to find a splitting $s\colon A \to \coprod_{i \in I} B_i$ for the induced epimorphism, and if we pull back the coprojections along $s$ we obtain a coproduct decomposition of $A$, which must be trivial. So $A$ is irreducible for the canonical coverage on $\mathcal{E}$; thus (iii) says that every object of $\mathcal{E}$ can be covered by irreducible objects.

(ii) $\Rightarrow$ (i) will be immediate from the Comparison Lemma, provided we can show that the full subcategory of irreducible objects for the canonical coverage is equivalent to a small category. But, if $\mathcal{G}$ is any separating set for $\mathcal{E}$, then for each irreducible object $A$ the family of all morphisms from members of $\mathcal{G}$ to $A$ must contain a split epimorphism; hence $A$ is a retract of some member of $\mathcal{G}$, and there are (up to isomorphism) only a set of such retracts. □

In passing, we remark that Grothendieck toposes with a separating set of projective (but not necessarily indecomposable) objects have been characterized in [531].

Rigid coverages also arise from consideration of finite categories:

**Lemma 2.2.21** *If $\mathcal{C}$ is a finite Cauchy-complete category, then every (Grothendieck) coverage on $\mathcal{C}$ is rigid.*

**Proof** Let $J$ be such a coverage. Since $J$-covering sieves are closed under finite intersections by the remarks after 2.1.8, any object $U$ of $\mathcal{C}$ has a smallest $J$-covering sieve, which we shall denote by $R_U$. We must show that $R_U$ is generated by morphisms whose domains are $J$-irreducible.

We shall say that a morphism $f\colon V \to U$ is *essential* in a sieve $R$ if ($f \in R$ and) it does not factor nontrivially through any other morphism in $R$, i.e., whenever we have a factorization $f = gh$ with $g \in R$, then $h$ is a split monomorphism. We claim first that if $f$ is essential in $R_U$, then $V$ is $J$-irreducible. For the sieve consisting of all composites $gh$ with $g \in R_U$ and $h \in R_{\mathrm{dom}\ g}$ is $J$-covering by $(L)$ and so contains (in fact equals) $R_U$; hence we have a factorization $f = gh$ with $g \in R_U$ and $h \in R_{\mathrm{dom}\ g}$, whence $h$ is split monic (with splitting $k$, say). Now $h \in k^*(R_V)$ since the latter is a $J$-covering sieve on dom $k$ = dom $g$; so $kh = 1_V \in R_V$, i.e. $R_V = M_V$.

Thus we are reduced to showing that $R_U$ is generated by its essential members. In fact this is true for any sieve $R$ on an object $U$ of a finite Cauchy-complete category: to prove it, let $f_0\colon V_0 \to U$ be a member of $R$. We may choose a sequence of morphisms $f_n\colon V_n \to U$ in $R$, such that $f_m$ factors through $f_n$ whenever $m \leq n$, by the following rules:

(*a*) If $f_n$ can be factored as $g_n h_n$ where $h_n$ is split epic but not an isomorphism, choose such a factorization and set $f_{n+1} = g_n$. (Note that any such $g_n$ is necessarily in $R$.)

(*b*) If (*a*) is impossible but $f_n$ can be factored as $g_n h_n$ where $g_n \in R$ and $h_n$ is not split monic, choose such a factorization and set $f_{n+1} = g_n$.
(*c*) If both (*a*) and (*b*) are impossible, then stop.

Clearly, if the process stops then it does so at a morphism $f_n$ which is essential in $R$. But since $R$ is finite, it must either stop or repeat itself; i.e., if it does not stop, we can find $n < m$ with $f_n = f_m$. Composing the $h_j$ for $n \leq j < m$ in the appropriate order, we thus obtain for each $j$ in this range a morphism $k_j: V_j \to V_j$ with $f_j k_j = f_j$. Now $k_j$ cannot be an isomorphism, for if it were then $h_j$ would be a split monomorphism. However, since $V_j$ has only finitely many endomorphisms some power of $k_j$ must be idempotent; since $\mathcal{C}$ is Cauchy-complete this idempotent splits, and hence $f_j$ factors through some nontrivial split epimorphism with domain $V_j$, so that $h_j$ must be such an epimorphism. Since this is true for every $j$, $n \leq j < m$, it follows that $k_n$ is a (split) epimorphism; but this is impossible, since we have just seen that some power of $k_n$ is a non-invertible idempotent. So the process described above must stop; hence $f_0$ factors through an essential member of $R$. □

The proof of 2.2.21 easily extends to any category $\mathcal{C}$ such that each slice category $\mathcal{C}/U$, $U \in \text{ob}\,\mathcal{C}$, is equivalent to a finite category (cf. A2.1.5).

**Corollary 2.2.22** *Every bounded* $\mathbf{Set}_f$*-topos is (equivalent to one) of the form* $[\mathcal{D}^{\text{op}}, \mathbf{Set}_f]$ *where* $\mathcal{D}$ *is a finite category.*

**Proof** By the analogue of 2.2.8 with 'small' replaced by 'finite', every such topos $\mathcal{E}$ is equivalent to one of the form $\mathbf{Sh}_f(\mathcal{C}, J)$, the category of sheaves of finite sets on a finite site $(\mathcal{C}, J)$. Moreover, since idempotents split in $\mathbf{Set}_f$, we may assume by A1.1.9 that $\mathcal{C}$ is Cauchy-complete. Then by 2.2.21 $J$ is rigid, so by (the finite analogue of) 2.2.4(*d*) $\mathcal{E}$ is equivalent to $[\mathcal{D}^{\text{op}}, \mathbf{Set}_f]$ where $\mathcal{D}$ is the full subcategory of $J$-irreducible objects of $\mathcal{C}$. (Note, incidentally, that any retract of a $J$-irreducible object is $J$-irreducible, so $\mathcal{D}$ is also Cauchy-complete.) □

There is a stronger 'functorial' version of 2.2.22. By the finite analogue of 2.2.10, any cartesian functor between bounded $\mathbf{Set}_f$-toposes has a left adjoint, and hence any geometric morphism between such toposes is essential. But by the finite version of A4.1.5, an essential geometric morphism between toposes of the form $[\mathcal{C}, \mathbf{Set}_f]$ is induced by a functor between the corresponding finite categories, provided they are Cauchy-complete, and so we have

**Corollary 2.2.23** *The assignment* $\mathcal{C} \mapsto [\mathcal{C}, \mathbf{Set}_f]$ *is an equivalence of 2-categories from the 2-category* $\mathfrak{Cau}_f$ *of finite Cauchy-complete categories, functors and natural transformations between them, to the 2-category* $\mathfrak{BTop}/\mathbf{Set}_f$ *of bounded* $\mathbf{Set}_f$*-toposes.* □

Thus, if we replace the base topos **Set** by $\mathbf{Set}_f$, the study of 'Grothendieck toposes' reduces entirely to the study of finite (Cauchy-complete) categories. If we view toposes as generalized spaces, this result may be seen as the natural generalization of the well-known fact that the category of finite $T_0$-spaces is isomorphic to the category of finite posets.

**Suggestions for further reading:** Artin et al. [36], Borceux & Pedicchio [156], Bunge [182], Carboni & Mantovani [228], Pedicchio [942].

## C2.3 Morphisms of sites

In this section we investigate those functors between (the underlying categories of) sites which give rise to geometric morphisms between their toposes of sheaves. Such functors are traditionally called 'continuous functors', but this name is unsatisfactory, for two reasons. First, it clashes with the common use of 'continuous' in category theory to mean 'limit-preserving' (continuity in this sense is actually more akin to a colimit-preservation property); and secondly, whilst the traditional justification for the name is that continuous functors between sites are the natural generalization of continuous maps between spaces, they actually go in the 'algebraic' rather than the 'geometric' direction, i.e. the opposite direction to the geometric morphisms which they induce. We have therefore chosen to abandon the traditional name, and use the slightly more cumbersome but less misleading term 'cover-preserving'; we shall also use the term 'morphism of sites' for a functor which is cartesian and cover-preserving.

Unless otherwise stated, all coverages in this section will be Grothendieck coverages. For most of the section, we shall also assume that the underlying categories of our sites are cartesian; we shall discuss in 2.3.7 below how the theory needs to be adapted if this hypothesis is dropped.

**Definition 2.3.1** Let $(\mathcal{C}, J)$ and $(\mathcal{D}, K)$ be (cartesian) sites, and $F\colon \mathcal{C} \to \mathcal{D}$ a functor. We say $F$ is *cover-preserving* if, for any $U \in \operatorname{ob} \mathcal{C}$ and any covering sieve $R \in J(U)$, the family $(F(f) \mid f \in R)$ generates a $K$-covering sieve on $F(U)$. And we shall say that $F$ is a *morphism of sites* $(\mathcal{C}, J) \to (\mathcal{D}, K)$ if it is cartesian and cover-preserving.

**Examples 2.3.2** (*a*) If $A$ and $B$ are frames, made into sites via their canonical coverages, then a morphism of sites $A \to B$ is exactly the same thing as a frame homomorphism, i.e. a function preserving finite meets and arbitrary joins.

(*b*) If $\mathcal{C}$ and $\mathcal{D}$ are regular categories equipped with their regular coverages, then a morphism of sites $\mathcal{C} \to \mathcal{D}$ is the same thing as a regular functor, i.e. one preserving finite limits and covers. Similarly, coherent functors between coherent categories are the same thing as morphisms of sites for their coherent coverages.

(*c*) Given any small cartesian site $(\mathcal{C}, J)$, let $l\colon \mathcal{C} \to \mathbf{Sh}(\mathcal{C}, J)$ denote the composite of the Yoneda embedding $h\colon \mathcal{C} \to [\mathcal{C}^{\mathrm{op}}, \mathbf{Set}]$ and the associated sheaf functor, as in 2.2.15. Then $l$ is cartesian, since both $h$ and the associated sheaf functor preserve finite limits; and it preserves covers if $\mathbf{Sh}(\mathcal{C}, J)$ is equipped with its canonical topology, since if $R \in J(U)$, then $R$ (regarded as a subobject of $h(U)$ in $[\mathcal{C}^{\mathrm{op}}, \mathbf{Set}]$) is the union of the images of the morphisms $h(f)$, $f \in R$, and the associated sheaf functor maps the inclusion $R \rightarrowtail h(U)$ to an isomorphism. So $l$ is a morphism of sites. If $\mathcal{C}$ is not small, then we do not in general have an associated sheaf functor $[\mathcal{C}^{\mathrm{op}}, \mathbf{Set}] \to \mathbf{Sh}(\mathcal{C}, J)$; but if $(\mathcal{C}, J)$ is essentially small and $J$ is subcanonical then we shall still write $l\colon \mathcal{C} \to \mathbf{Sh}(\mathcal{C}, J)$ for the factorization of the Yoneda embedding through the inclusion $\mathbf{Sh}(\mathcal{C}, J) \to [\mathcal{C}^{\mathrm{op}}, \mathbf{Set}]$; and in this case also it is easily seen to be a morphism of sites.

**Lemma 2.3.3** *Let $F\colon (\mathcal{C}, J) \to (\mathcal{D}, K)$ be a morphism of sites. Then the induced functor $F^*\colon [\mathcal{D}^{\mathrm{op}}, \mathbf{Set}] \to [\mathcal{C}^{\mathrm{op}}, \mathbf{Set}]$ which sends $B$ to $B \circ F$ restricts to a functor $\mathbf{Sh}(\mathcal{D}, K) \to \mathbf{Sh}(\mathcal{C}, J)$.*

**Proof** We have to show that if $B$ is a $K$-sheaf on $\mathcal{D}$ then $F^*(B)$ is a $J$-sheaf on $\mathcal{C}$. So let $R$ be a $J$-covering sieve on an object $U$ of $\mathcal{C}$, and suppose we have a compatible family of elements $(s_f \in B(F(\mathrm{dom}\, f)) \mid f \in R)$. Let $S$ be the ($K$-covering) sieve on $FU$ generated by the images under $F$ of the members of $R$; it is enough to show that there is a unique compatible family $(t_g \mid g \in S)$ of elements of $B$ such that $t_{F(f)} = s_f$ for all $f \in R$. The uniqueness is clear since the $F(f)$ generate $S$; for the existence, note that if a morphism $g\colon W \to FU$ of $S$ factors through two different morphisms $F(f)\colon FV \to FU$ and $F(f')\colon FV' \to FU$ in the image of $R$ (say $g = F(f)h = F(f')h'$), then it also factors through $F(f'')$ where

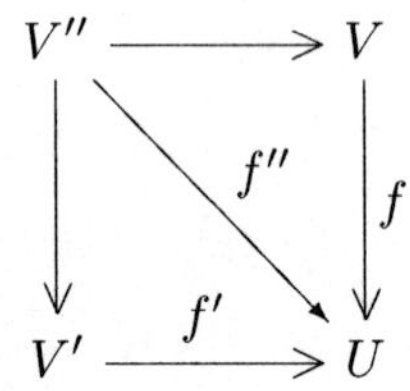

is a pullback in $\mathcal{C}$, since $F$ preserves this pullback. So the compatibility of the family $(s_f \mid f \in R)$ implies that we have $B(h)(s_f) = B(h'')(s_{f''}) = B(h')(s_{f'})$; hence we can unambiguously define $t_g$ to be $B(h)(s_f)$ for any factorization $g = F(f)h$ of $g$ through a morphism in the image of $R$. □

The proof of 2.3.3 should be compared with that of 2.2.2(ii): in the earlier result, we did not assume that the inclusion functor was cartesian (although 2.2.2(i) implied that it was cover-preserving), and to compensate for this we needed the hypothesis that its domain was a dense subcategory of its codomain. On the other hand, even without the assumption of cartesianness, the proof of 2.3.3 shows that composition with a cover-preserving functor maps sheaves to separated functors – a fact which we shall use in the proof of 3.1.21 below.

Note, incidentally, that we did not use the full strength of cartesianness of $F$ in 2.3.3, but only the preservation of pullbacks (equivalently, by A1.2.9, of finite connected limits). If we were to weaken the definition of 'morphism of sites' in this way, then the argument of 2.3.4 below would show that every such morphism yields a pre-geometric morphism of sheaf toposes, as defined in A4.1.13. For example, in the situation of 2.2.17, the forgetful functor $\Sigma_U : \mathcal{C}/U \to \mathcal{C}$ induces the pre-geometric morphism $\mathbf{Sh}(\mathcal{C}) \to \mathbf{Sh}(\mathcal{C})/l(U)$ whose inverse image is $\Sigma_{l(U)}$ (and this example is 'generic', in that any 'pre-morphism of sites' with codomain $\mathcal{C}$ factors as a morphism of sites followed by a functor of the above form).

**Corollary 2.3.4** *In addition to the hypotheses of* 2.3.3, *assume that* $\mathcal{C}$ *is small and that* $(\mathcal{D}, K)$ *is essentially small. Then there is a geometric morphism* $\mathbf{Sh}(\mathcal{D}, K) \to \mathbf{Sh}(\mathcal{C}, J)$ *whose direct image is* $F^*$.

**Proof** If $\mathcal{D}$ is also small, it is easy to see that $F^*$ has a left adjoint $F_!$, namely the composite

$$\mathbf{Sh}(\mathcal{C}) \longrightarrow [\mathcal{C}^{\mathrm{op}}, \mathbf{Set}] \xrightarrow{\varinjlim_F} [\mathcal{D}^{\mathrm{op}}, \mathbf{Set}] \xrightarrow{a} \mathbf{Sh}(\mathcal{D})$$

where $a$ is the associated sheaf functor: and this functor is cartesian, since the left Kan extension $\varinjlim_F$ is cartesian by the argument of A4.1.10, and $a$ is cartesian by the argument sketched after 2.2.6 (or by A4.3.1 and A4.4.6). (In fact, the existence of a left adjoint for $F^*$ could have been deduced immediately from 2.2.10, since $F^*$ preserves all small limits as a functor $[\mathcal{D}^{\mathrm{op}}, \mathbf{Set}] \to [\mathcal{C}^{\mathrm{op}}, \mathbf{Set}]$ and hence also as a functor $\mathbf{Sh}(\mathcal{D}) \to \mathbf{Sh}(\mathcal{C})$.)

If $\mathcal{D}$ is not small, we do not in general have the associated sheaf functor available; but we may reduce to the case just considered on replacing $\mathcal{D}$ by a small dense full subcategory $\mathcal{D}'$ which is closed under finite limits and contains the image of $F$. For if we equip this subcategory with the induced coverage $K_{\mathcal{D}'}$, then $F$ is still a morphism of sites $(\mathcal{C}, J) \to (\mathcal{D}', K_{\mathcal{D}'})$, and so we get a cartesian left adjoint for $F^* : \mathbf{Sh}(\mathcal{D}') \to \mathbf{Sh}(\mathcal{C})$. But $\mathbf{Sh}(\mathcal{D}')$ is equivalent to $\mathbf{Sh}(\mathcal{D})$ by 2.2.3. □

**Remark 2.3.5** We note that 2.3.4 can be made functorial: given two morphisms of sites $F, G : (\mathcal{C}, J) \rightrightarrows (\mathcal{D}, K)$, every natural transformation $F \to G$ induces a natural transformation $G^* \to F^*$ (since sheaves are contravariant functors), and hence a geometric transformation $(F^*, F_!) \to (G^*, G_!)$. The converse holds if $K$ is subcanonical; for then $l : \mathcal{D} \to \mathbf{Sh}(\mathcal{D})$ is full and faithful, and it follows easily from the adjunction that we have $F_!(l(U)) \cong l(FU)$ for any object $U$ of $\mathcal{C}$. So any natural transformation $F_! \to G_!$ induces a natural transformation $F \to G$ by restriction along $l$.

**Remark 2.3.6** There is also a converse to 2.3.4: if $(\mathcal{C}, J)$ and $(\mathcal{D}, K)$ are small (cartesian) sites, and $F : \mathcal{C} \to \mathcal{D}$ is a cartesian functor such that the geometric morphism $(F^*, \varinjlim_f) : [\mathcal{D}^{\mathrm{op}}, \mathbf{Set}] \to [\mathcal{C}^{\mathrm{op}}, \mathbf{Set}]$ of A4.1.10 restricts to a geometric morphism $\mathbf{Sh}(\mathcal{D}, K) \to \mathbf{Sh}(\mathcal{C}, J)$, then $F$ is cover-preserving. For, by A4.3.12, such a restriction exists iff $F^*$ maps $K$-sheaves to $J$-sheaves, iff $\varinjlim_f$ sends

$j$-dense monomorphisms to $k$-dense monomorphisms (where $j$ and $k$ are the local operators corresponding to $J$ and $K$ as in 2.1.10). Now if $R$ is any $J$-covering sieve on an object $U$ of $\mathcal{C}$, we may regard it as a $j$-dense subobject of the representable functor $\mathcal{C}(-, U)$; but $\varinjlim_f$ sends the latter to $\mathcal{D}(-, FU)$, and it is easy to see that $\varinjlim_f(R)$ is (the subfunctor corresponding to) the sieve generated by $\{F(f) \mid f \in R\}$. So this sieve must be $K$-covering.

**Remark 2.3.7** If we wish to work with (small) non-cartesian sites, then the argument of 2.3.4 can still be made to work provided the functor $\varinjlim_F : [\mathcal{C}^{\mathrm{op}}, \mathbf{Set}] \to [\mathcal{D}^{\mathrm{op}}, \mathbf{Set}]$ is cartesian – for which it suffices that, for each object $V$ of $\mathcal{D}$, the comma category $(V \downarrow F)$ is cofiltered (cf. A4.1.10 and B3.2.8(c)). A functor with this property is commonly called *flat*; in the case when $\mathcal{C}$ has finite limits, the condition is equivalent to saying that $F$ preserves them, since we can recover $F$ as the restriction of $\varinjlim_F$ to the subcategories of representable functors. Moreover, if this condition is satisfied, then the argument of 2.3.3 can also be made to work: in the notation of the proof of 2.3.3, we simply take $(V'', h'')$ to be an object of $(W \downarrow F)$ admitting morphisms in this category to $(V, h)$ and $(V', h')$, whose composites with $f$ and $f'$ are equal. Accordingly, we define a *morphism of sites* $F : (\mathcal{C}, J) \to (\mathcal{D}, K)$ between not-necessarily-cartesian sites to be a functor which preserves covers and is flat; and the results of this section can all be made to work in this more general context. Nevertheless, for the time being we shall continue to restrict our attention to cartesian sites in what follows.

Given two sites $(\mathcal{C}, J)$ and $(\mathcal{D}, K)$, we cannot in general expect every geometric morphism $f : \mathbf{Sh}(\mathcal{D}, K) \to \mathbf{Sh}(\mathcal{C}, J)$ to be induced as in 2.3.4 by a morphism of sites $(\mathcal{C}, J) \to (\mathcal{D}, K)$: clearly, a necessary condition for this is that the inverse image functor $f^*$ should map objects in the image of $l$ to objects in the image of $l$. However, this is essentially the only obstruction:

**Lemma 2.3.8** *Let $(\mathcal{C}, J)$ and $(\mathcal{D}, K)$ be cartesian sites such that $\mathcal{C}$ is small and $(\mathcal{D}, K)$ is essentially small and subcanonical. Then a geometric morphism $f : \mathbf{Sh}(\mathcal{D}, K) \to \mathbf{Sh}(\mathcal{C}, J)$ is induced by a morphism of sites $(\mathcal{C}, J) \to (\mathcal{D}, K)$ iff the composite $f^*l : \mathcal{C} \to \mathbf{Sh}(\mathcal{D}, K)$ factors through the embedding $l : \mathcal{D} \to \mathbf{Sh}(\mathcal{D}, K)$.*

**Proof** It suffices to show that the resulting factorization $F : \mathcal{C} \to \mathcal{D}$ is a morphism of sites: it will then follow immediately that $f^*$ is isomorphic to $F_!$, since the two functors agree on the image of $l$ and both preserve colimits. Clearly, $F$ is cartesian since $f^*l$ is. Also, $f^*l$ preserves covers (that is, maps them to epimorphic families in $\mathbf{Sh}(\mathcal{D}, K)$); and since $K$ is subcanonical it follows from 2.2.16 that the coverage $K$ is that induced on $\mathcal{D}$ by the canonical coverage on $\mathbf{Sh}(\mathcal{D}, K)$, i.e. that $l : \mathcal{D} \to \mathbf{Sh}(\mathcal{D}, K)$ reflects covers as well as preserving them. Hence $F$ preserves covers. □

**Corollary 2.3.9** *For any small cartesian site $(\mathcal{C}, J)$ and any Grothendieck topos $\mathcal{E}$, the category $\mathfrak{Top}(\mathcal{E}, \mathbf{Sh}(\mathcal{C}, J))$ of geometric morphisms $\mathcal{E} \to \mathbf{Sh}(\mathcal{C}, J)$ is* *equivalent to the category* $\mathfrak{Site}\,((\mathcal{C},J),(\mathcal{E},C))$ *of morphisms of sites and natural transformations between them, where* $C$ *is the canonical coverage on* $\mathcal{E}$.

**Proof** Since $l\colon \mathcal{E} \to \mathbf{Sh}(\mathcal{E},C)$ is an equivalence by 2.2.7, every geometric morphism $\mathcal{E} \to \mathbf{Sh}(\mathcal{C},J)$ satisfies the hypothesis of 2.3.8. The fact that the assignment $F \mapsto (F^*, F_!)$ yields an equivalence of categories then follows from 2.3.5. □

If we wish to consider only small sites, then we have an alternative to 2.3.9:

**Corollary 2.3.10** *For any geometric morphism* $f\colon \mathcal{F} \to \mathcal{E}$ *between Grothendieck toposes, there exist (small) standard sites of definition* $(\mathcal{C},J)$ *and* $(\mathcal{D},K)$ *for* $\mathcal{E}$ *and* $\mathcal{F}$ *respectively, such that* $f$ *is induced by a morphism of sites* $(\mathcal{C},J) \to (\mathcal{D},K)$.

**Proof** First choose a standard site $(\mathcal{C},J)$ for $\mathcal{E}$, as in 2.2.16; then choose a similar site for $\mathcal{F}$ ensuring that ob $\mathcal{D}$ contains, in addition to a separating set for $\mathcal{F}$, all objects of the form $f^*(l(U))$, $U \in \text{ob}\,\mathcal{C}$. The result is then immediate from 2.3.8. □

**Remark 2.3.11** In general, the site $(\mathcal{D},K)$ in 2.3.10 will depend on the morphism $f$; we cannot expect to find a single (small) site which will suffice for all geometric morphisms $\mathcal{F} \to \mathcal{E}$. However, there is an important special case in which this is possible: namely, when the topos $\mathcal{E}$ is localic (over **Set**). For in this case we can take $\mathrm{Sub}_{\mathcal{E}}(1)$, with its canonical coverage, as our site for $\mathcal{E}$, and since any inverse image functor preserves 1 and monomorphisms we can take $\mathcal{D}$ to be any small subcategory of $\mathcal{F}$ containing a separating set and (representatives of) all subobjects of 1 in $\mathcal{F}$. In the particular case when $\mathcal{F}$ is also localic, we recover the result of 1.4.5 that $\mathfrak{Top}\,(\mathcal{F},\mathcal{E})$ is equivalent to the poset of frame homomorphisms $\mathrm{Sub}_{\mathcal{E}}(1) \to \mathrm{Sub}_{\mathcal{F}}(1)$, by 2.3.2(*a*).

Given a functor $F\colon \mathcal{C} \to \mathcal{D}$ between two categories and a coverage on one of them, it is natural to ask whether there is a 'best possible' coverage on the other which makes the functor cover-preserving. In one direction this is easy; in the other rather less so.

**Lemma 2.3.12** *Given a functor* $F\colon \mathcal{C} \to \mathcal{D}$ *and a coverage* $J$ *on* $\mathcal{C}$, *there is a unique smallest coverage* $F_\bullet J$ *on* $\mathcal{D}$ *for which* $F$ *is cover-preserving. If* $\mathcal{C}$ *and* $\mathcal{D}$ *are small and cartesian and* $F$ *preserves finite limits, then this coverage makes the square*

$$\begin{array}{ccc} \mathbf{Sh}(\mathcal{D}, F_\bullet J) & \longrightarrow & \mathbf{Sh}(\mathcal{C}, J) \\ \downarrow & & \downarrow \\ [\mathcal{D}^{\mathrm{op}}, \mathbf{Set}] & \xrightarrow{\;f\;} & [\mathcal{C}^{\mathrm{op}}, \mathbf{Set}] \end{array}$$

*a pullback in* $\mathfrak{Top}$, *where* $f$ *is the morphism induced by* $F$ *as in* A4.1.10.

**Proof** Since an intersection of (Grothendieck) coverages is a coverage, we simply define $F_\bullet J$ to be the intersection of all coverages containing the sieve generated by $\{F(f) \mid f \in R\}$ for every $J$-covering sieve $R$. For the second part, we note that $\mathbf{Sh}(\mathcal{D}, F_\bullet J)$ is the largest subtopos of $[\mathcal{D}^{\mathrm{op}}, \mathbf{Set}]$ for which the composite $\mathbf{Sh}(\mathcal{D}) \to [\mathcal{D}^{\mathrm{op}}, \mathbf{Set}] \to [\mathcal{C}^{\mathrm{op}}, \mathbf{Set}]$ factors through $\mathbf{Sh}(\mathcal{C}, J)$, by 2.3.6; but this was how we defined pullbacks of inclusions in $\mathfrak{Top}$, in A4.5.14($e$). □

**Lemma 2.3.13** *Suppose given a functor $F : \mathcal{C} \to \mathcal{D}$ and a coverage $K$ on $\mathcal{D}$. If $\mathcal{C}$ has and $F$ preserves pullbacks, then there is a unique largest coverage $F^\bullet K$ on $\mathcal{C}$ for which $F$ is cover-preserving. If $\mathcal{C}$ and $\mathcal{D}$ are small and cartesian and $F$ preserves finite limits, then $\mathbf{Sh}(\mathcal{C}, F^\bullet K) \to [\mathcal{C}^{\mathrm{op}}, \mathbf{Set}]$ is the image (in the sense of* A4.2.10*) of the composite $\mathbf{Sh}(\mathcal{D}, K) \to [\mathcal{D}^{\mathrm{op}}, \mathbf{Set}] \to [\mathcal{C}^{\mathrm{op}}, \mathbf{Set}]$.*

**Proof** We define $F^\bullet K(U)$ to consist of all sieves $R$ on $U$ for which the set $\{Ff \mid f \in R\}$ generates a $K$-covering sieve on $FU$. Clearly, if this is indeed a coverage then it is the largest coverage for which $F$ is cover-preserving. It is straightforward to verify that $F^\bullet K$ satisfies ($M$) and ($L$) if $K$ does; the difficulty lies in verifying ($C$) (or equivalently ($C'$)), since if $g : U' \to U$ is a morphism of $\mathcal{C}$ then the sieve generated by $\{Ff' \mid f' \in g^* R\}$ is in general smaller than the pullback along $Fg$ of the sieve generated by $\{Ff \mid f \in R\}$. However, under the hypothesis that $F$ preserves pullbacks, the two are equal, since both are generated by the left vertical morphisms in the pullback squares

$$\begin{array}{ccc} FV' & \longrightarrow & FV \\ \big\downarrow & & \big\downarrow{\scriptstyle Ff} \\ FU' & \xrightarrow{\;Fg\;} & FU \end{array}$$

as $f$ ranges over the morphisms in $R$. The second assertion again follows from 2.3.6, since $\mathbf{Sh}(\mathcal{C}, F^\bullet K)$ is the smallest subtopos of $[\mathcal{C}^{\mathrm{op}}, \mathbf{Set}]$ through which the given composite factors. □

Combining 2.3.9 and 2.3.12, we may obtain a description of weighted limits in $\mathfrak{BTop}/\mathbf{Set}$ (cf. Section B4.1) in terms of sites.

**Lemma 2.3.14** *Suppose given a small weighted diagram $(D, W)$ in $\mathfrak{BTop}/\mathbf{Set}$; suppose further that we have chosen cartesian sites $(\mathcal{C}_i, J_i)$ for each topos $\mathcal{E}_i$ appearing as a vertex of this diagram, in such a way that each geometric morphism $f_\alpha : \mathcal{E}_j \to \mathcal{E}_i$ appearing as an edge of the diagram is induced by a morphism of sites $F_\alpha : (\mathcal{C}_i, J_i) \to (\mathcal{C}_j, J_j)$. Then the weighted limit of the diagram may be identified with $\mathbf{Sh}(\mathcal{C}_\infty, J_\infty)$, where $\mathcal{C}_\infty$ is the weighted colimit of the diagram formed by the $\mathcal{C}_i$ and the $F_\alpha$ in the 2-category $\mathfrak{Cart}$ of small cartesian categories and cartesian functors, and $J_\infty$ is the smallest coverage on $\mathcal{C}_\infty$ for which each leg $F_i : \mathcal{C}_i \to \mathcal{C}_\infty$ of the colimit cone is cover-preserving (equivalently, $J_\infty$ is the join of the coverages $(F_i)_\bullet J_i$ in the lattice of (Grothendieck) coverages on $\mathcal{C}_\infty$).*

**Proof** By 2.3.9, a weighted cone over $D$ with vertex $\mathcal{F}$ corresponds to a weighted cone in $\mathfrak{Cart}$ under the diagram formed by the $\mathcal{C}_i$ and $F_\alpha$, all of whose legs are cover-preserving functors. If we impose on $\mathcal{C}_\infty$ the coverage $J_\infty$ described in the statement, then a cartesian functor $G\colon \mathcal{C}_\infty \to \mathcal{F}$ is cover-preserving (for the canonical coverage $C$ on $\mathcal{F}$) iff $J_\infty \subseteq G^\bullet(C)$, iff each composite $GF_i$ is cover-preserving. So the result is immediate. $\square$

Lemma 2.3.14 could be formulated for sites whose underlying categories are not cartesian, provided we consider weighted colimits in an appropriate 2-category $\mathfrak{Flat}$ of small categories and flat functors between them. Of course, the usefulness of the result depends on our ability to give explicit descriptions of the required weighted colimits, and this tends to be simpler in $\mathfrak{Cart}$ than in $\mathfrak{Flat}$. There are a number of particular cases where we can do so relatively easily.

**Examples 2.3.15** (*a*) Finite coproducts in $\mathfrak{Cart}$ coincide with products, in much the same way that they coincide in an abelian category: given cartesian categories $\mathcal{C}_1$ and $\mathcal{C}_2$, the projections $P_i\colon \mathcal{C}_1 \times \mathcal{C}_2 \to \mathcal{C}_i$ have (automatically cartesian!) right adjoints $R_i$ (defined by $R_1(U) = (U, 1)$ and $R_2(V) = (1, V)$), which have the universal property of a coproduct cone. (Given cartesian functors $G_1\colon \mathcal{C}_1 \to \mathcal{D}$ and $G_2\colon \mathcal{C}_2 \to \mathcal{D}$, the induced cartesian functor $\mathcal{C}_1 \times \mathcal{C}_2 \to \mathcal{D}$ sends an object $(U, V)$ to $G_1U \times G_2V$.) So 2.3.14 yields a description of the product of two Grothendieck toposes $\mathbf{Sh}(\mathcal{C}_1, J_1)$ and $\mathbf{Sh}(\mathcal{C}_2, J_2)$ in the form $\mathbf{Sh}(\mathcal{C}_1 \times \mathcal{C}_2, J_3)$ for a suitable coverage $J_3$. In particular, restricting to the case when $J_1$ and $J_2$ are trivial, we recover (part of) the result of B3.2.13 that $[\mathcal{C}_1^{\text{op}}, \mathbf{Set}] \times [\mathcal{C}_2^{\text{op}}, \mathbf{Set}]$ is equivalent to $[(\mathcal{C}_1 \times \mathcal{C}_2)^{\text{op}}, \mathbf{Set}]$. (In B3.2.13 we proved this without the restriction that $\mathcal{C}_1$ and $\mathcal{C}_2$ should be cartesian; but we cannot do the same here, because the coincidence of finite products and coproducts fails to hold in $\mathfrak{Flat}$.)

(*b*) There are other instances of limit–colimit coincidence in $\mathfrak{Cart}$, which can be exploited in the same way. For example, suppose given a cartesian functor $F\colon \mathcal{C}_1 \to \mathcal{C}_2$; then the comma category $\mathbf{Gl}(F) = (\mathcal{C}_2 \downarrow F)$ (cf. A2.1.12) has the property that its two projections $P_i\colon \mathbf{Gl}(F) \to \mathcal{C}_i$ have right adjoints $R_i$ (specifically, $R_1(U) = (U, FU, 1_{FU})$ and $R_2(V) = (1, V, (V \to 1))$), and there is an obvious natural transformation $\beta\colon R_1 \to R_2F$ (the mate of the universal 2-cell $\alpha\colon P_2 \to FP_1$) giving $\mathbf{Gl}(F)$ the universal property of a cocomma object $(\mathcal{C}_1 \uparrow F)$ in $\mathfrak{Cart}$. Given cartesian functors $G_i\colon \mathcal{C}_i \to \mathcal{D}$ $(i = 1, 2)$ and a natural transformation $\gamma\colon G_1 \to G_2F$, the induced cartesian functor $\mathbf{Gl}(F) \to \mathcal{D}$ sends $(U, V, f)$ to the pullback of

$$\begin{array}{ccc} & & G_1U \quad . \\ & & \Big\downarrow {\scriptstyle \gamma_U} \\ G_2V & \xrightarrow{\;G_2f\;} & G_2FU \end{array}$$

(Observant readers will recognize that we have made use of this property of $\mathbf{Gl}(F)$ several times in earlier parts of this book, when applying the glueing construction to toposes.) Thus, if we wish to construct a site of definition for a comma object of the form $(\mathcal{E}_1 \downarrow f)$ in $\mathfrak{BTop}/\mathbf{Set}$, for a geometric morphism $f\colon \mathcal{E}_2 \to \mathcal{E}_1$, we need only find cartesian sites of definition $(\mathcal{C}_i, J_i)$ for the $\mathcal{E}_i$ such that $f$ is induced by a morphism of sites $F\colon (\mathcal{C}_1, J_1) \to (\mathcal{C}_2, J_2)$, and then impose the appropriate coverage on $\mathbf{Gl}(F)$.

(*c*) Coinverters in $\mathfrak{Cart}$ may be constructed using categories of fractions in the sense of Gabriel and Zisman [387]. To form the coinverter of a natural transformation $\alpha\colon F \to G$ between cartesian functors $\mathcal{B} \rightrightarrows \mathcal{C}$, let $\Sigma$ be the set of those morphisms of $\mathcal{C}$ which can be expressed as composites of pullbacks of components $\alpha_U\colon FU \to GU$ of $\alpha$. Then $\Sigma$ admits a calculus of right fractions, so that the category of fractions $\mathcal{C}[\Sigma^{-1}]$ is cartesian, and the canonical functor $P\colon \mathcal{C} \to \mathcal{C}[\Sigma^{-1}]$ preserves finite limits; on the other hand, if $H\colon \mathcal{C} \to \mathcal{D}$ is any cartesian functor such that $H \circ \alpha$ is an isomorphism, then $H$ must send all morphisms in $\Sigma$ to isomorphisms, and so it factors uniquely through $P$. Thus we obtain a description of inverters in $\mathfrak{BTop}/\mathbf{Set}$ in terms of sites (though we could alternatively have done this by retaining the same category $\mathcal{C}$ but imposing a larger coverage on it; cf. B4.1.7).

(*d*) By putting together the last three constructions, we may obtain a description of general cocomma objects in $\mathfrak{Cart}$, as follows. Suppose given a span

$$\mathcal{C}_2 \xleftarrow{\;F\;} \mathcal{C}_1 \xrightarrow{\;G\;} \mathcal{C}_3$$

in $\mathfrak{Cart}$. We first form the comma category $\mathbf{Gl}(F,G) = (\mathcal{C}_2 \times \mathcal{C}_3 \downarrow (F,G))$, whose objects are quintuples $(U,V,W,f,g)$ such that $f\colon V \to FU$ and $g\colon W \to GU$. As in (*b*), this has the universal property of a cocomma object $(\mathcal{C}_1 \uparrow (F,G))$ in $\mathfrak{Cart}$, but since $\mathcal{C}_2 \times \mathcal{C}_3$ is also a coproduct in $\mathfrak{Cart}$ we may regard this as a 'lax pushout', that is a normalized lax colimit for the given span. Explicitly, this means that we have functors $R_i\colon \mathcal{C}_i \to \mathbf{Gl}(F,G)$ $(i = 1,2,3)$ together with 2-cells $\alpha\colon R_1 \to R_2F$ and $\beta\colon R_1 \to R_3G$, which are universal in the obvious sense. (The word 'normalized' signifies the fact that, in comparison with the lax and oplax limits considered in B1.1.6, we have not required the presence in the lax cone of 2-cells corresponding to the identity morphisms in the diagram – or, if you prefer, that we have required these 2-cells to be identities.)

Now, if we wish to construct $(F \uparrow G)$ in $\mathfrak{Cart}$, we have simply to form the coinverter $L\colon \mathbf{Gl}(F,G) \to \mathcal{L}$ of the 2-cell $\alpha$, since then the 2-cell $(L \circ \beta)(L \circ \alpha)^{-1}$ will have the appropriate universal property. As we observed in (*c*), we may do this by forming a category of fractions; in the present case, we have to form $\mathbf{Gl}(F,G)[\Sigma^{-1}]$, where $\Sigma$ consists of all morphisms

$(u, v, w)\colon (U, V, W, f, g) \to (U', V', W', f', g')$ such that $v$ is an isomorphism and

$$\begin{array}{ccc} W & \xrightarrow{\;g\;} & GU \\ {\scriptstyle w}\downarrow & & \downarrow{\scriptstyle Gu} \\ W' & \xrightarrow{\;g'\;} & GU' \end{array}$$

is a pullback. For every such morphism may be expressed as a pullback of the $U$-component $((U \to 1), 1, (GU \to 1))\colon (U, FU, GU, 1, 1) \to (1, FU, 1, (FU \to 1), 1)$ of $\alpha$; and the class of such morphisms is stable under composition.

Using the explicit description of cocomma objects in $\mathfrak{Cart}$ provided by 2.3.15($d$), we may prove a result promised in Section B4.1. First we need

**Lemma 2.3.16** *Suppose given a cocomma square*

$$\begin{array}{ccc} \mathcal{C}_1 & \xrightarrow{\;F\;} & \mathcal{C}_2 \\ {\scriptstyle G}\downarrow & \downarrow & \downarrow{\scriptstyle P} \\ \mathcal{C}_3 & \xrightarrow{\;Q\;} & \mathcal{D} \end{array}$$

*in* $\mathfrak{Cart}$, *where $F$ has a (not necessarily cartesian) left adjoint $L$. Then $Q$ has a $\mathcal{C}_3$-indexed left adjoint $M$, and the Beck–Chevalley natural transformation $MP \to GL$ is an isomorphism.*

**Proof** By 2.3.15($d$), we may identify $\mathcal{D}$ with a category of fractions $\mathbf{Gl}(F, G)[\Sigma^{-1}]$; but in the present case we may also identify it with a subcategory of $\mathbf{Gl}(F, G)$, namely the full subcategory on those objects $(U, V, W, f, g)$ for which the transpose $\overline{f}\colon LV \to U$ of $f$ is an isomorphism. For this subcategory is coreflective in $\mathbf{Gl}(F, G)$; the coreflector sends an arbitrary object $(U, V, W, f, g)$ to $(LV, V, \widehat{W}, \eta_V, \hat{g})$, where $\eta$ is the unit of $(L \dashv F)$ and

$$\begin{array}{ccc} \widehat{W} & \xrightarrow{\;\hat{f}\;} & W \\ {\scriptstyle \hat{g}}\downarrow & & \downarrow{\scriptstyle g} \\ GLV & \xrightarrow{\;G\overline{f}\;} & GU \end{array}$$

is a pullback. The counit $(\overline{f}, 1, \hat{f})\colon (LV, V, \widehat{W}, \eta_V, \hat{g}) \to (U, V, W, f, g)$ is easily seen to belong to $\Sigma$, and the coreflector maps all morphisms in $\Sigma$ to isomorphisms, from which it follows easily that it has the universal property of the canonical functor $\mathbf{Gl}(F, G) \to \mathbf{Gl}(F, G)[\Sigma^{-1}]$.

We may further simplify our description of $\mathcal{D}$ by considering its objects to be triples $(V, W, g)$ where $g \colon W \to GLV$ in $\mathcal{C}_3$; in other words, it is simply the comma category $(\mathcal{C}_3 \downarrow GL)$. In terms of this description, the functors $P$ and $Q$ are given by

$$P(V) = (V, GLV, 1_{GLV}) \quad \text{and} \quad Q(W) = (1, GL(1) \times W, \pi_1) .$$

It is now easy to see that both $P$ and $Q$ have left adjoints given by the two projections, and that the left adjoint $M$ of $Q$ satisfies $MP(V) \cong GL(V)$ for any $V \in \mathrm{ob}\mathcal{C}_2$. Moreover, the product of two objects $(V, W, g)$ and $(V', W', g')$ of $\mathcal{D}$ is of the form $(V \times V', W'', g'')$, where $W''$ is the limit of the diagram

$$\begin{array}{ccccccc} W & & & GL(V \times V') & & & W' \\ & \searrow^{g} & \swarrow_{GL\pi_1} & & \searrow^{GL\pi_2} & \swarrow_{g'} & \\ & GLV & & & & GLV' & \end{array} ,$$

from which it follows easily that the Frobenius reciprocity condition

$$M((V, W, g) \times Q(W')) \cong M(V, W, g) \times W'$$

holds. Using this (and the analogous result for pullbacks in $\mathcal{D}$), we may easily verify that the left adjoints $M^W$ for the functors $Q/W \colon \mathcal{C}_3/W \to \mathcal{D}/QW$, defined as in B1.2.4, fit together to form a $\mathcal{C}_3$-indexed left adjoint for $Q$. □

**Theorem 2.3.17** *Suppose given a comma square*

$$\begin{array}{ccc} (f \downarrow g) & \xrightarrow{\;q\;} & \mathcal{G} \\ {\scriptstyle p}\downarrow & \rightarrow & \downarrow{\scriptstyle g} \\ \mathcal{F} & \xrightarrow{\;f\;} & \mathcal{E} \end{array}$$

*in* $\mathfrak{BTop}/\mathbf{Set}$, *where $f$ is essential. Then $q$ is $\mathcal{G}$-essential (that is, $q^*$ has a $\mathcal{G}$-indexed right adjoint), and the Beck–Chevalley natural transformation $q_!p^* \to g^*f_!$ is an isomorphism.*

**Proof** We need to choose small full subcategories $\mathcal{A}$, $\mathcal{B}$, $\mathcal{C}$ of $\mathcal{E}$, $\mathcal{F}$, $\mathcal{G}$ respectively, such that each is closed under finite limits and contains a generating set for the relevant topos, and such that $g^*$, $f^*$ and $f_!$ all restrict to functors between the corresponding subcategories. To do this, we take $\mathcal{A}$ and $\mathcal{B}$ to be the unions of increasing sequences $\mathcal{A}_n$ and $\mathcal{B}_n$ respectively, chosen such that $f^*$ maps $\mathcal{A}_n$ into $\mathcal{B}_n$ and $f_!$ maps $\mathcal{B}_n$ into $\mathcal{A}_{n+1}$ for each $n$; then we choose $\mathcal{C}$ to be any small full subcategory of $\mathcal{G}$ which contains the image of $\mathcal{A}$ under $g^*$, as well as a generating set, and is closed under finite limits.

Now let $F$, $G$ and $L$ denote the restrictions of $f^*$, $g^*$ and $f_!$ to the relevant small subcategories, and form the cocomma object $\mathcal{D} = (F \uparrow G)$ in $\mathfrak{Cart}$ as in 2.3.16 – that is, we take $\mathcal{D}$ to be the comma category $(\mathcal{C} \downarrow GL)$ in the classical sense. By 2.3.14, the comma object $(f \downarrow g)$ in $\mathfrak{BTop}/\mathbf{Set}$ may be taken to be $\mathbf{Sh}(\mathcal{D}, K)$, where $K$ is the smallest coverage on $\mathcal{D}$ for which the functors $P$ and $Q$ are cover-preserving (relative to the coverages $H$ and $J$ on $\mathcal{B}$ and $\mathcal{C}$ induced by the canonical coverages on $\mathcal{F}$ and $\mathcal{G}$).

We claim that $K$ may be described explicitly as follows: a family

$$((v_i, w_i) \colon (V_i, W_i, g_i) \to (V, W, g) \mid i \in I)$$

generates a $K$-covering sieve iff (i) $(w_i \mid i \in I)$ generates a $J$-covering sieve, and (ii) if $I$ is inhabited, then $(v_i \mid i \in I)$ generates an $H$-covering sieve. For the generating covers all satisfy this condition (note that $GL$ is cover-preserving, since it is the restriction of a functor $\mathcal{F} \to \mathcal{G}$ which preserves epimorphic families); the covers satisfying the condition form a Grothendieck coverage; and every cover satisfying the condition may be obtained by pulling back and composing covers which are the images of $H$-covering or $J$-covering families. In particular, it follows that the projection $M \colon \mathcal{D} \to \mathcal{C}$ (the left adjoint of $Q$) is cover-preserving.

Also, although $K$ is not subcanonical (the object $(1, 0, 0 \to GL(1))$ is covered by the empty sieve, though it is not strict initial unless $\mathcal{F}$ is degenerate), it is easy to see that any representable functor of the form $\mathcal{D}(-, QW)$ is a $K$-sheaf. Hence we may simplify the description of $q^*$, at least on objects of $\mathcal{G}$ which belong to the subcategory $\mathcal{C}$ (equivalently, are representable as sheaves on $\mathcal{C}$): by definition, $q^*(\mathcal{C}(-, W))$ is obtained by computing the left Kan extension of $\mathcal{C}(-, W)$ along $Q$ and then applying the associated sheaf functor, but the Kan extension is simply $\mathcal{D}(-, QW) \cong \mathcal{C}(M-, W)$, so it is a sheaf already. It follows that if, for an arbitrary sheaf $D$ on $(\mathcal{D}, K)$, we define $q_!(D)$ to be the associated $J$-sheaf of the left Kan extension $\varinjlim_M(D)$, then morphisms $q_! D \to C$ correspond naturally to morphisms $D \to q^* C$ for all representable sheaves $C$ on $(\mathcal{C}, J)$. But since every object of $\mathcal{G} \simeq \mathbf{Sh}(\mathcal{C}, J)$ can be $J$-covered by representables (or, if you prefer, because we could have included any given object of $\mathcal{G}$ in our site – indeed, we could really have ignored questions of size and taken $\mathcal{A}$, $\mathcal{B}$ and $\mathcal{C}$ to be the whole of $\mathcal{E}$, $\mathcal{F}$ and $\mathcal{G}$ respectively), it follows that $q_!$ is the desired left adjoint to $q^*$. Further, the Beck–Chevalley condition $q_! p^* \cong g^* f_!$, and the fact that the adjunction $(q_! \dashv q^*)$ is $\mathcal{G}$-indexed, follow from the corresponding parts of 2.3.16 and the fact that any given object of $\mathcal{F}$ (resp. any given morphism of $\mathcal{G}$) could have been included in our generating subcategory $\mathcal{B}$ (resp. $\mathcal{C}$). □

The arguments in the proof of 2.3.17 are all constructive, and so can be applied to comma squares in $\mathfrak{BTop}/\mathcal{S}$ for an arbitrary topos $\mathcal{S}$ with a natural number object – provided we strengthen the hypothesis '$f$ is essential' to '$f$ is $\mathcal{S}$-essential' (cf. B3.1.1). Thus we may obtain Pitts's theorem as stated in B4.1.8.

Given sites $(\mathcal{C}, J)$ and $(\mathcal{D}, K)$, we say a functor $L: \mathcal{D} \to \mathcal{C}$ is *cover-reflecting* if, given any object $V$ of $\mathcal{D}$ and any $J$-covering sieve $R$ on $LV$, there exists a $K$-covering sieve $S$ on $V$ such that $L(f) \in R$ for all $f \in S$ – equivalently, the sieve of all $f: U \to V$ such that $L(f) \in R$ is in $K$. (Authors who use the term 'continuous' for cover-preserving functors normally call functors with this property 'cocontinuous'; the term 'comorphism of sites' is also in use.)

**Proposition 2.3.18** *Let $(\mathcal{C}, J)$ and $(\mathcal{D}, K)$ be small sites, and $L: \mathcal{D} \to \mathcal{C}$ a functor. The following conditions are equivalent:*

(i) *$L$ is cover-reflecting.*

(ii) *There is a geometric morphism $g: \mathbf{Sh}(\mathcal{D}, K) \to \mathbf{Sh}(\mathcal{C}, J)$ whose inverse image is the composite*

$$\mathbf{Sh}(\mathcal{C}, J) \xrightarrow{i} [\mathcal{C}^{\mathrm{op}}, \mathbf{Set}] \xrightarrow{L^*} [\mathcal{D}^{\mathrm{op}}, \mathbf{Set}] \xrightarrow{a} \mathbf{Sh}(\mathcal{D}, K)$$

*(where $i$ is the inclusion functor and $a$ is the associated sheaf functor).*

(iii) *The right Kan extension functor $\varprojlim_L: [\mathcal{D}^{\mathrm{op}}, \mathbf{Set}] \to [\mathcal{C}^{\mathrm{op}}, \mathbf{Set}]$ maps $K$-sheaves to $J$-sheaves.*

(iv) *$L^*: [\mathcal{C}^{\mathrm{op}}, \mathbf{Set}] \to [\mathcal{D}^{\mathrm{op}}, \mathbf{Set}]$ maps $j$-dense monomorphisms to $k$-dense monomorphisms, where $j$ and $k$ are the local operators corresponding to $J$ and $K$ as in* 2.1.10.

**Proof** The composite in (ii) is cartesian, since each of the three factors is; so it is an inverse image functor iff it has a right adjoint, which can only be the restriction of $\varprojlim_L$ to sheaves. Thus (ii) and (iii) are equivalent; and the equivalence of (iii) and (iv) was shown in A4.3.12. So it suffices to show that (i) and (iv) are equivalent.

First assume (i); let $A' \rightarrowtail A$ be a $j$-dense monomorphism in $[\mathcal{C}^{\mathrm{op}}, \mathbf{Set}]$. We have to show that, for each $x \in L^*A(V) = A(LV)$, the sieve of morphisms $f: V' \to V$ such that $L^*A(f)(x) \in L^*A'(V')$ is $K$-covering. But this is exactly $\{f \mid L(f) \in R\}$, where $R$ is the $J$-covering sieve $\{g: U \to LV \mid A(g)(x) \in A'(U)\}$.

Conversely, assume (iv), and let $R$ be a $J$-covering sieve on an object of the form $LV$. We may regard $R$ as a $j$-dense subobject of $\mathcal{C}(-, LV)$, and form the pullback

$$\begin{array}{ccc} S & \longrightarrow & L^*R \\ \downarrow & & \downarrow \\ \mathcal{D}(-, V) & \xrightarrow{\eta} & L^*(\mathcal{C}(-, LV)) \end{array}$$

where $\eta$ is the unit of $(\varinjlim_L \dashv L^*)$, in other words $\eta_{V'}(f: V' \to V) = L(f)$. Then $S \rightarrowtail \mathcal{D}(-, V)$ is $k$-dense; but the sieve corresponding to $S$ is precisely $\{f \mid L(f) \in R\}$. So $L$ is cover-reflecting. □

There is a 'cover-reflecting' version of 2.3.10: for any geometric morphism $f: \mathcal{F} \to \mathcal{E}$ between Grothendieck toposes, we can find sites of definition for $\mathcal{E}$ and $\mathcal{F}$ such that $f$ is induced by a cover-reflecting functor between them. However, the proof of this fact requires consideration of internal sites, and so we defer it to 2.5.5 below. On the other hand, we may immediately establish the cover-reflecting analogues of 2.3.12 and 2.3.13:

**Lemma 2.3.19** *Let $L: \mathcal{D} \to \mathcal{C}$ be a functor between small categories.*

(i) *For each coverage $J$ on $\mathcal{C}$, there is a unique smallest coverage $L^+J$ on $\mathcal{D}$ for which $L$ is cover-reflecting.*

(ii) *For each coverage $K$ on $\mathcal{D}$, there is a unique largest coverage $L_+K$ on $\mathcal{C}$ for which $L$ is cover-reflecting.*

**Proof** (i) One might be tempted to define $L^+J(V)$ to consist of all sieves of the form $\{f: V' \to V \mid Lf \in R\}$ as $R$ ranges over $J(LV)$. It is easy to verify that this definition satisfies $(C')$ and $(M)$ if $J$ does; but in general it fails to satisfy $(L)$, so we actually have to take $L^+J$ to be the Grothendieck coverage generated by this collection of sieves, as in 2.1.9. Alternatively, we could define $L^+J$ to be the unique (Grothendieck) coverage on $\mathcal{D}$ making the square

$$\begin{array}{ccc} \mathbf{Sh}(\mathcal{D}, L^+J) & \longrightarrow & \mathbf{Sh}(\mathcal{C}, J) \\ \downarrow & & \downarrow \\ [\mathcal{D}^{\mathrm{op}}, \mathbf{Set}] & \longrightarrow & [\mathcal{C}^{\mathrm{op}}, \mathbf{Set}] \end{array}$$

a pullback (where the bottom edge is the geometric morphism induced by $L$ as in A4.1.4), and then appeal to 2.3.18.

(ii) Here we can give an explicit description of $L_+K$ (though, once again, we could also define it as the coverage corresponding to the image of the composite $\mathbf{Sh}(\mathcal{D}, K) \to [\mathcal{D}^{\mathrm{op}}, \mathbf{Set}] \to [\mathcal{C}^{\mathrm{op}}, \mathbf{Set}]$): a sieve $R$ on an object $U$ of $\mathcal{C}$ is $L_+K$-covering iff, for all $f: LV \to U$ in $\mathcal{C}$, the sieve $\{g: V' \to V \mid Lg \in f^*R\}$ is in $K(V)$. Clearly, if $J$ is any coverage making $L$ cover-reflecting, then any $J$-covering sieve must satisfy this condition; so $L_+K$ will be the largest such coverage provided it is indeed a coverage. The verification of conditions $(C')$ and $(M)$ is easy; let us verify $(L)$. Suppose given an $L_+K$-covering sieve $R$ on $U$, and another sieve $S$ on $U$ such that $f^*S$ is $L_+K$-covering for each $f \in R$. For any $h: LV \to U$, let $R_h$ denote the sieve $\{g \mid Lg \in h^*R\}$ on $V$, and similarly let $S_h = \{g \mid Lg \in h^*S\}$. Then $R_h$ is $K$-covering, and for each $g: V' \to V$ in $R_h$ the composite $h \circ Lg$ is in $R$, so $(LG)^*h^*S$ is in $L_+K(LV')$. But this implies that $\{g': V'' \to V' \mid Lg' \in (Lg)^*h^*S\}$ is in $K(V')$; and this sieve is exactly $g^*(S_h)$. So by condition $(L)$ for $K$ we deduce $S_h \in K(V)$; since this is true for all $h$, we deduce $S \in L_+K(U)$. □

As an application of 2.3.19, we give a description of the localic reflection (cf. A4.6.12) of a Grothendieck topos in terms of sites:

**Example 2.3.20** Let $(\mathcal{C}, J)$ be an arbitrary small site, and let $Q: \mathcal{C} \to \mathcal{P}$ be the preorder reflection of $\mathcal{C}$, i.e. the quotient of $\mathcal{C}$ by the congruence which identifies all parallel pairs of morphisms in $\mathcal{C}$. Let $K$ be the coverage $Q_+J$ on $\mathcal{P}$. Since $Q$ is full and bijective on objects, it is not hard to see that the explicit description of $Q_+J$ given in the proof above may be simplified in this case: a sieve $R$ on $U$ in $\mathcal{P}$ is $K$-covering iff the sieve $\{f \mid Q(f) \in R\}$ is $J$-covering. Now the composite $\mathbf{Sh}(\mathcal{C}, J) \to [\mathcal{C}^{\mathrm{op}}, \mathbf{Set}] \to [\mathcal{P}^{\mathrm{op}}, \mathbf{Set}]$ satisfies the hypotheses of A4.6.10, since its first factor is an inclusion and the second is hyperconnected by A4.6.9; hence $\mathbf{Sh}(\mathcal{P}, K)$ is the image of this composite in the hyperconnected–localic sense as well as the surjection–inclusion sense. Thus, by A4.6.2($e$), $\mathbf{Sh}(\mathcal{P}, K)$ is also the image in the hyperconnected–localic sense of the unique geometric morphism $\mathbf{Sh}(\mathcal{C}, J) \to \mathbf{Set}$.

**Remark 2.3.21** In connection with Example 2.3.20, it now seems appropriate to extend the notion of 'ideal for a coverage', which we defined for posites in 1.1.16($e$), to arbitrary small sites. If $(\mathcal{C}, T)$ is a small site (where $T$ is, for the moment, not necessarily a Grothendieck coverage), we define a subset $I$ of ob $\mathcal{C}$ to be a *$T$-ideal* if it is a sieve and, whenever we are given an object $U$ of $\mathcal{C}$ and a cover $(U_j \to U \mid j \in J)$ such that all the $U_j$ lie in $I$, then necessarily $U \in I$. It is easy to see that the subterminal objects of $\mathbf{Sh}(\mathcal{C}, T)$ correspond bijectively to $T$-ideals in $\mathcal{C}$ (and the direct proof in 1.1.16($e$) that the $T$-ideals form a frame still works without the assumption that $\mathcal{C}$ is a poset); and, in the context of 2.3.20, we have a bijection between $J$-ideals in $\mathcal{C}$ and $Q_+J$-ideals in its preorder reflection. This provides an alternative proof that the site constructed in 2.3.20 yields the localic reflection of $\mathbf{Sh}(\mathcal{C}, J)$.

There is an important special case in which the description of the localic reflection provided by 2.3.20 may be appreciably simplified.

**Lemma 2.3.22** *Let $\mathcal{C}$ be a small regular category, and let $J$ be a coverage on $\mathcal{C}$ which contains the regular coverage. Then the localic reflection of* $\mathbf{Sh}(\mathcal{C}, J)$ *may be identified with* $\mathbf{Sh}(\mathrm{Sub}_{\mathcal{C}}(1), J')$ *where $J'$ is the coverage induced on* $\mathrm{Sub}_{\mathcal{C}}(1)$ *by $J$, as in* 2.2.2, *or equivalently the coverage $I^{\bullet}J$ where $I: \mathrm{Sub}_{\mathcal{C}}(1) \to \mathcal{C}$ is the inclusion functor. Moreover, under this identification, the hyperconnected geometric morphism from* $\mathbf{Sh}(\mathcal{C}, J)$ *to its localic reflection is identified with that induced by $I$ as in* 2.3.4.

**Proof** First we recall that the *support* $\sigma A$ of an object $A$ of $\mathcal{C}$ is defined to be the image of the unique morphism $A \to 1$; we may regard $\sigma$ as a functor $\mathcal{C} \to \mathrm{Sub}_{\mathcal{C}}(1)$, left adjoint to the inclusion (cf. A1.3.1(ii)). We note that, since $J$ contains the regular coverage, the composite $I\sigma$ is cover-preserving; for if $R$ is a $J$-covering sieve on an object $A$, and $S$ denotes the sieve on $\sigma A$ generated by $\{\sigma f \mid f \in R\}$, then the pullback of $S$ along $A \twoheadrightarrow \sigma A$ contains $R$, and so $S$ is covering by axiom $(L)$. Hence $\sigma$ is cover-preserving when we equip $\mathrm{Sub}_{\mathcal{C}}(1)$ with the induced coverage.

Let $(\mathcal{P}, K)$ be the site constructed in 2.3.20 for the localic reflection. Since the codomain of $\sigma$ is a preorder, it factors uniquely through $Q: \mathcal{C} \to \mathcal{P}$, say by $\overline{\sigma}: \mathcal{P} \to \mathrm{Sub}_{\mathcal{C}}(1)$. From the description of $K$ given in 2.3.20, it is clear that $\overline{\sigma}$ is cover-preserving. Moreover, the regularity of $\mathcal{C}$ implies that $\sigma$ preserves finite products; it is easy to see that $Q$ also preserves them, and hence $\overline{\sigma}$ is a cartesian functor (even though $\sigma$ itself is not, in general!). So by 2.3.3 composition with $\overline{\sigma}$ yields a functor $\overline{\sigma}^*: \mathbf{Sh}(\mathrm{Sub}_{\mathcal{C}}(1), J') \to \mathbf{Sh}(\mathcal{P}, K)$. But since $J$ contains the regular coverage, we know that for any object $A$ of $\mathcal{C}$ the singleton $\{A \twoheadrightarrow \sigma A\}$ generates a $J$-covering sieve; hence its image under $Q$ generates a $K$-covering sieve, and so any $K$-sheaf $F$ on $\mathcal{P}$ necessarily satisfies $F(QA) \cong F(Q\sigma A)$ for all $A$. It now follows easily that $\overline{\sigma}^*$ is full as well as faithful, and that it is essentially surjective on objects; so the geometric morphism induced by $\overline{\sigma}$ is an equivalence.

Finally, the inverse image functor $\mathbf{Sh}(\mathcal{P}, K) \to \mathbf{Sh}(\mathcal{C}, J)$ was described in the proof of 2.3.18 as 'compose with $Q$, and then apply the associated sheaf functor'; hence, if we regard its domain as $\mathbf{Sh}(\mathrm{Sub}_{\mathcal{C}}(1), J')$, the description becomes 'compose with $\sigma$, and then apply the associated sheaf functor'. So the direct image of the geometric morphism is given by composition with the right adjoint $I$ of $\sigma$, as in 2.3.4. □

If a cartesian functor $F: (\mathcal{D}, K) \to (\mathcal{C}, J)$ between small cartesian sites is both cover-preserving and cover-reflecting, then the functor $F^*: \mathbf{Sh}(\mathcal{C}, J) \to \mathbf{Sh}(\mathcal{D}, K)$ is both the direct image and the inverse image of geometric morphisms, which form an adjoint pair in $\mathfrak{Top}$. This occurs, of course, in the situation considered in 2.2.3, where $F^*$ is an equivalence; but there are other examples of interest.

**Example 2.3.23** Let $(\mathcal{C}, J)$ be the site considered in A2.1.11($d$): that is, $\mathcal{C}$ is a small full subcategory of $\mathbf{Sp}$ closed under passage to open subspaces, and a sieve $R$ on an object $X$ is $J$-covering iff it contains an open covering of $X$ in the traditional sense, i.e. a jointly-surjective family of open inclusions with codomain $X$. Let $\mathcal{E} = \mathbf{Sh}(\mathcal{C}, J)$. Then, for any object $X$ of $\mathcal{C}$, we may identify the topos $\mathcal{E}/l(X)$ with $\mathbf{Sh}(\mathcal{C}/X, J_X)$ as defined in 2.2.17. Now we may identify $\mathcal{O}(X)$ with a full subcategory of $\mathcal{C}/X$ in the obvious way; the inclusion $\mathcal{O}(X) \to \mathcal{C}/X$ preserves finite limits, and it both preserves and reflects covers when $\mathcal{O}(X)$ is equipped with its canonical coverage. Thus we obtain geometric morphisms

$$\mathbf{Sh}(X) \underset{r}{\overset{i}{\rightleftarrows}} \mathcal{E}/l(X)$$

such that $i^*$ and $r_*$ are both the functor obtained by restricting sheaves along the inclusion functor $\mathcal{O}(X) \to \mathcal{C}/X$. In particular, $r$ is right adjoint to $i$ in $\mathfrak{Top}$, since $r^*$ is left adjoint to $i^*$. We note also that $i_*$ is full and faithful (i.e. $i$ is an inclusion), since it is obtained by right Kan extension along a full and faithful functor; hence $r$ is a local geometric morphism in the sense of 1.5.6.

Similar examples may be constructed using the sites of A2.1.11($e$) and ($f$): if $X$ is a smooth manifold (respectively, an affine scheme of finite type over a field $k$) then $\mathcal{O}(X)$ embeds in $\mathbf{Mf}/X$ (resp. in the category of affine schemes over $X$) in a way which preserves and reflects covers; so we get an inclusion from $\mathbf{Sh}(X)$ to a slice of the topos of A2.1.11($e$) (resp. ($f$)) which has a left adjoint in $\mathfrak{Top}$. We shall have more to say about these examples, and others like them, in Section C3.6 below.

**Suggestions for further reading:** Artin et al. [36], Mac Lane & Moerdijk [751].

## C2.4 Internal sites and pullbacks

As with the notion of frame (cf. Section C1.6), the notion of (small) site can be 'internalized' in any topos $\mathcal{S}$: formally, a site is simply a model of a certain higher-order theory (cf. Section D4.1) and we can consider models of this theory in $\mathcal{S}$. Further, we may study the category of ($\mathcal{S}$-valued) sheaves on any such internal site $(\mathbb{C}, T)$ (for which our notation will be $\mathbf{Sh}_{\mathcal{S}}(\mathbb{C}, T)$); this category is a topos, and in fact a subtopos of the internal diagram category $[\mathbb{C}^{\mathrm{op}}, \mathcal{S}]$ (cf. B2.3.11), by the appropriate $\mathcal{S}$-indexed analogue of the arguments in Section C2.2. And the Giraud theorem (2.2.8) 'relativizes' to the assertion that every bounded geometric morphism with codomain $\mathcal{S}$ is equivalent to one of the form $\mathbf{Sh}_{\mathcal{S}}(\mathbb{C}, T) \to \mathcal{S}$ for some internal site $(\mathbb{C}, T)$ in $\mathcal{S}$; we proved this, in slightly different language, in B3.3.4.

We need to introduce some standard notation for internal sites. (We shall assume familiarity with the notation developed in Sections B2.3 and B2.5 for internal categories.) It is convenient to think of an internal coverage on an internal category $\mathbb{C}$ as being given by a span

$$C_0 \xleftarrow{\ b\ } T \xrightarrow{\ c\ } PC_1$$

where $C_0$ and $C_1$ are the object of objects and object of morphisms of $\mathbb{C}$; $T$ is the 'object of all covers', $b$ assigns to each cover the object which it covers (the *base* of the cover), and $c$ assigns the set of morphisms which is the covering family. The usual definition of a coverage would demand that the pair $(b, c)$ should be jointly monic, but it clearly does no harm if we omit this requirement, that is if we allow covers to 'occur with multiplicity' as members of $T$. Since this relaxation has the effect of simplifying some of the arguments relating to change of base, we shall henceforth allow it.

On the other hand, we do require the 'book-keeping' condition

$$(\forall t\colon T)(\forall a\colon C_1)((a \in c(t)) \Rightarrow (d_0(a) = b(t)))$$

which says that the codomains of all the members of a cover coincide with the base of the cover; we shall denote this condition by $(B)$. In 'diagrammatic' terms, it says that if we form the pullback

$$\begin{array}{ccc} W & \xrightarrow{p} & \in_{C_1} \\ {\scriptstyle q}\downarrow & & \downarrow{\scriptstyle n} \\ T & \xrightarrow{c} & PC_1 \end{array}$$

(where $(n, e) : \in_{C_1} \rightarrowtail PC_1 \times C_1$ is, as usual, a tabulation of the universal relation $PC_1 \nrightarrow C_1$), then the square

$$\begin{array}{ccc} W & \xrightarrow{ep} & C_1 \\ {\scriptstyle q}\downarrow & & \downarrow{\scriptstyle d_0} \\ T & \xrightarrow{b} & C_0 \end{array}$$

commutes.

We shall also require our coverages to satisfy the diagrammatic form of the coverage axiom $(C)$, of course; and in this section we shall generally require them to be sifted in the sense defined after 2.1.3 – we denote the latter condition by $(S)$. In our present context, a sifted coverage is simply one for which the morphism $c$ factors through the subobject $\mathrm{Sv}(\mathbb{C}) \rightarrowtail PC_1$ of sieves on $\mathbb{C}$, where a subobject $S \rightarrowtail C_1$ is called a sieve if it is closed under right multiplication, i.e. the composite

$$S \times_{C_0} C_1 \rightarrowtail C_1 \times_{C_0} C_1 \cong C_2 \xrightarrow{d_1} C_1$$

factors through $S \rightarrowtail C_1$. (Recall the convention of Section B2.5 regarding the use of the symbol $\times_{C_0}$.)

One reason for working with sifted coverages is that it makes the formulation of axiom $(C)$ rather simpler: to say that $(T, b, c)$ satisfies $(C)$ means that, if we form the subobject $Q \rightarrowtail T \times_{C_0} C_1 \times_{C_0} T$ which consists of 'triples $(t', a, t)$ such that $aa' \in t$ for all $a' \in t'$', then the composite

$$Q \rightarrowtail T \times_{C_0} C_1 \times_{C_0} T \xrightarrow{\pi_{23}} C_1 \times_{C_0} T$$

is an epimorphism. We may similarly formulate the axioms $(M)$ and $(L)$ of 2.1.8 in diagrammatic form; we leave this to the reader. Note that we shall *not* automatically assume in this section that our coverages satisfy axiom $(L)$; the reason for this will become apparent in 2.4.9 below.

When dealing with coverages on an internal poset $\mathbb{C}$, we shall (as in 1.1.16($e$) and elsewhere) tend to replace the span $C_0 \leftarrow T \rightarrow PC_1$ by one of the form $C_0 \leftarrow T \rightarrow PC_0$; that is, we shall 'identify the morphisms in a cover with their domains'. We again leave to the reader the task of reformulating the axioms ($B$), ($C$), ($S$), ($M$) and ($L$) in terms of coverages presented in this way.

We shall be concerned in this section mainly with 'change of base'; that is, with the effect on internal sites in $\mathcal{S}$ of a geometric morphism $f: \mathcal{T} \rightarrow \mathcal{S}$. Of course, given a site $(\mathbb{C}, T)$ in $\mathcal{S}$, we know from B3.3.6 that the pullback of $(\mathbf{Sh}_{\mathcal{S}}(\mathbb{C}, T) \rightarrow \mathcal{S})$ along $f$ (exists and) is a bounded $\mathcal{T}$-topos; indeed, from the proof of that result, we know that it can be represented as $\mathbf{Sh}_{\mathcal{T}}(f^*\mathbb{C}, f^\# T)$ for some coverage $f^\# T$ on $f^*\mathbb{C}$. The problem, therefore, is to identify $f^\# T$.

Before tackling the general question, we shall deal with the problem of change of base for locales. Clearly, given a geometric morphism $f: \mathcal{T} \rightarrow \mathcal{S}$ and a locale $Y$ in $\mathcal{T}$, we may construct the hyperconnected–localic factorization of the composite

$$\mathbf{Sh}_{\mathcal{T}}(Y) \longrightarrow \mathcal{T} \xrightarrow{\ f\ } \mathcal{S}$$

in order to obtain a locale $f_!(Y)$ in $\mathcal{S}$. We can be more explicit: $\mathcal{O}(f_!(Y))$ is simply $f_*(\mathcal{O}(Y))$, since the latter is the direct image under the composite above of the subobject classifier of $\mathbf{Sh}_{\mathcal{T}}(Y)$. (Recall from B2.3.7 that $f_*$ preserves completeness of internal posets; it also preserves Heyting algebras, since the latter can be defined equationally (A1.5.11), and thus induces a functor $\mathbf{Frm}(\mathcal{T}) \rightarrow \mathbf{Frm}(\mathcal{S})$, whose 'dual' we denote henceforth by $f_!: \mathbf{Loc}(\mathcal{T}) \rightarrow \mathbf{Loc}(\mathcal{S})$.)

Since pullbacks of localic morphisms (exist and) are localic, we also have a functor $f^*: \mathbf{Loc}(\mathcal{S}) \rightarrow \mathbf{Loc}(\mathcal{T})$ defined by saying that the diagram

$$\begin{array}{ccc} \mathbf{Sh}_{\mathcal{T}}(f^*(X)) & \longrightarrow & \mathbf{Sh}_{\mathcal{S}}(X) \\ \downarrow & & \downarrow \\ \mathcal{T} & \xrightarrow{\ f\ } & \mathcal{S} \end{array}$$

should be a pullback for each locale $X$ in $\mathcal{S}$. The universal property of pullbacks, and functoriality of the hyperconnected–localic factorization, tells us immediately that $f^*$ is right adjoint to $f_!$; equivalently, the corresponding functor $f^\#$ on frames (defined by $f^\#(\mathcal{O}(X)) = \mathcal{O}(f^*(X))$) is *left* adjoint to $f_*$. However, $f^\#$ is *not* simply $f^*$ applied to frames (indeed, the latter does not in general preserve completeness of internal posets), which is why we have adopted a different notation for it. (On the other hand, if $X$ is a *discrete* internal locale, that is $\mathcal{O}(X)$ is a full power object $PX$, then $f^\#(\mathcal{O}(X))$ is simply $P(f^*X)$, since we know that

$$\begin{array}{ccc} \mathcal{T}/f^*X & \longrightarrow & \mathcal{S}/X \\ \Big\downarrow & & \Big\downarrow \\ \mathcal{T} & \xrightarrow{\quad f \quad} & \mathcal{S} \end{array}$$

is a pullback. Thus our use of the notation $f^*$ for locales is consistent with its use for objects, considered as discrete locales.)

To obtain an explicit description of the functor $f^{\#}$, it is actually convenient to extend it to a larger category, namely that of internal complete semilattices in $\mathcal{S}$ (cf. Section C1.1). It is of course obvious that $f_*$ extends to a functor $\mathbf{CjSLat}(\mathcal{T}) \to \mathbf{CjSLat}(\mathcal{S})$ (the fact that it preserves morphisms of complete semilattices follows from the fact that it preserves adjunctions), so the problem is to define a left adjoint to this functor. But in fact this is easy, because the categories of complete semilattices are monadic over the underlying toposes; so we can simply use A1.1.3(i) to lift the left adjoint of $f_* : \mathcal{T} \to \mathcal{S}$ to one at the level of complete semilattices. Explicitly, suppose we have a free presentation of a complete semilattice $A$ in $\mathcal{S}$, that is a coequalizer diagram

$$PR \underset{b}{\overset{a}{\rightrightarrows}} PG \twoheadrightarrow A$$

in $\mathbf{CjSLat}(\mathcal{S})$. (Recall from the proof of 1.1.3 that free complete semilattices are simply power objects; the argument given there was constructive, and so valid in any topos.) Then, since we necessarily have $f^{\#}(PX) \cong P(f^*X)$ for any object $X$, and $f^{\#}$ must preserve coequalizers, there will be a coequalizer diagram $P(f^*R) \rightrightarrows P(f^*G) \twoheadrightarrow f^{\#}A$ in $\mathbf{CjSLat}(\mathcal{T})$. And the two morphisms $P(f^*R) \rightrightarrows P(f^*G)$ are easily described: since $a$ and $b$ correspond to morphisms $R \rightrightarrows PG$, or equivalently to a pair of relations $R \nrightarrow G$, we simply apply $f^*$ to these to obtain a pair of relations $f^*R \nrightarrow f^*G$, and then convert them back into complete semilattice morphisms $P(f^*R) \rightrightarrows P(f^*G)$.

**Lemma 2.4.1**

(i) *The adjunction* $(f^{\#} \dashv f_*)$ *is enriched over* $\mathbf{CjSLat}(\mathcal{S})$, *i.e., for complete semilattices* $A, B$ *in* $\mathcal{S}, \mathcal{T}$ *respectively, we have* $[A, f_*B] \cong f_*[f^{\#}A, B]$, *where the square brackets denote the 'internal homs' of* 1.1.5.

(ii) $f^{\#}$ *is a strong monoidal functor, that is, we have* $f^{\#}(\Omega_{\mathcal{S}}) \cong \Omega_{\mathcal{T}}$ *and* $f^{\#}(A \otimes B) \cong f^{\#}A \otimes f^{\#}B$, *compatibly with the coherence isomorphisms.*

(iii) $f^{\#}$ *restricts to a functor* $\mathbf{Frm}(\mathcal{S}) \to \mathbf{Frm}(\mathcal{T})$, *left adjoint to the corresponding restriction of* $f_*$.

**Proof** (i) First we note that the adjunction $(f^{\#} \dashv f_*)$ extends in an obvious way to an $\mathcal{S}$-indexed adjunction; hence it is enriched over $\mathcal{S}$, i.e. $[A, f_*B]$

and $f_*[f^\# A, B]$ are isomorphic as objects of $\mathcal{S}$. To see that this isomorphism is an isomorphism of internal posets in $\mathcal{S}$, we observe that the order-relation $B_1$ on $B$ is itself a complete join-semilattice, and a parallel pair $u, v\colon A \rightrightarrows f_*B$ of complete join-homomorphisms satisfies $u \leq v$ iff $(u, v)$ factors through $f_*(B_1) \rightarrowtail f_*(B \times B)$. Hence the partial order on $[A, f_*B]$ may be identified with $[A, f_*B_1]$; and similarly $f_*[f^\# A, B_1]$ is the partial order on $f_*[f^\# A, B]$. So $[A, f_*B]$ and $f_*[f^\# A, B]$ are isomorphic as internal posets, and hence as complete join-semilattices.

(ii) The identity $f^\#(\Omega_{\mathcal{S}}) \cong \Omega_{\mathcal{T}}$ is immediate from the fact that $\Omega_{\mathcal{S}}$ is the free complete semilattice on 1 (and $f^*$ preserves 1). The preservation of binary tensor products follows immediately from (i), since for any complete semilattice $C$ in $\mathcal{T}$ we have natural bijections

$$\begin{array}{rcl}
f^\#(A \otimes B) & \longrightarrow & C \\ \hline
A \otimes B & \longrightarrow & f_*(C) \\ \hline
A & \longrightarrow & [B, f_*(C)] \\ \hline
f^\# A & \longrightarrow & [f^\# B, C] \\ \hline
f^\# A \otimes f^\# B & \longrightarrow & C \quad .
\end{array}$$

Alternatively, we could deduce the result from the explicit description of $f^\#$ above, by showing that $f^*$ preserves the presentation of $A \otimes B$ given in the proof of 1.1.5.

(iii) It follows immediately from (ii) that $f^\#$ lifts to a functor

$$\mathbf{CMon}(\mathbf{CjSLat}(\mathcal{S})) \to \mathbf{CMon}(\mathbf{CjSLat}(\mathcal{T})) \,.$$

The functor $f_*\colon \mathbf{CjSLat}(\mathcal{T}) \to \mathbf{CjSLat}(\mathcal{S})$ is not in general strongly monoidal, but as the right adjoint of a strong monoidal functor it is automatically lax monoidal, i.e. we have canonical maps $\Omega_{\mathcal{S}} \to f_*(\Omega_{\mathcal{T}})$ and $f_*(A) \otimes f_*(B) \to f_*(A \otimes B)$ satisfying the appropriate compatibility conditions; so $f_*$ does lift to a functor between the categories of commutative monoids, and the adjunction $(f^\# \dashv f_*)$ also lifts to this level. But $f_*$ also maps $\mathbf{Frm}(\mathcal{T})$ into $\mathbf{Frm}(\mathcal{S})$, as we observed earlier; and from the description of the coreflection functor $\mathbf{CMon}(\mathbf{CjSLat}(\mathcal{S})) \to \mathbf{Frm}(\mathcal{S})$ given in the proof of 1.1.10, it is easily seen that $f_*$ commutes up to isomorphism with these coreflections. So by the dual of A1.1.3(ii) the left adjoint of $f_*$ may be lifted to a functor $\mathbf{Frm}(\mathcal{S}) \to \mathbf{Frm}(\mathcal{T})$, as required. □

As in 2.2.4(*b*), by a *basis* for a locale $X$ (or for the corresponding frame $\mathcal{O}(X)$), we mean a subobject $B \rightarrowtail \mathcal{O}(X)$ which generates it as a complete join-semilattice, i.e. such that the induced **CjSLat** homomorphism $PB \to \mathcal{O}(X)$ is an epimorphism. We saw in 2.2.4(*b*) that if we regard $B$ as a poset, with the ordering it inherits from $\mathcal{O}(X)$, and equip it with the coverage $T$ such that $T(U)$ consists of all subsets of $\downarrow(U)$ whose join (in $\mathcal{O}(X)$) is $U$, then the $T$-ideals (in the sense of 1.1.16(*e*)) in $B$ are exactly the subsets $\{U : B \mid U \leq V\}$ where

$V \in \mathcal{O}(X)$, and hence $\mathbf{Sh}(B,T) \simeq \mathbf{Sh}(X)$. But we can also express this by saying that

$$PC \rightrightarrows PB \twoheadrightarrow \mathcal{O}(X)$$

is a coequalizer in **CjSLat**, where $C$ is the set of those subsets of $B$ whose join in $\mathcal{O}(X)$ lies in $B$, and the two complete semilattice morphisms $PC \rightrightarrows PB$ are induced by the inclusion $C \rightarrowtail PB$ and the mapping $S \mapsto \{\bigvee S\}$.

The arguments in the preceding paragraph are constructive, and so make sense in an arbitrary topos. Hence we may obtain an explicit description of $f^{\#}(L)$, for a frame $L$ in $\mathcal{S}$, in terms of a basis:

**Lemma 2.4.2** *Let $f: \mathcal{T} \to \mathcal{S}$ be a geometric morphism; let $L$ be an internal frame in $\mathcal{S}$, and let $m: B \rightarrowtail L$ be a basis for $L$. Form the pullback*

$$\begin{array}{ccccc} T & & \xrightarrow{\quad b \quad} & & B \\ {\scriptstyle c}\downarrow & & & & \downarrow{\scriptstyle m} \\ PB & \xrightarrow{\exists m} & PL & \xrightarrow{\bigvee} & L \end{array}$$

*Then $f^{\#}L$ may be presented as the coequalizer in $\mathbf{CjSLat}(\mathcal{T})$ of the pair of complete-semilattice morphisms $P(f^*T) \rightrightarrows P(f^*B)$ which correspond to the morphisms*

$$f^*T \xrightarrow{f^*c} f^*(PB) \xrightarrow{\phi_B} P(f^*B)$$

*and*

$$f^*T \xrightarrow{f^*b} f^*B \xrightarrow{\{\}} P(f^*B)\,.$$

*(In particular, the coequalizer thus described is a frame.)* □

Equivalently, $f^{\#}L$ may be presented by the internal site $(f^*B, f^{\#}T)$ in $\mathcal{T}$, where $f^{\#}T$ is the coverage given by the span

$$f^*B \xleftarrow{f^*b} f^*T \xrightarrow{\phi_B f^*c} P(f^*B)\,.$$

We note that, since $\phi_B$ is not a monomorphism in general (cf. 3.1.7 below), the pair $(f^*b, \phi_B f^*c)$ will not in general be monic even if $(b, c)$ is. This is the reason why we chose to relax our definition of coverage at the beginning of this section; had we not done so, we should have had to replace $f^*T$ by its image in $f^*B \times P(f^*B)$ at this point.

Note in particular that we may always take $B$ to be the whole of $L$; in this case $C$ is simply $PL$, but we note that the covers which we obtain in our internal site $(f^*L, f^{\#}PL)$ for $f^{\#}L$ are indexed by the object $f^*(PL)$ rather than $P(f^*L)$. Thus, unless the comparison map $\phi_L$ is an isomorphism, we will not simply obtain the 'canonical coverage' on $f^*L$. This is another reflection of the fact that $f^\# L$ is not simply $f^*L$ in general.

On the other hand, let us note a particular case of this construction where things do work rather simply. By a *coherent frame*, we mean one of the form $IB$, where $B$ is a distributive lattice (cf. 1.1.3). For such a frame, we may take $B$ itself (or rather the set of principal ideals) as a basis, as we noted in 2.2.4(*b*); and we may take the coverage on it to be indexed by the set $KB$ of finite subsets of $B$. But $K$ *does* commute with inverse image functors (cf. D5.4.12), so we deduce

**Corollary 2.4.3** *If $L = IB$ is a coherent internal frame in $\mathcal{S}$, and $f\colon \mathcal{T} \to \mathcal{S}$ is any geometric morphism, then $f^\# L \cong I(f^*B)$.* □

We now revert to arbitrary sites $(\mathbb{C}, T)$ in $\mathcal{S}$. The foregoing provides the motivation for considering the span

$$f^*C_0 \xleftarrow{\;f^*b\;} f^*T \xrightarrow{\;\phi_{C_1} f^*c\;} P(f^*C_1)$$

as our candidate for the coverage $f^\# T$ that we require to form the pullback

$$\begin{array}{ccc} \mathbf{Sh}_{\mathcal{T}}(f^*\mathbb{C}, f^\# T) & \longrightarrow & \mathbf{Sh}_{\mathcal{S}}(\mathbb{C}, T) \\ \downarrow & & \downarrow \\ \mathcal{T} & \xrightarrow{\;f\;} & \mathcal{S} \end{array} .$$

**Lemma 2.4.4** *Let $\mathbb{C}$ be an internal category in a topos $\mathcal{S}$, and suppose given a span $(C_0 \leftarrow T \rightarrow PC_1)$. If $T$ satisfies any of the conditions $(B)$, $(C)$, $(S)$ or $(M)$, then so does $f^\# T$ for any geometric morphism $f\colon \mathcal{T} \to \mathcal{S}$.*

**Proof** This is mostly straightforward verification, using the diagrammatic forms of the conditions which we described above and the fact that

$$\begin{array}{ccc} f^*(\in_{C_1}) & \longrightarrow & \in_{f^*C_1} \\ \Big\downarrow{\scriptstyle f^*(n)} & & \Big\downarrow{\scriptstyle n} \\ f^*(PC_1) & \xrightarrow{\;\phi_{C_1}\;} & P(f^*C_1) \end{array}$$

is a pullback by the definition of $\phi_{C_1}$. For example, it is easily seen that if a subobject $S \rightarrowtail C_1$ is a sieve, then $f^*S$ is a sieve in $f^*\mathbb{C}$; hence there is a commutative square

$$\begin{array}{ccc} f^*(\mathrm{Sv}(\mathbb{C})) & \longrightarrow & \mathrm{Sv}(f^*\mathbb{C}) \\ \downarrow & & \downarrow \\ f^*(PC_1) & \xrightarrow{\phi_{C_1}} & P(f^*C_1) \end{array} ,$$

from which it follows that $f^{\#}T$ inherits siftedness from $T$. □

In contrast to 2.4.4, the 'local character' condition $(L)$ is *not* preserved under change of base; we shall see a counterexample in 2.4.9 below.

In proving that $f^{\#}T$ is indeed the 'pullback coverage' that we require, the key ingredient is the following:

**Lemma 2.4.5** *Let $f: \mathcal{T} \to \mathcal{S}$ be a geometric morphism, $(\mathbb{C}, T)$ an internal site in $\mathcal{S}$, and $\mathbb{E}$ a cocomplete $\mathcal{T}$-indexed category. Then a $\mathcal{T}$-indexed functor $f^*\mathbb{C} \to \mathbb{E}$ sends covers in $f^{\#}T$ to epimorphic families in $\mathbb{E}$ iff the corresponding $\mathcal{S}$-indexed functor $\mathbb{C} \to (f^*)^*(\mathbb{E})$ (cf.* B2.3.14*) sends covers in $T$ to epimorphic families.*

**Proof** This is really just a matter of unravelling the definitions. Let

$$\begin{array}{ccc} W & \xrightarrow{p} & \in_{C_1} \\ {\scriptstyle q}\downarrow & & \downarrow{\scriptstyle n} \\ T & \xrightarrow{c} & PC_1 \end{array}$$

be a pullback in $\mathcal{S}$; then in the diagram

$$\begin{array}{ccccc} f^*W & \xrightarrow{f^*p} & f^*(\in_{C_1}) & \longrightarrow & \in_{f^*C_1} \\ {\scriptstyle f^*q}\downarrow & & \downarrow{\scriptstyle f^*n} & & \downarrow{\scriptstyle n'} \\ f^*T & \xrightarrow{f^*c} & f^*(PC_1) & \xrightarrow{\phi_{C_1}} & P(f^*C_1) \end{array}$$

both squares are pullbacks (the right-hand one by the definition of $\phi_{C_1}$), i.e. $f^*W$ is the pullback of $\in_{f^*C_1}$ along the morphism $c'$ of the coverage $f^{\#}T$. Thus to say that $F: f^*\mathbb{C} \to \mathbb{E}$ sends covers in $f^{\#}T$ to epimorphic families is to say that, if we form the object $A = F(f^*b: f^*T \to f^*C_0)$ of the fibre $\mathcal{E}^{f^*T}$, and the morphism $F(e'p': f^*W \to f^*C_1): B \to (f^*q)^*(A)$ in $\mathcal{E}^{f^*W}$ (where $p'$ is the top composite in the second diagram above), then the transpose $\Sigma_{f^*q}(B) \to A$ of the latter is an epimorphism in $\mathcal{E}^{f^*T}$. But this condition involves only the fibres of $\mathbb{E}$ over objects of the form $f^*I$, so it is easily seen to be the same as the condition that $F$ sends covers in $T$ to epimorphic families when considered as a functor $\mathbb{C} \to (f^*)^*\mathbb{E}$. □

**Theorem 2.4.6** *Let $(\mathbb{C}, T)$ be an internal site in a topos $\mathcal{S}$ (where the coverage $T$ is assumed to be sifted, but not necessarily a Grothendieck coverage), and $f: \mathcal{T} \to \mathcal{S}$ a geometric morphism. Then there is a pullback square*

$$\begin{array}{ccc} \mathbf{Sh}_{\mathcal{T}}(f^*\mathbb{C}, f^{\#}T) & \longrightarrow & \mathbf{Sh}_{\mathcal{S}}(\mathbb{C}, T) \\ \big\downarrow & & \big\downarrow \\ \mathcal{T} & \xrightarrow{\quad f \quad} & \mathcal{S} \end{array}$$

*in $\mathfrak{Top}$.*

**Proof** Let $g: \mathcal{E} \to \mathcal{T}$ be a $\mathcal{T}$-topos. We shall show that geometric morphisms $\mathcal{E} \to \mathbf{Sh}_{\mathcal{T}}(f^*\mathbb{C}, f^{\#}T)$ over $\mathcal{T}$ correspond to geometric morphisms $\mathcal{E} \to \mathbf{Sh}_{\mathcal{S}}(\mathbb{C}, T)$ over $\mathcal{S}$; this is clearly sufficient. But the latter correspond to $\mathcal{S}$-indexed functors $\mathbb{C} \to (f^*)^*(g^*)^*(\mathbb{E})$ (where $\mathbb{E}$ denotes the canonical indexing of $\mathcal{E}$ over itself) which are $\mathbb{C}^{\mathrm{op}}$-torsors in the sense of B3.2.3 and send covers in $T$ to epimorphic families, by the $\mathcal{S}$-indexed version of 2.3.9. The passage between such functors and $\mathcal{T}$-indexed functors $f^*(\mathbb{C}) \to (g^*)^*(\mathbb{E})$ preserves and reflects the property of being a torsor, and we have seen in 2.4.5 that it preserves and reflects the condition on covers. So the result is established. □

**Remark 2.4.7** By analogy with 2.4.5, one might hope to show that the correspondence of B2.3.14 between $\mathcal{T}$-indexed functors $f^*\mathbb{C}^{\mathrm{op}} \to \mathbb{T}$ and $\mathcal{S}$-indexed functors $\mathbb{C}^{\mathrm{op}} \to (f^*)^*(\mathbb{T})$ identifies the $f^{\#}T$-sheaves on $f^*\mathbb{C}$ with those functors $\mathbb{C}^{\mathrm{op}} \to (f^*)^*(\mathbb{T})$ which satisfy the sheaf axiom for covers in $T$. Unfortunately, this is not true in general. The reason is that, for a contravariant $F: f^*\mathbb{C}^{\mathrm{op}} \to \mathbb{T}$, we obtain (in the notation of 2.4.5) a morphism $(f^*q)^*(A) \to B$ in $\mathcal{T}/f^*W$, which transposes to a morphism $A \to \Pi_{f^*q}(B)$ in $\mathcal{T}/f^*T$, which must be the equalizer of two other morphisms (also defined using $\Pi$-functors) if $F$ is to be an $f^{\#}T$-sheaf. But $f^*$ does not commute with $\Pi$-functors in general, so this is not equivalent to the condition for $F$ (in its other incarnation as an $\mathcal{S}$-indexed functor) to be a $T$-sheaf. However, there are two particular cases in which we can make this identification: one is when the change-of-base morphism $f$ is locally connected, as defined in 3.3.1 below, and therefore does commute with $\Pi$-functors. The other is when $\mathbb{C}$ is cartesian (or at least has pullbacks) and every cover in $T$ is finite (that is, indexed by a finite cardinal); for in this case we only need to consider $\Pi$-functors along morphisms $q: W \to T$ which are finite cardinals in $\mathcal{S}/T$, and since inverse image functors preserve exponentiation to the power of a finite cardinal (D5.2.11), they also commute with such $\Pi$-functors (cf. D5.2.13).

Thus, in either of these cases, we may interpret 2.4.6 as saying that the pullback of $\mathbf{Sh}_{\mathcal{S}}(\mathbb{C}, T)$ along $f$ is nothing other than the category of '$T$-sheaves on $\mathbb{C}$ with values in $\mathbb{T}$'. Note in particular that the second case includes the case where $\mathbb{C}$ is a coherent internal category and $T$ is its coherent coverage; thus we may view this result as the generalization of 2.4.3 above to the non-localic case.

Next, we establish a criterion in terms of internal sites for surjectivity of bounded geometric morphisms, which we shall use frequently in the next chapter.

**Lemma 2.4.8** *Let $(\mathbb{C}, J)$ be an internal site in $\mathcal{S}$, such that $\mathbb{C}$ has a terminal object $t\colon 1 \to C_0$ and $J$ is a Grothendieck coverage. Then the following are equivalent:*

(i) *The canonical geometric morphism $g\colon \mathbf{Sh}_{\mathcal{S}}(\mathbb{C}, J) \to \mathcal{S}$ is a surjection.*

(ii) *'Every cover of $t$ is inhabited'; that is, if we form the pullback*

$$\begin{array}{ccc} Q & \longrightarrow & J \\ \big\downarrow & & \big\downarrow{\scriptstyle b} \\ 1 & \xrightarrow{\ t\ } & C_0 \end{array} \quad ,$$

*then the composite $Q \to J \to PC_1$ factors through the object $P^+C_1$ of inhabited subobjects of $C_1$, i.e. the image of $n\colon \in_{C_1} \to PC_1$.*

**Proof** Since hyperconnected morphisms are surjective, the morphism of (i) is surjective iff its localic part is surjective; but by 1.5.1(ii) this happens iff the unique frame homomorphism $\lambda\colon \Omega_{\mathcal{S}} \to g_*(\Omega_{\mathbf{Sh}(\mathbb{C},J)})$ is monic. We recall from 2.3.21 that we may identify the codomain of this morphism with the poset of $J$-ideals of $\mathbb{C}$; its right adjoint $\lambda_*$ sends a $J$-ideal $I \rightarrowtail C_0$ to the truth-value $[\![I = C_0]\!]$, or equivalently to $[\![t \in I]\!]$, and so $\lambda(p)$ must be the largest $J$-ideal $I$ for which $(t \in I) \Rightarrow p$ is valid. Consider the set

$$I(p) = \{u\colon C_0 \mid (\exists j\colon J)((b(j) = u) \wedge (\sigma(j) \Rightarrow p))\}$$

where $\sigma(j)$ denotes the assertion that $c(j)$ is inhabited. Using the local character axiom, it is easily verified that $I(p)$ is a $J$-ideal, and using axiom $(M)$ we see that if $p$ holds then $I(p)$ is the whole of $C_0$, i.e. $p \Rightarrow \lambda_* I(p)$. On the other hand, for any $J$-ideal $K$ we have

$$(\forall u\colon C_0)((u \in I(\lambda_*(K))) \Rightarrow (u \in K))$$

since the hypothesis implies that $u$ has a cover all of whose members lie in $K$. So the mapping $p \mapsto I(p)$ is the required left adjoint to $\lambda_*$.

Thus $\mathbf{Sh}(\mathbb{C}, J) \to \mathcal{S}$ is surjective iff we have

$$(\forall p \colon \Omega)((t \in I(p)) \Rightarrow p) .$$

But this is exactly the statement that every cover of $t$ is inhabited. □

A site satisfying the hypotheses of 2.4.8 is called *consistent*. In particular, a frame $\mathcal{O}(X)$ (or the corresponding locale $X$) is called consistent if every covering of its top element is inhabited; since the canonical coverage on a frame clearly has local character, this is equivalent to saying that the geometric morphism $\mathbf{Sh}_{\mathcal{S}}(X) \to \mathcal{S}$ is surjective. (Note that, in a non-Boolean topos $\mathcal{S}$, it is strictly stronger than saying that $\mathcal{O}(X)$ is *nontrivial*, i.e. that its top and bottom elements are disjoint; the latter is equivalent to saying that $\mathbf{Sh}_{\mathcal{S}}(X) \to \mathcal{S}$ has dense image.) Note also that the local character condition $(L)$ really is needed in the proof of 2.4.8: if we are given a general coverage $T$ and we merely know that every cover of some particular object $t$ is inhabited, this tells us nothing about 'covers of covers of $t$', and so the Grothendieck coverage generated by $T$ (defined as in 2.1.9) may fail to have the corresponding property. (But compare 3.1.18 below.)

**Example 2.4.9** We may now, as promised, give an example to show that condition $(L)$ is not stable under change of base. For the condition 'every cover of $t$ is inhabited' is clearly stable under change of base, as are all the other hypotheses of 2.4.8; hence if $(L)$ were also stable, the class of bounded surjections would be stable under pullback in $\mathfrak{Top}$. But we know that this is not so; for we saw in 1.2.12 that epimorphisms are not stable under pullback in **Loc**, and by 1.5.1(ii) epimorphisms of locales correspond to surjections between localic toposes (and pullbacks of locales correspond to pullbacks of toposes, by 1.4.8).

In view of 2.4.9, we often need to replace the coverage $f^{\#}T$ obtained after a change of base by its 'Grothendieck completion' as in 2.1.9. In general, it is hard to give an explicit description of the latter; but in certain cases we can deduce properties of it from the fact that it has the same sheaves as the coverage from which we start. A particular example, which will be of use in Section C3.2, is the following:

**Lemma 2.4.10** *Let $(\mathbb{C}, T)$ be an internal site in a topos $\mathcal{S}$, and $U$ an object of $\mathbb{C}$ (that is, a morphism $1 \to C_0$ in $\mathcal{S}$). If $U$ is $T$-irreducible (in the sense that 'the only $T$-covering sieve on $U$ is the maximal sieve $M_U$' is true in the internal logic of $\mathcal{S}$), then it remains irreducible in the Grothendieck coverage $\tilde{T}$ generated by $T$.*

**Proof** If $U$ is irreducible, then the ($\mathcal{S}$-indexed) functor $\mathbb{C}(U, -) \colon \mathbb{C} \to \mathbb{S}$ maps covers in $T$ to epimorphic families in $\mathbb{S}$; hence, for any object $A$ of $\mathcal{S}$, the functor $A^{\mathbb{C}(U,-)} \colon \mathbb{C}^{\mathrm{op}} \to \mathbb{S}$ is a $T$-sheaf. So by 2.1.9 it is also a $\tilde{T}$-sheaf; in particular, if

$(U_i \to U \mid i \in I)$ is a $\tilde{T}$-covering family, then the induced map

$$A^{\mathbb{C}(U,U)} \longrightarrow \prod_{i \in I} A^{\mathbb{C}(U,U_i)} \cong A^{\coprod_i \mathbb{C}(U,U_i)}$$

is monic. Putting $A = \Omega$ (so that $A^{(-)} \colon \mathcal{S}^{\mathrm{op}} \to \mathcal{S}$ is faithful by A2.2.3, and hence reflects monomorphisms), we deduce that $\coprod_{i \in I} \mathbb{C}(U, U_i) \to \mathbb{C}(U,U)$ is epic in $\mathcal{S}$. Pulling the latter back along the morphism $1 \to \mathbb{C}(U,U)$ which names the identity morphism on $U$, we deduce that (it is true in the internal logic of $\mathcal{S}$ that) some $U_i \to U$ must be split epic; equivalently, if the $U_i \to U$ form a sieve, then that sieve must be $M_U$. □

Our next aim in this section is to establish a Beck–Chevalley condition for internal frames in toposes. As we shall see, this is closely related to the pullback-stability of the hyperconnected–localic factorization of Section A4.6.

**Theorem 2.4.11** *Suppose given a pullback square*

$$\begin{array}{ccc} \mathcal{H} & \xrightarrow{k} & \mathcal{G} \\ \Big\downarrow{\scriptstyle h} & & \Big\downarrow{\scriptstyle g} \\ \mathcal{F} & \xrightarrow{f} & \mathcal{E} \end{array}$$

*of toposes and geometric morphisms, and suppose* either *that $f$ is bounded* or *that $g$ is bounded and $\mathcal{E}$ has a natural number object. Then*

(i) *The square*

$$\begin{array}{ccc} \mathbf{Frm}(\mathcal{G}) & \xrightarrow{k^\#} & \mathbf{Frm}(\mathcal{H}) \\ \Big\downarrow{\scriptstyle g_*} & & \Big\downarrow{\scriptstyle h_*} \\ \mathbf{Frm}(\mathcal{E}) & \xrightarrow{f^\#} & \mathbf{Frm}(\mathcal{F}) \end{array}$$

*commutes; more precisely, the canonical natural transformation $f^\# g_* \to h_* k^\#$ is an isomorphism.*

(ii) *If $g$ is hyperconnected, so is $h$.*

**Proof** We note first that the two parts of the theorem are equivalent. If (ii) holds then the hyperconnected–localic factorization is stable under pullback, since we know that pullbacks of localic morphisms are localic. So, using the descriptions of $f^\#$ and $g_*$ in terms of their effects on localic toposes, with which we began, we see that both ways round the square produce the same effect when applied to a localic topos over $\mathcal{G}$. On the other hand if (i) holds and $g$ is hyperconnected, then on chasing the subobject classifier of $\mathcal{G}$ around the Beck–Chevalley square we see that $h_*$ must also preserve $\Omega$, i.e. $h$ is hyperconnected.

In the case when we assume $f$ to be bounded, we have already proved (ii), in B3.3.7. So we need only consider the case when $g$ is bounded, but $f$ need not be; in this case we shall prove (i).

If $g$ is bounded, then we may factor it as a composite

$$\mathcal{G} \xrightarrow{i} [\mathbb{C}^{\mathrm{op}}, \mathcal{E}] \longrightarrow \mathcal{E}$$

where $\mathbb{C}$ is an internal category in $\mathcal{E}$ (which may be assumed to be cartesian) and $i$ is an inclusion; and it clearly suffices to prove the result for the two factors separately. In fact we shall prove it when $g$ is of the form $[\mathbb{C}^{\mathrm{op}}, \mathcal{E}] \to \mathcal{E}$ and when $g$ is localic; this also suffices, since every inclusion is localic (A4.6.2($a$)). But in the case when $g$ (and hence also $h$) is localic, there is nothing to prove; for in this case, the effect of $g_*$ on localic toposes over $\mathcal{G}$ is simply that of composition with $g$, and similarly for $h_*$. So the assertion reduces, as in A2.2.4, to the fact that a composite of two pullback squares is a pullback.

We are thus reduced to showing that the square

$$\begin{array}{ccc}
\mathbf{Frm}([\mathbb{C}^{\mathrm{op}}, \mathcal{E}]) & \xrightarrow{[\mathbb{C}^{\mathrm{op}}, f]^{\#}} & \mathbf{Frm}([f^*\mathbb{C}^{\mathrm{op}}, \mathcal{F}]) \\
\downarrow & & \downarrow \\
\mathbf{Frm}(\mathcal{E}) & \xrightarrow{f^{\#}} & \mathbf{Frm}(\mathcal{F})
\end{array}$$

commutes, where $\mathbb{C}$ is an internal cartesian category in $\mathcal{E}$ and the vertical arrows are obtained by applying the direct image functors ('evaluate at 1', where 1 is the terminal object of the appropriate category) to internal frames. In fact we show that the diagram commutes when we replace **Frm** by **CjSLat** throughout; since we know that the functors on **Frm** are the restrictions of those on **CjSLat**, this will suffice. Now in 1.6.9 we gave a description of internal complete (semi)lattices in $[\mathcal{C}^{\mathrm{op}}, \mathbf{Set}]$ where $\mathcal{C}$ is a small cartesian category; the description was constructive, and so remains valid when **Set** is replaced by an arbitrary topos. That is, an object of $\mathbf{CjSLat}([\mathbb{C}^{\mathrm{op}}, \mathcal{E}])$ is just an $\mathcal{E}$-indexed functor from $\mathbb{C}^{\mathrm{op}}$ to the $\mathcal{E}$-indexed category $\mathbf{CLat}(\mathcal{E})$ of internal complete lattices in $\mathcal{E}$, satisfying the Beck–Chevalley condition for pullback squares in $\mathbb{C}$. Given such a functor, we may compose it with $f^{\#} \colon \mathbf{CLat}(\mathcal{E}) \to \mathbf{CLat}(\mathcal{F})$ – note that, although $f^{\#}$ was defined as a functor on complete semilattices, it in fact preserves morphisms of complete lattices since these are exactly the morphisms of **CjSLat** which have left adjoints in **CjSLat** – to obtain an $\mathcal{E}$-indexed functor $\mathbb{C}^{\mathrm{op}} \to (f^*)^*(\mathbf{CLat}(\mathcal{F}))$, which by B2.3.14 is essentially the same thing as an $\mathcal{F}$-indexed functor $f^*\mathbb{C}^{\mathrm{op}} \to \mathbf{CLat}(\mathcal{F})$. It is straightforward to verify that the Beck–Chevalley condition of 1.6.9 is preserved by this construction, and so we have defined a functor $\mathbf{CjSLat}([\mathbb{C}^{\mathrm{op}}, \mathcal{E}]) \to \mathbf{CjSLat}([f^*\mathbb{C}^{\mathrm{op}}, \mathcal{F}])$. Moreover, it is easy to verify that this is left adjoint to the functor induced by $f_*$, so it is the functor $[\mathbb{C}^{\mathrm{op}}, f]^{\#}$ by uniqueness of adjoints. And since, as already indicated, the vertical arrows in the square above are given by evaluation at the terminal objects of $\mathbb{C}$ and of $f^*\mathbb{C}$, the commutativity of the square is now immediate. □

The assumption, in the case when $g$ is bounded, that $\mathcal{E}$ has a natural number object is needed in order to justify restricting our attention to cartesian internal categories in the course of the proof: we need to be able to replace an arbitrary site of definition for $\mathcal{G}$ over $\mathcal{E}$ by one whose underlying category is cartesian, as in the proof of 2.2.8 (and cf. also B3.2.6). The same assumption is of course needed for the second case of the following corollary:

**Corollary 2.4.12** *The hyperconnected–localic factorization of an arbitrary (resp. bounded) geometric morphism is stable under bounded (resp. arbitrary) pullback.* □

In fact the Beck–Chevalley square of 2.4.11(i) still commutes if we replace frames by complete join-semilattices throughout. We omit the details of the proof, which may be found in [560].

Another consequence of 2.4.11(ii) is worth stating explicitly:

**Corollary 2.4.13** *For any topos $\mathcal{S}$, the localic reflection functor $\mathfrak{BTop}/\mathcal{S} \to \mathfrak{LTop}/\mathcal{S}$ (cf.* A4.6.12*) preserves finite products.*

**Proof** It clearly preserves the terminal object. Let $p_i\colon \mathcal{E}_i \to \mathcal{S}$ $(i = 1, 2)$ be bounded morphisms, and let $\mathcal{L}_i \to \mathcal{S}$ denote their localic reflections. Then we may form the diagram

$$\begin{array}{ccccc}
\mathcal{E}_1 \times_{\mathcal{S}} \mathcal{E}_2 & \longrightarrow & \mathcal{L}_1 \times_{\mathcal{S}} \mathcal{E}_2 & \longrightarrow & \mathcal{E}_2 \\
\downarrow & & \downarrow & & \downarrow \\
\mathcal{E}_1 \times_{\mathcal{S}} \mathcal{L}_2 & \longrightarrow & \mathcal{L}_1 \times_{\mathcal{S}} \mathcal{L}_2 & \longrightarrow & \mathcal{L}_2 \\
\downarrow & & \downarrow & & \downarrow \\
\mathcal{E}_1 & \longrightarrow & \mathcal{L}_1 & \longrightarrow & \mathcal{S}
\end{array}$$

in which all the squares are pullbacks; so 2.4.11(ii) implies that all four edges, and hence the diagonal, of the upper left square are hyperconnected. Similarly, the diagonal of the lower right square is localic; so $\mathcal{L}_1 \times_{\mathcal{S}} \mathcal{L}_2$ is the reflection of $\mathcal{E}_1 \times_{\mathcal{S}} \mathcal{E}_2$ in $\mathfrak{LTop}/\mathcal{S}$. □

We may now prove a long-promised result, namely the converse of B3.3.8(ii).

**Proposition 2.4.14** *Let $p\colon \mathcal{E} \to \mathcal{S}$ be a bounded geometric morphism such that the diagonal $\Delta_p\colon \mathcal{E} \to \mathcal{E} \times_{\mathcal{S}} \mathcal{E}$ is an inclusion. Then $p$ is localic.*

**Proof** Let $A$ be an object of $\mathcal{E}$. Since $\mathcal{E}/A \times_{\mathcal{E}} \mathcal{E}/A \simeq \mathcal{E}/A \times A$ (cf. B3.2.14), we have a pullback square

$$\begin{array}{ccc} \mathcal{E}/A \times A & \longrightarrow & \mathcal{E} \\ \big\downarrow & & \big\downarrow \Delta_p \\ \mathcal{E}/A \times_{\mathcal{S}} \mathcal{E}/A & \longrightarrow & \mathcal{E} \times_{\mathcal{S}} \mathcal{E} \end{array}$$

and hence the left vertical edge of this square is an inclusion. So by A4.6.12 and 2.4.13 its reflection in $\mathfrak{LTop}/\mathcal{S}$ is an inclusion into a product; equivalently, by 1.5.1(i) and 1.4.8, we have an inclusion $g\colon Y \to X \times X$ in $\mathbf{Loc}(\mathcal{S})$, where $X$ and $Y$ are the internal locales in $\mathcal{S}$ defined by $\mathcal{O}(X) = p_*(\Omega^A)$ and $\mathcal{O}(Y) = p_*(\Omega^{A\times A})$.

We now assume for notational simplicity that $\mathcal{S}$ is the classical topos of sets. Identifying $\mathcal{O}(X \times X)$ with the **CjSLat** tensor product $\mathcal{O}(X) \otimes \mathcal{O}(X)$, as in 1.1.11, we see that $g^*$ sends a typical element $W = \bigvee_{i\in I}(U_i \otimes V_i)$ of $\mathcal{O}(X) \otimes \mathcal{O}(X)$ to $\bigcup_{i\in I}(U_i \times V_i)$. In particular, taking $W$ to be the element $g_*(\Delta)$, where $\Delta$ is the diagonal subobject $A \rightarrowtail A \times A$ regarded as an element of $\mathcal{O}(Y)$, we have an expression for $\Delta = g^*g_*(\Delta)$ as a union of 'rectangles' $U_i \times V_i$. Applying the inverse image of the continuous map $X \to Y$ corresponding to $\Delta$, we obtain $X = \bigcup_{i\in I}(U_i \cap V_i)$; but the fact that $U_i \times V_i \leq \Delta$ in $\mathcal{O}(Y)$ clearly implies that $U_i \cap V_i$ is a subterminal object. So we have expressed $X$ as an $I$-indexed union of open sublocales which are subterminal objects; equivalently, we have constructed a diagram of the form

$$\begin{array}{ccc} B & \twoheadrightarrow & A \\ \big\downarrow & & \\ p^*(I) & & \end{array}$$

(the vertical arrow $B \rightarrowtail p^*(I)$ being a monomorphism) in $\mathcal{E}$. But we can do this for any object $A$ of $\mathcal{E}$; so $p$ is localic. □

For an alternative proof of 2.4.14 using descent theory, see 5.3.10 below. Next, we note one further consequence of 2.4.11:

**Corollary 2.4.15** *A geometric morphism $f\colon \mathcal{F} \to \mathcal{E}$ is hyperconnected iff the functor $f^{\#}\colon \mathbf{Frm}(\mathcal{E}) \to \mathbf{Frm}(\mathcal{F})$ is full and faithful.*

**Proof** First suppose $f$ is hyperconnected. Then for any localic $\mathcal{E}$-topos $g: \mathcal{E}' \to \mathcal{E}$, the top and right edges of the pullback square

$$\begin{array}{ccc} \mathcal{F}' & \longrightarrow & \mathcal{E}' \\ \downarrow & & \downarrow \\ \mathcal{F} & \xrightarrow{\ f\ } & \mathcal{E} \end{array}$$

form the hyperconnected–localic factorization of its diagonal; so the counit of the adjunction $(f_! \dashv f^*)$ between categories of internal locales, or equivalently the unit of the adjunction $(f^\# \dashv f_*)$ between categories of internal frames, is an isomorphism. Hence $f^\#$ is full and faithful. The converse follows from considering the component of the unit at the initial object $\Omega_{\mathcal{E}}$ of $\mathbf{Frm}(\mathcal{E})$. □

In A4.1.16, we introduced the Beck–Chevalley condition for *objects* of toposes (in what was then merely assumed to be a commutative square of geometric morphisms – though in practice the squares for which we are able to verify the condition are usually pullbacks). Of course, objects may be regarded as discrete internal locales; but, although functors of the form $f^\#$ preserve discrete locales, as we noted earlier, those of the form $f_*$ usually do not. We cannot therefore hope to deduce a Beck–Chevalley condition for objects from the result of 2.4.11; and indeed it does not hold in general.

We need to introduce some terminology to describe those morphisms for which it does hold:

**Definition 2.4.16** Let $f: \mathcal{F} \to \mathcal{E}$ be a geometric morphism.

(i) We say $f$ is a *right (weak) Beck–Chevalley morphism* if, for every bounded morphism $g: \mathcal{G} \to \mathcal{E}$ with the same codomain, the pullback square

$$\begin{array}{ccc} \mathcal{H} & \xrightarrow{\ k\ } & \mathcal{G} \\ {\scriptstyle h}\downarrow & & \downarrow{\scriptstyle g} \\ \mathcal{F} & \xrightarrow{\ f\ } & \mathcal{E} \end{array}$$

satisfies the (weak) Beck–Chevalley condition as defined in A4.1.16, i.e. the canonical natural transformation $\theta: g^* f_* \to k_* h^*$ is an isomorphism (resp. monic).

(ii) We say $f$ is a *left (weak) Beck–Chevalley morphism* if, for every bounded $g$ as above, the pullback square satisfies the 'opposite-handed' Beck–Chevalley condition that $f^* g_* \to h_* k^*$ is an isomorphism (resp. monic).

(iii) We say $f$ is a *stable left/right (weak) Beck–Chevalley morphism* if the pullback of $f$ along any bounded morphism is a left/right (weak) Beck–Chevalley morphism.

The assignment of the adjectives 'right' and 'left' to the first two parts of the above definition is more or less arbitrary. The convention that we have adopted is justified by the fact that, if $f$ is a right Beck–Chevalley morphism, then it is the right adjoint $f_*$ which appears as one of the functors involved in the Beck–Chevalley condition. We shall often abbreviate the properties defined in 2.4.16 by their initials; thus 'SLBC morphism' means 'stable left Beck–Chevalley morphism', 'RWBC morphism' means 'right weak Beck–Chevalley morphism' and so on. Fortunately, we shall see in the next chapter that the stable properties, at least, turn out to be equivalent to other properties that have less cumbersome names. (It would be possible to introduce yet another variable into 2.4.16, besides the choices of left or right, weak or strong Beck–Chevalley condition, and stable or 'unstable': we could also allow the variant where the morphism $f$ is assumed to be bounded, and we consider its pullbacks along arbitrary geometric morphisms rather than bounded ones. However, it seems not to be worth making this distinction in practice.)

We note that A4.6.8 has an immediate reinterpretation in our new terminology:

**Lemma 2.4.17** *Hyperconnected morphisms are both SLWBC and SRWBC.*

**Proof** By 2.4.11(ii), any pullback of a pullback of a hyperconnected morphism yields a square in which two opposite sides are hyperconnected. So by A4.6.8 the square satisfies both weak Beck–Chevalley conditions. □

We shall have more to say about Beck–Chevalley morphisms at several points in Chapter C3.

**Suggestions for further reading:** Joyal & Tierney [560], Kock & Schmidt [648].

## C2.5 Fibrations of sites

We saw in 2.3.10 that any geometric morphism between Grothendieck toposes may be induced by a morphism of sites. However, this result is not best possible: there is a very special type of morphism of sites, called a fibration of sites, which suffices to obtain all such geometric morphisms, and such fibrations may be used to give characterizations of particular classes of geometric morphisms. The construction of a fibration of sites from a given geometric morphism involves consideration of internal sites, which is why we postponed it until after Section C2.4; however, in this section we shall not be concerned with change of base (except in the proof of 2.5.14 below), and so we shall assume for notational convenience that our base topos is **Set**. (Nevertheless, all our arguments are constructive, and so they apply to morphisms between bounded $\mathcal{S}$-toposes, for any $\mathcal{S}$.) We shall also reinstate our standing assumption from Sections C2.2 and C2.3 that all coverages are Grothendieck coverages unless stated otherwise; however, we shall not assume as in Section C2.3 that the underlying categories of our sites are cartesian. (For the reason why not, see 2.5.9 below.)

In fact a fibration of sites, like a geometric morphism of toposes, is not a single functor but an adjoint pair of functors. The key to understanding the notion is the following result, which could equally well have been proved in Section C2.3:

**Lemma 2.5.1** *Let $(\mathcal{C}, J)$ and $(\mathcal{D}, K)$ be small sites, and let $F: \mathcal{C} \to \mathcal{D}$ and $L: \mathcal{D} \to \mathcal{C}$ be functors with $(L \dashv F)$. Then $F$ is a morphism of sites iff $L$ is cover-reflecting.*

**Proof** As $F$ has a left adjoint, it is automatically flat in the sense of 2.3.7, since the comma category $(V \downarrow F)$ has an initial object for each $V$; so we have to prove that $F$ preserves covers iff $L$ reflects them. First suppose $F$ preserves covers; let $V \in \text{ob}\,\mathcal{D}$ and let $R \in J(LV)$. Then the morphisms $F(f)$, $f \in R$, generate a $K$-covering sieve on $FLV$; pulling this back along the unit $\alpha_V : V \to FLV$ of the adjunction, we obtain a $K$-covering sieve $S$ such that, for every $g \in S$, the composite $\alpha_V g$ factors through some $F(f)$, $f \in R$. But this is equivalent to saying that $L(g)$ factors through $f$, and so implies that $L(g) \in R$. Thus we have verified that $L$ is cover-reflecting.

Conversely, suppose $L$ reflects covers. Let $U \in \text{ob}\,\mathcal{C}$, and let $R \in J(U)$. Pulling back along the counit $\beta_U : LFU \to U$, we obtain a $J$-covering sieve $\beta_U^*(R)$ on $LFU$; applying the definition, we deduce that the sieve

$$S = \{g: V \to FU \mid \beta_U L(g) \in R\}$$

is in $K(FU)$. But $\beta_U L(g)$ is simply the transpose $\overline{g}$ of $g$ across the adjunction $(L \dashv F)$; and $g$ itself factors as $F(\overline{g})\alpha_V$. Thus $S$ is contained in the sieve generated by the images under $F$ of members of $R$, and in particular the latter must be $K$-covering. □

If the conditions of 2.5.1 are satisfied, then it is clear that the functor $L^* : [\mathcal{C}^{\text{op}}, \mathbf{Set}] \to [\mathcal{D}^{\text{op}}, \mathbf{Set}]$ is left adjoint to $F^*$, and hence that the left adjoint $F_!$ of $F^* : \mathbf{Sh}(\mathcal{D}, K) \to \mathbf{Sh}(\mathcal{C}, J)$ may be obtained as the composite $aL^*i$ of 2.3.18(ii). In other words, we have

**Scholium 2.5.2** *If the conditions of* 2.5.1 *are satisfied, then the geometric morphism* $\mathbf{Sh}(\mathcal{D}, K) \to \mathbf{Sh}(\mathcal{C}, J)$ *induced by $F$ as in* 2.3.4 *coincides with that induced by $L$ as in* 2.3.18. □

Now suppose we have a geometric morphism $f: \mathcal{F} \to \mathcal{E}$ between Grothendieck toposes, and suppose we have chosen a site $(\mathcal{C}, J)$ for $\mathcal{E}$ (where $\mathcal{C}$ is small, but not necessarily cartesian). By B3.1.10(ii), $f$ is bounded, and so we can represent $\mathcal{F}$ as $\mathbf{Sh}_{\mathcal{E}}(\mathbb{D}, K)$ for some internal site $(\mathbb{D}, K)$ in $\mathcal{E}$. In Section C1.6 we saw how to 'externalize' the site corresponding to an internal locale in a Grothendieck topos; here our immediate aim is to do something similar for an arbitrary site.

To begin with, let us consider the case where the coverages $J$ and $K$ are trivial; i.e. $\mathcal{E}$ is $[\mathcal{C}^{\mathrm{op}}, \mathbf{Set}]$ and $\mathcal{F}$ is $[\mathbb{D}^{\mathrm{op}}, [\mathcal{C}^{\mathrm{op}}, \mathbf{Set}]]$. In this case we may regard $\mathbb{D}$ as a functor $\mathcal{C}^{\mathrm{op}} \to \mathbf{Cat}$, and use the Grothendieck construction (cf. B1.3.5) to convert it into a split fibration $\mathcal{C} \rtimes \mathbb{D} \to \mathcal{C}$. (The use of the 'semidirect product' sign $\rtimes$ is inspired by the case of groups: if $\mathcal{C}$ is a group $G$ in $\mathbf{Set}$, and $\mathbb{D}$ is a group $H$ in $[G, \mathbf{Set}]$ (that is, a group on which $G$ acts by automorphisms), then this is exactly the semidirect product $G \rtimes H$ as usually defined.) Thus objects of $\mathcal{C} \rtimes \mathbb{D}$ are pairs $(U, V)$ with $U \in \mathrm{ob}\,\mathcal{C}$ and $V \in \mathrm{ob}\,\mathbb{D}(U)$, and morphisms $(U', V') \to (U, V)$ are pairs $(a, b)$ where $a \colon U' \to U$ in $\mathcal{C}$ and $b \colon V' \to \mathbb{D}(a)(V)$ in $\mathbb{D}(U')$.

**Lemma 2.5.3** *With the above notation,* $[\mathbb{D}^{\mathrm{op}}, [\mathcal{C}^{\mathrm{op}}, \mathbf{Set}]] \simeq [(\mathcal{C} \rtimes \mathbb{D})^{\mathrm{op}}, \mathbf{Set}]$.

**Proof** If $F$ is a diagram of shape $\mathbb{D}^{\mathrm{op}}$ in $[\mathcal{C}^{\mathrm{op}}, \mathbf{Set}]$, represented by a discrete fibration $\gamma \colon \mathbb{F} \to \mathbb{D}$, we define

$$\tilde{F}(U, V) = \{x \in F_0(U) \mid \gamma_0(x) = V\},$$

with $\tilde{F}(a, b)(x) = F(b)(F_0(a)(x))$, where $F(b)$ denotes the appropriate cartesian morphism of $\mathbb{F}(U')$ lying over $b$. Conversely, given $G \colon (\mathcal{C} \rtimes \mathbb{D})^{\mathrm{op}} \to \mathbf{Set}$, we define $\overline{G_0} \colon \mathcal{C}^{\mathrm{op}} \to \mathbf{Set}$ by

$$\overline{G_0}(U) = \coprod_{V \in D_0(U)} G(U, V),$$

with $\overline{G_0}(a)(x) = G(a, 1)(x) \in G(U', D_0(b)(V))$. It is easy to see that $\overline{G_0}$ comes equipped with a morphism $g_0 \colon \overline{G_0} \to D_0$ sending each element of $G(U, V)$ to $V$, and that the latter has a right $\mathbb{D}$-action, so that we obtain a discrete fibration $\overline{\mathbb{G}} \to \mathbb{D}$ in $[\mathcal{C}^{\mathrm{op}}, \mathbf{Set}]$, or equivalently a diagram $\overline{G}$ of shape $\mathbb{D}^{\mathrm{op}}$ in $[\mathcal{C}^{\mathrm{op}}, \mathbf{Set}]$. Further, the constructions $F \mapsto \tilde{F}$ and $G \mapsto \overline{G}$ are inverse to each other up to isomorphism. □

Note that the particular case of 2.5.3 in which $\mathbb{D}$ is a discrete internal category in $[\mathcal{C}^{\mathrm{op}}, \mathbf{Set}]$ (i.e. takes discrete categories as values) is just A1.1.7.

Next, we 'put the coverages back'. We claim that, given coverages $J$ and $K$ on $\mathcal{C}$ and $\mathbb{D}$ respectively, there exists a coverage $J \rtimes K$ on $\mathcal{C} \rtimes \mathbb{D}$ such that, under the above correspondence, $\tilde{F}$ is a $(J \rtimes K)$-sheaf iff $F$ takes values in the category of $J$-sheaves and is itself a $K$-sheaf. Explicitly, we say that a sieve $R$ on an object $(U, V)$ is $(J \rtimes K)$-covering iff there exists an element $S$ of $K(U)$ with $b(S) = V$ (in the notation developed in Section C2.4) such that if we regard the element $c(S)$ of $PD_1(U)$ as a subsheaf of $\mathcal{C}(-, U) \times D_1$, i.e. as a set of pairs $(f, g)$ with $f \colon U' \to U$ in $\mathcal{C}$ and $g \colon V' \to \mathbb{D}(f)(V)$ in $\mathbb{D}(U')$, then for each such pair there is a $J$-covering sieve of morphisms $f' \colon U'' \to U'$ for which the pairs $(ff', \mathbb{D}(f')(g))$ all belong to $R$.

It is tedious but straightforward to verify that this is indeed a Grothendieck coverage on $\mathcal{C} \rtimes \mathbb{D}$, and that $\tilde{F}$ is a $(J \rtimes K)$-sheaf iff $F$ is a $K$-sheaf with values in $\mathbf{Sh}(\mathcal{C}, J)$. Thus we have proved most of

**Proposition 2.5.4** *Let $\mathcal{E} = \mathbf{Sh}(\mathcal{C}, J)$ be a Grothendieck topos, and $(\mathbb{D}, K)$ an internal site in $\mathcal{E}$. Then $\mathbf{Sh}_{\mathcal{E}}(\mathbb{D}, K) \simeq \mathbf{Sh}(\mathcal{C} \rtimes \mathbb{D}, J \rtimes K)$. Moreover, the projection functor $P\colon \mathcal{C} \rtimes \mathbb{D} \to \mathcal{C}$ is cover-reflecting, and induces the geometric morphism $\mathbf{Sh}_{\mathcal{E}}(\mathbb{D}, K) \to \mathcal{E}$ as in* 2.3.18.

**Proof** It remains to establish the second assertion of the proposition. But if $R$ is any $J$-covering sieve on $U$, and $V$ any object of $\mathbb{D}(U)$, then the sieve of all morphisms $(f, g)\colon (U', V') \to (U, V)$ for which $f\colon U' \to U \in R$ is $(J \rtimes K)$-covering (take $S$ to be the top element of $K(U)$ in the definition); so $P$ is cover-reflecting, and by 2.3.18 we know that the right Kan extension functor $\varprojlim_P$ maps sheaves to sheaves. Now, to compute $\varprojlim_P(G)(U)$, we have to form the limit of the diagram of shape $(P \downarrow U)^{\mathrm{op}}$ sending $((U', V), a\colon U' \to U)$ to $G(U, V)$; but this is precisely the limit in $\mathcal{S}$ which we need to compute to obtain $f_*(\overline{G})(V)$, where $f_*$ is the direct image of the given morphism, i.e. the restriction of the functor $\varprojlim_{\mathbb{D}}$ to sheaves. So we have identified $f$ with the geometric morphism induced by $P$. □

**Corollary 2.5.5** *Any geometric morphism between Grothendieck toposes may be induced by a cover-reflecting functor between sites.* □

So far, we have not made any assumptions about the categories $\mathcal{C}$ and $\mathbb{D}$. But we may clearly assume that $\mathbb{D}$ has a terminal object, i.e. that each $\mathbb{D}(U)$ has a terminal object $t_U$ and that the transition functors $\mathbb{D}(U) \to \mathbb{D}(U')$ induced by morphisms $U' \to U$ of $\mathcal{C}$ preserve terminal objects. Then we have a functor $T\colon \mathcal{C} \to \mathcal{C} \rtimes \mathbb{D}$ sending $U$ to $(U, t_U)$; and it is clear that $T$ is a full and faithful right adjoint to the projection $P$. This prompts the following definition:

**Definition 2.5.6** Let $(\mathcal{C}, J)$ and $(\mathcal{D}, K)$ be small sites. By a *fibration of sites* $(P, T)\colon (\mathcal{D}, K) \to (\mathcal{C}, J)$, we mean a pair of functors $P\colon \mathcal{D} \to \mathcal{C}$ and $T\colon \mathcal{C} \to \mathcal{D}$ such that $P$ is left adjoint to $T$, $T$ is cover-preserving (equivalently, by 2.5.1, $P$ is cover-reflecting), $T$ is full and faithful (equivalently, the counit $PT \to 1$ is an isomorphism), and $P$ is a fibration in the sense of B1.3.3.

A fibration of sites is called a continuous fibration by some authors (cf. [828]), but we have chosen to avoid that name for reasons already explained in Section C2.3. As with geometric morphisms (cf. A4.1.1), there is an arbitrary choice of the direction in which we consider a fibration of sites to be pointing: we have chosen to make it point in the same direction as the geometric morphism which it induces – though it should be noted that this is the direction of the left adjoint $P$, whereas a geometric morphism $f$ points in the direction of the right adjoint $f_*$.

We may now strengthen 2.5.5, as follows.

**Corollary 2.5.7** *Any geometric morphism $f: \mathcal{F} \to \mathcal{E}$ between Grothendieck toposes may be induced (as in 2.5.2) by a fibration of sites $(P, T): (\mathcal{D}, K) \to (\mathcal{C}, J)$. Moreover, the categories $\mathcal{C}$ and $\mathcal{D}$ may be chosen to be cartesian, and $P$ to be a cartesian functor.*

**Proof** First we choose $(\mathcal{C}, J)$ to be a site of definition for $\mathcal{E}$; then we choose $(\mathbb{D}, \tilde{K})$ similarly for $\mathcal{F}$ as a bounded $\mathcal{E}$-topos, but additionally requiring $\mathbb{D}$ to contain the terminal object of $\mathcal{F}$. Then we define $\mathcal{D} = \mathcal{C} \rtimes \mathbb{D}$ as in 2.5.3, and equip it with the coverage derived from those on $\mathcal{C}$ and $\mathbb{D}$ as in 2.5.4. The arguments above show that the projection $\mathcal{D} \to \mathcal{C}$ and its right adjoint have the required properties. For the final assertion, we may choose both $\mathcal{C}$ and $\mathbb{D}$ to be cartesian (i.e. closed under finite limits in their respective toposes): for $\mathbb{D}$, this means that the corresponding functor $\mathcal{C}^{\mathrm{op}} \to \mathbf{Cat}$ takes cartesian categories and functors as values. So it follows from B1.4.1 that the Grothendieck category $\mathcal{C} \rtimes \mathbb{D}$ has finite limits, and $P$ preserves them. □

Note that we have actually proved rather more than we claimed in the statement of 2.5.7: the 'base site' $(\mathcal{C}, J)$ of the fibration may be chosen to be any site of definition for $\mathcal{E}$ over **Set**, although the choice of $(\mathcal{D}, K)$ will in general depend on $f$ as well as $\mathcal{F}$.

Next, we look at some particular examples of geometric morphisms from the point of view of the results established in this section.

**Examples 2.5.8** (*a*) Let $f: [\mathcal{D}^{\mathrm{op}}, \mathbf{Set}] \to [\mathcal{C}^{\mathrm{op}}, \mathbf{Set}]$ be the geometric morphism induced as in A4.1.4 by a functor $F: \mathcal{D} \to \mathcal{C}$. We may factor $F$ as

$$\mathcal{D} \xrightarrow{R} \mathbf{Gl}(F) \xrightarrow{P} \mathcal{C}$$

where $\mathbf{Gl}(F)$, as in A2.1.12, denotes the comma category $(\mathcal{C} \downarrow F)$, $P$ is the projection $(U, V, \alpha) \mapsto U$ and $R$ is the functor $V \mapsto (FV, V, 1_{FV})$ (the right adjoint of the other projection). $P$ is a split fibration, corresponding to the functor $\mathcal{C}^{\mathrm{op}} \to \mathbf{Cat}$ which sends $U$ to $(U \downarrow F)$, and a morphism $a: U' \to U$ to the functor induced by composition with $a$; $R$ is full and faithful, and so if we use it to equip $\mathbf{Gl}(F)$ with a coverage $K$ as in 2.2.4(*d*), we obtain an equivalence $[\mathcal{D}^{\mathrm{op}}, \mathbf{Set}] \simeq \mathbf{Sh}(\mathbf{Gl}(F), K)$. It is clear that $P$ is cover-reflecting, since there are no nontrivial covers on $\mathcal{C}$; for an arbitrary $F$, $P$ will not have a right adjoint, but if we assume that $\mathcal{D}$ has a terminal object and $F$ preserves it, then we have a right adjoint $T$ sending $U$ to $(U, 1, U \to 1)$. So in this case we may take the fibration of sites $(P, T): (\mathbf{Gl}(F), K) \to (\mathcal{C}, D)$ (where $D$ is the 'discrete' coverage on $\mathcal{C}$, whose only covers are the maximal sieves) to represent the geometric morphism $f$.

(*b*) Let $f: Y \to X$ be a locale morphism. We saw in 1.6.1 how to 'internalize' $\mathcal{O}(Y)$ as a frame in $\mathbf{Sh}(X)$; if we then externalize it again (not by the method of

1.6.2 but) by the method of 2.5.4, we obtain the posite $\mathcal{P}$ whose objects are pairs $(U,V) \in \mathcal{O}(X) \times \mathcal{O}(Y)$ with $V \leq f^*(U)$, with the coverage $K$ in which a sieve $R$ covers $(U,V)$ iff the set of those $V'$ for which there exists $U' \in \mathcal{O}(X)$ with $(U',V') \in R$ covers $V$ in $\mathcal{O}(Y)$. In particular, we note that the single morphism $(U,V) \to (X,V)$ generates a covering sieve for any $V \leq f^*(U)$, and hence any sheaf $A$ on $\mathcal{P}$ satisfies $A(U,V) \cong A(X,V)$, i.e. it is determined by its values on objects of the form $(X,V)$. But the latter must satisfy the sheaf axiom for covers of the form $((X,V_i) \to (X,V) \mid i \in I)$ where $V = \bigcup\{V_i \mid i \in I\}$; so we deduce that $\mathbf{Sh}(\mathcal{P},K)$ is equivalent to $\mathbf{Sh}(Y)$. The projection $P\colon \mathcal{P} \to \mathcal{O}(X)$ is cover-reflecting, since if $U = \bigcup\{U_i \mid i \in I\}$ then $((U_i, V \cap f^*(U_i)) \to (U,V) \mid i \in I)$ generates a $K$-covering sieve; also $P$ is a fibration, corresponding to the functor $\mathcal{O}(X)^{\mathrm{op}} \to \mathbf{Poset}$ sending $U$ to $\downarrow(f^*(U))$, and it has a right adjoint given by $U \mapsto (U, f^*(U))$. So we have represented the geometric morphism $\mathbf{Sh}(Y) \to \mathbf{Sh}(X)$ induced by $f$ by a fibration of sites.

(*c*) More generally, let $(\mathcal{C},J)$ be a small cartesian site, and let $L$ be an internal frame in $\mathbf{Sh}(\mathcal{C},J)$, considered as a functor $\mathcal{C}^{\mathrm{op}} \to \mathbf{CLat}$ satisfying the conditions of 1.6.10. Then we may externalize $L$ by the method of 2.5.4, to obtain a category $\mathcal{C} \rtimes L$ whose objects are pairs $(U,V)$ with $U \in \mathrm{ob}\,\mathcal{C}$ and $V \in L(U)$, with morphisms $(U',V') \to (U,V)$ taken to be morphisms $a\colon U' \to U$ of $\mathcal{C}$ for which $V' \leq L(a)(V)$ in $L(U')$ (or equivalently $\Sigma_a(V') \leq V$ in $L(U)$). The detailed description of the coverage in this case is left to the reader.

(*d*) A particular case which we have seen before: let $G$ be a group, and let $X$ be an internal locale in $[G,\mathbf{Set}]$. Since the forgetful functor $[G,\mathbf{Set}] \to \mathbf{Set}$ is logical (and hence preserves completeness of posets, by B2.3.9), an internal locale in $[G,\mathbf{Set}]$ is simply a locale in $\mathbf{Set}$ on which $G$ acts by automorphisms. If we externalize the site in $[G,\mathbf{Set}]$ given by $\mathcal{O}(X)$ with its $G$-action and canonical coverage, we obtain the site $(\mathcal{O}_G(X),T)$ for the topos of $G$-equivariant sheaves on $X$, which we described in A2.1.11(*c*). The fibration $\mathcal{O}_G(X) \to G$ is the faithful functor arising from the description of $\mathcal{O}_G(X)$ as a category structured over $G$, which we gave in A2.1.11(*c*); its right adjoint sends the unique object of $G$ to the top element $X$ of $\mathcal{O}(X)$.

(*e*) A generalization of (*d*) which will be of importance in Section C5.4: let $G$ be a topological group, and consider an internal frame $A$ in the topos $\mathbf{Cont}(G)$ of continuous $G$-sets. Since the geometric morphism $[G,\mathbf{Set}] \to \mathbf{Cont}(G)$ whose inverse image is the forgetful functor is hyperconnected, we know from 2.4.15 that $\mathbf{Frm}(\mathbf{Cont}(G))$ is a coreflective subcategory of $\mathbf{Frm}([G,\mathbf{Set}])$; hence $A$ is the 'continuous part' of a frame $\hat{A}$ in $[G,\mathbf{Set}]$, that is a frame in $\mathbf{Set}$ on which $G$ acts (not necessarily continuously) by automorphisms. (Explicitly, $\hat{A}$ may be constructed as the *MacNeille completion* of $A$, that is the poset of pairs $(L,U)$ of subsets of $A$ such that $L$ is the set of lower bounds of $U$, and $U$ is the set of upper bounds of $L$; we recall that the MacNeille completion of any Heyting algebra is a Heyting algebra [520, III 3.11], and hence a frame, and any $G$-action on a poset extends in an obvious way to its MacNeille completion. However, we do not need this identification for our present purposes.)

We recall that in 2.2.4(c) we constructed a site of definition $(\mathcal{C}, J)$ for $\mathbf{Cont}(G)$: the objects of $\mathcal{C}$ are the open subgroups of $G$, with morphisms $H \to K$ labelled by cosets $gK$ of $K$ such that $H \subseteq gKg^{-1}$, and every inhabited sieve is $J$-covering. Now, given an internal frame $A$ in $\mathbf{Cont}(G)$, let $A_H$ denote the set of elements of $A$ which are invariant under the action of $H$; note that $A_K \subseteq A_H$ if $H \subseteq K$, and that the union of the $A_H$ is the whole of $A$. The information that $A$ is the continuous part of a complete Heyting algebra in $[G, \mathbf{Set}]$ tells us that the inclusions $A_K \to A_H$ are Heyting algebra homomorphisms, and that they have left and right adjoints (the left adjoint sends an element $U$ of $A_H$ to the join of its images under all the elements of $K$). Applying the construction of 2.5.4, we obtain a site $(\mathcal{D}, J')$ where the objects of $\mathcal{D}$ are pairs $(H, U)$ with $H$ an open subgroup of $G$ and $U \in A_H$, and whose morphisms $(H, U) \to (K, V)$ are labelled by left cosets $gK$ of $K$ such that $H \subseteq gKg^{-1}$ and $U \leq gV$ in $A$. We note that any morphism $gK$ of $\mathcal{D}$ has a factorization

$$(H, U) \xrightarrow{Hg} (g^{-1}Hg, g^{-1}U) \xrightarrow{K} (K, V)$$

where the first factor is an isomorphism; so a sieve on $(K, V)$ is determined by the morphisms in it which are labelled by $K$ itself. Thus we may define a sieve $R$ on $(K, V)$ to be $J'$-covering if $V$ is the join of all those $U$ for which there exists $H$ such that $U \in A_H$ and $K: (H, U) \to (K, V) \in R$. In particular, we note that the single morphism $K: (H, V) \to (K, V)$ generates a covering sieve for any $H \subseteq K$ and any $V \in A_K$; so the projection $P: \mathcal{D} \to \mathcal{C}$ is cover-reflecting. Its right adjoint $T$ is of course given by $H \mapsto (H, \top)$, where $\top$ is the top element of $A$.

**Remark 2.5.9** If $\mathbb{C}$ has and $P$ preserves pullbacks, then the fact that $P$ is a fibration follows from the other conditions of 2.5.6: we may obtain a prone lifting of an arbitrary morphism $V \to PU$ by applying $T$ to it and then pulling back along the unit $U \to TPU$. However, we do not wish to assume the existence or preservation of pullbacks as part of our definition of a fibration of sites: in part this is because we wish to be able to use the concept over base toposes which do not have a natural number object, so that we cannot in general choose our sites to be closed under finite limits (and thus we have to sacrifice the final assertion of 2.5.7). But we also wish to use 2.5.7 as a means of 'externalizing' characterizations of classes of geometric morphisms in terms of sites, and the latter may not be 'stable' under the operation of adjoining finite limits to the underlying category of a site.

To explain what we mean by the preceding sentence, let P be a property of geometric morphisms, and suppose we have a property P$'$ of sites (with terminal objects) such that a bounded geometric morphism $p: \mathcal{E} \to \mathcal{S}$ has property P iff $\mathcal{E}$ is definable by an internal site in $\mathcal{S}$ having property P$'$. Then we may use the ideas above to 'externalize' P$'$ to a property P$''$ of fibrations of sites, such that a morphism of bounded $\mathcal{S}$-toposes has property P iff it may be induced by a fibration of sites having property P″. We give one example of this technique here; others will occur at various points in Chapter C3.

**Proposition 2.5.10** *A morphism of* $\mathfrak{BTop}/\mathbf{Set}$ *is surjective iff it can be induced by a fibration of sites* $(P, T)$ *such that* $P$ *preserves covers of objects in the image of* $T$.

**Proof** By 2.4.8, $f : \mathcal{F} \to \mathcal{E}$ is surjective iff we can choose a site $(\mathbb{D}, K)$ for $\mathcal{F}$ over $\mathcal{E}$ such that $\mathbb{D}$ has a terminal object, and every covering of the terminal object is inhabited. If $\mathcal{E}$ is itself given as $\mathbf{Sh}(\mathcal{C}, J)$, then this condition readily translates into the one in the statement of the proposition for the corresponding fibration of sites $(\mathcal{C} \rtimes \mathbb{D}, J \rtimes K) \to (\mathcal{C}, J)$. Conversely, if $f$ is induced by a fibration of sites $(P, T) : (\mathcal{D}, K) \to (\mathcal{C}, J)$ satisfying the condition, then 2.3.4 and 2.3.18 tell us that the composite $f_* f^*$ sends a sheaf $A$ on $\mathcal{C}$ to the functor $a(A \circ P) \circ T$, where $a$ is the associated $K$-sheaf functor. But from the fact that $P$ preserves covers of objects in the image of $T$, we see that if two elements of $AP(TU) \cong A(U)$ become equal when restricted to some covering sieve $R$ on $TU$, then they become equal on the cover of $PTU \cong U$ generated by the $Pb$, $b \in R$, and hence they must already be equal; so, from the construction of the associated sheaf functor in the proof of 2.2.6, we see that the unit map $(A \circ P) \to a(A \circ P)$ is monic at each object of the form $TV$. Hence the unit of $(f^* \dashv f_*)$ is monic, i.e. $f$ is a surjection. □

Another application of fibrations of sites occurs in the description of (cofiltered) inverse limits in $\mathfrak{BTop}/\mathbf{Set}$ (or more generally in $\mathfrak{BTop}/\mathcal{S}$, where $\mathcal{S}$ is any topos with a natural number object). For the moment, we shall restrict ourselves to limits of inverse sequences

$$\cdots \xrightarrow{f_3} \mathcal{E}_2 \xrightarrow{f_2} \mathcal{E}_1 \xrightarrow{f_1} \mathcal{E}_0$$

of Grothendieck toposes and geometric morphisms; dealing with more general cofiltered limits requires descent theory, and so we shall postpone it to Section C5.1. By the remark immediately after the proof of 2.5.7, we may successively choose sites $(\mathcal{C}_n, J_n)$ for each $\mathcal{E}_n$, and fibrations of sites $(P_n, T_n) : (\mathcal{C}_n, J_n) \to (\mathcal{C}_{n-1}, J_{n-1})$ inducing the morphisms $f_n$ as in 2.5.7.

We define a category $\mathcal{C}_\infty$ as follows: its objects are sequences $(U_n \mid n \geq 0)$ of objects of $\mathcal{C}_n$ for each $n$, equipped with isomorphisms $\alpha_n : P_n(U_n) \to U_{n-1}$ for each $n$ such that, for some $m$, the transpose $U_n \to T_n(U_{n-1})$ of $\alpha_n$ is also an isomorphism whenever $n \geq m$. A morphism $(U_n \mid n \geq 0) \to (V_n \mid n \geq 0)$ of $\mathcal{C}_\infty$ is simply a sequance of morphisms $a_n : U_n \to V_n$ commuting in the obvious sense with the $\alpha_n$; note that we shall tend to suppress the names of the $\alpha_n$ when referring to an object of $\mathcal{C}_\infty$, as is our usual custom with coherence isomorphisms. ($\mathcal{C}_\infty$ could equivalently be described as the pseudo-colimit in $\mathfrak{Cat}$ of the filtered diagram formed by the $\mathcal{C}_n$ and $T_n$; and indeed 2.5.11 below is really a special case of 2.3.14, except that we are here working with not-necessarily-cartesian sites. However, the left adjoints $P_n$ allow us to embed this pseudo-colimit as a subcategory of the pseudo-limit of the $P_n$, and this description is more useful for calculations.)

For $m \leq n$, we write $P_n^m : \mathcal{C}_n \to \mathcal{C}_m$ (resp. $T_n^m : \mathcal{C}_m \to \mathcal{C}_n$) for the composite of the $P_j$ (resp. $T_j$) with $m + 1 \leq j \leq n$ (we take this to be the identity functor if $m = n$, of course). We have functors $P_\infty^n : \mathcal{C}_\infty \to \mathcal{C}_n$ defined by $P_\infty^n(U_m \mid m \geq 0) = U_n$, and $T_\infty^n : \mathcal{C}_n \to \mathcal{C}_\infty$ defined by $T_\infty^n(U) = (V_m \mid m \geq 0)$, where $V_m = P_m^n(U)$ if $m \leq n$, and $V_m = T_m^n(U)$ if $m > n$, with the obvious coherence isomorphisms. It is easy to see that $T_\infty^n$ is right adjoint to $P_\infty^n$, and the counit of the adjunction is an isomorphism. Also, $P_\infty^n$ is a fibration: given an object $(U_m \mid m \geq 0)$ of $\mathcal{C}_\infty$ and a morphism $a : V \to U_n = P_\infty^n(U_m \mid m \geq 0)$ in $\mathcal{C}_n$, we obtain a prone lifting of $a$ by taking its $m$th component to be $P_m^n(a) : P_m^n(V) \to P_m^n(U_n) \cong U_m$ if $m \leq n$, and the appropriate prone lifting of $a$ to $\mathcal{C}_m$ if $m > n$.

We equip $\mathcal{C}_\infty$ with the smallest coverage $J_\infty$ for which the functors $T_\infty^n$ are all cover-preserving, i.e. the join (in the lattice of Grothendieck coverages on $\mathcal{C}_\infty$) of the coverages $(T_\infty^n)_\bullet(J_n)$ as defined in 2.3.12. By 2.5.1, this coverage also makes each $P_\infty^n$ cover-reflecting. So we have fibrations of sites $(P_\infty^n, T_\infty^n) : (\mathcal{C}_\infty, J_\infty) \to (\mathcal{C}_n, J_n)$, and hence geometric morphisms $f_\infty^n : \mathcal{E}_\infty = \mathbf{Sh}(\mathcal{C}_\infty, J_\infty) \to \mathcal{E}_n$, for each $n$; it is clear that these form a pseudo-cone over the diagram formed by the $f_n$.

**Theorem 2.5.11** *With the above notation, $\mathcal{E}_\infty$ is the limit of the diagram formed by the $\mathcal{E}_n$ and $f_n$ in $\mathfrak{BTop}/\mathbf{Set}$.*

**Proof** Suppose given an arbitrary (pseudo-)cone $(g_n : \mathcal{F} \to \mathcal{E}_n \mid n \geq 0)$, where $\mathcal{F}$ is a Grothendieck topos. By 2.3.9, each $g_n$ corresponds to a flat cover-preserving functor $G_n : \mathcal{C}_n \to \mathcal{F}$ (where $\mathcal{F}$ is equipped with its canonical coverage); and we have coherence isomorphisms $G_n \circ T_n \cong G_{n-1}$ for all $n \geq 1$. Given an object $(U_n \mid n \geq 0)$ of $\mathcal{C}_\infty$, we define $G_\infty(U_n \mid n \geq 0)$ to be the limit in $\mathcal{F}$ of the diagram formed by the objects $G_n(U_n)$, with transition maps

$$G_n(U_n) \xrightarrow{G_n(\overline{\alpha_n})} G_n T_n(U_{n-1}) \xrightarrow{\sim} G_{n-1}(U_{n-1});$$

note that, for a given object $(U_n \mid n \geq 0)$, these transition maps are isomorphisms for all sufficiently large $n$, so we could equivalently define $G_\infty(U_n \mid n \geq 0)$ to be simply $G_m(U_m)$ for some sufficiently large $m$. Hence also we have canonical isomorphisms $G_\infty \circ T_\infty^n \cong G_n$ for all $n$, which are compatible with the coherence isomorphisms between the $G_n$. It follows easily that $G_\infty$ is cover-preserving; for each $G_\infty \circ T_\infty^n$ is cover-preserving, and hence we have $(T_\infty^n)_\bullet(J_n) \leq (G_\infty)^\bullet(C)$ as coverages on $\mathcal{C}_\infty$, where $C$ is the canonical coverage on $\mathcal{F}$. It is also easy to see that $G_\infty$ is a flat functor, and hence that it induces a geometric morphism $g_\infty : \mathcal{F} \to \mathcal{E}_\infty$. Moreover, the functor $G_\infty$ (and hence the geometric morphism $g_\infty$) is determined up to canonical isomorphism by the requirement that we have $G_\infty \circ T_\infty^n \cong G_n$ for all $n$, since any object $(U_n \mid n \geq 0)$ of $\mathcal{C}_\infty$ is isomorphic to

$T_\infty^m(U_m)$ for sufficiently large $m$. And the construction of $g_\infty$ from $(g_n \mid n \geq 0)$ is clearly functorial on 2-cells of $\mathfrak{BTop}/\mathbf{Set}$, so we have an equivalence

$$\mathfrak{BTop}/\mathbf{Set}\,(\mathcal{F}, \mathcal{E}_\infty) \simeq \varprojlim_n \mathfrak{BTop}/\mathbf{Set}\,(\mathcal{F}, \mathcal{E}_n),$$

as required. □

We note that, if we wished to avoid the use of the large site $(\mathcal{F}, C)$ in the proof of 2.5.11, it would be possible to replace it by a small site $(\mathcal{D}, K)$, where $\mathcal{D}$ is any full subcategory of $\mathcal{F}$ containing a generating set and also all objects of the form $g_n^*(l_n(U))$, $U \in \operatorname{ob} \mathcal{C}_n$ (where $l_n \colon \mathcal{C}_n \to \mathbf{Sh}(\mathcal{C}_n, J_n)$ is the canonical functor), and $K$ is the induced coverage. Thus the proof of 2.5.11 may be carried out in $\mathfrak{BTop}/\mathcal{S}$, for any base topos $\mathcal{S}$ with a natural number object.

We note the following important application of 2.5.11:

**Corollary 2.5.12** *The localic reflection functor* $\mathfrak{BTop}/\mathbf{Set} \to \mathfrak{LTop}/\mathbf{Set}$ *preserves limits of inverse sequences.*

**Proof** We saw in 2.3.20 that we may construct the localic reflection at the level of sites, by forming the preorder reflection of the underlying category and equipping it with an appropriate coverage. If we are given an inverse sequence of fibrations of sites $(P_n, T_n) \colon (\mathcal{C}_n, J_n) \to (\mathcal{C}_{n-1}, J_{n-1})$ as in the proof of 2.5.11, and form the preorder reflections $\mathcal{P}_n$ of the categories $\mathcal{C}_n$, then the $P_n$ and $T_n$ clearly induce functors between the latter, and it is easy to verify that these are again fibrations of sites. Moreover, the construction of the limit site $(\mathcal{C}_\infty, J_\infty)$ also commutes with the preorder reflection; that is, the preorder $\mathcal{P}_\infty$ constructed from the $\mathcal{P}_n$ is the preorder reflection of $\mathcal{C}_\infty$, and the coverage which it inherits as a quotient of $\mathcal{C}_\infty$ coincides with that which it acquires as the limit of the $\mathcal{P}_n$. So the result is immediate from 2.5.11. □

**Remark 2.5.13** Combining 2.5.12 with 2.4.13, we see that the localic reflection functor preserves countable products (and, once we have extended 2.5.12 to more general cofiltered limits in 5.1.12 below, we may similarly deduce that it preserves arbitrary $\mathcal{S}$-indexed products, where $\mathcal{S}$ is our base topos). However, it does not preserve arbitrary limits: the following counterexample is due to I. Moerdijk [828].

Let $\mathcal{C}$ be the finite category represented by the diagram

$$V \underset{b}{\overset{a}{\rightrightarrows}} U$$

and let $\mathbb{D}$ be the functor $\mathcal{C}^{\mathrm{op}} \to \mathbf{Poset}$ defined by taking $\mathbb{D}(U) = \mathbf{1}$, $\mathbb{D}(V) = \mathbf{2}$, $\mathbb{D}(a)(0) = 0$ and $\mathbb{D}(b)(0) = 1$. (Here we are using $\mathbf{n}$ to denote the $n$-element totally ordered set $\{0, 1, \ldots, n-1\}$.) Let $\mathbb{E}$ be defined similarly, but with the rôles of $a$ and $b$ interchanged. By B3.2.14 we have a pullback diagram

$$\begin{array}{ccc} [(\mathbb{D}\times\mathbb{E})^{\mathrm{op}},[\mathcal{C}^{\mathrm{op}},\mathbf{Set}]] & \longrightarrow & [\mathbb{E}^{\mathrm{op}},[\mathcal{C}^{\mathrm{op}},\mathbf{Set}]] \\ \downarrow & & \downarrow \\ [\mathbb{D}^{\mathrm{op}},[\mathcal{C}^{\mathrm{op}},\mathbf{Set}]] & \longrightarrow & [\mathcal{C}^{\mathrm{op}},\mathbf{Set}] \end{array}$$

and by 2.5.3 we may rewrite this in the form

$$\begin{array}{ccc} [(\mathcal{C}\rtimes(\mathbb{D}\times\mathbb{E}))^{\mathrm{op}},\mathbf{Set}] & \longrightarrow & [(\mathcal{C}\rtimes\mathbb{E})^{\mathrm{op}},\mathbf{Set}] \\ \downarrow & & \downarrow \\ [(\mathcal{C}\rtimes\mathbb{D})^{\mathrm{op}},\mathbf{Set}] & \longrightarrow & [\mathcal{C}^{\mathrm{op}},\mathbf{Set}] \end{array} .$$

But it is easy to compute these finite semidirect products explicitly, and to verify that if we take their preorder reflections we get a diagram which is not a pullback in **Poset**, and hence cannot give rise to a pullback of localic **Set**-toposes.

Using 2.5.12, we may extend the result of 1.1.12 from locales to toposes, at least in the countable case.

**Corollary 2.5.14** *Let*

$$\cdots \xrightarrow{f_3} \mathcal{E}_2 \xrightarrow{f_2} \mathcal{E}_1 \xrightarrow{f_1} \mathcal{E}_0$$

*be an inverse sequence of Grothendieck toposes, such that the transition morphisms $f_n$ are all surjections. Then the legs $f^n_\infty \colon \mathcal{E}_\infty \to \mathcal{E}_n$ of the limit cone in $\mathfrak{BTop}/\mathbf{Set}$ are also surjections.*

**Proof** Fix a particular value of $n$, and consider the sequence in $\mathfrak{BTop}/\mathcal{E}_n$ formed by the $\mathcal{E}_m$ for $m \geq n$. If we replace each such $\mathcal{E}_m$ by its reflection ($\mathcal{L}_m$, say) in $\mathfrak{LTop}/\mathcal{E}_n$, then since hyperconnected morphisms are surjective, it is clear that the transition morphisms $\mathcal{L}_{m+1} \to \mathcal{L}_m$ are still surjective. So by 1.1.12 (applied to internal locales in $\mathcal{E}_n$) the inverse limit $\mathcal{L}_\infty$ of the $\mathcal{L}_m$ maps surjectively to each $\mathcal{L}_m$, and in particular to $\mathcal{L}_n = \mathcal{E}_n$; but, by 2.5.12 applied to bounded $\mathcal{E}_n$-toposes, the comparison $\mathcal{E}_\infty \to \mathcal{L}_\infty$ is hyperconnected, and hence surjective. □

In principle, it should be possible to prove 2.5.14 directly from the characterization of surjections in 2.5.10. The problem with trying to do so is that our definition of the limit coverage $J_\infty$ gives us an explicit description only of a generating set of covering sieves, not of all of them; it is not hard to verify that $P^n_\infty$ preserves those covers of objects in the image of $T^n_\infty$ which belong to the generating family, but we cannot conclude that it preserves all covers of such objects.

**Suggestions for further reading:** Artin et al. [36], Moerdijk [828].

# C3

# CLASSES OF GEOMETRIC MORPHISMS

## C3.1 Open maps

Our aim in this chapter is to revisit some of the 'topologically inspired' classes of geometric morphisms which we introduced in Section C1.5, in the context of morphisms between localic toposes, and to investigate their properties in the more general context of morphisms between Grothendieck toposes. As in Section C2.4, we shall henceforth interpret 'Grothendieck topos' loosely as meaning any topos defined and bounded over a base topos $\mathcal{S}$ having a natural number object; but we shall often treat $\mathcal{S}$ notationally as if it were the classical category **Set** of sets, relying on the reader to translate our arguments as required into the language of $\mathcal{S}$-indexed categories as developed in Part B.

We begin with the study of open maps. Recall that in 1.5.4 we defined a geometric morphism $f\colon \mathcal{F} \to \mathcal{E}$ to be *open* if its inverse image $f^*$ is a Heyting functor. However, this definition is equivalent to another elementary one, which is more convenient for use in some contexts; so we shall begin this section by establishing the equivalence.

As we saw in Section A2.1, any cartesian functor $F\colon \mathcal{E} \to \mathcal{F}$ between toposes comes equipped with a family of comparison morphisms $\phi_A\colon F(PA) \to P(FA)$ for each object $A$ of $\mathcal{E}$ (in fact they form a natural transformation between functors $\mathcal{E}^{\mathrm{op}} \to \mathcal{F}$); explicitly, $\phi_A$ is the name of the relation tabulated by $F(\in_A) \rightarrowtail F(PA \times A) \cong F(PA) \times FA$. We call $F$ a logical functor if $\phi_A$ is an isomorphism for any $A$; we shall call it *sub-logical* if we merely know that $\phi_A$ is monic for each $A$. Similarly, we shall call $F$ a *sub-cartesian-closed functor* if the comparison map $\theta_{A,B}\colon F(B^A) \to FB^{FA}$ (defined in Section A1.5) is monic for all objects $A$ and $B$ of $\mathcal{E}$.

**Lemma 3.1.1** *A cartesian functor $F\colon \mathcal{E} \to \mathcal{F}$ between toposes is sub-logical iff it is sub-cartesian-closed and $\phi_1\colon F\Omega_{\mathcal{E}} \to \Omega_{\mathcal{F}}$ is monic.*

**Proof** If $F$ is sub-logical, then clearly $\phi_1$ is monic; and from the description of the exponential $B^A$ as a subobject of $P(A \times B)$ given in A2.4.11, it is easy to see that the diagram

$$\begin{array}{ccc} F(B^A) & \xrightarrow{\theta_{A,B}} & FB^{FA} \\ \downarrow & & \downarrow \\ F(P(A\times B)) & \xrightarrow{\phi_{A\times B}} & P(FA\times FB) \end{array}$$

commutes. Hence $\theta_{A,B}$ is monic if $\phi_{A\times B}$ is. Conversely, it is not hard to see that $\phi_A$ may be decomposed as the composite

$$F(\Omega^A) \xrightarrow{\theta_{A,\Omega}} F\Omega^{FA} \xrightarrow{\phi_1^{FA}} \Omega^{FA},$$

so it is monic if $\theta_{A,\Omega}$ and $\phi_1$ are. □

**Lemma 3.1.2** *Let $f\colon \mathcal{C} \to \mathcal{D}$ be a functor between small categories. Then the functor $f^*\colon [\mathcal{D}, \mathbf{Set}] \to [\mathcal{C}, \mathbf{Set}]$ induced by composition with $f$ is sub-logical iff $f$ satisfies the following condition: given any morphism $b\colon fU \to V$ in $\mathcal{D}$ whose domain is in the image of $f$, there exist $a\colon U \to U'$, $r\colon fU' \to V$ and $i\colon V \to fU'$ such that $ri = 1_V$ and $ib = fa$.*

**Proof** Suppose first that this condition holds: let $A$ be an object of $[\mathcal{D}, \mathbf{Set}]$ and $U$ an object of $\mathcal{C}$. Then, by the construction of A1.5.5 and A1.6.6, $f^*(PA)(U) = PA(fU)$ is the set of subfunctors of $A \times \mathcal{D}(fU, -)$, and $(\phi_A)_U$ maps such a subfunctor $R$ to the subfunctor $S$ of $f^*A \times \mathcal{C}(U, -)$ given by

$$S(U') = \{(x, a) \mid (x, fa) \in R(fU')\}\ .$$

But if $b\colon fU \to V$ in $\mathcal{D}$ and $y \in A(V)$, then (defining $a$, $r$ and $i$ as in the condition) it is easily seen that $(y, b) \in R(V)$ iff $(Ai(y), a) \in S(U')$; so $R$ is uniquely recoverable from $S$, i.e. $(\phi_A)_U$ is injective.

Conversely, suppose $f^*$ is sub-logical. Given $b\colon fU \to V$, let $A$ be the functor $\mathcal{D}(V, -)$, and consider the following two subfunctors of $A \times \mathcal{D}(fU, -)$ as elements of $f^*(PA)(U)$:

$$R_1(V') = \{(c\colon V \to V', d\colon fU \to V') \mid cb = d\},$$
$$R_2(V') = \{(c, d) \in R_1(V') \mid c \text{ is not split monic}\}\ .$$

Since $(1_V, b) \in R_1(V)$, we have $R_1 \neq R_2$, and so their images under $(\phi_A)_U$ must be distinct; but this is equivalent to saying that we can find $i\colon V \to fU'$ and $a\colon U \to U'$ such that $(i, fa) \in R_1(fU')$ and $i$ is split monic, i.e. that the given condition holds. □

Although the second half of the above argument is clearly non-constructive, the first half is constructive, and so can be applied to a functor $f\colon \mathbb{C} \to \mathbb{D}$ between internal categories in any topos $\mathcal{S}$, to obtain a sufficient condition for the corresponding inverse image functor $[\mathbb{D}, \mathcal{S}] \to [\mathbb{C}, \mathcal{S}]$ to be sub-logical.

**Remark 3.1.3** Reverting to the case $\mathcal{S} = \mathbf{Set}$, a similar argument shows that $f^*\colon [\mathcal{D}, \mathbf{Set}] \to [\mathcal{C}, \mathbf{Set}]$ is sub-cartesian-closed iff $f$ satisfies the condition that, given $b\colon fU \to V$, we can find $a\colon U \to U'$, $r\colon fU' \to V$ and $i\colon V \to fU'$ satisfying $ri = 1_V$ and $r(fa) = b$. We omit the details, which may be found in [513]; but we note that this result enables us to give an example to show that sub-cartesian-closedness alone is not sufficient to imply that a functor is sub-logical. Let $\mathcal{D}$ be the monoid of all endomorphisms of the set $\mathbb{N}$ of natural numbers, $\mathcal{C}$ the submonoid of injective endomorphisms, and $f$ the inclusion map. Then $f$ satisfies the condition just given, since any $b\colon \mathbb{N} \to \mathbb{N}$ can be factored as the composite of an injection $a$ and a split surjection $r$: for example, we can take $a(n) = 2^{b(n)}(2n+1)$. But the stronger condition of 3.1.2 fails for any $b$ which is not injective.

We shall have more to say about the difference between the conditions of 3.1.2 and of 3.1.3 in the next section (see 3.2.4 and 3.2.14).

Sub-logical and sub-cartesian-closed functors have straightforward stability properties under composition:

**Lemma 3.1.4** *Let $F\colon \mathcal{E} \to \mathcal{F}$ and $G\colon \mathcal{F} \to \mathcal{G}$ be two cartesian functors between toposes.*

(i) *If both $F$ and $G$ are sub-logical (resp. sub-cartesian-closed), then so is the composite $GF$.*
(ii) *If $GF$ is sub-logical (resp. sub-cartesian-closed) and $G$ is faithful, then $F$ is sub-logical (resp. sub-cartesian-closed).*
(iii) *If $GF$ is sub-logical (resp. sub-cartesian-closed) and $F$ is logical (resp. cartesian closed) and essentially surjective on objects, then $G$ is sub-logical (resp. sub-cartesian-closed).*

**Proof** Let $A$ be an object of $\mathcal{E}$. Then the comparison map $\phi_A^{GF}: GF(PA) \to P(GFA)$ is easily seen to be the composite

$$GF(PA) \xrightarrow{G(\phi_A^F)} G(P(FA)) \xrightarrow{\phi_{FA}^G} P(GFA),$$

from which the 'sub-logical' cases of the three statements follow immediately. The 'sub-cartesian-closed' cases follow from the similar factorization of the exponential comparison map $\theta_{A,B}^{GF}: GF(B^A) \to GFB^{GFA}$. □

Next, we note a useful extension of Proposition A4.5.1.

**Lemma 3.1.5** *Let $j$ be a local operator on a topos $\mathcal{E}$, and let $L\colon \mathcal{E} \to \mathbf{sh}_j(\mathcal{E})$ denote the associated sheaf functor. The following conditions are equivalent:*

(i) *$j$ is open.*

(ii) *$L$ is a logical functor.*

(iii) *$L$ is a cartesian closed functor.*

(iv) *$L$ is a sub-logical functor.*

(v) *$L$ is a sub-cartesian-closed functor.*

(vi) *If $m\colon A' \rightarrowtail A$ is $j$-dense, so is $m^B\colon A'^B \rightarrowtail A^B$ for any $B$.*

**Proof** The equivalence of (i), (ii), (iii) and (vi) was shown in A4.5.1. The implications (ii) ⇒ (iv) and (iii) ⇒ (v) are trivial, and (iv) ⇒ (v) was shown in 3.1.1 above. So it remains to prove that (v) implies (vi). But since the functor $(-)^B$ preserves pullbacks, it suffices to verify (vi) for the generic $j$-dense monomorphism $d\colon 1 \rightarrowtail J$. And $L(J) \cong 1$, so (v) implies that we have a monomorphism $\theta_{B,J}\colon L(J^B) \rightarrowtail LJ^{LB} \cong 1^{LB} \cong 1$ for any $B$. So $L(d^B)$ must be an isomorphism; i.e. $d^B$ is $j$-dense. □

Now we embark on establishing the connection between the foregoing ideas and our previous definition of open map.

**Proposition 3.1.6** *Let $F\colon \mathcal{E} \to \mathcal{F}$ be a cartesian functor between toposes which commutes with universal quantification. Then $F$ is sub-logical.*

**Proof** Let $A \in \mathrm{ob}\,\mathcal{E}$. Consider the diagram

$$\begin{array}{ccccc}
F(\Omega^A \times \Omega^A) & \xrightarrow{F(\Leftrightarrow^A)} & F(\Omega^A) & \xrightarrow{F(\forall(A))} & F\Omega \\
\downarrow{\scriptstyle \theta \times \theta} & & \downarrow{\scriptstyle \theta} & & \\
F\Omega^{FA} \times F\Omega^{FA} & \xrightarrow{F(\Leftrightarrow)^{FA}} & F\Omega^{FA} & & \downarrow{\scriptstyle \phi_1} \\
\downarrow{\scriptstyle \phi_1^{FA} \times \phi_1^{FA}} & & \downarrow{\scriptstyle \phi_1^{FA}} & & \\
\Omega^{FA} \times \Omega^{FA} & \xrightarrow{\Leftrightarrow^{FA}} & \Omega^{FA} & \xrightarrow{\forall(FA)} & \Omega
\end{array}$$

in which the right-hand cell commutes by A2.3.11, and the lower left cell commutes by a similar argument using A1.4.13. Since $\Omega^A \times \Omega^A \cong (\Omega \times \Omega)^A$, and similarly for $F\Omega^{FA}$, we can regard the upper left square as an instance of the naturality of $\theta$. So the whole diagram commutes. But the bottom row classifies the diagonal subobject of $\Omega^{FA} \times \Omega^{FA}$, and the top row is similarly the image under $F$ of the classifying map of the diagonal subobject of $\Omega^A \times \Omega^A$; so the commutativity of the outside of the diagram is tantamount to saying that

$$\begin{array}{ccc} F(\Omega^A) & \xrightarrow{\phi_A} & \Omega^{FA} \\ {\scriptstyle F(\Delta)}\downarrow & & \downarrow{\scriptstyle \Delta} \\ F(\Omega^A \times \Omega^A) & \xrightarrow{\phi_A \times \phi_A} & \Omega^{FA} \times \Omega^{FA} \end{array}$$

is a pullback, i.e. that $\phi_A$ is monic. □

To obtain a converse to 3.1.6, we need to assume that $F$ has a right adjoint, i.e. that it is the inverse image of a geometric morphism. Then we have

**Theorem 3.1.7** *For a geometric morphism $f: \mathcal{F} \to \mathcal{E}$, the following are equivalent:*

(i) *$f$ is open, i.e. $f^*$ is a Heyting functor.*

(ii) *$f^*$ commutes with universal quantification.*

(iii) *$f^*$ is a sub-logical functor.*

(iv) *For any object $A$ of $\mathcal{E}$, the inverse image of the induced geometric morphism $f/A: \mathcal{F}/f^*A \to \mathcal{E}/A$ (cf. A4.1.3) is sub-logical.*

(v) *For any object $A$ of $\mathcal{E}$, the inverse image of $f/A$ is sub-cartesian-closed.*

(vi) *For any object $A$ of $\mathcal{E}$ and any subobject $B$ of $f^*A$, the image of the composite*

$$\mathcal{F}/B \longrightarrow \mathcal{F}/f^*A \xrightarrow{f/A} \mathcal{E}/A$$

*is an open subtopos of $\mathcal{E}/A$.*

(vii) *The transpose $\overline{\phi_1}: \Omega_{\mathcal{E}} \to f_*\Omega_{\mathcal{F}}$ of $\phi_1$ has an internal left adjoint.*

(viii) *For every $A$, the transpose $\overline{\phi_A}: PA \to f_*(P(f^*A))$ of $\phi_A$ has an internal left adjoint.*

**Proof** (i) $\Leftrightarrow$ (ii) since inverse image functors are always coherent, and (ii) $\Rightarrow$ (iii) is 3.1.6 above. For (iii) $\Rightarrow$ (iv), we recall from the proof of A2.3.2 that the power object of an arbitrary object $h: C \to A$ of $\mathcal{E}/A$ is constructed as a subobject of $A^*(PC)$, and it is straightforward to verify that the diagram

$$\begin{array}{ccc} (f/A)^*(Ph) & \xrightarrow{\phi_h} & P(f^*h) \\ \downarrow & & \downarrow \\ (f/A)^*A^*(PC) & \xrightarrow{(f^*A)^*(\phi_C)} & (f^*A)^*(P(f^*C)) \end{array}$$

commutes. So $\phi_h$ is monic if $\phi_C$ is. (iv) $\Rightarrow$ (v) is immediate from 3.1.1; and (v) $\Rightarrow$ (vi) follows from 3.1.4 and 3.1.5, for if $(f/A)$ has sub-cartesian-closed inverse image then 3.1.4 implies that the same holds for the image of the displayed composite.

(vi) $\Rightarrow$ (viii): Given a morphism $r: B \to f_*(P(f^*A))$ in $\mathcal{E}$, corresponding to a subobject $R \rightarrowtail f^*B \times f^*A$ in $\mathcal{F}$, let $\lambda(R)$ be the subobject of $B \times A$ corresponding to the image of the composite geometric morphism $\mathcal{F}/R \to \mathcal{F}/f^*B \times f^*A \to \mathcal{E}/B \times A$, and let $\lambda r: B \to PA$ be the name of this subobject. It is easy to see that the construction $R \mapsto \lambda(R)$ is stable under pullback, so that $\lambda r$ is indeed the composite of $r$ with a morphism $\lambda(= \lambda 1): f_*(P(f^*A)) \to PA$. Moreover, given a subobject $S \rightarrowtail B \times A$, named by a morphism $s: B \to PA$, it is clear that we have $\lambda(R) \leq S$ in $\mathrm{Sub}(B \times A)$ iff $R \leq f^*S$ in $\mathrm{Sub}(f^*B \times f^*A)$, i.e. that $\lambda r \leq s$ iff $r \leq \overline{\phi_A} s$, yielding the required internal adjunction $(\lambda \dashv \overline{\phi_A})$.

(viii) $\Rightarrow$ (vii) is trivial, so it remains to prove (vii) $\Rightarrow$ (ii). In fact we first show that (vii) implies a strengthened version of (viii): given a left adjoint $\lambda = \lambda_1$ for $\overline{\phi_1}$, we define $\lambda_A: f_*(P(f^*A)) \to PA$ to be the composite

$$f_*(\Omega^{f^*A}) \xrightarrow{\theta'} (f_*\Omega)^{f_*f^*A} \xrightarrow{(f_*\Omega)^{\alpha_A}} (f_*\Omega)^A \xrightarrow{\lambda^A} \Omega^A$$

where $\theta'$ is the exponential comparison map for $f_*$ and $\alpha$ is the unit of $(f^* \dashv f_*)$. Then it is straightforward to verify that $\lambda_A$ is an internal left adjoint to $\overline{\phi_A}$, and further that $A \mapsto \lambda_A$ is 'natural' in the sense that, for any $h: A \to B$, the diagram

$$\begin{array}{ccc} f_*(P(f^*B)) & \xrightarrow{\lambda_B} & PB \\ \Big\downarrow {\scriptstyle f_*(P(f^*h))} & & \Big\downarrow {\scriptstyle Ph} \\ f_*(P(f^*A)) & \xrightarrow{\lambda_A} & PA \end{array}$$

commutes. Taking internal right adjoints of the morphisms in this diagram, we get

$$\begin{array}{ccc} PA & \xrightarrow{\overline{\phi_A}} & f_*(P(f^*A)) \\ \Big\downarrow {\scriptstyle \forall h} & & \Big\downarrow {\scriptstyle f_*(\forall(f^*h))} \\ PB & \xrightarrow{\overline{\phi_B}} & f_*(P(f^*B)) \end{array} .$$

But by A2.3.11 this diagram commutes iff $f^*$ preserves universal quantification. $\square$

We digress for a moment to remark that the converse of 3.1.6 holds for direct image functors as well:

**Proposition 3.1.8** *For a geometric morphism $f\colon \mathcal{F} \to \mathcal{E}$, the following are equivalent:*

(i) *$f_*$ commutes with universal quantification.*

(ii) *$f_*$ is sub-logical.*

(iii) *$f$ is an inclusion.*

**Proof** (iii) ⇒ (i): Suppose $f$ is an inclusion, so that we can identify $\mathcal{F}$ with the full subcategory of sheaves for some local operator $j$ in $\mathcal{E}$, and $f_*$ with the inclusion. Given a morphism $g\colon A \to B$ in $\mathbf{sh}_j(\mathcal{E})$ and a subobject $A' \rightarrowtail A$ which is a sheaf, we have to show that $\forall_g(A') \rightarrowtail B$ (as computed in $\mathcal{E}$) is a sheaf. But the subsheaves of a $j$-sheaf are exactly its $j$-closed subobjects, by A4.3.8; and since $g^*: \mathrm{Sub}(B) \to \mathrm{Sub}(A)$ commutes with $j$-closure, it is immediate that its right adjoint $\forall_g$ preserves closed subobjects.

(i) ⇒ (ii) again follows from 3.1.6; note that we could also deduce (ii) directly from (iii) using 3.1.1, since the direct images of inclusions are cartesian closed functors by A4.2.9, and the comparison map $\phi_1$ in this case is the canonical monomorphism $\Omega_j \rightarrowtail \Omega$.

(ii) ⇒ (iii): Suppose $f_*$ is sub-logical. Then it is sub-cartesian-closed by 3.1.1; so, for any two objects $A, B$ of $\mathcal{F}$, any pair of morphisms $1 \rightrightarrows f_*(B^A)$ having equal composites with $\theta_{A,B}\colon f_*(B^A) \rightarrowtail f_*B^{f_*A}$ must be equal. But this says that $f_*$ must be faithful; hence by A4.6.2(*a*) $f$ is localic. And since $\phi_1$ is monic, the internal locale in $\mathcal{E}$ which corresponds to $f$ is a sublocale of the terminal locale; so $f$ is an inclusion by 1.5.1(i). □

Given the result of A4.1.12 that any cartesian functor between toposes can be factored as the composite of a direct image functor and an inverse image functor, one might hope to prove the converse of 3.1.6 for arbitrary cartesian functors by combining the results of 3.1.7 and 3.1.8. However, the hypothesis that a functor is sub-logical is not 'stable' under this factorization.

Now we revert to the study of geometric morphisms whose inverse images are Heyting functors. We remark that any geometric morphism whose codomain is a Boolean topos is open: this follows either from the observation after A1.4.10 that a coherent functor defined on a Boolean coherent category is a Heyting functor, or from the result of A4.5.22 that every subtopos of a Boolean topos is open. A more substantial consequence of 3.1.7 is the following:

**Corollary 3.1.9**

(i) *Any hyperconnected geometric morphism is open.*

(ii) *A geometric morphism is open iff the localic part of its hyperconnected–localic factorization is open.*

**Proof** (i) By A4.6.6, a morphism $f\colon \mathcal{F} \to \mathcal{E}$ is hyperconnected iff the comparison map $\phi_1'\colon f_*\Omega \to \Omega$ is an isomorphism, and an examination of the proof of A4.6.6 will show that its inverse is then necessarily $\overline{\phi_1}$. So this is immediate from condition (vii) of 3.1.7.

(ii) follows immediately from (i) and 3.1.4, since the inverse image of a hyperconnected morphism is faithful. □

In connection with 3.1.9(ii), we note also that a geometric morphism is open iff both parts of its surjection–inclusion factorization are open: this follows easily from 3.1.4 and 3.1.5.

It follows from 3.1.9 that the study of open maps of toposes reduces, to a large extent, to the study of open localic maps – equivalently, to the study of open maps of locales, where by 'locales' we understand internal locales in an arbitrary topos. We therefore turn now to the study of such maps, following the approach pioneered by A. Joyal and M. Tierney [560].

We recall the relationship between frames and complete join-semilattices, which we studied in 1.1.10. In particular, we recall that if $f: A \to B$ is a frame homomorphism, then $B$ can be regarded as a commutative monoid in the category of $A$-modules in **CjSLat**. The connection with open maps is given by

**Lemma 3.1.10** *Let $f: X \to Y$ be a map of locales. Then $f$ is open iff $f^*: \mathcal{O}(Y) \to \mathcal{O}(X)$ has a left adjoint $f_!: \mathcal{O}(X) \to \mathcal{O}(Y)$ which is a $\mathcal{O}(Y)$-linear morphism of complete join-semilattices.*

**Proof** If $f^*$ has a left adjoint $f_!$, the latter is automatically a morphism of complete join-semilattices. The condition that it should be $\mathcal{O}(Y)$-linear is precisely the Frobenius reciprocity condition of 1.5.3(ii). □

As an example of the advantages of this way of viewing open maps, we prove

**Proposition 3.1.11** *Let*

$$\begin{array}{ccc} P & \xrightarrow{k} & Y \\ {\scriptstyle h}\downarrow & & \downarrow{\scriptstyle g} \\ X & \xrightarrow{f} & Z \end{array}$$

*be a pullback square in* **Loc** *with $f$ open. Then*

(i) *$k$ is open;*

(ii) *the square*

$$\begin{array}{ccc} \mathcal{O}(X) & \xrightarrow{f_!} & \mathcal{O}(Z) \\ {\scriptstyle h^*}\downarrow & & \downarrow{\scriptstyle g^*} \\ \mathcal{O}(P) & \xrightarrow{k_!} & \mathcal{O}(Y) \end{array}$$

*commutes (we say that the pullback square satisfies the* Beck–Chevalley condition*);*

(iii) *if $f$ is also surjective, then $k$ is surjective.*

**Proof** (i) By 1.1.9, the above pullback in **Loc** corresponds to the pushout

$$\begin{array}{ccc} \mathcal{O}(Z) & \xrightarrow{f^*} & \mathcal{O}(X) \\ \Big\downarrow{\scriptstyle g^*} & & \Big\downarrow{\scriptstyle h^*} \\ \mathcal{O}(Y) & \xrightarrow{k^*} & \mathcal{O}(X) \otimes_{\mathcal{O}(Z)} \mathcal{O}(Y) \end{array}$$

in **Frm**, where $h^*(U) = U \otimes Y$ (recall that we identify $Y$ with the top element of $\mathcal{O}(Y)$) and $k^*(V) = X \otimes V$. By 3.1.10, we know that $f^*$ has an $\mathcal{O}(Z)$-linear left adjoint $f_!$. We define $k_! \colon \mathcal{O}(X) \otimes_{\mathcal{O}(Z)} \mathcal{O}(Y) \to \mathcal{O}(Y)$ by

$$k_!(U \otimes V) = g^* f_!(U) \cap V;$$

this is well-defined since $(U, V) \mapsto g^* f_!(U) \cap V$ is clearly $\mathcal{O}(Z)$-bilinear. Moreover, $k_!$ is left adjoint to $k^*$ since we have $k_! k^*(V) = g^* f_!(X) \cap V \le V$ and

$$k^* k_!(U \otimes V) = X \otimes (g^* f_!(U) \cap V) = (X \cap f^* f_!(U)) \otimes V \ge U \otimes V$$

where we used the $\mathcal{O}(Z)$-bilinearity condition at the second step. Finally, $k_!$ is $\mathcal{O}(Y)$-linear, since

$$\begin{aligned} k_!((U \otimes V) \cap k^*(W)) &= k_!((U \otimes V) \cap (X \otimes W)) \\ &= k_!(U \otimes (V \cap W)) \\ &= g^* f_!(U) \cap V \cap W = k_!(U \otimes V) \cap W \end{aligned}$$

for any $U \in \mathcal{O}(X)$ and $V, W \in \mathcal{O}(Y)$. So we have shown that $k$ is open.

(ii) The identity $k_! h^* = g^* f_!$ is clear from the definition of $k_!$.

(iii) If $f$ is a surjection, then $f_!(X) = Z$; so it follows easily that $k_! k^*(V) = g^* f_!(X) \cap V = V$ for all $V \in \mathcal{O}(Y)$, and hence $k$ is a surjection. □

**Corollary 3.1.12**

(i) *Open surjections are regular epimorphisms in* **Loc**.

(ii) *If an open map is a monomorphism in* **Loc**, *then it is an inclusion (i.e. a regular monomorphism).*

**Proof** (i) Given an open surjection $f: X \to Y$, form the pullback

$$
\begin{array}{ccc}
P & \xrightarrow{\ k\ } & X \\
{\scriptstyle h}\downarrow & & \downarrow{\scriptstyle f} \\
X & \xrightarrow[\ f\ ]{} & Y
\end{array}
\quad ;
$$

we must show that $f$ is the coequalizer of $h$ and $k$ in **Loc**, i.e. that

$$
\mathcal{O}(Y) \xrightarrow{\ f^*\ } \mathcal{O}(X) \overset{h^*}{\underset{k^*}{\rightrightarrows}} \mathcal{O}(P)
$$

is an equalizer diagram in **Frm**. But by 3.1.11 $k$ is an open surjection, and the Beck–Chevalley condition holds; so the maps $f_!: \mathcal{O}(X) \to \mathcal{O}(Y)$ and $k_!: \mathcal{O}(P) \to \mathcal{O}(X)$ give this diagram the structure of a split equalizer in **Set** (in fact in **CjSLat**), and the forgetful functor **Frm** $\to$ **Set** creates equalizers.

(ii) If $f$ is open and a monomorphism, then by (i) and the remark after 3.1.9 the surjective part of its surjection–inclusion factorization is both monic and regular epic, and hence an isomorphism. □

The proof of 3.1.12(i) should be compared with that of A2.2.7. We shall prove a much stronger result – the fact that open surjections are descent morphisms in **Loc** – in 5.1.4.

**Remark 3.1.13** If we specialize the Beck–Chevalley condition of 3.1.11 to the case when $g$ is the inclusion of an open sublocale of $Z$, we recover the Frobenius reciprocity condition of 1.5.3(ii). Thus the assertion 'for every pullback $k$ of $f$, $k^*$ has a left adjoint $k_!$, and the Beck–Chevalley condition holds for all such pullbacks' is yet another equivalent way of defining what it means for $f$ to be an open map.

We digress briefly to note a couple of results relating openness and fibrewise denseness (cf. 1.2.14), which will be needed in Section C5.3.

**Lemma 3.1.14**

(i) *Suppose given a pullback square*

$$
\begin{array}{ccc}
Z' & \xrightarrow{\ h\ } & Y' \\
{\scriptstyle j}\big\downarrow & & \big\downarrow{\scriptstyle i} \\
Z & \xrightarrow[\ g\ ]{} & Y
\end{array}
$$

*in* **Loc**$/X$ *for some* $X$, *where* $i$ *is fibrewise dense over* $X$ *and* $g$ *is an open map. Then* $j$ *is fibrewise dense over* $X$.

(ii) *Suppose given a commutative diagram*

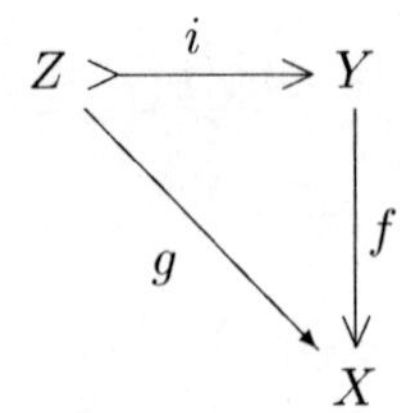

*where* $i$ *is fibrewise dense over* $X$. *Then* $f$ *is open iff* $g$ *is open. Moreover, if these conditions are satisfied, then the pullback of* $i$ *along an arbitrary locale map* $a\colon X' \to X$ *is fibrewise dense over* $X'$.

**Proof** (i) The Beck–Chevalley condition of 3.1.11 yields the equality $g^*i_* = j_*h^* : \mathcal{O}(Y') \to \mathcal{O}(Z)$, by taking right adjoints. To say that $i$ is fibrewise dense over $X$ means that $i_*i^*f^* = f^*$ (where $f$ is the structure map $Y \to X$); so we immediately deduce $j_*j^*g^*f^* = j_*h^*i^*f^* = g^*i_*i^*f^* = g^*f^*$.

(ii) First suppose $g$ is open. Since $i$ is fibrewise dense, we have $f^* = i_*g^*$; so $f^*$ has a left adjoint $g_!i^*$. To verify the Frobenius reciprocity condition, let $U \in \mathcal{O}(X)$, $V \in \mathcal{O}(Y)$. Then we have

$$\begin{aligned} f_!(f^*(U) \cap V) &= g_!i^*(f^*(U) \cap V) \\ &= g_!(g^*(U) \cap i^*(V)) \\ &= U \cap g_!i^*(V) \\ &= U \cap f_!(V), \end{aligned}$$

as required.

In the case when $f$ is assumed open, we define $g_! = f_!i_*$. Then for $U \in \mathcal{O}(X)$ and $W \in \mathcal{O}(Z)$ we have

$$\begin{aligned} g_!(W) \leq U &\Leftrightarrow f_!i_*(W) \leq U \\ &\Leftrightarrow i_*(W) \leq f^*(U) = i_*g^*(U) \\ &\Leftrightarrow W \leq g^*(U) \end{aligned}$$

using the injectivity of $i_*$ at the final step. The verification of the Frobenius reciprocity condition is similar to the previous case.

For the second assertion of (ii), suppose given $a\colon X \to X'$. We may identify $\mathcal{O}(Y \times_X X')$ with the tensor product $\mathcal{O}(Y) \otimes_{\mathcal{O}(X)} \mathcal{O}(X')$ of $\mathcal{O}(X)$-modules in **CjSLat**, by 1.1.9; in terms of this description, we have to show that if $U \in \mathcal{O}(X')$ and $W \in \mathcal{O}(Y \times_X X')$ are such that $(i^* \otimes 1)(W) \leq Z \otimes U$, then $W \leq Y \otimes U$. But $W$ may be written as a join of tensors $V \otimes U'$, so it suffices to prove the result for a single such tensor, i.e. that $i^*(V) \otimes U' \leq Z \otimes U$ implies $V \otimes U' \leq Y \otimes U$. Now the projection $Z \times_X X' \to X'$ is open, and by the proof of 3.1.11 the inequality $i^*(V) \otimes U' \leq Z \otimes U$ is equivalent to $a^* g_! i^*(V) \cap U' \leq U$ in $\mathcal{O}(X')$. Since $i$ is fibrewise dense, we have $g_! i^* = f_!$; so this inequality is in turn equivalent to $a^* f_!(V) \cap U' \leq U$, and hence to $V \otimes U' \leq Y \otimes U$ in $\mathcal{O}(Y \times_X X')$. □

Next, we note an important characterization of local homeomorphisms in **Loc**.

**Lemma 3.1.15** *A morphism $f\colon X \to Y$ in* **Loc** *is a local homeomorphism iff both $f$ and the diagonal map $X \to X \times_Y X$ are open. In particular, a locale $X$ is discrete iff both $X \to 1$ and the diagonal $X \to X \times X$ are open maps.*

**Proof** The second assertion is the case $Y = 1$ of the first, by the remark after 1.6.3. (On the other hand, the first could be deduced by applying the second to internal locales in the topos $\mathbf{Sh}(Y)$.) It therefore suffices to prove the first.

If $f$ is a local homeomorphism, then it is clearly an open map, since any open $U \rightarrowtail X$ can be covered by opens $V$ for which $f_! V$ is open in $Y$ (and homeomorphic to $V$), and $f_!$ preserves unions. On the other hand, the pullback $X \times_Y X$ is also a pullback in the category **LH**, by 1.3.2(iv); so the diagonal $X \to X \times_Y X$ is also a local homeomorphism, and hence open.

Conversely, suppose $f$ and the diagonal are both open. Let us call an open $U \in \mathcal{O}(X)$ *small* if $U \otimes U \leq \Delta$ in $\mathcal{O}(X \times_Y X) \cong \mathcal{O}(X) \otimes_{\mathcal{O}(Y)} \mathcal{O}(X)$, where $\Delta$ is the element of this frame corresponding to the diagonal. We know that $\mathcal{O}(X) \otimes_{\mathcal{O}(Y)} \mathcal{O}(X)$ is generated as a complete join-semilattice by the elements $U \otimes V$, so we have

$$\Delta = \bigvee \{U \otimes V \mid U, V \in \mathcal{O}(X),\ U \otimes V \leq \Delta\};$$

but $U \otimes V \leq \Delta$ implies $U \otimes V = V \otimes U = (U \cap V) \otimes (U \cap V)$, since the diagonal is the equalizer of the identity on $X \times_Y X$ and the twist map. So

$$\Delta = \bigvee \{U \otimes U \mid U \in \mathcal{O}(X),\ U \otimes U \leq \Delta\}\,.$$

Applying $(\pi_1)_!$, we obtain

$$\begin{aligned} X = (\pi_1)_!(\Delta) &= \bigvee \{(\pi_1)_!(U \otimes U) \mid U \text{ small}\} \\ &\leq \bigvee \{U \in \mathcal{O}(X) \mid U \text{ small}\} \end{aligned}$$

since $U \otimes U \leq U \otimes X = \pi_1^*(U)$ for any $U$, small or not. Now for any $U \in \mathcal{O}(X)$ the composite $U \rightarrowtail X \to Y$ is open; but the assertion that $U$ is small says precisely that this map is a monomorphism in **Loc**, and hence it is an open inclusion by 3.1.12(ii). So we have shown that $X$ can be covered by opens $U$ for which $U \rightarrowtail X \to Y$ is an open inclusion; but this was how we defined local homeomorphisms in Section C1.3. □

For an internal locale $X$ in a Boolean topos, the unique continuous map $X \to 1$ is always open, by the remark before 3.1.9. In a non-Boolean topos this is not so; however, the Frobenius reciprocity condition is automatic in this case. The reason is that the $\mathcal{O}(1)$-linearity of the left adjoint $X_!: \mathcal{O}(X) \to \mathcal{O}(1)$ of $X^*$ is simply part of what it means to say that $X_!$ is a morphism of internal posets in the topos $\mathcal{S}$ in which $X$ lives (equivalently, that its externalization in the sense of B2.3.3 is an $\mathcal{S}$-indexed functor). Alternatively, we could derive it from 1.2.17(ii), since the terminal locale 1 is regular: note that the existence of a left adjoint for $f^*: \mathcal{O}(Y) \to \mathcal{O}(X)$ says that for each open $U \rightarrowtail X$ there is a smallest open $V \rightarrowtail Y$ through which $U \rightarrowtail X \to Y$ factors, but if every sublocale of $Y$ is an intersection of open sublocales then the latter must coincide with the image of $U$ under $f$.

It is natural to say that $X$ is an *open locale* if $X \to 1$ is an open map, even though this requires us to take care in distinguishing between open sublocales of a locale $X$ and sublocales of $X$ which are open locales 'in their own right'. (The former implies the latter if $X$ itself is an open locale, but in general there is no implication in either direction.)

We note in passing that a locale $X$ is spatial iff it is a surjective image in $\mathbf{Loc}(\mathcal{S})$ of a discrete locale. Thus the openness of discrete locales, combined with 3.1.4(ii), yields a result which we observed for localic toposes over **Set** in 1.6.6(i):

**Corollary 3.1.16** *Every spatial locale is open.* □

Open locales form a useful generalization of the class of spatial locales, which tend to be scarcer in non-Boolean toposes than one might expect. For example, in Section D4.7 we shall encounter the locale of 'formal reals', whose space of points is the Dedekind real number object, and we shall see in D4.7.13 that it is not always spatial; but it is easily seen (from the definition of the formal reals, and from Lemma 3.1.18 below) that it is always open.

If $X$ is a locale, we say an element $U$ of $\mathcal{O}(X)$ is *positive* if every open cover of $U$ is inhabited, i.e. if the sentence

$$(\forall S\colon P\mathcal{O}(X))((\bigvee S = U) \Rightarrow (\exists V\colon \mathcal{O}(X))(V \in S))$$

is valid in the internal language of our topos $\mathcal{S}$. (Classically, of course, every element other than the bottom element $\emptyset$ is positive, but constructively this is a stronger condition than 'being nonzero'.) If $X$ is an open locale, it is easy to see that the left adjoint $\lambda_!: \mathcal{O}(X) \to \mathcal{O}(1) = \Omega$ of the unique frame homomorphism $\lambda^*: \Omega \to \mathcal{O}(X)$ sends $U$ to the truth-value of the assertion '$U$ is positive'. Moreover, we have the following result:

**Lemma 3.1.17** *For a locale $X$, the following are equivalent:*

(i) *$X$ is an open locale.*

(ii) *Every element of $\mathcal{O}(X)$ can be covered by positive elements.*

(iii) *Every covering of an element of* $\mathcal{O}(X)$ *can be refined to a covering by positive elements.*

(Conditions (ii) and (iii) are of course to be interpreted as sentences in the internal language of the topos in which $X$ lives.)

**Proof** (i) $\Rightarrow$ (ii): If $X$ is open, then for every $U \colon \mathcal{O}(X)$ we have $U \leq \lambda^* \lambda_!(U)$; but for any $p \colon \Omega$ we have

$$\lambda^*(p) = \bigvee \{V \colon \mathcal{O}(X) \mid (V = X) \wedge p\},$$

since $p = \bigvee\{q : \Omega \mid (q = \top) \wedge p\}$ and $\lambda^*$ preserves the top element and joins. Thus we obtain $U \leq \bigvee\{V \colon \mathcal{O}(X) \mid (V = X) \wedge \lambda_!(U)\}$, whence $U = \bigvee\{V \colon \mathcal{O}(X) \mid (V = U) \wedge \lambda_!(U)\}$ by the infinite distributive law 1.1.1. But since $\lambda_!(U)$ is the assertion that $U$ is positive, the latter is a covering of $U$ by positive elements.

(ii) $\Rightarrow$ (iii) since, if (ii) holds, we can refine any covering $S$ of $U$ to a covering which is the union of coverings of each of the members of $S$ by positive elements. And (iii) $\Rightarrow$ (ii) follows by applying (iii) to the singleton cover $U = \bigvee\{U\}$.

(ii) $\Rightarrow$ (i): Let us, for the moment, define $\lambda_!(U)$ to be the truth-value of the assertion '$U$ is positive'; then we have to show that $\lambda_!$ is left adjoint to $\lambda^*$. The definition of $\lambda^*(p)$ as a join easily implies that we have

$$(\forall p \colon \Omega)(\lambda_! \lambda^*(p) \Rightarrow p),$$

which yields the counit of the adjunction. For the unit, we note that if $U$ has any covering at all by positive elements then it must be covered by the set $\{V \colon \mathcal{O}(X) \mid (V \leq U) \wedge \lambda_!(V)\}$, and since $\lambda_!$ is order-preserving this is contained in the set $\{V \colon \mathcal{O}(X) \mid (V \leq U) \wedge \lambda_!(U)\}$. And this in turn is a refinement of the set $\{V : \mathcal{O}(X) \mid (V = X) \wedge \lambda_!(U)\}$, whose join is defined to be $\lambda^* \lambda_!(U)$; so the latter must be greater than or equal to $U$. □

Lemma 3.1.17, sometimes known as the 'Positive Covering Lemma', forms a useful constructive substitute for the classical idea that, in considering open coverings of a set in a topological space, we can restrict our attention to coverings by nonempty open sets. Using it, we may establish an important characterization of open locales in terms of sites:

**Lemma 3.1.18**

(i) *Let* $(A, T)$ *be a site whose underlying category is a poset, such that every* $T$*-covering family is inhabited. Then the locale corresponding to the frame* $T$-Idl$(A)$ *of* $T$*-ideals of* $A$ *(cf.* 1.1.16(e)*) is open.*

(ii) *A locale* $X$ *is open iff* $\mathcal{O}(X)$ *is isomorphic to* $T$-Idl$(A)$ *for a site* $(A, T)$ *as in* (i).

**Proof** (i) We claim first that, for each $S \subseteq A$, the $T$-ideal $\langle S \rangle$ generated by $S$ (i.e. the intersection of all $T$-ideals containing $S$) has the same support as $S$

itself (where the support of a set is defined to be the truth-value of the assertion that it is inhabited). To see this, note that for any $p\colon \Omega$ the set $\{a\colon A \mid p\}$ is a $T$-ideal whose support is contained in $p$ (indeed, equal to $p$ if $A$ is inhabited); but if we take $p$ to be the support of $S$ then it contains $S$, and hence must contain $\langle S\rangle$. It now follows easily that any inhabited $T$-ideal is positive as an element of the frame of $T$-ideals, since the join of a family of $T$-ideals is the $T$-ideal generated by their union, and the latter can only be inhabited if the family itself is inhabited. But any $T$-ideal has a covering by inhabited ones (specifically, $I = \bigvee\{\langle a\rangle \mid a \in I\}$); so by 3.1.17 the locale corresponding to this frame is open.

(ii) One direction is part (i). Conversely, suppose $X$ is open. Let $A$ be the set of positive elements of $\mathcal{O}(X)$, and for each $U \in A$ let $T(U)$ denote the set of subsets of $A$ whose join (in $\mathcal{O}(X)$) is $U$. Clearly, every member of $T(U)$ is inhabited. But $A$ is a basis for $X$, by 1.1.17(ii), so we have a bijection between $T$-ideals in $A$ and arbitrary elements of $\mathcal{O}(X)$, given by $I \mapsto \bigvee I$ and $V \mapsto \{U\colon A \mid U \leq V\}$. (This is really an instance of the Comparison Lemma; cf. 2.2.4(*b*).) □

We remark that the proof of 3.1.18(i) in fact shows that if every $T$-covering family is inhabited, then the nucleus on the frame $LA$ of lower subsets of $A$ which corresponds to the fixset $T$-Idl$(A)$ is strongly dense (i.e. fibrewise dense relative to $\Omega$). Thus the result could alternatively be deduced using 3.1.14(ii). Note also that, in contrast to 2.4.8, 3.1.18(i) does not require the assumption that $T$ satisfies the 'local character' axiom ($L$). The same is true of its analogue for arbitrary bounded geometric morphisms, although we shall in fact prove the latter under that assumption.

**Proposition 3.1.19**

(i) *Let* $(\mathbb{C}, J)$ *be an internal site in a topos* $\mathcal{S}$*, such that every* $J$*-covering family is inhabited. Then the geometric morphism* $\mathbf{Sh}_{\mathcal{S}}(\mathbb{C}, J) \to \mathcal{S}$ *is open.*

(ii) *A bounded geometric morphism* $f\colon \mathcal{E} \to \mathcal{S}$ *is open iff there exists a site of definition for* $\mathcal{E}$ *over* $\mathcal{S}$ *in which every cover is inhabited.*

**Proof** (i) We note in passing that, by 2.3.20 and 3.1.9(ii), we may reduce to the case when the underlying category $\mathbb{C}$ is a preorder (so that $\mathbf{Sh}_{\mathcal{S}}(\mathbb{C}, J)$ is localic over $\mathcal{S}$). However, rather than relying on 3.1.18, we shall give a direct proof that the 'constant sheaf' functor $\Delta\colon \mathcal{S} \to \mathbf{Sh}(\mathbb{C}, J)$ is sub-logical.

In fact, using 3.1.1, we shall verify separately that the comparison maps for $\Omega$ and for exponentials are monic, rather than working directly with the comparison maps for power objects. First we consider $\Omega$. We note that the condition that all sieves are inhabited ensures that each constant functor $\mathbb{C}^{\mathrm{op}} \to \mathcal{S}$ is separated; hence, to obtain its associated sheaf, we need only apply the '+ construction' of 2.2.6 once, rather than twice. Thus, for an object $U$ of $\mathbb{C}$, an element of $\Delta\Omega(U)$ may be represented by a pair $(R, \alpha)$, where $R$ is a $J$-covering sieve on $U$ and $\alpha$ assigns to each $f \in R$ a truth-value $\alpha(f) \in \Omega$, subject to the condition that $\alpha(f) = \alpha(fg)$ for every $g$ composable with $f$ (i.e. $\alpha$ is 'constant on connected components of $R$'). Moreover, two such pairs $(R, \alpha)$ and $(S, \beta)$ represent the same element of $\Delta\Omega(U)$ iff there is a covering sieve $T \subseteq R \cap S$ such that the restrictions of $\alpha$ and $\beta$ to $T$ agree. On the other hand, the subobject classifier of $\mathbf{Sh}(\mathbb{C}, J)$ is the sheaf which sends $U$ to the set $\mathrm{Sv}_J(U)$ of all $J$-closed sieves on $U$; and the comparison map $(\phi_1)_U : \Delta\Omega(U) \to \mathrm{Sv}_J(U)$ sends the element represented by $(R, \alpha)$ to the sieve $S$ defined by saying that the truth-value of $(f : V \to U \in S)$ is the truth-value of the assertion that the sieve

$$\{g : W \to V \mid fg \in R \text{ and } \alpha(fg) = \top\}$$

is $J$-covering. However, we note that if $f$ happens to belong to $R$ then the truth-value of this assertion is precisely $\alpha(f)$ (again, this uses the assumption that every $J$-covering sieve is inhabited, plus the fact that $\alpha$ is constant on connected components of $R$); hence if $(R, \alpha)$ and $(S, \beta)$ are mapped to the same $J$-closed sieve then $\alpha$ and $\beta$ must agree on $R \cap S$, and so they define the same element of $\Delta\Omega(U)$. Thus $\phi_1$ is monic.

The argument for exponentials is similar. Let $A$ and $B$ be two objects of $\mathcal{S}$; then, as before, elements of $\Delta(B^A)(U)$ are represented by pairs $(R, \alpha)$ where $R$ is a $J$-covering sieve on $U$ and $\alpha$ is now a function $R \to B^A$ which is constant on connected components. On the other hand, elements of $\Delta B^{\Delta A}(U)$ are natural transformations $\mathbb{C}(-, U) \times A \to \Delta B$ (where we have written $A$ for the constant functor with value $A$); and the comparison map $\theta_U$ sends the element represented by $(R, \alpha)$ to the transformation whose value at a pair $(f : V \to U, a)$ is represented by $(f^*(R), (g \mapsto \alpha(fg)(a)))$. We note that if $f \in R$ then $1_V \in f^*(R)$; in particular $f^*(R)$ is connected, and so the function which forms the second component of the latter representative must be (globally) constant. Hence if $\theta_U$ maps (the elements represented by) $(R, \alpha)$ and $(S, \beta)$ to the same natural transformation, then for any $f \in R \cap S$ and any $a \in A$ we see that $\alpha(f)(a) = \beta(f)(a)$ (this uses the fact that every cover of the domain of $f$ is inhabited), and hence $(R, \alpha)$ and $(S, \beta)$ represent the same element of $\Delta(B^A)(U)$. So $\theta$ is monic, as required.

(ii) Once again, one direction is part (i). For the converse implication, suppose $f : \mathcal{E} \to \mathcal{S}$ is open, and let $B$ be a bound for $\mathcal{E}$ over $\mathcal{S}$. Then from B3.1.6 we know that the $\mathcal{S}$-indexed family of all subobjects of $B$ (indexed by $f_*(PB)$) may be taken as a separating family for $\mathbb{E}$ *qua* $\mathcal{S}$-indexed category. However, for every object $A$ of $\mathcal{E}$, the internal locale $f_*(PA)$ is an open locale in $\mathcal{S}$; this means that (in the internal logic of $\mathcal{S}$) every subobject of $B$ has a covering by positive subobjects (where an object $A$ of $\mathcal{E}$ is positive iff $\mathcal{E}/A \to \mathcal{E} \to \mathcal{S}$ is surjective), and hence that we may alternatively take the family of all positive subobjects of $B$ (indexed by the object $I$ in the pullback

$$\begin{array}{ccc} I & \rightarrowtail & f_*(PB) \\ \downarrow & & \downarrow \lambda_! \\ 1 & \overset{\top}{\rightarrowtail} & \Omega_{\mathcal{S}} \end{array} ,$$

where $\lambda_!$ is as usual the left adjoint of the unique frame homomorphism) as a separating family. And if we use the latter to construct a site of definition for $\mathcal{E}$ over $\mathcal{S}$, then it is clear that it will have the property that every cover is inhabited. □

Of course, if $\mathcal{S}$ is Boolean, then every bounded $\mathcal{S}$-topos may be defined by a site with all covers inhabited, as we saw in 2.2.4(*e*): given an arbitrary site, we simply eliminate those objects which are covered by the empty sieve, and impose the induced coverage on the full subcategory on the objects which remain. But in general this process will not work, unless it happens that the subobject of $C_0$ consisting of objects with empty covers is complemented, and we also know that every cover is either empty or inhabited.

Before leaving this topic, we note a further refinement of 3.1.19.

**Scholium 3.1.20** *A bounded geometric morphism* $f: \mathcal{E} \to \mathcal{S}$ *is an open surjection iff there is a site of definition* $(\mathbb{C}, J)$ *for* $\mathcal{E}$ *over* $\mathcal{S}$ *such that* $\mathbb{C}$ *has a terminal object and every* $J$*-covering sieve is inhabited.*

**Proof** One direction follows immediately by combining 3.1.19 with 2.4.8. Conversely, if $f$ is surjective as well as open, then the site of definition for $\mathcal{E}$ constructed in the proof of 3.1.19(ii) will contain the terminal object of $\mathcal{E}$, provided the latter occurs as a subobject of our bound $B$ (and we can ensure the latter by replacing $B$ by $B \amalg 1$, if necessary). □

**Corollary 3.1.21** *A geometric morphism* $f: \mathcal{F} \to \mathcal{E}$ *between bounded* $\mathcal{S}$*-toposes is an open surjection iff it can be defined by a fibration of sites* $(P, T): (\mathbb{D}, K) \to (\mathbb{C}, J)$ *in* $\mathcal{S}$ *for which* $P$ *preserves covers.*

**Proof** One direction is immediate from 3.1.20: if we take an internal site for $\mathcal{F}$ over $\mathcal{E}$ satisfying the conditions of 3.1.20 and 'externalize' it as in 2.5.7, we obtain a fibration of sites satisfying the condition given here. Conversely, suppose $f$ is induced by a fibration of sites as above; then by 2.5.10 we already know that $f$ is surjective. We shall show that $f^*$ is sub-logical, using 3.1.1.

We recall that $f^*$ is the composite

$$\mathbf{Sh}_{\mathcal{S}}(\mathbb{C}, J) \xrightarrow{i_*} [\mathbb{C}^{\mathrm{op}}, \mathcal{S}] \xrightarrow{(-)\circ P} [\mathbb{D}^{\mathrm{op}}, \mathcal{S}] \xrightarrow{j^*} \mathbf{Sh}_{\mathcal{S}}(\mathbb{D}, K)$$

where $i_*$ is the inclusion and $j^*$ the associated sheaf functor. Now the first factor is cartesian closed by A4.2.9, and the second is sub-cartesian-closed since $P$, being a fibration, satisfies the dual of the condition of 3.1.2. Also, since $P$ preserves covers, it is easy to see that $A \circ P$ is $K$-separated for any $J$-sheaf $A$ on $\mathbb{C}$ (cf. the remark after 2.3.3), from which it follows easily that the comparison map $j^*((B \circ P)^{(A \circ P)}) \to j^*(B \circ P)^{j^*(A \circ P)}$ is monic for any $A$ and $B$. So $f^*$ is sub-cartesian-closed.

It does not seem possible to prove by the same method that the comparison map $f^*(\Omega_{\mathcal{E}}) \to \Omega_{\mathcal{F}}$ is monic, but we can easily do this by direct calculation.

$\Omega_{\mathcal{E}}(P(U,V))$ is the set of $J$-closed sieves on $U$, whereas $\Omega_{\mathcal{F}}(U,V)$ is the set of $K$-closed sieves on $(U,V)$. But if $R$ is any $J$-closed sieve on $U$, then the sieve $\{(a,b)\colon (U',V') \to (U,V) \mid a \in R\}$ is easily seen to be $K$-closed, using the fact that $P$ preserves covers; so the canonical map from the first set of sieves to the second is injective, and applying the associated $K$-sheaf functor yields the result. □

We remark that 3.1.21 provides a further reason why we did not include the existence and preservation of finite limits in our definition of a fibration of sites (cf. 2.5.9): if we had done so, then the condition in 3.1.21 would imply that $P$ was a morphism of sites, and so it would induce not just a single geometric morphism but an adjoint pair of morphisms as in 2.3.23.

**Corollary 3.1.22** *Let*

$$\cdots \xrightarrow{f_3} \mathcal{E}_2 \xrightarrow{f_2} \mathcal{E}_1 \xrightarrow{f_1} \mathcal{E}_0$$

*be an inverse sequence of bounded $\mathcal{S}$-toposes (where $\mathcal{S}$ has a natural number object), such that the transition maps $f_n$ are all open surjections. Then the legs $f^n_\infty\colon \mathcal{E}_\infty \to \mathcal{E}_n$ of the limiting cone in $\mathfrak{BTop}/\mathcal{S}$ are open surjections.*

**Proof** We use the technique of 2.5.11 to express $\mathcal{E}_\infty$ as the topos of sheaves on a 'limit site' $(\mathbb{C}_\infty, J_\infty)$ constructed from a sequence of fibrations of sites, each satisfying the condition of 3.1.21. As we noted after 2.5.14, we do not have an explicit description of all the sieves in the coverage $J_\infty$, but the generating sieves which arise from covers in $J_n$ for some $n$ form a coverage (that is, they satisfy the stability axiom $(C)$), and they are all preserved by $P^n_\infty$, from which it follows that $P^n_\infty$ preserves all covers in $J_\infty$. So the result follows from 3.1.21. □

Next, we consider the stability of open maps and open surjections under pullback in $\mathfrak{Top}$. As with hyperconnected morphisms (cf. 2.4.11(ii)), the stability theorem has two entirely different proofs, depending on which side of the pullback square we assume to be bounded.

One of the two cases follows easily from 3.1.19 and 3.1.20 – or rather, it would follow from these results if we had not assumed in the proof of 3.1.19 that our coverage had local character (cf. 2.4.9). Since we did so, we shall instead use the hyperconnected–localic factorization to reduce to the localic case, for which we can use 3.1.18 (whose proof did not assume local character).

**Theorem 3.1.23** *Let*

$$\begin{array}{ccc} \mathcal{H} & \xrightarrow{k} & \mathcal{G} \\ {\scriptstyle h}\downarrow & & \downarrow{\scriptstyle g} \\ \mathcal{F} & \xrightarrow{f} & \mathcal{E} \end{array}$$

*be a pullback square in* $\mathfrak{Top}$, *where* $f$ *is open and bounded. Then* $k$ *is open. If* $f$ *is also surjective, then so is* $k$.

**Proof** Since we know that the hyperconnected–localic factorization is stable under pullback (2.4.12), it suffices by 3.1.9 to prove the result when $f$ is not merely bounded but localic. But then we may express $\mathcal{F}$ in the form $\mathbf{Sh}_{\mathcal{E}}(B, T)$, where $B$ is a poset and $T$ is a coverage in which every cover is inhabited; as we observed in 2.4.9, the latter condition is inherited by the pullback coverage $g^{\#}T$, and so $k$ is open by 3.1.18. For the surjective case, we need the extension of 3.1.18 (similar to 3.1.20) where the poset $B$ is assumed to have a top element; but this is straightforward. □

To prove the stability of arbitrary open maps and surjections under bounded pullback, we may of course deal separately with the cases when the bounded morphism is an inclusion and when it has the form $[\mathbb{C}, \mathcal{E}] \to \mathcal{E}$. In both cases, the key ingredient is 3.1.7, characterizing open maps as those whose inverse image functors are sub-logical.

**Lemma 3.1.24** *Let* $f: \mathcal{F} \to \mathcal{E}$ *be a geometric morphism, and* $\mathbb{C}$ *an internal category in* $\mathcal{E}$. *If* $f$ *is open (resp. surjective), then so is the induced morphism* $[\mathbb{C}, f]: [f^*\mathbb{C}, \mathcal{F}] \to [\mathbb{C}, \mathcal{E}]$.

**Proof** $[\mathbb{C}, f]^*$ is simply $f^*$ applied to discrete opfibrations over $\mathbb{C}$. It is clear that this is faithful if $f^*$ is, so the 'surjective' case is immediate. The 'open' case is not much harder: if $F$ is a diagram of shape $\mathbb{C}$ in $\mathcal{E}$, corresponding to a discrete opfibration $\mathbb{F} \to \mathbb{C}$, then its power object in $[\mathbb{C}, \mathcal{E}]$ may be computed in $\mathcal{E}$ as a subobject of $PF_1 \times C_0$, equipped with a suitable left $\mathbb{C}$-action, and it is not hard to show that the diagram

$$\begin{array}{ccc} f^*(PF) & \xrightarrow{\overline{\phi}_F} & P(f^*F) \\ \downarrow & & \downarrow \\ f^*(PF_1 \times C_0) & \xrightarrow{\phi_{F_1} \times 1} & P(f^*F_1) \times f^*C_0 \end{array}$$

commutes, where $\overline{\phi}$ is the comparison map for $[\mathbb{C}, f]^*$. Thus if $\phi$ is monic, so is $\overline{\phi}$. □

To deal with pullbacks of inclusions, we need a result which is of interest in its own right.

**Lemma 3.1.25** *Let* $f: \mathcal{F} \to \mathcal{E}$ *be an open geometric morphism; suppose that* $j$ *is a local operator on* $\mathcal{E}$, *and let* $k$ *be the pullback local operator on* $\mathcal{F}$

*(cf.* A4.5.14(*e*)*). Then there are pullback squares*

$$\begin{array}{ccc} f^*(\Omega_j) & \longrightarrow & \Omega_k \\ \downarrow & & \downarrow \\ f^*(\Omega) & \xrightarrow{\phi_1} & \Omega \end{array} \qquad \textit{and} \qquad \begin{array}{ccc} f^*(J) & \longrightarrow & K \\ \downarrow & & \downarrow \\ f^*(\Omega) & \xrightarrow{\phi_1} & \Omega \end{array}$$

*in $\mathcal{F}$ (where the symbols in the top row have their usual meanings).*

**Proof** We recall the construction of $k$ given in A4.5.14($e$): it is the smallest local operator such that the composite $f^*(J) \rightarrowtail f^*(\Omega) \to \Omega$ factors through $K \rightarrowtail \Omega$. In particular, we have

$$(\Omega_k \rightarrowtail \Omega) = \forall_{\pi_2}((\pi_1^*(f^*J) \Rightarrow \Theta) \rightarrowtail \Omega \times \Omega)$$

and

$$(K \rightarrowtail \Omega) = \forall_{\pi_1}((\pi_2^*(\Omega_k) \Rightarrow \Theta) \rightarrowtail \Omega \times \Omega)$$

where $\Theta \rightarrowtail \Omega \times \Omega$, as in A4.5.12, is the equalizer of $\Rightarrow$ and $\pi_2$. But since $f^*$ is a Heyting functor, it commutes with implication and universal quantification; thus it is easy to see that we have a pullback square

$$\begin{array}{ccc} f^*(\Theta_{\mathcal{E}}) & \longrightarrow & \Theta_{\mathcal{F}} \\ \downarrow & & \downarrow \\ f^*(\Omega \times \Omega) & \xrightarrow{\phi_1 \times \phi_1} & \Omega \times \Omega \end{array}$$

and hence that the squares in the statement of the lemma are also pullbacks. □

We remark that the conclusion of 3.1.25 actually holds under the weaker assumption that only the comparison map $\phi_1 \colon f^*(\Omega_{\mathcal{E}}) \to \Omega_{\mathcal{F}}$ is monic. For a proof under this assumption, see [513].

**Corollary 3.1.26** *Let $f$ and $j$ be as in* 3.1.25, *and let $f' \colon \mathbf{sh}_k(\mathcal{F}) \to \mathbf{sh}_j(\mathcal{E})$ be the pullback of $f$ along $\mathbf{sh}_j(\mathcal{E}) \to \mathcal{E}$. Then*

(i) *$f'$ is open;*

(ii) *if $f$ is surjective, so is $f'$.*

**Proof** (i) First we note that the comparison map $\phi_1'$ for the geometric morphism $f'$ is obtained by applying the associated $k$-sheaf functor to the morphism $f^*(\Omega_j) \to \Omega_k$ which forms the top edge of the left-hand square in the statement of 3.1.25, since the lemma implies that the square

$$\begin{array}{ccc} f^*(1) & \longrightarrow & 1 \\ {\scriptstyle f^*(\top_j)} \big\downarrow & & \big\downarrow {\scriptstyle \top_k} \\ f^*(\Omega_j) & \longrightarrow & \Omega_k \end{array}$$

is a pullback. So we may immediately deduce that $\phi_1'$ is monic, since $\phi_1$ is. To show the same thing for an arbitrary comparison map $\phi'_A$, we recall that $\mathbf{sh}_k(\mathcal{F})$ is an exponential ideal in $\mathcal{F}$ (A4.3.1) and that $B^C \cong B^{LC}$ for any sheaf $B$, where $L$ is the associated sheaf functor. Using the ideas in the proof of 3.1.1, we may construct $\phi'_A$ by factoring the composite

$$f^*((\Omega_j)^A) \xrightarrow{\theta} f^*(\Omega_j)^{f^*A} \longrightarrow (\Omega_k)^{f^*A} \cong (\Omega_k)^{f'^*A}$$

through the associated $k$-sheaf of its domain; but this composite is monic, since both $\theta$ and $f^*(\Omega_j) \to \Omega_k$ are, and the associated $k$-sheaf functor preserves monomorphisms. So we have verified that $f'^*$ is a sub-logical functor.

(ii) Let $m\colon A' \rightarrowtail A$ be a monomorphism in $\mathcal{E}$, with classifying map $\chi\colon A \to \Omega$. Since the right-hand square in the statement of 3.1.25 is a pullback, we see that $f^*m$ is $k$-dense iff $f^*\chi$ factors through $f^*J \rightarrowtail f^*\Omega$ (equivalently, iff the pullback of $f^*J \rightarrowtail f^*\Omega$ along $f^*\chi$ is an isomorphism). But if $f^*$ is conservative, this happens iff $\chi$ factors through $J \rightarrowtail \Omega$, i.e. iff $m$ is $j$-dense. Since the $k$-dense monomorphisms are exactly those inverted by the associated sheaf functor $\mathcal{F} \to \mathbf{sh}_k(\mathcal{F})$, it now follows by A1.2.4 that $f'^*$ is conservative. □

Putting together 3.1.24 and 3.1.26, we have established the second version of the pullback-stability theorem:

**Theorem 3.1.27** *Let*

$$\begin{array}{ccc} \mathcal{H} & \xrightarrow{k} & \mathcal{G} \\ {\scriptstyle h} \big\downarrow & & \big\downarrow {\scriptstyle g} \\ \mathcal{F} & \xrightarrow{f} & \mathcal{E} \end{array}$$

*be a pullback square in* $\mathfrak{Top}$, *where* $f$ *is open and* $g$ *is bounded. Then* $k$ *is open. If* $f$ *is also surjective, then so is* $k$. □

Finally (!) in this section, we may establish the connection between openness and the Beck–Chevalley conditions of 2.4.16:

**Theorem 3.1.28** *A geometric morphism is stably left weak Beck–Chevalley (in the sense of* 2.4.16*) iff it is open.*

**Proof** First suppose $f\colon \mathcal{F} \to \mathcal{E}$ is a SLWBC morphism. Then, for any morphism $g\colon B \to A$ in $\mathcal{E}$, the weak Beck–Chevalley condition holds for the square

$$\begin{array}{ccc} \mathcal{F}/f^*B & \xrightarrow{f^*g} & \mathcal{F}/f^*A \\ \Big\downarrow{\scriptstyle f/B} & & \Big\downarrow{\scriptstyle f/A} \\ \mathcal{E}/B & \xrightarrow{\quad g \quad} & \mathcal{E}/A \end{array} \quad ;$$

i.e. the canonical natural transformation $(f/A)^*\Pi_g \to \Pi_{f^*g}(f/B)^*$ is monic. Combining this with the natural isomorphism $(f/B)^*g^* \cong (f^*g)^*(f/A)^*$, and recalling that the composite $\Pi_g g^*$ is the exponential functor $(-)^g\colon \mathcal{E}/A \to \mathcal{E}/A$, we deduce that $(f/A)^*$ is sub-cartesian-closed, for any object $A$ of $\mathcal{E}$. But we showed that this is equivalent to openness of $f$ in 3.1.7(v).

Conversely, suppose $f\colon \mathcal{F} \to \mathcal{E}$ is open. Since openness is stable under pullback, it suffices to show that $f$ is a LWBC morphism. But if we consider the pullback of $f$ along an arbitrary bounded morphism $g\colon \mathcal{G} \to \mathcal{E}$, then on forming the hyperconnected–localic factorizations of both $f$ and $g$ we may 'factor' the pullback square into four quarters, as in the proof of 2.4.13; and in three of them the weak Beck–Chevalley condition holds by A4.6.8. Thus we are reduced to the case when both $f$ and $g$ are localic (and $f$ is still open, by 3.1.9). If we now replace them by the corresponding internal locales in $\mathcal{E}$, then 3.1.11(ii) tells us that the (strong) Beck–Chevalley condition holds for subterminal objects of the toposes involved (actually for the left adjoints of the functors we are now considering, but the result we want follows from uniqueness of adjoints). Since our hypotheses are 'stable under slicing' by an object of $\mathcal{E}$, it follows that we have verified condition (iii) of A4.1.17, so by the latter result the weak Beck–Chevalley condition holds for arbitrary objects of the toposes under consideration. □

**Suggestions for further reading:** Johnstone [513, 523], Joyal & Tierney [560].

## C3.2 Proper maps

Having studied open maps of locales and toposes, the reader might reasonably expect us next to turn our attention to closed maps. We begin with closed maps of locales, which were deliberately omitted from Section C1.5:

**Lemma 3.2.1** *For a map $f: X \to Y$ of locales, the following are equivalent:*

(i) *For every closed sublocale $C$ of $X$, the image of the composite $C \rightarrowtail X \to Y$ is a closed sublocale of $Y$.*

(ii) *For all $U \in \mathcal{O}(X)$ and $V \in \mathcal{O}(Y)$, we have $f_*(U \cup f^*(V)) = f_*(U) \cup V$, where $f_*: \mathcal{O}(X) \to \mathcal{O}(Y)$ denotes the right adjoint of $f^*$.*

**Proof** Since closed sublocales are complementary to open sublocales (1.1.16(*b*)), it is clear that, for any closed sublocale $\mathsf{C}U$ of $X$, $\mathsf{C}f_*(U)$ is the smallest closed sublocale of $Y$ through which the composite $\mathsf{C}U \rightarrowtail X \to Y$ factors – i.e. it is the closure of the image of this composite. Condition (i) is thus equivalent to saying that, for every such $U$, the induced locale map $\mathsf{C}U \to \mathsf{C}f_*(U)$ is epic. But, if we identify $\mathcal{O}(\mathsf{C}U)$ with the principal filter $\uparrow(U)$ in $\mathcal{O}(X)$, the frame homomorphism corresponding to this map sends an open $V \geq f_*(U)$ in $\mathcal{O}(Y)$ to $U \cup f^*(V)$, and its right adjoint is simply $f_*$ restricted to elements above $U$. So condition (ii), for a fixed $U \in \mathcal{O}(X)$, is easily seen to be equivalent to the assertion that the unit of this adjunction is an isomorphism. □

Note that condition (ii) of 3.2.1 is precisely the assertion that the adjunction $(f_* \dashv f^*)$ between $\mathcal{O}(X)^{\mathrm{op}}$ and $\mathcal{O}(Y)^{\mathrm{op}}$ satisfies the Frobenius reciprocity condition of A1.5.8. So, if $\mathcal{O}(X)$ and $\mathcal{O}(Y)$ happen to be coframes as well as frames, it is equivalent to saying that $f^*$ preserves 'co-exponentials'.

**Remark 3.2.2** If $\mathcal{O}(Y)$ is Boolean, then every locale map $X \to Y$ is closed: this follows from 3.2.1(i) and the fact that every sublocale of $Y$ is closed (cf. 1.1.20(ii)), but it may also be deduced from 3.2.1(ii), since if $V$ has a complement $W$ in $\mathcal{O}(Y)$ then the identity of 3.2.1(ii) is clearly equivalent to $f_*(f^*(W) \Rightarrow U) = (W \Rightarrow f_*(U))$, and this follows easily from the adjunction $(f^* \dashv f_*)$ and the fact that $f^*$ preserves finite meets.

**Lemma 3.2.3** *Closed maps of locales are stable under pullback along local homeomorphisms.*

**Proof** Suppose given a pullback

$$\begin{array}{ccc} X' & \xrightarrow{f'} & Y' \\ {\scriptstyle p}\downarrow & & \downarrow{\scriptstyle q} \\ X & \xrightarrow{f} & Y \end{array}$$

where $f$ is closed and $q$ is a local homeomorphism. We must show that the condition of 3.2.1(ii) holds for opens $U' \in \mathcal{O}(X')$, $V' \in \mathcal{O}(Y')$. Consider first the case when $q$ is an open inclusion; then we may regard $Y'$ as an element of

$\mathcal{O}(Y)$, and $V'$ and $U'$ may be identified respectively with an element of $\mathcal{O}(Y)$ satisfying $V' \leq Y'$, and an element of $\mathcal{O}(X)$ satisfying $U' \leq X' = f^*(Y')$. Under this identification, we have $f'_*(U') = f_*(U') \cap Y'$, and hence

$$\begin{aligned} f'_*(U') \cup V' &= (f_*(U') \cap Y') \cup V' \\ &= (f_*(U') \cup V') \cap Y' \quad \text{since } V' \leq Y' \\ &= f_*(U' \cup f^*(V')) \cap Y' \quad \text{since } f \text{ is closed} \\ &= f'_*(U' \cup f'^*(V')) \,. \end{aligned}$$

Now consider the general case: then we have a covering of $Y'$ by open sublocales $Y_i$ such that each composite $Y_i \rightarrowtail Y' \to Y$ is an open inclusion. Using the argument above, we may deduce that $(f'_*(U') \cup V') \cap Y_i = f'_*(U' \cup f'^*(V')) \cap Y_i$ for each $i$; so the result follows by the infinite distributive law in $\mathcal{O}(Y)$. □

We thus define an arbitrary geometric morphism $f: \mathcal{F} \to \mathcal{E}$ to be closed if, for every object $A$ of $\mathcal{E}$ and every closed subtopos $\mathcal{C}$ of $\mathcal{F}/f^*(A)$, the image of the composite $\mathcal{C} \to \mathcal{F}/f^*(A) \to \mathcal{E}/A$ is a closed subtopos of $\mathcal{E}/A$. By 3.2.3, this agrees with our previous definition for maps between localic toposes.

The next (non-constructive!) lemma should be compared with 3.1.2.

**Lemma 3.2.4** *Let $f: \mathcal{C} \to \mathcal{D}$ be a functor between small categories. Then the induced geometric morphism $[\mathcal{C}, \mathbf{Set}] \to [\mathcal{D}, \mathbf{Set}]$ is closed iff $f$ satisfies the following condition: given any $b: V \to fU$ in $\mathcal{D}$, there exist morphisms $a: U' \to U$ in $\mathcal{C}$ and $i: V \to fU'$, $r: fU' \to V$ in $\mathcal{D}$ such that $ri = 1_V$ and $(fa)i = b$.*

**Proof** We note first that the given condition is stable under pullback along discrete opfibrations: given a discrete opfibration $p: \mathcal{D}' \to \mathcal{D}$, corresponding to a functor $P: \mathcal{D} \to \mathbf{Set}$, lifting the diagram formed by the morphisms $a$, $b$, $r$ and $i$ to a similar diagram in $\mathcal{D}'$ is equivalent to choosing an element of $P(V)$. Hence, if the condition is satisfied, it suffices to show that the image under the geometric morphism of any closed subtopos of $[\mathcal{C}, \mathbf{Set}]$ is closed in $[\mathcal{D}, \mathbf{Set}]$. But this is easy; for, as we saw in A4.5.5, the closed subtoposes of $[\mathcal{C}, \mathbf{Set}]$ are those of the form $[\mathcal{S}, \mathbf{Set}]$, where $\mathcal{S}$ is a sieve in $\mathcal{C}$. And by A4.2.12($b$), the image of the composite geometric morphism $[\mathcal{S}, \mathbf{Set}] \to [\mathcal{C}, \mathbf{Set}] \to [\mathcal{D}, \mathbf{Set}]$ may be identified with $[\mathcal{T}, \mathbf{Set}]$, where $\mathcal{T}$ is the full subcategory of $\mathcal{D}$ on all objects which are retracts of ones of the form $fU$, $U \in \text{ob}\, \mathcal{S}$. But the given condition clearly implies that $\mathcal{T}$ is a sieve if $\mathcal{S}$ is; so the image is a closed subtopos of $[\mathcal{D}, \mathbf{Set}]$.

Conversely, suppose $[\mathcal{C}, \mathbf{Set}] \to [\mathcal{D}, \mathbf{Set}]$ is closed. Given a morphism $b: V \to fU$ in $\mathcal{D}$, we first slice over the object $\mathcal{D}(V, -)$: that is, we pull back to the morphism $[(V \downarrow f), \mathbf{Set}] \to [V \backslash \mathcal{D}, \mathbf{Set}]$ induced by $f$. Now consider the closed subtopos of $[(V \downarrow f), \mathbf{Set}]$ corresponding to the principal sieve $\mathcal{S}$ generated by $b$ (i.e. the sieve of all objects $b': V \to fU'$ which admit a morphism to $b$). This is clearly nonzero, so its image $[\mathcal{T}, \mathbf{Set}]$ (where $\mathcal{T}$, as before, is the full subcategory of $V \backslash \mathcal{D}$ on those objects which are retracts of some $b': V \to fU'$ in $\mathcal{S}$)

is nonzero, and if it is closed (i.e. if $\mathcal{T}$ is a sieve) then $\mathcal{T}$ must contain the initial object $1_V : V \to V$ of $V\backslash\mathcal{D}$. But this says precisely that the given condition is satisfied for the morphism $b$. □

Note that the condition of 3.2.4 is dual not to the condition of 3.1.2 for openness of a geometric morphism $[\mathcal{C}, \mathbf{Set}] \to [\mathcal{D}, \mathbf{Set}]$, but to the weaker condition of 3.1.3 for $f^*$ to be sub-cartesian-closed. The explanation is that the condition of 3.1.3, unlike that of 3.2.4, is not stable under pullback along discrete opfibrations (equivalently, the condition of 3.2.4 is not stable under pullback along discrete fibrations), although it is easy to see directly that it does imply that every open subtopos of $[\mathcal{C}, \mathbf{Set}]$ maps to an open subtopos of $[\mathcal{D}, \mathbf{Set}]$. And if we 'stabilize' it under pullback along discrete opfibrations, we obtain a condition equivalent to that of 3.1.2, by 3.1.7(v).

The preceding paragraph indicates one respect in which the class of closed maps is not as well-behaved as that of open maps: closed maps are not in general stable under pullback. Indeed, this failing already manifests itself in the category of locales (and even in the category of spaces). In **Sp**, the remedy for it is well known: we need to restrict our attention to the closed maps which have compact fibres, otherwise known as *proper maps*. We shall therefore devote the bulk of this section to setting up the theory of proper maps for locales and toposes, which is largely due to J. Vermeulen [1203] in the localic case, and to I. Moerdijk and J. Vermeulen [858] in the topos-theoretic one.

There is a remarkable 'duality' between this theory and the Joyal–Tierney theory of open maps, described in the last section. Where the Joyal–Tierney theory exploits the relationship between the categories **Frm** and **CjSLat**, Vermeulen's theory makes use of the relationship between **Frm** and the category **PFrm** of preframes, which we also studied in 1.1.10. By analogy with 3.1.10, we make the following definition:

**Definition 3.2.5** A map of locales $f: X \to Y$ is said to be *proper* if $f^*: \mathcal{O}(Y) \to \mathcal{O}(X)$ has a right adjoint $f_*: \mathcal{O}(X) \to \mathcal{O}(Y)$ in **PFrm** which is $\mathcal{O}(Y)$-linear.

Of course, the right adjoint $f_*$ always exists as a map of ordered sets; so the force of Definition 3.2.5 is that it is a map of preframes (i.e. preserves directed joins) and is $\mathcal{O}(Y)$-linear (i.e. satisfies condition (ii) of 3.2.1). In particular, proper maps are closed.

**Proposition 3.2.6** *Proper maps, and proper surjections, are stable under pullback in* **Loc**; *proper surjections are regular epimorphisms in* **Loc**, *and proper* *monomorphisms are inclusions. Moreover, if*

$$\begin{array}{ccc} P & \xrightarrow{k} & Y \\ {\scriptstyle h}\downarrow & & \downarrow{\scriptstyle g} \\ X & \xrightarrow{f} & Z \end{array}$$

*is a pullback square in* **Loc** *with $f$ (and therefore $k$) proper, then the Beck–Chevalley square*

$$\begin{array}{ccc} \mathcal{O}(X) & \xrightarrow{f_*} & \mathcal{O}(Z) \\ {\scriptstyle h^*}\downarrow & & \downarrow{\scriptstyle g^*} \\ \mathcal{O}(P) & \xrightarrow{k_*} & \mathcal{O}(Y) \end{array}$$

*commutes.*

**Proof** This is proved exactly like 3.1.11 and 3.1.12, replacing the tensor product $\mathcal{O}(X)\otimes_{\mathcal{O}(Z)}\mathcal{O}(Y)$ of $\mathcal{O}(Z)$-modules in **CjSLat** with the corresponding tensor product $\mathcal{O}(X) \odot_{\mathcal{O}(Z)} \mathcal{O}(Y)$ of $\mathcal{O}(Z)$-modules in **PFrm**, and replacing binary intersections by binary unions (and left adjoints by right adjoints) throughout the argument. □

**Remark 3.2.7** T. Plewe [979] studied a common generalization of open and proper surjections of locales, which he called *triquotient maps* (this term was first used for maps of spaces by E. Michael [807]). A locale map $f: X \to Y$ is called a triquotient map if there exists a function $f_{\#}: \mathcal{O}(X) \to \mathcal{O}(Y)$ which preserves directed joins and satisfies both the Frobenius conditions

$$f_{\#}(U \cap f^*(V)) = f_{\#}(U) \cap V \quad \text{and} \quad f_{\#}(U \cup f^*(V)) = f_{\#}(U) \cup V$$

for $U \in \mathcal{O}(X)$, $V \in \mathcal{O}(Y)$. (Note that these two equations force $f$ to be an epimorphism, since the first implies $f_{\#}f^*(V) \leq V$ and the second implies the reverse inequality.) Clearly, if $f$ is an open surjection then $f_!$ satisfies these conditions (the second Frobenius condition follows from surjectivity and the fact that $f_!$ preserves binary joins), and if $f$ is a proper surjection then $f_*$ does so. (Another class of examples is provided by split epimorphisms in **Loc**: if $f$ is a split epimorphism, then we can take $f_{\#} = s^*$ for any one-sided inverse $s$ for $f$.) In general, for a triquotient map $f$ there may be many different choices for the 'triquotient assignment' $f_{\#}$; but Plewe has shown that if we have a pullback square as in 3.2.6 and $f$ is triquotient, then $k$ is also triquotient, and we may choose its triquotient assignment so that the 'Beck–Chevalley' square commutes.

If $X$ is a locale in a Boolean topos, then the unique locale map $\gamma\colon X \to 1$ is proper iff $\gamma_*$ preserves directed joins (i.e. is a morphism of preframes), by Remark 3.2.2; but this is exactly how we defined compactness for locales in 1.5.5. Constructively, the Frobenius reciprocity condition in the definition of propriety (unlike that for openness) is a nontrivial restriction even on locale maps with codomain 1; so we include it in the definition of compactness – that is, we *define* $X$ to be compact if $X \to 1$ is proper.

The justification for studying proper maps of locales is the following result, in which the equivalence of (i) and (ii) parallels a well-known result for spaces.

**Theorem 3.2.8** *Let $f\colon X \to Y$ be a map of locales. The following are equivalent:*

(i) *$f$ is proper.*

(ii) *$f$ is stably closed, i.e. its pullback along any morphism with codomain $Y$ is closed.*

(iii) *The internal locale in* **Sh**$(Y)$ *corresponding to $f$ under the equivalence of 1.6.3 is compact.*

**Proof** (i) $\Rightarrow$ (ii) is immediate from 3.2.6 and the fact, already noted, that proper maps are closed.

(ii) $\Rightarrow$ (iii): Condition (ii) is 'stable' under passage across the equivalence of 1.6.3, since the notion of closed sublocale is stable in this sense. Thus it is sufficient to prove the implication (provided we do so constructively) in the case $Y = 1$: that is, given a locale $X$ such that the projection $Z \times X \to Z$ is closed for every $Z$, we have to show that $X$ is compact. The particular case $Z = 1$ takes care of the Frobenius reciprocity condition, so we have only to verify that the top element of $\mathcal{O}(X)$ is inaccessible by directed joins. Let $\mathcal{D}$ be a directed subset of $\mathcal{O}(X)$ with join $X$; we construct a 'test locale' $Z$ as follows. As at the end of Section C1.2, we write $d\colon X_d \to X$ for the dissolution of $X$; then $d^*(U)$ is closed as well as open in $X_d$ for each $U \in \mathcal{O}(X)$ (in particular, for each $U \in \mathcal{D}$), and we write $e(U)$ for its complement. Let $\mathcal{F}$ be the filter in $\mathcal{O}(X_d)$ generated by $\{e(U) \mid U \in \mathcal{D}\}$, and let $\mathcal{O}(Z)$ be the subframe

$$\{(p, V) \mid p \Rightarrow (V \in \mathcal{F})\}$$

of $\Omega \times \mathcal{O}(X_d)$. (Thus $\mathcal{O}(Z)$ is obtained by applying the frame-theoretic version of the glueing construction (A2.1.12) to the classifying map $\chi\colon \mathcal{O}(X_d) \to \Omega$ of $\mathcal{F}$: note that $\chi$ preserves finite meets precisely because $\mathcal{F}$ is a filter.)

Now consider the element

$$W = \bigvee\{(\top, e(U)) \otimes U \mid U \in \mathcal{D}\}$$

of $\mathcal{O}(Z \times X) \cong \mathcal{O}(Z) \otimes \mathcal{O}(X)$. We have

$$\begin{aligned} W \vee ((\bot, X_d) \otimes X) &= W \vee \bigvee \{(\bot, X_d) \otimes U \mid U \in \mathcal{D}\} \\ &= \bigvee \{((\top, e(U)) \vee (\bot, X_d)) \otimes U \mid U \in \mathcal{D}\} \\ &= \bigvee \{(\top, X_d) \otimes U \mid U \in \mathcal{D}\} = Z \otimes X, \end{aligned}$$

where we have twice used the fact that $\mathcal{D}$ covers $X$. Since the projection $\pi_1 \colon Z \times X \to Z$ is closed, it follows from 3.2.1(ii) that we have $\pi_{1*}(W) \vee (\bot, X_d) = Z$ in $\mathcal{O}(Z)$. So $\pi_{1*}(W)$ must have the form $(\top, V)$ for some $V \in \mathcal{F}$, and hence $\pi_{1*}(W) \geq (\top, e(U))$ for some $U \in \mathcal{D}$, or equivalently $(\top, e(U)) \otimes X \leq W$. Applying the frame homomorphism $\mathcal{O}(Z) \otimes \mathcal{O}(X) \to \mathcal{O}(X_d)$ which sends $(p, V) \otimes U$ to $V \wedge d^*(U)$, we obtain

$$e(U) \leq \bigvee \{e(U') \wedge d^*(U') \mid U' \in \mathcal{D}\} = \emptyset\,.$$

But this implies that $d^*(U)$ is the whole of $X_d$, and hence (since $d$ is a surjection) that $U$ is the whole of $X$.

(iii) $\Rightarrow$ (i): Suppose $f$ is such that $\mathcal{I}(f)$ is a compact internal locale in $\mathbf{Sh}(Y)$. Since, by 1.6.2, the inverse of $\mathcal{I}$ is simply the global sections functor applied to internal frames in $\mathbf{Sh}(Y)$, it is easy to see that $f$ inherits the Frobenius reciprocity condition of 3.2.1(ii) from the unique morphism $\mathcal{I}(f) \to 1$ in $\mathbf{Loc}(\mathbf{Sh}(Y))$. So we have only to prove that $f_*$ preserves directed joins.

Let $\mathcal{D}$ be a directed subset of $\mathcal{O}(X)$; it will be convenient to suppose that $\mathcal{D}$ is also downwards closed, and hence an ideal. Recalling that $\mathcal{O}(\mathcal{I}(f))$ is the sheaf on $Y$ whose value at $V \in \mathcal{O}(Y)$ is $\mathcal{O}(f^*V)$, we define an ideal $\widetilde{\mathcal{D}}$ of this internal lattice in $\mathbf{Sh}(Y)$ by

$$\widetilde{\mathcal{D}}(V) = \{U \in \mathcal{O}(f^*V) \mid \ \{V' \leq V \mid U \cap f^*V' \in \mathcal{D}\} \text{ covers } V\}\,.$$

It is clear that this a sheaf; moreover, computation of the truth-value of the assertion '$\widetilde{\mathcal{D}}$ covers $\mathcal{I}(f)$' in $\mathbf{Sh}(Y)$ yields the element $V_0 = f_*(\bigvee \mathcal{D})$ of $\mathcal{O}(Y)$. So the compactness of $\mathcal{I}(f)$ implies that $f^*(V_0) \in \widetilde{\mathcal{D}}(V_0)$, i.e. that $V_0$ can be covered by opens $V'$ whose inverse images under $f$ are in $\mathcal{D}$. But for each such $V'$ we have $V' \leq f_*f^*(V') \leq V_0$; hence $V_0$ is also the join of $\{f_*(U) \mid U \in \mathcal{D}\}$, i.e. $f_*$ preserves the join of $\mathcal{D}$. □

**Remark 3.2.9** An inclusion in **Loc** is proper iff it is closed in the sense of 3.2.1, iff it is the inclusion of a closed sublocale as defined in 1.2.6(*b*). The latter equivalence is immediate from 3.2.1(i); for the former, we note that if $f \colon \complement U \to X$ is a closed inclusion, then $f_*$ maps $\mathcal{O}(\complement U)$ onto the principal filter $\uparrow(U) \subseteq \mathcal{O}(X)$, and so preserves all nonempty joins. (Alternatively, we could use 1.2.10 and 3.2.8(ii).) Thus the 'proper' analogue of the class of discrete locales (3.1.15) is the class of compact Hausdorff locales (cf. 1.2.17).

We should also remark that, just as there is a (largely obsolete) tradition in general topology whereby 'compact' means 'compact Hausdorff', and the term 'quasicompact' is used for spaces which satisfy the open-covering definition of compactness but are not necessarily Hausdorff, so there is a tradition – which has been followed by some writers on locales and/or toposes – whereby 'proper map' means one which is proper in our sense and also has closed (i.e. proper) diagonal; authors who adhere to this tradition use the word 'perfect' to describe the maps which we call proper. However, 'perfect' is also used by some authors to denote a *stronger* condition than properness, so it seems safest to avoid the word altogether. Thus we shall say that a locale morphism $f: Y \to X$ is *proper and separated* if it corresponds to a compact Hausdorff internal locale in $\mathbf{Sh}(X)$, i.e. if it is proper and the diagonal $Y \rightarrowtail Y \times_X Y$ is closed.

Compactness has its expected properties in Hausdorff locales:

**Lemma 3.2.10**

(i) *Any continuous map from a compact locale to a Hausdorff locale is proper. In particular, any compact sublocale of a Hausdorff locale is closed.*

(ii) *A compact locale $X$ is Hausdorff iff it is regular; that is, each $U \in \mathcal{O}(X)$ can be expressed as a union of opens whose closures are contained in $U$.*

**Proof** (i) Suppose $f: Y \to X$ is a locale map such that $Y$ is compact and $X$ is Hausdorff. Then $(1, f): Y \rightarrowtail Y \times X$ is a closed inclusion, because it is the pullback of the diagonal $\Delta: X \rightarrowtail X \times X$ along $f \times 1$. But the projection $\pi_2: Y \times X \to X$ is proper (because it is a pullback of $Y \to 1$) and hence $f = \pi_2(1, f)$ is proper. The second assertion is the special case of the first when $f$ is an inclusion, by 3.2.9.

(ii) One direction was proved (without the assumption of compactness) in 1.2.17. For the converse, suppose $X$ is compact and Hausdorff, and let $U$ be open in $X$. The complement $\complement U$ is compact (as is any closed sublocale of a compact locale), and so the projection $\pi_2: \complement U \times U \to U$ is proper by 3.2.6; equivalently, by 3.2.8, it corresponds to a compact internal locale $\mathcal{I}(\pi_2)$ in $\mathbf{Sh}(U)$. But $\complement U \times U$ is disjoint from the diagonal sublocale of $X \times X$, so it is contained in the open complement of the latter, i.e. the union of all open rectangles $P \times Q \rightarrowtail X \times X$ such that $P \cap Q = 0$. Now $\mathcal{O}(\mathcal{I}(\pi_2))$ is the internal frame $(V \mapsto \mathcal{O}(\complement U \times V))$. The sub-presheaf $F$ of this given by

$$V \mapsto \{Z \times V \mid Z = P \cap \complement U \text{ for some } P \in \mathcal{O}(X) \text{ with } P \cap V = 0\}$$

is not a sheaf; but we may form its closure $\overline{F}$ in the sheaf $\mathcal{O}(\mathcal{I}(\pi_2))$ already mentioned, that is the sheaf whose sections over $V \in \mathcal{O}(U)$ are those open sublocales $W$ of $\complement U \times V$ such that $V$ has an open covering by sublocales $V_i$ for which $W \cap (\complement U \times V_i)$ is of the form $(P_i \cap \complement U) \times V_i$ for some $P_i \in \mathcal{O}(X)$ disjoint from $V_i$. It is easily seen that $\overline{F}$ is directed in the ordering inherited from $\mathcal{O}(\mathcal{I}(\pi_2))$ (indeed, it is closed under finite joins in the latter), and that its join is the top element $\complement U \times U$. So by compactness of $\mathcal{I}(\pi_2)$ we must have $\complement U \times U \in \overline{F}(U)$; but this says that $U$ can be covered by opens $V$ for which $\complement U \leq \neg V$ – equivalently, for which the closure of $V$ is contained in $U$. So $X$ is regular. □

One further result on proper maps of locales which we shall need is the following:

**Proposition 3.2.11** *Suppose given a diagram of locales* $(X_i \mid i \in \mathrm{ob}\,\mathcal{I})$ *indexed by a cofiltered category* $\mathcal{I}$*, such that the transition maps* $f_\alpha\colon X_j \to X_i$ *induced by morphisms* $\alpha\colon j \to i$ *in* $\mathcal{I}$ *are all proper. Then the legs* $g_j\colon X_\infty = \varprojlim_{\mathcal{I}} X_i \to X_j$ *of the limit cone in* **Loc** *are all proper.*

**Proof** First suppose that the transition maps are surjective as well as proper. By 1.1.8 and 1.1.10, we know that the filtered colimit $\mathcal{O}(X_\infty)$ in **Frm** is also a colimit in **PFrm**; now, for each $j$, the right adjoints $f_{\alpha *}\colon \mathcal{O}(X_i) \to \mathcal{O}(X_j)$ form a cone in **PFrm** under the $\mathcal{I}/j$-indexed diagram formed by the $\mathcal{O}(X_i)$ with morphisms $\alpha\colon i \to j$, since $(f_{\alpha\beta})_* f_\beta^* \cong f_{\alpha *} f_{\beta *} f_\beta^* \cong f_{\alpha *}$ by surjectivity. Since $\mathcal{I}$ is cofiltered, the forgetul functor $\mathcal{I}/j \to \mathcal{I}$ is initial, and so this diagram has the same colimit as the original one; so we get a preframe homomorphism $\mathcal{O}(X_\infty) \to \mathcal{O}(X_j)$ for each $j$, which is easily verified to be the right adjoint $g_{j*}$ of $g_j^*$, and to be $\mathcal{O}(X_j)$-linear (since all the $(f_\alpha)_*$ are $\mathcal{O}(X_j)$-linear). So $g_j$ is proper (and surjective – though we already knew the latter fact, from 1.1.12).

Now consider the general case. We may replace each $X_i$ by the closed sublocale $C_i$ which is the intersection, over all $\alpha\colon j \to i$, of the image of $f_\alpha\colon X_j \to X_i$; equivalently,

$$C_i = \complement\left(\bigcup\{f_{\alpha *}(\emptyset) \mid \alpha\colon j \to i\}\right).$$

Clearly, each $g_i\colon X_\infty \to X_i$ must factor through $C_i \rightarrowtail X_i$, so this change does not affect the limit. Also, since the union appearing in the definition of the open complement of $C_i$ is directed, it is preserved by the right adjoints of the transition maps; hence, since they are closed maps, their restrictions to maps $C_j \to C_i$ are surjective as well as proper. So, by the particular case already considered, each $X_\infty \to C_i$ is proper; composing with the closed inclusion $C_i \rightarrowtail X_i$ yields the result. □

In fact a stronger result than 3.2.11 is true: if the vertices $X_i$ of our cofiltered diagram are compact locales, then the limit $X_\infty$ is compact, even if the transition maps fail to be proper. However, the proof of this stronger result requires a more complicated argument, and we shall not give it here – we refer the interested reader to [435].

In seeking to generalize the notion of proper map from locales to toposes, we have to decide whether our definition of 'proper map of toposes' should include all hyperconnected maps. We have seen in the last section that the natural definition of 'open map' for toposes does include all hyperconnected maps, and hence that a map is open iff the localic part of its hyperconnected–localic factorization is open. Thus, if we wish to preserve the 'duality' between openness and properness which we have observed at the localic level, we should expect the same thing to be true for proper maps: indeed, we may reasonably *define* a geometric morphism $f\colon \mathcal{F} \to \mathcal{E}$ to be proper if the localic part of its hyperconnected–localic factorization is proper, i.e. if $f_*(\Omega_{\mathcal{F}})$ is a compact internal frame in $\mathcal{E}$.

What does it mean to say that an internal frame (in particular, one of the form $f_*(\Omega_{\mathcal{F}})$) is compact in a general topos $\mathcal{E}$? For the case $\mathcal{E} = \mathbf{Set}$, we saw how to answer this in topos-theoretic terms in 1.5.5: it means that the direct image functor $\mathbf{Sh}(X) \to \mathbf{Set}$ (where $X$ is the locale corresponding to the frame in question) preserves directed colimits of subterminal objects. Another way of saying the same thing is that, if $\mathcal{I}$ is any directed poset, then the canonical natural transformation in the diagram

$$\begin{array}{ccc}
[\mathcal{I}, \mathbf{Sh}(X)] & \longrightarrow & [\mathcal{I}, \mathbf{Set}] \\
\Big\downarrow \varinjlim_{\mathcal{I}} \quad \downarrow & & \Big\downarrow \varinjlim_{\mathcal{I}} \\
\mathbf{Sh}(X) & \longrightarrow & \mathbf{Set}
\end{array}$$

is an isomorphism when evaluated at a subterminal object of $[\mathcal{I}, \mathbf{Sh}(X)]$. But this is easily recognizable (modulo 'stabilization under slicing') as a weak Beck–Chevalley condition, given that the $\varinjlim_{\mathcal{I}}$ are inverse image functors.

Our formal definition is thus as follows:

**Definition 3.2.12** (*a*) We say that a geometric morphism $f\colon \mathcal{F} \to \mathcal{E}$ is *proper*, or that $\mathcal{F}$ is *compact* as an $\mathcal{E}$-topos, if, for any object $A$ of $\mathcal{E}$ and any directed internal poset $\mathbb{I}$ in $\mathcal{E}/A$, the Beck–Chevalley natural transformation for the square

$$\begin{array}{ccc}
\mathcal{F}/f^*A & \xrightarrow{\;f/A\;} & \mathcal{E}/A \\
\Big\downarrow \infty_{\mathbb{I}} & & \Big\downarrow \infty_{\mathbb{I}} \\
[\mathbb{I}, \mathcal{F}/f^*A] & \xrightarrow{\;[\mathbb{I}, f/A]\;} & [\mathbb{I}, \mathcal{E}/A]
\end{array}$$

(where $\infty_{\mathbb{I}}$ denotes the geometric morphism whose inverse image is $\varinjlim_{\mathbb{I}}$; cf. B2.6.9) is an isomorphism when evaluated at subterminal objects of $[\mathbb{I}, \mathcal{F}/f^*A]$.

(*b*) We say that a bounded geometric morphism $f\colon \mathcal{F} \to \mathcal{E}$ is *separated*, or that $\mathcal{F}$ is *Hausdorff* as an $\mathcal{E}$-topos, if the diagonal $\Delta_f\colon \mathcal{F} \to \mathcal{F} \times_{\mathcal{E}} \mathcal{F}$ is proper.

In view of B2.6.13, we could replace directed posets by arbitrary filtered categories in this definition; but it seems more natural to use posets here since we are dealing with subterminal objects. We could also eliminate the variable $A$

from the definition by working with weakly filtered categories (or weakly directed posets), since we saw in B2.6.6 that an internal category $\mathbb{C}$ is weakly filtered iff it is filtered as an internal category in $\mathcal{E}/\pi_0\mathbb{C}$. Note also that the square in the definition is a pullback, since its bottom edge is the pullback of $f/A$ along the canonical morphism $[\mathbb{I}, \mathcal{E}/A] \to \mathcal{E}/A$; and since $f/A$ is itself a pullback of $f$, the following result is immediate from A4.1.17.

**Lemma 3.2.13** *Any stable right weak Beck–Chevalley morphism (as defined in* 2.4.16*) is proper.* □

In particular, any hyperconnected morphism is proper, by 2.4.17. Once we have proved the stability of proper maps under pullback, we shall obtain a converse to 3.2.13.

**Lemma 3.2.14** *Let $f: \mathcal{C} \to \mathcal{D}$ be a functor between small categories. The induced geometric morphism $[\mathcal{C}, \mathbf{Set}] \to [\mathcal{D}, \mathbf{Set}]$ is proper iff*

(i) *For each object $V$ of $\mathcal{D}$, the comma category $(V \downarrow f)$ has a finite solution-set (that is, there exists a finite family of morphisms $b_j: V \to fU_j$ $(1 \leq j \leq n)$ such that every $b: V \to fU$ factors as $(fa)b_j$ for some $j$ and some $a: U_j \to U$ in $\mathcal{C}$); and*

(ii) *For any $b: V \to fU$, there exist $a: U' \to U$, $i: V \to fU'$ and $r: fU' \to V$ such that $ri = 1_V$ and $br = fa$.*

Note that condition (ii) above is stronger than the condition of 3.2.4: it is dual to the condition of 3.1.2, rather than that of 3.1.3. This is not surprising, given the fact that proper maps are stable under pullback (cf. the remarks after 3.2.4). We note also that the two conditions could be combined into one, saying that for any $V$ there exists a finite set of pairs $(i_j: V \to fU_j, r_j: fU_j \to V)$ with $r_j i_j = 1_V$, such that for any $b: V \to fU$ there exists $a: U_j \to U$ for some $j$ such that $br_j = fa$. However, it is usually more convenient to consider the two conditions separately.

**Proof** First suppose the conditions are satisfied. We note that both of them are stable under pullback along discrete opfibrations (if $p: \mathcal{D}' \to \mathcal{D}$ is a discrete opfibration, $f': \mathcal{C}' \to \mathcal{D}'$ the pullback of $f$ along $p$ and $V'$ an object of $\mathcal{D}'$, then the comma category $(V' \downarrow f')$ is isomorphic to $(pV' \downarrow f)$). So it suffices to prove that for any directed internal poset $Q$ in $[\mathcal{D}, \mathbf{Set}]$ and any $f^*Q$-indexed family of subterminal objects of $[\mathcal{C}, \mathbf{Set}]$, the functor $f_*$ preserves the join of this family.

Now a directed internal poset in $[\mathcal{D}, \mathbf{Set}]$ is just a functor $Q: \mathcal{D} \to \mathbf{Poset}$ whose values are directed posets; equivalently, we may regard it (via the Grothendieck construction) as a split opfibration $q: \mathcal{Q} \to \mathcal{D}$ whose fibres are directed posets. Similarly, we shall regard $P = f^*(Q): \mathcal{C} \to \mathbf{Poset}$ as a split opfibration $p: \mathcal{P} \to \mathcal{C}$. Now a subterminal object $R$ in $[P, [\mathcal{C}, \mathbf{Set}]] \simeq [\mathcal{P}, \mathbf{Set}]$ is just a cosieve $\mathcal{R}$ in $\mathcal{P}$, and its join in $[\mathcal{C}, \mathbf{Set}]$ is the cosieve in $\mathcal{C}$ which is the image of the composite fibration $\mathcal{R} \to \mathcal{P} \to \mathcal{C}$. Applying $f_*$ to this, we obtain the cosieve of those $V \in \text{ob}\,\mathcal{D}$ such that, for every $b\colon V \to fU$, $U$ lies in the image of $\mathcal{R}$; equivalently, there exists an index $\pi$ in $P(U) = Q(fU)$ which belongs to the subset $R(U)$. However, if we first apply the direct image functor $[\mathcal{P}, \mathbf{Set}] \to [\mathcal{Q}, \mathbf{Set}]$ and then compute the join in $[\mathcal{D}, \mathbf{Set}]$, we obtain the cosieve of those $V$ for which there exists an index $\gamma$ in $Q(V)$ such that, for every $b\colon V \to fU$, we have $Qb(\gamma) \in R(U)$. It is clear that the first cosieve contains the second; we have to show the reverse inclusion.

To do this, suppose $V$ belongs to the first cosieve. We first choose a finite solution set $(b_j\colon V \to U_j \mid 1 \leq j \leq n)$ as in condition (i), and then for each $j$ we choose $a_j$, $i_j$ and $r_j$ as in condition (ii). By assumption, we have elements $\pi_j \in P(U'_j) = Q(fU'_j)$ (where $U'_j$ is the domain of $a_j$) which belong to $R(U'_j)$; let $\gamma_j = Qr_j(\pi_j) \in Q(V)$. Since $Q(V)$ is directed, we may choose a single index $\gamma$ in it which is an upper bound for the $\gamma_j$; then for each $j$ we have $Qb_j(\gamma) \geq Qb_j(\gamma_j) = Pa_j(\pi_j) \in P(U_j)$, and hence $Qb_j(\gamma) \in R(U_j)$ since $\mathcal{R}$ is a cosieve in $\mathcal{P}$. But since the $b_j$ form a solution set for $(V \downarrow f)$, this is sufficient.

To show the necessity of condition (i), let $V$ be an object of $\mathcal{D}$. Pulling back along the discrete opfibration corresponding to $\mathcal{D}(V, -)\colon \mathcal{D} \to \mathbf{Set}$, we obtain the functor $\overline{f}\colon (V \downarrow f) \to V\backslash\mathcal{D}$ induced by $f$; so the latter preserves directed joins of subterminal objects. Now let $P$ be the (external) poset of finitely-generated cosieves in $(V \downarrow f)$, ordered by inclusion; we may regard it as a constant directed internal poset in both $[V\backslash\mathcal{D}, \mathbf{Set}]$ and $[(V \downarrow f), \mathbf{Set}]$, and in the latter we have a $P$-indexed family of subterminal objects, namely the elements of $P$ themselves. If we compute the join of this family in $[\mathcal{C}, \mathbf{Set}]$, we obtain the terminal object, since each object of $\mathcal{C}$ belongs to a finitely-generated cosieve; and $f_*$ preserves the terminal object. So the initial object $1_V$ of $V\backslash\mathcal{D}$ belongs to the join of the cosieves $f_*S$, $S \in P$, and hence belongs to some particular $f_*S$. But this says precisely that $S$ is the whole of $(V \downarrow f)$; i.e. $(V \downarrow f)$ is finitely-generated as a cosieve in itself.

We shall not give a detailed proof of the necessity of (ii), since it follows from two general results about proper maps to be proved later. We shall see in 3.2.17(ii) that proper maps are closed; hence if $f\colon \mathcal{C} \to \mathcal{D}$ induces a proper map between functor categories then it must satisfy the weak version of (ii) considered in 3.2.4. But we shall also see that proper maps are stable under arbitrary pullback (3.2.21); and we observed after 3.2.4 that if we 'stabilize' the weak condition under pullback (specifically, along discrete fibrations), we obtain the stronger condition (ii) above. □

Although the last part of the above proof is non-constructive, the proof of sufficiency of the conditions is not; so they can be used to give a criterion for a functor between internal categories in an arbitrary topos to induce a proper map. (In this context, the notion of finiteness appropriate to condition (i) is, as usual, the Kuratowskian one studied in Section D5.4. In particular, it is not hard to see that a local homeomorphism $\mathcal{E}/A \to \mathcal{E}$ is proper iff $A$ is a $K$-finite object of $\mathcal{E}$.)

**Example 3.2.15** Nontrivial examples of functors satisfying the conditions of 3.2.14 are not all that common, but the following one will be of use in 5.2.9 below. Let $\mathcal{D}$ be the category of finite sets and surjections between them, and let $\mathcal{C}$ be the poset whose elements are finite composable strings $(b_1, b_2, \ldots, b_n)$ of *non-invertible* morphisms of $\mathcal{D}$ (that is, strings such that $\mathrm{dom}\ b_j = \mathrm{cod}\ b_{j+1}$ for all $j$), ordered by setting $(b_1, b_2, \ldots, b_n) \leq (b'_1, b'_2, \ldots, b'_m)$ iff the latter is an initial segment of the former, i.e. $m \leq n$ and $b'_j = b_j$ for all $j \leq m$. (It is convenient to include strings of length 0, that is objects of $\mathcal{D}$, as maximal elements of $\mathcal{C}$, with $(b_1, b_2, \ldots, b_n) \leq V$ iff $V = \mathrm{cod}\ b_1$.) We have a functor $f\colon \mathcal{C} \to \mathcal{D}$ which sends $(b_1, b_2, \ldots, b_n)$ to $\mathrm{dom}\ b_n$, and an inequality $U' \leq U$ to the composite of the morphisms belonging to the string $U'$ but not to $U$; we claim that this functor satisfies the conditions of 3.2.14.

The first condition is trivial, because the comma category $(V \downarrow f)$ is in fact finite for each object $V$ of $\mathcal{D}$ (this is where we use the non-invertibility condition in the definition of $\mathcal{C}$). For the second, we must distinguish two cases: if $b\colon V \to fU$ is invertible, then we set $a = 1_U$, $i = b$ and $r = b^{-1}$, and if not we let $U' \leq U$ be the string obtained by adjoining $b$ to the end of $U$, and set $i = r = 1_V$.

We now embark on the study of proper morphisms in general.

**Lemma 3.2.16** *Suppose given a commutative triangle*

$$\begin{array}{ccc} \mathcal{G} & \xrightarrow{\ g\ } & \mathcal{F} \\ & {\scriptstyle h}\searrow & \downarrow{\scriptstyle f} \\ & & \mathcal{E} \end{array}$$

*of geometric morphisms.*

(i) *If $f$ and $g$ are proper, then $h$ is proper.*

(ii) *If $h$ is proper and $g$ is a surjection, then $f$ is proper.*

(iii) *If $h$ is proper and $f$ is an inclusion, then $g$ is proper.*

**Proof** (i) If $\mathbb{I}$ is a directed internal poset in $\mathcal{E}/A$, then $f^*\mathbb{I}$ is a directed internal poset in $\mathcal{F}/f^*A$. So we may patch together the weak Beck–Chevalley squares for $f$ and $g$, to obtain that for $h$.

(ii) As before, suppose $\mathbb{I}$ is a directed internal poset in $\mathcal{E}/A$. The morphism $[h^*\mathbb{I}, \mathcal{G}/h^*A] \to [f^*\mathbb{I}, \mathcal{F}/f^*A]$ induced by $g$ is surjective, so any subterminal object $V$ of its codomain satisfies $V \cong g_*g^*V$ (cf. A4.2.6(v)). But this is exactly what we need to deduce the weak Beck–Chevalley condition for $f$ from that for $h$.

(iii) Here we cannot use the same style of argument, since we do not know that every directed internal poset in $\mathcal{F}$ is the image under $f^*$ of one in $\mathcal{E}$. However, if we write $X$ and $Y$ for the internal locales in $\mathcal{E}$ corresponding to the frames $h_*(\Omega_{\mathcal{G}})$ and $f_*(\Omega_{\mathcal{F}})$, then we have a pullback diagram in $\mathbf{Loc}(\mathcal{E})$, since $Y \to 1$ is

$$\begin{array}{ccc} X & \xrightarrow{\;1\;} & X \\ \downarrow & & \downarrow \\ Y & \longrightarrow & 1 \end{array}$$

monic and $X \to 1$ factors through it. So $X \to Y$ is a proper map of internal locales, by 3.2.6; but this says that $g_*(\Omega_{\mathcal{G}})$ is a compact internal locale in $\mathcal{F} \simeq \mathbf{Sh}_{\mathcal{E}}(Y)$, by 3.2.8. □

We remark that, for a closed inclusion $f$, the direct image functor $f_*$ is regular (i.e. preserves epimorphisms) by A4.5.4, and hence preserves directed internal posets. So the elementary argument which we rejected in the proof of (iii) above would in fact suffice to prove the following corollary.

**Corollary 3.2.17**

(i) *A geometric morphism is proper iff both halves of its surjection–inclusion factorization are proper, iff it can be factorized as a proper surjection followed by a closed inclusion.*

(ii) *Proper geometric morphisms are closed.*

**Proof** (i) The first assertion is immediate from 3.2.16; the second follows from it and the fact that an inclusion is proper iff it is closed (cf. 3.2.9).

(ii) It is immediate from (i) (and the propriety of closed inclusions) that if $f: \mathcal{F} \to \mathcal{E}$ is proper then the image under $f$ of any closed subtopos of $\mathcal{F}$ is a closed subtopos of $\mathcal{E}$. But the definition of propriety is stable under slicing, so this is sufficient. □

In seeking a characterization of propriety in terms of sites, we shall make the standing assumption that the underlying category of our site is coherent (in fact, it might as well be a pretopos, although we shall not assume this), and that its coverage contains the coherent coverage $P$ of 2.1.12($d$). It turns out that, in addition to the sieves in the coherent coverage, we need only consider those covers which are generated by directed families of monomorphisms: we shall say that a sieve $R$ on an object $U$ of a coherent category $\mathcal{C}$ is a *dm-sieve* if, whenever it contains a morphism $a: V \to U$, it also contains the monic part $\operatorname{im} a$ of $a$, and in addition the monomorphisms in $R$ form a directed subset of $\mathrm{Sub}_{\mathcal{C}}(U)$. (Equivalently we could say that, for any finite subset $R'$ of $R$, there is a monomorphism $m: U' \rightarrowtail U$ in $R$ such that every morphism in $R'$ factors through $m$.) And we call a coverage $T$ a *dm-coverage* if it consists of *dm*-sieves.

We shall also require a 'compatibility condition' between the *dm*-coverage and the coherent coverage: we shall say that $T$ is *P-compatible* if it satisfies the following two conditions:

(i) Given $R \in T(U)$ and a cover $a: U \twoheadrightarrow V$ in $\mathcal{C}$, the sieve on $V$ generated by the images of the composites $ab$, $b \in R$, is $T$-covering.

(ii) Given monomorphisms $U \rightarrowtail W$, $V \rightarrowtail W$ with $W = U \cup V$, and a sieve $R \in T(U)$, the sieve on $W$ generated by the subobjects $(\text{im } a \cup V)$, $a \in R$, is $T$-covering.

**Lemma 3.2.18** *Let $\mathcal{C}$ be a (small) coherent category.*

(i) *If $J$ is a Grothendieck coverage on $\mathcal{C}$ containing the coherent coverage $P$, then the set $J_d$ of all dm-sieves in $J$ is a $P$-compatible Grothendieck coverage, and $J$ is the join of $P$ and $J_d$ in the poset of Grothendieck coverages on $\mathcal{C}$.*

(ii) *Conversely, if $D$ is a $P$-compatible Grothendieck dm-coverage on $\mathcal{C}$, then the join $P \vee D(U)$ consists of all sieves $R$ on $U$ for which there exists $S \in D(U)$ such that $a^*(R) \in P(V)$ for each $a: V \to U$ in $S$. In particular, $D$ consists precisely of the dm-sieves in $P \vee D$.*

**Proof** (i) It is clear that $J_d$ inherits the closure properties of a Grothendieck coverage from $J$. For the $P$-compatibility of $J_d$, we use the local character of $J$; for each of the sieves asserted by the compatibility conditions to lie in $J_d$, we see that there is a $P$-covering sieve (that generated by the single morphism $a$ in (i), and that generated by $U \rightarrowtail W$ and $V \rightarrowtail W$ in (ii)) such that the pullback of the given sieve along each morphism in the $P$-covering sieve is $J$-covering. Finally, to show that $J$ is the join of $P$ and $J_d$, let $R$ be an arbitrary $J$-covering sieve on $U$. Let $S$ be the sieve on $U$ generated by all monomorphisms $U' \rightarrowtail U$ which are the unions of the images of finite subsets of $R$. Then $S$ is a *dm*-sieve (and in $J_d$, since it contains $R$), and the pullback of $R$ along any member of $S$ is $P$-covering. Hence any Grothendieck coverage containing both $P$ and $J_d$ must contain $J$; but $J$ contains $P$ by assumption and $J_d$ by definition, so it must be their join.

(ii) Clearly, the join $P \vee D$ must contain all the sieves as described; to show that it contains only those sieves, we must show that they form a Grothendieck coverage – specifically, that they satisfy the local character axiom ($L$). For this, it suffices (since $P$ and $D$ separately satisfy ($L$)) to show that we can 'commute a $D$-cover past a $P$-cover': that is, if $R$ is a sieve on $U$, and we can find $S \in P(U)$ such that $a^*(R) \in D(V)$ for each $a: V \to U$ in $S$, then we can also find $S' \in D(U)$ such that $b^*R \in P(W)$ for each $b: W \to U$ in $S'$. So suppose $S$ contains a finite family $(a_i: V_i \to U \mid 1 \leq i \leq n)$, such that the union of the images of the $a_i$ is the whole of $U$. We define $S'$ to be the sieve generated by those monomorphisms $U' \rightarrowtail U$ for which there exist $(V_i' \rightarrowtail V_i) \in a_i^*R$ for each $i$ such that $U'$ is the union of the images of the $V_i' \rightarrowtail V_i \to U$ $(1 \leq i \leq n)$. Clearly, $S'$ is a *dm*-sieve; and the $P$-compatibility conditions (plus the local character of $D$, which ensures as we saw after 2.1.8 that $D(U)$ is closed under finite intersections) imply that $S' \in D(U)$. But the pullback of $R$ along each $U' \rightarrowtail U \in S(U)$ contains a $P$-covering family $(V_i' \to U' \mid 1 \leq i \leq n)$, as required.

For the final assertion, suppose $R$ is a *dm*-sieve on $U$ and belongs to $P \vee D$. By the result just proved, there exists $S \in D(U)$ such that the pullback of $R$ along each morphism $a \colon V \to U$ in $S$ contains a finite $P$-covering family; but $a^*R$ is a *dm*-sieve since $R$ is, and hence it must contain $1_V$. So $R \supseteq S$, and hence $R \in D(U)$. □

**Theorem 3.2.19** *For a Grothendieck topos $\mathcal{E}$, the following are equivalent:*

(i) *$\mathcal{E}$ is compact, i.e. the geometric morphism $\mathcal{E} \to$ **Set** is proper.*

(ii) *There exists a small site of definition $(\mathcal{C}, T)$ for $\mathcal{E}$ such that $\mathcal{C}$ is a coherent category and $T$ is the union of the coherent coverage $P$ and a $P$-compatible dm-coverage $D$ such that the terminal object of $\mathcal{C}$ is $D$-irreducible.*

(iii) *There exists a small site of definition $(\mathcal{C}, J)$ for $\mathcal{E}$ such that $\mathcal{C}$ is a coherent category and $J$ is the join, in the poset of Grothendieck coverages on $\mathcal{C}$, of the coherent coverage $P$ and a $P$-compatible dm-coverage $D$ such that the terminal object of $\mathcal{C}$ is $D$-irreducible.*

(iv) *There exists a site $(\mathcal{C}, J)$ as in* (iii), *but with the added assumption that $\mathcal{C}$ is a pretopos.*

**Proof** (i) ⇒ (iv): Take $\mathcal{C}$ to be a small full subcategory of $\mathcal{E}$ containing a generating set, and closed under finite limits and colimits; then $\mathcal{C}$ is a pretopos by A2.4.5. Let $J$ be the Grothendieck coverage on $\mathcal{C}$ induced by the inclusion $\mathcal{C} \to \mathcal{E}$; then $J$ contains the coherent coverage since the inclusion is a coherent functor, and so it has a join decomposition of the required sort by 3.2.18(i). Finally, the compactness of $\mathcal{E}$ implies that the terminal object has no nontrivial $J$-covering *dm*-sieves.

(iv) ⇒ (iii) and (iii) ⇒ (ii) are trivial.

(ii) ⇒ (iii): Given $T = P \cup D$ as in (ii), let $\tilde{D}$ be the Grothendieck coverage generated by $D$ as in 2.1.9, and let $J$ be the join of $P$ and $\tilde{D}$ in the poset of Grothendieck coverages on $\mathcal{C}$. By 2.4.10, $1_{\mathcal{C}}$ is still $\tilde{D}$-irreducible; also, the $J$-sheaves on $\mathcal{C}$ are exactly the functors which are sheaves for both $P$ and $\tilde{D}$ (equivalently, for both $P$ and $D$), so they coincide with the $T$-sheaves.

(iii) ⇒ (i): Clearly, any subterminal object of $\mathbf{Sh}(\mathcal{C}, J)$ is a union of subobjects of the form $l(U)$, where $U$ is subterminal in $\mathcal{C}$ (and $l \colon \mathcal{C} \to \mathbf{Sh}(\mathcal{C}, J)$ is the canonical functor). So any covering of 1 by subterminal objects of $\mathbf{Sh}(\mathcal{C}, J)$ is refined by a $J$-covering of 1 by subterminal objects of $\mathcal{C}$; but 3.2.18(ii), plus the $D$-irreducibility of 1 in $\mathcal{C}$, implies that any covering of the latter sort has a finite subcover. So $\mathcal{E}$ is compact. □

The arguments of 3.2.18 and 3.2.19 are all constructive, and so may be applied to internal sites in any topos with a natural number object. As in one of the proofs of 2.4.11, the natural number object is needed for the proof of 3.2.19(i) $\Rightarrow$ (iv), in order to 'close off' the site under finite limits and colimits. However, in the case when $\mathcal{E}$ is localic over the base topos, we can dispense with the natural number object provided we sacrifice condition (iv) of 3.2.19; in this case we simply take $\mathcal{C}$ to be the (internal) poset of all subterminal objects of $\mathcal{E}$, which is a distributive lattice and hence a coherent category.

Before proceeding to the proof of the pullback-stability theorem, we note a result which extends 3.2.19 in the same way that 3.1.20 extended 3.1.19:

**Scholium 3.2.20** *Let $p\colon \mathcal{E} \to \mathcal{S}$ be a bounded proper map, and let $(\mathbb{C}, J)$ be an internal site for $\mathcal{E}$ over $\mathcal{S}$ as in* 3.2.19(ii), (iii) *or* (iv). *Then $p$ is surjective iff $\mathbb{C}$ is non-degenerate (i.e. the morphism $0 \to 1$ in $\mathbb{C}$ is non-invertible).*

**Proof** At first sight, it is rather surprising that the 'positive' condition of surjectivity should be (constructively) equivalent to a negative condition (non-degeneracy) on the site. However, the key point is that any finite object of $\mathcal{S}$ (in the Kuratowskian sense) is either inhabited or empty (cf. D5.4.5(ii)); so the same is true for $P$-covering sieves, and so the assertion that $0 \to 1$ is not invertible is equivalent to saying that every $P$-covering sieve on 1 is inhabited. Since the same is clearly true for $D$-covering sieves, the result follows from 2.4.8. □

Another explanation of why the 'negative' condition of 3.2.20 suffices for surjectivity is the fact that proper maps are closed (3.2.17(ii)): we should expect the negative condition to imply that $p$ has dense image, but we already know its image is closed.

In theory, it should be possible to translate our site condition for propriety into a condition on a fibration of sites for it to induce a proper map of toposes, and hence to prove a stability theorem for proper maps under cofiltered limits, similar to 3.1.22 for open surjections. However, we shall not do this here; having already proved the stability of proper localic maps under cofiltered limits in 3.2.11, we shall be able to deduce the corresponding result for proper maps of toposes via the stability of the hyperconnected–localic factorization in 5.1.13 below. Instead, we now proceed with the proof of the pullback-stability theorem.

**Theorem 3.2.21** *Let*

$$\begin{array}{ccc} \mathcal{H} & \xrightarrow{k} & \mathcal{G} \\ {\scriptstyle h}\downarrow & & \downarrow{\scriptstyle g} \\ \mathcal{F} & \xrightarrow{f} & \mathcal{E} \end{array}$$

*be a pullback square in* $\mathfrak{Top}$ *where* $f$ *is proper, and either* $g$ *is bounded, or* $f$ *is bounded and* $\mathcal{E}$ *has a natural number object. Then* $k$ *is proper. If* $f$ *is also surjective, then so is* $k$.

**Proof** As in the 'open' case, this theorem has two entirely different proofs depending on which of $f$ or $g$ we assume to be bounded.

(i) For the case where $f$ is bounded, we use our site characterization (3.2.19) for bounded proper maps: if $\mathcal{E}$ has a natural number object, we represent $\mathcal{F}$ as $\mathbf{Sh}_{\mathcal{E}}(\mathbb{C}, T)$ for an internal site satisfying the hypotheses of 3.1.14(ii), so that $T$ is the union of the coherent coverage $P$ and a $P$-compatible $dm$-coverage $D$. It is clear from the construction of $g^{\#}T$ that it is then the union of $g^{\#}P$ and $g^{\#}D$; but $g^{\#}P$ is simply the coherent coverage on $g^*\mathbb{C}$ by 2.4.7. It is straightforward to verify that $g^{\#}D$ inherits the properties of being a $dm$-coverage and $P$-compatible from $D$; also that the condition that the terminal object of $\mathbb{C}$ is $D$-irreducible 'lifts' to the corresponding condition for $g^*\mathbb{C}$. So $(g^*\mathbb{C}, g^{\#}T)$ is an internal site for $\mathcal{H}$ over $\mathcal{G}$ satisfying the hypotheses of 3.2.19(ii).

To deal with the 'surjective' case, we have simply to observe that the condition of 3.2.20 is preserved under the passage from $\mathbb{C}$ to $g^*\mathbb{C}$, since it is equivalent to saying that there is a pullback square

$$\begin{array}{ccc} 0 & \longrightarrow & C_1 \\ \downarrow & & \downarrow{\scriptstyle (d_0, d_1)} \\ 1 & \xrightarrow{(\ulcorner 0 \urcorner, \ulcorner 1 \urcorner)} & C_0 \times C_0 \end{array} .$$

(ii) To show that arbitrary proper maps/surjections are stable under bounded pullback, it suffices as before to consider separately the cases when $g$ has the form $[\mathbb{C}, \mathcal{E}] \to \mathcal{E}$ for an internal category $\mathbb{C}$, and when $g$ is an inclusion. In fact, in place of the second of these, we shall consider the more general case when $g$ is localic.

First suppose that $\mathcal{G}$ is of the form $[\mathbb{C}, \mathcal{E}]$ for an internal category $\mathbb{C}$ in $\mathcal{E}$. Since every slice of $\mathcal{G}$ is again of this form, it suffices to show that the square

$$\begin{array}{ccc} [f^*\mathbb{C}, \mathcal{F}] & \xrightarrow{[\mathbb{C}, f]} & [\mathbb{C}, \mathcal{E}] \\ \downarrow{\scriptstyle \infty} & & \downarrow{\scriptstyle \infty} \\ [f^*\mathbb{I}, [f^*\mathbb{C}, \mathcal{F}]] & \longrightarrow & [\mathbb{I}, [\mathbb{C}, \mathcal{E}]] \end{array}$$

satisfies the Beck–Chevalley condition for subterminal objects, whenever $\mathbb{I}$ is a directed internal poset in $[\mathbb{C}, \mathcal{E}]$. But since the forgetful functor $[\mathbb{C}, \mathcal{E}] \to \mathcal{E}/C_0$

is regular, it maps $\mathbb{I}$ to a directed internal poset ($\mathbb{J}$, say) in $\mathcal{E}/C_0$. Now consider the diagram

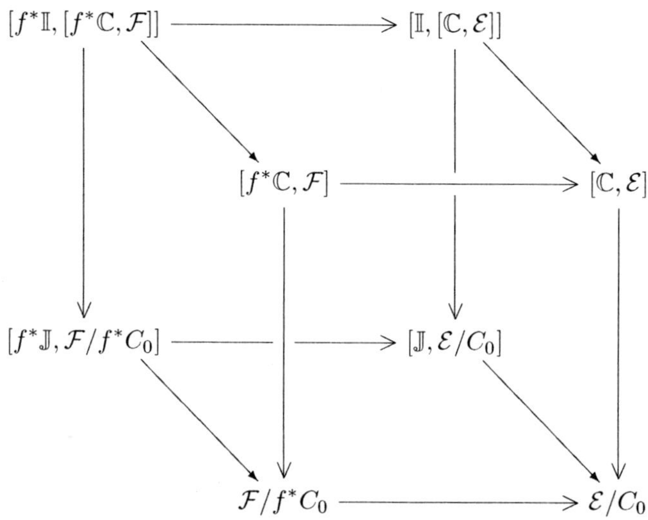


where the horizontal maps are all induced by $f_*$, the diagonal maps are colimit functors and the vertical maps are forgetful functors. It is easily verified that each of the vertical faces commutes up to isomorphism, and the forgetful functors reflect isomorphisms; so, from the fact that the bottom face commutes up to isomorphism at subterminal objects, we deduce that the top face does so too. The second assertion of the theorem is immediate, since surjectivity is always preserved under pullback to a topos of the form $[\mathbb{C}, \mathcal{E}]$, as we saw in 3.1.24.

In the case where $g: \mathcal{G} \to \mathcal{E}$ is localic, we may form the hyperconnected–localic factorization of $f$ and pull back each factor separately. The pullback of the hyperconnected part is hyperconnected by 2.4.11, and hence proper and surjective; so we are left with the case when $f$ as well as $g$ is localic. But if we translate the problem across the equivalence between localic $\mathcal{E}$-toposes and internal locales in $\mathcal{E}$, then the result we require is contained in 3.2.6. □

**Corollary 3.2.22** *A geometric morphism is stably right weak Beck–Chevalley (in the sense of* 2.4.16*) iff it is proper.*

**Proof** One direction was established in 3.2.13. For the converse, since proper maps are stable under pullback it suffices to show that they are RWBC. But this may be proved in exactly the same way as 3.1.28: given a pullback of a proper morphism along a bounded morphism, we may use the hyperconnected–localic factorization of each side to factor the pullback square into four quarters, three of which have hyperconnected maps on a pair of opposite sides and so satisfy the weak Beck–Chevalley condition by A4.6.8. So we are reduced to the localic case; but in this case the result we require is contained in 3.2.6. □

As an application of the Beck–Chevalley characterizations of open and proper maps, we prove the following result, which will be of importance in Section C5.1.

**Proposition 3.2.23** *Let*

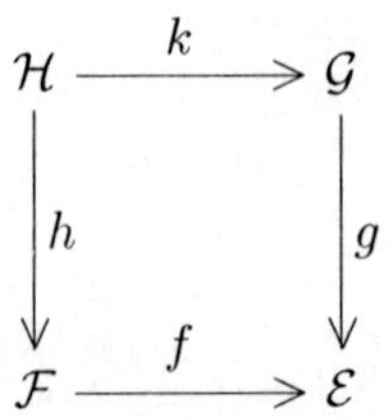


*be a pullback square in* $\mathfrak{BTop}$ *such that* $f$ *is surjective and either open or proper, and* $h$ *is either open or proper. Then* $g$ *satisfies the same condition as* $h$.

**Proof** The proposition has four separate cases. The two when $f$ and $h$ are both open, or both proper, are easy; for in these cases the diagonal of the square is open (resp. proper) by 3.1.4(i) (resp. 3.2.16(i)), but $k$ is surjective by 3.1.27 (resp. 3.2.21), and so $g$ is open (resp. proper) by 3.1.4(ii) (resp. 3.2.16(ii)).

In the two cases when $f$ and $h$ satisfy opposite conditions, we exploit the Beck–Chevalley characterizations of open and proper maps (3.1.28 and 3.2.22). The two cases are very similar; we shall prove the one where $h$ is open and $f$ is proper, by showing that $g$ is a SLWBC morphism. Suppose given a bounded morphism $p\colon \mathcal{E}' \to \mathcal{E}$; we may form the cube

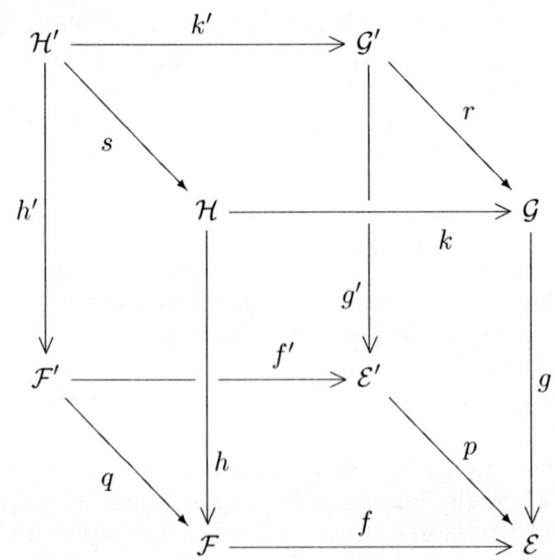

in which all faces are pullbacks. Now the diagram

$$\begin{array}{ccc} g^*f_*q_* \cong g^*p_*f'_* & \longrightarrow & r_*g'^*f'_* \\ \big\downarrow\!\!\!\!\!\!\!\!\;\; & & \big\downarrow \\ k_*h^*q_* & \rightarrowtail & k_*s_*h'^* \cong r_*k'_*h'^* \end{array}$$

of Beck–Chevalley transformations commutes, and the indicated edges are monic because $f$ and $f'$ are proper and $h$ is open. So $g^*p_*f'_*(B) \to r_*g'^*f'_*(B)$ is monic for any $B \in \text{ob}\,\mathcal{F}'$; but $f'$ is surjective, since it is a pullback of $f$, and so for any $A \in \text{ob}\,\mathcal{E}'$ the unit map $A \to f'_*f'^*(A)$ is monic. Hence $g^*p_*(A) \to r_*g'^*(A)$ is monic for any $A$. Thus we have shown that $g$ is a LWBC morphism; but the same argument may be applied to any pullback of $g$, so it is a SLWBC morphism.

In the other case, we similarly prove that $f'^*p^*g_* \to f'^*g'_*r^*$ is monic, and then use the fact that $f'^*$ reflects monomorphisms. □

We have not had very much to say in this section about separated maps of toposes, as defined in 3.2.12($b$). However, we may now note one interesting example:

**Example 3.2.24** For a (discrete) group $G$, the topos $[G, \mathbf{Set}]$ is Hausdorff (that is, $[G, \mathbf{Set}] \to \mathbf{Set}$ is separated) iff $G$ is finite. For we have an open surjection $s\colon \mathbf{Set} \to [G, \mathbf{Set}]$ whose inverse image is the forgetful functor; and if we pull back this morphism against itself, we obtain $\mathbf{Set}/G$ (as may easily be seen by identifying $s$ with the morphism $[G, \mathbf{Set}]/G \to [G, \mathbf{Set}]$, where $G$ acts on itself by left translation). In other words, the pullback of the diagonal of $[G, \mathbf{Set}]$ along $(s, s)\colon \mathbf{Set} \to [G, \mathbf{Set}] \times [G, \mathbf{Set}]$ is $\mathbf{Set}/G \to \mathbf{Set}$, which is manifestly proper iff $G$ is finite. But since $(s, s)$ is an open surjection, 3.2.23 implies that $\mathbf{Set}/G \to \mathbf{Set}$ is proper iff the diagonal of $[G, \mathbf{Set}]$ is proper.

For the record, we also note the basic stability properties of separated morphisms:

**Lemma 3.2.25**

(i) *Composites of separated morphisms are separated.*

(ii) *Pullbacks of separated morphisms are separated.*

(iii) *If $fg$ is separated and $g$ is a proper surjection, then $f$ is separated.*

(iv) *If $fg$ is separated and $f$ is localic, then $g$ is separated.*

**Proof** (i) Suppose $f\colon \mathcal{F} \to \mathcal{E}$ and $g\colon \mathcal{G} \to \mathcal{F}$ are separated. Then the diagonal of $fg$ can be factored as the composite

$$\mathcal{G} \xrightarrow{\ \Delta_g\ } \mathcal{G} \times_{\mathcal{F}} \mathcal{G} \longrightarrow \mathcal{G} \times_{\mathcal{E}} \mathcal{G},$$

where the second factor is the pullback of $\Delta_f$ along $g \times g$; so the result follows from the stability of proper maps under composition and pullback.

(ii) is immediate from the stability of proper maps under pullback.

(iii) The composite $(\Delta_f)g$ is equal to $(g \times g)\Delta_{fg}$, which is proper by the hypotheses, so the result follows from 3.2.16(ii).

(iv) If $f$ is localic then $\Delta_f$ is an inclusion by B3.3.8(ii); hence so is the second factor of the composite displayed in the proof of (i), and the result follows from 2.2.18(iii). □

Note in particular that a morphism is separated iff both halves of its hyperconnected–localic factorization are separated, iff the surjective part of its surjection–inclusion factorization is separated. (Inclusions are always separated, by B3.3.8(iii).)

Finally in this section, we return to the problem with which we began it:

**Lemma 3.2.26** *A geometric morphism $f$ is proper iff it is stably closed (i.e. all pullbacks of $f$ along bounded morphisms are closed).*

**Proof** One direction is immediate from 3.2.21 and 3.2.17(ii). For the converse, we note that $f$ is closed iff the localic part of its hyperconnected–localic factorization is closed, since a hyperconnected morphism $g\colon \mathcal{F} \to \mathcal{G}$ induces a bijection between closed subtoposes of $\mathcal{F}$ and of $\mathcal{G}$. And the hyperconnected–localic factorization is stable under pullback, by 2.4.12; so if $f$ is stably closed, its localic part corresponds to a stably closed map of locales, and is therefore proper by 3.2.8. Hence $f$ itself is proper. □

**Suggestions for further reading:** Moerdijk & Vermeulen [858], Plewe [979], Vermeulen [1203].

## C3.3 Locally connected morphisms

It will be recalled that in A4.1.5 we defined a geometric morphism $f\colon \mathcal{F} \to \mathcal{E}$ to be essential if its inverse image functor $f^*$ has a left adjoint $f_!$ as well as its right adjoint $f_*$. However, the class of essential geometric morphisms is not as well-behaved as one might like. One reason (which we noted in B1.2.4) is that although, when we make $\mathcal{F}$ and $\mathcal{E}$ into $\mathcal{E}$-indexed categories, the adjunction $(f^* \dashv f_*)$ is always indexed over $\mathcal{E}$, the adjunction $(f_! \dashv f^*)$ need not be, even though $(f/A)^*$ has a left adjoint for every object $A$ of $\mathcal{E}$. Accordingly, it is advantageous to study the more restricted class of morphisms $f\colon \mathcal{F} \to \mathcal{E}$ for which $f^*$ has an $\mathcal{E}$-indexed left adjoint: for reasons adumbrated after 1.5.9 above, we call such morphisms *locally connected*.

Our first result in this section is the analogue over an arbitrary base of 1.5.9:

**Proposition 3.3.1** *For a geometric morphism $f: \mathcal{F} \to \mathcal{E}$, the following are equivalent:*

(i) *$f$ is locally connected.*

(ii) *'$f^*$ commutes with $\Pi$-functors'; that is, for every morphism $h: A \to B$ in $\mathcal{E}$, the canonical (Beck–Chevalley) natural transformation in the square*

$$\begin{array}{ccc} \mathcal{E}/A & \xrightarrow{\Pi_h} & \mathcal{E}/B \\ \downarrow{\scriptstyle (f/A)^*} & \downarrow & \downarrow{\scriptstyle (f/B)^*} \\ \mathcal{F}/f^*A & \xrightarrow{\Pi_{f^*h}} & \mathcal{F}/f^*B \end{array}$$

*is an isomorphism.*

(iii) *For each object $A$ of $\mathcal{E}$, the functor $(f/A)^*: \mathcal{E}/A \to \mathcal{F}/f^*A$ is cartesian closed.*

**Proof** (i) $\Leftrightarrow$ (ii): Since $f^*$ always preserves finite limits, condition (ii) is just the assertion that $f^*$ is continuous as an $\mathcal{E}$-indexed functor $\mathbb{E} \to \mathbb{F}$ (cf. B1.4.13). Since both these $\mathcal{E}$-indexed categories are complete and locally small, and $\mathbb{E}$ is well-powered and has a coseparator by B3.1.13, the result follows from the Indexed Adjoint Functor Theorem B2.4.6.

(ii) $\Rightarrow$ (iii): Given an object $h: B \to A$ of $\mathcal{E}/A$, consider the diagram

$$\begin{array}{ccccc} \mathcal{E}/A & \xrightarrow{h^*} & \mathcal{E}/B & \xrightarrow{\Pi_h} & \mathcal{E}/A \\ \downarrow{\scriptstyle (f/A)^*} & & \downarrow{\scriptstyle (f/B)^*} & & \downarrow{\scriptstyle (f/A)^*} \\ \mathcal{F}/f^*A & \xrightarrow{(f^*h)^*} & \mathcal{F}/f^*B & \xrightarrow{\Pi_{f^*h}} & \mathcal{F}/f^*A \end{array}$$

of which the left-hand cell commutes since $f^*$ preserves pullbacks, and the right-hand cell commutes by (ii). But the top and bottom composites are the functors $(-)^h$ and $(-)^{f^*h}$ respectively.

(iii) $\Rightarrow$ (ii) similarly follows from the construction of $\Pi$-functors from exponentials and pullbacks, given in the proof of A1.5.2(i). □

If we already know that $f$ is essential, then the implication (iii) $\Rightarrow$ (i) of 3.3.1 may also be deduced from A1.5.8, as we observed in B1.2.4.

**Corollary 3.3.2**

(i) *Any stable left Beck–Chevalley morphism (in the sense of* 2.4.16*) is locally connected.*

(ii) *Locally connected morphisms are open.*

(iii) *A composite of locally connected morphisms is locally connected.*

(iv) *Given a commutative diagram*

$$\begin{array}{ccc} \mathcal{H} & \xrightarrow{\ g\ } & \mathcal{F} \\ & {\scriptstyle h}\searrow & \downarrow{\scriptstyle f} \\ & & \mathcal{E} \end{array}$$

*where $h$ is locally connected and $g$ is either connected or an open surjection, then $f$ is locally connected.*

**Proof** (i) is immediate from condition (ii) of 3.3.1.

(ii) If $f^*$ commutes with the functors $\Pi_h$, then it commutes with the functors $\forall_h$ which are their restrictions to subterminal objects; so it is a Heyting functor. (Alternatively, we may use condition (iii) of 3.3.1 and (v) of 3.1.7.)

(iii) follows easily from (iii) of 3.3.1, since a composite of cartesian closed functors is cartesian closed.

(iv) In the case where $g$ is connected, we have $f^* \cong g_* g^* f^* \cong g_* h^*$, so it has an $\mathcal{E}$-indexed left adjoint $h_! g^*$.

In the case where $g$ is an open surjection, we use 3.3.1(iii); since the hypotheses are stable under slicing by an object of $\mathcal{E}$, it is sufficient to show that $f^*$ is cartesian closed. Consider the exponential comparison map $\theta_{A,B} \colon f^*(B^A) \to f^* B^{f^* A}$, where $A$ and $B$ are objects of $\mathcal{E}$. We have a commutative diagram

$$\begin{array}{ccc} h^*(B^A) & \xrightarrow{\ g^*(\theta_{A,B})\ } & g^*(f^* B^{f^* A}) \\ & \searrow & \downarrow \\ & & h^* B^{h^* A} \end{array}$$

where the diagonal arrow is an isomorphism since $h^*$ is a cartesian closed functor, and the vertical arrow is monic by 3.1.7(iv) since $g$ is open. It follows easily that $g^*(\theta_{A,B})$ is an isomorphism; but $g^*$ reflects isomorphisms since $g$ is surjective. □

Once we have proved that locally connected morphisms are stable under pullback, we shall be able to establish the converse of 3.3.2(i).

We recall from 1.5.7 that $f$ is said to be *connected* if $f^*$ is full and faithful. For locally connected morphisms, there is a particularly simple criterion for connectedness:

**Lemma 3.3.3** *Let $f: \mathcal{F} \to \mathcal{E}$ be a locally connected geometric morphism. Then $f$ is connected iff the left adjoint $f_!$ of $f^*$ preserves* 1.

**Proof** If $f$ is connected, then the counit of the adjunction $(f_! \dashv f^*)$ is an isomorphism, so $f_!(1) \cong f_! f^*(1) \cong 1$. The converse is immediate from A1.5.9(i), since $f^*$ is cartesian closed. □

We call a geometric morphism $f: \mathcal{F} \to \mathcal{E}$ a *local homeomorphism* if there is an object $A$ of $\mathcal{E}$ and an equivalence $\mathcal{F} \simeq \mathcal{E}/A$ identifying $f^*$ and $f_*$ with $A^*$ and $\Pi_A$ respectively (cf. A2.3.8). Clearly, a local homeomorphism is locally connected, since $A^*$ is a logical functor (A2.3.2) and so commutes with $\Pi$-functors.

**Lemma 3.3.4** *Connected morphisms are orthogonal to local homeomorphisms in $\mathfrak{Top}$; that is, given a commutative square*

$$\begin{array}{ccc} \mathcal{H} & \xrightarrow{k} & \mathcal{G} \\ {\scriptstyle h}\downarrow & & \downarrow{\scriptstyle g} \\ \mathcal{F} & \xrightarrow{f} & \mathcal{E} \end{array}$$

*where $h$ is connected and $g$ is a local homeomorphism, there exists (uniquely up to unique 2-isomorphism) a morphism $l: \mathcal{F} \to \mathcal{G}$ making both triangles commute.*

**Proof** Suppose $\mathcal{G} \simeq \mathcal{E}/A$ as an $\mathcal{E}$-topos. Then by B3.2.8($b$) the geometric morphism $k$ corresponds to a morphism $1 \to h^* f^*(A)$ in $\mathcal{H}$; but $h^*$ is full and faithful, so this derives from a unique morphism $1 \to f^*(A)$ in $\mathcal{F}$, which in turn corresponds to the required geometric morphism $l$. □

**Proposition 3.3.5**

(i) *Any locally connected morphism can be factored, uniquely up to equivalence, as a connected locally connected morphism followed by a local homeomorphism.*

(ii) *A geometric morphism $f: \mathcal{F} \to \mathcal{E}$ is locally connected iff, for each object $B$ of $\mathcal{F}$, the composite $\mathcal{F}/B \to \mathcal{F} \to \mathcal{E}$ may be factored as a connected morphism followed by a local homeomorphism.*

**Proof** (i) Given a locally connected morphism $f$, we define $A = f_!(1)$; then we certainly have a factorization $f_! = \Sigma_A g_!$, where $g_!(B) = f_!(B \to 1)$. And $g_!$ has a right adjoint $g^*$ given by the composite

$$\mathcal{E}/A \xrightarrow{(f/A)^*} \mathcal{F}/f^*A \xrightarrow{\eta_1^*} \mathcal{F}\ ,$$

where $\eta_1: 1 \to f^* f_!(1)$ is the unit map (cf. A4.1.13). But this composite is the inverse image of a locally connected geometric morphism, since each of its factors is; and the resulting morphism $\mathcal{F} \to \mathcal{E}/A$ is connected by 3.3.3. This establishes the existence of the factorization; the uniqueness follows from 3.3.4.

(ii) If $f$ is locally connected, then the existence of the factorization follows from (i) and 3.3.2(iii). Conversely, suppose the factorization exists for any $B \in$ ob $\mathcal{F}$; let us write $f_!B$ for the object of $\mathcal{E}$ yielding the factorization $\mathcal{F}/B \to \mathcal{E}/f_!B \to \mathcal{E}$ of $\mathcal{F}/B \to \mathcal{E}$. We claim first that $f_!$ defines a functor $\mathcal{F} \to \mathcal{E}$, left adjoint to $f^*$. For, if $A$ is any object of $\mathcal{E}$, then morphisms $B \to f^*A$ in $\mathcal{F}$ correspond to (isomorphism classes of) geometric morphisms $\mathcal{F}/B \to \mathcal{F}/f^*A$ over $\mathcal{F}$, by B3.2.8($b$); but these in turn correspond to geometric morphisms $\mathcal{E}/f_!B \to \mathcal{E}/A$ over $\mathcal{E}$, by 3.3.4, and hence to morphisms $f_!B \to A$ in $\mathcal{E}$.

Now the hypothesis that the factorizations exist is clearly 'stable under slicing'; so, to prove that $f$ is locally connected, it suffices to show that $f^*$ is cartesian closed, or equivalently (by A1.5.8) that the Frobenius reciprocity condition $f_!(B \times f^*A) \cong f_!B \times A$ holds. But it is easy to see that the induced morphism $\mathcal{F}/(B \times f^*A) \to \mathcal{E}/(f_!B \times A)$ is connected, since it is obtained by slicing $\mathcal{F}/B \to \mathcal{E}/f_!B$ over the object $(\pi_1 \colon f_!B \times A \to f_!B)$ of its codomain. So Frobenius reciprocity follows from the uniqueness of the factorization. □

We say an object $A$ of (the domain of) a locally connected $\mathcal{S}$-topos $p \colon \mathcal{E} \to \mathcal{S}$ is *connected* if $p_!A \cong 1$; equivalently, if the composite geometric morphism $\mathcal{E}/A \to \mathcal{E} \to \mathcal{S}$ is connected as well as locally connected. From the fact that $p_!$ is an $\mathcal{S}$-indexed left adjoint, we may deduce what is really a reformulation of 3.3.5(ii):

**Lemma 3.3.6** *If $p \colon \mathcal{E} \to \mathcal{S}$ is a locally connected topos over $\mathcal{S}$, then every object of $\mathcal{E}$ is expressible as an $\mathcal{S}$-indexed coproduct of connected objects.*

**Proof** Given $A \in$ ob $\mathcal{E}$, let $I = p_!A$, and let $\eta_A \colon A \to p^*I$ be the unit of the adjunction. Clearly, $A$ is the $I$-indexed coproduct $\Sigma_I(\eta_A)$; we claim that $(p_!)^I$ maps $\eta_A$ to the terminal object of $\mathcal{S}/I$, so that it may be regarded as an $I$-indexed family of connected objects. For this, we note that if $x \colon J \to I$ is any object of $\mathcal{S}/I$, then morphisms $\eta_A \to f^*x$ in $\mathcal{E}/f^*I$ correspond to morphisms $f_!A \to J$ in $\mathcal{S}$ which are sections of $x$, i.e. to morphisms $1_I \to x$ in $\mathcal{S}/I$. □

Thus we may think of $p_!A$, for a general object $A$ of $\mathcal{E}$, as 'the object of connected components of $A$'. Saying that $A$ is connected is equivalent to saying that it has no nontrivial '$\mathcal{E}$-indexed decompositions'; that is, any morphism $A \to p^*I$ factors through $p^*x$ for some $x \colon 1 \to I$ in $\mathcal{S}$. Hence the decomposition of 3.3.6 is unique.

From either version of 3.3.2(iv), we know that the localic part of the hyperconnected–localic factorization of a locally connected morphism $f$ is locally connected; it is even easier to see that it inherits connectedness from $f$. However, there seems to be no reason in general why the hyperconnected part of a locally connected morphism should be locally connected; we do not have a counterexample, but we digress briefly to mention an example of a hyperconnected morphism which is not locally connected.

**Example 3.3.7** Consider the morphism $\gamma\colon \mathbf{Sh}(\mathcal{C}) \to \mathbf{Set}$, where $\mathcal{C}$ is the site derived from a small full subcategory of $\mathbf{Sp}$ as in A2.1.11($d$). It is easy to see that $\mathbf{Sh}(\mathcal{C})$ has just two subterminal objects, and hence $\gamma$ is hyperconnected by A4.6.6(v). However, if $\gamma$ were essential, then for each object $X$ of $\mathcal{C}$ the functor $A \mapsto \gamma^*A(X)$ would be representable (by $\gamma_!l(X)$, where $l\colon \mathcal{C} \to \mathbf{Sh}(\mathcal{C})$ is the Yoneda embedding); and it is easily verified that $\gamma^*A(X)$ is the set of locally constant functions $X \to A$, so that this functor fails to preserve infinite products if the space of components of $X$ is not discrete. So, provided $\mathcal{C}$ contains a space whose space of components is not discrete, $\mathbf{Sh}(X)$ is not locally connected over $\mathbf{Set}$.

In the converse direction, a connected and locally connected morphism need not be hyperconnected (consider sheaves on a connected and locally connected space, such as $\mathbb{R}$); but we shall see in 3.5.4(i) that, if we replace local connectedness by the stronger condition of being atomic, then the implication does hold.

In A4.2.7($b$) and 3.1.2, we gave necessary and sufficient conditions on a functor $f\colon \mathcal{C} \to \mathcal{D}$ between small categories for the corresponding geometric morphism $[\mathcal{C}, \mathbf{Set}] \to [\mathcal{D}, \mathbf{Set}]$ to be surjective (respectively open). It would clearly be convenient to have similar conditions for connectedness and local connectedness. In fact it seems hard to give conditions which are both necessary and sufficient; but there are sufficient conditions which are often useful. In order to state them, we introduce an auxiliary definition: given $f\colon \mathcal{C} \to \mathcal{D}$, we define $\mathrm{Ext}_f$ to be the category whose objects are quadruples $(U, V, r, i)$ where $U \in \mathrm{ob}\,\mathcal{C}$, $V \in \mathrm{ob}\,\mathcal{D}$, $r\colon fU \to V$ and $i\colon V \to fU$ satisfy $ri = 1_V$, and whose morphisms $(U, V, r, i) \to (U', V', r', i')$ are pairs $(a\colon U \to U', b\colon V \to V')$ such that $r'(fa) = br$ and $i'b = (fa)i$. We shall write $g\colon \mathrm{Ext}_f \to \mathcal{D}$ for the obvious functor sending $(U, V, r, i)$ to $V$, and $\mathrm{Ext}_f(V)$ for the fibre of this functor over a particular object $V$ (we call this the category of $f$-*extracts* of $V$, the word 'extract' being used in this context as the opposite of 'retract').

We note that the conditions of A4.2.7($b$) and 3.1.2 can both be formulated in terms of the notion of $f$-extract: the geometric morphism $[\mathcal{C}, \mathbf{Set}] \to [\mathcal{D}, \mathbf{Set}]$ induced by $f$ is surjective iff $\mathrm{Ext}_f(V)$ is nonempty for each $V \in \mathrm{ob}\,\mathcal{D}$, and open iff $g$ has the 'left lifting property' that, given $b\colon V \to V'$ in $\mathcal{D}$ and an object $(U, V, r, i)$ of $\mathrm{Ext}_f$ mapped by $g$ to the domain of $b$, we can find a morphism of $\mathrm{Ext}_f$ whose domain is $(U, V, r, i)$ and which is mapped by $g$ to $b$. (Actually, the condition for openness was stated in 3.1.2 as a special case of this, in which the domain of $b$ was assumed to be of the form $fU$ and its lifting to $\mathrm{Ext}_f$ was of the form $(U, fU, 1_{fU}, 1_{fU})$. However, the general case follows from this one: given $b\colon V \to V'$ and $(U, V, r, i)$ as above, a lifting of the composite $br$ in the sense of 3.1.2 is automatically a lifting of $b$ in the sense just given.)

**Lemma 3.3.8** *Let $f: \mathcal{C} \to \mathcal{D}$ be a functor between small categories.*

(i) *If $g: \mathrm{Ext}_f \to \mathcal{D}$ is surjective on morphisms and, for each $V \in \mathrm{ob}\,\mathcal{D}$, the category $\mathrm{Ext}_f(V)$ is connected, then the induced geometric morphism $[\mathcal{C}, \mathbf{Set}] \to [\mathcal{D}, \mathbf{Set}]$ is connected.*

(ii) *Suppose that, for each $b: V \to V'$ in $\mathcal{D}$ and each lifting of $V$ to an object $(U, V, r, i)$ of $\mathrm{Ext}_f$, the category of liftings of $b$ (whose objects are liftings of $b$ to a morphism of $\mathrm{Ext}_f$ with domain $(U, V, r, i)$, and whose morphisms are morphisms of $\mathrm{Ext}_f(V')$ forming commutative triangles) is connected. Then $[\mathcal{C}, \mathbf{Set}] \to [\mathcal{D}, \mathbf{Set}]$ is locally connected.*

**Proof** (i) Let $S, T: \mathcal{D} \rightrightarrows \mathbf{Set}$ be two functors and $\phi: f^*S \to f^*T$ be a natural transformation. We have to show that there is a (unique) natural transformation $\theta: S \to T$ with $f^*\theta = \phi$; but the uniqueness follows from A4.2.7(*b*), since the connectedness of $\mathrm{Ext}_f(V)$ implies that it is nonempty. To show existence, let $V$ be any object of $\mathcal{D}$ and choose an object $(U, V, r, i)$ of $\mathrm{Ext}_f$ lying over it; then we define $\theta_V$ to be the composite

$$SV \xrightarrow{Si} S(fU) \xrightarrow{\phi_U} T(fU) \xrightarrow{Tr} TV;$$

the connectedness of $\mathrm{Ext}_f(V)$ (plus naturality of $\phi$) is exactly what we need to prove that this definition is independent of the choice of $U$, $r$ and $i$. To verify that $\theta$ is natural, we need the other hypothesis: given $b: V \to V'$, let $(a, b): (U, V, r, i) \to (U', V', r', i')$ be a morphism of $\mathrm{Ext}_f$ lying over it, and consider the diagram

$$\begin{array}{ccccccc}
SV & \xrightarrow{Si} & S(fU) & \xrightarrow{\phi_U} & T(fU) & \xrightarrow{Tr} & TV \\
\downarrow{\scriptstyle Sb} & & \downarrow{\scriptstyle S(fa)} & & \downarrow{\scriptstyle T(fa)} & & \downarrow{\scriptstyle Tb} \\
SV' & \xrightarrow{Si'} & S(fU') & \xrightarrow{\phi'_U} & T(fU') & \xrightarrow{Tr'} & TV'
\end{array}$$

where the central square commutes by naturality of $\phi$, and the other two by functoriality of $S$ and $T$.

(ii) We note first that the hypothesis is stable under slicing: if we have a pullback square

$$\begin{array}{ccc}
\mathcal{C}' & \xrightarrow{f'} & \mathcal{D}' \\
\downarrow{\scriptstyle d} & & \downarrow{\scriptstyle e} \\
\mathcal{C} & \xrightarrow{f} & \mathcal{D}
\end{array}$$

where $e$ (and hence also $d$) is a discrete opfibration, then $f'$ inherits the condition from $f$. For in this case it is easy to see that a lifting of an object $(U, V, r, i)$ of $\mathrm{Ext}_f$ to one of $\mathrm{Ext}_{f'}$ is uniquely specified by giving an element $x$ of $T(V)$, where $T\colon \mathcal{D} \to \mathbf{Set}$ is the functor corresponding to $e$, since the element of $T(fU)$ corresponding to the lifting of $U$ to an object of $\mathcal{C}'$ must be $Ti(x)$; and similarly for morphisms of $\mathrm{Ext}_{f'}$. (In other words, $\mathrm{Ext}_{f'} \to \mathrm{Ext}_f$ is also a discrete opfibration, and is simply the pullback of $e$ along $g$.) Now, given a morphism $b\colon (V, x) \to (V', Tb(x))$ of $\mathcal{D}'$ and a lifting of its domain to $\mathrm{Ext}_{f'}$, the category of liftings of $b$ to $\mathrm{Ext}_{f'}$ is easily seen to be isomorphic to the category of liftings of its image in $\mathcal{D}$ to $\mathrm{Ext}_f$.

Hence, by 3.3.1(iii), it suffices to show that the hypothesis of (ii) implies that $f^*\colon [\mathcal{D}, \mathbf{Set}] \to [\mathcal{C}, \mathbf{Set}]$ is a cartesian closed functor. We recall the construction of exponentials in $[\mathcal{D}, \mathbf{Set}]$ from A1.5.5: given functors $S, T\colon \mathcal{D} \rightrightarrows \mathbf{Set}$ and $V \in \mathrm{ob}\, \mathcal{D}$, $T^S(V)$ is the set of natural transformations $\mathcal{D}(V, -) \times S \to T$. In terms of this description, it is easy to see that the comparison map $\theta_{S,T}\colon f^*(T^S) \to f^*T^{f^*S}$ sends a natural transformation $\alpha\colon \mathcal{D}(fU, -) \times S \to T$ to the transformation $\beta\colon \mathcal{C}(U, -) \times f^*S \to f^*T$ given by $\beta_{U'}(a\colon U \to U', x) = \alpha_{fU'}(fa, x)$. Thus we have to show that, given $\beta\colon \mathcal{C}(U, -) \times f^*S \to f^*T$, we can uniquely reconstruct $\alpha$ from it. But this is easy: given $b\colon fU \to V$ in $\mathcal{D}$ and $x \in S(V)$, we define $\alpha_V(b, x) = (Tr)\beta_{U'}(a, (Si)x)$, where $(a, b)\colon (U, fU, 1_{fU}, 1_{fU}) \to (U', V, r, i)$ is any morphism of $\mathrm{Ext}_f$ lying over $b$. The connectedness of the category of liftings of $b$ ensures that this is independent of the choice of lifting; moreover, it is natural, since if we are given $b'\colon V \to V'$, then we may lift it to a morphism $(a', b')\colon (U', V, r, i) \to (U'', V', r', i')$ of $\mathrm{Ext}_f$ and we have

$$
\begin{aligned}
(Tb')\alpha_V(b, x) &= (Tb')(Tr)\beta_{U'}(a, (Si)x) \\
&= (Tr')(T(fa'))\beta_{U'}(a, (Si)x) \\
&= (Tr')\beta_{U''}(a'a, S(fa')(Si)x) \\
&= (Tr')\beta_{U''}(a'a, (Si')(Sb')x) \\
&= \alpha_{V'}(b'b, (Sb')x)\,.
\end{aligned}
$$

Finally, if $b$ happens to be of the form $fa$, then we may take $(a, b)$ as our lifting of it, and thus deduce that $(\theta_{S,T})_U(\alpha) = \beta$. □

We note that the arguments in the proof of 3.3.8 are constructive, and so can be applied to functors between internal categories in any topos $\mathcal{S}$. The same applies to the following example (which we shall meet again in 5.2.7), provided $\mathcal{S}$ has a natural number object.

**Example 3.3.9** Let $\mathcal{D}$ be the category of finite cardinals (that is, sets of the form $[p] = \{0, 1, \ldots, p-1\}$ for some $p \in \mathbb{N}$; cf. A2.5.14) and arbitrary maps between them, and let $\mathcal{C}$ be the poset of finite partial equivalence relations (that is, symmetric and transitive relations) on $\mathbb{N}$, ordered by inclusion. We have a functor $f : \mathcal{C} \to \mathcal{D}$ which sends a relation $R$ to the cardinality of the set of $R$-equivalence classes (for definiteness, we suppose that the classes are listed in increasing order of their greatest members); clearly, if $R \subseteq S$, then each $R$-equivalence class is contained in a unique $S$-equivalence class, which explains how $f$ is defined on morphisms. We claim that $f$ satisfies the hypotheses of 3.3.8(i) and (ii), so that the geometric morphism $[\mathcal{C}, \mathbf{Set}] \to [\mathcal{D}, \mathbf{Set}]$ which it induces is connected and locally connected.

To prove this, first suppose $b : [p] \to [q]$ is a morphism of $\mathcal{D}$. Let $[\![p]\!]$ denote the relation consisting of all pairs $\langle j, j \rangle$ with $j < p$; clearly, $f[\![p]\!] = [p]$. We define a larger relation $R$ to consist of all pairs $\langle j, j \rangle$ with $j < p+q$, all pairs $\langle j, p+b(j) \rangle$ and $\langle p + b(j), j \rangle$ with $j < p$, and all pairs $\langle j, k \rangle$ where $j, k < p$ and $b(j) = b(k)$. It is then clear that $f(R) = [q]$ and that $f$ maps the inclusion $[\![p]\!] \subseteq R$ to $b$; so we have shown that $f$ is surjective on morphisms, from which it easily follows that $g : \mathrm{Ext}_f \to \mathcal{D}$ is also surjective.

To verify the other condition of 3.3.8(i), let $(R, [p], r, i)$ be an arbitrary object of $\mathrm{Ext}_f([p])$. We shall show that it can be connected in this category to the object $([\![p]\!], [p], 1_{[p]}, 1_{[p]})$. To do this, first choose a natural number $n$ which is greater than any number involved in the relation $R$, and let $R'$ be the relation obtained from $R$ by adding all pairs $\langle j, j \rangle$ with $n \le j < n + p$ and also all pairs $\langle n + j, k \rangle$ and $\langle k, n + j \rangle$ where $j < p$ and $k$ is in the $i(j)$th equivalence class of $R$. Since $i$ is injective, it is easy to see that $R'$ is (symmetric and) transitive, and that the inclusion $R \subseteq R'$ lifts to a morphism $(R, [p], r, i) \to (R', [p], r', i')$ of $\mathrm{Ext}_f([p])$, where $r'$ and $i'$ are related to $r$ and $i$ by a suitable permutation of the set $f(R) = f(R')$. Now let $S$ be the relation consisting of all pairs $\langle j, j \rangle$ with $n \le j < n + p$; then the inclusion $S \subseteq R'$ is mapped by $f$ to $i' : [p] \to f(R')$, and hence defines a morphism $(S, [p], 1_{[p]}, 1_{[p]}) \to (R', [p], r', i')$ in $\mathrm{Ext}_f([p])$. But we may connect the domain of this morphism to $([\![p]\!], [p], 1_{[p]}, 1_{[p]})$ by similarly enlarging $S$ to a relation $S'$ which contains all pairs $\langle j, n + j \rangle$ and $\langle n + j, j \rangle$ with $j < p$, and then shrinking down again to $[\![p]\!]$.

The verification of the condition of 3.3.8(ii) is similar, and we shall omit the details.

Next, we consider how local connectedness can be characterized in terms of sites. We saw in Section C3.1 that openness corresponds to the condition 'all covers inhabited'; in a similar way, local connectedness corresponds to 'all covers connected'. Given a sieve $R$ on an object $U$ of a category $\mathcal{C}$, we say $R$ is *connected* if it is connected as a full subcategory of $\mathcal{C}/U$, i.e. if it is inhabited and any two morphisms $f_1, f_2 \in R$ can be linked by a zigzag of the form

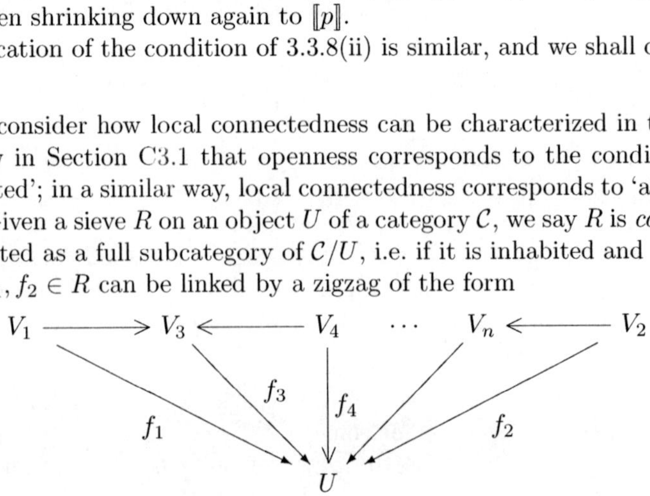

with all the $f_i$ in $R$. And we say a site $(\mathcal{C}, T)$ (where $T$ is assumed to be sifted, but not necessarily a Grothendieck coverage) is *locally connected* if every cover in $T$ is connected. As usual, it is clear that this definition makes sense for internal sites in an arbitrary topos $\mathcal{S}$.

**Theorem 3.3.10** *Let $p\colon \mathcal{E} \to \mathcal{S}$ be a bounded geometric morphism. Then $p$ is locally connected iff there exists a locally connected internal site $(\mathbb{C}, T)$ in $\mathcal{S}$ such that $\mathcal{E} \simeq \mathbf{Sh}_{\mathcal{S}}(\mathbb{C}, T)$ in $\mathfrak{Top}/\mathcal{S}$. Moreover, $p$ is connected and locally connected iff there exists a locally connected site of definition for $\mathcal{E}$ whose underlying category $\mathbb{C}$ has a terminal object.*

**Proof** We shall, as usual, argue as if in the case $\mathcal{S} = \mathbf{Set}$; but we note that all the arguments used are constructive, and so can be internalized in an arbitrary base topos $\mathcal{S}$.

First suppose $\mathcal{E} = \mathbf{Sh}_{\mathcal{S}}(\mathbb{C}, T)$ where $(\mathbb{C}, T)$ is a locally connected site. We claim first that every constant functor $\mathbb{C}^{\mathrm{op}} \to \mathcal{S}$ is a $T$-sheaf, i.e. that the inverse image functor $\mathbb{C}^*\colon \mathcal{S} \to [\mathbb{C}^{\mathrm{op}}, \mathcal{S}]$ factors through the inclusion $\mathcal{E} \to [\mathbb{C}^{\mathrm{op}}, \mathcal{S}]$ – the resulting factorization being the functor $p^*$, of course. (Strictly speaking, we ought to write $\mathbb{C}^{\mathrm{op}*}$ rather than $\mathbb{C}^*$; but we hope the reader will forgive this abuse of notation.) So consider the constant functor $\mathbb{C}^*A$ whose value is an object $A$ of $\mathcal{S}$; to say that $\mathbb{C}^*A$ is a $T$-sheaf is to say that , for each $T$-covering sieve $R$ on an object $U$ of $\mathbb{C}$, the unit map $A \to \varprojlim_{\mathbb{R}} \mathbb{R}^*A$ is an isomorphism, where $\mathbb{R}$ is the full subcategory of $\mathbb{C}/U$ corresponding to $R$. But for connected $\mathbb{R}$ this follows from B2.5.6.

Now $\mathbb{C}^*$ has a left adjoint $\varinjlim_{\mathbb{C}}$, which is $\mathcal{S}$-indexed by (a special case of) B2.3.21; so we obtain the desired $\mathcal{S}$-indexed left adjoint for $p^*$ simply by restricting this functor to the full subcategory $\mathbf{Sh}_{\mathcal{S}}(\mathbb{C}, T)$. And if $\mathbb{C}$ has a terminal object 1, then the unit map $A \to p_*p^*(A)$ may be identified with the unit map $A \to \varprojlim_{\mathbb{C}} \mathbb{C}^*A \cong \mathbb{C}^*A(1)$, which is an isomorphism; so $p$ is connected.

Conversely, suppose $p$ is locally connected. Then, as we saw in 3.3.6, every object of $\mathcal{E}$ is expressible as an $\mathcal{S}$-indexed coproduct of connected objects; so, given a bound $B$ for $\mathcal{E}$ over $\mathcal{S}$, the family of all connected subobjects of $B$ is a separating family for $\mathcal{E}$ as an $\mathcal{S}$-indexed category, and we can use it to form an internal full subcategory $\mathbb{C}$ of $\mathcal{E}$ which, when equipped with the coverage induced from the canonical coverage on $\mathcal{E}$, will yield a site of definition for $\mathcal{E}$ over $\mathcal{S}$. We must show that this site is locally connected. Clearly, every cover of an object of $\mathbb{C}$ must be inhabited, since connected objects are positive. And if $R$ is any cover of an object $U$ of $\mathbb{C}$, we observe that if $f_1\colon V_1 \to U$ and $f_2\colon V_2 \to U$ are morphisms in $R$ such that the pullback $V_1 \times_U V_2$ (in $\mathcal{E}$) is inhabited, then they must lie in the same connected component of $R$, for some connected subobject of $B$ must map to the pullback. Hence, if we write $\{S_i \mid i \in I\}$ for the set of connected components of $R$, and $U_i$, for each $i \in I$, for the subobject (in $\mathcal{E}$) of $U$ which is the union of the images of all the morphisms in $S_i$, then the $U_i$ form a pairwise-disjoint covering of $U$ by subobjects; that is, we have a well-defined morphism

$U \to p^*I$ in $\mathcal{E}$ which sends $U_i$ to the element $i$. So by the remark after 3.3.6 one of the $U_i$ must be the whole of $U$, and the corresponding $S_i$ is the whole of $R$. And, once again, if $p$ is connected as well as locally connected, then the site just described will contain the terminal object of $\mathcal{E}$, provided it occurs as a subobject of $B$, and we can easily ensure the latter. □

**Examples 3.3.11** (*a*) If a category $\mathcal{C}$ satisfies the right Ore condition (cf. A2.1.11(*h*)), then any inhabited sieve on an object of $\mathcal{C}$ is connected. Hence we may conclude from 3.3.10 that, for such a $\mathcal{C}$, any dense subtopos of $[\mathcal{C}^{\mathrm{op}}, \mathbf{Set}]$ is locally connected. (As stated, this example is dependent on classical logic in **Set**, since denseness of a subtopos of $[\mathcal{C}^{\mathrm{op}}, \mathbf{Set}]$ is equivalent to saying that covers are nonempty rather than inhabited; but we can constructivize it by re-interpreting the word 'dense' in the strong 'fibrewise' sense introduced in 1.1.22.)

(*b*) It is clear that a sieve generated by a single morphism is always connected; hence the site obtained by equipping a regular category with its regular coverage (2.1.12(*b*)) satisfies the conditions of 3.3.10. In view of D3.1.4, this says that *the classifying topos of any regular theory is connected and locally connected.*

(*c*) We revert to an example that we have considered already (for the case $\mathcal{S} = \mathbf{Set}$) in A2.1.11(*g*) (and see also D4.1.9). In the present context, let us take an arbitrary object $I$ of $\mathcal{S}$ (which is here assumed to have a natural number object); let $\mathbb{P}$ be the poset of all partial maps $f\colon N \rightharpoonup I$ with finite domain (which may be interpreted as meaning either that the domain of $f$ *is* a finite cardinal, considered as a subobject of $N$, or that it is isomorphic to a finite cardinal; it does not make any essential difference), ordered by the relation 'is an extension of'. We impose a coverage on $\mathbb{P}$ by saying that, for each $f : P$ and each $i : I$, the set

$$\{g\colon P \mid (g \text{ extends } f) \text{ and } (i \in \text{im } g)\}$$

covers $f$. In A2.1.11(*g*) we verified that all such covers are connected (in the case $\mathcal{S} = \mathbf{Set}$, but the arguments used there are constructive); and $\mathbb{P}$ clearly has a top element, namely the empty partial map. So from 3.3.10 we may deduce that $\mathbf{Sh}_{\mathcal{S}}(\mathbb{P}, T)$ is a connected and locally connected $\mathcal{S}$-topos. We note also that this topos is the classifying topos (over $\mathcal{S}$) for the theory of partial surjections $N \rightharpoonup I$; that is, the intersection of the propositional theories which we considered in 1.2.8 and 1.2.9.

As usual, we may convert (the connected case of) 3.3.10 into a characterization of connected locally connected morphisms in terms of fibrations of sites. In order to state the condition, we need an *ad hoc* definition: given a functor $F\colon \mathbb{D} \to \mathbb{C}$, a sieve $S$ on an object $V$ of $\mathbb{D}$ and a coverage $J$ on $\mathbb{C}$, we shall say that $R$ is *$J$-locally connected* if, whenever we are given a commutative square

$$\begin{array}{ccc} U & \xrightarrow{a_2} & FV_2 \\ {\scriptstyle a_1}\big\downarrow & & \big\downarrow{\scriptstyle Fb_2} \\ FV_1 & \xrightarrow{Fb_1} & FV \end{array}$$

with both $b_1$ and $b_2$ in $S$, we can find a $J$-covering sieve $R$ on $U$ such that, for each $U' \to U$ in $R$, we can connect $b_1$ to $b_2$ in $S$ by a zigzag of morphisms, and also find a cone over the image of this zigzag under $F$ with vertex $U'$, connecting the given morphisms $U' \to U \to FV_1$ and $U' \to U \to FV_2$.

**Proposition 3.3.12** *Let $f: \mathcal{F} \to \mathcal{E}$ be a geometric morphism between bounded $\mathcal{S}$-toposes. Then $f$ is connected and locally connected iff it can be induced by a fibration of sites $(P,T): (\mathbb{D}, K) \to (\mathbb{C}, J)$ in $\mathcal{S}$ such that $P$ preserves covers and every $K$-covering sieve is $J$-locally connected.*

**Proof** First suppose $f$ is connected and locally connected. Choose any site $(\mathbb{C}, J)$ for $\mathcal{E}$ over $\mathcal{S}$; then choose a locally connected site $(\mathbb{B}, H)$ with a terminal object for $\mathcal{F}$ over $\mathcal{E}$. If we externalize the latter to a site $(\mathbb{D}, K)$ in $\mathcal{S}$ as in 2.5.7, then the condition (in the internal logic of $\mathcal{E}$) that every $H$-covering sieve is (inhabited and) connected translates straightforwardly into the given conditions on $K$.

Conversely, suppose $f$ is induced by a continuous fibration satisfying the conditions. We claim that if $A$ is any $J$-sheaf on $\mathbb{C}$, then the composite $A \circ P$ is a $K$-sheaf: to see this, suppose given a $K$-covering sieve $S$ on an object $V$ and a compatible family of elements $(x_b \in A(PV') \mid b: V' \to V \in S)$. We must show that this family can be extended to a compatible family for the ($J$-covering) sieve on $PV$ generated by the $Pb$, $b \in S$. But this is precisely the statement that, if we are given any commutative square

$$\begin{array}{ccc} U & \xrightarrow{a_2} & FV_2 \\ {\scriptstyle a_1}\big\downarrow & & \big\downarrow{\scriptstyle Fb_2} \\ FV_1 & \xrightarrow{Fb_1} & FV \end{array}$$

with $b_1$ and $b_2$ in $S$, then $A(a_1)(x_{b_1}) = A(a_2)(x_{b_2})$; so the assertion that $U$ can be covered by morphisms $U' \to U$ for which we have a zigzag as above (plus the information that $A$ is a $J$-sheaf) is precisely what we need to verify this.

It follows that in this case the inverse image $f^*$ is simply the functor 'compose with $P$' applied to $J$-sheaves; since we also know that $f_*$ is given by composition with $T$, and since $PT \cong 1_{\mathbb{C}}$, it follows that $f_* f^* \cong 1_{\mathcal{E}}$, i.e. $f$ is connected. But since $P$ is a fibration, it is also easy to see that it satisfies the dual of the condition of 3.3.8(ii) (for the category of liftings of a given morphism has a terminal object, namely the prone lifting); hence composition with $P$ commutes with $\Pi$-functors as a functor $[\mathbb{C}^{\mathrm{op}}, \mathcal{S}] \to [\mathbb{D}^{\mathrm{op}}, \mathcal{S}]$. But the inclusions $\mathbf{Sh}_{\mathcal{S}}(\mathbb{C}, J) \to [\mathbb{C}^{\mathrm{op}}, \mathcal{S}]$ and $\mathbf{Sh}_{\mathcal{S}}(\mathbb{D}, K) \to [\mathbb{D}^{\mathrm{op}}, \mathcal{S}]$ are cartesian closed by A4.2.9, and hence also commute with $\Pi$-functors; hence $(-) \circ P$ commutes with $\Pi$-functors as a functor between the sheaf toposes, i.e. $f$ is locally connected. □

**Corollary 3.3.13** *Let*

$$\cdots \xrightarrow{f_3} \mathcal{E}_2 \xrightarrow{f_2} \mathcal{E}_1 \xrightarrow{f_1} \mathcal{E}_0$$

*be an inverse sequence in* $\mathfrak{BTop}/\mathcal{S}$, *where each* $f_i$ *is connected and locally connected. Then the legs* $f^n_\infty \colon \mathcal{E}_\infty \to \mathcal{E}_n$ *of the limit cone in* $\mathfrak{BTop}/\mathcal{S}$ *are connected and locally connected.*

**Proof** This is not as simple as it seems, since it is not immediately obvious that the condition of 3.3.12 is stable under composition of fibrations of sites. Once one has verified that it is (which is straightforward but tedious), it is then easy to see that the same condition is inherited by the limit fibrations of 2.5.11. We omit the details, which may be found in [828]. □

As an application of 3.3.10, we prove an interesting extension of A4.5.18, which will be needed in the next section.

**Theorem 3.3.14** *Let* $f \colon \mathcal{F} \to \mathcal{E}$ *be a bounded geometric morphism, and* $j$ *a local operator on* $\mathcal{E}$. *Let* $k$ *be the local operator on* $\mathcal{F}$ *making*

$$\begin{array}{ccc} \mathbf{sh}_k(\mathcal{F}) & \longrightarrow & \mathbf{sh}_j(\mathcal{E}) \\ \downarrow & & \downarrow \\ \mathcal{F} & \xrightarrow{f} & \mathcal{E} \end{array}$$

*a pullback (cf.* A4.5.14(e)*). Then the corresponding subobject* $K \rightarrowtail \Omega_{\mathcal{F}}$ *is simply the upward closure of the image of the composite*

$$f^*J \rightarrowtail f^*\Omega_{\mathcal{E}} \xrightarrow{\phi_1} \Omega_{\mathcal{F}}\ .$$

**Proof** First we prove the result under the assumption that $f$ is locally connected as well as bounded. It is clear that $K$ contains the upward closure of the image of $f^*J \to \Omega_{\mathcal{F}}$, so it suffices to prove that the classifying map of the upward closure ($K'$, say) is a local operator. Suppose $\mathcal{F} \simeq \mathbf{Sh}_{\mathcal{E}}(\mathbb{C}, T)$, where $(\mathbb{C}, T)$ is a locally connected site; then $f^*\Omega_{\mathcal{E}}$ and $f^*J$ are simply the appropriate constant diagrams on $\mathbb{C}^{\mathrm{op}}$, by the proof of 3.3.10. On the other hand, $\Omega_{\mathcal{F}}$ is the internal diagram corresponding to the functor $\mathbb{C}^{\mathrm{op}} \to \mathbb{E}$ which (in set-theoretic terms) sends an object $U$ of $\mathbb{C}$ to the set of $T$-closed sieves on $U$; and the comparison map $(\phi_1)_U$ sends a truth-value $p : \Omega_{\mathcal{E}}$ to the sieve $\{a \colon V \to U \mid p\}$ (note that such sieves are indeed $T$-closed, since $T$-covering sieves are inhabited). Hence a $T$-closed sieve $R$ belongs to $K'(U)$ iff there exists a $T$-covering sieve $S$ and a $J$-dense truth-value $p$ such that $(p \Rightarrow [\![a \in R]\!])$ holds for all $a \in S$; but this implies that the truth-value $[\![1_U \in R]\!]$ is $j$-dense. It now follows easily that a subobject $B' \rightarrowtail B$ in $\mathcal{F}$ belongs to the class $\Xi(K')$ (that is, its classifying map factors through $K' \rightarrowtail \Omega_{\mathcal{F}}$) iff the sentence

$$(\forall U \colon C_0)(\forall x \colon B(U))([\![x \in B'(U)]\!] \in \ulcorner J \urcorner)$$

is valid in $\mathcal{E}$. Using this, it is trivial to verify that $\Xi(K')$ satisfies the conditions of A4.5.11(iii), and hence that the clasifying map of $K'$ is a local operator.

Now consider the general case. Let $\mathcal{G}$ be the topos obtained by glueing along the cartesian functor $f^* : \mathcal{E} \to \mathcal{F}$, that is the category whose objects are triples $(A, B, \alpha)$ with $\alpha \colon B \to f^*A$. Then we have a closed inclusion $h \colon \mathcal{F} \to \mathcal{G}$ given by $h^*(A, B, \alpha) = B$ and $h_*(B) = (1, B, B \to 1)$ (cf. A4.5.6); but it is easy to check that we also have a locally connected geometric morphism $g \colon \mathcal{G} \to \mathcal{E}$ defined by setting $g^*(A) = (A, f^*A, 1_{f^*A})$, $g_!(A, B, \alpha) = A$ and $g_*(A, B, \alpha)$ to be the pullback of

$$\begin{array}{ccc} & & f_*B \\ & & \Big\downarrow {\scriptstyle f_*(\alpha)} \\ A & \xrightarrow{\eta_A} & f_*f^*A \end{array}$$

where $\eta$ is the unit of $(f^* \dashv f_*)$. Clearly, the composite $gh$ is isomorphic to $f$. Also, $g$ is bounded if $f$ is: if $G$ is a bound for $\mathcal{F}$ over $\mathcal{E}$, then the object $H = (1, G, G \to 1)$ may be verified to be a bound for $\mathcal{G}$ over $\mathcal{E}$, as follows. Given an arbitrary object $(A, B, \alpha)$, choose a diagram

$$B \xleftarrow{e} \overline{B} \xrightarrow{m} f^*C \times G$$

where we may assume (on replacing $C$ by $C \amalg 1$, if necessary) that $C$ is well-supported. Now we have a diagram

$$\begin{array}{ccc} (A \times C, \overline{B}, (\alpha e, \pi_1 m)) & \xrightarrow{(1,(\alpha e, m))} & (A \times C, f^*(A \times C) \times G, \pi_1) \cong g^*(A \times C) \times H \\ \Big\downarrow {\scriptstyle (\pi_1, e)} & & \\ (A, B, \alpha) & & \end{array}$$

of the required form in $\mathcal{G}$.

Thus we know that the conclusion of the theorem holds for $g$, by the first part of the proof. But it also holds for $h$, by A4.5.18(ii); and it is easy to see that the conclusion, regarded as a property of geometric morphisms, is 'stable under composition', since inverse image functors preserve everything involved in constructing the upward closure of the image of a morphism into a poset. So the conclusion holds for $f$. □

Next, we consider stability of (local) connectedness under pullback. As previously for openness and propriety, there are two versions of the pullback-stability theorem, depending on which side of the pullback square we assume to be bounded. One version follows readily from 3.3.10:

**Theorem 3.3.15** *Let*

$$\begin{array}{ccc} \mathcal{H} & \xrightarrow{\;h\;} & \mathcal{F} \\ {\scriptstyle k}\downarrow & & \downarrow{\scriptstyle f} \\ \mathcal{G} & \xrightarrow{\;g\;} & \mathcal{E} \end{array}$$

*be a pullback square in* $\mathfrak{Top}$ *with $f$ locally connected, and either $f$ or $g$ bounded. Then $k$ is locally connected, and the Beck–Chevalley natural transformation $f^*g_* \to h_*k^*$ is an isomorphism. Moreover, if $f$ is also connected, then so is $k$.*

**Proof** (i) For the case when $f$ is bounded, we have to verify that the property of being a locally connected site is preserved under change of base along $g$, as we defined it in Section C2.4. This is not quite automatic, since connectedness of a sieve (unlike inhabitedness) is not a first-order property. However, it is definable in terms of a coequalizer diagram, and $g^*$ preserves coequalizers; hence, if $R$ is a connected sieve on an object $U$ of an internal category $\mathbb{C}$ in $\mathcal{E}$, we see that $g^*R$ is a connected sieve on $g^*(U)$ in $g^*\mathbb{C}$. It follows that, if $T$ is a coverage on $\mathbb{C}$ all of whose sieves are connected, then $g^{\#}T$ also consists of connected sieves; so the pullback-stability result is established. And if $\mathbb{C}$ has a terminal object, then so does $g^*\mathbb{C}$; so the connectedness assertion is also immediate.

For the Beck–Chevalley condition, we consider first the case when $f$ has the form $[\mathbb{C}^{\text{op}}, \mathcal{E}] \to \mathcal{E}$; then $\mathcal{H}$ is the topos $[g^*\mathbb{C}^{\text{op}}, \mathcal{G}]$, and $h_*$ is the functor 'apply $g_*$ to discrete fibrations over $g^*\mathbb{C}$, and then pull back along the unit map $\mathbb{C} \to g_*g^*\mathbb{C}$'. But if we apply this to a constant diagram $(g^*\mathbb{C})^*B$, where $B$ is an object of $\mathcal{G}$, we obtain the discrete fibration $\mathbb{C} \times g_*B \to \mathbb{C}$; thus we see that $f^*g_* \to h_*k^*$ is an isomorphism in this case. In general, when $\mathcal{F}$ is a subtopos of $[\mathcal{C}^{\text{op}}, \mathcal{E}]$, we have seen that $f^*$ is simply the factorization of the 'constant diagram' functor through the subcategory $\mathbf{Sh}_{\mathcal{E}}(\mathbb{C}, T)$, and similarly for $k^*$; and $h_*$ is similarly the restriction of the direct image functor $[g^*\mathbb{C}^{\text{op}}, \mathcal{G}] \to [\mathbb{C}^{\text{op}}, \mathcal{E}]$ to sheaves, by A4.3.12. So the Beck–Chevalley condition in the general case follows from the particular one already established.

(ii) For the second version of the theorem, we shall as usual deal separately with the cases when $g$ has the form $[\mathbb{C}, \mathcal{E}] \to \mathcal{E}$ for an internal category $\mathbb{C}$ in $\mathcal{E}$, and when $g$ is an inclusion.

If $g$ has the form $[\mathbb{C}, \mathcal{E}] \to \mathcal{E}$, we recall from B2.3.12($a$) that any $\mathcal{E}$-indexed category extends in a canonical way to a $\mathbf{Cat}(\mathcal{E})$-indexed one: this extension sends the canonical indexing $\mathbb{E}$ of $\mathcal{E}$ over itself to the pseudofunctor $\mathbb{C} \mapsto [\mathbb{C}, \mathcal{E}]$, and the $\mathcal{E}$-indexed category $\mathbb{F}$ to $\mathbb{C} \mapsto [f^*\mathbb{C}, \mathcal{F}]$. It is clear that $\mathcal{E}$-indexed functors and adjunctions similarly extend; so, from the fact that $f^*: \mathbb{E} \to \mathbb{F}$ has an $\mathcal{E}$-indexed left adjoint, we deduce that it has a $\mathbf{Cat}(\mathcal{E})$-indexed one. But if we now restrict the latter indexing to the full subcategory of $\mathbf{Cat}(\mathcal{E})/\mathbb{C}$ consisting of discrete opfibrations, we obtain a $[\mathbb{C}, \mathcal{E}]$-indexed left adjoint for $[\mathbb{C}, f]^* = k^*$. Also, the Beck–Chevalley condition in this case is equivalent to saying that the natural map $k_! h^* \to g^* f_!$ is an isomorphism; but this is just part of the assertion that $f_!$ is a $\mathbf{Cat}(\mathcal{E})$-indexed functor.

In the case when $g$ is an inclusion, let $j$ be the corresponding local operator on $\mathcal{E}$, and $j'$ the pullback local operator on $\mathcal{F}$ (cf. A4.5.14($e$)). We claim that in this case the functor $f^*$ maps $j$-sheaves to $j'$-sheaves, so that $k^*$ is simply the restriction of $f^*$ to $\mathbf{sh}_j(\mathcal{E})$. For if $A$ is a $j$-sheaf in $\mathcal{E}$, then by A4.4.10 the canonical morphism $\psi_A: J^*A \to \Pi_d A$ (the transpose of the isomorphism $d^*J^*A \cong A$, where $d: 1 \rightarrowtail J$ is the generic $j$-dense monomorphism) is an isomorphism in $\mathcal{E}/J$. Since $f^*$ commutes with $\Pi$-functors, we deduce that we have an isomorphism

$$(f^*J)^*(f^*A) \longrightarrow \Pi_{f^*d}(f^*A)$$

in $\mathcal{F}/f^*J$. Unpacking this as in A4.4.10, we deduce that $f^*A$ satisfies the sheaf condition for all pullbacks of $f^*d: 1 \rightarrowtail f^*J$ in $\mathcal{F}$; hence the largest local operator on $\mathcal{F}$ for which $f^*A$ is a sheaf (cf. A4.5.15) has the property that $f^*m$ is dense for it whenever $m$ is a $j$-dense monomorphism in $\mathcal{E}$. But $j'$ is by definition the *smallest* local operator with this property; so $f^*A$ must be a sheaf for it. It now follows easily that $k^*: \mathbf{sh}_j(\mathcal{E}) \to \mathbf{sh}_{j'}(\mathcal{F})$ has a left adjoint, namely $f_!$ followed by the reflector $\mathcal{E} \to \mathbf{sh}_j(\mathcal{E})$; and the fact that this adjunction is $\mathbf{sh}_j(\mathcal{E})$-indexed follows readily from the fact that $(f_! \dashv f^*)$ is $\mathcal{E}$-indexed. And the Beck–Chevalley condition in this case is just the assertion that $k^*$ coincides with the restriction of $f^*$ to sheaves.

For the final assertion of the theorem, we note that the Beck–Chevalley condition transposes to yield an isomorphism $k_! h^* \cong g^* f_!$; hence if $f_!$ preserves 1 then so does $k_!$, and the result follows from 3.3.3. □

**Corollary 3.3.16** *A geometric morphism is stably left Beck–Chevalley (in the sense of* 2.4.16*) iff it is locally connected.*

**Proof** One direction was proved in 3.3.2(i); the converse follows from 3.3.15. □

**Example 3.3.17** In the absence of local connectedness, (global) connectedness of geometric morphisms is not in general preserved under pullback. For a counterexample, consider the pullback diagram

$$\begin{array}{ccc} T & \longrightarrow & X \\ \Big\downarrow & & \Big\downarrow{\scriptstyle g} \\ S & \xrightarrow{\ f\ } & Y \end{array}$$

in **Loc**, where $X$ is the unit interval $[0,1]$with its usual topology, $Y$ is the same set with the topology whose only nontrivial open sets are the intervals $(t,1]$ $(0 < t < 1)$, $S$ is the subspace $\{0\} \cup (\frac{1}{2}, 1]$ of $Y$, $f$ is the inclusion and $g$ is the identity mapping. Since $S$ is complemented as a sublocale of $Y$, being the union of an open and a closed sublocale, it follows from 1.2.13 that the pullback $T$ in **Loc** coincides with the pullback in **Sob** – that is, it is simply $S$ retopologized as a subspace of $X$. In particular, it is disconnected, but $S$ is connected; hence the identity mapping $T \to S$ cannot induce a connected geometric morphism. However, we claim that the geometric morphism $\mathbf{Sh}(X) \to \mathbf{Sh}(Y)$ induced by $g$ is connected.

To see this, note first that if $F \to Y$ is any local homeomorphism, then its pullback $E \to X$ along $g$ is simply obtained by retopologizing the space $F$ with the appropriate finer topology. Moreover, if we regard $F$ and $Y$ as posets under the usual specialization ordering, then the projection $F \to Y$ is a discrete opfibration (since each point of $F$ has a neighbourhood mapping bijectively onto an open set in $Y$); and the open sets in $F$ are exactly those which are open in $E$ and upper sets in the specialization ordering. Using these facts, it is easy to see that if $F' \to Y$ is another local homeomorphism and $h\colon F \to F'$ is a mapping over $Y$, then $h$ is continuous as a mapping $F \to F'$ iff it is continuous as a mapping $E \to E'$. So $g^*$ is full and faithful.

Finally in this section, we fulfil a promise made in Section B4.5, by characterizing the algebras for the 'measure topos' monad $\mathbb{M}$ on $\mathfrak{BTop}/\mathcal{S}$ by a linear (rather than pointwise) cocompleteness condition, in the sense of B1.1.16.

**Proposition 3.3.18** *Let $\mathcal{S}$ be a topos with a natural number object. Then a bounded $\mathcal{S}$-topos is an $\mathbb{M}$-algebra iff it is linearly $\mathcal{B}$-cocomplete, where $\mathcal{B}$ is the class of locally connected morphisms between bounded $\mathcal{S}$-toposes.*

**Proof** In B4.5.13, we saw that a topos $\mathcal{E}$ is an $\mathbb{M}$-algebra iff it is pointwise cocomplete with respect to the class $\mathcal{A}$ of $\mathcal{S}$-essential geometric morphisms. By B1.1.18, this is equivalent to saying that $\mathcal{E}$ is linearly cocomplete with respect to the class of morphisms which appear as the top edges of comma squares

$$\begin{array}{ccc} (f \downarrow g) & \longrightarrow & \mathcal{H} \\ \Big\downarrow & \to & \Big\downarrow g \\ \mathcal{G} & \xrightarrow{\ f\ } & \mathcal{F} \end{array}$$

whose bottom edges are in $\mathcal{A}$. Since all such morphisms are locally connected by 2.3.17, it is immediate that 'linearly $\mathcal{B}$-cocomplete' implies 'pointwise $\mathcal{A}$-cocomplete'. Conversely, if $\mathcal{E}$ is an $\mathbb{M}$-algebra then it is certainly $\mathcal{B}$-cocomplete, since $\mathcal{B} \subseteq \mathcal{A}$; the linearity condition follows from the Beck–Chevalley condition for pullbacks of locally connected morphisms (3.3.16), just as the pointwise condition for $\mathcal{A}$-cocompleteness followed from that for comma squares in the proof of B4.5.13. □

**Suggestions for further reading:** Barr & Paré [84], Moerdijk [828].

## C3.4 Tidy morphisms

As we noted after 1.5.5, the condition that the direct image functor $\mathbf{Sh}(X) \to \mathbf{Set}$ should preserve directed unions of subterminal objects, which is equivalent to compactness of the locale $X$, seems less 'natural' in topos-theoretic terms than the condition that this functor should preserve all filtered colimits. But the latter is appreciably stronger: we shall call a locale $X$ (or more generally a **Set**-topos $\mathcal{E}$) *strongly compact* if the direct image functor $\gamma_* : \mathbf{Sh}(X) \to \mathbf{Set}$ (resp. $\gamma_* : \mathcal{E} \to \mathbf{Set}$) preserves filtered colimits.

**Examples 3.4.1** (*a*) Let $X$ be the topological space obtained from two copies of the closed unit interval $[0,1]$ by identifying the two copies of the open interval $(0,1)$. It is clear that $X$ is compact, since $[0,1]$ is. But, for any $n > 0$, let $X_n$ denote the space obtained from two copies of $[0,1]$ by identifying the two copies of the interval $(1/2^{n+1}, 1 - 1/2^{n+1})$: it is clear that we have surjective local homeomorphisms $X_n \to X_m$ whenever $n < m$, and that $X = X_\infty$ is the colimit of this diagram in $\mathbf{LH}$ (and hence in $\mathbf{LH}/X \simeq \mathbf{Sh}(X)$). So, considering the $X_n$ as sheaves on $X$, they form a directed diagram whose colimit has a (unique) global section, but no $X_n$ has a global section. Hence $X$ is not strongly compact.

(*b*) For any group $G$, it is clear that the topos $[G, \mathbf{Set}]$ is compact, since it is hyperconnected over **Set**. But $[G, \mathbf{Set}]$ *is strongly compact iff $G$ is finitely generated.* For, if $G$ is not finitely generated, we can express it as a nontrivial directed union of subgroups $(G_i \mid i \in I)$; then the $G$-sets $G/G_i$ form a directed diagram in $[G, \mathbf{Set}]$ whose colimit is the terminal object, but no $G/G_i$ admits a morphism from 1. On the other hand, if $G$ is finitely generated and we are given a filtered diagram of $G$-sets $A_i$ (indexed by a filtered category $\mathcal{I}$), and a morphism $1 \to \varinjlim_{\mathcal{I}} A_i$ (that is, an element $a$ of this colimit whose stabilizer subgroup is the whole of $G$), then we can lift $a$ to an element $a_0$ of some $A_{i_0}$ (not necessarily fixed by the whole of $G$); now the stabilizer subgroups $G_f$ of the elements $a_f = f(a_0) \in A_i$, as $f : i_0 \to i$ ranges over the co-slice category $i_0\backslash\mathcal{I}$, form a filtered diagram of subgroups of $G$ whose union is the whole of $G$, so some $G_f$ must be the whole of $G$. Thus we have shown that the canonical map $\varinjlim_{\mathcal{I}} \gamma_*(A_i) \to \gamma_*(\varinjlim_{\mathcal{I}} A_i)$ is surjective; but we already know it is injective, by compactness of $[G, \mathbf{Set}]$. A similar argument shows that *for a topological group $G$, the topos* $\mathbf{Cont}(G)$ *is strongly compact iff the top element $G$ is inaccessible by directed joins in the poset of open subgroups of $G$.* In particular, if $G$ is a compact topological group, then $\mathbf{Cont}(G)$ is strongly compact.

(*c*) Let $\mathcal{C}$ be a small cartesian category, and let $T$ be a coverage on $\mathcal{C}$ whose covering families are all finite. Then the assertion that a given functor $\mathcal{C}^{\mathrm{op}} \to \mathbf{Set}$ is a $T$-sheaf is equivalent to saying that certain finite diagrams are limits in $\mathbf{Set}$; so using the fact that finite limits and filtered colimits commute in $\mathbf{Set}$, it is easy to see that $\mathbf{Sh}(\mathcal{C}, T)$ is closed in $[\mathcal{C}^{\mathrm{op}}, \mathbf{Set}]$ under filitered colimits, i.e. the inclusion functor preserves them. But the direct image functor $[\mathcal{C}^{\mathrm{op}}, \mathbf{Set}] \to \mathbf{Set}$ preserves all colimits, since it is simply given by evaluation at the terminal object of $\mathcal{C}$. So $\mathbf{Sh}(\mathcal{C}, T)$ is strongly compact. Thus *any coherent Grothendieck topos, in the sense of* D3.3.1, *is strongly compact.* In particular, any coherent locale (as defined in 2.4.3 above) is strongly compact.

For the moment we refrain from giving any further explicit examples of strongly compact locales; but, once we have developed the theory of locally compact locales in Section C4.1, we shall be able to show that any stably locally compact locale (in particular, any compact Hausdorff locale) is strongly compact (see 4.1.14). Indeed, it is true more generally that any compact Hausdorff topos is strongly compact; but we shall postpone the proof to 5.3.15, since it requires descent theory. (The converse is false, as may be seen by comparing 3.4.1(*b*) with 3.2.24, or by considering sheaves on a coherent locale which is not Hausdorff.)

**Definition 3.4.2** Following I. Moerdijk and J. Vermeulen [858], we shall call a geometric morphism $f : \mathcal{F} \to \mathcal{E}$ *tidy* if it makes $\mathcal{F}$ into a strongly compact $\mathcal{E}$-topos, i.e. if the direct image functor $f_*$ preserves filtered $\mathcal{E}$-indexed colimits. (The term 'proper' has also been used for this notion by some authors; but since it is not a conservative extension of the well-established localic notion of propriety, we feel that the latter term is best used for the class of morphisms studied in Section C3.2.) Explicitly, this means that, given any object $A$ of $\mathcal{E}$

and any filtered internal category $\mathbb{C}$ in $\mathcal{E}/A$, the square

$$\begin{array}{ccc} \mathcal{F}/f^*A & \xrightarrow{f/A} & \mathcal{E}/A \\ \Big\downarrow{\scriptstyle \infty} & & \Big\downarrow{\scriptstyle \infty} \\ [f^*\mathbb{C}, \mathcal{F}/f^*A] & \xrightarrow{[\mathbb{C}, f/A]} & [\mathbb{C}, \mathcal{E}/A] \end{array}$$

satisfies the Beck–Chevalley condition.

As in 3.2.12, we could have phrased the definition in terms of weakly filtered categories in $\mathcal{E}$, rather than filtered categories in slices of $\mathcal{E}$. It is again immediate from the definition that any stable right Beck–Chevalley morphism, in the sense of 2.4.16, is tidy; we shall prove the converse in 3.4.11 below.

We note in passing that Example 3.4.1(*b*) suffices to show that hyperconnected morphisms are not necessarily tidy. However, we have the following stability properties of tidy morphisms:

**Lemma 3.4.3** *Given a commutative triangle of geometric morphisms*

$$\begin{array}{ccc} \mathcal{G} & \xrightarrow{g} & \mathcal{F} \\ & {\scriptstyle h}\searrow & \Big\downarrow{\scriptstyle f} \\ & & \mathcal{E} \end{array} ,$$

(i) *if $f$ and $g$ are tidy, then $h$ is tidy;*

(ii) *if $h$ is tidy and $g$ is connected, then $f$ is tidy;*

(iii) *if $h$ is tidy and $f$ is a closed inclusion, then $g$ is tidy.*

**Proof** (i) and (ii) are just like the first two parts of 3.2.16, replacing the directed poset $\mathbb{I}$ by a filtered internal category $\mathbb{C}$ in $\mathcal{E}/A$, and in (ii) using the fact that the morphism $[h^*\mathbb{C}, \mathcal{G}/h^*A] \to [f^*\mathbb{C}, \mathcal{F}/f^*A]$ induced by $g$ is connected (so that every object of its codomain is isomorphic to one in the image of its direct image functor). For (iii) we use the argument hinted at in the remark following 3.2.16: given a filtered internal category $\mathbb{D}$ in $\mathcal{F}$, the category $\mathbb{C} = f_*\mathbb{D}$ is filtered in $\mathcal{E}$ by A4.5.4 and the fact that regular functors preserve filtered categories, and $\mathbb{D} \cong f^*\mathbb{C}$ since $f$ is an inclusion. So in the diagram

$$\begin{array}{ccccc} [g^*\mathbb{D}, \mathcal{G}] & \xrightarrow{[\mathbb{D}, g]_*} & [\mathbb{D}, \mathcal{F}] & \xrightarrow{[\mathbb{C}, f]_*} & [\mathbb{C}, \mathcal{E}] \\ \downarrow & & \downarrow & & \downarrow \\ \mathcal{G} & \xrightarrow{g_*} & \mathcal{F} & \xrightarrow{f_*} & \mathcal{E} \end{array}$$

where the vertical arrows are colimit functors, the outside and the right-hand square commute up to isomorphism (the latter since closed inclusions are tidy; for this, we may either use 3.4.1($c$) and the fact that closed sublocales of the terminal locale are coherent, or 'internalize' the argument of A4.5.4 to show that the direct image $f_*$ preserves arbitrary connected $\mathcal{E}$-indexed colimits, and in particular filtered ones), and $f_*$ is conservative; so the Beck–Chevalley transformation in the left-hand square must be an isomorphism. The same argument applied in an arbitrary slice $\mathcal{F}/B$ of $\mathcal{F}$ (which is of course a closed subtopos of $\mathcal{E}/f_*B$) proves the result. □

Once we have proved the stability of tidy morphisms under pullback, we shall be able to delete the hypothesis that $f$ is closed from 3.4.3(iii), by an argument like that in the proof of 3.2.16(iii). However, since tidy morphisms (are proper, and hence) have closed images, the particular case proved above suffices to show that a geometric morphism is tidy iff both parts of its surjection–inclusion factorization are tidy. It also follows from 3.4.3(ii) that the localic part of the hyperconnected–localic factorization of a tidy morphism is tidy. There seems to be no reason why the hyperconnected part should be tidy; but we shall see in 3.4.15 below that there is a canonical factorization of tidy morphisms into tidy factors which are respectively connected and localic, rather like the factorization of locally connected morphisms provided by 3.3.5(i).

The following criterion for strong compactness, due to K. R. Edwards [329], is often useful:

**Lemma 3.4.4** *A* **Set**-*topos $\mathcal{E}$ is strongly compact iff it is compact and satisfies the following condition:*

($E$) *Given any well-supported object $A$ of $\mathcal{E}$, and a directed family $(R_i \mid i \in I)$ of equivalence relations on $A$ whose union is the whole of $A \times A$, there exists $i \in I$ and a well-supported subobject $B \rightarrowtail A$ such that $B \times B \leq R_i$ as subobjects of $A \times A$.*

**Proof** For the necessity, suppose given $A$ and $R_i$ as in condition ($E$). Then the quotients $A/R_i$ form a directed diagram in $\mathcal{E}$ whose colimit is 1, so if $\mathcal{E}\,(1, -)$ preserves filtered colimits then some $A/R_i$ must admit a morphism from 1. Form the pullback

$$\begin{array}{ccc} B & \rightarrowtail & A \\ \downarrow & & \downarrow \\ 1 & \rightarrowtail & A/R_i \end{array} \quad ;$$

then the object $B$ has the required properties.

Conversely, suppose the condition is satisfied, and let $(A_c \mid c \in \text{ob}\ \mathcal{C})$ be the vertices of a filtered diagram in $\mathcal{E}$. Since $\mathcal{E}$ is compact, we know that the comparison map $\varinjlim_{\mathcal{C}} \mathcal{E}(1, A_c) \to \mathcal{E}(1, \varinjlim_{\mathcal{C}} A_c)$ is injective, so we have only to prove that it is surjective. So suppose given $f\colon 1 \to \varinjlim_{\mathcal{C}} A_c$. Form the pullbacks

$$\begin{array}{ccc} B_c & \longrightarrow & A_c \\ \downarrow & & \downarrow \\ 1 & \xrightarrow{f} & \varinjlim_{\mathcal{C}} A_c \end{array} \quad ;$$

since colimits in $\mathcal{E}$ are stable under pullback, we have $1 \cong \varinjlim_{\mathcal{C}} B_c$. In particular, 1 is the union of the supports of the $B_c$, so by compactness some $B_{c_0}$ must be well-supported. Now we restrict our attention to the (filtered) co-slice category $c_0 \backslash \mathcal{C}$; for each object $\alpha\colon c_0 \to c$ of this category, let $R_\alpha$ be the kernel-pair of $B_{c_0} \to B_c$. Then the $R_\alpha$ form a directed family of equivalence relations whose union is the whole of $B_{c_0} \times B_{c_0}$, so by assumption there exists some $B_{c_0} \to B_{c_1}$ whose kernel-pair contains the whole of $B' \times B'$, for some well-supported subobject $B' \rightarrowtail B_{c_0}$. But this is equivalent to saying that the composite $B' \rightarrowtail B_{c_0} \to B_{c_1}$ factors through 1; now the composite $1 \to B_{c_1} \to A_{c_1}$ is an element of $\mathcal{E}(1, A_{c_1})$ mapping onto the given element $f$. □

The proof of 3.4.4 is constructive, and so can be internalized to an arbitrary topos $\mathcal{S}$ to give a criterion for tidiness of morphisms $\mathcal{E} \to \mathcal{S}$.

We now turn to the problem of obtaining a characterization of bounded tidy morphisms in terms of sites. It appears that here, in contrast to the situation for proper maps (cf. the remarks after 3.2.19), there is no way of avoiding the assumption that we are working over a topos with a natural number object; for we need to be able to construct the equivalence relation generated by a subobject of a square (i.e. an object of the form $U \times U$ of our site) as a countable union. It therefore seems sensible to restrict to sites whose underlying categories are pretoposes, rather than merely coherent categories as in Section C3.2; this assumption (or at least the assumption that $\mathcal{C}$ is positive as a coherent category) has an appreciable simplifying effect on the condition we obtain.

Our basic strategy is to rewrite the condition $(E)$ of 3.4.4 in terms of our site $(\mathcal{C}, J)$. Of course, in addition to assuming that $\mathcal{C}$ is a pretopos, we shall assume as in Section C3.2 that $J$ is the join of the coherent coverage $P$ and a $dm$-coverage $D$, such that the terminal object of $\mathcal{C}$ is $D$-irreducible. Given a subobject $V \rightarrowtail U \times U$ in $\mathcal{C}$, we shall write $V^{(1)}$ for the reflexive and symmetric closure of $V$ (that is, the union of $V$, its opposite and the diagonal) and $V^{(n)}$ $(n > 1)$ for the $n$th iterate (in $\mathbf{Rel}(\mathcal{C})$) of $V^{(1)}$, and refer to the sieve on $U \times U$ generated by the $V^{(n)} \rightarrowtail U \times U$ as the *equivalence sieve* associated with $V$; it is of course a $dm$-sieve.

**Proposition 3.4.5** *A Grothendieck topos $\mathcal{E}$ is strongly compact iff there exists a site of definition $(\mathcal{C}, J)$ for $\mathcal{E}$ such that $\mathcal{C}$ is a (small) pretopos, $J = P \vee D$ is a coverage satisfying the hypotheses of* 3.2.19(iv) *and, if $U$ is any well-supported object of $\mathcal{C}$ and $R$ any $D$-covering sieve on $U \times U$, there exists $a \colon U' \rightarrowtail U$ such that $U'$ is well-supported, and a morphism $e \colon V \rightarrowtail U \times U$ in $R$ such that the pullback along $a \times a \colon U' \times U' \rightarrowtail U \times U$ of the equivalence sieve associated with $e$ is $D$-covering.*

**Proof** First suppose $\mathcal{E} = \mathbf{Sh}(\mathcal{C}, J)$ where $\mathcal{C}$ satisfies the given conditions. By 3.2.19 we know $\mathcal{E}$ is compact, so we must show that it satisfies condition $(E)$. So suppose given a well-supported object $A$ of $\mathcal{E}$, and a directed family of equivalence relations $(R_i \mid i \in I)$ as in the statement of $(E)$. We note first that there is a well-supported object $U$ of $\mathcal{C}$ such that $l(U)$ admits a morphism to $A$ (equivalently, $A(U)$ is inhabited); for the objects $U$ such that $A(U)$ is inhabited must cover the terminal object, and by compactness there is a finite subfamily of them which cover, and we can form the coproduct of this family in our site. Now $l(U \times U) \cong l(U) \times l(U)$ is covered in $\mathcal{E}$ by the subobjects which are the pullbacks of the $R_i$, so we can find a $D$-covering sieve on $U \times U$ whose image under $l$ refines this cover. Let $a \colon U' \rightarrowtail U$ and $e \colon V \rightarrowtail U \times U$ be as in the statement of the proposition. By construction, $l(V) \rightarrowtail l(U \times U) \to A \times A$ factors through some $R_i \rightarrowtail A \times A$, and since the latter is an equivalence relation it follows that $l(V^{(n)}) \rightarrowtail l(U \times U) \to A \times A$ also factors through $R_i$, for all $n$. But the pullbacks of the $l(V^{(n)}) \rightarrowtail l(U \times U)$ along $l(U' \times U') \rightarrowtail l(U \times U)$ are jointly epic; so if we take $B \rightarrowtail A$ to be the image of $l(U') \rightarrowtail l(U) \to A$, then $B \times B$ is contained in $R_i$ (and $B \to 1$ is epic, since $l(U') \to 1$ is epic). So condition $(E)$ is verified.

Conversely, suppose $\mathcal{E}$ is strongly compact; let $\mathcal{C}$ be a small full generating subcategory of $\mathcal{E}$ which is closed under finite limits and colimits, and $J$ the coverage induced on it. By 3.2.18, we can decompose $J$ as $P \vee D$ in the required manner. To verify the condition in the statement of the Proposition, suppose given $U$ and $R$ as stated there. For each $e \colon V \rightarrowtail U \times U$ in $R$, let $\overline{V} \rightarrowtail l(U) \times l(U)$ be the equivalence relation (in $\mathcal{E}$) generated by $l(V) \rightarrowtail l(U) \times l(U)$: of course, it is the union in $\mathrm{Sub}_{\mathcal{E}}(l(U) \times l(U))$ of the $l(V^{(n)}) \rightarrowtail l(U) \times l(U)$. By condition $(E)$, there exists $B \rightarrowtail l(U)$ such that $B \to 1$ is epic and $B \times B$ is contained in $\overline{V}$ for some $V$. As in the first part of the proof, we may now choose $U' \rightarrowtail U$ in $\mathcal{C}$ such that $U'$ is well-supported and $l(U') \rightarrowtail l(U)$ factors through $B \rightarrowtail l(U)$; so $l(U') \times l(U')$ is also contained in $\overline{V}$, whence $U' \times U'$ must be covered by the directed family of monomorphisms $(V^{(n)} \cap (U' \times U') \rightarrowtail U' \times U' \mid n \geq 1)$. So the latter generates the required $D$-covering sieve. □

We shall call a monomorphism $V \rightarrowtail U \times U$ in $\mathcal{C}$, where $U$ is well-supported, an *effective subobject* (relative to a given coverage on $\mathcal{C}$) if the equivalence sieve associated with it covers $U' \times U'$ for some well-supported $U' \rightarrowtail U$. Thus the condition in the statement of 3.4.5 says that every $dm$-cover of a well-supported square contains an effective subobject. (Warning: this notion of effectivity is not simply a property of the monomorphism in question; it also depends on the particular decomposition of its codomain as a square $U \times U$ – if it happens that $U \times U$ coincides with $U' \times U'$ in $\mathcal{C}$, the effective subobjects of the two squares may be entirely different. Thus the set $E$ appearing in the next lemma should really be viewed as a set of pairs $(U, e)$ where $U$ is a well-supported object and $e\colon V \rightarrowtail U \times U$; however, to simplify the notation we shall treat it as if its members were simply the monomorphisms $e$.)

**Lemma 3.4.6** *Let $\mathcal{C}$ be a pretopos; let $D$ be a (sifted, but not necessarily Grothendieck) dm-coverage on $\mathcal{C}$, and suppose we have a family $E$ of distinguished monomorphisms into well-supported squares with the following properties:*

(i) *Every $(V \rightarrowtail U \times U)$ in $E$ is effective (with respect to the coverage $D$).*

(ii) *If $(V \rightarrowtail U \times U) \in E$ and $R \in D(V)$, then there exists $(V' \rightarrowtail V) \in R$ such that the composite $V' \rightarrowtail V \rightarrowtail U \times U$ is still in $E$.*

(iii) *For every well-supported object $U$, the identity morphism $U \times U \rightarrowtail U \times U$ belongs to $E$.*

*Then the Grothendieck coverage $\tilde{D}$ generated by $D$ has the property that every $\tilde{D}$-covering sieve on a well-supported square contains a monomorphism in $E$. In particular, the topos $\mathbf{Sh}(\mathcal{C}, P \vee \tilde{D})$ (where $P$ is the coherent coverage) is strongly compact.*

**Proof** Consider the set $T$ of all $dm$-sieves $R$ on objects of $\mathcal{C}$ with the property that, given a morphism $V \to b(R)$ and a monomorphism $V \rightarrowtail U \times U \in E$, there exists $V' \rightarrowtail V$ such that $V' \rightarrowtail V \rightarrowtail U \times U$ is still in $E$ and the composite $V' \rightarrowtail V \to b(R)$ belongs to $R$. We must show that this set is a Grothendieck coverage; it clearly contains $D$, by condition (ii), so it will then follow that it contains $\tilde{D}$.

The form of the definition of $T$ automatically ensures that it satisfies the pullback-stability condition $(C)$; and condition $(M)$ is guaranteed by condition (iii) in the statement of the lemma. So we have to verify condition $(L)$. Let $R, S$ be $dm$-sieves on $W$ such that $R \in T(W)$ and $a^*(S) \in T(\text{dom } a)$ for all $a \in R$, and suppose given $a\colon V \to W$ and $e\colon V \rightarrowtail U \times U \in E$. By assumption, we can find $V' \rightarrowtail V$ such that $V' \rightarrowtail V \to W$ is in $R$ and $V' \rightarrowtail U \times U$ is still in $E$. Now the pullback of $S$ along the composite $a'\colon V' \rightarrowtail V \to W$ is in $T(V')$, so applying the definition of $T$ to it we obtain $V'' \rightarrowtail V' \in a'^*(S)$ such that $V'' \rightarrowtail U \times U$ is still in $E$. Thus the composite $V'' \rightarrowtail V \to W$ is in $S$, and we have verified that $S \in T(W)$.

The second assertion of the lemma now follows from condition (i) and 3.4.5, since if the morphisms in $E$ are $D$-effective they are certainly $\tilde{D}$-effective. □

**Theorem 3.4.7** *Suppose given a pullback square*

$$\begin{array}{ccc} \mathcal{H} & \xrightarrow{k} & \mathcal{G} \\ \downarrow h & & \downarrow g \\ \mathcal{F} & \xrightarrow{f} & \mathcal{E} \end{array}$$

*in* $\mathfrak{Top}$, *where* $f$ *is bounded and tidy, and* $\mathcal{E}$ *has a natural number object. Then* $k$ *is tidy, and the Beck–Chevalley natural transformation* $g^*f_* \to k_*h^*$ *is an isomorphism.*

**Proof** Let $(\mathbb{C}, J)$ be an internal site for $\mathcal{F}$ over $\mathcal{E}$ satisfying the hypotheses of 3.4.5. Then, as in the proof of 3.2.21(i), we may obtain a site for $\mathcal{H}$ over $\mathcal{G}$ by equipping the pretopos $g^*\mathbb{C}$ with the coverage which is the join of its coherent coverage and the Grothendieck closure $\widetilde{g^\# D}$ of $g^\# D$. Let $E \rightarrowtail C_0 \times C_1$ be the set of pairs $(U, e\colon V \rightarrowtail U \times U)$ such that $U$ is well-supported and $e$ is a $D$-effective subobject; then clearly $E$ satisfies the conditions of 3.4.6. We claim that $g^*E$ satisfies the same conditions with respect to the coverage $g^\# D$ on $g^*\mathbb{C}$; the fact that it satisfies the second and third conditions is obvious, and the first condition follows from the fact that, since $g^*$ preserves the natural number object, it also preserves the construction of the equivalence sieve associated with a monomorphism into a square. Hence $(g^*\mathbb{C}, g^\# P \vee \widetilde{g^\# D})$ satisfies the hypotheses of 3.4.5, and so $k$ is tidy.

For the Beck–Chevalley condition, consider an object of $\mathcal{F}$, which we may think of as a discrete fibration $\mathbb{F} \to \mathbb{C}$ satisfying the sheaf axiom for all covers in $J$. Then $h^*\mathbb{F}$ is simply the reflection of $g^*\mathbb{F} \to g^*\mathbb{C}$ in the subcategory of sheaves on $g^*\mathbb{C}$, and the Beck–Chevalley transformation $g^*f_*(\mathbb{F}) \to k_*h^*(\mathbb{F})$ is simply the component of the unit map at the terminal object 1 of $g^*\mathbb{C}$. By 3.2.21, we already know this morphism is monic, so we need only show that it is epic.

First we note that $\mathbb{F}$ satisfies the condition which says that, given a well-supported object $U$ of $\mathbb{C}$, an element $x \in F(U)$ and a morphism $e = (e_1, e_2)\colon V \rightarrowtail U \times U$ in $E$ such that $F(b_1)(x) = F(b_2)(x)$, there exists a well-supported $U' \rightarrowtail U$ and an element $y \in F(1)$ such that $F(U' \rightarrowtail U)(x) = F(U' \to 1)(y)$ in $F(U')$. For, since $\mathbb{F}$ is a sheaf for the coherent coverage, the fact that the elements $F(\pi_1)(x)$ and $F(\pi_2)(x)$ of $F(U \times U)$ become equal on restriction to $V$ implies that they become equal on restriction to $V^{(n)}$ for each $n$; but these subobjects generate a sieve whose pullback to $U' \times U'$ is $D$-covering, and hence $F(U' \rightarrowtail U)(x)$ has equal images under the two projections $U' \times U' \rightrightarrows U'$. But this says that the restriction of $x$ to $F(U')$ defines a compatible family for the

$P$-covering sieve generated by $U' \twoheadrightarrow 1$; so it is the image of a unique $y \in F(1)$. Now the condition at the beginning of this paragraph may be expressed by a coherent sequent (cf. D1.1.5) in the internal language of $\mathcal{E}$; hence $g^*\mathbb{F}$ satisfies the same condition in $\mathcal{G}$.

Now let $\overline{\mathbb{F}} \to g^*\mathbb{C}$ denote the associated sheaf of $g^*\mathbb{F}$, and suppose given an element $x \in \overline{F}(1)$. By the definition of the associated sheaf given in the proof of 2.2.6, $x$ is determined by a family of elements $(x_i \in g^*(F)(U_i) \mid i \in I)$, where $(U_i \to 1 \mid i \in I)$ is a covering family, such that the $x_i$ are 'locally compatible', i.e., for each pair $(i,j)$, the elements $g^*F(\pi_1)(x_i)$ and $g^*F(\pi_2)(x_j)$ agree on a cover of $U_i \times U_j$. Now, by compactness of $g^*\mathbb{C}$ and the fact that it has finite coproducts, we may replace the family $(x_i \mid i \in I)$ by a single element $y \in g^*F(U)$ for some $U \twoheadrightarrow 1$ in $g^*\mathbb{C}$; moreover, it is easy to see that the family $S$ of all morphisms $(e_1, e_2)\colon V \to U \times U$ for which $g^*F(e_1)(y) = g^*F(e_2)(y)$ is a $dm$-sieve on $U \times U$, since $g^*\mathbb{F}$ is a sheaf for the coherent coverage. Hence this covering sieve belongs to $\widetilde{g^{\#}D}$. So, by the proof of 3.4.6, we can find a monomorphism $e\colon V \rightarrowtail U \times U$ in $S$ which belongs to $g^*(E)$; but, by the argument of the previous paragraph, this means that we can find a well-supported $U' \rightarrowtail U$ such that the restriction $y'$ of $y$ to $g^*(F)(U')$ derives from an element $z \in g^*(F)(1)$. Now the image of $z$ in $\overline{F}(1)$ must equal $x$, since they agree on the covering $U' \twoheadrightarrow 1$ and $\overline{\mathbb{F}}$ is a sheaf; so we have verified that $g^*F(1) \to \overline{F}(1)$ is epic. □

As usual, we have a second proof of the pullback-stability theorem for tidy morphisms, in which we assume boundedness for the morphism along which we are pulling back, and factor it as an inclusion followed by one of the form $[\mathbb{C}, \mathcal{E}] \to \mathcal{E}$. However, this proof differs from those in the last three sections, in that we have to assume boundedness for the tidy morphism as well; this is because we shall need to appeal to Theorem 3.3.14, which we have proved only for bounded morphisms. Nevertheless, the second proof seems worth giving, since it does not require the assumption that the toposes involved have natural number objects, and it is therefore applicable in contexts where 3.4.7 is not.

In fact, the first step in the proof does not require the tidy morphism to be bounded.

**Lemma 3.4.8** *Let $f\colon \mathcal{F} \to \mathcal{E}$ be a tidy geometric morphism, and let $\mathbb{C}$ be an internal category in $\mathcal{E}$. Then the induced morphism $[\mathbb{C}, f]\colon [f^*\mathbb{C}, \mathcal{F}] \to [\mathbb{C}, \mathcal{E}]$ is tidy, and the pullback square*

$$\begin{array}{ccc} [f^*\mathbb{C}, \mathcal{F}] & \xrightarrow{[\mathbb{C}, f]} & [\mathbb{C}, \mathcal{E}] \\ \downarrow & & \downarrow \\ \mathcal{F} & \xrightarrow{f} & \mathcal{E} \end{array}$$

*satisfies the Beck–Chevalley condition.*

**Proof** The proof that $[\mathbb{C}, f]$ is tidy is exactly like the corresponding part of the second proof of 3.2.21: given a filtered internal category $\mathbb{I}$ in $[\mathbb{C}, \mathcal{E}]$, we let $\mathbb{J}$ denote its underlying (filtered) category in $\mathcal{E}/C_0$, and form the cube displayed in the proof of 3.2.21. As before, the fact that the top face commutes up to isomorphism follows from the fact that the bottom face does so and the vertical edges reflect isomorphisms. The Beck–Chevalley condition is easily verified by direct calculation, without using the tidiness of $f$ (which is not surprising, since $[\mathbb{C}, \mathcal{E}] \to \mathcal{E}$ is locally connected). □

**Lemma 3.4.9** *Let $f\colon \mathcal{F} \to \mathcal{E}$ be a bounded tidy morphism; let $j$ be a local operator on $\mathcal{E}$, and let $j'$ be the local operator on $\mathcal{F}$ for which the square*

$$\begin{array}{ccc} \mathbf{sh}_{j'}(\mathcal{F}) & \xrightarrow{k} & \mathbf{sh}_j(\mathcal{E}) \\ \downarrow{\scriptstyle h} & & \downarrow{\scriptstyle g} \\ \mathcal{F} & \xrightarrow{f} & \mathcal{E} \end{array}$$

*is a pullback. Then the Beck–Chevalley natural transformation $g^* f_* \to k_* h^*$ is an isomorphism.*

**Proof** By A4.3.12, $k_*$ is simply the restriction of $f_*$ to sheaves; so the lemma is equivalent to the statement that $f_*$ commutes up to isomorphism with the associated sheaf functors for $j$ and $j'$. But, as we remarked at the end of Section A4.4, the associated $j$-sheaf of an object $A$ may be constructed as $A^{++}$, where $A^+$ is the colimit of an internal diagram $\hat{A}$ of shape $\mathbf{J}^{\mathrm{op}}$, and $\mathbf{J} = (J_1 \rightrightarrows J)$ is the sub-poset of $\boldsymbol{\Omega}$ determined by the object $J$ (this is the internalization of the construction of this functor which we gave in the proof of 2.2.6; we shall not give the details here, but the interested reader may find them in [501] or [504]). So it suffices to show that the diagram

$$\begin{array}{ccc} \mathcal{F} & \xrightarrow{f_*} & \mathcal{E} \\ \downarrow{\scriptstyle +} & & \downarrow{\scriptstyle +} \\ \mathcal{F} & \xrightarrow{f_*} & \mathcal{E} \end{array}$$

commutes up to isomorphism. But the first and third conditions in the definition of a local operator ensure that $\mathbf{J}$ is an internal meet-semilattice in $\mathcal{E}$, and so $\mathbf{J}^{\mathrm{op}}$ is filtered; hence this is almost immediate from the definition of a tidy morphism. The only reason why it is not quite immediate is that, to compute the functor $+$ in $\mathcal{F}$, we have to form a colimit over the internal category $\mathbf{J}'^{\mathrm{op}}$, rather than

$f^*\mathbf{J}^{\mathrm{op}}$. However, if $B$ is an arbitrary object of $\mathcal{F}$ and we form the appropriate diagram $\hat{B}$ of shape $\mathbf{J}'^{\mathrm{op}}$, it is easily verified from the description of $\hat{A}$ in the proof of A4.4.10 that

$$\begin{array}{ccc} \widehat{f^*B} & \longrightarrow & f_*(\hat{B}) \\ \downarrow & & \downarrow \\ J & \longrightarrow & f_*J' \end{array}$$

is a pullback, where the bottom edge of the square is the transpose of the canonical morphism $f^*J \to J'$ in $\mathcal{F}$. So, to complete the proof, it suffices by B2.5.12 to show that $f^*\mathbf{J} \to \mathbf{J}'$ is an initial functor. But that is precisely what 3.3.14 tells us. □

**Theorem 3.4.10** *Suppose given a pullback square*

$$\begin{array}{ccc} \mathcal{H} & \xrightarrow{k} & \mathcal{G} \\ {\scriptstyle h}\downarrow & & \downarrow{\scriptstyle g} \\ \mathcal{F} & \xrightarrow{f} & \mathcal{E} \end{array}$$

*in* $\mathfrak{Top}$, *where* $f$ *is bounded and tidy, and* $g$ *is bounded. Then* $k$ *is tidy, and the Beck–Chevalley natural transformation* $g^*f_* \to k_*h^*$ *is an isomorphism.*

**Proof** By 3.4.8, we may reduce to the case when $g$ is an inclusion; and the Beck–Chevalley condition for this case is proved in 3.4.9. So it remains to prove that $k$ is tidy, which we shall do by showing that it is a stable right Beck–Chevalley morphism.

Suppose given a bounded morphism $r\colon \mathcal{G}' \to \mathcal{G}$. Then the composite $gr$ is also bounded, so we may factor it as

$$\mathcal{G}' \xrightarrow{g'} \mathcal{E}' \xrightarrow{p} \mathcal{E}$$

where $g'$ is an inclusion and $\mathcal{E}' \simeq [\mathbb{C}, \mathcal{E}]$ for some internal category $\mathbb{C}$ in $\mathcal{E}$. Now

we may form the cube

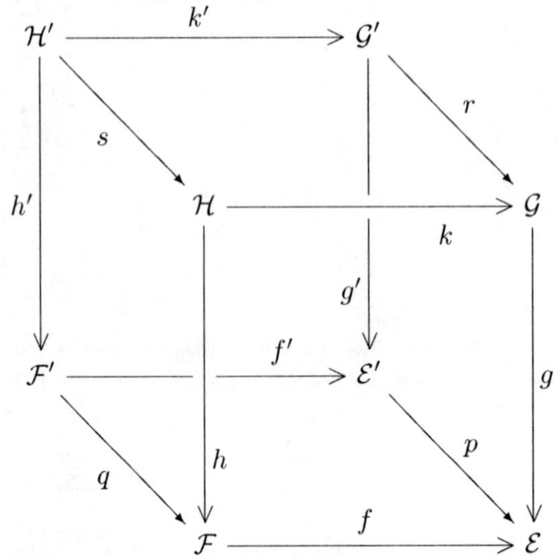


in which all faces with horizontal edges are pullbacks, and the other two faces commute. Moreover, the Beck–Chevalley condition holds for the bottom face by 3.4.8, and for the front and back faces by 3.4.9, so an easy diagram-chase shows that the canonical natural transformation $r^*k_*h^* \to k'_*s^*h^*$ is an isomorphism. But $h$ is an inclusion, so $h^*$ is essentially surjective on objects; hence $r^*k_* \to k'_*s^*$ is an isomorphism.

Thus we have shown that $k$ is a RBC morphism in the sense of 2.4.16. But the same diagram shows that any pullback of $k$ along a bounded morphism is expressible as a pullback of a tidy morphism along an inclusion; so it too is a RBC morphism. Hence $k$ is a SRBC morphism; as we remarked after Definition 3.4.2, this trivially implies that it is tidy. □

**Corollary 3.4.11** *A bounded geometric morphism $f\colon \mathcal{F} \to \mathcal{E}$ is tidy iff it is a stable right Beck–Chevalley morphism in the sense of* 2.4.16.

**Proof** One direction is immediate from the definition; the converse follows from 3.4.10 (or from 3.4.7, if $\mathcal{E}$ has a natural number object). □

We do not yet have a 'dual' for the part of 3.3.15 which says that connected locally connected morphisms are stable under pullback. We could obtain this by observing that connectedness is always preserved under pullback along morphisms of the form $[\mathbb{C}, \mathcal{E}] \to \mathcal{E}$, and then using the Beck–Chevalley condition to show that connectedness of tidy morphisms is preserved under pullback along inclusions. However, we shall take an alternative route, which involves discussing tidiness in the context of the *pure–entire factorization* of a geometric morphism. We have not met this factorization before (though we met entire morphisms in B4.4.21($a$)), but it is easily described: recall that a morphism $f: \mathcal{F} \to \mathcal{E}$ is said to be entire if it is localic and the corresponding internal locale $X$ in $\mathcal{E}$ is compact and zero-dimensional (i.e. $\mathcal{O}(X)$ is generated by its complemented elements). It is well known that compact zero-dimensional locales are coherent; in fact they are precisely those whose frames are of the form $IB$ for a Boolean algebra $B$ (cf. [520, II 4.2]). It thus follows immediately from 2.4.3 that entire morphisms are stable under pullback, and from 3.4.1($c$) that they are tidy.

We recall also that in any topos we have $\Omega \cong I(2)$, where $2 = 1 \amalg 1$ is the Boolean algebra of complemented elements of $\Omega$. We define a geometric morphism $f: \mathcal{F} \to \mathcal{E}$ to be *pure* if $f_*$ preserves 2; more explicitly, if the canonical morphism $2_{\mathcal{E}} \to f_*(2_{\mathcal{F}})$ (the unit of $(f^* \dashv f_*)$ at the object 2) is an isomorphism.

**Lemma 3.4.12**

(i) *A morphism $f$ is pure iff $f_*$ preserves finite coproducts.*

(ii) *Hyperconnected morphisms are pure.*

**Proof** (i) One direction is immediate since $2 = 1 \amalg 1$ and $f_*$ preserves 1. For the converse, we note first that a pure morphism $f$ must be dense (i.e. $f_*$ must preserve 0), since $f_*$ preserves the pullback

$$\begin{array}{ccc} 0 & \longrightarrow & 1 \\ \downarrow & & \downarrow{\scriptstyle \nu_2} \\ 1 & \xrightarrow{\nu_1} & 2 \end{array} .$$

For binary coproducts, we similarly use the fact that $f_*$ preserves the pullbacks.

$$\begin{array}{ccccc} A & \xrightarrow{\nu_1} & A \amalg B & \xleftarrow{\nu_2} & B \\ \downarrow & & \downarrow & & \downarrow \\ 1 & \xrightarrow{\nu_1} & 2 & \xleftarrow{\nu_2} & 1 \end{array} .$$

(ii) If $f: \mathcal{F} \to \mathcal{E}$ is hyperconnected, then for any object $A$ of $\mathcal{E}$ we have an isomorphism $\mathrm{Sub}_{\mathcal{E}}(A) \cong \mathrm{Sub}_{\mathcal{F}}(f^*A)$, which clearly restricts to an isomorphism between their sublattices of complemented elements. So morphisms $A \to 2_{\mathcal{E}}$ correspond bijectively to morphisms $A \to f_*(2_{\mathcal{F}})$. $\square$

**Proposition 3.4.13**

(i) *Pure morphisms are orthogonal to entire morphisms: that is, given a commutative square*

$$\begin{array}{ccc} \mathcal{H} & \xrightarrow{k} & \mathcal{G} \\ {\scriptstyle h}\downarrow & & \downarrow{\scriptstyle g} \\ \mathcal{F} & \xrightarrow{f} & \mathcal{E} \end{array}$$

*where $h$ is pure and $g$ is entire, there exists (uniquely up to canonical isomorphism) a morphism $l\colon \mathcal{F} \to \mathcal{G}$ making the two triangles commute.*

(ii) *Every geometric morphism can be factored as a pure morphism followed by an entire morphism, and the factorization is unique up to canonical equivalence.*

**Proof** (i) Since entire morphisms are stable under pullback, it suffices to show that if $g\colon \mathcal{G} \to \mathcal{E}$ is entire and $h\colon \mathcal{H} \to \mathcal{E}$ is pure, then any morphism $k\colon \mathcal{H} \to \mathcal{G}$ over $\mathcal{E}$ factors through a unique section of $g$. But this is easy, since $k$ corresponds to a frame homomorphism $g_*(\Omega_{\mathcal{G}}) \to h_*(\Omega_{\mathcal{H}})$ in $\mathcal{E}$, and hence to a lattice homomorphism $g_*(2_{\mathcal{G}}) \to h_*(\Omega_{\mathcal{H}})$; and the latter must factor (uniquely) through the Boolean algebra $h_*(2_{\mathcal{H}}) \cong 2_{\mathcal{E}}$ of complemented elements of $h_*(\Omega_{\mathcal{H}})$.

(ii) Given an arbitrary morphism $f\colon \mathcal{F} \to \mathcal{E}$, let $X$ be the locale in $\mathcal{E}$ defined by $\mathcal{O}(X) = I(f_*(2_{\mathcal{F}}))$, and let $\mathcal{G} = \mathbf{Sh}_{\mathcal{E}}(X)$. Then $\mathcal{G}$ is clearly entire over $\mathcal{E}$; and the canonical morphism $f_*(2_{\mathcal{F}}) \rightarrowtail f_*(\Omega_{\mathcal{F}})$ induces a frame homomorphism $I(f_*(2_{\mathcal{F}})) \to f_*(\Omega_{\mathcal{F}})$ (cf. 1.1.3) and hence a geometric morphism $h\colon \mathcal{F} \to \mathcal{G}$ over $\mathcal{E}$. We claim that $h$ is pure.

To prove this, we may use 3.4.12(ii) to reduce to the case when $f$ is localic, i.e. $\mathcal{F} \simeq \mathbf{Sh}_{\mathcal{E}}(X)$ where $X$ is the internal locale defined by $\mathcal{O}(X) = f_*(\Omega_{\mathcal{F}})$. In terms of this description, $\Omega_{\mathcal{F}}$ is the sheaf on $\mathcal{O}(X)$ corresponding to the discrete fibration $\mathcal{O}(X)_1 \to \mathcal{O}(X)$ whose domain is the order-relation on $\mathcal{O}(X)$, and the mapping sends a pair $(U, V)$ of opens in $X$ with $U \leq V$ to $V$ (cf. A2.1.8). Clearly, the object $2_{\mathcal{F}}$ corresponds to the subobject

$$\{(U, V) \mid (\exists W\colon \mathcal{O}(X))((U \cap W = \emptyset) \text{ and } (U \cup W = V))\}$$

of $\mathcal{O}(X)_1$. Now the direct image of the geometric morphism $h$ is simply given by pullback along the frame homomorphism $I(f_*(2_{\mathcal{F}})) \to \mathcal{O}(X)$, which of course sends an ideal of complemented elements of $\mathcal{O}(X)$ to its join. If we use the alternative representation of objects of $\mathcal{G}$ as sheaves for the coherent coverage on $f_*(2_{\mathcal{F}})$ itself, we see that $h_*(2_{\mathcal{F}})$ corresponds to the functor whose value at a complemented open $U$ is the set of complemented opens below $U$. But this is precisely the object $2_{\mathcal{G}}$; so $h$ is pure.

This establishes the existence of the factorization; the uniqueness follows from (i). □

Note that it follows from 3.4.13 that a composite of entire morphisms is entire, as we claimed in B4.4.22. (In fact it would not be hard to prove this directly from the definition.)

Generalizing 3.4.12(ii), connected morphisms are pure; in fact

**Lemma 3.4.14** *For a geometric morphism $f: \mathcal{F} \to \mathcal{E}$, the following are equivalent:*

(i) *$f$ is connected.*

(ii) *$f_*$ preserves $\mathcal{E}$-indexed coproducts.*

(iii) *The pullback of $f$ along any entire morphism with codomain $\mathcal{E}$ is pure.*

**Proof** (ii) ⇒ (i) is immediate, since the assertion that $f_*$ preserves $\mathcal{E}$-indexed coproducts in particular says that, for any object $A$ of $\mathcal{E}$, the canonical morphism $\Sigma_A(f/A)_*(1_{f^*A}) \to f_*\Sigma_{f^*A}(1_{f^*A})$ is an isomorphism; but this canonical morphism is just the unit map $A \to f_*f^*A$.

(i) ⇒ (ii): Conversely, if $f$ is connected, then for any $h: A \to B$ in $\mathcal{E}$ the two ways round the diagram

$$\begin{array}{ccc} \mathcal{F}/f^*A & \xrightarrow{\Sigma_{f^*h}} & \mathcal{F}/f^*B \\ \downarrow{\scriptstyle (f/A)_*} & & \downarrow{\scriptstyle (f/b)_*} \\ \mathcal{E}/A & \xrightarrow{\Sigma_h} & \mathcal{E}/B \end{array}$$

both send an arbitrary $k: C \to f^*A$ to the composite $h \cdot (\eta_A)^{-1} \cdot (f_*k)$, where $\eta$ is the unit of $(f^* \dashv f_*)$.

(i) ⇔ (iii): Let $g: \mathcal{G} \to \mathcal{E}$ be an entire morphism, corresponding to an internal Boolean algebra $B$ in $\mathcal{E}$, and form the pullback

$$\begin{array}{ccc} \mathcal{H} & \xrightarrow{k} & \mathcal{G} \\ \downarrow{\scriptstyle h} & & \downarrow{\scriptstyle g} \\ \mathcal{F} & \xrightarrow{f} & \mathcal{E} \end{array} \quad .$$

Then the assertion that $k$ is pure is equivalent to saying that the top and right edges of the above square are the pure–entire factorization of the diagonal, i.e. that $f_*h_*(2_{\mathcal{H}}) \cong B$ as Boolean algebras in $\mathcal{E}$. But $h$ is also entire; indeed, by the proof of 2.4.3 we know that $h_*(2_{\mathcal{H}})$ is the Boolean algebra $f^*(B)$. Hence (iii) is equivalent to the assertion that the unit map $B \to f_*f^*(B)$ is an isomorphism for every object $B$ of $\mathcal{E}$ which is the underlying object of a Boolean algebra. But by A4.5.23 there exists a surjection $p\colon \mathcal{B} \to \mathcal{E}$ where $\mathcal{B}$ is a Boolean topos; so for any object $A$ of $\mathcal{E}$ we have a monomorphism

$$A \rightarrowtail p_*p^*(A) \xrightarrow{p_*(\{\})} p_*(2^{p^*(A)})$$

from $A$ to the underlying object of a Boolean algebra, and by applying the same construction to the cokernel-pair of this morphism we may represent $A$ as the equalizer of a pair of maps between the underlying objects of Boolean algebras. Since $f^*$ and $f_*$ both preserve equalizers, the assertion above is thus equivalent to saying that $A \to f_*f^*(A)$ is an isomorphism for all $A$. □

The pure–entire factorization of an arbitrary morphism is not stable under arbitrary pullback; but if a pullback square

$$\begin{array}{ccc} \mathcal{H} & \xrightarrow{k} & \mathcal{G} \\ {\scriptstyle h}\downarrow & & \downarrow{\scriptstyle g} \\ \mathcal{F} & \xrightarrow{f} & \mathcal{E} \end{array}$$

satisfies the Beck–Chevalley condition $g^*f_* \cong k_*h^*$, then in particular we have $g^*f_*(2_{\mathcal{F}}) \cong k_*h^*(2_{\mathcal{F}}) \cong k_*(2_{\mathcal{H}})$, and so the pure–entire factorization of $f$ pulls back to that of $k$. Hence we may conclude

**Corollary 3.4.15**

(i) *The pure–entire factorization of an arbitrary morphism is stable under pullback along locally connected morphisms.*

(ii) *The pure–entire factorization of a bounded tidy morphism is stable under arbitrary bounded pullback. Moreover, both halves of the factorization are tidy.*

(iii) *A bounded tidy morphism is pure iff it is connected.*

(iv) *Connected bounded tidy morphisms are stable under pullback.*

**Proof** (i) and the first assertion of (ii) are immediate from 3.3.15 and 3.4.10 respectively. For the second assertion of (ii), we recall that entire morphisms are tidy in any case; for the pure part, let

$$\mathcal{F} \xrightarrow{h} \mathcal{G} \xrightarrow{g} \mathcal{E}$$

be the pure–entire factorization of a tidy morphism $f\colon \mathcal{F} \to \mathcal{E}$. Then we have a diagram

$$\begin{array}{ccccc} & & \mathcal{F} & \xrightarrow{\quad h \quad} & \mathcal{G} \\ & & \big\downarrow{\scriptstyle (1,h)} & & \big\downarrow{\scriptstyle \Delta_g} \\ \mathcal{F} & \xleftarrow{\quad \pi_1 \quad} & \mathcal{F}\times_{\mathcal{E}}\mathcal{G} & \xrightarrow{\quad h\times 1 \quad} & \mathcal{G}\times_{\mathcal{E}}\mathcal{G} \\ \big\downarrow{\scriptstyle f} & & \big\downarrow{\scriptstyle \pi_2} & & \\ \mathcal{E} & \xleftarrow{\quad g \quad} & \mathcal{G} & & \end{array}$$

where the squares are pullbacks and the vertical composite in the middle is $h$; but $f$ is tidy by assumption and $\Delta_g$ is tidy because it is a closed inclusion. So the result follows from the stability of tidy morphisms under composition and pullback.

(iii) now follows from (ii) and 3.4.14(iii), and (iv) is immediate from (ii) and (iii). $\square$

**Remark 3.4.16** An alternative proof of 3.4.15(iii), without the assumption of boundedness, may be given using 3.4.12(i) and 3.4.14(ii), plus the fact that arbitrary coproducts may be expressed as filtered colimits of finite ones (cf. D5.2.14).

It is also possible to give an alternative, more direct (but rather more long-winded!), proof of the fact that the pure part of the pure–entire factorization of a tidy morphism is tidy. The argument relies on the following result, which is of interest in its own right – it extends to entire morphisms something which we already knew for closed inclusions, by A4.5.4.

**Lemma 3.4.17** *Let $f\colon \mathcal{F} \to \mathcal{E}$ be an entire morphism. Then $f_*$ preserves coequalizers of reflexive pairs; in particular, it is a regular functor.*

**Proof** Suppose $\mathcal{F} \simeq \mathbf{Sh}_{\mathcal{E}}(\mathbb{B}, P)$, where $\mathbb{B}$ is an internal Boolean algebra in $\mathcal{E}$ and $P$ is its coherent coverage. We claim that the inclusion $\mathbf{Sh}_{\mathcal{E}}(\mathbb{B}, P) \to [\mathbb{B}^{\mathrm{op}}, \mathcal{E}]$ preserves reflexive coequalizers; since the direct image functor $[\mathbb{B}^{\mathrm{op}}, \mathcal{E}] \to \mathcal{E}$ is given by evaluation at the top element of $\mathbb{B}$ (and hence preserves all colimits), this will suffice. But the coverage $P$ is generated by the empty cover of the bottom element 0 and all two-element covers $(a \to a \vee b\,,\, b \to a \vee b)$ where $a \wedge b = 0$ (since any two-element cover may be refined to a disjoint one); hence we see that a diagram $F$ on $\mathbb{B}^{\mathrm{op}}$ is a $P$-sheaf iff $F(0) \cong 1$ and $F(a \vee b) \cong F(a) \times F(b)$ whenever $a$ and $b$ are disjoint. Using the fact that binary products commute with reflexive coequalizers in a cartesian closed category (A1.2.12), it follows easily that if $F \rightrightarrows G$ is a reflexive pair of morphisms in $\mathbf{Sh}_{\mathcal{E}}(\mathbb{B}, P)$ then their 'pointwise' coequalizer (i.e. their coequalizer in $[\mathbb{B}^{\mathrm{op}}, \mathcal{E}]$) is a sheaf, and hence is their coequalizer in $\mathbf{Sh}_{\mathcal{E}}(\mathbb{B}, P)$. The second assertion of the lemma follows from the fact that any epimorphism in a topos may be presented as the coequalizer of its kernel-pair (A1.3.4). □

A further property of entire morphisms which we require is that, if $f\colon \mathcal{F} \to \mathcal{E}$ is entire and $A$ is any well-supported object of $\mathcal{F}$, then the counit map $f^* f_* A \to A$ is epic. For if we represent $\mathcal{F}$ as $\mathbf{Sh}_{\mathcal{E}}(\mathbb{B}, P)$ where $\mathbb{B} = (B_1 \rightrightarrows B)$ is a Boolean algebra and $P$ is its coherent coverage, then the assertion that $A \to 1$ is epic implies by the result just proved that $A(1)$ is inhabited (where 1 denotes the top element of $B$). Hence we can represent any $x \in A(b)$ as the restriction to $b$ of an element of $A(1) = f_*(A)$, by choosing an arbitrary $y \in A(1)$ and then patching together $x$ and the restriction of $y$ to $A(\neg b)$; this defines an element of $f^* f_*(A)(1)$ whose restriction to $f^* f_*(A)(b)$ maps onto $x$. Thus $f^* f_*(A) \to A$ is already epic in $[\mathbb{B}^{\mathrm{op}}, \mathcal{E}]$, and hence also in $\mathbf{Sh}_{\mathcal{E}}(\mathbb{B}, P)$.

Now let $f\colon \mathcal{F} \to \mathcal{E}$ be an arbitrary tidy morphism, and let

$$\mathcal{F} \xrightarrow{\;h\;} \mathcal{G} \xrightarrow{\;g\;} \mathcal{E}$$

be its pure–entire factorization. Suppose given a filtered internal category $\mathbb{C}$ in $\mathcal{G}$; then by 3.4.17 the category $g_*\mathbb{C}$ is filtered in $\mathcal{E}$, and since filtered categories are necessarily well-supported the counit map $g^* g_* \mathbb{C} \to \mathbb{C}$ is epic, and hence final in the sense of B2.5.12. Hence the diagram

$$\begin{array}{ccc}
[\mathbb{C}, \mathcal{G}] & \xrightarrow{\;\varinjlim_{\mathbb{C}}\;} & \mathcal{G} \\
\Big\downarrow & \nearrow_{\varinjlim_{g^* g_* \mathbb{C}}} & \\
[g^* g_* \mathbb{C}, \mathcal{G}] & &
\end{array}$$

commutes, where the vertical arrow is induced by pullback along the counit. Now consider the diagram

$$\begin{array}{ccccc}
[h^* \mathbb{C}, \mathcal{F}] & \longrightarrow & [\mathbb{C}, \mathcal{G}] & & \\
\Big\downarrow & & \Big\downarrow & & \\
[h^* g^* g_* \mathbb{C}, \mathcal{F}] & \longrightarrow & [g^* g_* \mathbb{C}, \mathcal{G}] & \longrightarrow & [g_* \mathbb{C}, \mathcal{E}] \\
\Big\downarrow \varinjlim & & \Big\downarrow \varinjlim & & \Big\downarrow \varinjlim \\
\mathcal{F} & \xrightarrow{\;h_*\;} & \mathcal{G} & \xrightarrow{\;g_*\;} & \mathcal{E}
\end{array}$$

where the horizontal arrows are all direct image functors. If we chase a discrete opfibration $\mathbb{F} \to h^*\mathbb{C}$ around the upper square, we obtain the pullbacks of $h_*\mathbb{F}$ either way around the square

$$\begin{array}{ccc} g^*g_*\mathbb{C} & \longrightarrow & \mathbb{C} \\ \downarrow & & \downarrow \\ h_*h^*g^*g_*\mathbb{C} & \longrightarrow & h_*h^*\mathbb{C} \end{array}$$

formed by the unit and counit maps; but this square commutes by naturality of the unit, and so the top square in the large diagram commutes up to isomorphism. Also, the right lower square and the outside of the lower rectangle commute up to isomorphism, since $gh$ and $g$ are both tidy. So we conclude that, for any $\mathbb{F} \to h^*\mathbb{C}$, the Beck–Chevalley morphism $\varinjlim_{\mathbb{C}}[\mathbb{C}, h]_*(\mathbb{F}) \to h_* \varinjlim_{h^*\mathbb{C}}(\mathbb{F})$ is mapped by $g_*$ to an isomorphism; i.e., considering it as a map between sheaves on a Boolean algebra $\mathbb{B}$ in $\mathcal{E}$, it is 'bijective on global sections'. Now each element $b$ of $B$ corresponds (via the principal ideal $\downarrow(b)$) to a clopen subtopos of $\mathcal{G}$, and hence (via pullback) to a clopen subtopos $\mathcal{F}'$ of $\mathcal{F}$; the composite $\mathcal{F}' \to \mathcal{F} \to \mathcal{E}$ is still proper, so on restricting to it we may similarly deduce that the Beck–Chevalley morphism is bijective on sections over $b$, for any $b$; i.e. it is an isomorphism in $\mathbf{Sh}(\mathbb{B}, P) = \mathcal{G}$.

We are still not finished; for we have to consider filtered categories in arbitrary slices of $\mathcal{G}$, not just in $\mathcal{G}$ itself. However, these can be dealt with in a similar manner, using the fact that every object of $\mathcal{G}$ is an $\mathcal{E}$-indexed colimit of complemented subterminal objects. We shall not go into the details here.

For geometric morphisms over a base topos $\mathcal{S}$, local connectedness may be viewed as a strengthening of the property of being $\mathcal{S}$-essential. In the same way, tidiness of a morphism $f\colon \mathcal{F} \to \mathcal{E}$ may be seen as a strengthening of the 'relative' condition that the direct image functor $f_*$ should preserve filtered $\mathcal{S}$-indexed colimits (that is, the special case of Definition 3.4.2 where the object $A$ and the filtered category $\mathbb{C}$ are assumed to come from $\mathcal{S}$ and $\mathcal{S}/A$ respectively). This relative notion of tidiness has also been studied by Moerdijk and Vermeulen [858]: in particular, they proved the dual of Pitts's Theorem 2.3.17, which we state here (although we refer to [858] for the proof).

**Theorem 3.4.18** *Suppose given a comma square*

$$\begin{array}{ccc} (f \downarrow g) & \xrightarrow{\;v\;} & \mathcal{G} \\ {\scriptstyle u}\downarrow & \rightarrow & \downarrow{\scriptstyle g} \\ \mathcal{F} & \xrightarrow{\;f\;} & \mathcal{E} \end{array}$$

*in* $\mathfrak{BTop}/\mathcal{S}$*, where* $\mathcal{S}$ *is a topos with a natural number object. If* $g$ *is tidy relative to* $\mathcal{S}$*, then* $u$ *is tidy, and the Beck–Chevalley natural transformation* $f^*g_* \to u_*v^*$ *is an isomorphism.* □

**Suggestions for further reading:** Johnstone [519], Moerdijk & Vermeulen [857, 858].

## C3.5 Atomic morphisms

In this section we study those geometric morphisms whose inverse image functors are logical. Of course, we already know quite a bit about such morphisms: we saw in A2.3.2 that every local homeomorphism has logical inverse image, in A2.2.10(ii) that any such morphism must be essential, and in A2.4.8 that the left adjoint of its inverse image functor must preserve monomorphisms. Also, such a morphism must be locally connected, since its inverse image commutes with the functors $\Pi_f$.

Traditionally, a geometric morphism with logical inverse image is said to be *atomic*. This is perhaps not a particularly good name, since it fails to suggest that the condition is a strengthening of 'open' and of 'locally connected'; in fact it derives from a characteristic property of atomic **Set**-toposes (that is, toposes which possess an atomic geometric morphism to **Set**), as we shall see in 3.5.9 below, and is not really appropriate for morphisms between non-Boolean toposes. Nevertheless, it is by now a well-established term, and we have not attempted to depart from it.

**Lemma 3.5.1**

(i) *A composite of atomic morphisms is atomic.*

(ii) *Let*

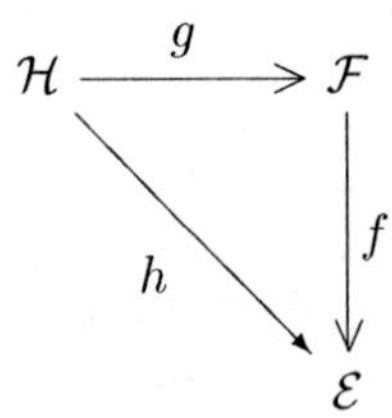


*be a commutative diagram of geometric morphisms, where* $h$ *is atomic and* $g$ *is an open surjection. Then* $f$ *is atomic.*

**Proof**

(i) is trivial.

(ii) is proved in exactly the same way as 3.3.2(iv), but using the power-object comparison map $\phi_A : f^*(PA) \to P(f^*A)$ instead of the exponential comparison map. □

**Corollary 3.5.2** *Let $\mathcal{E}$ be a Grothendieck topos with enough points. Then $\mathcal{E}$ is Boolean iff the unique geometric morphism $\gamma \colon \mathcal{E} \to \mathbf{Set}$ is atomic.*

**Proof** Clearly, if $\gamma$ is atomic then $\mathcal{E}$ must be Boolean, since $\gamma^*$ preserves the isomorphism $(1 \amalg 1) \cong \Omega$. Conversely, if $\mathcal{E}$ is Boolean, we apply 3.5.1(ii) to the diagram

$$\begin{array}{ccc} \mathbf{Set}/K & \xrightarrow{\;g\;} & \mathcal{E} \\ & \searrow & \downarrow{\scriptstyle \gamma} \\ & & \mathbf{Set} \end{array}$$

where $K$ is a sufficient set of points of $\mathcal{E}$ (cf. 2.2.12); note that $g$ is open by the remark before 3.1.9. $\square$

For Grothendieck toposes without enough points, atomicity over **Set** is a stronger condition than Booleanness. Indeed, for localic toposes we have:

**Lemma 3.5.3** *Let $X$ be a locale. Then the following are equivalent:*

(i) *$X$ is discrete (that is, $\mathcal{O}(X)$ is a full power-set).*

(ii) *$\mathbf{Sh}(X)$ is atomic over* **Set**.

(iii) *$\mathbf{Sh}(X)$ is Boolean and has enough points.*

**Proof** (i) $\Rightarrow$ (iii) follows from the fact that if $X$ is discrete we have $\mathbf{Sh}(X) \simeq \mathbf{LH}/X \cong \mathbf{Set}/X$.

(iii) $\Rightarrow$ (ii) follows from 3.5.2.

(ii) $\Rightarrow$ (i): Let $\gamma_! \colon \mathbf{Sh}(X) \to \mathbf{Set}$ be the left adjoint of the inverse image functor. Then by A2.4.8 we have $\mathcal{O}(X) \cong \mathrm{Sub}_{\mathbf{Sh}(X)}(1) \cong \mathrm{Sub}_{\mathbf{Set}}(\gamma_!(1))$. $\square$

An atomic **Set**-topos which is not localic need not have enough points: we give a counterexample in D3.4.14. However, one part of the proof of 3.5.3 survives in general: if $\gamma \colon \mathcal{E} \to \mathbf{Set}$ is atomic, then for every object $A$ of $\mathcal{E}$ we have $\mathrm{Sub}_{\mathcal{E}}(A) \cong \mathrm{Sub}_{\mathbf{Set}}(\gamma_!(A))$, so subobject lattices in $\mathcal{E}$ are full power-sets (that is, complete atomic Boolean algebras). This is the origin of the name 'atomic topos', as hinted earlier.

The equivalence of (i) and (ii) in 3.5.3 remains valid over an arbitrary base:

**Lemma 3.5.4**

(i) *A connected atomic morphism is hyperconnected.*

(ii) *If $f \colon \mathcal{F} \to \mathcal{E}$ is atomic, then the factorization $\mathcal{F} \to \mathcal{E}/f_!1 \to \mathcal{E}$ of* 3.3.5(i) *coincides with the hyperconnected–localic factorization of $f$, and both halves of it are atomic.*

(iii) *A localic morphism is atomic iff it is a local homeomorphism.*

**Proof** (i) If $f \colon \mathcal{F} \to \mathcal{E}$ is atomic and connected, then for every object $A$ of $\mathcal{E}$ we have a bijection $\mathrm{Sub}(f^*A) \to \mathrm{Sub}(f_!f^*A) \cong \mathrm{Sub}(A)$ induced by $f_!$, whose inverse must be induced by $f^*$. In particular, every subobject of $f^*A$ is in the image of $f^*$; i.e. $f$ satisfies condition (ii) of A4.6.6.

(ii) As in the proof of 3.3.5(i), we may factor the inverse image functor $\mathcal{E}/f_!1 \to \mathcal{F}$ as

$$\mathcal{E}/f_!1 \xrightarrow{(f/f_!1)^*} \mathcal{F}/f^*f_!1 \xrightarrow{\eta_1^*} \mathcal{F}$$

where $\eta$ is the unit of $(f_! \dashv f^*)$; hence it is logical. So by (i) the morphism $\mathcal{F} \to \mathcal{E}/f_!1$ is hyperconnected; and since the other factor is localic by A4.6.2($a$), the factorization is the hyperconnected–localic one.

(iii) is immediate from (ii), since if $f$ is localic then the first half of the factorization in (ii) is an equivalence. □

For dealing with atomic morphisms over an arbitrary base, the following characterization is often useful. For the moment, let us write $D: \mathcal{E} \to \mathbf{Loc}(\mathcal{E})$ for the functor which sends an object $A$ to the discrete locale on $A$ (defined by $\mathcal{O}(DA) = PA$), and let $X \mapsto X_p$ denote its right adjoint which sends a locale $X$ to its object of points (i.e. the hom-object $\mathbf{Frm}(\mathcal{E})\,(\mathcal{O}(X), \Omega)$ of the locally internal category $\mathbb{F}\mathsf{rm}(\mathcal{E})$; cf. 1.2.2).

**Lemma 3.5.5** *For a geometric morphism $f: \mathcal{F} \to \mathcal{E}$, the following are equivalent:*

(i) *$f$ is atomic.*

(ii) *For any internal locale $X$ in $\mathcal{E}$, we have $f^*(X_p) \cong (f^*X)_p$.*

(iii) *The functor $f_!: \mathbf{Loc}(\mathcal{F}) \to \mathbf{Loc}(\mathcal{E})$ preserves discrete locales.*

(iv) *For every object $B$ of $\mathcal{F}$, the composite $\mathcal{F}/B \to \mathcal{F} \to \mathcal{E}$ can be factored as a hyperconnected morphism followed by a local homeomorphism.*

**Proof** (i) ⇒ (iv) follows immediately from 3.5.4(ii).

(iv) ⇒ (iii): By the definition of $f_!$ on locales in Section C2.4, $f_!(DB)$ is the internal locale in $\mathcal{E}$ corresponding to the localic part of the composite $\mathbf{Sh}_{\mathcal{F}}(DB) \simeq \mathcal{F}/B \to \mathcal{F} \to \mathcal{E}$. Condition (iv) says that this locale is discrete.

(iii) ⇒ (ii): Let $X$ be an internal locale in $\mathcal{E}$. Then, for any object $B$ of $\mathcal{F}$, we have bijections

$$\begin{array}{rcll} B & \longrightarrow & (f^*X)_p & \\ \hline DB & \longrightarrow & f^*X & \\ \hline f_!(DB) & \longrightarrow & X & \\ \hline f_!(DB) & \longrightarrow & D(X_p) & \text{since } f_!(DB) \text{ is discrete} \\ \hline DB & \longrightarrow & f^*(D(X_p)) & \\ \hline DB & \longrightarrow & D(f^*(X_p)) & \text{since } f^* \text{ preserves discrete locales} \\ \hline B & \longrightarrow & f^*(X_p) & \end{array}$$

so $(f^*X)_p \cong f^*(X_p)$.

(ii) $\Rightarrow$ (i): Given an object $A$ of $\mathcal{E}$, let $S^A$ be the $A$-fold power of the Sierpiński locale, i.e. the locale such that $\mathcal{O}(S^A)$ is the free frame $FA$ generated by $A$ (cf. 1.1.4). From the adjunction $(f^{\#} \dashv f_*)$, it is clear that $f^{\#}(FA) \cong F(f^*A)$, so on taking objects of points we obtain

$$f^*(PA) \cong f^*((S^A)_p) \cong (f^*(S^A))_p \cong (S^{f^*A})_p \cong P(f^*A) \ ,$$

i.e. $f^*$ is logical. □

Condition (iv) of 3.5.5 should be compared with 3.3.5(ii). In connection with 3.5.5(ii), we remark that if $f$ is atomic then the functor $f^{\#}\colon \mathbf{Frm}(\mathcal{E}) \to \mathbf{Frm}(\mathcal{F})$ *is* simply the functor $f^*$ applied to internal frames in $\mathcal{E}$; the fact that logical functors preserve completeness of internal posets was proved in B2.3.10(i). Using this, it is not hard to give a direct proof of the implication (i) $\Rightarrow$ (ii) in 3.5.5 (as is done, for example, in [560]).

An interesting feature of atomic morphisms is that their one-sided inverses, if any, are necessarily open.

**Proposition 3.5.6** *Let $f\colon \mathcal{F} \to \mathcal{E}$ be an atomic morphism, let $A$ be an object of $\mathcal{E}$ and let $g\colon \mathcal{E}/A \to \mathcal{F}$ be a geometric morphism over $\mathcal{E}$. Then*

(i) *$g$ is open;*

(ii) *if $f$ is connected and $A \to 1$ is epic, $g$ is surjective.*

**Proof** It is convenient to prove the second assertion first.

(ii) Since both $f_*$ and $f^*$ preserve $\Omega$, we know that their left adjoints $f^*$ and $f_!$ both induce bijections on subobject lattices, by A4.6.6(vi) and A2.4.8. Moreover, an easy diagram-chase shows that, for any $B \in \text{ob}\, \mathcal{F}$, the composite bijection $\text{Sub}(B) \to \text{Sub}(f^*f_!B)$ is inverse to the operation of pulling back along the unit map $B \to f^*f_!B$; so, by considering the image of the latter, we see that it must be an epimorphism. Now, for any $B' \rightarrowtail B$, we have a pullback square

$$\begin{array}{ccc} B' & \twoheadrightarrow & f^*f_!B' \\ \downarrow & & \downarrow \\ B & \twoheadrightarrow & f^*f_!B \end{array} \quad ;$$

applying $g^*$ to this, we obtain a pullback square

$$\begin{array}{ccc} g^*B' & \twoheadrightarrow & A^*f_!B' \\ \downarrow & & \downarrow \\ g^*B & \twoheadrightarrow & A^*f_!B \end{array} \quad ,$$

since $g^*f^* \cong A^* : \mathcal{E} \to \mathcal{E}/A$. Hence $g^*$, like $f_!$, preserves properness of subobjects; but since it also (unlike $f_!$ – cf. A2.3.8) preserves equalizers, it is conservative by A1.2.4.

(i) First we observe that we may reduce to the case $A = 1$: for we have a pullback

$$\begin{array}{ccc} \mathcal{F}/f^*A & \longrightarrow & \mathcal{F} \\ \downarrow{\scriptstyle f/A} & & \downarrow{\scriptstyle f} \\ \mathcal{E}/A & \longrightarrow & \mathcal{E} \end{array}$$

in $\mathfrak{Top}$, where $f/A$ is atomic by A2.3.7, and thus $g$ induces a morphism $\mathcal{E}/A \to \mathcal{F}/f^*A$ over $\mathcal{E}/A$, whose openness implies that of $g$ itself by 3.2.23.

Let $B$ be an object of $\mathcal{F}$, and suppose we are given a subobject $C \rightarrowtail g^*B$. As in the proof of (ii), it is easy to prove that for any $B' \rightarrowtail B$ the naturality square

$$\begin{array}{ccc} B' & \longrightarrow & f^*f_!B' \\ \downarrow & & \downarrow \\ B & \longrightarrow & f^*f_!B \end{array}$$

is a pullback (by considering the classifying maps of the two vertical morphisms), although its horizontal edges are no longer necessarily epic. Applying $g^*$ to this square, we obtain a pullback

$$\begin{array}{ccc} g^*B' & \longrightarrow & f_!B' \\ \downarrow & & \downarrow \\ g^*B & \longrightarrow & f_!B \end{array} \quad ;$$

so if we take $B' \rightarrowtail B$ to be the unique subobject such that $f_!B'$ is the image of the composite $C \rightarrowtail g^*B \to f_!B$, we obtain the unique smallest subobject of $B$ such that $C' \leq g^*B'$.

Now by 3.5.5(iv) we have a connected atomic morphism $\mathcal{F}/B' \to \mathcal{E}/f_!B'$. Also, the composite $\mathcal{E}/C \to \mathcal{E}/g^*B' \to \mathcal{F}/B'$ is a morphism over $\mathcal{E}/f_!B'$; and since $C \to f_!B'$ is epic by the definition of $B'$, it follows from (ii) that this latter composite is a surjection. So the image of $\mathcal{E}/C \to \mathcal{E}/g^*B \to \mathcal{F}/B$ (in the sense of the surjection–inclusion factorization) is $\mathcal{F}/B'$; thus we have verified condition (vi) of 3.1.7 for $g$. □

**Remark 3.5.7** Using the descent theorem for open surjections, we shall see in 5.2.12 below that if $f: \mathcal{E} \to \mathcal{S}$ is connected atomic and has a section, then $\mathcal{E}$ may be identified with the topos of continuous $G$-sets for a suitable localic group $G$ in $\mathcal{S}$. In particular, it is bounded over $\mathcal{S}$. That is, *a connected atomic morphism with a section is necessarily bounded.* The assumption of having a section is essential here; recall that two of our three prime examples of unbounded toposes over **Set** (cf. B3.1.14) are the topos $\mathbf{Unif}(G)$ where $G$ is a topological group having no smallest open subgroup as in A2.1.7, and the topos $[\mathcal{G}, \mathbf{Set}]$ where $\mathcal{G}$ is a 'large' group as in A2.1.4. Both of these are easily seen to be connected and atomic, but neither has a point. (For both toposes, the forgetful functor to **Set** preserves finite limits and all colimits which exist, but fails to have a right adjoint – in one case because the topos fails to be cocomplete, and in the other because the solution-set condition fails.)

Our next task is, as usual, to give a site characterization of bounded atomic morphisms. Since atomic morphisms are locally connected, we know that for any bounded atomic morphism $p: \mathcal{E} \to \mathcal{S}$ we can choose a site of definition for $\mathcal{E}$ consisting of objects $A$ which are connected, i.e. satisfy $p_!(A) \cong 1$. In the case when $p$ is atomic, connected objects of $\mathcal{E}$ are generally called *atoms*; by 3.5.5(iii), an atom $A$ has the property that $p_*(\Omega_{\mathcal{E}}^A) \cong \Omega_{\mathcal{S}}$, and in particular that the map $\mathrm{Sub}_{\mathcal{S}}(1) \to \mathrm{Sub}_{\mathcal{E}}(A)$ sending $U$ to $A \times p^*U$ is bijective. (The name 'atom' is really appropriate only in the classical case $\mathcal{S} = \mathbf{Set}$, when this condition says that $A$ has no subobjects other than itself and 0 (and these two are distinct); but, as we remarked earlier, it seems hard to avoid using it in the more general context.)

We note that any morphism between atoms is an epimorphism in $\mathcal{E}$; for if $f: A \to B$ had image $B \times p^*U$, then we should have $A \cong A \times p^*U$. In particular, therefore, if $\mathbb{C}$ is any internal full subcategory of $\mathbb{E}$ (over $\mathcal{S}$) on a generating set of atoms, each morphism of $\mathbb{C}$ generates a covering sieve in the induced coverage on $\mathbb{C}$. We note also that $\mathbb{C}$ satisfies the right Ore condition (so that, by A2.1.11($h$), these sieves do indeed form a coverage): if $f: A \to C$ and $g: B \to C$ are two morphisms of $\mathbb{C}$ with common codomain, then the pullback $A \times_C B$ in $\mathcal{E}$ is nonzero, and so admits a morphism from some object of $\mathbb{C}$.

In 2.1.12($c$) we considered two further conditions on a site $(\mathcal{C}, T)$ as above, designed to ensure that $T$ coincides with the canonical coverage on $\mathcal{C}$: namely, that every morphism of $\mathcal{C}$ is an effective epimorphism (i.e., if $g: A \to C$ coequalizes every pair of morphisms coequalized by $f: A \to B$, then $g$ factors uniquely through $f$) and that $\mathcal{C}$ does not have a strict initial object. The first of these is true in general (since, for any$f: A \to B$, the family of morphisms from objects of $\mathbb{C}$ to the kernel-pair $A \times_B A$ is epimorphic); but the second is special to the case $\mathcal{S} = \mathbf{Set}$ (and even in that case it fails when the only atom is the terminal object 1, i.e. when $\mathcal{E} = \mathbf{Set}$). Also, the first condition is not stable under change of base; so we do not include it in our definition of an 'atomic site', even though it was part of Barr's original definition [81].

One further feature of the case $\mathcal{S} = \mathbf{Set}$ deserves mention. In a bounded atomic **Set**-topos there are, up to isomorphism, only a set of atoms, since if $\{G_i \mid i \in I\}$ is any generating set then each atom must be a surjective image of a single $G_i$. Conversely, any epimorphic image of an atom is an atom; so, by taking an arbitrary generating subcategory of atoms and closing it under quotients in $\mathcal{E}$, we may assume that our site contains (up to isomorphism) all the atoms of $\mathcal{E}$. However, this property is not needed for our characterization.

**Theorem 3.5.8** *For a bounded geometric morphism $p: \mathcal{E} \to \mathcal{S}$, the following are equivalent:*

(i) *$p$ is atomic.*

(ii) *There exists an internal site $(\mathbb{C}, T)$ for $\mathcal{E}$ over $\mathcal{S}$ such that $\mathbb{C}$ satisfies the right Ore condition, and $T$ consists either of all inhabited sieves on objects of $\mathbb{C}$ or of all sieves generated by single morphisms of $\mathbb{C}$.*

(iii) *There exists a site $(\mathbb{C}, T)$ as in* (ii), *but with the additional property that each morphism of $\mathbb{C}$ is an effective epimorphism.*

**Proof** (i) $\Rightarrow$ (iii) is proved in the discussion above, and (iii) $\Rightarrow$ (ii) is trivial.

For (ii) $\Rightarrow$ (i), we note first that a site as in (ii) is locally connected, as we saw in 3.3.11($b$); so we already know that $p^*$ is a cartesian closed functor, and we need only show that it preserves $\Omega$. For this, the argument is similar to (but easier than) that of 3.1.19(i): recall from the proof of 3.3.10 that $p^*$ simply sends $\Omega_{\mathcal{S}}$ to the constant diagram on $\mathbb{C}^{\mathrm{op}}$ with value $\Omega_{\mathcal{S}}$, so we have only to verify that, for each object $U$ of $\mathbb{C}$, the object $\mathrm{Sv}_T(U)$ of $T$-closed sieves on $U$, as described in the proof of 3.1.19(i), is isomorphic to $\Omega$. But this is easy, since a $T$-closed sieve $R$ is entirely determined by the truth-value of the assertion '$R$ is inhabited': since every inhabited sieve is $T$-covering (or at least contains a $T$-covering sieve), to the extent that $R$ is inhabited it must contain all morphisms with codomain $U$. (Also, because all $T$-covering sieves are inhabited, the sieves

$$\{a: C_1 \mid d_0(a) = U \wedge p\}$$

(where $p: \Omega_{\mathcal{S}}$) are all $T$-closed.) □

We note that 3.5.8 has a straightforward strengthening, similar to those for our site characterizations of openness and local connectedness: $p$ is connected and atomic iff the site in (ii) or (iii) may be chosen to have a terminal object.

Before going on to prove the pullback-stability and inverse limit theorems, we pause to discuss some important examples of atomic sites in the case $\mathcal{S} = \mathbf{Set}$.

**Examples 3.5.9** ($a$) Any group $G$ (more generally, any small groupoid) is an atomic site when equipped with the coverage in which only the maximal sieves cover (as we noted in A2.1.11($i$), these are the only inhabited sieves in this case). So $[G, \mathbf{Set}]$ is an atomic topos (as we already knew from A2.1.4). The atoms of $[G, \mathbf{Set}]$ are the transitive $G$-sets (equivalently, the sets $G : H$ of left cosets of arbitrary subgroups $H$ of $G$); so we may obtain an alternative site of definition for $[G, \mathbf{Set}]$ by taking the full subcategory of all such $G$-sets, with the coverage in which every morphism generates a covering sieve. (However, we note that in this case the coverage is rigid in the sense of 2.2.18, since there is a largest atom, namely $G$ itself; so we could alternatively use the Comparison Lemma 2.2.3 to derive the equivalence of the topos of sheaves on this site with $[G, \mathbf{Set}]$.)

(*b*) For a topological group $G$, the atoms of $\mathbf{Cont}(G)$ are again the transitive continuous $G$-sets, i.e. the $G$-sets $G : H$ where $H$ is an open subgroup. So we may take these as the objects of our atomic site; equivalently, as we observed in 2.2.4(*c*), we may take the objects of the site to be the open subgroups themselves, with morphisms $H \to K$ labelled by those cosets $gK$ of $K$ for which $H \subseteq gKg^{-1}$, and the composite of $gK : H \to K$ and $hL : K \to L$ defined to be $ghL$.

(*c*) As we remarked in 2.1.12(*c*), the category $\mathbf{Set}_{fe}$ of finite sets and surjections, and the dual of the category $\mathbf{Set}_{fm}$ of finite sets and injections, are both atomic sites when equipped with the coverage consisting of all sieves generated by single morphisms. (In fact they are both special cases of the previous example, for suitable topological groups $G$; we prove this explicitly for $\mathbf{Set}_{fm}^{\mathrm{op}}$ in D3.4.10, and for $\mathbf{Set}_{fe}$ in D3.4.12. We recall also that in A2.1.11(*h*) we showed that the sheaves for the atomic coverage on $\mathbf{Set}_{fm}^{\mathrm{op}}$ are exactly the pullback-preserving functors; so we can now conclude that *the category of pullback-preserving functors* $\mathbf{Set}_{fm} \to \mathbf{Set}$ *is an atomic topos.*

(*d*) A similar argument shows that if $\mathbf{Ord}_{fm}$ denotes the category of finite totally ordered sets and order-preserving injections, then the pullback-preserving functors $\mathbf{Ord}_{fm} \to \mathbf{Set}$ are exactly the sheaves for the atomic coverage on $\mathbf{Ord}_{fm}^{\mathrm{op}}$, so they form an atomic topos. Once again, we shall meet this topos again in Section D3.4, where we shall see that it too can be identified with a topos of continuous $G$-sets. For more information about this topos, see [529].

From 3.5.8, we may obtain a characterization of connected atomic morphisms in terms of fibrations of sites. In this context, we shall say that a functor $F : \mathcal{C} \to \mathcal{D}$ between the underlying categories of two sites *creates covers* if, given any sieve $R$ on an object $U$ of $\mathcal{C}$, $R$ is covering iff the sieve generated by $\{Fa \mid a \in R\}$ covers $FU$ in $\mathcal{D}$; note that this implies that $F$ both preserves and reflects covers as defined in Section C2.3, but it is stronger than either of these conditions.

**Proposition 3.5.10** *Let $f : \mathcal{F} \to \mathcal{E}$ be a geometric morphism between bounded $\mathcal{S}$-toposes. Then $f$ is connected and atomic iff it can be defined by a fibration of sites $(P, T) : (\mathbb{D}, K) \to (\mathbb{C}, J)$ in $\mathcal{S}$ such that $P$ creates covers.*

**Proof** First suppose $f$ is connected and atomic. Choose any site $(\mathbb{C}, J)$ for $\mathcal{E}$ over $\mathcal{S}$; let $(\mathbb{B}, H)$ be an atomic site (with a terminal object) for $\mathcal{F}$ over $\mathcal{E}$, and externalize it as in 2.5.7 to obtain a continuous fibration. The assertion that the $H$-covering sieves are exactly the inhabited ones means that we can simplify the description of the coverage $K = J \rtimes H$ which we obtain on $\mathbb{D} = \mathbb{C} \rtimes \mathbb{B}$: a sieve $S$ on $(U, V)$ is covering iff the set of all $a\colon U' \to U$ for which there exists some $b$ with $(a, b)\colon (U', V') \to (U, V) \in S$ is $J$-covering. But this is exactly the statement that $P$ creates covers.

Conversely, suppose $P$ creates covers. We claim first that $(P, T)$ satisfies the condition of 3.3.12; in fact, if we have a $K$-covering sieve $S$ on $V$ and a commutative square

$$\begin{array}{ccc} U & \xrightarrow{a_2} & PV_2 \\ \big\downarrow{\scriptstyle a_1} & & \big\downarrow{\scriptstyle Pb_2} \\ PV_1 & \xrightarrow{Pb_1} & PV \end{array}$$

with $b_1, b_2 \in S$, then $U$ can be $J$-covered by morphisms $c\colon PV_3 \to U$ for which the composites $a_i c$ $(i = 1, 2)$ are equal to $Pd_i$ for some morphisms $d_i$ making the square

$$\begin{array}{ccc} V_3 & \xrightarrow{d_2} & V_2 \\ \big\downarrow{\scriptstyle d_1} & & \big\downarrow{\scriptstyle b_2} \\ V_1 & \xrightarrow{b_1} & V \end{array}$$

commute in $\mathbb{D}$. To prove this, choose prone liftings of $a_1$, $a_2$ and the diagonal of the first square above, to obtain a diagram

$$\begin{array}{ccccc} \widetilde{U_1} & \xrightarrow{e_1} & \widetilde{U} & \xleftarrow{e_2} & \widetilde{U_2} \\ \big\downarrow & & \big\downarrow & & \big\downarrow \\ V_1 & \xrightarrow{b_1} & V & \xleftarrow{b_2} & V_2 \end{array}$$

where $e_1$ and $e_2$ are vertical (that is, their images under $P$ are the identity on $U$). Since $P$ creates covers, each of $e_1$ and $e_2$ generates a $K$-covering sieve; hence, by the remark after 2.1.8, the intersection of these two sieves (i.e. the sieve of all morphisms which factor through both $e_1$ and $e_2$) is also $K$-covering. The image of this sieve under $P$ is the cover of $U$ which we seek.

We therefore know that $f$ is connected and locally connected, so it remains to show that $f^*$ preserves $\Omega$. But we may do this by direct calculation, as in the proof of 3.1.21: we have to show that the mapping $\phi_V : \Omega_{\mathcal{E}}(PV) \to \Omega_{\mathcal{F}}(V)$, which sends a $J$-closed sieve $R$ on $PV$ to the $K$-closed sieve $\{b\colon V' \to V \mid Pb \in R\}$, is bijective. But it is easy to see that a $K$-closed sieve $S$ is generated by the prone morphisms which it contains, since (as we already observed) every vertical morphism in $\mathbb{D}$ must generate a $K$-covering sieve, and hence we may uniquely recover $R$ from $S$, as the sieve of all morphisms $U' \to PV$ whose prone liftings lie in $S$. □

**Corollary 3.5.11** *Let*

$$\cdots \xrightarrow{f_3} \mathcal{E}_2 \xrightarrow{f_2} \mathcal{E}_1 \xrightarrow{f_1} \mathcal{E}_0$$

*be an inverse sequence in* $\mathfrak{BTop}/\mathcal{S}$*, where each* $f_i$ *is connected and atomic. Then the legs* $f_\infty^n \colon \mathcal{E}_\infty \to \mathcal{E}_n$ *of the limit cone in* $\mathfrak{BTop}/\mathcal{S}$ *are connected and atomic.*

**Proof** As usual, we represent the $f_n$ by an inverse sequence of fibrations of sites satisfying the condition of 3.5.10. We must show that the projections $P_\infty^n \colon \mathbb{C}_\infty \to \mathbb{C}_n$ (in the notation of 2.5.11) create covers; but we already know that they preserve them, by 3.1.22. Suppose given a sieve $S$ on an object $(U_m \mid m \geq 0)$ of $\mathbb{C}_\infty$, whose image under $P_\infty^n$ generates a $J_n$-covering sieve. Then, for any $n' \geq n$, its image under $P_\infty^{n'}$ must generate a $J_{n'}$-covering sieve, since $P_{n'}^n$ creates covers; and we can choose $n'$ so large that $U_{j+1} \cong T_{j+1} U_j$ for all $j \geq n'$, i.e. so that $(U_m \mid m \geq 0) \cong T_\infty^{n'}(U_{n'})$. But now $T_\infty^{n'}$ preserves covers; so on applying it to our covering sieve on $U_{n'}$ we get a covering sieve generated by the $P_\infty^{n'}$-prone parts of all the morphisms in $S$. Hence, to prove that $S$ is covering, it suffices by the local character axiom $(L)$ to verify that the sieve generated by a single $P_\infty^{n'}$-vertical morphism is covering. But this follows by a similar argument: the morphism in question is in the image of $T_\infty^{n''}$ for some $n'' \geq n'$, and the morphism in $\mathbb{C}_{n''}$ which maps to it is $P_{n'}^{n''}$-vertical and hence generates a covering sieve there. □

We are now ready to prove the pullback-stability theorem for atomic morphisms. As usual, it has two forms, depending on which side of the pullback square is assumed to be bounded.

**Theorem 3.5.12** *Let*

$$\begin{array}{ccc} \mathcal{H} & \xrightarrow{k} & \mathcal{G} \\ {\scriptstyle h}\downarrow & & \downarrow{\scriptstyle g} \\ \mathcal{F} & \xrightarrow{f} & \mathcal{E} \end{array}$$

*be a pullback square in* $\mathfrak{Top}$*, where* $f$ *is atomic and either* $f$ *or* $g$ *is bounded. Then* $k$ *is atomic.*

**Proof** (i) In the case when $f$ is bounded, we may represent $\mathcal{F}$ as $\mathbf{Sh}_{\mathcal{E}}(\mathbb{C}, T)$, where $(\mathbb{C}, T)$ is a site as in 3.5.8(ii), and then $\mathcal{H} \simeq \mathbf{Sh}_{\mathcal{G}}(g^*\mathbb{C}, g^\# T)$. Now $g^*\mathbb{C}$ clearly inherits the right Ore condition from $\mathbb{C}$, since this may be expressed by a regular sequent (it is part of the assertion that $\mathbb{C}^{\mathrm{op}}$ is weakly filtered, cf. B2.6.2). The condition that $T$ consists of all inhabited sieves is not in general preserved under the passage to $g^{\#}T$, since the comparison map $g^*(P^+C_1) \to P^+(g^*C_1)$ need not be epic; but the condition that $T$ consists precisely of the sieves generated by single morphisms of $\mathbb{C}$ clearly is preserved. So the result is immediate from 3.5.8.

(ii) In the case when $g$ is bounded, we as usual consider the two sub-cases when $g$ has the form $[\mathbb{C}, \mathcal{E}] \to \mathcal{E}$ and when it is an inclusion. For the first of these, we recall from the proof of 3.1.24 that it is possible to give an explicit construction in terms of $\mathcal{E}$ of the power object of an internal diagram $F$ on $\mathbb{C}$; this construction uses only structure preserved by $f^*$, and so it is itself preserved by $[\mathbb{C}, f]^*$, i.e. the latter is logical. For the case when $g$ is the inclusion of a subtopos $\mathbf{sh}_j(\mathcal{E}) \to \mathcal{E}$, we note that by 3.1.25 we have a pullback

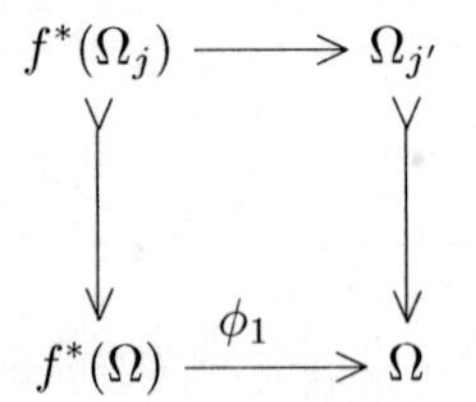


where $j'$ is the pullback local operator on $\mathcal{F}$; but $\phi_1$ is an isomorphism in this case, and so the top edge of the pullback square is also an isomorphism, i.e. $k^*$ (which is the restriction of $f^*$ to sheaves, by the second proof of 3.3.15) preserves $\Omega$. But it is also a cartesian closed functor by 3.3.15(ii), and hence logical. □

**Remark 3.5.13** An alternative proof of the inclusion case of 3.5.12(ii) may be given using the criterion of 3.5.5(iv). We know that the pullback $k$ is locally connected and hence essential, by 3.3.15; now, given any object $B$ of $\mathcal{H}$, we set $A = h_*B$ and consider the cube

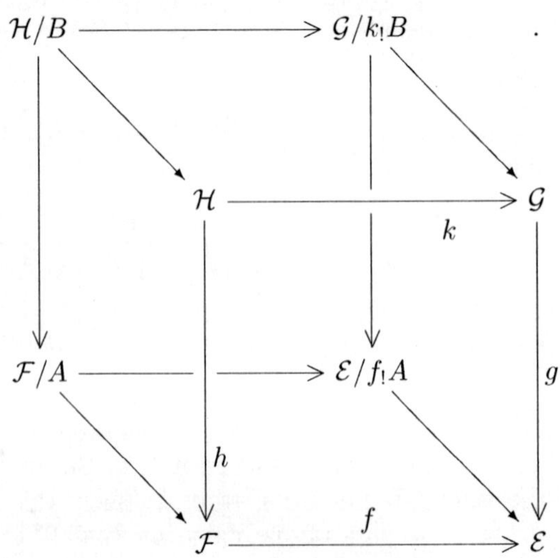

Here the left vertical face is a pullback since $h$ is an inclusion and so $h^*A \cong B$, and the right vertical face is a pullback since the Beck–Chevalley condition for locally connected morphisms yields $g^* f_! A \cong k_! h^* A \cong k_! B$. Since the front face is a pullback by assumption, the back face is too; hence from the fact that $\mathcal{F}/A \to \mathcal{E}/f_!A$ is hyperconnected we may deduce that $\mathcal{H}/B \to \mathcal{G}/k_!B$ is hyperconnected. So $k$ satisfies the condition of 3.5.5(iv).

We may now deduce another characterization of (bounded) atomic morphisms, paralleling the characterization of discrete locales which we gave in 3.1.15.

**Corollary 3.5.14** *A bounded geometric morphism $f : \mathcal{F} \to \mathcal{E}$ is atomic iff both $f$ and the diagonal morphism $\mathcal{F} \to \mathcal{F} \times_{\mathcal{E}} \mathcal{F}$ are open.*

**Proof** First suppose $f$ is atomic. Then $f$ is certainly open, and the projections $\mathcal{F} \times_{\mathcal{E}} \mathcal{F} \rightrightarrows \mathcal{F}$ are both atomic by 3.5.12. But the diagonal is a section of either of these, so it is open by 3.5.6.

For the converse, we note first that the property of having open diagonal is stable under composition of geometric morphisms, and is inherited by both halves of the hyperconnected–localic factorization, by arguments exactly like those which we gave in the 'proper' case in 3.2.25. Hence in particular, for any object $B$ of $\mathcal{F}$, the localic part of the composite $\mathcal{F}/B \to \mathcal{F} \to \mathcal{E}$ must be open with open diagonal; so by 3.1.15 it corresponds to a discrete internal locale in $\mathcal{E}$. So we have verified the condition of 3.5.5(iii), and $f$ is atomic. □

**Suggestions for further reading:** Barr & Diaconescu [81], Johnstone [541], Joyal & Tierney [560].

## C3.6 Local maps

In Section C3.3, we studied those geometric morphisms $f : \mathcal{F} \to \mathcal{E}$ for which $f^*$ has an $\mathcal{E}$-indexed left adjoint; in the present section our concern is with those $f$ for which $f_*$ has an $\mathcal{E}$-indexed right adjoint. At this point, the 'duality' between the odd- and even-numbered sections of this chapter finally breaks down: by the characterization of bounded atomic morphisms in 3.5.14, their 'proper' dual is the class of proper separated maps, which neither contains nor is contained in the class of local maps which we study in this section. In fact, as we shall see, the 'open' dual of the notion of local map is a different strengthening of the notion of locally connected morphism, which we shall characterize in 3.6.16 below under the name 'totally connected morphism'.

Of course, $f_*$ has a right adjoint iff it is the inverse image of a geometric morphism $c : \mathcal{E} \to \mathcal{F}$, iff $f$ has a *left* adjoint $c$ in the 2-category $\mathfrak{Top}$. But this condition alone will not ensure that the adjunction $(c^* \dashv c_*)$ is indexed over $\mathcal{E}$ (though it will, of course, be indexed over $\mathcal{F}$); so our first concern is to determine conditions under which this happens.

**Theorem 3.6.1** *For a geometric morphism $f\colon \mathcal{F} \to \mathcal{E}$, the following are equivalent:*

(i) *$f_*$ has an $\mathcal{E}$-indexed right adjoint.*

(ii) *$f$ has a left adjoint when regarded as a morphism $f \to 1_{\mathcal{E}}$ in the 2-category $\mathfrak{Top}/\mathcal{E}$.*

(iii) *$f$ is connected and has a left adjoint in $\mathfrak{Top}$.*

(iv) *$f_*$ has a right adjoint which is full and faithful.*

(v) *$f_*$ has a right adjoint which is a cartesian closed functor.*

(vi) *There exists a geometric morphism $c\colon \mathcal{E} \to \mathcal{F}$ such that $fc \cong 1_{\mathcal{E}}$ and, for every geometric morphism $g\colon \mathcal{G} \to \mathcal{E}$, the composite $cg$ is an initial object of $\mathfrak{Top}/\mathcal{E}\,(g, f)$.*

(vii) *There exists a geometric morphism $c\colon \mathcal{E} \to \mathcal{F}$ such that $fc \cong 1_{\mathcal{E}}$ and there exists a geometric transformation $\alpha\colon cf \to 1_{\mathcal{F}}$ over $\mathcal{E}$.*

**Proof** (i) ⇒ (ii): If $c_*$ is the right adjoint of $f_*$, then (as observed above) it is the direct image of a geometric morphism, which is left adjoint to $f$ in $\mathfrak{Top}$. But since the adjunction is $\mathcal{E}$-indexed, for any object $A$ of $\mathcal{E}$ we have

$$
\begin{aligned}
c^*f^*(A) &\cong c^*f^*(\Sigma_A A^*(1)) \\
&\cong \Sigma_A((c^*)^A(f^*)^A A^*(1)) && \text{since } c^* \text{ and } f^* \text{ preserve} \\
& && \mathcal{E}\text{-indexed coproducts} \\
&\cong \Sigma_A A^*(f^*c^*(1)) && \text{since } f^* \text{ and } c^* \text{ are } \mathcal{E}\text{-indexed functors} \\
&\cong \Sigma_A A^*(1) \cong A\,.
\end{aligned}
$$

So $fc \cong 1_{\mathcal{E}}$, i.e. $c$ is a morphism $1_{\mathcal{E}} \to f$ in $\mathfrak{Top}/\mathcal{E}$; and it is still left adjoint to $f$ in this 2-category, since the unit and counit of the adjunction $(f^* \dashv c^*)$ are $\mathcal{E}$-indexed natural transformations (cf. B3.1.5).

(ii) ⇒ (i): Since $\mathfrak{Top}/\mathcal{E}$ is fully embedded in the 2-category $\mathfrak{Top}_{\mathcal{E}}$ of $\mathcal{E}$-indexed toposes by B3.1.5, this is immediate.

(ii) ⇔ (iii): Condition (ii) says that $f_*$ has a right adjoint and that the composite $f_*f^*$ is isomorphic to the identity functor on $\mathcal{E}$; condition (iii) says additionally that the isomorphism $1_{\mathcal{E}} \cong f_*f^*$ is the unit of the adjunction $(f^* \dashv f_*)$. But, by A1.1.1, this extra condition is automatically satisfied when (ii) holds.

(iii) ⇔ (iv): Given adjunctions $(f^* \dashv f_* \dashv f^{\#})$, it is well known that $f^*$ is full and faithful iff $f^{\#}$ is, since the composite $f_*f^*$ is left adjoint to $f_*f^{\#}$.

(iv) ⇔ (v) is immediate from A4.2.9.

(ii) ⇒ (vi): Suppose (ii) holds; let $c\colon \mathcal{E} \to \mathcal{F}$ denote the left adjoint of $f$. Since $c$ is a morphism of $\mathfrak{Top}/\mathcal{E}$, we certainly have $fc \cong 1_{\mathcal{E}}$. Now let $g\colon \mathcal{G} \to \mathcal{E}$ be an $\mathcal{E}$-topos, and $h\colon \mathcal{G} \to \mathcal{F}$ an arbitrary geometric morphism over $\mathcal{E}$. Then 2-cells $cg \to h$ in $\mathfrak{Top}/\mathcal{E}$ correspond to $\mathcal{E}$-indexed natural transformations $g^*c^* \to h^*$, by B3.1.5, and these in turn correspond to $\mathcal{E}$-indexed natural transformations $f_* \cong c^* \to g_* h^*$. But since $f_*$ is the $\mathcal{E}$-indexed representable functor represented by $1_{\mathcal{F}}$, these in turn correspond to morphisms $1_{\mathcal{E}} \to g_* h^*(1_{\mathcal{F}}) \cong 1_{\mathcal{E}}$, by the $\mathcal{E}$-indexed Yoneda lemma. So there is a unique such 2-cell.

(vi) $\Rightarrow$ (vii) is immediate since (vi) includes the statement that $cf$ is initial in $\mathfrak{Top}/\mathcal{E}\,(\mathcal{F},\mathcal{F})$.

(vii) $\Rightarrow$ (ii): Since $\alpha$ is a 2-cell in $\mathfrak{Top}/\mathcal{E}$, the isomorphism $1_{\mathcal{E}} \to fc$ and $\alpha$ satisfy one of the two triangular identities for an adjunction in $\mathfrak{Top}/\mathcal{E}$; in the terminology of B1.1.8, $c$ is weak left adjoint to $f$ in this 2-category. But idempotent 2-cells split in $\mathfrak{Top}$, by A4.1.15, and an examination of that proof will show that they also split in $\mathfrak{Top}/\mathcal{E}$ for any $\mathcal{E}$; so by B1.1.8 $f$ has a left adjoint in $\mathfrak{Top}/\mathcal{E}$. □

**Remark 3.6.2** In the case when $f$ is bounded, we may add a further equivalent condition to 3.6.1, namely

(viii) *$f_*$ preserves arbitrary $\mathcal{E}$-indexed colimits.*

For this condition is always implied by (i), by B1.4.14; and the converse holds if $\mathbb{F}$ has an $\mathcal{E}$-indexed separating family, by B2.4.6.

We say that $f$ is a *local* geometric morphism, or that $\mathcal{F}$ is a *local $\mathcal{E}$-topos*, if it satisfies the equivalent conditions of 3.6.1. (The name could perhaps have been better chosen, given the slightly awkward clash with 'localic morphism'; but both terms are too well established to be easily abandoned.) In the particular case when $\mathcal{E}$ is **Set** (or whatever base topos we happen to be working over at the moment), we simply say $\mathcal{F}$ is a *local topos*. The geometric morphism $c$ of 3.6.1(vi) is often called the *centre* of the local morphism $f$, for reasons which will become clear shortly.

**Examples 3.6.3** (*a*) As we saw in 1.5.6, if $X$ is a locale then $\mathbf{Sh}(X)$ is local (that is, the unique morphism $\mathbf{Sh}(X) \to \mathbf{Set}$ is local) iff $X$ has a focal point, i.e. a point whose only neighbourhood is the whole space. More generally, suppose $f\colon X \to Y$ is a surjective continuous map of (sober) spaces such that, for each point $y$ of $Y$, the fibre $f^{-1}(y)$ has a focal point $c(y)$, and that the assignment $y \mapsto c(y)$ is continuous as a function $Y \to X$. Then the continuous map $c$ is a left adjoint right inverse for $f$ in the 2-category $\mathfrak{Loc}$ (i.e. $fc = 1_Y$ and $cf \leq 1_X$), and since the assignment $X \mapsto \mathbf{Sh}(X)$ is 2-functorial by 1.4.5, we deduce that the geometric morphism $\mathbf{Sh}(X) \to \mathbf{Sh}(Y)$ induced by $f$ is local. For example, if $L$ is a normal distributive lattice as defined in [520, II 3.6], and we take $X$ and $Y$ to be the spaces of prime and maximal ideals of $L$ respectively, then the inclusion $Y \to X$ has a (continuous) left inverse $r\colon X \to Y$ sending each prime ideal to the unique maximal ideal which contains it, and the induced geometric morphism $\mathbf{Sh}(X) \to \mathbf{Sh}(Y)$ is local.

(*b*) Similarly, if $f\colon \mathcal{C} \to \mathcal{D}$ is any functor between small categories which is a coreflector (i.e. has a left adjoint right inverse), then the induced morphism

$[\mathcal{C}, \mathbf{Set}] \to [\mathcal{D}, \mathbf{Set}]$ is local by A4.1.4. (Indeed, there is a converse result, by A4.1.5: if $\mathcal{C}$ is Cauchy-complete and the morphism induced by $f$ is local, then $f$ is a coreflector, since the left adjoint in $\mathfrak{Top}$ is automatically essential.) In particular, if $\mathcal{C}$ is a small category with an initial object, then the geometric morphism $[\mathcal{C}, \mathbf{Set}] \to \mathbf{Set}$ is local (and the converse holds provided $\mathcal{C}$ is Cauchy-complete).

(*c*) It follows from the preceding sentence that if $\mathbb{T}$ is any cartesian theory, then the classifying topos $\mathbf{Set}[\mathbb{T}]$ is local (over $\mathbf{Set}$); for D3.1.1 shows that $\mathbf{Set}[\mathbb{T}]$ may be identified with $[(\mathcal{C}_{\mathbb{T}})^{\mathrm{op}}, \mathbf{Set}]$, and the syntactic category $\mathcal{C}_{\mathbb{T}}$ has a terminal object by D1.4.2. More generally, for any geometric theory $\mathbb{T}$, a *term model* of $\mathbb{T}$ is defined to be a model $M$ (in $\mathbf{Set}$) such that, for each sort $A$ of the signature of $\mathbb{T}$, each element of $MA$ is the interpretation in $M$ of some closed term of sort $A$, and two such interpretations $s_M$ and $t_M$ are equal iff the sequent $(\top \vdash_{[]} (s = t))$ is provable in $\mathbb{T}$. It is easy to see that if $M$ is a term model of $\mathbb{T}$, then $p^*M$ is initial in $\mathbb{T}$-$\mathbf{Mod}(\mathcal{E})$ for any $\mathbf{Set}$-topos $p \colon \mathcal{E} \to \mathbf{Set}$, and hence by 3.6.1(vi) that the classifying topos $\mathbf{Set}[\mathbb{T}]$ is local. (For a cartesian theory $\mathbb{T}$, the term model is the free model generated by the empty set of generators.)

(*d*) Generalizing the last assertion of (*b*) in a different direction, let $(\mathcal{C}, T)$ be a small site such that $\mathcal{C}$ has a terminal object 1 which is $T$-irreducible in the sense of 2.2.18(*a*) (i.e. its only $T$-covering sieve is the maximal sieve $M_1$). (Such a site is often called a *local site*.) Then we claim that $\mathbf{Sh}(\mathcal{C}, T)$ is a local topos. For the direct image functor $\mathbf{Sh}(\mathcal{C}, T) \to \mathbf{Set}$ is given by evaluation at the terminal object; we know that this has a right adjoint as a functor $[\mathcal{C}^{\mathrm{op}}, \mathbf{Set}] \to \mathbf{Set}$, namely right Kan extension along the functor $\mathbf{1} \to \mathcal{C}$ which picks out the terminal object of $\mathcal{C}$; and the irreducibility of the latter ensures that this functor takes values in $\mathbf{Sh}(\mathcal{C}, T)$. (Explicitly, its value at a set $A$ is the functor $U \mapsto A^{\mathcal{C}\,(1,U)}$, which is a sheaf because $\mathcal{C}\,(1, -)$ maps covers to epimorphic families; cf. 2.4.10.) Conversely, suppose $\mathcal{E}$ is any bounded local $\mathbf{Set}$-topos, and let $\mathcal{C}$ be a small full subcategory of $\mathcal{E}$ which contains a generating set of objects as well as the terminal object 1. Since the direct image functor $\mathcal{E}\,(1, -) \colon \mathcal{E} \to \mathbf{Set}$ is also an inverse image functor, it preserves epimorphic families; that is, if $(A_i \to 1 \mid i \in I)$ is an epimorphic family in $\mathcal{E}$, then at least one $A_i \to 1$ must be a split epimorphism. It follows easily that 1 is irreducible for the coverage on $\mathcal{C}$ induced by the canonical coverage on $\mathcal{E}$. Thus we conclude that *a Grothendieck topos is local (over* **Set***) iff it can be generated by a local site*. The foregoing arguments are constructive, and so can be interpreted in the internal logic of an arbitrary topos $\mathcal{S}$ to give a characterization of bounded local morphisms with codomain $\mathcal{S}$.

(*e*) If $\mathcal{E}$ is the topos of sheaves on a small full subcategory $\mathcal{C}$ of $\mathbf{Sp}$ as in A2.1.11(*d*), then we saw in 2.3.23 that, for any object $X$ of $\mathcal{C}$, there is a local geometric morphism $\mathcal{E}/l(X) \to \mathbf{Sh}(X)$; and if $X$ is a smooth manifold (resp. an affine scheme of finite type over a field $k$), then there is a similar local morphism to $\mathbf{Sh}(X)$ from the appropriate slice of the topos of A2.1.11(*e*) (resp. (*f*)).

(*f*) We recall from A2.1.12 that the *Sierpiński cone* on a locally small topos $\mathcal{E}$ is the topos obtained by glueing along the functor $\mathcal{E}\,(1, -) \colon \mathcal{E} \to \mathbf{Set}$. More generally, given a geometric morphism $p \colon \mathcal{E} \to \mathcal{S}$, we define the Sierpiński cone on $\mathcal{E}$

over $\mathcal{S}$ to be the topos obtained by glueing along $p_*: \mathcal{E} \to \mathcal{S}$; we shall denote it by $\mathbf{scn}_{\mathcal{S}}(\mathcal{E})$. By B3.4.2, it may be viewed as the cocomma object $(p \uparrow 1_{\mathcal{E}})$ in $\mathfrak{Top}$; that is, geometric morphisms $\mathbf{scn}_{\mathcal{S}}(\mathcal{E}) \to \mathcal{F}$ correspond to triples $(f, g, \alpha)$ where $f: \mathcal{E} \to \mathcal{F}$, $g: \mathcal{S} \to \mathcal{F}$ and $\alpha: pg \to f$ is a geometric transformation. In particular we have a morphism $q: \mathbf{scn}_{\mathcal{S}}(\mathcal{E}) \to \mathcal{S}$ corresponding to the triple $(p, 1_{\mathcal{S}}, 1_p)$; we claim that this is always local. For its inverse image is easily seen to be given by $q^*(I) = (p^*I, I, \eta_I)$ where $\eta$ is the unit of $(p^* \dashv p_*)$; hence morphisms $q^*(I) \to (A, J, f)$ are pairs $(u, v)$ where $u: p^*(I) \to A$ and $v: I \to J$ make the square

$$\begin{array}{ccc} I & \xrightarrow{\eta_I} & p_*p^*(I) \\ {\scriptstyle v}\downarrow & & \downarrow{\scriptstyle p_*(u)} \\ J & \xrightarrow{f} & p_*(A) \end{array}$$

commute. But this is equivalent to saying that the transpose of $u$ is the composite $fv$, so the pair $(u, v)$ is uniquely determined by $v$, and we see that the right adjoint $q_*$ of $q^*$ coincides with the projection $\mathbf{scn}_{\mathcal{S}}(\mathcal{E}) \to \mathcal{S}$, i.e. the inverse image of the closed inclusion $c: \mathcal{S} \to \mathbf{scn}_{\mathcal{S}}(\mathcal{E})$ (cf. A4.5.6). We note also that the composite of $q$ with the open inclusion $d: \mathcal{E} \to \mathbf{scn}_{\mathcal{S}}(\mathcal{E})$ is our original morphism $p$; thus we have shown that *every geometric morphism may be factored as an open inclusion followed by a local morphism.*

Following on from the last example above, we note

**Lemma 3.6.4** *For an $\mathcal{S}$-topos $p: \mathcal{E} \to \mathcal{S}$, the following are equivalent:*

(i) *$p$ is local.*

(ii) *$\mathcal{E}$ is a retract of a local $\mathcal{S}$-topos.*

(iii) *$\mathcal{E}$ is a retract of $\mathbf{scn}_{\mathcal{S}}(\mathcal{F})$ for some $\mathcal{S}$-topos $\mathcal{F}$.*

(iv) *$\mathcal{E}$ is an adjoint retract (cf. B1.1.9(c)) of $\mathbf{scn}_{\mathcal{S}}(\mathcal{F})$ for some $\mathcal{S}$-topos $\mathcal{F}$.*

(v) *The open inclusion $d: \mathcal{E} \to \mathbf{scn}_{\mathcal{S}}(\mathcal{E})$ has a left adjoint.*

**Proof** (i) $\Rightarrow$ (v): Suppose $\mathcal{E}$ is a local $\mathcal{S}$-topos with centre $c$. Then the morphisms $1_{\mathcal{E}}$ and $c$, together with the geometric transformation $cp \to 1_{\mathcal{E}}$ of 3.6.1(vi), induce a morphism $\mathbf{scn}_{\mathcal{S}}(\mathcal{E}) \to \mathcal{E}$ over $\mathcal{S}$, which is a splitting for the open inclusion. Moreover, it is left adjoint to $d$: since $c^* \cong p_*$, its inverse image may be identified with the functor $A \mapsto (A, p_*A, 1_{p_*A})$, which is the direct image of $d$.

(v) $\Rightarrow$ (iv) is clear, since any left adjoint for an inclusion is necessarily a one-sided inverse for it (up to isomorphism). (iv) $\Rightarrow$ (iii) is trivial; and (iii) $\Rightarrow$ (ii) is immediate from 3.6.3($f$). Finally, (ii) $\Rightarrow$ (i) follows easily from B1.1.10 (and the splittability of idempotent 2-cells in $\mathfrak{Top}/\mathcal{S}$, cf. A4.1.15). $\square$

**Remark 3.6.5** By applying the argument in the proof of 3.6.4(i)⇒(v) to local $\mathcal{S}$-toposes of the form $\mathbf{scn}_{\mathcal{S}}(\mathcal{F})$, we obtain the multiplication of a KZ-monad structure on the functor $\mathbf{scn}_{\mathcal{S}}(-): \mathfrak{Top}/\mathcal{S} \to \mathfrak{Top}/\mathcal{S}$, whose unit is the open inclusion. Lemma 3.6.4, in conjunction with B1.1.14, now tells us that the algebras for this monad are exactly the local $\mathcal{S}$-toposes (and morphisms of algebras are morphisms between local $\mathcal{S}$-toposes which commute up to isomorphism with their centres).

If the ideas in the preceding paragraph seem reminiscent of the notion of hyperlocal topos which we studied in Section B4.4, this is no accident. Of course, it follows immediately from B4.4.19(vi) and 3.6.1(ii) that hyperlocal $\mathcal{S}$-toposes are local. But it is also the case that $\mathbf{scn}_{\mathcal{S}}(-)$ may, like the lower bagdomain functor $B_L$, be regarded as a partial product functor. We note that, for any $\mathcal{S}$-topos $\mathcal{F}$, a morphism $\mathcal{F} \to \mathbf{scn}_{\mathcal{S}}(\mathcal{E})$ over $\mathcal{S}$ corresponds, via pullback along the open inclusion $d$, to a pair $(U, v)$ where $U$ is a subterminal object of $\mathcal{F}$ and $v$ is a morphism $\mathcal{F}/U \to \mathcal{E}$ over $\mathcal{S}$; in other words, it is just a 'bag of $\mathbb{T}$-models', where $\mathbb{T}$ is the geometric theory classified by $\mathcal{E}$, whose indexing object is subterminal. (Equivalently again, it corresponds to a pre-geometric morphism (A4.1.13) $\mathcal{F} \to \mathcal{E}$ over $\mathcal{S}$ whose 'inverse image' functor preserves binary products as well as pullbacks.) From this description, it is easy to see that we have $\mathbf{scn}_{\mathcal{S}}(-) \simeq \mathcal{P}_{\bullet}(-, d_1)$, where $d_1 : \mathcal{S} \to [\mathbf{2}, \mathcal{S}] \simeq \mathbf{scn}_{\mathcal{S}}(\mathcal{S})$ is the open point of the Sierpiński topos over $\mathcal{S}$ (the classifying topos for the theory of subterminal objects, cf. B3.2.11).

From another of the examples in 3.6.3, we obtain

**Scholium 3.6.6** *A geometric morphism $f: \mathcal{F} \to \mathcal{E}$ between bounded $\mathcal{S}$-toposes is local iff it can be induced by a fibration of sites $(P, T): (\mathbb{D}, K) \to (\mathbb{C}, J)$ in $\mathcal{S}$ such that $T$ reflects (as well as preserves) covers.*

**Proof** If $\mathcal{F}$ is local, we may choose a local site $(\mathbb{B}, T)$ for it in $\mathcal{E}$, by 3.6.3($d$). If we then express $\mathcal{E}$ as $\mathbf{Sh}_{\mathcal{S}}(\mathbb{C}, J)$ and externalize the site $(\mathbb{B}, T)$ to obtain a fibration of toposes as in 2.5.7, the condition that the terminal object of $\mathbb{B}$ is $T$-irreducible easily translates into the assertion that $T$ reflects covers.

Conversely, if $f$ is induced by a fibration of sites as in the statement, then since $T$ is both cover-reflecting and a morphism of sites it induces an adjoint pair of geometric morphisms as in 2.3.23; also, since $T$ is full and faithful, the left adjoint $c: \mathcal{E} \to \mathcal{F}$ is an inclusion (equivalently, $f$ is connected). So $f$ is local by 3.6.1(iii). □

Next, we investigate the stability properties of local maps.

**Lemma 3.6.7**
(i) *Local maps are tidy.*
(ii) *A composite of local maps is local.*

(iii) *In a commutative triangle*

$$\begin{array}{ccc} \mathcal{H} & \xrightarrow{\;g\;} & \mathcal{F} \\ & \searrow^{h} & \downarrow f \\ & & \mathcal{E} \end{array}$$

*of geometric morphisms, if $h$ is local and $g$ is connected, then $f$ is local. Moreover, if $c$ is the centre of $h$, then $gc$ is the centre of $f$.*

(iv) *Let*

$$\begin{array}{ccc} \mathcal{H} & \xrightarrow{\;k\;} & \mathcal{G} \\ {\scriptstyle h}\downarrow & & \downarrow{\scriptstyle g} \\ \mathcal{F} & \xrightarrow{\;f\;} & \mathcal{E} \end{array}$$

*be a pullback square in $\mathfrak{Top}$ with $f$ local. Then $k$ is local. Moreover, if $c$ is the centre of $f$, then the centre of $k$ is the morphism into the pullback induced by $cg$ and $1_{\mathcal{G}}$.*

(v) *Let*

$$\cdots \xrightarrow{\;f_3\;} \mathcal{E}_2 \xrightarrow{\;f_2\;} \mathcal{E}_1 \xrightarrow{\;f_1\;} \mathcal{E}_0$$

*be an inverse sequence of toposes and local morphisms having a (***Cat***-enriched) limit in $\mathfrak{Top}$ (or in $\mathfrak{BTop}/\mathcal{S}$ for some $\mathcal{S}$). Then the legs $f^n_\infty\colon \mathcal{E}_\infty \to \mathcal{E}_n$ of the limit cone are local.*

**Proof** (i) is immediate from 3.6.2, and (ii) is immediate from either (iii) or (iv) of 3.6.1.

(iii): Since the unit of $(g^* \dashv g_*)$ is an isomorphism, we have $f_*(B) \cong f_*g_*g^*(B) \cong h_*g^*(B) \cong c^*g^*(B)$ for any object $B$ of $\mathcal{F}$. So $f_*$ is indeed an inverse image functor; and $f$ is connected, since we have $f_*f^* \cong c^*g^*f^* \cong c^*h^* \cong 1_{\mathcal{E}}$.

(iv): For this we use 3.6.1(vi). Let $d\colon \mathcal{G} \to \mathcal{H}$ be the morphism induced by $cg$ and $1_{\mathcal{G}}$. Then, for any $l\colon \mathcal{L} \to \mathcal{G}$, composition with $h$ induces an equivalence between $\mathfrak{Top}/\mathcal{G}\,(l,k)$ and $\mathfrak{Top}/\mathcal{E}\,(gl,f)$; so from the fact that $cgl \cong hdl$ is initial in the latter we deduce that $dl$ is initial in the former.

(v) Let $c_n\colon \mathcal{E}_{n-1} \to \mathcal{E}_n$ denote the centre of $f_n$, and, for $n < m$, let $c^n_m\colon \mathcal{E}_n \to \mathcal{E}_m$ denote the composite of the $c_j$ with $n+1 \leq j \leq m$. Since the $f_j$ are all connected, it is easy to verify that for each $n$ we have a (pseudo-)cone over the diagram with vertex $\mathcal{E}_n$, whose $m$th component is $c^n_m$ if $m > n$, and $f^m_n$ (the corresponding composite of the $f_j$) if $m \leq n$. These induce a morphism $c^n_\infty\colon \mathcal{E}_n \to \mathcal{E}_\infty$; it is clear that $f^n_\infty c^n_\infty$ is isomorphic to the identity, and using the fact that $\mathcal{E}_\infty$ is a **Cat**-enriched limit it is easy to construct a geometric transformation from $c^n_\infty f^n_\infty$ to the identity, which is the counit of an adjunction $(c^n_\infty \dashv f^n_\infty)$. □

**Remarks 3.6.8** (*a*) The hypothesis '$g$ is connected' in 3.6.7(iii) cannot be weakened to '$g$ is surjective', even if we add the further hypothesis that $g$ is open (or even atomic). Let $\mathcal{C}$ be the finite category with three objects $U, V, W$ and two non-identity morphisms $U \to V \leftarrow W$, and let $\mathcal{D}$ be the quotient of $\mathcal{C}$ obtained by identifying the objects $U$ and $W$ (but not the two non-identity morphisms). The quotient functor $\mathcal{C} \to \mathcal{D}$ is surjective on objects and a discrete fibration, so the induced geometric morphism $[\mathcal{C}^{\mathrm{op}}, \mathbf{Set}] \to [\mathcal{D}^{\mathrm{op}}, \mathbf{Set}]$ is a surjective local homeomorphism. However, $[\mathcal{C}^{\mathrm{op}}, \mathbf{Set}]$ is local over **Set**, since $\mathcal{C}$ has a terminal object; but $[\mathcal{D}^{\mathrm{op}}, \mathbf{Set}]$ is not local, since $\mathcal{D}$ is Cauchy-complete but does not have a terminal object. (In fact the direct image functor $[\mathcal{D}^{\mathrm{op}}, \mathbf{Set}] \to \mathbf{Set}$ sends a diagram of shape $\mathcal{D}^{\mathrm{op}}$ (that is, a parallel pair) to its equalizer, and it is easily seen that this functor fails to preserve epimorphisms.)

(*b*) Similarly, 3.6.7(iii) does not have a 'dual': even if we assume that both $f$ and $h$ are local in the diagram of 3.6.7(iii), and further that $g$ has a right inverse, there is still no reason why $g$ should be local. To see this, we use 3.6.3(*c*): we take $\mathcal{E}$ to be **Set**, and $\mathcal{F}$ and $\mathcal{G}$ to be the classifying toposes for the theories of abelian groups and of rings (not necessarily with 1), respectively. Then both $\mathcal{F}$ and $\mathcal{G}$ are local over $\mathcal{E}$, and we have a morphism $g\colon \mathcal{G} \to \mathcal{F}$ classifying the underlying additive group of the generic ring, which has a right inverse obtained by equipping the generic abelian group with the zero multiplication. However, $g$ is not connected, and therefore not local; it does have a left adjoint in $\mathfrak{Top}$, corresponding to the free ring generated by the generic abelian group, but the unit of the adjunction is not an isomorphism.

(*c*) It will be noted that, for once, we have been able to prove the pullback-stability theorem (3.6.7(iv)) without worrying about which of the maps in the pullback is bounded. However, if in the situation of 3.6.7(iv) we happen to know that $f$ is bounded as well as local, we can give an alternative proof of the result using the site characterization of bounded morphisms given in 3.6.3(*d*), since (as we observed in the proof of 3.2.21) the assertion that a particular object of a site is irreducible is stable under change of base. Note also that the assertion in 3.6.7(iv) that the centre of a local morphism is 'stable under pullback' easily yields the fact that local morphisms are SRBC morphisms in the sense of 2.4.16 (which we knew in any case, since local morphisms are tidy).

(*d*) Similarly, in proving the stability of local maps under inverse limits, we did not need to use our characterization of local maps in terms of fibrations of sites (3.6.6), although it could no doubt be derived using the latter. We note also that the argument of 3.6.7(v) works for limits over more general cofiltered categories, although we shall also be able to derive the latter fact by way of the descent theorem for open surjections (see 5.1.13 below), as we do for other properties of geometric morphisms.

Next, we note a useful 'orthogonality property' of local morphisms. We say an $\mathcal{S}$-topos $p: \mathcal{E} \to \mathcal{S}$ (or the geometric morphism $p$) is *grouplike* if, for any $\mathcal{S}$-topos $\mathcal{F}$, the category $\mathfrak{Top}/\mathcal{S}(\mathcal{F}, \mathcal{E})$ is a groupoid. If $\mathcal{E}$ is bounded over $\mathcal{S}$, this says that it classifies a geometric theory $\mathbb{T}$ such that every homomorphism of $\mathbb{T}$-models (in arbitrary $\mathcal{S}$-toposes) is an isomorphism.

**Examples 3.6.9** (*a*) Let $G$ be an internal group in a topos $\mathcal{S}$. In B3.2.4(*b*) we gave a description of the notion of $G$-torsor, from which it follows that $[G, \mathcal{S}]$ is a grouplike $\mathcal{S}$-topos. The same is true of $[\mathbb{G}, \mathcal{S}]$ for any internal groupoid $\mathbb{G}$ in $\mathcal{S}$. (However, the result does not extend to $\mathbf{Cont}(G)$ for a topological group $G$: for example, if $G$ is the group of permutations of $\mathbb{N}$, with the topology of pointwise convergence, then $\mathbf{Cont}(G)$ classifies the theory of infinite decidable objects (D3.4.10), and so any injection $\mathbb{N} \to \mathbb{N}$ which is not surjective defines a non-invertible endomorphism of a point of $\mathbf{Cont}(G)$.)

(*b*) If $X$ is a $T_U$-locale in a topos $\mathcal{S}$ (cf. 1.2.17), then $\mathbf{Sh}_{\mathcal{S}}(X)$ is a grouplike $\mathcal{S}$-topos, since geometric morphisms $\mathcal{E} \to \mathbf{Sh}_{\mathcal{S}}(X)$ over $\mathcal{S}$ correspond to locale maps $Y \to X$, where $Y$ is (the locale in $\mathcal{S}$ corresponding to) the localic reflection of $\mathcal{E}$.

**Proposition 3.6.10** *Local morphisms are orthogonal (in the 2-categorical sense) to grouplike morphisms: that is, if $p: \mathcal{E} \to \mathcal{S}$ is a grouplike $\mathcal{S}$-topos and $f: \mathcal{G} \to \mathcal{F}$ is a local morphism of $\mathcal{S}$-toposes, then the functor*

$$\mathfrak{Top}/\mathcal{S}(\mathcal{F}, \mathcal{E}) \longrightarrow \mathfrak{Top}/\mathcal{S}(\mathcal{G}, \mathcal{E})$$

*induced by composition with $f$ is part of an equivalence of categories.*

**Proof** The displayed functor has a right adjoint, induced by composition with the centre of $f$. But any adjunction between groupoids is an equivalence. □

As an example of the applications of 3.6.10, we give

**Corollary 3.6.11** *Let $f: \mathcal{F} \to \mathcal{E}$ be a local geometric morphism over some base topos $\mathcal{S}$ with a natural number object. Then $f_*$ preserves the object $R_d$ of Dedekind real numbers (cf.* D4.7.5*).*

**Proof** Let $A$ be an object of $\mathcal{E}$. By definition, morphisms $A \to R_d$ in $\mathcal{E}$ correspond to Dedekind real numbers in $\mathcal{E}/A$, and hence to geometric morphisms $\mathcal{E}/A \to \mathbf{Sh}_{\mathcal{S}}(R_f)$ over $\mathcal{S}$, where $R_f$ is the locale of 'formal real numbers' in $\mathcal{S}$ (cf. D4.7.4). But $R_f$ is regular and hence $T_U$ by 1.2.17, and $\mathcal{F}/f^*A \to \mathcal{E}/A$ is local by 3.6.7(iv), so these correspond to morphisms $\mathcal{F}/f^*A \to \mathbf{Sh}_{\mathcal{S}}(R_f)$ over $\mathcal{S}$, and hence to morphisms $f^*A \to R_d$ in $\mathcal{F}$. Thus $f_*R_d$ represents the same functor as the Dedekind real number object in $\mathcal{E}$. □

We turn now to the notion of localization. Given a category $\mathcal{C}$ and an object $U$ of $\mathcal{C}$, we have a universal way of 'making $U$ into an initial object of $\mathcal{C}$': namely, forming the co-slice category $U\backslash\mathcal{C}$. (Formally, the forgetful functor $U\backslash\mathcal{C} \to \mathcal{C}$ is universal amongst functors from categories with initial objects to $\mathcal{C}$, which send the initial object to $U$; cf. A1.2.9.) In the same vein, given a space $X$ and a point $x$ of $X$, there is a largest subspace of $X$ which contains $x$ as a focal point, namely the subspace of all points $y$ such that $x \leq y$ in the specialization ordering. These observations inspire the proof of the following result:

**Theorem 3.6.12** *Given a bounded $\mathcal{S}$-topos $p\colon \mathcal{E} \to \mathcal{S}$ and a particular section $s\colon \mathcal{S} \to \mathcal{E}$ of $p$, there exists a bounded local $\mathcal{S}$-topos $p_s\colon \mathcal{E}_s \to \mathcal{S}$ (called the* localization *of $\mathcal{E}$ at $s$) equipped with a geometric morphism $\mathcal{E}_s \to \mathcal{E}$ over $\mathcal{S}$ which carries the centre of $\mathcal{E}_s$ into the chosen section $s$, and which induces an equivalence*

$$\mathfrak{BTop}/\mathcal{S}\,(\mathcal{F},\mathcal{E}_s) \simeq sq\backslash(\mathfrak{BTop}/\mathcal{S}\,(\mathcal{F},\mathcal{E}))$$

*for any bounded $\mathcal{S}$-topos $(q\colon \mathcal{F} \to \mathcal{S})$.*

**Proof** We need to recall a result from Part B: namely, the fact that the 2-category of bounded $\mathcal{S}$-toposes admits cotensors with $\mathbf{2}$ (B4.1.4). That is, for any bounded $\mathcal{S}$-topos $\mathcal{E}$, there exists a topos $\mathcal{G} = \mathbf{2} \pitchfork \mathcal{E}$ equipped with a diagram

$$\mathcal{G} \;\underset{d_0}{\overset{d_1}{\underset{\longrightarrow}{\overset{\longrightarrow}{\scriptstyle\downarrow}}}}\; \mathcal{E}$$

which is universal amongst 2-cells with codomain $\mathcal{E}$. Now the identity 2-cell on the identity geometric morphism $\mathcal{E} \to \mathcal{E}$ induces a geometric morphism $\Delta\colon \mathcal{E} \to \mathcal{G}$, which clearly satisfies $d_0\Delta \cong d_1\Delta \cong 1_{\mathcal{E}}$; and there are canonical geometric transformations $\Delta d_1 \to 1_{\mathcal{G}} \to \Delta d_0$, which make $\Delta$ left adjoint to $d_1$ and right adjoint to $d_0$ in $\mathfrak{Top}/\mathcal{S}$. In particular, $d_1$ is a local morphism, with centre $\Delta$. Thus if we form the pullback

$$\begin{array}{ccc}
\mathcal{E}_s & \xrightarrow{\;\tilde{s}\;} & \mathbf{2} \pitchfork \mathcal{E} \\
{\scriptstyle p_s}\big\downarrow & & \big\downarrow{\scriptstyle d_1} \\
\mathcal{S} & \xrightarrow{\;s\;} & \mathcal{E}
\end{array}$$

then $\mathcal{E}_s$ is local over $\mathcal{S}$ by 3.6.7(iv). Moreover, for any bounded $\mathcal{S}$-topos $q\colon \mathcal{F} \to \mathcal{S}$, morphisms $f\colon \mathcal{G} \to \mathcal{E}_s$ over $\mathcal{S}$ correspond to morphisms $g = \tilde{s}f\colon \mathcal{F} \to \mathbf{2} \pitchfork \mathcal{E}$ satisfying $d_1 g = sq$, and hence to morphisms $h = d_0 g\colon \mathcal{F} \to \mathcal{E}$ equipped with a geometric transformation $sq \to h$ over $\mathcal{S}$. □

There are two alternative ways of representing $\mathcal{E}_s$ as the solution of a universal problem. For the first, let $\mathfrak{pTop}/\mathcal{S}$ denote the 2-category whose objects are bounded $\mathcal{S}$-toposes $(p\colon \mathcal{E} \to \mathcal{S})$ equipped with a specified point $s$ (that is, a section of $p$), and whose 1-cells are geometric morphisms over $\mathcal{S}$ preserving the specified points; 2-cells between morphisms $f, f' \colon (p, s) \rightrightarrows (p', s')$ are geometric transformations $\alpha \colon f \to f'$ such that both $p' \circ \alpha$ and $\alpha \circ s$ are (the canonical) isomorphisms.

**Corollary 3.6.13** *The assignment* $(p \colon \mathcal{E} \to \mathcal{S}, s) \mapsto \mathcal{E}_s$ *is a functor* $\mathfrak{pTop}/\mathcal{S} \to \mathfrak{BTop}/\mathcal{S}$, *right adjoint to the functor which sends* $p \colon \mathcal{E} \to \mathcal{S}$ *to* $\mathbf{scn}_{\mathcal{S}}(\mathcal{E})$ *equipped with its closed point.*

**Proof** For an $\mathcal{S}$-topos $(q \colon \mathcal{F} \to \mathcal{S})$, morphisms $\mathcal{F} \to \mathcal{E}_s$ over $\mathcal{S}$ correspond to morphisms $f \colon \mathcal{F} \to \mathbf{2} \pitchfork \mathcal{E}$ such that $d_1 f \cong sq$, and hence to pairs $(g, \alpha)$ where $g = d_0 f$ is a morphism $\mathcal{F} \to \mathcal{E}$ over $\mathcal{S}$, and $\alpha$ is a geometric transformation $sq \to g$. But these in turn correspond to geometric morphisms $\mathbf{scn}_{\mathcal{S}}(\mathcal{F}) \to \mathcal{E}$ over $\mathcal{S}$ carrying the closed point of $\mathbf{scn}_{\mathcal{S}}(\mathcal{F})$ to $s$. □

Another, more 'relaxed', way of making pointed bounded $\mathcal{S}$-toposes into a 2-category is to allow the 1-cells $(p, s) \to (p', s')$ to be pairs $(f, \alpha)$ where $f$ is a morphism over $\mathcal{S}$ (that is, $p' f \cong p$) but $\alpha \colon s' \to fs$ is a geometric transformation over $\mathcal{S}$ which is not assumed to be invertible. With the appropriate relaxation of the notion of 2-cell, this yields a 2-category which we shall denote by $\mathfrak{PTop}/\mathcal{S}$. We write $\mathfrak{LocTop}/\mathcal{S}$ for the full sub-2-category of $\mathfrak{BTop}/\mathcal{S}$ whose objects are local $\mathcal{S}$-toposes; by 3.6.1(vi) we see that the operation of equipping a local topos with its centre defines a full embedding of 2-categories $\mathfrak{LocTop}/\mathcal{S} \to \mathfrak{PTop}/\mathcal{S}$.

**Corollary 3.6.14** *The assignment which sends* $(p \colon \mathcal{E} \to \mathcal{S}, s)$ *to* $\mathcal{E}_s$ *is a functor* $\mathfrak{PTop}/\mathcal{S} \to \mathfrak{LocTop}/\mathcal{S}$, *right adjoint to the full embedding just defined.*

**Proof** First we indicate how $(\mathcal{E}, s) \mapsto \mathcal{E}_s$ becomes a functor on $\mathfrak{PTop}/\mathcal{S}$. Let $(f, \alpha) \colon (\mathcal{F}, t) \to (\mathcal{E}, s)$ be a 1-cell in this 2-category; then we have a diagram

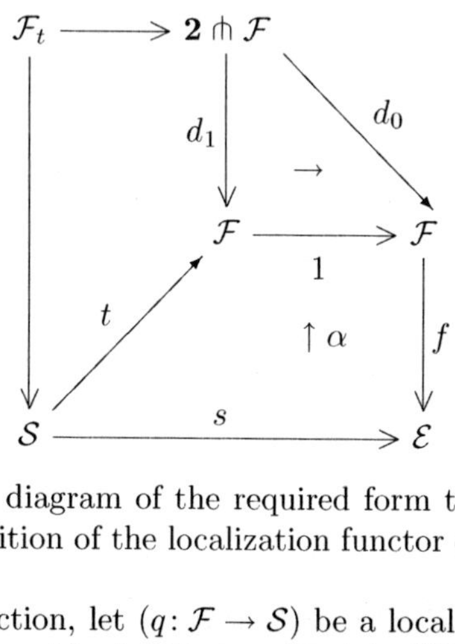


which on pasting yields a diagram of the required form to induce a morphism $\mathcal{F}_t \to \mathcal{E}_s$ over $\mathcal{S}$. The definition of the localization functor on 2-cells of $\mathfrak{PTop}/\mathcal{S}$ is straightforward.

To establish the adjunction, let $(q \colon \mathcal{F} \to \mathcal{S})$ be a local $\mathcal{S}$-topos, with centre $c$, and suppose we are given $(f, \alpha) \colon (\mathcal{F}, c) \to (\mathcal{E}, s)$ in $\mathfrak{PTop}/\mathcal{S}$. Then we may obtain a morphism $\mathcal{F} \to \mathcal{E}_s$ from the diagram

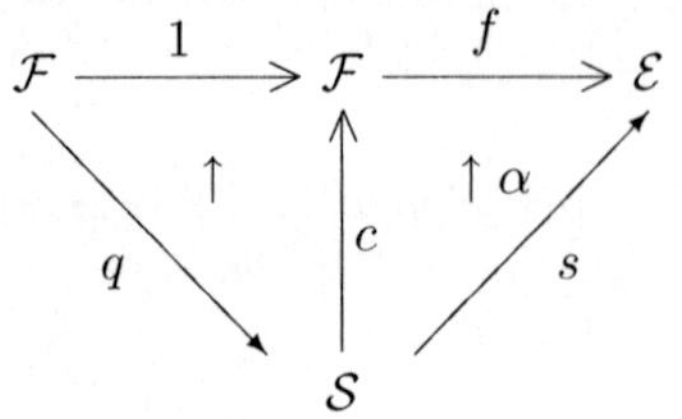

Conversely, given $g: \mathcal{F} \to \mathcal{E}_s$ over $\mathcal{S}$, the diagram

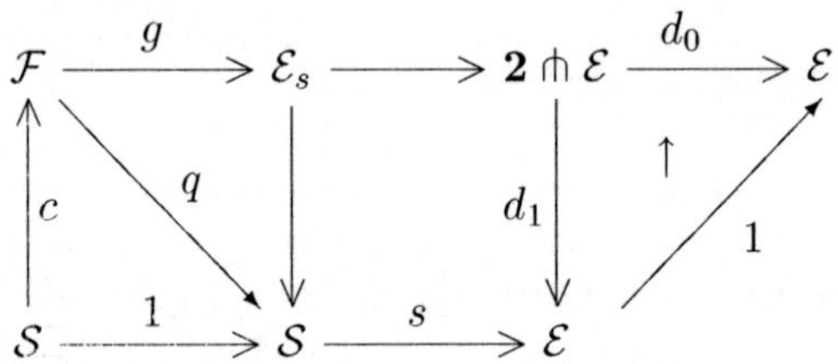

yields a morphism $(\mathcal{F}, c) \to (\mathcal{E}, s)$ in $\mathfrak{PTop}/\mathcal{S}$. The rest of the proof is straightforward verification. □

**Examples 3.6.15** (*a*) If $p: \mathcal{E} \to \mathcal{S}$ is a grouplike $\mathcal{S}$-topos, then the domain map $\mathbf{2} \pitchfork \mathcal{E} \to \mathcal{E}$ is an equivalence – indeed, this property characterizes grouplike $\mathcal{S}$-toposes, since a category $\mathcal{C}$ is a groupoid iff the domain map $[\mathbf{2}, \mathcal{C}] \to \mathcal{C}$ is an equivalence. It is therefore immediate from the definition that any localization of a grouplike $\mathcal{S}$-topos is equivalent to the base topos $\mathcal{S}$.

(*b*) If $p: \mathcal{E} \to \mathcal{S}$ is already local, and $c$ is its centre, then the localization $\mathcal{E}_c$ is simply (equivalent to) $\mathcal{E}$ itself, by 3.6.14.

(*c*) If $\mathcal{C}$ is a small category and $U$ is an object of $\mathcal{C}$, then the localization of $[\mathcal{C}, \mathbf{Set}]$ at the point induced (as in A4.1.4) by the functor $U: \mathbf{1} \to \mathcal{C}$ is simply the functor category $[U \backslash \mathcal{C}, \mathbf{Set}]$; for it is easy to verify that the notion of a $\mathcal{C}$-torsor $F$ equipped with a natural transformation from the functor $\mathcal{C}(-, U)$ to $F$ (corresponding to an element $x \in F(U)$) is equivalent to that of a torsor $G$ on $U \backslash \mathcal{C}$, by an argument like that in the proof of B4.1.2.

(*d*) If $X$ is the spectrum of a commutative ring $A$ in **Set** (i.e. the space of prime ideals of $A$, equipped with the topology generated by the open sets $D(a) = \{P \in X \mid a \notin P\}$, $a \in A$ – it is well known that this topology is isomorphic to the frame of radical ideals of $A$) and $P$ is a particular prime ideal, then $\mathbf{Sh}(X)_P$ may be identified with the spectrum of the ring $A_P$ (the *localization* of $A$ at $P$) obtained by formally adjoining inverses for all elements of $A \setminus P$. Of course, the topos-theoretic notion of localization was originally inspired by this algebraic example.

(*e*) Finally, we mention an example from [545] of one way to define the notion of 'the germ of a manifold at a point' in topos-theoretic terms. Let $M$ be a smooth manifold, and $x$ a point of $M$; if we simply localize the topos $\mathbf{Sh}(M)$ at the point $x$, we will obtain the topos **Set** by ($a$) above, since $M$ is a Hausdorff space and so $\mathbf{Sh}(M)$ is grouplike. However, we have another topos associated with $M$, namely the slice $\mathcal{E}/l(M)$, where $\mathcal{E}$ is the topos constructed as in A2.1.11($e$) from a small full subcategory $\mathcal{C}$ of **Mf** containing $M$, and $l\colon \mathcal{C} \to \mathcal{E}$ is the canonical functor. As we saw in 3.6.3($e$) above, there is a local morphism $\mathcal{E}/l(M) \to \mathbf{Sh}(M)$; if $c$ denotes the centre of this morphism, then the point $cx$ of $\mathcal{E}/M$ corresponds to the $(\mathcal{C}/M)^{\mathrm{op}}$-torsor whose value at $f\colon N \to M$ is simply the set $f^{-1}(x)$. Localizing at this point is clearly unlikely to tell us anything about the topological structure of $M$ at $x$; and indeed, it is easy to show that $(\mathcal{E}/l(M))_{cx} \simeq \mathbf{Sh}(M)_x \simeq \mathbf{Set}$. However, we have another point $\tilde{x}$ of $\mathcal{E}/l(M)$, corresponding to the torsor which sends $f\colon N \to M$ to the set of germs at $x$ of continuous sections of $f$. Clearly, evaluation of germs at $x$ yields a natural transformation from this functor to the one considered previously, and hence to a geometric transformation $\tilde{x} \to cx$ (so that $cx$ will 'appear' as a point of the localization $(\mathcal{E}/l(M))_{\tilde{x}}$). In [545] it is shown, by constructing an explicit site of definition for this localization, that it does indeed represent 'the germ of $M$ at $x$', at least in the sense that, for any object $N$ of $\mathcal{C}$, the category $\mathfrak{BTop}/\mathcal{E}\,((\mathcal{E}/l(M))_{\tilde{x}}, \mathcal{E}/l(N))$ is equivalent to the (discrete) set of germs at $x$ of smooth maps $M \to N$.

As promised, we conclude this section by briefly reviewing the duals of local maps. Paralleling 3.6.1, we have

**Theorem 3.6.16** *For a geometric morphism $f\colon \mathcal{F} \to \mathcal{E}$, the following are equivalent:*

(i) *$f$ is locally connected and the left adjoint $f_!$ of $f^*$ is cartesian.*

(ii) *$f$ has a right adjoint when regarded as a morphism $f \to 1_{\mathcal{E}}$ in $\mathfrak{Top}/\mathcal{E}$.*

(iii) *$f$ is connected and has a right adjoint in $\mathfrak{Top}$.*

(iv) *There exists a geometric morphism $d\colon \mathcal{E} \to \mathcal{F}$ such that $fd \cong 1_{\mathcal{E}}$ and, for every $\mathcal{E}$-topos $g\colon \mathcal{G} \to \mathcal{E}$, the composite $dg$ is a terminal object of $\mathfrak{Top}/\mathcal{E}\,(g, f)$.*

(v) *$f$ has a section $d$ for which there exists a geometric transformation $\beta\colon 1_{\mathcal{F}} \to df$ over $\mathcal{E}$.*

**Proof** (i) ⇒ (iii): If (i) holds, then $f$ is connected by 3.3.3; and $f_!$ is the inverse image of a geometric morphism, which is right adjoint to $f$ in $\mathfrak{Top}$.

(iii) ⇒ (ii) is similar to the implication (iii) ⇒ (ii) of 3.6.1.

(ii) ⇒ (i): If $f$ has a right adjoint $d$ in $\mathfrak{Top}/\mathcal{E}$, then $d^*$ is an $\mathcal{E}$-indexed left adjoint for $f^*$. So $f$ is locally connected, and (i) holds.

(ii) ⇒ (iv) ⇒ (v) ⇒ (ii) is exactly dual to the proof of (ii) ⇒ (vi) ⇒ (vii) ⇒ (ii) in 3.6.1. □

We say that a geometric morphism is *totally connected* if it satisfies the equivalent conditions of 3.6.16. Note that the morphism $d$ of 3.6.16(iv) is necessarily a dense inclusion (indeed, a flat inclusion in the sense of 1.1.16($d$)), since $d_* = f^*$ is full and faithful and preserves finite unions.

**Examples 3.6.17** ($a$) For a space $X$, we saw that $\mathbf{Sh}(X)$ is local over **Set** iff $X$ has a focal point, i.e. one whose only neighbourhood is the whole space. Similarly, $\mathbf{Sh}(X)$ is totally connected iff $X$ has a dense point $d$ – one whose closure is the whole space. This condition implies that every inhabited open set is connected (which explains the use of the term 'totally connected'); and the converse holds provided $X$ is sober, since the condition 'every inhabited open set is connected' implies that the inhabited open sets form a completely prime filter in $\mathcal{O}(X)$, and the corresponding point of $X$ is clearly dense. To see that this implies that $\mathbf{Sh}(X)$ is a totally connected topos, observe that it clearly implies that $X$ is locally connected, and hence so is the domain of any local homeomorphism $E \to X$; now each connected component of $E$ must meet the fibre over the dense point $d$ in exactly one point, and so we may identify $d^*$ with the 'connected components' functor $\gamma_!$ of 1.5.9.

($b$) Paralleling 3.6.3($b$), we see that if a small category $\mathcal{C}$ has a terminal object, then $[\mathcal{C}, \mathbf{Set}]$ is a totally connected **Set**-topos. However, this condition is not necessary, since the right adjoint $d$ need not be induced by a functor $\mathbf{1} \to \mathcal{C}$ (that is, an object of $\mathcal{C}$). In fact, as we know from B2.6.8, a diagram category $[\mathbb{C}, \mathcal{S}]$ is totally connected over $\mathcal{S}$ iff $\mathbb{C}$ is filtered.

($c$) Generalizing the last example, let $(\mathbb{C}, J)$ be an internal site in a topos $\mathcal{S}$, such that $\mathbb{C}^{\mathrm{op}}$ is filtered (for example, it would be sufficient for $\mathbb{C}$ to be cartesian) and every $J$-covering family is connected. Then by 3.3.10 we know that constant diagrams of shape $\mathbb{C}^{\mathrm{op}}$ are sheaves, and hence the left adjoint $p_!$ of the inverse image functor $p^* \colon \mathcal{S} \to \mathbf{Sh}_{\mathcal{S}}(\mathbb{C}, J)$ is simply $\varinjlim_{\mathbb{C}^{\mathrm{op}}}$ applied to sheaves on $\mathbb{C}$: in particular, it is cartesian by B2.6.8 and the fact that the inclusion $\mathbf{Sh}_{\mathcal{S}}(\mathbb{C}, J) \to [\mathbb{C}^{\mathrm{op}}, \mathcal{S}]$ preserves finite limits. So $\mathbf{Sh}_{\mathcal{S}}(\mathcal{C}, J)$ is totally connected over $\mathcal{S}$. Conversely, if $\mathcal{S}$ has a natural number object, then every totally connected bounded $\mathcal{S}$-topos $\mathcal{E}$ can be generated by a site of this form, since the connected objects of $\mathcal{E}$ (i.e. those objects $A$ satisfying $p_!(A) \cong 1$) are closed under finite limits.

($d$) We may also dualize 3.6.3($f$): if we glue along the inverse image $p^* : \mathcal{S} \to \mathcal{E}$ of a geometric morphism $p$, instead of the direct image – that is, if we form the cocomma object $(1_{\mathcal{E}} \uparrow p)$ in $\mathfrak{Top}$, instead of $(p \uparrow 1_{\mathcal{E}})$ – then we obtain a topos which is readily seen to be totally connected over $\mathcal{S}$. In particular, *any geometric morphism can be factored as a closed inclusion followed by a totally connected morphism.* (It will be noted that we have already exploited this factorization in the proof of 3.3.14.) And, dualizing 3.6.4, we see that $p$ itself is totally connected iff $\mathcal{E}$ is a retract of $(1_{\mathcal{E}} \uparrow p)$ in $\mathfrak{Top}/\mathcal{S}$, iff it is a coadjoint retract of $(1_{\mathcal{E}} \uparrow p)$. Note also that the functor $(p \colon \mathcal{E} \to \mathcal{S}) \mapsto (1_{\mathcal{E}} \uparrow p)$ may be regarded as a contravariant partial product functor in the sense of B4.4.13, using the closed inclusion $\mathcal{S} \to [\mathbf{2}, \mathcal{S}]$ in place of the open inclusion which we used in 3.6.5. In particular, since closed inclusions are entire, one may deduce that *any bounded $\mathcal{S}$-topos which* *admits an algebra structure for the upper bagdomain monad of* B4.4.21 *is totally connected.*

(*e*) Our final example has no parallel in the local case. Let $p\colon \mathcal{E} \to \mathcal{S}$ be a bounded $\mathcal{S}$-topos, where $\mathcal{S}$ has a natural number object. We recall that in B4.5.8 we constructed the 'measure topos' $M\mathcal{E}$, which has the property that geometric morphisms $\mathcal{F} \to M\mathcal{E}$ over $\mathcal{S}$ correspond to cocontinuous $\mathcal{S}$-indexed functors $\mathcal{E} \to \mathcal{S}$, for any bounded $\mathcal{S}$-topos $\mathcal{F}$. Suppose $p$ is locally connected; then, for any $\mathcal{S}$-topos $q\colon \mathcal{F} \to \mathcal{S}$ and any cocontinuous $\mathcal{S}$-indexed functor $\theta\colon \mathcal{E} \to \mathcal{F}$, there is a unique $\mathcal{S}$-indexed natural transformation $\theta p^* \to q^*$ (since each object of $\mathcal{S}$ is an $\mathcal{S}$-indexed coproduct of copies of 1, and $q^*$ preserves 1), and hence there is a unique $\mathcal{S}$-indexed natural transformation $\theta \to q^* p_!$. So $q^* p_!$ is terminal in $\mathfrak{LocPres}_{\mathcal{S}}(\mathcal{E}, \mathcal{F})$; equivalently, the section $d$ of $M\mathcal{E} \to \mathcal{S}$ which corresponds to $p_!$ has the property that $dq$ is terminal in $\mathfrak{Top}/\mathcal{S}(\mathcal{F}, M\mathcal{E})$. Thus we deduce that *if* $\mathcal{E}$ *is a locally connected bounded* $\mathcal{S}$*-topos, then* $M\mathcal{E}$ *is totally connected over* $\mathcal{S}$. In fact the converse is also true: for the canonical inclusion $\delta\colon \mathcal{E} \to M\mathcal{E}$ is $\mathcal{S}$-essential by the remark before B4.5.8, and hence so is its composite with $M\mathcal{E} \to \mathcal{S}$, even if we merely assume that the latter is locally connected. Note also that, if $\mathcal{E}$ is connected and locally connected over $\mathcal{S}$, then the topos $P\mathcal{E}$ of probability measures on $\mathcal{E}$ (cf. B4.5.12) is totally connected.

From 3.6.17(*c*), we may obtain a characterization of totally connected morphisms in terms of fibrations of sites: a morphism between bounded $\mathcal{S}$-toposes (where $\mathcal{S}$ has a natural number object) is totally connected iff it can be induced by a fibration of sites $(P, T)\colon (\mathbb{D}, K) \to (\mathbb{C}, J)$ such that $\mathbb{C}$ and $\mathbb{D}$ are cartesian and $P$ is a morphism of sites (i.e. it is cartesian and preserves covers) – cf. the remark after 3.1.21.

**Lemma 3.6.18**

(i) *A composite of totally connected morphisms is totally connected.*

(ii) *In a commutative triangle*

$$\begin{array}{ccc} \mathcal{G} & \xrightarrow{\;g\;} & \mathcal{F} \\ & \underset{h}{\searrow} & \Big\downarrow f \\ & & \mathcal{E} \end{array}$$

*where $h$ is totally connected and $g$ is connected, $f$ is totally connected. Moreover, if $d$ is the right adjoint of $h$ in $\mathfrak{Top}$, then $gd$ is the right adjoint of $f$.*

(iii) *Totally connected morphisms, and their right adjoints, are stable under pullback.*

(iv) *Given an inverse sequence of totally connected morphisms whose (***Cat***-enriched) limit exists in* $\mathfrak{Top}$*, the legs of the limit cone are totally connected.*

(v) *Totally connected morphisms are orthogonal to grouplike morphisms (cf. 3.6.9).*

**Proof** (i) is immediate from either (i) or (iii) of 3.6.16.

(ii) If we define $f_! = h_! g^*$, then it is clearly cartesian; and it is left adjoint to $f^*$ since $g^*$ is full and faithful. So $f$ has a right adjoint in $\mathfrak{Top}$; but it is clearly connected, since $g$ and $h$ are.

(iii) and (iv) are proved in a similar manner to 3.6.7(iv) and (v); and (v) is exactly like 3.6.10. □

Similarly, for bounded toposes over a base, we have the dual of the notion of localization.

**Theorem 3.6.19** *Given a bounded* $\mathcal{S}$*-topos* $p\colon \mathcal{E} \to \mathcal{S}$ *and a particular section* $s\colon \mathcal{S} \to \mathcal{E}$ *of* $p$*, there exists a bounded totally connected* $\mathcal{S}$*-topos* $p^s : \mathcal{E}^s \to \mathcal{S}$ *(called the* colocalization *of* $\mathcal{E}$ *at* $s$*) equipped with a geometric morphism* $\mathcal{E}^s \to \mathcal{E}$ *over* $\mathcal{S}$ *which carries the dense section of* $\mathcal{E}^s$ *into the chosen section* $s$*, and which induces an equivalence*

$$\mathfrak{BTop}/\mathcal{S}\,(\mathcal{F}, \mathcal{E}^s) \simeq (\mathfrak{BTop}/\mathcal{S}\,(\mathcal{F}, \mathcal{E}))/sq$$

*for any bounded* $\mathcal{S}$*-topos* $(q\colon \mathcal{F} \to \mathcal{S})$.

**Proof** $\mathcal{E}^s$ is constructed in the same way as the localization $\mathcal{E}_s$, except that we interchange the rôles of the domain and codomain maps $\mathbf{2} \pitchfork \mathcal{E} \rightrightarrows \mathcal{E}$. We have already observed in the proof of 3.6.12 that $d_0 \colon \mathbf{2} \pitchfork \mathcal{E} \to \mathcal{E}$ is totally connected, its right adjoint being given by the diagonal $\Delta$; so if we form the pullback

$$\begin{array}{ccc} \mathcal{E}^s & \xrightarrow{\ \tilde{s}\ } & \mathbf{2} \pitchfork \mathcal{E} \\ {\scriptstyle p^s}\big\downarrow & & \big\downarrow{\scriptstyle d_0} \\ \mathcal{S} & \xrightarrow{\ s\ } & \mathcal{E} \end{array}$$

and define $\mathcal{E}^s \to \mathcal{E}$ to be the composite $d_1 \tilde{s}$, then the stated properties of $\mathcal{E}^s$ all follow by arguments identical to those in the proof of 3.6.12. □

**Suggestions for further reading:** Bunge & Funk [197, 198], Johnstone & Moerdijk [545].

# C4

# LOCAL COMPACTNESS AND EXPONENTIABILITY

## C4.1 Locally compact locales

Our principal goal in this chapter is to establish the characterization of exponentiable objects in the 2-category $\mathfrak{BTop}/\mathcal{S}$, for a general base topos $\mathcal{S}$, as those which are 'locally compact' in an appropriate sense. We have already made some observations about exponentiability in $\mathfrak{BTop}/\mathcal{S}$ in Section B4.3; and we shall assume that the reader of this chapter is familiar with them. In this and the next section we shall take our base topos to be **Set**, in order to simplify the notation; but virtually all that we do can be extended to a general base topos $\mathcal{S}$ with a natural number object, using an appropriate internal finiteness notion in $\mathcal{S}$ to interpret the finiteness conditions which appear below.

The notion of local compactness for locales was not considered in Section C1.5 (or in Chapter C3): this was a deliberate omission, so that we could begin the present chapter by discussing it, and thereby provide the motivation for the notion of continuous category which underlies the definition of local compactness for toposes.

First we need to recall the notions of continuous poset and continuous lattice.

**Definition 4.1.1** Let $A$ be a poset with directed joins (that is, a domain in the sense of 1.1.3).

(*a*) Given elements $a$ and $b$ of $A$, we say $a$ is *way below* $b$ (and write $a << b$) if, for every directed $S \subseteq A$ with $\bigvee S \geq b$, there exists $s \in S$ with $s \geq a$.

(*b*) We say $A$ is a *continuous poset* if, for every $a \in A$, the set $\{b \in A \mid b << a\}$ is directed and has join $a$.

(*c*) We say $A$ is a *continuous semilattice* (resp. *continuous lattice*) if it is a continuous poset and has finite meets (resp. joins).

Note that a poset with finite joins and directed joins has all joins, and is thus a complete lattice. It is also easy to see that the way-below relation is stable under finite joins, to the extent that they exist in $A$ (that is, if $a_1 << b_1$ and $a_2 << b_2$, then $(a_1 \vee a_2) << (b_1 \vee b_2)$ provided the joins exist), so that in a complete lattice the directedness of the set $\{b \mid b << a\}$ is automatic. Another important property of the way-below relation on a continuous poset is the so-called *interpolation property*: if $a << b$, then there exists $c$ satisfying $a << c$ and

$c << b$. To prove this, we simply note that the set $\{d \mid (\exists c)(d << c << b)\}$ is directed and has join $b$.

**Lemma 4.1.2** *A continuous semilattice is a preframe. Hence a continuous lattice is a frame iff it satisfies the finite distributive law.*

**Proof** Let $S$ be a directed subset of a continuous semilattice $A$, $a$ an element of $A$. The inequality $\bigvee\{a \wedge s \mid s \in S\} \leq a \wedge \bigvee S$ is always true, so it suffices to show the reverse. But if $b << (a \wedge \bigvee S)$, then $b \leq a$ and $b \leq s$ for some $s \in S$, and hence $b \leq \bigvee\{a \wedge s \mid s \in S\}$; since $a \wedge \bigvee S$ is the join of all such $b$, the result follows.

The second assertion is immediate from the first, since a frame is precisely a preframe which is a (finitely) distributive lattice. □

We shall make extensive use of the Scott topology on continuous posets: recall that a subset $U$ of a poset $A$ with directed joins is said to be *Scott-open* if it is an upper set and inaccessible by directed joins (i.e. whenever the join of a directed set $S$ is in $U$, then $S$ meets $U$). The following facts about Scott-open subsets are easily established:

**Lemma 4.1.3**

(i) *For a poset $A$ with directed joins, the set $\Sigma A$ of all Scott-open subsets of $A$ is a topology on $A$.*

(ii) *A subset $U$ of a domain $A$ is Scott-open iff its characteristic function $A \to \Omega$ is a morphism of domains.*

(iii) *If $A$ is a continuous poset, then the sets $\twoheaduparrow(a) = \{b \in A \mid a << b\}$ are Scott-open for all $a \in A$, and they form a base for the Scott topology on $A$.*

(iv) *Let $f: A \to B$ be a map between posets with directed joins. If $f$ preserves directed joins, then it is continuous for the Scott topologies on $A$ and $B$. The converse holds if $B$ is continuous.*

**Proof** (i) and (ii) are trivial. For (iii), the openness of the sets $\twoheaduparrow(a)$ follows from the interpolation property for $<<$, mentioned earlier; and they form a base because, if $U$ is Scott-open and $a \in U$, we can find $b << a$ with $b \in U$, and hence $a \in \twoheaduparrow(b) \subseteq U$. The first half of (iv) is trivial; for the second, suppose $S \subseteq A$ is directed and $b << f(\bigvee S)$ in $B$. Then $\bigvee S \in f^{-1}(\twoheaduparrow(b))$, which is Scott-open if $f$ is continuous, so there must exist $s \in S$ with $f(s) \geq b$. Hence

$$\bigvee\{f(s) \mid s \in S\} \geq \bigvee(\twoheaddownarrow(f(\bigvee S))) = f(\bigvee S);$$

the reverse inequality is trivial. □

There are two alternative characterizations of continuous posets, which will be of importance in what follows. For the first, we recall from 1.1.3 that an *ideal* in a poset is a subset which is (upwards) directed and also closed downwards; we write $IA$ for the set of ideals of $A$, ordered by inclusion. The mapping which sends an element $a$ of $A$ to the principal ideal $\downarrow(a)$ is an order-preserving map $A \to IA$.

**Proposition 4.1.4** *The following conditions on a poset $A$ are equivalent:*

(i) *$A$ is continuous.*

(ii) *$\downarrow: A \to IA$ has a left adjoint, which in turn has a left adjoint.*

(iii) *$A$ is a retract in* **Dom** *of a poset of the form $IB$.*

(iv) *$A$ is a retract in* **Dom** *of a continuous poset.*

**Proof** (i) ⇒ (ii): If $A$ has directed joins, then the mapping $\bigvee: IA \to A$ which sends an ideal to its join is easily seen to be left adjoint to $\downarrow$. The definition of the way-below relation says that the left adjoint of $\bigvee$, if it exists, necessarily sends an element $a$ to $\twoheaddownarrow(a) = \{b \in A \mid b << a\}$; the definition of continuity says that the map $\twoheaddownarrow$ does indeed take values in $IA$, and that the unit of the adjunction exists (the existence of the counit is automatic from the definition of $<<$).

(ii) ⇒ (iii): Reversing the first part of the previous argument, if $\downarrow$ has a left adjoint $\bigvee$, then the latter necessarily sends an ideal to its join in $A$; hence $A$ has directed joins, since the join of any directed set coincides with that of the ideal which is its downward closure. Now $\bigvee$ and its left adjoint both preserve any joins which exist; and they express $A$ as a retract of $IA$, since $\downarrow$ is injective and hence $\bigvee$ is surjective.

(iii) ⇒ (iv): We have to show that a poset of the form $IB$ is continuous. But $IB$ certainly has directed joins, since they are just unions; and any principal ideal $\downarrow(b)$ is inaccessible by directed joins, i.e. satisfies $\downarrow(b) << \downarrow(b)$. Since any ideal $I$ is the (directed) union of the principal ideals which it contains, it follows easily that $J << I$ iff $J$ is contained in $\downarrow(b)$ for some $b \in I$. It is now immediate that $\twoheaddownarrow(I)$ is directed and has $I$ as its union.

(iv) ⇒ (i): Suppose $B$ is continuous, and let $i: A \to B$, $r: B \to A$ be directed-join-preserving maps with $ri = 1_A$. (It is then clear that $A$ has directed joins.) Given $a \in A$, we claim first that $r(b) << a$ in $A$ whenever $b << i(a)$ in $B$: for if $S \subseteq A$ is directed with $\bigvee S \geq a$, then $b \leq i(s)$ for some $s \in S$, whence $r(b) \leq ri(s) = s$. Since $a = ri(a)$ is the join of all $r(b)$ with $b << i(a)$, it follows as in the previous paragraph that $a' << a$ in $A$ iff $a' \leq r(b)$ for some $b << i(a)$, and hence that $A$ is continuous. □

**Remark 4.1.5** We note that, if $A$ is expressible as a retract in **Dom** of a poset of the form $IB$, then it is expressible as a coadjoint retract (in the sense of B1.1.9(c)) of such a poset; i.e. we can find $i: A \to IC$ and $r: IC \to A$ such that $i$ is left adjoint to $r$ and the unit $1_A \to ri$ is an equality. Equivalently, if we start from the full subcategory of **Dom** whose objects are those of the form $IB$, then splitting all the idempotents in this category has no more effect than splitting the idempotent *comonads*, i.e. those idempotents $e: IB \to IB$ satisfying $e \leq 1_{IB}$. Results of this type will form a recurring theme throughout this chapter.

If the remarks in the previous paragraph seem reminiscent of B1.1.15, that is no accident: of course, what is going on here is that we are dealing with a KZ-monad on the (locally ordered) 2-category $\mathfrak{Poset}$, whose functor part is given by $A \mapsto IA$, whose unit is the principal ideals map $\downarrow : A \to IA$, and whose multiplication is the join map $I(IA) \to IA$. The algebras for this monad are exactly the domains; so the equivalence of (ii) and (iii) in 4.1.4 is more or less a direct transcription of B1.1.15 in this particular case.

For the second characterization (which was Scott's original justification for studying continuous lattices [1102]), we restrict our attention to lattices. Note that, in the characterization of 4.1.4(iii), continuous lattices are just the retracts in **Dom** of posets of the form $IB$ where $B$ is a join-semilattice.

**Proposition 4.1.6** *For a complete lattice $A$, the following are equivalent:*

(i) *$A$ is continuous.*

(ii) *$(A, \Sigma A)$ is a sober space, and is injective with respect to subspace inclusions in the category* **Sob**.

(iii) *$A$ is the set of points of a locale $X$ which is injective with respect to inclusions in* **Loc**, *ordered by the 'specialization ordering' (that is, the canonical partial ordering on maps $1 \to X$ in* **Loc**, *as defined in* 1.1.6*).*

(iv) *$(A, \Sigma A)$ is a retract of a power of the Sierpiński space $S$ (cf.* 1.1.4*).*

**Proof** (i) $\Rightarrow$ (ii) and (iii): First consider the case when $A = IB$ for a join-semilattice $B$. Then a Scott-open subset $U \subseteq A$ is determined by the set $\{b \in B \mid \downarrow(b) \in U\}$, since any element of $A$ is a directed join of principal ideals; but the latter set may be any upper subset of $B$, so $\Sigma A$ is isomorphic to the lattice $UB$ of all upper sets in $B$. But the latter may also be regarded as the lattice $L(B^{\mathrm{op}})$ of lower sets in the meet-semilattice $B^{\mathrm{op}}$, and we saw in 1.1.3 that this is the free frame generated by $B^{\mathrm{op}}$. Thus a frame homomorphism $\phi : UB \to \Omega$ corresponds to a meet-semilattice homomorphism $B^{\mathrm{op}} \to \Omega$; but the latter is the same thing as the characteristic function of a filter of $B^{\mathrm{op}}$, i.e. of an ideal of $B$. So we may identify $(A, \Sigma A)$ with the space of points of the locale $X$ defined by $\mathcal{O}(X) = UB$. In particular, it is sober, and the locale $X$ is spatial.

To verify that it is injective, we observe that for any locale $Y$ (in particular for any sober space), a continuous map $f : Y \to X$ corresponds to a frame homomorphism $f^* : L(B^{\mathrm{op}}) \cong \mathcal{O}(X) \to \mathcal{O}(Y)$ and hence to a meet-semilattice homomorphism $B^{\mathrm{op}} \to \mathcal{O}(Y)$. Now if $Y$ is a sublocale of $Z$, then $\mathcal{O}(Y)$ is a retract of $\mathcal{O}(Z)$ in **mSLat**, since frame homomorphisms and their right adjoints are both meet-semilattice homomorphisms; hence we may extend any continuous map $Y \to X$ to a map $Z \to X$. Thus we have verified that (ii) and (iii) hold whenever $A$ is of the form $IB$.

The general case follows easily from 4.1.4(iii): for if $A$ is a retract of $IB$ by maps preserving directed joins, the latter are continuous with respect to the Scott topologies by 4.1.3(iv). But any retract of a sober space is sober, since

**Sob** is reflective in **Sp** and hence closed under equalizers; and a retract of an injective object is injective in any category.

(ii) $\Rightarrow$ (iv): Any sober space (indeed, any $T_0$-space) $X$ may be embedded as a subspace of a power $S^B$ of Sierpiński space: just take $B$ to be the set $\mathcal{O}(X)$, and map $x \in X$ to the point whose $U$th coordinate is 1 iff $x \in U$. If $X$ is injective, this embedding must have a retraction.

(iii) $\Rightarrow$ (iv): Similarly, we saw in 1.1.4 that the free objects of **Frm** are exactly the topologies of powers of Sierpiński space. It follows that the projectives (with respect to regular epimorphisms) in **Frm** are exactly the retracts of such powers (in particular, they are all spatial, which explains the equivalence of (ii) and (iii)).

(iv) $\Rightarrow$ (i): First we observe that the product topology on any power $S^B$ of Sierpiński space coincides with the Scott topology for the pointwise ordering on $S^B$ (where $S$ is given the obvious ordering $0 < 1$). But $S^B \cong PB \cong I(KB)$ is clearly a continuous lattice. If $(A, \Sigma A)$ is a retract of $S^B$, then the inclusion and retraction must preserve directed joins, since they are continuous for the Scott topologies; so $A$ is continuous by 4.1.4(iv). □

We remark that it follows from 4.1.6 that, for any injective sober space $X$, the specialization ordering on points of $X$ is a complete-lattice ordering. (Recall that it always has directed joins, by 1.1.6; so the force of this observation is that it has finite joins.)

In the lattice $\mathcal{O}(X)$ of open subsets of a topological space $X$, it is easy to see that the relation $U << V$ holds if there is a compact set $K \subseteq X$ with $U \subseteq K \subseteq V$. (In particular, $U << U$ holds iff $U$ itself is compact.) Hence if $X$ is a locally compact space (i.e. one in which every open set is covered by the interiors of its compact subsets), then $\mathcal{O}(X)$ is a continuous lattice. Conversely, it can be shown using the axiom of choice that if a continuous lattice $A$ is distributive, then the locale $X$ defined by $\mathcal{O}(X) = A$ is spatial, and its space of points is locally compact. (We shall not give the proof here; see [452] for the details.) We therefore define a *locally compact locale* to be one whose frame of opens is a continuous lattice.

Given a nucleus $j$ on a frame $\mathcal{O}(X)$, it is easy to see that the sublocale corresponding to the fixset $\mathcal{O}(X)_j$ is compact iff the filter $F = \{U \in \mathcal{O}(X) \mid j(U) = X\}$ is Scott-open. In general, not every filter in a frame is representable as the filter of elements mapped to the top element by a nucleus; but it turns out that every Scott-open filter is so representable (see [526]). Using this, plus the result of [45] that distributive continuous lattices have 'enough Scott-open filters', it is possible to give an alternative characterization of locally compact locales as those which have 'enough compact sublocales', which looks more like the usual definition of local compactness for spaces. However, we shall not need this characterization here; and it is in any case non-constructive (the second ingredient mentioned above requires the axiom of countable dependent choices), so we cannot use it when dealing with internal locales in a topos.

For future reference, we note a couple of stability properties of local compactness.

**Lemma 4.1.7**

(i) *A locally closed sublocale of a locally compact locale is locally compact.*

(ii) *If $f: X \to Y$ is a triquotient map in the sense of* 3.2.7 *(for example, an open or a proper surjection) and $X$ is locally compact, then so is $Y$.*

**Proof** (i) Since a locally closed sublocale is an open sublocale of its closure, it suffices to prove separately that local compactness is inherited by open and by closed sublocales. But each of these is easy, since principal ideals and principal filters in a continuous lattice are continuous (either directly from the definition, or using 4.1.4(iv)).

(ii) We can express $\mathcal{O}(Y)$ as a retract of $\mathcal{O}(X)$ by maps preserving directed joins. So this is immediate from 4.1.4(iv). □

Local compactness is also inherited by finite products in **Loc**: it is not hard to prove this directly from the definition, but we do not need to do so, since it follows from 4.1.9 below and A1.5.1(i). On the other hand, we shall give a constructive proof that spatial and localic products coincide if one of the factors is locally compact. (For more information on when spatial and localic products coincide, see [478] and [978].)

**Lemma 4.1.8** *Suppose $X$ and $Y$ are spatial locales, and $X$ is locally compact. Then the locale product $X \times Y$ is spatial.*

**Proof** Let $W$ and $W'$ be opens in $X \times Y$ such that every point of $W$ belongs to $W'$; we must show that $W \leq W'$, for which it is enough to show that every open rectangle $U \times V \leq W$ satisfies $U \times V \leq W'$. For any open $V' \leq Y$, let $U_{V'} = \bigcup\{U' \in \mathcal{O}(X) \mid U' \times V' \leq W'\}$; and for any $y$ in $V$, let $U_y = \bigcup\{U_{V'} \mid V' \in \mathcal{O}(Y), y \in V'\}$. For each $(x, y) \in U \times V$, we have $(x, y) \in W'$, so there must be a rectangular neighbourhood $U' \times V'$ of $(x, y)$ contained in $W'$, and hence $x \in U_y$. Since $X$ is spatial, $U$ is covered by its points, and so this implies $U \leq U_y$ for each $y \in V$; but the join in the definition of $U_y$ is directed, and hence for each $U' << U$ we may conclude that every $y \in V$ has a neighbourhood $V'$ such that $U' \times V' \leq W'$. Since $V$ is also covered by its points, this in turn implies that we have $U' \times V \leq W'$ for each $U' << U$; finally, local compactness of $X$ implies that we have $U \times V \leq W'$. □

A well-known application of local compactness in 'classical' topology is that locally compact spaces are exactly those for which the compact-open topology on function spaces 'works well' (cf. [367]): in the terminology introduced in Section A1.5, they are exactly the exponentiable objects of **Sp**. The corresponding result for locales was first proved by M. Hyland [461]:

**Theorem 4.1.9** *A locale is exponentiable in* **Loc** *iff it is locally compact.*

**Proof** First suppose $X$ is exponentiable. Since the functor $(-) \times X : \mathbf{Loc} \to \mathbf{Loc}$ preserves inclusions (as they are just regular monomorphisms), its right adjoint $(-)^X$ preserves injectives; in particular, the exponential $S^X$ must be injective, where $S$ is the Sierpiński space. But points of $S^X$ correspond bijectively to locale maps $X \to S$, and hence (since $\mathcal{O}(S)$ is the free frame on one generator) to elements of $\mathcal{O}(X)$; we claim that this correspondence maps the specialization ordering on points of $S^X$ to the given ordering on the frame $\mathcal{O}(X)$, so that the latter must be a continuous lattice by 4.1.6.

To verify the claim, note that the correspondence sends a point $p : 1 \to S^X$ to $q^*(U) \in \mathcal{O}(X)$, where $q$ is the composite

$$X \cong 1 \times X \xrightarrow{p \times 1} S^X \times X \xrightarrow{\mathrm{ev}} S$$

and $U$ is the generator of $\mathcal{O}(S)$ when the latter is regarded as the free frame on one generator. Clearly $p_1 \leq p_2$ implies $q_1 \leq q_2$ and hence $q_1^*(U) \leq q_2^*(U)$. Conversely, if $V_1 \leq V_2$ in $\mathcal{O}(X)$, consider the element

$$W = (S \otimes V_1) \cup (U \otimes V_2)$$

of $\mathcal{O}(S \times X) \cong \mathcal{O}(S) \otimes \mathcal{O}(X)$; this element corresponds to a locale map $S \times X \to S$, whose transpose $w : S \to S^X$ has the property that $w \cdot 0$ and $w \cdot 1$ are the points corresponding to $V_1$ and $V_2$ respectively. (Here 0 and 1 are the two points of $S$.) But $0 \leq 1$ in the specialization order on $S$, so $w \cdot 0 \leq w \cdot 1$.

Conversely, suppose $X$ is locally compact. Let $Y$ be the locale defined by $\mathcal{O}(Y) = \Sigma(\mathcal{O}(X))$; then $Y$ is an injective locale by 4.1.6(iii), and it is clearly the only possible candidate for the exponential $S^X$ in $\mathbf{Loc}$. We first verify that it does indeed have the universal property of an exponential $S^X$. The evaluation map $\mathrm{ev} : Y \times X \to S$ must correspond to an element of $\mathcal{O}(Y \times X) \cong \Sigma(\mathcal{O}(X)) \otimes \mathcal{O}(X)$; for this we take

$$E = \bigcup \{ (\uparrow\!(U) \otimes U) \mid U \in \mathcal{O}(X) \} .$$

Given a locale $Z$ and a map $h : Z \times X \to S$, corresponding to an open $H \in \mathcal{O}(Z \times X) \cong \mathcal{O}(Z) \otimes \mathcal{O}(X)$, we define $\overline{h} : Z \to Y$ by

$$\overline{h}^*(V) = \bigcup \{ W \in \mathcal{O}(Z) \mid (\exists U \in V)(W \otimes U \leq H) \} .$$

(It is straightforward to verify that $\overline{h}^*$ is a frame homomorphism.) We claim that the diagram

$$\begin{array}{ccc} Z \times X & \xrightarrow{\overline{h} \times 1} & Y \times X \\ & {\scriptstyle h}\searrow & \downarrow{\scriptstyle \mathrm{ev}} \\ & & S \end{array}$$

commutes; for this, it clearly suffices to show that $(\overline{h} \times 1)^*(E) = H$. But by definition, we have

$$(\overline{h} \times 1)^*(E) = \bigcup \{\overline{h}^*(\Uparrow(U)) \otimes U \mid U \in \mathcal{O}(X)\}$$

and

$$\overline{h}^*(\Uparrow(U)) \otimes U = \bigcup \{W \otimes U \mid (\exists U' \in \Uparrow(U))(W \otimes U' \leq H)\} .$$

The union of the right-hand side of the latter equation is clearly below $H$, since $U << U'$ implies $W \otimes U \leq W \otimes U'$; so $(\overline{h} \times 1)^*(E) \leq H$. But $H$ can be written as a union of 'open rectangles' $W \otimes U$, since these generate $\mathcal{O}(Z \times X)$ as a complete join-semilattice, and hence by continuity of $\mathcal{O}(X)$ it can also be written as a join of rectangles $W \otimes U$ for which there exists $U'$ with $U << U'$ and $W \otimes U' \leq H$. So the reverse inequality also holds.

We must next show that if $k \colon Z \to Y$ is any locale map which satisfies $\mathrm{ev}(k \times 1) = h$, then $k = \overline{h}$. Since the Scott-open sets of the form $\Uparrow(U)$ form a base for $\Sigma(\mathcal{O}(X))$ by 4.1.4(iii), it suffices to show that $k^*$ and $\overline{h}^*$ agree on all such sets. But we have

$$H = (k \times 1)^* E = \bigcup \{k^*(\Uparrow(U)) \times U \mid U \in \mathcal{O}(X)\},$$

and hence for any $U'$ with $U << U'$ we have

$$\overline{h}^*(\Uparrow(U)) \geq k^*(\Uparrow(U'))$$

by the definition of $\overline{h}^*$. But $\Uparrow(U)$ is the union of all $\Uparrow(U')$ with $U << U'$, by the interpolation property; so it follows that we have $k^*(\Uparrow(U)) \leq \overline{h}^*(\Uparrow(U))$ for all $U$.

For the reverse inequality, suppose $U << U'$ and $W \in \mathcal{O}(Z)$ are such that $W \times U' \leq H$. Then $W \times V'$ is covered by the opens $k^*(\Uparrow(V)) \times V$, $V \in \mathcal{O}(X)$. Now the set $\{V \in \mathcal{O}(X) \mid k^*(\Uparrow(V)) \geq W\}$ is directed, since we have $k^*(\Uparrow(V_1 \cup V_2)) = k^*(\Uparrow(V_1) \cap \Uparrow(V_2)) = k^*(\Uparrow(V_1)) \cap k^*(\Uparrow(V_2))$, and it covers $U'$, so there exists $V \geq U$ with $k^*(\Uparrow(V)) \geq W$. But this implies that $\overline{h}^*(\Uparrow(U')) \leq k^*(\Uparrow(U))$, whence $\overline{h}^*(\Uparrow(U)) \leq k^*(\Uparrow(U))$ follows as before.

Having thus constructed the exponential $S^X$, we may clearly now define $(S^A)^X$, where $A$ is any set, as $(S^X)^A$ (that is, the product in **Loc** of $A$ copies of $S^X$). And any continuous map $f \colon S^A \to S^B$ gives rise to a map $f^X \colon (S^A)^X \to (S^B)^X$, namely the transpose of

$$(S^A)^X \times X \xrightarrow{\mathrm{ev}} S^A \xrightarrow{f} S^B;$$

that is, $(-)^X$ becomes a functor on the full subcategory of **Loc** whose objects are the powers of $S$. But any locale $Y$ is a sublocale of a power of $S$, as we observed in the proof of 4.1.6; and locale inclusions are regular monomorphisms, so we can express $Y$ as the equalizer of a pair of maps $S^A \rightrightarrows S^B$. Since the functor

$(-)^X$ is a right adjoint, it should preserve equalizers; so we have merely to define $Y^X$ to be the equalizer of the corresponding pair of maps $(S^A)^X \rightrightarrows (S^B)^X$, and to verify that this has the right universal property. □

We remark that it is possible to give a direct construction of the exponential $Y^X$ for an arbitrary $Y$ and locally compact $X$, by constructing a presentation for its frame of opens from the elements of $\mathcal{O}(Y)$ and $\mathcal{O}(X)$: this is done in Hyland's original paper [461]. However, the fact that the existence of the particular exponential $S^X$ is sufficient to construct $Y^X$ for an arbitrary $Y$ is of interest in its own right – note that we have seen the topos-theoretic version of this locale-theoretic fact in B4.3.1.

To conclude this section, we briefly discuss stable local compactness. We have seen that the way-below relation in a complete lattice is always stable under finite joins; but it need not be stable under finite meets, even if the lattice is continuous and distributive:

**Example 4.1.10** As in 3.4.1($a$), let $X$ be the space obtained from two copies of the closed unit interval $[0, 1]$ by identifying the two copies of the open interval $(0, 1)$. Then the two copies of $[0, 1]$ are open in $X$ and compact, so they define elements $U$ and $V$ of $\mathcal{O}(X)$ satisfying $U \ll U$ and $V \ll V$. But $U \cap V \cong (0, 1)$ is not compact, so we do not have $(U \cap V) \ll (U \cap V)$.

We say a continuous (semi)lattice $A$ is *stably continuous* if the way-below relation on $A$ is stable under finite meets (including the empty meet; i.e. the top element $1_A$ is compact); and we call a locale $X$ *stably locally compact* if $\mathcal{O}(X)$ is a stably continuous lattice. (If we merely wish to assert that $\ll$ is stable under binary meets, without assuming compactness of the top element, we shall say that $X$ is *locally stably compact*.)

**Lemma 4.1.11** *Any compact Hausdorff locale is stably locally compact.*

**Proof** We recall from 3.2.10(ii) that a compact Hausdorff locale $X$ is regular; that is, every open $U$ is the join of the opens $V$ such that there exists an open $W$ with $V \cap W = 0$ and $U \cup W = X$ – as in 1.2.17, we denote this relation between $U$ and $V$ by $V \lhd U$. Since the relation $\lhd$ is clearly stable under finite meets, it suffices to show that it coincides with $\ll$.

But $\lhd$ is also stable under finite joins, so the join appearing in the definition of regularity is directed; thus in a regular locale the relation $V \ll U$ implies $V \leq W$ for some $W \lhd U$, and hence $V \lhd U$. And any closed sublocale of a compact locale is compact, so in a compact locale the relation $V \lhd U$ implies $V \ll U$. So the result is established. □

For future reference, we also note:

**Lemma 4.1.12** *Let $X$ be a compact Hausdorff locale. Then a sublocale of $X$ is locally compact iff it is locally closed.*

**Proof** One direction is immediate from 4.1.11 and 4.1.7(i). Conversely, suppose $Y$ is a locally compact sublocale of $X$. By replacing $X$ by the closure of $Y$, we may assume $Y$ is dense in $X$; we then have to prove that it is open. We first note that if $V << Y$ in $\mathcal{O}(Y)$, then the closure $\overline{V} = \complement(\neg V)$ of $V$ in $Y$ is compact; for if we have a directed family of opens $U_i$ with $\bigcup_i U_i \geq \overline{V}$, then $\bigcup_i (U_i \cup \neg V) = Y$, whence if $V << W << Y$ we have $U_i \cup \neg V \geq W$ for some $i$. But $Y$ is regular since it is a sublocale of $X$; so, as in the proof of 4.1.11, the relation $V << W$ implies $V \lhd W$, and hence $U_i \cup \neg V \geq W$ implies $U_i \geq \overline{V}$.

Now by 3.2.10(i) we know that all compact sublocales of $X$ are closed, so $\overline{V}$ must actually be closed in $X$. Suppose it equals $\complement U$ where $U \in \mathcal{O}(X)$, and let $\tilde{V} \in \mathcal{O}(X)$ be such that $\tilde{V} \cap Y = V$. Then $\tilde{V} \cap Y \cap U = \emptyset$, whence $\tilde{V} \cap U = \emptyset$ since $Y$ is dense, so $\tilde{V} \leq \complement U = \overline{V}$. But $\overline{V} \leq Y$ by definition, so $\tilde{V} \leq Y$, and thus $V = \tilde{V}$ is open in $X$. Since $Y$ is locally compact, we can express it as a union of opens $V$ which satisfy $V << Y$ and are therefore open in $X$; so $Y$ is open in $X$. □

We recall from 1.1.3 that if $B$ is a distributive lattice, then its ideal lattice $IB$ is (distributive, and hence) a frame; as in 2.4.3, we call a locale $X$ *coherent* if $\mathcal{O}(X) \cong IB$ for some distributive lattice $B$. (Of course, $B$ is determined up to isomorphism by $X$: it is the lattice of compact open sublocales of $X$.)

**Proposition 4.1.13** *For a locale $X$, the following are equivalent:*

(i) *$X$ is stably locally compact.*

(ii) *$X$ is a retract in* **Loc** *of a coherent locale.*

(iii) *$X$ is a coadjoint retract in* **Loc** *of a coherent locale.*

**Proof** (i) ⇒ (iii): Suppose $X$ is stably locally compact. Then, as in 4.1.4, we know that $\mathcal{O}(X)$ is a retract of $I(\mathcal{O}(X))$ by maps $\twoheaddownarrow : \mathcal{O}(X) \to I(\mathcal{O}(X))$ and $\bigvee : I(\mathcal{O}(X)) \to \mathcal{O}(X)$ preserving arbitrary joins; we claim that these maps also preserve finite meets, i.e. they are frame homomorphisms. For $\bigvee$, this is obvious, since it is right adjoint to $\twoheaddownarrow$; and the preservation of finite meets by $\twoheaddownarrow$ is exactly the definition of stability for $<<$. Thus we have expressed $X$ as a retract of the coherent locale $Y$ defined by $\mathcal{O}(Y) = I(\mathcal{O}(X))$; moreover, since $\twoheaddownarrow$ is left adjoint to $\bigvee$, it is actually a coadjoint retract as defined in B1.1.9(*c*).

(iii) ⇒ (ii) is trivial. For (ii) ⇒ (i), we show that coherent locales are stably locally compact and that retracts of stably locally compact locales are stably locally compact. The first of these is easy, since in the frame $IB$ (for a distributive lattice $B$) we have $I << J$ iff there exists a principal ideal $\downarrow(b)$ with $I \subseteq \downarrow(b) \subseteq J$; and the set of principal ideals is closed under finite meets. For the second, suppose $X$ is a retract of $Y$ by locale maps $i: X \to Y$ and $r: Y \to X$; then, from the proof of (iv) ⇒ (i) in 4.1.4, we know that $U << V$ in $\mathcal{O}(X)$ iff $U \leq i^*(W)$ for some $W << r^*(V)$ in $\mathcal{O}(Y)$. Since $Y$ is stably locally compact and both $r^*$ and $i^*$ preserve finite meets, it is easy to see that this relation is stable under finite meets. □

We remark that, by essentially the same proof, locally stably compact locales are exactly the retracts in **Loc** of *locally coherent locales*, the latter being defined as those whose frames are of the form $IB$ where $B$ is a 'distributive pre-lattice'; i.e. it satisfies all the axioms for a distributive lattice, except that it may lack a top element. (Given a locally stably compact locale $X$, we may express $\mathcal{O}(X)$ as a retract of $IB$ where $B = \{U \in \mathcal{O}(X) \mid U << X\}$.)

We may now prove a result promised in Section C3.4:

**Corollary 4.1.14** *Stably locally compact locales (in particular, compact Hausdorff locales) are strongly compact.*

**Proof** If $X$ is a coherent locale, say $\mathcal{O}(X) \cong IB$ for a distributive lattice $B$, then the Comparison Lemma 2.2.3 yields an equivalence $\mathbf{Sh}(X) \simeq \mathbf{Sh}(B, C)$, where $C$ is the coherent coverage on $B$ considered as a coherent category (cf. A2.1.11($b$)). So $X$ is strongly compact by 3.4.1($c$). But if $X$ is a coadjoint retract of a strongly compact locale $Y$, consider the diagram

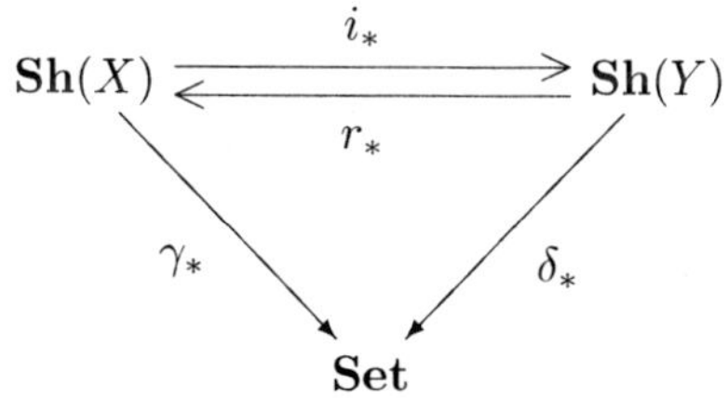


where $i$ and $r$ are the inclusion and the retraction. Given a filtered diagram in $\mathbf{Sh}(X)$ with vertices $(A_j \mid j \in J)$, we have

$$\varinjlim{}_J \gamma_*(A_j) \cong \varinjlim{}_J \delta_* i_*(A_j) \cong \delta_*(\varinjlim{}_J i_*(A_j)) \cong \gamma_* r_*(\varinjlim{}_J i_*(A_j))$$
$$\cong \gamma_*(\varinjlim{}_J r_* i_*(A_j)) \cong \gamma_*(\varinjlim{}_J A_j) ,$$

where the fourth isomorphism uses the fact that $r_*$ is left adjoint to $i_*$. So $X$ is strongly compact. □

Another application of 4.1.13, sometimes known as 'Joyal's Lemma' (see [520, III 1.11]), is of use in various contexts.

**Corollary 4.1.15**

(i) *A locale $X$ is stably locally compact iff it is injective with respect to flat inclusions of sublocales.*

(ii) *Compact Hausdorff locales are orthogonal to flat inclusions; i.e. if $X$ is compact Hausdorff and $i\colon Y \rightarrowtail Z$ is a flat inclusion of locales, then any locale morphism $Y \to X$ extends uniquely to a morphism $Z \to X$.*

**Proof** (i) First suppose $X$ is stably locally compact. Recall from 1.1.16($d$) that a locale inclusion $i\colon Y \rightarrowtail Z$ is said to be flat if $i_*\colon \mathcal{O}(Y) \to \mathcal{O}(Z)$ preserves finite joins – equivalently, if it is a lattice homomorphism. But the assignment

$A \mapsto I(A)$ is a functor **DLat** $\to$ **Frm** – indeed, it is left adjoint to the forgetful functor, as we saw in 1.1.3. So, given a frame homomorphism $f^* : \mathcal{O}(X) \to \mathcal{O}(Y)$, we may define $g^* : \mathcal{O}(X) \to \mathcal{O}(Z)$ to be the composite frame homomorphism

$$\mathcal{O}(X) \xrightarrow{\downarrow} I\mathcal{O}(X) \xrightarrow{I(f^*)} I\mathcal{O}(Y) \xrightarrow{I(i_*)} I\mathcal{O}(Z) \xrightarrow{\bigvee} \mathcal{O}(Z) .$$

We must verify that $i^* g^* = f^*$; but

$$\begin{aligned} i^* g^* &= i^* \bigvee\nolimits_Z I(i_*) I(f^*) \downarrow \\ &= \bigvee\nolimits_Y I(i^*) I(i_*) I(f^*) \downarrow \\ &= \bigvee\nolimits_Y I(f^*) \downarrow \\ &= f^* \bigvee\nolimits_X \downarrow \\ &= f^*, \end{aligned}$$

where the last step uses 4.1.13, and the others are instances of the functoriality of $I$ or the naturality of $\bigvee$.

For the converse, we recall from 1.1.16($e$) that any locale $X$ is a flat sublocale of a coherent locale; so if $X$ is injective with respect to flat inclusions it must be a retract of a coherent locale.

(ii) Since compact Hausdorff locales are stably locally compact by 4.1.11, the existence of the extension follows from (i). For the uniqueness, we use the fact that if $X$ is Hausdorff then the equalizer of any two locale morphisms $Z \rightrightarrows X$ is a closed sublocale of $Z$, because it is a pullback of the diagonal $X \rightarrowtail X \times X$; but flat inclusions are dense, so if the equalizer contains $Y$ then it must be the whole of $Z$. □

**Suggestions for further reading:** Banaschewski [45], Gierz et al. [404], Hofmann [450], Hofmann & Lawson [452], Hyland [461], Johnstone [520, 523], Niefield [894], Scott [1102].

## C4.2 Continuous categories

In this section, we develop an analogue for categories of the notion of continuous poset which we recalled in the previous section. For this purpose, it is most convenient to start from the characterization provided by 4.1.4: the fact that continuous posets are the retracts of posets of the form $IB$ by maps preserving directed joins. Obviously, when we generalize from posets to categories, we need to replace directed joins by filtered colimits; and the analogue of the ideal completion $IB$ (the poset obtained by freely adding directed joins to a poset $B$) is the *inductive completion* Ind-$\mathcal{C}$ of a category $\mathcal{C}$. We therefore begin by reviewing this notion.

Throughout this section, we shall work explicitly with **Set**-based categories; but all our results may be reinterpreted in the context of $\mathcal{S}$-indexed categories for an arbitrary base topos $\mathcal{S}$, using the techniques developed in Part B, and when we come to apply the results of this section to toposes in the subsequent sections of this chapter, we shall in fact do so at that level of generality.

If $\mathcal{C}$ is locally small, then it is fully embedded (by the Yoneda embedding) in the functor category $[\mathcal{C}^{\text{op}}, \mathbf{Set}]$, and the latter may be viewed as the free cocompletion of $\mathcal{C}$, as we saw in B2.5.8. If we merely wish to adjoin filtered colimits, we may restrict our attention to the full subcategory $\widehat{\mathcal{C}}$ of those functors which are expressible as (small) filtered colimits of representable functors. (If $\mathcal{C}$ is small, the objects of $\widehat{\mathcal{C}}$ are just the $\mathcal{C}$-torsors as defined in B3.2.3, i.e. those functors $F\colon \mathcal{C}^{\text{op}} \to \mathbf{Set}$ for which the domain $\mathcal{F}$ of the corresponding discrete fibration $\mathcal{F} \to \mathcal{C}$ is filtered.) We note that this category has the following properties:

(i) There is a full and faithful functor $y\colon \mathcal{C} \to \widehat{\mathcal{C}}$.

(ii) $\widehat{\mathcal{C}}$ has filtered colimits, and every object of $\widehat{\mathcal{C}}$ is expressible as a (small) filtered colimit of objects in the image of $y$.

(iii) The objects in the image of $y$ are *finitely presentable* as defined in D2.3.1($a$); that is, the functor $\widehat{\mathcal{C}}(y(A), -)$ preserves filtered colimits for every $A \in \text{ob}\, \mathcal{C}$.

(These three properties should be compared with those which we used to characterize the regularization $\mathbf{Reg}(\mathcal{C})$ of a cartesian category $\mathcal{C}$ in Section A1.3.) The first two properties are obvious from the definition of $\widehat{\mathcal{C}}$; for the third, we note that as an object of $[\mathcal{C}^{\text{op}}, \mathbf{Set}]$ the functor represented by $y(A)$ preserves all small colimits, by the Yoneda lemma, and the inclusion $\widehat{\mathcal{C}} \to [\mathcal{C}^{\text{op}}, \mathbf{Set}]$ creates filtered colimits.

In fact properties (i)–(iii) suffice to characterize $\widehat{\mathcal{C}}$ up to (weak) equivalence, and provide the key to an alternative definition which is in many ways more convenient to use. To see this, note that condition (ii) says that we might as well take the objects of $\widehat{\mathcal{C}}$ to be small filtered diagrams in $\mathcal{C}$, i.e. functors $D\colon I \to \mathcal{C}$ where $I$ is a small filtered category. (We shall normally denote such a diagram by $(A_i \mid i \in I)$, where $A_i$ is the object $D(i)$ of $\mathcal{C}$, leaving the reader's imagination to supply names for the edges of the diagram.) For two such objects $(A_i \mid i \in I)$ and $(B_j \mid j \in J)$, the class of morphisms between them must satisfy

$$\begin{aligned}\widehat{\mathcal{C}}((A_i \mid i \in I), (B_j \mid j \in J)) &\cong \varprojlim_{i \in I} \widehat{\mathcal{C}}(y(A_i), (B_j \mid j \in J)) \\ &\cong \varprojlim_{i \in I} \varinjlim_{j \in J} \widehat{\mathcal{C}}(y(A_i), y(B_j)) \\ &\cong \varprojlim_{i \in I} \varinjlim_{j \in J} \mathcal{C}(A_i, B_j)\end{aligned}$$

using conditions (iii) and (i), plus the fact that $(A_i \mid i \in I)$ is intended to be the colimit in $\widehat{\mathcal{C}}$ of the $y(A_i)$. Accordingly, we now define Ind-$\mathcal{C}$ to be the category whose objects are all small filtered diagrams in $\mathcal{C}$, and whose morphisms are defined by the 'double-limit' formula in the last line of the above display: in other words, a morphism $(A_i \mid i \in I) \to (B_j \mid j \in J)$ is a family $(\phi_i \mid i \in I)$, where each $\phi_i$ is an equivalence class of morphisms $f \colon A_i \to B_j$ (two morphisms $f \colon A_i \to B_j$ and $f' \colon A_i \to B_{j'}$ being equivalent iff there exist morphisms $j \to j''$ and $j' \to j''$ in $J$ such that

$$\begin{array}{ccc} A_i & \xrightarrow{\ f\ } & B_j \\ {\scriptstyle f'}\downarrow & & \downarrow \\ B_{j'} & \longrightarrow & B_{j''} \end{array}$$

commutes), subject to the obvious compatibility conditions. The composite of two morphisms

$$(A_i \mid i \in I) \xrightarrow{(\phi_i \mid i \in I)} (B_j \mid j \in J) \xrightarrow{(\psi_j \mid j \in J)} (C_k \mid k \in K)$$

is $(\chi_i \mid i \in I)$, where $\chi_i$ is the element of $\varinjlim_{k \in K} \mathcal{C}(A_i, C_k)$ containing all the composites $gf$ such that $f \colon A_i \to B_j$ is in $\phi_i$ and $g \colon B_j \to C_k$ is in $\psi_j$. The embedding $y \colon \mathcal{C} \to$ Ind-$\mathcal{C}$ sends an object $A$ to itself regarded as a diagram over the terminal category $\mathbf{1}$; it is clear that this is indeed full and faithful.

**Remark 4.2.1** If $\mathcal{C}$ is a preorder, then so is Ind-$\mathcal{C}$: for if the hom-sets $\mathcal{C}(A_i, B_j)$ each have at most one element, then so do the filtered colimits $\varinjlim_{j \in J} \mathcal{C}(A_i, B_j)$, and hence so does the double limit $\varprojlim_{i \in I} \varinjlim_{j \in J} \mathcal{C}(A_i, B_j)$. In particular, if $B$ is a (small) poset, then Ind-$B$ is equivalent to the ideal completion $IB$: in one direction, the equivalence maps a filtered diagram $(a_i \mid i \in I)$ to the ideal $\{b \in B \mid (\exists i \in I)(b \leq a_i)\}$, and in the other it sends an ideal $J \subseteq B$ to the inclusion $J \to B$ regarded as a filtered diagram in $B$. This ensures that the definition of continuity for categories, which we are about to give, genuinely extends that for posets which we studied in the last section. (We should mention in passing that J. Koslowski [650] has proposed an alternative definition of 'continuous category', but it fails to have this 'conservativity' property.)

**Proposition 4.2.2**

(i) *For any locally small $\mathcal{C}$, the category* Ind-$\mathcal{C}$ *has filtered colimits.*

(ii) *An object of* Ind-$\mathcal{C}$ *is finitely presentable iff it is a retract of an object of the form $y(A)$, $A \in \mathrm{ob}\, \mathcal{C}$.*

(iii) *If $\mathcal{C}$ is Cauchy-complete, then it is recoverable (up to equivalence) from* Ind-$\mathcal{C}$*, as the full subcategory* $(\text{Ind-}\mathcal{C})_\omega$ *of finitely presentable objects.*

(iv) *If* $\mathcal{C}$ *is cocartesian then so is* Ind-$\mathcal{C}$, *and the embedding* $y\colon \mathcal{C} \to$ Ind-$\mathcal{C}$ *preserves finite colimits.*

(v) *If* $\mathcal{C}$ *is small and cocartesian, then* Ind-$\mathcal{C}$ *is complete and cocomplete.*

**Proof** (i) Let $(A_i \mid i \in I)$ be the vertices of a filtered diagram in Ind-$\mathcal{C}$, and suppose each $A_i$ is the ind-object $(B_{ij} \mid j \in J_i)$. We define a small category $K$ as follows: its objects are pairs $(i,j)$ with $i \in I$ and $j \in J_i$, and morphisms $(i,j) \to (i',j')$ are pairs $(\alpha, f)$ where $\alpha\colon i \to i'$ in $I$ and $f\colon B_{ij} \to B_{i'j'}$ is a representative for the $j$th component of the $\alpha$th edge of the filtered diagram. Composition of morphisms of $K$ is defined in the obvious way; we claim that it is a filtered category. We shall verify the third condition for filteredness (cf. B2.6.2($a$)) – the other two are similar. Let

$$(i,j) \underset{(\alpha',f')}{\overset{(\alpha,f)}{\rightrightarrows}} (i',j')$$

be a parallel pair of morphisms in $K$. Since $I$ is filtered, we can find $\beta\colon i' \to i''$ such that $\beta\alpha = \beta\alpha'$. Let $g\colon B_{i'j'} \to B_{i''j''}$ be any representative of the $j'$th component of the $\beta$th edge of the diagram: the composites $gf$ and $gf'$ need not be equal, but they both represent the $j$th component of the $\beta\alpha$th edge of the diagram, so they are coequalized by some $B_{i''j''} \to B_{i''j'''}$. Composing this morphism with $g$, we obtain a morphism $g'$ such that $(\beta, g')$ coequalizes $(\alpha, f)$ and $(\alpha', f')$ in $K$.

The assignment $(i,j) \mapsto B_{ij}$ becomes a functor $K \to \mathcal{C}$, and hence an object of Ind-$\mathcal{C}$, in an obvious way. Moreover, we have a morphism of ind-objects $(B_{ij} \mid j \in J_i) \to (B_{ij} \mid (i,j) \in K)$ for each $i$, whose $j$th component is represented by the identity morphism on $B_{ij}$. It is straightforward to verify that these morphisms form a cone under the original filtered diagram, and that it has the universal property of a colimit.

(ii) It follows easily from the construction of filtered colimits in (i) that they are preserved by the functors Ind-$\mathcal{C}\,(y(A), -)$. Thus any $y(A)$ is finitely presentable; hence so is any retract of such an object. Conversely, if $A = (A_i \mid i \in I)$ is finitely presentable in Ind-$\mathcal{C}$, then by expressing it as the colimit of the $y(A_i)$ we see that the identity morphism on $A$ must factor through one of the maps $y(A_i) \to A$.

(iii) follows at once from (ii) and the fact that $y$ is a full embedding.

(iv) It is clear that if 0 is initial in $\mathcal{C}$ then $y(0)$ is initial in Ind-$\mathcal{C}$. If $(A_i \mid i \in I)$ and $(B_j \mid j \in J)$ are two ind-objects, we define their coproduct to be the $I \times J$-indexed diagram whose $(i,j)$th vertex is $A_i + B_j$; the coprojection $(A_i \mid i \in I) \to (A_i + B_j \mid i \in I, j \in J)$ has as its $i$th component the equivalence class containing the coprojections $A_i \to A_i + B_j$ for all $j$, and it is straightforward to verify the universal property of the coproduct (and that $y(A+B) \cong y(A) + y(B)$). To form the coequalizer of two morphisms

$$(A_i \mid i \in I) \overset{\phi}{\underset{\psi}{\rightrightarrows}} (B_j \mid j \in J),$$

we first form the category $K$ whose objects are quadruples $(i, j, f, g)$ where $i \in I$, $j \in J$ and $f, g \colon A_i \rightrightarrows B_j$ represent the $i$th components of $\phi$ and $\psi$ respectively, and whose morphisms $(i, j, f, g) \to (i', j', f', g')$ are pairs $(\alpha \colon i \to i', \beta \colon j \to J')$ such that the squares

$$\begin{array}{ccc} A_i & \overset{f}{\underset{g}{\rightrightarrows}} & B_j \\ \downarrow {\scriptstyle A_\alpha} & & \downarrow {\scriptstyle B_\beta} \\ A_{i'} & \overset{f'}{\underset{g'}{\rightrightarrows}} & B_{j'} \end{array}$$

both commute; for $k = (i, j, f, g) \in K$, we define $C_k$ to be the coequalizer of $f$ and $g$ in $\mathcal{C}$. Then it is straightforward to verify that $K$ is filtered, and that the $C_k$ define an ind-object $(C_k \mid k \in K)$. Not every object $j$ of $J$ necessarily occurs as the second component of an object of $K$, but for each $j$ we can find a morphism $j \to j'$ such that $j'$ occurs in an object $(i, j', f, g)$, and thus we have a composite morphism $B_j \to B_{j'} \to C_{(i,j',f,g)}$; all such morphisms are moreover equivalent as morphisms into the ind-object $(C_k \mid k \in K)$, and we take their equivalence class to be the $j$th component of a morphism $(B_j \mid j \in J) \to (C_k \mid k \in K)$. This morphism is readily seen to have the universal property of a coequalizer of $\phi$ and $\psi$. And it is again easy to see that the embedding $y$ preserves coequalizers.

(v) Cocompleteness follows from (i) and (iv). For completeness, it is easier to use the alternative representation of Ind-$\mathcal{C}$ as the closure of the full subcategory of representables under filtered colimits in $[\mathcal{C}^{\mathrm{op}}, \mathbf{Set}]$; for in this case we may identify the latter with the category $\mathfrak{Cart}(\mathcal{C}^{\mathrm{op}}, \mathbf{Set})$ of cartesian functors, by B3.2.5, and this is clearly closed under limits in $[\mathcal{C}^{\mathrm{op}}, \mathbf{Set}]$. (Alternatively, we could use the Adjoint Functor Theorem to construct right adjoints for the diagonal functors Ind-$\mathcal{C} \to [\mathcal{D}, \text{Ind-}\mathcal{C}]$ for arbitrary small categories $\mathcal{D}$: note that the objects in the image of $y$ form a separating set for Ind-$\mathcal{C}$.) □

Of course, the categories Ind-$\mathcal{C}$ where $\mathcal{C}$ is small (resp. small and cocartesian) are exactly the finitely accessible (resp. locally finitely presentable) categories studied in Section D2.3.

We digress for a moment to fulfil a promise made in Section C2.2. First we need:

**Lemma 4.2.3** *Let $\mathcal{C}$ be a small cocartesian category with pullbacks, such that finite colimits are stable under pullback in $\mathcal{C}$. Then* Ind-$\mathcal{C}$ *is locally cartesian closed.*

**Proof** We use the identification of Ind-$\mathcal{C}$ with $\mathfrak{Cart}(\mathcal{C}^{\mathrm{op}}, \mathbf{Set})$. We recall from A1.1.7 that, for any functor $F\colon \mathcal{C}^{\mathrm{op}} \to \mathbf{Set}$, the slice category $[\mathcal{C}^{\mathrm{op}}, \mathbf{Set}]/F$ may be identified with $[\mathcal{F}^{\mathrm{op}}, \mathbf{Set}]$, where $\mathcal{F} \to \mathcal{C}$ is the discrete fibration corresponding to $F$. If $F$ is cartesian, then it is easily verified that $\mathcal{F}$ inherits finite colimits and pullbacks, and the stability of the former under the latter, from $\mathcal{C}$. Moreover, given a natural transformation $G \to F$ between functors $\mathcal{C}^{\mathrm{op}} \rightrightarrows \mathbf{Set}$, the functor $G$ is cartesian iff the corresponding functor $\mathcal{F}^{\mathrm{op}} \to \mathbf{Set}$ is cartesian; so we may identify $\mathfrak{Cart}(\mathcal{C}^{\mathrm{op}}, \mathbf{Set})/F$ with $\mathfrak{Cart}(\mathcal{F}^{\mathrm{op}}, \mathbf{Set})$. Thus it suffices to show that $\mathfrak{Cart}(\mathcal{C}^{\mathrm{op}}, \mathbf{Set})$ is cartesian closed; we shall do this by showing that it is an exponential ideal in $[\mathcal{C}^{\mathrm{op}}, \mathbf{Set}]$.

Suppose $F$ is a cartesian functor $\mathcal{C}^{\mathrm{op}} \to \mathbf{Set}$, and let $G$ be an arbitrary functor; then by the proof of A1.5.5 we know that the exponential $F^G$ in $[\mathcal{C}^{\mathrm{op}}, \mathbf{Set}]$ may be defined by taking $F^G(A)$ to be the set of natural transformations $h(A) \times G \to F$, for each object $A$ of $\mathcal{C}$. Now suppose $A$ is the colimit of a finite diagram with vertices $A_i$, and suppose we are given a compatible family of natural transformations $\theta_i\colon h(A_i) \times G \to F$. We may construct $\theta\colon h(A) \times G \to F$ as follows: given an element $x \in G(B)$ and a morphism $B \to A$, we pull back the morphisms $A_i \to A$ along the latter to obtain a colimit diagram $B \cong \varinjlim B_i$, and then restrict $x$ to a family of elements $x_i \in G(B_i)$. Then we obtain a family of elements $\theta_i(x_i, B_i \to A_i) \in F(A_i)$; but since $F$ is cartesian these correspond to a unique element of $F(A)$, which we define to be $\theta(x, B \to A)$. It is straightforward to verify that this does define a natural transformation $\theta$ as required, and that it sets up a natural bijection between $F^G(A)$ and $\varprojlim F^G(A_i)$. □

**Example 4.2.4** We may now give our promised example (due to F. Borceux and M. C. Pedicchio [156]) of a locally cartesian closed, locally finitely presentable category which is not a quasitopos. Let $\mathcal{C}$ be the category $\mathbf{Set}_c$ of finite or countably infinite sets: $\mathcal{C}$ clearly satisfies the hypotheses of 4.2.3, and so Ind-$\mathcal{C}$ is locally cartesian closed. We claim next that Ind-$\mathcal{C}$ is balanced (so that, by A2.6.3(ii), it is a quasitopos iff it is a topos); for this we need only the fact that every epimorphism in $\mathcal{C}$ is regular. For if $A \rightarrowtail\!\!\!\!\rightarrow B$ is both monic and epic in Ind-$\mathcal{C}$, then so is its pullback along any $y(C) \to B$, and since $B$ is a colimit of objects in the image of $y$ (and this colimit is stable under pullback along $A \rightarrowtail\!\!\!\!\rightarrow B$) it suffices to show that these pullbacks are all isomorphisms. So consider a morphism $\phi\colon (A_i \mid i \in I) \rightarrowtail\!\!\!\!\rightarrow y(C)$ which is both monic and epic. By the construction of 4.2.2(iv), we may identify the cokernel-pair of $\phi$ with the ind-object $(C +_{A_i} C \mid i \in I)$ whose $i$th vertex is the cokernel-pair of the $i$th component of $\phi$; so this ind-object must be isomorphic to $y(C)$, and since the latter is finitely presentable it follows that the coprojections $C \rightrightarrows C +_{A_i} C$ must be equal for some $i$, i.e. some $A_i \to C$ is (regular) epic. But then $y(A_i) \to y(C)$ is regular epic in Ind-$\mathcal{C}$, since $y$ preserves coequalizers; and since it factors through the monomorphism $\phi$, the latter must be an isomorphism.

Now we observe that the set $\mathbb{N}$ of natural numbers satisfies Freyd's axioms for a natural number object (A2.5.5) in $\mathcal{C}$, so by 4.2.2(iv) $y(\mathbb{N})$ must satisfy them in Ind-$\mathcal{C}$, and if the latter were a topos then $y(\mathbb{N})$ would be its natural number object. But $y(\mathbb{N})$ is finitely presentable in Ind-$\mathcal{C}$; and the natural number object cannot be finitely presentable in any non-degenerate cocomplete topos, since it is a countable copower of 1 and thus expressible as the filtered colimit of the finite copowers of 1. So Ind-$\mathcal{C}$ is not a topos; hence it is not a quasitopos, either.

The above counterexample should be compared with D3.3.9. In the latter example, the codomain of the Yoneda embedding is a topos, but the embedding does not preserve coequalizers; here, the embedding preserves coequalizers, but its codomain is not a topos.

We now return to the general study of ind-completions. The mapping $\mathcal{C} \mapsto$ Ind-$\mathcal{C}$ is functorial, and indeed 2-functorial, on $\mathfrak{CAT}$, in an obvious way; and the embedding $y \colon \mathcal{C} \to$ Ind-$\mathcal{C}$ is the unit of a monad structure on this 2-functor. In fact this monad is a KZ-monad, as defined in B1.1.11; so an algebra structure for it on a category $\mathcal{C}$ is the same thing as a left adjoint for $y$. Explicitly, we have

**Lemma 4.2.5** *The embedding $y \colon \mathcal{C} \to$ Ind-$\mathcal{C}$ has a left adjoint iff $\mathcal{C}$ has filtered colimits.*

**Proof** Suppose the left adjoint exists; let us call it $F$ for the moment. For any object $(A_i \mid i \in I)$ of Ind-$\mathcal{C}$ and any object $B$ of $\mathcal{C}$, we have

$$\mathcal{C}\,(F(A_i \mid i \in I), B) \cong \text{Ind-}\mathcal{C}\,((A_i \mid i \in I), y(B)) = \varprojlim_{i \in I} \mathcal{C}\,(A_i, B),$$

so $F(A_i \mid i \in I)$ must be an actual colimit in $\mathcal{C}$ of this filtered diagram. Conversely, if $\mathcal{C}$ has filtered colimits, then by defining $F(A_i \mid i \in I)$ to be such a colimit we clearly obtain a functor Ind-$\mathcal{C} \to \mathcal{C}$ left adjoint to $y$. □

In view of the above result, we denote the left adjoint of $y$ when it exists by $\varinjlim$.

**Corollary 4.2.6** *Ind-$\mathcal{C}$ is the free filtered-colimit completion of $\mathcal{C}$; that is, for any category $\mathcal{D}$ with filtered colimits, any functor $F \colon \mathcal{C} \to \mathcal{D}$ extends, uniquely up to canonical isomorphism, to a filtered-colimit-preserving functor* Ind-$\mathcal{C} \to \mathcal{D}$.

**Proof** Uniqueness of the extension is immediate from the fact that every object of Ind-$\mathcal{C}$ is a filtered colimit of objects of $\mathcal{C}$. For the existence, consider the composite

$$\text{Ind-}\mathcal{C} \xrightarrow{\text{Ind-}F} \text{Ind-}\mathcal{D} \xrightarrow{\varinjlim} \mathcal{D};$$

note that a functor of the form Ind-$F$ always preserves filtered colimits, from the way in which we constructed them in 4.2.2. □

**Definition 4.2.7** We define a category $\mathcal{C}$ to be *continuous* if it has filtered colimits and the functor $\varinjlim$ : Ind-$\mathcal{C} \to \mathcal{C}$ itself has a left adjoint. We shall denote this left adjoint by $w$ if it exists.

Paralleling 4.1.4, we have what is essentially a special case of B1.1.15:

**Proposition 4.2.8** *For a category $\mathcal{C}$ with filtered colimits, the following are equivalent:*

(i) *$\mathcal{C}$ is continuous.*

(ii) *$\mathcal{C}$ is a coadjoint retract of a category of the form* Ind-$\mathcal{D}$ *by functors preserving filtered colimits.*

(iii) *$\mathcal{C}$ is a retract of a category of the form* Ind-$\mathcal{D}$ *by functors preserving filtered colimits.*

(iv) *$\mathcal{C}$ is a retract of a continuous category by functors preserving filtered colimits.*

**Proof** (i) $\Rightarrow$ (ii) is trivial: note that the unit of the adjunction $(w \dashv \varinjlim)$ is necessarily an isomorphism, since the counit of $(\varinjlim \dashv y)$ is an isomorphism.

(ii) $\Rightarrow$ (iii) is trivial.

(iii) $\Rightarrow$ (iv): We have to show that categories of the form Ind-$\mathcal{D}$ are continuous; we have already observed that they have filtered colimits and that functors of the form Ind-$F$ preserve them, so that $y\colon$ Ind-$\mathcal{D} \to$ Ind-Ind-$\mathcal{D}$ is right adjoint to $\varinjlim :$ Ind-Ind-$\mathcal{D} \to$ Ind-$\mathcal{D}$, naturally in $\mathcal{D}$. It now follows from the general theory of KZ-monads (see B1.1.12) that Ind-$y\colon$ Ind-$\mathcal{D} \to$ Ind-Ind-$\mathcal{D}$ is left adjoint to $\varinjlim$. In fact it is not hard to show this directly: let $(B_i \mid i \in I)$ be a filtered diagram in Ind-$\mathcal{D}$, and suppose that $B = \varinjlim (B_i \mid i \in I)$ is the filtered diagram $(A_j \mid j \in J)$ in $\mathcal{D}$. Then, because the $y(A_j)$ are finitely presentable in Ind-$\mathcal{D}$, the canonical morphisms $y(A_j) \to B$ in Ind-$\mathcal{D}$ each factor in an essentially unique way through some leg $B_i \to B$ of the colimiting cone. In this way we obtain a well-defined morphism

$$\text{Ind-}y(B) = (y(A_j) \mid j \in J) \longrightarrow (B_i \mid i \in I)$$

in Ind-Ind-$\mathcal{D}$, whose image under $\varinjlim$ is the identity map on $B$. It is now straightforward to verify that this morphism is a component of a natural transformation from Ind-$y \cdot \varinjlim$ to the identity functor on Ind-Ind-$\mathcal{D}$, which satisfies the triangular identities with the isomorphism $1_{\text{Ind-}\mathcal{D}} \cong \varinjlim \cdot\,$Ind-$y$. So we have the required adjunction.

(iv) $\Rightarrow$ (i): Suppose $\mathcal{C}$ is a retract of a continuous category $\mathcal{D}$. Then we may apply B1.1.10 to the diagram

$$\begin{array}{ccccc}
\text{Ind-}\mathcal{C} & \xrightarrow{\text{Ind-}i} & \text{Ind-}\mathcal{D} & \xrightarrow{\text{Ind-}r} & \text{Ind-}\mathcal{C} \\
\downarrow{\scriptstyle \varinjlim} & & \downarrow{\scriptstyle \varinjlim} & & \downarrow{\scriptstyle \varinjlim} \\
\mathcal{C} & \xrightarrow{\quad i \quad} & \mathcal{D} & \xrightarrow{\quad r \quad} & \mathcal{C}
\end{array}$$

whose commutativity is just the statement that $r$ and $i$ preserve filtered colimits. (To do this, we need to consider the diagram above as lying in a (meta-)2-category in which idempotent 2-cells split; $\mathfrak{CAT}$ will not serve for this purpose, but in fact the diagram lies in the full sub-2-category $\mathfrak{CAU}$ of Cauchy-complete categories (cf. A1.1.10), since all the categories in it have filtered colimits. Recall that splitting an idempotent may be regarded as forming the colimit of a diagram over the two-element monoid $M = \{1, e\}$ with $e^2 = e$, and this monoid is a filtered category.) □

The next two results are sometimes helpful in identifying which categories are continuous.

**Lemma 4.2.9** *If $\mathcal{C}$ is a continuous category, then so is $\mathcal{C}/A$ for any object $A$ of $\mathcal{C}$.*

**Proof** From the 'double-limit' definition of morphisms in Ind-$\mathcal{C}$, it is easy to see that a morphism from an arbitrary ind-object $(B_i \mid i \in I)$ to $y(A)$ is the same thing as a cone under $(B_i \mid i \in I)$ with vertex $A$, and hence that Ind-$(\mathcal{C}/A)$ is isomorphic to Ind-$\mathcal{C}/y(A)$. It is now easy to see that if $\mathcal{C}$ is continuous then we may 'lift' the left adjoint $w$ of $\varinjlim : \text{Ind-}\mathcal{C} \to \mathcal{C}$ to a left adjoint for $\varinjlim : \text{Ind-}\mathcal{C}/y(A) \to \mathcal{C}/A$. □

**Proposition 4.2.10** *Let $\mathcal{C}$ be a category with filtered colimits and pullbacks. Then $\mathcal{C}$ is continuous iff*

(i) *filtered colimits are stable under pullback in $\mathcal{C}$, and*
(ii) *for each object $A$ of $\mathcal{C}$, the category* Ind-$\mathcal{C}_A$ *of ind-objects in $\mathcal{C}$ with colimit $A$, and morphisms between them inducing the identity morphism on $A$, has an initial object.*

**Proof** First we show that if $\mathcal{C}$ is continuous and has pullbacks then it necessarily satisfies (i). (This is, of course, the analogue for categories of the first assertion of 4.1.2, that a continuous semilattice is a preframe.) Suppose given an ind-object $(B_i \mid i \in I)$, and a morphism $f\colon A \to \varinjlim_I B_i = B$. Then we may make the pullbacks $A \times_B B_i$ into the vertices of an $I$-indexed diagram, with colimit $A'$ say, and we clearly have an induced morphism $g\colon A' \to A$. But we may transpose $f$ to a morphism $w(A) \to (B_i \mid i \in I)$ in Ind-$\mathcal{C}$; and each representative $A_j \to B_i$ for the $j$th component of this morphism may be factored through the corresponding $A \times_B B_i$, yielding a morphism of ind-objects $w(A) \to (A \times_B B_i \mid i \in I)$. Applying the functor $\varinjlim$ to this morphism yields a morphism $h\colon A \to A'$ in $\mathcal{C}$. Now the composite $gh\colon A \to A' \to A$ is the identity, since we may regard it as the effect of applying $\varinjlim$ to the composite $w(A) \to (A \times_B B_i \mid i \in I) \to y(A)$; hence in particular $h$ is split monic. But since $fgh = f$, every morphism in the colimit cone $(A \times_B B_i \to A' \mid i \in I)$ factors through $h$; so $g$ and $h$ are inverse isomorphisms.

Given that (i) holds, it is now easy to see that the functor $\varinjlim : \text{Ind-}\mathcal{C} \to \mathcal{C}$ is a fibration in the sense of B1.3.4: to obtain a prone lifting of a morphism $A \to B = \varinjlim(B_i \mid i \in I)$ in $\mathcal{C}$, we form the ind-object $(A \times_B B_i \mid i \in I)$, and the morphism from this ind-object to $(B_i \mid i \in I)$ whose $i$th component is the equivalence class of the projection $A \times_B B_i \to B_i$. And it is well known that specifying an initial object in each of the fibres of a fibration $\Pi \colon \mathcal{S} \to \mathcal{T}$ is equivalent to specifying a left adjoint for $\Pi$ such that the unit of the adjunction is an isomorphism. $\square$

**Corollary 4.2.11** *Let $\mathcal{C}$ be a continuous category with pullbacks and images. Then, for any object $A$ of $\mathcal{C}$, $\mathrm{Sub}_{\mathcal{C}}(A)$ is a continuous semilattice.*

**Proof** By 4.2.9, it suffices to consider the case (when $\mathcal{C}$ has a terminal object and) $A = 1$. In this case, we know that the support functor $\sigma \colon \mathcal{C} \to \mathrm{Sub}_{\mathcal{C}}(1)$ preserves filtered colimits, since it is left adjoint to the inclusion; we claim that the inclusion does so too (i.e. that a filtered colimit in $\mathcal{C}$ of subterminal objects is subterminal), from which the result will follow by 4.2.8 (plus 4.2.1). But if $(U_i \mid i \in I)$ is a filtered diagram of subterminal objects, we have

$$\varinjlim_I U_i \times \varinjlim_I U_i \cong \varinjlim_{I \times I}(U_i \times U_j)$$

by two applications of condition (i) of 4.2.10; and the latter is isomorphic to $\varinjlim_I(U_i \times U_i)$ since the diagonal $I \to I \times I$ is a final functor. So $\varinjlim_I U_i$ is subterminal. $\square$

Next, we introduce the analogue for continuous categories of the way-below relation which we used in defining the notion of continuous poset. We note that, in a continuous poset $B$, the relation $a \ll b$ holds iff $\downarrow(a) \subseteq \twoheaddownarrow(b)$ in $IB$; this provides the motivation for the following definition.

**Definition 4.2.12** Let $\mathcal{C}$ be a continuous category, $A$ and $B$ two objects of $\mathcal{C}$. By a *wavy arrow* from $A$ to $B$ in $\mathcal{C}$, we mean a morphism $y(A) \to w(B)$ in Ind-$\mathcal{C}$. We write $f \colon A \rightsquigarrow B$ for '$f$ is a wavy arrow from $A$ to $B$'.

Equivalently, if $w(B)$ is the ind-object $(B_i \mid i \in I)$, then a wavy arrow $A \rightsquigarrow B$ is an equivalence class of 'straight' arrows $A \to B_i$ in $\mathcal{C}$, where the equivalence relation identifies $(A \to B_i)$ with $(A \to B_{i'})$ iff there exist $i \to i''$ and $i' \to i''$ in $I$ such that the diagram

$$\begin{array}{ccc} A & \longrightarrow & B_i \\ \downarrow & & \downarrow \\ B_{i'} & \longrightarrow & B_{i''} \end{array}$$

commutes.

Since $\varinjlim y(A) \cong A$ and $\varinjlim w(B) \cong B$, applying $\varinjlim$ to a wavy arrow $f: A \rightsquigarrow B$ yields an *underlying straight arrow* $A \to B$, which we denote by $\epsilon(f)$. However, the mapping $f \mapsto \epsilon(f)$ is not injective in general; thus we have to think of waviness as an additional structure carried by a morphism of $\mathcal{C}$, rather than as a property of such morphisms.

**Example 4.2.13** Let $G$ be a group, and consider the category $[G, \mathbf{Set}]$ of left $G$-sets. As in any locally finitely presentable category (cf. the proof of (iii)$\Rightarrow$(iv) in 4.2.8), the ind-object $w(B)$, for a $G$-set $B$, may be identified with the filtered diagram of all morphisms from finitely presentable $G$-sets to $B$; in particular, $w(1)$ is the filtered diagram of all finitely presentable $G$-sets. And it is easy to see that a $G$-set is finitely presentable iff it has finitely many orbits, and the stabilizer of each element is a finitely generated subgroup of $G$ (cf. D2.4.1). In particular, if $G$ itself is not finitely generated, then the projections $G \times G \rightrightarrows G$ both define wavy arrows $G \times G \rightsquigarrow 1$ in $[G, \mathbf{Set}]$, which are not equal since the projections cannot be coequalized by any map from $G$ to a finitely presentable $G$-set. But they clearly have the same underlying straight arrow.

A wavy arrow $f: A \rightsquigarrow B$ may be composed with a straight arrow $g: A' \to A$ or $h: B \to B'$, by forming $f \cdot y(g)$ or $w(h) \cdot f$ as appropriate; these compositions are associative and commute with each other, so that the function $\mathcal{W}$ sending $(A, B)$ to the set of all wavy arrows $A \rightsquigarrow B$ may be viewed as a profunctor $\mathcal{C} \nrightarrow \mathcal{C}$, as defined in Section B2.7. In addition, we have

**Lemma 4.2.14** *Let $f: A \rightsquigarrow B$ and $g: B \rightsquigarrow C$ be two wavy arrows in a continuous category $\mathcal{C}$. Then the composites $g \cdot \epsilon(f)$ and $\epsilon(g) \cdot f$ are equal as wavy arrows $A \rightsquigarrow C$.*

**Proof** It is easy to see that each is the composite

$$y(A) \xrightarrow{\quad f \quad} w(B) \xrightarrow{\quad i \quad} y(B) \xrightarrow{\quad g \quad} w(C)$$

in Ind-$\mathcal{C}$, where $i$ is the transpose across $(w \dashv \varinjlim)$ of the isomorphism $B \cong \varinjlim y(B)$ (equivalently, the transpose across $(\varinjlim \dashv y)$ of $\varinjlim w(B) \cong B$). □

Lemma 4.2.14 tells us that we have a well-defined composition for pairs of wavy arrows; and it follows easily from the definitions that the eight possible associative laws $h \cdot (g \cdot f) = (h \cdot g) \cdot f$, where each of $f$, $g$ and $h$ may be either wavy or straight, are all satisfied. In particular, taking $g$ to be straight and the other two to be wavy, we should be entitled to regard composition of wavy arrows as a morphism of profunctors $\mu: \mathcal{W} \otimes_{\mathcal{C}} \mathcal{W} \to \mathcal{W}$, if only the domain of this morphism were defined. The problem is that, in order to form $(\mathcal{W} \otimes_{\mathcal{C}} \mathcal{W})(A, B)$, we have to form a suitable quotient of the disjoint union $\coprod_{C \in \mathrm{ob}\, \mathcal{C}} \mathcal{W}(C, B) \times \mathcal{W}(A, C)$; and since $\mathcal{C}$ is not a small category, the latter will be a proper class in general.

However, we note that each wavy arrow $C \rightsquigarrow B$ can be factored as $C \to B_i \rightsquigarrow B$, where $B_i$ is one of the vertices of the ind-object $w(B) = (B_i \mid i \in I)$, and the wavy arrow $B_i \rightsquigarrow B$ corresponds to the identity morphism on $B_i$. Since there is only a set of such $B_i$, for each $B$, it follows that we may reduce the proper class above to the set $\coprod_{i\in I} \mathcal{W}(B_i, B)\times\mathcal{W}(A, B_i)$; more explicitly, we may define $(\mathcal{W}\otimes_{\mathcal{C}}\mathcal{W})(A, B)$ to be $\varinjlim_{i\in I}\mathcal{W}(A, B_i)$. Thus $\mu$ becomes a well-defined morphism of profunctors.

The following result is the analogue for continuous categories of the interpolation property for the way-below relation in a continuous poset.

**Proposition 4.2.15** *The morphism $\mu\colon \mathcal{W}\otimes_{\mathcal{C}}\mathcal{W}\to\mathcal{W}$ just defined is an isomorphism of profunctors.*

**Proof** To show that $\mu$ is surjective, we must show that each wavy arrow can be factored as a composite of two wavy arrows. But if $w(A)$ is the ind-object $(A_i \mid i\in I)$, and $w(A_i) = (B_{ij} \mid j \in J_i)$ for each $i$, then the $w(A_i)$ form a diagram of shape $I$ in Ind-$\mathcal{C}$, and we can form its colimit $(B_{ij} \mid (i, j)\in K)$ as in 4.2.2(i). It is clear that a cone under this filtered diagram in $\mathcal{C}$ must factor uniquely through each $A_i$ and hence through $A$; that is, $\varinjlim(B_{ij} \mid (i, j)\in K)\cong A$. Transposing, we get a morphism of ind-objects $w(A)\to(B_{ij} \mid (i, j)\in K)$; hence every $A_i\to A$ factors through some $B_{i'j}\to A$. This suffices to prove surjectivity.

For injectivity, suppose we have a commutative square of wavy arrows

$$\begin{array}{ccc} A & \overset{f}{\rightsquigarrow} & B \\ {\scriptstyle g}\wr & & \wr{\scriptstyle h} \\ C & \underset{k}{\rightsquigarrow} & D \end{array} \quad .$$

Since $w(D)$ is filtered, we may respresent $h$ and $k$ by morphisms $h_i\colon B\to D_i$ and $k_i\colon C\to D_i$ into the same vertex $D_i$ of $w(D)$. Now the square

$$\begin{array}{ccc} A & \xrightarrow{\epsilon(f)} & B \\ {\scriptstyle \epsilon(g)}\downarrow & & \downarrow{\scriptstyle h_i} \\ C & \xrightarrow{k_i} & D_i \end{array}$$

need not commute, but both ways round represent the same wavy arrow $A\rightsquigarrow D$, so we can find $D_i\to D_{i'}$ in $w(D)$ coequalizing them. Even so, the square

$$\begin{array}{ccc} A & \overset{f}{\rightsquigarrow} & B \\ {\scriptstyle g}\wr & & \downarrow{\scriptstyle h_{i'}} \\ C & \xrightarrow{k_{i'}} & D_{i'} \end{array}$$

need not commute at the wavy level; but since the two ways round it have the same underlying straight arrow, it follows from 4.2.14 that they have the same composite with (the underlying straight arrow of) any wavy arrow with domain $D_{i'}$. So we may use the first part of the proof to factor the wavy arrow $D_{i'} \rightsquigarrow D$ as a composite $D_{i'} \rightsquigarrow D_{i''} \rightsquigarrow D$, and replace $h_{i'}$ and $k_{i'}$ by their composites with the underlying straight arrow of $D_{i'} \rightsquigarrow D_{i''}$. We thus have diagrams

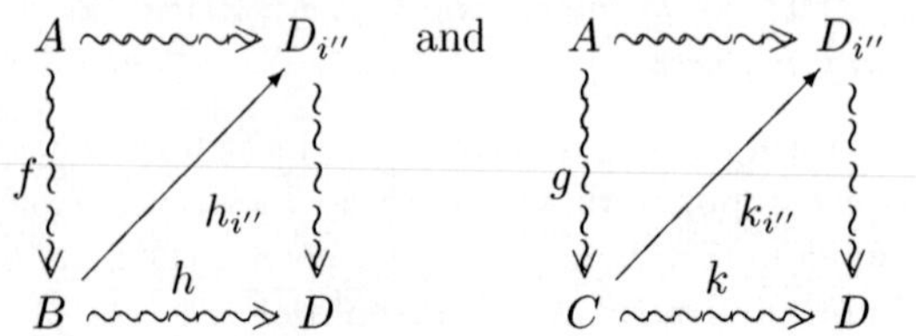

in which all cells commute at the wavy level, which shows that $(h, f)$ and $(k, g)$ are equal as elements of $\mathcal{W} \otimes \mathcal{W}(A, D)$. $\square$

In view of 4.2.15, we may consider the inverse of $\mu$ as a morphism of profunctors $\mathcal{W} \to \mathcal{W} \otimes \mathcal{W}$. Since $\mu$ is associative, $\mu^{-1}$ is coassociative; and from the way in which $\mu$ was defined it is easy to see that $\epsilon \colon \mathcal{W} \to \mathcal{C}(-, -)$ is a counit for $\mu^{-1}$ (recall from B2.7.3 that the unit for profunctor composition is the Yoneda profunctor $\mathcal{C}(-, -)$). We thus have

**Theorem 4.2.16** *For any continuous category $\mathcal{C}$, the structure $(\mathcal{W}, \epsilon, \mu^{-1})$ is an idempotent profunctor comonad on $\mathcal{C}$.* $\square$

Of course, 4.2.16 has to be read *cum grano salis*, since profunctor composition for profunctors between large categories is not defined in general (as we saw, it is merely a happy accident that $\mathcal{W} \otimes \mathcal{W}$ is defined), and so we do not have a genuine bicategory for this comonad to live in. However, 4.2.19 below provides a more legitimate version of the theorem, applicable to all the continuous categories we shall be interested in.

A further property of wavy arrows which we shall require is the following:

**Lemma 4.2.17** *Let $\mathcal{C}$ be a continuous category. Then any finite colimits which exist in $\mathcal{C}$ are also 'wavy colimits'; that is, given a finite (straight-edged) diagram in $\mathcal{C}$ with vertices $(A_1, \ldots, A_n)$ and a colimit cone $(\lambda_i \colon A_i \to L \mid 1 \le i \le n)$, if we are given any 'wavy cone' under the diagram (that is, a family of wavy arrows $(f_i \colon A_i \rightsquigarrow B \mid 1 \le i \le n)$ which commute with all the edges of the diagram), then there exists a unique wavy arrow $f \colon L \rightsquigarrow B$ such that $f \lambda_i = f_i$ for all $i$.*

**Proof** Suppose given a wavy cone as above. Let $(B_j \mid j \in J)$ be the vertices of the ind-object $w(B)$; then we can represent each $f_i$ by a straight arrow $g_i \colon A_i \to B_j$ for some $j$, and since there are finitely many of them we can choose the same $j$ for each $i$. Even so, given an edge $A_i \to A_{i'}$ of the diagram, the triangle

$$\begin{array}{ccc} A_i & \longrightarrow & A_{i'} \\ & \overset{g_i}{\searrow} & \downarrow{\scriptstyle g_{i'}} \\ & & B_j \end{array}$$

need not commute; but the two ways round it are coequalized by some $B_j \to B_{j'}$, since they represent the same wavy arrow $A_i \rightsquigarrow B$. Again, since there are finitely many edges in the diagram, we can choose a single $B_j \to B_{j'}$ coequalizing all such triangles; then we have a straight-edged cone under the diagram with vertex $B_{j'}$, and hence an induced morphism $g\colon L \to B_{j'}$, which we can regard as representing a wavy arrow $f\colon L \rightsquigarrow B$.

This establishes the existence of $f$; for the uniqueness, suppose we had another such morphism $f'$. We could represent $f'$ by a straight arrow $g'\colon L \to B_{j''}$ for some $j''$; then, for each $i$, the composite $g'\lambda_i$ would represent the same wavy arrow $A_i \rightsquigarrow B$ as $g_i$, and so we could find morphisms $j' \to j'''$ and $j'' \to j'''$ in $J$ such that

$$\begin{array}{ccc} A_i & \xrightarrow{\;g_i\;} & B_{j'} \\ {\scriptstyle g'\lambda_i}\downarrow & & \downarrow \\ B_{j''} & \longrightarrow & B_{j'''} \end{array}$$

commutes. Doing this for all the $A_i$, we obtain a vertex $B_{j'''}$ of $w(B)$ such that, when we compose $g$ and $g'$ with the morphisms into $B_{j'''}$, they become factorizations of the same cone through $L$, and therefore equal; so $f$ and $f'$ are equal as wavy arrows $L \rightsquigarrow B$. □

We shall be interested in two 'refinements' of 4.2.8, dealing with the cases when $\mathcal{C}$ is a retract of Ind-$\mathcal{D}$ for some *small* category $\mathcal{D}$, and when $\mathcal{C}$ is cocomplete. In connection with the first of these, we note that if $\mathcal{C} \cong$ Ind-$\mathcal{D}$ where $\mathcal{D}$ is small, then $\mathcal{C}$ contains a small full subcategory such that every object of $\mathcal{C}$ is expressible as a filtered colimit of objects of the subcategory. We shall say that a category $\mathcal{C}$ with filtered colimits is *ind-small* if it contains a small full subcategory $\mathcal{D}$ with this property; more precisely, if there exists a functor $h\colon \mathcal{C} \to$ Ind-$\mathcal{D}$ such that the composite

$$\mathcal{C} \xrightarrow{\;h\;} \text{Ind-}\mathcal{D} \longrightarrow \text{Ind-}\mathcal{C} \xrightarrow{\;\varinjlim\;} \mathcal{C}$$

is isomorphic to the identity. A sufficient condition for this is that $\mathcal{D}$ should be a *dense* full subcategory (i.e. one such that, for each $A \in \text{ob}\,\mathcal{C}$, the canonical cone under the forgetful diagram $(\mathcal{D}\downarrow A) \to \mathcal{C}$ is colimiting) for which the comma category $(\mathcal{D}\downarrow A)$ is filtered for all $A$. (If $\mathcal{C}$ is cocartesian, the latter condition will hold provided $\mathcal{D}$ is closed under finite colimits in $\mathcal{C}$.) However, we do not actually require $\mathcal{D}$ to be dense – though it is so when (as in the case $\mathcal{C} = \text{Ind-}\mathcal{D}$) its objects are finitely presentable in $\mathcal{C}$, since then the obvious functor from (the index category of) $h(A)$ to $(\mathcal{D}\downarrow A)$ is final.

**Proposition 4.2.18** *For a locally small category $\mathcal{C}$, the following are equivalent:*

(i) *$\mathcal{C}$ is continuous and ind-small.*

(ii) *$\mathcal{C}$ expressible as a retract, by filtered-colimit-preserving functors, of a category of the form* Ind-$\mathcal{D}$ *where $\mathcal{D}$ is small (equivalently, of a finitely accessible category).*

(iii) *$\mathcal{C}$ is expressible as a coadjoint retract of a category as in* (ii).

**Proof** (iii) $\Rightarrow$ (ii) is obvious. For (ii) $\Rightarrow$ (i), we have already observed that a category of the form Ind-$\mathcal{D}$ with $\mathcal{D}$ small is (continuous and) ind-small, so we need only show that this property is inherited by retracts. So suppose we have filtered-colimit-preserving functors

$$\mathcal{C} \xrightarrow{\;i\;} \tilde{\mathcal{C}} \xrightarrow{\;r\;} \mathcal{C}$$

with $ri \cong 1$, and a small subcategory $\tilde{\mathcal{D}}$ of $\tilde{\mathcal{C}}$ with the required property. Let $\mathcal{D}$ be the full subcategory of $\mathcal{C}$ on the objects $r(B)$, $B \in \text{ob}\,\tilde{\mathcal{D}}$. Then the composite

$$\mathcal{C} \xrightarrow{\;i\;} \tilde{\mathcal{C}} \xrightarrow{\;\tilde{h}\;} \text{Ind-}\tilde{\mathcal{D}} \xrightarrow{\text{Ind-}r} \text{Ind-}\mathcal{D}$$

is easily seen to have the required property, using the fact that $r$ preserves filtered colimits.

(i) $\Rightarrow$ (iii): Suppose $\mathcal{C}$ is ind-small. Let $\mathcal{D}$ be the small full subcategory of $\mathcal{C}$ provided by the definition, and consider the composite

$$\mathcal{C} \xrightarrow{\;w\;} \text{Ind-}\mathcal{C} \xrightarrow{\text{Ind-}h} \text{Ind-Ind-}\mathcal{D} \xrightarrow{\varinjlim} \text{Ind-}\mathcal{D};$$

that is, given an object $A$ of $\mathcal{C}$, if $w(A)$ is the ind-object $(A_i \mid i \in I)$ and $h(A_i) = (B_{ij} \mid j \in J_i)$ for each $i$, we consider the colimit of the $(B_{ij})$, constructed as in 4.2.2(i), as an ind-object $k(A)$ in $\mathcal{D}$. For each pair $(i, j)$, we have a morphism $B_{ij} \to A_i$, and these morphisms clearly define a morphism $k(A) \to w(A)$ in Ind-$\mathcal{C}$; but it is also easy to see that we have $\varinjlim k(A) \cong A$, so the adjunction yields a morphism $w(A) \to k(A)$ in Ind-$\mathcal{C}$. A further straightforward verification shows that these two morphisms are inverse to each other, so we have shown that (up to isomorphism) the functor $w\colon \mathcal{C} \to \text{Ind-}\mathcal{C}$ factors through the full embedding Ind-$\mathcal{D} \to$ Ind-$\mathcal{C}$ induced by $\mathcal{D} \subseteq \mathcal{C}$. As such, it is clearly still left adjoint to the restriction of $\varinjlim : \text{Ind-}\mathcal{C} \to \mathcal{C}$ to Ind-$\mathcal{D}$, and so it preserves filtered colimits; but so does the restriction of $\varinjlim$, since the inclusion Ind-$\mathcal{D} \to$ Ind-$\mathcal{C}$ preserves them. □

**Remark 4.2.19** In the situation of 4.2.18, we may restrict $\mathcal{W}$ to a profunctor $\mathcal{D} \nrightarrow \mathcal{D}$; and, given that we have seen that the functor $w\colon \mathcal{C} \to \text{Ind-}\mathcal{C}$ may be taken to factor through Ind-$\mathcal{D}$, it is clear that the proof of its idempotency which we gave in 4.2.14 is still valid. That is, we now have a (legitimate) profunctor comonad $(\mathcal{W}, \epsilon, \mu^{-1})$ on $\mathcal{D}$. We shall see in the next section that the continuous category $\mathcal{C}$ may be reconstructed, up to equivalence, from $\mathcal{D}$ together with this data.

Concerning the second refinement mentioned above, we know from 4.2.2(iv) that Ind-$\mathcal{C}$ is cocomplete if $\mathcal{C}$ is locally small and cocartesian. The converse holds if $\mathcal{C}$ is Cauchy-complete, since in any category $\mathcal{D}$ with filtered colimits the full subcategory $\mathcal{D}_\omega$ of finitely presentable objects is closed under whatever finite colimits exist in $\mathcal{D}$.

**Proposition 4.2.20** *For a locally small category $\mathcal{C}$, the following are equivalent:*

(i) *$\mathcal{C}$ is continuous and cocomplete.*

(ii) *$\mathcal{C}$ is a retract, by functors preserving filtered colimits, of a category of the form* Ind-$\mathcal{D}$ *where $\mathcal{D}$ is cocartesian.*

(iii) *$\mathcal{C}$ is a coadjoint retract of a category as in* (ii).

**Proof** (i) ⇒ (iii) since continuity of $\mathcal{C}$ implies that it is a coadjoint retract of Ind-$\mathcal{C}$. (iii) ⇒ (ii) is trivial; and for (ii) ⇒ (i) we have merely to observe that $\mathcal{C}$ inherits cocompleteness from Ind-$\mathcal{D}$ – which is, once again, an easy application of B1.1.10, given that $\mathcal{C}$ necessarily inherits filtered colimits from Ind-$\mathcal{D}$, and is therefore Cauchy-complete. □

We may also combine 4.2.18 and 4.2.20, as follows:

**Corollary 4.2.21** *For a locally small category $\mathcal{C}$, the following are equivalent:*

(i) *$\mathcal{C}$ is continuous, ind-small and cocomplete.*

(ii) *$\mathcal{C}$ is a retract, by functors preserving filtered colimits, of a category of the form* Ind-$\mathcal{D}$ *where $\mathcal{D}$ is small and cocartesian (equivalently, of a locally finitely presentable category).*

(iii) *$\mathcal{C}$ is a coadjoint retract of a category as in* (ii).

**Proof** (iii) ⇒ (ii) is as usual trivial, and (ii) ⇒ (i) follows immediately from the corresponding parts of 4.2.18 and 4.2.20. For (i) ⇒ (iii), suppose $\mathcal{C}$ is ind-small and cocomplete; let $\mathcal{D}$ be a small full subcategory satisfying the condition for ind-smallness. Then the closure $\overline{\mathcal{D}}$ of $\mathcal{D}$ under finite colimits in $\mathcal{C}$ is still small, and it also satisfies the condition; so, working through the proof of 4.2.18(i) ⇒ (iii), we deduce that $\mathcal{C}$ is a coadjoint retract of Ind-$\overline{\mathcal{D}}$. □

**Suggestion for further reading:** Johnstone & Joyal [542].

## C4.3 Injective toposes

In this section, we consider the notion of injectivity for toposes corresponding to that for locales (or sober spaces) which we met in 4.1.6. (Throughout this and the next section, we shall work over a base topos $\mathcal{S}$, which is assumed to have a natural number object; but we shall generally treat it notationally as if it were the classical category of sets.) First, we must pay attention to the fact that we are working in a 2-category, and therefore need to take some care in defining the notion of 'injective object'. If we are given a class $\mathcal{M}$ of 1-cells in a 2-category $\mathfrak{K}$, the simplest notion of 'injective object with respect to $\mathcal{M}$' would be an object $A$ such that, for every diagram

$$\begin{array}{ccc} B & \xrightarrow{\ m\ } & C \\ {\scriptstyle f}\big\downarrow & & \\ A & & \end{array}$$

with $m \in \mathcal{M}$, there exists a morphism $g\colon C \to A$ and a 2-isomorphism $gm \cong f$. We shall call this notion *weak injectivity* with respect to $\mathcal{M}$. However, it seems reasonable that the operation of 'extending along $m$' should be defined for 2-cells as well as 1-cells with codomain $A$, which leads to the following stronger notion: $A$ is *strongly injective* with respect to $\mathcal{M}$ if, for every $m\colon B \to C$ in $\mathcal{M}$, we are given a functor $m^+\colon \mathfrak{K}(B, A) \to \mathfrak{K}(C, A)$ and a natural isomorphism fitting into the triangle

$$\begin{array}{ccc} \mathfrak{K}(B,A) & \xrightarrow{\ m^+\ } & \mathfrak{K}(C,A) \\ & {\scriptstyle 1}\searrow & \big\downarrow{\scriptstyle (-)\circ m} \\ & & \mathfrak{K}(B,A) \end{array} .$$

A still stronger notion is that of a complete injective, which is dual to the notion of cocomplete injective that we met in B1.1.16. Explicitly, we say that $A$ is a *complete $\mathcal{M}$-injective* if, for every morphism $f\colon B \to C$ of $\mathfrak{K}$, the functor $\mathfrak{K}(C, A) \to \mathfrak{K}(B, A)$ obtained by composition with $f$ has a right adjoint $f^+$, the counit of the adjunction being an isomorphism whenever $f \in \mathcal{M}$.

Fortunately, in the 2-category $\mathfrak{BTop}/\mathcal{S}$ of bounded toposes over a base $\mathcal{S}$ with natural number object, the three notions of injectivity coincide:

**Theorem 4.3.1** *Let $\mathcal{S}$ be a topos with natural number object. For a bounded $\mathcal{S}$-topos $\mathcal{E}$, the following are equivalent:*

(i) *$\mathcal{E}$ is a retract in $\mathfrak{BTop}/\mathcal{S}$ of a functor category $[\mathbb{C}^{\mathrm{op}}, \mathcal{S}]$ where $\mathbb{C}$ is cartesian.*

(ii) *$\mathcal{E}$ is a complete injective (with respect to the class of inclusions) in $\mathfrak{BTop}/\mathcal{S}$.*

(iii) *$\mathcal{E}$ is strongly injective in $\mathfrak{BTop}/\mathcal{S}$.*

(iv) *$\mathcal{E}$ is weakly injective in $\mathfrak{BTop}/\mathcal{S}$.*

**Proof** The implications (ii) $\Rightarrow$ (iii) and (iii) $\Rightarrow$ (iv) are clear. (iv) $\Rightarrow$ (i) follows from the fact that every bounded $\mathcal{S}$-topos $\mathcal{E}$ is a subtopos of $[\mathbb{C}^{\mathrm{op}}, \mathcal{S}]$ for some cartesian $\mathbb{C}$ – if $\mathcal{E}$ is weakly injective then this inclusion must split. So it suffices to prove (i) $\Rightarrow$ (ii), for which we show first that toposes of the form $[\mathbb{C}^{\mathrm{op}}, \mathcal{S}]$ are complete injectives and then that the class of complete injectives is closed under retracts.

For the first assertion, we recall from B3.2.5 that, for a cartesian internal category $\mathbb{C}$, $\mathbb{C}^{\mathrm{op}}$-torsors are the same thing as cartesian functors defined on $\mathbb{C}$; thus, for any geometric morphism $g: \mathcal{G} \to \mathcal{F}$ over $\mathcal{S}$, geometric morphisms $\mathcal{F} \to [\mathbb{C}^{\mathrm{op}}, \mathcal{S}]$ over $\mathcal{S}$ correspond to cartesian $\mathcal{S}$-indexed functors $\mathbb{C} \to \mathbb{F}$, and the operation of composing a geometric morphism with $g$ corresponds to that of composing a cartesian functor with (the indexed version of) $g^* : \mathbb{F} \to \mathbb{G}$. But the latter has an $\mathcal{S}$-indexed right adjoint, namely $g_* : \mathbb{G} \to \mathbb{F}$; so composition with the latter yields the functor $g^+$ which we seek. And the fact that, when $g$ is an inclusion, we have $g^+(f)g \cong f$ is immediate from the definition of an inclusion.

Now suppose $\mathcal{E}$ is a retract of a complete injective $\tilde{\mathcal{E}}$. Given a geometric morphism $g: \mathcal{G} \to \mathcal{F}$, we may apply B1.1.10 to the diagram

$$\begin{array}{ccccc}
\mathfrak{BTop}/\mathcal{S}\,(\mathcal{F},\mathcal{E}) & \longrightarrow & \mathfrak{BTop}/\mathcal{S}\,(\mathcal{F},\tilde{\mathcal{E}}) & \longrightarrow & \mathfrak{BTop}/\mathcal{S}\,(\mathcal{F},\mathcal{E}) \\
\Big\downarrow & & \Big\downarrow & & \Big\downarrow \\
\mathfrak{BTop}/\mathcal{S}\,(\mathcal{G},\mathcal{E}) & \longrightarrow & \mathfrak{BTop}/\mathcal{S}\,(\mathcal{G},\tilde{\mathcal{E}}) & \longrightarrow & \mathfrak{BTop}/\mathcal{S}\,(\mathcal{G},\mathcal{E})
\end{array}$$

where the vertical arrows are induced by composition with $g$ and the horizontal ones by composition with the retraction morphisms $\mathcal{E} \leftrightarrows \tilde{\mathcal{E}}$. (As in the proof of 4.2.8, we have to regard this diagram as lying in the meta-2-category of Cauchy-complete categories; but this is permissible, by A4.1.15.) This yields the right adjoint $g^+$ for the topos $\mathcal{E}$, and the fact that the adjunction is a reflection if $g$ is an inclusion. □

We pause to note a couple of elementary consequences of this result in the case $\mathcal{S} = \mathbf{Set}$:

**Corollary 4.3.2** *Suppose $\mathcal{E}$ is an injective Grothendieck topos. Then*

(i) *$\mathcal{E}$ satisfies De Morgan's law (cf.* D4.6.2*);*

(ii) *the terminal object of $\mathcal{E}$ is an indecomposable projective (cf.* A1.1.10*).*

**Proof** (i) If $\mathcal{C}$ is cartesian, then the functor category $[\mathcal{C}^{\mathrm{op}}, \mathbf{Set}]$ satisfies De Morgan's law by D4.6.3(*a*); and De Morgan's law is inherited by retracts in $\mathfrak{Top}$, by D4.6.7(ii).

(ii) Again, the fact that the terminal object of $[\mathcal{C}^{\mathrm{op}}, \mathbf{Set}]$ is an indecomposable projective when $\mathcal{C}$ is cartesian (or, more generally, when it has a terminal object) follows from A1.1.10; and it is easy to see that these properties are inherited by retracts in $\mathfrak{Top}$. □

Note that part (ii) of the corollary ensures that we have no hope of strengthening De Morgan's law to Booleanness in (i): the only Boolean injective topos (over **Set**) is **Set** itself.

The connection between injectivity and continuous categories, as studied in the last section, is given by the observation that the category of points of an injective topos must be continuous. (Note that in this section, by 'continuous category' we invariably mean 'continuous $\mathcal{S}$-indexed category'; but, in dealing with continuous categories, we shall continue to argue as if our base topos were **Set**.)

Given a bounded $\mathcal{S}$-topos $\mathcal{E}$, we shall write $\mathrm{Pt}(\mathcal{E})$ for the category $\mathfrak{BTop}/\mathcal{S}\,(\mathcal{S}, \mathcal{E})$ and call it the *category of points of* $\mathcal{E}$. By B3.4.8, we know that this category has filtered $\mathcal{S}$-indexed colimits. Moreover, the proof of B3.4.8 shows that, given a geometric morphism $f\colon \mathcal{F} \to \mathcal{E}$ between bounded $\mathcal{S}$-toposes, the functor $\mathrm{Pt}(\mathcal{F}) \to \mathrm{Pt}(\mathcal{E})$ induced by composition with $f$ preserves filtered $\mathcal{S}$-indexed colimits. That is,

**Lemma 4.3.3** *The assignment $\mathcal{E} \mapsto \mathrm{Pt}(\mathcal{E})$ defines a 2-functor from $\mathfrak{BTop}/\mathcal{S}$ to the meta-2-category $\mathfrak{FILT}_{\mathcal{S}}$ of $\mathcal{S}$-indexed categories with filtered colimits, functors preserving filtered colimits and (arbitrary) natural transformations.* □

Now if $\mathbb{C}$ is an internal category, we saw in B3.2.7 that the category $\mathrm{Pt}([\mathbb{C}, \mathcal{S}])$ is equivalent to the category $\mathbf{Tors}(\mathbb{C}) \subseteq [\mathbb{C}^{\mathrm{op}}, \mathcal{S}]$ of $\mathbb{C}$-torsors; but, as we observed at the start of the last section, the latter is in turn equivalent to Ind-$\mathbb{C}$. We may thus conclude

**Proposition 4.3.4** *Let $\mathcal{E}$ be a topos which is expressible as a retract in $\mathfrak{BTop}/\mathcal{S}$ of a functor category $[\mathbb{C}, \mathcal{S}]$. Then $\mathrm{Pt}(\mathcal{E})$ is an ind-small continuous category over $\mathcal{S}$. If $\mathcal{E}$ is injective in the sense of* 4.3.1, *then $\mathrm{Pt}(\mathcal{E})$ is also $\mathcal{S}$-cocomplete.*

**Proof** In the case when $\mathcal{E}$ is of the form $[\mathbb{C}, \mathcal{S}]$, then $\mathrm{Pt}(\mathcal{E}) \simeq$ Ind-$\mathbb{C}$ is continuous by 4.2.8, and ind-small by 4.2.18. The general case follows from 4.3.3 and 4.2.18. And if $\mathcal{E}$ is injective, then it can be expressed as a retract of $[\mathbb{C}, \mathcal{S}]$ where $\mathbb{C}$ is cocartesian, so that Ind-$\mathbb{C}$ and its retract $\mathrm{Pt}(\mathcal{E})$ are cocomplete by 4.2.21. □

But there is also a converse to 4.3.4. Recall from 4.2.2(iii) that, provided $\mathbb{C}$ is Cauchy-complete, it may be recovered up to equivalence from Ind-$\mathbb{C}$ as the full subcategory of finitely presentable objects. Hence the functor category $[\mathbb{C}, \mathcal{S}]$

(which, as we saw in A1.1.9, depends only on the Cauchy-completion of $\mathbb{C}$ – as does Ind-$\mathbb{C}$) may also be recovered from Ind-$\mathbb{C}$. In fact we have

**Lemma 4.3.5** *For any internal category $\mathbb{C}$ in $\mathcal{S}$, $[\mathbb{C}, \mathcal{S}]$ is equivalent to the category $\mathfrak{FILT}_{\mathcal{S}}$ (Ind-$\mathbb{C}, \mathbb{S}$).*

**Proof** This is just a particular case of the fact, established in 4.2.6, that Ind-$\mathbb{C}$ is the free filtered-colimit-completion of $\mathbb{C}$, since $\mathbb{S}$ has filtered $\mathcal{S}$-indexed colimits. □

We note that finite limits and arbitrary colimits in the category $\mathfrak{FILT}_{\mathcal{S}}$ (Ind-$\mathbb{C}, \mathbb{S}$) may be constructed pointwise, from which it follows that, for any filtered-colimit-preserving functor $F\colon \text{Ind-}\mathbb{C} \to \text{Ind-}\mathbb{D}$, the functor $\mathfrak{FILT}_{\mathcal{S}}$ (Ind-$\mathbb{D}, \mathbb{S}$) $\to$ $\mathfrak{FILT}_{\mathcal{S}}$ (Ind-$\mathbb{C}, \mathbb{S}$) induced by composition with $F$ is geometric, and hence an inverse image functor by 2.2.10. That is, $\mathfrak{FILT}_{\mathcal{S}}$ $(-, \mathbb{S})$ may be regarded as a functor $\mathfrak{K} \to \mathfrak{BTop}/\mathcal{S}$, where $\mathfrak{K}$ is the full sub-2-category of $\mathfrak{FILT}_{\mathcal{S}}$ whose objects are finitely accessible $\mathcal{S}$-indexed categories (i.e. categories of the form Ind-$\mathbb{C}$ with $\mathbb{C}$ small). On splitting the idempotents in $\mathfrak{K}$, we immediately deduce

**Corollary 4.3.6** *Let $\mathbb{P}$ be an ind-small continuous $\mathcal{S}$-indexed category. Then there is a bounded $\mathcal{S}$-topos $\mathcal{E}$, determined up to equivalence by $\mathbb{P}$, which is a retract of a functor category $[\mathbb{C}, \mathcal{S}]$ and satisfies* $\text{Pt}(\mathcal{E}) \simeq \mathbb{P}$. *If in addition $\mathbb{P}$ is $\mathcal{S}$-cocomplete, then $\mathcal{E}$ is injective.*

**Proof** We have seen that the 2-functors Pt and $\mathfrak{FILT}_{\mathcal{S}}$ $(-, \mathbb{S})$ define an equivalence between the 2-category $\mathfrak{K}$ and the full sub-2-category of $\mathfrak{BTop}/\mathcal{S}$ whose objects are functor categories $[\mathbb{C}, \mathcal{S}]$; so they must extend to an equivalence between the Cauchy-completions of these two 2-categories. For the final assertion, we use 4.2.21 and 4.3.1(i). □

We note that, since every ind-small continuous category appears as a coadjoint retract of an object of $\mathfrak{K}$, it follows that every topos which occurs as a retract of a functor category $[\mathbb{C}, \mathcal{S}]$ is actually a coadjoint retract of such a category. This is clearly related to the equivalence of the injectivity notions considered in 4.3.1 – though it does not seem to be directly deducible from the latter, even in the case when $\mathbb{C}$ has finite colimits.

Suppose now that $\mathcal{E}$ is a retract in $\mathfrak{BTop}/\mathcal{S}$ of a functor category $[\mathbb{C}, \mathcal{S}]$. Then the retraction $r\colon [\mathbb{C}, \mathcal{S}] \to \mathcal{E}$ and the inclusion $i\colon \mathcal{E} \to [\mathbb{C}, \mathcal{S}]$ compose to yield an idempotent endomorphism of $[\mathbb{C}, \mathcal{S}]$. However, the image of this endomorphism, in the sense of the factorization of A4.2.10, need not be equivalent to $\mathcal{E}$; nor need it be injective if $\mathbb{C}$ is cocartesian.

**Example 4.3.7** Let $C$ be a small category, $A$ an object of $C$ with more than one endomorphism, and let $E\colon C \to C$ be the constant functor with value $A$. Then $E$ induces an endomorphism $e$ of the topos $[C, \mathbf{Set}]$, which is clearly idempotent since $E$ is; but its image in the sense of A4.2.10 is the topos $[M, \mathbf{Set}]$ where

$M$ is the monoid of all endomorphisms of $A$ in $\mathcal{C}$, by A4.2.12($b$) – and $[M, \mathbf{Set}]$ is not injective for any nontrivial $M$, since its terminal object is not projective (cf. 4.3.2(ii)). On the other hand, the image of $e$ in the idempotent-splitting sense is simply **Set**, since the image of $E$ in this sense is the terminal category **1**.

Since $\mathfrak{BTop}/\mathcal{S}$ has finite limits, we know that any idempotent 1-cell in this 2-category does have a splitting. Moreover, we have

**Lemma 4.3.8** *Let $\mathcal{E}$ be a bounded $\mathcal{S}$-topos, and $e: \mathcal{E} \to \mathcal{E}$ a geometric morphism which carries an idempotent monad or comonad structure in $\mathfrak{BTop}/\mathcal{S}$ (cf.* B1.1.9($c$)*). Then the image of e in the idempotent-splitting sense coincides with its image in the sense of* A4.2.10.

**Proof** We shall deal with the comonad case; the other is very similar. Let

$$\mathcal{E} \xrightarrow{\ r\ } \mathcal{F} \xrightarrow{\ i\ } \mathcal{E}$$

be a splitting of the idempotent $e$. Then, as we saw in B1.1.9($c$), $r$ is right adjoint to $i$ in $\mathfrak{BTop}/\mathcal{S}$ (that is, $r^*$ is left adjoint to $i^*$), and the unit $1_{\mathcal{F}} \to i^*r^*$ is an isomorphism. It follows that the counit $i^*i_* \to 1_{\mathcal{F}}$ of $(i^* \dashv i_*)$ is also an isomorphism, i.e. $i$ is an inclusion. So the displayed diagram is also the surjection–inclusion factorization of $e$. □

Combining 4.3.4, 4.3.6 and 4.3.8, we have:

**Theorem 4.3.9** *For a bounded $\mathcal{S}$-topos $\mathcal{E}$, the following are equivalent:*

(i) *$\mathcal{E}$ is a retract of an $\mathcal{S}$-topos of the form $[\mathbb{C}, \mathcal{S}]$.*

(ii) *$\mathcal{E}$ is a coadjoint retract of a topos of the form $[\mathbb{C}, \mathcal{S}]$.*

(iii) *There exists a local morphism $[\mathbb{C}, \mathcal{S}] \to \mathcal{E}$ over $\mathcal{S}$, for some internal category $\mathbb{C}$ in $\mathcal{S}$.*

*Moreover, $\mathcal{E}$ satisfies the injectivity conditions of* 4.3.1 *iff it satisfies any of the above conditions with the additional hypothesis that $\mathbb{C}$ is cocartesian.*

**Proof** The equivalence of (i) and (ii) follows as already indicated from 4.3.4, 4.3.6 and 4.2.18. Since the left adjoint of a local morphism is necessarily an inclusion by 3.6.1(iv), condition (iii) is equivalent to saying that $\mathcal{E}$ is the image in the sense of A4.2.10 of an idempotent comonad on $[\mathbb{C}, \mathcal{S}]$. So 4.3.8 implies that this is equivalent to (ii). The final assertion is immediate from 4.3.1. □

An $\mathcal{S}$-topos which is a retract of one of the form $[\mathbb{C}, \mathcal{S}]$ is called *quasi-injective*. Using 4.3.9, we may deduce various properties of such toposes: for example,

**Corollary 4.3.10** *Let $p: \mathcal{E} \to \mathcal{S}$ be an $\mathcal{S}$-topos.*

(i) *If $\mathcal{E}$ is quasi-injective, then $p$ is locally connected.*

(ii) *If $\mathcal{E}$ is injective, then $p$ is totally connected.*

**Proof** (i) We already know that toposes of the form $[\mathbb{C}, \mathcal{S}]$ are locally connected over $\mathcal{S}$; so the result follows by applying 3.3.2(iv) to a triangle

$$\begin{array}{ccc} [\mathbb{C}, \mathcal{S}] & \xrightarrow{\ f\ } & \mathcal{E} \\ & \searrow & \downarrow{\scriptstyle p} \\ & & \mathcal{S} \end{array}$$

where $f$ is local (and hence connected).

(ii) In this case, we may choose $\mathbb{C}$ to be cocartesian and hence filtered; so the left adjoint of $p^*$, which is the composite $\varinjlim_{\mathbb{C}} f^*$ by the proof of 3.3.2(iv), is cartesian by B2.6.8. □

We remark that injective $\mathcal{S}$-toposes are also local over $\mathcal{S}$, by 3.6.3($b$) and 3.6.4(ii). Indeed, they are actually hyperlocal (cf. B4.4.20($a$)), and even carry algebra structures for the 'measure topos' monad of B4.5.8, as we observed in B4.5.10.

**Remark 4.3.11** In connection with 4.3.9(iii), we note that $\mathcal{E}$ admits a totally connected morphism from $[\mathbb{C}, \mathcal{S}]$ iff it is an adjoint retract of $[\mathbb{C}, \mathcal{S}]$, by 4.3.8. However, not every quasi-injective $\mathcal{S}$-topos can be represented in this way. In fact, if there exists a totally connected morphism (or even an $\mathcal{S}$-essential surjection) $f\colon [\mathbb{C}, \mathcal{S}] \to \mathcal{E}$ over $\mathcal{S}$, then $\mathcal{E}$ must itself be of the form $[\mathbb{D}, \mathcal{S}]$, by 2.2.20: for $f_!$ preserves $\mathcal{S}$-indecomposable projectives since it has an $\mathcal{S}$-indexed right adjoint which preserves epimorphisms and $\mathcal{S}$-indexed coproducts, and the images under $f_!$ of the representable functors form a separating family for $\mathcal{E}$ since the right adjoint of $f_!$ is faithful (cf. B2.4.2($d$)). Thus we have shown that all idempotent monads (unlike the idempotent comonads) in the 2-category $\mathfrak{DTop}/\mathcal{S}$ of diagram toposes over $\mathcal{S}$ are already split.

To conclude this section, we give a characterization of quasi-injective toposes in terms of sites, which we shall require in the next section. Let $e\colon [\mathbb{C}, \mathcal{S}] \to [\mathbb{C}, \mathcal{S}]$ be an idempotent geometric morphism. By the description on geometric morphisms between functor categories in terms of profunctors given in B3.2.8($c$), we have an idempotent profunctor $\mathbb{W}\colon \mathbb{C} \nrightarrow \mathbb{C}$ such that $\mathbb{W}$ is a torsor for the right action of $\mathbb{C}$, which induces the functor $f^*$ in the sense that for any discrete opfibration $\mathbb{F} \to \mathbb{C}$ we have $f^*(\mathbb{F}) \cong \mathbb{W} \otimes_{\mathbb{C}} \mathbb{F}$. If we think of the elements of $\mathbb{W}(U, V)$ as wavy arrows from $U$ to $V$, as before, the condition that $\mathbb{W}$ should be a torsor is equivalent to saying that, for each $V$, the 'wavy slice category' $(\mathbb{C} \wr V)$ whose objects are the wavy arrows with codomain $V$, and whose morphisms are straight arrows between their domains forming commutative triangles, is filtered.

We now assume (as we are entitled to do, by 4.3.9) that $\mathbb{W}$ is actually an idempotent profunctor comonad. This means that each wavy arrow $f\colon U \rightsquigarrow V$

has an underlying straight arrow $\epsilon(f)\colon U \to V$, and that $\epsilon$ preserves composition in the appropriate sense. Given such a $\mathbb{W}$, we define a coverage $J_{\mathbb{W}}$ on $\mathbb{C}^{\mathrm{op}}$ as follows: a cosieve on $U$ is $J_{\mathbb{W}}$-covering iff it contains the underlying straight arrows of all wavy arrows with domain $U$. (Thus each object $U$ has a smallest $J$-covering cosieve $R_U$, consisting precisely of the underlying straight arrows of all wavy arrows with domain $U$; however, $J_{\mathbb{W}}$ is not in general a rigid coverage in the sense of 2.2.18 – cf. 4.3.13 below.) It is clear that this definition satisfies the stability property $(C)$ of 2.1.1; but it also satisfies the properties $(M)$ and $(L)$ of 2.1.8 (the latter since the idempotency of $\mathbb{W}$ means that every wavy arrow can be factored as the composite of two wavy arrows), so it is a Grothendieck coverage.

**Lemma 4.3.12** *Under the above assumptions, the topos* $\mathbf{Sh}_{\mathcal{S}}(\mathbb{C}^{\mathrm{op}}, J_{\mathbb{W}})$ *is the image (in either of the senses of 4.3.8) of the idempotent geometric morphism* $e\colon [\mathbb{C},\mathcal{S}] \to [\mathbb{C},\mathcal{S}]$ *corresponding to* $\mathbb{W}$.

**Proof** To identify the image of $e$ in the sense of A4.2.10, we have to determine which subobjects $R \rightarrowtail \mathbb{C}\,(U,-)$ (i.e. which cosieves on an object $U$ of $\mathbb{C}$) are mapped to isomorphisms by the functor $\mathbb{W} \otimes_{\mathbb{C}} (-)$. But

$$\mathbb{W} \otimes_{\mathbb{C}} R \rightarrowtail \mathbb{W} \otimes_{\mathbb{C}} \mathbb{C}\,(U,-) \cong \mathbb{W}\,(U,-)$$

is an isomorphism iff, for each wavy arrow $f\colon U \rightsquigarrow V$, there exists $g\colon U \to W$ in $R$ and a wavy arrow $h\colon W \rightsquigarrow V$ such that $h{\cdot}g = f$. Clearly, this condition implies that $R$ contains $\epsilon(f) = \epsilon(h)\cdot g$ for any such $f$; but conversely, if $R$ contains all the $\epsilon(f)$, then we may factor any wavy $f\colon U \rightsquigarrow V$ as a composite $hg$ of two wavy arrows, and then $\epsilon(g) \in R$, so the condition is satisfied. Thus the image of $e$ is precisely $\mathbf{Sh}_{\mathcal{S}}(\mathbb{C}^{\mathrm{op}}, J_{\mathbb{W}})$.

By 4.3.8, we know that $\mathbf{Sh}_{\mathcal{S}}(\mathbb{C}^{\mathrm{op}}, J_{\mathbb{W}})$ is also the image of $e$ in the idempotent-splitting sense. However, we may alternatively prove this by a direct calculation, which we shall in any case need in the next section (cf. the proof of 4.4.4). It is sufficient to show that if $F\colon \mathbb{C} \to \mathbb{S}$ is any $J_{\mathbb{W}}$-sheaf then $e_*(F) \cong F$. But since each object of $\mathbb{C}$ has a smallest $J_{\mathbb{W}}$-covering sieve, the assertion that $F$ is a $J_{\mathbb{W}}$-sheaf means simply that, for each $U \in C_0$, the canonical morphism $F(U) \to \varprojlim_{f:U\to V\in R_U} F(V)$ is an isomorphism. And $e_*(F)$ is by definition $\mathbb{W} \pitchfork_{\mathbb{C}} F$, where $\mathbb{W} \pitchfork_{\mathbb{C}} (-)$ denotes the right adjoint of $\mathbb{W} \otimes_{\mathbb{C}} (-)$; from this, we may readily deduce the formula $e_*(F)(U) = \varprojlim F(V)$, where this limit is taken (not over $R_U$ but) over the category $(U \wr \mathbb{C})$ whose objects are wavy arrows $U \rightsquigarrow V$ and whose morphisms are straight arrows between their codomains inducing commutative triangles. It is clear that the canonical mapping from the first limit above to the second (which sends $(x_f \mid f \in R_U)$ to $(x_{\epsilon(f)} \mid f\colon U \rightsquigarrow V)$) is monic; to show that it is an isomorphism, we have to show that if $(x_f \mid f\colon U \rightsquigarrow V)$ is any element of the second limit, and $f$ and $g$ are two wavy arrows with the same underlying straight arrow, then necessarily $x_f = x_g$. But if $f$ and $g$ have the same underlying straight arrow, then they are coequalized by any wavy arrow whose domain matches their codomain ($V$, say), and hence $x_f$ and $x_g$ have the same image in $e_*(F)(V)$. Since we have already observed that $F \to e_*(F)$ is monic, this forces $x_f = x_g$, as required. □

It follows from 4.3.12 that the idempotent endomorphism $e$ of $[\mathbb{C}, \mathcal{S}]$, and hence the idempotent profunctor comonad $\mathbb{W}$, depend only on the image of the counit map $\epsilon$, since the knowledge of which morphisms of $\mathbb{C}$ underlie wavy arrows suffices to define the coverage $J_{\mathbb{W}}$. However, it does not seem easy to give a direct construction of $\mathbb{W}$ from $J_{\mathbb{W}}$, except in the particular case when $\epsilon$ is monic (in which case, of course, $\mathbb{W}(U, V)$ may be taken to be the set of those morphisms $U \to V$ which belong to $R_U$).

**Example 4.3.13** If $P$ is a continuous poset (in **Set**, for simplicity), then 4.3.12 allows us to express it as the category of points of a coadjoint retract of the topos $[P, \mathbf{Set}]$: specifically, of $\mathbf{Sh}(P^{\mathrm{op}}, J_{<<})$, where $J_{<<}$ is the (Grothendieck) coverage in which a cosieve on an element $p$ of $P$ is covering iff it contains all elements $q$ with $p << q$. For example, if $P$ is the ordered set $(-\infty, 0] \subseteq \mathbb{R}$ (which is easily seen to be continuous, since its way-below relation coincides with the strict ordering $<$), we obtain precisely the non-rigid coverage on $[0, \infty) \cong (-\infty, 0]^{\mathrm{op}}$ mentioned as a counterexample after 2.2.18. On the other hand, if $P$ is the poset $IQ$ of ideals of a poset $Q$, then we obtain the rigid coverage associated (as in 2.2.4($d$)) with the inclusion of the sub-poset of principal ideals.

**Suggestions for further reading:** Johnstone [517], Johnstone & Joyal [542], Scott [1102].

## C4.4 Exponentiable toposes

We now turn from the topos analogue of 4.1.6 to that of 4.1.9: the determination of which bounded $\mathcal{S}$-toposes are exponentiable in the 2-category $\mathfrak{BTop}/\mathcal{S}$. We recall that we made some preliminary investigations of exponentiability in Section B4.3; in particular, we recall the following result, which we restate as the starting-point of our present investigation:

**Theorem 4.4.1** *Let $p\colon \mathcal{E} \to \mathcal{S}$ be a bounded $\mathcal{S}$-topos. Then $\mathcal{E}$ is exponentiable in $\mathfrak{BTop}/\mathcal{S}$ iff the particular exponential $\mathcal{S}[\mathbb{O}]^{\mathcal{E}}$ exists, where $\mathcal{S}[\mathbb{O}]$ is the object classifier for toposes defined over $\mathcal{S}$ (cf.* D3.2.1*).* □

This of course corresponds to the fact, which we observed in the proof of 4.1.9, that the existence of the particular exponential $S^X$, where $S$ is the Sierpiński space, implies the exponentiability of $X$ in **Loc**. And we shall use it in much the same way, to establish the link between injectivity and exponentiability in $\mathfrak{BTop}/\mathcal{S}$. Note that $\mathcal{S}[\mathbb{O}]$ is an injective $\mathcal{S}$-topos by 4.3.1, since we may identify it with the functor category $[\mathbb{S}_f, \mathcal{S}]$ and $\mathbb{S}_f$ is cocartesian; and since the functor $(-) \times \mathcal{E}\colon \mathfrak{BTop}/\mathcal{S} \to \mathfrak{BTop}/\mathcal{S}$ preserves inclusions by the proof of B3.3.6, it follows that its right adjoint, if it exists, must preserve injectives. But we have

$$\mathrm{Pt}(\mathcal{S}[\mathbb{O}]^{\mathcal{E}}) \simeq \mathfrak{BTop}/\mathcal{S}\,(\mathcal{E}, \mathcal{S}[\mathbb{O}]) \simeq \mathcal{E}$$

by the defining property of the object classifier; so from 4.3.4 we immediately deduce

**Proposition 4.4.2** *If $\mathcal{E}$ is an exponentiable $\mathcal{S}$-topos, then it is continuous as an $\mathcal{S}$-indexed category.* □

Our main task in this section is to establish the converse of 4.4.2. We know from 2.2.8 that any bounded $\mathcal{S}$-topos $\mathcal{E}$ has a small dense subcategory, which may be taken to be closed under finite colimits in $\mathcal{E}$; so if $\mathcal{E}$ is a continuous category then it is necessarily ind-small, as well as cocomplete. Hence by 4.3.6 it is (equivalent to) the category of points of an injective $\mathcal{S}$-topos $\mathcal{F}$, which is determined up to equivalence by $\mathcal{E}$, and which is clearly the only possible candidate for the exponential $\mathcal{S}[\mathbb{O}]^{\mathcal{E}}$. As in the proof of 4.1.9, the hard work consists in showing that it does indeed have the universal property of this exponential.

Before we embark on it, let us fix some notation. We shall take $\mathbb{C}$ to be a small full generating subcategory of $\mathbb{E}$, which is closed under finite limits as well as colimits, and is therefore a pretopos. We shall write $K$ for the Grothendieck coverage on $\mathbb{C}$ induced by the inclusion $\mathbb{C} \to \mathbb{E}$, i.e. the collection of all sieves on $\mathbb{C}$ which map to epimorphic families in $\mathbb{E}$. We shall write $\mathbb{W}$ both for the 'wavy arrow' profunctor $\mathcal{E} \nrightarrow \mathcal{E}$ and for its restriction to $\mathbb{C}$, and $J_{\mathbb{W}}$ for the coverage which it induces on $\mathbb{C}^{\mathrm{op}}$ as in the last section. (Thus $\mathcal{F}$ is the topos $\mathbf{Sh}_{\mathcal{S}}(\mathbb{C}^{\mathrm{op}}, J_{\mathbb{W}})$.)

We also need a description of $K$ in terms of $\mathbb{W}$. Note that, as usual, $K$ contains the coherent coverage $P$ on $\mathbb{C}$, and so by 3.2.18 it may be expressed as the join $P \vee K_d$, where $K_d$ consists of all the *dm*-sieves in $K$. But from the definition of wavy arrow, every $K_d$-covering sieve on an object $U$ of $\mathbb{C}$ contains the underlying straight arrows of all wavy arrows with codomain $U$. The sieve $S_U$ consisting of all such straight arrows is not in general a *dm*-sieve, or even filtered (though it will be filtered if the 'underlying straight arrow' map is injective), but it is $K$-covering since $\mathcal{E}$ is a continuous category. So we see that $K$ may be generated as a Grothendieck coverage by $P$ together with the coverage $K_{\mathbb{W}}$ whose only covers are the sieves $S_U$, $U \in C_0$. (Note that the latter is indeed a coverage, since if $f\colon V \to U$ in $\mathbb{C}$ then $S_V \subseteq f^*S_U$. Indeed, if we modify the definition to include all sieves which contain $S_U$ for some $U$, we get a Grothendieck coverage; the 'local character' axiom ($L$) follows from the idempotency of $\mathbb{W}$, as it did for $J_{\mathbb{W}}$.) In particular, a functor $\mathbb{C}^{\mathrm{op}} \to \mathbb{S}$ is a $K$-sheaf (that is, an object of $\mathcal{E}$) iff it is a $P$-sheaf and satisfies the sheaf axiom for the sieves $S_U$.

Our basic strategy for proving the exponentiability of $\mathcal{E}$ is to show that the equivalence between $\mathcal{E}$ (that is, $\mathbf{Sh}_{\mathcal{S}}(\mathbb{C}, K)$) and the category of points of $\mathcal{F}$ (i.e. of cartesian $J_{\mathbb{W}}$-cover-preserving functors $\mathbb{C}^{\mathrm{op}} \to \mathbb{S}$) can be derived from properties of the pair $(\mathbb{C}, \mathbb{W})$ which are preserved by inverse image functors.

Then for any $\mathcal{S}$-topos $r\colon \mathcal{G} \to \mathcal{S}$ we shall have

$$\begin{aligned}\mathfrak{BTop}/\mathcal{S}\,(\mathcal{G} \times_{\mathcal{S}} \mathcal{E}, \mathcal{S}[\mathbb{O}]) &\simeq \mathcal{G} \times_{\mathcal{S}} \mathcal{E} \\ &\simeq \mathbf{Sh}_{\mathcal{G}}(r^*\mathbb{C}, r^\# K) \\ &\simeq \mathfrak{BTop}/\mathcal{G}\,(\mathcal{G}, \mathbf{Sh}_{\mathcal{G}}(r^*\mathbb{C}^{\mathrm{op}}, r^\# J_{\mathbb{W}})) \\ &\simeq \mathfrak{BTop}/\mathcal{S}\,(\mathcal{G}, \mathcal{F})\end{aligned}$$

yielding the required adjunction. (It should be noted, however, that $\mathbf{Sh}_{\mathcal{S}}(\mathbb{C}, K)$ and the category of cartesian $J_{\mathbb{W}}$-cover-preserving functors $\mathbb{C}^{\mathrm{op}} \to \mathcal{S}$ do not coincide as subcategories of $[\mathbb{C}^{\mathrm{op}}, \mathcal{S}]$; indeed, as subcategories of Ind-$\mathbb{C} \simeq \mathfrak{Cart}_{\mathcal{S}}(\mathbb{C}^{\mathrm{op}}, \mathcal{S})$, they are embedded via the right and left adjoints respectively to the colimit functor Ind-$\mathbb{C} \to \mathbb{E}$.)

One further ingredient is needed before we can actually prove such a theorem. In general, if $\mathbb{C}$ is a pretopos, then functors on $\mathbb{C}^{\mathrm{op}}$ which are sheaves for the coherent coverage are 'almost cartesian' in the sense of the remark before A1.4.8, but they need not be cartesian: they send coequalizers of equivalence relations to equalizers, but they do not necessarily send arbitrary coequalizers to equalizers, since they do not preserve the infinite unions involved in the definition of the equivalence relation generated by a parallel pair. Since we wish this to be true in our case, we have to build it into the properties of $\mathbb{W}$, as follows. We shall say that the pair $(\mathbb{C}, \mathbb{W})$ is *essentially finitary* if, given any object $U$ of $\mathbb{C}$ and any relation $T \rightarrowtail U \times U$, with equivalence closure $R = \bigcup_{n=1}^{\infty} T^{(n)}$ defined as in 3.4.5, each wavy arrow $V \rightsquigarrow R$ in $\mathbb{C}$ factors through $T^{(n)} \rightarrowtail R$ for some finite $n$. Clearly, if $(\mathbb{C}, \mathbb{W})$ is obtained as above from a topos $\mathcal{E}$ which is a continuous category, then it is essentially finitary; for the $T^{(n)}$ then form a directed diagram in $\mathcal{E}$ whose colimit is $R$, and so there must be a morphism of ind-objects from $w(R)$ to this diagram.

The key 'change of base' result is thus

**Lemma 4.4.3** *Let $\mathbb{C}$ be an internal pretopos (with arbitrary coequalizers) in a topos $\mathcal{S}$, and $\mathbb{W}\colon \mathbb{C} \nrightarrow \mathbb{C}$ an idempotent profunctor comonad which is a right torsor, such that the pair $(\mathbb{C}, \mathbb{W})$ is essentially finitary. Then, for any geometric morphism $q\colon \mathcal{F} \to \mathcal{S}$, the pair $(q^*\mathbb{C}, q^*\mathbb{W})$ is essentially finitary.*

**Proof** The assertion that $(\mathbb{C}, \mathbb{W})$ is essentially finitary may be expressed as a geometric sequent in the internal language of $\mathcal{S}$, provided the infinite union $\bigcup_{n=1}^{\infty} T^{(n)}$ always exists in $\mathbb{C}$. But, since we have assumed that $\mathbb{C}$ has arbitrary coequalizers, we may construct it as the kernel-pair of the coequalizer of $T \rightrightarrows U$. These constructions are preserved by the inverse image functor $q^*$; hence it preserves the validity of the geometric sequent. □

**Proposition 4.4.4** *Let $\mathbb{C}$ be an internal pretopos with arbitrary coequalizers in a topos $\mathcal{S}$, and let $\mathbb{W}$ be an idempotent profunctor comonad on $\mathbb{C}$ which is a right torsor, such that the pair $(\mathbb{C}, \mathbb{W})$ is essentially finitary. Let $K$ be the coverage* *on* $\mathbb{C}$ *generated by the coherent coverage together with the sieves* $S_U$*, and let* $J_{\mathbb{W}}$ *be the coverage on* $\mathbb{C}^{\mathrm{op}}$ *consisting of the sieves* $R_U$ *defined in* 4.3.12. *Then* $\mathbf{Sh}_{\mathcal{S}}(\mathbb{C}, K)$ *is equivalent to the category of points of the topos* $\mathbf{Sh}_{\mathcal{S}}(\mathbb{C}^{\mathrm{op}}, J_{\mathbb{W}})$.

**Proof** The 'essentially finitary' assumption ensures that any $K$-sheaf on $\mathbb{C}$, considered as a functor $\mathbb{C}^{\mathrm{op}} \to \mathbb{S}$, preserves equalizers, since it implies that the kernel-pair of the coequalizer of an arbitrary pair $T \rightrightarrows U$ is $K$-covered by the sieve generated by the morphisms $T^{(n)} \rightarrowtail R$. So we may regard $\mathbf{Sh}_{\mathcal{S}}(\mathbb{C}, K)$ as a subcategory of the category $\mathfrak{Cart}(\mathbb{C}^{\mathrm{op}}, \mathcal{S}) \simeq$ Ind-$\mathbb{C}$ – in fact a reflective subcategory thereof, since it is reflective in $[\mathbb{C}^{\mathrm{op}}, \mathcal{S}]$.

On the other hand, the category of points of $\mathbf{Sh}_{\mathcal{S}}(\mathbb{C}^{\mathrm{op}}, J_{\mathbb{W}})$ may also be regarded as a full subcategory of $\mathfrak{Cart}(\mathbb{C}^{\mathrm{op}}, \mathcal{S})$, consisting of those cartesian functors which map $J_{\mathbb{W}}$-covering sieves to epimorphic families. As we have already remarked, these two subcategories of $\mathfrak{Cart}(\mathbb{C}^{\mathrm{op}}, \mathcal{S})$ do not coincide in general. However, since $\mathbb{W}$ is a right torsor, the functor $(-) \otimes_{\mathbb{C}} \mathbb{W} \colon [\mathbb{C}^{\mathrm{op}}, \mathcal{S}] \to [\mathbb{C}^{\mathrm{op}}, \mathcal{S}]$ maps the subcategory $\mathfrak{Cart}(\mathbb{C}^{\mathrm{op}}, \mathcal{S})$ into itself; and it inherits an idempotent comonad structure from $\mathbb{W}$. By 4.3.12, we know that its image is exactly the subcategory of functors which preserve covers in $J_{\mathbb{W}}$, since it corresponds to the image of the idempotent endomorphism of $[\mathbb{C}, \mathcal{S}]$ induced by $\mathbb{W}$.

As a functor on $[\mathbb{C}^{\mathrm{op}}, \mathcal{S}]$, $(-) \otimes_{\mathbb{C}} \mathbb{W}$ has a right adjoint $\mathbb{W} \pitchfork^{\mathbb{C}} (-)$, by B2.7.8. The latter may be defined more explicitly by

$$\mathbb{W} \pitchfork^{\mathbb{C}} F(U) = \varprojlim F(V),$$

where the limit is taken over the category $(\mathbb{C} \wr U)$ whose objects are all wavy arrows $V \rightsquigarrow U$ and whose morphisms are straight arrows between their domains. Clearly, $\mathbb{W} \pitchfork^{\mathbb{C}} (-)$ has an idempotent monad structure, and, by the argument in the proof of 4.3.12 (applied with all arrows reversed), its image (as a functor on $[\mathbb{C}^{\mathrm{op}}, \mathcal{S}]$) consists precisely of those functors $\mathbb{C}^{\mathrm{op}} \to \mathcal{S}$ which satisfy the sheaf axiom for the sieves $S_U$ defined earlier. But the fact that $\mathbb{W}$ is a right torsor ensures that this functor also preserves sheaves for the coherent coverage, since the latter can be defined as functors which preserve certain finite limits; so its image as a functor on $\mathfrak{Cart}(\mathbb{C}^{\mathrm{op}}, \mathcal{S})$ is exactly the category of $K$-sheaves. Moreover, the adjunction between $(-) \otimes_{\mathbb{C}} \mathbb{W}$ and $\mathbb{W} \pitchfork^{\mathbb{C}} (-)$ is itself idempotent; so it restricts to an equivalence between the category of $K$-sheaves and the category of cartesian functors which preserve $J_{\mathbb{W}}$-covering sieves. □

**Theorem 4.4.5** *A bounded* $\mathcal{S}$*-topos* $p \colon \mathcal{E} \to \mathcal{S}$ *is exponentiable in* $\mathfrak{BTop}/\mathcal{S}$ *iff its underlying category is continuous (as an* $\mathcal{S}$*-indexed category).*

**Proof** One direction is 4.4.2. For the converse, suppose $\mathcal{E}$ is a continuous category; then it suffices by 4.4.1 to construct the exponential $\mathcal{S}[\mathbb{O}]^{\mathcal{E}}$. We define the latter to be $\mathbf{Sh}_{\mathcal{S}}(\mathbb{C}^{\mathrm{op}}, J_{\mathbb{W}})$, where $\mathbb{C}$ is a generating subcategory for $\mathcal{E}$ closed under finite limits and colimits, $\mathbb{W}$ is the restriction to $\mathbb{C}$ of the wavy-arrow profunctor on $\mathcal{E}$, and $J_{\mathbb{W}}$ is the coverage defined from $\mathbb{W}$ as in 4.3.12. We note that $\mathbb{W}$ is a right torsor, since $\mathbb{C}$ is closed under finite colimits in $\mathcal{E}$, and by 4.2.17 these are also 'wavy colimits', i.e. $\mathbb{W}(-,V)$ preserves finite limits for any $V$.

Now let $q\colon \mathcal{F} \to \mathcal{S}$ be an arbitrary $\mathcal{S}$-topos. Then the pair $(q^*\mathbb{C}, q^*\mathbb{W})$ is essentially finitary by 4.4.3; moreover, the constructions of the coverages $J_{\mathbb{W}}$ and $K_{\mathbb{W}}$ from $\mathbb{W}$ make it clear that we have $q^\#(J_{\mathbb{W}}) = J_{q^*\mathbb{W}}$ and $q^\#(K_{\mathbb{W}}) = K_{q^*\mathbb{W}}$. So, applying 4.4.4 in the context of $\mathcal{F}$-indexed categories, we have

$$\begin{aligned}\mathfrak{BTop}/\mathcal{S}\,(\mathcal{F}\times_{\mathcal{S}}\mathcal{E}, \mathcal{S}[\mathbb{O}]) &\simeq \mathcal{F}\times_{\mathcal{S}}\mathcal{E}\\ &\simeq \mathbf{Sh}_{\mathcal{F}}(q^*\mathbb{C}, q^\# K)\\ &\simeq \mathfrak{BTop}/\mathcal{F}\,(\mathcal{F}, \mathbf{Sh}_{\mathcal{F}}(q^*\mathbb{C}^{\mathrm{op}}, q^\# J_{\mathbb{W}}))\\ &\simeq \mathfrak{BTop}/\mathcal{S}\,(\mathcal{F}, \mathbf{Sh}_{\mathcal{S}}(\mathbb{C}^{\mathrm{op}}, J_{\mathbb{W}})),\end{aligned}$$

as required. □

**Examples 4.4.6** (*a*) In Section B4.3, we were mainly concerned with two particular classes of exponentiable $\mathcal{S}$-toposes, namely those of the form $[\mathbb{C}, \mathcal{S}]$ for an (arbitrary) internal category $\mathbb{C}$ in $\mathcal{S}$ and those which are coherent over $\mathcal{S}$. It is easy to see that both classes consist of exponentiable toposes using 4.4.5, since the underlying categories of both types are locally finitely presentable (for the local finite presentability of coherent toposes, cf. D3.3.12).

(*b*) From 4.2.9, we may deduce that if $\mathcal{E}$ is an exponentiable $\mathcal{S}$-topos, then so is $\mathcal{E}/A$ for any $A$. (However, this could also be deduced from (*a*) and the composability of exponentiable morphisms, as we saw in B4.3.6.)

(*c*) As a special case of (*b*), any open subtopos of an exponentiable topos is exponentiable. But any closed subtopos $\mathcal{E}'$ of an exponentiable topos $\mathcal{E}$ is also exponentiable by 4.2.8, since the inclusion $\mathcal{E}' \to \mathcal{E}$ preserves filtered colimits by (the $\mathcal{S}$-indexed version of) A4.5.4, and so does its left adjoint. (Like (*b*), this could alternatively have been deduced from the second case of (*a*) and the composability of exponentiable morphisms; for a closed subtopos of $\mathcal{E}$ is coherent as an $\mathcal{E}$-topos.) Combining the two, we deduce that any locally closed subtopos (that is, any subtopos which is the intersection of an open and a closed subtopos) of an exponentiable topos is exponentiable. Conversely, if an inclusion $\mathcal{S}' \to \mathcal{S}$ is exponentiable in $\mathfrak{BTop}/\mathcal{S}$, then it is locally closed; this follows from (*f*) below and 4.1.12, since the terminal object of $\mathbf{Loc}(\mathcal{S})$ is compact and Hausdorff.

(*d*) Paralleling 4.1.7(ii), if a geometric morphism $f\colon \mathcal{F} \to \mathcal{E}$ over $\mathcal{S}$ is connected and either locally connected or tidy, and $\mathcal{F}$ is exponentiable in $\mathfrak{BTop}/\mathcal{S}$, then $\mathcal{E}$ is also exponentiable, since we can use $f^*$ and its left (resp. right) adjoint to express $\mathcal{E}$ as a retract of $\mathcal{F}$ by functors preserving filtered colimits. (However, exponentiability does not 'descend' along arbitrary open or proper surjections, as we shall see in 4.4.9 below.)

(*e*) We observed in B4.3.5(iii) that any retract in $\mathfrak{BTop}/\mathcal{S}$ of an exponentiable $\mathcal{S}$-topos is exponentiable; but we may alternatively derive this from 4.4.5 and 4.2.8, since inverse image functors preserve filtered colimits. In particular, we note that every quasi-injective topos (in the sense of 4.3.9) is exponentiable. So, if we can construct the exponential $\mathcal{S}[\mathbb{O}]^{\mathcal{E}}$, we can also construct $\mathcal{S}[\mathbb{O}]^{(\mathcal{S}[\mathbb{O}]^{\mathcal{E}})}$, and so on. In the terminology introduced in B4.3.2, this means that the 'dual' of any dualizable geometric theory is itself dualizable.

(*f*) If a localic topos $\mathbf{Sh}_{\mathcal{S}}(X)$ is exponentiable in $\mathfrak{BTop}/\mathcal{S}$, then it follows from 4.4.2 and 4.2.11 that $X$ must be a locally compact locale. (We could also have deduced this by noting that $\mathrm{Sub}_{\mathbf{Sh}(X)}(1)$ may be identified with the category of points of the exponential $\mathbf{Sh}(S)^{\mathbf{Sh}(X)}$, where $S$ is the Sierpiński space, and the latter is an injective topos since $\mathbf{Sh}(S)$ is injective.) Somewhat surprisingly, in view of the close formal similarity between 4.1.9 and 4.4.5, this necessary condition for exponentiability of a localic topos is not sufficient; we shall see a counterexample in 4.4.8 below. However, if $X$ is stably locally compact, then $\mathbf{Sh}_{\mathcal{S}}(X)$ is exponentiable in $\mathfrak{BTop}/\mathcal{S}$, by 4.1.13 and (*e*) above. In fact a stronger result is true: if $X$ is locally stably compact, then $\mathbf{Sh}_{\mathcal{S}}(X)$ is exponentiable. (This follows from the remark after 4.1.13, plus the (easy) fact that any locally coherent topos is an open subtopos of a coherent topos: given a distributive pre-lattice $B$, let $B^+$ be the lattice obtained by adjoining a top element to $B$, and then $IB$ is a principal ideal in $I(B^+)$.)

To determine exactly which locales give rise to exponentiable toposes, we need to introduce a strengthening of the way-below relation, which stands in much the same relation to it as the notion of strong compactness introduced in 3.4.1 does to ordinary compactness. Given elements $U$ and $V$ of a frame $\mathcal{O}(X)$, we shall write $V \prec\!\!\prec U$ if, whenever we have a filtered diagram $(A_i \mid i \in I)$ in $\mathbf{Sh}(X)$ with $\varinjlim_I A_i \cong U$, there exists $i \in I$ such that $A_i$ has a section over $V$. And we shall say that $X$ is *locally metastably compact* if every $U \in \mathcal{O}(X)$ satisfies $U = \bigcup\{V \in \mathcal{O}(X) \mid V \prec\!\!\prec U\}$. (The reason for the term 'metastably' is that, in a locally stably compact locale, the relation $\prec\!\!\prec$ coincides with $<<$, and hence any such locale is locally metastably compact. We shall not prove this here, since we have already seen that locally stably compact locales are exponentiable.)

If we already know that $\mathbf{Sh}(X)$ is a continuous category, then it clearly suffices in the definition of the relation $\prec\!\!\prec$ to consider the particular filtered diagram $w(U)$; hence in this case we have $V \prec\!\!\prec U$ iff there exists a wavy arrow $V \rightsquigarrow U$ in $\mathbf{Sh}(X)$. Thus we may conclude

**Lemma 4.4.7** *If $X$ is a locale such that $\mathbf{Sh}(X)$ is an exponentiable $\mathcal{S}$-topos, then it is locally metastably compact.*

**Proof** Given $U \in \mathcal{O}(X)$, we identify it with a subterminal object of $\mathbf{Sh}(X)$ and let $w(U) = (A_i \mid i \in I)$. Then the supports $\sigma A_i$ of the $A_i$ form a directed family of subterminal objects whose union is $U$, and each $\sigma A_i$ can be covered by opens $V$ over which $A_i$ admits a section. Thus $U$ is the union of all such $V$. □

**Example 4.4.8** We may now give our promised example of a locally compact locale which is not locally metastably compact, and hence does not give rise to an exponentiable topos of sheaves. The space $X$ of Example 4.1.10, though not locally stably compact, is locally metastably compact, since although the relation $X \prec\!\!\prec X$ fails to hold (as we saw in 3.4.1(*a*)), we do have $U \prec\!\!\prec X$ and $V \prec\!\!\prec X$, where $U$ and $V$ are the two copies of $[0, 1]$ embedded in $X$. However, if we 'iterate' this construction as follows, we obtain our desired counterexample.

Consider the product space $[0, 1] \times K$, where $K$ is the Cantor space, i.e. the product of countably many copies of the discrete two-point space. (We think of points of $K$ as infinite sequences of 0's and 1's.) We define an equivalence relation $R$ on this space by setting $(x, s)\, R\, (y, t)$ iff $x = y$, and either $s = t$ or there exists a natural number $n$ such that $x > 1/2^{n+1}$ and the first $n$ terms of the sequences $s$ and $t$ agree; let $Y$ be the quotient space $([0, 1] \times K)/R$. Thus, in terms of its evident projection onto $[0, 1]$, $Y$ has a discrete $2^n$-point space as its fibre over each point of the interval $(1/2^{n+1}, 1/2^n]$, and a copy of $K$ as its fibre over 0. It is easy to see that the quotient map $q \colon [0, 1] \times K \to Y$ is open, and hence by 4.1.7(ii) $Y$ is locally compact. But we shall show that no open $U \subseteq Y$ satisfying $U \prec\!\!\prec Y$ can meet the fibre over 0; hence $Y$ is not locally metastably compact.

Let $U$ be an open set in $Y$ containing the point $q(0, s)$. Then, for some $n$, $U$ also contains the points $q(1/2^{n+1}, s)$ and $q(1/2^{n+1}, s')$ where $s'$ differs from $s$ at the $(n + 1)$st term but not before. Hence $U$ contains an open subset $U'$ which looks like the effect of identifying two copies of the open interval $(t-\epsilon, t+\epsilon)$ along the subinterval $(t, t + \epsilon)$, where $t = 1/2^{n+1}$ and $0 < \epsilon < 1/2^{n+2}$. For $0 < \delta < \epsilon$, let $X_\delta$ be the space obtained from $X$ by 'unglueing' these two intervals over $(t, t + \delta]$. Then the projection $X_\delta \to X$ is a local homeomorphism, and it is clear that we can regard $(X_\delta \mid \delta > 0)$ as a directed diagram of sheaves on $X$ with colimit $X$. But no $X_\delta$ admits a section over $U'$, let alone over $U$.

**Remark 4.4.9** The fact that the space $Y$ of 4.4.8 is an open surjective image of the compact Hausdorff (and therefore stably locally compact) space $[0, 1] \times K$ shows us that *exponentiability does not descend along open surjections*, in contrast to B4.3.7: that is, if we are given an open surjection $\mathcal{F} \to \mathcal{E}$ in $\mathfrak{BTop}/\mathcal{S}$ and $\mathcal{F}$ is exponentiable, we cannot conclude that $\mathcal{E}$ is exponentiable. At first sight, this is rather surprising, since the descent theorem for open surjections, to be proved in the next chapter (see 5.1.6), tells us that in these circumstances $\mathcal{E}$ is the pullback-stable pseudo-colimit in $\mathfrak{BTop}/\mathcal{S}$ of a diagram involving $\mathcal{F}$ and the pullback $\mathcal{F} \times_{\mathcal{E}} \mathcal{F}$; and we might expect to be able to form the exponential $\mathcal{S}[\mathbb{O}]^{\mathcal{E}}$ as a corresponding pseudo-limit of exponentials. The reason why this will not work is that, in contrast to the special case considered in B4.3.7, the kernel-pair $\mathcal{F} \times_{\mathcal{E}} \mathcal{F}$ does not in general inherit exponentiability from $\mathcal{F}$: in the particular example just described, the equivalence relation $R$ is (not locally closed in $([0, 1] \times K) \times ([0, 1] \times K)$, and hence) not locally compact.

To prove the converse of 4.4.7, let $X$ be a locally metastably compact locale. It suffices by 4.2.10 to construct an initial ind-object in $\mathbf{Sh}(X)$ with colimit $E$, for every sheaf $E$ on $X$. But it is easy to see that local metastable compactness is a local property, i.e. it is inherited by the domain of any local homeomorphism $E \to X$; so in fact it suffices to do this for the particular case $E = X$. In what follows, we shall freely identify sheaves on $X$ with local homeomorphisms over $X$.

We say that a sheaf $F \to X$ is *admissible* if it is generated by a finite number of sections (i.e. there exists an epimorphism $\coprod_{i=1}^{n} U_i \twoheadrightarrow F$ in $\mathbf{Sh}(X)$ for some $n$, where the $U_i$ are subterminal objects of $\mathbf{Sh}(X)$) and, for every ind-object $(G_j \mid j \in J)$ in $\mathbf{Sh}(X)$ with colimit $X$, there exists a morphism $F \to G_j$ for some $j$. (Thus a subterminal object $U$ is admissible iff it satisfies $U \prec\!\!\prec X$.) We define a category $\mathcal{I}$ as follows: its objects are monomorphisms $(F' \rightarrowtail F)$ where $F$ is admissible and $F' << F$ in the (continuous) lattice of subsheaves of $F$, and morphisms $(F' \rightarrowtail F) \to (G' \rightarrowtail G)$ are morphisms $F' \to G'$ for which there exists some morphism $F \to G$ making the obvious square commute.

**Lemma 4.4.10** *The category $\mathcal{I}$ is filtered.*

**Proof** It is clearly nonempty. Given two admissible objects $F$ and $G$, it is easy to verify that their coproduct $F \amalg G$ is admissible; also, if $F' << F$ and $G' << G$, then we have $F' << F \leq F \amalg G$ and $G' << G \leq F \amalg G$ in $\mathrm{Sub}(F \amalg G)$, and hence $F' \amalg G' << F \amalg G$. So $(F' \amalg G' \rightarrowtail F \amalg G)$ is an object of $\mathcal{I}$, and it clearly admits morphisms from $(F' \rightarrowtail F)$ and $(G' \rightarrowtail G)$.

Now suppose given a parallel pair of morphisms $f', g' : (F' \rightarrowtail F) \rightrightarrows (G' \rightarrowtail G)$ in $\mathcal{I}$. Form the diagram

$$
\begin{array}{ccccc}
F' & \overset{f'}{\underset{g'}{\rightrightarrows}} & G' & \overset{h'}{\twoheadrightarrow} & H' \\
\downarrow & & \downarrow & & \downarrow \\
F & \overset{f}{\underset{g}{\rightrightarrows}} & G & \overset{h}{\longrightarrow} & H
\end{array}
$$

in $\mathbf{Sh}(X)$, where the top row is a coequalizer and the right-hand square is a pushout. By A2.4.3, the morphism $H' \to H$ is monic, and the square is also a pullback; and since $h$ is epic (so that pullback along it is a conservative functor) it is easy to verify that we have $H' << H$ in $\mathrm{Sub}(H)$. It is also clear that $H$ is finitely generated; to show that it is admissible, consider an ind-object $(A_j \mid j \in J)$ with colimit $X$. For some $i$, we have a morphism $k : G \to A_i$. The composites $kf$ and $kg$ need not be equal; but since $F' << F$ in $\mathrm{Sub}(F)$ we can find $j \to j'$ in $J$ such that the equalizer of $F \rightrightarrows G \to A_j \to A_{j'}$ contains $F' \rightarrowtail F$, and hence the composite $G' \rightarrowtail G \to A_j \to A_{j'}$ factors through the coequalizer $h'$. So we obtain a factorization of $G \to A_j \to A_{j'}$ through the pushout $h$; hence

$H$ is admissible, and $h' : (G' \rightarrowtail G) \to (H' \rightarrowtail H)$ is a morphism of $\mathcal{I}$ coequalizing $f'$ and $g'$. □

The finite generation condition in the definition of admissible objects ensures that $\mathcal{I}$ is at least equivalent to a small category. Thus we may regard the obvious forgetful functor $\mathcal{I} \to \mathbf{Sh}(X)$ sending $(F' \rightarrowtail F)$ to $F'$ as an ind-object in $\mathbf{Sh}(X)$.

**Lemma 4.4.11** *The ind-object just defined is initial among ind-objects in* $\mathbf{Sh}(X)$ *with colimit* $X$.

**Proof** First we must verify that the ind-object does indeed have colimit $X$. But since $X$ can be covered by opens $U'$ for which there exists $U$ with $U' << U \prec\!\!\prec X$, it is clear that the colimit is well-supported. To show that it is subterminal, suppose $U \prec\!\!\prec X$ and we are given morphisms $f, g : U \rightrightarrows F'$ for some object $(F' \rightarrowtail F)$ of $\mathcal{I}$. Then, for any $U' << U$, the restrictions of $f$ and $g$ to $U'$ may be regarded as morphisms $(U' \rightarrowtail U) \rightrightarrows (F' \rightarrowtail F)$ in $\mathcal{I}$; so by 4.4.10 they are coequalized by some $(F' \rightarrowtail F) \to (G' \rightarrowtail G)$ in $\mathcal{I}$; i.e. the equalizer of $U \rightrightarrows F' \to G'$ contains $U'$. Since $U$ is covered by such opens $U'$, it follows that $f$ and $g$ represent the same morphism $U \to \varinjlim_{\mathcal{I}} F'$; so the colimit has at most one section over $U$. But the opens $U$ with $U \prec\!\!\prec X$ form a basis for $\mathcal{O}(X)$; so the colimit has at most one section over any open set.

The proof of initiality is generally similar. Given any ind-object $(A_j \mid j \in J)$ with colimit $X$, we have by definition a morphism from any admissible object $F$ to some $A_j$. But if we had two such morphisms $F \rightrightarrows A_j$, and a subobject $F' << F$, then there must exist $j \to j'$ such that the composites $F' \rightarrowtail F \rightrightarrows A_j \to A_{j'}$ are equal; so for any such $F'$ there is a unique equivalence class of morphisms $F' \to A_j$ which includes the restriction of some morphism defined on $F$. Taking this equivalence class for each object $(F' \rightarrowtail F)$ of $\mathcal{I}$, we obtain a morphism of ind-objects $(F' \mid (F' \rightarrowtail F) \in \mathcal{I}) \to (A_j \mid j \in J)$. However, given any object $(F' \rightarrowtail F)$ of $\mathcal{I}$, we can find $F''$ with $F' << F'' << F$ in $\mathrm{Sub}(F)$; then the inclusion $F' \rightarrowtail F''$ is a morphism $(F' \rightarrowtail F) \to (F'' \rightarrowtail F)$ in $\mathcal{I}$, and so if we are given any morphism of ind-objects with domain $(F' \mid (F' \rightarrowtail F) \in \mathcal{I})$, its $(F' \rightarrowtail F)$th component must contain some morphism which extends to $F''$. Hence by the argument already given there is exactly one morphism $(F' \mid (F' \rightarrowtail F) \in \mathcal{I}) \to (A_j \mid j \in J)$. □

Putting everything together, we now have

**Theorem 4.4.12** *Let $X$ be an internal locale in $\mathcal{S}$. Then $\mathbf{Sh}_{\mathcal{S}}(X)$ is exponentiable in $\mathfrak{BTop}/\mathcal{S}$ iff $X$ is locally metastably compact.*

**Proof** One direction is 4.4.7. Conversely, if $X$ is locally metastably compact, then by 4.4.11 Ind-$\mathbf{Sh}(X)_X$ has an initial object; and since local metastable compactness is a local condition, the same is true for all the fibres of $\varinjlim$ : Ind-$\mathbf{Sh}(X) \to \mathbf{Sh}(X)$. So by 4.2.10 $\mathbf{Sh}(X)$ is a continuous category, and by 4.4.5 it is an exponentiable topos. □

We remark that, although we defined the relation $U \prec\!\!\prec V$ in $\mathcal{O}(X)$ in terms of arbitrary (diagrams of) sheaves on $X$, the definition can be reduced to a purely lattice-theoretic condition on $\mathcal{O}(X)$, using ideas similar to those by which we reduced the condition $(E)$ for strong compactness of an $\mathcal{S}$-topos $\mathcal{E}$, introduced in 3.4.4, to a condition on a site of definition for $\mathcal{E}$ (cf. 3.4.5). We omit the details, which may be found in [542].

**Suggestions for further reading:** Johnstone & Joyal [542], Niefield [892, 896].

# C5

# TOPOSES AS GROUPOIDS

## C5.1 The descent theorems

The title of this chapter perhaps needs a few words of explanation. Our general thesis throughout Part C has been that the notion of (Grothendieck) topos is a generalization of the notion of topological space (or, better, of the notion of locale). In particular, toposes (or geometric morphisms between them) can be ascribed topological properties such as (local) compactness or (local) connectedness, as we saw in Chapter C3; and the theory of exponentiability for toposes, which we explored in Chapter C4, also has close parallels with that for spaces (or locales). Nevertheless, we know from the examples of toposes we have seen (in Section A2.1 and elsewhere) that, even if we restrict our attention to Grothendieck toposes, there are many which (in their origins, at least) do not appear at all 'spatial' in character. So one is tempted to ask whether this generalization is perhaps too large to be genuinely useful.

Our aim in this chapter is to demonstrate that the generalization from locales to (Grothendieck) toposes is not, after all, as broad as it appears. Specifically, we shall show that, by uniting the notion of locale with that of a groupoid, we obtain representation theorems enabling us to describe arbitrary Grothendieck toposes in terms of these two concepts. So the original informal picture of a Grothendieck topos, dating from the earliest days of work on étale cohomology of schemes, as 'a space whose points have enough internal structure to allow them to possess nontrivial automorphisms' is not as wide of the mark as all that.

There are several different versions of these representation theorems, and in the interests of comprehensiveness we shall prove more versions than any one reader may perhaps wish to see. But (with the exception of the 'Freyd representation' studied in Section C5.4) they all have a family resemblance: in particular, they depend on combining the idea that an arbitrary Grothendieck topos has a particular type of 'covering' by a localic topos, with theorems which say that the covering maps concerned are descent morphisms in $\mathfrak{BTop}$, in a suitable sense. The covering theorems will be proved in Section C5.2; in the present section we concern ourselves with the descent theorems.

Since we shall be making extensive use of pullbacks of geometric morphisms, we shall assume until further notice that all geometric morphisms under consideration are bounded. We shall also assume whenever necessary that the base topos $\mathcal{S}$ over which we are working has a natural number object; and we shall use the term 'Grothendieck topos' loosely to mean 'bounded $\mathcal{S}$-topos', without explicitly specifying the base topos $\mathcal{S}$.

We begin by recalling the definition of descent morphisms from Sections B1.5 and B3.4. Given a bounded geometric morphism $f: \mathcal{F} \to \mathcal{E}$, we may form the diagram

$$\mathcal{F} \times_{\mathcal{E}} \mathcal{F} \times_{\mathcal{E}} \mathcal{F} \;\underset{\pi_{23}}{\overset{\pi_{12}}{\underset{\pi_{13}}{\rightrightarrows\!\!\!\to}}}\; \mathcal{F} \times_{\mathcal{E}} \mathcal{F} \;\underset{\pi_2}{\overset{\pi_1}{\underset{\Delta}{\rightrightarrows\!\!\leftarrow}}}\; \mathcal{F}$$

(recall that we called such a diagram a 2-*truncated simplicial topos* in Section B3.4 – we shall refer to this diagram as $\mathcal{F}_\bullet$), and we recall that *descent data* for an object $B$ of $\mathcal{F}$ consists of a morphism $\theta: \pi_1^*(B) \to \pi_2^*(B)$ in $\mathcal{F} \times_{\mathcal{E}} \mathcal{F}$ such that (modulo coherence isomorphisms) we have $\Delta^*(\theta) = 1_B$ and the diagram

$$\begin{array}{ccc} \pi_1^*(B) & \xrightarrow{\pi_{12}^*(\theta)} & \pi_2^*(B) \\ & {\scriptstyle \pi_{13}^*(\theta)} \searrow & \downarrow {\scriptstyle \pi_{23}^*(\theta)} \\ & & \pi_3^*(B) \end{array}$$

commutes in $\mathcal{F} \times_{\mathcal{E}} \mathcal{F} \times_{\mathcal{E}} \mathcal{F}$. (Such a morphism $\theta$ is necessarily an isomorphism, as we saw in B1.5.1: the pullback of $\theta$ along the 'twist' isomorphism $\mathcal{F} \times_{\mathcal{E}} \mathcal{F} \to \mathcal{F} \times_{\mathcal{E}} \mathcal{F}$ is an inverse for $\theta$.) If $B = f^*(A)$ for some $A \in \text{ob}\, \mathcal{E}$, then the component at $A$ of the canonical isomorphism $\pi_1^* f^* \cong \pi_2^* f^*$ constitutes descent data for $B$, so we can lift $f^*$ to a functor $\mathcal{E} \to \mathbf{Desc}_f(\mathcal{F}_\bullet)$, where $\mathbf{Desc}_f(\mathcal{F}_\bullet)$ (or simply $\mathbf{Desc}(\mathcal{F}_\bullet)$, if we do not need to specify the morphism $f$ explicitly) denotes the category of objects of $\mathcal{F}$ equipped with descent data. In fact, as we saw in B3.4.12, the category $\mathbf{Desc}(\mathcal{F}_\bullet)$ is always a bounded $\mathcal{E}$-topos, provided $\mathcal{E}$ has a natural number object, although for most of this and the next section we shall not need to assume this fact. (We shall need it in Section C5.3, however.)

We say that $f$ is a *descent morphism* (resp. a *pre-descent morphism*) if the canonical functor $\mathcal{E} \to \mathbf{Desc}(\mathcal{F}_\bullet)$ is part of an equivalence (resp. full and faithful). (Given that this functor is the inverse image of a geometric morphism, the latter condition just says that $\mathbf{Desc}(\mathcal{F}_\bullet)$ is a connected $\mathcal{E}$-topos. Note that since $\mathcal{F} \to \mathbf{Desc}(\mathcal{F}_\bullet)$ is always surjective, a pre-descent morphism is necessarily a surjection.) If $f$ is a descent morphism, we shall also say that *objects descend along* $f$. (This is not quite the sense in which we used the phrase '$f$ is a descent morphism' in Section B1.5; in the terminology of that section, our present condition is equivalent to saying that $f$ is a descent morphism for the $\mathfrak{BTop}$-indexed category given by the forgetful functor $\mathfrak{BTop}^{\text{op}} \to \mathfrak{Cat}$ which sends a topos to its underlying category, and a geometric morphism to its inverse image functor. In fact I. Moerdijk [835] has shown that open surjections *are* descent morphisms, in an appropriate 2-categorical sense, in $\mathfrak{BTop}$.)

We begin with the simplest case of the descent theorem, that in which $f$ is a stable (right or left) Beck–Chevalley morphism in the sense of 2.4.16. We note that the morphism $\theta\colon \pi_1^*(B) \to \pi_2^*(B)$ may be transposed to a morphism $\overline{\theta}\colon B \to \pi_{1*}\pi_2^*(B)$ in $\mathcal{F}$, and if the pullback square of $f$ against itself satisfies the Beck–Chevalley condition we may identify the codomain of $\overline{\theta}$ with $f^*f_*(B)$. Moreover, by the arguments in the proof of B1.5.5 (which use the Beck–Chevalley condition only for pullbacks of pullbacks of the particular morphism under consideration), saying that $\theta$ constitutes descent data for $f$ is equivalent to saying that $\overline{\theta}$ is a coalgebra structure for the comonad induced by the adjunction $(f^* \dashv f_*)$. So we may immediately deduce the following result from A4.2.6, plus the results on stable Beck–Chevalley morphisms in 3.3.16 and 3.4.11:

**Theorem 5.1.1** *Suppose $f\colon \mathcal{F} \to \mathcal{E}$ is bounded, surjective and either locally connected or tidy. Then objects descend along $f$.* □

In fact, however, this result is not best possible: both open and proper surjections are descent morphisms. To prove this, it is convenient to go by way of descent for locales, and then to regard objects as a special (discrete) case of locales: of course, we say that *locales descend along* $f\colon \mathcal{F} \to \mathcal{E}$ if the functor $\mathbf{Loc}(\mathcal{E}) \to \mathbf{Desc}(\mathbf{Loc}(\mathcal{F})_\bullet)$ induced by $f^*\colon \mathbf{Loc}(\mathcal{E}) \to \mathbf{Loc}(\mathcal{F})$ is part of an equivalence, where $\mathbf{Desc}(\mathbf{Loc}(\mathcal{F})_\bullet)$ denotes the category whose objects are internal locales $Y$ in $\mathcal{F}$ equipped with morphisms $\theta\colon \pi_1^*(Y) \to \pi_2^*(Y)$ in $\mathbf{Loc}(\mathcal{F} \times_{\mathcal{E}} \mathcal{F})$ satisfying the usual unit and cocycle conditions.

**Lemma 5.1.2** *Locales descend along hyperconnected morphisms.*

**Proof** In 2.4.11 we saw that, for any pullback square in $\mathfrak{BTop}$, the Beck–Chevalley condition holds for internal locales in the toposes concerned. Thus, by (the dual of) the argument of B1.5.5, we may always identify $\mathbf{Desc}_f(\mathbf{Loc}(\mathcal{F})_\bullet)$ with the category of algebras for the monad on $\mathbf{Loc}(\mathcal{F})$ induced by $f^*\colon \mathbf{Loc}(\mathcal{E}) \to \mathbf{Loc}(\mathcal{F})$ and its left adjoint $f_!$. The problem is thus to show that $f^*$ is monadic at the level of locales. But for hyperconnected morphisms $f$ this follows easily from 2.4.15, which says that the adjunction is a reflection in this case. □

**Lemma 5.1.3** *Suppose given a commutative triangle of geometric morphisms*

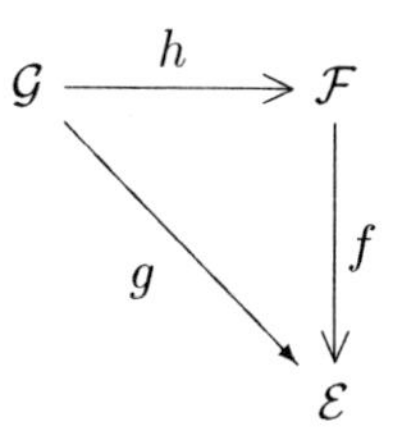


*where $h$ is hyperconnected. Then locales descend along $g$ iff they do so along $f$.*

**Proof** First suppose locales descend along $g$, and let $Y$ be an internal locale in $\mathcal{F}$ equipped with descent data $\theta$ for $f$. By applying the inverse image of the geometric morphism $h \times h \colon \mathcal{G} \times_{\mathcal{E}} \mathcal{G} \to \mathcal{F} \times_{\mathcal{E}} \mathcal{F}$ to the descent data, one obtains descent data for $h^*Y$ relative to $g$, so by assumption there exists a locale $X$ in $\mathcal{E}$ satisfying $g^*(X) \cong h^*f^*(X) \cong h^*(Y)$. Since $h^*$ is full and faithful on locales, we deduce $f^*X \cong Y$. The construction is functorial in $(Y, \theta)$, and clearly defines an inverse (up to isomorphism) for the canonical functor $\mathbf{Loc}(\mathcal{E}) \to \mathbf{Desc}_f(\mathbf{Loc}(\mathcal{F})_\bullet)$.

Conversely, suppose locales descend along $f$, and let $Z$ be an internal locale in $\mathcal{G}$ equipped with descent data for $g$. Once again, we may pull the data back along $\mathcal{G} \times_{\mathcal{F}} \mathcal{G} \to \mathcal{G} \times_{\mathcal{E}} \mathcal{G}$, to obtain descent data for $Z$ relative to $h$, and hence by 5.1.2 we obtain a locale $Y$ in $\mathcal{F}$ such that $h^*Y \cong Z$. Now $h \times h \colon \mathcal{G} \times_{\mathcal{E}} \mathcal{G} \to \mathcal{F} \times_{\mathcal{E}} \mathcal{F}$ is hyperconnected, since it is a composite of pullbacks of $h$, so the isomorphism $h^*\pi_1^*(Y) \cong \pi_1^*(Z) \to \pi_2^*(Z) \cong h^*\pi_2^*(Y)$ 'descends' to an isomorphism $\pi_1^*(Y) \to \pi_2^*(Y)$ in $\mathbf{Loc}(\mathcal{F} \times_{\mathcal{E}} \mathcal{F})$, which is readily verified to be descent data for $Y$ relative to $f$. Thus we obtain a locale $X$ in $\mathcal{E}$ such that $f^*X \cong Y$ and hence $g^*X \cong h^*Y \cong Z$; it is again easy to verify that this construction yields an inverse (up to natural isomorphism) for the functor $\mathbf{Loc}(\mathcal{E}) \to \mathbf{Desc}_g(\mathbf{Loc}(\mathcal{G})_\bullet)$. □

**Proposition 5.1.4** *For any topos $\mathcal{S}$, open surjections and proper surjections of locales are descent morphisms (in the sense of* B1.5.5*) in* $\mathbf{Loc}(\mathcal{S})$.

**Proof** We use B1.5.7, which provided a criterion for a class of morphisms in a cartesian category to consist of descent morphisms. We already know that both open surjections and proper surjections satisfy the first three conditions of B1.5.7, by the results of 3.1.11 and 3.1.12 in the open case and by 3.2.6 in the proper case. So we need only verify condition (iv), which says that if we are given an equivalence relation $a, b \colon R \rightrightarrows X$ in $\mathbf{Loc}(\mathcal{S})$ with $a$ and $b$ open (respectively, proper), then the coequalizer $q \colon X \to Y$ of $a$ and $b$ is open (resp. proper) and pullback-stable.

The first assertion is easy in the open case, since by 1.5.3(iii) we know that open maps are precisely those for which the corresponding frame maps are homomorphisms of complete Heyting algebras; if $a$ and $b$ both have this property, then clearly the equalizer of $a^*$ and $b^*$ in $\mathbf{Frm}(\mathcal{S})$ is a sub-(complete Heyting algebra) of $\mathcal{O}(X)$. Alternatively, we could employ the dual of the following argument, which we need for the proper case.

Suppose $a$ and $b$ are proper, and consider the composite $a_*b^* \colon \mathcal{O}(X) \to \mathcal{O}(X)$. We note first that, since $(a, b)$ is reflexive, we have $a_*b^* \leq a_*s_*s^*b^* = 1_{\mathcal{O}(X)}$ (where $s \colon X \to R$ is the diagonal map). Symmetry of $(a, b)$ tells us that $a_*b^* = b_*a^*$; and transitivity tells us that it is idempotent, for if we form the pullback

$$\begin{array}{ccc}
R \times_X R & \xrightarrow{d} & R \\
{\scriptstyle c}\downarrow & & \downarrow{\scriptstyle a} \\
R & \xrightarrow{b} & X
\end{array}$$

and let $t\colon R \times_X R \to R$ be the map expressing transitivity, we have $a_*b^*a_*b^* = a_*c_*d^*b^* = a_*t_*t^*b^* \geq a_*b^*$, using the Beck–Chevalley condition for the pullback square at the first step. Let $\mathcal{O}(Y)$ denote the set of fixed points of $a_*b^*$; then $\mathcal{O}(Y)$ is a subframe of $\mathcal{O}(X)$, since the inclusion $q^*\colon \mathcal{O}(Y) \to \mathcal{O}(X)$ has a right adjoint $q_*$, and it preserves finite meets since $a_*b^*$ does. Also, the image of $q^*$ is precisely the equalizer of $a^*$ and $b^*$; for from $a^*(U) = b^*(U)$ we deduce $q^*q_*(U) = a_*b^*(U) = a_*a^*(U) \geq U$, whence $q_*q^*(U) = U$, and conversely if $U$ is fixed by $q^*q_*$ then $b^*(U) \geq a^*a_*b^*(U) = a^*q^*q_*(U) = a^*(U)$, and similarly $a^*(U) \geq b^*(U)$. Thus $q\colon X \to Y$ is the coequalizer of $a$ and $b$ in $\mathbf{Loc}(\mathcal{S})$.

To show that $q$ is proper, we first note that $q_*$ preserves directed joins, since $q^*q_* = a_*b^*$ does and $q^*$ reflects joins. For the $\mathcal{O}(Y)$-linearity condition, suppose $U \in \mathcal{O}(X)$ and $V \in \mathcal{O}(Y)$: then

$$\begin{aligned} q^*q_*(U \cup q^*(V)) &= a_*b^*(U \cup q^*(V)) \\ &= a_*(b^*(U) \cup b^*q^*(V)) \quad \text{since } b^* \text{ preserves finite joins} \\ &= a_*(b^*(U) \cup a^*q^*(V)) \quad \text{since } qa = qb \\ &= a_*b^*(U) \cup q^*(V) \quad \text{since } a \text{ is proper} \\ &= q^*(q_*(U) \cup V), \end{aligned}$$

but $q^*$ is injective, so $q_*(U \cup q^*(V)) = q_*(U) \cup V$.

To show that the coequalizer diagram $R \rightrightarrows X \to Y$ is preserved under pullback in $\mathbf{Loc}(\mathcal{S})$, note that the identities we have etablished, plus the fact that $a$ and $q$ are surjective, say that

$$\mathcal{O}(Y) \underset{q_*}{\overset{q^*}{\rightleftarrows}} \mathcal{O}(X) \underset{a_*}{\overset{b^*}{\underset{\longleftarrow}{\overset{\longrightarrow}{\overset{a^*}{\longrightarrow}}}}} \mathcal{O}(R)$$

is a split equalizer diagram of internal preframes in $\mathcal{S}$, and the maps involved are all $\mathcal{O}(Y)$-linear. Pulling back along a locale morphism $Y' \to Y$ corresponds to applying the functor $(-) \odot_{\mathcal{O}(Y)} \mathcal{O}(Y')$ from $\mathcal{O}(Y)$-modules to $\mathcal{O}(Y')$-modules in $\mathbf{PFrm}(\mathcal{S})$ (cf. 1.1.9); so it preserves this equalizer. And the forgetful functor from frames to preframes creates equalizers, so the diagram remains an equalizer in $\mathbf{Frm}(\mathcal{S})$, that is a coequalizer in $\mathbf{Loc}(\mathcal{S})$. The argument for this part of the proof in the 'open' case is similar, using complete join-semilattices in place of preframes. □

Putting together the last three results, we have

**Theorem 5.1.5** *Locales descend along arbitrary open or proper surjections in* $\mathfrak{BTop}$.

**Proof** Let $f\colon \mathcal{F} \to \mathcal{E}$ be a surjection which is either open or proper. By 5.1.3, locales descend along $f$ iff they descend along its localic part, which we may write as $\mathbf{Sh}_{\mathcal{E}}(X) \to \mathcal{E}$ for an internal locale $X$ in $\mathcal{E}$ which is positive and either open or compact as appropriate. But now internal locales in $\mathbf{Sh}_{\mathcal{E}}(X)$ correspond to objects of $\mathbf{Loc}(\mathcal{E})/X$, by 1.6.3; so we are reduced to proving that $X \to 1$ is a descent morphism in $\mathbf{Loc}(\mathcal{E})$. And this follows from 5.1.4. □

To deduce that objects descend along an open or proper surjection $f$, we use the identification of objects with discrete locales, and the characterization of the latter as those locales $X$ such that $X \to 1$ and the diagonal $X \to X \times X$ are open (3.1.15). Since $f^*\colon \mathbf{Loc}(\mathcal{E}) \to \mathbf{Loc}(\mathcal{F})$ preserves finite products (being a right adjoint), it therefore suffices to know that openness of locale morphisms descends along $f$, i.e. if $g\colon X \to Y$ is a morphism in $\mathbf{Loc}(\mathcal{E})$ such that $f^*(g)$ is open in $\mathbf{Loc}(\mathcal{F})$, then $g$ itself is open. But we proved this in 3.2.23; so we may now deduce

**Theorem 5.1.6** *Open surjections, and proper surjections, are descent morphisms in* $\mathfrak{BTop}$. □

From the fact that both objects and locales descend along a morphism, we may deduce many other descent properties. In particular, most of the properties of geometric morphisms which we studied in Chapter C3 descend along either open or proper surjections:

**Corollary 5.1.7** *Suppose given a pullback square*

$$\begin{array}{ccc} \mathcal{H} & \xrightarrow{k} & \mathcal{G} \\ \Big\downarrow{\scriptstyle h} & & \Big\downarrow{\scriptstyle g} \\ \mathcal{F} & \xrightarrow{f} & \mathcal{E} \end{array}$$

*in* $\mathfrak{BTop}/\mathcal{S}$*, where $f$ is surjective and either open or proper. If $h$ has any of the following properties: surjective, open, proper, hyperconnected, stably connected, locally connected, tidy, atomic, separated, local, totally connected, then $g$ has the corresponding property.*

**Proof** 'Surjective' is obvious, and 'open' and 'proper' were dealt with in 3.2.23.

For 'hyperconnected', let $X$ be the internal locale in $\mathcal{E}$ corresponding to the localic part of the hyperconnected–localic factorization of $g$; then $f^*X \cong 1$ in $\mathbf{Loc}(\mathcal{F})$. But this isomorphism must descend along $f$, so $X \cong 1$ in $\mathbf{Loc}(\mathcal{E})$; i.e. $g$ is hyperconnected.

If $h$ is stably connected (that is, all pullbacks of $h$ are connected), it suffices to prove that $g$ is connected, since any pullback of $g$ can be pulled back along an open surjection to a pullback of $h$. But we already know that $g$ is surjective, so we need to prove that $g^*$ is full. Suppose we have objects $A$ and $B$ of $\mathcal{E}$ and a morphism $a\colon g^*A \to g^*B$ in $\mathcal{G}$; then $k^*a$ is a morphism

$h^*f^*A \cong k^*g^*A \to k^*g^*B \cong h^*f^*B$ in $\mathcal{H}$, so it derives from a unique morphism $b\colon f^*A \to f^*B$ in $\mathcal{F}$. Moreover, $k^*a$ commutes with the descent data which $k^*g^*A$ and $k^*g^*B$ possess relative to the open or proper surjection $k$; so, since the pullback of $h$ to the kernel-pair of $f$ is still connected, we see that $b$ must commute with the descent data on $f^*A$ and $f^*B$ relative to $f$. Hence it is of the form $h^*c$ for a morphism $c\colon A \to B$ in $\mathcal{E}$; then since $k^*g^*c \cong h^*f^*c = h^*b \cong k^*a$ and $k^*$ is faithful we deduce that $g^*c = a$.

For local connectedness, we use the criterion of 3.3.5(ii): we need to show that for any object $B$ of $\mathcal{G}$ we can factor the composite $\mathcal{G}/B \to \mathcal{G} \to \mathcal{E}$ as a connected morphism followed by a local homeomorphism. In fact it suffices to consider the case $B = 1$, since local homeomorphisms pull back to local homeomorphisms. We know we have such a factorization $\mathcal{H} \to \mathcal{F}/C \to \mathcal{F}$ of $h$, where $C = h_!1$; now consider the diagram

$$\begin{array}{ccc}
\mathcal{H} \times_{\mathcal{G}} \mathcal{H} & \overset{\pi_1}{\underset{\pi_2}{\rightrightarrows}} & \mathcal{H} \\
\downarrow & & \downarrow h \\
\mathcal{F} \times_{\mathcal{E}} \mathcal{F} & \overset{\pi_1}{\underset{\pi_2}{\rightrightarrows}} & \mathcal{F}
\end{array} .$$

Here both the squares are pullbacks; so since the factorization of 3.3.5(i) is stable under pullback, by the Beck–Chevalley condition for locally connected morphisms, we have an isomorphism $\pi_1^*C \cong \pi_2^*C$ in $\mathcal{F} \times_{\mathcal{E}} \mathcal{F}$. It is easy to see that this isomorphism satisfies the unit and cocycle conditions for descent data; so we deduce that $C \cong f^*A$ for an object $A$ of $\mathcal{E}$. Moreover, the factorization $h'\colon \mathcal{H} \to \mathcal{F}/C$ of $h$ through $\mathcal{F}/C \to \mathcal{F}$ corresponds by B3.2.8(*b*) to a morphism $1 \to h^*C \cong k^*g^*A$ in $\mathcal{H}$; it is again easy to see that this morphism commutes with the descent data on $k^*g^*A$, and so derives from a morphism $1 \to g^*A$ in $\mathcal{G}$ – equivalently, to a factorization of $g$ through $\mathcal{E}/A \to \mathcal{E}$. Now we have a pullback square

$$\begin{array}{ccc}
\mathcal{H} & \xrightarrow{k} & \mathcal{G} \\
{\scriptstyle h'}\downarrow & & \downarrow{\scriptstyle g'} \\
\mathcal{F}/C & \xrightarrow{f/A} & \mathcal{E}/A
\end{array}$$

where $h'$ is stably connected (since it is also locally connected); so by the previous argument we deduce that $g'$ is connected.

For the tidy case, we use the Beck–Chevalley condition for the pullback squares

$$\begin{array}{ccc} \mathcal{H} \times_{\mathcal{G}} \mathcal{H} & \overset{\pi_1}{\underset{\pi_2}{\rightrightarrows}} & \mathcal{H} \\ \downarrow & & \downarrow h \\ \mathcal{F} \times_{\mathcal{E}} \mathcal{F} & \overset{\pi_1}{\underset{\pi_2}{\rightrightarrows}} & \mathcal{F} \end{array}$$

to deduce that, for any object $B$ of $\mathcal{G}$, the object $h_*k^*B$ of $\mathcal{F}$ can be equipped with descent data relative to $f$, and so can be written as $f^*qB$ for some object $qB$ of $\mathcal{E}$. It is clear that $B \mapsto qB$ is functorial; also, the natural maps $f^*A \to h_*h^*f^*A \cong h_*k^*g^*A \cong f^*qg^*A$ and $k^*g^*qB \cong h^*f^*qB \cong h^*h_*k^*B \to k^*B$ descend along $f$ and $k$ respectively, to yield natural transformations $1_{\mathcal{E}} \to qg^*$ and $g^*q \to 1_{\mathcal{G}}$. And since $f^*$ and $k^*$ are faithful, these transformations satisfy the triangular identities for an adjunction $(g^* \dashv q)$, i.e. we may identify $q$ with $g_*$. Thus we have shown that the square satisfies the Beck–Chevalley condition. It now follows that if $\mathbb{C}$ is any filtered internal category in (a slice of) $\mathcal{E}$, then $f^*g_*$ preserves colimits of shape $\mathbb{C}$, since $h_*k^*$ does; but $f^*$ preserves colimits and is conservative, so $g_*$ preserves colimits of shape $\mathbb{C}$.

For the atomic case, we use the characterization of atomic morphisms in 3.5.14: it is easy to see that the diagonal $\Delta_h$ is a pullback of $\Delta_g$ along a morphism which is itself a pullback of $f$, and hence an open or proper surjection. A similar argument deals with the separated case.

For the case when $h$ is local, we first note that by cases already dealt with $g$ must be connected and tidy; so the Beck–Chevalley condition $f^*g_* \cong h_*k^*$ holds. But $f^*$ and $k^*$ are comonadic, so we may use (the dual of) the adjoint lifting theorem A1.1.3(i) to lift the right adjoint of $h_*$ to one for $g_*$. By 3.6.1(iv), this is sufficient.

Finally, suppose $h$ is totally connected. Then $g$ is connected and locally connected, by cases already dealt with, so we need only show that the left adjoint $g_!$ of $g^*$ is cartesian. But $f^*g_! \cong h_!k^*$, by the Beck–Chevalley condition for locally connected morphisms; $h_!k^*$ is cartesian by assumption, and $f^*$ is cartesian and conservative, so the result follows. □

Next, we mention a variant of the notion of descent morphism, namely that of a lax descent morphism. Suppose given a geometric morphism $f: \mathcal{F} \to \mathcal{E}$ between bounded $\mathcal{S}$-toposes; instead of forming the pullback of $f$ against itself, we could alternatively form the comma object

$$\begin{array}{ccc} (f\downarrow f) & \xrightarrow{d_1} & \mathcal{F} \\ {\scriptstyle d_0}\big\downarrow & \downarrow & \big\downarrow{\scriptstyle f} \\ \mathcal{F} & \xrightarrow{f} & \mathcal{E} \end{array}$$

in $\mathfrak{BTop}/\mathcal{S}$, and then the pullback

$$\begin{array}{ccc} (f\downarrow f\downarrow f) & \longrightarrow & (f\downarrow f) \\ \big\downarrow & & \big\downarrow{\scriptstyle d_0} \\ (f\downarrow f) & \longrightarrow & \mathcal{F} \end{array} \quad ,$$

and so on. ($(f\downarrow f\downarrow f)$ is the universal solution to the problem of finding an object equipped with three morphisms $d_0, d_1, d_2$ to $\mathcal{F}$ and two 2-cells $fd_2 \to fd_1 \to fd_0$.) It is easy to see that this gives rise to a simplicial object in $\mathfrak{BTop}/\mathcal{S}$ (in fact an internal category, though not an internal groupoid), and $f^*$ induces a functor from $\mathcal{E}$ to the category of 'lax descent data' for (the 2-truncation of) this simplicial object. The notion of lax descent data was defined in B3.4.14($a$), and we observed there that the category of lax descent data for a 2-truncated simplicial object in $\mathfrak{BTop}/\mathcal{S}$ is always a bounded $\mathcal{S}$-topos. Of course, we say that $f$ is a *lax descent morphism* in $\mathfrak{BTop}/\mathcal{S}$ if this functor is part of an equivalence. (Note that this notion depends on the base topos over which $f$ is considered as lying, since the comma object $(f\downarrow f)$, unlike the pullback $\mathcal{F}\times_{\mathcal{E}}\mathcal{F}$, changes if we vary $\mathcal{S}$. In particular, if we take $\mathcal{S}$ to be $\mathcal{E}$ itself then the comma object coincides with the pullback, so $f$ is a lax descent morphism over $\mathcal{E}$ iff it is a descent morphism as previously defined.)

In 2.3.17 and 3.4.18, we noted that the Beck–Chevalley condition holds for comma squares in $\mathfrak{BTop}/\mathcal{S}$, one edge of which is either $\mathcal{S}$-essential or relatively tidy. From this, and from the fact that the 'opposite edges' of such squares are actually locally connected (resp. tidy), we may deduce

**Proposition 5.1.8** *$\mathcal{S}$-essential surjections, and relatively tidy surjections, are lax descent morphisms in $\mathfrak{BTop}/\mathcal{S}$.* □

The proof is exactly like that of 5.1.1.

The reader will have observed that, in the proof of 5.1.4, we did not show that an equivalence relation $a, b\colon R \rightrightarrows X$ in $\mathbf{Loc}(\mathcal{S})$, for which $a$ and $b$ are either open or proper, is necessarily effective. Indeed, this is not true in general (and we deliberately omitted this condition, which would have simplified the proof of

B1.5.7, from the hypotheses of that scholium, in order that we could apply it in the situation of 5.1.4). However, it is useful to have a criterion for an equivalence relation whose 'legs' are open or proper to be effective in $\mathbf{Loc}(\mathcal{S})$.

**Lemma 5.1.9** *Let $a, b\colon R \rightrightarrows X$ be an equivalence relation in $\mathbf{Loc}(\mathcal{S})$, and suppose either that $a$ is open and $(a, b)\colon R \rightarrowtail X \times X$ is proper, or that $a$ is proper and $(a, b)$ is open. Then $(a, b)$ is effective.*

**Proof** The two cases are, as usual, dual to each other; we shall prove the first. Let $q\colon X \twoheadrightarrow Y$ be the coequalizer of $a$ and $b$, and $c, d\colon S \to X$ the kernel-pair of $q$; then $\mathcal{O}(S)$ may be identified with the tensor product $\mathcal{O}(X) \otimes_{\mathcal{O}(Y)} \mathcal{O}(X)$ of $\mathcal{O}(Y)$-modules in $\mathbf{CjSLat}(\mathcal{S})$, by 1.1.9. We claim that the frame homomorphism $\mathcal{O}(S) \to \mathcal{O}(R)$ corresponding to the factorization $u\colon R \to S$ of $(a, b)$ through $(c, d)$ reflects the bottom element; clearly, this homomorphism sends a generator $U \otimes V$ of the tensor product (where $U, V \in \mathcal{O}(X)$) to the element $a^*(U) \cap b^*(V)$ of $\mathcal{O}(R)$.

But if $a^*(U) \cap b^*(V) = \emptyset$, then we have

$$\begin{aligned} \emptyset &= a_!(a^*(U) \cap b^*(V)) \quad \text{since } a_! \text{ preserves joins} \\ &= U \cap a_! b^*(V) \quad \text{since } a \text{ is open} \\ &= U \cap q^* q_!(V) \quad \text{by the proof of 5.1.4.} \end{aligned}$$

But we also have $V \cap q^* q_!(V) = V$, so $U \cap V = \emptyset \cap V = \emptyset$ as an element of the tensor product $\mathcal{O}(X) \otimes_{\mathcal{O}(Y)} \mathcal{O}(X)$. Since every element of $\mathcal{O}(S)$ is a join of elements of the form $U \otimes V$, the claim is established. But if $R \rightarrowtail X \times X$ is proper, then it is a closed inclusion by 3.2.6; hence $R \to S$ is also a closed inclusion. And if it is the closed sublocale $\complement W$ for an open $W \in \mathcal{O}(S)$, then the foregoing argument shows that $W = \emptyset$. So $R \to S$ is an isomorphism.

The dual case is similar, using the preframe tensor product $\mathcal{O}(X) \odot_{\mathcal{O}(Y)} \mathcal{O}(X)$ and showing that the frame homomorphism from the latter to $\mathcal{O}(R)$ reflects the top element. □

**Remark 5.1.10** The result of 5.1.9 is not best possible. By examining the proof given in the open case, we see that it actually shows that the frame homomorphism $u^*\colon \mathcal{O}(S) \to \mathcal{O}(R)$ has the property that if $u^*(W) \leq a^*(U)$, then $W \leq c^*(U)$; for if $W$ is a union of elements $U_i \otimes V_i$, then for each $i$ we obtain $U_i \cap q^* q_!(V_i) = a_!(a^* U_i \cap b^* V_i) \leq a_! a^* U \leq U$, and so we can rewrite $U_i \otimes V_i$ as $(U_i \cap q^* q_! V_i) \otimes V_i$, which lies below $(U \otimes 1) = c^*(U)$. So the argument in fact shows that the image of $u$ is fibrewise dense over $X$, in the sense defined in 1.1.22; hence if we merely assume that $R \rightarrowtail X \times X$ is a fibrewise closed inclusion over $X$, then we may conclude that $R \rightrightarrows X$ is effective. (Even this result is not best possible; we shall see in 5.3.4 that the fibrewise closedness is automatic if we simply assume that $R \rightarrowtail X \times X$ is an inclusion, and not merely a monomorphism in $\mathbf{Loc}$.)

There is a similar 'fibrewise' weakening of the second hypothesis in the proper case, which will be found in [1203].

Before leaving this section, we prove a long-promised result, which enables us to extend our results on cofiltered limits of toposes from the countable case to the general case. The key lemma could in fact have been proved at any time since 3.1.20 (indeed, the major part of it could have been proved at any time since 1.2.8), but since its applications all involve the descent theorem it seemed sensible to place it here.

**Lemma 5.1.11** *Let $\mathcal{S}$ be a topos with a natural number object, and $\mathbb{C}$ a filtered internal category in $\mathcal{S}$. Then there exists an open localic surjection $p\colon \mathcal{S}' \to \mathcal{S}$ and a final functor $\mathbb{N} \to p^*\mathbb{C}$ in $\mathcal{S}'$, where $\mathbb{N}$ denotes the poset obtained by equipping the natural number object with the order-relation of* A2.5.13.

**Proof** As in 1.2.8, the basic idea is to take $\mathcal{S}'$ to be the classifying topos for the propositional theory of final functors $\mathbb{N} \to \mathbb{C}$. To define the syntactic site of this theory, we take the poset $\mathbb{P}$ in $\mathcal{S}$ whose elements are functors $f\colon [p] \to \mathbb{C}$ from finite cardinals to $\mathbb{C}$ (where we identify a cardinal $[p]$ with the strict down-segment $\{0, 1, \ldots, p-1\}$ of $p$ in $\mathbb{N}$, and order it as a sub-poset of $\mathbb{N}$), ordered by $f \leq g$ iff $f$ extends $g$. We impose a coverage $T$ on $\mathbb{P}$ by saying that, for each $f\colon [p] \to \mathbb{C}$ in $\mathbb{P}$ and each $c\colon C_0$, the set of $g \leq f$ for which there exists a morphism $c \to g(q-1)$ in $\mathbb{C}$ (where $[q]$ is the domain of $g$) is a covering sieve. It is easy to check that the set of all such sieves satisfies the stability condition $(C)$ in the definition of a coverage; so we have a topos $\mathcal{S}' = \mathbf{Sh}_{\mathcal{S}}(\mathbb{P}, T) \simeq \mathbf{Sh}_{\mathcal{S}}(X)$, where $X$ is the locale corresponding to the frame of $T$-ideals of $\mathbb{P}$. Moreover, $\mathbb{P}$ has a top element and the $T$-covering sieves are all inhabited (the latter because $\mathbb{C}$ is filtered), so by 3.1.20 $\mathcal{S}' \to \mathcal{S}$ is an open surjection.

Now, for any $\mathcal{S}$-topos $q\colon \mathcal{F} \to \mathcal{S}$, geometric morphisms $\mathcal{F} \to \mathcal{S}'$ over $\mathcal{S}$ correspond to flat cover-preserving functors $\mathbb{P} \to \mathbb{F}$; but any such functor $G$ defines a functor $g\colon \mathbb{N} \to q^*\mathbb{C}$ in $\mathcal{F}$ (namely, the union in $\mathcal{F}$ of all those $f\colon [p] \to \mathbb{C}$ which are mapped by $G$ to 1), which has the property that

$$(\forall c\colon C_0)(\exists n\colon N)(\exists \alpha\colon C_1)(\alpha\colon c \to g(n))$$

is valid in $\mathcal{F}$. Since $\mathbb{C}$ is filtered, this condition is sufficient for finality. □

In view of B2.6.13, it would have been sufficient to prove 5.1.11 for directed posets $\mathbb{C}$, but in fact it is no harder to prove the result for arbitrary filtered categories. Using 5.1.11, we may now extend all our results on limits of inverse sequences in $\mathfrak{BTop}/\mathcal{S}$ to arbitrary cofiltered $\mathcal{S}$-indexed limits. For example, we have

**Corollary 5.1.12** *The localic reflection functor $\mathfrak{BTop}/\mathcal{S} \to \mathfrak{LTop}/\mathcal{S}$ preserves arbitrary cofiltered $\mathcal{S}$-indexed limits.*

**Proof** Suppose $\mathbb{C}$ is a cofiltered internal category in $\mathcal{S}$, and suppose we have a diagram of bounded $\mathcal{S}$-toposes $(\mathcal{E}_c \mid c\colon C_0)$ of shape $\mathbb{C}$. Let $\mathcal{F}_c$ denote the localic reflection of $\mathcal{E}_c$, for each $c$. Applying 5.1.11 to $\mathbb{C}^{\mathrm{op}}$, we obtain an open surjection $\mathcal{S}' \to \mathcal{S}$ and an initial functor $g\colon \mathbb{N}^{\mathrm{op}} \to \mathbb{C}$ in $\mathcal{S}'$. If we form the pullbacks $\mathcal{E}'_c = \mathcal{S}' \times_{\mathcal{S}} \mathcal{E}_c$ and $\mathcal{F}'_c = \mathcal{S}' \times_{\mathcal{S}} \mathcal{F}_c$, then by 2.4.12 we know that $\mathcal{F}'_c$ is the reflection of $\mathcal{E}'_c$ in $\mathfrak{LTop}/\mathcal{S}'$; also, since pullback preserves limits, we have $\varprojlim_{\mathbb{C}}(\mathcal{E}'_c) \simeq \mathcal{S}' \times_{\mathcal{S}} \varprojlim_{\mathbb{C}}(\mathcal{E}_c)$, and similarly for the $\mathcal{F}_c$. But we also have $\varprojlim_{\mathbb{C}}(\mathcal{E}'_c) \simeq \varprojlim_n(\mathcal{E}'_{g(n)})$, and hence by 2.5.12 we know that $\varprojlim_{\mathbb{C}}(\mathcal{F}'_c)$ is the reflection of $\varprojlim_{\mathbb{C}}(\mathcal{E}'_c)$ in $\mathfrak{LTop}/\mathcal{S}'$. Now we have a pullback square

$$\begin{array}{ccc} \varprojlim_{\mathbb{C}}(\mathcal{E}'_c) & \longrightarrow & \varprojlim_{\mathbb{C}}(\mathcal{E}_c) \\ \downarrow & & \downarrow \\ \varprojlim_{\mathbb{C}}(\mathcal{F}'_c) & \longrightarrow & \varprojlim_{\mathbb{C}}(\mathcal{F}_c) \end{array}$$

of which the top and bottom edges are open surjections and the left vertical edge is hyperconnected; so the right vertical edge is hyperconnected by 5.1.7. But $\varprojlim_{\mathbb{C}}(\mathcal{F}_c)$ is localic over $\mathcal{S}$, since $\mathfrak{LTop}/\mathcal{S}$ (being reflective in $\mathfrak{BTop}/\mathcal{S}$) is closed under arbitrary limits; so the result follows. □

**Corollary 5.1.13** *Suppose given a cofiltered $\mathcal{S}$-indexed diagram in $\mathfrak{BTop}/\mathcal{S}$, whose transition maps are all surjective (resp. open and surjective, proper, connected and locally connected, connected and atomic, local, totally connected). Then the legs of the colimiting cone satisfy the same condition.*

**Proof** In all cases except the proper one, these follow in the same way as 5.1.12 from the corresponding results for limits of inverse sequences (2.5.14, 3.1.22, 3.3.13, 3.5.11, 3.6.7(v), 3.6.18(iv)), plus the facts (proved in 5.1.7) that all the classes of geometric morphisms concerned descend along open surjections.

Since we did not prove the result for inverse sequences of proper maps, we must argue rather differently in that case. First we observe that, without loss of generality, we may assume that the base topos $\mathcal{S}$ is one of the vertices of our diagram; if not, we choose a particular vertex $\mathcal{E}_c$ and work in $\mathfrak{BTop}/\mathcal{E}_c$, replacing our original index category $\mathbb{C}$ by the slice category $\mathbb{C}/c$. Now we form the hyperconnected–localic factorization $\mathcal{E}_c \to \mathcal{L}_c \to \mathcal{S}$ of each $\mathcal{E}_c \to \mathcal{S}$; since hyperconnected maps are proper, it follows from 3.2.16 that the transition maps between the $\mathcal{L}_c$ are proper, and hence that the maps from the inverse limit $\mathcal{L}_\infty$ to the $\mathcal{L}_c$ are proper by 3.2.11. In particular, since $\mathcal{S}$ is one of the $\mathcal{L}_c$, $\mathcal{L}_\infty$ is compact over $\mathcal{S}$. By 5.1.12, it follows that the limit $\mathcal{E}_\infty$ of our original diagram is also compact over $\mathcal{S}$. But we saw that we could replace $\mathcal{S}$ by any of the vertices of the diagram, so this in fact means that the maps $\mathcal{E}_\infty \to \mathcal{E}_c$ are all proper.

□

**Suggestions for further reading:** Grothendieck [421], Joyal & Tierney [560], Kock [627], Moerdijk [827, 835], Vermeulen [1203].

## C5.2 Groupoid representations

In this section we shall prove the fundamental representation theorem of A. Joyal and M. Tierney [560] to the effect that every Grothendieck topos is equivalent to the topos of continuous actions of a localic groupoid. Here, and throughout this section, 'Grothendieck topos' is once again used loosely to mean 'bounded $\mathcal{S}$-topos', where $\mathcal{S}$ is any topos with a natural number object (the natural number object is essential: see 5.2.2 below); but we shall as usual treat $\mathcal{S}$ as if it were the classical category of sets, pausing only occasionally to point out any extra difficulties that may be encountered in 'internalizing' the arguments to a general topos.

The key idea behind the representation theorem is to combine the descent theorem of the previous section with a theorem asserting that there are 'enough localic $\mathcal{S}$-toposes' in the sense that every bounded $\mathcal{S}$-topos is an open surjective image of a localic one. We shall give several different proofs of this theorem, since each of them throws slightly different light on the structure of the 2-category $\mathfrak{BTop}/\mathcal{S}$. We begin with the first published proof of the theorem, which is essentially due to R. Diaconescu [282] (although the concept of open map did not appear explicitly in Diaconescu's work).

**Theorem 5.2.1** *Let $\mathcal{S}$ be a topos with a natural number object. For any bounded geometric morphism $p\colon \mathcal{E} \to \mathcal{S}$, there exists an open surjection $f\colon \mathcal{F} \to \mathcal{E}$ such that the composite $pf$ is localic.*

**Proof** We consider first the case when $\mathcal{E}$ has the form $[\mathbb{C}, \mathcal{S}]$ for an internal category $\mathbb{C}$ in $\mathcal{S}$; in this case we shall construct a functor $d\colon \mathbb{P} \to \mathbb{C}$, where $\mathbb{P}$ is a poset, which is surjective on objects (so that the geometric morphism it induces is surjective) and satisfies the condition of 3.1.2 (so that the morphism it induces is open). This clearly suffices, since $[\mathbb{P}, \mathcal{S}]$ is localic over $\mathcal{S}$ if $\mathbb{P}$ is a poset (A4.6.2($d$)). We shall argue as if $\mathcal{S}$ were the topos of sets, but it should be clear that the argument can be internalized in any topos with a natural number object.

We take the objects of $\mathbb{P}$ to be all finite composable strings of morphisms of $\mathbb{C}$, ordered by setting $\vec{a} = (a_1, \ldots, a_n) \leq \vec{b} = (b_1, \ldots, b_k)$ iff $\vec{a}$ is a terminal segment of $\vec{b}$, i.e. $n \leq k$ and $a_i = b_{i+k-n}$ for all $i$. The functor $d\colon \mathbb{P} \to \mathbb{C}$ sends $(a_1, \ldots, a_n)$ to the codomain of $a_1$, and an inequality $\vec{a} \leq \vec{b}$ to the morphism of $\mathbb{C}$ obtained by composing the morphisms which are in $\vec{b}$ but not in $\vec{a}$. It is clear that $d$ is surjective on objects, and that it satisfies the condition of 3.1.2 (indeed, in the latter, we may take $r$ and $i$ to be identity morphisms: given a string $\vec{a}$ and $b\colon d(\vec{a}) \to V$, we define $\vec{c}$ to be the string obtained by adjoining $b$ to the beginning of $\vec{a}$, and then we have $\vec{a} \leq \vec{c}$ and $d(\vec{a} \leq \vec{c}) = b$).

For the general case, we represent $\mathcal{E}$ as a subtopos of one of the form $[\mathbb{C}, \mathcal{S}]$, and then form the pullback

$$\begin{array}{ccc} \mathcal{F} & \longrightarrow & \mathcal{E} \\ \downarrow & & \downarrow \\ [\mathbb{P}, \mathcal{S}] & \longrightarrow & [\mathbb{C}, \mathcal{S}] \end{array}$$

where $\mathbb{P}$ is constructed as above. Then 3.1.26 ensures that the top edge of this diagram is an open surjection; and the left-hand side is an inclusion, so $\mathcal{F}$ is localic over $\mathcal{S}$. □

**Remark 5.2.2** The assumption that the base topos $\mathcal{S}$ has a natural number object cannot be omitted from the hypotheses of 5.2.1: the result fails when $\mathcal{S}$ is the topos $\mathbf{Set}_f$ of finite sets. Indeed, let $\mathcal{C}$ be the finite category with two objects $U$ and $V$ and three non-identity morphisms $e\colon U \to U$, $r\colon U \to V$ and $i\colon V \to U$ satisfying $ri = 1_V$ and $ir = e = e^2$ (equivalently, $\mathcal{C}$ is the Cauchy-completion of the two-element monoid which is not a group). Then we claim that *there is no open surjection* $\mathcal{F} \to [\mathcal{C}, \mathbf{Set}_f]$ *such that* $\mathcal{F}$ *is localic over* $\mathbf{Set}_f$. For we know by 2.2.22 that every bounded $\mathbf{Set}_f$-topos is of the form $[\mathcal{P}, \mathbf{Set}_f]$ where $\mathcal{P}$ is a finite category, and clearly the localic ones are those for which we can take $\mathcal{P}$ to be a finite poset. Moreover, since $\mathcal{C}$ is Cauchy-complete, we know by 2.2.23 that every geometric morphism $[\mathcal{P}, \mathbf{Set}_f] \to [\mathcal{C}, \mathbf{Set}_f]$ is induced by a functor $\mathcal{P} \to \mathcal{C}$. Thus finding a geometric morphism as above is equivalent to finding a finite poset $\mathcal{P}$ and a functor $f\colon \mathcal{P} \to \mathcal{C}$ whose image contains the object $U$ (for otherwise the corresponding geometric morphism would factor through the inclusion $\mathbf{Set}_f \to [\mathcal{C}, \mathbf{Set}_f]$ whose inverse image is given by evaluation at $V$), and which satisfies the condition of 3.1.2. Suppose given such an $f$: let $P_0$ be an element of $\mathcal{P}$ with $f(P_0) = U$, and apply the condition of 3.1.2 to the morphism $e\colon f(P_0) \to U$. Since $U$ is not a retract of any other object of $\mathcal{C}$, we deduce that there must exist $P_1 \geq P_0$ in $\mathcal{P}$ such that $f(P_1) = U$ and the inequality $P_0 \leq P_1$ maps to the endomorphism $e$. Clearly, $P_1 \neq P_0$, since $e$ is not an identity morphism; so on repeating the argument we deduce that $\mathcal{P}$ contains an infinite ascending chain $P_0 < P_1 < P_2 < \cdots$; in particular, $\mathcal{P}$ is infinite, contradicting the assumption that $[\mathcal{P}, \mathbf{Set}_f]$ is a bounded $\mathbf{Set}_f$-topos. (A similar argument using condition (ii) of 3.2.14 shows that $[\mathcal{C}, \mathbf{Set}_f]$ does not admit any proper surjection from a localic $\mathbf{Set}_f$-topos.)

**Remark 5.2.3** The functor $d\colon \mathbb{P} \to \mathbb{C}$ of 5.2.1 has a natural factorization through the counit map $\mathbb{F}C \to \mathbb{C}$, where $\mathbb{F}C$ is the free category on the underlying directed graph of $\mathbb{C}$ (that is, the category whose objects are those of $\mathbb{C}$ and whose morphisms are composable strings of morphisms of $\mathbb{C}$). Specifically, the factorization $\overline{d}$ sends an object $\vec{a}$ to the codomain of the first morphism in $\vec{a}$, and an inequality $\vec{a} \leq \vec{b}$ to the string of morphisms in $\vec{a}$ but not in $\vec{b}$. It is clear that $\bar{d}$ is a (surjective) discrete opfibration, so that we may identify $[\mathbb{P}, \mathcal{S}]$ with a slice category of the form $[\mathbb{F}C, \mathcal{S}]/D$ where $D$ is well-supported; moreover, the counit map $\mathbb{F}C \to \mathbb{C}$ is full and surjective on objects, so that by A4.6.9 the geometric morphism which it induces is hyperconnected. Since both hyperconnected morphisms and surjective local homeomorphisms are stable under pullback, we deduce that *for every bounded $\mathcal{S}$-topos $\mathcal{E}$, there is a hyperconnected morphism $\mathcal{F} \to \mathcal{E}$ and a well-supported object $D$ of $\mathcal{F}$ such that $\mathcal{F}/D$ is localic over $\mathcal{S}$.*

The French term *étendue* is often used for a 'locally localic' topos, i.e. a topos $\mathcal{E}$ containing a well-supported object $A$ such that $\mathcal{E}/A$ is localic (cf. [1051]). We note in passing:

**Lemma 5.2.4** *Let $\mathcal{C}$ be a small category. Then the functor category $[\mathcal{C}, \mathbf{Set}]$ is an étendue iff every morphism of $\mathcal{C}$ is epic.*

**Proof** Since any slice of $[\mathcal{C}, \mathbf{Set}]$ is equivalent to a category of the same form (A1.1.7), it is easy to see that $[\mathcal{C}, \mathbf{Set}]$ is an étendue iff there exists a surjective discrete opfibration $\mathcal{P} \to \mathcal{C}$ such that $\mathcal{P}$ is a poset. But every morphism in a poset is epic, and it is easy to see that this property 'descends' along surjective discrete opfibrations. Conversely, if every morphism of $\mathcal{C}$ is epic, then the domains of the discrete opfibrations correponding to the functors $\mathcal{C}(U, -)$ are all posets; and their coproduct maps surjectively to $\mathcal{C}$. □

Of course, 5.2.4 may be 'internalized' to an arbitrary topos $\mathcal{S}$. Clearly, the free category on a directed graph has the property that all its morphisms are epic (and monic), so this provides an alternative proof of 5.2.3 (and hence of 5.2.1).

For completeness, we also note:

**Lemma 5.2.5** *A Grothendieck topos $\mathcal{E}$ is an étendue iff there exists a site of definition $(\mathcal{C}, J)$ for $\mathcal{E}$ such that every morphism of $\mathcal{C}$ is monic.*

**Proof** One direction follows easily from 5.2.4: if we are given such a site $(\mathcal{C}, J)$, then there exists a well-supported object $A$ of $[\mathcal{C}^{\text{op}}, \mathbf{Set}]$ such that $[\mathcal{C}^{\text{op}}, \mathbf{Set}]/A$ is localic over **Set**, and hence $\mathbf{Sh}(\mathcal{C}, J)/i^*A$ is localic, where $i$ is the inclusion $\mathbf{Sh}(\mathcal{C}, J) \to [\mathcal{C}^{\text{op}}, \mathbf{Set}]$.

Conversely, suppose $\mathcal{E}$ is an étendue; let $A$ be a well-supported object of $\mathcal{E}$ such that $\mathcal{E}/A$ is localic over **Set**. Let $\mathcal{C}$ be the (non-full!) subcategory of objects of $\mathcal{C}$ which admit monomorphisms to $A$, and monomorphisms between them; we claim that the inclusion $\mathcal{C} \to \mathcal{E}$ satisfies the conditions of 2.2.1 (for the canonical coverage on $\mathcal{E}$), so that by 2.2.16(i) $\mathcal{C}$ becomes a site of definition for $\mathcal{E}$ when equipped with the induced coverage. For the first condition, suppose given $f, g\colon B \rightrightarrows C$ in $\mathcal{E}$ with $f \neq g$; then $A^*f \neq A^*g$ in $\mathcal{E}/A$, and since the latter topos is localic there exists $A' \rightarrowtail A$ and a morphism $h\colon A' \to B$ such that $fh \neq gh$. So, for any object $B$ of $\mathcal{E}$, the family of all morphisms from objects of $\mathcal{C}$ to $B$ is epimorphic. For the second condition, suppose given $f\colon B \to A'$ in $\mathcal{E}$ where $A'$ admits a monomorphism $m\colon A' \rightarrowtail A$; then, regarding the composite

$mf$ as an object of $\mathcal{E}/A$, we have an epimorphic family of morphisms to it from subterminal objects – which says that we have an epimorphic family of morphisms $A'' \to B$ such that the composites $A'' \to B \to A'$ are monic, and so lie in the subcategory $\mathcal{C}$. □

The following refinement of 5.2.1 is sometimes of use.

**Scholium 5.2.6** *Let $\mathcal{E}$ be a bounded $\mathcal{S}$-topos, and suppose $\mathcal{E}$ has a point $s: \mathcal{S} \to \mathcal{E}$ (that is, a section of the structure map $p: \mathcal{E} \to \mathcal{S}$). Then it is possible to choose the open surjection $f$ of 5.2.1 so that $s$ factors through it.*

**Proof** As before, we first consider the case when $\mathcal{E} = [\mathbb{C}, \mathcal{S}]$ for some internal category $\mathbb{C}$ in $\mathcal{S}$. Then we know that points of $\mathcal{E}$ correspond to $\mathbb{C}$-torsors in $\mathcal{S}$, by B3.2.7; equivalently, they are objects of the ind-completion of $\mathbb{C}$ (*qua* $\mathcal{S}$-indexed category), as defined in Section C4.2. So we may think of $s$ as being defined by an ind-object $(U_i \mid i \in I)$ of $\mathbb{C}$; and, by B2.6.13, we may assume that the indexing category $\mathbb{I}$ is actually a directed poset. Now we modify the definition of the poset $\mathbb{P}$ constructed in 5.2.1: in addition to the objects considered there, we also take all the objects of $\mathbb{I}$ together with all pairs $(\vec{a}, i)$, where $i$ is an object of $\mathbb{I}$ and $\vec{a}$ is a composable string of morphisms of $\mathbb{C}$ such that the domain of its last member is $U_i$. The ordering is defined by saying that the 'pure strings' are ordered as they were before, we have $(\vec{a}, i) \leq (\vec{b}, j)$ iff $i = j$ and $\vec{a}$ is a terminal segment of $\vec{b}$, and that $i \leq (\vec{a}, j)$ and $i \leq j$ (where $i, j$ are both objects of $\mathbb{I}$) iff the relation $i \leq j$ holds in $\mathbb{I}$. The functor $d: \mathbb{P} \to \mathbb{C}$ sends a 'pure string' $\vec{a}$ or an object of the form $(\vec{a}, i)$ to the codomain of the first member of $\vec{a}$; it sends an object $i$ of $\mathbb{I}$ to $U_i$, and an inequality $i \leq j$ to the appropriate morphism in the ind-object $(U_i \mid i \in I)$. The verification that $d$ is surjective on objects, and that it satisfies the condition of 3.1.2 for openness, is exactly as in 5.2.1; but the inclusion $\mathbb{I} \to \mathbb{P}$ now defines an ind-object of $\mathbb{P}$, and hence a point of $[\mathbb{P}, \mathcal{S}]$, whose image under the geometric morphism induced by $d$ is clearly the given point of $\mathcal{E}$.

In general, we have an inclusion $\mathcal{E} \to [\mathbb{C}, \mathcal{S}]$ for some $\mathbb{C}$; we choose $\mathbb{P}$ as above for the point $\tilde{s}$ of $[\mathbb{C}, \mathcal{S}]$ which is the image of our given point of $\mathcal{E}$, and form the pullback

$$\begin{array}{ccc} \mathcal{F} & \longrightarrow & \mathcal{E} \\ \downarrow & & \downarrow \\ [\mathbb{P}, \mathcal{S}] & \longrightarrow & [\mathbb{C}, \mathcal{S}] \end{array} .$$

Since the point $\tilde{s}$ factors through both $\mathcal{E}$ and $[\mathbb{P}, \mathcal{S}]$, we obtain a factorization of it through the pullback, as required. □

The argument of 5.2.6 may clearly be generalized from a single point to a whole $\mathcal{S}$-indexed family of points (that is, a morphism $\mathcal{S}/I \to \mathcal{E}$ for some $I$).

In this connection we should mention that C. Butz and I. Moerdijk [214] have shown that, if the topos $\mathcal{E}$ has enough points (cf. 2.2.12), then we may choose its open cover $\mathcal{F}$ to have enough points also; that is, we may take it to be $\mathbf{Sh}(X)$ for a space $X$, and not merely a locale.

We remark also that if, in the first part of the proof of 5.2.6, the chosen point of $[\mathbb{C}, \mathcal{S}]$ had happened to be defined by an ind-object $(U_n \mid n \in \mathbb{N})$ indexed by the directed set $\mathbb{N}$ of natural numbers, then we should not have needed to enlarge our original poset $\mathbb{P}$ at all, since it would already contain a 'copy' of this ind-object; but more complicated directed sets cannot be embedded in our original $\mathbb{P}$, and so we do have to enlarge it as indicated.

The result of 5.2.1 is not best possible: we may require stronger conditions on the morphism $f$.

**Theorem 5.2.7** *Let $\mathcal{S}$ be a topos with a natural number object. For any bounded geometric morphism $p: \mathcal{E} \to \mathcal{S}$, there exists a connected and locally connected morphism $f: \mathcal{F} \to \mathcal{E}$ such that the composite $pf$ is localic.*

**Proof** Recall that in 3.3.8 we gave conditions on a functor between small categories for it to induce a connected and/or locally connected morphism of **Set**-valued functor categories; the arguments used there were constructive, and so can be applied to functors between internal categories in a topos $\mathcal{S}$. It is not possible, for a general internal category $\mathbb{C}$, to find a functor $f: \mathbb{P} \to \mathbb{C}$ satisfying these conditions such that $\mathbb{P}$ is a poset; but we saw in 3.3.9 that we can do so in the case when $\mathbb{C}$ is the particular internal category $\mathbb{S}_f$ of finite cardinals in $\mathcal{S}$. And this is enough; for the functor category $[\mathbb{S}_f, \mathcal{S}]$ is the object classifier $\mathcal{S}[\mathbb{O}]$ for $\mathfrak{Top}/\mathcal{S}$, as we saw in B3.2.9, and in D3.2.5 we show that every bounded $\mathcal{S}$-topos $\mathcal{E}$ admits a localic morphism to $\mathcal{S}[\mathbb{O}]$ (in fact it suffices to take the classifying morphism of any bound for $\mathcal{E}$ over $\mathcal{S}$). Thus we may form the pullback

$$\begin{array}{ccc} \mathcal{F} & \xrightarrow{\ h\ } & [\mathbb{P}, \mathcal{S}] \\ {\scriptstyle g}\downarrow & & \downarrow{\scriptstyle d} \\ \mathcal{E} & \xrightarrow{\ e\ } & \mathcal{S}[\mathbb{O}] \end{array}$$

where $e$ is localic and $\mathbb{P}$ is the poset of finite partial equivalence relations on $N$, as in 3.3.9; then $g$ is connected and locally connected since such morphisms are stable under pullback by 3.3.15, and $h$ is localic for a similar reason, so that $\mathcal{F}$ is localic over $\mathcal{S}$ since composites of localic morphisms are localic. □

**Remarks 5.2.8** (*a*) Theorem 5.2.1 could have been proved in the same style as 5.2.7, by first constructing a covering of the particular internal category $\mathbb{S}_f$ satisfying the conditions of A4.2.7(*b*) and 3.1.2, and then pulling back along a localic morphism $\mathcal{E} \to [\mathbb{S}_f, \mathcal{S}]$. However, in that case it is no more difficult to construct the covering for an arbitrary internal category.

(*b*) We note that 5.2.7 is 'best possible' in the sense that we cannot impose any stronger conditions on the covering map $f: \mathcal{F} \to \mathcal{E}$, at least among those considered in Chapter C3. For if we require $f$ to be atomic and connected, then it is hyperconnected by 3.5.4(i); but it is also localic since $\mathcal{F}$ is localic over $\mathcal{S}$, and hence an equivalence, so $\mathcal{E}$ itself must be localic over $\mathcal{S}$. Even if we were to weaken the condition of connectedness to surjectivity, we still could not require $f$ to be atomic; for if it were, it would then be a local homeomorphism by 3.5.4(iii), and so $\mathcal{E}$ would be an étendue. (We saw in 5.2.3 that any Grothendieck topos $\mathcal{E}$ admits a hyperconnected covering by an étendue $\mathcal{F}$, but once again we cannot require this covering to be atomic; for if it were, then the composite $\mathcal{F}/A \to \mathcal{F} \to \mathcal{E}$ (where $A$ is a well-supported object such that $\mathcal{F}/A$ is localic over $\mathcal{S}$) would be atomic and surjective. In Section C5.4 below we shall investigate the 'best possible' conditions we can impose on a class of toposes $\mathcal{F}$ such that every Grothendieck topos admits a connected atomic covering by a topos $\mathcal{F}$ in the class.) Nor can we require $f$ to be totally connected in the sense of 3.6.16; for if it were, then its right adjoint $d: \mathcal{E} \to \mathcal{F}$ would be an inclusion, and this would again force $\mathcal{E}$ to be localic over $\mathcal{S}$. We shall also see in 5.2.10 below that we cannot in general require the covering map $f$ to be proper, even if we abandon the openness requirement altogether.

(*c*) It is possible to give proofs of both 5.2.1 and 5.2.7 making more extensive use of the theory of classifying toposes. (Our reason for giving more prominence to the proofs above was mainly to make the results more accessible to any readers who have not (yet) familiarized themselves with the ideas of Part D; there is a sense in which the argument via geometric theories is the 'right' way to prove these results.) For 5.2.7, we note that if $\mathbb{P}$ is the poset of finite partial equivalence relations on $N$, then $[\mathbb{P}, \mathcal{S}]$ is none other than the classifying topos for the propositional theory of partial equivalence relations on $N$ (since the latter is a cartesian propositional theory; over **Set**, it may be axiomatized by an $(\mathbb{N} \times \mathbb{N})$-indexed family of primitive propositions $R(n, n')$ with axioms $(R(n, n') \vdash R(n', n))$ and $((R(n, n') \wedge R(n', n'')) \vdash R(n, n''))$ for all $n, n', n''$). And the geometric morphism $[\mathbb{P}, \mathcal{S}] \to [\mathbb{S}_f, \mathcal{S}]$ induced by $d$ is none other than the classifying map of the 'generic subquotient of $N$' which exists in this classifying topos. Thus, when viewed as a topos defined over $[\mathbb{S}_f, \mathcal{S}]$, it becomes the classifying topos for the theory of partial enumerations of a particular object $G$ (that is, the theory of partial maps $N \rightharpoonup G$ whose image is the whole of $G$), namely the generic object itself. We encountered this theory in 3.3.11(*c*), where we saw that it gave rise to a connected and locally connected site. (Note also that we may proceed directly to the construction of the topos $\mathcal{F}$ appearing as a pullback in the proof of 5.2.7, as the classifying topos over $\mathcal{E}$ for the theory of partial enumerations of some bound $B$ for $\mathcal{E}$ over $\mathcal{S}$.)

The construction which we gave in 5.2.1 for an open surjection from a localic topos to a general bounded $\mathcal{S}$-topos does not lend itself so easily to a description in terms of classifying toposes, but a closely related construction (which was in fact the one given by Joyal and Tierney [560]) may be obtained as follows. First of all, we note a slight modification of the result of D3.2.5, which we quoted in the proof of 5.2.7 above: namely, that every Grothendieck topos $\mathcal{E}$ admits a localic morphism to the classifying topos $\mathcal{S}[\mathbb{O}_1]$ for the theory of inhabited objects (that is, the theory with one sort, no primitive symbols except equality, and the single axiom $(\top \vdash (\exists x)\top)$). We remark that $\mathbf{Set}[\mathbb{O}_1]$ may readily be identified as the functor category $[\mathcal{C}, \mathbf{Set}]$ where $\mathcal{C}$ is the category of nonempty finite sets (and all functions between them); but we shall not need this information. To obtain a localic morphism $\mathcal{E} \to \mathcal{S}[\mathbb{O}_1]$, it suffices to observe that any bound for $\mathcal{E}$ over $\mathcal{S}$ is necessarily well-supported, and so its classifying map factors through $\mathcal{S}[\mathbb{O}_1] \to \mathcal{S}[\mathbb{O}]$.

Thus it suffices to construct an open surjection $f: \mathcal{F} \to \mathcal{S}[\mathbb{O}_1]$ with $\mathcal{F}$ localic over $\mathcal{S}$: for this, we take $\mathcal{F}$ to be the classifying topos for the propositional theory of (total) equivalence relations on the natural number object $N$, and $f$ to be the classifying map of the quotient of $N$ by the generic equivalence relation. Then, viewed as a topos over $\mathcal{S}[\mathbb{O}_1]$, $f$ classifies the theory of (total) enumerations of the generic inhabited object $G_1$; more generally, its pullback along a morphism $\mathcal{E} \to \mathcal{S}[\mathbb{O}_1]$ classifies the theory of enumerations of the particular object of $\mathcal{E}$ classified by the latter. But we saw in 1.2.8 above how to construct a site for the theory of enumerations of a given inhabited object $A$; we observed there that the locale to which it gives rise is a dense sublocale of a nonempty spatial locale, but it is actually strongly dense, since all covers in the site are inhabited (cf. the remark after 3.1.18). So the fact that it gives rise to an open surjection follows from 1.2.14(ii) and 3.1.14(ii).

We note that this construction, although rather simpler than the earlier one using partial enumerations, is actually substantially different from it: the internal locale in $\mathcal{E}$ which it produces is very far from being locally connected. Indeed, if the inhabited object $A$ whose enumerations are being classified is decidable, then the locale is actually zero-dimensional, since each sub-basic open set (corresponding to a primitive proposition $p(n, a)$ of the theory of 1.2.8) has an open complement, corresponding to the disjunction of the $p(n, b)$ with $b \neq a$.

In the previous section, we proved the descent theorem for proper surjections as well as open ones. As we remarked above, not every Grothendieck topos admits a proper surjection from a localic topos; but 3.2.15 enables us to identify an important class of toposes which do.

**Lemma 5.2.9** *Let $\mathcal{E}$ be a Grothendieck topos containing a pre-bound (in the sense of* D3.2.3*) which is Kuratowski-finite in the sense of* D5.4.1. *Then there is a proper surjection $f: \mathcal{F} \to \mathcal{E}$ such that $\mathcal{F}$ is localic over* **Set**.

**Proof** In D3.2.10, we show that the classifying topos for $K$-finite objects in **Set**-toposes may be taken to be the functor category $[\mathbf{Set}_{fe}, \mathbf{Set}]$, where $\mathbf{Set}_{fe}$ is the category of finite sets and surjections between them. By D3.2.6(i), a $K$-finite pre-bound for $\mathcal{E}$ corresponds to a localic geometric morphism $\mathcal{E} \to [\mathbf{Set}_{fe}, \mathbf{Set}]$. In 3.2.15, we constructed a proper surjection $[\mathcal{C}, \mathbf{Set}] \to [\mathbf{Set}_{fe}, \mathbf{Set}]$ where $\mathcal{C}$ is a poset (it is surjective because the functor inducing it is surjective on objects); pulling this back along $\mathcal{E} \to [\mathbf{Set}_{fe}, \mathbf{Set}]$, we obtain the required localic cover of $\mathcal{E}$. □

The condition that $\mathcal{E}$ should have a $K$-finite pre-bound is equivalent to saying that it is the classifying topos for a (single-sorted) geometric theory whose models are all $K$-finite (cf. D3.2.5). The converse of 5.2.9 is false; we shall see a counterexample in 5.2.12 below. Nevertheless, not every Grothendieck topos admits a proper surjection from a localic topos:

**Example 5.2.10** Let $G$ be a (discrete) group. We claim that *the topos* $[G, \mathbf{Set}]$ *admits a proper surjection from a localic topos iff* $G$ *is finite.* For we know that $[G, \mathbf{Set}]$ is a classifying topos for $G$-torsors (cf. B3.2.4($b$)); hence a geometric morphism $\mathbf{Sh}(X) \to [G, \mathbf{Set}]$ corresponds to a local homeomorphism $p \colon E \to X$ which is locally isomorphic to $X \times G$. Now the slice category $[G, \mathbf{Set}]/G$ (where $G$, as an object of $[G, \mathbf{Set}]$, is the generic $G$-torsor) is equivalent to $\mathbf{Set}$; so if $\mathbf{Sh}(X) \to [G, \mathbf{Set}]$ were proper, its pullback along $[G, \mathbf{Set}]/G \to [G, \mathbf{Set}]$ would be a proper map $\mathbf{Sh}(E) \to \mathbf{Set}$, i.e. $E$ would be compact. But $E$ cannot be compact if $G$ is infinite: for we can cover $X$ by opens $U_i$ (indexed by some set $I$) such that each $p^{-1}(U_i)$ is homeomorphic to $U_i \times G$, and then cover $E$ by (the homeomorphic images of) the sets $U_i \times \{g\}$, $g \in G, i \in I$; and this cover clearly has no finite subcover. On the other hand, if $G$ is finite, then every $G$-torsor is $K$-finite; so $[G, \mathbf{Set}]$ admits a proper surjection from a localic topos, by 5.2.9. (In fact the morphism $\mathbf{Set} \simeq [G, \mathbf{Set}]/G \to [G, \mathbf{Set}]$ is proper in this case.)

Now suppose $\mathcal{E}$ is a bounded $\mathcal{S}$-topos, and we have found a descent morphism $f \colon \mathcal{F} \to \mathcal{E}$ to $\mathcal{E}$ from a topos $\mathcal{F}$ which is localic over $\mathcal{S}$. Then $f$ is itself localic by A4.6.2($f$), and hence so are the projections $\mathcal{F} \times_{\mathcal{E}} \mathcal{F} \rightrightarrows \mathcal{F}$, by B3.3.6. Hence $\mathcal{F} \times_{\mathcal{E}} \mathcal{F}$ is itself localic over $\mathcal{S}$, by A4.6.2($e$). Similarly, the triple pullback $\mathcal{F} \times_{\mathcal{E}} \mathcal{F} \times_{\mathcal{E}} \mathcal{F}$ is localic over $\mathcal{S}$; so we can regard the entire (truncated) simplicial topos

$$\mathcal{F} \times_{\mathcal{E}} \mathcal{F} \times_{\mathcal{E}} \mathcal{F} \;\substack{\longrightarrow \\ \longrightarrow \\ \longrightarrow}\; \mathcal{F} \times_{\mathcal{E}} \mathcal{F} \;\substack{\longrightarrow \\ \longleftarrow \\ \longrightarrow}\; \mathcal{F}$$

as living in the category $\mathbf{Loc}(\mathcal{S})$ of internal locales in $\mathcal{S}$. Moreover, the inclusion $\mathbf{Loc}(\mathcal{S}) \to \mathfrak{Top}/\mathcal{S}$ preserves limits, by 1.4.8; hence the simplicial locale $G_\bullet$ defined by setting the $(n+1)$-fold pullback of $\mathcal{F}$ over $\mathcal{E}$ equal to $\mathbf{Sh}_{\mathcal{S}}(G_n)$ inherits the same limit-preservation properties as the simplicial topos. In particular, the diagram

$$\begin{array}{ccc} G_2 & \xrightarrow{d_0} & G_1 \\ {\scriptstyle d_2}\downarrow & & \downarrow{\scriptstyle d_1} \\ G_1 & \xrightarrow{d_0} & G_0 \end{array}$$

is a pullback in $\mathbf{Loc}(\mathcal{S})$; but this (plus preservation of the pullbacks involving $G_3$, to ensure associativity of the composition defined by $d_1^2$) means that $G_\bullet$ is an internal category in $\mathbf{Loc}(\mathcal{S})$, as we saw in B2.3.1. And since we have a twist isomorphism $G_1 \to G_1$ satisfying the appropriate equations, it is actually an internal groupoid in $\mathbf{Loc}(\mathcal{S})$.

As we observed in B3.4.14($b$), the functoriality of the assignment $X \mapsto \mathbf{Sh}_{\mathcal{S}}(X)$ is all we need to conclude that an internal groupoid $\mathbb{G}$ in $\mathbf{Loc}(\mathcal{S})$ gives rise to a topos $\mathbf{Cont}_{\mathcal{S}}(\mathbb{G})$ of continuous actions of $\mathbb{G}$: the objects of this topos are sheaves on $G_0$ (equivalently, local homeomorphisms $E \to G_0$) equipped with action maps $d_1^*(E) \to d_0^*(E)$ over $G_1$ satisfying the unit and cocycle conditions. However, in the case currently under consideration, we do not need the proof in B3.4.14 that this category is a topos, since the descent theorem tells us that we have $\mathbf{Cont}_{\mathcal{S}}(\mathbb{G}) \simeq \mathbf{Desc}(\mathcal{F}_\bullet) \simeq \mathcal{E}$.

We shall say that a localic groupoid $\mathbb{G}$ is *open* (resp. *proper, locally connected, tidy, ...*) if its domain and codomain maps $d_1, d_0 \colon G_1 \rightrightarrows G_0$ have the property in question. Note that this will automatically be the case (for any pullback-stable property of geometric morphisms) if the covering morphism $\mathcal{F} \to \mathcal{E}$ from which we start has the corresponding property; also that $d_0$ has one of the properties iff $d_1$ does, since the inverse map $G_1 \to G_1$ is an isomorphism $d_0 \cong d_1$ in $\mathbf{Loc}(\mathcal{S})/G_0$. Thus the following results are all now immediate from the covering theorems proved earlier in this section, plus the descent theorems of Section C5.1.

**Theorem 5.2.11** *Let $\mathcal{S}$ be a topos with a natural number object.*

(i) *For any bounded $\mathcal{S}$-topos $\mathcal{E}$, there exists a connected and locally connected localic groupoid $\mathbb{G}$ in $\mathcal{S}$ such that $\mathcal{E} \simeq \mathbf{Cont}_{\mathcal{S}}(\mathbb{G})$.*

(ii) *For any étendue $\mathcal{E}$ over $\mathcal{S}$, there exists an* atomic *localic groupoid $\mathbb{G}$ in $\mathcal{S}$ (that is, one whose domain and codomain maps are local homeomorphisms) such that $\mathcal{E} \simeq \mathbf{Cont}_{\mathcal{S}}(\mathbb{G})$.*

(iii) *For any bounded $\mathcal{S}$-topos $\mathcal{E}$ having a $K$-finite pre-bound over $\mathcal{S}$, there exists a proper localic groupoid $\mathbb{G}$ in $\mathcal{S}$ such that $\mathcal{E} \simeq \mathbf{Cont}_{\mathcal{S}}(\mathbb{G})$.*

**Proof** (i) is immediate from 5.2.7 and the fact (5.1.1) that locally connected surjections are descent morphisms. (ii) similarly follows from the very definition of an étendue (5.2.4) and the fact that surjective local homeomorphisms are descent morphisms. (iii) follows from 5.2.9 and (the proper case of) 5.1.6. □

**Example 5.2.12** The converse of 5.2.11(iii) is false. Let $G$ be any profinite group which is not discrete: for example, the profinite completion of the additive group $\mathbb{Z}$ (that is, the inverse limit of its finite quotients in the category of topological groups). Then $G$ is compact, and so $(G \rightrightarrows 1)$ is a proper localic groupoid. However, any $K$-finite object of $\mathbf{Cont}(G)$ has finite underlying set (by D5.4.12, since the forgetful functor $\mathbf{Cont}(G) \to \mathbf{Set}$ is an inverse image functor), and hence lies in the subcategory $\mathbf{Unif}(G)$ defined in A2.1.7; from this it is easy to see that it cannot be a bound, or even a pre-bound, for $\mathbf{Cont}(G)$ over $\mathbf{Set}$. We remark also that the geometric morphism $\mathbf{Set} \to \mathbf{Cont}(G)$ is proper, by 5.3.6 below; thus $\mathbf{Cont}(G)$ also provides a counterexample to the converse of 5.2.9, as promised.

There is one further case of particular interest. If $\mathcal{E}$ is connected and atomic over $\mathcal{S}$, and it has a point $s: \mathcal{S} \to \mathcal{E}$, then the latter is automatically an open surjection by 3.5.6. In this case, we obtain a representation of $\mathcal{E}$ as $\mathbf{Cont}_{\mathcal{S}}(\mathbb{G})$, where $\mathbb{G}$ is a localic groupoid in $\mathcal{S}$ satisfying $G_0 \cong 1$ – that is, a localic group. Thus we have

**Theorem 5.2.13** *Any connected atomic $\mathcal{S}$-topos with a point is equivalent to one of the form $\mathbf{Cont}_{\mathcal{S}}(G)$, where $G$ is an open localic group in $\mathcal{S}$ (i.e. one such that $G \to 1$ is open).* □

**Remarks 5.2.14** (*a*) The assumption that the topos has a point cannot be omitted from 5.2.13: we give examples of (bounded) connected atomic morphisms with no sections in 5.4.12 below, and also in D3.4.14. (There are also unbounded examples, as we noted in 3.5.7.)

(*b*) The converse of 5.2.13 is also true: we already know this in the case when $G$ is a topological group (i.e. its underlying locale is spatial), but it requires a little more proof if we merely assume $G$ is an open locale. We shall provide the latter in 5.3.8 below.

(*c*) If the topos $\mathcal{E}$ in 5.2.13 is the classifying topos (over $\mathcal{S}$) for a geometric theory $\mathbb{T}$, then we may describe the group $G$ appearing in the theorem a little more explicitly. The point $s$ of course corresponds to a particular $\mathbb{T}$-model $M$ in our base topos $\mathcal{S}$; thus, as a topos defined over $\mathcal{E}$, it may be thought of as classifying the theory of isomorphisms between the generic $\mathbb{T}$-model and our particular model $M$. Thus the pullback $\mathcal{S} \times_{\mathcal{E}} \mathcal{S}$ classifies the theory of a pair of such isomorphisms; but a pair of such ismorphisms must differ by some particular automorphism of $M$, and so we can identify this topos with $\mathbf{Sh}_{\mathcal{S}}(G)$, where $G$ is the 'localic group of automorphisms' of $M$. At least in the case when $\mathcal{S} = \mathbf{Set}$ and the theory $\mathbb{T}$ is coherent, we may identify this with a topological group (that is, the locale $G$ is spatial): it is the actual group of automorphisms of $M$, topologized with the 'topology of pointwise convergence' – i.e. the basic neighbourhoods of a given automorphism $\alpha$ are the sets

$$\{\beta \mid \beta \text{ agrees with } \alpha \text{ on } F\}$$

as $F$ ranges over the finite subsets of $M$. We shall meet several particular examples of such groups in Section C5.4 below, and also in Section D3.4.

(*d*) A topos satisfying the hypotheses of 5.2.13 may have several non-isomorphic points, which may in turn have non-isomorphic automorphism groups: for example, the topos $\mathbf{Set}[\mathbb{D}_\infty]$ of D3.4.10 has one isomorphism class of points for each infinite cardinality in $\mathbf{Set}$, and these clearly have non-isomorphic automorphism groups. However, 5.2.13 tells us that all these groups are 'Morita-equivalent' in the sense that they give rise to equivalent toposes of continuous actions. We shall explore this notion of Morita equivalence further in the next section.

**Suggestions for further reading:** Butz & Moerdijk [213, 214], Johnstone [524], Joyal & Tierney [560], Kock & Moerdijk [637, 638], Rosenthal [1047, 1048, 1051].

## C5.3 Morita equivalence for groupoids

We have seen in the last section that every bounded $\mathcal{S}$-topos may be represented, up to equivalence, in the form $\mathbf{Cont}_{\mathcal{S}}(\mathbb{G})$ for some localic groupoid $\mathbb{G}$ in $\mathcal{S}$. We have also seen, in B3.4.14($b$), that every localic groupoid in $\mathcal{S}$ does give rise to a bounded $\mathcal{S}$-topos in this way. But there are clearly many different localic groupoids giving rise to any given $\mathcal{S}$-topos; so, for this representation to be useful, we need to have some control of the relation between localic groupoids which says that they give rise to equivalent categories of continuous actions. Borrowing a term from model theory (cf. D1.4.9), we shall call this relation *Morita equivalence.*

For most of this section, we shall be working with localic groups and groupoids in a fixed base topos $\mathcal{S}$, whose name we shall suppress whenever possible in order to simplify the notation; that is, we shall write $\mathbf{Cont}(\mathbb{G})$ and $\mathbf{Sh}(X)$ rather than $\mathbf{Cont}_{\mathcal{S}}(\mathbb{G})$ and $\mathbf{Sh}_{\mathcal{S}}(X)$. However, apart from a few points where we refer explicitly to **Set**, all our arguments will be constructive, and so applicable in an arbitrary topos $\mathcal{S}$ – except that, as in the earlier sections of this chapter, our standing hypothesis that $\mathcal{S}$ has a natural number object will remain in force.

It will be recalled that we made some remarks about the problem of Morita equivalence, for the 'classical' case of a spatial group $G$, immediately following A2.1.6. Incidentally, from now on we shall tend to use the terms 'spatial group' and 'spatial groupoid', rather than 'topological group' and 'topological groupoid' to emphasize cases where the locales of objects and morphisms of a localic groupoid $\mathbb{G}$ are actually spaces (i.e. have enough points). Actually, there is a subtlety here: because the inclusion $\mathbf{Sob} \to \mathbf{Loc}$ does not preserve finite limits, a spatial group $G$ (that is, an internal group in $\mathbf{Sp}$) may fail to be a localic group even if its underlying space is sober, because the multiplication defined on the product $G \times G$ in $\mathbf{Sp}$ may fail to extend to the locale product; and similarly for spatial groupoids. A counterexample is given by the additive group $\mathbb{Q}$ of rationals with the topology inherited from the Euclidean topology on $\mathbb{R}$, as we shall shortly see. However, we shall in practice feel free to ignore those spatial group(oid)s which are not localic group(oid)s – we shall not lose anything significant thereby.

We shall mainly concern ourselves with open localic groupoids (that is, those for which the domain and codomain maps $G_1 \rightrightarrows G_0$ are open); but many of our results have parallels for proper groupoids, and some of them apply to arbitrary groupoids in **Loc**. We begin our investigations with a result which strikingly illustrates the difference between localic and spatial group(oid)s: every localic subgroup of a localic group (in **Set**) is closed. Of course, this immediately tells us that the spatial group $\mathbb{Q}$ cannot be a localic group, since it is a dense subgroup of the localic group $\mathbb{R}$ (and the latter *is* a localic group, since its local compactness ensures that the locale product $\mathbb{R} \times \mathbb{R}$ and the spatial product $(\mathbb{R} \times \mathbb{R})_p$ coincide; cf. 4.1.8). In fact we shall prove the result for localic groupoids, and then specialize to groups.

In general, given a locale $Y$ over $X$, the notion of 'fibrewise closed sublocale of $Y$ over $X$' obviously depends on the particular morphism $Y \to X$ which we have chosen, and not just on $Y$. However, if $\mathbb{G}$ is a localic groupoid, we shall tend to speak of sublocales of $G_1$ being fibrewise closed over $G_0$, without specifying explicitly whether our structure map $G_1 \to G_0$ is $d_0$ or $d_1$: the point is that, provided the sublocale in question is mapped to itself by the inverse map $i\colon G_1 \to G_1$ (as is clearly the case if it is the locale of morphisms of a subgroupoid of $\mathbb{G}$), then it doesn't matter which one we use, since $i$ is an isomorphism $d_0 \to d_1$ in $\mathbf{Loc}/G_0$.

**Theorem 5.3.1** *Let $\mathbb{G}$ be a localic groupoid, and let $\mathbb{H}$ be a localic subgroupoid of $\mathbb{G}$ (that is, we have a morphism $f\colon \mathbb{H} \to \mathbb{G}$ of localic groupoids such that both $f_0$ and $f_1$ are inclusions) such that the domain and codomain maps of $\mathbb{H}$ are open. Then $f_1\colon H_1 \rightarrowtail G_1$ is fibrewise closed over $G_0$.*

**Proof** We note first that we may reduce to the case when $f_0$ is an identity morphism, by replacing $\mathbb{G}$ by the groupoid $(\widehat{G_1} \rightrightarrows H_0)$ where

$$\begin{array}{ccc} \widehat{G_1} & \rightarrowtail & G_1 \\ \downarrow & & \downarrow{\scriptstyle (d_1, d_0)} \\ H_0 \times H_0 & \xrightarrow[]{f_0 \times f_0} & G_0 \times G_0 \end{array}$$

is a pullback. For if $H_1 \rightarrowtail \widehat{G_1}$ is fibrewise closed over $H_0$, it is still fibrewise closed over $G_0$ since $f_0$ is an inclusion (cf. 1.2.14(i)); and the inclusion $\widehat{G_1} \rightarrowtail G_1$ is fibrewise closed over $G_0$, since it is the intersection of the pullbacks of $H_0 \rightarrowtail G_0$ along $d_1$ and $d_0$.

Now let $\overline{H_1}$ denote the fibrewise closure of $H_1$ in $G_1$ over $G_0$. We claim that $(\overline{H_1} \rightrightarrows G_0)$ can be made into a subgroupoid of $\mathbb{G}$; in particular, that the composition map $d_1\colon G_1 \times_{G_0} G_1 \to G_1$ restricts to a morphism $\overline{H_1} \times_{G_0} \overline{H_1} \to \overline{H_1}$

(the other conditions are easy). We note that we have pullbacks

$$\begin{array}{ccccc} H_1 \times_{G_0} \overline{H_1} & \overset{j \times 1}{\rightarrowtail} & \overline{H_1} \times_{G_0} \overline{H_1} & \xrightarrow{d_2} & H_1 \\ \downarrow & & \downarrow{\scriptstyle d_0} & & \downarrow{\scriptstyle d_0} \\ H_1 & \overset{j}{\rightarrowtail} & \overline{H_1} & \xrightarrow{d_1} & G_0 \end{array}$$

where the domain and codomain maps $\overline{H_1} \rightrightarrows G_0$ are open by 3.1.14(ii), and the inclusion $j\colon H_1 \rightarrowtail \overline{H_1}$ is fibrewise dense over $d_1$; so, again by 3.1.14(ii), $j \times 1$ is fibrewise dense over $d_2\colon \overline{H_1} \times_{G_0} \overline{H_1} \to \overline{H_1}$, and hence over $G_0$ via either of the maps $d_1 d_2$ and $d_0 d_2$. But by applying 3.1.14(i) to the left-hand square above, we may also deduce that $j \times 1$ is fibrewise dense over $G_0$ via the third projection $d_0 d_0$. Similarly, the inclusion $\overline{H_1} \times_{G_0} H_1 \rightarrowtail \overline{H_1} \times_{G_0} \overline{H_1}$ is fibrewise dense over $G_0$, via any of the three projections; so their intersection $H_1 \times_{G_0} H_1 \rightarrowtail \overline{H_0} \times_{G_0} \overline{H_1}$ is also fibrewise dense over $G_0$, by 1.2.14(iii). But $d_1 : G_2 \to G_1$ may be regarded as a morphism over $G_0$, for either the first or the third projection $G_2 \to G_0$, and it restricts to a morphism $H_1 \times_{G_0} H_1 \to H_1$; so, by the functoriality of fibrewise closure (1.2.14(vi)), it also restricts to a morphism $\overline{H_1} \times_{G_0} \overline{H_1} \to \overline{H_1}$, as required.

Now that we know $\overline{H_1}$ defines a subgroupoid of $\mathbb{G}$, it follows that $\overline{H_2} = \overline{H_1} \times_{G_0} \overline{H_1}$ is invariant under the map $(id_0, d_1)\colon G_2 \to G_2$ (where $i\colon G_1 \to G_1$ is the inverse map of $\mathbb{G}$), and so is the sublocale $H_1 \times_{G_0} \overline{H_1}$. But the diagram

$$\begin{array}{ccc} G_2 & \xrightarrow{(id_0, d_1)} & G_2 \\ & {\scriptstyle d_2} \searrow & \downarrow{\scriptstyle d_1} \\ & & G_1 \end{array}$$

commutes; so, from the fact that $H_1 \times_{G_0} \overline{H_1} \rightarrowtail \overline{H_2}$ is fibrewise dense over $d_2$, we deduce that it is also fibrewise dense over $d_1$. Similarly, $\overline{H_1} \times_{G_0} H_1 \rightarrowtail \overline{H_2}$ is fibrewise dense over $d_1$, and hence so is their intersection $H_2 \rightarrowtail \overline{H_2}$. But $d_1\colon \overline{H_2} \to \overline{H_1}$ is (split) epic, so its restriction to $H_2$ is also epic, by 1.2.14(ii). And this restriction factors through $H_1 \rightarrowtail \overline{H_1}$, by assumption; so the latter must be an isomorphism, i.e. $H_1$ is fibrewise closed in $G_1$ over $G_0$. □

Specializing to the case of groups, we immediately obtain

**Corollary 5.3.2** *Let $G$ be a localic group. Then any localic subgroup of $G$ which is open as a locale is weakly closed in $G$. In particular, if $G$ is a localic group in a Boolean topos, then every localic subgroup of $G$ is closed.* □

**Remark 5.3.3** In particular, we note that for any localic group $G$ the identity element $e\colon 1 \to G$ is a weakly closed sublocale of $G$; hence by 1.2.14(v) the diagonal $G \rightarrowtail G \times G$ is weakly closed, i.e. $G$ is 'weakly Hausdorff'. However, we cannot strengthen this to 'Hausdorff' unless our underlying topos is Boolean. For a counterexample, let $U$ be any non-complemented subterminal object in $\mathcal{S}$, and let $G$ be the discrete locale on the pushout $1 \amalg_U 1$ in $\mathcal{S}$, equipped with a group structure as a quotient of the cyclic group of order two.

As another application of 5.3.1, we may deduce

**Corollary 5.3.4** *If $R \rightrightarrows X$ is an open equivalence relation in* **Loc** *such that $R \rightarrowtail X \times X$ is an inclusion (and not merely monic), then it is effective.*

**Proof** We may regard $R$ as a subgroupoid of the trivial groupoid $(X \times X \rightrightarrows X)$. Theorem 5.3.1 then says that $R \rightarrowtail X \times X$ is fibrewise closed over $X$; so the result follows from 5.1.10. □

**Remark 5.3.5** The reader may be concerned about the apparent contradiction between 5.3.4 and the example of a non-effective equivalence relation in **LH**, using irrational rotations of the circle $S^1$, which we gave in A1.3.7. For this pair $R \rightrightarrows S^1$, the induced map $R \to S^1 \times S^1$ is merely monic in **Sp**, and not an inclusion; but if we replace $R$ with its image $\overline{R} \rightarrowtail S^1 \times S^1$ (that is, if we retopologize $R$ as a subspace of $S^1 \times S^1$), we obtain an equivalence relation in **Sp** such that the projections $\overline{R} \rightrightarrows S^1$ are still open, but $\overline{R} \rightarrowtail S^1 \times S^1$ is fibrewise dense over $S^1$. Moreover, although $\overline{R} \rightrightarrows S^1$ is effective in **Sp**, it is not effective in **Loc** (or in **Sob**): its coequalizer in **Sp** is (indiscrete, and hence) not sober.

The answer to the conundrum is that, as a relation in **Loc**, $\overline{R} \rightarrowtail S^1 \times S^1$ is not transitive (unlike $R \to S^1 \times S^1$!), for exactly the same reason that $\mathbb{Q}$ fails to be a localic group: the localic pullback $\overline{R} \times_{S^1} \overline{R}$ is larger than the spatial pullback, and its image under the 'composition' map is the whole of $S^1 \times S^1$.

We recall that, for an arbitrary localic groupoid $\mathbb{G}$, the category $\mathbf{Cont}(\mathbb{G})$ of continuous actions of $\mathbb{G}$ is defined to be the full subcategory of the internal diagram category $[\mathbb{G}, \mathbf{Loc}]$ whose objects are those internal diagrams $((A \to G_0), \alpha)$ for which $A \to G_0$ is a local homeomorphism (i.e. an object of $\mathbf{Sh}(G_0)$). We defined this category, and saw that it is a topos, in B3.4.14(*b*); also, there is a surjective geometric morphism $d\colon \mathbf{Sh}(G_0) \to \mathbf{Cont}(\mathbb{G})$ whose inverse image is the forgetful functor. We note next that various properties of this morphism are inherited from the corresponding properties of the domain and codomain maps of $\mathbb{G}$.

**Lemma 5.3.6** *Let $\mathbb{G}$ be a localic groupoid such that the domain and codomain maps $G_1 \rightrightarrows G_0$ are open (resp. locally connected, connected, atomic, proper, tidy). Then the same is true of the morphism $d\colon \mathbf{Sh}(G_0) \to \mathbf{Cont}(\mathbb{G})$.*

**Proof** First suppose $d_0$ and $d_1$ are open. To show that $d$ is open, we shall show that its inverse image $d^*$ commutes with universal quantification: let

$f\colon (A,\alpha) \to (B,\beta)$ be a morphism of $\mathbf{Cont}(\mathbb{G})$, and $(A',\alpha')$ a subobject of $(A,\alpha)$. It suffices to show that the universal quantification $B' = \forall_f(A') \rightarrowtail B$, computed in $\mathbf{Sh}(G_0)$, can be given the structure of a subobject of $(B,\beta)$ in $\mathbf{Cont}(\mathbb{G})$, i.e. that the isomorphism $\beta\colon d_1^*(B) \to d_0^*(B)$ restricts to an isomorphism $d_1^*(B') \to d_0^*(B')$. But this is obvious from the fact that $d_1^*$ and $d_0^*$ commute with universal quantification; for we have $d_i^*(B') \cong \forall_{d_i^*(f)} d_i^*(A')$, and the isomorphism $\alpha$ identifies $d_1^*(A')$ and $d_0^*(A')$ as subobjects of $d_1^*(A) \cong d_0^*(A)$.

The arguments for the locally connected case are very similar, using the fact that a morphism is locally connected iff its inverse image commutes with $\Pi$-functors (3.3.1). For the connected case, let $(A,\alpha)$ and $(B,\beta)$ be two objects of $\mathbf{Cont}(\mathbb{G})$; we have to show that every morphism $f\colon A \to B$ in $\mathbf{Sh}(G_0)$ is actually a morphism $(A,\alpha) \to (B,\beta)$, i.e. that it commutes with $\alpha$ and $\beta$. But the composite

$$d_0^*(A) \xrightarrow{\alpha^{-1}} d_1^*(A) \xrightarrow{d_1^*(f)} d_1^*(B) \xrightarrow{\beta} d_0^*(B)$$

must equal $d_0^*(g)$ for a unique $g\colon A \to B$; and since $s_0^*$ sends both $\alpha$ and $\beta$ (modulo coherence isomorphisms) to identity maps, we deduce on applying it to this composite that $f = g$. For the atomic case, we argue as in the locally connected case to show that $d^*$ commutes with the formation of power objects.

In the proper case, we have to work rather harder. Let $U$ be a subterminal object of $\mathbf{Sh}(G_0)$, and consider the object $\check{U} = d_{1*}d_0^*(U)$. Clearly, we have $\check{U} \leq d_{1*}s_{0*}s_0^*d_0^*(U) \cong U$; but we also have

$$d_1^*d_{1*}d_0^*U \cong d_{2*}d_1^*d_0^*(U) \cong d_{2*}d_0^*d_0^*(U) \cong d_0^*d_{1*}d_0^*(U)\ ,$$

using the weak Beck–Chevalley conditions for the pullback squares

$$\begin{array}{ccc} G_2 & \xrightarrow{d_2} & G_1 \\ {\scriptstyle d_1}\downarrow & & \downarrow{\scriptstyle d_1} \\ G_1 & \xrightarrow{d_1} & G_0 \end{array} \qquad \text{and} \qquad \begin{array}{ccc} G_2 & \xrightarrow{d_2} & G_1 \\ {\scriptstyle d_0}\downarrow & & \downarrow{\scriptstyle d_0} \\ G_1 & \xrightarrow{d_1} & G_0 \end{array}$$

and the identity $d_0d_0 = d_0d_1\colon G_2 \to G_0$. So $\check{U}$, equipped with this isomorphism, may be thought of as an object of $\mathbf{Cont}(\mathbb{G})$ (since it is subterminal, the coherence conditions on the isomorphism are automatic). And any subterminal object $V$ satisfying $V \leq U$ and $d_1^*(V) \cong d_0^*(V)$ also satisfies $V \leq d_{1*}d_1^*(V) \cong d_{1*}d_0^*(V) \leq d_{1*}d_0^*(U)$; so we may identify $U \mapsto \check{U}$ with the effect of $d_*$ on subterminal objects. Now if $(A,\alpha)$ is any object of $\mathbf{Cont}(\mathbb{G})$, then on writing $(E_0 \to G_0)$ for the local homeomorphism corresponding to $A$, and $(E_1 \to G_1)$ for its pullback along either $d_0$ or $d_1$, we see that $(E_1 \rightrightarrows E_0)$ can be given the structure of a groupoid $\mathbb{E}$ in

**Loc**, and that $\mathbf{Cont}(\mathbb{G})/(A,\alpha)$ may be identified with $\mathbf{Cont}(\mathbb{E})$. So we may compute the effect of the direct image of $d/(A,\alpha)\colon \mathbf{Sh}(G_0)/A \to \mathbf{Cont}(\mathbb{G})/(A,\alpha)$ on subterminal objects in exactly the same way. Taking $(A,\alpha)$ to be the object of objects of a weakly directed internal poset in $\mathbf{Cont}(\mathbb{G})$ (so that $A$ is the object of objects of a weakly directed internal poset in $\mathbf{Sh}(G_0)$), and using the fact that $d_0^*$ and $d_{1*}$ both preserve directed $\mathbf{Sh}(G_0)$-indexed unions of subobjects, we deduce that $d_*$ preserves directed $\mathbf{Cont}(\mathbb{G})$-indexed unions of subobjects.

The argument in the tidy case is very similar, except that we work with arbitrary objects of the toposes concerned rather than subterminal objects. We leave the details to the reader. □

Let $\mathbb{G}$ be a localic groupoid in a topos $\mathcal{S}$. The functor $\mathfrak{BTop}/\mathcal{S} \to \mathfrak{Loc}(\mathcal{S})$ which sends a topos over $\mathcal{S}$ to its localic reflection is a left 2-adjoint (cf. 1.4.8), so it preserves colimits; hence, if we compute the (pseudo-)colimit of the simplicial locale $G_\bullet$ in $\mathfrak{Loc}(\mathcal{S})$, we obtain the localic reflection of $\mathbf{Cont}(\mathbb{G}) \to \mathcal{S}$. But, since $\mathfrak{Loc}(\mathcal{S})$ is a locally ordered 2-category (in which, moreover, all 2-isomorphisms are identities), there is no difference between the 'descent locale' $\mathbf{Desc}(G_\bullet)$ and the ordinary colimit of $G_\bullet$ computed in the 1-dimensional category $\mathbf{Loc}(\mathcal{S})$, i.e. the coequalizer of $G_1 \rightrightarrows G_0$ (which we shall denote by $\pi_0(\mathbb{G})$, and call the *locale of algebraic components* or *orbit locale* of $\mathbb{G}$). Thus we have

**Lemma 5.3.7** *For any localic groupoid* $\mathbb{G}$, *there is a hyperconnected morphism* $\mathbf{Cont}(\mathbb{G}) \to \mathbf{Sh}(\pi_0(\mathbb{G}))$. *In particular,* $\mathbb{G}$ *is* algebraically connected *(that is,* $G_1 \rightrightarrows G_0 \to 1$ *is a coequalizer in* $\mathbf{Loc}(\mathcal{S})$*) iff* $\mathbf{Cont}(\mathbb{G})$ *is hyperconnected over* $\mathcal{S}$. □

We use the term 'algebraically connected' to distinguish this notion from the (topological) connectedness of $\mathbb{G}$ (i.e. of the domain and codomain maps $G_1 \rightrightarrows G_0$).

Using 5.3.6 and 5.3.7, we may now prove the converse of 5.2.13:

**Corollary 5.3.8** *Let $G$ be an open localic group in $\mathcal{S}$. Then* $\mathbf{Cont}(G)$ *is connected and atomic over $\mathcal{S}$ (and has a point).*

**Proof** By 5.3.6, the morphism $d\colon \mathcal{S} \simeq \mathbf{Sh}(G_0) \to \mathbf{Cont}(G)$ is an open surjection, so the fact that $\mathbf{Cont}(G) \to \mathcal{S}$ is atomic follows from 3.5.1(ii). The fact that it is connected (in fact hyperconnected) follows from 5.3.7. □

**Remark 5.3.9** However, we could also prove 5.3.8 without appealing to 5.3.6 or 5.3.7, by constructing a connected atomic site of definition for $\mathbf{Cont}(G)$. We did this for a spatial group (in **Set**) in 2.2.4(*c*) (cf. also 3.5.9(*b*)); as we remarked there, the construction still works for a localic group, even though there may be no points in the cosets of its open subgroups. To see this, observe that if $G$ is an open localic group, then for any open subgroup $H$ of $G$ the equivalence relation $G \times H \rightrightarrows G$ (given by the first projection and the multiplication) is effective by

5.3.4, from which it follows that the square

$$\begin{array}{ccc} G \times H & \xrightarrow{q\pi_1} & G : H \\ \Big\downarrow{\scriptstyle (\pi_1, m)} & & \Big\downarrow{\scriptstyle \Delta} \\ G \times G & \xrightarrow{q \times q} & G : H \times G : H \end{array}$$

is a pullback (where $q$ is the quotient map), and hence by 3.2.23 that $G : H$ (is open and) has open diagonal, i.e. it is discrete by 3.1.15. (So the left cosets of $H$ exist as points of the discrete locale $G : H$, even though an individual coset may not contain any points of $G$. Also, if $K$ is a particular left coset of $H$, then it is straightforward to verify that the image of $K \times K$ under the composite

$$G \times G \xrightarrow{1 \times i} G \times G \xrightarrow{m} G$$

is a subgroup isomorphic to $H$; thus we may speak of 'the conjugate $gHg^{-1}$ corresponding to a left coset $gH$' even if no such $g$ exists.)

$G : H$ also clearly inherits a left $G$-action from $G$ itself, so it defines an object of $\mathbf{Cont}(G)$. Moreover, the objects of this type form an $\mathcal{S}$-indexed separating family for $\mathbf{Cont}(G)$: if $E$ is any discrete locale equipped with a left action of $G$, then forming the equalizer of the projection $G \times E \to E$ and the action map yields an open sublocale of $G \times E$ (open because it is a pullback of the diagonal $E \to E \times E$) which we may think of as an $E$-indexed family of open subgroups of $G$, and which is such that the corresponding $E$-indexed family of quotients maps epimorphically to $E$. So we obtain a site of definition for $\mathbf{Cont}(G)$ by taking the internal full subcategory on the objects $G : H$; but it is easily seen that any morphism between two such objects is an epimorphism in $\mathbf{Cont}(G)$, and hence that every inhabited sieve is covering. So we have constructed a connected atomic site for $\mathbf{Cont}(G)$ over $\mathcal{S}$, in the sense of 3.5.8 (it is connected because it contains the terminal object $1 = G : G$ of $\mathbf{Cont}(G)$). Finally, it is easy to see that $\mathbf{Cont}(G)$ has a point, whose inverse image is the forgetful functor $\mathbf{Cont}(G) \to \mathcal{S}$.

**Remark 5.3.10** We may also use the ideas of this section to give an alternative proof (at least for toposes with natural number objects) of the result of 2.4.14 that a bounded morphism whose diagonal is an inclusion must be localic. Let $p \colon \mathcal{E} \to \mathcal{S}$ be such a morphism, and let $f \colon \mathcal{F} \to \mathcal{E}$ be an open surjection with $\mathcal{F}$ localic over $\mathcal{S}$. Then $\mathcal{F} \times_{\mathcal{E}} \mathcal{F} \to \mathcal{F} \times_{\mathcal{S}} \mathcal{F}$ is a pullback of $\mathcal{E} \to \mathcal{E} \times_{\mathcal{S}} \mathcal{E}$, so it too is an inclusion. In terms of the localic groupoid $\mathbb{G}$ derived from this surjection, this says that $(d_1, d_0) \colon G_1 \to G_0 \times G_0$ is an inclusion in $\mathbf{Loc}(\mathcal{S})$; in particular, $G_1 \rightrightarrows G_0$ is an equivalence relation in $\mathbf{Loc}(\mathcal{S})$, and by 5.3.4 it is effective. Thus, if we form the coequalizer $q \colon G_0 \to \pi_0(\mathbb{G})$ of this pair in $\mathbf{Loc}(\mathcal{S})$, then $q$ is an open surjection by the argument in the proof of 5.1.4, and hence $\mathbf{Sh}(G_0) \to \mathbf{Sh}(\pi_0(\mathbb{G}))$

is a descent morphism in $\mathfrak{Top}$ by 5.1.6. So we have equivalences $\mathbf{Sh}(\pi_0(\mathbb{G})) \simeq \mathbf{Desc}(\mathbf{Sh}(G_\bullet)) \simeq \mathcal{E}$.

We note next that the construction $\mathbf{Cont}(-)$ is indeed functorial on the category $\mathbf{Gpd}(\mathbf{Loc})$ of localic groupoids: if $f\colon \mathbb{G} \to \mathbb{H}$ is a functor between localic groupoids, then it extends to a morphism $f_\bullet\colon G_\bullet \to H_\bullet$ of simplicial locales in the obvious way, and hence induces a morphism of simplicial toposes $\mathbf{Sh}(G_\bullet) \to \mathbf{Sh}(H_\bullet)$. Since the operation of taking (pseudo-)colimits is functorial, this in turn induces a geometric morphism $\mathbf{Cont}(\mathbb{G}) \to \mathbf{Cont}(\mathbb{H})$, which we shall denote by $\mathbf{Cont}(f)$. It is not hard to verify that the inverse image of this morphism is simply the functor which sends a continuous $\mathbb{G}$-action $(A, \alpha)$ to $(f_0^*(A), f_1^*(\alpha))$ (modulo the appropriate coherence isomorphisms, whose names we suppress as usual). The direct image functor is not so easy to describe explicitly, so we shall avoid using it whenever possible.

$\mathbf{Cont}(-)$ is even 2-functorial. Here we have to be slightly careful, since we have two different sorts of 2-cells in our domain category $\mathbf{Gpd}(\mathbf{Loc})$, namely the 'topological' ones arising from the 2-dimensional structure of locales and the 'algebraic' ones arising from the 2-dimensional structure of groupoids. First, if we have two internal functors $f, g\colon \mathbb{G} \rightrightarrows \mathbb{H}$ such that $f_0 \leq g_0$ and $f_1 \leq g_1$ in the usual partial ordering on locale morphisms (cf. 1.1.6), then it is easy to see that $f_n \leq g_n$ for all $n$. Since these inequalities induce natural transformations $f_0^* \to g_0^*$ and $f_1^* \to g_1^*$, as we saw in 1.4.5, we obtain a natural transformation $\mathbf{Cont}(f)^* \to \mathbf{Cont}(g)^*$. But we also have the notion of internal natural transformation between internal functors $f, g\colon \mathbb{G} \rightrightarrows \mathbb{H}$ (which corresponds to the notion of simplicial homotopy, as we saw in B2.3.2). And these too induce geometric transformations: given $\theta\colon f \to g$, which we recall is a morphism $\theta_0\colon G_0 \to H_1$ satisfying certain equations, and an object $(A, \alpha)$ of $\mathbf{Cont}(\mathbb{H})$, we see that $\theta_0^*(\alpha)$ is a morphism $f^*(A) \cong \theta_0^* d_1^*(A) \to \theta_0^* d_0^*(A) \cong g^*(A)$ in $\mathbf{Sh}(G_0)$, and straightforward verification shows that this is the component at $(A, \alpha)$ of a (necessarily invertible) natural transformation $\mathbf{Cont}(f)^* \to \mathbf{Cont}(g)^*$.

We may thus immediately deduce

**Lemma 5.3.11** *Suppose we have an algebraic equivalence of groupoids between $\mathbb{G}$ and $\mathbb{H}$ – that is, a pair of functors $f\colon \mathbb{G} \to \mathbb{H}$ and $g\colon \mathbb{H} \to \mathbb{G}$ together with natural transformations from both $fg$ and $gf$ to the respective identity functors. Then the toposes $\mathbf{Cont}(\mathbb{G})$ and $\mathbf{Cont}(\mathbb{H})$ are equivalent.* □

But, as we emphasized back in Section A1.1, we have a weaker notion of equivalence of categories, which we there called 'weak equivalence': namely a functor which is full, faithful and essentially surjective on objects. What should this mean for a functor between localic groupoids? As usual, we call a functor

$f\colon \mathbb{G} \to \mathbb{H}$ *full and faithful* if

$$\begin{array}{ccc} G_1 & \xrightarrow{\quad f_1 \quad} & H_1 \\ \Big\downarrow{\scriptstyle (d_0,d_1)} & & \Big\downarrow{\scriptstyle (d_0,d_1)} \\ G_0 \times G_0 & \xrightarrow{f_0 \times f_0} & H_0 \times H_0 \end{array}$$

is a pullback. For ordinary groupoids in $\mathcal{S}$, the statement that $f$ is essentially surjective on objects would simply assert that the morphism $d_0\pi_1 : H_1 \times_{H_0} G_0 \to H_0$ is an epimorphism; but since we are working in **Loc**, where 'mere' epimorphisms are not even stable under pullback, we need to demand more than this. In fact it makes sense to demand that $d_0\pi_1$ should be a pullback-stable descent morphism in **Loc**. To achieve this, we shall in practice need to know that $d_0\pi_1$ is either an open surjection or a proper surjection; we shall call $f$ an *open* (resp. *proper*) *weak equivalence* in the two cases.

**Lemma 5.3.12** *If $f\colon \mathbb{G} \to \mathbb{H}$ is either an open or a proper weak equivalence of localic groupoids in $\mathcal{S}$, then the induced geometric morphism* $\mathbf{Cont}(\mathbb{G}) \to \mathbf{Cont}(\mathbb{H})$ *is an equivalence.*

**Proof** Since $\mathbb{H}$ is a groupoid, the kernel-pair of $d_0\colon H_1 \to H_0$ may be identified with $d_0, d_1 : H_2 \rightrightarrows H_1$; and, using the fact that $f$ is full and faithful, an elementary diagram-chase shows that the kernel-pair of $d_0\pi_1 : H_1 \times_{H_0} G_0 \to H_0$ may be identified with

$$H_1 \times_{H_0} G_1 \ \underset{(d_1(1\times f_1),\, d_1\pi_2)}{\overset{1\times d_0}{\rightrightarrows}} \ H_1 \times_{H_0} G_0 \,.$$

Now if $(E, \alpha\colon d_1^*E \to d_0^*E)$ is an object of $\mathbf{Cont}(\mathbb{G})$, then the object $\pi_2^*(E)$ of $\mathbf{Sh}(H_1 \times_{H_0} G_0)$ may be equipped with descent data relative to this pair of maps by pulling back $\alpha$ along $\pi_2\colon H_1 \times_{H_0} G_1 \to G_1$; so we obtain an object $F$ of $\mathbf{Sh}(H_0)$ such that $(d_0\pi_1)^*(F) \cong \pi_2^*(E)$. Further, since the diagram

$$\begin{array}{ccc} G_1 & \xrightarrow{\quad d_0 \quad} & G_0 \\ {\scriptstyle (f_1,d_1)}\Big\downarrow & & \Big\downarrow{\scriptstyle f_0} \\ H_1 \times_{H_0} G_0 & \xrightarrow{\ d_0\pi_1\ } & H_0 \end{array}$$

commutes, we see that $d_0^*f_0^*(F) \cong d_1^*(E)$ in $\mathbf{Sh}(G_1)$; applying $s_0^*$ to this, we get an isomorphism $f_0^*(F) \cong E$ in $\mathbf{Sh}(G_0)$.

To see that $F$ can be equipped with an $\mathbb{H}$-action, we think of $E$ as the domain of a local homeomorphism $E \to G_0$; then we can write $d_1^*(E)$ and $d_0^*(E)$ respectively as $G_1 \times_{G_0} E$ and $E \times_{G_0} G_1$, and we have a diagram in $\mathbf{Loc}(\mathcal{S})$

$$\begin{array}{ccccc}
H_1 \times_{H_0} G_1 \times_{G_0} E & \overset{1 \times \overline{\alpha}}{\underset{(d_1(\pi_1, f_1\pi_2), \pi_3)}{\rightrightarrows}} & H_1 \times_{H_0} E & \longrightarrow & F \\
\downarrow & & \downarrow & & \downarrow \\
H_1 \times_{H_0} G_1 & \overset{1 \times d_0}{\underset{(d_1(1 \times f_1), d_1\pi_2)}{\rightrightarrows}} & H_1 \times_{H_0} G_0 & \xrightarrow{d_0\pi_1} & H_0
\end{array}$$

where the vertical morphisms are local homeomorphisms and the top row is a pullback-stable coequalizer, by the proof of Proposition 5.1.4. (Here $\overline{\alpha}$ denotes the $\mathbb{G}$-action on $E$ considered as a map $G_1 \times_{G_0} E \to E$, i.e. the composite of the isomorphism $G_1 \times_{G_0} E \to E \times_{G_0} G_1$ with the first projection.) Clearly, the first and second terms in the top row admit left $\mathbb{H}$-actions, and the morphisms between them are equivariant for this action; so it 'descends' to an action on $F$.

The construction above is easily seen to be functorial; so we have defined a functor $f_! \colon \mathbf{Cont}(\mathbb{G}) \to \mathbf{Cont}(\mathbb{H})$. It is also clear that the composite $f^* f_!$ is isomorphic to the identity. Finally, if $(E, \alpha) \cong f^*(F, \beta)$ for some object $(F, \beta)$ of $\mathbf{Cont}(\mathbb{H})$, then we have pullback squares

$$\begin{array}{ccccc}
H_1 \times_{H_0} E & \longrightarrow & H_1 \times_{H_0} F & \xrightarrow{\overline{\beta}} & F \\
\downarrow & & \downarrow & & \downarrow \\
H_1 \times_{H_0} G_0 & \xrightarrow{\pi_1} & H_1 & \xrightarrow{d_0} & H_0
\end{array}$$

from which we may deduce that $f_!(E, \alpha)$ is isomorphic to $(F, \beta)$. So the functors $f^*$ and $f_!$ are inverse up to isomorphism. □

We may now prove a further representation theorem like those of Section C5.2, which is 'dual' to the representation of connected atomic toposes with a point given in 5.2.13. Recall that we say an $\mathcal{S}$-topos $p \colon \mathcal{E} \to \mathcal{S}$ is *Hausdorff* if $p$ is a separated map, i.e. the diagonal $\mathcal{E} \to \mathcal{E} \times_{\mathcal{S}} \mathcal{E}$ is proper.

**Corollary 5.3.13** *Let $\mathcal{E}$ be a hyperconnected Hausdorff $\mathcal{S}$-topos with a point. Then there exists a compact localic group $G$ in $\mathcal{S}$ such that $\mathcal{E} \simeq \mathbf{Cont}_{\mathcal{S}}(G)$.*

We note that this is indeed dual to 5.2.13, since a geometric morphism is connected and atomic iff it is hyperconnected and has open diagonal, by 3.1.9(i), 3.5.4(i) and 3.5.14.

**Proof** Let $f: \mathcal{F} \to \mathcal{E}$ be an open surjection such that $\mathcal{F}$ is localic over $\mathcal{S}$; as in 5.2.6, we may choose this surjection so that the given point of $\mathcal{E}$ lifts to a point of $\mathcal{F}$. Applying 5.2.11, we obtain a representation of $\mathcal{E}$ as $\mathbf{Cont}_{\mathcal{S}}(\mathbb{H})$, where $\mathbb{H} = (H_1 \rightrightarrows H_0)$ is a localic groupoid which is open (since its domain and codomain maps are pullbacks of $f$), algebraically connected (by 5.3.7, since $\mathcal{E}$ is hyperconnected) and such that $H_0$ has a point $p: 1 \to H_0$. Moreover, the map $(d_0, d_1): H_1 \to H_0 \times H_0$ is proper, since it is a pullback of the diagonal of $\mathcal{E}$. Thus if we form the pullback of this morphism along $(p, p): 1 \to H_0 \times H_0$, we obtain a compact locale $G$, which clearly has a group structure inherited from the groupoid structure on $\mathbb{H}$. Also, we have a morphism of groupoids $\mathbb{G} = (G \rightrightarrows 1) \to \mathbb{H}$ defined by $p$ and the inclusion $G \rightarrowtail H_1$, which is full and faithful by definition. And the equivalence relation on $H_0$ which is the image of $(d_0, d_1): H_1 \to H_0 \times H_0$ is closed in $H_0 \times H_0$, but has open projections since $\mathbb{H}$ is an open groupoid; so it is effective by 5.1.9, and hence must be the whole of $H_0 \times H_0$; in other words, $H_1 \to H_0 \times H_0$ is surjective. But $G_0 \times_{H_0} H_1 \to H_0$ is the pullback of this morphism along $p \times 1: H_0 \cong 1 \times H_0 \to H_0 \times H_0$; so it is also a proper surjection. Hence $\mathbb{G} \to \mathbb{H}$ is a proper weak equivalence of localic groupoids, and so by 5.3.12 we have $\mathbf{Cont}_{\mathcal{S}}(G) \simeq \mathbf{Cont}_{\mathcal{S}}(\mathbb{H}) \simeq \mathcal{E}$. □

**Remarks 5.3.14** (*a*) Like 5.2.13, 5.3.13 has a converse. For if $G$ is a compact localic group, then it follows from 5.3.6 that the canonical point $d: \mathcal{S} \simeq \mathbf{Sh}(G_0) \to \mathbf{Cont}(G)$ is proper; hence its kernel-pair $\mathcal{S} \times_{\mathbf{Cont}(G)} \mathcal{S}$ is a compact $\mathcal{S}$-topos, by the stability of proper maps under pullback. But we also have a pullback square

$$\begin{array}{ccc}
\mathcal{S} \times_{\mathbf{Cont}(G)} \mathcal{S} & \longrightarrow & \mathbf{Cont}(G) \\
\downarrow & & \downarrow \Delta \\
\mathcal{S} & \xrightarrow{(d,d)} & \mathbf{Cont}(G) \times_{\mathcal{S}} \mathbf{Cont}(G)
\end{array}$$

whose bottom edge is a proper surjection; so by 3.2.23 the diagonal $\Delta$ is proper, i.e. $\mathbf{Cont}(G)$ is a Hausdorff $\mathcal{S}$-topos. But we already know that it is hyperconnected and has a point, by 5.3.7. (Note also that the case of a discrete group $G$ was covered in 3.2.24 above.)

(*b*) In the particular case when our base topos $\mathcal{S}$ is **Set**, we can say rather more about the group $G$ which we obtain from 5.3.13. Since **Set** is Boolean, (the underlying locale of) any localic group is Hausdorff by 5.3.3. But any compact Hausdorff locale classically has enough points: this is a well-known result from locale theory (cf. [520, III 1.10]), but we may also obtain it from 4.1.13, which said that every compact Hausdorff locale is a retract of a coherent locale, plus D3.3.13 which says that every coherent topos has enough points. Thus we may take $G$ to be a compact spatial group. Further, we noted after A2.1.6 that we may replace any spatial group $G$ by its totally-disconnected reflection

$G/G_e$ (where $G_e$ is the connected component of the identity element) without changing the topos of continuous actions; and it is again a well-known result of general topology that a totally disconnected compact space is zero-dimensional (cf. [520, II 4.2]). Further, any zero-dimensional compact spatial group is pro-discrete, and indeed profinite, by [520, VI 2.9]. So we conclude that *the pointed hyperconnected Hausdorff toposes over* **Set** *are exactly the toposes of continuous actions of profinite groups.*

We may now deduce a result promised in Section C3.4:

**Corollary 5.3.15** *Any proper separated map of toposes is tidy.*

**Proof** If $f$ is proper and separated then so are both halves of its hyperconnected–localic factorization, by 3.2.16 and 3.2.25, so it suffices to prove the result separately under the hypothesis that $f$ is either localic or hyperconnected. But the localic case was dealt with in 4.1.14. So suppose $f\colon \mathcal{F} \to \mathcal{E}$ is hyperconnected (hence proper) and separated. In general, it need not have a section; but its pullback $\pi_1\colon \mathcal{F} \times_{\mathcal{E}} \mathcal{F} \to \mathcal{F}$ has one, namely the diagonal, and it is still hyperconnected and separated. Hence by 5.3.13 we can represent it as $\mathbf{Cont}_{\mathcal{F}}(G)$ for some compact localic group $G$ in $\mathcal{F}$, and it is therefore tidy by 3.4.1($b$). But $\pi_1$ is the pullback of $f$ along a proper surjection (namely, $f$ itself); so $f$ is tidy by 5.1.7. □

It is not only the weak equivalences considered in 5.3.12 that give rise to equivalences between toposes of continuous $\mathbb{G}$-actions. There is also a notion of 'completion' for localic groupoids, which has been christened *étale completion* by I. Moerdijk [831], which more or less by definition does not affect the topos of continuous $\mathbb{G}$-actions. To define it, let $\mathbb{G} = (G_1 \rightrightarrows G_0)$ be a localic groupoid, and let $d\colon \mathbf{Sh}(G_0) \to \mathbf{Cont}(\mathbb{G})$ be the geometric morphism whose inverse image is the forgetful functor. Then the square

$$\begin{array}{ccc} \mathbf{Sh}(G_1) & \xrightarrow{d_1} & \mathbf{Sh}(G_0) \\ {\scriptstyle d_0}\downarrow & & \downarrow{\scriptstyle d} \\ \mathbf{Sh}(G_0) & \xrightarrow{d} & \mathbf{Cont}(\mathbb{G}) \end{array}$$

commutes up to isomorphism, since by definition each object $(A, \alpha)$ of $\mathbf{Cont}(\mathbb{G})$ comes equipped with an isomorphism $\alpha\colon d_1^*(A) \to d_0^*(A)$ in $\mathbf{Sh}(G_1)$. We say that $\mathbb{G}$ is *étale-complete* if this square is a pseudo-pullback in $\mathfrak{BTop}/\mathcal{S}$; and we define the *étale completion* $\widehat{\mathbb{G}}$ of $\mathbb{G}$ to be $(\widehat{G_1} \rightrightarrows G_0)$, where $\mathbf{Sh}(\widehat{G_1}) \rightrightarrows \mathbf{Sh}(G_0)$ is the kernel-pair of $d$ in $\mathfrak{BTop}/\mathcal{S}$. Note that this kernel-pair automatically has the structure of a groupoid; and that its domain is indeed localic over $\mathcal{S}$, since $d$ is localic.

**Lemma 5.3.16** *Let $\mathbb{G}$ be an open or proper localic groupoid. Then the canonical functor $\mathbb{G} \to \widehat{\mathbb{G}}$ induces an equivalence* $\mathbf{Cont}(\mathbb{G}) \simeq \mathbf{Cont}(\widehat{\mathbb{G}})$. *Moreover, $\widehat{\mathbb{G}}$ is open (resp. locally connected, connected and locally connected, atomic, proper, tidy, tidy and connected) if $\mathbb{G}$ is.*

**Proof** Since $d\colon \mathbf{Sh}(G_0) \to \mathbf{Cont}(\mathbb{G})$ is an open or proper surjection by 5.3.6, it is a descent morphism in $\mathfrak{BTop}/\mathcal{S}$; so $\mathbf{Cont}(\mathbb{G})$ is equivalent to the category of objects of $\mathbf{Sh}(G_0)$ equipped with descent data relative to this morphism. But by definition the latter is precisely $\mathbf{Cont}(\widehat{\mathbb{G}})$. The second assertion again follows from 5.3.6, plus the stability of the indicated classes of morphisms under pullback. □

**Example 5.3.17** To gain some feeling for what étale completion means, we consider the particular case of a localic group $G$ in **Set**. In this case, we saw in 5.3.9 that we have a site of definition for $\mathbf{Cont}(G)$ given by the category whose objects are the open subgroups $H$ of $G$, with morphisms $H \to K$ labelled by left cosets $gK$ of $K$ such that $H \subseteq gKg^{-1}$, and equipped with the coverage in which every inhabited sieve covers. If it happens to be the case that every open subgroup of $G$ contains an open normal subgroup, then we may use the Comparison Lemma to cut down this site to the full subcategory consisting of those open subgroups $H$ which are normal, so that the corresponding object $G : H$ of $\mathbf{Cont}(G)$ admits a group structure. Of course, not every morphism in the site is a group homomorphism; but if we further cut down to those which are (i.e. those which are labelled by cosets containing the identity element of $G$), we obtain a codirected diagram of discrete groups and surjections, and if we take the inverse limit of this system in the category of localic groups, we obtain a group (the *pro-discrete completion* of $G$) whose category of discrete quotients is isomorphic to that of $G$ (so that it gives rise to the same topos of continuous actions), and which may be shown to be the étale completion of $G$ in this case.

In general, we cannot impose a group structure on the inverse limit of the discrete quotients $G : H$; the best we can get is a monoid structure. To define this, we may think of a 'point' of the inverse limit as a system of left cosets $(g_H H \mid H \in \mathcal{OS}(G))$ (where $\mathcal{OS}(G)$ denotes the poset of open subgroups of $G$), such that $g_H K = g_K K$ whenever $H \subseteq K$. Of course, this is only a manner of speaking, since the inverse limit may not have enough points; but what follows can be turned into a rigorous argument – cf. [831]. Then we define the product of two such systems $(g_H H \mid H \in \mathcal{OS}(G))$ and $(k_H H \mid H \in \mathcal{OS}(G))$ to be

$$(g_{k_H H k_H^{-1}} k_H H \mid H \in \mathcal{OS}(G)) .$$

It is readily verified that this is well-defined, and yields an associative multiplication on the inverse limit; however, not every 'point' of the limit has an inverse, in general. But if we cut down to the 'sublocale of invertible elements' of this monoid, we obtain a localic group which is the étale completion of $G$. We shall not go into the details of the proof; the interested reader is referred to [831] and [833].

Finally in this section, we prove a theorem which says in effect that $\mathfrak{BTop}/\mathcal{S}$ may be regarded as a category of fractions of the full subcategory of $\mathbf{Gpd}(\mathbf{Loc}(\mathcal{S}))$ whose objects are étale-complete open localic groupoids in $\mathcal{S}$, obtained by inverting the open weak equivalences. In order to state this theorem formally, we should need to spend a good deal of time developing the theory of '2-categories of fractions', which seems hardly worth while given the amount of use we should make of it. So instead we shall merely state and prove the central result from which this representation may be deduced. (The reader who wishes to see a more precise formulation in terms of 2-categories of fractions is referred to [990].) We already know that every bounded $\mathcal{S}$-topos may be represented as $\mathbf{Cont}(\mathbb{G})$ for some étale-complete open localic groupoid $\mathbb{G}$, by 5.2.11(i) and 5.3.16; moreover, every open weak equivalence between such groupoids gives rise to an equivalence of toposes, by 5.3.12. It is not hard to verify that open weak equivalences (between open groupoids) are stable under composition and pullback, so that we should expect an arbitrary morphism $\mathbb{G} \to \mathbb{H}$ in the category of fractions to be representable by a span

$$\mathbb{G} \xleftarrow{\ g\ } \mathbb{K} \xrightarrow{\ h\ } \mathbb{H}\,,$$

where $g$ is an open weak equivalence. In fact we shall prove that all geometric morphisms between toposes of continuous actions arise from spans of this type.

**Theorem 5.3.18** *Let $\mathbb{G}$ and $\mathbb{H}$ be étale-complete open localic groupoids in $\mathcal{S}$, and let $f\colon \mathbf{Cont}(\mathbb{G}) \to \mathbf{Cont}(\mathbb{H})$ be a geometric morphism over $\mathcal{S}$. Then there exist an étale-complete open groupoid $\mathbb{K}$ and morphisms of groupoids $g$ and $h$ such that $g$ is an open weak equivalence, and such that the diagram*

$$\begin{array}{ccc}
\mathbf{Cont}(\mathbb{K}) & & \\
{\scriptstyle \mathbf{Cont}(g)}\downarrow & \searrow{\scriptstyle \mathbf{Cont}(h)} & \\
\mathbf{Cont}(\mathbb{G}) & \xrightarrow{\ f\ } & \mathbf{Cont}(\mathbb{H})
\end{array}$$

*commutes up to isomorphism.*

**Proof** Given $f$, we form the pullback

$$\begin{array}{ccccc}
\mathcal{E} & & \xrightarrow{\qquad h_0 \qquad} & & \mathbf{Sh}(H_0) \\
{\scriptstyle g_0}\downarrow & & & & \downarrow{\scriptstyle d} \\
\mathbf{Sh}(G_0) & \xrightarrow{\ d\ } & \mathbf{Cont}(\mathbb{G}) & \xrightarrow{\ f\ } & \mathbf{Cont}(\mathbb{H})
\end{array}$$

in $\mathfrak{BTop}/\mathcal{S}$. Since the right vertical morphism is localic, so is the left one; so we can write $\mathcal{E} \simeq \mathbf{Sh}(K_0)$ for some locale $K_0$. Moreover, $g_0 \colon \mathbf{Sh}(K_0) \to \mathbf{Sh}(G_0)$ is an open surjection, since $d \colon \mathbf{Sh}(H_0) \to \mathbf{Cont}(\mathbb{H})$ is an open surjection by 5.3.6. We define $K_1$ by the pullback diagram

$$\begin{array}{ccc} K_1 & \xrightarrow{\quad g_1 \quad} & G_1 \\ \Big\downarrow {\scriptstyle (d_1, d_0)} & & \Big\downarrow {\scriptstyle (d_1, d_0)} \\ K_0 \times K_0 & \xrightarrow{g_0 \times g_0} & G_0 \times G_0 \end{array}$$

in **Loc**; thus it is immediate that $\mathbb{K} = (K_1 \rightrightarrows K_0)$ inherits the structure of a groupoid from $\mathbb{G}$, and that $g \colon \mathbb{K} \to \mathbb{G}$ is full and faithful. Further, the domain and codomain maps of $\mathbb{K}$ are open, since they are pullbacks of those of $\mathbb{G}$, and $G_1 \times_{G_0} K_0 \to G_0$ is an open surjection, since we can factor it as the composite of $G_1 \to G_0$ and a pullback of $K_0 \to G_0$; so $g$ is an open weak equivalence.

However, since $\mathbb{G}$ is an étale-complete groupoid, the geometric morphism $\mathbf{Sh}(G_1) \to \mathbf{Sh}(G_0 \times G_0) \simeq \mathbf{Sh}(G_0) \times_{\mathcal{S}} \mathbf{Sh}(G_0)$ is a pullback of the diagonal $\mathbf{Cont}(\mathbb{G}) \to \mathbf{Cont}(\mathbb{G}) \times_{\mathcal{S}} \mathbf{Cont}(\mathbb{G})$; and similarly for $\mathbb{H}$. So a straightforward diagram-chase shows that we could equivalently have defined $K_1$ by the pullback

$$\begin{array}{ccccc} \mathbf{Sh}(K_1) & & \xrightarrow{\qquad h_1 \qquad} & & \mathbf{Sh}(H_1) \\ \Big\downarrow {\scriptstyle g_1} & & & & \Big\downarrow {\scriptstyle dd_1} \\ \mathbf{Sh}(G_1) & \xrightarrow{dd_1} & \mathbf{Cont}(\mathbb{G}) & \xrightarrow{f} & \mathbf{Cont}(\mathbb{H}) \end{array}$$

in $\mathfrak{BTop}/\mathcal{S}$; and that the pair $(h_0, h_1)$ defines a morphism of localic groupoids $\mathbb{K} \to \mathbb{H}$. The fact that $\mathbb{K}$ is étale-complete follows easily from the étale-completeness of $\mathbb{G}$ and the fact that $g$ is full and faithful.

It thus remains only to verify that the diagram in the statement of the theorem commutes. Let $(B, \beta)$ be an object of $\mathbf{Cont}(\mathbb{H})$, and write $(A, \alpha)$ for the object $f^*(B, \beta)$ of $\mathbf{Cont}(\mathbb{G})$. Then the (pseudo-)pullback square defining $K_0$ yields a canonical isomorphism $g_0^*(A) \cong h_0^*(B)$ in $\mathbf{Sh}(K_0)$; and, if we use $g_1^*(\alpha)$ and $h_1^*(\beta)$ to equip these two objects with $\mathbb{K}$-actions, it is easy to verify that the canonical isomorphism is in fact an isomorphism in $\mathbf{Cont}(\mathbb{K})$. So the result is established. $\square$

We remark that 5.3.18 remains true, with exactly the same proof, if we substitute the word 'proper' for 'open' throughout. However, as we have already observed, not every bounded $\mathcal{S}$-topos is representable by a proper localic groupoid.

**Suggestions for further reading:** Isbell et al. [486], Johnstone [527, 528], Joyal & Moerdijk [554], Moerdijk [831–834, 837], Moerdijk & Vermeulen [858], Pronk [990].

## C5.4 The Freyd representation

The present section would, in some respects, be more at home in Part D than in Part C. It is placed here because it leads to a representation theorem for (a large class of) Grothendieck toposes which can be presented in terms of localic groupoids; but the methods which lead up to this result are logical rather than geometric in character, and the references on which we shall rely are mostly to results proved in Part D. (Another difference between this section and the earlier ones in this chapter is that, for at least some of the results here, we shall need to assume that our base topos $\mathcal{S}$ is Boolean; in practice we shall take it to be the classical topos of sets, so that 'Grothendieck topos' is to be understood in its original and more restrictive sense.)

The representation theorem in question was first obtained by P. Freyd [374], and his motivation in proving it also came from logic: to obtain a better understanding of the way in which independence proofs in topos theory, of the sort which we discuss in Chapter F4, relate to their set-theoretic counterparts. Freyd observed that set-theoretic independence results are commonly proved using a combination of three techniques: passing from a given model of set theory to a 'forcing extension' corresponding to a complete Boolean algebra, passing to a 'Fraenkel–Mostowski model' corresponding to a topological group, and passing from a model of 'non-well-founded set theory' to its well-founded part, to recover the axiom of foundation. The first two of these, at least, have well-understood topos-theoretic analogues: they correspond to the passage from a topos $\mathcal{S}$ to the topos $\mathbf{Sh}_{\mathcal{S}}(B)$ of (canonical) sheaves on a complete Boolean algebra $B$ in $\mathcal{S}$, and from $\mathcal{S}$ to the topos $\mathbf{Cont}_{\mathcal{S}}(G)$ of continuous $G$-sets for a topological group $G$ in $\mathcal{S}$. In topos-theoretic terms, the third is a bit more nebulous, but it is at least an instance of the passage from a topos $\mathcal{E}$ to what Freyd called an *exponential variety*, that is a full subcategory closed under arbitrary products, coproducts, subobjects, quotients and power objects. (Such a subcategory is necessarily coreflective in $\mathcal{E}$, by an argument like that of A4.2.4($d$); in fact, the exponential varieties in $\mathcal{E}$ are (up to equivalence) exactly the toposes $\mathcal{F}$ equipped with connected atomic geometric morphisms $\mathcal{E} \to \mathcal{F}$ – recall from 3.5.4(i) that a connected atomic morphism is hyperconnected.)

In considering topos-theoretic independence proofs, it obviously makes sense (since not all toposes are Boolean) to generalize the first of the three constructions above from complete Boolean algebras to complete Heyting algebras; that is, to allow the passage from $\mathcal{S}$ to any topos localic over $\mathcal{S}$ (cf. 1.4.7). But, at least in theory, we have a much larger generalization available: that from complete Heyting algebras to arbitrary sites. Do we in fact gain anything thereby? In other words, do there exist Grothendieck toposes which cannot be obtained from **Set** by a combination of the three constructions described in the last paragraph? Freyd showed that the answer was negative: in fact (and rather surprisingly) we do not have to use all possible instances of the second construction, but only one particular one, corresponding to the group of all permutations of a countably infinite set. On the other hand, the first two constructions alone do not suffice to reach every Grothendieck topos from **Set** (though they do suffice to reach all Boolean Grothendieck toposes); the first part of this section will be devoted to characterizing the ones that can be reached. For this purpose, we need to recall some facts about decidable objects and their quotients.

We recall from A1.4.15 that an object $A$ of a coherent category (in particular, of a Grothendieck topos) is said to be decidable if the diagonal subobject $\Delta_A : A \rightarrowtail A \times A$ has a complement. We recall also that the class of decidable objects in a Grothendieck topos is closed under finite products, arbitrary coproducts and arbitrary subobjects; and it follows easily from this that the class of quotients of decidable objects (i.e. those $A$ for which there exists a decidable $B$ and an epimorphism $B \twoheadrightarrow A$) is closed under finite products, arbitrary coproducts, arbitrary subobjects and arbitrary quotients. As we observed in A4.2.4($d$), this implies that the full subcategory $\mathcal{E}_{qd}$ of quotients of decidable objects in $\mathcal{E}$ is a topos, and that there is a geometric morphism (in fact a hyperconnected one) $\mathcal{E} \to \mathcal{E}_{qd}$ whose inverse image is the inclusion. Here we shall be concerned (initially, at least) with the case when $\mathcal{E}_{qd}$ is the whole of $\mathcal{E}$.

**Proposition 5.4.1** *For a Grothendieck topos $\mathcal{E}$, the following are equivalent:*

(i) *Every object of $\mathcal{E}$ is a quotient of a decidable object.*

(ii) *$\mathcal{E}$ has a separating set of decidable objects.*

(iii) *$\mathcal{E}$ has a bound over* **Set** *(in the sense of* B3.1.7*) which is decidable.*

(iv) *$\mathcal{E}$ has a pre-bound over* **Set** *(in the sense of* D3.2.3*) which is decidable.*

**Proof** (i) ⇒ (iii): Given a separating set $\{G_i \mid i \in I\}$ for $\mathcal{E}$, let $G$ be the coproduct of the $G_i$, and $F \twoheadrightarrow G$ an epimorphism with $F$ decidable. Then $G$ is a bound for $\mathcal{E}$, and hence so is $F$.

(iii) ⇒ (iv) since any bound is a pre-bound; and (iv) ⇒ (ii) because an object $G$ is a pre-bound iff the subobjects of its finite powers form a separating set, and the latter are all decidable if $G$ is.

Finally, (ii) ⇒ (i) since every object can be expressed as a quotient of a coproduct of members of the separating set, and coproducts of decidable objects are decidable. □

If the equivalent conditions of 5.4.1 hold, we shall say that the topos $\mathcal{E}$ is *locally decidable.*

**Examples 5.4.2** ($a$) Trivially, any Boolean topos is locally decidable.

($b$) Any localic topos is locally decidable, since such a topos has 1 as a bound (or 0 as a pre-bound), and these are both decidable. More generally, if

$\mathcal{E}$ is locally decidable and $f: \mathcal{F} \to \mathcal{E}$ is a localic geometric morphism, then $\mathcal{F}$ is locally decidable, since $f^*$ maps (pre-)bounds for $\mathcal{E}$ to (pre-)bounds for $\mathcal{F}$ by D3.2.4, and it preserves decidability.

(*c*) Let $\mathcal{C}$ be a small category. Then the functor category $[\mathcal{C}, \mathbf{Set}]$ is locally decidable iff every morphism of $\mathcal{C}$ is monic. For the latter condition is equivalent, by A1.4.16, to saying that the representable functors $\mathcal{C}(A, -)$, $A \in \text{ob}\,\mathcal{C}$, are all decidable, and they form a separating set for $[\mathcal{C}, \mathbf{Set}]$. Conversely, if $[\mathcal{C}, \mathbf{Set}]$ is locally decidable then the representable functors must be quotients of decidable objects; but, since they are projective, this forces them to be subobjects of decidable objects and hence decidable.

**Remark 5.4.3** In connection with Example 5.4.2(*c*), we note that local decidability is 'dual' to the property of being an étendue, introduced in 5.2.4: for a small category $\mathcal{C}$, the functor category $[\mathcal{C}, \mathbf{Set}]$ is locally decidable iff $[\mathcal{C}^{\text{op}}, \mathbf{Set}]$ is an étendue. In particular, the classifying topos $\mathbf{Set}[\mathbb{D}] = [\mathbf{Set}_{fm}, \mathbf{Set}]$ for decidable objects (cf. D3.2.7) is locally decidable but not an étendue, and the classifying topos $\mathbf{Set}[\mathbb{K}] = [\mathbf{Set}_{fe}, \mathbf{Set}]$ for Kuratowski-finite objects (cf. D3.2.10) is an étendue but not locally decidable. (Further evidence that local decidability is dual to being an étendue may be found by comparing condition (v) of 5.4.4 below with Lemma 5.2.5.)

If $\mathcal{E}$ is locally decidable, then it follows from 5.4.1(iv) and D3.2.6 that there exists a localic geometric morphism from $\mathcal{E}$ to the classifying topos $\mathbf{Set}[\mathbb{D}]$ for decidable objects. The converse follows from 5.4.2(*b*) and 5.4.3. But in fact we can do better than this. If $B$ is a (pre-)bound for $\mathcal{E}$, then so is $B \amalg N$, where $N$ is the natural number object; and $B \amalg N$ is decidable if $B$ is (recall that $N$ is always decidable, by A2.5.11). But $B \amalg N$ is also infinite in the sense of D3.4.10, and so it can be classified by a (localic) geometric morphism from $\mathcal{E}$ to the classifying topos $\mathbf{Set}[\mathbb{D}_\infty]$ for infinite decidable objects. And in D3.4.10 we identified the latter topos as $\mathbf{Cont}(G_0)$, where $G_0$ is the group of all permutations of a countably infinite set (with its 'natural' topology). Thus we have established most of the following result:

**Theorem 5.4.4** *For a Grothendieck topos $\mathcal{E}$, the following are equivalent:*

(i) *$\mathcal{E}$ is locally decidable.*

(ii) *There exists a localic geometric morphism from $\mathcal{E}$ to a Boolean topos.*

(iii) *There exists a localic geometric morphism $\mathcal{E} \to \mathbf{Cont}(G)$, for some spatial group $G$.*

(iv) *There exists a localic geometric morphism $\mathcal{E} \to \mathbf{Cont}(G_0)$, where $G_0$ is the (spatial) group of all permutations of $\mathbb{N}$.*

(v) *There exists a small site of definition $(\mathcal{C}, J)$ for $\mathcal{E}$ such that every morphism of $\mathcal{C}$ is epic.*

**Proof** (i) $\Rightarrow$ (iv) follows from the remarks above; (iv) $\Rightarrow$ (iii) and (iii) $\Rightarrow$ (ii) are trivial; and (ii) $\Rightarrow$ (i) follows from 5.4.2($a$) and ($b$).

For (iii) $\Rightarrow$ (v), we recall that in 2.5.8($e$) we constructed a site $(\mathcal{C}, J)$ for $\mathbf{Sh}_{\mathbf{Cont}(G)}(X)$, where $X$ is an internal locale in $\mathbf{Cont}(G)$: the objects of $\mathcal{C}$ are pairs $(H, U)$ where $H$ is an open subgroup of $G$ and $U$ is an element of $\mathcal{O}(X)$ fixed by $H$, and morphisms $(H, U) \to (K, V)$ correspond to left cosets $gK$ of $K$ such that $H \subseteq gKg^{-1}$ and $U \subseteq gV$. A sieve $R$ on $(K, V)$ is covering iff the set of those $U \in \mathcal{O}(X)$ for which there exists $H \subseteq K$ such that $K\colon (H, U) \to (K, V) \in R$ has join $V$. It is easy to verify that every morphism of $\mathcal{C}$ is epic: for the composite of

$$(H, U) \xrightarrow{gK} (K, V) \xrightarrow{hL} (L, W)$$

is given by $ghL$, and clearly $ghL = gh'L$ implies $hL = h'L$.

Finally, (v) $\Rightarrow$ (i) follows from 5.4.2($b$) and ($c$), since inclusions are localic. □

**Corollary 5.4.5** *Any Boolean Grothendieck topos is equivalent to one of the form* $\mathbf{Sh}_{\mathbf{Cont}(G)}(X)$*, where* $G$ *is a spatial group and* $X$ *is a Boolean internal locale in* $\mathbf{Cont}(G)$ *(i.e. one such that* $\mathcal{O}(X)$ *is a complete Boolean algebra). Moreover, we may take* $G$ *to be the particular group* $G_0$ *mentioned above.*

**Proof** A Boolean topos $\mathcal{E}$ is locally decidable, so by 5.4.4 it is representable as $\mathbf{Sh}_{\mathbf{Cont}(G_0)}(X)$ for some internal locale $X$ in $\mathbf{Cont}(G_0)$. And the Booleanness of $\mathcal{E}$ forces $X$ to be Boolean. □

The next remark provides a link with the ideas that we explored in the earlier sections of this chapter.

**Remark 5.4.6** If $G$ is a discrete group and $X$ is a locale in $[G, \mathbf{Set}]$, then we may identify $\mathbf{Sh}_{[G,\mathbf{Set}]}(X)$ with the topos of continuous actions of the localic groupoid $(G \times X_0 \rightrightarrows X_0)$, where $X_0$ is the 'underlying locale in **Set**' of $X$, i.e. the locale corresponding to the frame obtained by forgetting the $G$-action on $\mathcal{O}(X)$, and the domain and codomain maps $G \times X_0 \rightrightarrows X_0$ are respectively given by the second projection and the $G$-action. (Note that this is an atomic localic groupoid in the sense of 5.2.11(ii); that is, its domain and codomain maps are local homeomorphisms.)

We may similarly describe $\mathbf{Sh}_{\mathbf{Cont}(G)}(X)$, for an internal locale $X$ in $\mathbf{Cont}(G)$, in terms of a localic groupoid, as follows. Since $G$ acts on $\mathcal{O}(G)$ by translation, we may cut down to its 'continuous part'

$$\check{\mathcal{O}}(G) = \{U \in \mathcal{O}(G) \mid H \cdot U = U \text{ for some open subgroup } H\}$$

and regard the latter as an internal frame in $\mathbf{Cont}(G)$. If we denote the corresponding internal locale by $\check{G}$, then we have an action map $\check{G} \times X \to X$ in $\mathbf{Loc}(\mathbf{Cont}(G))$, and hence an internal localic groupoid $(\check{G} \times X \rightrightarrows X)$ in $\mathbf{Cont}(G)$. Taking the MacNeille completions of the corresponding frames, and forgetting the $G$-actions, yields a localic groupoid in **Set**; and it may be shown that $\mathbf{Sh}_{\mathbf{Cont}(G)}(X)$ is equivalent to the topos of continuous actions of this localic groupoid.

If $\mathcal{E}$ is a Grothendieck topos which is not locally decidable, can we find a 'good approximation' to it which is locally decidable? In one direction, this is easy: we may now re-interpret A4.2.4($d$) as follows.

**Proposition 5.4.7** *For any Grothendieck topos $\mathcal{E}$, there is a locally decidable topos $\mathcal{E}_{qd}$ and a hyperconnected geometric morphism $\mathcal{E} \to \mathcal{E}_{qd}$ which is universal amongst geometric morphisms from $\mathcal{E}$ to locally decidable toposes.*

**Proof** The fact that $\mathcal{E}_{qd}$ is a topos, and that the inclusion $\mathcal{E}_{qd} \to \mathcal{E}$ is the inverse image of a geometric morphism, was proved in A4.2.4($d$). This morphism is hyperconnected (and not merely connected) because $\mathcal{E}_{qd}$ is closed under arbitrary subobjects and quotients in $\mathcal{E}$. So it only remains to establish the universal property. But if $f \colon \mathcal{E} \to \mathcal{F}$ is a geometric morphism where $\mathcal{F}$ is locally decidable, then since $f^*$ preserves decidability and epimorphisms it takes values in the subcategory $\mathcal{E}_{qd}$, and hence we have a factorization (unique up to unique isomorphism) of $f$ through $\mathcal{E} \to \mathcal{E}_{qd}$. □

From 'the other side', the remark after 5.2.4 may be combined with 5.4.2($c$) to yield a proof that every Grothendieck topos admits a hyperconnected morphism from a locally decidable one. But Freyd proved a stronger result: for every Grothendieck topos $\mathcal{E}$, there is a locally decidable $\mathcal{F}$ and a connected atomic morphism $\mathcal{F} \to \mathcal{E}$. Before proving this, however, we shall digress to consider the 'ordered' analogues of the results established so far in this section. For this purpose, we shall assume that our base topos **Set** satisfies the Linear Ordering Principle (the assertion that any set can be linearly ordered); this is well known to be strictly weaker than the full axiom of choice, but it implies the axiom of choice for families of finite sets.

We say an object $A$ of a topos $\mathcal{E}$ is *orderable* if it can be given the structure of a model of the theory $\mathbb{L}$ of linearly ordered sets described in D3.4.11; and we say $\mathcal{E}$ is *locally orderable* if it has an orderable pre-bound. Clearly, an orderable object $A$ is decidable, since the axioms of $\mathbb{L}$ imply that $A \times A$ is the disjoint union of the order-relation, its opposite and the diagonal; so any locally orderable topos is locally decidable. It is also clear that a coproduct $A_1 \amalg A_2$ of two orderable objects is orderable (with the ordering in which all of $A_1$ precedes all of $A_2$), and so is their product $A_1 \times A_2$ (with the lexicographic ordering). Hence, if $B$ is an orderable pre-bound for $\mathcal{E}$, so is $(B \amalg 1) \times Q$, where $Q$ is the object of rational numbers in $\mathcal{E}$ (cf. D4.7.1); but the latter pre-bound is actually a model of the theory $\mathbb{L}_\infty$ of dense linear orders without endpoints, considered in D3.4.11. Thus we obtain an analogue of 5.4.4:

**Theorem 5.4.8** *The following conditions on a Grothendieck topos $\mathcal{E}$ are equivalent:*

(i) *$\mathcal{E}$ is locally orderable.*

(ii) *Every object of $\mathcal{E}$ is a quotient of an orderable object.*

(iii) *There exists a localic geometric morphism from $\mathcal{E}$ to a topos in which every object is orderable.*

(iv) *There exists a localic geometric morphism from $\mathcal{E}$ to the topos $\mathbf{Cont}(G_1)$, where $G_1$ is the group of order-preserving permutations of $\mathbb{Q}$ (with its 'natural' topology).*

**Proof** (iii) $\Rightarrow$ (ii) follows from the fact that inverse image functors preserve orderability, and subobjects of orderable objects are orderable. (ii) $\Rightarrow$ (i) follows from the fact that any object mapping epimorphically to a pre-bound is a pre-bound. (i) $\Rightarrow$ (iv) follows from the remarks above, plus the fact that we may identify the classifying topos $\mathbf{Set}[\mathbb{L}_\infty]$ with $\mathbf{Cont}(G_1)$ (see D3.4.11). So, to complete the circle, it suffices to prove that every object of $\mathbf{Cont}(G_1)$ is orderable.

Since $\mathbf{Cont}(G_1)$ is atomic, we know that every object of it can be written as a set-indexed coproduct of atoms. Of course, in general the proof that an infinite coproduct of orderable objects is orderable requires the full axiom of choice in **Set**, in order to choose a linear ordering of each summand (and a linear ordering of the set indexing the coproduct); however, it turns out that in $\mathbf{Cont}(G_1)$ each atom has a (nonzero) finite number of distinct linear orderings, so we need only the axiom of choice for families of finite sets – which, as we remarked above, follows from the Linear Ordering Principle.

By D3.4.11, we may also regard $\mathbf{Cont}(G_1)$ as the topos $\mathbf{Sh}(\mathbf{Ord}_{fm}^{\mathrm{op}}, J)$, where $\mathbf{Ord}_{fm}$ is the category of finite linearly ordered sets and order-preserving injections between them, and $J$ is the atomic coverage on $\mathbf{Ord}_{fm}^{\mathrm{op}}$ (i.e. the coverage in which every inhabited sieve covers). In terms of this description, the atoms are the representable functors $A_n = \mathbf{Ord}_{fm}(n, -)$, where $n$ denotes an $n$-element linearly ordered set. It is easy to see that $A_n$ can be made into a subobject (in $n!$ possible ways) of $(A_1)^n$; and $A_1$ is the underlying object of the generic model of $\mathbb{L}_\infty$; hence every $A_n$ is orderable. The fact that each $A_n$ has finitely many linear orderings follows from the fact that $A_n \times A_n$ is a finite coproduct of atoms (since $(A_1)^{2n}$ is); so it has only finitely many subobjects. (In fact there are exactly $2^n n!$ linear orderings of $A_n$; for a proof of this, and further information about the structure of linearly ordered objects in $\mathbf{Cont}(G_1)$, see [529].) □

Not every Boolean topos is locally orderable: for example, in $\mathbf{Cont}(G_0)$ the only orderable atom is the terminal object 1, from which it follows that the only orderable objects are the constant objects $p^*I$ (where $p\colon \mathbf{Cont}(G_0) \to \mathbf{Set}$ is the unique geometric morphism), and these do not include a pre-bound. (More generally, if $G$ is any group containing non-identity elements of finite order, then $[G, \mathbf{Set}]$ is not locally orderable.) Perhaps more surprisingly, the conjunction of local orderability and Booleanness does not imply that every object is orderable; the following counterexample is essentially due to G. P. Monro [860] (see also [524]).

**Example 5.4.9** Let $\Sigma$ be the signature with one sort and three binary relation symbols $<$, $\equiv$ and $\#$ (which, as usual, we write in infix rather than prefix notation), and let $\mathbb{T}$ be the coherent theory over $\Sigma$ with the following axioms:

(*a*) the axioms which say that $<$ is a linear order without endpoints;

(*b*) the axioms which say that $\equiv$ is an equivalence relation, and $\#$ is its complement;

(*c*) the sequents

$$\left(\top \vdash_{x_1,\dots,x_n} (\exists y) \bigwedge_{i=1}^{n} (y \# x_i)\right)$$

for all $n \geq 0$, and

$$((x < y) \vdash_{x,y,z} (\exists w)((x < w) \wedge (w < y) \wedge (w \equiv z))) .$$

Thus a $\mathbb{T}$-model is a linearly ordered object without endpoints, equipped with a complemented equivalence relation which has infinitely many equivalence classes, and such that each equivalence class is dense in the linear order (so that, in particular, the linear order is dense). Thus $\mathbb{T}$ may be regarded as a propositional extension of $\mathbb{L}_\infty$, and so we have a localic morphism $\mathbf{Set}[\mathbb{T}] \to \mathbf{Set}[\mathbb{L}_\infty]$ by B4.2.12; in particular, $\mathbf{Set}[\mathbb{T}]$ is locally orderable. But it is easily seen that $\mathbb{T}$ satisfies the conditions of D3.4.6(ii), and so its classifying topos is Boolean; specifically, it is $\mathbf{Cont}(G_2)$ where $G_2$ is the automorphism group of the unique (up to isomorphism) countable $\mathbb{T}$-model $M$ in $\mathbf{Set}$ (cf. 5.2.14(*c*)), and the generic model is $M$ itself with the canonical action of $G_2$. Now consider the quotient $N = M/[\![\equiv]\!]_M$; of course, $G_2$ also acts continuously on this quotient, and (as an object of $\mathbf{Cont}(G_2)$) it is the quotient of the generic $\mathbb{T}$-model by $\equiv$. It is easy to see that, given any open subgroup $H$ of $G_2$, we can find two elements $x, y$ of $N$ and an element of $H$ which interchanges them; in fact we can take $x$ and $y$ to be any two $\equiv$-classes which do not contain elements fixed by $H$. It follows that $N$ does not admit any linear ordering which is invariant under an open subgroup of $G_2$; hence, as an object of $\mathbf{Cont}(G_2)$, $N$ is not orderable.

**Remark 5.4.10** By analogy with 5.4.2(*c*), it is easy to see that a functor category $[\mathcal{C}, \mathbf{Set}]$ is locally orderable iff each representable functor $\mathcal{C}(U, -)$ admits a total ordering, iff each morphism of $\mathcal{C}$ is monic and we can totally order each hom-set of $\mathcal{C}$ in such a way that all mappings of the form $a \mapsto ba$ (for a fixed morphism $b$) are order-preserving. We note that this holds if $\mathcal{C}$ is the free category on a directed graph $\mathcal{G}$, at least provided we have a total ordering of the arrows of $\mathcal{G}$, since we may then use reverse lexicographic ordering to order the morphisms of $\mathcal{C}$ (that is, finite formally-composable strings of arrows of $\mathcal{G}$) with a given domain. Thus in particular the étendue constructed in the proof of 5.2.3 is locally orderable; so that result may be strengthened to say that *every Grothendieck topos admits a hyperconnected morphism from a locally orderable étendue.*

We may also extend 5.4.8, by adding to its equivalent conditions one which corresponds to (v) of 5.4.4: a Grothendieck topos is locally orderable iff it is definable by a site $(\mathcal{C}, J)$ where $\mathcal{C}^{\mathrm{op}}$ satisfies the condition mentioned in the previous paragraph. For if our locally orderable topos $\mathcal{E}$ is represented as $\mathbf{Sh}_{\mathbf{Cont}(G_1)}(X)$, then we may use the Comparison Lemma 2.2.3 to cut down the site of 2.5.8($e$) to its full subcategory on those objects $(H, U)$ for which $H$ is the stabilizer of a finite subset $\{q_1, \ldots, q_n\}$ of $\mathbb{Q}$. Now left cosets of such an $H$ correspond to order-preserving injections $g\colon \{q_1, \ldots, q_n\} \to \mathbb{Q}$, and we may order these by imposing the lexicographic ordering on the $n$-tuples $(g(q_1), \ldots, g(q_n))$ (where for definiteness we suppose that the elements $q_1, \ldots, q_n$ are listed in increasing order). It is easily verified that this defines a total ordering on the hom-sets of $\mathcal{C}$ in such a way that composition with a fixed morphism is order-preserving.

We now return to the proof of Freyd's representation theorem.

**Theorem 5.4.11** *Let $\mathcal{E}$ be a Grothendieck topos. Then, for $i = 0, 1$, there exist spans*

$$\mathcal{E} \xleftarrow{\ f_i\ } \mathcal{F}_i \xrightarrow{\ g_i\ } \mathbf{Cont}(G_i)$$

*in $\mathfrak{BTop}/\mathbf{Set}$ such that $f_i$ is connected atomic and $g_i$ is localic, where $G_0$ (resp. $G_1$) is the group of all permutations of $\mathbb{N}$ (resp. the group of all order-preserving permutations of $\mathbb{Q}$), with its natural topology. Equivalently, $\mathcal{E}$ may be represented as an exponential variety in a locally decidable (resp. locally orderable) Grothendieck topos.*

**Proof** We shall give two proofs of the theorem: the first is (a reworking of) Freyd's original proof, and the second is a more 'conceptual' proof, which is due to A. Joyal. (In fact the second proof is really no more than a translation of the first into the language of geometric theories: the relationship between the two is much like that between 5.2.1 and 5.2.8($c$).) It is also worth noting that the case $i = 0$ of the theorem follows from the case $i = 1$, since the topos $\mathbf{Cont}(G_1)$ is Boolean and so admits a localic morphism to $\mathbf{Cont}(G_0)$ by 5.4.5; however, in both cases we shall give the proof for $i = 0$ in detail and merely sketch the (very similar) argument for $i = 1$.

(i) Let $B$ be a pre-bound for $\mathcal{E}$ over $\mathbf{Set}$, that is, an object such that the subobjects of its finite powers form a generating set for $\mathcal{E}$. For technical reasons, we need to assume that $B$ is well-supported, so that every injection $u\colon [m] \rightarrowtail [n]$ between finite sets induces an epimorphism $B^u\colon B^n \twoheadrightarrow B^m$ (here we are writing $[n]$ for the $n$-element set $\{0, 1, \ldots, n-1\}$). We shall take our site $(\mathcal{C}, J)$ for $\mathcal{E}$ to be the full subcategory of $\mathcal{E}$ on the subobjects of finite powers of $B$, equipped with the coverage induced by the canonical coverage on $\mathcal{E}$.

We now define a new site $(\mathcal{D}, K)$ as follows: objects of $\mathcal{D}$ are diagrams

$$A \xrightarrow{\ f\ } A' \overset{g}{\rightarrowtail} B^n$$

in $\mathcal{E}$, where $A$ and $A'$ are objects of $\mathcal{C}$ and $n$ is a natural number. We shall denote such an object by a quintuple $(A, f, A', g, n)$. Morphisms $(A_1, f_1, A_1', g_1, n_1) \to (A_2, f_2, A_2', g_2, n_2)$ are pairs $(h, u)$ where $h\colon A_1 \to A_2$ in $\mathcal{E}$ and $u\colon [n_2] \rightarrowtail [n_1]$ is an injection such that $B^u\colon B^{n_1} \to B^{n_2}$ maps the subobject $g_1$ into $g_2$ and the diagram

$$\begin{array}{ccccc}
A_1 & \xrightarrow{\ f_1\ } & A_1' & \overset{g_1}{\rightarrowtail} & B^{n_1} \\
\Big\downarrow{\scriptstyle h} & & & & \Big\downarrow{\scriptstyle B^u} \\
A_2 & \xrightarrow{\ f_2\ } & A_2' & \underset{g_2}{\rightarrowtail} & B^{n_2}
\end{array}$$

commutes. We have a functor $P\colon \mathcal{D} \to \mathcal{C}$ which sends $(A, f, A', g, n)$ to $A$ and $(h, u)$ to $h$; it is easy to see that $P$ is a fibration, since if we are given a morphism $h\colon C \to P(A, f, A', g, n)$ in $\mathcal{C}$ we have a prone lifting $(h, 1_{[n]})\colon (C, fh, A', g, n) \to (A, f, A', g, n)$. Also, $P$ has a full and faithful right adjoint $T$ given by $T(A) = (A \to 1 \rightarrowtail B^0)$; so if we define the coverage $K$ on $\mathcal{D}$ by saying that $P$ creates covers (i.e. that a sieve on an object is covering iff its image under $P$ generates a $J$-covering sieve), then it follows from 3.5.10 that the fibration of sites $(P, T)$ induces a connected atomic morphism $\mathbf{Sh}(\mathcal{D}, K) \to \mathbf{Sh}(\mathcal{C}, J) \simeq \mathcal{E}$.

Next, we observe that the full subcategory $\mathcal{D}'$ of $\mathcal{D}$ consisting of those objects $(A, f, A', g, n)$ for which $f$ is an identity morphism is $K$-dense in the sense of 2.2.1: for, given any object $(A, f, A', g, n)$, we can choose a monomorphism $h\colon A \rightarrowtail G^m$ for some $m$, and then we have a morphism

$$\begin{array}{ccccc}
A & \xrightarrow{\ 1\ } & A & \overset{(h, gf)}{\rightarrowtail} & B^{m+n} \\
\Big\downarrow{\scriptstyle 1} & & & & \Big\downarrow{\scriptstyle B^u} \\
A & \xrightarrow{\ f\ } & A' & \overset{g}{\rightarrowtail} & B^{n}
\end{array}$$

in $\mathcal{D}$ (where $u\colon [n] \to [m+n]$ is the map $j \mapsto m+j$), which clearly generates a $K$-covering sieve. Thus by 2.2.3 $\mathbf{Sh}(\mathcal{D}, K)$ is equivalent to $\mathbf{Sh}(\mathcal{D}', K')$, where $K'$ is the coverage induced on $\mathcal{D}'$.

Now let $L_n$, for each $n$, denote the frame of subobjects of $B^n$ in $\mathcal{E}$, and consider the sequence of embeddings

$$L_0 \rightarrowtail L_1 \rightarrowtail L_2 \rightarrowtail \cdots$$

induced by pullback along the projections $B^{n+1} \to B^n$ induced by the inclusions $[n] \rightarrowtail [n+1]$ in $\mathbf{Set}_f$. Let $L$ be the colimit of this sequence (in $\mathbf{Set}$, or in the category of Heyting algebras). Given an element $g \colon A \rightarrowtail B^n$ of $L_n$ for some $n$ and a permutation $u$ of $\mathbb{N}$, we may choose $m$ such that $u$ maps $[n]$ into $[m]$ and define $u \cdot f$ to be the subobject of $B^m$ obtained by pulling back $f$ along $B^u$; this clearly defines a continuous action of the group $G_0$ on $L$, in which $L_n$ is exactly the subset of elements fixed by the subgroup $G_{0,n}$ of all permutations fixing $\{0, 1, \ldots, n-1\}$ pointwise. (The fact that $L_n$ is exactly this subset, rather than merely contained in it, is a consequence of the fact that the morphisms $B^u$ are epic in $\mathcal{E}$: if an object of $\mathrm{Sub}_{\mathcal{E}}(B^m)$, for some $m > n$, has the same pullback along $B^u$ and $B^v$ whenever $u$ and $v$ agree on $[n]$, then we may equip it with descent data relative to the epimorphism $B^i$, where $i \colon [n] \rightarrowtail [m]$ is the inclusion.)

In fact it is not hard to see that $L$ is an internal frame in $\mathbf{Cont}(G_0)$, i.e. (cf. 2.5.8($e$)) it is the 'continuous part' of its MacNeille completion, regarded as a frame in $[G_0, \mathbf{Set}]$. Moreover, if we construct the site described in 2.5.8($e$) for the topos $\mathbf{Sh}_{\mathbf{Cont}(G_0)}(L)$ (but restricting its objects to those $(H, U)$ for which $H$ is one of the particular open subgroups $G_{0,n}$ – these clearly define a dense subcategory), we obtain a site equivalent to $(\mathcal{D}', K')$. Thus we have $\mathbf{Sh}(\mathcal{D}, K) \simeq \mathbf{Sh}(\mathcal{D}', K') \simeq \mathbf{Sh}_{\mathbf{Cont}(G_0)}(L)$, as required.

For the case $i = 1$, we proceed in exactly the same way, except that in the definition of the morphisms of $\mathcal{D}$ we restrict ourselves to pairs $(h, u)$ for which $u$ is an order-preserving injection, and we replace the sequential colimit in the definition of $L$ by a directed colimit indexed by the poset of finite subsets of $\mathbb{Q}$.

(ii) For the second proof, we first note that, if $\mathcal{E}$ is a topos satisfying the conclusion of the theorem and $h \colon \mathcal{E}' \to \mathcal{E}$ is a localic geometric morphism, then $\mathcal{E}'$ also satisfies the conclusion; for we may form the pullbacks

$$\begin{array}{ccc} \mathcal{F}'_i & \xrightarrow{\;h_i\;} & \mathcal{F}_i \\ \Big\downarrow{\scriptstyle f'_i} & & \Big\downarrow{\scriptstyle f_i} \\ \mathcal{E}' & \xrightarrow{\;h\;} & \mathcal{E} \end{array}$$

in which $f'_i$ is connected and atomic by 3.3.15 and 3.5.12, and $h_i$ (and therefore the composite $g_i h_i$) is localic by B3.3.6. So, by D3.2.6, it suffices to prove the result for some particular topos $\mathbf{Set}[\mathbb{T}]$, where $\mathbb{T}$ is a single-sorted geometric theory such that every Grothendieck topos has a pre-bound which can be given the structure of a $\mathbb{T}$-model. In fact, as in the second part of 5.2.8(*c*), we shall take $\mathbb{T}$ to be the theory $\mathbb{O}_1$ of inhabited objects.

We now proceed in a manner which is reminiscent of 5.4.9 above. For the case $i = 0$, we consider the theory $\mathbb{T}_0$ over the signature with two binary relation symbols $\#$ and $\equiv$, having axioms which say that $\#$ is the complement of the equality relation, that $\equiv$ is an equivalence relation, that the object under consideration is inhabited and, for each $n \geq 1$, the sequent

$$\left(\top \vdash_{x_1,\ldots,x_n} (\exists y)\left((y \equiv x_1) \wedge \bigwedge_{i=1}^{n} (y \# x_i)\right)\right)$$

which says that each $\equiv$-class is infinite. Let $M$ denote the generic $\mathbb{T}_0$-model in $\mathbf{Set}[\mathbb{T}_0]$; then $M$ is clearly decidable and infinite, so it is classified by a geometric morphism $\mathbf{Set}[\mathbb{T}_0] \to \mathbf{Set}[\mathbb{D}_\infty] \simeq \mathbf{Cont}(G_0)$, which is localic by D3.2.6. On the other hand, the quotient of $M$ by the equivalence relation $[\![\equiv]\!]_M$ is clearly an inhabited object of $\mathbf{Set}[\mathbb{T}_0]$, so it is classified by a geometric morphism $\mathbf{Set}[\mathbb{T}_0] \to \mathbf{Set}[\mathbb{O}_1]$; we shall show that this morphism is connected and atomic.

Viewed as a topos over $\mathbf{Set}[\mathbb{O}_1]$, $\mathbf{Set}[\mathbb{T}_0]$ may be regarded as the classifying topos for the theory of '$G$-indexed families of infinite decidable objects' where $G$ is a particular object of the base topos, namely the generic inhabited object itself. (In fact, the pullback of $\mathbf{Set}[\mathbb{T}_0] \to \mathbf{Set}[\mathbb{O}_1]$ along an arbitrary localic morphism $f : \mathcal{E} \to \mathbf{Set}[\mathbb{O}_1]$ may similarly be regarded as classifying the theory of $B$-indexed families of decidable objects, where $B$ is the pre-bound for $\mathcal{E}$ classified by $f$; so the argument which follows could be applied directly to this pullback. We note also that $\mathbf{Set}[\mathbb{T}_0] \to \mathbf{Set}[\mathbb{O}_1]$ is a (covariant) partial product in the sense of B4.4.14, namely the partial product of the opfibration $\mathbf{Set}[\mathbb{O}_1]/G \to \mathbf{Set}[\mathbb{O}_1]$ and the topos $\mathbf{Set}[\mathbb{D}_\infty]$; but that is not relevant to our present concerns.) It is easy to see, generalizing the arguments of D3.2.7 and D3.4.10, that a site for this topos may be obtained by taking the internal category $\mathbb{C}$ whose objects (indexed by the list object $LG$ in $\mathbf{Set}[\mathbb{O}_1]$) are all morphisms $[p] \to G$ from finite cardinals to $G$, and whose morphisms are monomorphisms (over $G$) between their domains, and imposing the coverage $T$ on $\mathbb{C}^{\mathrm{op}}$ in which every inhabited sieve covers. Now it is also easy to see that $(\mathbb{C}^{\mathrm{op}}, T)$ is a connected atomic site in the sense of 3.5.8; so $\mathbf{Set}[\mathbb{T}_0] \to \mathbf{Set}[\mathbb{O}_1]$ is connected and atomic.

For the case $i = 1$, we proceed similarly, using the theory $\mathbb{T}_1$ whose signature has two binary relation symbols $<$ and $\equiv$, and axioms which say that $<$ is a linear order without endpoints, that $\equiv$ is an equivalence relation, that the object under discussion is inhabited, and that each $\equiv$-class is dense in the linear order (cf. 5.4.9). Once again, the generic model $M$ of $\mathbb{T}_1$ is classified by a localic geometric morphism $\mathbf{Set}[\mathbb{T}_1] \to \mathbf{Set}[\mathbb{L}_\infty] \simeq \mathbf{Cont}(G_1)$, and the quotient $M/[\![\equiv]\!]_M$ is classified by a connected atomic morphism $\mathbf{Set}[\mathbb{T}_1] \to \mathbf{Set}[\mathbb{O}_1]$. We omit the details, which are similar to those already given for $i = 0$. □

**Remark 5.4.12** If $\mathcal{E}$ is any Grothendieck topos which is not locally decidable, then the covering maps $f_i : \mathcal{F}_i \to \mathcal{E}$ constructed in 5.4.11 provide examples of (bounded) connected atomic morphisms with no sections (cf. 3.5.7 and 5.2.14($a$)). We can see this directly, by observing that the geometric theories (relative to $\mathcal{E}$) occurring in the second proof of 5.4.11 cannot have models in $\mathcal{E}$; but it is also clear that a section of $f_i$, if it existed, would necessarily be localic (since its direct image functor would be faithful, cf. A4.6.2($a$)), and so it would force $\mathcal{E}$ to be locally decidable. In the same way, taking $i = 1$ and $\mathcal{E} = \mathbf{Cont}(G_0)$, we get an example of such a morphism whose codomain is Boolean. In D3.4.14 we provide a (more complicated) example whose codomain is **Set**.

**Suggestions for further reading:** Freyd [374], Johnstone [521, 524, 529].

# PART D

# TOPOSES AS THEORIES

# D1

# FIRST-ORDER CATEGORICAL LOGIC

## D1.1 First-order languages

In this chapter we shall examine the relationship between topos theory and first-order predicate logic. The languages underlying this kind of logic contain formal expressions called *terms*, which denote individuals, and formal expressions called *formulae*, which denote predicates that make assertions about the individuals. Compound terms and formulae are built up using various logical operators. The expressions of such a language can be assigned meanings in a category: the terms are interpreted as morphisms and the formulae as subobjects, in a way that respects the logical structure of compound expressions. This categorical semantics requires various kinds of categorical structure to be present in the category, mirroring the logical operations which are allowed in the language, and will be described in the next section. In this section we shall describe the formal syntax of first-order languages.

Since our concern in this book is with toposes, we shall be considering those logical operations which have a meaningful interpretation using the categorical structure of toposes (both elementary and Grothendieck toposes): this is a very rich collection of logical operations. The formulae are built up using logical constants (true and false), connectives (conjunction, disjunction, implication and negation) and quantifiers (existential and universal), starting from some atomic relations (which will always include the distinguished relation of equality). The languages will be possibly *infinitary*, that is, allow infinite conjunctions or disjunctions; but they will be *first-order* rather than *higher-order*, meaning that quantification is over variable individuals rather than over subsets of individuals, functions of individuals, or iterates of such power and function constructions. (Higher-order predicate logic will be considered in Chapter D4.) However, we will allow individuals to be grouped into different *sorts*. Thus the languages considered in this chapter will contain expressions in *infinitary, first-order, many-sorted predicate logic with equality*. Each language may involve certain non-logical symbols denoting basic sorts and basic functions and relations of various kinds. This information constitutes the signature of the language.

**Definition 1.1.1** A (first-order) *signature* $\Sigma$ consists of the following data.

(*a*) A set $\Sigma$-Sort of *sorts.*

(*b*) A set $\Sigma$-Fun of *function symbols*, together with a map assigning to each $f \in \Sigma$-Fun its *type*, which consists of a finite non-empty list of sorts (with the last sort in the list enjoying a distinguished status): we write

$$f\colon A_1 \cdots A_n \to B$$

to indicate that $f$ has type $A_1, \ldots, A_n, B$. (The number $n$ is called the *arity* of $f$; in the case $n = 0$, $f$ is more usually called a *constant* of sort $B$.)

(*c*) A set $\Sigma$-Rel of *relation symbols*, together with a map assigning to each $R \in \Sigma$-Rel its *type*, which consists of a finite list of sorts: we write

$$R \rightarrowtail A_1 \cdots A_n$$

to indicate that $R$ has type $A_1, \ldots, A_n$. (The number $n$ is called the *arity* of $R$; in the case $n = 0$, $R$ is more usually called an *atomic proposition.*)

In some contexts, it is convenient to assume that the set $\Sigma$-Sort is equipped with finite products (that is, that we are given a set of 'ground sorts', and further sorts can be built up from these as (formal) finite products – including the empty product); this has the advantage that we can take all our function symbols and relation symbols to be unary. For most purposes, it is merely a matter of taste which approach one adopts in the first-order context; but when we come to higher-order logic in Chapter D4, it will be natural to adopt the second approach.

For each sort $A$ of a signature $\Sigma$ we assume given a supply of *variables* of sort $A$. (The variables of sort $A$ are usually assumed to form a (fixed) countably infinite set $V_A$, but this doesn't really matter: the only important thing is that, in any context, we are free to introduce a new variable of sort $A$, i.e. one which hasn't already appeared in any of the terms or formulae under consideration.) Then we have

**Definition 1.1.2** The collection of *terms* over $\Sigma$ is defined recursively by the clauses below; simultaneously, we define the *sort* of each term and write $t\colon A$ to denote that $t$ is a term of sort $A$.

(*a*) $x\colon A$, if $x$ is a variable of sort $A$;

(*b*) $f(t_1, \ldots, t_n)\colon B$, if $f\colon A_1 \cdots A_n \to B$ is a function symbol and $t_1 : A_1, \ldots,$ $t_n\colon A_n$.

If $f$ is a constant (that is, a function symbol of arity 0), we commonly write $f$ rather than $f(\,)$ for the term obtained by applying $f$ (as in (*b*) above) to the empty string of terms.

Next, we turn to the *formulae*, that is the logical expressions denoting predicates; the following definition is complicated by the fact that we are simultaneously defining several different fragments of logic (that is, classes of formulae) with which we wish to work, but each individual clause in the definition is straightforward enough. (We should perhaps mention the long-standing tradition in logic whereby formulae are called 'well-formed formulae' or even 'wffs'; but since there is no (useful) notion of an 'ill-formed formula', this terminology seems redundant.)

**Definition 1.1.3** Consider the following clauses for recursively defining a class $F$ of *formulae* over $\Sigma$, together with, for each formula $\phi$, the (finite) set $\mathrm{FV}(\phi)$ of *free variables* of $\phi$.

(i) *Relations*: $R(t_1, \ldots, t_n)$ is in $F$, if $R \rightarrowtail A_1 \cdots A_n$ is a relation symbol and $t_1 \colon A_1, \ldots, t_n \colon A_n$ are terms; the free variables of this formula are all the variables occurring in some $t_i$. (Once again, if $R$ has arity 0 we write simply $R$ rather than $R(\,)$.)

(ii) *Equality*: $(s = t)$ is in $F$ if $s$ and $t$ are terms of the same sort; $\mathrm{FV}(s = t)$ is the set of variables occurring in $s$ or $t$ (or both). (Sometimes it is convenient to distinguish between the equality predicates associated with different sorts; if we wish to do this, we shall write $(s =_A t)$, where $A$ is the sort of $s$ and $t$.)

(iii) *Truth*: $\top$ is in $F$; $\mathrm{FV}(\top) = \emptyset$.

(iv) *Binary conjunction*: $(\phi \wedge \psi)$ is in $F$, if $\phi$ and $\psi$ are in $F$; $\mathrm{FV}(\phi \wedge \psi) = \mathrm{FV}(\phi) \cup \mathrm{FV}(\psi)$.

(v) *Falsity*: $\bot$ is in $F$; $\mathrm{FV}(\bot) = \emptyset$.

(vi) *Binary disjunction*: $(\phi \vee \psi)$ is in $F$, if $\phi$ and $\psi$ are in $F$; $\mathrm{FV}(\phi \vee \psi) = \mathrm{FV}(\phi) \cup \mathrm{FV}(\psi)$.

(vii) *Implication*: $(\phi \Rightarrow \psi)$ is in $F$, if $\phi$ and $\psi$ are in $F$; $\mathrm{FV}(\phi \Rightarrow \psi) = \mathrm{FV}(\phi) \cup \mathrm{FV}(\psi)$.

(viii) *Negation*: $\neg\phi$ is in $F$, if $\phi$ is in $F$; $\mathrm{FV}(\neg\phi) = \mathrm{FV}(\phi)$.

(ix) *Existential quantification*: $(\exists x)\phi$ is in $F$, if $\phi$ is in $F$ and $x$ is a variable; $\mathrm{FV}((\exists x)\phi) = \mathrm{FV}(\phi) \setminus \{x\}$. (Again, it is sometimes convenient to specify the sort of the variable being quantified; if we wish to do this, we write $(\exists x \colon A)\phi$.)

(x) *Universal quantification*: $(\forall x)\phi$ (or $(\forall x \colon A)\phi$, if it is necessary to specify the sort of $x$) is in $F$, if $\phi$ is in $F$ and $x$ is a variable; $\mathrm{FV}((\forall x)\phi) = \mathrm{FV}(\phi) \setminus \{x\}$.

(xi) *Infinitary disjunction*: $\bigvee_{i \in I} \phi_i$ is in $F$, if $I$ is a set, $\phi_i$ is in $F$ for each $i \in I$ and $\bigcup_{i \in I} \mathrm{FV}(\phi_i)$ is finite; in which case the latter set is $\mathrm{FV}(\bigvee_{i \in I} \phi_i)$.

(xii) *Infinitary conjunction*: $\bigwedge_{i \in I} \phi_i$ is in $F$, if $I$ is a set, $\phi_i$ is in $F$ for each $i \in I$ and $\bigcup_{i \in I} \mathrm{FV}(\phi_i)$ is finite; in which case the latter set is $\mathrm{FV}(\bigwedge_{i \in I} \phi_i)$.

Using these clauses, we make the following definitions.

(*a*) The set of *atomic formulae* over $\Sigma$ is the smallest set closed under clauses (i) and (ii).

(*b*) The set of *Horn formulae* over $\Sigma$ is the smallest set closed under clauses (i)–(iv).

(*c*) The set of *regular formulae* over $\Sigma$ is the smallest set closed under clauses (i)–(iv) and (ix).

(*d*) The set of *coherent formulae* over $\Sigma$ is the smallest set closed under clauses (i)–(vi) and (ix).

(*e*) The set of *first-order formulae* over $\Sigma$ is the smallest set closed under clauses (i)–(x).

The final two definitions involve clauses (xi) and (xii), which are infinitary in nature and result in proper classes (rather than sets) of formulae.

(*f*) The class of *geometric formulae* over $\Sigma$ is the smallest class closed under clauses (i)–(vi), (ix) and (xi).

(*g*) The class of *infinitary first-order formulae* over $\Sigma$ is the smallest class closed under clauses (i)–(xii).

We recall that the names 'regular', 'coherent' and 'geometric' were all introduced in Chapter A1 as names for particular classes of categories with structure. The re-use of these names here is not accidental: as we shall see in the next section, regular (resp. coherent, geometric) formulae are precisely those which can be interpreted in regular (resp. coherent, geometric) categories. (Similarly, first-order formulae are those which can be interpreted in Heyting categories; we should perhaps have called the latter 'first-order categories', but that name is potentially confusing since every category is a model of a first-order theory – see 1.1.7(*e*) below.) There is one important class of formulae missing from the list above, namely *cartesian formulae*, which correspond in a similar way to cartesian categories: this class is in fact intermediate between those of Horn formulae and regular formulae (we allow certain instances of existential quantification, but not all of them), and before we can explain which existential quantifications are permitted we have to develop the notion of provability appropriate to cartesian logic. So the definition of this class is postponed until 1.3.4 below.

The variables $x$ which occur in a formula $\phi$, but which are within the scope of some quantifier $(\exists x)$ or $(\forall x)$, are called its *bound variables*. In practice we do not distinguish between two formulae if they are *$\alpha$-equivalent*, that is, if they differ only in the names of bound variables. We note that the same variable may appear both bound and free in different parts of a compound formula; but for any $\phi$ there is an $\alpha$-equivalent $\phi'$ in which this does not happen, and we normally suppose that the names of our bound variables have been chosen in such a way that these coincidences are avoided. A *closed formula* (also called a *sentence*) is one for which $\mathrm{FV}(\phi)$ is empty. A *closed term* is one which contains no variables.

It is quite possible, for a particular language, that there are sorts which possess no closed terms. Consequently, the use of variables of these sorts carries an implicit existential hypothesis. In classical set-based semantics, this implicit hypothesis is normally 'swept under the carpet' by imposing the requirement that the interpretation of any sort must be a *nonempty* set; but since we wish to interpret our languages in categories more general than **Set**, where we do not always have such a sharp distinction between 'emptiness' and 'possession of elements', we cannot afford to make any such general assumption. Therefore, we shall always keep a tally of which of these implicit hypotheses are present in any particular situation, via the notion of a 'context'.

**Definition 1.1.4** A *context* is a finite list $\vec{x} = x_1, \ldots, x_n$ of distinct variables. The case $n = 0$ is allowed, being the empty context $[\,]$. If $\vec{x}$ is a context and $y$ is a variable different from those occuring in $\vec{x}$, then $\vec{x}, y$ will denote the context obtained by appending $y$ to the list $\vec{x}$. Similarly $\vec{x}, \vec{y}$ denotes the result of concatenating contexts $\vec{x}$ and $\vec{y}$ when they are disjoint. The *type* of a context $\vec{x}$ is the string of (not necessarily distinct!) sorts of the variables appearing in it.

We shall hardly ever consider terms and formulae by themselves, but rather in some context. We say a context $\vec{x}$ is *suitable* for a formula $\phi$ if all the free variables of $\phi$ occur in $\vec{x}$; a *formula-in-context* is an expression of the form $\vec{x}.\phi$, where $\phi$ is a formula and $\vec{x}$ is a suitable context for it. The *canonical context* for $\phi$ is the context consisting precisely of the distinct free variables of $\phi$, listed in the order of their first appearance. Similarly, a *term-in-context* $\vec{x}.t$ is a term $t$ together with a context $\vec{x}$ containing all the variables mentioned in $t$.

We shall frequently make use of the operation of substituting terms for variables in a formula. If $\vec{s} = s_1, \ldots, s_n$ is a list of (not necessarily distinct) terms, of the same length and type as the context $\vec{x}$, then

$$\phi[\vec{s}/\vec{x}]$$

will denote the formula (well-defined up to $\alpha$-equivalence) resulting from simultaneously substituting $s_i$ for each free occurrence of $x_i$ in $\phi$, for all $i \leq n$, after first changing the names of bound variables in $\phi$ if necessary to avoid capture of variables in $\vec{s}$ by any quantifiers in $\phi$. (In practice, when making substitutions one normally takes care to ensure that the variables occurring in the terms to be substituted are disjoint from those which occur bound in the formula.) Similarly, $t[\vec{s}/\vec{x}]$ will denote the term resulting from simultaneously substituting each $s_i$ for $x_i$ in $t$.

The reader should be warned that the operation of simultaneous substitution, as defined above, is not the same as sequential substitution. In the formula $\phi[s_1/x_1][s_2/x_2]$, the term $s_2$ has been substituted for all occurrences of $x_2$ in $s_1$ (that is, in those copies of $s_1$ that have been substituted into $\phi$), as well as the free occurrences of $x_2$ in $\phi$; but in $\phi[s_1, s_2/x_1, x_2]$ it has not.

Next, we introduce the formal expressions which will serve as axioms for the logical theories we wish to consider.

**Definition 1.1.5** By a *sequent* over a signature $\Sigma$ we mean a formal expression of the form $(\phi \vdash_{\vec{x}} \psi)$, where $\phi$ and $\psi$ are formulae over $\Sigma$ and $\vec{x}$ is a context suitable for both of them. The intended interpretation of this expression is that $\psi$ is a logical consequence of $\phi$ in the context $\vec{x}$, i.e. that any assignment of individual values to the variables in $\vec{x}$ which makes $\phi$ true will also make $\psi$ true. We say a sequent $(\phi \vdash_{\vec{x}} \psi)$ is *regular* (*coherent*, ...) if both $\phi$ and $\psi$ are regular (coherent, ...) formulae.

In full first-order logic, the general notion of sequent is not really needed, since the sequent $(\phi \vdash_{\vec{x}} \psi)$ expresses the same idea as $(\top \vdash_{[]} (\forall x_1) \dots (\forall x_n)(\phi \Rightarrow \psi))$, which we may simply identify with the formula on the right of the turnstile. However, the use of implication and universal quantification in the latter formula takes us out of any of the smaller fragments of logic that we wish to consider; so in these fragments it will be useful to have the notion of sequent available. In the opposite direction, it is sometimes helpful to consider sequents of the more general form $(\vec{\phi} \vdash_{\vec{x}} \psi)$, having a finite string $\vec{\phi} = (\phi_1, \dots, \phi_n)$ of hypotheses and a single conclusion; but since all the fragments of logic we wish to consider in this chapter will include finite conjunction, we shall have no real need of this extra generality.

**Definition 1.1.6** By a *theory* over a signature $\Sigma$, we mean a set $\mathbb{T}$ of sequents over $\Sigma$, whose elements are called the (non-logical) *axioms* of $\mathbb{T}$. We say $\mathbb{T}$ is a *regular* (*coherent*, ...) *theory* if all the sequents in $\mathbb{T}$ are regular (coherent, ...).

In fact the above definition is a provisional one: we shall wish to identify two theories if they have the same logical consequences, and so what we have just defined is really the notion of a *presentation* or *axiomatization* of a theory. However, it is clearly impossible to give a more precise definition of what we mean by a theory until we have developed the notion of logical deduction in Section D1.3. The reason for introducing Definition 1.1.6 at this stage is to enable us to give the list of examples of theories with which we now conclude this section, so as to give the reader some idea of the expressive power of the various fragments of first-order logic that we have introduced.

**Examples 1.1.7** (*a*) By an *algebraic theory*, we mean one whose signature $\Sigma$ has a single sort and no relation symbols (apart from equality), and whose axioms are all of the form $(\top \vdash_{\vec{x}} \phi)$ where $\phi$ is an atomic formula $(s = t)$ and $\vec{x}$ is its canonical context. Such theories can be used to express the notion of a set (or, more generally, an object of a category) $A$ equipped with 'algebraic structure' in the form of finitary operations $A^n \to A$, satisfying 'universal' equations: examples include monoids, groups, abelian groups, rings, modules (over a given ring), lattices, Heyting algebras (cf. A1.5.11), and so on.

(*b*) Slightly more generally, we may consider *many-sorted algebraic theories*, which are subject to the same restrictions as in (*a*) except that their signatures may have more than one sort. A well-known example is the theory of ring–module pairs: this has two sorts $R$ and $M$, whose individuals are to be interpreted as elements of the ring and of the module respectively, and (for example) scalar multiplication becomes a function symbol of type $R, M \to M$. Another example is the theory of directed graphs: this has two sorts $V$ and $A$ (for vertices and arrows), two function symbols of type $A \to V$ (for source and target), and no axioms. (More generally, for any small category $\mathcal{C}$ the theory of diagrams of shape $\mathcal{C}$ can be expressed as a many-sorted algebraic theory.)

(*c*) A familiar example of a theory whose signature involves relation symbols rather than function symbols is the theory of partially ordered sets. The signature for this theory has one sort $A$, one relation symbol $\leq \rightarrowtail A, A$ (which we write, as usual, in infix rather than prefix notation: $(s \leq t)$ denotes the atomic formula $\leq (s, t)$), and no function symbols. The axioms are

$$(\top \vdash_x (x \leq x)),$$
$$(((x \leq y) \wedge (y \leq x)) \vdash_{x,y} (x = y)), \text{ and}$$
$$(((x \leq y) \wedge (y \leq z)) \vdash_{x,y,z} (x \leq z)) .$$

It is clear that this theory is a Horn theory. More generally, we can axiomatize ordered algebraic structures such as ordered groups and ordered rings, by taking a signature which includes both the relation symbol $\leq$ and the appropriate function symbols, and writing down the appropriate Horn sequents as axioms. On the other hand, the theory of totally ordered sets, which is obtained from that of partially ordered sets by adding the sequent

$$(\top \vdash_{x,y} ((x \leq y) \vee (y \leq x))),$$

is (coherent but) not a Horn theory.

(*d*) Again within the realm of Horn theories, we can axiomatize the theories of various classes of algebraic structures such as torsion-free abelian groups. For this particular example, we take the algebraic theory of abelian groups (written additively), and add the Horn sequents

$$((nx = 0) \vdash_x (x = 0))$$

for every integer $n > 1$, where $nx$ of course denotes the term

$$((\cdots (x + x) + \cdots) + x)$$

in which the variable $x$ appears $n$ times.

(*e*) The theory of categories, unlike that of posets, is not a Horn theory (of course, we are not in a position to prove at present that it cannot be axiomatized by Horn sequents, but we shall see how to do so eventually – cf. 2.4.7 below), but it is a regular theory (and we shall see in Section D1.3 that it is actually a cartesian theory). It can be expressed over a signature with a single sort, but it is more convenient to take one with two sorts $O$ and $M$ (for objects and morphisms), three function symbols $\mathrm{id}\colon O \to M$, $\mathrm{dom}\colon M \to O$ and $\mathrm{cod}\colon M \to O$, and one relation symbol $T \rightarrowtail M, M, M$ (the intended meaning of $T(x, y, z)$ being that $z$ is the composite of $x$ and $y$). The axioms involving $T$ include

$$(T(x,y,z) \vdash_{x,y,z} ((\mathrm{dom}(x) = \mathrm{cod}(y)) \wedge (\mathrm{cod}(x) = \mathrm{cod}(z)) \wedge (\mathrm{dom}(y) = \mathrm{dom}(z))),$$
$$((T(x,y,z) \wedge T(x,y,w)) \vdash_{x,y,z,w} (z = w)), \text{ and}$$
$$((\mathrm{dom}(x) = \mathrm{cod}(y)) \vdash_{x,y} (\exists z)T(x,y,z));$$

we leave it to the reader to work out what the other axioms should say.

(*f*) Another example of a regular theory is the theory of divisible abelian groups: this is obtained from the theory of abelian groups by adding the axioms

$$(\top \vdash_x (\exists y)(ny = x))$$

for all $n > 1$. Unlike the theory of categories, this is not a cartesian theory (but if we add the torsion-freeness axioms from example (*d*), we do get a cartesian theory); again, the proof of this fact will come later.

(*g*) A local ring is commonly defined by ring-theorists as a nontrivial commutative ring (with 1) having a unique maximal ideal; this description appears to lie outside the realm of first-order logic since it contains an implicit quantification over ideals, but it is well known to be equivalent to the condition that the non-invertible elements form an additive subgroup (in fact an ideal), which is clearly first-order. If we 'turn round' this condition to get rid of the negations, it becomes a coherent theory: to the algebraic theory of commutative rings with 1, we add the axioms $((0 = 1) \vdash_{[]} \bot)$ (to ensure nontriviality), and

$$((\exists z)((x + y)z = 1) \vdash_{x,y} ((\exists z)(xz = 1) \vee (\exists z)(yz = 1)))\ .$$

(Here we have used the customary ring-theoretic notation for terms built up from variables using the function symbols for addition and multiplication.)

(*h*) Similarly, though a field is customarily described as a nontrivial ring in which every nonzero element is invertible (which would suggest the non-coherent sequent $(\neg(x = 0) \vdash_x (\exists y)(xy = 1))$), the theory of fields can be presented coherently: to the axioms for commutative rings with 1, plus the nontriviality axiom mentioned in (*g*), we add the coherent sequent

$$(\top \vdash_x ((x = 0) \vee (\exists y)(xy = 1)))\ .$$

The reader should be warned that this sequent, though classically equivalent to the non-coherent one mentioned earlier, is constructively stronger; and since we wish to interpret our logic in categories whose subobject lattices may not be Boolean, we shall have to employ constructive rather than classical logic. Thus we have two constructively inequivalent theories of fields, whose models in **Set** (or, more generally, in any Boolean coherent category) happen to coincide, but which 'look different' in a general Heyting category. (In fact, these two theories by no means exhaust the possible ways of defining a field; see [505].) However, it is a consequence of the completeness theorem for geometric theories, which we shall prove in 3.1.16 below, that if two geometric theories (over the same signature) are classically equivalent (i.e. have the same models in all Boolean toposes), then they have the same models in all toposes.

(*i*) It is remarkable how few of the first-order theories encountered in the practice of mathematics fail to be (at least classically equivalent to) coherent theories. (There is a reason for this – see 1.5.13 below.) One that does so is the theory of posets in which each element lies below some maximal element: to the theory described in (*c*) above, we add the axiom

$$(\top \vdash_x (\exists y)((x \le y) \wedge (\forall z)((y \le z) \Rightarrow (y = z))))$$

which is clearly first-order but not coherent. (Once again, it is far from clear at present that this theory *cannot* be axiomatized by coherent sequents, but we shall eventually be able to prove that this is so – cf. 2.4.10.)

(*j*) As an example of a theory which is geometric but not (finitary) first-order, we mention the theory of torsion abelian groups: this is obtained from the algebraic theory of abelian groups by adding the sequent

$$\left(\top \vdash_x \bigvee_{n>1} (nx = 0)\right) .$$

In a similar vein, the theory of fields of a given finite characteristic $p$ is first-order and even coherent (just add the sequent $(\top \vdash_{[]} (p1 = 0))$ to the theory in (*h*)), but the theory of fields of finite characteristic is (geometric but) not first-order.

(*k*) Another instructive example of a geometric theory is the theory of finite sets. To axiomatize this, we take one sort $A$ and one $n$-ary relation symbol $R_n$ for each $n \ge 0$. Then, for each $n$, we take the axiom

$$\left(R_n(x_1, \ldots x_n) \vdash_{x_1,\ldots,x_n,y} \bigvee_{i=1}^{n} (y = x_i)\right)$$

which says that if an $n$-tuple of individuals satisfies the relation $R_n$ then it exhausts the members of (the set interpreting) the sort. (The case $n = 0$ of this axiom is $(R_0 \vdash_y \bot)$, which says that if $R_0$ holds then the interpretation of the sort must be empty.) Then we add the axiom

$$\left(\top \vdash_{[]} \bigvee_{n\ge 0} (\exists x_1) \cdots (\exists x_n) R_n(x_1, \ldots, x_n)\right) .$$

Finally, to ensure that the interpretations of the $R_n$ are uniquely determined by that of the sort (i.e. that $R_n$ holds for *all* $n$-tuples which exhaust the elements of the sort, and not just for some of them), we must add the axioms

$$(R_n(x_1, \ldots, x_n) \vdash_{x_1,\ldots,x_n} R_m(x_{f(1)}, \ldots, x_{f(m)}))$$

whenever $f\colon \{1, 2, \ldots, m\} \to \{1, 2, \ldots, n\}$ is a surjection, and

$$((R_n(x_1, \ldots, x_n) \wedge (x_i = x_j)) \vdash_{x_1,\ldots,x_n} R_{n-1}(x_1, \ldots, x_{j-1}, x_{j+1}, \ldots, x_n))$$

whenever $1 \le i < j \le n$.

($l$) An example of an infinitary first-order theory which is not geometric is given by the theory of metric spaces. This may be axiomatized over a signature with one sort $A$ and a family of binary relation symbols $R_\epsilon \rightarrowtail A, A$ indexed by positive real numbers $\epsilon$; the intended interpretation of $R_\epsilon(x,y)$ is that the distance between $x$ and $y$ is (strictly) less than $\epsilon$. Among the axioms, we have things like

$$(R_\epsilon(x,y) \vdash_{x,y} R_\delta(x,y)) \quad \text{whenever } \epsilon < \delta,$$
$$\Big(R_\epsilon(x,y) \vdash_{x,y} \textstyle\bigvee_{\delta<\epsilon} R_\delta(x,y)\Big) \quad \text{for all } \epsilon, \text{ and}$$
$$((R_\epsilon(x,y) \wedge R_\delta(y,z)) \vdash_{x,y,z} R_{\epsilon+\delta}(x,z))$$

(the last of these expresses the triangle inequality), all of which are geometric; but the key axiom

$$\Big(\bigwedge_{\epsilon>0} R_\epsilon(x,y) \vdash_{x,y} (x=y)\Big),$$

which distinguishes metric spaces from pseudometric spaces, requires an infinitary conjunction.

($m$) We conclude by briefly mentioning the class of *propositional theories.* A propositional signature is one which has no sorts; it follows that it cannot have any function symbols either, and the only relation symbols are atomic propositions (i.e. have arity 0). Of course, in a propositional signature we have no variables, and so we can forget about contexts – the only context is the empty one. Since there can be no quantifiers either, the distinction between Horn formulae/sequents/theories and regular formulae/sequents/theories disappears, and we call them *cartesian formulae/sequents/theories.* Propositional theories are useful for describing subsets of a given structure with particular properties. For example, given a meet-semilattice $L$, we have a propositional theory of filters in $L$, presented in a signature with one atomic proposition $F_a$ (to be thought of as the assertion that $a$ is in the filter) for each $a \in L$; the axioms are $(\top \vdash F_1)$ (where 1 is the top element of $L$), and all sequents of the form $(F_a \vdash F_b)$ with $a \leq b$ in $L$, or

$$((F_a \wedge F_b) \vdash F_{a\wedge b})$$

for arbitrary $a, b \in L$. This is clearly a cartesian theory; if $L$ is a lattice, we may also obtain a coherent propositional theory of prime filters of $L$, by adding the axiom $(F_0 \vdash \bot)$ and all instances of

$$(F_{a\vee b} \vdash (F_a \vee F_b)) \ .$$

And if $L$ is a complete lattice, we may axiomatize completely prime filters of $L$ (which play an important rôle in the theory of locales – see C1.2.2) as a geometric propositional theory, by adding the infinitary analogue of the last axiom-scheme:

$$\Big(F_a \vdash \bigvee_{i \in I} F_{a_i}\Big)$$

whenever $a$ is the join of the family $(a_i \mid i \in I)$ in $L$. (These three examples are 'typical' in a very strong sense, as we shall see in 1.4.14 below.)

**Suggestions for further reading:** Kock & Reyes [640], Makkai & Reyes [790], Reyes [1004].

## D1.2 Categorical semantics

This section describes the interpretation in categories of the expressions of a first-order language. This material lies at the heart of the relationship between category theory and predicate logic, and is a direct generalization of the traditional definition (due to A. Tarski) of satisfaction of first-order formulae in ordinary set-valued structures.

**Definition 1.2.1** (*a*) Let $\mathcal{C}$ be a category with finite products and $\Sigma$ a signature. A $\Sigma$-*structure* $M$ in $\mathcal{C}$ is specified by the following data:

(i) A function assigning to each sort $A$ in $\Sigma$-Sort, an object $MA$ of $\mathcal{C}$. This function is extended to finite strings of sorts by defining $M(A_1, \ldots, A_n) = MA_1 \times \cdots \times MA_n$ (and setting $M([\,])$, where $[\,]$ denotes the empty string, equal to the terminal object 1 of $\mathcal{C}$).

(ii) A function assigning to each function symbol $f\colon A_1 \cdots A_n \to B$ in $\Sigma$-Fun a morphism $Mf\colon M(A_1, \ldots, A_n) \to MB$ in $\mathcal{C}$.

(iii) A function assigning to each relation symbol $R \rightarrowtail A_1 \cdots A_n$ in $\Sigma$-Rel a subobject $MR \rightarrowtail M(A_1, \ldots, A_n)$ in $\mathcal{C}$.

(*b*) The $\Sigma$-structures in $\mathcal{C}$ are the objects of a category $\Sigma$-$\mathbf{Str}(\mathcal{C})$ whose morphisms are the $\Sigma$-structure *homomorphisms*. Such a homomorphism $h\colon M \to N$ is specified by a collection of morphisms $h_A\colon MA \to NA$ in $\mathcal{C}$ indexed by the sorts of $\Sigma$ and satisfying the following two conditions:

(iv) For each function symbol $f\colon A_1 \cdots A_n \to B$ in $\Sigma$-Fun, the diagram

$$\begin{array}{ccc} M(A_1, \ldots, A_n) & \xrightarrow{Mf} & MB \\ \Big\downarrow{\scriptstyle h_{A_1} \times \cdots \times h_{A_n}} & & \Big\downarrow{\scriptstyle h_B} \\ N(A_1, \ldots, A_n) & \xrightarrow{Nf} & NB \end{array}$$

commutes.

(v) For each relation symbol $R \rightarrowtail A_1 \cdots A_n$ in $\Sigma$-Rel, there is a commutative diagram in $\mathcal{C}$ of the form

$$\begin{array}{ccc} MR & \rightarrowtail & M(A_1, \ldots, A_n) \\ \downarrow & & \downarrow {\scriptstyle h_{A_1} \times \cdots \times h_{A_n}} \\ NR & \rightarrowtail & N(A_1, \ldots, A_n) \end{array} .$$

Identities and composition in $\Sigma$-$\mathbf{Str}(\mathcal{C})$ are defined componentwise from those in $\mathcal{C}$.

We note in passing that if $\mathcal{D}$ is another category with finite products, then any functor $T\colon \mathcal{C} \to \mathcal{D}$ which preserves finite products and monomorphisms induces a functor $\Sigma$-$\mathbf{Str}(T)\colon \Sigma$-$\mathbf{Str}(\mathcal{C}) \to \Sigma$-$\mathbf{Str}(\mathcal{D})$ in the obvious way; and any natural transformation $\alpha\colon T_1 \to T_2$ between two such functors induces a natural transformation $\Sigma$-$\mathbf{Str}(T_1) \to \Sigma$-$\mathbf{Str}(T_2)$. Thus the construction $\Sigma$-$\mathbf{Str}(-)$ is 2-functorial.

**Remark 1.2.2** There is an alternative 'looser' way of interpreting first-order languages in a category, which is sometimes known as the *Brouwer–Heyting–Kolmogorov interpretation* (or BHK interpretation, for short). For the BHK interpretation, we interpret sorts and function symbols exactly as in 1.2.1, but a relation symbol $R \rightarrowtail A_1 \cdots A_n$ is interpreted as an equivalence class of (not necessarily monic) morphisms $MR \to M(A_1, \ldots, A_n)$, where two morphisms $f\colon X \to M(A_1, \ldots, A_n)$ and $g\colon Y \to M(A_1, \ldots, A_n)$ are considered equivalent if they become isomorphic in the preorder reflection of $\mathcal{C}/M(A_1, \ldots, A_n)$, i.e. if there exist morphisms $f \to g$ and $g \to f$ in $\mathcal{C}/M(A_1, \ldots, A_n)$. It is possible to develop all the ideas of this section for the BHK interpretation, in parallel with the development which we shall give for the 'Tarski interpretation'; but we don't need to do this, since it is easy to see using A1.3.10($d$) that a 'BHK structure' for a signature $\Sigma$ in a category $\mathcal{C}$ is really the same thing as a Tarski structure for $\Sigma$ in the regularization $\mathbf{Reg}(\mathcal{C})$ of $\mathcal{C}$, in which the sorts of $\Sigma$ happen to have been interpreted by objects in the image of the canonical embedding $I\colon \mathcal{C} \to \mathbf{Reg}(\mathcal{C})$. Therefore, we shall not pursue this interpretation further.

In a $\Sigma$-structure in a category with finite products, the function symbols are interpreted as morphisms of an appropriate kind in the category. This interpretation extends to the terms over $\Sigma$ (or rather, to the terms-in-context) in a natural way.

**Definition 1.2.3** Let $M$ be a $\Sigma$-structure in a category $\mathcal{C}$ with finite products. If $\vec{x}.t$ is a term-in-context over $\Sigma$ (with $\vec{x} = x_1, \ldots, x_n$, $x_i\colon A_i$ $(i = 1, \ldots, n)$ and

$t\colon B$, say), then a morphism

$$[\![\vec{x}\,.\,t]\!]_M \colon M(A_1, \ldots, A_n) \to MB$$

in $\mathcal{C}$ is defined recursively by the following clauses:

(*a*) If $t$ is a variable, it is necessarily $x_i$ for some unique $i \leq n$, and then $[\![\vec{x}\,.\,t]\!]_M = \pi_i$, the $i$th product projection.

(*b*) If $t$ is $f(t_1, \ldots, t_m)$ (where $t_i \colon C_i$, say), then $[\![\vec{x}\,.\,t]\!]_M$ is the composite

$$M(A_1, \ldots, A_n) \xrightarrow{([\![\vec{x}\,.\,t_1]\!]_M, \ldots, [\![\vec{x}\,.\,t_m]\!]_M)} M(C_1, \ldots, C_m) \xrightarrow{Mf} MB\,.$$

When it is clear which particular $\Sigma$-structure is being referred to, we shall omit the subscript $M$ from $[\![\vec{x}\,.\,t]\!]$.

Implicit in the above definition is the use of composition in the category to interpret the operation of substituting a term for a variable in a term. That is, we have the following *Substitution Property*:

**Lemma 1.2.4** *Let $\vec{y}$ be a suitable context for a term $t\colon C$ (where $y_i \colon B_i$, say), and let $\vec{s}$ be a string of terms of the same length and type as $\vec{y}$. Further, let $\vec{x}$ be a suitable context for each $s_i$. Then $[\![\vec{x}\,.\,t[\vec{s}/\vec{y}]]\!]$ is the composite*

$$M(A_1, \ldots, A_n) \xrightarrow{([\![\vec{x}\,.\,s_1]\!], \ldots, [\![\vec{x}\,.\,s_m]\!])} M(B_1, \ldots, B_m) \xrightarrow{[\![\vec{y}\,.\,t]\!]} MC\,.$$

**Proof** Straightforward induction over the structure of $t$. □

We remark that 1.2.4 covers the case where we wish to make substitutions for only some of the variables in $\vec{y}$, since we can take the remaining $s_i$ to be $y_i$. In particular, we may consider the case where $\vec{x}$ contains $\vec{y}$ and each $s_i$ is $y_i$; then $([\![\vec{x}\,.\,s_1]\!], \ldots, [\![\vec{x}\,.\,s_m]\!])$ is just a product projection morphism, $\pi$, and we have the so-called *Weakening Property*: $[\![\vec{x}\,.\,t]\!] = [\![\vec{y}\,.\,t]\!] \circ \pi$ whenever $\vec{y} \subseteq \vec{x}$. We see from the Weakening Property that knowledge of $[\![\vec{y}\,.\,t]\!]$, where $\vec{y}$ is the canonical context for $t$, determines $[\![\vec{x}\,.\,t]\!]$ for any other context $\vec{x}$ suitable for $t$. Occasionally, we shall simplify our notation further by writing $[\![t]\!]$ for the interpretation of $t$ in its canonical context.

Another important consequence of Definition 1.2.3 is that the 'naturality' with respect to the interpretations of function symbols, which was built into the definition of a homomorphism of $\Sigma$-structures, extends to the interpretations of terms-in-context:

**Lemma 1.2.5** *Let $h\colon M \to N$ be a homomorphism of $\Sigma$-structures in a category $\mathcal{C}$ with finite products, and let $\vec{x}\,.\,t$ be a term-in-context over $\Sigma$ (where $t\colon B$,*

*$\vec{x} = x_1, \ldots, x_n$ and $x_i : A_i$, say). Then the diagram*

$$\begin{array}{ccc} M(A_1,\ldots,A_n) & \xrightarrow{[\![\vec{x}.t]\!]_M} & MB \\ \Big\downarrow{\scriptstyle h_{A_1}\times\cdots\times h_{A_n}} & & \Big\downarrow{\scriptstyle h_B} \\ N(A_1,\ldots,A_n) & \xrightarrow{[\![\vec{x}.t]\!]_N} & NB \end{array}$$

*commutes.*

**Proof** Again, this is an easy induction over the structure of $t$. □

We turn next to the interpretation of formulae in a $\Sigma$-structure. Once again, we interpret formulae-in-context rather than abstract formulae; also, the range of logical operators we are able to interpret will depend on the amount of categorical structure possessed by the category $\mathcal{C}$ in which the structure lives.

**Definition 1.2.6** Let $M$ be a $\Sigma$-structure in a category $\mathcal{C}$ with (at least) finite limits. A formula-in-context $\vec{x}.\phi$ over $\Sigma$ (where $\vec{x} = x_1, \ldots, x_n$ and $x_i : A_i$, say) will be interpreted as a subobject

$$[\![\vec{x}.\phi]\!]_M \rightarrowtail M(A_1, \ldots, A_n)$$

according to the following recursive clauses (where, as before, we drop the subscript $M$ if the structure under consideration is obvious):

(i) If $\phi$ is $R(t_1, \ldots, t_m)$ where $R$ is a relation symbol (of type $B_1, \ldots, B_m$, say), then $[\![\vec{x}.\phi]\!]$ is the pullback

$$\begin{array}{ccc} [\![\vec{x}.\phi]\!] & \longrightarrow & MR \\ \big\downarrow & & \big\downarrow \\ M(A_1,\ldots,A_n) & \xrightarrow{([\![\vec{x}.t_1]\!],\ldots,[\![\vec{x}.t_m]\!])} & M(B_1,\ldots,B_m) \end{array} .$$

(ii) If $\phi$ is $(s = t)$, where $s$ and $t$ are terms of sort $B$, then $[\![\vec{x}.\phi]\!]$ is the equalizer of

$$M(A_1, \ldots, A_n) \underset{[\![\vec{x}.t]\!]}{\overset{[\![\vec{x}.s]\!]}{\rightrightarrows}} MB .$$

(Equivalently, $[\![\vec{x}.\phi]\!]$ is the pullback of the diagonal $MB \rightarrowtail MB \times MB$ along $([\![\vec{x}.s]\!], [\![\vec{x}.t]\!])$. Thus we may think of equality between terms of sort $B$ as a special relation symbol of type $B, B$, which differs from other relation symbols in that its interpretation in a $\Sigma$-structure is not an arbitrary subobject, but is required to be the diagonal.)

(iii) If $\phi$ is $\top$, then $[\![\vec{x}\,.\,\phi]\!]$ is the top element of $\mathrm{Sub}(M(A_1,\ldots,A_n))$.

(iv) If $\phi$ is $(\psi \wedge \chi)$, then $[\![\vec{x}\,.\,\phi]\!]$ is the intersection (= pullback)

$$\begin{array}{ccc} [\![\vec{x}\,.\,\phi]\!] & \rightarrowtail & [\![\vec{x}\,.\,\psi]\!] \\ \downarrow & & \downarrow \\ [\![\vec{x}\,.\,\chi]\!] & \rightarrowtail & M(A_1,\ldots,A_n) \end{array} \quad .$$

(v) If $\phi$ is $\bot$, and $\mathcal{C}$ is a coherent category, then $[\![\vec{x}\,.\,\phi]\!]$ is the bottom element of $\mathrm{Sub}(M(A_1,\ldots,A_n))$.

(vi) Similarly, if $\phi$ is $(\psi \vee \chi)$, and $\mathcal{C}$ is a coherent category, then $[\![\vec{x}\,.\,\phi]\!]$ is the union of the subobjects $[\![\vec{x}\,.\,\psi]\!]$ and $[\![\vec{x}\,.\,\chi]\!]$.

(vii) If $\phi$ is $(\psi \Rightarrow \chi)$, and $\mathcal{C}$ is a Heyting category, then $[\![\vec{x}\,.\,\phi]\!]$ is the implication $[\![\vec{x}\,.\,\psi]\!] \Rightarrow [\![\vec{x}\,.\,\chi]\!]$ in the Heyting algebra $\mathrm{Sub}(M(A_1,\ldots,A_n))$ (cf. A1.4.13).

(viii) Similarly, if $\phi$ is $\neg\psi$, and $\mathcal{C}$ is a Heyting category, then $[\![\vec{x}\,.\,\phi]\!]$ is the Heyting negation $\neg[\![\vec{x}\,.\,\psi]\!]$.

(ix) If $\phi$ is $(\exists y)\psi$ where $y$ is of sort $B$, and $\mathcal{C}$ is a regular category, then $[\![\vec{x}\,.\,\phi]\!]$ is the image of the composite

$$[\![\vec{x}, y\,.\,\psi]\!] \rightarrowtail M(A_1,\ldots,A_n,B) \xrightarrow{\pi} M(A_1,\ldots,A_n),$$

where $\pi$ is the projection on the first $n$ factors.

(x) If $\phi$ is $(\forall y)\psi$ where $y$ is of sort $B$, and $\mathcal{C}$ is a Heyting category, then $[\![\vec{x}\,.\,\phi]\!]$ is $\forall_\pi([\![\vec{x}, y\,.\,\psi]\!])$, where $\pi$ is the same projection as in (ix).

(xi) If $\phi$ is $\bigvee_{i \in I} \psi_i$, and $\mathcal{C}$ is a geometric category, then $[\![\vec{x}\,.\,\phi]\!]$ is the union of the $[\![\vec{x}\,.\,\psi_i]\!]$ in $\mathrm{Sub}(M(A_1,\ldots,A_n))$.

(xii) If $\phi$ is $\bigwedge_{i \in I} \psi_i$, and $\mathcal{C}$ has arbitrary intersections of subobjects, then $[\![\vec{x}\,.\,\phi]\!]$ is the intersection of the $[\![\vec{x}\,.\,\psi_i]\!]$.

Examining the clauses of the above definition, we see that if $M$ is a $\Sigma$-structure in a cartesian category $\mathcal{C}$, we can assign interpretations in $M$ to all Horn formulae-in-context over $\Sigma$ (though, as we shall see in the next section, this is not best possible); and if $\mathcal{C}$ is a regular (resp. coherent, Heyting, geometric) category then we can assign interpretations to all regular (resp. coherent, first-order, geometric) formulae-in-context over $\Sigma$. (In fact, in a geometric category, we can assign interpretations to all infinitary first-order formulae, since we know from A1.4.18 that a geometric category is a Heyting category and that its subobject lattices have arbitrary intersections. However, geometric functors (that is, regular functors preserving arbitrary unions of subobjects – note that the inverse image functors of geometric morphisms are examples of such functors) do not in general preserve this extra structure, and so they will not preserve the interpretations of non-geometric formulae.) To avoid tedious repetition in what follows, we shall use the phrase '$\phi$ is a formula interpretable in $\mathcal{C}$' to mean that $\mathcal{C}$ belongs to one of the classes of categories mentioned above, and $\phi$ is in the corresponding class of formulae. (We shall similarly speak of sequents and theories being interpretable in $\mathcal{C}$.)

When we introduced the notions of regular, coherent and Heyting categories in Chapter A1, we were at pains to ensure that the appropriate structure (images, unions, universal quantification) should not only exist in the categories in question, but should be stable under pullback. (In the first two cases this was specifically included as part of the definition, but for universal quantification it was a consequence of the other assumptions made by that stage – see A1.4.11.) Thus the Substitution Property has an immediate extension from terms to formulae, which is proved by a similarly straightforward induction:

**Lemma 1.2.7** *Let $\vec{y}\,.\,\phi$ be a formula-in-context over $\Sigma$ interpretable in $\mathcal{C}$; let $\vec{s}$ be a string of terms of the same length and type as $\vec{y}$, and let $\vec{x}$ be a context suitable for all the terms in $\vec{s}$. Then, for any $\Sigma$-structure $M$ in $\mathcal{C}$, there is a pullback square*

$$
\begin{array}{ccc}
[\![\vec{x}\,.\,\phi[\vec{s}/\vec{y}]]\!]_M & \longrightarrow & [\![\vec{y}\,.\,\phi]\!]_M \\
\big\downarrow & & \big\downarrow \\
M(A_1,\ldots,A_n) & \xrightarrow{([\![\vec{x}\,.\,s_1]\!]_M,\ldots,[\![\vec{x}\,.\,s_m]\!]_M)} & M(B_1,\ldots,B_m)
\end{array}
$$

*where the $A_i$ and $B_j$ are the sorts of the variables $x_i$ and $y_j$.* □

In particular, it follows that knowledge of the interpretation of $\phi$ in its canonical context determines its interpretation in any other suitable context, by pullback along an appropriate product projection. As with terms, we sometimes abbreviate $[\![\vec{x}\,.\,\phi]\!]$ to $[\![\phi]\!]$ if $\vec{x}$ is the canonical context for $\phi$. Another easy consequence of 1.2.7 gives a sufficient condition for discarding quantifiers over 'non-existent' variables:

**Corollary 1.2.8**

(i) *Let $\mathcal{C}$ be (at least) a regular category; let $\vec{x}\,.\,\phi$ be a formula-in-context over $\Sigma$ interpretable in $\mathcal{C}$, and let $y\colon B$ be a variable not appearing in $\vec{x}$ (and hence not free in $\phi$). Then, for any $\Sigma$-structure $M$ in $\mathcal{C}$ such that the interpretation $MB$ of $B$ is well-supported (i.e. such that $MB \to 1$ is a cover), the interpretations $[\![\vec{x}\,.\,\phi]\!]_M$ and $[\![\vec{x}\,.\,(\exists y)\phi]\!]_M$ are equal.*

(ii) *If $\mathcal{C}$ is a Heyting category and the hypotheses of* (i) *are otherwise unaltered, then the same conclusion holds for $[\![\vec{x}\,.\,\phi]\!]_M$ and $[\![\vec{x}\,.\,(\forall y)\phi]\!]_M$.*

**Proof** (i) If $MB \to 1$ is a cover, then so are the bottom and top edges of the pullback square

$$\begin{array}{ccc}
[\![\vec{x}, y \,.\, \phi]\!]_M & \longrightarrow\!\!\!\triangleright & [\![\vec{x} \,.\, \phi]\!]_M \\
\downarrow & & \downarrow \\
M(A_1, \ldots, A_n, B) & \xrightarrow{\;\pi\;}\!\!\!\triangleright & M(A_1, \ldots, A_n)
\end{array}$$

(where $\pi$ is projection on the first $n$ factors), and so the top and right edges form the image factorization of the diagonal.

(ii) In (i), we have shown that the composite $\exists_\pi \circ \pi^*$ is the identity on $\mathrm{Sub}(M(A_1, \ldots, A_n))$. Hence so is its right adjoint $\forall_\pi \circ \pi^*$. □

We note that if there exists a closed term of sort $B$, then the interpretation of $B$ in any $\Sigma$-structure will be well-supported, since the interpretation (in the empty context) of any such term will be a splitting for $MB \to 1$.

When we turn to the analogue for formulae of 1.2.5, life becomes more complicated: not all formulae have interpretations which are 'natural' with respect to arbitrary homomorphisms of $\Sigma$-structures. The best we can do is

**Lemma 1.2.9** *Let $\mathcal{C}$ be (at least) a cartesian category, let $h \colon M \to N$ be a homomorphism of $\Sigma$-structures in $\mathcal{C}$, and let $\vec{x} \,.\, \phi$ be a formula-in-context which is both geometric and interpretable in $\mathcal{C}$. Then there is a commutative square*

$$\begin{array}{ccc}
[\![\vec{x} \,.\, \phi]\!]_M & \rightarrowtail & M(A_1, \ldots, A_n) \\
\downarrow & & \downarrow {\scriptstyle h_{A_1} \times \cdots \times h_{A_n}} \\
[\![\vec{x} \,.\, \phi]\!]_N & \rightarrowtail & N(A_1, \ldots, A_n)
\end{array} .$$

**Proof** This is once again an induction over the structure of $\phi$, using the fact that the diagram commutes iff $[\![\vec{x} \,.\, \phi]\!]_M$ is contained in the pullback of $[\![\vec{x} \,.\, \phi]\!]_N$ along the right vertical map. □

One reason why 1.2.9 does not extend to more general first-order formulae is that implication is not order-preserving in its first variable: if $X_1 \leq Y_1$ and $X_2 \leq Y_2$ in some subobject lattice in a Heyting category, we do not necessarily have $(X_1 \Rightarrow X_2) \leq (Y_1 \Rightarrow Y_2)$. (Similar problems arise with negation.) These problems can be avoided by requiring that the 'naturality square' of 1.2.9 should not only commute but also be a pullback. But we also have problems with universal quantification: for example, the centre of a group (the interpretation of the formula-in-context $x \,.\, (\forall y)(xy = yx)$) is not 'natural' with respect to group homomorphisms. When dealing with first-order theories, we therefore have to build the naturality result for arbitrary formulae into our notion of morphism of structures:

**Definition 1.2.10** (*a*) We call a homomorphism $h\colon M \to N$ of $\Sigma$-structures in a Heyting category an *elementary morphism* if, for each first-order formula-in-context $\vec{x}\,.\,\phi$ over $\Sigma$, there is a commutative square

$$\begin{array}{ccc} [\![\vec{x}\,.\,\phi]\!]_M & \rightarrowtail & M(A_1,\ldots,A_n) \\ \downarrow & & \downarrow{\scriptstyle h_{A_1}\times\cdots\times h_{A_n}} \\ [\![\vec{x}\,.\,\phi]\!]_N & \rightarrowtail & N(A_1,\ldots,A_n) \end{array} .$$

(Note that, thanks to 1.2.7, it is sufficient to demand this condition only for formulae in their canonical contexts.)

(*b*) We call $h$ an *elementary embedding* if the square above not only commutes but is a pullback for all first-order formulae-in-context.

(*c*) We call $h$ an *embedding* (or we say that $M$ is a *substructure* of $N$) if the square above is a pullback for all atomic formulae (including equality). (Note that this requirement forces each $h_A$ to be monic, since the naturality square

$$\begin{array}{ccc} MA & \stackrel{\Delta}{\rightarrowtail} & MA \times MA \\ {\scriptstyle h_A}\downarrow & & \downarrow{\scriptstyle h_A \times h_A} \\ NA & \stackrel{\Delta}{\rightarrowtail} & NA \times NA \end{array}$$

for the equality relation of sort $A$ is a pullback. Also, a straightforward inductive argument ensures that the naturality square is then a pullback for all quantifier-free formulae-in-context.)

For structures in a Boolean coherent category, the notions of 'elementary morphism' and 'elementary embedding' coincide, since the commutativity of the squares of 1.2.10(*a*) for two complementary formulae $\phi$ and $\neg\phi$ forces both of them to be pullbacks (cf. the proof of A1.6.5). However, in the non-Boolean case an elementary morphism does not even have to be monic, as the following example shows:

**Example 1.2.11** Let $\mathcal{C}$ be the functor category $[\mathbf{2}, \mathbf{Set}]$ (where $\mathbf{2}$ is the two-element ordered set $\{0, 1\}$), and let $\Sigma$ be the signature with one sort and no primitive symbols except equality (so that $\Sigma$-structures are simply objects). Let $M$ be any object of $\mathcal{C}$ such that $M(1)$ is a singleton, and let $N$ be the terminal object of $\mathcal{C}$. We claim that the unique morphism $h\colon M \to N$ is elementary. To see this, note first that, by an easy inductive argument, the interpretation in $N$

of any first-order formula-in-context $x_1, \dots, x_n . \phi$ is either the whole of $N^n \cong 1$ or its zero subobject. Thus, to verify that we have a commutative square as in 1.2.10($a$) for all $\vec{x}.\phi$, it suffices to verify that $[\![\vec{x}.\phi]\!]_M = 0$ whenever $[\![\vec{x}.\phi]\!]_N = 0$. But the functor 'evaluate at 1' from $\mathcal{C}$ to **Set** is a Heyting functor (because it is the inverse image of an open inclusion, cf. A4.5.1), and it maps both $M$ and $N$ to singleton sets, so $[\![\vec{x}.\phi]\!]_N = 0$ forces $[\![\vec{x}.\phi]\!]_M(1) = [\![\vec{x}.\phi]\!]_N(1) = \emptyset$. And this in turn forces $[\![\vec{x}.\phi]\!]_M(0)$ to be empty as well.

We now come at last to the formal definition of the validity of an axiom in a structure.

**Definition 1.2.12** Let $M$ be a $\Sigma$-structure in a category $\mathcal{C}$.

($a$) If $\sigma = (\phi \vdash_{\vec{x}} \psi)$ is a sequent over $\Sigma$ interpretable in $\mathcal{C}$, we say $\sigma$ is *satisfied in* $M$ (and write $M \models \sigma$) if $[\![\vec{x}.\phi]\!]_M \leq [\![\vec{x}.\psi]\!]_M$ in $\mathrm{Sub}(M(A_1, \dots, A_n))$.

($b$) If $\mathbb{T}$ is a theory over $\Sigma$ interpretable in $\mathcal{C}$, we say $M$ is a *model* of $\mathbb{T}$ (and write $M \models \mathbb{T}$) if all the axioms of $\mathbb{T}$ are satisfied in $M$.

($c$) We write $\mathbb{T}$-**Mod**($\mathcal{C}$) for the full subcategory of $\Sigma$-**Str**($\mathcal{C}$) whose objects are models of $\mathbb{T}$, and $\mathbb{T}$-**Mod**$(\mathcal{C})_e$ for the non-full subcategory with the same objects but only elementary morphisms.

**Lemma 1.2.13** *Let $T: \mathcal{C} \to \mathcal{D}$ be a cartesian (resp. regular, coherent, Heyting, geometric) functor between categories of the appropriate kind; let $M$ be a $\Sigma$-structure in $\mathcal{C}$, and let $\sigma$ be a sequent over $\Sigma$ interpretable in $\mathcal{C}$. If $M \models \sigma$ in $\mathcal{C}$, then $\Sigma$-**Str**$(T)(M) \models \sigma$ in $\mathcal{D}$. The converse implication holds if $T$ is conservative.*

**Proof** An easy induction shows that $T$ preserves the interpretations of all formulae-in-context interpretable in the appropriate class of categories; so the first assertion is immediate. For the second, note that a sequent $(\phi \vdash_{\vec{x}} \psi)$ is satisfied in $M$ iff the inclusion $[\![\vec{x}.\phi \wedge \psi]\!]_M \rightarrowtail [\![\vec{x}.\phi]\!]_M$ is an isomorphism. □

In particular, if $\mathbb{T}$ is a regular (coherent, ...) theory over $\Sigma$, then for any regular (coherent, ...) functor $T: \mathcal{C} \to \mathcal{D}$ the functor $\Sigma$-**Str**$(T)$ which we defined after 1.2.1 restricts to a functor $\mathbb{T}$-**Mod**$(T)$: $\mathbb{T}$-**Mod**$(\mathcal{C}) \to \mathbb{T}$-**Mod**$(\mathcal{D})$. (In practice, we usually denote this functor simply by $T$.) Note also that any such $T$ preserves pullbacks, and so further restricts to a functor between the non-full subcategories of $\mathbb{T}$-models and (elementary) embeddings.

The importance of the second assertion of 1.2.13 is that, in suitable cases, it allows us to reduce the problem of determining which $\Sigma$-structures are $\mathbb{T}$-models in an unfamiliar category $\mathcal{C}$ to the corresponding problem in a more familiar category $\mathcal{D}$, by constructing a suitable structure-preserving embedding of $\mathcal{C}$ in $\mathcal{D}$. We give two examples of this process:

**Corollary 1.2.14** *Let $\mathbb{T}$ be a geometric theory over a signature $\Sigma$. Then*

(i) *For any small category $\mathcal{C}$, a $\Sigma$-structure $M$ in $[\mathcal{C}, \mathbf{Set}]$ is a $\mathbb{T}$-model iff each $\mathrm{ev}_c(M)$, $c \in \mathrm{ob}\, \mathcal{C}$, is a $\mathbb{T}$-model in* **Set**, *where $\mathrm{ev}_c$ denotes the functor* *'evaluate at c'. In fact we have an isomorphism* $\mathbb{T}\text{-}\mathbf{Mod}([\mathcal{C}, \mathbf{Set}]) \cong [\mathcal{C}, \mathbb{T}\text{-}\mathbf{Mod}(\mathbf{Set})]$.

(ii) *For any topological space $X$, a $\Sigma$-structure $M$ in $\mathbf{Sh}(X)$ is a $\mathbb{T}$-model iff each $x^*(M)$, $x \in X$, is a $\mathbb{T}$-model in* **Set**, *where $x^* \colon \mathbf{Sh}(X) \to \mathbf{Set}$ is the stalk functor associated with $x$ (i.e. the inverse image functor along $x$ regarded as a continuous map $1 \to X$, cf.* C1.3.2*).*

**Proof** In each case, we have merely to observe that the functors $\mathrm{ev}_c$ (resp. $x^*$) are geometric (because they are inverse image functors), and that they are jointly conservative. For the second assertion of (i), we also need to observe the (obvious) fact that a homomorphism of $\Sigma$-structures in $[\mathcal{C}, \mathbf{Set}]$ is essentially the same thing as a natural transformation between functors $\mathcal{C} \to \Sigma\text{-}\mathbf{Str}(\mathbf{Set})$. □

Note that 1.2.14(ii) is valid only for spaces $X$, and not for more general locales (cf. C1.2.3): indeed the assertion, for a locale $X$, that the functors $x^*$ are jointly conservative (as $x$ ranges over all points of $X$) is equivalent to the assertion that $X$ is spatial, as we saw in C1.4.9.

**Examples 1.2.15** We conclude this section by revisiting some of the examples of theories considered in 1.1.7, and describing their models in appropriate categories.

($a$) If $\mathbb{T}$ is an algebraic theory, then $\mathbb{T}$-models in a cartesian category $\mathcal{C}$ are just what we usually mean by objects equipped with algebraic structure (group objects, $R$-module objects, ...) in $\mathcal{C}$. The key point in proving this is that a sequent $(\top \vdash_{\vec{x}} (s = t))$ is satisfied in a structure $M$ iff the equalizer of $[\![\vec{x}\,.\,s]\!]_M$ and $[\![\vec{x}\,.\,t]\!]_M$ is the whole of their domain, iff the interpretations of $\vec{x}\,.\,s$ and $\vec{x}\,.\,t$ in $M$ are equal. Similar remarks apply to the many-sorted algebraic case. (When dealing with algebraic theories, we tend to speak of *algebras* rather than models of a theory.)

($c$) Again, a model of the theory of posets, as described in 1.1.7($c$), in a cartesian category $\mathcal{C}$ is just an internal poset in $\mathcal{C}$, as usually defined. For example, if we write $(a, b) \colon M_1 \rightarrowtail M$ for the interpretation in a $\Sigma$-structure $M$ of the relation symbol $\leq$ (and we have suppressed the name of the unique sort of $\Sigma$, to simplify the notation), then the third (transitivity) axiom of 1.1.7($c$) becomes the assertion that

$$\pi_{12}^*(M_1) \cap \pi_{23}^*(M_1) \leq \pi_{13}^*(M_1)$$

in $\mathrm{Sub}(M \times M \times M)$, where $\pi_{ij} \colon M \times M \times M \to M \times M$ is projection on the $i$th and $j$th factors. But this is equivalent to saying that, if we form the pullback

$$\begin{array}{ccc} M_2 & \xrightarrow{\;q\;} & M_1 \\ {\scriptstyle p}\downarrow & & \downarrow{\scriptstyle a} \\ M_1 & \xrightarrow{\;b\;} & M \end{array} \quad ,$$

the morphism $(ap, bq) \colon M_2 \to M \times M$ factors through $(a, b) \colon M_1 \rightarrowtail M \times M$ – which is how we defined transitivity for relations in a cartesian category in A1.3.6($d$).

($e$) If $\mathcal{C}$ is a regular category, then a model of the theory of categories in $\mathcal{C}$ is, yet again, equivalent to an internal category in $\mathcal{C}$ as defined in B2.3.1. But the latter definition is interpretable in any cartesian category, whether or not it is regular. The reason is as follows: if (adopting the notation of B2.3.1) we write $C_0$ and $C_1$ for the objects interpreting the sorts $O$ and $M$ respectively, and $C_2 \rightarrowtail C_1 \times C_1 \times C_1$ for the interpretation of the ternary relation symbol $T$, then the existential quantifier in the third displayed sequent of 1.1.7($e$) tells us to form the image of the composite

$$C_2 \rightarrowtail C_1 \times C_1 \times C_1 \xrightarrow{\pi_{12}} C_1 \times C_1 ;$$

but the validity of the second displayed sequent tells us precisely that this composite is monic, and so it has an image factorization (which is, moreover, stable under pullback) even if arbitrary morphisms of $\mathcal{C}$ do not. The idea underlying this, that we are allowed to form images of morphisms which are already known to be monic, will be the key ingredient in the definition of a cartesian theory in the next section.

($f$) If $A$ is an abelian group object in a regular category $\mathcal{C}$, the divisibility axioms of 1.1.7($f$) are satisfied in $A$ precisely if the $n$th power map $[\![x \,.\, nx]\!] \colon A \to A$ is a cover, for all $n > 1$. Once again, we note that the torsion-freeness axioms of 1.1.7($d$) (plus a little abelian group theory) assert that these maps are monic; so the conjunction of the two says that they are isomorphisms, which makes sense in any cartesian category.

($g$) We shall not attempt to describe what it means to be a model of the theory of local rings in an arbitrary coherent category; but we note that for the category $\mathbf{Sh}(X)$ of sheaves on a topological space $X$, it reduces by 1.2.14(ii) to the notion of a sheaf of rings $A$ on $X$ (that is, a ring object in $\mathbf{Sh}(X)$) whose stalks are all local rings – and this is what algebraic geometers usually mean when they talk about a 'sheaf of local rings'. Note that this condition does not imply that the ring $A(U)$ of sections of such a ring object over an open set $U$ is local: the functor 'evaluate at $U$' is (cartesian but) not coherent. Even in the simple case when $X$ is a discrete two-point space $\{x, y\}$, and $U$ is the whole of $X$, we can observe this failure: $A(X)$ is then the cartesian product of the stalks $x^*(A)$ and $y^*(A)$, and a cartesian product of two local rings is not local. Similar remarks apply to the (coherent) theory of fields, described in 1.1.7($h$), and to the geometric theory of torsion groups described in 1.1.7($j$).

($k$) Again, we shall not describe the models of the theory ($\mathbb{K}$, say) of 1.1.7($k$) in a general geometric category, but it is instructive to note that its models in a Grothendieck topos $\mathcal{E}$ are exactly the Kuratowski-finite objects of $\mathcal{E}$, as defined in Section D5.4 below. (The proof of this fact is essentially contained in 5.4.13.) Note, however, that morphisms of $\mathbb{K}$-models are epimorphisms rather than arbitrary morphisms between $K$-finite objects, since they are required to preserve the validity of the relations $R_n$.

($m$) Finally, we discuss the propositional theory $\mathbb{P}$ of completely prime filters in a frame $L$, introduced in 1.1.7($m$). Clearly, a structure for the appropriate signature in a geometric category $\mathcal{C}$ is simply a function assigning to each atomic proposition $F_a$ a subterminal object $U_a \rightarrowtail 1$ in $\mathcal{C}$; and the assertion that such a structure is a model of $\mathbb{P}$ is equivalent to saying that $a \mapsto U_a$ preserves finite meets and arbitrary joins, i.e. that it is a frame homomorphism. In particular, if $\mathcal{C} = \mathbf{Sh}(X)$ is the topos of sheaves on a locale $X$, then the lattice $\mathrm{Sub}_{\mathcal{C}}(1)$ is isomorphic to $\mathcal{O}(X)$, by C1.3.15; so $\mathbb{P}$-models in $\mathbf{Sh}(X)$ correspond to locale maps $X \to Y$, where $Y$ is the locale defined by $\mathcal{O}(Y) = L$. And by C1.4.5 these in turn correspond to (isomorphism classes of) geometric morphisms $\mathbf{Sh}(X) \to \mathbf{Sh}(Y)$. Moreover, a homomorphism of models in this case is just the same thing as an inequality between morphisms in **Loc**, as defined in C1.1.6; so we actually have an equivalence of categories

$$\mathbb{P}\text{-}\mathbf{Mod}(\mathbf{Sh}(X)) \simeq \mathfrak{Top}\,(\mathbf{Sh}(X), \mathbf{Sh}(Y))\,.$$

This is a part of the assertion that $\mathbf{Sh}(Y)$ is a *classifying topos* for the theory $\mathbb{P}$; see 3.1.14 below.

**Suggestions for further reading:** Kock & Reyes [640], Makkai & Reyes [790], Reyes [1004].

## D1.3 First-order logic

The definitions of the last two sections provide an extremely useful tool for constructing objects and morphisms with prescribed properties in a given category $\mathcal{C}$. Starting with (a structure for) a signature which names some 'basic' objects and morphisms of $\mathcal{C}$, we can use the terms and formulae over this signature to name more complicated objects and morphisms via the categorical semantics developed in the last section.

But first-order logic is more than a convenient shorthand for *describing* particular objects and morphisms of a category; it is also a tool for *proving* things about them via a suitable deduction-system. Our first concern in this section is to develop such deduction-systems for the various fragments of logic which we have considered, and to prove that they are *sound* for the categorical semantics; i.e. that anything which is formally derivable in the deduction-system will be valid in any structure for the given signature in any category of the appropriate type. Of course, we should also like the deduction-systems to be *complete* in the sense that the converse of the last assertion holds: anything which is valid in all structures in all suitable categories should be formally derivable in the logic. The completeness theorem is indeed true for the deduction-systems we shall construct, but the proof of this result will be deferred to Section D1.4.

Our deduction-systems will be formulated as *sequent calculi*; that is, they will provide rules for inferring the validity of certain sequents (as defined in 1.1.5) from certain other sequents. (There are other possible ways of presenting them, but experience suggests that a sequent calculus is the most convenient for our purposes.) We shall write the rules in the form

$$\frac{\Gamma}{\sigma}$$

where $\Gamma$ is a (possibly empty) list of sequents and $\sigma$ is a sequent; the interpretation of the rule being that if we have established the validity of all the sequents in $\Gamma$ we may infer the validity of $\sigma$. In the particular case when $\Gamma$ is empty, we shall say that $\sigma$ is a (logical) *axiom*, and omit the line above it. We shall also use the shorthand

$$\frac{\sigma}{\overline{\tau}}$$

to indicate that both $\frac{\sigma}{\tau}$ and $\frac{\tau}{\sigma}$ are rules of inference, i.e. that either of $\sigma$ and $\tau$ may be inferred from the other. A *derivation* in the deduction-system will then have the form of a tree such as

$$\dfrac{\dfrac{\sigma_1 \qquad \sigma_2}{\sigma_3} \qquad \sigma_4}{\sigma_5}$$

where each sequent without a line above it is an axiom, and each sequent below a line follows by a rule of inference from those above the line. (If our language includes either of the infinitary connectives $\bigvee$ and $\bigwedge$, the tree may be infinite; but we still require it to be *well-founded* in the sense that it has no infinite ascending chains.) A *derivation relative to a theory* $\mathbb{T}$ (defined as in 1.1.6) will be a similar tree, except that the sequents without lines above them are allowed to include (non-logical) axioms of $\mathbb{T}$ as well as the logical axioms to be listed below.

Apart from the 'structural' rules for manipulating sequents, and the rules for handling the equality predicate, the rules mostly have the form of 'introduction' or 'elimination' rules for the various logical connectives and quantifiers. Of course, in each fragment of logic which we consider, we adopt the introduction and elimination rules for those connectives and quantifiers which are present in the language (as well as the structural and equality rules, which are present in all fragments); thus, for example, *coherent logic* is specified by the rules in parts $(a)$, $(b)$, $(c)$, $(d)$, $(f)$ and $(i)$ of the following definition, and *full (finitary) first-order logic* is obtained by adding the rules in $(e)$ and $(g)$ (and deleting $(i)$). Throughout the definition, it is assumed that all the sequents which appear are well-formed, i.e. that the contexts which appear in them are suitable for the formulae on either side; but, apart from this restriction, the formulae $\phi$, $\psi$ and $\chi$ are allowed to be anything in the appropriate fragment of the first-order language.

**Definition 1.3.1** (*a*) The *structural rules* consist of the *identity axiom*

$$(\phi \vdash_{\vec{x}} \phi),$$

the *substitution rule*

$$\frac{(\phi \vdash_{\vec{x}} \psi)}{(\phi[\vec{s}/\vec{x}] \vdash_{\vec{y}} \psi[\vec{s}/\vec{x}])}$$

where $\vec{y}$ is any string of variables including all the variables occurring in the string of terms $\vec{s}$, and the *cut rule*

$$\frac{(\phi \vdash_{\vec{x}} \psi)\ (\psi \vdash_{\vec{x}} \chi)}{(\phi \vdash_{\vec{x}} \chi)}\ .$$

Note that the substitution rule allows the possibility of making the trivial substitution $[\vec{x}/\vec{x}]$; thus it includes the *weakening rule* which says that we may derive $(\phi \vdash_{\vec{y}} \psi)$ from $(\phi \vdash_{\vec{x}} \psi)$ provided $\vec{y}$ contains all the variables in $\vec{x}$. Note also that the converse of the weakening rule is *not* a permitted rule of inference; this is particularly important when applying the cut rule, as it means that we cannot 'eliminate' any variables which may occur in $\psi$ but not in $\phi$ or $\chi$ from the context of the conclusion of this rule. (However, we *can* eliminate a non-occurring variable from a context if it contains another variable of the same sort, by substituting the latter for the former; and similarly if there is a closed term of the appropriate sort.)

(*b*) The *equality rules* consist of the axioms

$$(\top \vdash_x (x = x))$$

and

$$(((\vec{x} = \vec{y}) \wedge \phi) \vdash_{\vec{z}} \phi[\vec{y}/\vec{x}])$$

where $\vec{x}$ and $\vec{y}$ are contexts of the same length and type, $(\vec{x} = \vec{y})$ is a shorthand for $((x_1 = y_1) \wedge \cdots \wedge (x_n = y_n))$, and $\vec{z}$ is any context containing $\vec{x}, \vec{y}$ and the free variables of $\phi$. From these (plus the structural and conjunction rules), it is a standard exercise to derive the sequents $((x = y) \vdash_{x,y} (y = x))$ and $(((x = y) \wedge (y = z)) \vdash_{x,y,z} (x = z))$, which say that equality is symmetric and transitive; so we could have assumed these as additional axioms if we wished.

(*c*) The *rules for (finite) conjunction* are the axioms

$$(\phi \vdash_{\vec{x}} \top), \quad ((\phi \wedge \psi) \vdash_{\vec{x}} \phi), \quad ((\phi \wedge \psi) \vdash_{\vec{x}} \psi)$$

and the rule

$$\frac{(\phi \vdash_{\vec{x}} \psi)\ (\phi \vdash_{\vec{x}} \chi)}{(\phi \vdash_{\vec{x}} (\psi \wedge \chi))}\ .$$

(*d*) The *rules for (finite) disjunction* are the 'duals' of those in (*c*): the axioms $(\bot \vdash_{\vec{x}} \phi)$, $(\phi \vdash_{\vec{x}} (\phi \vee \psi))$ and $(\psi \vdash_{\vec{x}} (\phi \vee \psi))$, and the rule

$$\frac{(\phi \vdash_{\vec{x}} \chi)\ (\psi \vdash_{\vec{x}} \chi)}{((\phi \vee \psi) \vdash_{\vec{x}} \chi)}\ .$$

(*e*) The *rules for implication* consist of the double rule

$$\frac{((\phi \wedge \psi) \vdash_{\vec{x}} \chi)}{\overline{(\psi \vdash_{\vec{x}} (\phi \Rightarrow \chi))}} \, .$$

The *rules for negation* are the special case of this double rule obtained by setting $\chi = \bot$, and identifying $\neg\phi$ with $(\phi \Rightarrow \bot)$.

(*f*) The *rules for existential quantification* consist of the double rule

$$\frac{(\phi \vdash_{\vec{x},y} \psi)}{\overline{((\exists y)\phi \vdash_{\vec{x}} \psi)}}$$

(here our standing hypothesis that all sequents are well-formed includes the information that $y$ is not free in $\psi$).

(*g*) The *rules for universal quantification* consist of the double rule

$$\frac{(\phi \vdash_{\vec{x},y} \psi)}{\overline{(\phi \vdash_{\vec{x}} (\forall y)\psi)}} \, .$$

(*h*) The *rules for infinitary conjunction and disjunction* are the obvious infinitary analogues of those in (*c*) and (*d*).

(*i*) Finally, we mention two 'mixed axioms' which are required for coherent logic: the *distributive axiom* which links $\wedge$ and $\vee$:

$$((\phi \wedge (\psi \vee \chi)) \vdash_{\vec{x}} ((\phi \wedge \psi) \vee (\phi \wedge \chi)))$$

and the *Frobenius axiom* which links $\wedge$ and $\exists$:

$$((\phi \wedge (\exists y)\psi) \vdash_{\vec{x}} (\exists y)(\phi \wedge \psi))$$

where $y$ is a variable not in the context $\vec{x}$ (and hence not free in $\phi$). Both of these sequents are provable in full first-order logic using the implication rules; for example, here is a derivation of the second one:

$$\begin{array}{c} ((\exists y)(\phi \wedge \psi) \vdash_{\vec{x}} (\exists y)(\phi \wedge \psi)) \\ \hline ((\phi \wedge \psi) \vdash_{\vec{x},y} (\exists y)(\phi \wedge \psi)) \\ \hline (\psi \vdash_{\vec{x},y} (\phi \Rightarrow (\exists y)(\phi \wedge \psi))) \\ \hline ((\exists y)\psi \vdash_{\vec{x}} (\phi \Rightarrow (\exists y)(\phi \wedge \psi))) \\ \hline ((\phi \wedge (\exists y)\psi) \vdash_{\vec{x}} (\exists y)(\phi \wedge \psi)) \, . \end{array}$$

However, when we are working in fragments of first-order logic which do not include implication, these sequents are not derivable – for the distributive axiom, this may be seen from the fact that the other axioms involving $\wedge$ and $\vee$ are sound for interpretations in arbitrary (not necessarily distributive) lattices. So we must add them both as axioms in coherent logic, and the Frobenius axiom alone in regular logic. In geometric logic, we similarly add the appropriate infinitary generalization of the distributive axiom, together with the Frobenius axiom. (Incidentally, the converses of both axioms are derivable in coherent logic: for example,

$$\dfrac{\dfrac{((\phi \wedge \psi) \vdash_{\vec{x},y} \phi)}{((\exists y)(\phi \wedge \psi) \vdash_{\vec{x}} \phi)} \qquad \dfrac{\dfrac{((\phi \wedge \psi) \vdash_{\vec{x},y} \psi) \quad \dfrac{((\exists y)\psi \vdash_{\vec{x}} (\exists y)\psi)}{(\psi \vdash_{\vec{x},y} (\exists y)\psi)}}{((\phi \wedge \psi) \vdash_{\vec{x},y} (\exists y)\psi)}}{((\exists y)(\phi \wedge \psi) \vdash_{\vec{x}} (\exists y)\psi)}}{((\exists y)(\phi \wedge \psi) \vdash_{\vec{x}} (\phi \wedge (\exists y)\psi))}$$

is a derivation of the converse of Frobenius using only rules in $(a)$, $(c)$ and $(f)$.)

We say a sequent $\sigma$ is *derivable* or *provable* in a (Horn, regular, coherent, ...) theory $\mathbb{T}$ if there exists a derivation relative to $\mathbb{T}$, in the appropriate fragment of first-order logic, with $\sigma$ as its 'bottom line'. The soundness theorem may now be proved by an easy induction over the 'height' of a derivation:

**Proposition 1.3.2 (Soundness Theorem)** *Let $\mathbb{T}$ be a Horn (respectively regular, coherent, first-order, geometric) theory over a signature $\Sigma$, and let $M$ be a model of $\mathbb{T}$ in a cartesian (resp. regular, coherent, Heyting, geometric) category $\mathcal{C}$. If $\sigma$ is a sequent (in the appropriate fragment of the first-order language over $\Sigma$) which is provable in $\mathbb{T}$, then $M \models \sigma$.*

**Proof** We have merely to show, for each of the rules in 1.3.1, that if $M$ (lives in a category of the appropriate kind and) satisfies the sequent(s) appearing above the line in the rule, then it also satisfies the sequent below the line. But this is trivial in almost every case, from the way in which the interpretation of formulae was defined in the last section. For example, the soundness of the substitution rule follows from Lemma 1.2.7 and the fact that pullback of subobjects along a fixed morphism is order-preserving; and the second equality axiom is the assertion that, for any subobject $A' \rightarrowtail A$ in a cartesian category, we have $\pi_1^*(A') \cap \Delta = \pi_2^*(A') \cap \Delta \leq \pi_2^*(A')$ in $\mathrm{Sub}(A \times A)$. The soundness of the double rule for existential quantification is simply the assertion that existential quantification in a regular category is left adjoint to pullback (cf. A1.3.1(iii); note that, since $\psi$ does not contain $y$ as a free variable, its interpretation $[\![\vec{x}, y \,.\, \psi]\!]$ is the pullback of $[\![\vec{x} \,.\, \psi]\!]$ along a product projection, by 1.2.7). Similarly for universal quantification in a Heyting category. Finally, the validity of the Frobenius (resp. distributive) axiom in arbitrary regular (resp. coherent) categories was verified in A1.3.3 (resp. A1.4.2). □

**Remark 1.3.3** The reader will have observed that our deduction-system is essentially constructive (or intuitionistic, if you prefer), in that the *Law of*

*Excluded Middle*

$$(\top \vdash_{\vec{x}} (\phi \vee \neg\phi))$$

does not appear as an axiom (and indeed it is not derivable, since it is satisfied in a structure $M$ iff the interpretation $[\![\vec{x} \,.\, \phi]\!]_M$ is a complemented subobject of $MA_1 \times \cdots \times MA_n$, and we know that our logic is sound for interpretations in categories where not all subobjects are complemented). Of course, we obtain *classical first-order logic* by adding this axiom to the rules of 1.3.1($a$–$g$); it follows from 1.3.2 that this logic is sound for arbitrary structures in Boolean coherent categories (recall that all such categories are in fact Heyting categories, by A1.4.10).

We next fulfil a promise made earlier in this chapter, by introducing the notions of cartesian formula and cartesian theory.

**Definition 1.3.4** ($a$) Let $\mathbb{T}$ be a (regular) theory. The class of *cartesian formulae-in-context* relative to $\mathbb{T}$ is defined as follows: atomic formulae are cartesian (in any context), finite conjunctions of cartesian formulae are cartesian, and $\vec{x} \,.\, (\exists y)\phi$ is cartesian provided $\vec{x}, y \,.\, \phi$ is cartesian and the sequent

$$((\phi \wedge \phi[z/y]) \vdash_{\vec{x},y,z} (y = z))$$

is provable in $\mathbb{T}$. (Here $z$ is a variable of the same sort as $y$, not occurring in $\vec{x}$.) A sequent $(\phi \vdash_{\vec{x}} \psi)$ is said to be cartesian relative to $\mathbb{T}$ if both $\phi$ and $\psi$ are cartesian relative to $\mathbb{T}$ in the context $\vec{x}$.

($b$) A regular theory $\mathbb{T}$ is said to be *cartesian* if there is a well-founded partial ordering of its axioms, such that each axiom is cartesian relative to the subtheory formed by the axioms which precede it in the ordering.

For example, the theory of categories is cartesian, because its only axiom involving existential quantification is the third displayed sequent of 1.1.7($e$), and this is cartesian relative to the theory whose only axiom is the second displayed sequent.

If $M$ is a $\mathbb{T}$-model (where $\mathbb{T}$ is, for the moment, a Horn theory) in a cartesian category $\mathcal{C}$, then any cartesian formula-in-context relative to $\mathbb{T}$ has an interpretation in $M$: we simply redefine the interpretation $[\![\vec{x} \,.\, (\exists y \colon B)\psi]\!]_M$, as compared with the definition in 1.2.6(ix), to be the composite

$$[\![\vec{x}, y \,.\, \psi]\!] \rightarrowtail M(A_1, \ldots, A_n, B) \xrightarrow{\pi} M(A_1, \ldots, A_n),$$

which we know to be monic, by the soundness theorem for Horn logic in cartesian categories. It is clear that the Substitution Lemma 1.2.7 remains valid for this interpretation, and that the rules of 1.3.1($f$) and the Frobenius axiom are sound for it; hence we can recursively define what it means for a $\Sigma$-structure in $\mathcal{C}$ to be a model for a cartesian theory $\mathbb{T}$, and we obtain

**Proposition 1.3.5** *Let $\mathbb{T}$ be a cartesian theory, and $\sigma$ a cartesian sequent relative to $\mathbb{T}$. If $\sigma$ is provable in $\mathbb{T}$ (using the rules of regular logic), then it is satisfied in every $\mathbb{T}$-model in a cartesian category.* □

**Remark 1.3.6** Another fragment of first-order logic which is of some interest, although we shall not discuss it in detail here, is *disjunctive logic*: this is the sub-fragment of geometric logic (or, in the finitary case, coherent logic) in which formulae are subject to the same restriction as in 1.3.4 whenever an existential quantifier occurs, and additionally to the restriction that disjunctions must be 'provably disjoint', i.e., before we can write down a disjunction $\bigvee_{i\in I}\phi_i$, we need to know that the sequents $((\phi_i \wedge \phi_j) \vdash \bot)$ are provable for all $i \neq j$. An example of a disjunctive theory which is not cartesian is the theory of fields, as described in 1.1.7($h$): in the formula

$$((x = 0) \vee (\exists y)(xy = 1))$$

which occurs in the sequent displayed there, the existential quantifier is justified by the fact that inverses in a (commutative) ring are unique when they exist, and the disjunction is justified by the nontriviality axiom $((0 = 1) \vdash \bot)$. On the other hand, the theory of local rings is not disjunctive, since the disjunction occurring in the displayed axiom of 1.1.7($g$) is not provably disjoint. (Finitary) disjunctive logic may be interpreted in any category with finite limits, a strict initial object and disjoint (finite) coproducts which are stable under pullback; such categories are naturally called *(finitary) disjunctive categories* (in the finitary case, they are also sometimes known as *lextensive categories*). For more details about this fragment of logic, see [508].

We may also now introduce the notions of provable equivalence of formulae and of equivalence of theories; the latter was promised after Definition 1.1.6.

**Definition 1.3.7** ($a$) Let $\phi$ and $\phi'$ be two formulae, and $\vec{x}$ a context suitable for both of them. We say that $\phi$ and $\phi'$ are *provably equivalent* (relative to a theory $\mathbb{T}$) in the context $\vec{x}$ if the sequents $(\phi \vdash_{\vec{x}} \phi')$ and $(\phi' \vdash_{\vec{x}} \phi)$ are both derivable (relative to $\mathbb{T}$). (We sometimes write $(\phi \dashv\vdash_{\vec{x}} \phi')$ to indicate that both these sequents hold.)

($b$) Let $\mathbb{T}$ and $\mathbb{T}'$ be two theories over the same signature $\Sigma$. We say $\mathbb{T}$ and $\mathbb{T}'$ are *equivalent* if every axiom of $\mathbb{T}'$ is provable (in the appropriate fragment of logic) in $\mathbb{T}$, and conversely.

It is clear that if $\mathbb{T}$ and $\mathbb{T}'$ are equivalent, then exactly the same sequents are provable in each of them; for if we have a derivation of $\sigma$ relative to $\mathbb{T}'$, we may convert it into a derivation relative to $\mathbb{T}$ by inserting, above each axiom of $\mathbb{T}'$ which appears, a derivation of that sequent relative to $\mathbb{T}$. Hence also equivalence of theories is an equivalence relation. From now on, when we talk of a theory, we shall tend to think of it as an equivalence class rather than as a particular set of axioms. Note, however, that our notion of equivalence is still signature-dependent: we cannot say, for example, that the theory of Boolean algebras (that is, complemented distributive lattices) is equivalent to the theory of Boolean rings (that is, rings in which every element $x$ satisfies $x^2 = x$), because they are written over different signatures. Later on (in 1.4.9), we shall introduce the weaker notion of 'Morita equivalence' which frees our theories from this dependence on a particular signature.

Using the notions introduced in 1.3.7, we may simplify the presentations of theories in a way which is often useful.

**Lemma 1.3.8**

(i) *Any regular formula-in-context is provably equivalent (in the empty theory) to one of the form $(\exists \vec{x})\phi$ where $\phi$ is a Horn formula (and $(\exists \vec{x})$ is shorthand for $(\exists x_1) \cdots (\exists x_n)$). Moreover, if the original formula is cartesian relative to some theory $\mathbb{T}$, so is the equivalent formula of the above form.*

(ii) *Any coherent formula-in-context is provably equivalent to one of the form $\bigvee_{i=1}^{n} \phi_i$, where the $\phi_i$ are regular formulae (in the form described in* (i)*). The same holds for geometric formulae, if the disjunction is allowed to be infinitary.*

**Proof** (i) We observe first that a formula of the form $(\phi \wedge (\exists x)\psi)$ having an existential quantifier 'inside' a conjunction may be replaced by $(\exists x)(\phi \wedge \psi)$ using the Frobenius axiom and its converse, provided $x$ does not occur in $\phi$ – and we may always assume this is so, since we are free to rename the bound variables of $(\exists x)\psi$. By repeated use of this technique, we may reduce any regular formula to the required form. It is also clear that, if $(\exists x)\psi$ is cartesian relative to $\mathbb{T}$, then so is $(\exists x)(\phi \wedge \psi)$, so we do not destroy cartesianness in this process.

(ii) This time, we first use the distributive axiom and its converse, plus the (easy) fact that $(\exists x)(\phi \vee \psi)$ is provably equivalent to $((\exists x)\phi \vee (\exists x)\psi)$, to 'pull all disjunctions to the front', i.e. to reduce our formula to a disjunction of regular formulae. Then we apply the technique of part (i) to each of the latter. The geometric case is similar. □

It will be noted that, in the above proof, we have made use of the fact that provable equivalence of formulae is 'stable under compounding', i.e. that if $\phi$ is provably equivalent to $\phi'$, then $(\phi \wedge \psi)$ is provably equivalent to $(\phi' \wedge \psi)$, and similarly for the other connectives and quantifiers. All such results are easily derived from the rules of inference in 1.3.1.

**Remark 1.3.9** We do *not* have any standard form, similar to those of 1.3.8, for first-order formulae-in-context. Indeed, in the constructive logic in which we are working, we cannot even pull all the quantifiers to the front of a first-order formula (as we are accustomed to do in classical logic): the 'dual' of the Frobenius axiom, i.e. the sequent

$$((\forall y)(\phi \vee \psi) \vdash_{\vec{x}} (\phi \vee (\forall y)\psi))$$

where $y$ is not free in $\phi$, is not constructively valid, and so the formula on the right is not in general provably equivalent to one with all its quantifiers at the front. (But cf. 5.4.6 below.)

**Proposition 1.3.10**

(i) *Any Horn theory* $\mathbb{T}$ *is equivalent to one whose axioms have the form* $(\phi \vdash_{\vec{x}} \psi)$, *where* $\phi$ *is a finite conjunction of atomic formulae (possibly the empty conjunction* $\top$*) and* $\psi$ *is atomic.*

(ii) *Any regular theory (in particular, any cartesian theory)* $\mathbb{T}$ *is equivalent to one whose axioms have the form*

$$(\phi \vdash_{\vec{x}} (\exists \vec{y})\psi)$$

*where* $\phi$ *and* $\psi$ *are Horn formulae, and we may additionally assume that the sequent* $(\psi \vdash_{\vec{x},\vec{y}} \phi)$ *is provable (in the empty theory).*

(iii) *Any coherent theory* $\mathbb{T}$ *is equivalent to one whose axioms have the form*

$$(\phi \vdash_{\vec{x}} \bigvee_{i=1}^{m} (\exists \vec{y}_i)\psi_i)$$

*where* $\phi$ *and the* $\psi_i$ *are Horn formulae, and the sequents* $(\psi_i \vdash_{\vec{x},\vec{y}_i} \phi)$ *are provable.*

(iv) *Any geometric theory* $\mathbb{T}$ *is equivalent to one whose axioms have the same form as in* (iii), *except that the disjunction on the right may be infinite.*

**Proof** (i) If we have a sequent of the form $(\phi \vdash \top)$ in the axioms of $\mathbb{T}$, we can leave it out, since such sequents are logical axioms. And if we have a sequent $(\phi \vdash_{\vec{x}} \bigwedge_{i=1}^{n} \psi_i)$ with a nontrivial conjunction on the right, we may replace it by the family of sequents $(\phi \vdash_{\vec{x}} \psi_i)$, $1 \leq i \leq n$. It is straightforward to verify from the rules for finite conjunction (and, in one direction, the cut rule) that this family of sequents is equivalent to the single sequent with which we started.

(ii) We first use Lemma 1.3.8(i) to replace any sequent $(\phi \vdash \psi)$ with an equivalent one in which the formulae on each side have all their existential quantifiers at the front. Then we observe that the rules for existential quantification allow us to remove such quantifiers from the left-hand side of a sequent, at the cost of adding more variables to the context. Finally, having got our axioms into the form $(\phi \vdash_{\vec{x}} (\exists \vec{y})\ .\ \psi)$ where $\phi$ and $\psi$ are finite conjunctions of atomic formulae, we may replace the formula $\psi$ on the right by $(\phi \wedge \psi)$ without changing (the equivalence class of) our theory.

(iii) Similarly, we first reduce our axioms to sequents in which the formulae on either side are in the standard form described in 1.3.8(ii). Then we may eliminate any disjunctions on the left-hand side at the cost of increasing the number of axioms (as we did for conjunctions on the right in (i)), and eliminate existential quantifiers on the left as we did in (ii). The final assertion is established by the same trick as in (ii).

(iv) is similar to (iii). □

Given a small category $\mathcal{C}$ with (at least) finite limits, we may define a *canonical signature* $\Sigma_{\mathcal{C}}$ for reasoning about it, as follows. (We shall also make informal use of this notation even when $\mathcal{C}$ is not small, even though we demanded in Definition 1.1.1 that our languages should be 'set-based'; it clearly doesn't make any essential difference if we allow a proper class of sorts.) The signature $\Sigma_{\mathcal{C}}$ has one sort $\ulcorner A \urcorner$ for each object $A$ of $\mathcal{C}$, one function symbol $\ulcorner f \urcorner \colon \ulcorner A_1 \urcorner \cdots \ulcorner A_n \urcorner \to \ulcorner B \urcorner$ for each morphism $f \colon A_1 \times \cdots \times A_n \to B$ in $\mathcal{C}$, and one relation symbol $\ulcorner R \urcorner \rightarrowtail \ulcorner A_1 \urcorner \cdots \ulcorner A_n \urcorner$ for each subobject $R \rightarrowtail A_1 \times \cdots \times A_n$ of a finite product in $\mathcal{C}$. The first-order language over this signature is called the *internal language of* $\mathcal{C}$.

There is an evident structure for $\Sigma_{\mathcal{C}}$ in $\mathcal{C}$, which assigns $A$ to $\ulcorner A \urcorner$, $f$ to $\ulcorner f \urcorner$ and $R$ to $\ulcorner R \urcorner$. If this structure satisfies a particular (cartesian, regular, coherent, ...) sequent $\sigma$ over $\Sigma_{\mathcal{C}}$, we shall say that $\mathcal{C}$ itself satisfies the sequent, and write $\mathcal{C} \models \sigma$. The advantage of this (somewhat tautological) definition is that it allows us to argue 'in the formal language' to prove things about $\mathcal{C}$: for example, if $\mathcal{C}$ is a regular category, then the set of regular sequents over $\Sigma_{\mathcal{C}}$ which are satisfied in $\mathcal{C}$ is closed under the rules of inference in 1.3.1($a$–$c$) and ($f$), and so anything which we can deduce by these rules from sequents which we know to be valid will also express a true assertion about $\mathcal{C}$. This allows us to reason about $\mathcal{C}$ 'as if its objects were sets and its morphisms were functions' (at least provided we restrict ourselves to regular logic, and argue constructively). Before giving some examples of this process, we first list some instances of how categorical information about $\mathcal{C}$ may be encoded in the formal language.

**Lemma 1.3.11** *Let $\mathcal{C}$ be a regular category.*

(i) *$f \colon A \to A$ is the identity morphism iff $\mathcal{C} \models (\top \vdash_x (\ulcorner f \urcorner(x) = x))$.*

(ii) *$f \colon A \to C$ is the composite of $g \colon A \to B$ and $h \colon B \to C$ iff $\mathcal{C} \models (\top \vdash_x (\ulcorner f \urcorner(x) = \ulcorner h \urcorner(\ulcorner g \urcorner(x))))$.*

(iii) *$f \colon A \to B$ is monic iff $\mathcal{C} \models ((\ulcorner f \urcorner(x) = \ulcorner f \urcorner(x')) \vdash_x (x = x'))$.*

(iv) *$f \colon A \to B$ is a cover iff $\mathcal{C} \models (\top \vdash_y (\exists x)(\ulcorner f \urcorner(x) = y))$.*

(v) *$A$ is a terminal object iff $\mathcal{C} \models (\top \vdash_{[]} (\exists x)\top)$ and $\mathcal{C} \models (\top \vdash_{x,x'} (x = x'))$ (here $x$ and $x'$ are of sort $\ulcorner A \urcorner$).*

(vi) *A diagram*

$$\begin{array}{ccc} A & \xrightarrow{\ f\ } & B \\ {\scriptstyle g}\downarrow & & \downarrow{\scriptstyle h} \\ C & \xrightarrow{\ k\ } & D \end{array}$$

*is a pullback square iff $\mathcal{C}$ satisfies the three sequents*

$$\begin{gathered}(\top \vdash_x (\ulcorner h \urcorner(\ulcorner f \urcorner(x)) = \ulcorner k \urcorner(\ulcorner g \urcorner(x)))),\\ (((\ulcorner f \urcorner(x) = \ulcorner f \urcorner(x')) \wedge (\ulcorner g \urcorner(x) = \ulcorner g \urcorner(x'))) \vdash_{x,x'} (x = x')), \text{ and}\\ ((\ulcorner h \urcorner(y) = \ulcorner k \urcorner(z)) \vdash_{y,z} (\exists x)((\ulcorner f \urcorner(x) = y) \wedge (\ulcorner g \urcorner(x) = z))) .\end{gathered}$$

**Proof** We note that $\mathcal{C} \models (\top \vdash_x (s = t))$ iff the equalizer of $[\![x\,.\,s]\!]$ and $[\![x\,.\,t]\!]$ is the whole of $A$ (where $\ulcorner A \urcorner$ is the sort of $x$), iff $[\![x\,.\,s]\!]$ and $[\![x\,.\,t]\!]$ are the same morphism. Statements (i) and (ii) follow immediately from this. For (iii), we note that by Lemma 1.2.7 the interpretation $[\![x, x'\,.\,(\ulcorner f \urcorner(x) = \ulcorner f \urcorner(x'))]\!]$ is the pullback along $f \times f \colon A \times A \to B \times B$ of the diagonal subobject of $B \times B$. This pullback always contains the diagonal subobject of $A \times A$; so the validity of the given sequent is equivalent to saying that

$$\begin{array}{ccc} A & \xrightarrow{\ f\ } & B \\ \downarrow{\scriptstyle \Delta} & & \downarrow{\scriptstyle \Delta} \\ A \times A & \xrightarrow{\ f \times f\ } & B \times B \end{array}$$

is a pullback, i.e. that $f$ is monic. For (iv), we observe that the interpretation $[\![y\,.\,(\exists x)(\ulcorner f \urcorner(x) = y)]\!]$ is the image of the graph of $f$ under the projection $A \times B \to B$; but this is the same as the image of $f$ itself. Now the two sequents in (v) say respectively that the unique morphism $A \to 1$ is a cover and that it is monic; similarly, in (vi), the first sequent says that the given square commutes and the other two say that the canonical morphism from $A$ to the pullback of $h$ and $k$ is an isomorphism. □

From now on, we shall tend to drop the notation $\ulcorner - \urcorner$, and simply identify the sorts, function symbols and relation symbols of the internal language of $\mathcal{C}$ with their interpretations in $\mathcal{C}$. The following 'functional completeness' result is often useful:

**Proposition 1.3.12** *Let $\mathcal{C}$ be (at least) a regular category, let $A$ and $B$ be objects of $\mathcal{C}$ and let $\phi$ be a formula of the internal language of $\mathcal{C}$ having free variables $x$ and $y$ of sorts $A$ and $B$ respectively. Suppose that the sequents $((\phi \wedge \phi[y'/y]) \vdash_{x,y,y'} (y = y'))$ and $(\top \vdash_x (\exists y)\phi)$ are satisfied in $\mathcal{C}$. Then there is a unique morphism $f \colon A \to B$ in $\mathcal{C}$ such that the sequents $(\phi \vdash_{x,y} (f(x) = y))$ and $((f(x) = y) \vdash_{x,y} \phi)$ are valid.*

**Proof** If we write $(a, b) \colon R \rightarrowtail A \times B$ for the interpretation $[\![x, y\,.\,\phi]\!]$, then the two given sequents say respectively that $a$ is monic and that it is a cover. So it is an isomorphism, and we may take $f$ to be the composite

$$A \xrightarrow{a^{-1}} R \xrightarrow{b} B .$$

It is straightforward to verify that this is the unique morphism with the required property. □

We remark that, although we assumed for simplicity that $\mathcal{C}$ was regular in 1.3.12, we could have obtained the same result for cartesian categories: the second sequent in the statement is cartesian relative to the theory whose only axiom is the first one. The same remark applies to the sequents characterizing finite limits in 1.3.11.

As an application of Proposition 1.3.12, we show how the proofs of (the hard parts of) Propositions A1.3.4 and A1.4.3 can be recast in terms of the internal language. Although these proofs are not different in any essential way from the ones we gave in Chapter A1, they look much more familiar, because they are much more closely modelled on what we should do in order to prove the results in **Set** (that is, we should construct a binary relation and then prove that it is the graph of a function with the required properties).

**Lemma 1.3.13** *In a regular category, every cover is a coequalizer.*

**Proof** Let $f\colon A \twoheadrightarrow B$ be a cover in a regular category $\mathcal{C}$, and let $(a, b)\colon R \rightrightarrows A$ be its kernel-pair. We have to show that $f$ is a coequalizer of $a$ and $b$. So let $c\colon A \to C$ be any morphism with $ca = cb$, and consider the formula

$$\phi \equiv (\exists x)((f(x) = y) \wedge (c(x) = z))$$

having free variables $y, z$ of sorts $B, C$ respectively. We shall show that $\phi$ satisfies the sequents of 1.3.12, and so defines a morphism $B \to C$ which is the required factorization of $c$ through $f$. First we observe that

$$\begin{aligned}(\phi \wedge \phi[z'/z]) &\vdash (\exists x, x')((f(x) = f(x')) \wedge (c(x) = z) \wedge (c(x') = z'))\\ &\vdash (\exists w)((c(a(w)) = z) \wedge (c(b(w)) = z'))\\ &\vdash (z = z'),\end{aligned}$$

where $w$ is of sort $R$, and the second step uses the characterization of pullbacks in 1.3.11(vi). For the second sequent, we have

$$\begin{aligned}\top &\vdash (\exists x)(f(x) = y)\\ &\vdash (\exists x)((f(x) = y) \wedge (\exists z)(c(x) = z))\\ &\vdash (\exists z)(\exists x)((f(x) = y) \wedge (c(x) = z))\\ &\equiv (\exists z)\phi,\end{aligned}$$

where we have made use of the Frobenius axiom at the third step. □

**Lemma 1.3.14** *Let $m_1 : A_1 \rightarrowtail A$ and $m_2 : A_2 \rightarrowtail A$ be subobjects in a coherent category $\mathcal{C}$. Then the square*

$$\begin{array}{ccc} A_1 \cap A_2 & \xrightarrow{n_1} & A_1 \\ \Big\downarrow{\scriptstyle n_2} & & \Big\downarrow{\scriptstyle p_1} \\ A_2 & \xrightarrow{p_2} & A_1 \cup A_2 \end{array}$$

*is a pushout in $\mathcal{C}$.*

**Proof** As in the original proof of A1.4.3, we shall simplify notation by writing $B, C$ for $A_1 \cap A_2$ and $A_1 \cup A_2$ respectively. Suppose we are given morphisms $f_i : A_i \to D$ $(i = 1, 2)$ with $f_1 n_1 = f_2 n_2$; so we need to construct a morphism $k : C \to D$ with $kp_i = f_i$ $(i = 1, 2)$. As before, we do so by constructing a suitable coherent formula $\phi$ in the internal language and applying 1.3.12. Specifically, we take

$$\phi \equiv ((\exists x_1)((p_1(x_1) = z) \wedge (f_1(x_1) = w)) \vee (\exists x_2)((p_2(x_2) = z) \wedge (f_2(x_2) = w))) .$$

Then by the distributive axiom $(\phi \wedge \phi[w'/w])$ entails the disjunction of four formulae, namely

$$(\exists x_i)(\exists x'_j)((p_i(x_i) = p_j(x'_j)) \wedge (f_i(x_i) = w) \wedge (f_j(x'_j) = w'))$$

for $i, j = 1, 2$. For the two cases where $i = j$ we use the fact that $p_i$ is a monomorphism (and 1.3.11(iii)) to conclude that $(x_i = x'_j)$ and hence that $(w = w')$. In the other two cases, we use the fact that the square in the statement is a pullback (and 1.3.11(vi)) to conclude $(\exists y)((n_i(y) = x_i) \wedge (n_j(y) = x'_j))$ and hence $(w = w')$.

To verify that $\phi$ satisfies the second sequent of 1.3.12 is straightforward, since $C$ is the union of $A_1$ and $A_2$ and so we have

$$(\top \vdash_z ((\exists x_1)(p_1(x_1) = z) \vee (\exists x_2)(p_2(x_2) = z)))$$

from which $(\top \vdash_z (\exists w)\phi)$ follows easily.

Hence we have a morphism $k : C \to D$ with $[\![z, w \,.\, \phi]\!] = [\![z, w \,.\, (k(z) = w)]\!]$. Since each $p_i$ is monic, it is easy to deduce that

$$[\![x_i, w \,.\, \phi[p_i(x_i)/z]]\!] = [\![x_i, w \,.\, (f_i(x_i) = w)]\!],$$

and hence that $kp_i = f_i$ $(i = 1, 2)$. The fact that $k$ is the unique morphism with this property follows from the fact that $C$ is the union of its subobjects $A_1$ and $A_2$. □

**Suggestions for further reading:** Bénabou [100], Coste [258], Johnstone [508], Makkai & Reyes [790].

## D1.4 Syntactic categories

In 1.3.2 we proved a Soundness Theorem, asserting that 'anything provable is true'; i.e. if a sequent $\sigma$ is derivable from the axioms of a theory $\mathbb{T}$ (in any of the fragments of logic we have considered), then it is satisfied in all $\mathbb{T}$-models in categories of the appropriate kind. Naturally, we wish to have a converse result asserting that 'anything true is provable'; such a result is known to logicians as a Completeness Theorem. In this section we shall prove such a theorem.

One advantage of considering models in general categories, rather than just in **Set**, is that the theorem has a particularly simple form: given a theory $\mathbb{T}$, we shall construct a category $\mathcal{C}_{\mathbb{T}}$ of the appropriate kind (the *syntactic category* of $\mathbb{T}$) containing a particular $\mathbb{T}$-model $M_{\mathbb{T}}$ (the *generic model* of $\mathbb{T}$) with the property that the sequents valid in $M_{\mathbb{T}}$ are precisely those provable in $\mathbb{T}$. (We shall see in the next section how a more conventional completeness theorem in terms of $\mathbb{T}$-models in **Set** may be extracted from this one.)

The basic idea behind the construction of $\mathcal{C}_{\mathbb{T}}$ is that its objects are precisely those things which *have* to be present in any category (of the appropriate kind) containing a model of $\mathbb{T}$. More specifically, every object of $\mathcal{C}_{\mathbb{T}}$ will be the interpretation in $M_{\mathbb{T}}$ of some formula-in-context of the language of $\mathbb{T}$, and the morphisms of $\mathcal{C}_{\mathbb{T}}$ will be exactly those morphisms that $\mathbb{T}$ 'tells us' must exist between these objects. For a more formal definition, we shall deal first with the case of a cartesian theory $\mathbb{T}$, and indicate afterwards how things must be modified for more complex theories.

So, for the moment, let $\mathbb{T}$ be a cartesian theory (over a signature $\Sigma$, say). We define the objects of $\mathcal{C}_{\mathbb{T}}$ to be $\alpha$-equivalence classes of formulae-in-context over $\Sigma$ which are cartesian relative to $\mathbb{T}$; we shall write $\{\vec{x}\,.\,\phi\}$ for the $\alpha$-equivalence class of $\vec{x}\,.\,\phi$. Here '$\alpha$-equivalence' means something a little broader than it did in Section D1.1: in addition to the bound variables of $\phi$, we wish to be free to rename the variables in the context $\vec{x}$, i.e. to regard $\vec{x}\,.\,\phi$ as equivalent to $\vec{y}\,.\,\phi[\vec{y}/\vec{x}]$ if $\vec{y}$ is a context of the same length and type as $\vec{x}$. (In effect, the context itself is regarded as binding the variables which appear in it. Note, incidentally, that if $M$ is any $\mathbb{T}$-model in a cartesian category, then the rules of 1.2.6 ensure that the objects $[\![\vec{x}\,.\,\phi]\!]_M$ and $[\![\vec{y}\,.\,\phi[\vec{y}/\vec{x}]]\!]_M$ are equal (and not merely isomorphic).)

In defining what are the morphisms of $\mathcal{C}_{\mathbb{T}}$ from $\{\vec{x}\,.\,\phi\}$ to $\{\vec{y}\,.\,\psi\}$, we may thus assume (and it is convenient to do so) that the contexts $\vec{x}$ and $\vec{y}$ are disjoint. Suppose now that we have a cartesian formula $\theta$, whose free variables are all in the context $\vec{x}, \vec{y}$, such that the sequents

$$(\theta \vdash_{\vec{x},\vec{y}} (\phi \wedge \psi)),$$
$$((\theta \wedge \theta[\vec{z}/\vec{y}]) \vdash_{\vec{x},\vec{y},\vec{z}} (\vec{y} = \vec{z})), \text{ and}$$
$$(\phi \vdash_{\vec{x}} (\exists \vec{y})\theta)$$

are provable in $\mathbb{T}$. (Here, as before, $(\vec{y} = \vec{z})$ is shorthand for the conjunction $((y_1 = z_1) \wedge \cdots \wedge (y_m = z_m))$, and $(\exists \vec{y})$ similarly means $(\exists y_1) \cdots (\exists y_m)$. Note, by the way, that the provability of the second sequent ensures that the third is cartesian relative to $\mathbb{T}$.) Then in any $\mathbb{T}$-model $M$ in a cartesian category $\mathcal{C}$, the interpretation $[\![\vec{x}, \vec{y} . \theta]\!]_M$ will (by soundness) be the graph of a morphism from $[\![\vec{x} . \phi]\!]_M$ to $[\![\vec{y} . \psi]\!]_M$. In particular, this must be so in the model $M_{\mathbb{T}}$, so the formula-in-context $\vec{x}, \vec{y} . \theta$ must represent a morphism $\{\vec{x} . \phi\} \to \{\vec{y} . \psi\}$ in $\mathcal{C}_{\mathbb{T}}$. However, it is clear that two formulae $\theta$ and $\theta'$ must represent the same morphism if they are provably equivalent in $\mathbb{T}$, as defined in 1.3.7($a$). (We remark in passing that, if $\theta$ and $\theta'$ are 'functional' in the sense that the sequents displayed above are provable, then either of the sequents $(\theta \vdash \theta')$ and $(\theta' \vdash \theta)$ implies the other. This is the logical version of an assertion whose categorical formulation may be found at A3.2.3(ii).)

Thus we take the morphisms of $\mathcal{C}_{\mathbb{T}}$ to be $\mathbb{T}$-provable-equivalence classes of formulae-in-context which are $\mathbb{T}$-provably functional, i.e. satisfy the three sequents displayed above. We shall write $[\theta]$ for the provable-equivalence class of $\theta$; we may safely omit its context, since the latter can be inferred from the objects which appear as the domain and codomain of $[\theta]$.

The composite of two morphisms

$$\{\vec{x} . \phi\} \xrightarrow{[\theta]} \{\vec{y} . \psi\} \xrightarrow{[\gamma]} \{\vec{z} . \chi\}$$

is defined to be the $\mathbb{T}$-provable-equivalence class of the formula $(\exists \vec{y})(\gamma \wedge \theta)$; it follows from the remark after 1.3.8 that this does not depend on the choice of the representatives $\theta$ and $\gamma$, and it is straightforward to verify that it is (cartesian and) $\mathbb{T}$-provably functional from $\{\vec{x} . \phi\}$ to $\{\vec{z} . \chi\}$. It is similarly easy to verify that this composition is associative (up to provable equivalence), and that the provable-equivalence class of

$$\{\vec{x} \,.\, \phi\} \xrightarrow{[(\phi \wedge (\vec{x} = \vec{x}'))]} \{\vec{x}' \,.\, \phi[\vec{x}'/\vec{x}]\}$$

serves as the identity morphism on $\{\vec{x} . \phi\}$ (note the use we have made of $\alpha$-equivalence; here $\vec{x}'$ is assumed to be a context of the same length and type as $\vec{x}$, but disjoint from it); so we have

**Lemma 1.4.1** *$\mathcal{C}_{\mathbb{T}}$ is a category.* □

Next, we prove

**Lemma 1.4.2** *$\mathcal{C}_{\mathbb{T}}$ has finite limits.*

**Proof** The object $\{[\,] . \top\}$ is a terminal object: a formula $\theta$ is provably functional from $\{\vec{x} . \phi\}$ to $\{[\,] . \top\}$ iff $\theta$ is provably equivalent to $\phi$, so there is a unique morphism $\{\vec{x} . \phi\} \to \{[\,] . \top\}$ in $\mathcal{C}_{\mathbb{T}}$. The product of two objects $\{\vec{x} . \phi\}$ and $\{\vec{y} . \psi\}$

(where $\vec{x}$ and $\vec{y}$ are assumed to be disjoint) is $\{\vec{x}, \vec{y}\,.\,(\phi \wedge \psi)\}$, and the product projections are the provable-equivalence classes

$$\{\vec{x'}\,.\,\phi[\vec{x'}/\vec{x}]\} \xleftarrow{[(\phi\wedge\psi\wedge(\vec{x}=\vec{x'}))]} \{\vec{x}, \vec{y}\,.\,(\phi \wedge \psi)\} \xrightarrow{[(\phi\wedge\psi\wedge(\vec{y}=\vec{y'}))]} \{\vec{y'}\,.\,\psi[\vec{y'}/\vec{y}]\}\,.$$

Given morphisms $[\theta]\colon \{\vec{z}\,.\,\chi\} \to \{\vec{x}\,.\,\phi\}$ and $[\gamma]\colon \{\vec{z}\,.\,\chi\} \to \{\vec{y}\,.\,\psi\}$, the induced morphism into the product is the provable-equivalence class of $(\theta \wedge \gamma)$; it is again straightforward to verify that this is the unique morphism whose composites with the projections are $[\theta]$ and $[\gamma]$. To form the equalizer of a parallel pair

$$\{\vec{x}\,.\,\phi\} \underset{[\gamma]}{\overset{[\theta]}{\rightrightarrows}} \{\vec{y}\,.\,\psi\},$$

we take the object $\{\vec{x'}\,.\,(\exists \vec{y})(\theta[\vec{x'}/\vec{x}] \wedge \gamma[\vec{x'}/\vec{x}])\}$ and the morphism from this to $\{\vec{x}\,.\,\phi\}$ given by the provable-equivalence class of $(\exists \vec{y})(\theta \wedge \gamma \wedge (\vec{x'} = \vec{x}))$. If $[\delta]\colon \{\vec{z}\,.\,\chi\} \to \{\vec{x}\,.\,\phi\}$ is a morphism having equal composites with $[\theta]$ and $[\gamma]$, then its factorization through the equalizer is simply $[\delta[\vec{x'}/\vec{x}]]$. As before, the verification that all this works is tedious but straightforward. □

**Remark 1.4.3** Note that the construction of equalizers in the above proof requires a choice of representatives for the equivalence classes $[\theta]$ and $[\gamma]$; if we make a different choice, we will get a different – though isomorphic – object as the domain of our equalizer. Thus, unless we assume that we have some means of making such a choice – for example, that we have a well-ordering of the formulae in our language, which will be the case if our signature is countable – we cannot assert that $\mathcal{C}_{\mathbb{T}}$ has equalizers in the constructive sense on which we insisted in Section A1.2. The problem could be avoided by factoring the objects of $\mathcal{C}_{\mathbb{T}}$ by provable equivalence as well as $\alpha$-equivalence; but this tends to become very messy in practice, and it simply means that the arbitrary choices have to be made elsewhere, namely in the proof of 1.4.7 below.

Much as in 1.3.11, properties of objects and morphisms in $\mathcal{C}_{\mathbb{T}}$ are reflected in the $\mathbb{T}$-provability of the appropriate sequents:

**Lemma 1.4.4**

(i) *A morphism $[\theta]\colon \{\vec{x}\,.\,\phi\} \to \{\vec{y}\,.\,\psi\}$ is an isomorphism in $\mathcal{C}_{\mathbb{T}}$ iff $\theta$ is also $\mathbb{T}$-provably functional from $\{\vec{y}\,.\,\psi\}$ to $\{\vec{x}\,.\,\phi\}$.*

(ii) *Any object of $\mathcal{C}_{\mathbb{T}}$ is isomorphic to one of the form $\{\vec{x}\,.\,\phi\}$ where $\phi$ is quantifier-free (that is, a finite conjunction of atomic formulae).*

(iii) *$[\theta]$ is a monomorphism in $\mathcal{C}_{\mathbb{T}}$ iff the sequent*

$$((\theta \wedge \theta[\vec{x'}/\vec{x}]) \vdash (\vec{x} = \vec{x'}))$$

*is provable in $\mathbb{T}$.*

(iv) *Any subobject of* $\{\vec{x}\,.\,\phi\}$ *in* $\mathcal{C}_{\mathbb{T}}$ *is isomorphic to one of the form*

$$\{\vec{x}'\,.\,\psi[\vec{x}'/\vec{x}]\} \xrightarrow{[(\psi \wedge (\vec{x} = \vec{x}'))]} \{\vec{x}\,.\,\phi\}$$

*where* $\psi$ *is a formula such that the sequent* $(\psi \vdash_{\vec{x}} \phi)$ *is provable in* $\mathbb{T}$. *Moreover, for two such subobjects (corresponding to formulae* $\psi$ *and* $\chi$*), we have* $\{\vec{x}\,.\,\psi\} \leq \{\vec{x}\,.\,\chi\}$ *in* $\mathrm{Sub}(\{\vec{x}\,.\,\phi\})$ *iff the sequent* $(\psi \vdash_{\vec{x}} \chi)$ *is provable in* $\mathbb{T}$.

**Proof** (i) If $\theta$ is provably functional in both directions, then $[\theta]\colon \{\vec{y}\,.\,\psi\} \to \{\vec{x}\,.\,\phi\}$ is easily seen to be inverse to $[\theta]\colon \{\vec{x}\,.\,\phi\} \to \{\vec{y}\,.\,\psi\}$ in $\mathcal{C}_{\mathbb{T}}$. Conversely, if $[\theta]$ has an inverse $[\gamma]$, then one may verify that $\gamma$ must be $\mathbb{T}$-provably equivalent to $\theta$; so $\theta$ is functional in both directions.

(ii) It is clear that if $\phi$ and $\phi'$ are provably equivalent formulae in some context $\vec{x}$, then $\{\vec{x}\,.\,\phi\}$ and $\{\vec{x}\,.\,\phi'\}$ are isomorphic objects of $\mathcal{C}_{\mathbb{T}}$; so by 1.3.8(i) we may reduce to the case where $\phi$ has all its quantifiers at the front. It thus suffices to prove that if $\phi = (\exists y)\psi$ is a cartesian formula (relative to $\mathbb{T}$) in a context $\vec{x}$, then the objects $\{\vec{x}\,.\,\phi\}$ and $\{\vec{x}, y\,.\,\psi\}$ are isomorphic in $\mathcal{C}_{\mathbb{T}}$. But it follows easily from (i) and the fact that $\phi$ is cartesian that

$$\{\vec{x}, y\,.\,\psi\} \xrightarrow{[(\psi \wedge (\vec{x} = \vec{x}'))]} \{\vec{x}'\,.\,\phi[\vec{x}'/\vec{x}]\}$$

is an isomorphism.

(iii) From the proof of 1.4.2, we may construct the kernel-pair of $[\theta]$ as the object $\{\vec{x}, \vec{x}'\,.\,(\theta \wedge \theta[\vec{x}'/\vec{x}])\}$. Then the provability of the given sequent is equivalent, by (i), to the assertion that the diagonal map from $\{\vec{x}\,.\,\phi\}$ to this object is an isomorphism.

(iv) By (iii), any morphism of the displayed form is clearly monic. But if we are given an arbitrary monomorphism $[\theta]\colon \{\vec{y}\,.\,\psi\} \to \{\vec{x}\,.\,\phi\}$, then (iii) ensures that the formula-in-context $\vec{x}\,.\,(\exists \vec{y})\theta$ is cartesian relative to $\mathbb{T}$, and (i) ensures that $[\theta]$ is an isomorphism (over $\{\vec{x}\,.\,\phi\}$) from $\{\vec{y}\,.\,\psi\}$ to $\{\vec{x}\,.\,(\exists \vec{y})\theta\}$. So every subobject is isomorphic to one of the displayed form. For the final assertion, we have merely to note that $[(\psi \wedge (\vec{x} = \vec{x}'))]\colon \{\vec{x}'\,.\,\psi[\vec{x}'/\vec{x}]\} \to \{\vec{x}\,.\,\chi\}$ is a morphism of $\mathcal{C}_{\mathbb{T}}$ iff $(\psi \vdash \chi)$ is provable in $\mathbb{T}$; and it is the only possible morphism over $\{\vec{x}\,.\,\phi\}$ between these two objects. □

We have a canonical $\Sigma$-structure $M_{\mathbb{T}}$ in $\mathcal{C}_{\mathbb{T}}$: it assigns to a sort $A$ the object $\{x\,.\,\top\}$ where $x$ is a variable of sort $A$, to a function symbol $f\colon A_1 \cdots A_n \to B$ the morphism

$$\{x_1, \ldots, x_n\,.\,\top\} \xrightarrow{[(f(x_1, \ldots, x_n) = y)]} \{y\,.\,\top\}$$

and to a relation symbol $R \rightarrowtail A_1 \cdots A_n$ the subobject of $\{x_1, \ldots, x_n\,.\,\top\}$ whose domain is $\{x_1, \ldots, x_n\,.\,R(x_1, \ldots, x_n)\}$ (as in 1.4.4(iv)). It is now easy to establish

**Lemma 1.4.5**

(i) *For any term-in-context* $\vec{x}.t$ *over* $\Sigma$, *the interpretation* $[\![\vec{x}.t]\!]$ *in* $M_{\mathbb{T}}$ *is the morphism*

$$\{\vec{x}.\top\} \xrightarrow{[(t(\vec{x}) = y)]} \{y.\top\}\,.$$

(ii) *For any cartesian formula-in-context* $\vec{x}.\phi$ *over* $\Sigma$, *the interpretation* $[\![\vec{x}.\phi]\!]$ *in* $M_{\mathbb{T}}$ *is the subobject* $\{\vec{x}.\phi\} \rightarrowtail \{\vec{x}.\top\}$ *(as in* 1.4.4(iii)*).*

(iii) *A cartesian sequent* $(\phi \vdash_{\vec{x}} \psi)$ *is satisfied in* $M_{\mathbb{T}}$ *iff it is provable in* $\mathbb{T}$.

**Proof** (i) and (ii) are straightforward inductions over the structure of $t$ and $\phi$. (iii) now follows immediately from (ii) and 1.4.4(iv). □

**Theorem 1.4.6 (Completeness Theorem for cartesian logic)** *Let* $\mathbb{T}$ *be a cartesian theory. If a* $\mathbb{T}$*-cartesian sequent* $\sigma$ *is satisfied in all models of* $\mathbb{T}$ *in cartesian categories, then it is provable in* $\mathbb{T}$.

**Proof** From 1.4.5(iii), we deduce in particular that $M_{\mathbb{T}}$ is a model of $\mathbb{T}$. So a sequent satisfied in all $\mathbb{T}$-models must in particular be satisfied in $M_{\mathbb{T}}$, and hence must be provable in $\mathbb{T}$. □

The generic model $M_{\mathbb{T}}$ is more than a convenient tool for proving the completeness theorem, however: it also has an important universal property, namely that all $\mathbb{T}$-models are images of it under cartesian functors. More formally, we have the following result (where we write $\mathfrak{Cart}(\mathcal{C}, \mathcal{D})$ for the category of cartesian functors from $\mathcal{C}$ to $\mathcal{D}$, and all natural transformations between them):

**Theorem 1.4.7** *Let* $\mathbb{T}$ *be a cartesian theory. Then, for any cartesian category* $\mathcal{D}$, *the functor*

$$\mathfrak{Cart}(\mathcal{C}_{\mathbb{T}}, \mathcal{D}) \longrightarrow \mathbb{T}\text{-}\mathbf{Mod}(\mathcal{D})$$

*which sends* $F\colon \mathcal{C}_{\mathbb{T}} \to \mathcal{D}$ *to* $F(M_{\mathbb{T}})$ *is (part of) an equivalence of categories.*

**Proof** We saw in 1.2.13 that the image of a $\mathbb{T}$-model under a cartesian functor is a $\mathbb{T}$-model, so the indicated functor does take values in $\mathbb{T}$-$\mathbf{Mod}(\mathcal{D})$. Conversely, given a $\mathbb{T}$-model $M$ in $\mathcal{D}$, we define $F_M\colon \mathcal{C}_{\mathbb{T}} \to \mathcal{D}$ by setting

$$F_M(\{\vec{x}.\phi\}) = [\![\vec{x}.\phi]\!]_M$$

for each formula-in-context $\vec{x}.\phi$, and taking $F_M([\theta])$ to be the morphism whose graph is the interpretation $[\![\vec{x},\vec{y}.\theta]\!]_M$. (By soundness, this does not depend on the choice of the representative $\theta$.) It is straightforward to verify that $F_M$ is a functor, and (given the description of finite limits in $\mathcal{C}_{\mathbb{T}}$ in the proof of 1.4.2) that it is cartesian. Moreover, if $h\colon M \to N$ is a homomorphism of $\mathbb{T}$-models in $\mathcal{D}$, then 1.2.9 ensures that we have morphisms $[\![\vec{x}.\phi]\!]_M \to [\![\vec{x}.\phi]\!]_N$ for every formula-in-context, and these form a natural transformation $F_M \to F_N$. So $M \mapsto F_M$ becomes a functor $\mathbb{T}$-$\mathbf{Mod}(\mathcal{D}) \to \mathfrak{Cart}(\mathcal{C}_{\mathbb{T}}, \mathcal{D})$.

It is clear that $F_M(M_{\mathbb{T}}) \cong M$, and that this isomorphism is natural in $M$. Conversely, if we are given any cartesian functor $F: \mathcal{C}_{\mathbb{T}} \to \mathcal{D}$ with $F(M_{\mathbb{T}}) \cong M$, then an easy induction over the structure of $\phi$ produces isomorphisms $F(\{\vec{x}.\phi\}) \cong [\![\vec{x}.\phi]\!]_M$, which are the components of a natural isomorphism $F \cong F_M$. And this isomorphism is itself natural in $F$; so we have the required equivalence of categories. □

Thus we may identify models of a cartesian theory $\mathbb{T}$, up to isomorphism, with cartesian functors defined on $\mathcal{C}_{\mathbb{T}}$. In the converse direction, we have

**Example 1.4.8** For any small cartesian category $\mathcal{C}$, there is a cartesian theory whose models in an arbitrary cartesian category $\mathcal{D}$ correspond to cartesian functors $\mathcal{C} \to \mathcal{D}$. To construct it, we take the canonical signature $\Sigma_{\mathcal{C}}$, as defined before 1.3.11 (but restricted to unary function symbols, and no relation symbols), and write down all the sequents which occur in parts (i), (ii), (v) and (vi) of 1.3.11 (for all identity morphisms, composable pairs, terminal objects and pullback squares in $\mathcal{C}$). It is easy to see that a structure for $\Sigma_{\mathcal{C}}$ in $\mathcal{D}$ which satisfies the sequents of 1.3.11(i) and (ii) is the same thing as a functor $\mathcal{C} \to \mathcal{D}$, and that it satisfies the sequents of 1.3.11(v) and (vi) iff it preserves the terminal object and pullbacks, i.e. iff it is cartesian.

So, up to equivalence of model categories, cartesian theories are 'the same thing as' small cartesian categories. This is the basis for the notion of Morita equivalence at which we have hinted earlier: we say two cartesian theories $\mathbb{T}$ and $\mathbb{T}'$ are *Morita-equivalent* if their syntactic categories $\mathcal{C}_{\mathbb{T}}$ and $\mathcal{C}_{\mathbb{T}'}$ are equivalent. By 1.4.7, this is equivalent to saying that their categories of models in any cartesian category $\mathcal{D}$ are equivalent, in a fashion which is 'natural in $\mathcal{D}$'. (The term 'Morita equivalence' is borrowed from ring theory, where it is used to describe the relation between two rings which says that their categories of modules are equivalent; the analogy between modules over a ring and models of a theory is often a fruitful one.)

In passing, we note the following result about Morita equivalence, which shows that (for fragments of logic containing cartesian logic) there was some redundancy in Definition 1.1.1, in that we could have done without either the relation symbols or the function symbols.

**Lemma 1.4.9** *For any cartesian theory* $\mathbb{T}$, *there are cartesian theories* $\mathbb{T}'$ *and* $\mathbb{T}''$, *Morita-equivalent to* $\mathbb{T}$, *such that the signature of* $\mathbb{T}'$ *has no relation symbols, and that of* $\mathbb{T}''$ *has no function symbols.*

**Proof** For $\mathbb{T}'$, we could simply take the theory constructed as in 1.4.8 from the syntactic category $\mathcal{C}_{\mathbb{T}}$. Alternatively, we may form a new signature $\Sigma'$ from that of $\mathbb{T}$, by replacing each relation symbol $R \rightarrowtail A_1 \cdots A_n$ by a new sort $[R]$

together with $n$ function symbols $p_i \colon [R] \to A_i$. Then $\mathbb{T}'$ contains the axiom

$$\Big( \bigwedge_{i=1}^{n} (p_i(w) = p_i(w')) \vdash_{w,w'} (w = w') \Big)$$

(where $w$ and $w'$ are variables of sort $[R]$), for each such $R$; and whenever a subformula $R(t_1, \ldots, t_n)$ appears in an axiom of $\mathbb{T}$, we replace it by the subformula

$$(\exists w) \bigwedge_{i=1}^{n} (p_i(w) = t_i)$$

(note that the sequent displayed above ensures that this formula is cartesian). It is straightforward to verify that every $\mathbb{T}$-model in a cartesian category can be given a $\Sigma'$-structure which makes it a $\mathbb{T}'$-model, and vice versa.

For $\mathbb{T}''$, we use the device of replacing functions by the relations which are their graphs: that is, we replace each function symbol $f \colon A_1 \cdots A_n \to B$ in the signature of $\mathbb{T}$ by a new relation symbol $R_f \rightarrowtail A_1 \cdots A_n, B$, for which we adopt the axioms $((R_f(x_1, \ldots, x_n, y) \wedge R_f(x_1, \ldots, x_n, y')) \vdash (y = y'))$ and $(\top \vdash (\exists y) R_f(x_1, \ldots, x_n, y))$ (note that the second of these is cartesian relative to the first). Wherever we have a term of the form $f(x_1, \ldots, x_n)$ in a formula $\phi$, we may replace the latter by

$$(\exists y)(R_f(x_1, \ldots, x_n, y) \wedge \phi')$$

where $\phi'$ is obtained from $\phi$ on replacing the term $f(x_1, \ldots, x_n)$ by the (new) variable $y$ (note that this is a cartesian formula if $\phi$ is). Applying this procedure repeatedly, we may eliminate all terms other than variables from the axioms of $\mathbb{T}$; so we arrive at a theory $\mathbb{T}''$, over a signature without function symbols, whose models in any cartesian category are again easily seen to be 'the same as' models of $\mathbb{T}$. □

We remark that cartesian logic is the smallest fragment of first-order logic for which this result is true: the expressive power of Horn logic depends nontrivially on whether we allow our signature to contain function symbols, relation symbols or both – cf. 2.4.4 and 2.4.5 below.

We now consider how the foregoing has to be modified for theories in richer fragments of first-order logic. If $\mathbb{T}$ is a regular (resp. coherent, first-order, geometric) theory, we shall write $\mathcal{C}_{\mathbb{T}}^{\text{reg}}$ (resp. $\mathcal{C}_{\mathbb{T}}^{\text{coh}}$, $\mathcal{C}_{\mathbb{T}}^{\text{fo}}$, $\mathcal{C}_{\mathbb{T}}^{\text{geom}}$) for the category constructed exactly as at the beginning of this section, but allowing the formulae in the definition of both objects and morphisms to range over arbitrary regular (resp. coherent, first-order, geometric) formulae over the relevant signature. The proofs of 1.4.1, 1.4.2 and 1.4.4 remain valid (except for part (ii) of 1.4.4), and we have

**Lemma 1.4.10**

(i) *For any regular theory* $\mathbb{T}$, $\mathcal{C}_{\mathbb{T}}^{\mathrm{reg}}$ *is a regular category.*

(ii) *For any coherent theory* $\mathbb{T}$, $\mathcal{C}_{\mathbb{T}}^{\mathrm{coh}}$ *is a coherent category.*

(iii) *For any first-order theory* $\mathbb{T}$, $\mathcal{C}_{\mathbb{T}}^{\mathrm{fo}}$ *is a Heyting category.*

(iv) *For any geometric theory* $\mathbb{T}$, $\mathcal{C}_{\mathbb{T}}^{\mathrm{geom}}$ *is a geometric category.*

**Proof** (i) Given a morphism $[\theta]\colon \{\vec{x}\,.\,\phi\} \to \{\vec{y}\,.\,\psi\}$ in $\mathcal{C}_{\mathbb{T}}^{\mathrm{reg}}$, 1.4.4(iv) implies that we may form its image as the subobject $\{\vec{y}\,.\,(\exists\vec{x})\theta\}$ of $\{\vec{y}\,.\,\psi\}$; in particular, $[\theta]$ is a cover iff the sequent $(\psi \vdash_{\vec{y}} (\exists\vec{x})\theta)$ is provable in $\mathbb{T}$. The fact that covers are stable under pullback follows straightforwardly from the construction of finite limits in the proof of 1.4.2.

(ii) Images in $\mathcal{C}_{\mathbb{T}}^{\mathrm{coh}}$ are constructed exactly as in $\mathcal{C}_{\mathbb{T}}^{\mathrm{reg}}$; to form the union of two subobjects $\{\vec{x}\,.\,\psi\}$ and $\{\vec{x}\,.\,\chi\}$ of $\{\vec{x}\,.\,\phi\}$, we of course form $\{\vec{x}\,.\,(\psi \vee \chi)\}$, and the least subobject is $\{\vec{x}\,.\,\bot\}$. It is again easy to verify from 1.4.2 that these constructions are stable under pullback.

(iii) The coherent structure on $\mathcal{C}_{\mathbb{T}}^{\mathrm{fo}}$ is constructed as in (ii). To construct universal quantification along a morphism $[\theta]\colon \{\vec{x}\,.\,\phi\} \to \{\vec{y}\,.\,\psi\}$, let $\{\vec{x}\,.\,\chi\}$ be a subobject of its domain, in the canonical form of 1.4.4(iv). Then we take $\forall_{[\theta]}(\{\vec{x}\,.\,\chi\})$ to be the subobject $\{\vec{y}\,.\,(\psi \wedge (\forall\vec{x})(\theta \Rightarrow \chi))\}$ of $\{\vec{y}\,.\,\psi\}$; it is again straightforward from 1.4.4(iv) to verify that this works.

(iv) is simply the infinitary version of (ii), except that we have to verify that $\mathcal{C}_{\mathbb{T}}^{\mathrm{geom}}$ (which is no longer small, because we have a proper class of geometric formulae-in-context) is well-powered. The key to this is the observation made in 1.3.8(ii) that any geometric formula is provably equivalent to a disjunction of regular formulae; since there is only a set of regular formulae in a given context, it follows that there is only a set of provable-equivalence classes of geometric formulae in a given context. This establishes the local smallness of $\mathcal{C}_{\mathbb{T}}^{\mathrm{geom}}$ directly from the definition of its morphisms; its well-poweredness follows from 1.4.4(iv). □

Lemma 1.4.5 now extends straightforwardly from cartesian formulae to all formulae in the fragment of the language under consideration, and so we obtain the analogue of 1.4.6:

**Theorem 1.4.11 (Completeness Theorem)** *Let* $\mathbb{T}$ *be a regular (resp. coherent, first-order, geometric) theory. If* $\sigma$ *is a regular (resp. coherent, first-order, geometric) sequent which is satisfied in all models of* $\mathbb{T}$ *in regular (resp. coherent, Heyting, geometric) categories, then it is provable in* $\mathbb{T}$. □

The analogue of 1.4.7 also works straightforwardly for regular, coherent and geometric theories. For first-order theories it breaks down, because 1.2.9 fails for non-geometric formulae: thus natural transformations between functors $\mathcal{C}_{\mathbb{T}}^{\mathrm{fo}} \to \mathcal{D}$ correspond not to arbitrary homomorphisms of $\mathbb{T}$-models in $\mathcal{D}$, but to elementary morphisms as we defined them in 1.2.10($a$). (In particular, if $\mathcal{D}$ is Boolean, they correspond to elementary embeddings.)

In passing, we remark that if $\mathbb{T}$ happens to be a cartesian theory, then $\mathcal{C}_{\mathbb{T}}^{\text{reg}}$ is (equivalent to) the regularization $\mathbf{Reg}(\mathcal{C}_{\mathbb{T}})$ of the cartesian syntactic category of $\mathbb{T}$, as constructed in A1.3.9. This follows easily from the fact that regular functors defined on $\mathcal{C}_{\mathbb{T}}^{\text{reg}}$ correspond (to models of $\mathbb{T}$ in the codomain category, and hence) to cartesian functors defined on $\mathcal{C}_{\mathbb{T}}$.

Example 1.4.8 extends in a straightforward way to categories with the richer structure now under consideration. For example, to obtain the theory of regular functors defined on $\mathcal{C}$, we simply add the sequent appearing in 1.3.11(iv), for each cover $f\colon A \twoheadrightarrow B$ in $\mathcal{C}$, to the theory of 1.4.8, and for the coherent case we add the sequents $(\top \vdash_z \bot)$ where $z$ is a variable of sort 0, and

$$(\top \vdash_x ((\exists y_1)(m_1(y_1) = x) \vee (\exists y_2)(m_2(y_2) = x)))$$

whenever the sort $A$ of $x$ is the union of two subobjects $m_i\colon A_i \rightarrowtail A$ $(i = 1, 2)$. Lemma 1.4.9 also extends to all the richer fragments of logic.

In general, the category $\mathcal{C}_{\mathbb{T}}^{\text{reg}}$ need not be effective regular, as defined in Section A1.3; nor need $\mathcal{C}_{\mathbb{T}}^{\text{coh}}$ be positive coherent. However, we developed means of effectivizing regular categories, and of positivizing coherent ones, in A3.3.10 and A1.4.5 respectively, and so we may obtain

**Proposition 1.4.12**

(i) *For any regular theory $\mathbb{T}$, there exists an effective regular category $\mathcal{E}_{\mathbb{T}}$ and a $\mathbb{T}$-model $\overline{M}_{\mathbb{T}}$ in $\mathcal{E}_{\mathbb{T}}$ which is generic among $\mathbb{T}$-models in effective regular categories, in the sense that we have an equivalence*

$$\mathfrak{Reg}\,(\mathcal{E}_{\mathbb{T}}, \mathcal{D}) \simeq \mathbb{T}\text{-}\mathbf{Mod}(\mathcal{D})$$

*sending $F$ to $F(\overline{M}_{\mathbb{T}})$, for any effective regular category $\mathcal{D}$. Moreover, the regular sequents satisfied in $\overline{M}_{\mathbb{T}}$ are exactly those provable in $\mathbb{T}$.*

(ii) *For any coherent theory $\mathbb{T}$, there is a pretopos $\mathcal{P}_{\mathbb{T}}$ and a $\mathbb{T}$-model $\widetilde{M}_{\mathbb{T}}$ in $\mathcal{P}_{\mathbb{T}}$ which is generic among $\mathbb{T}$-models in pretoposes. Moreover the coherent sequents satisfied in $\widetilde{M}_{\mathbb{T}}$ are exactly those provable in $\mathbb{T}$.*

(iii) *For any geometric theory $\mathbb{T}$, there is an $\infty$-pretopos $\mathcal{G}_{\mathbb{T}}$ containing a model of $\mathbb{T}$ which is generic among $\mathbb{T}$-models in $\infty$-pretoposes, and in which satisfaction for geometric sequents is equivalent to provability in $\mathbb{T}$.*

**Proof** (i) Take $\mathcal{E}_{\mathbb{T}}$ to be the effectivization $\mathbf{Eff}(\mathcal{C}_{\mathbb{T}}^{\text{reg}})$, and $\overline{M}_{\mathbb{T}}$ to be the image of $M_{\mathbb{T}}$ under the canonical embedding. The fact that this embedding is full, and therefore conservative, ensures by 1.2.13 that satisfaction in $\overline{M}_{\mathbb{T}}$ is equivalent to satisfaction in $M_{\mathbb{T}}$; and the generic property of $\overline{M}_{\mathbb{T}}$ follows from combining (the 'regular' version of) 1.4.7 with A3.3.10.

(ii) Similarly, we take $\mathcal{P}_{\mathbb{T}}$ to be $\mathbf{Eff}(\mathbf{Pos}(\mathcal{C}_{\mathbb{T}}^{\text{coh}}))$, where $\mathbf{Pos}$ is the positivization functor defined in A1.4.5. Once again, the canonical coherent functor

$\mathcal{C}_{\mathbb{T}}^{\mathrm{coh}} \to \mathcal{P}_{\mathbb{T}}$ is full and faithful, and therefore conservative; the remaining details are similar to (i).

(iii) is similar to (ii), except that we use the infinitary analogue of the positivization construction, mentioned at the end of Section A1.4. Note that this construction, and the effectivization construction, do not destroy well-poweredness. □

Since the embeddings of the syntactic categories into the categories considered in 1.4.12 are full and therefore conservative, it follows from 1.2.13 that we have a completeness theorem for regular (resp. coherent, geometric) logic involving only models in effective regular categories (resp. pretoposes, $\infty$-pretoposes).

We define *Morita equivalence* for regular (resp. coherent, geometric) theories to mean equivalence of the categories $\mathcal{E}_{\mathbb{T}}$ (resp. $\mathcal{P}_{\mathbb{T}}$, $\mathcal{G}_{\mathbb{T}}$), rather than of the syntactic categories themselves. Of course, this is a weaker notion than equivalence of the syntactic categories; but it suffices to ensure that the theories have equivalent model categories in any (cocomplete) topos, which is our main concern. (We shall see in 3.1.12 and 3.3.8 below that the converse is true.)

Next we note a further simplification of the notion of signature, analogous to 1.4.9, which may be made in the context of geometric logic.

**Lemma 1.4.13** *Let $\mathbb{T}$ be a geometric theory. Then there is a geometric theory $\mathbb{T}'$, Morita-equivalent to $\mathbb{T}$, whose signature has only one sort.*

**Proof** First we assume, by using 1.4.9 if necessary, that the signature $\Sigma$ of $\mathbb{T}$ has no function symbols. Let $(A_i \mid i \in I)$ be the sorts of $\Sigma$; then our new signature has a single sort $A$ and a family of unary relation symbols $U_i \rightarrowtail A$ corresponding to the sorts of $\Sigma$, together with a relation symbol $\overline{R} \rightarrowtail A \cdots A$ for each relation symbol $R \rightarrowtail A_1 \cdots A_n$ of $\Sigma$. Among the axioms of $\mathbb{T}'$, we have $((U_i(x) \wedge U_j(x)) \vdash_x \bot)$ whenever $i \neq j$, and $(\top \vdash_x \bigvee_{i \in I} U_i(x))$, which say that the interpretation $[\![x \,.\, \top]\!]$ in a $\mathbb{T}'$-model is the disjoint coproduct of the interpretations $[\![x \,.\, U_i(x)]\!]$. Then, for each $R \rightarrowtail A_1 \cdots A_n$ in $\Sigma$, we adopt the axiom

$$\Big(\overline{R}(x_1, \ldots, x_n) \vdash_{x_1, \ldots, x_n} \bigwedge_{i=1}^{n} U_i(x_i)\Big),$$

and finally each axiom of $\mathbb{T}$ gives rise to an axiom of $\mathbb{T}'$ by putting lines over all the relation symbols, and introducing, on the left of each sequent, the additional hypotheses that the variables in its context satisfy the new unary relations corresponding to the sorts which they had in $\Sigma$. It is then easy to see that a $\mathbb{T}$-model $M$ in an $\infty$-pretopos $\mathcal{G}$ gives rise to a $\mathbb{T}'$-model whose underlying object is the coproduct of the $MA_i$, and conversely; so the $\infty$-pretoposes $\mathcal{G}_{\mathbb{T}}$ and $\mathcal{G}_{\mathbb{T}'}$ must be equivalent. □

We remark that, in contrast to 1.4.9, geometric logic is not the smallest fragment of infinitary first-order logic for which this reduction is possible; we could have done the same thing in the disjunctive logic mentioned in 1.3.6.

**Remark 1.4.14** Before leaving this section, we should briefly discuss the syntactic categories of propositional theories as defined in 1.1.7($m$). Since a propositional theory $\mathbb{T}$ has only one (empty) context, it is easy to see that $\mathcal{C}_{\mathbb{T}}$ is a preorder: there exists a morphism $\{[\,].\phi\} \to \{[\,].\psi\}$ iff $(\phi \vdash_{[\,]} \psi)$ is provable in $\mathbb{T}$, and the only such morphism is then $[\phi]$. Thus $\mathcal{C}_{\mathbb{T}}$ is equivalent to what is commonly called the *Lindenbaum algebra* of $\mathbb{T}$, that is the poset of provable-equivalence classes of formulae, ordered by provable entailment. (For a general $\mathbb{T}$, the Lindenbaum algebra – defined as above, but restricted to formulae in the empty context, i.e. to sentences – appears as the poset of subterminal objects in $\mathcal{C}_{\mathbb{T}}$.) The structure carried by the Lindenbaum algebra of course depends on the level of logical complexity at which $\mathbb{T}$ is considered to live: if $\mathbb{T}$ is a cartesian theory then it is a meet-semilattice, if $\mathbb{T}$ is coherent then it is a distributive lattice, if $\mathbb{T}$ is first-order then it is a Heyting algebra, and if $\mathbb{T}$ is geometric then it is a frame (the order-theoretic operations in each case being induced by the corresponding logical operations on formulae). Moreover, it is easily seen that if $L$ is a meet-semilattice (resp. a distributive lattice, a frame) and $\mathcal{C}$ is an arbitrary cartesian (resp. coherent, geometric) category, then cartesian (resp. coherent, geometric) functors $L \to \mathcal{C}$ correspond bijectively to models in $\mathcal{C}$ of the theory of filters (resp. prime filters, completely prime filters) of $L$, as defined in 1.1.7($m$) (note that, since such functors preserve monomorphisms, they all take values in the poset of subterminal objects of $\mathcal{C}$). Thus we may conclude that *every cartesian (resp. coherent, geometric) propositional theory is Morita-equivalent to the theory of filters (resp. prime filters, completely prime filters) of a meet-semilattice (resp. a distributive lattice, a frame).*

**Remark 1.4.15** The sequents appearing in the definition of morphisms of $\mathcal{C}_{\mathbb{T}}$, earlier in this section, may have reminded readers of the construction of the topos $\mathbf{Set}(L)$ from the allegory $\mathbf{Mat}(L)$ in Section A3.3. This is no accident: for fragments of logic containing regular logic, the syntactic category may conveniently be constructed by way of a 'syntactic allegory', which is in some ways a more natural generalization of the Lindenbaum algebra mentioned in the preceding remark than the syntactic category itself. Formally, if $\mathbb{T}$ is (say) a regular theory, we take $\mathcal{A}_{\mathbb{T}}^{\mathrm{reg}}$ to be the allegory whose objects are $\alpha$-equivalence classes of *contexts* over the signature of $\mathbb{T}$, and whose morphisms from $\vec{x}$ to $\vec{y}$ (where these contexts are presumed disjoint) are $\mathbb{T}$-provable equivalence classes of regular formulae in the concatenated context $\vec{x}, \vec{y}$. These morphisms are ordered by $\mathbb{T}$-provable entailment (i.e. $[\phi] \leq [\psi]$ iff $(\phi \vdash_{\vec{x},\vec{y}} \psi)$ is provable in $\mathbb{T}$); the opposite of $[\phi]$ is simply $[\phi]$ in the re-ordered context $\vec{y}, \vec{x}$; and the composite of $[\phi] \colon \vec{x} \looparrowright \vec{y}$ and $[\psi] \colon \vec{y} \looparrowright \vec{z}$ is $[(\exists \vec{y})(\phi \wedge \psi)]$. It is readily verified that this is an allegory, and that it has a unit (the empty context) and is pre-tabular (the top element of $\mathcal{A}_{\mathbb{T}}^{\mathrm{reg}}(\vec{x}, \vec{y})$ is $[\top]$, and it is tabulated by

$$\vec{x} \xleftarrow{[(\vec{x} = \vec{x'})]} \vec{x'}, \vec{y'} \xrightarrow{[(\vec{y} = \vec{y'})]} \vec{y}) \,.$$

So by A3.3.6(ii) and A3.2.10 $\mathbf{Map}(\mathcal{A}_{\mathbb{T}}^{\mathrm{reg}}[\check{\mathcal{K}}])$ is a regular category, which is simply $\mathcal{C}_{\mathbb{T}}^{\mathrm{reg}}$ as we have defined it in this section (and $\mathbf{Map}(\mathcal{A}_{\mathbb{T}}^{\mathrm{reg}}[\check{\mathcal{S}}])$ is its effectivization $\mathcal{E}_{\mathbb{T}}$). Similarly, for a coherent (resp. first-order, geometric) theory $\mathbb{T}$ we obtain a union (resp. division, geometric) allegory $\mathcal{A}_{\mathbb{T}}^{\mathrm{coh}}$ (resp. $\mathcal{A}_{\mathbb{T}}^{\mathrm{fo}}$, $\mathcal{A}_{\mathbb{T}}^{\mathrm{geom}}$), which can be used to construct the appropriate syntactic category in each case. Unfortunately, however, this method will not work for cartesian theories, since by A3.1.1 we cannot hope to obtain a non-regular cartesian category as the category of maps of an allegory.

**Suggestions for further reading:** Freyd et al. [377], Makkai & Reyes [790].

## D1.5 Classical completeness

In the previous section we proved completeness theorems (1.4.6 and 1.4.11) in the form: for any theory $\mathbb{T}$, there is a single model $M_{\mathbb{T}}$ such that satisfaction in $M_{\mathbb{T}}$ is equivalent to provability in $\mathbb{T}$. Despite the evident neatness of this form of the theorem, the fact that $M_{\mathbb{T}}$ lives (not in **Set** but) in a rather 'exotic' category, constructed specially for the purpose of proving the theorem, is sometimes seen as a disadvantage. In 'classical' accounts of first-order logic, the completeness theorem involves only models in the 'pre-existing' category **Set**; so it is of interest to see whether such a theorem can be derived from the one we have proved.

For cartesian theories, the answer is an immediate 'yes': we know from A1.2.2 that for any small cartesian category $\mathcal{C}$ there is a jointly-conservative family of cartesian functors $\mathcal{C} \to \mathbf{Set}$, namely the representable functors $\mathcal{C}(A, -)$, $A \in \mathrm{ob}\,\mathcal{C}$. Applying this to $\mathcal{C}_{\mathbb{T}}$, and appealing to 1.2.13, we immediately obtain

**Proposition 1.5.1** *Let $\mathbb{T}$ be a cartesian theory, and $\sigma$ a cartesian sequent relative to $\mathbb{T}$. If $\sigma$ is satisfied in all $\mathbb{T}$-models in* **Set**, *then it is provable in $\mathbb{T}$.*

**Proof** If $\sigma$ is satisfied in the $\mathbb{T}$-models which correspond via 1.4.7 to the representable functors, then it is satisfied in $M_{\mathbb{T}}$ by 1.2.13, and hence provable in $\mathbb{T}$ by 1.4.6. □

Our strategy for proving the classical completeness theorems for regular and coherent logic will be similar to the above: we shall show that for every small regular (resp. coherent) category $\mathcal{C}$, there is a (set-indexed) family of regular (resp. coherent) functors $\mathcal{C} \to \mathbf{Set}$ which is jointly conservative. There are various ways of achieving this: we shall follow an approach due to P. Freyd (see [381]), which has the advantage of minimizing the amount of duplication of effort required for the two cases.

We recall the notion of capital regular category introduced in A1.3.8: our first aim is to show that every small regular category $\underset{\sim}{\mathcal{C}}$ admits a conservative regular functor to a (small) capital regular category $\check{\mathcal{C}}$.

We define a *base* to be a finite sequence $\vec{B} = (B_1, B_2, \ldots, B_n)$ of *distinct* well-supported objects of $\mathcal{C}$. (The requirement that the $B_i$ be distinct seems rather bizarre, given that it doesn't matter how many isomorphic copies of any given object there are in $\mathcal{C}$; but it appears to be essential for technical reasons.) Given a base $\vec{B}$, we write $\prod \vec{B}$ for the (canonical) product $B_1 \times \cdots \times B_n$ in $\mathcal{C}$; the need to have a well-defined product is the only reason for ordering the members of a base. We preorder the set of bases by setting $\vec{B} \leq \vec{C}$ if every object in $\vec{B}$ appears in $\vec{C}$ (but not necessarily in the same order); clearly, the preordered set of bases is directed. If $\vec{B} \leq \vec{C}$ and we are given an object $f\colon A \to \prod \vec{B}$ of $\mathcal{C}/\prod \vec{B}$, we write $\vec{C}^*A$ for the product $A \times \prod C_j$ (where $j$ runs over those indices such that $C_j$ is *not* in $\vec{B}$), i.e. the pullback of $A$ along the appropriate product projection $\prod \vec{C} \to \prod \vec{B}$, and we write $\vec{C}^*f\colon \vec{C}^*A \to \prod \vec{C}$ for the pullback of $f$ along this projection.

We now define a category $\mathcal{C}_1$ as follows. Its objects are triples $(A, \vec{B}, f)$ where $A$ is an object of $\mathcal{C}$, $\vec{B}$ is a base and $f\colon A \to \prod \vec{B}$. Morphisms $(A, \vec{B}, f) \to (A', \vec{B}', f')$ are represented by pairs $(\vec{C}, g)$ where $\vec{C}$ is a base containing both $\vec{B}$ and $\vec{B}'$ and $g\colon \vec{C}^*f \to \vec{C}^*f'$ in $\mathcal{C}/\prod \vec{C}$, modulo the equivalence relation which identifies $(\vec{C}, g)$ and $(\vec{C}', g')$ if there is a base $\vec{C}''$ containing both $\vec{C}$ and $\vec{C}'$, such that $g$ and $g'$ pull back to the same morphism in $\mathcal{C}/\prod \vec{C}''$. (Recall that pullback along a cover is conservative by A1.3.2(iii); so the pairs $(\vec{C}, g)$ and $(\vec{C}, g')$ represent the same morphism iff $g = g'$, and more importantly $(\vec{C}, g)$ is an isomorphism in $\mathcal{C}_1$ iff $g$ is an isomorphism in $\mathcal{C}/\prod \vec{C}$.) Composition and identity morphisms are defined in the obvious way; it is clear that $\mathcal{C}_1$ is a category.

If $\vec{B} \leq \vec{C}$, then the object $(A, \vec{B}, f)$ is isomorphic to $(\vec{C}^*A, \vec{C}, \vec{C}^*f)$ in $\mathcal{C}_1$ (the isomorphism being represented by $(\vec{C}, 1_{\vec{C}^*A})$ in each direction). Hence if, for a fixed $\vec{B}$, we consider the (non-full) subcategory $\mathcal{C}_1|\vec{B}$ of $\mathcal{C}_1$ whose objects are those $(A, \vec{B}', f)$ with $\vec{B}' \leq \vec{B}$, and whose morphisms are representable by pairs of the form $(\vec{B}, g)$, we see that $\mathcal{C}_1|\vec{B}$ is equivalent to $\mathcal{C}/\prod \vec{B}$ (the equivalence sends $(A, \vec{B}', f)$ to $\vec{B}^*f$ in one direction, and $f$ to $(\mathrm{dom}\, f, \vec{B}, f)$ in the other). In particular, $\mathcal{C}_1|[\,]$ (where $[\,]$ denotes the empty base) is equivalent to $\mathcal{C}$ itself. Moreover, if $\vec{B} \leq \vec{C}$, then this equivalence identifies the inclusion $\mathcal{C}_1|\vec{B} \subseteq \mathcal{C}_1|\vec{C}$ with the pullback functor $\vec{C}^*\colon \mathcal{C}/\prod \vec{B} \to \mathcal{C}/\prod \vec{C}$.

But $\mathcal{C}_1$ is clearly the union of the subcategories $\mathcal{C}_1|\vec{B}$, as $\vec{B}$ ranges over all bases; so we have expressed it as a directed union of regular subcategories and conservative regular functors between them. Thus we obtain

**Proposition 1.5.2** *For any small regular category $\mathcal{C}$, there exists a small regular category $\mathcal{C}_1$ and a conservative regular functor $T\colon \mathcal{C} \to \mathcal{C}_1$, such that if $A' \rightarrowtail A$ is any proper subobject in $\mathcal{C}$ with $A$ well-supported, there exists a morphism $1 \to TA$ in $\mathcal{C}_1$ not factoring through $TA' \rightarrowtail TA$. Moreover, if $\mathcal{C}$ is (positive) coherent, then so is $\mathcal{C}_1$ and the functor $T$ is coherent.*

**Proof** The construction of $\mathcal{C}_1$, and the proof that it is regular (and positive coherent if $\mathcal{C}$ is), is contained in the discussion above. The functor $T$ is obtained by identifying $\mathcal{C}$ with $\mathcal{C}_1|[] \subseteq \mathcal{C}_1$; the fact that it is conservative follows from the fact that the functors $\mathcal{C} \to \mathcal{C}/\prod \vec{B}$ are all conservative, since if $Tf$ has an inverse in $\mathcal{C}_1$ then the latter must lie in $\mathcal{C}_1|\vec{B}$ for some $\vec{B}$. Finally, given $A' \rightarrowtail A$ as in the statement of the proposition, we note that the singleton sequence $(A)$ is a base, and that in $\mathcal{C}_1|(A) \simeq \mathcal{C}/A$ we already have a morphism $1 \to TA$ not factoring through $TA'$, namely the diagonal $A \rightarrowtail A \times A$ regarded as a morphism $1_A \to A^*A$ in $\mathcal{C}/A$. □

The category $\mathcal{C}_1$ constructed in 1.5.2 will not in general be capital; for its well-supported objects will have proper subobjects which are not in the image of the functor $T$. However, we can achieve the capital property by iterating the construction just described:

**Theorem 1.5.3** *For any small regular category $\mathcal{C}$, there exists a small capital regular category $\widehat{\mathcal{C}}$ and a conservative regular functor $F\colon \mathcal{C} \to \widehat{\mathcal{C}}$. Moreover, if $\mathcal{C}$ is (positive) coherent, then so is $\widehat{\mathcal{C}}$ and the functor $F$ is coherent.*

**Proof** We construct a sequence of categories and functors

$$\mathcal{C}_0 \xrightarrow{T_0} \mathcal{C}_1 \xrightarrow{T_1} \mathcal{C}_2 \xrightarrow{T_2} \cdots$$

where $\mathcal{C}_0 = \mathcal{C}$ and $\mathcal{C}_{n+1}$ is constructed from $\mathcal{C}_n$ by the method of 1.5.2. We take $\widehat{\mathcal{C}}$ to be the (pseudo-)colimit of this sequence in $\mathfrak{Cat}$: explicitly, objects of $\widehat{\mathcal{C}}$ are pairs $(n, A)$ with $A \in \text{ob}\, \mathcal{C}_n$, and morphisms $(n, A) \to (n', A')$ are represented by pairs $(m, f)$ where $m \geq \max\{n, n'\}$ and $g$ is a morphism between the images of $A$ and $A'$ in $\mathcal{C}_m$, modulo the obvious equivalence relation. As before, the fact that the diagram is filtered ensures that its colimit inherits any finitary categorical structure (such as regularity or coherence) enjoyed by all the categories $\mathcal{C}_n$ and preserved by the transition functors $T_n$; and since all these functors are conservative, so are the induced functors $\mathcal{C}_n \to \widehat{\mathcal{C}}$ for all $n$ – in particular for $n = 0$. Finally, $\widehat{\mathcal{C}}$ is capital because, if $f\colon A' \rightarrowtail A$ is any proper monomorphism in it with $A$ well-supported, there exists $n$ such that $f$ lies in the image of the functor $\mathcal{C}_n \to \widehat{\mathcal{C}}$; and then in $\mathcal{C}_{n+1}$ we can find a morphism $1 \to A$ which does not factor through $f$. □

**Corollary 1.5.4**

(i) *For any small regular category $\mathcal{C}$, there is a conservative regular functor $\mathcal{C} \to$ **Set**$/B$ for some set $B$.*

(ii) **(Classical completeness for regular logic)** *If $\mathbb{T}$ is a regular theory, and $\sigma$ is a regular sequent over the signature of $\mathbb{T}$ which is satisfied in all $\mathbb{T}$-models in* **Set**, *then $\sigma$ is provable in $\mathbb{T}$.*

**Proof** (i) Consider the family of composite functors

$$\mathcal{C} \xrightarrow{U^*} \mathcal{C}/U \xrightarrow{F} \widehat{\mathcal{C}/U} \xrightarrow{\Gamma} \mathbf{Set}$$

where $U$ ranges over the set of subterminal objects of $\mathcal{C}$, $F$ is the 'capitalization' of $\mathcal{C}/U$ constructed in 1.5.3, and $\Gamma$ is the functor $\widehat{\mathcal{C}/U}\,(1,-)$. By A1.3.8, the terminal object of $\widehat{\mathcal{C}/U}$ is projective, so $\Gamma$ (and hence also the composite above) is a regular functor. Moreover, if $A' \rightarrowtail A$ is a proper subobject in $\mathcal{C}$, let $U \rightarrowtail 1$ denote the support of $A$; then $U^*A' \rightarrowtail U^*A$ is still proper, and $U^*A$ is well-supported in $\mathcal{C}/U$, so (for this particular $U$) the composite above maps $A' \rightarrowtail A$ to a proper monomorphism. Hence by A1.2.4 the family of all such composites is jointly conservative; equivalently, they can be combined into a single conservative functor $\mathcal{C} \to \mathbf{Set}/B$ where $B$ is a set indexing the subterminal objects of $\mathcal{C}$.

(ii) We apply (i) to the syntactic category $\mathcal{C}_{\mathbb{T}}^{\text{reg}}$ of $\mathbb{T}$. If $\sigma$ is satisfied in the **Set**-models of $\mathbb{T}$ which correspond to the functors in the conservative family constructed in (i), then by 1.2.13 it is satisfied in the generic model $M_{\mathbb{T}}$, and hence provable in $\mathbb{T}$. □

**Remark 1.5.5** As we mentioned after A1.3.8, there is a significant strengthening of the first part of 1.5.4: every small regular category $\mathcal{C}$ admits a full and faithful regular functor into a functor category $[\mathcal{D}, \mathbf{Set}]$, where $\mathcal{D}$ is a small category. However, the extra strength of this result does not yield any significant extra information about regular theories, and so we shall not prove it here.

**Remark 1.5.6** It is of interest to ask when a (small) regular category $\mathcal{C}$ admits a single conservative regular functor to **Set** (i.e. when we can take $B = 1$ in 1.5.4(i)). This will clearly be the case if 1 is the only subterminal object of $\mathcal{C}$, i.e. if every object of $\mathcal{C}$ is well-supported; but it will also hold if (as in **Set** itself) the only proper subobject of 1 is a strict initial object 0, since then $\mathcal{C}/0$ is degenerate and we can omit the functor corresponding to 0 from the family of 1.5.4(i) without affecting its conservativity. So we arrive at the sufficient condition that *given any diagram of the form*

$$A \xrightarrow{f} B \rightarrowtail^{g} 1$$

*in $\mathcal{C}$, either $f$ or $g$ must be an isomorphism.* But this condition holds in **Set**, and its truth is clearly reflected by conservative regular functors; so the condition is necessary as well as sufficient.

For coherent categories, we have to do a bit more work; for the functors $\Gamma$ used in the proof of 1.5.4(i), though regular, will not in general be coherent. The key to obtaining coherent **Set**-valued functors is the following result:

**Lemma 1.5.7** *In a positive coherent category, a complemented subobject of a (cover-)projective object is projective.*

**Proof** Let $A' \rightarrowtail A$ be a complemented subobject of a projective object $A$, with complement $A'' \rightarrowtail A$. We have to show that every cover $e\colon B \twoheadrightarrow A'$ splits; but any such cover extends to a cover $e \amalg 1\colon B \amalg A'' \twoheadrightarrow A' \amalg A'' \cong A$, and by disjointness of coproducts a splitting for this must map $A'$ into $B$, so it yields a splitting for $e$. $\square$

Thus, in a capital positive coherent category $\mathcal{C}$, every complemented subterminal object $U$ is projective – equivalently, the functor $\mathcal{C}(U, -)$ is regular. Given such a category, let $\mathcal{B}$ denote the lattice (in fact a Boolean algebra) of complemented subterminal objects of $\mathcal{C}$; and for any filter $\mathcal{F} \subseteq \mathcal{B}$, let $\Gamma_{\mathcal{F}}$ denote the (filtered) colimit (in $[\mathcal{C}, \mathbf{Set}]$) of the functors $\mathcal{C}(U, -)$, $U \in \mathcal{F}$. Explicitly, $\Gamma_{\mathcal{F}}(A)$ is the quotient of $\coprod_{U \in \mathcal{F}} \mathcal{C}(U, A)$ by the equivalence relation which identifies $f\colon U \to A$ with $g\colon V \to A$ if there exists a commutative square

$$\begin{array}{ccc} W & \rightarrowtail & U \\ \downarrow & & \downarrow{\scriptstyle f} \\ V & \xrightarrow{g} & A \end{array}$$

with $W \in \mathcal{F}$. It is clear that $\Gamma_{\mathcal{F}}$, as a filtered colimit of regular functors, is again regular.

**Lemma 1.5.8** *The functor $\Gamma_{\mathcal{F}}$ constructed above is coherent iff $\mathcal{F}$ is an ultrafilter (i.e. a prime filter) in $\mathcal{B}$.*

**Proof** Since $\mathcal{C}$ is positive coherent, $\Gamma_{\mathcal{F}}$ will be coherent iff it preserves finite coproducts. But $\Gamma_{\mathcal{F}}$ preserves 0 iff $0 \notin \mathcal{F}$; and, given an element $x$ of $\Gamma_{\mathcal{F}}(A \amalg B)$ (represented by a morphism $f\colon U \to A \amalg B$, say), we can decompose $U$ as a disjoint union $f^*A \amalg f^*B$, and primeness says that just one of these will be in $\mathcal{F}$, so $x$ is in (the image of) just one of $\Gamma_{\mathcal{F}}(A)$ and $\Gamma_{\mathcal{F}}(B)$. Thus $\Gamma_{\mathcal{F}}$ preserves binary coproducts if $\mathcal{F}$ is prime; for the converse, note that a complemented subterminal object $U$ satisfies $\Gamma_{\mathcal{F}}(U) \cong 1$ iff $U \in \mathcal{F}$. $\square$

**Proposition 1.5.9** *Let $\mathcal{C}$ be a small capital positive coherent category. Then the functors $\Gamma_{\mathcal{F}}$, as $\mathcal{F}$ ranges over all prime filters of complemented subterminal objects of $\mathcal{C}$, are jointly conservative.*

**Proof** Let $A' \rightarrowtail A$ be a proper subobject in $\mathcal{C}$. Although $A$ may not be well-supported, $A \amalg 1$ is, and so we can find $f\colon 1 \to A \amalg 1$ not factoring through $A' \amalg 1 \rightarrowtail A \amalg 1$. Pulling back along the first coprojection, we obtain a complemented subterminal object $U$ and $g\colon U \to A$ not factoring through $A'$. Form the further pullback

$$\begin{array}{ccc} V & \longrightarrow & A' \\ \big\downarrow & & \big\downarrow \\ U & \xrightarrow{\;g\;} & A \end{array}$$

and let $\mathcal{I}$ be the ideal of complemented subterminal objects contained in $V$. (Note that $V$ itself need not be complemented.) Since $U \notin \mathcal{I}$, the Boolean Prime Ideal Theorem tells us that there is a prime filter $\mathcal{F}$ with $U \in \mathcal{F}$ and $\mathcal{F} \cap \mathcal{I} = \emptyset$; then $g$ represents an element of $\Gamma_{\mathcal{F}}(A)$ which does not belong to $\Gamma_{\mathcal{F}}(A')$. □

**Corollary 1.5.10**

(i) *For any small coherent category $\mathcal{C}$, there is a conservative coherent functor $\mathcal{C} \to \mathbf{Set}/B$ for some set $B$.*

(ii) **(Classical completeness for coherent logic)** *If $\mathbb{T}$ is a coherent theory, and $\sigma$ is a coherent sequent over the signature of $\mathbb{T}$ which is satisfied in all $\mathbb{T}$-models in* **Set**, *then $\sigma$ is provable in $\mathbb{T}$.*

**Proof** (i) Consider the composite functors

$$\mathcal{C} \longrightarrow \mathbf{Pos}(\mathcal{C}) \xrightarrow{F} \widehat{\mathbf{Pos}(\mathcal{C})} \xrightarrow{\Gamma_{\mathcal{F}}} \mathbf{Set}$$

where $\mathbf{Pos}(\mathcal{C})$ is the positivization of $\mathcal{C}$ constructed in A1.4.5, $F$ is its capitalization as constructed in 1.5.3, and $\mathcal{F}$ ranges over all prime filters of complemented subterminal objects in $\widehat{\mathbf{Pos}(\mathcal{C})}$. By 1.5.3, $\widehat{\mathbf{Pos}(\mathcal{C})}$ is positive coherent as well as capital, so by 1.5.8 and 1.5.9 the functors $\Gamma_{\mathcal{F}}$ (and hence also the composites above) are coherent and jointly conservative. (Recall that the embedding $\mathcal{C} \to \mathbf{Pos}(\mathcal{C})$ is full and hence conservative.) So we may combine them, as before, into a single conservative coherent functor $\mathcal{C} \to \mathbf{Set}/B$, where $B$ is a set indexing the filters $\mathcal{F}$.

(ii) follows from (i) exactly as 1.5.4(ii) followed from 1.5.4(i). □

**Remark 1.5.11** Before proceeding further, we should make some comments about the use of the axiom of choice in the proofs of 1.5.4 and 1.5.10. Although the construction of 1.5.2 does not make any explicit use of choice, it does require the existence of a canonical choice of products in the category $\mathcal{C}$ from which we start. In the category $\mathcal{C}_1$ constructed in 1.5.2, products are constructed using pullbacks in $\mathcal{C}$, so we will have a canonical choice of them provided $\mathcal{C}$ has a canonical choice of pullbacks; however, the construction of pullbacks in $\mathcal{C}_1$ requires the making of arbitrary choices, because of the equivalence relation involved in the definition of morphisms of $\mathcal{C}_1$. Thus the iteration of the construction of 1.5.2, which is performed in the proof of 1.5.3, will eventually force us to make arbitrary choices, unless we assume at the outset that we are given something like a well-ordering of the objects and morphisms of $\mathcal{C}$ – it is not hard to see that such a well-ordering can be 'carried along' through all the stages of the iteration. Of course, if we start from the category $\mathcal{C}_{\mathbb{T}}^{\text{reg}}$, where $\mathbb{T}$ is a regular theory over a countable signature $\Sigma$, it is not hard to construct such a well-ordering; so we may deduce that the classical completeness theorem for regular theories over countable signatures is valid without any use of choice.

On the other hand, for coherent logic the use of the Boolean Prime Ideal Theorem, to which we appealed explicitly in the proof of 1.5.9, is unavoidable. In fact the classical completeness theorem for coherent logic is equivalent to this theorem, as may be seen by applying it to the propositional theory of prime filters of a distributive lattice $L$, which we described in 1.1.7($m$). Since this theory has a model (in fact its generic model, up to equivalence) in $L$ itself considered as a coherent category, it is consistent whenever $L$ is non-degenerate (i.e. satisfies $0 \neq 1$), and hence classical completeness implies that every non-degenerate distributive lattice has a prime filter – which is well known to be one of the equivalent forms of the Prime Ideal Theorem. (See [520] for a discussion of the various forms in which this theorem appears in algebra and topology.) To put the same thing in more categorical terms: the assertion, for a distributive lattice $L$ considered as a coherent category, that the coherent functors $L \to \mathbf{Set}$ are jointly conservative is equivalent to saying that the prime filters of $L$ separate its elements – which is another form of the theorem.

**Remark 1.5.12** By an argument similar to that just given, we may see that there can be no analogue of 1.5.10(ii) for geometric theories. For if we take $\mathbb{T}$ to be a geometric propositional theory, then $\mathbb{T}$ has a model in its Lindenbaum algebra $L$ (cf. 1.4.14), or equivalently in the topos $\mathbf{Sh}(X)$, where $X$ is the locale corresponding to $L$ (cf. 1.2.15($m$)), and so it is consistent whenever $L$ is non-degenerate. But its models in $\mathbf{Set}$ are the same thing as points of $X$; so if $X$ is a nontrivial locale without points (for example, if $\mathbb{T}$ is either of the theories of C1.2.8 or C1.2.9), then $\mathbb{T}$ is a consistent geometric theory having no models in $\mathbf{Set}$.

Nevertheless, there is a 'classical completeness theorem' for geometric logic, which asserts that any geometric theory has enough models to determine provability (not in $\mathbf{Set}$ but) in Boolean toposes. We shall prove this theorem in 3.1.16 below.

There can be no completeness theorem in terms of $\mathbf{Set}$-models (or even in terms of models in Boolean toposes) for (constructive) full first-order logic; for we know that the Law of Excluded Middle (1.3.3) is satisfied in all such models, but not provable in this logic. However, if we add this law as an axiom, thus obtaining classical first-order logic, we do have a completeness theorem, which we can deduce from that for coherent logic by the following trick.

**Lemma 1.5.13** *Let $\mathbb{T}$ be a first-order theory over a signature $\Sigma$. Then there is a signature $\Sigma'$ containing $\Sigma$, and a coherent theory $\mathbb{T}'$ over $\Sigma'$, such that for* *any Boolean coherent category $\mathcal{C}$ we have*

$$\mathbb{T}\text{-}\mathbf{Mod}(\mathcal{C})_e \simeq \mathbb{T}'\text{-}\mathbf{Mod}(\mathcal{C}) .$$

The theory $\mathbb{T}'$ is sometimes called the *Morleyization* of $\mathbb{T}$, in honour of M. Morley (cf. [446]).

**Proof** We define $\Sigma'$ to have the same sorts and function symbols as $\Sigma$, but (in addition to the relation symbols of $\Sigma$) we add two new relation symbols $C_\phi \rightarrowtail A_1 \cdots A_n$ and $D_\phi \rightarrowtail A_1 \cdots A_n$ for each first-order formula $\phi$ over $\Sigma$ (here the type $A_1 \cdots A_n$ of $C_\phi$ and $D_\phi$ is the string of sorts corresponding to the canonical context of $\phi$; we could have introduced new relation symbols for all the formulae-in-context over $\Sigma$, but thanks to the Substitution Lemma 1.2.7 there is no need to do so). In $\mathbb{T}'$ we include the axioms

$$((C_\phi(x_1, \ldots, x_n) \wedge D_\phi(x_1, \ldots, x_n)) \vdash_{x_1,\ldots,x_n} \bot)$$

and

$$(\top \vdash_{x_1,\ldots,x_n} (C_\phi(x_1, \ldots, x_n) \vee D_\phi(x_1, \ldots, x_n)))$$

which ensure that the interpretations of $C_\phi$ and $D_\phi$ in any $\mathbb{T}'$-model $M$ are complementary subobjects of $M(A_1, \ldots, A_n)$, for each formula $\phi$ over $\Sigma$. Then we have a group of axioms, depending on the structure of the formula $\phi$, which specify the interpretation of the relation symbol $C_\phi$ in terms of the $C_\psi$ for appropriate subformulae $\psi$ of $\phi$, as follows:

(i) If $\phi$ is atomic,

$$(C_\phi(\vec{x}) \dashv\vdash_{\vec{x}} \phi)$$

(where we use the notation introduced in 1.3.7 to indicate that we are taking both a sequent and its converse as axioms);

(ii) If $\phi = \top$,

$$(\top \vdash_{[]} C_\phi);$$

(iii) If $\phi = (\psi \wedge \chi)$,

$$(C_\phi(\vec{x}) \dashv\vdash_{\vec{x}} (C_\psi \wedge C_\chi))$$

(here the relation symbols on the right are applied to the appropriate substrings of $\vec{x}$);

(iv) If $\phi = \bot$,

$$(C_\phi \vdash_{[]} \bot);$$

(v) If $\phi = (\psi \vee \chi)$,

$$(C_\phi(\vec{x}) \dashv\vdash_{\vec{x}} (C_\psi \vee C_\chi));$$

(vi) If $\phi = \neg\psi$,

$$(C_\phi(\vec{x}) \dashv\vdash_{\vec{x}} D_\psi(\vec{x}));$$

(vii) If $\phi = (\psi \Rightarrow \chi)$,

$$(C_\phi(\vec{x}) \dashv\vdash_{\vec{x}} (D_\psi \vee C_\chi));$$

(viii) If $\phi = (\exists y)\psi$,

$$(C_\phi(\vec{x}) \dashv\vdash_{\vec{x}} (\exists y)C_\psi(\vec{x}, y));$$

(ix) If $\phi = (\forall y)\psi$,

$$(D_\phi(\vec{x}) \dashv\vdash_{\vec{x}} (\exists y)D_\psi(\vec{x}, y)) .$$

It will be seen that these axioms are all coherent, and that they ensure, for any $\mathbb{T}'$-model $M$ in a Boolean coherent category, that the interpretation of $\vec{x}.C_\phi(\vec{x})$ coincides with that of $\vec{x}.\phi$ (for any suitable context $\vec{x}$, not just the canonical context of $\phi$). Thus, to ensure that $\mathbb{T}'$-models coincide with $\mathbb{T}$-models in such categories, we have simply to add the axiom $(C_\phi \vdash_{\vec{x}} C_\psi)$ for each axiom $(\phi \vdash_{\vec{x}} \psi)$ of $\mathbb{T}$. The fact that homomorphisms of $\mathbb{T}'$-models correspond to elementary morphisms of $\mathbb{T}$-models follows from the fact that the former must preserve the interpretations of all the $C_\phi$. □

**Corollary 1.5.14 (Classical completeness for first-order logic)** *Let $\mathbb{T}$ be a first-order theory over a signature $\Sigma$. If a first-order sequent $(\phi \vdash_{\vec{x}} \psi)$ over $\Sigma$ is satisfied in all $\mathbb{T}$-models in* **Set**, *then it is provable in $\mathbb{T}$ using classical logic.*

**Proof** If $(\phi \vdash_{\vec{x}} \psi)$ is satisfied in all $\mathbb{T}$-models in **Set**, then (in the notation of 1.5.13) $(C_\phi \vdash_{\vec{x}} C_\psi)$ is satisfied in all $\mathbb{T}'$-models in **Set**, and so is provable in $\mathbb{T}'$. But if we work through this proof replacing every subformula of the form $C_\chi(t_1, \ldots, t_m)$ by the corresponding substitution instance $\chi[\vec{t}/\vec{x}]$ of $\chi$, and every $D_\chi$ by a substitution instance of $\neg\chi$, we will obtain a classical proof in $\mathbb{T}$ of the sequent $(\phi \vdash \psi)$, since the effect of this transformation on each of the axioms of $\mathbb{T}'$ is to produce either a classically derivable sequent or an axiom of $\mathbb{T}$. For example, the second axiom in the first group becomes the Law of Excluded Middle itself; and the left-to-right sequent (ix) of the second group transforms into $(\neg(\forall y)\psi \vdash_{\vec{x}} (\exists y)\neg\psi)$, which may be proved by combining the following (constructively valid) derivation with the instance $(\top \vdash_{\vec{x}} ((\exists y)\neg\psi \vee \neg(\exists y)\neg\psi))$ of the Law of Excluded Middle and the sequent $((\forall y)\neg\neg\psi \vdash_{\vec{x}} (\forall y)\psi)$, which follows straightforwardly from the Law of Excluded Middle:

$$\dfrac{\dfrac{\dfrac{\dfrac{\dfrac{\dfrac{(\neg(\exists y)\neg\psi \vdash_{\vec{x}} \neg(\exists y)\neg\psi)}{((\neg(\exists y)\neg\psi \wedge (\exists y)\neg\psi) \vdash_{\vec{x}} \bot)}}{((\exists y)\neg\psi \vdash_{\vec{x}} \neg\neg(\exists y)\neg\psi)}}{(\neg\psi \vdash_{\vec{x},y} \neg\neg(\exists y)\neg\psi)}}{((\neg\psi \wedge \neg(\exists y)\neg\psi) \vdash_{\vec{x},y} \bot)}}{(\neg(\exists y)\neg\psi \vdash_{\vec{x},y} \neg\neg\psi)}}{(\neg(\exists y)\neg\psi \vdash_{\vec{x}} (\forall y)\neg\neg\psi)} .$$

Hence $(\phi \vdash \psi)$ is classically derivable in $\mathbb{T}$. □

**Suggestions for further reading:** Freyd [371], Freyd & Scedrov [381], Makkai & Reyes [790, 791].

# D2

# SKETCHES

## D2.1 The concept of sketch

This chapter (rather like Chapter A3) is something of a digression from our main line of development: we shall not make any essential use of sketches in anything we wish to do with categorical logic, but, since they are extensively used by others in this context, it seems a good idea to give an account of what they are and how they relate to the line that we are following. Sketches were first introduced by C. Ehresmann [332] and were extensively developed by his pupils, notably L. Coppey and C. Lair [658]; for many years they were regarded as the 'exclusive property' of the French school of category-theorists (of which Ehresmann was the founder), but since the publication of the books by Barr and Wells [87, 88], and even more since the work of Makkai and Paré [787], their use has become much more widespread. In this account, we shall largely follow the conventions of Barr and Wells regarding terminology and notation.

Briefly, a sketch is an alternative way of 'presenting' a theory whose models we wish to study in appropriate categories, which is 'categorical' in character as compared with the 'linguistic' presentation of Chapter D1. A sketch is in some sense intermediate between a theory, as defined in 1.1.6, and its syntactic category as constructed in Section D1.4; it has some of the advantages of each, but also some of the disadvantages of each. Its principal advantage, as compared with a theory, is that we do not have to go through the tedious recursive construction of terms and formulae over a given signature before we can write down the axioms; the analogue of a 'signature' from which we start (the underlying directed graph of a sketch) contains enough to write down all the axioms directly in terms of it. Compared with a syntactic category, its main advantage is economy; for example, the syntactic category of even a simple theory such as that of groups is infinite, and quite complicated to describe, whereas the sketch for groups is finite and can be written down quite explicitly. On the other hand, it is appreciably *less* economical than the linguistic presentation of a theory; again taking groups as an example, the usual linguistic presentation requires one sort, three function symbols, no relation symbols and three axioms, whereas the sketch for groups has four objects, sixteen morphisms and nineteen axioms (as we shall see in 2.1.4($b$) below). And sketches share with theories the disadvantage of 'signature-dependence': equivalence of sketches is a much stronger condition than the assertion that they have equivalent categories of models in all appropriate categories.

To begin the formal definition, recall that a *directed graph* is a '(small) category without composition or identities'; that is, it has a set of *vertices* or objects, a set of *arrows* or morphisms, and a *source* and *target* (or domain and codomain) for each arrow. (To help us distinguish categories from directed graphs, we shall generally use the italicized terminology, which is not in common use for categories, when working in the latter.) Clearly, a directed graph is just a model of a certain two-sorted algebraic theory (cf. 1.1.7(*b*)); alternatively, it is a functor $\mathcal{C} \to \mathbf{Set}$, where $\mathcal{C}$ is the category with two objects and a parallel pair of morphisms between them (cf. A1.3.10(*d*)). The notion of *morphism* of directed graphs is the obvious one.

By a *diagram* in a directed graph $G$, we mean a graph morphism $d: G' \to G$; we say the diagram is *finite* if its domain is finite. If $G$ is (the underlying directed graph of) a category, we say a diagram $d: G' \to G$ *commutes* if, for any two paths (= finite strings of arrows) in $G'$ with the same source and target, the two morphisms in $G$ obtained by composing the images under $d$ of the arrows along the two paths are equal. (We allow the possibility that one of the paths might be empty; the composite of an empty path in a category is interpreted as being the appropriate identity morphism.) We say a diagram $d$ is a *cone* if $G'$ has a distinguished vertex $g_0$ such that, for any other vertex $g$, there is exactly one arrow $g_0 \to g$ in $G'$ and no arrows $g \to g_0$. We say $d$ is a *discrete cone* if it is a cone and there are no arrows in $G'$ other than those with source $g_0$. If $G'$ satisfies the corresponding conditions with 'source' and 'target' interchanged, we say $d$ is a (*discrete*) *cocone*.

**Definition 2.1.1**

(*a*) A *sketch* $\mathbb{S}$ is a quadruple $(G_{\mathbb{S}}, D_{\mathbb{S}}, L_{\mathbb{S}}, C_{\mathbb{S}})$ where $G_{\mathbb{S}}$ is a directed graph, $D_{\mathbb{S}}$ is a set of finite diagrams in $G_{\mathbb{S}}$, $L_{\mathbb{S}}$ is a set of cones in $G_{\mathbb{S}}$ and $C_{\mathbb{S}}$ is a set of cocones in $G_{\mathbb{S}}$. (We normally omit the subscript $\mathbb{S}$'s, if there is no danger of confusion.)

(*b*) A *morphism of sketches* $f: \mathbb{S} \to \mathbb{T}$ is a morphism $f: G_{\mathbb{S}} \to G_{\mathbb{T}}$ of the underlying directed graphs, composition with which takes each member of $D_{\mathbb{S}}$ into a member of $D_{\mathbb{T}}$, each member of $L_{\mathbb{S}}$ into a member of $L_{\mathbb{T}}$ and each member of $C_{\mathbb{S}}$ into a member of $C_{\mathbb{T}}$. We write **Sk** for the category of sketches and sketch morphisms.

(*c*) A *model* of a sketch $\mathbb{S}$ in a category $\mathcal{C}$ is a graph morphism $M: G_{\mathbb{S}} \to \mathcal{C}$ such that

(i) for each $d: G' \to G$ in $D_{\mathbb{S}}$, the composite $M \circ d$ commutes;

(ii) for each $l: G' \to G$ in $L_{\mathbb{S}}$, the images under $M \circ l$ of the arrows with source $g_0$ in $G'$ form a limit cone over the diagram formed by restricting $M \circ l$ to the subgraph $G''$ obtained by deleting $g_0$, and all arrows with source $g_0$, from $G'$; and

(iii) for each $c\colon G' \to G$ in $C_{\mathbb{S}}$, the images under $M \circ c$ of the arrows with target $g_0$ in $G'$ similarly form a colimit cone under the rest of the diagram.

Equivalently (ignoring questions of size), a model of $\mathbb{S}$ in $\mathcal{C}$ is a sketch morphism from $\mathbb{S}$ to the 'underlying sketch of $\mathcal{C}$', where the latter is defined to be the underlying directed graph of $\mathcal{C}$, equipped with all finite diagrams which commute in $\mathcal{C}$, all limit cones in $\mathcal{C}$ and all colimit cones in $\mathcal{C}$. A *morphism of models* $f\colon M \to N$ is a natural transformation between graph morphisms (which makes sense because the codomain of $M$ and $N$ is not just a directed graph but a category). We write $\mathbb{S}$-$\mathbf{Mod}(\mathcal{C})$ for the category of $\mathbb{S}$-models in $\mathcal{C}$.

It will be noted that the definition of a model of a sketch does not presuppose any general information about the existence of limits or colimits in $\mathcal{C}$, merely that certain particular (co)cones are limits or colimits. However, when considering the category of $\mathbb{S}$-models in $\mathcal{C}$, it is customary to assume that $\mathcal{C}$ has limits and colimits of all the shapes which appear in $L_{\mathbb{S}}$ and $C_{\mathbb{S}}$.

Just as we classified theories according to the degree of linguistic complexity needed to formulate their axioms, so we classify sketches according to the types of cones and cocones which appear in them. We next list some of the classes that we may wish to consider.

**Definition 2.1.2** Let $\mathbb{S} = (G, D, L, C)$ be a sketch.

(*a*) We say $\mathbb{S}$ is *linear* (or elementary) if both $L$ and $C$ are empty.

(*b*) We say $\mathbb{S}$ is a *limit sketch* (or projective sketch) if $C$ is empty. If in addition all the cones in $L$ are finite, we call $\mathbb{S}$ a *finite limit sketch* (or cartesian sketch). If $C$ is empty and all the cones in $L$ are discrete (and finite), we call $\mathbb{S}$ a *(finite) product sketch.*

(*c*) Similarly, we have the notions of *(finite) colimit sketch* (also called an inductive sketch) and of *(finite) coproduct sketch* when $L$ is empty.

(*d*) The term *mixed sketch* is sometimes used (for emphasis) to indicate that both $L$ and $C$ are nonempty. We say $\mathbb{S}$ is *finitary* if (it is mixed and) all members of $L$ and $C$ are finite.

(*e*) We say $\mathbb{S}$ is a *(finitary) disjunctive sketch* if all cones in $L$ are finite, and all cocones in $C$ are (finite and) discrete.

(*f*) We say $\mathbb{S}$ is a *regular sketch* if $L$ consists of finite cones, and all the cocones in $C$ have the form

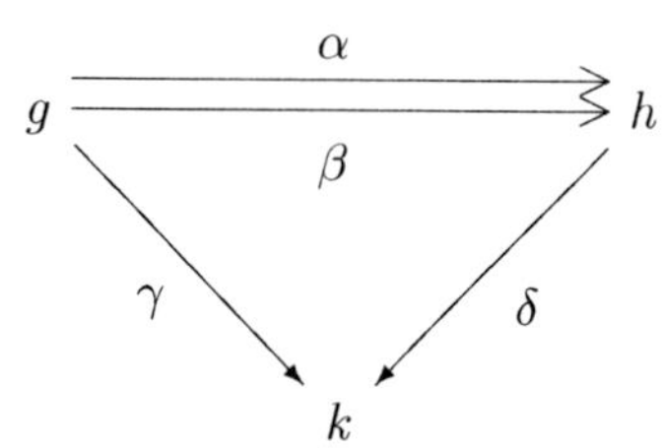

(with distinguished vertex $k$) where

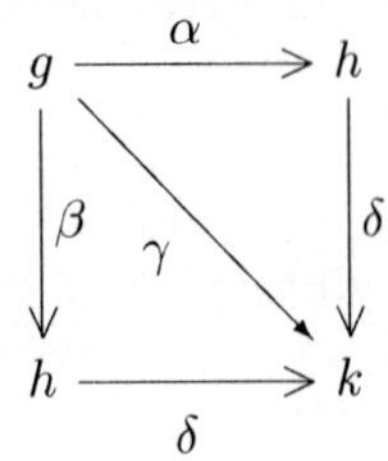


(with distinguished vertex $g$) is a cone in $L$.

($g$) We say $\mathbb{S}$ is a *coherent sketch* if all cones in $L$ are finite, and all cocones in $C$ are either of the form described in ($f$), or finite and discrete.

($h$) We say $\mathbb{S}$ is a *geometric sketch* if all cones in $L$ are finite, but there are no restrictions on the cocones in $C$.

**Remark 2.1.3** After seeing the definition of coherent sketch, the reader may have been surprised to discover that that of geometric sketch imposes no restrictions at all on cocones, rather than requiring the 'infinitary analogue' of the restrictions in 2.1.2($g$). We could have done this, but the result would have been the same as far as the expressive power of the class of geometric sketches is concerned; essentially, the reason for this is contained in A1.4.19, where we saw that an $\infty$-pretopos has all small colimits. See also 2.2.8 below.

Of course, the reappearance in 2.1.2 of various words (regular, coherent, geometric, ...) that were used to describe classes of theories in Chapter D1 is no accident: we shall see in the next section that these classes of sketches have the same expressive power as the classes of theories with the same names. Before turning to this, however, we give some examples of the expressive power of the various classes of sketches listed above.

**Examples 2.1.4** ($a$) If $\mathbb{S}$ is a linear sketch, then an $\mathbb{S}$-model in $\mathcal{C}$ is essentially the same thing as a functor from $\mathcal{C}_{\mathbb{S}} = (FG_{\mathbb{S}}/\equiv)$ to $\mathcal{C}$, where $FG_{\mathbb{S}}$ is the free category on $G_{\mathbb{S}}$ (i.e. the category whose objects are the vertices of $G_{\mathbb{S}}$ and whose morphisms are the paths in $G_{\mathbb{S}}$), and $\equiv$ is the smallest congruence on $FG_{\mathbb{S}}$ which identifies all parallel pairs which occur in the diagrams in $D_{\mathbb{S}}$. Conversely, given a small category $\mathcal{D}$, we can construct a linear sketch whose models are functors defined in $\mathcal{D}$, by taking $G$ to be the underlying directed graph of $\mathcal{D}$, and $D$ to consist of all commutative triangles

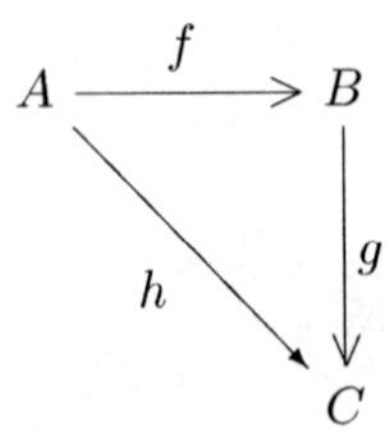

in $\mathcal{D}$ and all loops

$$A \circlearrowleft 1_A$$

where $1_A$ is an identity morphism in $\mathcal{D}$. Thus, up to Morita equivalence, linear sketches are essentially the same thing as small categories.

(*b*) As promised, we give a presentation of the sketch for groups, which is a finite product sketch. The underlying directed graph has four vertices which we denote by 1, $G$, $G^2$ and $G^3$ (anticipating what their interpretations will be in a model of the sketch) and the following sixteen arrows: $!\colon G \to 1$; $e\colon 1 \to G$; two arrows $1_G$ and $i\colon G \to G$; three arrows $\pi_1, \pi_2$ and $m\colon G^2 \to G$; two arrows $e \times 1$ and $(i, 1)\colon G \to G^2$; three arrows $\pi_1, \pi_2$ and $\pi_3\colon G^3 \to G$; and four arrows $\pi_{12}, \pi_{23}, m \times 1$ and $1 \times m\colon G^3 \to G^2$. $L$ consists of the three discrete cones

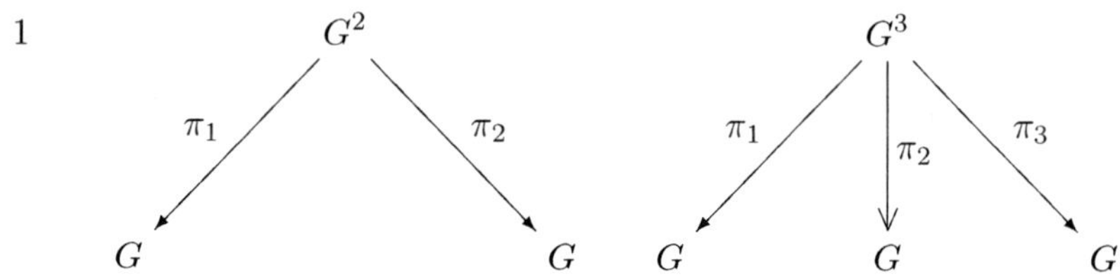


(of which the first corresponds to the assertion that 1 is the limit of the empty diagram). $D$ contains the loop diagram which says that $1_G$ is the identity on $G$, plus, for each of the six arrows with target $G^2$, a pair of diagrams specifying that (the interpretation in a model of) the arrow is 'what its name implies'. For example, the diagrams for $m \times 1$ are

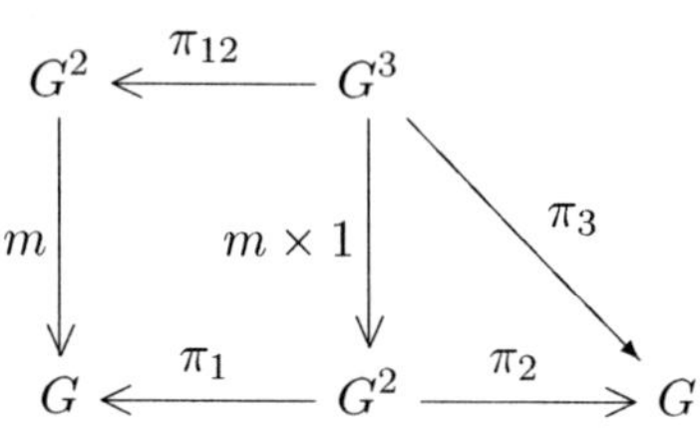


and those for $(i, 1)$ are

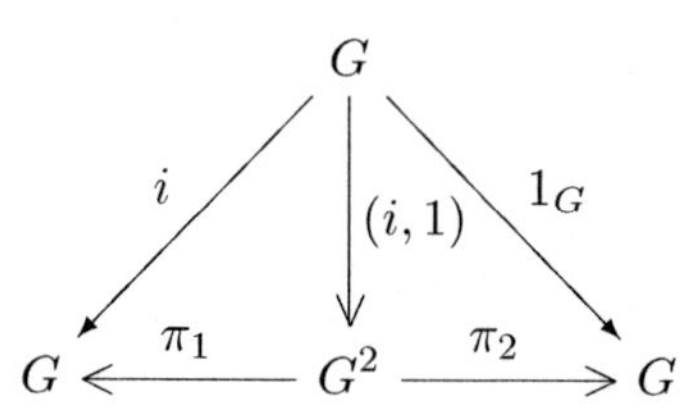

Finally, the three equations usually thought of as the axioms of group theory are represented by the diagrams

$$\begin{array}{ccccc} G^3 & \xrightarrow{m \times 1} & G^2 & \xleftarrow{e \times 1} & G \\ {\scriptstyle 1 \times m}\downarrow & & \downarrow{\scriptstyle m} & \swarrow{\scriptstyle 1_G} & \\ G^2 & \xrightarrow{m} & G & & \end{array} \quad \text{and} \quad \begin{array}{ccc} G & \xrightarrow{(i,1)} & G^2 \\ {\scriptstyle !}\downarrow & & \downarrow{\scriptstyle m} \\ 1 & \xrightarrow{e} & G \end{array} \quad .$$

It is clear that any (many-sorted) algebraic theory, as defined in 1.1.7($a$) and ($b$), can be presented in a similar way as a finite product sketch. Conversely, any finite product sketch $\mathbb{S}$ gives rise to a many-sorted algebraic theory: we take the vertices of $G_{\mathbb{S}}$ as sorts and its arrows as unary function symbols, plus, for each cone in $L_{\mathbb{S}}$ with arrows $(f_i \colon A \to B_i \mid 1 \leq i \leq n)$, an $n$-ary function symbol $g \colon B_1 \cdots B_n \to A$. Each 'commuting cell' in a diagram in $D_{\mathbb{S}}$ gives rise to an equation in the obvious way, and each $n$-ary cone gives rise to $n+1$ equations

$$(g(f_1(x), \ldots, f_n(x)) = x)$$

and $(f_i(g(y_1, \ldots, y_n)) = y_i)$ $(1 \leq i \leq n)$.

($c$) Similarly, (infinite) product sketches can be used to describe 'infinitary algebraic theories' where one has operations acting on infinitely many elements of the structure. For example, for any infinite cardinal $\kappa$, one can formulate a sketch for $\kappa$-complete lattices, i.e. lattices in which every subset of cardinality less than $\kappa$ has a join and a meet. (However, the smallness restrictions built into the definition of a sketch prevent us from describing a sketch for complete lattices, in which all subsets have joins and meets; this is demonstrated by the well-known fact that there is no free complete lattice on three generators [427]. See also 2.3.13 below.) These structures do not fit into the linguistic approach as we developed it in Chapter D1, since they require formulae with infinitely many free variables; but there is an evident extension of the notion of first-order language which would allow this.

($d$) If $\mathcal{C}$ is a small cartesian category, there is a finite limit sketch whose models are cartesian functors defined on $\mathcal{C}$: just take the linear sketch for functors defined on $\mathcal{C}$, as given in ($a$), and add a limit cone for each finite diagram in $\mathcal{C}$ (equivalently, for the empty diagram and for each diagram formed by a pair of morphisms with common codomain). Thus, in view of 1.4.7, we know that every cartesian theory is Morita-equivalent to a finite limit sketch. (We shall prove the converse in 2.2.1 below.) Similarly, if $\mathcal{C}$ has (some) infinite limits, we can construct a limit sketch whose models are functors preserving these limits. In linguistic terms, such sketches correspond to the infinitary analogues of cartesian theories (which have been called 'ruled theories' by Isbell [475], modulo some differences about size restrictions); as in ($c$), these theories require an infinitary extension of the language as we defined it in Section D1.1, but can be expressed by sequents built up using (finite and) infinite conjunction, and existential quantification subject to the restriction of 1.3.4.

(*e*) An example of a (finitary) disjunctive sketch is the sketch for fields: here we take a directed graph whose vertices, in addition to 1, $F$, $F^2$ and $F^3$, include an object $U$ which is the distinguished vertex of a cone

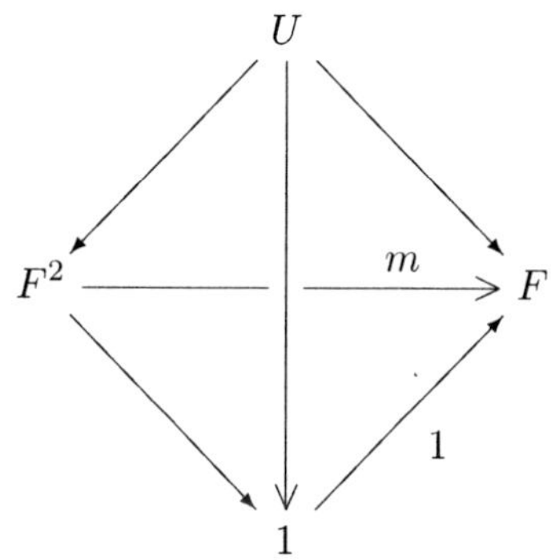


(where $m$ is the multiplication of $F$), whose effect is to ensure that, in any model $M$ of the sketch, $M(U)$ is the 'object of units' of $M(F)$. Then the axioms which distinguish fields from commutative rings can be expressed by a discrete cocone

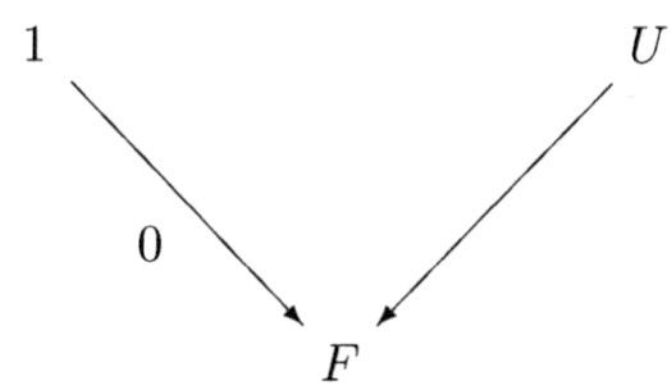


(where the arrow $U \to F$ is not the same one that appears in the cone above, but is the composite of the arrow $U \to F^2$ with one of the projections).

(*f*) We shall give examples of regular and coherent sketches in the next section. A simple example of a finitary (mixed) sketch which is not coherent is given by the sketch for connected directed graphs. Directed graphs are of course models of the linear sketch corresponding to the directed graph

$$A \rightrightarrows V;$$

to express the idea of connectedness, we add a further vertex 1 with arrows $A \to 1$ and $V \to 1$, plus the discrete cone which says that 1 is a limit for the

empty diagram, and the cocone

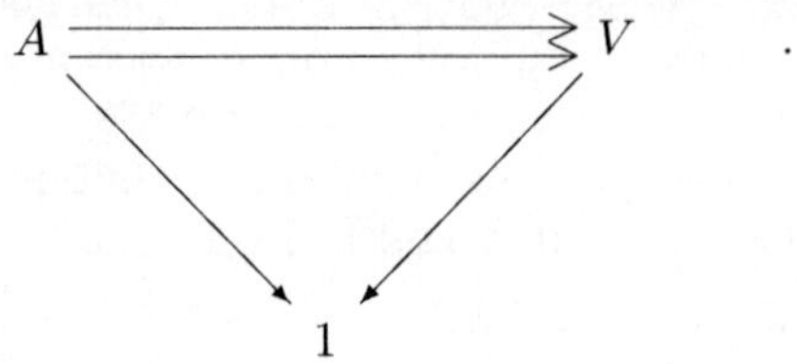

We shall see in 2.4.12($a$) below that connected graphs cannot be the models of a finitary first-order theory; in particular, they are not the models of a coherent theory.

($g$) Let $(\mathcal{C}, T)$ be a small site whose underlying category $\mathcal{C}$ is cartesian. Then we may construct a geometric sketch $\mathbb{S}$ whose models, in any geometric category $\mathcal{E}$, are cartesian cover-preserving functors $\mathcal{C} \to \mathcal{E}$ (where $\mathcal{E}$ is equipped with the coverage generated by small covering families); in particular, for a Grothendieck topos $\mathcal{E}$, we have

$$\mathbb{S}\text{-}\mathbf{Mod}(\mathcal{E}) \simeq \mathfrak{Top}\,(\mathcal{E}, \mathbf{Sh}(\mathcal{C}, T))$$

by C2.3.9. Explicitly, we take the sketch for cartesian functors on $\mathcal{C}$, as defined in ($d$) above, and for each covering family $(f_i \colon A_i \to A \mid i \in I)$ we add a cocone whose vertices are $A$ (the distinguished vertex), the $A_i$ and the pullbacks $A_i \times_A A_j$ $((i,j) \in I \times I)$, and whose arrows are the $f_i$, the projections $A_i \times_A A_j \to A_i$ and $A_i \times_A A_j \to A_j$ and the composites $A_i \times_A A_j \to A_i \to A$. It is straightforward to verify that a cartesian functor $F \colon \mathcal{C} \to \mathcal{E}$ maps this cocone to a colimit iff the family $(F(f_i) \mid i \in I)$ is covering in $\mathcal{E}$.

($h$) Let $(\mathcal{C}, T)$ be a site as in ($g$). We may also construct a limit sketch whose models (in **Set**) are sheaves on $\mathcal{C}$, as follows: we take the linear sketch for functors on $\mathcal{C}^{\mathrm{op}}$, as in ($a$) above, and then take each of the cocones described under ($g$), with all arrows reversed, as a distinguished cone of the sketch. Of course, this sketch will not be geometric unless all the covers in $T$ can be generated by finite families; this will happen, for example, if $\mathcal{C}$ is a coherent category and $T$ is its coherent coverage (cf. C2.1.12($d$)).

**Suggestions for further reading:** Barr [77], Barr & Wells [87, 89], Makkai & Paré [787], Wells [1226].

## D2.2 Sketches and theories

The next step in a conventional development of categorical logic in terms of sketches would be the construction, for each sketch $\mathbb{S}$ in one of the classes considered in 2.1.2, of a *classifying category* for $\mathbb{S}$ containing a model of $\mathbb{S}$ which is generic among $\mathbb{S}$-models in categories of the appropriate kind. However, since we have already done the corresponding job for theories in Section D1.4, we can by-pass this work by showing that sketches have the same expressive power as theories, i.e. for every sketch in one of the appropriate classes there is a theory of the appropriate type having 'the same' models in all appropriate categories, and conversely. In fact we shall rely heavily on Section D1.4 in order to do this; we shall see how to convert sketches into Morita-equivalent theories directly, but in going the other way we shall appeal to the fact that (for example) any regular theory $\mathbb{T}$ is Morita-equivalent to the theory of regular functors on a small regular category $\mathcal{C}_{\mathbb{T}}^{\text{reg}}$, and then show how the latter may be converted into a regular sketch.

For cartesian theories and finite limit sketches, the latter half of the work has been done already in 2.1.4(*d*):

**Proposition 2.2.1** *Let $\mathfrak{Cart}$ denote the 2-category of small cartesian categories, cartesian functors and arbitrary natural transformations between them. For a 2-functor $\mathbb{F}\colon \mathfrak{Cart} \to \mathfrak{Cat}$, the following are equivalent:*

(i) *$\mathbb{F}$ is representable (in the 'up-to-equivalence' sense).*

(ii) *There exists a cartesian theory $\mathbb{T}$ such that $\mathbb{F} \simeq \mathbb{T}\text{-}\mathbf{Mod}(-)$.*

(iii) *There exists a finite limit sketch $\mathbb{S}$ such that $\mathbb{F} \simeq \mathbb{S}\text{-}\mathbf{Mod}(-)$.*

**Proof** (ii) ⇒ (i) was proved in 1.4.7, and (i) ⇒ (iii) in 2.1.4(*d*). So it suffices to prove (iii) ⇒ (ii).

Given a finite limit sketch $\mathbb{S}$, we take a signature $\Sigma$ whose sorts are the vertices of the graph $G_{\mathbb{S}}$, with the arrows of $G_{\mathbb{S}}$ as unary function symbols (and no relation symbols, other than equality). For each parallel pair of paths in a diagram in $D_{\mathbb{S}}$, we adopt an axiom of the form $(\top \vdash_x (s = t))$, where $s$ and $t$ are terms of the form $f(g(\cdots(x)\cdots))$. Now suppose we have a finite cone in $L_{\mathbb{S}}$ with vertices $A_0, A_1, \ldots, A_n$ ($A_0$ being the distinguished one), distinguished arrows $f_i\colon A_0 \to A_i$ ($1 \leq i \leq n$) and other arrows typically denoted by $g\colon A_i \to A_j$. Then we adopt the axioms $(\top \vdash_x (g(f_i(x)) = f_j(x)))$ for each such $g$, together with

$$\left(\bigwedge_{i=1}^{n}(f_i(x) = f_i(y)) \vdash_{x,y} (x = y)\right)$$

and

$$\left(\bigwedge(g(x_i) = x_j) \vdash_{x_1,\ldots,x_n} (\exists x_0) \bigwedge_{i=1}^{n}(f_i(x_0) = x_i)\right)$$

where the conjunction on the left-hand side of the last sequent is over all arrows $g$ whose source is not $A_0$. Clearly, the second displayed sequent is cartesian relative to the first. Also, a $\Sigma$-structure in a (cartesian) category $\mathcal{C}$ is the same thing as a graph morphism $G_{\mathbb{S}} \to \mathcal{C}$; it satisfies the axioms of the first type iff it maps the diagrams in $D_{\mathbb{S}}$ to commutative diagrams in $\mathcal{C}$, and it satisfies those of the other three types iff it transforms the cones in $L_{\mathbb{S}}$ to limit cones in $\mathcal{C}$. □

**Remark 2.2.2** Proposition 2.2.1 appears to state less than we have actually proved, in that it refers only to $\mathbb{T}$-models and $\mathbb{S}$-models in small cartesian categories, and we have considered them in arbitrary cartesian categories. But the difference is only apparent, since it is clear that, given any $\mathbb{T}$-model $M$ in a cartesian category $\mathcal{C}$, we can find a small subcategory $\mathcal{C}'$ of $\mathcal{C}$, closed under finite limits, which contains $M$. Similar remarks apply to the results to be proved below about regular and coherent theories and sketches.

**Proposition 2.2.3** *Let $\mathfrak{Reg}$ denote the 2-category of small regular categories, regular functors and arbitrary natural transformations between them. For a 2-functor $\mathbb{F}\colon \mathfrak{Reg} \to \mathfrak{Cat}$, the following are equivalent:*

(i) *$\mathbb{F}$ is representable.*

(ii) *There exists a regular theory $\mathbb{T}$ such that $\mathbb{F} \simeq \mathbb{T}$-*$\mathbf{Mod}(-)$.

(iii) *There exists a regular sketch $\mathbb{S}$ such that $\mathbb{F} \simeq \mathbb{S}$-*$\mathbf{Mod}(-)$.

**Proof** Once again, (ii) $\Rightarrow$ (i) was proved in Section D1.4.

(i) $\Rightarrow$ (iii): Let $\mathcal{C}$ be a small regular category. We construct a regular sketch $\mathbb{S}$ whose models are regular functors defined on $\mathcal{C}$, by taking the finite limit sketch of 2.1.4($d$) and adding the cocone

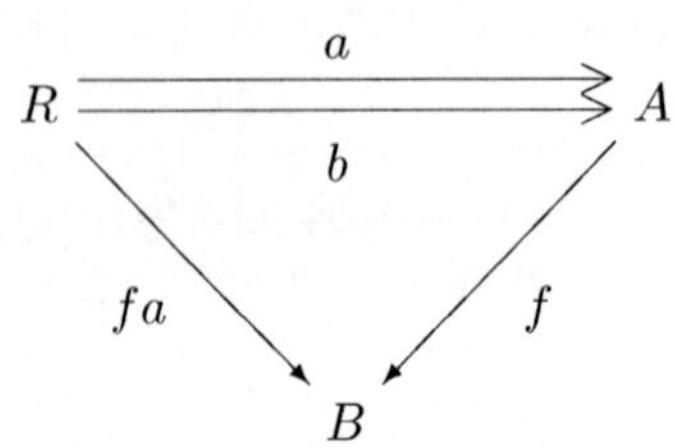


whenever $f$ is a cover in $\mathcal{C}$ and $(a, b)$ is its kernel-pair. (This is allowable under 2.1.2($f$), since the cones of $\mathbb{S}$ include that for the pullback of $f$ against itself.) Clearly, a model of $\mathbb{S}$ is a cartesian functor defined on $\mathcal{C}$ which sends covers to coequalizers of their kernel-pairs; but this is the same thing as a regular functor, by A1.3.4.

(iii) $\Rightarrow$ (ii): Given a regular sketch $\mathbb{S}$, we construct a regular theory $\mathbb{T}$ with the same models, by taking the cartesian theory described in the proof of 2.2.1 and adding the sequent $(\top \vdash_y (\exists x\colon A)(f(x) = y))$ for each cocone

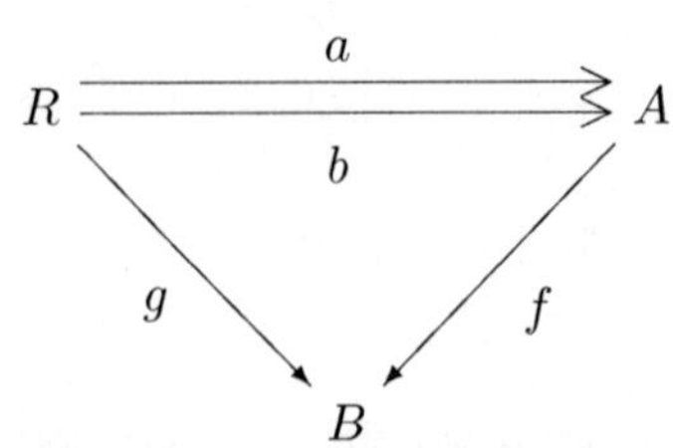


in $\mathbb{S}$. Then a model of $\mathbb{T}$ in a regular category $\mathcal{D}$ is a model $M$ of the finite limit part of $\mathbb{S}$, such that for each cocone as above the morphism $M(f)$ is a cover in $\mathcal{D}$. But since the finite limit part of $\mathbb{S}$ includes the information that $(a, b)$ is the kernel-pair of $f$, this is equivalent to saying that $M(f)$ is the coequalizer of $M(a)$ and $M(b)$, i.e. that $M$ is a model of $\mathbb{S}$. □

**Remark 2.2.4** Proposition 2.2.3 remains valid if we replace the 2-category $\mathfrak{Reg}$ by the sub-2-category $\mathfrak{EffReg}$ of effective regular categories, by 1.4.12(i).

To get a similar result for the coherent case, we actually have to restrict our attention to models in positive coherent categories; this is a consequence of the way in which we defined coherent sketches, which allows us to talk about disjoint unions but not about arbitrary (finite) unions. It would be possible to formulate a more 'relaxed' version of Definition 2.1.2($g$) which would not have this disadvantage (cf. the proof of 2.2.7(ii) below); but it would be appreciably more complicated. And, since we are primarily interested in models in toposes, the restriction is not one that worries us unduly; in fact we shall formulate the next proposition only for models in pretoposes.

**Proposition 2.2.5** *Let $\mathfrak{PreTop}$ denote the 2-category of small pretoposes, coherent functors and arbitrary natural transformations between them. For a 2-functor $\mathbb{F}\colon \mathfrak{PreTop} \to \mathfrak{Cat}$, the following are equivalent:*

(i) *$\mathbb{F}$ is representable.*

(ii) *There exists a coherent theory $\mathbb{T}$ such that $\mathbb{F} \simeq \mathbb{T}$-$\mathbf{Mod}(-)$.*

(iii) *There exists a coherent sketch $\mathbb{S}$ such that $\mathbb{F} \simeq \mathbb{S}$-$\mathbf{Mod}(-)$.*

**Proof** (ii) ⇒ (i) was proved in 1.4.12(ii). For (i) ⇒ (iii), let $\mathcal{C}$ be a small pretopos; take the regular sketch constructed in 2.2.3, and add the discrete cocone which says that 0 is an initial object, and the cocones

$$\begin{array}{ccc} A & & B \\ & {\scriptstyle \nu_1}\searrow \quad \swarrow{\scriptstyle \nu_2} & \\ & A+B & \end{array}$$

for each pair of objects $(A, B)$. A model of this sketch is then a regular functor defined on $\mathcal{C}$ which preserves finite coproducts; but since unions can be constructed from coproducts and images, this is the same thing as a coherent functor.

(iii) ⇒ (ii): Given a coherent sketch $\mathbb{S}$, take the theory constructed in the proof of 2.2.3 from the regular part of $\mathbb{S}$, and add the sequents

$$\left(\top \vdash_x \bigvee_{i=1}^{n} (\exists x_i)(f_i(x_i) = x)\right),$$

$((f_i(x_i) = f_i(x_i')) \vdash_{x_i, x_i'} (x_i = x_i'))$ (for each $i$) and $((f_i(x_i) = f_j(x_j)) \vdash_{x_i, x_j} \bot)$ (for each $i \neq j$) for every discrete cocone with arrows $f_i\colon A_i \to A$ ($1 \leq i \leq n$).

Then a $\mathbb{T}$-model in a pretopos $\mathcal{D}$ is a model of the regular part of $\mathbb{S}$, which sends each discrete cocone in $\mathbb{S}$ to a disjoint union of subobjects (equivalently, a coproduct) in $\mathcal{D}$; so it is the same thing as an $\mathbb{S}$-model in $\mathcal{D}$. □

**Remark 2.2.6** It will be observed that the sequents constructed from discrete cocones in the proof of 2.2.5(iii) ⇒ (ii) form a disjunctive theory, as defined in 1.3.6; this forms part of the proof (which we shall not give in detail) that disjunctive theories have the same expressive power as disjunctive sketches in the sense of 2.1.2(*e*).

For geometric theories, we cannot state the analogue of 2.2.1, 2.2.3 and 2.2.5 in precisely the same form, because of the fact that $\infty$-pretoposes are generally not small. Nevertheless, we still have

**Proposition 2.2.7**

(i) *Let $\mathbb{S}$ be a geometric sketch. Then there exists a geometric theory $\mathbb{T}$ such that, for all $\infty$-pretoposes $\mathcal{C}$, we have $\mathbb{S}\text{-}\mathbf{Mod}(\mathcal{C}) \simeq \mathbb{T}\text{-}\mathbf{Mod}(\mathcal{C})$, naturally in $\mathcal{C}$.*

(ii) *Let $\mathbb{T}$ be a geometric theory. Then there exists a geometric sketch $\mathbb{S}$ such that, for all geometric categories $\mathcal{C}$, we have $\mathbb{T}\text{-}\mathbf{Mod}(\mathcal{C}) \simeq \mathbb{S}\text{-}\mathbf{Mod}(\mathcal{C})$, naturally in $\mathcal{C}$.*

**Proof** (i) Given $\mathbb{S}$, we construct the cartesian theory corresponding to the finite limit part of $\mathbb{S}$, as in 2.2.1. Then, for each cocone in $C_{\mathbb{S}}$ with distinguished arrows $(f_i \colon A_i \to A \mid i \in I)$, we add the sequent

$$(\top \vdash_x \bigvee_{i \in I} (\exists x_i)(f_i(x_i) = x))$$

plus, for each non-distinguished arrow $g \colon A_i \to A_j$, the sequent

$$(\top \vdash_{x_i} (f_j(g(x_i)) = f_i(x_i)))$$

and, for each pair $(i, j)$, the sequent

$$\left((f_i(x_i) = f_j(x_j)) \vdash_{x_i, x_j} \bigvee (\exists y_1, \ldots, y_{n+1})\left(\bigwedge_{k=1}^{n} \phi_k \wedge (x_i = y_1) \wedge (x_j = y_{n+1})\right)\right)$$

where the disjunction on the right is over all finite chains of non-distinguished arrows (in either direction)

$$A_i \overset{g_1}{\longrightarrow} \bullet \overset{g_2}{\longrightarrow} \bullet \quad \cdots \quad \bullet \overset{g_n}{\longrightarrow} A_j$$

and $\phi_k$ is either $(g_k(y_k) = y_{k+1})$ or $(g_k(y_{k+1}) = y_k)$, depending on the direction of $g_k$. It is straightforward to verify that, if $M$ is a model of the finite limit part of $\mathbb{S}$ in an $\infty$-pretopos $\mathcal{C}$, then $M$ satisfies the sequents displayed above iff $MA$

is covered by the coproduct of the $MA_i$, $i \in I$, and the kernel-pair of this cover is exactly the equivalence relation by which we have to factor the coproduct to obtain the colimit of the diagram formed by (the images under $M$ of) the non-distinguished arrows in the cocone. (Compare the construction of arbitrary coequalizers in an $\infty$-pretopos, given in A1.4.19.) Thus a model of the theory described above is a model of $\mathbb{S}$.

(ii) Given $\mathbb{T}$, the geometric category $\mathcal{C}_{\mathbb{T}}^{\text{geom}}$ is generally not small, but it is equivalent to a small category, since every object is isomorphic to one of the form $\{\vec{x}\,.\,\phi\}$ where $\phi$ is a disjunction of regular formulae, by 1.3.8(ii). So it suffices to prove that, given a small geometric category $\mathcal{C}$, we can construct a geometric sketch $\mathbb{S}$ whose models correspond to geometric functors defined on $\mathcal{C}$. For this, we take the regular sketch constructed in 2.2.3, and for each union of subobjects $A = \bigcup_{i \in I} A_i$ in $\mathcal{C}$ we add a cocone with distinguished vertex $A$, whose other vertices are all the $A_i$ and the pairwise intersections $A_i \cap A_j$, and whose arrows are all the inclusions $A_i \rightarrowtail A$, $A_i \cap A_j \rightarrowtail A$, $A_i \cap A_j \rightarrowtail A_i$ and $A_i \cap A_j \rightarrowtail A_j$. By the infinitary analogue of A1.4.3, a functor $F\colon \mathcal{C} \to \mathcal{D}$ (where $\mathcal{D}$ is geometric) maps this cocone to a colimit iff $FA$ is the union of the $FA_i$. Hence $F$ is a model of the sketch just described iff it is a regular functor and preserves arbitrary unions, i.e. iff it is a geometric functor. □

**Remark 2.2.8** As we remarked in 2.1.3, our definition of geometric sketch in 2.1.2($h$) is not simply the infinitary analogue of 2.1.2($g$), in that it includes no restrictions on the types of cocones in $\mathbb{S}$. The proof of 2.2.7(i) provides the justification for this choice; in a sense, it is just a reworking of the observation, already made in A1.4.19, that an $\infty$-pretopos has all small colimits. Note also that it follows trivially from 2.2.7 that geometric sketches and geometric theories have the same expressive power in $\infty$-pretoposes; however, the use of arbitrary geometric categories, rather than $\infty$-pretoposes, in the proof of (ii) was essential, since an $\infty$-pretopos (has all small coproducts, and hence) is almost never small.

The reader may also be wondering whether it is possible to characterize a class of theories having the same expressive power as the class of (arbitrary) finitary sketches. At least as far as models in Grothendieck toposes are concerned, the answer is yes, thanks to a result which we noted in Section A2.5. In order to present it, let us define a *$\sigma$-coherent theory* to be a geometric theory whose axioms involve only (finite or) countable disjunctions. We shall also call a sketch $\sigma$-coherent if it contains only finite cones and (finite or) countable cocones.

**Proposition 2.2.9**

(i) *Let $\mathbb{S}$ be a $\sigma$-coherent sketch. Then there exists a $\sigma$-coherent theory $\mathbb{T}$ such that, for all $\sigma$-pretoposes $\mathcal{C}$, we have $\mathbb{S}$-$\mathbf{Mod}(\mathcal{C}) \simeq \mathbb{T}$-$\mathbf{Mod}(\mathcal{C})$, naturally in $\mathcal{C}$.*

(ii) *Let $\mathbb{T}$ be a $\sigma$-coherent theory. Then there exists a finitary sketch $\mathbb{S}$ such that, for all countably cocomplete toposes $\mathcal{E}$, we have $\mathbb{T}$-$\mathbf{Mod}(\mathcal{E}) \simeq \mathbb{S}$-$\mathbf{Mod}(\mathcal{E})$, naturally in $\mathcal{E}$.*

**Proof** (i) follows immediately from an inspection of the proof of 2.2.7(i): if the cocones in $\mathbb{S}$ are all countable, then so are all the disjunctions in the sequents displayed there.

(ii) Given a $\sigma$-coherent theory $\mathbb{T}$, we may construct a (small) $\sigma$-coherent syntactic category $\mathcal{C}_{\mathbb{T}}^{\sigma\mathrm{coh}}$ in the usual way, and then positivize and effectivize it to a $\sigma$-pretopos $\mathcal{P}_{\mathbb{T}}^{\sigma}$, such that for any $\sigma$-pretopos $\mathcal{E}$ (in particular, for any topos with countable coproducts) we have

$$\mathbb{T}\text{-}\mathbf{Mod}(\mathcal{E}) \simeq \sigma\text{-}\mathfrak{PreTop}\,(\mathcal{P}_{\mathbb{T}}^{\sigma}, \mathcal{E})$$

(this is just the 'sigma' analogue of 1.4.12(ii) and (iii)). But if $\mathcal{E}$ is a topos, then by A2.5.7 the objects of the category on the right-hand side (the $\sigma$-coherent functors $\mathcal{P}_{\mathbb{T}}^{\sigma} \to \mathcal{E}$) are exactly those functors which are both cartesian and cocartesian. So we may identify them with $\mathbb{S}$-models in $\mathcal{E}$, where $\mathbb{S}$ is the sketch formed by the underlying directed graph of $\mathcal{P}_{\mathbb{T}}^{\sigma}$, together with all commutative diagrams, all finite limit cones and all finite colimit cocones in this category. □

Thus the expressive power of finitary sketches coincides with that of $\sigma$-coherent theories, and with that of $\sigma$-coherent sketches. In particular, we note that the theory of $K$-finite objects, introduced in 1.1.7($k$), is sketchable by a finitary sketch, although (as we shall see in 2.4.12($c$) below) it is not Morita-equivalent to any finitary theory.

**Suggestions for further reading;** Adámek et al. [19], Makkai [785].

## D2.3 Sketchable and accessible categories

One of the most remarkable results in the theory of sketches is that the class of sketchable categories – that is, those categories which occur as $\mathbb{S}$-**Mod**(**Set**) for some sketch $\mathbb{S}$ – can be characterized up to equivalence in purely categorical terms, as the class of accessible categories. We shall not give the proof of this result in full detail, since it is somewhat peripheral to our main concerns, and it is adequately covered in the books by Makkai and Paré [787] and by Adámek and Rosický [23]. Nevertheless, it seems appropriate to give at least a rough outline of the argument.

We begin with some terminology. Throughout this section we shall be working with locally small categories (that is, categories enriched over a fixed category **Set** of sets), and the letters $\kappa$ and $\lambda$ will denote (infinite) regular cardinals in **Set**. A category $\mathcal{C}$ is called *$\kappa$-small* if the class of all its morphisms is a set of cardinality less than $\kappa$, and $\mathcal{C}$ is called *$\kappa$-filtered* if every $\kappa$-small diagram in $\mathcal{C}$ (that is, every functor $\mathcal{D} \to \mathcal{C}$ where $\mathcal{D}$ is $\kappa$-small) has a cone under it. (This is in particular the case when $\mathcal{C}$ has all $\kappa$-small colimits, in which case we call it *$\kappa$-cocomplete.*)

The usual notion of filteredness, studied in Section B2.6 for internal categories, is equivalent to $\omega$-filteredness, where $\omega$ is the cardinality of the set of natural numbers. For a general $\kappa$, $\kappa$-filteredness can also be expressed in more 'elementary' terms, similar to the conditions of B2.6.2: it is sufficient to consider discrete diagrams (i.e. families of objects) of cardinality less than $\kappa$, and diagrams consisting of two objects and a family of fewer than $\kappa$ parallel morphisms between them. We shall also need the '$\kappa$-analogue' of (the specialization to **Set** of) the main result of Section B2.6: namely, that a small category $\mathcal{C}$ is $\kappa$-filtered iff the colimit functor $\varinjlim_{\mathcal{C}} : [\mathcal{C}, \mathbf{Set}] \to \mathbf{Set}$ preserves all $\kappa$-small limits. The proof is a straightforward generalization of the familiar one for $\kappa = \omega$.

**Definition 2.3.1** Let $\mathcal{C}$ be a locally small category with $\kappa$-filtered colimits (that is, colimits over all small $\kappa$-filtered categories).

(*a*) An object $A$ of $\mathcal{C}$ is called *$\kappa$-presentable* if the functor $\mathcal{C}(A, -) : \mathcal{C} \to \mathbf{Set}$ preserves $\kappa$-filtered colimits. (In the special case $\kappa = \omega$, we normally say 'finitely presentable' rather than '$\omega$-presentable'.)

(*b*) $\mathcal{C}$ is called *$\kappa$-accessible* if it contains a set $\mathcal{G}$ of $\kappa$-presentable objects, such that every object of $\mathcal{C}$ is expressible as a $\kappa$-filtered colimit of objects in $\mathcal{G}$.

A category is called *accessible* if there exists a regular cardinal $\kappa$ for which it (has $\kappa$-filtered colimits and) is $\kappa$-accessible. It is clear that a $\kappa$-presentable object is $\lambda$-presentable for all regular $\lambda > \kappa$; it is not true in general that a $\kappa$-accessible category is $\lambda$-accessible for all $\lambda > \kappa$, but for any accessible category $\mathcal{C}$ there exists a cardinal $\lambda$ such that $\mathcal{C}$ is $\lambda'$-accessible for all regular $\lambda' > \lambda$.

The set $\mathcal{G}$ appearing in part (*b*) of the definition is clearly a generating set for $\mathcal{C}$, as defined in Section A1.2; but the condition imposed in (*b*) is stronger than this. There is (up to equivalence) a 'canonical' choice for $\mathcal{G}$:

**Lemma 2.3.2** *Let $\mathcal{C}$ be a $\kappa$-accessible category. Then*

(i) *The full subcategory $\mathcal{C}_\kappa$ of $\kappa$-presentable objects of $\mathcal{C}$ is essentially small (i.e. equivalent to a small category).*

(ii) *For any object $A$ of $\mathcal{C}$, the comma category $(\mathcal{C}_\kappa \downarrow A)$ (whose objects are morphisms $B \to A$ with $B \in \mathrm{ob}\, \mathcal{C}_\kappa$, and whose morphisms are commutative triangles) is $\kappa$-filtered.*

(iii) *$\mathcal{C}_\kappa$ is* dense *in $\mathcal{C}$; i.e., for any object $A$ of $\mathcal{C}$, the canonical cone under the forgetful functor $(\mathcal{C}_\kappa \downarrow A) \to \mathcal{C}$ with vertex $A$ is colimiting.*

**Proof** If $A$ is a $\kappa$-presentable object of $\mathcal{C}$, then by expressing it as a $\kappa$-filtered colimit of objects $G_i$ in the set $\mathcal{G}$ given by 2.3.1(*b*), we see that the identity morphism $A \to A$ must factor through some $G_i \to A$, i.e. $A$ is a retract of some $G_i$. Since each $G_i$ has only a set of idempotent endomorphisms, it follows that there is only a set of isomorphism classes of $\kappa$-presentable objects of $\mathcal{C}$. So (i) is established. (Conversely, any retract of a $\kappa$-presentable object is easily seen to be $\kappa$-presentable; so $\mathcal{C}_\kappa$ is precisely the full subcategory of $\mathcal{C}$ on those objects which are retracts of members of $\mathcal{G}$.)

Now let $A$ be an arbitrary object of $\mathcal{C}$, and let $D\colon J \to \mathcal{C}$ be a diagram in $\mathcal{C}$ with colimit $A$, where $J$ is $\kappa$-filtered and the objects $D(j)$, $j \in \mathrm{ob}\, J$, are in $\mathcal{G}$. We have an obvious comparison functor $F\colon J \to (\mathcal{C}_\kappa \downarrow A)$ sending $j$ to the $j$th leg of the colimiting cone; and from the very definition of $\kappa$-presentability, it is easy to see that this functor is final (that is, each object of $(\mathcal{C}_\kappa \downarrow A)$ admits an 'essentially unique' map to an object in the image of $F$). From this, it follows by standard arguments that, for any functor $G\colon (\mathcal{C}_\kappa \downarrow A) \to \mathcal{E}$ where $\mathcal{E}$ is cocomplete, the canonical morphism $\varinjlim_J (G \circ F) \to \varinjlim_{(\mathcal{C}_\kappa \downarrow A)}(G)$ is an isomorphism. Taking $\mathcal{E} = \mathbf{Set}$ and using the characterization of $\kappa$-filtered categories mentioned earlier, we deduce that $(\mathcal{C}_\kappa \downarrow A)$ is $\kappa$-filtered; and taking $G$ to be the forgetful functor $(\mathcal{C}_\kappa \downarrow A) \to \mathcal{C}$ we obtain (iii), since the composite of this functor with $F$ is simply $D$. □

Thus, given that $\mathcal{C}$ is $\kappa$-accessible, we may take the witnessing set $\mathcal{G}$ to be any representative set of objects of the subcategory $\mathcal{C}_\kappa$, and we shall normally do this from now on.

In general, the denseness of a small full subcategory $\mathcal{D}$ of $\mathcal{C}$ is equivalent to saying that the canonical functor $V\colon \mathcal{C} \to [\mathcal{D}^{\mathrm{op}}, \mathbf{Set}]$ which sends $A$ to (the restriction to $\mathcal{D}$ of) the functor $\mathcal{C}(-, A)$ is full and faithful: for a morphism $V(A) \to V(B)$ in $[\mathcal{D}^{\mathrm{op}}, \mathbf{Set}]$ is essentially the same thing as a cone under the forgetful functor $(\mathcal{D} \downarrow A) \to \mathcal{C}$ with vertex $B$. (Recall that ob $\mathcal{D}$ is a separating (resp. generating) set for $\mathcal{C}$ iff $V$ is faithful (resp. conservative).)

This leads to an alternative characterization of accessible categories as subcategories of functor categories. We shall call a functor $F\colon \mathcal{D}^{\mathrm{op}} \to \mathbf{Set}$ a *$\kappa$-torsor* on $\mathcal{D}$ if it is expressible as a $\kappa$-filtered colimit of representable functors; this is equivalent to saying that the domain $\mathcal{F}$ of the discrete fibration $\mathcal{F} \to \mathcal{D}$ corresponding to $F$ is $\kappa$-filtered (cf. B3.2.3). Using this, one may show that the category $\kappa$-$\mathbf{Tors}(\mathcal{D})$ of $\kappa$-torsors on $\mathcal{D}$ is closed under $\kappa$-filtered colimits in $[\mathcal{D}^{\mathrm{op}}, \mathbf{Set}]$.

**Proposition 2.3.3** *A category $\mathcal{C}$ is $\kappa$-accessible iff it is equivalent to the category $\kappa$-$\mathbf{Tors}(\mathcal{D})$ for some small category $\mathcal{D}$.*

**Proof** One direction follows from 2.3.2: if $\mathcal{C}$ is $\kappa$-accessible, we take $\mathcal{D}$ to be a (small) skeleton of $\mathcal{C}_\kappa$, and then the functor $V\colon \mathcal{C} \to [\mathcal{D}^{\mathrm{op}}, \mathbf{Set}]$ induces one half of the required equivalence. Conversely, we must show that $\kappa$-$\mathbf{Tors}(\mathcal{D})$ is always $\kappa$-accessible. We have observed above that it has $\kappa$-filtered colimits; and since these are preserved by the inclusion $\kappa$-$\mathbf{Tors}(\mathcal{D}) \to [\mathcal{D}^{\mathrm{op}}, \mathbf{Set}]$, the Yoneda lemma ensures that the representable functors $\mathcal{D}^{\mathrm{op}} \to \mathbf{Set}$ are $\kappa$-presentable as objects of $\kappa$-$\mathbf{Tors}(\mathcal{D})$. So they will serve as the members of the set $\mathcal{G}$ required for 2.3.1($b$). □

We remark that the $\kappa$-presentable objects of $\kappa$-$\mathbf{Tors}(\mathcal{D})$ are exactly the retracts of representable functors, by the argument in the proof of the first part of 2.3.2. (The 2-element monoid $\{1, e\}$ with $e^2 = e$ is a $\kappa$-filtered category for any $\kappa$, so retracts of representable functors are always $\kappa$-torsors.) Thus, provided $\mathcal{D}$ is Cauchy-complete, we can recover it (up to equivalence) from $\kappa$-$\mathbf{Tors}(\mathcal{D})$.

An important special case of 2.3.3 occurs when the category under consideration is (co)complete:

**Proposition 2.3.4** *For a category $\mathcal{C}$, the following are equivalent:*

(i) *$\mathcal{C}$ is $\kappa$-accessible and cocomplete.*

(ii) *$\mathcal{C}$ is $\kappa$-accessible and $\kappa$-cocomplete.*

(iii) *$\mathcal{C}$ is equivalent to the category $\kappa$-$\mathbf{Cts}(\mathcal{D}^{\mathrm{op}}, \mathbf{Set})$ of $\kappa$-continuous functors $\mathcal{D}^{\mathrm{op}} \to \mathbf{Set}$ (that is, functors preserving $\kappa$-small limits), where $\mathcal{D}$ is a $\kappa$-cocomplete small category.*

(iv) *$\mathcal{C}$ is $\kappa$-accessible and complete.*

**Proof** (i)$\Rightarrow$(ii) is trivial. If (ii) holds, it follows easily from the fact that $\kappa$-small limits commute with $\kappa$-filtered colimits in $\mathbf{Set}$ that $\mathcal{C}_\kappa$ is closed under $\kappa$-small colimits in $\mathcal{C}$; in particular it is $\kappa$-cocomplete (and so is any skeleton $\mathcal{D}$). But it is easy to see that any $\kappa$-torsor on $\mathcal{D}$ preserves $\kappa$-small limits, since it is a $\kappa$-filtered colimit of functors preserving all limits; and conversely if $\mathcal{D}$ is $\kappa$-cocomplete, then any $\kappa$-continuous functor is a $\kappa$-torsor, by the argument of B3.2.5. So condition (iii) follows from 2.3.3. For (iii)$\Rightarrow$(iv), note that $\kappa$-$\mathbf{Cts}(\mathcal{D}^{\mathrm{op}}, \mathbf{Set})$ is closed under arbitrary small limits in $[\mathcal{D}^{\mathrm{op}}, \mathbf{Set}]$, since limits commute with limits.

It remains to show that (iv) implies (i). For this, we shall employ the General Adjoint Functor Theorem, to construct a left adjoint for the diagonal functor $\Delta\colon \mathcal{C} \to [J, \mathcal{C}]$ for any small category $J$. It is clear that (iv) implies that $\mathcal{C}$ has, and $\Delta$ preserves, all small limits, so we have to verify the solution set condition for a typical object $D\colon J \to \mathcal{C}$ of $[J, \mathcal{C}]$. Note first that since every object $A$ of $\mathcal{C}$ is expressible as a small ($\kappa$-filtered) colimit of objects which are $\kappa$-presentable (and hence $\lambda$-presentable for any $\lambda > \kappa$), we can find $\lambda$ such that $A$ is $\lambda$-presentable. Hence, as $J$ is small, we can find $\lambda$ such that $J$ is $\lambda$-small, $\mathcal{C}$ is $\lambda$-accessible, and all the objects in the image of $D$ are $\lambda$-presentable. Now let $\mathcal{G}_\lambda$ be a representative set of $\lambda$-presentable objects of $\mathcal{C}$; then it is easy to see that the set of all cones under $D$ with vertices in $\mathcal{G}_\lambda$ is a solution set for $\Delta$ at the object $D$. □

A direct proof of (iii)$\Rightarrow$(i) in 2.3.4 may be given by using the Adjoint Functor Theorem to show that $\kappa$-$\mathbf{Cts}(\mathcal{D}^{\mathrm{op}}, \mathbf{Set})$ is reflective in $[\mathcal{D}^{\mathrm{op}}, \mathbf{Set}]$, for any $\kappa$; see [587].

Categories satisfying the equivalent conditions of 2.3.4 are called *locally $\kappa$-presentable* (or simply *locally presentable*, if we do not wish to specify the cardinal $\kappa$). They have been studied for considerably longer than general accessible categories; see [386]. In contrast to the situation noted after 2.3.1, a locally $\kappa$-presentable category $\mathcal{C}$ is always locally $\lambda$-presentable for all regular $\lambda > \kappa$; for the full subcategory $\mathcal{C}_\lambda$ is closed under $\lambda$-small colimits, and hence $(\mathcal{C}_\lambda \downarrow A)$ is $\lambda$-filtered (indeed, $\lambda$-cocomplete) for all $A$. However, in other respects the theory of locally presentable categories generalizes with remarkably little difficulty to accessible categories.

**Remark 2.3.5** Although, as we indicated at the start of this section, our concern is really with *infinite* regular cardinals $\kappa$, it is instructive to consider what happens to the results above if we take $\kappa$ to be the (trivially regular) cardinal 0. Since no categories are 0-small, we see that every category is 0-filtered, and so an object $A$ of a cocomplete category $\mathcal{C}$ is 0-presentable iff $\mathcal{C}(A,-)$ preserves arbitrary small colimits. Since a 0-accessible category is necessarily cocomplete, we thus deduce that *a category $\mathcal{C}$ is 0-accessible iff it is locally 0-presentable, iff it is equivalent to $[\mathcal{D}^{\mathrm{op}}, \mathbf{Set}]$ for some small category $\mathcal{D}$*. Note also that, if $\mathcal{C}$ is an $\infty$-pretopos, then an object $A$ of $\mathcal{C}$ is 0-presentable iff $\mathcal{C}(A,-)$ is a geometric functor, iff $A$ is an indecomposable projective (cf. A1.1.10); thus the result just quoted yields another proof of the characterization of functor categories amongst Grothendieck toposes given in C2.2.20.

Locally presentable categories correspond, in a fairly precise sense, to limit sketches:

**Theorem 2.3.6** *For a category $\mathcal{C}$, the following are equivalent:*

(i) *$\mathcal{C}$ is locally $\kappa$-presentable.*
(ii) *There exists a limit sketch $\mathbb{S}$, in which all the distinguished cones have cardinality less than $\kappa$, such that $\mathcal{C} \simeq \mathbb{S}$-$\mathbf{Mod}(\mathbf{Set})$.*

**Proof** Suppose (i) holds. We construct a limit sketch $\mathbb{S} = (G, D, L)$ as follows: $G$ is the underlying directed graph of (a small skeleton of) $(\mathcal{C}_\kappa)^{\mathrm{op}}$, $D$ consists of all finite commutative diagrams in this category, and $L$ consists of all limit cones of cardinality less than $\kappa$. Then models of $\mathbb{S}$ are precisely $\kappa$-continuous functors $(\mathcal{C}_\kappa)^{\mathrm{op}} \to \mathbf{Set}$, so by 2.3.4(iii) they form a category equivalent to $\mathcal{C}$.

For the converse, consider first the case $\kappa = \omega$. Then $\mathbb{S}$ is a finite limit sketch, so it corresponds to a cartesian theory $\mathbb{T}$ by 2.2.1, and its models can be identified with cartesian (that is, $\omega$-continuous) functors $\mathcal{C}_{\mathbb{T}} \to \mathbf{Set}$. So by 2.3.4(iii) $\mathbb{S}$-$\mathbf{Mod}(\mathbf{Set})$ is locally finitely presentable. For larger values of $\kappa$, the argument is similar: we identify $\mathbb{S}$ with an appropriate theory in '$\kappa$-cartesian logic', that is the fragment of infinitary logic in which we allow conjunctions of cardinality less than $\kappa$, and existential quantification subject to the restriction in 1.3.4, and then we generalize the construction of the syntactic category $\mathcal{C}_{\mathbb{T}}$ in 1.4.1, by allowing 'contexts' to be families of variables of cardinality less than $\kappa$. In this way we obtain a $\kappa$-complete small category $\mathcal{D}$ such that models of $\mathbb{S}$ correspond to $\kappa$-continuous functors defined on $\mathcal{D}$. □

Since we are concerned mainly with sketches in which all cones are finite, we shall generally be interested only in the case $\kappa = \omega$ of the above theorem.

However, it is worth pausing to note one consequence of the general case:

**Corollary 2.3.7** *Any Grothendieck topos is locally presentable.*

**Proof** We saw in 2.1.4($h$) that, for any small site $(\mathcal{C}, T)$ whose underlying category $\mathcal{C}$ is cartesian, there is a limit sketch whose models are $T$-sheaves on $\mathcal{C}$. But any Grothendieck topos can be presented as the category of sheaves on such a site, by C2.2.8(iii), so the result is immediate from 2.3.6. □

Generalizing the first half of the proof of 2.3.6, we have

**Proposition 2.3.8** *Any accessible category is sketchable. More precisely, if $\mathcal{C}$ is $\kappa$-accessible, then there is a sketch $\mathbb{S}$ such that $\mathcal{C} \simeq \mathbb{S}$-$\mathbf{Mod}(\mathbf{Set})$, and all the cones in $\mathbb{S}$ have cardinality less than $\kappa$ (although the cocones may be larger).*

**Proof** Let $\mathcal{D}$ be a small category such that $\mathcal{C} \simeq \kappa$-$\mathbf{Tors}(\mathcal{D})$, as in 2.3.3. We shall construct a sketch whose models are (equivalent to) $\kappa$-torsors on $\mathcal{D}$.

Let $F: \mathcal{D}^{\mathrm{op}} \to \mathbf{Set}$ be a functor, and $\mathcal{F} \to \mathcal{D}$ the corresponding discrete fibration. The assertion that $\mathcal{F}$ satisfies the first of the 'elementary' conditions for $\kappa$-filteredness, mentioned before 2.3.1, is tantamount to saying that, for each family $(A_i \mid i \in I)$ of fewer than $\kappa$ objects of $\mathcal{D}$, the canonical map

$$\coprod F(B) \longrightarrow \prod_{i \in I} F(A_i),$$

where the coproduct is over all families of morphisms $(f_i: A_i \to B \mid i \in I)$ with common codomain, is epic. But we may construct a sketch whose models are functors satisfying this condition, starting from the linear sketch for functors defined on $\mathcal{D}^{\mathrm{op}}$, by adding new vertices and arrows to the graph for the product and coproduct above, their projections and coprojections, the canonical morphism between them, and the identity morphism on $\prod_{i \in I} F(A_i)$, together with the diagrams which say that the two latter morphisms are what they ought to be, the cone and cocone which say that the product and coproduct are what they ought to be, and the cocone which says that the pushout of the displayed morphism above against itself is the identity. If we do this for all families of objects $(A_i \mid i \in I)$ of cardinality less than $\kappa$ in $\mathcal{D}$, and perform a similar construction for the second 'elementary' condition for filteredness, we obtain the required sketch. □

In particular, we note that any finitely accessible category is sketchable by a geometric sketch; equivalently, by 2.2.7, it is (equivalent to) the category of models in $\mathbf{Set}$ of a geometric theory. However, the converse of 2.3.8 is not true in this 'sharp' form: a bound for the cardinalities of the cones in a sketch does not necessarily yield an 'index of accessibility' for its category of models.

**Example 2.3.9** Consider the theory $\mathbb{T}$ of directed graphs in which every vertex is the source of some arrow. This is clearly a regular theory, and so is sketchable by a finitary (indeed, finite) sketch. However, we shall show that its category of models is not $\omega$-accessible. Let $N_<$ be the graph whose vertices are the natural numbers, with one arrow $m \to n$ whenever $m < n$, and $N_\leq$ the graph obtained from it by adding an arrow $n \to n$ for each $n$; clearly, both $N_<$ and $N_\leq$ are models of $\mathbb{T}$. If $A$ is a nonempty finitely presentable $\mathbb{T}$-model and there is a homomorphism $f: A \to N_<$, then its composite with the inclusion $N_< \rightarrowtail N_\leq$ is also a homomorphism; but $N_\leq$ is the directed union of its finite full subgraphs (all of which are models of $\mathbb{T}$), and so the finite presentability of $A$ ensures that $f$ has finite image. But this means that there is a vertex $v$ of $A$ such that $f(v)$ is an upper bound for the image of $f$, which contradicts the requirement that there must exist some arrow $v \to w$ in $A$. So there can be no such $f$; hence $N_<$ cannot be expressed as a filtered colimit of finitely presentable $\mathbb{T}$-models.

In proving the converse of 2.3.8, the key ingredient is a 'downward Löwenheim–Skolem theorem' for models of sketches. Given a **Set**-model $M$ of a (small) sketch $\mathbb{S}$, we define the underlying set $|M|$ of $M$ to be the disjoint union of the sets $MA$, as $A$ ranges over the vertices of $G_\mathbb{S}$; the *cardinality* of $M$ is the cardinality of its underlying set. Then we have

**Theorem 2.3.10** *For any sketch $\mathbb{S}$, there exists a regular cardinal $\kappa$ such that, for any $\mathbb{S}$-model $M$ in* **Set**, *each subset of $|M|$ of cardinality less than $\kappa$ is contained in (the underlying set of) a submodel of cardinality less than $\kappa$.* □

We omit the proof of 2.3.10, for which we refer the reader to [787, Section 3.3], (which also gives information on how $\kappa$ may be calculated from the size of the various components of $\mathbb{S}$).

**Corollary 2.3.11** *For any sketch $\mathbb{S}$, the category $\mathbb{S}$-*$\mathbf{Mod}(\mathbf{Set})$ *is accessible.*

**Proof** Let $\mathcal{C}$ be the small category such that models of the linear part of $\mathbb{S}$ (i.e. the sketch obtained from $\mathbb{S}$ by deleting all its cones and cocones) correspond to functors defined on $\mathcal{C}$, as in 2.1.4($a$). (Note that the objects of $\mathcal{C}$ may be identified with the vertices of $G_\mathbb{S}$.) Then we may consider $\mathbb{S}$-$\mathbf{Mod}(\mathbf{Set})$ as a full subcategory of the functor category $[\mathcal{C}, \mathbf{Set}]$. Let $\kappa$ be a cardinal such that 2.3.10 holds; we may assume that $\kappa$ is larger than the cardinality of mor $\mathcal{C}$ (and larger than the cardinality of each cone in $L_\mathbb{S}$). From the latter fact, and the fact that $\kappa$-small limits commute with $\kappa$-filtered colimits in **Set**, we may conclude that the colimit in $[\mathcal{C}, \mathbf{Set}]$ of any $\kappa$-filtered diagram of $\mathbb{S}$-models is again an $\mathbb{S}$-model; in particular, $\mathbb{S}$-$\mathbf{Mod}(\mathbf{Set})$ has $\kappa$-filtered colimits.

Let us call a functor $F: \mathcal{C} \to \mathbf{Set}$ $\kappa$-small if the cardinality of $|F|$ (i.e. of $\coprod_{A \in \text{ob}\, \mathcal{C}} FA$) is less than $\kappa$. Since colimits in $[\mathcal{C}, \mathbf{Set}]$ are computed pointwise, it is easy to see that any $\kappa$-small functor is $\kappa$-presentable in $[\mathcal{C}, \mathbf{Set}]$. Since the inclusion $\mathbb{S}$-$\mathbf{Mod}(\mathbf{Set}) \to [\mathcal{C}, \mathbf{Set}]$ preserves $\kappa$-filtered colimits, it follows that if $F$ as above is actually an $\mathbb{S}$-model then it is $\kappa$-presentable in $\mathbb{S}$-$\mathbf{Mod}(\mathbf{Set})$. But by 2.3.10, any $\mathbb{S}$-model can be written as the $\kappa$-directed union (and hence the $\kappa$-filtered colimit) of its $\kappa$-small submodels; hence also any $\kappa$-presentable object of $\mathbb{S}$-**Mod**(**Set**) must itself be $\kappa$-small, and there are (up to isomorphism) only a set of such models. □

A substantially different proof of 2.3.11, which avoids the use of the Löwenheim–Skolem theorem but is appreciably longer, will be found in [23].

**Remark 2.3.12** Let $\mathcal{F}$ be a locally presentable category, and $\mathbb{S}$ a sketch. By 2.3.6, we may identify $\mathcal{F}$ with $\mathbb{T}$-**Mod**(**Set**) for some limit sketch $\mathbb{T}$; it is then not hard to construct a sketch $\mathbb{S} \otimes \mathbb{T}$ such that $(\mathbb{S} \otimes \mathbb{T})$-models in **Set** are 'the same thing as' $\mathbb{S}$-models in $\mathbb{T}$-**Mod**(**Set**). Thus we deduce that, for any such $\mathcal{F}$ and $\mathbb{S}$, the category $\mathbb{S}$-**Mod**($\mathcal{F}$) is accessible; in particular, combining this observation with 2.3.7 and 2.2.7, we deduce that *for any Grothendieck topos $\mathcal{F}$ and any geometric theory $\mathbb{S}$, the category $\mathbb{S}$-**Mod**($\mathcal{F}$) is accessible.* In view of 3.1.13 below, this is equivalent to saying that the 2-category $\mathfrak{BTop}/$**Set** of Grothendieck toposes is 'locally accessible', i.e. all its hom-categories are accessible.

In particular this implies that, *for any two Grothendieck toposes $\mathcal{E}$ and $\mathcal{F}$, there exists a small full subcategory $\mathcal{K}$ of $\mathfrak{BTop}/$**Set** $(\mathcal{F}, \mathcal{E})$ such that every object of the latter category is a filtered colimit of objects of $\mathcal{K}$.* Recalling the fact that filtered colimits in $\mathfrak{BTop}/$**Set** $(\mathcal{F}, \mathcal{E})$ are computed pointwise at the level of inverse image functors (B3.4.8), this yields an alternative proof of C2.2.11.

For the particular case when $\mathcal{F} = $ **Set**, a direct proof of the italicized assertion in the second paragraph of 2.3.12, without appealing to the theory of accessible categories, may be found in [504, 7.16].

**Example 2.3.13** Before leaving this section, we should give at least one example of a category which is not accessible. We claim that **Set**$^{\mathrm{op}}$ *is not accessible.* To see this, let $\kappa$ be an infinite regular cardinal, let $A_\kappa$ be a set of cardinality $\kappa$, and let $J_\kappa$ be the poset of subsets of $A_\kappa$ of cardinality less than $\kappa$, ordered by inclusion. It is clear that $J_\kappa$ is $\kappa$-filtered. We have a diagram $D\colon J_\kappa^{\mathrm{op}} \to \mathbf{Set}$ which sends a subset $S$ to $A_\kappa \setminus S$, and an inclusion $S' \subseteq S$ to the inclusion $(A_\kappa \setminus S) \subseteq (A_\kappa \setminus S')$; clearly, the limit of this diagram in **Set** is $\emptyset$. Now if $B$ is any set with more than one element, then any two distinct constant maps $A_\kappa \rightrightarrows B$ remain distinct when restricted to any vertex of the diagram $D$, but not when restricted to its limit; thus the canonical map $\varinjlim_J(\mathbf{Set}\,(D(S), B)) \to \mathbf{Set}\,(\varprojlim_{J^{\mathrm{op}}}(D(S)), B)$ is not bijective. So $B$ is not $\kappa$-presentable in **Set**$^{\mathrm{op}}$, for any $\kappa$; hence also it cannot be expressed as a colimit in **Set**$^{\mathrm{op}}$ of $\kappa$-presentable objects.

On the other hand, we know that **Set**$^{\mathrm{op}}$ is monadic over **Set** (A2.2.7); so, by the well-known identification of monads on **Set** with infinitary algebraic theories, it can be regarded as the category of models of such a theory. (The theory in question can be presented explicitly as the theory of complete Boolean algebras which are completely distributive, or alternatively as the theory of compact Hausdorff topological Boolean algebras, as we mentioned in A2.2.8.) And any infinitary algebraic theory can be presented by an 'infinite product sketch', as we observed in 2.1.4($c$); however, if the theory corresponds (as in this case) to a monad on **Set** whose functor part is inaccessible (i.e. does not preserve $\kappa$-filtered colimits for any $\kappa$), then the underlying graph of the sketch will be 'large', i.e. it will have proper classes of vertices and arrows. Thus the inaccessibility of $\mathbf{Set}^{\mathrm{op}}$ is telling us that, in this case at least, the largeness is essential; that is, there is no way of presenting a theory Morita-equivalent to that of completely distributive complete Boolean algebras by means of a sketch based on a small directed graph.

**Suggestions for further reading:** Adámek & Rosický [23], Ageron [33], Diers [286, 287], Lair [658], Makkai & Paré [787], Makkai & Pitts [788].

## D2.4 Properties of model categories

The purpose of this section is to justify a number of remarks which were made in 1.1.7 and elsewhere, to the effect that certain particular theories do not lie in certain of the fragments of first-order logic that we have considered. It is easy to see how one shows that a particular theory is regular (for example): one simply writes down a set of axioms for it, and observes that they are all regular sequents. But how do we show that a theory $\mathbb{T}$ has *no* axiomatization by regular sequents?

The answer, in most cases, is to look at its category of models (in **Set**): if we can show that this category fails to enjoy some categorical property enjoyed by the model categories of all regular theories, then $\mathbb{T}$ cannot be regular. Thus we are interested in finding properties which are in some sense characteristic of the model categories of theories in particular fragments of first-order logic. There are two types of properties in which we shall be interested: 'absolute' properties of $\mathbb{T}$-**Mod**(**Set**) as a category (for example, the possession of certain limits or colimits), whose failure for a given $\mathbb{T}$ would show that $\mathbb{T}$ cannot be Morita-equivalent to a regular theory over any signature, and 'relative' properties of $\mathbb{T}$-**Mod**(**Set**) as a subcategory of $\Sigma$-**Str**(**Set**) (for example, closure under certain limits or colimits), whose failure would show that $\mathbb{T}$ cannot be axiomatized by regular sequents over the particular signature $\Sigma$ over which it is expressed.

In general, we shall work through the classes of theories in order of increasing complexity, starting with algebraic theories. Before we do so, however, we need to establish some further information about the structure of model categories of cartesian theories. By 2.3.6, we know that such categories are locally finitely presentable (and that every locally finitely presentable category, up to equivalence, occurs in this way). Also, if $\mathbb{T}$ is such a theory, we know that the finitely presentable objects of $\mathbb{T}$-**Mod**(**Set**) are exactly (the $\mathbb{T}$-models corresponding to) the representable functors $\mathcal{C}_{\mathbb{T}} \to \mathbf{Set}$, since $\mathcal{C}_{\mathbb{T}}$ has equalizers and so its idempotents split (cf. the remarks after 2.3.3). Let $\{\vec{x}\,.\,\phi\}$ be an object of $\mathcal{C}_{\mathbb{T}}$ (where, by 1.4.4(ii), we may as well assume that $\phi$ is a finite conjunction of atomic formulae): we shall write $\langle \vec{x} : \phi \rangle$ for the corresponding finitely presentable $\mathbb{T}$-model. This notation is justified by

**Lemma 2.4.1** *$\langle \vec{x} : \phi \rangle$ is a representing object for the functor $\mathbb{T}$-**Mod**(**Set**) $\to$ **Set** which sends a model $M$ to $[\![\vec{x}.\phi]\!]_M$ (cf.* 1.2.9*).*

**Proof** By the Yoneda lemma, morphisms $\langle \vec{x} : \phi \rangle \to M$ correspond to elements of $F_M(\{\vec{x}.\phi\})$, where $F_M$ is the cartesian functor $\mathcal{C}_{\mathbb{T}} \to$ **Set** corresponding to $M$. So the result is immediate from the definition of this functor in the proof of 1.4.7. □

Equivalently, we may think of $\langle \vec{x} : \phi \rangle$ as the $\mathbb{T}$-model $M$ freely generated by a finite string of elements $(a_i \in MA_i \mid 1 \leq i \leq n)$ (where $A_i$ is the sort of $x_i$), subject to the finite conjunction of conditions corresponding to the formula $\phi$. Thus the notion 'finitely presentable', for models of cartesian theories, corresponds to the traditional notion 'finitely presented'. (This is, of course, the origin of the former term.)

Now we turn to algebraic theories.

**Lemma 2.4.2** *Let $\mathbb{T}$ be a finitary algebraic theory as in* 1.1.7(*a*)*. Then*

(i) *$\mathbb{T}$-**Mod**(**Set**) is monadic over **Set**.*

(ii) *$\mathbb{T}$-**Mod**(**Set**) is effective regular.*

**Proof** These are well-known consequences of the characterization of monads on **Set** (see, for example, [726]; cf. also 5.3.1 and 5.3.2 below). □

Similarly, the category of models of a many-sorted algebraic theory as defined in 1.1.7(*b*) is monadic over some power of **Set**, and hence effective regular. Thus, for example, the theory of torsion-free abelian groups, described in 1.1.7(*d*), cannot be Morita-equivalent to an algebraic theory, for we saw in Section A1.3 that its category of models is (regular but) not effective. The latter state of affairs is typical of Horn theories over signatures having no relation symbols (other than equality), as we shall see in 2.4.4 below. But first we need

**Lemma 2.4.3** *Let $\mathbb{T}$ be a Horn theory over a signature $\Sigma$. Then*

(i) *An arbitrary product (in $\Sigma$-**Str**(**Set**)) of $\mathbb{T}$-models is a $\mathbb{T}$-model.*

(ii) *Any substructure of a $\mathbb{T}$-model is a $\mathbb{T}$-model.*

**Proof** (i) It is easy to verify that, for any family $(M_i \mid i \in I)$ of $\Sigma$-structures and any Horn formula-in-context $\vec{x}.\phi$, the interpretation of $\vec{x}.\phi$ in the product $\prod_{i \in I} M_i$ is simply the product of the $[\![\vec{x}.\phi]\!]_{M_i}$. Hence any Horn sequent satisfied in each $M_i$ is satisfied in the product.

(ii) Similarly, if $N$ is a substructure of $M$, then as we remarked in 1.2.10(*c*) the interpretation in $N$ of any quantifier-free formula-in-context (in particular, of any Horn formula-in-context) $\vec{x}.\phi$ is simply the intersection of $[\![\vec{x}.\phi]\!]_M$ with $N(A_1, \ldots, A_n)$. So $N$ satisfies any Horn sequent satisfied by $M$. □

Part (i) of 2.4.3 remains true for arbitrary regular theories, by essentially the same proof, but part (ii) does not (even for cartesian theories): for the theory of categories as described in 1.1.7(*e*), it is easily seen that there are substructures of models which are not models. Hence the theory of categories cannot be axiomatized by Horn sequents over the particular signature considered in 1.1.7(*e*). After 2.4.6 below, we shall be able to prove that it cannot be a Horn theory over any signature.

**Corollary 2.4.4** *Let* $\mathbb{T}$ *be a Horn theory over a signature* $\Sigma$ *such that* $\Sigma$-Rel *is empty. Then*

(i) $\mathbb{T}$-**Mod**(**Set**) *is reflective in* $\Sigma$-**Str**(**Set**), *the unit of the reflection being regular epic.*

(ii) $\mathbb{T}$-**Mod**(**Set**) *is a regular category.*

**Proof** (i) Given a $\Sigma$-structure $M$ and a family of congruences $(R_i \mid i \in I)$ on $M$ (that is, 'sortwise' equivalence relations on $M$ which are sub-$\Sigma$-structures of $M \times M$) such that each of the quotients $M/R_i$ is a $\mathbb{T}$-model, the same is true of $M/(\bigcap_{i \in I} R_i)$ (since it maps injectively into the product of the $M/R_i$). Hence there is a unique smallest congruence $R$ on $M$ such that $M/R$ is a $\mathbb{T}$-model, namely the intersection of all such congruences. It is then clear that the assignment $M \mapsto M/R$ defines a left adjoint to the inclusion $\mathbb{T}$-**Mod**(**Set**) $\to$ $\Sigma$-**Str**(**Set**), the unit of the adjunction being the quotient map.

(ii) It follows easily from (i) that regular epimorphisms in $\mathbb{T}$-**Mod**(**Set**) are preserved by the inclusion into $\Sigma$-**Str**(**Set**), and hence that they are exactly the (sortwise) surjective homomorphisms of $\mathbb{T}$-models. Hence they are stable under pullback, and $\mathbb{T}$-**Mod**(**Set**) is regular. □

The category **Poset** of partially ordered sets is not regular: if **n** denotes an $n$-element totally ordered set, then there is a regular epimorphism $\mathbf{2} \amalg \mathbf{2} \to \mathbf{3}$ in **Poset** (obtained by identifying the top element of one copy of **2** with the bottom element of the other), whose pullback along the third injection $\mathbf{2} \rightarrowtail \mathbf{3}$ is (monic, and hence) not a cover. Since we saw in 1.1.7(*c*) that posets are the models of a Horn theory, this shows that the restriction on $\Sigma$ in the statement of 2.4.4 cannot be omitted – and also that there can be no analogue of 1.4.9 for Horn theories, as we claimed in Section D1.4.

However, Horn theories over signatures without function symbols also have their limitations. We note that **Poset**, although not a regular category, resembles a coherent category to the extent of having a strict initial object (cf. A1.4.1), and this state of affairs is again typical:

**Lemma 2.4.5** *Let* $\Sigma$ *be a signature such that* $\Sigma$-Fun *is empty, and* $\mathbb{T}$ *a Horn theory over* $\Sigma$. *Then* $\mathbb{T}$-**Mod**(**Set**) *has a strict initial object.*

**Proof** The initial object $M$ of $\mathbb{T}$-**Mod**(**Set**) (the free $\mathbb{T}$-model on no generators) may be constructed as follows. $MA$ is empty for each sort $A$, which forces

$MR$ to be empty for each relation symbol $R$ of arity $\geq 1$. For nullary relations $R$, we also take $MR = \emptyset$ unless we are forced to do otherwise by the fact that $(\top \vdash_{[]} R)$ is provable in $\mathbb{T}$. It is straightforward to verify that this $\Sigma$-structure is a $\mathbb{T}$-model, and that it is strict initial in $\mathbb{T}$-**Mod**(**Set**). □

Since the initial object of **TF** is also terminal, we see that the theory of 1.1.7($d$) cannot be Morita-equivalent to a Horn theory over a signature without function symbols. (However, 2.4.5 does not characterize the model categories of Horn theories over relational signatures: the same argument would work if $\Sigma$ contained function symbols of arity $\geq 1$, provided there were no constants.)

The property which distinguishes Horn theories (over arbitrary signatures) from arbitrary cartesian theories is the presence of 'enough projectives' in their categories of models.

**Lemma 2.4.6** *Let $\mathbb{T}$ be a Horn theory over a signature $\Sigma$. Then*

(i) *Any cover $h\colon M \twoheadrightarrow N$ in $\mathbb{T}$-**Mod**(**Set**) is a sortwise surjection, i.e., for each sort $A$ of $\Sigma$, $h_A\colon MA \to NA$ is surjective.*

(ii) $\mathbb{T}$-**Mod**(**Set**) *has a separating set of objects which are projective with respect to covers.*

**Proof** (i) Given a homomorphism $h\colon M \to N$ of $\mathbb{T}$-models, it is clear that the sortwise image of $h$ can be made into a substructure of $N$, and hence a $\mathbb{T}$-model by 2.4.3(ii). So if $h$ is a cover this image must be the whole of $N$, i.e. $h$ is sortwise surjective.

(ii) For each sort $A$ of $\Sigma$, the functor $\mathbb{T}$-**Mod**(**Set**) $\to$ **Set** which sends $M$ to $MA$ is representable, by 2.4.1. Part (i) implies that the representing objects $\langle x : \top \rangle$ are projective with respect to covers; and since the family of all such functors, as $A$ ranges over the sorts of $\Sigma$, is clearly faithful, they form a separating set. □

If the signature $\Sigma$ has no relation symbols, we may strengthen 'separating' to 'generating' in 2.4.6(ii), by essentially the same proof.

**Example 2.4.7** We may now prove, as promised above, that the theory of categories cannot be a Horn theory over any signature: for covers (in particular, regular epimorphisms) in **Cat** do not have to be surjective on morphisms, from which one may easily deduce that the only cover-projectives in **Cat** are discrete categories. And since it is possible for two functors to agree on objects but not on morphisms, these do not form a separating family for **Cat**.

For any cartesian theory $\mathbb{T}$, the category $\mathbb{T}$-**Mod**(**Set**) is closed in $\Sigma$-**Str**(**Set**) not only under products, as we observed after 2.4.3, but also under equalizers (by a similarly straightforward proof) and hence under arbitrary limits. (Of course, we knew already from 2.3.6 that $\mathbb{T}$-**Mod**(**Set**) has all small limits – and colimits.) Thus the theory of divisible abelian groups, mentioned in 1.1.7($f$), is not expressible as a cartesian theory over the signature for groups, since the category **Div** of divisible abelian groups is not closed under equalizers in **Ab**. In this case **Div** is complete and cocomplete, since it is coreflective in **Ab**; but it is not locally finitely presentable – it can be shown that the only finitely presentable object of **Div** is the trivial group – and so it cannot be the category of models of a cartesian theory over any signature. Similar remarks apply to the regular theory considered in 2.3.9.

For regular theories, we still have closure under products, as mentioned after 2.4.3, and hence in particular the category of models has products, though it may lack equalizers. (A simple counterexample is the theory $\mathbb{O}_1$ of inhabited objects (cf. C5.2.8($c$)), i.e. the theory over the signature with one sort and no primitive symbols except equality, whose only axiom is $(\top \vdash_{[]} (\exists x)\top)$: its category of models is the category of nonempty sets, and the two morphisms $1 \rightrightarrows 2$ in this category have no equalizer.) Thus the theory of fields, considered in 1.1.7($h$), cannot be Morita-equivalent to a regular theory over any signature, since its category of models lacks a terminal object.

**Remark 2.4.8** As previously, we shall not give detailed consideration to the class of disjunctive theories, introduced in 1.3.6; but it seems worth mentioning that *if* $\mathbb{T}$ *is a disjunctive theory over a signature* $\Sigma$, *then* $\mathbb{T}$-**Mod**(**Set**) *is closed under arbitrary connected limits in* $\Sigma$-**Str**(**Set**), and in particular it has connected limits. The proof is, as usual, a straightforward induction to show that the interpretations of disjunctive formulae are 'preserved' under connected limits. Using this result we may show that, for example, the theory of local rings (1.1.7($g$)) cannot be Morita-equivalent to a disjunctive theory: for the diagram

$$\begin{array}{ccc} & & \mathbb{Z}_{(2)} \\ & & \downarrow \\ \mathbb{Z}_{(3)} & \rightarrowtail & \mathbb{Q} \end{array}$$

of local rings (where $\mathbb{Z}_{(p)}$ denotes the ring of rationals whose denominators are prime to $p$) has no pullback – indeed, there is no cone over it in the category of local rings, since in any local ring either $-2$ or $+3$ is invertible.

We saw in the last section that the category of models of a geometric theory, although it is always accessible, need not be finitely accessible. Nevertheless, it does always possess filtered (that is, $\omega$-filtered) colimits. To prove this, we need another closure result, similar to those already established:

**Lemma 2.4.9** *Let* $\mathbb{T}$ *be a geometric theory over a signature* $\Sigma$. *Then* $\mathbb{T}$-**Mod**(**Set**) *is closed under filtered colimits in* $\Sigma$-**Str**(**Set**).

**Proof** Let $(M_i \mid i \in I)$ be the vertices of a filtered diagram of $\Sigma$-structures, with colimit $N$. Since the structure used in interpreting geometric formulae is all derived from finite limits and arbitrary colimits, and these commute with filtered colimits in **Set**, it is straightforward to verify that, for any geometric formula-in-context $\vec{x}\,.\,\phi$, the interpretation $[\![\vec{x}\,.\,\phi]\!]_N$ is the colimit of the $[\![\vec{x}\,.\,\phi]\!]_{M_i}$. Hence $N$ satisfies any geometric sequent which is satisfied by all the $M_i$. □

In view of 3.1.13 below, 2.4.9 is really no more than a restatement of (a particular case of) Lemma B3.4.8.

**Example 2.4.10** We may now show that the theory $\mathbb{T}$ of posets in which every element lies below a maximal element, described in 1.1.7($i$), is not Morita-equivalent to a coherent theory (or even a geometric theory). For every natural number $n$, the $n$-element totally ordered set $\mathbf{n} = \{0, 1, \ldots, n-1\}$ is a model of $\mathbb{T}$, and the inclusions $\mathbf{n} \rightarrowtail \mathbf{m}$ for $n < m$ are $\mathbb{T}$-model homomorphisms, which form a filtered diagram in $\mathbb{T}$-**Mod**(**Set**). The colimit of this diagram in $\Sigma$-**Str**(**Set**) is the ordered set of natural numbers, which is not a model of $\mathbb{T}$; so it is immediate that $\mathbb{T}$ cannot be axiomatized by geometric sequents over the signature $\Sigma$. But in fact it is not hard to see that this diagram has no colimit in $\mathbb{T}$-**Mod**(**Set**) – although we can construct a cone under it by adjoining a top element to the set of natural numbers, this is not a colimit because maximal elements do not have to be preserved by $\mathbb{T}$-model homomorphisms – and so $\mathbb{T}$ cannot be equivalent to a geometric theory over any signature. A straightforward generalization of this argument, using successor ordinals regarded as $\mathbb{T}$-models, shows that $\mathbb{T}$-**Mod**(**Set**) does not have $\kappa$-filtered colimits for any $\kappa$; hence it is not accessible, and so $\mathbb{T}$ is not 'Morita-equivalent' to any sketch, let alone a finitary one.

On the other hand, if $\mathbb{T}$ is any (finitary) first-order theory, then it follows from 1.5.13 and 2.4.9 that $\mathbb{T}$-**Mod**(**Set**)$_e$ does have filtered colimits. And M. Richter [1017] has shown that, for any such $\mathbb{T}$, any filtered colimits which exist in $\mathbb{T}$-**Mod**(**Set**) must be preserved by the forgetful functor to $\Sigma$-**Str**(**Set**): that is, if the colimit in $\Sigma$-**Str**(**Set**) of a filtered diagram of $\mathbb{T}$-models fails to be a $\mathbb{T}$-model, then the diagram cannot have a colimit in $\mathbb{T}$-**Mod**(**Set**). (See also [1059].)

In a similar vein, the theory of metric spaces cannot be axiomatized by geometric sequents over the signature of 1.1.7($l$), since its models fail to be closed under filtered colimits (take a directed diagram of two-point spaces indexed by the natural numbers, such that the distance between the two points in the $n$th space is $2^{-n}$). However, the category of metric spaces (and non-expansive mappings) does have filtered colimits, since it is reflective in the category of pseudometric spaces, and we observed in 1.1.7($l$) that the latter are the models of a geometric theory.

To distinguish finitary first-order theories from infinitary ones, the best tool we have available is the notion of ultraproduct, which in most cases yields a 'relative' rather than an 'absolute' criterion. Given a family of $\Sigma$-structures $(A_i \mid i \in I)$ and a filter $\Phi$ on (the power-set of) $I$, we define the *filterproduct* $\prod_\Phi A_i$

to be the quotient of the product $\prod_{i \in I} A_i$ obtained by identifying two elements $(a_i \mid i \in I)$ and $(a'_i \mid i \in I)$ iff the set $\{i \in I \mid a_i = a'_i\}$ lies in $\Phi$. (This definition requires some modification if (some of the sorts of) some of the $A_i$ are allowed to be empty, but we shall not bother about this.) It is clear that $\prod_\Phi A_i$ can be given a $\Sigma$-structure in a canonical way. If $\Phi$ is an ultrafilter (in which case we call $\prod_\Phi A_i$ an *ultraproduct*), then an easy induction shows that for any first-order formula-in-context $\vec{x}.\phi$, an $n$-tuple of elements $b_1, \ldots, b_n$ of $\prod_\Phi A_i$ lies in the interpretation of $\vec{x}.\phi$ iff, given any choice of representatives $(a_{ji} \mid i \in I)$ for each $b_j$, the set

$$\{i \in I \mid (a_{1i}, \ldots, a_{ni}) \in [\![\vec{x}.\phi]\!]_{A_i}\}$$

is in $\Phi$. We thus obtain the result known to model-theorists as Łoś's Theorem:

**Lemma 2.4.11** *For any (finitary) first-order theory $\mathbb{T}$ over a signature $\Sigma$, the class of $\mathbb{T}$-models is closed under ultraproducts in the class of $\Sigma$-structures.* □

The reason why this does not lead to an absolute condition characterizing model categories of first-order theories is that the ultraproduct construction cannot be characterized in abstract categorical terms; it is a piece of extra structure carried by the model category. The 'ultracategories' studied by M. Makkai [778, 780] are in effect categories equipped with extra structure of this type.

**Examples 2.4.12** (*a*) Nevertheless, we may now show (as promised in 2.1.4(*f*)) that the theory of connected directed graphs, although it can be axiomatized by a finitary sketch, cannot be axiomatized by any finitary first-order theory over the signature for directed graphs. For each natural number $n > 0$, let $G_n$ denote the graph with $n$ vertices $1, 2, \ldots, n$ and a chain of $(n-1)$ arrows joining them; then $G_n$ is connected for each $n$. But if $\Phi$ is any non-principal ultrafilter on the set $\mathbb{N}$ of natural numbers, then $\prod_\Phi G_n$ is not connected, since the vertices which are the equivalence classes of the sequences $(1 \mid n \in \mathbb{N})$ and $(n \mid n \in \mathbb{N})$ cannot be joined by any finite chain.

(*b*) In the same way, we may construct ultraproducts of torsion groups which have elements of infinite order; so the geometric theory of torsion groups, described in 1.1.7(*j*), cannot be axiomatized by finitary sequents over the signature for groups.

(*c*) The theory $\mathbb{K}$ of $K$-finite objects, axiomatized in 1.1.7(*k*), cannot be Morita-equivalent to a finitary theory over any signature. To see this, note that if $(A_i \mid i \in I)$ is any family of models of a finitary theory, and $\Phi$ is an ultrafilter on $I$, then the ultraproduct $\prod_\Phi \mathrm{Aut}(A_i)$ of the automorphism groups of the $A_i$ embeds in the obvious way as a subgroup of the automorphism group of $\prod_\Phi A_i$. But $\mathbb{K}$ has models (in **Set**) with arbitrarily large finite automorphism groups; so a nontrivial ultraproduct of these would have to have an infinite automorphism group.

We note that all three of the theories in 2.4.12 are $\sigma$-coherent, so they *can* be axiomatized by finitary sketches, using 2.2.9. (Of course, we already knew this for the theory of 2.4.12($a$).) This emphasizes once again a phenomenon which we have met at several points in this chapter: namely, that the 'category-theoretic' version of finitariness, as expressed in the notion of finitary sketch, does not fit well with the more traditional logical version expressed in the notion of finitary (first-order) theory.

**Suggestions for further reading:** Hébert [437, 438], Keane [575], Lair [659, 660, 661], Makkai [778, 779, 780, 783], Richter [1017], Rosický [1053, 1058, 1059].

# D3

# CLASSIFYING TOPOSES

## D3.1 Classifying toposes via syntactic sites

We saw in Section D1.4 that, for each cartesian (resp. regular, coherent, geometric) theory $\mathbb{T}$, there is a category $\mathcal{C}_{\mathbb{T}}$ of the appropriate kind containing a model of $\mathbb{T}$ which is generic, in the sense defined there. Since we are mainly interested in models which live in toposes, it would be convenient to be able to construct a topos containing a model of a given theory which is generic amongst models in toposes. There are various methods for doing this. One, which was sketched in Section B4.2, relies on the 2-categorical structure of (Grothendieck) toposes, in order to build up (the topos containing) the generic model by an inductive process. Here we shall give a more 'pedestrian', but also more explicit, method, which has the advantage that the explicit description of the generic model which we obtain allows us to establish results about models of a theory by first proving them in the generic case, and then transferring them along inverse image functors. (We shall see several examples of this technique in the subsequent sections of this chapter, as well as in Chapters F1 and F4.)

The essence of this construction is to use the syntactic category $\mathcal{C}_{\mathbb{T}}$ itself as the underlying category of a site (the *syntactic site* of the theory), by imposing a suitable coverage $J$ on it in such a way that cartesian (resp. regular, coherent, geometric) functors defined on $\mathcal{C}_{\mathbb{T}}$ are equivalent to geometric morphisms (over **Set**) into $\mathbf{Sh}(\mathcal{C}_{\mathbb{T}}, J)$. (As in Section B4.2, we shall denote this topos by $\mathbf{Set}[\mathbb{T}]$, and it will often be fruitful to think of it as the category of all 'geometric constructs', in the sense defined there, in the theory $\mathbb{T}$.) There are (at least) four different versions of the construction, corresponding to the four different constructions of $\mathcal{C}_{\mathbb{T}}$ appropriate to the different fragments of logic under consideration. As in Section D1.4, we shall take them in order of increasing logical complexity. (Of course, every cartesian theory is regular, every regular theory is coherent, and every coherent theory is geometric, so we don't really need four different constructions – the one for geometric theories would suffice. However, the emphasis in this section is not on the mere existence of classifying toposes, but rather on obtaining the most explicit description possible of the classifying topos, and in particular of the generic model, of a given theory.)

For cartesian theories, in fact, no coverage is needed. We saw in 1.4.7 that, for any cartesian theory $\mathbb{T}$, we have a natural equivalence

$$\mathbb{T}\text{-}\mathbf{Mod}(\mathcal{E}) \simeq \mathfrak{Cart}\,(\mathcal{C}_{\mathbb{T}}, \mathcal{E})$$

for any cartesian category $\mathcal{E}$. But if $\mathcal{E}$ is a **Set**-topos, then we also have a natural equivalence

$$\mathfrak{Cart}\,(\mathcal{C}_{\mathbb{T}}, \mathcal{E}) \simeq \mathfrak{Top}/\mathbf{Set}\,(\mathcal{E}, [(\mathcal{C}_{\mathbb{T}})^{\mathrm{op}}, \mathbf{Set}])$$

by Diaconescu's theorem (B3.2.7). So, on combining these two equivalences, we deduce

**Theorem 3.1.1** *Let $\mathbb{T}$ be a cartesian theory. Then the topos $[(\mathcal{C}_{\mathbb{T}})^{\mathrm{op}}, \mathbf{Set}]$ contains a $\mathbb{T}$-model $G_{\mathbb{T}}$ such that, for any* **Set***-topos $\mathcal{E}$, the functor*

$$\mathfrak{Top}/\mathbf{Set}\,(\mathcal{E}, [(\mathcal{C}_{\mathbb{T}})^{\mathrm{op}}, \mathbf{Set}]) \longrightarrow \mathbb{T}\text{-}\mathbf{Mod}(\mathcal{E})$$

*which sends a geometric morphism $f$ to $f^*(G_{\mathbb{T}})$ is one half of an equivalence of categories.* □

Since the second of the two equivalences above is obtained (in one direction) by composing with the Yoneda embedding $\mathcal{C}_{\mathbb{T}} \to [(\mathcal{C}_{\mathbb{T}})^{\mathrm{op}}, \mathbf{Set}]$, the generic model $G_{\mathbb{T}}$ of 3.1.1 is simply the image under this embedding of the generic model $M_{\mathbb{T}}$ of 1.4.7. But in 2.4.1 we saw that the representable functors on $\mathcal{C}_{\mathbb{T}}$ may be identified with finitely presented $\mathbb{T}$-models in **Set**. Thus we obtain

**Corollary 3.1.2** *For a cartesian theory $\mathbb{T}$, the classifying topos* $\mathbf{Set}[\mathbb{T}]$ *may be identified with the functor category* $[\mathbb{T}\text{-}\mathbf{Mod}(\mathbf{Set})_{\omega}, \mathbf{Set}]$*, where* $\mathbb{T}\text{-}\mathbf{Mod}(\mathbf{Set})_{\omega}$ *denotes the category of finitely presented $\mathbb{T}$-models; and $G_{\mathbb{T}}$ may be identified with the inclusion functor* $\mathbb{T}\text{-}\mathbf{Mod}(\mathbf{Set})_{\omega} \to \mathbb{T}\text{-}\mathbf{Mod}(\mathbf{Set})$*, regarded as in* 1.2.14(i) *as a $\mathbb{T}$-model in the functor category – that is, for each sort $A$ of the signature of $\mathbb{T}$, $G_{\mathbb{T}}A$ is the functor which sends a finitely presented $\mathbb{T}$-model $M$ to $MA$, and similarly for function symbols and relation symbols.* □

This explicit description of $G_{\mathbb{T}}$ will be of use on many occasions later on. Notice, by the way, that the syntactic category $\mathcal{C}_{\mathbb{T}}$ is recoverable up to equivalence from the classifying topos $\mathbf{Set}[\mathbb{T}]$, since it is dual to the full subcategory of finitely presentable objects of $\mathfrak{Top}/\mathbf{Set}\,(\mathbf{Set}, \mathbf{Set}[\mathbb{T}])$. That is, *the classifying topos of a cartesian theory determines the theory up to Morita equivalence.*

As an example of the applications of 3.1.2, we give

**Corollary 3.1.3** *Let $\mathbb{T}$ be a finitary algebraic theory in the sense of* 1.1.7(*a*)*. Then the generic $\mathbb{T}$-model $G_{\mathbb{T}}$ is* functionally complete *in the sense that, for any natural number $n$, each morphism $(G_{\mathbb{T}})^n \to G_{\mathbb{T}}$ in* $\mathbf{Set}[\mathbb{T}]$ *is the interpretation in $G_{\mathbb{T}}$ of some $n$-ary derived operation of $\mathbb{T}$ (that is, of some term-in-context $x_1, \ldots, x_n . t$). Moreover, two such terms-in-context define the same morphism $(G_{\mathbb{T}})^n \to G_{\mathbb{T}}$ iff the sequent expressing their equality is provable in $\mathbb{T}$.*

**Proof** Since (the underlying object of) $G_{\mathbb{T}}$ is the forgetful functor from finitely-presented $\mathbb{T}$-models to **Set**, it is representable by the free $\mathbb{T}$-model $F(1)$ on one generator; similarly, $(G_{\mathbb{T}})^n$ is representable by the free model $F(n)$ on $n$ generators. So the Yoneda lemma tells us that morphisms $(G_{\mathbb{T}})^n \to G_{\mathbb{T}}$ correspond bijectively to morphisms $F(1) \to F(n)$, or equivalently to elements of the underlying set of $F(n)$; but the latter are exactly the provable-equality-classes of $n$-ary derived operations. □

For example, if $\mathbb{T}$ is the theory of commutative rings (with 1), then the morphisms $(G_{\mathbb{T}})^n \to G_{\mathbb{T}}$ in $\mathbf{Set}[\mathbb{T}]$ are exactly the polynomial functions of $n$ variables (with integer coefficients). Although we stated 3.1.3 only for single-sorted theories, it remains valid (with the same proof – but a more complicated statement) for many-sorted algebraic theories as defined in 1.1.7($b$).

We turn now to regular theories. We recall that if $\mathcal{C}$ is a small regular category, the *regular coverage* $R$ on $\mathcal{C}$ has as covering sieves all sieves which contain a cover in the sense defined in Section A1.3. In A2.1.11($a$), we saw that the representable functors $\mathcal{C}^{\mathrm{op}} \to \mathbf{Set}$ are all sheaves for this coverage, so that the Yoneda embedding $\mathcal{C} \to [\mathcal{C}^{\mathrm{op}}, \mathbf{Set}]$ factors through $\mathbf{Sh}(\mathcal{C}, R)$; and the resulting full embedding $\mathcal{C} \to \mathbf{Sh}(\mathcal{C}, R)$ is (not only cartesian but) a regular functor. Further, for any Grothendieck topos $\mathcal{E}$, a cartesian functor $F\colon \mathcal{C} \to \mathcal{E}$ is cover-preserving iff it maps each sieve generated by a single cover in $\mathcal{C}$ to an epimorphic family, iff it maps covers in $\mathcal{C}$ to epimorphisms in $\mathcal{E}$, iff it is a regular functor. So by C2.3.9 we have an equivalence

$$\mathfrak{Reg}\,(\mathcal{C}, \mathcal{E}) \simeq \mathfrak{Top}/\mathbf{Set}\,(\mathcal{E}, \mathbf{Sh}(\mathcal{C}, R))$$

for any such topos $\mathcal{E}$. Applying the above to the syntactic category $\mathcal{C}_{\mathbb{T}}^{\mathrm{reg}}$ of a regular theory $\mathbb{T}$, we immediately obtain

**Theorem 3.1.4** *For any regular theory $\mathbb{T}$, the topos $\mathbf{Sh}(\mathcal{C}_{\mathbb{T}}^{\mathrm{reg}}, R)$ contains a $\mathbb{T}$-model $G_{\mathbb{T}}$ such that, for any Grothendieck topos $\mathcal{E}$, the functor*

$$\mathfrak{Top}/\mathbf{Set}\,(\mathcal{E}, \mathbf{Sh}(\mathcal{C}_{\mathbb{T}}^{\mathrm{reg}}, R)) \longrightarrow \mathbb{T}\text{-}\mathbf{Mod}(\mathcal{E})$$

*sending $f$ to $f^*(G_{\mathbb{T}})$ is one half of an equivalence of categories. Moreover, the regular sequents satisfied by $G_{\mathbb{T}}$ are precisely those provable in $\mathbb{T}$.*

**Proof** Combine the regular version of 1.4.7 with the remarks above. The $\mathbb{T}$-model $G_{\mathbb{T}}$ is of course the image of $M_{\mathbb{T}}$ under the embedding $\mathcal{C}_{\mathbb{T}}^{\mathrm{reg}} \to \mathbf{Sh}(\mathcal{C}_{\mathbb{T}}^{\mathrm{reg}})$; the last assertion of the theorem follows from the fact that this embedding is full and therefore conservative. □

**Remark 3.1.5** Since any topos $\mathcal{E}$ is effective as a regular category, any regular functor $\mathcal{C}_{\mathbb{T}}^{\mathrm{reg}} \to \mathcal{E}$ factors through the effectivization $\mathcal{E}_{\mathbb{T}}$ of $\mathcal{C}_{\mathbb{T}}^{\mathrm{reg}}$ (cf. 1.4.12(i)). So we could have used $\mathcal{E}_{\mathbb{T}}$, with its regular coverage, as a site of definition for the classifying topos of $\mathbb{T}$. This fact, combined with the existence of small regular categories which are not effective, indicates that we cannot hope to recover the syntactic category $\mathcal{C}_{\mathbb{T}}^{\mathrm{reg}}$ up to equivalence from the classifying topos $\mathbf{Set}[\mathbb{T}]$, as we could in the case of cartesian theories. However, we shall see in 3.3.10 below that we can recover $\mathcal{E}_{\mathbb{T}}$ up to equivalence from $\mathbf{Set}[\mathbb{T}]$ – that is, we can recover the theory $\mathbb{T}$ up to Morita equivalence as defined after 1.4.12.

**Remark 3.1.6** We noted after 1.4.11 that if $\mathbb{T}$ is a cartesian theory then its regular syntactic category $\mathcal{C}_{\mathbb{T}}^{\mathrm{reg}}$ is equivalent to the regularization of its cartesian syntactic category $\mathcal{C}_{\mathbb{T}}$. But in C2.2.19 we noted that, for any small cartesian category $\mathcal{C}$, the topos of sheaves on $\mathbf{Reg}(\mathcal{C})$ for the regular coverage is equivalent to $[\mathcal{C}^{\mathrm{op}}, \mathbf{Set}]$. Thus we have a direct proof that 3.1.1 and 3.1.4 produce equivalent constructions of $\mathbf{Set}[\mathbb{T}]$.

There is an alternative construction of $\mathbf{Set}[\mathbb{T}]$, less 'canonical' but often more convenient to use, which in some sense stands in the same relation to 3.1.4 as 3.1.2 does to 3.1.1. Given a regular theory $\mathbb{T}$, we can always find a cartesian theory $\mathbb{T}_0$ over the same signature, all of whose axioms are provable in $\mathbb{T}$. (We could take $\mathbb{T}_0$ to be the empty theory in this signature, or the theory consisting of all the Horn sequents provable in $\mathbb{T}$; but $\mathbb{T}_0$ need not be a Horn theory – for example, if $\mathbb{T}$ were the theory of strongly connected categories (categories in which, given any two objects, there exists a morphism from the first to the second; cf. A4.6.9), it would be natural to take $\mathbb{T}_0$ to be the theory of categories.) Then, by 1.3.10(ii), we may write the axioms of $\mathbb{T}$ (other than those which occur as, or are derivable from, axioms of $\mathbb{T}_0$) in the form $(\phi \vdash_{\vec{x}} (\exists \vec{y})\psi)$, where $\vec{x}\,.\,\phi$ and $\vec{x}, \vec{y}\,.\,\psi$ are cartesian formulae-in-context relative to $\mathbb{T}_0$ (indeed, they could be Horn formulae), and the sequent $(\psi \vdash_{\vec{x},\vec{y}} \phi)$ is provable in $\mathbb{T}_0$. This latter condition means that, in the syntactic category $\mathcal{C}_{\mathbb{T}_0}$ of $\mathbb{T}_0$, we have a morphism

$$\{\vec{x}, \vec{y}\,.\,\psi\} \xrightarrow{[(\psi \wedge (\vec{x} = \vec{x'}))]} \{\vec{x'}\,.\,\phi[\vec{x'}/\vec{x}]\}\ ,$$

and a $\mathbb{T}_0$-model $M$ in a regular category $\mathcal{C}$ is a $\mathbb{T}$-model iff, for each axiom of $\mathbb{T}$, the functor $F_M$ corresponding to $M$ via 1.4.7 sends this morphism to a cover in $\mathcal{C}$. Thus we obtain

**Proposition 3.1.7** *With the above notation, the classifying topos* $\mathbf{Set}[\mathbb{T}]$ *may be identified with* $\mathbf{Sh}(\mathcal{C}, J_{\mathbb{T}})$ *where* $\mathcal{C}$ *is the syntactic category of* $\mathbb{T}_0$ *(equivalently, the opposite of the category of finitely presented* $\mathbb{T}_0$*-models in* $\mathbf{Set}$*), and* $J_{\mathbb{T}}$ *is the smallest coverage on this category for which the sieve generated by the single morphism displayed above is* $J_{\mathbb{T}}$*-covering for each axiom of* $\mathbb{T}$ *not occurring among (or derivable from) the axioms of* $\mathbb{T}_0$. □

The usefulness of this result is greatly dependent on the extent to which we can give an explicit description of the coverage $J_{\mathbb{T}}$, and in particular on whether we can prove it to be subcanonical (i.e. whether we can prove that all representable functors are sheaves for it). This is because the generic $\mathbb{T}$-model $G_{\mathbb{T}}$

is simply the associated $J_{\mathbb{T}}$-sheaf of the generic $\mathbb{T}_0$-model; but since the latter consists of representable functors by 3.1.2, it will already be a sheaf if $J_{\mathbb{T}}$ is subcanonical, and therefore we shall have an explicit description of $G_{\mathbb{T}}$ at no extra cost. Clearly, the question whether $J_{\mathbb{T}}$ is subcanonical will depend (not just on $\mathbb{T}$ but) on the choice of the theory $\mathbb{T}_0$: the stronger we make this theory, the fewer the covering families we shall have to put into $J_{\mathbb{T}}$, and the more likely it becomes that we shall obtain a standard site.

**Example 3.1.8** If $\mathbb{T}$ is the theory of strongly connected categories, mentioned above, and we take $\mathbb{T}_0$ to be the theory of categories, then 3.1.7 tells us to find the smallest coverage on the opposite of the category $\mathbf{Cat}_\omega$ of finitely presented categories for which the inclusion

$$2 \xrightarrow{\ i\ } \mathbf{2}$$

where 2 is the two-object discrete category and $\mathbf{2}$ is the two-element totally ordered set, generates a covering sieve on 2. By the results of Section C2.1, a functor $F\colon \mathbf{Cat}_\omega \to \mathbf{Set}$ will be a sheaf for this coverage iff it satisfies the sheaf axiom for (the sieves generated by) the pushouts of $i$ along arbitrary morphisms $2 \to \mathcal{C}$, i.e. for the sieves generated by morphisms of the form $\mathcal{C} \to \mathcal{C}[f]$, where $\mathcal{C}[f]$ denotes the category obtained by freely adjoining a morphism $f$ between two given objects of $\mathcal{C}$. But it is easy to verify that all such morphisms are regular monomorphisms in $\mathbf{Cat}$ (i.e. they are the equalizers of their cokernel-pairs), and hence in $\mathbf{Cat}_\omega$; so the representable functors are indeed sheaves. Thus we may describe the generic strongly connected category explicitly: it is simply given by the same data as the generic category, but regarded as an internal category in the sheaf topos $\mathbf{Sh}(\mathbf{Cat}_\omega^{\mathrm{op}}, J_{\mathbb{T}})$ rather than in the functor category $[\mathbf{Cat}_\omega, \mathbf{Set}]$.

On the other hand, if we took $\mathbb{T}_0$ to be the 'Horn part' of the theory of categories (i.e. the theory obtained from that of categories by omitting the third displayed axiom of 1.1.7(*e*); we may think of models of this theory as 'partial categories', in which some composites may be undefined), then our coverage on $\mathcal{C}^{\mathrm{op}}$ (where $\mathcal{C}$ is the category of finitely presented partial categories) would have to contain the sieve generated by the inclusion

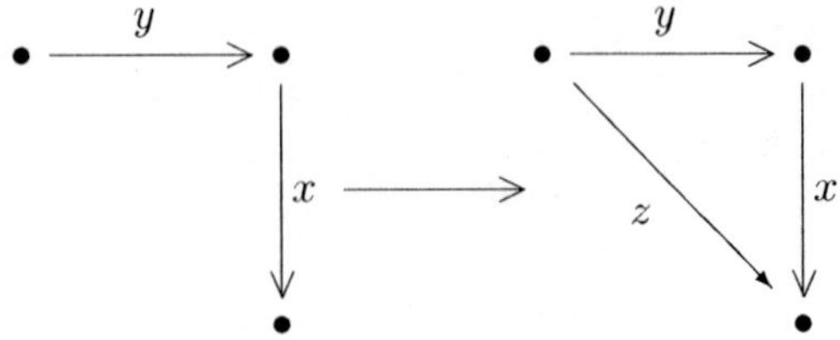


where, in the right-hand partial category, $z$ is specified as being the composite of $x$ and $y$. And this morphism is a non-invertible epimorphism in $\mathcal{C}$, so it cannot be a regular monomorphism; hence not all representable functors are sheaves for this coverage.

We leave it to the reader to verify that the classifying topos for the theory of divisible abelian groups (1.1.7($f$)) may be constructed by means of a subcanonical coverage on the opposite of the category $\mathbf{Ab}_\omega$ of finitely-presented abelian groups.

For coherent theories, the arguments are not very different from those for regular theories. If $\mathcal{C}$ is a small coherent category, we defined the *coherent coverage* $P$ on $\mathcal{C}$ in A2.1.11($b$) to consist of all finite families $(f_i \colon A_i \to A \mid 1 \leq i \leq n)$ such that the union of the images of the $f_i$ is the whole of $A$. We observed that this coverage is subcanonical, so that the Yoneda embedding becomes a full embedding $\mathcal{C} \to \mathbf{Sh}(\mathcal{C}, P)$, and that this functor is coherent. And it is easy to verify that a cartesian functor from $\mathcal{C}$ to a topos sends finite families as above to epimorphic families iff it preserves covers and finite unions of subobjects, i.e. iff it is a coherent functor. So we obtain

**Theorem 3.1.9** *For any coherent theory $\mathbb{T}$, the topos $\mathbf{Sh}(\mathcal{C}_\mathbb{T}^{\mathrm{coh}}, P)$ contains a $\mathbb{T}$-model $G_\mathbb{T}$ such that, for any Grothendieck topos $\mathcal{E}$, the functor*

$$\mathfrak{Top}/\mathbf{Set}\,(\mathcal{E}, \mathbf{Sh}(\mathcal{C}_\mathbb{T}^{\mathrm{coh}}, P)) \longrightarrow \mathbb{T}\text{-}\mathbf{Mod}(\mathcal{E})$$

*sending $f$ to $f^*(G_\mathbb{T})$ is one half of an equivalence of categories. Moreover, the coherent sequents satisfied by $G_\mathbb{T}$ are precisely those provable in $\mathbb{T}$.* □

As in 3.1.5, we could have replaced $\mathcal{C}_\mathbb{T}^{\mathrm{coh}}$ by its pretopos completion $\mathcal{P}_\mathbb{T}$ (cf 1.4.12(ii)) in the statement of the above theorem; and in 3.3.8 below we shall see that $\mathcal{P}_\mathbb{T}$, though not $\mathcal{C}_\mathbb{T}^{\mathrm{coh}}$, is recoverable up to equivalence from the topos $\mathbf{Set}[\mathbb{T}]$.

In the opposite direction, we can make the underlying category of the site smaller, as in 3.1.7, by regarding $\mathbb{T}$ as a 'quotient' of a cartesian theory $\mathbb{T}_0$ obtained by adding new axioms of the form

$$\left(\phi \vdash_{\vec{x}} \bigvee_{i=1}^{n} (\exists \vec{y_i})\psi_i\right)$$

where $\vec{x}\,.\,\phi$ and $\vec{x}, \vec{y_i}\,.\,\psi_i$ are cartesian formulae-in-context relative to $\mathbb{T}_0$ and the sequents $(\psi_i \vdash_{\vec{x},\vec{y_i}} \phi)$ are provable in $\mathbb{T}_0$ (cf. 1.3.10(iii)). For each such axiom, we then have a family of morphisms

$$\{\vec{x}, \vec{y_i}\,.\,\psi_i\} \xrightarrow{[(\psi_i \wedge (\vec{x} = \vec{x'}))]} \{\vec{x'}\,.\,\phi[\vec{x'}/\vec{x}]\}$$

$(1 \leq i \leq n)$ in the syntactic category $\mathcal{C}_{\mathbb{T}_0}$, and a $\mathbb{T}_0$-model is a $\mathbb{T}$-model iff the cartesian functor on $\mathcal{C}_{\mathbb{T}_0}$ corresponding to it sends these families to covering families. Thus we obtain

**Proposition 3.1.10** *With the above notation, the classifying topos $\mathbf{Set}[\mathbb{T}]$ may be identified with $\mathbf{Sh}(\mathcal{C}, J_\mathbb{T})$ where $\mathcal{C}$ is the syntactic category of $\mathbb{T}_0$ (equivalently,* *the opposite of the category of finitely presented* $\mathbb{T}_0$*-models in* **Set***), and* $J_{\mathbb{T}}$ *is the smallest coverage on this category for which the sieves generated by the families described above are* $J_{\mathbb{T}}$*-covering.* □

As with 3.1.7, this result is most useful when the coverage $J_{\mathbb{T}}$ can be explicitly determined and shown to be subcanonical. We give a couple of examples:

**Examples 3.1.11** (*a*) If $\mathbb{T}$ is the theory of local rings, as described in 1.1.7(*g*), then it is natural to take $\mathbb{T}_0$ to be the (algebraic) theory of rings (throughout these examples, the word 'ring' will mean 'commutative ring with 1'). In this case, the resulting coverage on the opposite of the category $\mathbf{Rng}_\omega$ of finitely presented rings has an explicit description: it is exactly the *Zariski coverage* $Z$ described in A2.1.11(*f*), i.e. the covering sieves are those which contain finite families of ring homomorphisms of the form $(A \to A[s_i^{-1}] \mid 1 \leq i \leq n)$, where $\{s_1, \ldots, s_n\}$ is a set of elements of $A$ contained in no proper ideal of $A$ (equivalently, such that there exist elements $a_1, \ldots, a_n$ of $A$ with $\sum_{i=1}^n a_i s_i = 1$). It is also a well-known result that this coverage is subcanonical; so the generic local ring is simply the forgetful functor $\mathbf{Rng}_\omega \to \mathbf{Set}$, regarded as a ring object in the topos $\mathbf{Sh}(\mathbf{Rng}_\omega^{\mathrm{op}}, Z)$. In particular, we note that it inherits the functional completeness property of 3.1.3 from the generic ring. (We shall see some applications of this fact in Section F1.1.)

(*b*) Similarly, if $\mathbb{T}$ is the (coherent) theory of fields described in 1.1.7(*h*), we might take $\mathbb{T}_0$ to be the theory of rings. If we did so, then our coverage on $\mathbf{Rng}_\omega$ would have the property that, for any finitely presented ring $A$ and any $s \in A$, the two morphisms $A \to A[s^{-1}]$ and $A \to A/(s)$ (where $(s)$ is the principal ideal generated by $s$) would generate a covering sieve. Since both these morphisms are epic in $\mathbf{Rng}_\omega$ and their pushout is the degenerate ring 1 (which is covered by the empty sieve, because of the nontriviality axiom), it follows that if a functor $F \colon \mathbf{Rng}_\omega \to \mathbf{Set}$ is a sheaf then we have $F(A) \cong F(A[s^{-1}]) \times F(A/(s))$ for all such $A$ and $s$. But the representable functors do not in general satisfy this condition (for the forgetful functor, it holds iff $s$ is idempotent), and so the coverage is not subcanonical.

Nevertheless, there is a cartesian theory $\mathbb{T}_0$ such that the classifying topos for fields may be presented using a subcanonical coverage on the syntactic category of $\mathbb{T}_0$, namely the theory of (von Neumann) regular rings. This is obtained from the theory of rings by adding the axiom

$$(\top \vdash_x (\exists y)((x^2 y = x) \wedge (x y^2 = y))) \,.$$

It is an easy exercise in ring theory to verify that the latter axiom is cartesian relative to the theory of reduced rings (rings without nonzero nilpotent elements), and that it implies the Horn sequent $((x^2 = 0) \vdash_x (x = 0))$ which says that a ring is reduced. For more details, see [520, V 2.6].

For geometric theories $\mathbb{T}$, we may proceed in the same way as for coherent ones: that is, we may equip the geometric category $\mathcal{C}_{\mathbb{T}}^{\mathrm{geom}}$ with its canonical coverage (consisting of all sieves generated by small covering families, cf. C2.1.12(*e*)) and then show as in 3.1.9 that the topos of sheaves on this site is a classifying topos for $\mathbb{T}$. Alternatively, we could proceed as in 3.1.10, by finding an appropriate cartesian theory $\mathbb{T}_0$ of which $\mathbb{T}$ is a quotient, and imposing a suitable coverage on the syntactic category of $\mathbb{T}_0$. However, in this case we have a possible short cut. The $\infty$-pretopos $\mathcal{G}_{\mathbb{T}}$ generated by $\mathcal{C}_{\mathbb{T}}^{\text{geom}}$ (cf. 1.4.12(iii)), though not small, has a separating set of objects, namely (the images of) those objects $\{\vec{x}\,.\,\phi\}$ of $\mathcal{C}_{\mathbb{T}}^{\text{geom}}$ for which $\phi$ is in the canonical form of 1.3.8(ii). (It is clear that these form a separating set for $\mathcal{C}_{\mathbb{T}}^{\text{geom}}$, since they meet every isomorphism class of objects of this category; and since every object of $\mathcal{G}_{\mathbb{T}}$ is a quotient of a coproduct of objects of $\mathcal{C}_{\mathbb{T}}^{\text{geom}}$, the result easily extends to the larger category.) Hence by Giraud's Theorem C2.2.8 $\mathcal{G}_{\mathbb{T}}$ is itself a Grothendieck topos. Moreover, by C2.2.10 every geometric functor from $\mathcal{G}_{\mathbb{T}}$ to a Grothendieck topos is an inverse image functor (i.e. has a right adjoint), and so we may conclude

**Proposition 3.1.12** *For any geometric theory $\mathbb{T}$, the $\infty$-pretopos $\mathcal{G}_{\mathbb{T}}$ of* 1.4.12(iii) *(is a topos and) has the universal property of a classifying topos* **Set**$[\mathbb{T}]$ *for $\mathbb{T}$.* □

Of course, we could view this result the other way round, and regard the passage from $\mathcal{C}_{\mathbb{T}}^{\text{geom}}$ to the topos $\mathbf{Sh}(\mathcal{C}_{\mathbb{T}}^{\text{geom}})$ as an alternative construction of the $\infty$-pretopos generated by this geometric category. Note also that, in this case, the fact that the classifying topos determines the theory up to Morita equivalence is a triviality, since Morita equivalence of geometric theories was defined as equivalence of the $\infty$-pretoposes generated by their syntactic categories.

**Remark 3.1.13** Let $(\mathcal{C}, J)$ be a small site whose underlying category is cartesian. In 2.1.4($g$) we saw how to construct a geometric sketch $\mathbb{S}$ (and hence, via 2.2.7, a geometric theory $\mathbb{T}$) whose models in any Grothendieck topos $\mathcal{E}$ correspond to cartesian cover-preserving functors $\mathcal{C} \to \mathcal{E}$. More explicitly, $\mathbb{T}$ may be obtained from the theory of cartesian functors defined on $\mathcal{C}$, as described in 1.4.8, by adding the sequent

$$\Big(\top \vdash_x \bigvee_{i \in I} (\exists y_i \colon B_i)(f_i(y_i) = x)\Big)$$

for each $J$-covering family $(f_i \colon B_i \to A \mid i \in I)$. Combining this with C2.3.9, we see that $\mathbf{Sh}(\mathcal{C}, T)$ has the universal property of a classifying topos for $\mathbb{T}$. But since every Grothendieck topos may be generated by such a site (C2.2.8(iii)), this says that *every Grothendieck topos is (equivalent to) the classifying topos of some geometric theory.* In combination with the remarks above, we may interpret this result as saying that a Grothendieck topos is 'the same thing' as a Morita equivalence class of geometric theories – or perhaps more accurately, that the notion of Grothendieck topos represents the 'extensional essence' of the intuitive (intensional) notion of a geometric theory 'up to Morita equivalence'.

**Remark 3.1.14** Suppose $\mathbb{T}$ is a geometric propositional theory as defined in 1.1.7($m$). In 1.4.14 we saw that the syntactic category $\mathcal{C}_{\mathbb{T}}^{\text{geom}}$ is equivalent to a frame ($L$, say), and that $\mathbb{T}$ is Morita-equivalent to the theory of completely prime filters of $L$. It follows that $\mathbf{Set}[\mathbb{T}] \simeq \mathcal{G}_{\mathbb{T}} \simeq \mathbf{Eff}(\mathbf{Pos}_{\infty}(L))$ may be identified with the topos $\mathbf{Set}(L) \simeq \mathbf{Sh}(X)$, where $X$ is the locale defined by $\mathcal{O}(X) = L$ (cf. the remarks at the end of Section A3.3, and C1.3.11). Thus we may extend the equivalence of 1.2.15($m$) from localic toposes to arbitrary $\mathbf{Set}$-toposes: for any such topos $\mathcal{E}$, we have

$$\mathbb{T}\text{-}\mathbf{Mod}(\mathcal{E}) \simeq \mathfrak{Top}\,(\mathcal{E}, \mathbf{Sh}(X))\,.$$

In particular, we recover the result of B4.2.12 that the classifying topos of any propositional geometric theory is localic over $\mathbf{Set}$ (and that any localic $\mathbf{Set}$-topos occurs as the classifying topos of such a theory).

Clearly, if $\mathbb{T}$ is Morita-equivalent to a propositional geometric theory (equivalently, if $\mathbf{Set}[\mathbb{T}]$ is localic over $\mathbf{Set}$), then $\mathbb{T}$-$\mathbf{Mod}(\mathcal{E})$ is an essentially small preorder for any $\mathbf{Set}$-topos $\mathcal{E}$. However, the converse is false: the following counterexample is due to M. Makkai.

**Example 3.1.15** Let $\mathbb{T}$ be the theory over the signature $\Sigma$ with one sort $A$ and two infinite sequences $R_n$, $S_n$ of unary relation symbols, whose axioms are $(\top \vdash_x (R_n(x) \vee S_n(x)))$ and $((R_n(x) \wedge S_n(x)) \vdash_x \bot)$ for all $n$, plus

$$\left(\top \vdash_{x,y} \left((x = y) \vee \bigvee_{n \geq 0} ((R_n(x) \wedge S_n(y)) \vee (S_n(x) \wedge R_n(y)))\right)\right).$$

Thus a $\mathbb{T}$-model $M$ in a $\mathbf{Set}$-topos $\mathcal{E}$ consists of an object $MA$ together with a complemented subobject $[\![R]\!] \rightarrowtail MA \times N$ (where $N$ is the natural number object of $\mathcal{E}$, i.e. the countable copower of 1), satisfying a condition which in particular implies that the transpose $MA \to \Omega^N$ of the classifying map of this subobject is monic. (If $\mathcal{E}$ is Boolean, the last axiom says precisely this; but in a non-Boolean topos it is stronger.) Moreover, since a morphism $f\colon M \to M'$ of $\mathbb{T}$-models must preserve the interpretations of both the $R_n$ and the $S_n$, it is easy to see that it must make the diagram

$$\begin{array}{ccc} MA & \xrightarrow{f_A} & M'A \\ & \searrow & \downarrow \\ & & \Omega^N \end{array}$$

commute; thus $\mathbb{T}$-$\mathbf{Mod}(\mathcal{E})$ is equivalent to a sub-poset of $\mathrm{Sub}_{\mathcal{E}}(\Omega^N)$ (and to the whole of this poset if $\mathcal{E}$ is Boolean).

However, $\mathbf{Set}[\mathbb{T}]$ is not localic over $\mathbf{Set}$. To see this, note first that $\mathbb{T}$ has $2^c$ non-isomorphic models in $\mathbf{Set}$, where $c = 2^{\aleph_0}$ is the cardinality of the continuum. But 1.3.8 imples that the Lindenbaum algebra of $\mathbb{T}$ is countably generated as a complete join-semilattice, since there are only countably many regular formulae over $\Sigma$; in other words, the corresponding locale $X$ has a countable basis in the sense of C2.2.4($b$). And a locale with a basis of cardinality $\kappa$ can have at most $2^\kappa$ points, since a completely prime filter in $\mathcal{O}(X)$ is determined by the basis elements which it contains (cf. C1.2.2); so $\mathbf{Sh}(X)$ cannot be equivalent to $\mathbf{Set}[\mathbb{T}]$.

We next fulfil a promise made in 1.5.12:

**Proposition 3.1.16 ('Classical completeness' for geometric theories)** *Let $\mathbb{T}$ be a geometric theory, and $\sigma$ a geometric sequent over the signature of $\mathbb{T}$. If $\sigma$ is satisfied in all $\mathbb{T}$-models in Boolean toposes, then it is provable in $\mathbb{T}$.*

**Proof** By A4.5.23, there exists a surjective geometric morphism $f\colon \mathcal{B} \to \mathbf{Set}[\mathbb{T}]$, where $\mathcal{B}$ is Boolean. So $\sigma$ is satisfied in the $\mathbb{T}$-model $f^*(G_{\mathbb{T}})$, and hence by 1.2.13 in $G_{\mathbb{T}}$ itself; but the latter is equivalent to provability in $\mathbb{T}$. □

In particular, it follows that if a geometric sequent $\sigma$ is derivable from the axioms of a geometric theory $\mathbb{T}$ using 'classical geometric logic' (i.e. the rules of geometric logic plus the Law of Excluded Middle), then there is also a constructive derivation of $\sigma$, not using the Law of Excluded Middle.

We remark that, since every Grothendieck topos is a surjective image of a localic one (cf. C5.2.1), and since the surjection constructed in A4.5.23 is localic (cf. A4.6.2($e$)), there is a possible further strengthening of 3.1.16: in fact provability in a geometric theory $\mathbb{T}$ may be determined by considering satisfaction in $\mathbb{T}$-models in *localic* Boolean toposes. This has the advantage that all such toposes satisfy the Axiom of Choice (cf. 4.5.15 below); so we obtain a further conservativity result like that just mentioned, asserting that uses of the Axiom of Choice may be eliminated from any derivation of a geometric sequent from geometric hypotheses.

To conclude this section, we digress for a while from its main theme to consider full first-order theories. Since inverse image functors are not in general Heyting functors, we cannot hope to have a classifying topos (in the sense we have considered so far) for such a theory. Nevertheless, it is of interest to ask whether there is a 'completeness theorem' for such theories in terms of a single model in a Grothendieck topos, similar to that which we derived for geometric theories from the existence of a classifying topos. The answer is yes; indeed the topos in question may be taken to have a particularly simple form, as we shall see. To show this, we need a result of which the first part, at least, could have been included in Section A1.4 (and the second in Section A2.1):

**Lemma 3.1.17** *Let $\mathcal{C}$ be a small Heyting category. Then*

(i) *The Yoneda embedding $Y\colon \mathcal{C} \to [\mathcal{C}^{\mathrm{op}}, \mathbf{Set}]$ preserves universal quantification.*

(ii) *If $J$ denotes the coherent coverage on $\mathcal{C}$, then the Yoneda embedding $Y\colon \mathcal{C} \to \mathbf{Sh}(\mathcal{C}, J)$ is a Heyting functor.*

**Proof** (i) Let $f\colon A \to B$ be a morphism of $\mathcal{C}$, let $A' \rightarrowtail A$ be a subobject of $A$ and let $B' = \forall_f(A')$. We must show that if $R \rightarrowtail Y(A)$ is any subobject whose pullback along $Y(f)$ is contained in $Y(A')$, then $R \leq Y(B')$. We recall that subobjects of $Y(B)$ in $[\mathcal{C}^{\mathrm{op}}, \mathbf{Set}]$ correspond to sieves on $B$ in $\mathcal{C}$, and that the pullback of $R$ along $Y(f)$ is the sieve of all morphisms $g\colon C \to A$ such that $fg \in R$. Now if $h\colon D \to B \in R$, form the pullback

$$\begin{array}{ccc} C & \longrightarrow & D \\ {\scriptstyle g}\downarrow & & \downarrow{\scriptstyle h} \\ A & \xrightarrow{\;f\;} & B \end{array} \quad ;$$

then $g \in f^*(R)$, so by assumption it factors through $A' \rightarrowtail A$. Let $D \twoheadrightarrow I \rightarrowtail B$ be the image factorization of $h$; since image factorizations in $\mathcal{C}$ are stable under pullback, we have $f^*(I) \leq A'$, and hence $I \leq \forall_f(A') = B'$, as required.

(ii) It is easy to see that the argument of (i) continues to work if we replace $[\mathcal{C}^{\mathrm{op}}, \mathbf{Set}]$ by $\mathbf{Sh}(\mathcal{C}, J)$ for any subcanonical coverage $J$ on $\mathcal{C}$. But in A2.1.11($b$) we observed that the coherent coverage on a small coherent category is always subcanonical, and also that for this particular coverage the Yoneda embedding becomes a coherent functor. Since it also preserves universal quantification, it is a Heyting functor. □

**Corollary 3.1.18** *For any first-order theory $\mathbb{T}$, there is a Grothendieck topos $\mathcal{E}$ and a $\mathbb{T}$-model $N_{\mathbb{T}}$ in $\mathcal{E}$ such that the first-order sequents satisfied in $N_{\mathbb{T}}$ are exactly those provable in $\mathbb{T}$.*

**Proof** Take $\mathcal{E} = \mathbf{Sh}(\mathcal{C}_{\mathbb{T}}^{\mathrm{fo}}, J)$ where $J$ is the coherent coverage, and let $N_{\mathbb{T}}$ be the image of $M_{\mathbb{T}}$ under the Yoneda embedding. Since the Yoneda embedding is full and faithful, it is conservative; so by 1.2.13 and 3.1.17 it preserves and reflects the truth of arbitrary first-order sequents. Hence the result follows from 1.4.11. □

It is possible to sharpen the result of 3.1.18. We again recall from C5.2.1 that, for any Grothendieck topos $\mathcal{E}$, there exists an open surjection $f\colon \mathcal{F} \to \mathcal{E}$ where $\mathcal{F}$ is localic (over **Set**); and from C3.1.7 that the inverse image of an open surjection of toposes is a conservative Heyting functor. Thus we may require the topos $\mathcal{E}$ of 3.1.18 to be localic over **Set**. In fact P. Freyd [381] has shown, by a substantially different method, that we may require it to be the topos of sheaves on a Stone space (that is, a compact zero-dimensional space – equivalently, the prime ideal space of a Boolean algebra); and that if our signature $\Sigma$ is countable (so that the category $\mathcal{C}_{\mathbb{T}}^{\mathrm{fo}}$ is also countable) we may actually take $\mathcal{E}$ to be the particular topos $\mathbf{Sh}(K)$, where $K$ is the Cantor space. (In other words, $\mathbf{Sh}(K)$ plays a rôle in constructive first-order logic analogous to that of **Set** in classical first-order logic.)

It is also possible to generalize 3.1.18 to infinitary first-order logic, as defined in 1.1.3(*g*). However, in contrast to the coherent/geometric case, we cannot work with the whole of infinitary first-order logic in constructing our syntactic category: the reason is that the resulting category will not in general be small, or even equivalent to a small category. (Even in the case of a propositional signature with no axioms, the syntactic category would be equivalent to the free complete Heyting algebra on the set of atomic propositions, and if there is more than one atomic proposition then the latter is known to be a proper class; cf. [550].) We must therefore restrict ourselves to *$\kappa$-first-order logic* for some infinite regular cardinal $\kappa$, that is the fragment in which we allow conjunctions and disjunctions indexed by sets of cardinality less than $\kappa$, but not any larger ones. (Provided we retain the convention that a theory is specified by a *set* of axioms, it is clear that for any infinitary first-order theory $\mathbb{T}$ we can find a cardinal $\kappa$ such that $\mathbb{T}$ lies in $\kappa$-first-order logic.) Given a theory $\mathbb{T}$ in $\kappa$-first-order logic, we may build its syntactic category $\mathcal{C}_{\mathbb{T}}^{\kappa\text{fo}}$ in the usual way, and verify that it is a (small) $\kappa$-Heyting category (that is, a Heyting category having unions and intersections of families of subobjects of cardinality less than $\kappa$, which are stable under pullback), and that $\kappa$-Heyting functors from $\mathcal{C}_{\mathbb{T}}^{\kappa\text{fo}}$ to another such category $\mathcal{D}$ correspond to $\mathbb{T}$-models in $\mathcal{D}$. If we equip $\mathcal{C}_{\mathbb{T}}^{\kappa\text{fo}}$ with the coverage $J_\kappa$ whose covering families are '$\mathbb{T}$-provably surjective' families of cardinality less than $\kappa$, then we may further verify that $J_\kappa$ is subcanonical and that the Yoneda embedding $\mathcal{C}_{\mathbb{T}}^{\kappa\text{fo}} \to \mathbf{Sh}(\mathcal{C}_{\mathbb{T}}^{\kappa\text{fo}}, J_\kappa)$ is a $\kappa$-Heyting functor. Thus we obtain

**Proposition 3.1.19** *Let $\mathbb{T}$ be any theory in $\kappa$-first-order logic. Then there exists a Grothendieck topos $\mathcal{E}$ (which may be taken to be localic over* **Set***) containing a $\mathbb{T}$-model which satisfies exactly the $\kappa$-first-order sequents which are provable in $\mathbb{T}$.* □

However, this construction is not universal in any sense: in particular, different choices of the cardinal $\kappa$ will yield inequivalent toposes. For more details, see [212].

**Suggestions for further reading:** Butz & Johnstone [212], Cole [245], Dubuc & Reyes [309], Tierney [1169], Wraith [1246].

## D3.2 The object classifier

In this section we shall study one particular classifying topos: namely that for the theory of *objects*, i.e. the empty theory over the signature with one sort and no primitive symbols except equality. (As in Section B4.2, we shall denote this theory by $\mathbb{O}$.) Clearly, there is not very much of interest to be said about $\mathbb{O}$ as a theory; but its classifying topos $\mathbf{Set}[\mathbb{O}]$ has some interesting structure, which it seems appropriate to explore at this point.

By 3.1.2, $\mathbf{Set}[\mathbb{O}]$ may be identified with the functor category $[\mathbf{Set}_f, \mathbf{Set}]$, where $\mathbf{Set}_f$ is the category of finite sets (or a small skeleton thereof, such as the category of finite cardinals and all maps between them), and the generic object $G_{\mathbb{O}}$ itself is just the inclusion functor $\mathbf{Set}_f \to \mathbf{Set}$.

Given an arbitrary object $A$ of a $\mathbf{Set}$-topos $\mathcal{E}$, we have a corresponding geometric morphism $\mathcal{E} \to [\mathbf{Set}_f, \mathbf{Set}]$, which we shall denote by $\overline{A}$, and which is characterized by the property that $\overline{A}^*(G_{\mathbb{O}}) \cong A$. Explicitly, $A$ corresponds to the $\mathbf{Set}_f$-torsor $h_A \colon \mathbf{Set}_f^{\mathrm{op}} \to \mathcal{E}$ given by $h_A(n) = A^n$, and $\overline{A}^*$ sends a functor $T \colon \mathbf{Set}_f \to \mathbf{Set}$ to the tensor product $h_A \otimes_{\mathbf{Set}_f} T$, i.e. to the coequalizer of

$$\coprod_{\alpha: m \to n, x \in T(m)} A^n \rightrightarrows \coprod_{n \in \mathbb{N}, x \in T(n)} A^n$$

where the maps are induced respectively by the actions of $\mathbf{Set}_f$ on $T$ and on $h_A$. Equivalently, we can describe $\overline{A}^*(T)$ as the coend $\int^n T(n) \times A^n$.

In particular, given an object $T$ of $\mathbf{Set}[\mathbb{O}]$, we have a geometric morphism $\overline{T} \colon \mathbf{Set}[\mathbb{O}] \to \mathbf{Set}[\mathbb{O}]$ (unique up to isomorphism) such that $\overline{T}^*(G_{\mathbb{O}}) \cong T$. Composition of geometric endomorphisms of $\mathbf{Set}[\mathbb{O}]$ gives rise to a bifunctor $\otimes \colon \mathbf{Set}[\mathbb{O}] \times \mathbf{Set}[\mathbb{O}] \to \mathbf{Set}[\mathbb{O}]$, defined by

$$S \otimes T = \overline{T}^* \overline{S}^* (G_{\mathbb{O}}) ,$$

so that $\overline{S \otimes T} \cong \overline{S} \cdot \overline{T}$. The properties of this bifunctor are summarized by

**Proposition 3.2.1** $(\mathbf{Set}[\mathbb{O}], \otimes, G_{\mathbb{O}})$ *is a (non-symmetric) monoidal category, which is closed on the right, i.e. for each object $T$ the functor $(-) \otimes T$ has a right adjoint.*

**Proof** The associativity and unit isomorphisms for $\otimes$ are obtained by transposing the associativity and unit identities for composition of geometric morphisms across the equivalence

$$\mathfrak{Top}/\mathbf{Set}\,(\mathbf{Set}[\mathbb{O}], \mathbf{Set}[\mathbb{O}]) \simeq \mathbf{Set}[\mathbb{O}] .$$

It is straightforward to verify that they satisfy the coherence conditions for a monoidal structure. The second assertion follows from the fact that $(-) \otimes T$ is isomorphic to the functor $\overline{T}^*$, which has a right adjoint $\overline{T}_*$. □

What can we say about the monoids for this monoidal structure? Clearly, an object $T$ of $\mathbf{Set}[\mathbb{O}]$ induces an endofunctor $T_{\mathcal{E}}$ of every $\mathbf{Set}$-topos $\mathcal{E}$, defined by $T_{\mathcal{E}}(A) = \overline{A}^*(T)$ $(\cong \overline{A}^* \overline{T}^* (G_{\mathbb{O}}))$. If $T$ has a monoid structure, then $T_{\mathcal{E}}$ has a monad structure, which is 'natural' with respect to arbitrary inverse image functors between $\mathbf{Set}$-toposes. We shall see in Section D5.3 below that such monads may be naturally identified with finitary algebraic theories.

We may give an explicit description of the tensor product, as follows. Specializing the coend formula above for $\overline{A}^*(T)$ to the case when $\mathcal{E} = \mathbf{Set}[\mathbb{O}]$ and $A$

is a functor $S\colon \mathbf{Set}_f \to \mathbf{Set}$, we obtain

$$(T \otimes S)(m) = \int^n T(n) \times (S(m))^n \ ;$$

that is, $(T\otimes S)(m)$ is the quotient of the disjoint union of the sets $T(n)\times(S(m))^n$ by the smallest equivalence relation which identifies $(Tf(x),(y_1,\ldots,y_n))$ with $(x,(y_{f1},\ldots,y_{fn'}))$ whenever $f\colon n' \to n$ in $\mathbf{Set}_f$, $x \in T(n')$ and $y_1,\ldots,y_n \in S(m)$. It is easy to see directly that, if $T$ is (the restriction to $\mathbf{Set}_f$ of) the functor underlying a finitary monad on **Set** (i.e. a finitary algebraic theory), then it carries a $\otimes$-monoid structure: for we may identify the elements of $T(n)$ with $n$-ary operations of the theory $\mathbb{T}$, and the multiplication sends $(\alpha,(\beta_1,\ldots,\beta_n))$ to the composite operation

$$(z_1,\ldots,z_m) \mapsto \alpha(\beta_1(z_1,\ldots,z_m),\ldots,\beta_n(z_1,\ldots,z_m)) \ .$$

(Similarly, the unit map $G_{\mathbb{O}} \to T$ sends the $i$th element of $n = G_{\mathbb{O}}(n)$ to the $i$th projection, considered as an $n$-ary operation of $\mathbb{T}$.)

We note that the generic object $G_{\mathbb{O}}$ is a functor taking finite sets as values. This does not imply that, as an object of $\mathbf{Set}[\mathbb{O}]$, it is finite in the Kuratowskian sense defined in 1.1.7($k$); for $K$-finiteness is preserved by inverse image functors, and so if $G_{\mathbb{O}}$ were $K$-finite then every object of every **Set**-topos would be $K$-finite. However, it does satisfy another, non-geometric, notion of finiteness, namely the sequent

$$(\neg(x = y) \vdash_{x,y} \bot),$$

which says that it does not have two disjoint elements. For the interpretation of this sequent is that the pseudo-complement of the diagonal subobject of $G_{\mathbb{O}}\times G_{\mathbb{O}}$ is empty, and this is easily seen to be true since any nonempty subobject of $G_{\mathbb{O}} \times G_{\mathbb{O}}$ must contain the unique element of $(G_{\mathbb{O}} \times G_{\mathbb{O}})(1)$. On the other hand, $G_{\mathbb{O}}$ is also 'potentially infinite' in the sense that, for each natural number $m$, it satisfies the non-geometric sequent

$$((\forall x)((x = y_1) \vee \cdots \vee (x = y_m)) \vdash_{y_1,\ldots,y_m} \bot)$$

which says that it cannot be 'covered by $m$ elements'. (We interpret the case $m = 0$ of this sequent as $((\forall x)\bot \vdash_{[]} \bot)$, i.e. the assertion that $G_{\mathbb{O}}$ is nonempty in the 'negative' sense, as opposed to the positive sense $(\top \vdash_{[]} (\exists x)\top)$.) More generally, it may be shown that $G_{\mathbb{O}}$ satisfies

$$((\forall x)((x = y_1) \vee \cdots \vee (x = y_m) \vee \phi) \vdash_{y_1,\ldots,y_m} \phi)$$

where $\phi$ is any coherent formula with $\mathrm{FV}(\phi) \subseteq \{y_1,\ldots,y_m\}$. (The previous displayed sequent is of course the special case $\phi = \bot$ of this scheme.) We may therefore conclude that the above sequents are 'geometrically inconsequential', in the following sense:

**Lemma 3.2.2** *Let $\sigma$ be a geometric sequent over the signature $\Sigma$ with one sort and no primitive symbols except equality, and suppose $\sigma$ is (constructively) provable in the theory $\mathbb{T}$ whose axioms are the sequent $(\neg(x = y) \vdash_{x,y} \bot)$ and all instances of the last displayed sequent on the previous page. Then $\sigma$ is provable in the empty theory over $\Sigma$.* □

In fact it can be shown (cf. [212]) that the theory $\mathbb{T}$ of 3.2.2 is the full (infinitary) first-order theory of $G_{\mathbb{O}}$: that is, any sequent satisfied by $G_{\mathbb{O}}$ is deducible from $\mathbb{T}$. (Equivalently, if $A$ is any $\mathbb{T}$-model in a Grothendieck topos $\mathcal{E}$, then $\overline{A}\colon \mathcal{E} \to \mathbf{Set}[\mathbb{O}]$ is an open map, so that $A$ satisfies all the infinitary first-order sequents satisfied by $G_{\mathbb{O}}$.)

The study of such 'inconsequential' non-geometric properties of generic models is not entirely a pointless curiosity. Although 3.2.2 has no known applications, we shall see in Section F1.1 how the fact that the generic local ring satisfies a suitable non-geometric 'field axiom' enables us to establish results about projective geometry over the generic local ring, and then (since these results are expressible by geometric sequents) to 'transport' them to results about projective geometry over an arbitrary local ring.

An interesting fact about $\mathbf{Set}[\mathbb{O}]$ is that every Grothendieck topos $\mathcal{E}$ admits a localic geometric morphism to it. In order to prove this, we shall introduce a weakening of the notion of a bound for a geometric morphism, which we met in Section B3.1.

We recall from B3.1.7 that an object $B$ of an $\mathcal{S}$-topos $p\colon \mathcal{E} \to \mathcal{S}$ is called a *bound* (for $\mathcal{E}$ over $\mathcal{S}$) if every object of $\mathcal{E}$ is a subquotient of one of the form $p^*I \times B$, where $I$ is an object of $\mathcal{S}$. When $\mathcal{S} = \mathbf{Set}$, by B3.1.8($b$), this is equivalent to saying that the subobjects of $B$ form a separating set for $\mathcal{E}$. The generic object $G_{\mathbb{O}}$ is not a bound for $\mathbf{Set}[\mathbb{O}]$ over $\mathbf{Set}$; but it is 'very nearly so', in the following sense. By the Yoneda lemma, the representable functors $\mathbf{Set}_f\,(n, -)$ form a separating set for $\mathbf{Set}[\mathbb{O}]$, so their coproduct forms a bound for it; but these functors are just the finite powers of the generic object $\mathbf{Set}_f\,(1, -)$, so their coproduct is the list object $L(G_{\mathbb{O}})$ over $G_{\mathbb{O}}$, as defined in A2.5.17.

**Definition 3.2.3** Given a geometric morphism $p\colon \mathcal{E} \to \mathcal{S}$, where $\mathcal{S}$ (and hence $\mathcal{E}$) has a natural number object, we shall say that an object $B$ of $\mathcal{E}$ is a *pre-bound* for $\mathcal{E}$ over $\mathcal{S}$ if the list object $LB$ is a bound for $\mathcal{E}$ over $\mathcal{S}$.

If $\mathcal{S}$ is the topos $\mathbf{Set}$, this is equivalent to saying that the subobjects of finite powers of $B$ form a separating set for $\mathcal{E}$: one direction is trivial, and the converse follows from the fact that any subobject of $LB$ decomposes as a coproduct of subobjects of finite powers of $B$. We recall that any object which contains a bound as a subobject (or has one as an epimorphic image) is itself a bound; hence in particular any bound is a pre-bound, since $LB$ contains $B$ as a subobject.

**Lemma 3.2.4** *For a geometric morphism $f: \mathcal{F} \to \mathcal{E}$, the following are equivalent:*

(i) *$f$ is localic.*

(ii) *For any geometric morphism $p: \mathcal{E} \to \mathcal{S}$ and any bound $B$ for $\mathcal{E}$ over $\mathcal{S}$, $f^*B$ is a bound for $\mathcal{F}$ over $\mathcal{S}$.*

(iii) *There exists a geometric morphism $p: \mathcal{E} \to \mathcal{S}$ and an object $B$ of $\mathcal{E}$ such that $f^*B$ is a bound for $\mathcal{F}$ over $\mathcal{S}$.*

(iv) *(if $\mathcal{E}$ has a natural number object) For any geometric morphism $p: \mathcal{E} \to \mathcal{S}$ where $\mathcal{S}$ has a natural number object, and any pre-bound $B$ for $\mathcal{E}$ over $\mathcal{S}$, $f^*B$ is a pre-bound for $\mathcal{F}$ over $\mathcal{S}$.*

(v) *(if $\mathcal{E}$ has a natural number object) There exists a geometric morphism $p: \mathcal{E} \to \mathcal{S}$ where $\mathcal{S}$ has a natural number object, and an object $B$ of $\mathcal{E}$, such that $f^*B$ is a pre-bound for $\mathcal{F}$ over $\mathcal{S}$.*

**Proof** (i) $\Rightarrow$ (ii) follows easily from inspection of the proof, given in B3.1.10(i), that a composite of bounded geometric morphisms is bounded.

(ii) $\Rightarrow$ (iii) is trivial (take $p$ to be the identity morphism on $\mathcal{E}$, and $B$ to be its terminal object).

(iii) $\Rightarrow$ (i): by assumption, every object of $\mathcal{F}$ is a subquotient of one of the form $(pf)^*I \times f^*B$, for some $I \in \text{ob}\,\mathcal{S}$. But this is isomorphic to $f^*(p^*I \times B)$, and hence in the image of $f^*$; so $f$ is localic.

(ii) $\Rightarrow$ (iv) follows easily from the fact that $f^*$ commutes up to isomorphism with the list-object functor, as we remarked after A2.5.15.

(iv) $\Rightarrow$ (v) is similar to (ii) $\Rightarrow$ (iii) (and (iii) $\Rightarrow$ (v) is also trivial). And (v) $\Rightarrow$ (i) is similar to (iii) $\Rightarrow$ (i), again using the fact that $f^*$ commutes with the list-object functor. □

**Theorem 3.2.5** *Let $\mathcal{E}$ be a Grothendieck topos, $B$ an object of $\mathcal{E}$. The following are equivalent:*

(i) *$B$ is a pre-bound for $\mathcal{E}$ over* **Set**.

(ii) *The geometric morphism $\overline{B}: \mathcal{E} \to$ **Set**$[\mathbb{O}]$ corresponding to $B$ is localic.*

(iii) *There exists a single-sorted geometric theory $\mathbb{T}$ and an equivalence $\mathcal{E} \simeq$ **Set**$[\mathbb{T}]$ which identifies $B$ with the underlying object of the generic $\mathbb{T}$-model $G_{\mathbb{T}}$.*

**Proof** (i) $\Leftrightarrow$ (ii) follows immediately from 3.2.4 and the fact, noted above, that $G_{\mathbb{O}}$ is a pre-bound for **Set**$[\mathbb{O}]$ over **Set**.

(iii) $\Rightarrow$ (ii): Suppose (iii) holds. Then, given an arbitrary Grothendieck topos $\mathcal{F}$ and an object $A$ of $\mathcal{F}$, factorizations of the classifying map $\overline{A}: \mathcal{F} \to$ **Set**$[\mathbb{O}]$ through $\overline{B}$ correspond to $\mathbb{T}$-model structures on the given object $A$ of $\mathcal{F}$. In other words, as a topos over **Set**$[\mathbb{O}]$, $\mathcal{E} \simeq$ **Set**$[\mathbb{T}]$ becomes the classifying topos for a propositional geometric theory in the sense of 1.1.7($m$) – the theory of $\mathbb{T}$-model structures on the *particular* object $G_{\mathbb{O}}$ of **Set**$[\mathbb{O}]$. So by B4.2.12 the geometric morphism $\overline{B}$ is localic.

Alternatively, we could give a direct proof of (iii) $\Rightarrow$ (i), by observing that in the syntactic category $\mathcal{C}_{\mathbb{T}}^{\text{geom}}$ every object is a subobject of a finite power of (the underlying object of) $M_{\mathbb{T}}$; but by 3.1.12 $\mathbf{Set}[\mathbb{T}]$ may be taken to be the $\infty$-pretopos generated by $\mathcal{C}_{\mathbb{T}}^{\text{geom}}$, and so every object of it is a quotient of a coproduct of objects of $\mathcal{C}_{\mathbb{T}}^{\text{geom}}$. So the subobjects of finite powers of the underlying object of $G_{\mathbb{T}}$ form a separating set for it.

(i) $\Rightarrow$ (iii): We take a single-sorted signature $\Sigma_B$ having an $n$-ary relation symbol $[R]$ for each subobject $R \rightarrowtail B^n$ in $\mathcal{E}$. (We could also add $n$-ary function symbols corresponding to the morphisms $B^n \to B$ in $\mathcal{E}$, but since their graphs will appear as $(n+1)$-ary relation symbols, this is not necessary.) Then $B$ itself carries an obvious $\Sigma_B$-structure in $\mathcal{E}$; we define $\mathbb{T}$ to be the set of all geometric sequents over $\Sigma_B$ which are satisfied in this structure. Thus $B$ is a $\mathbb{T}$-model; we shall show that the geometric morphism $\mathcal{E} \to \mathbf{Set}[\mathbb{T}]$ which corresponds to it is an equivalence.

Consider first the geometric functor $F_B \colon \mathcal{C}_{\mathbb{T}}^{\text{geom}} \to \mathcal{E}$ which corresponds to $B$. Since every object $\{x_1, \ldots, x_n . \phi\}$ of $\mathcal{C}_{\mathbb{T}}^{\text{geom}}$ is a subobject of $\{x_1, \ldots, x_n . \top\} \cong (M_{\mathbb{T}})^n$ for some $n$, every object in the image of $F_B$ is a subobject of a finite power of $B$; but the converse is also true, by the construction of $\Sigma_B$. Also, if $f \colon R \to S$ is any morphism of $\mathcal{E}$ between subobjects of finite powers of $B$, then the sequents which say that (the formula over $\Sigma_B$ corresponding to) the graph of $f$ represents a morphism of $\mathcal{C}_{\mathbb{T}}^{\text{geom}}$ are satisfied in $B$ and hence provable in $\mathbb{T}$; so $F_B$ is full. Similarly, if two parallel morphisms $[\theta]$ and $[\theta']$ of $\mathcal{C}_{\mathbb{T}}^{\text{geom}}$ have the same image under $F_B$, then $\theta$ and $\theta'$ must be provably equivalent in $\mathbb{T}$; so $F_B$ is faithful. Since $F_B$ is a geometric functor, it carries covering families in $\mathcal{C}_{\mathbb{T}}^{\text{geom}}$ to epimorphic families in $\mathcal{E}$; but, once again, the definition of $\mathbb{T}$ ensures that the converse is true. Finally, since $B$ is a pre-bound for $\mathcal{E}$ over **Set**, the objects in the image of $F_B$ form a separating set for $\mathcal{E}$; so we are in a position to apply the Comparison Lemma (C2.2.3) and conclude that $\mathcal{E}$ is equivalent to the topos of sheaves on $\mathcal{C}_{\mathbb{T}}^{\text{geom}}$ for the canonical coverage. But the latter is exactly the classifying topos $\mathbf{Set}[\mathbb{T}]$. □

Since, by definition, every Grothendieck topos has a bound (and hence a pre-bound) over **Set**, we obtain as an immediate corollary the result, promised above, that every such topos admits a localic morphism to $\mathbf{Set}[\mathbb{O}]$. (We also obtain a new proof of 1.4.13; however, 1.4.13 could alternatively have been used to prove this result, by the argument given in the proof of (iii) $\Rightarrow$ (ii) above.)

We note the following easy consequences of 3.2.5:

**Corollary 3.2.6** *Let $\mathbb{T}$ be a single-sorted geometric theory, and $M$ a $\mathbb{T}$-model in a Grothendieck topos $\mathcal{E}$, classified by a geometric morphism $f \colon \mathcal{E} \to \mathbf{Set}[\mathbb{T}]$. Then*

(i) *$f$ is localic iff the underlying object of $M$ is a pre-bound for $\mathcal{E}$ over* **Set**.

(ii) *$f$ is surjective iff $M$ is a conservative $\mathbb{T}$-model (i.e. satisfies only those geometric sequents derivable from $\mathbb{T}$).*

**Proof** (i) Let $g\colon \mathbf{Set}[\mathbb{T}] \to \mathbf{Set}[\mathbb{O}]$ classify the underlying object of the generic $\mathbb{T}$-model. Then $g$ is localic by 3.2.5, so by A4.6.2($e$) and ($f$) the morphism $f$ is localic iff the composite $gf$ is. But $gf$ classifies the underlying object of $M$, so the result is immediate from 3.2.5.

(ii) One direction is immediate from 1.2.13: if $f$ is surjective, then any geometric sequent satisfied in $M$ is satisfied in $G_{\mathbb{T}}$, and hence provable in $\mathbb{T}$. Conversely, suppose $M$ is a conservative $\mathbb{T}$-model, and consider the class $\mathcal{C}$ of objects $A$ of $\mathbf{Set}[\mathbb{T}]$ such that $f^*$ maps proper subobjects of $A$ to proper subobjects of $f^*A$. Conservativity of $M$ says that $\mathcal{C}$ contains all subobjects of finite powers of $G_{\mathbb{T}}$; but since $f^*$ preserves coproducts and epimorphisms, it is easy to see that $\mathcal{C}$ must be closed under coproducts and quotients, and hence (since $G_{\mathbb{T}}$ is a pre-bound for $\mathbf{Set}[\mathbb{T}]$) that it is the class of all objects of $\mathbf{Set}[\mathbb{T}]$. So by A1.2.4 $f^*$ is conservative. □

We conclude this section by describing the classifying toposes of two theories fairly closely related to $\mathbb{O}$: the theory $\mathbb{D}$ of decidable objects and the theory $\mathbb{K}$ of $K$-finite objects. $\mathbb{D}$ is written over the signature $\Sigma$ with one sort and one binary relation # apart from equality (we write this relation in infix rather than prefix notation, i.e. $(x \# y)$ instead of $\#(x, y)$).The axioms of $\mathbb{D}$ are the sequents

$$((x \# x) \vdash_x \bot)$$

and

$$(\top \vdash_{x,y} ((x \# y) \vee (x = y)))$$

which say that in any $\mathbb{D}$-model $A$ the interpretation of # is the complement of the diagonal subobject of $A \times A$. Thus, for any topos $\mathcal{E}$, $\mathbb{D}$-$\mathbf{Mod}(\mathcal{E})$ is the category of decidable objects of $\mathcal{E}$ (that is, objects with complemented diagonal) and monomorphisms between them. (Recall from B4.2.3 that we cannot have a geometric theory whose category of models in an arbitrary $\mathcal{E}$ is the category of all objects of $\mathcal{E}$ and monomorphisms between them; $\mathbb{D}$ achieves this for all Boolean toposes $\mathcal{E}$, which is best possible.)

We may construct a classifying topos for $\mathbb{D}$ using the method of 3.1.10. For this purpose, we could take $\mathbb{D}_0$ to be the empty theory over $\Sigma$, but it will simplify matters slightly if we allow it to include the Horn sequent

$$((x \# y) \vdash_{x,y} (y \# x))$$

which says that # is symmetric (it is clear that this sequent is provable in $\mathbb{D}$). Thus $\mathbb{D}_0$-models are objects equipped with a symmetric binary relation: what are sometimes called *undirected graphs* (with possible 'loops' joining a vertex to itself, but without multiple edges). The classifying topos for $\mathbb{D}_0$ is clearly $[\mathbf{Gph}_f, \mathbf{Set}]$, where $\mathbf{Gph}_f$ is the category of finite undirected graphs and graph homomorphisms. The axioms of $\mathbb{D}$ correspond to a coverage on $\mathbf{Gph}_f^{\mathrm{op}}$ in which the graph with one vertex and a loop is covered by the empty family (and hence, by pushout, *any* finite graph with a loop is covered by the empty family), and the discrete graph 2 with two vertices is covered by the pair consisting of the inclusion $2 \to \mathbf{2}$ (where $\mathbf{2}$ is the connected graph with two vertices) and the unique morphism $2 \to 1$. By pushing out and composing copies of these covering families, we may deduce that, for any finite graph $(A, \#)$, we have a covering family of morphisms

$$((A, \#) \to (A/E, \#_E) \mid E \in I) ,$$

where $I$ is the set of all equivalence relations on $A$ which are disjoint from $\#$ (note that this set is empty if $\#$ meets the diagonal), $A/E$ is the quotient of $A$ by the equivalence relation $E$, and $\#_E$ is the complement of the diagonal relation on $A/E$. But it is easy to check that, if we define a cosieve on $(A, \#)$ to be covering whenever it contains the above family, then we do obtain a Grothendieck coverage on $\mathbf{Gph}_f^{\text{op}}$; so this is the coverage $J_{\mathbb{D}}$ which we require. Further, we see that if an object $(A, \#)$ has the property that $\#$ is the complement of the diagonal (i.e. if it is a model of $\mathbb{D}$), then its only covering cosieve is the maximal one (cf. C2.2.18($a$)). So, if we identify the category $\mathbf{Set}_{fm}$ of finite sets and injections with the full subcategory of $\mathbf{Gph}_f$ on these objects, then by C2.2.4($d$) we have an equivalence of categories

$$[\mathbf{Set}_{fm}, \mathbf{Set}] \simeq \mathbf{Sh}(\mathbf{Gph}_f^{\text{op}}, J_{\mathbb{D}}) .$$

Thus we have proved

**Proposition 3.2.7** *The classifying topos* $\mathbf{Set}[\mathbb{D}]$ *for the coherent theory* $\mathbb{D}$ *of decidable objects may be taken to be the functor category* $[\mathbf{Set}_{fm}, \mathbf{Set}]$. □

The generic decidable object $G_{\mathbb{D}}$ is of course the inclusion functor $\mathbf{Set}_{fm} \to \mathbf{Set}$; recall that an object $F$ of a functor category $[\mathcal{C}, \mathbf{Set}]$ is decidable iff $F(\alpha)$ is injective for each morphism $\alpha$ of $\mathcal{C}$ (A1.4.16($a$)).

**Remark 3.2.8** The fact that the classifying topos for $\mathbb{D}$ is a functor category is not unrelated to the fact that $\mathbb{D}$ is a disjunctive theory in the sense of 1.3.6. It is not true that every disjunctive theory has a functor category as its classifying topos (this fails, for example, for the theory of fields as described in 1.1.7($h$)); but for every such theory $\mathbb{T}$ over a signature $\Sigma$, there is a disjunctive theory $\mathbb{T}'$ over a larger signature $\Sigma'$ (sometimes called the *Diers completion* of $\mathbb{T}$) whose classifying topos is a functor category, and such that the forgetful functor $\Sigma'$-$\mathbf{Str}(\mathbf{Set}) \to \Sigma$-$\mathbf{Str}(\mathbf{Set})$ restricts to an isomorphism $\mathbb{T}'$-$\mathbf{Mod}(\mathbf{Set}) \cong \mathbb{T}$-$\mathbf{Mod}(\mathbf{Set})$. (In the case when $\mathbb{T}$ is coherent, i.e. involves only finite disjunctions, we may replace $\mathbf{Set}$ by an arbitrary Boolean Grothendieck topos in the above.) For more details, see [508].

We mention in passing that the method of constructing a classifying topos for a theory $\mathbb{T}$ by way of a 'simpler' theory $\mathbb{T}_0$ of which it is a quotient, which we sketched in 3.1.7 and 3.1.10, will continue to work even if $\mathbb{T}_0$ is not cartesian, provided we have a suitable representation of $\mathbf{Set}[\mathbb{T}_0]$ as a functor category $[\mathcal{C}, \mathbf{Set}]$. We shall exploit this observation, with $\mathbb{T}_0 = \mathbb{D}$, in 3.4.10 below.

**Remark 3.2.9** An alternative proof of 3.2.7 could be given 'from the opposite end', by starting with a presentation of the geometric theory classified by $[\mathbf{Set}_{fm}, \mathbf{Set}]$ (that is, the theory of torsors on $\mathbf{Set}_{fm}$), and showing that it is Morita-equivalent to $\mathbb{D}$. This is done, for example, in [549].

We gave an explicit presentation of the theory $\mathbb{K}$ of $K$-finite objects in 1.1.7($k$). Once again, we approach the problem of describing its classifying topos by the method of 3.1.10: this time we take $\mathbb{K}_0$ to be the Horn theory specified by (all instances of) the last two displayed sequents of 1.1.7($k$). Thus a $\mathbb{K}_0$-model is a set $A$ equipped with a notion of 'distinguished $n$-tuple' of elements for every $n > 0$, such that if $(a_1, \ldots, a_n)$ is a distinguished $n$-tuple then so is any $m$-tuple obtained from it by re-ordering and either introducing or removing duplication of elements. Equivalently, therefore, we can think of it as a set equipped with a family of (nonempty) distinguished finite subsets. (In addition, a structure for the appropriate signature involves a truth-value $[\![R_0]\!]$, about which the theory $\mathbb{K}_0$ makes no assertions; we can think of $R_0$ as the assertion that the empty subset is distinguished.) Once again, it is clear that the finitely presented $\mathbb{K}_0$-models are just the finite ones; let us write $\mathcal{C}$ for the category of finite $\mathbb{K}_0$-models.

The case $n = 0$ of the first displayed sequent of 1.1.7($k$) tells us that the coverage $J_{\mathbb{K}}$ on $\mathcal{C}^{\text{op}}$ must include the empty covering cosieve on the object given by a singleton with the empty set as the only distinguished subset; it follows that any nonempty finite $\mathbb{K}_0$-model with the empty set distinguished is covered by the empty cosieve, and so we can effectively forget about these objects (cf. C2.2.4($e$)). For $n > 0$, the first sequent of 1.1.7($k$) tells us that, if $A$ is the set $\{a_1, \ldots, a_n\}$ with the whole of $A$ as the only distinguished subset, and $B$ is obtained from $A$ by adding a new element $b$ but retaining $A$ as the only distinguished subset, then the family of all splittings for the inclusion $A \subseteq B$ generates a covering cosieve on $B$. It follows that, for any object $C$ of $\mathcal{C}$ with at least one nonempty distinguished subset, the family of all surjections $f: C \twoheadrightarrow D$, where the only distinguished subset of $D$ is the whole of $D$, generates a covering cosieve. Finally, the second displayed sequent of 1.1.7($k$) says that the initial object of $\mathcal{C}$ (the empty $\mathbb{K}_0$-model with no distinguished subsets) is covered by the cosieve consisting of the identity map to the empty $\mathbb{K}_0$-model with $\emptyset$ distinguished, together with all maps to nonempty $\mathbb{K}_0$-models with at least one distinguished subset. So, as with the theory $\mathbb{D}$, we see that a cosieve on an arbitrary object $A$ of $\mathcal{C}$ is $J_{\mathbb{K}}$-covering iff it contains all morphisms with domain $A$ whose codomain lies in the full subcategory (isomorphic to the category $\mathbf{Set}_{fe}$ of finite sets and surjections between them) whose objects are the (finite) $\mathbb{K}$-models. Applying C2.2.4($d$) once again, we deduce

**Proposition 3.2.10** *The classifying topos* $\mathbf{Set}[\mathbb{K}]$ *for the geometric theory* $\mathbb{K}$ *of* $K$*-finite objects may be taken to be the functor category* $[\mathbf{Set}_{fe}, \mathbf{Set}]$. □

As before, the generic $\mathbb{K}$-model is the inclusion functor $\mathbf{Set}_{fe} \to \mathbf{Set}$; it follows from 5.4.14 below that this is a $K$-finite object of $[\mathbf{Set}_{fe}, \mathbf{Set}]$. And, once again, 3.2.10 could alternatively have been proved by obtaining a presentation of the theory classified by $[\mathbf{Set}_{fe}, \mathbf{Set}]$ and showing that it is Morita-equivalent to $\mathbb{K}$; see [549].

**Suggestions for further reading:** Johnstone & Wraith [549], Ščedrov [1085].

## D3.3 Coherent toposes

In this section we study the particular properties of those Grothendieck toposes which occur as the classifying toposes of coherent theories. Such toposes are called *coherent toposes*; from our point of view, this name is slightly unfortunate, since (as we saw in A2.3.5) *all* toposes are coherent categories. However, the term 'coherent topos' represents the original use of the word 'coherent' in topos theory (it was borrowed from the 'coherent sheaves' which occur in algebraic geometry), and 'coherent theory' and 'coherent category' are successive back-formations from this.

We begin with

**Theorem 3.3.1** *Let* $\mathcal{E}$ *be a Grothendieck topos. The following conditions are equivalent:*

(i) *There exists a coherent (resp. regular) theory* $\mathbb{T}$ *such that* $\mathcal{E} \simeq \mathbf{Set}[\mathbb{T}]$.

(ii) *There exists a site of definition* $(\mathcal{C}, T)$ *for* $\mathcal{E}$ *such that* $\mathcal{C}$ *is small and cartesian, and* $T$ *is generated by finite (resp. singleton) covering families.*

(iii) *There exists a standard site of definition* $(\mathcal{C}, T)$ *for* $\mathcal{E}$ *such that* $T$ *is generated by finite (resp. singleton) covering families.*

(iv) *There exists a small pretopos (resp. a small effective regular category)* $\mathcal{C}$ *such that* $\mathcal{E} \simeq \mathbf{Sh}(\mathcal{C}, T)$, *where* $T$ *is the coherent (resp. regular) coverage on* $\mathcal{C}$.

**Proof** (ii) ⇒ (i) follows from the argument given in 3.1.13 to show that every Grothendieck topos is a classifying topos; for, in the axioms of the geometric theory $\mathbb{T}$ described there, the only disjunctions which appear are indexed by (generating subsets of) the covers in $T$. (iv) ⇒ (iii) and (iii) ⇒ (ii) are trivial; and (i) ⇒ (iv) follows from the construction of $\mathbf{Set}[\mathbb{T}]$ mentioned after 3.1.9 (resp. in 3.1.5). (Note that the alternative construction of 3.1.10 (resp. 3.1.7) yields a site of definition for $\mathcal{E}$ satisfying the hypotheses of (ii), but not necessarily those of (iii).) □

Before proceeding further, we remark that the presence of finite limits in the underlying category, as well as the finiteness of the covering families, is an essential feature of the characterization in 3.3.1(ii). For example, we saw in 3.2.10 that the theory $\mathbb{K}$ of $K$-finite objects has a classifying topos which is a functor category (i.e. has a site of definition with no nontrivial covering families); but we also saw in 2.4.12($c$) that this theory cannot be Morita-equivalent to any finitary first-order theory, let alone a coherent one.

If $\mathcal{E}$ satisfies the hypotheses of 3.3.1, we shall call it a *coherent topos* (resp. a *regular topos*). For the rest of this section, we shall deal in detail only with the coherent case, though we shall briefly discuss the corresponding results for the regular case in 3.3.10 below.

In the search for a characterization of coherent toposes, the property of compactness plays an important rôle. We say that an object $A$ of a topos (or more generally a geometric category) is *compact* if the top element of the lattice $\mathrm{Sub}(A)$ is compact; equivalently, if every covering family $(A_i \to A \mid i \in I)$ contains a finite covering subfamily.

**Example 3.3.2** In the topos $\mathbf{Sh}(X)$ of sheaves on a locale $X$, an object $A$ is compact iff the domain of the corresponding local homeomorphism $E \to X$ (cf. C1.3.11) is a compact locale, since subobjects of $A$ may be identified with open sublocales of $E$.

More generally, an object $A$ of an arbitrary Grothendieck topos $\mathcal{E}$ is compact iff the topos $\mathcal{E}/A$ is compact (over **Set**) in the sense of C3.2.12; but we shall not make use of any results from Section C3.2 here. We shall need the following stability properties of compactness:

**Lemma 3.3.3**

(i) *Let $A$ be a compact object of a geometric category. Then, for any cover $f\colon A \twoheadrightarrow B$, $B$ is also compact.*

(ii) *A disjoint union $A \amalg B$ is compact iff both $A$ and $B$ are compact.*

**Proof** (i) follows from the fact that $f^*\colon \mathrm{Sub}(B) \to \mathrm{Sub}(A)$ preserves unions and is conservative. (ii) follows from the isomorphism $\mathrm{Sub}(A \amalg B) \cong \mathrm{Sub}(A) \times \mathrm{Sub}(B)$. □

The link with 3.3.1 is provided by

**Lemma 3.3.4** *Let $(\mathcal{C}, T)$ be a small site, $U \in \mathrm{ob}\,\mathcal{C}$. Then the associated sheaf $l(U)$ of the functor $\mathcal{C}(-, U)$ is compact in $\mathbf{Sh}(\mathcal{C}, T)$ iff $U$ is '$T$-compact' in $\mathcal{C}$; i.e. every $T$-covering sieve on $U$ contains a finite family which generates a $T$-covering sieve.*

**Proof** This is immediate from the fact (C2.3.2($c$)) that a sieve $R$ on $l(U)$ in $\mathbf{Sh}(\mathcal{C}, T)$ is epimorphic iff the sieve $\{f\colon V \to U \mid l(f) \in R\}$ is $T$-covering in $\mathcal{C}$. □

For an arbitrary sheaf $A$ on $(\mathcal{C}, T)$, we always have an epimorphic family of morphisms $l(U) \to A$ (as $U$ ranges over all the objects of $\mathcal{C}$); so a necessary condition for compactness of $A$ is the existence of a finite epimorphic family $(f_i : l(U_i) \to A \mid 1 \leq i \leq n)$. If the $l(U_i)$ are all compact, then this condition is also sufficient, by 3.3.3.

However, the presence of finite limits in $\mathcal{C}$ implies an important additional property of the objects $l(U)$. We shall say that an object $A$ of a geometric category is *stable* if, whenever we are given a morphism $f: B \to A$ where $B$ is compact, the domain $R$ of the kernel-pair $R \rightrightarrows B$ of $f$ is compact. And we shall call $A$ *coherent* if it is both compact and stable. (Stability is more usually defined by reference to pullbacks of pairs of (not necessarily equal) morphisms from compact objects to $A$; but, using 3.3.3(ii), it is easy to prove that this definition is equivalent to the simpler one just given.)

In a general topos, stability may be a vacuous condition, because there are 'not enough' compact objects: for example, in the topos $\mathbf{Sh}(\mathbb{R})$ of sheaves on the real line, it follows easily from 3.3.2 that the only compact object is the initial object, and so every object is stable. But in the topos of sheaves on a site where every covering family is finite, 3.3.4 assures us of a plentiful supply of compact objects, and so stability becomes a nontrivial restriction.

**Example 3.3.5** Let $G$ be a group, and consider the topos $[G, \mathbf{Set}]$ of (left) $G$-sets. It is trivial to verify that a $G$-set $A$ is compact iff it has finitely many $G$-orbits; in particular, $G$ itself (with $G$-action via left translations) is a compact $G$-set. Hence, if $A$ is a stable $G$-set and $x \in A$, the domain of the kernel-pair of $f: G \to A$ (where $f$ is the unique $G$-equivariant map sending 1 to $x$) must have finitely many orbits. But it is easy to see that the orbits of this object correspond bijectively to elements of the stabilizer subgroup $G_x = \{g \in G \mid gx = x\}$; so this must be finite. Conversely, if $A$ is any $G$-set whose point-stabilizers are all finite, it is easy to verify that $A$ is stable.

**Lemma 3.3.6**

(i) *A subobject of a stable object is stable.*

(ii) *A coproduct of stable objects is stable.*

**Proof** (i) is easy since if $A' \rightarrowtail A$ is monic then the kernel-pair of any morphism $B \to A'$ coincides with that of the composite $B \to A' \rightarrowtail A$.

(ii) Suppose $A_1$ and $A_2$ are stable, and we are given a morphism $f: B \to A_1 \amalg A_2$ with $B$ compact. Then $B$ decomposes as a disjoint union $B_1 \amalg B_2$ (where $B_i$ is the pullback of $B$ along the coprojection $\nu_i$), and we have $B \times_{A_1 \amalg A_2} B \cong (B_1 \times_{A_1} B_1) \amalg (B_2 \times_{A_2} B_2)$, which is compact by 3.3.3(ii). This proves the result for finite coproducts; that for infinite coproducts follows, because if $f: B \to \coprod_{i \in I} A_i$ is a morphism from a compact object to an infinite coproduct, there can be only finitely many $i$ such that $\nu_i^*(B)$ is nonzero. $\square$

**Theorem 3.3.7** *Let* $(\mathcal{C}, T)$ *be a site satisfying (the coherent version of) the hypotheses of* 3.3.1(ii). *Then, for every object* $U$ *of* $\mathcal{C}$, *the object* $l(U)$ *is coherent* *in* $\mathbf{Sh}(\mathcal{C}, T)$. *If* $(\mathcal{C}, T)$ *satisfies the hypotheses of* 3.3.1(iv), *then the converse holds: every coherent object of* $\mathbf{Sh}(\mathcal{C}, T)$ *is isomorphic to* $l(U)$ *for some* $U$.

**Proof** By 3.3.4, we already know that $l(U)$ is compact, so we have only to prove that it is stable. Suppose given a morphism $A \to l(U)$ with $A$ compact; then by the remarks after 3.3.4 we have a finite epimorphic family $(l(V_i) \to A \mid 1 \leq i \leq n)$. So $A \times_{l(U)} A$ is covered by the pullbacks $l(V_i) \times_{l(U)} l(V_j)$, $1 \leq i, j \leq n$, and it suffices by 3.3.3 to prove that each of these is compact. Since we are not assuming that the coverage $T$ is subcanonical, the composites $l(V_i) \to A \to l(U)$ need not derive from morphisms $V_i \to U$ in $\mathcal{C}$; but, at the cost of replacing each $V_i$ by a finite $T$-covering family, we may assume that they do. But then since $l$ is cartesian we have $l(V_i) \times_{l(U)} l(V_j) \cong l(V_i \times_U V_j)$, which is compact by 3.3.4.

For the second assertion, let $A$ be an arbitrary coherent object of $\mathbf{Sh}(\mathcal{C}, T)$ (where we are now assuming that $(\mathcal{C}, T)$ is a pretopos with its coherent coverage). Since $A$ is compact, we can find a finite epimorphic family $(l(U_i) \to A \mid 1 \leq i \leq n)$; and since $l \colon \mathcal{C} \to \mathbf{Sh}(\mathcal{C}, T)$ is a coherent functor, we can reduce this to a single epimorphism $l(U) \cong \coprod_{i=1}^n l(U_i) \twoheadrightarrow A$, where $U = \coprod_{i=1}^n U_i$ in $\mathcal{C}$. Let $R \rightrightarrows l(U)$ be the kernel-pair of $l(U) \twoheadrightarrow A$; then $R$ is compact since $A$ is stable, and so we can find a further epimorphism $l(V) \twoheadrightarrow R$. Now the composite $l(V) \twoheadrightarrow R \rightarrowtail l(U) \times l(U) \cong l(U \times U)$ is in the image of $l$, since $l$ is full; so its image $R$ is also in the image of $l$. Finally, since $\mathcal{C}$ has and $l$ preserves coequalizers of equivalence relations, we see that $A$ is in the image of $l$. □

Theorems 3.3.1 and 3.3.7 together tell us that, up to equivalence, coherent toposes are 'the same thing as' small pretoposes. We may thus fulfil a promise made in Section D3.1:

**Corollary 3.3.8** *A coherent theory* $\mathbb{T}$ *is determined up to Morita equivalence by its classifying topos* $\mathbf{Set}[\mathbb{T}]$.

**Proof** We defined Morita equivalence, for coherent theories, to be equivalence of the pretoposes $\mathcal{P}_{\mathbb{T}}$ generated by their syntactic categories. But by 3.3.7 we can recover $\mathcal{P}_{\mathbb{T}}$ from $\mathbf{Set}[\mathbb{T}]$, as its full subcategory of coherent objects. □

**Remark 3.3.9** It also follows immediately from 3.3.7 that, in a coherent topos $\mathcal{E}$, the full subcategory $\mathcal{E}_{\mathrm{coh}}$ of coherent objects is closed under finite limits, finite coproducts and coequalizers of equivalence relations. (In fact it is possible to give a direct proof of this, without invoking the theory of classifying toposes – this is done in [36] and [504]. However, these closure properties, unlike the elementary ones of 3.3.3 and 3.3.6, do not hold in an arbitrary topos.) But $\mathcal{E}_{\mathrm{coh}}$ need not be closed under arbitrary coequalizers, even if it has them. Let $\mathbf{Set}_c$ be the full subcategory of $\mathbf{Set}$ whose objects are all finite or countable sets; then $\mathbf{Set}_c$ is a pretopos, and so we obtain a coherent topos $\mathbf{Sh}(\mathbf{Set}_c, P)$ of sheaves on it for the coherent coverage. However, the coequalizer diagram

$$\mathbb{N} \overset{s}{\underset{1}{\rightrightarrows}} \mathbb{N} \longrightarrow 1$$

(where $\mathbb{N}$ is the set of natural numbers) is not preserved by the embedding $l\colon \mathbf{Set}_c \to \mathbf{Sh}(\mathbf{Set}_c, P)$. For if it were, then since the coproduct diagram of A2.5.5(i) is also preserved by $l$, it would follow from 5.1.2 that $l(\mathbb{N})$ would be a natural number object in $\mathbf{Sh}(\mathbf{Set}_c, P)$. But the natural number object in any Grothendieck topos is a countable copower of 1, so it cannot be compact unless the topos is degenerate. Hence this contradicts 3.3.4. (See also C4.2.4, for a close relative of this counterexample.)

**Remark 3.3.10** As we remarked earlier, it is possible to give an analogous characterization of the classifying toposes of regular theories, replacing the notion of compactness by that of supercompactness (an object $A$ of a geometric category is called *supercompact* if every covering family with codomain $A$ contains a singleton cover), and coherence by the corresponding notion of supercoherence. In particular, if $\mathcal{E}$ is a topos satisfying the 'regular' version of the conditions of 3.3.1, then the full subcategory of supercoherent objects of $\mathcal{E}$ is a small effective regular category, and $\mathcal{E}$ is equivalent to the category of sheaves on it for the regular coverage; conversely, if $\mathcal{C}$ is any small effective regular category, then the supercoherent objects of $\mathbf{Sh}(\mathcal{C})$ are exactly the representable functors. We omit the proofs, which are very similar to those that we have given in the coherent case.

Using the notion of supercompactness introduced in 3.3.10, we may deduce an interesting syntactic property of regular theories, which will be of use in Section D3.5:

**Lemma 3.3.11** *Let $\mathbb{T}$ be a regular theory, and let $\phi$ and $(\psi_i \mid i \in I)$ be regular formulae over the signature of $\mathbb{T}$ such that the geometric sequent $(\phi \vdash_{\vec{x}} \bigvee_{i\in I} \psi_i)$ is derivable in $\mathbb{T}$ (using geometric logic). Then, for some $i \in I$, the regular sequent $(\phi \vdash_{\vec{x}} \psi_i)$ is also derivable.*

**Proof** If $(\phi \vdash_{\vec{x}} \bigvee_{i\in I} \psi_i)$ is derivable, then it must be satisfied in the generic $\mathbb{T}$-model in $\mathbf{Set}[\mathbb{T}]$: that is, $l(\{\vec{x}\,.\,\phi\})$ is contained in the union of the $l(\{\vec{x}\,.\,\psi_i\})$ as a subobject of $l(\{\vec{x}\,.\,\top\})$. (Here $l$, as usual, denotes the Yoneda embedding $\mathcal{C}_{\mathbb{T}}^{\text{reg}} \to \mathbf{Set}[\mathbb{T}]$.) But $l(\{\vec{x}\,.\,\phi\})$ is supercompact, and so it must be contained in one of the $l(\{\vec{x}\,.\,\psi_i\})$. Since $l$ is conservative, this means that we have $\{\vec{x}\,.\,\phi\} \leq \{\vec{x}\,.\,\psi_i\}$ in $\mathcal{C}_{\mathbb{T}}^{\text{reg}}$, and hence by (the regular analogue of) 1.4.4(iv) the sequent $(\phi \vdash_{\vec{x}} \psi_i)$ is derivable in $\mathbb{T}$. □

There is of course an analogue of 3.3.11 for coherent theories, in which an arbitrary disjunction is reduced to a finite one; we leave the detailed formulation of this result to the reader. We should also mention that there is an alternative, more 'classically model-theoretic', proof of 3.3.11 using the classical completeness theorem 1.5.4(ii) and the fact (which we noted after 2.4.3) that the class of models of a regular theory is closed under products: for if the conclusion of 3.3.11 fails, then for each $i$ we can find a $\mathbb{T}$-model $M_i$ in **Set** containing a tuple of elements which belongs to the interpretation of $\vec{x}\,.\,\phi$ but not of $\vec{x}\,.\,\psi_i$, and then the product $\prod_{i\in I} M_i$ is easily seen to contain a tuple which belongs to $[\![\vec{x}\,.\,\phi]\!]$ but not to $[\![\vec{x}\,.\bigvee_{i\in I}\psi_i]\!]$. (Using this argument, we may also prove a converse to the remark after 2.4.3: if $\mathbb{T}$ is a coherent theory over a signature $\Sigma$, such that $\mathbb{T}$-Mod(**Set**) is closed under arbitrary products in $\Sigma$-Str(**Set**), then $\mathbb{T}$ is equivalent to a regular theory over $\Sigma$.)

**Remark 3.3.12** There is a close connection between the notion of coherence for objects of a topos, studied in this section, and the notion of finite presentability studied in Section D2.3. It is easy to see that a finitely presentable object $A$ of a geometric category is compact; for if $A$ is the union of a directed family of subobjects $A_i$, then the identity morphism $A \to A$ must factor through some $A_i \rightarrowtail A$. Conversely, if $(\mathcal{C}, T)$ is a site such that $T$ is generated by finite covering families, then it is easy to see that $\mathbf{Sh}(\mathcal{C}, T)$ is closed under filtered colimits in $[\mathcal{C}^{\text{op}}, \mathbf{Set}]$, and hence that the sheaves $l(U)$ are finitely presentable in $\mathbf{Sh}(\mathcal{C}, T)$; so it follows from 3.3.7 that every coherent object in a coherent topos is finitely presentable. However, neither of these implications is reversible. In any cocomplete category, the finitely presentable objects are closed under arbitrary finite colimits, so that (for example) in the topos mentioned in 3.3.9, the coequalizer of $l(\mathbb{N}) \rightrightarrows l(\mathbb{N})$ is finitely presentable but not coherent. And if $X$ is any compact space which is not strongly compact in the sense of Section C3.4 (for example, the space of C3.4.1($a$)), then the terminal object of $\mathbf{Sh}(X)$ is compact (by 3.3.2) but not finitely presentable.

We note in particular that a coherent topos is a locally finitely presentable category (this could of course have been deduced from 2.1.4($h$) and 2.3.7). Once again, the converse is false: the topos $\mathbf{Set}[\mathbb{K}]$ of 3.2.10 provides a counterexample, as does the topos $[G, \mathbf{Set}]$ for any infinite group $G$ (cf. 3.3.5).

The classical completeness theorem for coherent theories (1.5.10) may be translated into an important property of coherent toposes:

**Proposition 3.3.13** *A coherent topos $\mathcal{E}$ has enough points; that is, the inverse image functors $\mathcal{E} \to$ **Set** are jointly conservative.*

**Proof** Suppose $\mathcal{E} \simeq \mathbf{Set}[\mathbb{T}]$, and let $(M_i \mid i \in I)$ be a set of $\mathbb{T}$-models in **Set** which are sufficient to determine provability in $\mathbb{T}$. We may regard these as a single $\mathbb{T}$-model $M$ in $\mathbf{Set}/I$, and we need to show that its classifying map $f\colon \mathbf{Set}/I \to \mathbf{Set}[\mathbb{T}]$ is a surjection. We do this by the method of 3.2.6(ii): let $\mathcal{C}$ be the class of all objects $A$ of $\mathbf{Set}[\mathbb{T}]$ such that $f^*$ preserves properness of subobjects of $A$. Since $M$ is conservative for coherent sequents, we see that $\mathcal{C}$ includes (the images in $\mathbf{Set}[\mathbb{T}]$ of) all the objects of the syntactic category $\mathcal{C}_{\mathbb{T}}^{\text{coh}}$; but these form a separating set for $\mathbf{Set}[\mathbb{T}]$, and $\mathcal{C}$ is closed under coproducts and quotients, so it contains all the objects of $\mathbf{Set}[\mathbb{T}]$. □

Proposition 3.3.13 may also be proved by 'purely topos-theoretic' methods, without reference to coherent theories or classifying toposes; this is done in [36] and [504]. However, inspection of the proof shows that it involves precisely the same sort of iterative construction that went into the proof of the completeness theorems in Section D1.5. This is not surprising, since the two are formally equivalent: the deduction of 1.5.10(ii) from the statement of 3.3.13 is even easier than the proof of 3.3.13, given that validity in the generic model of $\mathbb{T}$ is equivalent to provability in $\mathbb{T}$.

**Remark 3.3.14** If $\mathbb{T}$ is a coherent propositional theory, then $\mathbf{Set}[\mathbb{T}]$ is localic over **Set** (by B4.2.12, or alternatively because $\mathcal{C}_{\mathbb{T}}^{\mathrm{coh}}$ is a preorder, as we observed in 1.4.14); so by 3.3.13 it is actually spatial, i.e. of the form $\mathbf{Sh}(X)$ for a topological space $X$. The spaces $X$ which occur in this context are easy to describe: they are exactly the *coherent spaces*, i.e. those whose topology has a basis which is closed under finite intersections (including the empty intersection $X$) and consists of open sets which are compact. If $X$ is a coherent space, then the poset $L$ of all compact open subsets of $X$ is a distributive lattice, and $X$ is homeomorphic to the *spectrum* spec $L$, i.e. the space whose points are the prime filters of $L$, with topology having as a basis the sets $\{F \in \mathrm{spec}\ L \mid U \in F\}$, $U \in L$; the Comparison Lemma (C2.2.3) then ensures that $\mathbf{Sh}(X)$ is equivalent to the topos of sheaves on $L$ for the coherent coverage. So the fact that every localic coherent topos is of this form is another reflection of the fact, observed in 1.4.14, that every coherent propositional theory is Morita-equivalent to the theory of prime filters of a distributive lattice.

In connection with the foregoing remark, we note

**Lemma 3.3.15** *The localic reflection functor* $\mathfrak{BTop}/\mathbf{Set} \to \mathfrak{LTop}/\mathbf{Set}$ *preserves coherent toposes.*

**Proof** Suppose $\mathcal{E} \simeq \mathbf{Sh}(\mathcal{C}, T)$ is a coherent topos, where $\mathcal{C}$ is a small pretopos and $T$ is its coherent coverage. Then $(\mathcal{C}, T)$ satisfies the hypotheses of C2.3.22, so by that result we may identify the localic reflection of $\mathcal{E}$ with $\mathbf{Sh}(\mathrm{Sub}_{\mathcal{C}}(1), T')$ where $T'$ is the coverage induced on $\mathrm{Sub}_{\mathcal{C}}(1)$ by $T$. But $\mathrm{Sub}_{\mathcal{C}}(1)$ is a distributive lattice by A1.4.2, and $T'$ may easily be identified with its coherent coverage; so $\mathbf{Sh}(\mathrm{Sub}_{\mathcal{C}}(1), T')$ is a coherent topos. □

Lemma 3.3.15 may alternatively be proved starting from a site for $\mathcal{E}$ which merely satisfies the hypotheses of 3.3.1(ii). In this case, however, we have to use the more complicated description of the localic reflection provided by C2.3.20.

We conclude this section by noting two further closure properties of the class of coherent toposes:

**Lemma 3.3.16**

(i) *If $\mathcal{E}$ is a coherent topos, then the slice category $\mathcal{E}/B$ is a coherent topos iff $B$ is a coherent object of $\mathcal{E}$.*

(ii) *If $\mathcal{E}$ and $\mathcal{F}$ are Grothendieck toposes, the product category $\mathcal{E} \times \mathcal{F}$ is a coherent topos iff both $\mathcal{E}$ and $\mathcal{F}$ are.*

**Proof** (i) It is easily verified that an object $f: A \to B$ of $\mathcal{E}/B$ is compact (resp. coherent) iff $A$ is compact (resp. coherent) in $\mathcal{E}$. So if $B$ is coherent, the subcategory $(\mathcal{E}/B)_{\mathrm{coh}}$ of coherent objects of $\mathcal{E}/B$ is simply $\mathcal{E}_{\mathrm{coh}}/B$; hence it is a pretopos, and its objects form a separating family for $\mathcal{E}/B$. The converse follows from the fact that the terminal object of a coherent topos is a coherent object.

(ii) By 3.3.3(ii) and 3.3.6(i), a complemented subterminal object in a coherent topos is coherent; so the left-to-right implication follows from (i). For the converse, it is again easy to verify that an object $(A, B)$ of $\mathcal{E} \times \mathcal{F}$ is compact (resp. coherent) iff $A$ is compact (resp. coherent) in $\mathcal{E}$ and $B$ is compact (resp. coherent) in $\mathcal{F}$. So if $\mathcal{E}$ and $\mathcal{F}$ are coherent, the coherent objects of $\mathcal{E} \times \mathcal{F}$ form a pretopos and a separating family. □

**Remark 3.3.17** An alternative 'syntactic' proof of the last part of 3.3.16 can be given as follows: let $\mathbb{T}_1$ and $\mathbb{T}_2$ be the coherent theories classified by $\mathcal{E}$ and $\mathcal{F}$ respectively. Since $\mathcal{E} \times \mathcal{F}$ is the coproduct of $\mathcal{E}$ and $\mathcal{F}$ in $\mathfrak{Top}$, and since such coproducts are stable under pullback, a geometric morphism $\mathcal{H} \to \mathcal{E} \times \mathcal{F}$ corresponds to a complementary pair of subterminal objects $(U_1, U_2)$ in $\mathcal{H}$ together with a $\mathbb{T}_1$-model in $\mathcal{H}/U_1$ and a $\mathbb{T}_2$-model in $\mathcal{H}/U_2$. Now it is easy to construct a coherent theory $\mathbb{T}_3$ whose models correspond to the above data: specifically, if $\Sigma_1$ and $\Sigma_2$ are the signatures of $\mathbb{T}_1$ and $\mathbb{T}_2$, we take a signature $\Sigma_3$ which is the disjoint union of these two together with two new sorts $U_1$ and $U_2$, and new function symbols $f_A : A \to U_1$ (resp. $g_A : A \to U_2$) for each sort $A$ of $\Sigma_1$ (resp. $\Sigma_2$). As axioms, we take the axioms of $\mathbb{T}_1$ (with a free variable of sort $U_1$ added to the context, if it happens to be empty), the axioms of $\mathbb{T}_2$ (similarly modified), and the sequents $(\top \vdash_{x_i, y_i} (x_i = y_i))$ $(i = 1, 2)$,

$$(\top \vdash_{[]} ((\exists x_1)\top \vee (\exists x_2)\top)) \text{ , and}$$

$$(((\exists x_1)\top \wedge (\exists x_2)\top) \vdash_{[]} \bot) \text{ ,}$$

where $x_i$ and $y_i$ are variables of sort $U_i$ $(i = 1, 2)$. It is now clear that if $M$ is a $\mathbb{T}_3$-model in a topos $\mathcal{H}$, then $MU_1$ and $MU_2$ are complementary subterminal objects, and the remaining data yield models of $\mathbb{T}_1$ and $\mathbb{T}_2$ in the corresponding slice categories.

At least in the case when $B$ is (the image in $\mathcal{E}$ of) an object of the syntactic category $\mathcal{C}_{\mathbb{T}}^{\mathrm{coh}}$, where $\mathbb{T}$ is the coherent theory classified by $\mathcal{E}$, a similar proof may be given for the first part of 3.3.16. For if $B$ is the object $\{\vec{x} . \phi\}$, then $\mathcal{E}/B$ classifies the theory obtained from $\mathbb{T}$ by adding a string of new constants $\vec{c}$ of the same length and type as $\vec{x}$, together with the new axiom $(\top \vdash_{[]} \phi[\vec{c}/\vec{x}])$.

We note that a regular topos is connected and locally connected over **Set**, by C3.3.11(*b*). It follows that the second part of 3.3.16 does not hold for regular toposes, though the first part does (by either of the two proofs given in

3.3.16 and 3.3.17), and so does the regular analogue of 3.3.15. Also, although 3.3.16(ii) does not hold for regular toposes, it does hold for the classifying toposes of disjunctive theories, as may readily be seen from the proof given in 3.3.17.

**Suggestions for further reading:** Artin et al. [36], Makkai [777].

## D3.4 Boolean classifying toposes

Given the 'equivalence' between Grothendieck toposes and geometric theories established in Section D3.1, it is naturally of interest to ask how familiar properties of toposes relate to familiar (syntactic or model-theoretic) properties of the theories which they classify. In this section, we shall be concerned with the question of what can be said about a theory whose classifying topos is Boolean; we shall be mainly interested in coherent theories, for which this question has a particularly satisfying answer, first described by A. Blass and A. Ščedrov [133]. We shall briefly discuss infinitary geometric theories whose classifying toposes are Boolean at the end of the section.

To begin with, we need to investigate what can be said about Boolean toposes which are coherent, in the sense described in the last section. We start with a particular case: when is the topos **Cont**$(G)$ of continuous $G$-sets for a topological group $G$ (cf. A2.1.6) coherent? We recall that, given subgroups $H$ and $K$ of a group $G$, a *double coset* of the pair $(H, K)$ is a subset of $G$ of the form $HgK = \{hgk \mid h \in H, k \in K\}$ for some $g \in G$. Just as for ordinary cosets, it is easy to prove that the double cosets of a given pair of subgroups form a partition of $G$ (that is, if $HgK$ and $Hg'K$ overlap, they must be identical). We shall be particularly concerned with the case $H = K$; we shall say that a subgroup $H$ has *finite bi-index* in $G$ if the number of distinct double cosets $HgH$, $g \in G$, is finite. And we shall say that a topological group $G$ is *coherent* if every open subgroup of $G$ has finite bi-index. Note that for a normal subgroup $H$, double cosets $HgH$ coincide with ordinary cosets $gH$; hence, for a pro-discrete group $G$ (one expressible as an inverse limit of discrete groups), coherence is equivalent to profiniteness. However, for non-normal subgroups, having finite bi-index is a weaker condition than having finite index:

**Example 3.4.1** Let $G$ be the group of all permutations of $\mathbb{N}$, and let $H$ be the pointwise stabilizer of a finite subset $S \subseteq \mathbb{N}$, i.e. the set of all $g \in G$ satisfying $gn = n$ for all $n \in S$. It is clear that, except in the case $S = \emptyset$, $H$ has infinite index in $G$. However, it has finite bi-index: for if two elements $g$ and $g'$ of $G$ satisfy $\{n \in S \mid gn \in S\} = \{n \in S \mid g'n \in S\}$ and the restrictions of $g$ and $g'$ to this subset are equal, then it is easy to see that we can obtain $g'$ from $g$ by pre- and post-multiplying by elements of $H$, and hence $HgH = Hg'H$. Thus the number of double cosets of $H$ is $\sum_{k=0}^{n}\binom{n}{k}^2 k!$, where $n$ is the number of elements of $S$; although this number increases quite rapidly with $n$, it is undeniably finite. Hence if we equip $G$ with the topology of pointwise convergence, in which the pointwise stabilizers of finite subsets of $\mathbb{N}$ form a base of neighbourhoods of the identity element, then it becomes a coherent topological group.

**Lemma 3.4.2** *Let $G$ be a topological group. Then the topos* **Cont**$(G)$ *is coherent iff $G$ is coherent in the sense defined above.*

**Proof** First we note that, as in the topos $[G, \mathbf{Set}]$ of all $G$-sets (3.3.5), the compact objects of **Cont**$(G)$ are exactly the continuous $G$-sets with finitely many orbits. If **Cont**$(G)$ is coherent, then its terminal object 1 must be stable, i.e. $A \times A$ must be compact for every compact $A$; so in particular the product $G : H \times G : H$, where $H$ is an open subgroup of $G$ (and $G : H$ denotes the set of left cosets of $H$, with $G$ acting by left translation), must have finitely many $G$-orbits. But in fact this condition (for all open subgroups of $G$) is sufficient; for it implies that $G : H \times G : K$ is compact for any two open subgroups $H$ and $K$ (since $H \cap K$ is open if $H$ and $K$ are, and $G : H$ and $G : K$ are both epimorphic images of $G : (H \cap K)$). Hence the square of any compact object, being a finite coproduct of objects of this form, is compact, and so (since any subobject of a compact object is compact) it follows that every object is stable. Given this, it is easy to see that the compact (equivalently, coherent) objects of **Cont**$(G)$ form a pretopos, and that they form a site of definition for **Cont**$(G)$ when equipped with the coherent coverage.

Thus we are reduced to determining when $G : H \times G : H$ has finitely many orbits. But $(xH, yH)$ is in the same orbit as $(x'H, y'H)$ iff there exist elements $g \in G$ and $h, k \in H$ such that $gxh = x'$ and $gyk = y'$, iff the double cosets $Hx^{-1}yH$ and $Hx'^{-1}y'H$ are equal. So a necessary and sufficient condition for coherence of **Cont**$(G)$ is that each open subgroup $H$ should have finite bi-index. □

**Theorem 3.4.3** *For a Grothendieck topos $\mathcal{E}$, the following are equivalent:*

(i) *$\mathcal{E}$ is Boolean and coherent.*

(ii) *$\mathcal{E}$ is atomic (over* **Set***) and coherent.*

(iii) *$\mathcal{E}$ is equivalent to a finite coproduct of toposes of the form* **Cont**$(G_i)$*, where the $G_i$ are coherent topological groups.*

**Proof** (ii) $\Rightarrow$ (i) is trivial since atomic toposes are Boolean (C3.5.2), and (iii) $\Rightarrow$ (ii) follows from 3.4.2 and the fact that a finite coproduct of coherent toposes is coherent (3.3.16(ii)).

(i) $\Rightarrow$ (ii): Suppose $\mathcal{E}$ is a Boolean coherent topos. By 3.3.3(ii) and 3.3.6(i), any subobject of a coherent object $A$ of $\mathcal{E}$ is coherent; moreover, since the lattice $\mathrm{Sub}(A)$ is Boolean and its top element is compact, it must actually be finite and hence atomic. So every object of $\mathcal{E}_{\mathrm{coh}}$ is a finite coproduct of atoms (and hence covered by atoms in the coherent coverage), and so we may replace $\mathcal{E}_{\mathrm{coh}}$, as a site of definition for $\mathcal{E}$, by its full subcategory $\mathcal{E}_{\mathrm{at}}$ consisting of atoms. And this category, with the coverage induced by the coherent coverage on $\mathcal{E}_{\mathrm{coh}}$, is easily seen to satisfy the hypotheses of C3.5.8; so $\mathcal{E}$ is atomic.

(ii) $\Rightarrow$ (iii): If we add to (ii) the hypothesis that $\mathcal{E}$ is connected (i.e. that its terminal object is an atom), then (since it must have a point, by 3.3.13) it satisfies the hypotheses of C5.2.13, and so must be of the form $\mathbf{Cont}(G)$; moreover, by 3.4.2, the topological group $G$ must be coherent. In general, the terminal object 1 is a finite coproduct $\coprod_{i=1}^{n} A_i$ of atoms (since it is coherent), and so $\mathcal{E}$ is a finite coproduct of connected atomic toposes $\mathcal{E}/A_i$, which are coherent by 3.3.16(ii). So the result follows from the particular case already discussed. □

We note that the equivalence of (i) and (ii) in 3.4.3 could alternatively be deduced from 3.3.13 and C3.5.2.

We now turn to the question of what can be said about a coherent theory $\mathbb{T}$ if its classifying topos $\mathbf{Set}[\mathbb{T}]$ satisfies the conditions of 3.4.3. First we note

**Scholium 3.4.4** *Let $\mathbb{T}$ be a coherent theory over a signature $\Sigma$, such that $\mathbf{Set}[\mathbb{T}]$ is Boolean. Then, for any context $\vec{x}$ over $\Sigma$, there are only finitely many $\mathbb{T}$-provable-equivalence classes of coherent formulae in the context $\vec{x}$.*

**Proof** Such provable-equivalence classes correspond to (isomorphism classes of) subobjects of $\{\vec{x}\,.\,\top\}$ in $\mathcal{C}_{\mathbb{T}}^{\mathrm{coh}}$, by 1.4.4(iv). But the canonical functor $\mathcal{C}_{\mathbb{T}}^{\mathrm{coh}} \to \mathbf{Set}[\mathbb{T}]$ is conservative, and we have seen in the proof of 3.4.3(i) $\Rightarrow$ (ii) that any coherent object of $\mathbf{Set}[\mathbb{T}]$ (in particular, any object in the image of this functor) has finite subobject lattice. □

In order to proceed further, we shall find it convenient to work not with the whole syntactic category $\mathcal{C}_{\mathbb{T}}^{\mathrm{coh}}$ but with its full subcategory $\mathcal{C}'$ of *consistent objects*, i.e. those objects $\{\vec{x}\,.\,\phi\}$ for which the sequent $(\phi \vdash_{\vec{x}} \bot)$ is not provable in $\mathbb{T}$. The point of this is that the inconsistent objects are precisely those which are covered by the empty family in the coherent coverage $P$ on $\mathcal{C}_{\mathbb{T}}^{\mathrm{coh}}$; so if we delete them we obtain (as in C2.2.4(*e*)) a site $(\mathcal{C}', P')$ which gives rise to the same topos, but in which every covering family is nonempty – equivalently, $\mathbf{Sh}(\mathcal{C}', P')$ is a dense subtopos of $[\mathcal{C}'^{\mathrm{op}}, \mathbf{Set}]$. So, if the classifying topos of $\mathbb{T}$ is Boolean, we may identify $P'$ with the coverage corresponding to the double-negation local operator on $[\mathcal{C}'^{\mathrm{op}}, \mathbf{Set}]$ (cf. A4.5.21); in other words, a sieve $R$ on an object $A$ of $\mathcal{C}'$ is $P'$-covering iff it is 'stably nonempty', i.e. its pullback along any $f\colon B \to A$ in $\mathcal{C}'$ is nonempty.

**Lemma 3.4.5** *Suppose $\mathbb{T}$ is a coherent theory such that $\mathbf{Set}[\mathbb{T}]$ is Boolean. Then, for every coherent formula-in-context $\vec{x}\,.\,\phi$ over the signature of $\mathbb{T}$, there exists a coherent formula $\vec{x}\,.\,\psi$ in the same context such that the sequents $((\phi \wedge \psi) \vdash_{\vec{x}} \bot)$ and $(\top \vdash_{\vec{x}} (\phi \vee \psi))$ are provable in $\mathbb{T}$.*

**Proof** By 3.4.4, there are (up to $\mathbb{T}$-provable equivalence) only finitely many coherent formulae $\psi$ for which the first sequent holds, so (by taking their disjunction) we may find a single such $\psi$ which is entailed by all the others. Suppose this $\psi$ does not satisfy the second sequent; then the sieve on the object $\{\vec{x}\,.\,\top\}$ of $\mathcal{C}_{\mathbb{T}}^{\mathrm{coh}}$ generated by the canonical monomorphisms $\{\vec{x}\,.\,\phi\} \rightarrowtail \{\vec{x}\,.\,\top\}$ and

$\{\vec{x}.\psi\} \rightarrowtail \{\vec{x}.\top\}$ is not covering for the coherent coverage. (We shall assume that the domains of both these morphisms are consistent; if either of them is inconsistent, the argument is similar but easier.)

From the description given above of the coverage $P'$, we deduce that there exists a consistent object $\{\vec{y}.\chi\}$ and a morphism

$$\{\vec{y}.\chi\} \xrightarrow{[\theta]} \{\vec{x}.\top\}$$

such that no morphism with consistent domain factors through both $[\theta]$ and one of the two monomorphisms above. In particular, this implies that $\{\vec{x},\vec{y}.(\theta \wedge \phi)\}$ and $\{\vec{x},\vec{y}.(\theta \wedge \psi)\}$ are both inconsistent. But the first of these implies that $(((\exists \vec{y})\theta \wedge \phi) \vdash_{\vec{x}} \bot)$ is provable in $\mathbb{T}$, so by the construction of $\psi$ the sequent $((\exists \vec{y})\theta \vdash_{\vec{x}} \psi)$ is provable, and hence $(\theta \vdash_{\vec{x},\vec{y}} (\theta \wedge \psi))$ is provable. So $\{\vec{x},\vec{y}.\theta\}$ is inconsistent; but since $\theta$ represents a morphism of $\mathcal{C}_{\mathbb{T}}^{\mathrm{coh}}$ with domain $\{\vec{y}.\chi\}$, the sequent $(\chi \vdash_{\vec{y}} (\exists \vec{x})\theta)$ is provable, contradicting the consistency of $\{\vec{y}.\chi\}$. □

We are now ready for the main result of this section.

**Theorem 3.4.6** *Let $\mathbb{T}$ be a coherent theory over a signature $\Sigma$. Then the following conditions are equivalent:*

(i) *The classifying topos* **Set**$[\mathbb{T}]$ *is Boolean.*

(ii) $\mathbb{T}$ *satisfies the following two conditions:*

  ($a$) *for every first-order formula-in-context $\vec{x}.\phi$ over $\Sigma$, there exists a coherent formula $\vec{x}.\psi$ in the same context, such that the sequents $(\phi \dashv\vdash_{\vec{x}} \psi)$ are provable in $\mathbb{T}$ using classical logic; and*

  ($b$) *in any context over $\Sigma$, there are only finitely many first-order formulae up to classical $\mathbb{T}$-provable equivalence.*

**Proof** First suppose **Set**$[\mathbb{T}]$ is Boolean. To prove that (ii)($a$) holds, we proceed by induction over the structure of $\phi$. Since provable equivalence is stable under compounding, we need only consider the cases when $\phi$ is obtained by negation, implication or universal quantification from formulae for which the result is known to be true. Lemma 3.4.5 takes care of negation; for the other two cases, we use the fact that the sequents $((\theta \Rightarrow \chi) \dashv\vdash (\neg\theta \vee \chi))$ and $((\forall x)\theta \dashv\vdash \neg(\exists x)\neg\theta)$ are classically provable. Condition (ii)($b$) is now immediate from (ii)($a$) and 3.4.4.

Conversely, suppose $\mathbb{T}$ satisfies the conditions in (ii). By the classical completeness theorem 1.5.10 (or by 3.1.16, if you prefer), the relations of classical $\mathbb{T}$-provable equivalence and constructive $\mathbb{T}$-provable equivalence coincide for coherent formulae, and so 1.4.4(iv) implies that the subobject lattice of any object of $\mathcal{C}_{\mathbb{T}}^{\mathrm{coh}}$ is a finite Boolean algebra, and in particular atomic. As before, let $\mathcal{C}'$ be the full subcategory of $\mathcal{C}_{\mathbb{T}}^{\mathrm{coh}}$ obtained by deleting the inconsistent objects, and let $P'$ be the coverage induced on it by the coherent coverage on $\mathcal{C}_{\mathbb{T}}^{\mathrm{coh}}$; we shall show that $P'$ coincides with the coverage $N$ consisting of stably nonempty sieves, so that $\mathbf{Set}[\mathbb{T}] \simeq \mathbf{Sh}(\mathcal{C}', P') \simeq \mathbf{sh}_{\neg\neg}[\mathcal{C}'^{\mathrm{op}}, \mathbf{Set}]$. The inclusion $P' \subseteq N$ is clear, since every object of $\mathcal{C}'$ is consistent. So suppose $R$ is an $N$-covering sieve on an object $\{\vec{x}\,.\,\phi\}$ of $\mathcal{C}'$; then, for each atom $\{\vec{x}\,.\,\psi\}$ of $\mathrm{Sub}(\{\vec{x}\,.\,\phi\})$, there exists a morphism $f\colon \{\vec{y}\,.\,\chi\} \to \{\vec{x}\,.\,\phi\}$ in $R$ which factors through $\{\vec{x}\,.\,\psi\} \rightarrowtail \{\vec{x}\,.\,\phi\}$. But $\{\vec{y}\,.\,\chi\}$ is consistent and $\{\vec{x}\,.\,\psi\}$ has no proper subobjects in $\mathcal{C}'$, so the image of this morphism must be precisely $\{\vec{x}\,.\,\psi\}$. Thus if we choose one such morphism for each atom, we obtain a finite family of morphisms in $R$, the union of whose images is the whole of $\{\vec{x}\,.\,\phi\}$. So $R$ is $P'$-covering. □

Condition (ii)(*b*) of 3.4.6 is well-known to model-theorists as 'Ryll-Nardzewski's criterion for $\aleph_0$-categoricity'. Specifically, we have the following result:

**Proposition 3.4.7** *Let $\mathbb{T}$ be a (consistent) complete first-order theory over a signature $\Sigma$. If there are only finitely many classical-$\mathbb{T}$-provable-equivalence classes of first-order formulae in any context over $\Sigma$, then $\mathbb{T}$ is $\aleph_0$-categorical; that is, it has only one isomorphism class of (finite or) countable models in* **Set**. *If the signature $\Sigma$ is countable (i.e. has countably many sorts, function symbols and relation symbols), then the converse holds.* □

The proof of 3.4.7 is beyond the scope of this book; see [446, 7.3.1]. We recall that '$\mathbb{T}$ is complete' means that every sentence over $\Sigma$ is $\mathbb{T}$-provably equivalent to $\top$ or $\bot$ (but not both); in our context, this corresponds to saying that the classifying topos $\mathbf{Set}[\mathbb{T}]$ is two-valued (equivalently, connected). Ryll-Nardzewski's criterion is normally stated only for single-sorted theories; but in fact it works equally well for many-sorted ones, provided that the cardinality of a **Set**-model $M$ of a many-sorted theory is understood to be the cardinality of the disjoint union $\coprod_{A\in\Sigma\text{-Sort}} MA$.

**Corollary 3.4.8** *Let $\mathbb{T}$ be a coherent theory such that $\mathbf{Set}[\mathbb{T}]$ is Boolean. Then $\mathbb{T}$ has finitely many completions $\mathbb{T}_1, \ldots, \mathbb{T}_n$, all of which are coherent and $\aleph_0$-categorical; and in fact $\mathbf{Set}[\mathbb{T}]$ is the coproduct of the $\mathbf{Set}[\mathbb{T}_i]$ in $\mathfrak{BTop}/\mathbf{Set}$. Moreover, each $\mathbf{Set}[\mathbb{T}_i]$ is equivalent to $\mathbf{Cont}(G_i)$, where $G_i$ is the automorphism group of the unique countable model $M_i$ of $\mathbb{T}_i$, equipped with the topology in which the pointwise stabilizers of finite subsets of $M_i$ form a base of neighbourhoods of the identity.*

**Proof** The completions of a first-order theory $\mathbb{T}$ correspond to ultrafilters in the (classical) Lindenbaum algebra of $\mathbb{T}$, i.e. the Boolean algebra of classical-$\mathbb{T}$-provable-equivalence classes of sentences over the signature of $\mathbb{T}$. But 3.4.6 tells us that this algebra is finite, so there are only finitely many such ultrafilters; moreover, they are all principal, and generated by the atoms of the Lindenbaum algebra. If $\phi_i$ is one such atom, the corresponding completion $\mathbb{T}_i$ is obtained from $\mathbb{T}$ by adding the axiom $(\top \vdash_{[]} \phi_i)$; its classifying topos is the slice category $\mathbf{Set}[\mathbb{T}]/[\![\,[\,]\,.\,\phi_i]\!]_G$, where $G$ is the generic $\mathbb{T}$-model, and hence it is still Boolean. So all the completions of $\mathbb{T}$ satisfy the Ryll-Nardzewski criterion. Finally, since the $\mathbf{Set}[\mathbb{T}_i]$ are connected as well as Boolean, they are of the form $\mathbf{Cont}(G_i)$ by C5.2.14($c$), where $G_i$ may be taken to be the localic automorphism group of any point of $\mathbf{Set}[\mathbb{T}_i]$. But if we take the point corresponding to the unique countable model, we obtain the group $G_i$ described in the statement. □

Condition ($a$) of 3.4.6(ii) is perhaps less familiar to classical model-theorists than ($b$); however, we note that it is satisfied by the Morleyization (as defined in 1.5.13) of any first-order theory $\mathbb{T}$. (In 1.5.13 we showed that every first-order formula over the original signature $\Sigma$ of $\mathbb{T}$ is classically provably equivalent, in its Morleyization $\mathbb{T}'$, to a coherent formula over the enlarged signature $\Sigma'$ of the latter; but it is easy to see that the same is true for any first-order formula over $\Sigma'$, since we can reduce it to a first-order formula over $\Sigma$ by replacing each instance of one of the new relation symbols by the corresponding instance of the first-order formula over $\Sigma$ which it 'represents'.) It is also clear that the Morleyization of $\mathbb{T}$ satisfies condition ($b$) iff $\mathbb{T}$ itself does.

We may also decompose condition ($a$) as the conjunction of two simpler conditions ($a_1$) and ($a_2$):

($a_1$) *the negation of every atomic formula over* $\Sigma$ *is (classically)* $\mathbb{T}$*-provably equivalent to a coherent formula; and*

($a_2$) *every first-order formula over* $\Sigma$ *is classically* $\mathbb{T}$*-provably equivalent to an existential formula (i.e. one of the form* $(\exists \vec{x})\phi$ *where* $\phi$ *is quantifier-free and* $\vec{x}$ *is a (possibly empty) string of variables).*

For both these conditions are clearly implied by ($a$); conversely, if they both hold, we may replace an arbitrary first-order formula by a $\mathbb{T}$-provably equivalent existential formula, then replace formulae of the form $(\phi \Rightarrow \psi)$ by $(\neg\phi \vee \psi)$, pull negations inside conjunctions and disjunctions using the De Morgan laws (cf. 4.6.1), and finally replace any negated atomic formulae in the resulting formula by their coherent equivalents. Now we have

**Proposition 3.4.9** *Let* $\mathbb{T}$ *be a coherent theory over a signature* $\Sigma$*. Then*

(i) $\mathbb{T}$ *satisfies condition* ($a_1$) *iff every homomorphism of* $\mathbb{T}$*-models in* **Set** *is an embedding (cf.* 1.2.10*).*

(ii) $\mathbb{T}$ *satisfies condition* ($a_2$) *iff every embedding of* $\mathbb{T}$*-models in* **Set** *is an elementary embedding.*

(iii) $\mathbb{T}$ *satisfies condition* ($a$) *of* 3.4.6(ii) *iff every homomorphism of* $\mathbb{T}$*-models in* **Set** *is an elementary embedding.*

**Proof** Part (ii) of this proposition is familiar to classical model-theorists, who call a first-order theory *model-complete* if it satisfies these conditions. We shall prove only part (i) in detail, and refer the reader to [446, 8.3.1], for the proof of (ii) (which is in any case rather similar to that of (i)); part (iii) is of course immediate from (i) and (ii).

First suppose $\mathbb{T}$ satisfies $(a_1)$. Then, for any atomic formula-in-context $\vec{x}.\phi$ and any homomorphism $h\colon M \to N$ of $\mathbb{T}$-models in **Set**, we have a commutative diagram

$$\begin{array}{ccccc} [\![\vec{x}.\phi]\!]_M & \rightarrowtail & M(A_1,\ldots,A_n) & \leftarrowtail & [\![\vec{x}.\neg\phi]\!]_M \\ \downarrow & & \downarrow{\scriptstyle h_{A_1}\times\cdots\times h_{A_n}} & & \downarrow \\ [\![\vec{x}.\phi]\!]_N & \rightarrowtail & N(A_1,\ldots,A_n) & \leftarrowtail & [\![\vec{x}.\neg\phi]\!]_N \end{array}$$

(where $A_1,\ldots,A_n$ is the sequence of sorts of the variables in $\vec{x}$), by 1.2.9. Since the pairs of subobjects in each row are complementary, it follows that the left-hand square must be a pullback; but the latter condition, for all atomic $\phi$, is the definition of what it means for $h$ to be an embedding.

Conversely, suppose every homomorphism is an embedding. Let $\vec{x}.\phi$ be an atomic formula-in-context; we shall find it convenient to extend our signature $\Sigma$ to $\Sigma'$ by adding a string of new constants $\vec{c}$ of the same length and type as the context $\vec{x}$. Let $\Gamma$ be the set of all coherent formulae $\gamma$ in the context $\vec{x}$ such that $((\gamma\wedge\phi)\vdash_{\vec{x}}\bot)$ is provable in $\mathbb{T}$; we need to show that $(\top\vdash_{\vec{x}}(\gamma\vee\phi))$ is provable for some $\gamma\in\Gamma$. Let $\mathbb{T}'$ be the theory over $\Sigma'$ obtained by adding

$$\{(\gamma[\vec{c}/\vec{x}]\vdash_{[]}\bot)\mid\gamma\in\Gamma\}$$

to the axioms of $\mathbb{T}$; suppose $\mathbb{T}'$ has a model $M$ in **Set**. Let $\Sigma''$ be the signature obtained from $\Sigma'$ by adding a new constant of sort $A$ for each element of $MA$, for each sort $A$ of $\Sigma$, let X be the set of all atomic sentences $\chi$ over $\Sigma''$ such that $(\top\vdash_{[]}\chi)$ is satisfied in $M$, and let $\mathbb{T}''$ be the theory obtained by adding all these sequents to the axioms of $\mathbb{T}$ (*not* $\mathbb{T}'$). (It is then easy to see that a $\mathbb{T}''$-model is essentially the same thing as a $\mathbb{T}$-model $N$ equipped with a homomorphism $h\colon M\to N$.) For each $\chi\in$ X, let $\overline{\chi}$ be the formula over $\Sigma$ obtained from it on replacing the constants in $\vec{c}$ by the corresponding variables in $\vec{x}$, and any other new constants which appear by a string of new variables $\vec{y}$. Then, for each finite subset $\{\chi_1,\ldots,\chi_n\}$ of X, the coherent formula-in-context

$$\vec{x}.(\exists\vec{y})(\overline{\chi_1}\wedge\cdots\wedge\overline{\chi_n})$$

is not in $\Gamma$, since it becomes true in $M$ when we substitute $\vec{c}$ for $\vec{x}$. So

$$((\chi_1\wedge\cdots\wedge\chi_n\wedge\phi[\vec{c}/\vec{x}])\vdash_{[]}\bot)$$

is not provable in $\mathbb{T}$; hence the theory obtained from $\mathbb{T}''$ by adding $(\top\vdash_{[]}\phi[\vec{c}/\vec{x}])$ is consistent, since each finite subset of it is consistent, and by completeness it has a model $h\colon M\to N$. But $h$ is an embedding, and $\phi[\vec{c}/\vec{x}]$ is satisfied in $N$, so it must be satisfied in $M$. Since this is true for any model $M$ of $\mathbb{T}'$, we deduce by classical completeness that $(\top\vdash_{[]}\phi[\vec{c}/\vec{x}])$ must be provable in it; hence it is deducible from some finite subset of the axioms of $\mathbb{T}'$. If $\gamma_1,\ldots,\gamma_m$ are the members of $\Gamma$ such that the sequents $(\gamma_i[\vec{c}/\vec{x}] \vdash_{[]} \bot)$ occur among these axioms, then it is easy to see that the sequent

$$(\top \vdash_{\vec{x}} (\gamma_1 \vee \cdots \vee \gamma_m \vee \phi))$$

must be satisfied in every $\mathbb{T}$-model, and hence provable in $\mathbb{T}$. But $(\gamma_1 \vee \cdots \vee \gamma_m)$ is in $\Gamma$; so it is the coherent formula we seek. □

We remark that the conditions $(a_1)$ and $(a_2)$ are independent, even for theories which satisfy 3.4.6(ii)$(b)$. Of course, any propositional theory satisfies $(a_2)$ (indeed, any embedding between models of a propositional theory is an isomorphism), and it satisfies $(b)$ provided its signature has only finitely many relation symbols; but the theory of prime filters of a non-Boolean distributive lattice fails to satisfy $(a_1)$. We shall give an example of a theory which satisfies $(a_1)$ but not $(a_2)$ after 3.4.11 below.

We next discuss some important examples of coherent theories whose classifying toposes are Boolean (and connected).

**Example 3.4.10** The theory $\mathbb{D}_\infty$ of infinite decidable objects is obtained from the theory $\mathbb{D}$ of 3.2.7 by adding the axioms

$$\left(\top \vdash_{x_1,\ldots,x_n} (\exists y) \bigwedge_{i=1}^{n} (y \,\#\, x_i)\right)$$

for each natural number $n$ (for $n = 0$, we interpret this as the sequent $(\top \vdash_{[]} (\exists y)\top)$). As we remarked after 3.2.8, we may construct a classifying topos for this theory by taking the classifying topos $[\mathbf{Set}_{fm}, \mathbf{Set}]$ for $\mathbb{D}$ and imposing a coverage $J$ on $\mathbf{Set}_{fm}^{\mathrm{op}}$ 'generated' by the extra axioms of $\mathbb{D}_\infty$. Specifically, the $n$th axiom says that the inclusion map $n \rightarrowtail (n+1)$, where $n$ as usual denotes the $n$-element set $\{0, 1, \ldots, n-1\}$, generates a $J$-covering cosieve on $n$; it is then easy to see that *every* morphism of $\mathbf{Set}_{fm}$ must generate a $J$-covering cosieve, and hence that $J$ consists of all nonempty cosieves on objects of $\mathbf{Set}_{fm}$. So the classifying topos $\mathbf{Set}[\mathbb{D}_\infty] \simeq \mathbf{Sh}(\mathbf{Set}_{fm}^{\mathrm{op}}, J)$ is equivalent to $\mathbf{sh}_{\neg\neg}[\mathbf{Set}_{fm}, \mathbf{Set}]$; note that $(\mathbf{Set}_{fm}^{\mathrm{op}}, J)$ is an atomic site, as we saw in C3.5.9$(c)$.

It is obvious that $\mathbb{D}_\infty$ is $\aleph_0$-categorical, since its models in $\mathbf{Set}$ are just infinite sets (and homomorphisms of models are injections between them). If we take its 'standard' countable model to be the set $\mathbb{N}$ of natural numbers, then the group which we obtain from it as in 3.4.8 is just the coherent group $G$ discussed in 3.4.1. In fact it is not hard to give a direct proof that $\mathbf{Sh}(\mathbf{Set}_{fm}^{\mathrm{op}}, J)$ is equivalent to $\mathbf{Cont}(G)$: given a natural number $n$, let $H_n$ denote the pointwise stabilizer of $n$ (i.e. of $\{0, 1, \ldots, n-1\}$) in $G$, and let $A_n$ be the set of left cosets of $H_n$ with $G$ acting by left translation. Clearly, $A_n$ is a continuous $G$-set; and since every open subgroup of $G$ contains a conjugate of $H_n$ for some $n$, we see that the atoms of $\mathbf{Cont}(G)$ are precisely the quotients of the $A_n$. Given any injection $f\colon m \rightarrowtail n$, we may extend $f$ to a permutation $f'$ of $\mathbb{N}$, uniquely up to right multiplication by elements of $H_m$, and hence we obtain a well-defined $G$-equivariant map $A_n \to A_m$ sending $gH_n$ to $gf'H_m$; it is easy to see that every $G$-equivariant map $A_n \to A_m$ is of this form, and hence that the full subcategory of $\mathbf{Cont}(G)$ on the objects $A_n$ is equivalent to $\mathbf{Set}_{fm}^{\text{op}}$. Given that the $A_n$ form a separating set for $\mathbf{Cont}(G)$, the claimed equivalence now follows from the Comparison Lemma (C2.2.3).

**Example 3.4.11** Our second example is the theory $\mathbb{L}_\infty$ of dense linearly ordered objects without endpoints. This is defined over a single-sorted signature $\Sigma$ having one binary relation-symbol $<$ apart from equality; we define the theory $\mathbb{L}$ of (decidably) linearly ordered objects to have axioms

$$(((x < y) \wedge (y < x)) \vdash_{x,y} \bot) \text{ and}$$

$$(\top \vdash_{x,y} ((x = y) \vee (x < y) \vee (y < x))) ,$$

and $\mathbb{L}_\infty$ is obtained from $\mathbb{L}$ by adding the further axioms $(\top \vdash_{[]} (\exists x)\top)$,

$$((x < y) \vdash_{x,y} (\exists z)((x < z) \wedge (z < y))) \text{ and}$$

$$(\top \vdash_x (\exists y, z)((y < x) \wedge (x < z))) .$$

(We could have added the axioms which say that $<$ is irreflexive and transitive, but they are both deducible from the axioms of $\mathbb{L}$.) We note that $\mathbb{L}$ is a disjunctive theory in the sense of 1.3.6; as we did for $\mathbb{D}$ in 3.2.7, we may identify its classifying topos with a functor category, namely $[\mathbf{Ord}_{fm}, \mathbf{Set}]$, where $\mathbf{Ord}_{fm}$ is the category of finite ordinals and order-preserving injections between them (equivalently, the category of finite models of $\mathbb{L}$ in $\mathbf{Set}$). As in the previous example, we may generate a coverage $J$ on $\mathbf{Ord}_{fm}^{\text{op}}$ from the additional axioms of $\mathbb{L}_\infty$: the first one says that the injection $0 \rightarrowtail 1$ generates a covering cosieve on 0, the second that the injection $2 \rightarrowtail 3$ which omits the middle element of 3 generates a covering cosieve on 2, and the third that the injection $1 \rightarrowtail 3$ which corresponds to the middle element also generates a covering cosieve. It is then straightforward to verify that each individual morphism of $\mathbf{Ord}_{fm}$ must generate a covering cosieve, so that $J$ consists of all nonempty cosieves, and hence the classifying topos $\mathbf{Set}[\mathbb{L}_\infty] \simeq \mathbf{Sh}(\mathbf{Ord}_{fm}^{\text{op}}, J)$ is equivalent to $\mathbf{sh}_{\neg\neg}[\mathbf{Ord}_{fm}, \mathbf{Set}]$.

As before, the theory $\mathbb{L}_\infty$ is well known to be $\aleph_0$-categorical: the fact that every countable dense linearly ordered set without endpoints is isomorphic to the ordered set $(\mathbb{Q}, <)$ of rational numbers is probably the best-known categoricity result in mathematics. So we may also identify $\mathbf{Set}[\mathbb{L}_\infty]$ with $\mathbf{Cont}(G)$ where $G$ is the group of order-preserving permutations of $\mathbb{Q}$, topologized so that the (pointwise) stabilizers of finite subsets of $\mathbb{Q}$ form a base of neighbourhoods of the identity; the fact that $G$ is a coherent topological group (i.e. that these subgroups have finite bi-index) may be proved by methods like those of 3.4.1. And we may also establish the equivalence $\mathbf{Sh}(\mathbf{Ord}_{fm}^{\text{op}}, J) \simeq \mathbf{Cont}(G)$ directly, by identifying each object $n$ of $\mathbf{Ord}_{fm}$ with the action of $G$ on the left cosets of the stabilizer of an $n$-element set. Details of the proof can be found in [1085].

Note that if we had omitted the nonemptiness axiom $(\top \vdash (\exists x)\top)$ from our definition of $\mathbb{L}_\infty$, we should have obtained a theory which satisfies $(b)$ and $(a_1)$ but not $(a_2)$: it has just two completions, both of which are $\aleph_0$-categorical (one is $\mathbb{L}_\infty$, and the other is the theory whose only model is empty), but the formula $\neg(\exists x)\top$ is not provably equivalent in it to any existential formula (and the inclusion $\emptyset \rightarrowtail \mathbb{Q}$ is an embedding of **Set**-models of the theory which is not elementary).

**Example 3.4.12** For completeness, we also discuss the topos of sheaves on the atomic site $(\mathbf{Set}_{fe}, J)$ of finite sets and surjective functions, mentioned in C2.1.12$(c)$ and C3.5.9$(c)$, as a classifying topos. The Stone duality between $\mathbf{Set}_f$ and the category $\mathbf{Bool}_f$ of finite Boolean algebras restricts to an equivalence between $\mathbf{Set}_{fe}^{\mathrm{op}}$ and the category $\mathbf{Bool}_{fm}$ of finite Boolean algebras and injections. Now the functor category $[\mathbf{Bool}_f, \mathbf{Set}]$ is a classifying topos for the algebraic theory of Boolean algebras, by 3.1.2; and arguments like those of 3.2.7 show that $[\mathbf{Set}_{fe}^{\mathrm{op}}, \mathbf{Set}] \cong [\mathbf{Bool}_{fm}, \mathbf{Set}]$ classifies decidable Boolean algebras, that is Boolean algebras equipped with a binary relation # and axioms saying that # is the complement of the diagonal. And imposing the coverage on $\mathbf{Bool}_{fm}^{\mathrm{op}}$ in which every inhabited sieve covers corresponds to adding the axiom which says that the Boolean algebra is *atomless*, i.e.

$$((0 \# x) \vdash_x (\exists y)((y \leq x) \wedge (0 \# y) \wedge (y \# x))) .$$

Once again, it is well known that the theory of atomless Boolean algebras is complete and $\aleph_0$-categorical; its unique countable model is the free Boolean algebra on a countable infinity of generators, or equivalently the algebra of clopen subsets of the Cantor space $K$. Thus we may conclude that $\mathbf{Sh}(\mathbf{Set}_{fe}, J)$ is equivalent to the topos $\mathbf{Cont}(G)$, where $G$ is the group of automorphisms of this Boolean algebra, topologized as usual so that the pointwise stabilizers of finite subalgebras form a base of neighbourhoods of the identity. Equivalently, by Stone duality, we may regard $G$ as the group of self-homeomorphisms of the Cantor space, equipped with a topology which turns out to be generated by sets of the form

$$\{g \in G \mid g \in U \text{ and } g^{-1} \in V\}$$

where $U$ and $V$ are open sets in the usual compact-open topology on the set of all continuous maps $K \to K$. (The compact-open topology itself does not restrict to a group topology on $G$; the operation $g \mapsto g^{-1}$ is not continuous, which is why we have to modify the topology as above.)

Finally in this section, we consider how much of the theory developed above survives when we generalize from coherent to geometric theories. The answer, unfortunately, is 'not very much'. Lemma 3.4.5 remains true with 'coherent' replaced by 'geometric' throughout, and with a simpler proof – the reason is that every subobject in $\mathbf{Set}[\mathbb{T}] \simeq \mathcal{G}_{\mathbb{T}}$ of an object of $\mathcal{C}_{\mathbb{T}}^{\mathrm{geom}}$ lies in $\mathcal{C}_{\mathbb{T}}^{\mathrm{geom}}$, and so the Booleanness of $\mathbf{Set}[\mathbb{T}]$ implies that $\mathcal{C}_{\mathbb{T}}^{\mathrm{geom}}$ has Boolean subobject lattices.

Hence, by the easy direction of 3.4.9(i), we can deduce that *if* $\mathbb{T}$ *is a geometric theory whose classifying topos is Boolean, then every homomorphism of* $\mathbb{T}$*-models in* **Set** *is an embedding.* But the absence of the finiteness result 3.4.4 makes it much harder to prove any substantial results in the opposite direction.

From another point of view, the difficulty is that, once we have removed the restriction to coherent toposes, the properties of Booleanness and atomicity no longer coincide. In fact we can give a syntactic condition (albeit a less useful one than 3.4.6) for an arbitrary geometric theory $\mathbb{T}$ to have an atomic classifying topos: we now describe this. Given $\mathbb{T}$, we say that a geometric formula-in-context $\vec{x}.\phi$ is $\mathbb{T}$-*complete* (or simply *complete*) if the sequent $(\phi \vdash_{\vec{x}} \bot)$ is not provable in $\mathbb{T}$, but for every geometric formula $\psi$ in the same context either $(\phi \vdash_{\vec{x}} \psi)$ or $((\phi \wedge \psi) \vdash_{\vec{x}} \bot)$ is provable. This is clearly equivalent to saying that the theory obtained from $\mathbb{T}$ by adding a string of new constants $\vec{c}$ of the same length and type as $\vec{x}$, plus the extra axiom $(\top \vdash_{[]} \phi[\vec{c}/\vec{x}])$, is a complete theory; in particular, $\mathbb{T}$ itself is complete iff $[\,].\top$ is $\mathbb{T}$-complete.

By an *atomic system* for a geometric theory $\mathbb{T}$, we mean a function assigning to each context $\vec{x}$ over the signature of $\mathbb{T}$ a set $A_{\vec{x}}$ of geometric formulae in that context, such that

(i) $(\top \vdash_{\vec{x}} \bigvee_{\phi \in A_{\vec{x}}} \phi)$ is provable in $\mathbb{T}$, for each $\vec{x}$;

(ii) for any two distinct members $\phi$ and $\psi$ of $A_{\vec{x}}$, the sequent $((\phi \wedge \psi) \vdash_{\vec{x}} \bot)$ is provable in $\mathbb{T}$;

(iii) if $\phi \in A_{\vec{x},y}$, then either $\phi$ is inconsistent or there is a member of $A_{\vec{x}}$ $\mathbb{T}$-provably equivalent to $(\exists y)\phi$;

(iv) if $\phi \in A_{\vec{x}}$ and $\psi$ is any atomic formula in the context $\vec{x}$, then either $(\phi \vdash_{\vec{x}} \psi)$ or $((\phi \wedge \psi) \vdash_{\vec{x}} \bot)$ is provable in $\mathbb{T}$.

**Proposition 3.4.13** *For a geometric theory* $\mathbb{T}$*, the following are equivalent:*

(i) *The classifying topos* **Set**$[\mathbb{T}]$ *is atomic (over* **Set***).*

(ii) *For every context* $\vec{x}$ *over the signature of* $\mathbb{T}$*, there is a set* $B_{\vec{x}}$ *of* $\mathbb{T}$*-complete formulae in that context such that* $(\top \vdash_{\vec{x}} \bigvee_{\phi \in B_{\vec{x}}} \phi)$ *is provable in* $\mathbb{T}$*.*

(iii) $\mathbb{T}$ *has an atomic system.*

**Proof** (i) $\Leftrightarrow$ (ii): By 1.4.4(iv), condition (ii) is equivalent to saying that, for every context $\vec{x}$, the subobject lattice of $\{\vec{x}.\top\}$ in $\mathcal{C}_{\mathbb{T}}^{\text{geom}}$ is atomic (and hence Boolean). This is clearly implied by (i); but it easily implies that every subobject lattice in $\mathcal{C}_{\mathbb{T}}^{\text{geom}}$ is atomic, and hence we may obtain the same result for the $\infty$-pretopos $\mathcal{G}_{\mathbb{T}}$, i.e. for **Set**$[\mathbb{T}]$. (Alternatively, we could apply the Comparison Lemma (C2.2.3) to the inclusion in $\mathcal{C}_{\mathbb{T}}^{\text{geom}}$ of its full subcategory whose objects are $\mathbb{T}$-complete formulae-in-context, and then observe that the latter, with its induced coverage, is an atomic site as defined in C3.5.8.)

(ii) $\Leftrightarrow$ (iii): Clearly, if we are given a family of sets $B_{\vec{x}}$ as in (ii), we may obtain an atomic system from them by eliminating duplication from each $B_{\vec{x}}$: that is, we define $A_{\vec{x}}$ to contain one member from each provable-equivalence class of formulae in $B_{\vec{x}}$. Conversely, if we are given an atomic system of sets $A_{\vec{x}}$, we obtain a family of sets $B_{\vec{x}}$ as in (ii) by eliminating any inconsistent formulae (that is, formulae $\phi$ for which $(\phi \vdash_{\vec{x}} \bot)$ is provable) from each $A_{\vec{x}}$: to prove that this works, we must show that each consistent member of $A_{\vec{x}}$ is $\mathbb{T}$-complete, i.e. that if $\phi \in A_{\vec{x}}$ and $\vec{x}\,.\,\psi$ is any geometric formula-in-context then either $(\phi \vdash_{\vec{x}} \psi)$ or $((\phi \wedge \psi) \vdash_{\vec{x}} \bot)$ is provable. We do this by induction on the structure of $\psi$: for atomic $\psi$, it is just clause (iv) of the definition of an atomic system. If $\psi = \bigvee_{i \in I} \theta_i$, then by induction we have either $(\phi \vdash_{\vec{x}} \theta_i)$ for some $i$ (whence $(\phi \vdash_{\vec{x}} \psi)$) or $((\phi \wedge \theta_i) \vdash_{\vec{x}} \bot)$ for all $i$ (whence $((\phi \wedge \psi) \vdash_{\vec{x}} \bot)$). Similarly if $\psi$ is a finite conjunction. Finally, suppose $\psi = (\exists y)\theta$. Let $A^{\phi}_{\vec{x},y}$ be the set of formulae $\chi$ in $A_{\vec{x},y}$ for which $(\exists y)\chi$ is provably equivalent to $\phi$; we note that if $\chi'$ is any other member of $A_{\vec{x},y}$, then $(\exists y)\chi'$ is inconsistent with $\phi$ by conditions (ii) and (iii) of the definition, from which we may deduce $((\phi \wedge \chi') \vdash_{\vec{x},y} \bot)$. Hence by condition (i) $\phi$ is provably equivalent (in the context $\vec{x}, y$) to the disjunction of all the members of $A^{\phi}_{\vec{x},y}$. It now follows easily that if some member $\chi$ of $A^{\phi}_{\vec{x},y}$ satisfies $(\chi \vdash_{\vec{x},y} \theta)$ then we have $(\phi \vdash_{\vec{x}} \psi)$, and if none of them do so we have $((\phi \wedge \theta) \vdash_{\vec{x},y} \bot)$, whence $((\phi \wedge \psi) \vdash_{\vec{x}} \bot)$. □

We note that, in the context of 3.4.13, $\mathbb{T}$ is (equivalent to) a coherent theory iff the sets $A_{\vec{x}}$ of 3.4.13(iii) may be taken to be finite for all $\vec{x}$. Also, $\mathbb{T}$ is complete iff (it is consistent and) $A_{[]}$ may be taken to be the singleton $\{\top\}$.

**Example 3.4.14** As an application of 3.4.13, we construct an example of a connected atomic topos with no points, as promised in C5.2.14($a$). The topos will be constructed as $\mathbf{Set}[\mathbb{T}]$, where $\mathbb{T}$ is a complete theory satisfying the conditions of 3.4.13 but having no models in $\mathbf{Set}$: the theory in question was first studied by J. Malitz [793] (see also [777]). We take a signature $\Sigma$ having two sorts $A$ and $B$, a constant $a_0\colon 1 \to A$, three binary relation symbols $\# \rightarrowtail A, A$, $\prec\, \rightarrowtail A, A$ and $\in\, \rightarrowtail A, B$ (as usual, we write these in infix notation), and a family of unary relation symbols $R_i \rightarrowtail B$, $i \in I$, where $I$ is a set whose cardinality is strictly greater than that of the continuum. For convenience, we shall also use the notation $\overline{\prec}$ for the transitive closure of $\prec$, i.e.

$$\Big((x \,\overline{\prec}\, y) \dashv\vdash \bigvee_{n \in \mathbb{N}} (\exists z_1, \dots, z_n)((x \prec z_1) \wedge (z_1 \prec z_2) \wedge \cdots \wedge (z_n \prec y))\Big)$$

(the case $n = 0$ of this disjunction being interpreted as $(x \prec y)$).

The first group of axioms states that, in any model $M$, the interpretations of $\#$ and $\prec$ make $MA$ into a decidable complete binary tree with root $Ma_0$:

$$\begin{gathered}
(\top \vdash_{x,y} ((x = y) \vee (x \# y))) \\
((x \# x) \vdash_x \bot) \\
(\top \vdash_x ((a_0 = x) \vee (a_0 \,\overline{\prec}\, x))) \\
(((y \prec x) \wedge (z \prec x)) \vdash_{x,y,z} (y = z)) \\
(\top \vdash_x (\exists y, z)((x \prec y) \wedge (x \prec z) \wedge (y \# z))) \\
(((x \prec y) \wedge (x \prec z) \wedge (x \prec w)) \vdash_{x,y,z,w} ((y = z) \vee (z = w) \vee (w = y))) \\
((x \,\overline{\prec}\, y) \vdash_{x,y} (x \# y))\,.
\end{gathered}$$

The next group says that, for each element $b$ of $MB$, the set $\{a \in MA \mid (a,b) \in [\![\in]\!]_M\}$ is a (full) branch of the tree $MA$, and that distinct elements of $MB$ yield distinct branches:

$$(\top \vdash_u (a_0 \in u))$$
$$(((x \in u) \wedge (y \prec x)) \vdash_{u,x,y} (y \in u))$$
$$((x \in u) \vdash_{x,u} (\exists y)((x \prec y) \wedge (y \in u)))$$
$$(((x \in u) \wedge y \in u)) \vdash_{u,x,y} ((x = y) \vee (x \overline{\prec} y) \vee (y \overline{\prec} x)))$$
$$(\top \vdash_{u,v} ((u = v) \vee (\exists x, y, z)((x \prec y) \wedge (x \prec z) \wedge (y \# z) \wedge (y \in u) \wedge (z \in v)))) .$$

Here the variables $u$ and $v$ are of sort $B$, and $x, y, z$ are of sort $A$. Finally, we write down axioms saying that $MB$ is partitioned into the sets $MR_i$, and that each of these is dense in the set of all branches of $MA$ (topologized as the Cantor set):

$$(\top \vdash_u \textstyle\bigvee_{i \in I} R_i(u))$$
$$((R_i(u) \wedge R_j(u)) \vdash_u \bot) \qquad (i \neq j)$$
$$(\top \vdash_x (\exists u)((x \in u) \wedge R_i(u))) \quad \text{(for each } i) .$$

It is clear that $\mathbb{T}$ cannot have any models in **Set**; for in any **Set**-model of the first two groups of axioms $MB$ would have cardinality at most that of the continuum, and hence could not be partitioned into an $I$-indexed family of nonempty subsets. On the other hand, if $I$ were a countably infinite set, then we could construct a model of $\mathbb{T}$; and since the geometric propositional theory of bijections $I \to \mathbb{N}$ is consistent (cf. the remarks after C1.2.9), we can construct a non-degenerate Boolean **Set**-topos in which $\mathbb{T}$ has a model; so in particular it is consistent.

To verify that $\mathbb{T}$ has an atomic system in the sense of 3.4.13, we shall introduce a number of derived predicates. Let $C_n(x)$ $(n \in \mathbb{N})$ denote the predicate asserting that $x$ sits at 'level $n$' in the binary tree, i.e. (for $n \geq 2$) the formula $(\exists y_1, \ldots, y_{n-1})((a_0 \prec y_1) \wedge (y_1 \prec y_2) \wedge \cdots \wedge (y_{n-1} \prec x))$. Similarly, let $D_n(x, y)$ denote the assertion that $x$ and $y$ have a common predecessor at level $n$ in the tree, but not at level $n+1$; let $E_n(x, u)$ denote the assertion that the level-$n$ member of the branch $u$ is a predecessor of $x$ (or equal to $x$) but its level-$(n+1)$ member is not, and let $F_n(u, v)$ be the assertion that the branches $u$ and $v$ have a common member at level $n$ but not at level $n+1$. It is easily verified that, from the axioms given above, we can deduce things like

$$\Big(\top \vdash_{u,v} ((u = v) \vee \bigvee_{n \in \mathbb{N}} F_n(u, v))\Big)$$

and that the disjunction on the right-hand side of this sequent is provably disjoint. Now, given a context $x_1, x_2, \ldots, x_r, u_1, u_2, \ldots, u_s$ over $\Sigma$ (with the $x_j$ of sort $A$ and the $u_k$ of sort $B$), we define a *pattern* in this context to be a finite conjunction of formulae which includes

(i) for each $j \leq r$, just one of the formulae $C_n(x_j)$;

(ii) for each pair $(j_1, j_2)$, just one of the formulae $D_n(x_{j_1}, x_{j_2})$;

(iii) for each $k \le s$, just one of the formulae $R_i(u_k)$;

(iv) for each pair $(k_1, k_2)$, either the formula $(u_{k_1} = u_{k_2})$ or one of the formulae $F_n(u_{k_1}, u_{k_2})$; and

(v) for each pair $(j, k)$, just one of the formulae $E_n(x_j, u_k)$.

Clearly, in any context with more than one variable there will be many possible patterns which are inconsistent; but since we allowed inconsistent formulae to appear in the members of an atomic system, this does not matter. We define $A_{\vec{x},\vec{u}}$ to be the set of all possible patterns in the context $\vec{x}, \vec{u}$: the verification that this is indeed an atomic system is long but entirely straightforward. We note also that the only possible pattern in the empty context is the empty conjunction $\top$; hence $\mathbf{Set}[\mathbb{T}]$ is not only atomic but connected.

**Suggestions for further reading:** Blass & Ščedrov [133], Bunge & Reyes [206], Makkai [777], Ščedrov [1085].

## D3.5 Conceptual completeness

The classical completeness theorem says that if something is true in all models of a theory, then it should be provable in the theory. But there is a stonger notion of completeness, which asserts that if something exists (in a 'natural' way) in all models of a theory, then 'the theory should have a name for it'. The functional completeness result 3.1.3 is an example of this type of completeness. More generally, we should like to prove that if every model $M$ comes equipped with some particular subobject $R_M \rightarrowtail M(A_1, \ldots, A_n)$ (where $A_1, \ldots, A_n$ are sorts of the appropriate signature), and every homomorphism of models preserves this relation, then there should exist some formula-in-context $\vec{x}\,.\,\phi$ (where $x_i \colon A_i$ for each $i$) whose interpretation in each model $M$ is precisely $R_M$. (To take a simple example: the notion of semilattice may be defined – as a commutative idempotent monoid – in a way which makes no mention of a partial ordering; but from the fact that every semilattice possesses a canonical partial order, and every semilattice homomorphism is order-preserving, we should expect the ordering to be definable by a formula-in-context over the signature for monoids – and indeed it is, by the formula $x, y\,.\,(mxy = x)$, where $m$ is the monoid operation.)

If we interpret 'every model $M$' as meaning 'every model in a category of the appropriate kind', then this result, like the ordinary completeness result, becomes an easy consequence of the existence of the syntactic category; for we saw in 1.4.4(iv) that every subobject of an object of the form $M_{\mathbb{T}}(A_1, \ldots, A_n) = \{\vec{x}\,.\,\top\}$ is the interpretation in $M_{\mathbb{T}}$ of some formula-in-context $\vec{x}\,.\,\phi$. But, if we wish to deduce definability results merely from the existence of relations on $\mathbb{T}$-models in $\mathbf{Set}$, then we have some further work to do. The following proof may remind the reader of the proof which we gave for 3.4.9(i); indeed, the latter may be seen as a special case of it.

**Theorem 3.5.1 (Definability Theorem for coherent logic)** *Let $\mathbb{T}$ be a coherent theory over a signature $\Sigma$, let $A_1 \cdots A_n$ be a string of sorts of $\Sigma$, and suppose we are given, for every* **Set***-model $M$ of $\mathbb{T}$, a distinguished subset $R_M$ of $M(A_1, \ldots, A_n)$ in such a way that each $\mathbb{T}$-model homomorphism $h\colon M \to N$ in* **Set** *maps $R_M$ into $R_N$. Then there exists a coherent formula-in-context $\vec{x}.\phi$ over $\Sigma$, where $x_i\colon A_i$ for each $i$, such that $[\![\vec{x}.\phi]\!]_M = R_M$ for each $M$.*

**Proof** First we extend $\Sigma$ to a new signature $\Sigma_1$ by adding a new relation symbol $R \rightarrowtail A_1 \cdots A_n$; then we may make each $\mathbb{T}$-model $M$ in **Set** into a $\Sigma_1$-structure by interpreting the new symbol as $R_M$, and we define $\mathbb{T}_1$ to be the set of all coherent sequents over $\Sigma_1$ which are satisfied in all such structures. Clearly, $\mathbb{T}_1$ includes all the axioms of $\mathbb{T}$. Next, we define $\Gamma$ to be the set of all coherent formulae $\gamma$ over $\Sigma$, in the particular context $\vec{x}$, for which the sequent $(\gamma \vdash_{\vec{x}} R(\vec{x}))$ is in $\mathbb{T}_1$. We need to show that there is some $\gamma \in \Gamma$ for which $(R(\vec{x}) \vdash_{\vec{x}} \gamma)$ is also in $\mathbb{T}_1$.

Suppose not; then for each $\gamma$ we can find a $\mathbb{T}_1$-model $M$ and a string of elements $m_i \in MA_i$ such that $(m_1, \ldots, m_n)$ belongs to $R_M$ but not to the interpretation of $\vec{x}.\gamma$ in $M$. Now let us enlarge $\Sigma_1$ to $\Sigma_2$ by adding a string of new constants $c_1, \ldots, c_n$ of sorts $A_1, \ldots, A_n$, and let $\mathbb{T}_2$ be the theory over $\Sigma_2$ consisting of the axioms of $\mathbb{T}_1$ plus all sequents $(\gamma[\vec{c}/\vec{x}] \vdash_{[]} \bot)$ with $\gamma \in \Gamma$, and the single sequent $(\top \vdash_{[]} R(\vec{c}))$. We claim that $\mathbb{T}_2$ is consistent; for any derivation of $(\top \vdash_{[]} \bot)$ from it would involve only finitely many of the axioms $(\gamma[\vec{c}/\vec{x}] \vdash_{[]} \bot)$, and since finite disjunctions of coherent formulae are coherent, the first sentence of this paragraph assures us that we can find a model for this subtheory of $\mathbb{T}_2$.

Let $M_0$ be a model of $\mathbb{T}_2$. Now let $\Sigma_3$ be the signature obtained from $\Sigma_2$ by adding a new constant $d_m\colon A$ for each $m \in M_0A$, as $A$ ranges over all the sorts of $\Sigma$; we make $M_0$ into a $\Sigma_3$-structure in the obvious way. Let $\Delta$ be the set of all atomic sentences over $\Sigma_3$ which are true in $M_0$, and consider the theory $\mathbb{T}_3$ over $\Sigma_3$ which consists of the axioms of $\mathbb{T}_1$, all sequents $(\top \vdash_{[]} \delta)$ with $\delta \in \Delta$, and the sequent $(R(\vec{c}) \vdash_{[]} \bot)$.

It is easy to see that a model of $\mathbb{T}_3$ is essentially the same as a model $N$ of $\mathbb{T}_1$, together with a homomorphism $h\colon M_0 \to N$ (which sends an element $m \in M_0A$ to the interpretation of $d_m$ in $N$), such that the $n$-tuple $(h(m_1), \ldots, h(m_n))$ (where $m_i$ denotes the interpretation of $c_i$ in $M_0$) does not lie in $R_N$. But since $(m_1, \ldots, m_n)$ *does* lie in $R_M$, the hypothesis of the theorem says that no such $N$ can exist. So the theory $\mathbb{T}_3$ is inconsistent; that is, $(\top \vdash_{[]} \bot)$ is derivable from it. As before, it must in fact be derivable from a finite subset of $\mathbb{T}_3$; let $\delta_1, \ldots, \delta_k$ be the members of $\Delta$ for which $(\top \vdash \delta_i)$ is in this finite set, let $\delta$ denote their conjunction, and let $\overline{\delta}$ be the formula obtained from $\delta$ on replacing each constant $d_m$ by a variable $y_m$ of the appropriate sort (but leaving the constants $c_i$, if they occur). Since the $d_m$ do not occur in $R(\vec{c})$ or in any of the axioms of $\mathbb{T}_1$, it is easy to see that we can in fact derive a contradiction from

$$\mathbb{T}_1 \cup \{(R(\vec{c} \vdash \bot), (\top \vdash (\exists \vec{y})\overline{\delta})\} .$$

This means that the sequent $((\exists \vec{y})\phi \vdash_{\vec{x}} R(\vec{x}))$, where $\phi$ is obtained from $\overline{\delta}$ on replacing the constants $c_i$ by variables $x_i$, is satisfied in all $\mathbb{T}_1$-models; thus $\vec{x}.(\exists \vec{y})\phi$ belongs to the set $\Gamma$ defined earlier. But, by construction, the $n$-tuple $(m_1, \ldots, m_n)$ belongs to the interpretation of this formula in $M_0$, whereas it does not belong to the interpretation of any member of $\Gamma$. This contradiction completes the proof of the theorem. □

**Remarks 3.5.2** (*a*) The hypothesis, in the statement of 3.5.1, that we are given a choice of $R_M$ for *every* $\mathbb{T}$-model $M$ in **Set** can be relaxed: it is sufficient to have such a choice for every model in some given class $\mathcal{M}$ of models, and to know that these choices are compatible with all homomorphisms between models in $\mathcal{M}$ – provided $\mathcal{M}$ has suitable closure properties to ensure that the model $N$ which we construct in the course of the proof of 3.5.1 belongs to it. (For example, it would be sufficient to suppose that $\mathcal{M}$ is a cosieve in $\mathbb{T}$-Mod(**Set**).). We shall then arrive at a coherent formula-in-context $\vec{x}.\phi$ whose interpretation in every model in $\mathcal{M}$ is our given subset, although we have no control over its interpretation in other models of $\mathbb{T}$ – and, in general, it will not be unique up to $\mathbb{T}$-provable equivalence (whereas, by classical completeness, it will be unique if we specify its interpretation in every $\mathbb{T}$-model).

(*b*) The definability theorem is not true for regular or cartesian logic, for an obvious reason: if we take $R_M$ (for each model $M$) to be the union of two subsets defined by regular formulae-in-context, then it will be preserved by arbitrary homomorphisms, but will not in general be definable by a single regular formula (cf. 3.3.11). Nevertheless, we shall see later in this section that the conceptual completeness theorem, which for coherent logic may be viewed as a generalization of the result just proved, does hold for these two fragments of first-order logic. We should also mention that there is a 'classical definability theorem' for full (finitary) first-order logic, generally associated with the name of E. W. Beth, in which the hypothesis on the chosen subsets $R_M$ is simply that they are preserved by arbitrary isomorphisms of $\mathbb{T}$-models in **Set**; see [446, 6.6.4 and 10.5.1].

One possible way of regarding Theorem 3.5.1 is as follows. Using the notation of the proof, we have an *interpretation* of $\mathbb{T}$ in $\mathbb{T}_1$, that is a functor $I$ (preserving the appropriate structure) from the syntactic category of $\mathbb{T}$ to that of $\mathbb{T}_1$. Composition with $I$ yields a functor $I^*: \mathbb{T}_1\text{-Mod}(\mathbf{Set}) \to \mathbb{T}\text{-Mod}(\mathbf{Set})$: of course, this is just the functor which 'forgets' the interpretation of the extra relation symbol $R$. This functor is part of an equivalence of categories; observe that each $\mathbb{T}$-model has a *unique* extension to a $\mathbb{T}_1$-model, since the 'naturality' hypothesis ensures that there is a unique choice for $R_M$ in every $M$ (the identity morphism on $M$ is a $\mathbb{T}$-model homomorphism!). And the conclusion of the theorem says (roughly) that $I$ itself is an equivalence of categories (or at least a weak equivalence, as we defined it in Section A1.1), since the 'new' object $\{\vec{x}.R(\vec{x})\}$ of $\mathcal{C}_{\mathbb{T}_1}$ is isomorphic to one in the image of $I$. (Incidentally, since everything we shall do in this section depends on the classical completeness theorem, and therefore requires the axiom of choice – or at least the Boolean Prime Ideal Theorem, cf. 1.5.11 – we shall not worry too much about the difference between 'equivalence' and 'weak equivalence'.)

It would thus be of interest to have a theorem of the following form: 'Let $\mathcal{C}$ and $\mathcal{D}$ be small categories with structure (cartesian, regular or coherent, according to taste), and $I: \mathcal{C} \to \mathcal{D}$ a structure-preserving functor. If the functor $I^*: \mathfrak{K}(\mathcal{D}, \mathbf{Set}) \to \mathfrak{K}(\mathcal{C}, \mathbf{Set})$ induced by composition with $I$ is a weak equivalence (where $\mathfrak{K}$ denotes the meta-2-category of cartesian/regular/coherent categories), then $I$ is a weak equivalence'. Such a result is known as a *conceptual completeness theorem* for cartesian/regular/coherent logic.

For cartesian logic, the theorem is indeed true in the form just stated, and even in a stronger form:

**Lemma 3.5.3**

(i) *Let $\mathcal{C}$ and $\mathcal{D}$ be small cartesian categories such that $\mathfrak{Cart}(\mathcal{C}, \mathbf{Set}) \simeq \mathfrak{Cart}(\mathcal{D}, \mathbf{Set})$. Then $\mathcal{C}$ and $\mathcal{D}$ are equivalent.*

(ii) *Let $\mathbb{S}$ and $\mathbb{T}$ be cartesian theories such that* $\mathbb{S}$-Mod($\mathbf{Set}$) $\simeq$ $\mathbb{T}$-Mod($\mathbf{Set}$). *Then $\mathbb{S}$ and $\mathbb{T}$ are Morita-equivalent.*

**Proof** (i) We recall from C4.2.2(v) and B3.2.5 that, for a small cartesian category $\mathcal{C}$, the category $\mathfrak{Cart}(\mathcal{C}, \mathbf{Set})$ may be identified with the free filtered-colimit completion Ind-$\mathcal{C}^{\mathrm{op}}$ of $\mathcal{C}^{\mathrm{op}}$; moreover, $\mathcal{C}^{\mathrm{op}}$ is fully embedded in this category by the Yoneda embedding, and its objects may be recovered as the finitely-presentable objects of Ind-$\mathcal{C}^{\mathrm{op}}$ by C4.2.2(ii) (note that, since $\mathcal{C}$ is cartesian, it is Cauchy-complete). So any equivalence Ind-$\mathcal{C}^{\mathrm{op}} \simeq$ Ind-$\mathcal{D}^{\mathrm{op}}$ must restrict to an equivalence $\mathcal{C} \simeq \mathcal{D}$.

(ii) The second statement of the lemma is a simple translation of the first into the language of first-order theories, by 1.4.7 and 1.4.8. □

**Remark 3.5.4** For coherent logic, the conceptual completeness theorem cannot be true in this simple-minded form: there can be equivalences $\mathbb{S}$-Mod($\mathbf{Set}$) $\simeq$ $\mathbb{T}$-Mod($\mathbf{Set}$) which are not induced by any functor between the syntactic categories of $\mathbb{S}$ and $\mathbb{T}$. For a counterexample, consider the propositional theory $\mathbb{T}_B$ of prime filters of a Boolean algebra $B$, defined as in 1.1.7($m$). Since the prime filters of a Boolean algebra are all maximal (cf. 4.6.16 below), the category of $\mathbf{Set}$-models of $\mathbb{T}_B$ is (equivalent to) the discrete category whose objects are the prime filters. So an equivalence between two such categories, for Boolean algebras $B_1$ and $B_2$, would simply say that their spectra have the same cardinality; whereas, by 3.3.14, Morita equivalence of the theories would say that the spectra of $B_1$ and $B_2$ are homeomorphic (and hence, by Stone duality, that $B_1$ and $B_2$ are isomorphic). It is easy to give examples of pairs of Boolean algebras satisfying the first condition but not the second.

Indeed, for regular and coherent logic, the conceptual completeness theorem does not even hold in the form given before 3.5.3. For if $\mathcal{C}$ is any non-effective small regular category, then the embedding of $\mathcal{C}$ in its effectivization is not a weak equivalence, but it induces an equivalence $\mathfrak{Reg}(\mathcal{C}, \mathbf{Set}) \simeq \mathfrak{Reg}(\mathbf{Eff}(\mathcal{C}), \mathbf{Set})$ by A3.3.10, since **Set** is effective regular. Similarly for the embedding of any small coherent category $\mathcal{C}$ in its pretopos completion $\mathbf{Eff}(\mathbf{Pos}(\mathcal{C}))$. Thus the best we can hope for is a conceptual completeness theorem in which we restrict the categories $\mathcal{C}$ and $\mathcal{D}$ to be effective regular in the first case, and pretoposes in the second. (This is of course an important part of the reason why we defined Morita equivalence for regular and coherent theories in the way in which we did.) However, we note that this does not affect the definability result from which we started in this section: for the processes of effectivizing a regular category, and of positivizing a coherent category, do not add any new subobjects of the objects of the original category. (In the terminology to be introduced below, the embedding of a regular category in its effectivization, or of a coherent category in its positivization, is full on subobjects.)

In what follows, we shall (as in Section D3.3) deal almost exclusively with the coherent case; but the theorem is also true in the regular case, and may be proved by very similar methods. We shall discuss the changes which need to be made for the regular case in 3.5.12 below. In fact we may break the theorem down into a series of lemmas, each of which derives properties of the functor $I$ from 'dual' properties of $I^*$. For the first of these, the assumption that we are dealing with pretoposes rather than arbitrary coherent categories is not needed:

**Lemma 3.5.5** *Let $\mathcal{C}$ and $\mathcal{D}$ be small coherent categories, and $I \colon \mathcal{C} \to \mathcal{D}$ a coherent functor. If the functor $I^* \colon \mathfrak{Coh}(\mathcal{D}, \mathbf{Set}) \to \mathfrak{Coh}(\mathcal{C}, \mathbf{Set})$ induced by composition with $I$ is essentially surjective on objects, then $I$ is conservative.*

**Proof** Let $\mathbb{T}_{\mathcal{C}}$ and $\mathbb{T}_{\mathcal{D}}$ denote the (coherent) theories of coherent functors defined on $\mathcal{C}$ and $\mathcal{D}$, as constructed after 1.4.11. Let $m \colon A' \rightarrowtail A$ be a monomorphism in $\mathcal{C}$ such that $I(m)$ is an isomorphism. Then the sequent

$$(\top \vdash_x (\exists y)(m(y) = x))$$

(where $x$ and $y$ are variables of sorts $A$ and $A'$ respectively) is satisfied in any $\mathbb{T}_{\mathcal{C}}$-model which is the image under $I^*$ of a $\mathbb{T}_{\mathcal{D}}$-model. But the hypothesis of the lemma says that *every* $\mathbb{T}_{\mathcal{C}}$-model in **Set** is isomorphic to such a model; so by the completeness theorem 1.5.10(ii) it is provable in $\mathbb{T}_{\mathcal{C}}$, and hence satisfied in the model which corresponds to the identity functor on $\mathcal{C}$. In other words, $m$ is a cover, and hence an isomorphism, in $\mathcal{C}$. So it follows from A1.2.4 that $I$ is conservative. □

The next lemma is really the heart of the proof of conceptual completeness (as may be seen from the fact that the definability theorem is used in proving it). To state it, we need a new definition: we say that a functor $I \colon \mathcal{C} \to \mathcal{D}$ (which is assumed to preserve monomorphisms) is *full on subobjects* if, given any object $A$ of $\mathcal{C}$ and a subobject $B \rightarrowtail IA$ in $\mathcal{D}$, there exists $A' \rightarrowtail A$ in $\mathcal{C}$ such that $IA' \cong B$ in $\mathrm{Sub}_{\mathcal{D}}(IA)$.

**Lemma 3.5.6** *Let $\mathcal{C}$ and $\mathcal{D}$ be small coherent categories, and $I\colon \mathcal{C} \to \mathcal{D}$ a coherent functor. If the induced functor $I^*\colon \mathfrak{Coh}(\mathcal{D}, \mathbf{Set}) \to \mathfrak{Coh}(\mathcal{C}, \mathbf{Set})$ is full, then $I$ is full on subobjects. If in addition $I^*$ is essentially surjective on objects, then $I$ is full.*

**Proof** Suppose given a monomorphism $B \rightarrowtail IA$ in $\mathcal{D}$. As before, we let $\mathbb{T}_{\mathcal{C}}$ and $\mathbb{T}_{\mathcal{D}}$ denote the theories of coherent functors defined on $\mathcal{C}$ and $\mathcal{D}$. If $I^*$ is not essentially surjective on objects, then not every $\mathbb{T}_{\mathcal{C}}$-model is of the form $I^*(N)$, where $N$ is a $\mathbb{T}_{\mathcal{D}}$-model; but, as we remarked in 3.5.2($a$), this does not matter. For any model $M$ which is of this form, we may choose a $\mathbb{T}_{\mathcal{D}}$-model $N$ with $I^*(N) \cong M$ and then define $R_M \subseteq MA$ to be (the image of) the composite $NB \rightarrowtail NIA \cong MA$; then the hypothesis of the lemma ensures that this choice of subobjects is preserved by arbitrary $\mathbb{T}_{\mathcal{C}}$-model homomorphisms. So by the definability theorem 3.5.1 there is a coherent formula-in-context $x\,.\,\phi$ (where $x\colon A$) such that, if $A' \rightarrowtail A$ denotes the interpretation of this formula in the $\mathbb{T}_{\mathcal{C}}$-model corresponding to the identity functor on $\mathcal{C}$, then $IA' \rightarrowtail IA$ and $B \rightarrowtail IA$ are mapped to isomorphic subobjects by every coherent functor $\mathcal{D} \to \mathbf{Set}$. An easy application of classical completeness then shows that we must have $IA' \cong B$ in $\mathrm{Sub}(IA)$.

For the second assertion, we have simply to note that if a cartesian functor $I$ is both conservative and full on subobjects then it must be full. For if $g\colon IA \to IB$ is any morphism in $\mathcal{D}$, its graph is a subobject of $I(A \times B)$, and so must be isomorphic to $IA'$ for some $(d, e)\colon A' \rightarrowtail A \times B$ in $\mathcal{C}$. But then the conservativity of $I$ implies that $d$ is an isomorphism, so this subobject is the graph of a morphism $f = ed^{-1}$ in $\mathcal{C}$, which clearly satisfies $If = g$. □

For the next stage of the proof, we again need a new definition. Let us say that a coherent functor $I\colon \mathcal{C} \to \mathcal{D}$ is *finitely covering* if, for each object $B$ of $\mathcal{D}$, we can find a finite family of objects $(A_1, \ldots, A_n)$ of $\mathcal{C}$, subobjects $C_j \rightarrowtail IA_j$ in $\mathcal{D}$, and morphisms $C_j \to B$ in $\mathcal{D}$ the union of whose images is the whole of $B$.

**Lemma 3.5.7** *Let $\mathcal{C}$ and $\mathcal{D}$ be small coherent categories, and $I\colon \mathcal{C} \to \mathcal{D}$ a coherent functor such that $I^*\colon \mathfrak{Coh}(\mathcal{D}, \mathbf{Set}) \to \mathfrak{Coh}(\mathcal{C}, \mathbf{Set})$ is faithful. Then $I$ is finitely covering.*

**Proof** Let $B$ be an object of $\mathcal{D}$, and consider the set $X$ of pairs $(A, \phi)$ where $A$ is an object of $\mathcal{C}$ and $\phi$ is a coherent formula over the signature of $\mathbb{T}_{\mathcal{D}}$, having free variables $x$ and $y$ of sorts $IA$ and $B$ respectively, for which it is provable in $\mathbb{T}_{\mathcal{D}}$ that '$\phi$ denotes a partial map from $IA$ to $B$'; that is, the sequent

$$((\phi \wedge \phi[y'/y]) \vdash_{x,y,y'} (y = y'))$$

is provable in $\mathbb{T}_{\mathcal{D}}$. Add a new constant $c$ of sort $B$ to the signature of $\mathbb{T}_{\mathcal{D}}$, and consider the theory $\mathbb{T}_1$ over this enlarged signature whose axioms are those of $\mathbb{T}_{\mathcal{D}}$ plus all axioms of the form $(\phi[c/y] \vdash_x \bot)$ where $(A, \phi) \in X$. If $I$ is *not* finitely covering at the object $B$, then it is easy to see that each finite subset of $\mathbb{T}_1$ has a model, and hence $\mathbb{T}_1$ is consistent.

Consider a particular model of $\mathbb{T}_1$; we regard it as a pair $(M, m_0)$ where $M$ is a coherent functor $\mathcal{D} \to \mathbf{Set}$ and $m_0$ is the particular element of $MB$ which interprets the constant $c$. Our aim now is to construct another coherent functor $N: \mathcal{D} \to \mathbf{Set}$ and two natural transformations $\alpha, \beta: M \rightrightarrows N$ which agree at all objects of the form $IA$ but satisfy $\alpha_B(m_0) \neq \beta_B(m_0)$; this will contradict the hypothesis that $I^*$ is faithful, and so complete the proof. Much as in the proof of 3.5.1, we construct the triple $(N, \alpha, \beta)$ as a model of a suitable coherent theory which we can show to be consistent.

First we enlarge our signature again, by adding two new constants $d_m$ and $e_m$, both of sort $C$, for each element $m \in MC$ (and each object $C$ of $\mathcal{D}$). Let $\Delta$ be the set of all sequents $(\top \vdash_{[]} \delta)$, where $\delta$ is an atomic sentence involving the $d_m$ but not the $e_m$, which are satisfied in $M$ when each $d_m$ is interpreted as $m$, and let E be the set of similar sequents involving the $e_m$ but not the $d_m$. Let $\Gamma$ be the set of all sequents $(\top \vdash_{[]} (d_m = e_m))$ where the sort of $d_m$ and $e_m$ is in the image of $I$. Then it is clear that a model of the theory

$$\mathbb{T}_2 = \mathbb{T}_{\mathcal{D}} \cup \Gamma \cup \Delta \cup \mathrm{E}$$

is essentially the same thing as a coherent functor $N: \mathcal{D} \to \mathbf{Set}$ equipped with two natural transformations $M \rightrightarrows N$ (sending $m$ to the interpretations of $d_m$ and $e_m$ respectively) which agree on objects of the form $IA$. It thus suffices to show that we may consistently add the sequent $((d_{m_0} = e_{m_0}) \vdash_{[]} \bot)$ to this theory.

Suppose some finite subset $\mathbb{T}_3$ of $\mathbb{T}_2 \cup \{((d_{m_0} = e_{m_0}) \vdash_{[]} \bot)\}$ is inconsistent. By adding more axioms to $\mathbb{T}_3$ if necessary, we may assume that it contains exactly the corresponding members of $\Delta$ and of E; also that it contains the sequent $(\top \vdash_{[]} (d_m = e_m))$ whenever $d_m$ is mentioned in one of the members of $\Delta$ which appear in $\mathbb{T}_3$ and has sort in the image of $I$. Let $\delta$ be the conjunction of the atomic sentences $\delta_i$ such that $(\top \vdash_{[]} \delta_i)$ appears in $\mathbb{T}_3$; then we may replace all these sequents by a single sequent $(\top \vdash_{[]} \delta)$, and similarly we may replace the sequents in E which appear by a single sequent $(\top \vdash_{[]} \epsilon)$. Moreover, we may write $\delta = \phi[\vec{d}_1, \vec{d}_2, d_{m_0}/\vec{x}, \vec{y}, z]$ and $\epsilon = \phi[\vec{e}_1, \vec{e}_2, e_{m_0}/\vec{x}, \vec{y}, z]$, where $\phi$ is a formula in which we have substituted free variables for the constants appearing in $\delta$, and we have separated the latter into three groups: those whose sorts are in the image of $I$, those other than $d_{m_0}$ whose sorts are not in the image of $I$, and $d_{m_0}$ itself. But now the failure of $\mathbb{T}_3$ to have a model tells us that every $\mathbb{T}_{\mathcal{D}}$-model must satisfy the sequent

$$(((\exists \vec{y})\phi \wedge (\exists \vec{y})\phi[z'/z]) \vdash_{\vec{x}, z, z'} (z = z')) \ ;$$

in other words, it is provable in $\mathbb{T}_{\mathcal{D}}$ that the formula $(\exists \vec{y})\phi$ denotes a partial map $IA \rightharpoonup B$, where $A$ is the product (in $\mathcal{C}$) of the sorts of the variables in $\vec{x}$. So the pair $(A, (\exists \vec{y})\phi)$ belongs to the set $X$ that we constructed at the beginning of the proof – which contradicts the fact that we chose $(M, m_0)$ to be a model of $\mathbb{T}_1$.

□

To complete the proof of the conceptual completeness theorem, we need

**Lemma 3.5.8** *Let $\mathcal{C}$ be a pretopos, $\mathcal{D}$ a coherent category, and $I: \mathcal{C} \to \mathcal{D}$ a coherent functor which is full on subobjects, faithful and finitely covering. Then $I$ is essentially surjective on objects.*

**Proof** Given any object $B$ of $\mathcal{D}$, we have a finite covering family of partial maps $(IA_j \rightharpoonup B \mid 1 \leq j \leq n)$. Since $I$ is full on subobjects, the domain of each member of this family may be taken to be of the form $IA'_j$ for some $A'_j \rightarrowtail A_j$ in $\mathcal{C}$; then we may form the disjoint coproduct $A = \amalg_{j=1}^{n} A'_j$ in $\mathcal{C}$, and since $I$ preserves disjoint coproducts we have a cover $IA \twoheadrightarrow B$ in $\mathcal{D}$. Let $S \rightarrowtail IA \times IA \cong I(A \times A)$ be the kernel-pair of this cover; then we may again write $S \cong IR$ for some $R \rightarrowtail A \times A$ in $\mathcal{C}$, and since $I$ is faithful and hence conservative by A1.4.9, it is easy to see that $R$ 'inherits' the property of being an equivalence relation from $S$. Let $A \twoheadrightarrow \overline{A}$ be a cover in $\mathcal{C}$ whose kernel-pair is $R \rightrightarrows A$; then $IA \twoheadrightarrow I\overline{A}$ and $IA \twoheadrightarrow B$ are both coequalizers of $S \rightrightarrows IA$ in $\mathcal{D}$, and hence $I\overline{A} \cong B$. □

Putting everything together, we now have

**Theorem 3.5.9 (Conceptual Completeness for coherent logic)**

(i) *Let $\mathcal{C}$ and $\mathcal{D}$ be small pretoposes, and $I: \mathcal{C} \to \mathcal{D}$ a coherent functor such that $I^*: \mathfrak{Coh}(\mathcal{D}, \mathbf{Set}) \to \mathfrak{Coh}(\mathcal{C}, \mathbf{Set})$ is a weak equivalence. Then $I$ is a weak equivalence.*

(ii) *Let $\mathbb{S}$ and $\mathbb{T}$ be coherent theories, and suppose we are given an interpretation of $\mathbb{S}$ in $\mathbb{T}$ for which the induced functor $\mathbb{T}$-Mod(**Set**) $\to$ $\mathbb{S}$-Mod(**Set**) is a weak equivalence. Then $\mathbb{S}$ and $\mathbb{T}$ are Morita-equivalent.*

**Proof** The first statement is immediate from combining the last four lemmas. The second is simply its translation into the language of coherent theories. □

We may also state the theorem in a purely topos-theoretic form, as follows:

**Corollary 3.5.10** *Let $\mathcal{E}$ and $\mathcal{F}$ be coherent toposes, and let $f: \mathcal{F} \to \mathcal{E}$ be a geometric morphism such that $f^*$ maps coherent objects of $\mathcal{E}$ to coherent objects of $\mathcal{F}$, and such that composition with $f$ induces a weak equivalence $\mathfrak{Top}/\mathbf{Set}(\mathbf{Set}, \mathcal{F}) \to \mathfrak{Top}/\mathbf{Set}(\mathbf{Set}, \mathcal{E})$. Then $f$ is an equivalence.*

**Proof** Since $f^*$ preserves coherent objects, it restricts to a coherent functor between the pretoposes of coherent objects of $\mathcal{E}$ and $\mathcal{F}$; the second hypothesis on $f$ implies that this functor satisfies the hypothesis of 3.5.9(i). □

As an application of conceptual completeness (in fact of 3.5.7), we show that the situation encountered in Example 3.1.15 cannot occur amongst coherent toposes.

**Corollary 3.5.11**

(i) *Let $\mathcal{E}$ be a coherent topos such that the category $\mathfrak{Top}/\mathbf{Set}(\mathbf{Set}, \mathcal{E})$ is a preorder. Then $\mathcal{E}$ is localic over* **Set**.

(ii) *Let* $\mathbb{T}$ *be a coherent theory such that the category* $\mathbb{T}$-Mod(**Set**) *is a preorder. Then* $\mathbb{T}$ *is Morita-equivalent to a propositional theory.*

**Proof** The two statements are clearly equivalent; we shall prove the first. Suppose $\mathcal{E} \simeq \mathbf{Sh}(\mathcal{C}, T)$ where $\mathcal{C}$ is a small pretopos and $T$ is its coherent coverage; then, as we saw in 3.3.15, we may identify its localic reflection $\mathcal{L}$ (over **Set**) with $\mathbf{Sh}(\mathrm{Sub}_{\mathcal{C}}(1), T')$ where $T'$ is the coherent coverage on $\mathrm{Sub}_{\mathcal{C}}(1)$. Moreover, the hyperconnected geometric morphism $h \colon \mathcal{E} \to \mathcal{L}$ may be identified with that induced by the inclusion functor $I \colon \mathrm{Sub}_{\mathcal{C}}(1) \to \mathcal{C}$, as we saw in C2.3.22. Now $I$ is clearly conservative and full on subobjects; and the functor $\mathfrak{Coh}\,(\mathcal{C}, \mathbf{Set}) \to \mathfrak{Coh}\,(\mathrm{Sub}_{\mathcal{C}}(1), \mathbf{Set})$ which it induces is trivially faithful, since its domain is a preorder. So by 3.5.7 $I$ is finitely covering. It is now easy to see that $I$ induces a (weak) equivalence from the pretopos completion of $\mathrm{Sub}_{\mathcal{C}}(1)$ to $\mathcal{C}$; hence $h$ is an equivalence, and $\mathcal{E}$ is localic. □

**Remark 3.5.12** As we mentioned earlier, the definability theorem 3.5.1 does not hold (in the form in which we stated it) for regular logic. Nevertheless, the conceptual completeness theorem does hold: *if* $\mathcal{C}$ *and* $\mathcal{D}$ *are effective regular categories, and* $I \colon \mathcal{C} \to \mathcal{D}$ *is a regular functor such that* $I^* \colon \mathfrak{Reg}\,(\mathcal{D}, \mathbf{Set}) \to \mathfrak{Reg}\,(\mathcal{C}, \mathbf{Set})$ *is a weak equivalence, then* $I$ *is a weak equivalence.* The key ingredient which we need, in order to adapt the proof just given for coherent logic to the regular case, is Lemma 3.3.11. For example, in the proof of 3.5.6, the definability theorem yields, for a subobject $m \colon B \rightarrowtail IA$ in $\mathcal{D}$, a coherent formula-in-context $x \,.\, \phi$ (where $x$ is of sort $A$) over the signature of $\mathbb{T}_{\mathcal{C}}$, such that the regular formula $x \,.\, (\exists y)(my = x)$ is provably equivalent in $\mathbb{T}_{\mathcal{D}}$ to (the translation via $I^*$ of) $x \,.\, \phi$. But we may write $\phi$ as a finite disjunction $\bigvee_{i=1}^{n} \phi_i$ of regular formulae, by 1.3.8(ii); so in the case when $\mathbb{T}_{\mathcal{D}}$ is a regular theory we may conclude from 3.3.11 that $x \,.\, (\exists y)(my = x)$ is actually equivalent to one of the $x \,.\, \phi_i$. Similar modifications need to be made to the proof of 3.5.7 (in which we replace the finite covering family of partial maps by a single partial map); we omit the details.

**Remark 3.5.13** We should also mention that a substantially different proof of the conceptual completeness theorem has been given by A. M. Pitts [972]. Pitts's proof is more categorical in spirit, and derives the result from an 'interpolation property' for cocomma squares in the 2-category of pretoposes. In [974], Pitts extended this result to the 2-category of Heyting pretoposes (that is, pretoposes which are Heyting categories) and obtained a conceptual completeness theorem for full first-order logic. Unfortunately, the amount of machinery which has to be developed on the way to Pitts's proof is such as to place it beyond the scope of this book.

**Suggestions for further reading:** Ballard & Boshuck [43], Butz & Moerdijk [216], Makkai [781], Makkai & Reyes [790], Pitts [972–974], Zawadowski [1260].

# D4

# HIGHER-ORDER LOGIC

## D4.1 Interpreting higher-order logic in a topos

We now turn from first-order logic to higher-order logic: the principal extra feature of this logic, compared with that which we studied in Chapter D1, is that we have variables running over types whose intended interpretation is the set of all subsets of (the set denoted by) some other type, or the set of all functions between two such types – and we can therefore quantify over elements of such 'higher types'. The extra feature of our formal languages which makes this possible is the presence of *type constructors*, which build new types from old. In fact, as we remarked after Definition 1.1.1, the first of these type constructors (the product type constructor) was implicitly present already in our account of first-order logic, in that our function symbols and relation symbols had types assigned to them which were finite strings of sorts, and which were formally interpreted as products of those sorts. Now that we need other type constructors, it makes sense to add the product type constructor explicitly to our definition of a signature. We shall find it convenient to maintain the distinction between *sorts* which are the basic types given to us, along with the primitive function symbols and relation symbols, as part of the specification of our signature, and the *types* of the signature which may be either sorts or 'compound types' built up using type constructors.

**Definition 4.1.1** A *signature* $\Sigma$ for higher-order logic is defined by specifying a set $\Sigma$-Sort of *sorts*, a set $\Sigma$-Fun of *function symbols* and a set $\Sigma$-Rel of *relation symbols* as in 1.1.1, together with a number of *type constructors* chosen from the following list, which recursively define the set $\Sigma$-Typ of *types*:

(i) *Basic types*: Each sort is a type.

(ii) *Product types*: There is a distinguished type 1 (the empty product); and if $A$ and $B$ are types, then $A \times B$ is a type.

(iii) *Function types*: If $A$ and $B$ are types, then $[A \to B]$ is a type.

(iv) *Power types*: If $A$ is a type, then $PA$ is a type.

(v) *List types*: If $A$ is a type, then $LA$ is a type.

To each function symbol $f \in \Sigma$-Fun we assign an ordered pair $(A, B)$ of elements of $\Sigma$-Typ; as before, we write $f : A \to B$ to indicate that $f$ has the pair of types

$(A, B)$. Similarly, each relation symbol $R \in \Sigma$-Rel has a type in $\Sigma$-Typ, and we write $R \rightarrowtail A$ to indicate that $R$ has type $A$.

An alternative approach (which is used in [682], for example) is to assume given the entire set $\Sigma$-Typ as part of the primitive data, together with binary operations $(A, B \mapsto A \times B)$, $(A, B \mapsto [A \to B])$ and so on, on this set. Clearly, Definition 4.1.1 is more restrictive, in that we require $\Sigma$-Typ to be *freely* generated by the type constructors from the subset $\Sigma$-Sort of basic types; however, there are occasions when it is useful to be able to argue by induction over the 'complexity' of types, and for this purpose the recursive definition of types which we have given is essential.

If our signature has the type constructors (ii) and (iv), we shall often write $\Omega$ for the particular type $P1$. Similarly, if it has constructors (ii) and (v), we write $N$ (the type of natural numbers) for $L1$. Sometimes we may wish to consider signatures which have the type $N$ but not the general list type constructor. From now on, all our signatures will contain the product type constructor; thus we have restricted all our primitive function and relation symbols to be unary. (If our signature also contains function types, then we can further restrict our function symbols to be constants (function symbols of type $(1, B)$ for some $B$), since a function symbol $f : A \to B$ can be replaced by $\overline{f} : 1 \to [A \to B]$. And if $\Sigma$ has power types, then we can replace all primitive relation symbols by constants as well: a relation $R \rightarrowtail A$ becomes a constant $\ulcorner R \urcorner : 1 \to PA$.)

Associated with each type constructor, we have term constructors enabling us to build terms of the various compound types. The term constructor for power types in fact builds terms from formulae, so over a signature which contains power types we have to define terms and formulae by a simultaneous recursion; nevertheless, we shall present the recursive clauses of the definition for terms and for formulae separately in the two definitions which follow. Another feature which was not present in first-order logic is that some of the term constructors have the effect of binding variables, and so we have to keep track of the set $\mathrm{FV}(t)$ of free variables in a term $t$, as well as the free variables in a formula.

**Definition 4.1.2** Let $\Sigma$ be a higher-order signature. The collection of *terms* over $\Sigma$ is defined recursively, together with the *type* of each term (we write $t : A$ to indicate that the term $t$ has type $A$) and the (finite) set $\mathrm{FV}(t)$ of *free variables* of each term $t$, by the following clauses:

(i) We have a stock of *variables* $x : A$ for each type $A$; $\mathrm{FV}(x) = \{x\}$.

(ii) If $f : A \to B$ is a function symbol of $\Sigma$ and $t : A$, then $f(t) : B$; $\mathrm{FV}(f(t)) = \mathrm{FV}(t)$. (Since we have now restricted ourselves to unary function symbols, we often write simply $ft$ rather than $f(t)$.)

(iii) (*a*) We have a distinguished term $* : 1$; $\mathrm{FV}(*) = \emptyset$.

(*b*) If $s : A$ and $t : B$, then $\langle s, t \rangle : A \times B$; $\mathrm{FV}(\langle s, t \rangle) = \mathrm{FV}(s) \cup \mathrm{FV}(t)$.

(iv) If $t\colon A \times B$, then $\mathsf{fst}(t)\colon A$ and $\mathsf{snd}(t)\colon B$; both of these terms have the same free variables as $t$.

(v) If $t : B$ and $x$ is a variable of type $A$, then $\lambda x\colon A.t : [A \to B]$; $\mathrm{FV}(\lambda x\colon A.t) = \mathrm{FV}(t) \setminus \{x\}$. (If we do not need to specify the type of the variable $x$, then we simply write $\lambda x.t$ for $\lambda x\colon A.t$.)

(vi) If $s\colon [A \to B]$ and $t\colon A$, then $\mathsf{app}(s,t)\colon B$; $\mathrm{FV}(\mathsf{app}(s,t)) = \mathrm{FV}(s) \cup \mathrm{FV}(t)$. (We often abbreviate $\mathsf{app}(s,t)$ to $s(t)$, or even to $st$, but for formal purposes it is useful to have a notation which distinguishes between application of a function symbol to a term, as in (ii), and application of a term whose type is a function type.)

(vii) If $\phi$ is a formula and $x$ is a variable of type $A$, then $\{x : A \mid \phi\} : PA$; $\mathrm{FV}(\{x\colon A \mid \phi\}) = \mathrm{FV}(\phi) \setminus \{x\}$. (Again, we may abbreviate this to $\{x \mid \phi\}$ if it is not necessary to specify the type of $x$.)

(viii) (a) For each type $A$, there is a distinguished term $[\,]$ of type $LA$; $\mathrm{FV}([\,]) = \emptyset$.

(b) If $s : A$ and $t : LA$, then $\mathsf{cons}(s,t) : LA$; $\mathrm{FV}(\mathsf{cons}(s,t)) = \mathrm{FV}(s) \cup \mathrm{FV}(t)$. (Intuitively, $\mathsf{cons}(s,t)$ is the list obtained by appending $s$ to the list $t$. In the particular case $A = 1$, we normally write $\mathsf{succ}(t)$ for $\mathsf{cons}(*,t)$ and $\mathsf{zero}$ for $[\,]$.)

(ix) The remaining term constructor associated with list types, the *iterator*, is more complicated. Suppose we have variables $x, y$ of types $A, B$ respectively (here $A$ and $B$ may be the same type, but $x$ and $y$ must be distinct), and suppose given terms $s, t, u$ of types $A, A, LB$ respectively, such that $x$ and $y$ are not free in either $t$ or $u$. Then $\mathsf{iter}_{x,y}(s,t,u)$ is a term of type $A$, in which all occurrences of $x$ and $y$ in $s$ are bound, but the other free variables of $s$, $t$ and $u$ remain free. (The intuition behind this definition is that $A$ denotes a set of 'values' and $B$ a set of 'instructions': the term $s$ (which is implicitly assumed to involve the variables $x$ and $y$, even though it need not do so in practice) is thought of as a 'machine' which, given an input value $x$ and an instruction $y$, produces an output value from them. Then $\mathsf{iter}_{x,y}(s,t,u)$ denotes the value at which we arrive, starting from the input value $t$, if we make the machine follow the 'program' (list of instructions) $u$.) In the particular case $B = 1$ (so that $LB = N$), we can simplify this constructor by omitting the variable $y$: thus we simply write $\mathsf{iter}_x(s,t,u)$ in this case.

Of course, clauses (v) and (vi) of the definition apply only if we have function types in $\Sigma$, clause (vii) only if we have power types, and clauses (viii) and (ix) only if we have list types. Note that, except for power types, the clauses come in pairs consisting of one or more 'constructors' which build terms of a compound type from terms of simpler types (clauses (iii), (v), (viii)) and one or more 'destructors' which build terms of simpler types from terms of the compound type (clauses (iv), (vi) and (ix)). The reason why we have no 'destructor' for power types is that, just as the constructor for power types builds terms out of formulae rather than terms, the corresponding destructor builds formulae out of terms of a power type – it thus appears as clause (iii) of the next definition.

**Definition 4.1.3** The *atomic formulae* over $\Sigma$ are of three kinds:

(i) If $R \rightarrowtail A$ is a relation symbol and $t\colon A$, then $R(t)$ is an atomic formula; $\mathrm{FV}(R(t)) = \mathrm{FV}(t)$.

(ii) If $s$ and $t$ are terms of the same type $A$, then $(s =_A t)$ is an atomic formula; $\mathrm{FV}(s =_A t) = \mathrm{FV}(s) \cup \mathrm{FV}(t)$.

(iii) If $s : A$ and $t : PA$ for some $A$, then $(s \in_A t)$ is an atomic formula; $\mathrm{FV}(s \in_A t) = \mathrm{FV}(s) \cup \mathrm{FV}(t)$.

The compound formulae over $\Sigma$ are built up from the atomic formulae exactly as in clauses (iii)–(x) of Definition 1.1.3.

We normally omit the type subscripts from $=_A$ and $\in_A$ whenever it is safe to do so.

In order to define the notion of $\Sigma$-structure in a category $\mathcal{C}$, we need to know that $\mathcal{C}$ has the categorical structure required to interpret the type constructors present in $\Sigma$. Thus, if $\Sigma$ contains product types, we require $\mathcal{C}$ to have finite products; if $\Sigma$ contains function types, we require $\mathcal{C}$ to be cartesian closed; if $\Sigma$ contains power types, we require $\mathcal{C}$ to have power objects (i.e. to be a topos), and if $\Sigma$ contains list types, then we require $\mathcal{C}$ to have list objects as defined in A2.5.15. (In fact if $\mathcal{C}$ is not cartesian closed, then we need to strengthen the definition of list object along the lines suggested in A2.5.3: we say that $(LA, o_A, s_A)$ is a list object over $A$ if, given morphisms $b\colon C \to B$ and $t\colon A \times B \times C \to B$, there is a unique $f\colon LA \times C \to B$ making

$$\begin{array}{ccccc}
1 \times C & \xrightarrow{o_A \times 1} & LA \times C & \xleftarrow{s_A \times 1} & A \times LA \times C \\
\downarrow{\scriptstyle \pi_2} & & \downarrow{\scriptstyle f} & & \downarrow{\scriptstyle (1 \times f, \pi_3)} \\
C & \xrightarrow{\quad b \quad} & B & \xleftarrow{\quad t \quad} & A \times B \times C
\end{array}$$

commute. If $\mathcal{C}$ is cartesian closed, then this version of the definition may easily be deduced from the special case $C = 1$ which we gave as the definition in A2.5.15, just as we deduced A2.5.2 from A2.5.1 for natural number objects.) We shall summarize the above restrictions on $\mathcal{C}$ by saying '$\mathcal{C}$ is a suitable category for $\Sigma$'.

**Definition 4.1.4** Let $\Sigma$ be a higher-order signature, and $\mathcal{C}$ a suitable category for $\Sigma$. A $\Sigma$-*structure* $M$ in $\mathcal{C}$ is defined by specifying a function $\Sigma$-Sort $\to$ ob $\mathcal{C}$, which we denote $A \mapsto MA$ and which we extend to a function $\Sigma$-Typ $\to$ ob $\mathcal{C}$ 'in the obvious way'; i.e. we define $M1$ to be the terminal object 1 of $\mathcal{C}$, $M(A \times B)$ to be $MA \times MB$, $M[A \to B]$ to be the exponential $MB^{MA}$, $M(PA)$ to be the power object $P(MA)$ and $M(LA)$ to be the list object $L(MA)$. In addition, $M$ is required to specify a morphism $Mf: MA \to MB$ for each function symbol $f: A \to B$ of $\Sigma$, and a subobject $MR \rightarrowtail MA$ for each relation symbol $R \rightarrowtail A$ of $\Sigma$.

Note that, in contrast to Definition 1.2.1, we have *not* defined the notion of a homomorphism of $\Sigma$-structures. The reason is that the power object functor is contravariant, and the exponential functor $(A, B) \mapsto B^A$ is contravariant in its first variable; so if we are given a family of morphisms $MA \to NA$ for each sort $A$, we will not in general obtain morphisms $MA \to NA$ for each type $A$. Nevertheless, we can define a notion of *isomorphism* of $\Sigma$-structures in an obvious way; and these are the only morphisms of higher-order structures which we shall need to consider in practice.

The notions of *context*, of *term-in-context*, of *formula-in-context* and of *sequent* are all defined just as they were in the first-order case.

**Definition 4.1.5** If $M$ is a $\Sigma$-structure in a suitable category $\mathcal{C}$ (and in addition $\mathcal{C}$ has the structure required to interpret the propositional connectives and quantifiers involved), we assign to each term-in-context $\vec{x}.t$ of type $B$ an interpretation $[\![\vec{x}.t]\!]_M: MA_1 \times \cdots \times MA_n \to MB$ (where $A_1, \ldots, A_n$ is the string of types of the variables in the context $\vec{x}$), and to each formula-in-context $\vec{x}.\phi$ an interpretation $[\![\vec{x}.\phi]\!]_M \rightarrowtail MA_1 \times \cdots \times MA_n$, by the following clauses (in which we omit the subscript $M$'s, and write $A$ for the product type $A_1 \times \cdots \times A_n$):

(i) If $t$ is a variable $x_i$, then $[\![\vec{x}.t]\!]$ is the projection $\pi_i$.

(ii) If $t$ is $f(s)$ (where $s: C$, say), then $[\![\vec{x}.t]\!]$ is the composite

$$MA \xrightarrow{[\![\vec{x}.s]\!]} MC \xrightarrow{Mf} MB\,.$$

(iii) If $t$ is $*$, then $[\![\vec{x}.t]\!]$ is the unique morphism $MA \to 1$.

(iv) If $B = B_1 \times B_2$ and $t$ is $\langle r, s\rangle$, then $[\![\vec{x}.t]\!]$ is

$$MA \xrightarrow{([\![\vec{x}.r]\!], [\![\vec{x}.s]\!])} MB_1 \times MB_2\,.$$

(v) If $t$ is $\mathsf{fst}(s)$ where $u: B \times C$, then $[\![\vec{x}.t]\!]$ is

$$MA \xrightarrow{[\![\vec{x}.s]\!]} MB \times MC \xrightarrow{\pi_1} MB$$

(and similarly if $t$ is $\mathsf{snd}(s)$).

(vi) If $B = [C \to D]$ and $t$ is $\lambda z.s$ (where we assume for convenience – by renaming the bound variable if necessary – that $z$ does not appear in the context $\vec{x}$), then $[\![\vec{x}.t]\!]$ is the exponential transpose of

$$MA \times MC \xrightarrow{[\![\vec{x}, z.s]\!]} MD\,.$$

(vii) If $t$ is $\mathsf{app}(r, s)$ where $r\colon [C \to B]$, then $[\![\vec{x}\,.\,t]\!]$ is

$$MA \xrightarrow{([\![\vec{x}\,.\,r]\!],\,[\![\vec{x}\,.\,s]\!])} MB^{MC} \times MC \xrightarrow{\mathrm{ev}} MB\,.$$

(viii) If $B = PC$ and $t$ is $\{z\colon C \mid \phi\}$ (where, once again, we assume that $z$ does not appear in $\vec{x}$), then $[\![\vec{x}\,.\,t]\!]$ is the name of the relation

$$[\![\vec{x}, z\,.\,\phi]\!] \rightarrowtail MA \times MC\,.$$

(ix) If $B = LC$ and $t$ is $[\,]$, then $[\![\vec{x}\,.\,t]\!]$ is

$$MA \longrightarrow 1 \xrightarrow{o_{MC}} L(MC)\,.$$

(x) Similarly, if $B = LC$ and $t$ is $\mathsf{cons}(r, s)$, then $[\![\vec{x}\,.\,t]\!]$ is

$$MA \xrightarrow{([\![\vec{x}\,.\,r]\!],\,[\![\vec{x}\,.\,s]\!])} MC \times L(MC) \xrightarrow{s_{MC}} L(MC)\,.$$

(xi) If $t$ is $\mathsf{iter}_{y,z}(r, s, u)$ where $y\colon B$ and $z\colon C$, then $[\![\vec{x}\,.\,t]\!]$ is the composite

$$MA \xrightarrow{([\![\vec{x}\,.\,u]\!],\,1)} L(MC) \times MA \xrightarrow{f} MB,$$

where $f$ is the unique morphism making

$$\begin{array}{ccccc}
1 \times MA & \xrightarrow{o_{MC} \times 1} & L(MC) \times MA & \xleftarrow{s_{MC} \times 1} & MC \times L(MC) \times MA \\
\Big\downarrow{\scriptstyle \pi_2} & & \Big\downarrow{\scriptstyle f} & & \Big\downarrow{\scriptstyle (1 \times f,\, \pi_3)} \\
MA & \xrightarrow{[\![\vec{x}\,.\,s]\!]} & MB & \xleftarrow{[\![z, y, \vec{x}\,.\,r]\!]} & MC \times MB \times MA
\end{array}$$

commute.

(xii) If $\phi$ is the atomic formula $(s \in_B t)$, then $[\![\vec{x}\,.\,\phi]\!] \rightarrowtail MA$ is the subobject obtained by pulling back the universal relation $\in_{MB} \rightarrowtail MB \times P(MB)$ along

$$MA \xrightarrow{([\![\vec{x}\,.\,s]\!],\,[\![\vec{x}\,.\,t]\!])} MB \times P(MB)\,.$$

(xii–xxiii) The interpretations of the other atomic formulae, and of all compound formulae, are defined exactly as in clauses (i)–(x) of Definition 1.2.6.

Of course, we say a $\Sigma$-structure $M$ *satisfies* a sequent $(\phi \vdash_{\vec{x}} \psi)$ if $[\![\vec{x}\,.\,\phi]\!] \leq [\![\vec{x}\,.\,\psi]\!]$ in $\mathrm{Sub}(MA)$; and we say $M$ is a *model* for a theory $\mathbb{T}$ over $\Sigma$ (that is, a set of sequents over $\Sigma$) if it satisfies all the sequents in $\mathbb{T}$.

As in the first-order case, we have a Substitution Property for the terms and formulae of our higher-order languages, which is proved in the same way as 1.2.4 and 1.2.7.

**Lemma 4.1.6** *Suppose $M$ is a $\Sigma$-structure in a suitable category $\mathcal{C}$ (and that the first-order structure of $\mathcal{C}$, to the extent that it is used in the interpretation of the terms and formulae mentioned below, is stable under pullback). Let $\vec{y}.t$ be a term-in-context (respectively, let $\vec{y}.\phi$ be a formula-in-context) over the signature $\Sigma$; let $\vec{s}$ be a string of terms of the same length and type as the string $\vec{y}$, and let $\vec{x}$ be a context suitable for all the terms in $\vec{s}$. Then $[\![\vec{x}.t[\vec{s}/\vec{y}]]\!]$ is the composite*

$$M(A_1 \times \cdots \times A_n) \xrightarrow{([\![\vec{x}.s_1]\!],\ldots,[\![\vec{x}.s_m]\!])} M(B_1 \times \cdots \times B_m) \xrightarrow{[\![\vec{y}.t]\!]} MC$$

*(respectively, $[\![\vec{x}.\phi[\vec{s}/\vec{y}]]\!]$ is the pullback of $[\![\vec{y}.\phi]\!] \rightarrowtail M(B_1 \times \cdots \times B_m)$ along the first factor of the above composite), where $A_i$, $B_j$ and $C$ are the types of $x_i$, $y_j$ and $t$ respectively.* □

We next record the relationships between the term constructors and destructors introduced in 4.1.2 and 4.1.3, which express in the formal language the fact that they are associated with certain bijections in the categorical structure. We say a sequent is *valid* in a (suitable) category $\mathcal{C}$ if it is satisfied by every structure (for the appropriate signature) in $\mathcal{C}$.

**Lemma 4.1.7**

(i) *In any category with finite products, the sequents* $(\top \vdash_w (w = *))$,

$$(\top \vdash_{x,y} (\mathsf{fst}(\langle x,y\rangle) = x)), \quad (\top \vdash_{x,y} (\mathsf{snd}(\langle x,y\rangle) = y)) \quad \textit{and}$$
$$(\top \vdash_z (\langle \mathsf{fst}(z), \mathsf{snd}(z)\rangle = z))$$

*are valid. (Here $w$ and $z$ are variables of types $1$ and $A \times B$ respectively; the types of $x$ and $y$ are arbitrary.)*

(ii) *In any cartesian closed category, the sequents*

$$(\top \vdash_{\vec{x},z} (\mathsf{app}(\lambda y.t, z) = t[z/y])) \quad \textit{and} \quad (\top \vdash_u (\lambda y.\mathsf{app}(u,y) = u))$$

*are valid. (Here $t$ is a term of arbitrary type whose free variables are in the string $\vec{x}, y$, and $u$ is a variable of function type.)*

(iii) *In any topos, the sequents*

$$((z \in_A \{y : A \mid \phi\}) \dashv\vdash_{\vec{x},z} \phi[z/y]) \quad \textit{and} \quad (\top \vdash_w (\{x : A \mid x \in_A w\} = w))$$

*are valid. (Here $\phi$ is any formula with free variables in the string $\vec{x}, y$, and $w$ is a variable of type $PA$.)*

(iv) *In any category with finite products and list objects, the three sequents* $(\top \vdash_{\vec{z},w} (\mathsf{iter}_{x,y}(s,w,[\,]) = w))$,

$$(\top \vdash_{\vec{z},u,v,w} (\mathsf{iter}_{x,y}(s,w,\mathsf{cons}(u,v)) = s[\mathsf{iter}_{x,y}(s,w,v),u/x,y]))$$

*and* $(\top \vdash_z (\mathsf{iter}_{x,y}(\mathsf{cons}(y,x),[\,],z) = z))$ *are valid. (In the first two of these,* $s$ *is a term whose free variables are in the string* $x, y, \vec{z}$, *and in the third* $x, y, z$ *are variables of types* $LA, A, LA$ *respectively.)*

**Proof** These are all straightforward when we translate them into assertions about morphisms in categories via the clauses of 4.1.5. For example, the two sequents in (ii) assert that transpositions in the two directions across the exponential adjunction are inverse to each other, and (iii) similarly encodes the bijection between morphisms $A \to PB$ in a topos and subobjects of $A \times B$. The first two sequents of (iv) are just the commutativity of the two cells in the diagram of 4.1.5(xi), and the third one follows from the fact that the unique morphism $LA \to LA$ commuting with $o_A$ and $s_A$ is the identity. □

As in Section D1.3, we may associate with any suitable category $\mathcal{C}$ a *canonical signature* $\Sigma_{\mathcal{C}}$, with one sort $\ulcorner A \urcorner$ for each object $A$ of $\mathcal{C}$, one function symbol $\ulcorner f \urcorner \colon \ulcorner A \urcorner \to \ulcorner B \urcorner$ for each morphism $f \colon A \to B$ of $\mathcal{C}$, and one relation symbol $\ulcorner R \urcorner \rightarrowtail \ulcorner A \urcorner$ for each monomorphism $R \rightarrowtail A$ in $\mathcal{C}$. (Strictly speaking, we should require $\mathcal{C}$ to be small here, but in practice we shall use this notation informally for non-small categories as well. Provided $\mathcal{C}$ has the categorical structure needed to interpret the type constructors of $\Sigma_{\mathcal{C}}$, we then have a canonical $\Sigma_{\mathcal{C}}$-structure in $\mathcal{C}$ (to which we do not bother to give a name).)

Note, incidentally, that $\Sigma_{\mathcal{C}}$ has many more types than $\mathcal{C}$ has objects, since $\ulcorner A \urcorner \times \ulcorner B \urcorner$ is different from $\ulcorner A \times B \urcorner$, and so on, although they are interpreted as the same object of $\mathcal{C}$. Informally, we shall tend to identify two types of $\Sigma_{\mathcal{C}}$ if they 'become equal on removing the $\ulcorner\ \urcorner$'s', and thus if (for example) $f \colon PA \to B^C$ is a morphism of $\mathcal{C}$ we shall feel free to use $\ulcorner f \urcorner$ as a function symbol of type $P\ulcorner A \urcorner \to [\ulcorner C \urcorner \to \ulcorner B \urcorner]$, rather than $\ulcorner PA \urcorner \to \ulcorner B^C \urcorner$, if it seems appropriate to do so. Similarly, we shall feel free to commit such abuses of notation as writing $\{\langle x,y\rangle \colon A \times B \mid \phi\}$, where $\phi$ is a formula having free variables $x$ and $y$ of types $A$ and $B$, for the term of type $P(\ulcorner A \urcorner \times \ulcorner B \urcorner)$ (or of type $\ulcorner P(A \times B) \urcorner$) which should properly be written as $\{w \colon \ulcorner A \urcorner \times \ulcorner B \urcorner \mid \phi[\mathsf{fst}(w),\mathsf{snd}(w)/x,y]\}$. For the formal mechanism needed to make this precise, see 4.2.7 below.

Of course, we say that $\mathcal{C}$ *satisfies* a higher-order sequent $\sigma$ over $\Sigma_{\mathcal{C}}$, and write $\mathcal{C} \models \sigma$, if the nameless $\Sigma_{\mathcal{C}}$-structure in $\mathcal{C}$ satisfies $\sigma$. (In the particular case – which in fact suffices when we have full first-order logic available, as we remarked after 1.1.5 – that $\sigma$ is of the form $(\top \vdash_{[\,]} \phi)$, we shall simply say that $\mathcal{C}$ satisfies the sentence $\phi$.) Thus we may use the higher-order language over $\Sigma_{\mathcal{C}}$ to reason about objects and morphisms of $\mathcal{C}$, as we did in the first-order case in 1.3.13 and 1.3.14. In the particular case when $\mathcal{C}$ is a topos, we shall often refer to the higher-order language over $\Sigma_{\mathcal{C}}$ as the *internal language of* $\mathcal{C}$.

As an example of the uses to which the canonical signature may be put, we prove a long-promised result, the 'Cantor diagonal argument' for toposes.

**Proposition 4.1.8**

(i) *If a topos $\mathcal{E}$ contains an object $A$ such that $PA$ is a subquotient of $A$ (cf.* A4.6.1*), then $\mathcal{E}$ is degenerate (i.e. equivalent to the terminal category* **1***).*

(ii) *If there exists a monomorphism $A^A \rightarrowtail A$ in a Boolean topos $\mathcal{E}$, then $A \cong 1$.*

**Proof** (i) Note first that if we are given morphisms

$$PA \overset{g}{\twoheadleftarrow} B \overset{f}{\rightarrowtail} A$$

expressing $PA$ as a subquotient of $A$, then on applying the covariant and contravariant power-object functors we obtain

$$PPA \underset{\exists g}{\overset{Pg}{\rightleftarrows}} PB \underset{Pf}{\overset{\exists f}{\rightleftarrows}} PA$$

expressing $PPA$ as a retract of $PA$, by A2.2.5 and A2.3.6(iii); so we might as well start from the assumption that we have morphisms $i\colon PA \rightarrowtail A$ and $r\colon A \twoheadrightarrow PA$ with $ri = 1_{PA}$. Now consider the closed term

$$\{x\colon A \mid \neg(x \in_A \ulcorner r \urcorner(x))\}$$

of type $PA$; let us denote this term by $c$ (for Cantor). Is the sentence $\phi \equiv (\ulcorner i \urcorner(c) \in_A c)$ satisfied in $\mathcal{E}$? If so, then we have $\mathcal{E} \models \neg(\ulcorner i \urcorner(c) \in_A \ulcorner r \urcorner(\ulcorner i \urcorner(c)))$; but we also have $\mathcal{E} \models (\ulcorner r \urcorner(\ulcorner i \urcorner(c)) = c)$, and so we deduce that $\mathcal{E} \models (\phi \vdash \neg\phi)$, whence $\mathcal{E} \models (\phi \vdash \bot)$, i.e. $\mathcal{E} \models \neg\phi$. But from $\neg\phi$ we can similarly deduce $\neg\neg\phi$, and hence $\bot$, so $\mathcal{E} \models \bot$; but the latter is exactly the statement that $\mathcal{E}$ is degenerate.

(ii) The hypothesis clearly implies that we have a morphism $1 \to A$, since there exists a morphism $\overline{1_A}\colon 1 \to A^A$; so we need only prove that $A \to 1$ is monic, i.e. that the sentence $(\forall x, y\colon A)(x = y)$ is satisfied in $\mathcal{E}$. But since $\mathcal{E}$ is Boolean, it satisfies

$$((\forall x, y\colon A)(x = y) \vee (\exists x, y\colon A)\neg(x = y))\ ;$$

let $U \rightarrowtail 1$ and $V \rightarrowtail 1$ be the interpretations of the two halves of this disjunction. Interpreting the second half, we see that there is an epimorphism $B \twoheadrightarrow V$ and a monomorphism $B^*(2) \rightarrowtail B^*(A)$ in $\mathcal{E}/B$. But $B^*(2)$ is the subobject classifier of the latter topos, and so we obtain a monomorphism $P(B^*(A)) \cong B^*(2)^{B^*(A)} \rightarrowtail B^*(A)^{B^*(A)} \cong B^*(A^A) \rightarrowtail B^*(A)$. Thus by part (i) $\mathcal{E}/B$ is degenerate, so $B \cong 0$; hence $V \cong 0$ and $U \cong 1$, as required. □

The assumption of Booleanness in part (ii) of 4.1.8 cannot be omitted. We shall see in 4.2.16 below that there exist cartesian closed categories $\mathcal{C}$ (which may be taken to be small) containing nontrivial examples of objects $A$ such that $A \cong A^A$; and by A1.5.6(i) these examples are preserved by the Yoneda embedding $\mathcal{C} \to [\mathcal{C}^{\mathrm{op}}, \mathbf{Set}]$. The following example is also of interest:

**Example 4.1.9** *There exists a non-degenerate (non-Boolean) topos $\mathcal{E}$ with a natural number object $N$, such that $N^N$ is a subquotient of $N$.* We construct $\mathcal{E}$ as the classifying topos $\mathbf{Set}[\mathbb{T}]$ of a propositional geometric theory $\mathbb{T}$, namely the theory of 'partial surjections from $\mathbb{N}$ to $\mathbb{N}^{\mathbb{N}}$', which is (the case $A = \mathbb{N}^{\mathbb{N}}$ of) the intersection of the two theories considered in C1.2.8 and C1.2.9. Explicitly, we take a signature with primitive propositions $p(n, f)$ indexed by pairs consisting of a natural number $n$ and a function $f \colon \mathbb{N} \to \mathbb{N}$, with the axioms

$$((p(n, f) \wedge p(n, g)) \vdash \bot)$$

whenever $f \neq g$, and

$$(\top \vdash \bigvee\{p(n, f) \mid n \in \mathbb{N}\})$$

for each $f \in \mathbb{N}^{\mathbb{N}}$. We shall also write $\mathbb{T}_0$ for the subtheory of $\mathbb{T}$ having only the first group of axioms, i.e. the theory of partial maps $\mathbb{N} \rightharpoondown \mathbb{N}^{\mathbb{N}}$.

It is easy to see that the classifying topos of $\mathbb{T}_0$ may be identified with the functor category $[P^{\mathrm{op}}, \mathbf{Set}]$, where $P$ is the poset of finite conjunctions $\bigwedge_{i=1}^{n} p(n_i, f_i)$ which are consistent (i.e. satisfy $n_i \neq n_j$ whenever $i \neq j$), ordered by entailment. Equivalently, we may think of $P$ as the poset of partial functions $\mathbb{N} \rightharpoondown \mathbb{N}^{\mathbb{N}}$ with finite domain, ordered by the relation of extension, as in A2.1.11$(g)$. Moreover, the coverage on this poset generated by the second group of axioms is exactly that considered in A2.1.11$(g)$: explicitly, for each $f \colon \mathbb{N} \to \mathbb{N}$, each finite partial function $\phi \colon \mathbb{N} \rightharpoondown \mathbb{N}^{\mathbb{N}}$ is covered by the set of all $\phi'$ which extend $\phi$ and have $f$ in their image. We note that these covers are all inhabited, so $\mathcal{E} = \mathbf{Set}[\mathbb{T}] \simeq \mathbf{Sh}(P, T)$ is a dense subtopos of $[P^{\mathrm{op}}, \mathbf{Set}] \simeq \mathbf{Set}[\mathbb{T}_0]$, and in particular non-degenerate. Moreover, the generic $\mathbb{T}$-model expresses $\gamma^*(\mathbb{N}^{\mathbb{N}})$ as a subquotient of $\gamma^*(\mathbb{N})$ in $\mathcal{E}$, where $\gamma \colon \mathcal{E} \to \mathbf{Set}$ is the unique geometric morphism; and we know that $\gamma^*(\mathbb{N})$ is the natural number object of $\mathcal{E}$, by A4.1.14. But we also know that the exponential $N^N$ in $[P^{\mathrm{op}}, \mathbf{Set}]$ is simply the constant functor with value $\mathbb{N}^{\mathbb{N}}$, by A1.5.6(ii); and this constant functor is a sheaf by A2.1.11$(g)$, and is therefore $\gamma^*(\mathbb{N}^{\mathbb{N}})$. Moreover, the inclusion $\mathbf{Sh}(P, T) \to [P^{\mathrm{op}}, \mathbf{Set}]$ is a cartesian closed functor by A4.2.9, so this object must also be the exponential $N^N$ as computed in the subtopos. (Alternatively, we could argue using C3.3.11$(c)$ that $\mathcal{E}$ is a locally connected topos, and so $\gamma^*$ preserves exponentials.)

We remark that the effective topos (which we shall study in Section F2.2) provides another example of a topos in which $N^N$ is a subquotient of $N$; thus the main interest of 4.1.9 is in the fact that this phenomenon can occur in a Grothendieck topos. Note also that if we tried to replace the theory of partial surjections by the theory of injections $\mathbb{N}^{\mathbb{N}} \rightarrowtail \mathbb{N}$, as in C1.2.9 (that is, if we added the axioms $(\top \vdash \bigvee\{p(n,f) \mid f \in \mathbb{N}^{\mathbb{N}}\})$ for each $n \in \mathbb{N}$), we would not obtain a locally connected topos; and in fact the exponential $N^N$ in this topos would be bigger than $\gamma^*(\mathbb{N}^{\mathbb{N}})$ (and so would not occur as a subobject of $N$). Intuitively, this is because the presence of a generic monomorphism $f\colon \mathbb{N}^{\mathbb{N}} \rightarrowtail \mathbb{N}$ allows us to define 'new' functions $N \to N$ which were not present in our original topos of sets (for example, the function whose value at $n$ is $f$ applied to the constant function with value $n$), whereas the partial surjection which is present in the topos of 4.1.9 does not allow us to define any new total functions. Similar remarks apply to the theory of surjections $\mathbb{N} \twoheadrightarrow \mathbb{N}^{\mathbb{N}}$, considered in C1.2.8. In fact there can never be an epimorphism $N \twoheadrightarrow N^N$ in a non-degenerate topos, by the standard argument used to prove the existence of non-recursive functions: given any morphism $g\colon N \to N^N$, the composite

$$N \xrightarrow{(g,1)} N^N \times N \xrightarrow{\text{ev}} N \xrightarrow{s} N$$

transposes to yield a morphism $1 \to N^N$ disjoint from the image of $g$.

As another example of the uses of the canonical signature, we prove the Knaster–Tarski fixed-point theorem and use it to discuss the Cantor–Bernstein theorem (fulfilling a promise made in B2.3.4).

**Lemma 4.1.10 (Knaster–Tarski Theorem)** *Let $A$ be a complete internal poset in a topos, and suppose $f\colon A \to A$ is an order-preserving map. Then $f$ has a fixed point; that is, there exists $a\colon 1 \to A$ such that $fa = a$.*

**Proof** Consider the subobject $Q \rightarrowtail A$ defined by the term

$$\{x\colon A \mid \langle x, \ulcorner f \urcorner(x)\rangle \in \ulcorner A_1 \urcorner\},$$

where $A_1 \rightarrowtail A \times A$ is the order-relation on $A$. (Elements of $Q$ are commonly called *pre-fixed points* of $f$.) Let $a\colon 1 \to A$ be the composite

$$1 \xrightarrow{\ulcorner Q \urcorner} PA \xrightarrow{\bigvee} A,$$

where $\bigvee$ is the join map of B2.3.9(ii). Then it is easy to verify successively that $fa$ is an upper bound for $Q$, that $a$ is a pre-fixed point (i.e. it factors through $Q \rightarrowtail A$), that $fa$ is a pre-fixed point, and finally that $a$ is a fixed point. □

Of course, the fixed point constructed in the proof of 4.1.10 is the unique largest fixed point of $f$. We may also construct the unique smallest fixed point, by reversing the order relation wherever it appears; and indeed it may be shown that the subobject of fixed points (i.e. the equalizer of $f$ and $1_A$) is itself a complete poset in the ordering it inherits from $A$.

**Corollary 4.1.11 (Cantor–Bernstein Theorem)** *Suppose given monomorphisms $f\colon A \rightarrowtail B$ and $g\colon B \rightarrowtail A$ in a Boolean topos. Then there exists an isomorphism $h\colon A \to B$.*

**Proof** Consider the composite

$$PA \xrightarrow{\exists f} PB \xrightarrow{\neg} PB \xrightarrow{\exists g} PA \xrightarrow{\neg} PA\,.$$

This is clearly order-preserving since $\exists f$ and $\exists g$ are order-preserving and $\neg$ is order-reversing, so by 4.1.10 it has a fixed point $a_0 \colon 1 \to PA$. If we write $A_0 \rightarrowtail A$ for the subobject named by $a_0$, and $A_1 \rightarrowtail A$ for its complement, then it is clear that $f$ maps $A_0$ isomorphically onto a subobject $B_0$ of $B$, and $g$ maps the complement $B_1$ of $B_0$ isomorphically onto $A_1$. So we obtain our required isomorphism $h$ by combining the restriction of $f$ to $A_0$ with the inverse of the restriction of $g$ to $B_1$ (and recalling that $A$ is the coproduct of $A_0$ and $A_1$). □

The assumption of Booleanness is not necessary for the conclusion of 4.1.11 to hold. For example, in a topos of the form $[\mathcal{C}, \mathbf{Set}_f]$ where $\mathcal{C}$ is a finite category, every object is Dedekind-finite (that is, every monic endomorphism of an object is an isomorphism), and so the Cantor–Bernstein theorem holds vacuously in the sense that the monomorphisms $f$ and $g$ in the statement must already be isomorphisms. On the other hand, the theorem does not hold in all toposes:

**Lemma 4.1.12** *Let $\mathcal{E}$ be a topos with a natural number object $N$. If the Cantor–Bernstein theorem holds in $\mathcal{E}$, then every subobject of an object of $\mathcal{E}$ is an $N$-indexed union of complemented subobjects.*

**Proof** Let $A' \rightarrowtail A$ be an arbitrary subobject in $\mathcal{E}$. Consider the objects $B = N \times A$ and $C = B \amalg A'$: we clearly have a monomorphism $\nu_1 \colon B \rightarrowtail C$, but we also have a monomorphism $C \rightarrowtail B$ induced by $s \times 1 \colon B \rightarrowtail B$ and the composite of $A' \rightarrowtail A$ with $o \times 1 \colon A \to B$ (cf. A2.5.8). However, if we have an isomorphism $B \to C$ (or even an epimorphism), then the pullback of $\nu_2 \colon A' \rightarrowtail C$ along it is a complemented subobject of $N \times A$ (that is, an $N$-indexed family of complemented subobjects of $A$) whose union is $A'$. □

Since it is easy to find toposes containing subobjects which are not countable unions of complemented ones (for example, the Sierpiński topos $[\mathbf{2}, \mathbf{Set}]$), we see that the hypothesis of Booleanness cannot be omitted entirely from 4.1.11. In fact B. Banaschewski and G. Brümmer [55] have shown that, if we strengthen the conclusion of the Cantor–Bernstein theorem by requiring that $h_\bullet \leq (f_\bullet \cup g^\bullet)$ in the poset of relations $A \nrightarrow B$ (cf. A3.1.3), then the theorem holds in a topos $\mathcal{E}$ with a natural number object iff $\mathcal{E}$ is Boolean.

**Suggestions for further reading:** Banaschewski & Brümmer [55], Kock & Reyes [640], Lambek [667], Lambek & Scott [682].

## D4.2 λ-Calculus and cartesian closed categories

We now illustrate the general framework which we set up in the previous section by describing the equivalence between theories in the typed λ-calculus and (small) cartesian closed categories. Historically, the $\lambda$-calculus was first introduced (by A. Church [241]) as an untyped 'theory of functions' which it was hoped would provide a foundation for mathematics: the idea was that every term in the calculus should denote a function defined on the whole universe of mathematical discourse, so that it could be applied to any other term (or indeed to itself) to yield a meaningful result. For a detailed account of the untyped $\lambda$-calculus and its history, see [67]. We shall encounter it in Chapter F2 (and see also 4.2.15 below), but for the present we shall content ourselves with describing the 'simply typed' $\lambda$-calculus, whose aims are much more modest. (Actually, what we describe is not even the simply typed $\lambda$-calculus as originally conceived: the latter did not include product-types, but it was soon realized that they could be consistently added – if you have function-types, then the product-type $A \times B$ is implicitly present, because $[A \times B \to C]$ is canonically isomorphic to $[A \to [B \to C]]$ for any $C$ – and from the categorical point of view it is certainly more natural to have the products present from the outset.)

A $\lambda$-*signature*, then, is a signature $\Sigma$ which has the type constructors (i), (ii) and (iii) of Definition 4.1.1; in addition it may have primitive function symbols, but the set $\Sigma$-Rel of primitive relation symbols is required to be empty. The $\lambda$-*terms* over $\Sigma$ are those which can be constructed using rules (i)–(vi) of Definition 4.1.2; however, the only formulae which we allow in the $\lambda$-calculus are atomic equalities $(s =_A t)$, where $s$ and $t$ are terms of the same type $A$. Thus the $\lambda$-calculus is 'logic-free' in the sense that it contains no logical connectives or quantifiers.

**Remark 4.2.1** From another point of view, that of the so-called *Curry–Howard isomorphism* or 'propositions-as-types paradigm', what has happened to the logic in the $\lambda$-calculus is that it has been exported from the formulae into the type structure. From this viewpoint, we think of the types over a $\lambda$-signature as 'propositions' (the sorts being 'primitive propositions' and the binary operations $\times$ and $[\to]$ corresponding to the logical operations of conjunction and implication), and the function symbols of $\Sigma$ become the 'axioms'. A $\lambda$-term-in-context $\vec{x}.t$ is then thought of as a 'derivation' of the type $A$ of $t$ from the 'hypotheses' $B_1, \ldots, B_n$ which are the types of $x_1, \ldots, x_n$; and the term constructors of 4.1.2(i)–(vi) correspond to operations on derivations. The equalities which, from the other point of view, are the axioms of our $\lambda$-theory, become assertions that two derivations are 'essentially the same'.

A $\lambda$-*theory* over $\Sigma$ is a set of formulae-in-context, i.e. expressions of the form $\vec{x}.(s =_A t)$, where $\vec{x}$ is a context containing all the variables occurring free in $s$ or in $t$. If we wished to maintain our tradition of axiomatizing theories by means of sequents, we should have to write these in the form $(\top \vdash_{\vec{x}} (s =_A t))$, but since all the sequents we ever consider in the $\lambda$-calculus are of this form we might as well omit the $\top$ and the $\vdash$. We shall also, as usual, omit the type subscripts from equality signs whenever we can safely do so; and we shall also feel free to omit the contexts when (as is almost always the case here) they are the canonical ones for the formulae which follow.

**Definition 4.2.2** The rules of inference of the typed λ-calculus are as follows: as usual, the following clauses have the standing hypothesis that the contexts appearing in them contain all the free variables in the terms which follow, and each rule is supposed to apply at all appropriate types.

(*a*) The only *structural rule* (cf. 1.3.1(*a*)) is the substitution rule

$$\frac{\vec{x}\,.\,(s = t)}{\vec{y}\,.\,(s[\vec{r}/\vec{x}] = t[\vec{r}/\vec{x}])}$$

where $\vec{r}$ is any string of terms of the same length and type as $\vec{x}$, and $\vec{y}$ is any context including all the free variables occurring in $\vec{r}$. (Note that, as in 1.3.1(*a*), this rule includes the weakening rule, but not its converse.)

(*b*) The *equality rules* consist of the axiom $x\,.\,(x = x)$, the rules

$$\frac{x, y\,.\,(x = y)}{x, y\,.\,(y = x)} \quad \text{and} \quad \frac{x, y, z\,.\,(x = y) \quad x, y, z\,.\,(y = z)}{x, y, z\,.\,(x = z)}$$

and the rule

$$\frac{\vec{x}\,.\,(s_1 = t_1) \qquad \cdots \qquad \vec{x}\,.\,(s_n = t_n)}{\vec{x}\,.\,(r[\vec{s}/\vec{y}] = r[\vec{t}/\vec{y}])}$$

where $\vec{y}$ is a context containing all the free variables in $r$. (Note that, since we no longer have finite conjunction in our language, we have had to include the symmetry and transitivity of equality as rules of inference, rather than deducing them as in 1.3.1(*b*).)

(*c*) The *rules for product types* are the axioms $x\,.\,(x =_1 *)$ where $x$ has type 1, and

$$x, y\,.\,(\mathsf{fst}(\langle x, y\rangle) =_A x), \quad x, y\,.\,(\mathsf{snd}(\langle x, y\rangle) =_B y) \quad \text{and}$$
$$z\,.\,(\langle \mathsf{fst}(z), \mathsf{snd}(z)\rangle =_{A\times B} z)$$

where $x, y, z$ have types $A, B, A \times B$ respectively.

(*d*) The *rules for function types* are the two axioms $\vec{x}\,.\,(\mathsf{app}(\lambda y\,.\,s, t) =_B s[t/y])$ (the *β-rule*) and $\vec{x}\,.\,(\lambda y\,.\,\mathsf{app}(t, y) =_{[A\to B]} t)$ where $y$ is a variable of type $A$ not occurring free in $t$ (the *η-rule*), plus the rule

$$\frac{\vec{x}, y\,.\,(s =_B t)}{\vec{x}\,.\,(\lambda y\,.\,s =_{[A\to B]} \lambda y\,.\,t)}$$

which 'strengthens' the third equality rule by eliminating the bound variable $y \colon A$ from the context of its conclusion.

If $\Sigma$ is a $\lambda$-signature, then we may consider $\Sigma$-structures (as in 4.1.4) in any cartesian closed category $\mathcal{C}$; and, given such a structure $M$, we may use clauses (i)–(vii) of Definition 4.1.5 to interpret the $\lambda$-terms-in-context over $\Sigma$ as morphisms of $\mathcal{C}$. Of course, we say an equation-in-context $\vec{x}\,.\,(s = t)$ is *satisfied* in $M$ if the interpretations $[\![\vec{x}\,.\,s]\!]_M$ and $[\![\vec{x}\,.\,t]\!]_M$ are equal, and we say $M$ is a *model* of a $\lambda$-theory $\mathbb{T}$ if it satisfies all the axioms of $\mathbb{T}$. We have the usual Soundness Theorem:

**Proposition 4.2.3** *If an equation-in-context $\vec{x}\,.\,(s = t)$ is derivable in a $\lambda$-theory $\mathbb{T}$, then it is satisfied in all models of $\mathbb{T}$ in cartesian closed categories.*

**Proof** As usual, we simply have to check that each of the rules of 4.2.2 preserves validity, i.e. that if its hypotheses are all satisfied in some $\Sigma$-structure $M$ then so is its conclusion. Most of the axioms were already commented on in 4.1.7; the remaining axioms and rules are equally straightforward. □

To obtain a converse to 4.2.3, we have to construct a syntactic category for an arbitrary $\lambda$-theory $\mathbb{T}$. This is actually very much easier than the construction in Section D1.3: because of the logic-free nature of the $\lambda$-calculus, there is much less that needs to be constructed. In fact we take the objects of our category $\mathcal{C}_{\mathbb{T}}$ to be simply the types of the signature $\Sigma$, and morphisms $A \to B$ are equivalence classes $[x\,.\,t]$ of terms-in-context, where $x\colon A$ and $t\colon B$, and the equivalence relation is $\mathbb{T}$-provable equality (i.e. $[x\,.\,s] = [x\,.\,t]$ iff $x\,.\,(s = t)$ is provable in $\mathbb{T}$). (Of course, we also identify $\alpha$-equivalent terms-in-context, including the identification $[x\,.\,t] = [y\,.\,t[y/x]]$.) The identity morphism $A \to A$ is simply $[x\,.\,x]$, and composition is given by substitution: the composite of

$$A \xrightarrow{[x\,.\,t]} B \xrightarrow{[y\,.\,s]} C$$

is $[x\,.\,s[t/y]]$. The substitution and equality rules easily imply that this is independent of the choice of the representatives $s$ and $t$. To verify that it is associative, we need to observe that $r[s/z][t/y]$ is actually the same term as $r[s[t/y]/z]$ provided the variable $y$ does not occur free in $r$.

**Lemma 4.2.4** *The category $\mathcal{C}_{\mathbb{T}}$ just defined is cartesian closed.*

**Proof** The terminal object of $\mathcal{C}_{\mathbb{T}}$ is the type 1; for any object $A$, the unique morphism $A \to 1$ is $[x\,.\,*]$. Similarly, the product of $A$ and $B$ is $A \times B$; the product projections are $[z\,.\,\mathsf{fst}(z)]$ and $[z\,.\,\mathsf{snd}(z)]$ (where $z\colon A \times B$), and the morphism $C \to A \times B$ induced by $[w\,.\,s]\colon C \to A$ and $[w\,.\,t]\colon C \to B$ is $[w\,.\,\langle s, t\rangle]$. The exponential $B^A$ is $[A \to B]$; the evaluation map $[A \to B] \times A \to B$ is $[w\,.\,\mathsf{app}(\mathsf{fst}(w), \mathsf{snd}(w))]$, and given any morphism $[z\,.\,t]\colon C \times A \to B$, its transpose $C \to [A \to B]$ is $[w\,.\,\lambda x\,.\,t[\langle w, x\rangle/z]]$. The verification that all of this works is straightforward from the rules in 4.2.2. □

We should perhaps re-emphasize at this point that in the statement of Lemma 4.2.4, and indeed throughout this section, the phrase 'cartesian closed category' means a category having finite products and exponentials, but not necessarily any other finite limits (since the logic-free nature of the λ-calculus means that we do not have any means of constructing such limits syntactically). In the terminology introduced in Section A1.5, we are here dealing with 'improperly' cartesian closed categories, in contrast to what we have been doing almost everywhere else in this book.

**Proposition 4.2.5** *The category $\mathcal{C}_{\mathbb{T}}$ contains a $\Sigma$-structure $M_{\mathbb{T}}$ which satisfies exactly those equations-in-context that are provable in $\mathbb{T}$. Moreover, for any cartesian closed category $\mathcal{D}$, there is a bijection between natural isomorphism classes of cartesian closed functors $\mathcal{C}_{\mathbb{T}} \to \mathcal{D}$ and isomorphism classes of $\mathbb{T}$-models in $\mathcal{D}$, which is induced in one direction by the mapping $F \mapsto F(M_{\mathbb{T}})$.*

**Proof** Again, this is all straightforward verification. The structure $M_{\mathbb{T}}$ sends each base sort to itself, and each primitive function symbol $f\colon A \to B$ to $[x\,.\,f(x)]$, where $x\colon A$. An easy induction then shows that for any term-in-context $x\,.\,t$, we have $[\![x\,.\,t]\!]_M = [x\,.\,t]$. (Of course, the language contains terms whose contexts have more than one variable, but we can reduce to the latter by observing that we always have $[\![x, y\,.\,t]\!] = [\![w\,.\,t[\mathsf{fst}(w), \mathsf{snd}(w)/x, y]]\!]$ where $w$ is a variable of the appropriate product type.) Hence the equations-in-context satisfied in $M_{\mathbb{T}}$ are exactly those provable in $\mathbb{T}$. Given a $\mathbb{T}$-model $N$ in an arbitrary cartesian closed category $\mathcal{D}$, the corresponding functor $F_N\colon \mathcal{C}_{\mathbb{T}} \to \mathcal{D}$ sends $A$ to $NA$, and $[x\,.\,t]$ to $[\![x\,.\,t]\!]_N$; it is clear that $F_N$ is a cartesian closed functor, and that $F_N(M_{\mathbb{T}}) = N$. In the opposite direction, since any cartesian closed functor $F\colon \mathcal{C}_{\mathbb{T}} \to \mathcal{D}$ must preserve interpretations of arbitrary λ-terms-in-context, it is easily seen to be naturally isomorphic to $F_N$ where $N = F(M_{\mathbb{T}})$. □

From 4.2.5, we may deduce various forms of the completeness theorem for λ-theories: for example,

**Corollary 4.2.6** *Let $\mathbb{T}$ be a λ-theory, and $\phi$ an equation-in-context over the signature of $\mathbb{T}$. If $\phi$ is satisfied in all λ-models in toposes of the form $[\mathcal{C}, \mathbf{Set}]$, then it is provable in $\mathbb{T}$.*

**Proof** Combine 4.2.5 with the fact (A1.5.6(i)) that the Yoneda embedding $\mathcal{C}_{\mathbb{T}} \to [\mathcal{C}_{\mathbb{T}}^{\mathrm{op}}, \mathbf{Set}]$ is a cartesian closed functor (and faithful, so that it reflects the validity of equations). □

**Remark 4.2.7** However, we do not have a 'classical completeness theorem' for λ-theories in terms of models in **Set**, or even in Boolean toposes. Consider the theory over the signature with one base sort $A$ and two function symbols $r\colon A \to [A \to A]$ and $i\colon [A \to A] \to A$, with one axiom asserting that $ri$ is the identity. In any model $M$ of this theory in a Boolean topos, we must have $MA \cong 1$ by 4.1.8(ii), so the equation-in-context $x, y\,.\,(x =_A y)$ will be satisfied.

But in 4.2.16 below, as we remarked after 4.1.8, we shall encounter cartesian closed categories containing objects $A$ such that $A^A$ is a retract of $A$ and $A \to 1$ is not monic; so this equation is not provable in the theory.

In the converse direction to 4.2.5, we have

**Example 4.2.8** For any small cartesian closed category $\mathcal{C}$, there is a $\lambda$-theory $\mathbb{T}_\mathcal{C}$ such that, for any cartesian closed $\mathcal{D}$, isomorphism classes of $\mathbb{T}_\mathcal{C}$-models in $\mathcal{D}$ correspond bijectively to natural isomorphism classes of cartesian closed functors $\mathcal{C} \to \mathcal{D}$. To construct $\mathbb{T}_\mathcal{C}$, we take a basic sort $\ulcorner A \urcorner$ for each object $A$ of $\mathcal{C}$, and a function symbol $\ulcorner f \urcorner \colon \ulcorner A \urcorner \to \ulcorner B \urcorner$ for each morphism $f \colon A \to B$ in $\mathcal{C}$. (The use of the notation $\ulcorner A \urcorner$ is inescapable here, since we need to distinguish between the types $\ulcorner A \times B \urcorner$ and $\ulcorner A \urcorner \times \ulcorner B \urcorner$, and so on.) In order to ensure that the 'formal' product and function types in $\Sigma$ coincide with the 'actual' products and exponentials in $\mathcal{C}$, we need a further collection of function symbols, all of which will be denoted by $\iota$ (since they 'represent' identity morphisms; strictly speaking, they should be decorated with appropriate subscripts to distinguish them from one another, but in practice they are unlikely to be confused). Explicitly, we have a function symbol $\iota \colon 1 \to \ulcorner 1 \urcorner$ (where the '1' on the right is the terminal object of $\mathcal{C}$, and that on the left is the empty product type); for each pair of objects $(A, B)$, we have $\iota \colon \ulcorner A \urcorner \times \ulcorner B \urcorner \to \ulcorner A \times B \urcorner$, and we also have $\bar{\iota} \colon [\ulcorner A \urcorner \to \ulcorner B \urcorner] \to \ulcorner B^A \urcorner$. The theory $\mathbb{T}_\mathcal{C}$ has the following axioms (where we omit the contexts, since they are all canonical):

(*a*) for each object $A$, $(\ulcorner 1_A \urcorner(x) =_{\ulcorner A \urcorner} x)$, and for each commutative triangle

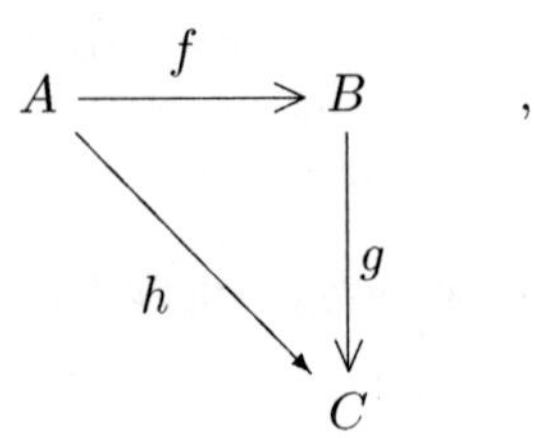

$(\ulcorner g \urcorner(\ulcorner f \urcorner(x)) =_{\ulcorner C \urcorner} \ulcorner h \urcorner(x))$;

(*b*) the axiom $(\iota(*) =_{\ulcorner 1 \urcorner} x)$, and for each pair of objects $(A, B)$, the three axioms

$$(\ulcorner \pi_1 \urcorner(\iota(w)) =_{\ulcorner A \urcorner} \mathsf{fst}(w)), \quad (\ulcorner \pi_2 \urcorner(\iota(w)) =_{\ulcorner B \urcorner} \mathsf{snd}(w)) \quad \text{and}$$
$$(\iota(\langle \ulcorner \pi_1 \urcorner(z), \ulcorner \pi_2 \urcorner(z) \rangle) =_{\ulcorner A \times B \urcorner} z)$$

where $w$ and $z$ have types $\ulcorner A \urcorner \times \ulcorner B \urcorner$ and $\ulcorner A \times B \urcorner$ respectively, and $\pi_1$ and $\pi_2$ are the product projections in $\mathcal{C}$;

(*c*) for each pair of objects $(A, B)$, the axioms

$$(\ulcorner \mathrm{ev} \urcorner(\iota(\langle \bar{\iota}(w), x \rangle)) =_{\ulcorner B \urcorner} \mathsf{app}(w, x)) \quad \text{and} \quad (\bar{\iota}(\lambda x \,.\, \ulcorner \mathrm{ev} \urcorner(\iota(\langle z, x \rangle))) =_{\ulcorner B^A \urcorner} z)$$

where $w$, $x$, $z$ have types $[\ulcorner A \urcorner \to \ulcorner B \urcorner]$, $\ulcorner A \urcorner$ and $\ulcorner B^A \urcorner$ respectively.

It is easy to see that, for any cartesian closed category $\mathcal{D}$, a $\Sigma$-structure in $\mathcal{D}$ which satisfies the axioms in (*a*) is (up to isomorphism) 'the same thing as' a functor $F\colon \mathcal{C} \to \mathcal{D}$ (together with some chosen morphisms $1_{\mathcal{D}} \to F(1_{\mathcal{C}})$, $FA \times FB \to F(A \times B)$ and $FB^{FA} \to F(B^A)$, about which the axioms in (*a*) make no assertions). Moreover, it satisfies the axioms in (*b*) iff the first two types of chosen morphisms are inverse to the canonical comparison maps (equivalently, $F$ preserves finite products); and, given that this happens, it satisfies the axioms in (*c*) iff the chosen morphisms of the third type are inverse to the exponential comparison maps $\theta_{A,B}\colon F(B^A) \to FB^{FA}$ (equivalently, $F$ is a cartesian closed functor).

**Remarks 4.2.9** (*a*) If we start from an arbitrary small cartesian closed category $\mathcal{C}$, construct the theory $\mathbb{T}_{\mathcal{C}}$ as in 4.2.8, and then build the syntactic category of the latter, we will arrive at a category equivalent to $\mathcal{C}$. (It is not isomorphic to $\mathcal{C}$, since it has many more objects; but from every object of the syntactic category we have a canonical isomorphism to one of the form $\ulcorner A \urcorner$ where $A \in \mathrm{ob}\, \mathcal{C}$, namely an appropriate composite of (morphisms denoted by) $\iota$'s.) Similarly, if we start from a λ-theory $\mathbb{T}$, build its syntactic category $\mathcal{C}_{\mathbb{T}}$ and then construct a new theory from the latter as in 4.2.8, the new theory will be 'Morita-equivalent' to the old in the sense that there will be natural bijections between the isomorphism classes of their models in arbitrary cartesian closed categories. Thus we have shown that (up to equivalence) *small cartesian closed categories are 'the same thing as' Morita-equivalence classes of λ-theories.*

(*b*) However, we may also construct a λ-theory from something much less than a cartesian closed category. Starting from a directed graph $G$ (as defined before 2.1.1), we may form the signature whose sorts are the vertices of $G$ and whose function symbols are the arrows of $G$; if we write $\mathbb{T}(G)$ for the empty theory over this signature, then $\mathbb{T}(G)$-models in a cartesian closed category $\mathcal{D}$ are the same thing as graph morphisms $G \to \mathcal{D}$ (cf. 2.1.4(*a*)). Alternatively, if $G$ is actually a (small) category, then we may take the axioms of 4.2.8(*a*) to obtain a theory whose models are functors defined on $G$. Thus the construction of the syntactic category $\mathcal{C}_{\mathbb{T}}$ in this case yields a left (pseudo-)adjoint for the forgetful functor from (small) cartesian closed categories to small categories. (To make this statement 2-categorically respectable, we must here regard **Cat** and the category of small cartesian closed categories as being made into 'locally grouplike' 2-categories: that is, their only 2-cells are natural isomorphisms. This is because, as we observed after 4.1.4, a non-invertible natural transformation between functors $G \rightrightarrows \mathcal{C}$ will not give rise to a natural transformation between the corresponding cartesian closed functors $\mathcal{C}_{\mathbb{T}(G)} \rightrightarrows \mathcal{D}$.)

An important operation on λ-theories is that of adding a new function symbol to the signature (without adding any new axioms to the theory – though, from the point of view described in 4.2.1, this operation is precisely that of adding a new axiom to the logical system represented by the type structure). Since the effect of adding a function symbol $f\colon A \to B$ is precisely the same as that of adding $\overline{f}\colon 1 \to B^A$, we might as well restrict ourselves to the case when the domain of the function symbol is 1. What effect does this have on the syntactic category of our theory?

**Lemma 4.2.10** *Let $\mathbb{T}$ be a $\lambda$-theory over a signature $\Sigma$, and let $\mathbb{T}[a]$ denote the same theory over the signature obtained by adjoining a new function symbol $a\colon 1 \to A$ to $\Sigma$ (where $A$ is a particular type of $\Sigma$). Then the syntactic category $\mathcal{C}_{\mathbb{T}[a]}$ is equivalent to the full subcategory $(\mathcal{C}_{\mathbb{T}})_A$ of the slice category $\mathcal{C}_{\mathbb{T}}/A$ whose objects are those of the form $A^*B$, $B \in \text{ob}\,\mathcal{C}_{\mathbb{T}}$ (cf.* A1.5.4*).*

**Proof** Clearly, $\mathcal{C}_{\mathbb{T}[a]}$ has the same objects as $\mathcal{C}_{\mathbb{T}}$; and morphisms $B \to C$ in $\mathcal{C}_{\mathbb{T}[a]}$ are provable-equality-classes of terms-in-context $y\,.\,t$ over the enlarged signature $\Sigma[a]$, where $y\colon B$ and $t\colon C$. But we may identify such terms-in-context with terms-in-context $x_0, y\,.\,t'$ over $\Sigma$, where $x_0$ is a particular variable of type $A$ (which is distinct from $y$ even if $A = B$, and which not allowed to become bound), by the simple device of replacing the constant $a$ by the variable $x_0$ wherever it appears in $t$. Since the axioms of $\mathbb{T}$ make no mention of $a$, it is clear that this does not affect the relation of provable equality. Thus we have established a bijection between morphisms $B \to C$ in $\mathcal{C}_{\mathbb{T}[a]}$ and morphisms $A \times B \to C$ in $\mathcal{C}_{\mathbb{T}}$ – equivalently, morphisms $A^*B \to A^*C$ in $\mathcal{C}_{\mathbb{T}}/A$. It is straightforward to verify that this bijection respects composition, and so yields an isomorphism between $\mathcal{C}_{\mathbb{T}[a]}$ and the Kleisli category of the comonad $A \times (-)$ on $\mathcal{C}_{\mathbb{T}}$; but, as we saw in A1.5.4, the latter is equivalent to the full subcategory of $\mathcal{C}/A$ described in the statement. □

In view of 4.2.9($a$), we may interpret 4.2.10 as saying that, given a small cartesian closed category $\mathcal{C}$ and an object $A$ of $\mathcal{C}$, the category $\mathcal{C}_A$ of A1.5.4 is the free cartesian-closed-category-with-an-element-of-$A$ generated by $\mathcal{C}$; that is, given any cartesian closed functor $F\colon \mathcal{C} \to \mathcal{D}$ and any morphism $a\colon 1 \to FA$ in $\mathcal{D}$, there is a unique extension (up to canonical isomorphism) of $F$ to a cartesian closed functor $\overline{F}\colon \mathcal{C}_A \to \mathcal{D}$ which sends the diagonal map $A \to A \times A$ (regarded as a morphism $1 \to A^*A$ in $\mathcal{C}_A$) to $a$. In fact it is not hard to prove this directly, if we identify $\mathcal{C}_A$ with the Kleisli category of $A \times (-)$: we have $\overline{F}(B) = F(B)$ for each object $B$ and, given a morphism $f\colon B \to C$ in $\mathcal{C}_A$ (that is, a morphism $A \times B \to C$ in $\mathcal{C}$), its image under $\overline{F}$ is the composite

$$FB \cong 1 \times FB \xrightarrow{a \times 1} FA \times FB \xrightarrow{F(f)} FC\,.$$

Of course, it requires verification that this is a (cartesian closed) functor; but that is straightforward.

Lemma 4.2.10 also has an interpretation in terms of the propositions-as-types paradigm of 4.2.1, as a 'functional completeness' result: it says that if you add a new proof $a$ of $A$ to the deduction system represented by (the type structure of) a given $\lambda$-theory, then any deduction of $C$ from $B$ in the new system is uniquely representable as a 'polynomial in $a$' whose 'coefficients' are deductions in the old system. For more details of this point of view, see [682].

In Section A2.5 we studied the notion of natural number object, and we saw (cf. A2.5.3) that the notion makes sense in any cartesian closed category. It is therefore of interest to consider what happens if we add the type $N$ to the typed $\lambda$-calculus. Unfortunately, because of the logic-free nature of the $\lambda$-calculus, we cannot fully express the idea that $N$ is a natural number object in it: we can assert the existence of recursively defined morphisms, by means of the term constructor $\mathsf{iter}_x$ of 4.1.2(ix), but we cannot assert their uniqueness simply by writing down equations. However, by strengthening the notion of iterator, we can repair at least some of the damage.

**Definition 4.2.11** (*a*) By a *$\lambda N$-signature*, we mean a $\lambda$-signature containing the distinguished type $N$, and having the term-constructors $\mathsf{zero}$ and $\mathsf{succ}$ defined in 4.1.2(viii), plus a term-constructor $\mathsf{rec}_{x,n}$ (the *recursor*) which operates as follows: given variables $x\colon A$ (where $A$ is arbitrary) and $n\colon N$, plus terms $s\colon A$, $t\colon A$ and $u\colon N$ such that neither $x$ nor $n$ is free in $t$ or $u$, $\mathsf{rec}_{x,n}(s,t,u)$ is a term of type $A$, in which all occurrences of $x$ and $n$ are bound.

(*b*) The rules of inference of the $\lambda N$-calculus are those of 4.2.2, plus the axioms $y,\vec{z}\,.\,(\mathsf{rec}_{x,n}(s,y,\mathsf{zero}) = y)$,

$$m,y,\vec{z}\,.\,(\mathsf{rec}_{x,n}(s,y,\mathsf{succ}(m)) = s[\mathsf{rec}_{x,n}(s,y,m),m/x,n])$$

and $m\,.\,(\mathsf{rec}_{x,n}(\mathsf{succ}(x),\mathsf{zero},m) = m)$. (These correspond to the special case $A = 1$ of the sequents of 4.1.7(iv): in the first two, $\vec{z}$ is a string containing all the free variables of $s$ other than $x$ or $n$.)

Essentially, the recursor allows the construction of terms defined by recursion as in A2.5.2, and not just as in A2.5.1. The reason why we need this is that the proof of existence of the recursively defined morphism in (the first part of) A2.5.2 used both the existence and uniqueness clauses of A2.5.1. The following proposition is now entirely straightforward, and we omit the details of the proof.

**Proposition 4.2.12** *If $\mathbb{T}$ is a theory in the $\lambda N$-calculus, then the syntactic category $\mathcal{C}_{\mathbb{T}}$ (constructed as in 4.2.4) is cartesian closed and contains a* weak natural number object, *that is an object $N$ equipped with morphisms $o\colon 1 \to N$ and $s\colon N \to N$ which satisfies the 'existence' part of the conclusion of* A2.5.2, *but not the 'uniqueness' part.* □

Using the recursor, we may convert the commutative diagrams of A2.5.4 into linguistic definitions of the arithmetic operations on $N$: for example, we define addition, the predecessor map and truncated subtraction by

$$\begin{aligned}\mathsf{plus}(x,y) &= \mathsf{rec}_{z,w}(\mathsf{succ}(z),x,y)\ ,\\ \mathsf{pred}(x) &= \mathsf{rec}_{z,w}(w,\mathsf{zero},x)\ ,\ \text{and}\\ \mathsf{tsub}(x,y) &= \mathsf{rec}_{z,w}(\mathsf{pred}(z),x,y)\ .\end{aligned}$$

However, since we lack the uniqueness clause of A2.5.2, we cannot prove that these operations satisfy the usual laws of arithmetic. We may of course add axioms to any $\lambda N$-theory to assert that particular laws hold; we shall be particularly interested in two of them, namely $x,y\,.\,(\mathsf{plus}(x,y)=\mathsf{plus}(y,x))$ and $x,y\,.\,(\mathsf{tsub}(\mathsf{plus}(x,y),y)=x)$.

The point of these two equations is that they tell us that the type $N$ comes equipped with a *Mal'cev operation*, that is a ternary operation $m(x,y,z)=\mathsf{tsub}(\mathsf{plus}(x,z),y)$ satisfying the equations $m(x,y,y)=x$ and $m(x,x,y)=y$. (Mal'cev operations play an important rôle in universal algebra; see [1114], for example.) In our present context, we shall say that a type $A$ over a $\lambda N$-signature is a *Mal'cev type* (relative to a particular $\lambda N$-theory $\mathbb{T}$) if there exists a term $m$ of type $A$, having three free variables $x,y,z$ of type $A$, for which the equations-in-context $x,z\,.\,(m[x/y]=z)$ and $x,z\,.\,(m[z/y]=x)$ are derivable in $\mathbb{T}$. Thus, if the two equations at the end of the last paragraph are derivable, $N$ is a Mal'cev type.

The reason for being interested in Mal'cev types is that, if $A$ is such a type, then any term representing a function $N\to A$ has a recursive definition. Specifically, suppose $t=t(n)$ is a term of type $A$ involving a variable $n$ of type $N$, and let $s=s(x,n)$ be a term of type $A$ with variables $x,n$ of types $A,N$ respectively. (We are departing from our usual custom of not displaying the free variables in a term, in order to improve the readability of the expressions involving multiple substitutions which follow.) By the *Uniqueness Principle* for the pair $(s,t)$, we mean the assertion that, if the equation-in-context $n\,.\,(t(\mathsf{succ}(n))=s(t(n),n))$ is derivable in our theory, then the equation $n\,.\,(t(n)=\mathsf{rec}_{x,p}(s(x,p),t(\mathsf{zero}),n))$ is derivable.

Now suppose $A$ is a Mal'cev type; let $m(x,y,z)$ be a Mal'cev term for it. Given $s$ and $t$ as above, we define a new term $\tilde{s}(x,n)$ by

$$\tilde{s}(x,n)=m(t(\mathsf{succ}(n)),s(t(n),n),s(x,n))\ .$$

**Lemma 4.2.13** *Let $A$ be a Mal'cev type over a $\lambda N$-signature. Then the Uniqueness Principle holds for all pairs $(s,t)$ iff the equation-in-context*

$$n\,.\,(t(n)=\mathsf{rec}_{x,p}(\tilde{s}(x,p),t(\mathsf{zero}),n))$$

*is derivable for all pairs $(s,t)$.*

**Proof** First suppose the Uniqueness Principle holds for the pair $(\tilde{s}, t)$. Since $m$ is a Mal'cev term, we can derive

$$n\,.\,(\tilde{s}(t(n), n) = t(\mathsf{succ}(n)))$$

by substituting $t(n)$ for $x$ in the definition of $\tilde{s}$. So the conclusion of the Uniqueness Principle is derivable; but that is exactly the equation-in-context displayed in the statement of the lemma. Conversely, suppose that this equation is derivable, and that we can also derive $n\,.\,(t(\mathsf{succ}(n)) = s(t(n), n))$. Again using the fact that $\mu$ is a Mal'cev term, we derive $x, n\,.\,(\tilde{s}(x, n) = s(x, n))$, so we may substitute $s$ for $\tilde{s}$ in the equation displayed in the statement, to deduce the conclusion of the Uniqueness Principle for $(s, t)$. □

**Corollary 4.2.14** *Let $\mathbb{T}$ be a $\lambda N$-theory in which the equations-in-context $x, y\,.\,(\mathsf{plus}(x, y) = \mathsf{plus}(y, x))$ and $x, y\,.\,(\mathsf{tsub}(\mathsf{plus}(x, y), y) = x)$, and all equations of the form $n\,.\,(t(n) = \mathsf{rec}_{x,p}(\tilde{s}(x, p), t(\mathsf{zero}), n))$ where the type of $s$ and $t$ is a Mal'cev type, are derivable. Then the full subcategory $\mathcal{D}$ of $\mathcal{C}_{\mathbb{T}}$ whose objects are the Mal'cev types relative to $\mathbb{T}$ is a cartesian closed category with a natural number object.*

**Proof** $\mathcal{D}$ is closed under finite products in $\mathcal{C}_{\mathbb{T}}$, because if $m(x, y, z)$ and $m'(x', y', z')$ are Mal'cev terms for types $A$ and $A'$ respectively, then $\langle m(\mathsf{fst}(x), \mathsf{fst}(y), \mathsf{fst}(z)), m'(\mathsf{snd}(x), \mathsf{snd}(y), \mathsf{snd}(z))\rangle$ is a Mal'cev term for $A \times A'$. Similarly, it is an exponential ideal, since if $A$ has a Mal'cev term $m(x, y, z)$ we may define one for $[B \to A]$, namely $\lambda w\,.\,m(\mathsf{app}(x, w), \mathsf{app}(y, w), \mathsf{app}(z, w))$ where $w$ is of type $B$. So it is cartesian closed; and, as we have already noted, the two arithmetical equations in the statement ensure that it contains the weak natural number object $N$ of $\mathcal{C}_{\mathbb{T}}$. But then 4.2.13 ensures that $N$ is actually a natural number object in $\mathcal{D}$. □

However, we cannot obtain every (small) cartesian closed category with a natural number object in this way, since it is not true in general that every object in such a category admits a Mal'cev operation.

We conclude this section by considering how small a cartesian closed category $\mathcal{C}$ can be. Clearly, if it has only one object, then that object must be terminal, and the category is not very interesting. Can it have just two objects? If so, then one of them is the terminal object 1, and the other ($A$, say) must satisfy either $A \times A = A = A^A$ or $A \times A = A$ and $A^A = 1$. The second possibility leads to the conclusion that $A$ is subterminal, and hence that $\mathcal{C}$ is a two-element Heyting algebra, which is again uninteresting; but the first possibility can lead to interesting examples. We note that if $A = A^A$ then 1 is a retract of $A$ (since we always have a morphism $\overline{1_A}\colon 1 \to A^A$), and so we might as well forget about the object 1 for the moment, since we can recover it when necessary by splitting an idempotent (cf. A1.1.8). Thus we are reduced to considering a monoid $M$ (the monoid of endomorphisms of $A$) equipped with the following structure.

**Definition 4.2.15** By a *C-monoid* we mean a monoid $M$ equipped with three distinguished elements $p$, $q$ and $e$, a binary operation $\langle -, - \rangle$ and a unary operation $(-)^*$ satisfying the following equations (in which we denote the monoid operation by juxtaposition):

(i) $p\langle x, y\rangle = x$ and $q\langle x, y\rangle = y$ for all $x$ and $y$.

(ii) $\langle pz, qz\rangle = z$ for all $z$.

(iii) $e\langle x^* p, q\rangle = x$ and $(e\langle yp, q\rangle)^* = y$ for all $x$ and $y$.

The idea is that $p$ and $q$ are the product projections $A = A \times A \rightrightarrows A$, $\langle -, - \rangle$ is the binary operation which converts a pair of morphisms $A \rightrightarrows A$ into a single morphism $A \to A \times A = A$, $(-)^*$ converts a morphism $A = A \times A \to A$ into its transpose $A \to A^A = A$, and $e$ is the evaluation map $A = A^A \times A \to A$. Since the theory of $C$-monoids is algebraic, we may clearly construct nontrivial examples. In particular, given a $C$-monoid $M$, we may construct the 'polynomial $C$-monoid' $M[a]$ freely generated by $M$ together with one extra element $a$. The functional completeness result 4.2.10 can be used to give an explicit description of the latter: every element of $M[a]$ is of the form $e\langle x(aq)^*, 1\rangle$ for a unique $x \in M$.

**Lemma 4.2.16** *Let $M$ be a $C$-monoid. Then the Cauchy completion $M[\check{\mathcal{E}}]$ of $M$ (cf.* A1.1.9*) is cartesian closed.*

**Proof** The terminal object is taken to be $q^*$. To verify that this is indeed idempotent in $M$, we need the following calculation:

$$\begin{aligned} y^* x &= (e\langle y^* xp, q\rangle)^* \\ &= (e\langle y^* p\langle xp, q\rangle, q\langle xp, q\rangle\rangle)^* \\ &= (e\langle y^* p, q\rangle\langle xp, q\rangle)^* \\ &= (y\langle xp, q\rangle)^* \ , \end{aligned}$$

in which all steps except the third follow directly from the axioms of 4.2.15, and the third is an easy exercise. Substituting $q$ for $y$, we obtain $q^* x = q^*$, so in particular $q^*$ is idempotent. But this calculation also tells us that $q^*$ is the unique morphism $u \to q^*$ in $M[\check{\mathcal{E}}]$, for any idempotent $u$.

The product of two idempotents $u$ and $v$ is $\langle up, vq\rangle$, with projections given by $up$ and $vq$; if $x\colon w \to u$ and $y\colon w \to v$ are morphisms of $M[\check{\mathcal{E}}]$, then the induced morphism $w \to u \times v$ is given by $\langle x, y\rangle$. Similarly, the exponential $v^u$ is defined to be $(ve\langle p, uq\rangle)^*$; the evaluation map $v^u \times u \to v$ is $ve\langle p, uq\rangle$, and the transpose of $x\colon w \times u \to v$ is simply $x^*\colon w \to v^u$. The verification that all of this works is straightforward. □

Of course, $M$ itself appears as the monoid of endomorphisms of the idempotent 1 in $M[\check{\mathcal{E}}]$; this object satisfies $1 = 1 \times 1 = 1^1$ (though it is not the terminal object, unfortunately for the notation!), and so the full subcategory of $M[\check{\mathcal{E}}]$ on this object and the terminal object $q^*$ is also cartesian closed.

$C$-monoids correspond to the *untyped $\lambda$-calculus*, which is defined just as in 4.2.2 except that we omit all the type information (and all references to the particular type 1 and the corresponding constant $*$). That is, we have a stock of variables, plus a possibly empty set of constants, which we combine into terms using the term constructors $\mathsf{fst}$, $\mathsf{snd}$, $\langle -, - \rangle$, $\lambda x\,.\,-$ and $\mathsf{app}$, and axioms and rules of inference as in 4.2.2, except for the first axiom of 4.2.2($c$). (Once again, this is not the untyped $\lambda$-calculus as originally conceived by Church, since the latter did not have the term constructors $\mathsf{fst}$, $\mathsf{snd}$ or $\langle -, - \rangle$; Lambek and Scott [682] call what we have just described the *extended $\lambda$-calculus*.) Given a theory $\mathbb{T}$ in this calculus, we may construct its syntactic $C$-monoid $M_{\mathbb{T}}$, whose elements are the provable-equality-classes of closed terms, with multiplication defined by $[s][t] = [\lambda x\,.\,\mathsf{app}(s, \mathsf{app}(t, x))]$ and identity element $[\lambda x\,.\,x]$. The $C$-monoid structure is defined by setting $p = [\lambda x\,.\,\mathsf{fst}(x)]$, $q = [\lambda x\,.\,\mathsf{snd}(x)]$, $e = [\lambda x\,.\,\mathsf{app}(\mathsf{fst}(x), \mathsf{snd}(x))]$, and so on. For more information, we refer the reader to [682].

**Suggestions for further reading:** Barendregt [67], Crole [266], Lambek[668, 673], Lambek & Scott [682], Scott [1104].

## D4.3 Toposes as type theories

We are now ready to describe the theories which correspond to (small) toposes in the same way that $\lambda$-theories correspond to cartesian closed categories. Normally these would be called 'higher-order intuitionistic type theories', or some similar phrase; however, taking our cue from the name '$\lambda$-theory', we shall simply call them *$\tau$-theories* (the letter $\tau$ standing for 'topos' or 'type', according to taste).

A *$\tau$-signature*, then, is one which has the type constructors for finite products and power types, together with the term constructors of 4.1.2(iii), (iv) and (vii). For the moment, we shall not require the signature to have list types, but we shall put them in later as we did with the type $N$ in Section D4.2. Since toposes are cartesian closed, we could if we wished put in function type constructors as well, but since we do not need them we shall keep the logic as simple as possible by leaving them out. In contrast to the $\lambda$-calculus, we allow primitive relation symbols as well as function symbols in a $\tau$-signature (though in practice we shall rarely use the former); and we have the full range of (finitary) logical connectives and quantifiers, as specified in 1.1.3(iii)–(x), available in our language, as well as all three types of atomic formulae described in 4.1.3.

**Definition 4.3.1** The rules of inference of the $\tau$-calculus are all the first-order rules of 1.3.1($a$)–($g$), the product type axioms of 4.2.2($c$), and the following axioms for power types: $(\top \vdash_w (w = \{x \colon A \mid x \in_A w\}))$ for $w$ a variable of type $PA$, and $((z \in_A \{y \colon A \mid \phi\}) \dashv\vdash_{\vec{x},z} \phi[z/y])$ for $\phi$ any formula with free variables in the string $\vec{x}, y$.

**Remark 4.3.2** There is a good deal of redundancy in this presentation of the $\tau$-calculus: in fact we could eliminate all the logical connectives and quantifiers as primitives of our language except for $\Rightarrow$ and $\forall$. To see this let $\Omega$, as usual, denote the type $P1$; if $t$ is a term of type $\Omega$, we shall abbreviate the formula $(* \in_1 t)$

to $\bar{t}$. (Informally, we think of terms of type $\Omega$ as being the same thing as formulae, since the axioms for power types ensure that we have a bijection between provable-equivalence classes of the latter and provable-equality classes of the former; in the other direction, a formula $\phi$ is mapped to the term $\widehat{\phi} \equiv \{x \colon 1 \mid \phi\}$, where $x$ is a variable not occurring in $\phi$.)

We now assert that the sentence $(\forall p : \Omega)\overline{p}$ will do as a substitute for the constant $\bot$: to see this, we have to show that the sequent $(\bot \vdash_{\vec{x}} \phi)$ of 1.3.1($d$) is derivable, for an arbitrary $\phi$. But we have the following derivation:

$$\cfrac{\cfrac{\cfrac{((\forall p)\overline{p} \vdash_{[]} (\forall p)\overline{p})}{((\forall p)\overline{p} \vdash_{p} \overline{p})}}{((\forall p)\overline{p} \vdash_{\vec{x}} (* \in \{y \mid \phi\}))} \qquad \cfrac{((z \in \{y \mid \phi\}) \vdash_{\vec{x},z} \phi[z/y])}{((* \in \{y \mid \phi\}) \vdash_{\vec{x}} \phi[*/y])}}{((\forall p)\overline{p} \vdash_{\vec{x}} \phi)}$$

where $y$ and $z$ are variables of type 1 not occurring in $\phi$. A similar argument shows that $(\forall p \colon \Omega)(\overline{p} \Rightarrow \overline{p})$ will do for $\top$, that $(\phi \vee \psi)$ may be replaced by

$$(\forall p \colon \Omega)((\phi \Rightarrow \overline{p}) \Rightarrow ((\psi \Rightarrow \overline{p}) \Rightarrow \overline{p}))$$

(where $p$ is a variable of type $\Omega$ not appearing in $\phi$ or $\psi$), and that $(\phi \wedge \psi)$ may similarly be replaced by

$$(\forall p \colon \Omega)((\phi \Rightarrow (\psi \Rightarrow \overline{p})) \Rightarrow \overline{p}) .$$

(We remark that we have seen the above tricks for deriving finite disjunction from implication and universal quantification over $\Omega$ before, in A1.6.4. However, the ones for finite conjunction did not appear there, since we were working in a context where we already knew that finite intersections of subobjects existed.) Finally, we may replace the existential quantification $(\exists x \colon A)\phi$ by

$$(\forall p \colon \Omega)((\forall x \colon A)(\phi \Rightarrow \overline{p}) \Rightarrow \overline{p}) .$$

This does not exhaust the possible simplifications of 4.3.1. We may also eliminate the term-constructors $\mathsf{fst}$ and $\mathsf{snd}$ from our language, since a subterm of the form $\mathsf{fst}(t)$, where $t : A \times B$, may be replaced by a new variable $x : A$ satisfying the formula $(\exists y \colon B)(t = \langle x, y \rangle)$. We may even eliminate equality as a primitive symbol, replacing it by the 'Leibnizian' definition that $(s =_A t)$ means $(\forall w : PA)((s \in_A w) \Leftrightarrow (t \in_A w))$, where $\Leftrightarrow$ is defined in the usual way from $\Rightarrow$ and $\wedge$, and $w$ is a variable not occurring in $s$ or $t$. However, such 'reductionist' tricks run counter to the actual practice of mathematics: a bit of redundancy in one's list of primitives rarely does any harm.

By a *$\tau$-theory* over a signature $\Sigma$, we as usual mean a set $\mathbb{T}$ of sequents over $\Sigma$, to be thought of as the (non-logical) axioms of the theory. (However, since we have full first-order logic available in the $\tau$-calculus, we could alternatively axiomatize our theories by sets of sentences, replacing a sequent $(\phi \vdash_{\vec{x}} \psi)$ by the sentence $(\forall \vec{x})(\phi \Rightarrow \psi)$. In practice, if a sequent of the form $(\top \vdash_{[]} \phi)$ is derivable in a $\tau$-theory $\mathbb{T}$, we shall tend to say simply that the sentence $\phi$ is derivable in $\mathbb{T}$.) And we have the usual notion of a *model* for a $\tau$-theory $\mathbb{T}$ in a topos $\mathcal{E}$, namely a structure $M$ for its signature (defined as in 4.1.4) which satisfies all the axioms of $\mathbb{T}$. The Soundness Theorem is yet again straightforward:

**Proposition 4.3.3** *Let $\mathbb{T}$ be a $\tau$-theory over a signature $\Sigma$. If a sequent $\sigma$ is derivable in $\mathbb{T}$ (using the rules specified in 4.3.1), then it is satisfied in any model of $\mathbb{T}$ in a topos.*

**Proof** As usual, we have to verify soundness of each of the individual axioms and rules of inference. But the soundness of the first-order axioms (in arbitrary Heyting categories) was verified in 1.3.2, and that of the axioms for product and power types in 4.1.7(i) and (iii). □

To obtain a converse to 4.3.3, we seek as usual to construct a syntactic category $\mathcal{E}_{\mathbb{T}}$ from an arbitrary $\tau$-theory $\mathbb{T}$, and to prove that it is a topos (and that it contains a conservative model of $\mathbb{T}$). With the extra logical structure now at our disposal, we may somewhat simplify the construction of this category, as compared with the first-order syntactic categories which we constructed in Section D1.4. In the first place, we note that, for the objects of our category, it suffices to consider ($\alpha$-equivalence classes of) formulae-in-context $x\,.\,\phi$ where the context is a single variable $x$; for, in any $\Sigma$-structure, the interpretation of $x, y\,.\,\phi$ will coincide with (or at least be canonically isomorphic to) that of $z\,.\,\phi[\mathsf{fst}(z), \mathsf{snd}(z)/x, y]$ where $z$ is a variable whose type is the product of those of $x$ and $y$. (Similarly, a sentence $\phi$ in the empty context may be replaced by $x\,.\,\phi$, where $x$ is a variable of type 1.) But then we may also exploit the correspondence between (provable-equivalence classes of) formulae in a context with one variable $x$ of type $A$, and (provable-equality classes of) closed terms of type $PA$ (which sends $x\,.\,\phi$ to $\{x \colon A \mid \phi\}$ and a closed term $a$ to $x\,.\,(x \in_A a)$), and thus regard the objects of our syntactic category as $\alpha$-equivalence classes of closed terms whose type is a power type $PA$ for some $A$. In this way, we may eliminate the contexts altogether from our description of $\mathcal{E}_{\mathbb{T}}$. (In truth, this is only a very minor notational change: the object of the syntactic category which was denoted $\{x\,.\,\phi\}$ in Section D1.4 will now be denoted $\{x \mid \phi\}$.) It will be convenient to have a notation for (the object of $\mathcal{E}_{\mathbb{T}}$ corresponding to) the particular closed term $\{x \colon A \mid \top\}$, where $A$ is a type of $\Sigma$; we shall denote it by $\overline{A}$.

If $a$ and $b$ are closed terms of types $PA$ and $PB$ respectively, then a morphism $a \to b$ in $\mathcal{E}_{\mathbb{T}}$ will be represented by a closed term $f$ of type $P(A \times B)$, satisfying the usual functionality axioms (suitably translated into our new terminology): in other words, such that the sequents

$$((\langle x, y\rangle \in f) \vdash_{x,y} ((x \in a) \wedge (y \in b)))\ ,$$
$$((x \in a) \vdash_{x} (\exists y)(\langle x, y\rangle \in f))\ ,\ \text{and}$$
$$(((\langle x, y\rangle \in f) \wedge (\langle x, y'\rangle \in f)) \vdash_{x,y,y'} (y = y'))$$

are provable in $\mathbb{T}$. Two such terms $f$ and $f'$ will of course represent the same morphism iff the sentence $(f = f')$ is provable in $\mathbb{T}$; as usual, we shall write $[f]$ for the provable-equality class of a closed term $f$. The composite of two morphisms $[f]\colon a \to b$ and $[g]\colon b \to c$ is the provable-equality class of the closed term

$$\{z\colon A \times C \mid (\exists y\colon B)(((\langle \mathsf{fst}(z), y\rangle \in f) \wedge (\langle y, \mathsf{snd}(z)\rangle \in g))\} \,.$$

Just as in the first-order case, it is straightforward to verify that this composition is well-defined and associative, and that the identity morphism on an object $a$ is given by $[\{z\colon A \times A \mid ((\mathsf{fst}(z) = \mathsf{snd}(z)) \wedge (\mathsf{fst}(z) \in a))\}]$; so we have

**Lemma 4.3.4** *$\mathcal{E}_{\mathbb{T}}$ is a category.* □

It is similarly straightforward to establish

**Lemma 4.3.5** *$\mathcal{E}_{\mathbb{T}}$ has finite limits.*

**Proof** The terminal object may be taken to be $\bar{1}$ (or $\{x\colon 1 \mid (x = *)\}$, if you prefer); given an arbitrary object $a\colon PA$, it is easy to see that a term $f\colon P(A \times 1)$ represents a morphism $a \to \bar{1}$ iff it is provably equal to $\{z \mid \mathsf{fst}(z) \in a\}$. We define the product of two objects $a : PA$ and $b : PB$ to be the closed term $\{z\colon A \times B \mid ((\mathsf{fst}(z) \in a) \wedge (\mathsf{snd}(z) \in b))\}$; the first product projection $a \times b \to a$ is represented by the term

$$\{w\colon (A \times B) \times A \mid ((\mathsf{fst}(w) \in a \times b) \wedge (\mathsf{fst}(\mathsf{fst}(w)) = \mathsf{snd}(w)))\} \,,$$

with a similar expression for the second projection. Given morphisms $[f]\colon c \to a$ and $[g]\colon c \to b$, where $c : PC$, the induced morphism $([f], [g])\colon c \to a \times b$ is represented by the term

$$\{w\colon C \times (A \times B) \mid (((\langle \mathsf{fst}(w), \mathsf{fst}(\mathsf{snd}(w))\rangle \in f) \wedge (\langle \mathsf{fst}(w), \mathsf{snd}(\mathsf{snd}(w))\rangle \in g))\} \,.$$

Given two morphisms $[f], [g]\colon a \rightrightarrows b$, the domain ($e$, say) of their equalizer is the object

$$\{x\colon A \mid (\exists y\colon B)(((\langle x, y\rangle \in f) \wedge (\langle x, y\rangle \in g))\} \,,$$

and the monomorphism $e \rightarrowtail a$ is represented by $\{z\colon A \times A \mid ((\mathsf{fst}(z) = \mathsf{snd}(z)) \wedge (\mathsf{fst}(z) \in e))\}$. (As in 1.4.3, we note that the construction of equalizers depends on the choice of representatives $f$ and $g$, not just on their provable-equality classes; but we could eliminate these choices by defining objects as well as morphisms to be provable-equality classes of terms.) As usual, the verification that all of this works is tedious but straightforward. □

**Lemma 4.3.6** *Let $[f]: a \to b$ be a morphism of $\mathcal{E}_{\mathbb{T}}$.*

(i) *$[f]$ is an isomorphism iff the sequents*

$$((y \in b) \vdash_y (\exists x)(\langle x, y\rangle \in f)) \quad \textit{and}$$
$$((((\langle x, y\rangle \in f) \wedge (\langle x', y\rangle \in f)) \vdash_{x,x',y} (x = x'))$$

*are provable in $\mathbb{T}$.*

(ii) *$[f]$ is a monomorphism iff the second sequent above is provable in $\mathbb{T}$.*

**Proof** (i) If the sequents above are provable, then the term $f^\circ = \{z : B \times A \mid (\langle \mathsf{snd}(z), \mathsf{fst}(z)\rangle \in f)\}$ is easily seen to represent a morphism $b \to a$, which is inverse to $f$. Conversely, if $[f][g]$ and $[g][f]$ are both identity morphisms in $\mathcal{E}_{\mathbb{T}}$ then $g$ is provably equal to $f^\circ$, and so $f$ must satisfy the sequents in the statement.

(ii) Following the constructions of 4.3.5, we see that (the domain of) the kernel-pair of $[f]$ is $\{z : A \times A \mid (\exists y : B)(((\langle \mathsf{fst}(z), y\rangle \in f) \wedge (\langle \mathsf{snd}(z), y\rangle \in f))\}$ , and the second sequent is equivalent to saying that the terms representing the two projections from this object to $a$ are provably equal. □

Unsurprisingly, it is also possible to show that a morphism $[f]$ is epic in $\mathcal{E}_{\mathbb{T}}$ iff the first of the two sequents of 4.3.6(i) is provable; but we shall not need this.

**Corollary 4.3.7** *Let $a : PA$ be an object of $\mathcal{E}_{\mathbb{T}}$. Then any subobject of $a$ is isomorphic to one of the form $[i]: a' \rightarrowtail a$, where $a' : PA$ is a term such that $((x \in a') \vdash_x (x \in a))$ is provable in $\mathbb{T}$ and $i$ is the term*

$$\{z : A \times A \mid ((\mathsf{fst}(z) = \mathsf{snd}(z)) \wedge (\mathsf{fst}(z) \in a'))\} .$$

*Moreover, for two such subobjects $[i]: a' \rightarrowtail a$ and $[i']: a'' \rightarrowtail a$, we have $a' \leq a''$ in $\mathrm{Sub}(A)$ iff the sequent $((x \in a') \vdash_x (x \in a''))$ is provable in $\mathbb{T}$.*

**Proof** First, we note from 4.3.6(ii) that any morphism of the specified form is monic. Given an arbitrary monomorphism $[f]: b \rightarrowtail a$, let $a'$ be the term $\{x : A \mid (\exists y : B)(\langle y, x\rangle \in f)\}$. Then it is straightforward to verify that $f$ also represents a morphism $b \to a'$ which is a factorization of $[f]$ through $[i]$, and that this factorization is an isomorphism. The final assertion is similarly straightforward, since any factorization of $[i]$ through $[i']$ must be represented by the term $i$. □

**Proposition 4.3.8** *$\mathcal{E}_{\mathbb{T}}$ is a topos.*

**Proof** After 4.3.5, it suffices (by A2.3.4) to show that $\mathcal{E}_{\mathbb{T}}$ has power objects. Given an object $a : PA$, we define its power object $Pa$ to be the term $\{w : PA \mid (\forall x : A)((x \in w) \Rightarrow (x \in a))\}$, of type $PPA$. The membership relation $\in_a$ is defined to be $\{z : PA \times A \mid ((\mathsf{fst}(z) \in Pa) \wedge (\mathsf{snd}(z) \in \mathsf{fst}(z)))\}$, made into a subobject of $Pa \times a$ as in 4.3.7. Given an arbitrary subobject $c \rightarrowtail b \times a$, which we may assume to be represented as in 4.3.7 (so that $c$ is a closed term of type

$P(B \times A))$, we define its name $b \to Pa$ to be the morphism represented by the term

$$\{z\colon B \times PA \mid ((\mathsf{fst}(z) \in b) \wedge (\mathsf{snd}(z) = \{x\colon A \mid ((\langle \mathsf{fst}(z), x\rangle \in c)\})))\}\,.$$

It is straightforward to verify that this does represent a morphism, and that the latter is the unique morphism $b \to Pa$ for which there is a pullback square

$$\begin{array}{ccc} c & \longrightarrow & \in_a \\ \downarrow & & \downarrow \\ b \times a & \longrightarrow & Pa \times a \end{array}$$

in $\mathcal{E}_{\mathbb{T}}$. □

**Remark 4.3.9** As we observed for the first-order case in 1.4.15, we could have been still more economical in our construction of $\mathcal{E}_{\mathbb{T}}$, by exploiting the theory of allegories developed in Chapter A3 – that is, by constructing it as the category of maps of a suitable power allegory. For this approach, we begin by defining an allegory $\mathcal{A}_{\mathbb{T}}$, whose objects are simply the types of $\Sigma$, and whose morphisms $A \looparrowright B$ are provable-equality classes of closed terms $r$ of type $P(A \times B)$, ordered by $[r] \leq [s]$ iff $((z \in r) \vdash_z (z \in s))$ is provable in $\mathbb{T}$. The composite of two morphisms $[r]\colon A \looparrowright B$ and $[s]\colon B \looparrowright C$ is the provable-equality class of

$$\{z\colon A \times C \mid (\exists y\colon B)(((\langle \mathsf{fst}(z), y\rangle \in r) \wedge (\langle y, \mathsf{snd}(z)\rangle \in s))\}\,,$$

and the opposite of $[r]$ is the class of

$$\{z\colon B \times A \mid (\langle \mathsf{snd}(z), \mathsf{fst}(z)\rangle \in r)\}\,.$$

It is straightforward to verify that $\mathcal{A}_{\mathbb{T}}$ is an allegory, and in fact a division allegory in the sense of A3.4.1: given $[r]\colon A \looparrowright B$ and $[s]\colon A \looparrowright C$, we define $[s]/[r]\colon B \looparrowright C$ to be the provable-equality class of

$$\{z\colon B \times C \mid (\forall x\colon A)(((\langle x, \mathsf{fst}(z)\rangle \in r) \Rightarrow (\langle x, \mathsf{snd}(z)\rangle \in s))\}\,.$$

Indeed, $\mathcal{A}_{\mathbb{T}}$ is a power allegory in the sense of A3.4.5: the power object of an object $A$ is none other than the power type $PA$, and the canonical morphism $\in_A\colon PA \looparrowright A$ is the provable-equality class of $\{z \mid (\mathsf{snd}(z) \in \mathsf{fst}(z))\}$. $\mathcal{A}_{\mathbb{T}}$ is not in general tabular; but it is pre-tabular, since the hom-poset $\mathcal{A}_{\mathbb{T}}(A, B)$ has a top element $[\{z : A \times B \mid \top\}]$, which is tabulated by the product projections $A \times B \to A$ and $A \times B \to B$ (we leave to the reader the task of defining these and verifying that they are maps). Its hom-posets also have bottom elements (the bottom element of $\mathcal{A}_{\mathbb{T}}(A, B)$ being $[\{z : A \times B \mid \bot\}]$), so by A3.4.9 we obtain a topos by splitting the set $\mathcal{K}$ of cores in $\mathcal{A}_{\mathbb{T}}$ and then cutting down to the category of maps of $\mathcal{A}_{\mathbb{T}}[\check{\mathcal{K}}]$. And it is not hard to verify that, if we carry through the above constructions, we arrive at a category equivalent to $\mathcal{E}_{\mathbb{T}}$ as defined earlier in this section.

Next, we define the canonical $\Sigma$-structure $M_{\mathbb{T}}$ in $\mathcal{E}_{\mathbb{T}}$. For a base sort $A$, we define $M_{\mathbb{T}}A$ to be $\overline{A}$. If $A$ is a compound type, it is not true that $M_{\mathbb{T}}A$ is simply $\overline{A}$, but an easy induction shows that it is always of the form $\{x\colon A \mid \phi\}$ for some formula $\phi$ such that $(\top \vdash_x \phi)$ is provable (in the empty theory over $\Sigma$), and hence it is canonically isomorphic to $\overline{A}$. If $f\colon A \to B$ is a function symbol of $\Sigma$, we define $M_{\mathbb{T}}f$ to be $[\{z\colon A \times B \mid (f(\mathsf{fst}(z)) = \mathsf{snd}(z))\}]$ (which is easily checked to be a morphism $MA \to MB$ in $\mathcal{E}_{\mathbb{T}}$); similarly, if $R \rightarrowtail A$ is a relation symbol, $M_{\mathbb{T}}R$ is $\{x\colon A \mid R(x)\}$, made into a subobject of $MA$ as in 4.3.7.

**Lemma 4.3.10**

(i) *If $x\,.\,t$ is any term-in-context over $\Sigma$ (where the context has just one variable $x : A$, and $t : B$, say), then $[\![x\,.\,t]\!]_M$ is the morphism $MA \to MB$ represented by the term $\{z\colon A \times B \mid (\mathsf{snd}(z) = t[\mathsf{fst}(z)/x])\}$.*

(ii) *If $x\,.\,\phi$ is any formula-in-context over $\Sigma$ (again, having a context with just one variable $x\colon A$), then $[\![x\,.\,\phi]\!]_M$ is the subobject of $MA$ corresponding (as in 4.3.7) to the term $\{x\colon A \mid \phi\}$ of type $PA$.*

(iii) *A sequent $(\phi \vdash_{\vec{x}} \psi)$ over $\Sigma$ is satisfied in $M_{\mathbb{T}}$ iff it is provable in $\mathbb{T}$.*

**Proof** (i) and (ii) are proved by a straightforward (simultaneous) induction. For (iii), we note that the axioms for product types enable us to replace any sequent $(\phi \vdash_{\vec{x}} \psi)$ by a sequent $(\phi' \vdash_z \psi')$ whose context has a single variable, such that the former is provable in $\mathbb{T}$ iff the latter is. The result is then immediate from (ii) and the last assertion of 4.3.7. □

From (iii), we immediately deduce that $M$ is a conservative model of $\mathbb{T}$. Hence we have

**Corollary 4.3.11 (Completeness Theorem for $\tau$-calculus)** *Let $\mathbb{T}$ be a $\tau$-theory, and $\sigma$ a sequent over the signature of $\mathbb{T}$. If $\sigma$ is satisfied in all models of $\mathbb{T}$ in toposes, then it is provable in $\mathbb{T}$.* □

**Remark 4.3.12** Given a (finitary) first-order theory $\mathbb{T}$, we may of course regard it as a $\tau$-theory whose axioms all happen to lie in the first-order part of the language over its signature. Thus 4.3.11 almost contains an alternative proof of the result, already noted in 3.1.18, that validity in models in toposes is sufficient to determine provability in $\mathbb{T}$. ('Almost' because the notion of provability has changed, in that we have added the axioms for power types: of course, we should not expect these to allow us to derive any new first-order conclusions from first-order axioms, but it is not *a priori* obvious that they do not.)

Given an arbitrary topos $\mathcal{F}$ and a $\tau$-theory $\mathbb{T}$, we write $\mathbb{T}$-Mod$(\mathcal{F})$ for the groupoid of $\mathbb{T}$-models in $\mathcal{F}$ and isomorphisms between them. (The reason for restricting to isomorphisms was explained after 4.1.4.) And we write $\mathfrak{Log}$ for the 2-category of toposes, logical functors and natural isomorphisms between them. Any logical functor $\mathcal{F} \to \mathcal{G}$ induces a functor $\mathbb{T}\text{-Mod}(\mathcal{F}) \to \mathbb{T}\text{-Mod}(\mathcal{G})$; this is not quite trivial, because in our definition of a $\Sigma$-structure $M$ we required that we should have equalities (not just isomorphisms) $M(A \times B) = MA \times MB$ and $M(PA) = P(MA)$, and a logical functor need not strictly preserve these. However, since our collection of types was built up recursively from the base sorts, we may define $FM$ by setting $FM(A)$ equal to $F(MA)$ for each base sort $A$, and then for each compound type we have a canonical isomorphism from $F(MA)$ to $FM(A)$, across which we may transport the rest of the structure. Now we have

**Proposition 4.3.13** *For any topos $\mathcal{F}$ and any $\tau$-theory $\mathbb{T}$, the assignment $F \mapsto F(M_{\mathbb{T}})$ is part of an equivalence of categories*

$$\mathfrak{Log}\,(\mathcal{E}_{\mathbb{T}}, \mathcal{F}) \simeq \mathbb{T}\text{-Mod}(\mathcal{F})\,.$$

**Proof** We construct a functor in the opposite direction, as follows. Given a $\mathbb{T}$-model $N$ in $\mathcal{F}$, we define a functor $F_N : \mathcal{E}_{\mathbb{T}} \to \mathcal{F}$ by sending an object $a$ of $\mathcal{E}_{\mathbb{T}}$ to the subobject of $NA$ named by $[\![a]\!]_N : 1 \to N(PA) = P(NA)$, and a morphism $[f]: a \to b$ to the morphism $F_N(a) \to F_N(b)$ whose graph is the object named by $[\![f]\!]_N$. (The soundness theorem 4.3.3 ensures that the latter is indeed the graph of a morphism $F_N(a) \to F_N(b)$, and that (up to isomorphism) it is independent of the choice of the representative $f$.) The verification that $F_N$ is a logical functor is immediate from the definition of the topos structure on $\mathcal{E}_{\mathbb{T}}$ in 4.3.5 and 4.3.8 (and the soundness theorem, again), and the verification that the assignment $N \mapsto F_N$ is functorial is equally straightforward. Since any logical functor preserves the interpretations of arbitrary terms and formulae over $\Sigma$, it is clear that if $F$ is any such functor $\mathcal{E}_{\mathbb{T}} \to \mathcal{F}$ then we have isomorphisms $F(a) \cong F_{F(M)}(a)$ for all objects $a$ of $\mathcal{E}_{\mathbb{T}}$, which form a natural isomorphism $F \cong F_N$ where $N = F(M_{\mathbb{T}})$. Similarly, if $N$ is any $\mathbb{T}$-model in $\mathcal{F}$, we have a canonical isomorphism $N \cong F_N(M_{\mathbb{T}})$. □

**Examples 4.3.14** (*a*) Proposition 4.3.13 can be thought of as saying that $\mathcal{E}_{\mathbb{T}}$ is the topos 'freely generated' by the $\mathbb{T}$-model $M_{\mathbb{T}}$. Even in the case when $\mathbb{T}$ is the empty theory over the 'empty signature', this is a nontrivial assertion: it says that the 2-category $\mathfrak{Log}$ has an initial object (in the 2-categorical sense). (The 'empty signature' is not literally empty: although it has no base sorts (and no primitive function symbols, or primitive relations apart from membership and equality), it has many types such as $1$, $P1$, $PP1$, $P1 \times P1$ and so on; thus its collection of terms and formulae is already quite a rich one.) The initial object of $\mathfrak{Log}$ is often called simply the *free topos*; we shall devote much of Chapter F3 to further study of it (and its close relatives).

(*b*) Slightly more generally, if $G$ is any small directed graph, we may construct the free topos generated by $G$, in the sense that logical functors from it to a topos $\mathcal{F}$ correspond to diagrams of shape $G$ in $\mathcal{F}$. To do this, we simply take the empty $\tau$-theory over the signature whose base sorts are the vertices of $G$, with the arrows of $G$ taken as function symbols.

(*c*) More generally still, given any finitary sketch $\mathbb{S}$ (in the sense of 2.1.2(*d*)), we may construct a topos $\mathcal{E}_{\mathbb{S}}$ such that logical functors $\mathcal{E}_{\mathbb{S}} \to \mathcal{F}$ correspond to $\mathbb{S}$-models in $\mathcal{F}$. (This is not quite as dramatic as it seems, because we lose most of the categorical structure of $\mathbb{S}\text{-Mod}(\mathcal{F})$: we can 'see' only the isomorphisms in this category as natural isomorphisms between logical functors. However, following on from 2.4.12(*c*), we note that there exists a topos $\mathcal{E}$ for which there are logical functors $\mathcal{E} \to \mathbf{Set}$ with arbitrarily large finite groups of natural automorphisms, but none with infinite automorphism groups; thus the theory of logical functors defined on $\mathcal{E}$ cannot be Morita-equivalent to a finitary first-order theory.) It is easy to see how we may write down the conditions that certain finite diagrams commute, or that certain finite cones are limits, as sequents over the signature described in (*b*) (enriched with suitable additional function symbols $\iota$ as in 4.2.9; cf. 4.3.15 below). To say that certain finite cocones are colimits, we exploit the monadicity of the contravariant power-object functor $P\colon \mathcal{F}^{\mathrm{op}} \to \mathcal{F}$ (A2.2.7), which implies that a (finite) diagram in $\mathcal{F}$ is a colimit iff its image under $P$ is a limit.

(*d*) Suppose given a $\tau$-theory $\mathbb{T}$ over a signature $\Sigma$, and let $A$ be a particular type of $\Sigma$. As with $\lambda$-theories (cf. 4.2.11), we often wish to consider the theory $\mathbb{T}[a]$ obtained by adding a new function symbol $a\colon 1 \to A$ to $\Sigma$, and no new axioms. Thanks to the 'fundamental theorem of topos theory' (A2.3.2), we may identify the syntactic category of $\mathbb{T}[a]$ (up to equivalence) without doing any hard work: *$\mathcal{E}_{\mathbb{T}[a]}$ is equivalent to the slice category $\mathcal{E}_{\mathbb{T}}/\overline{A}$.* For, given a logical functor $F\colon \mathcal{E} \to \mathcal{F}$ and a morphism $b\colon 1 \to F(B)$ in $\mathcal{F}$, we obtain a logical functor

$$\mathcal{E}/B \xrightarrow{F/B} \mathcal{F}/F(B) \xrightarrow{b^*} \mathcal{F}\ ;$$

and conversely, given $G\colon \mathcal{E}/B \to \mathcal{F}$, we have the composite

$$\mathcal{E} \xrightarrow{B^*} \mathcal{E}/B \xrightarrow{G} \mathcal{F}$$

and the morphism $G(\Delta)\colon 1 \to G(B^*B)$, where $\Delta$ is the diagonal map of $B$ regarded as a morphism $1_B \to B^*B$ in $\mathcal{E}/B$. It is easy to see that these two constructions are inverse to each other up to natural isomorphism; so, applying the result when $\mathcal{E} = \mathcal{E}_{\mathbb{T}}$ and $B = \overline{A} \cong M_{\mathbb{T}}A$, we deduce that logical functors defined on $\mathcal{E}_{\mathbb{T}}/\overline{A}$ correspond to models of $\mathbb{T}[a]$.

(*e*) A very similar argument shows that, if $\mathbb{T}'$ is obtained from $\mathbb{T}$ by adding a single sentence $\phi$ as an additional axiom (and leaving the signature unchanged), then $\mathcal{E}_{\mathbb{T}'}$ may be identified with $\mathcal{E}_{\mathbb{T}}/[\![\phi]\!]_M$. In particular, we note that the free topos of (*a*) contains a subterminal object (the interpretation of the sentence $(\forall p : \Omega)(\overline{p} \vee \neg\overline{p})$), such that the corresponding slice category is initial (in the 2-categorical sense) in the 2-category $\mathfrak{BooLog}$ of Boolean toposes and logical functors. In fact the initial object of this 2-category is not hard to identify explicitly; it is equivalent to $\mathbf{Set}_f$, since if $\mathcal{B}$ is a Boolean topos then the unique coherent functor $\mathbf{Set}_f \to \mathcal{B}$ which we constructed in A1.4.7 is actually logical. (However, things become more interesting once we add a natural number object; cf. 4.3.19(*d*) below.)

Proposition 4.3.13 is one half of the assertion that $\tau$-theories are 'the same thing as' small toposes, in the same sense that $\lambda$-theories are the same thing as small cartesian closed categories. For the other half, we need

**Proposition 4.3.15** *Given a small topos $\mathcal{E}$, there exists a $\tau$-theory $\mathbb{T}_\mathcal{E}$ such that for any topos $\mathcal{F}$ we have*

$$\mathfrak{Log}\,(\mathcal{E},\mathcal{F}) \simeq \mathbb{T}_\mathcal{E}\text{-Mod}(\mathcal{F}) \ ,$$

*naturally in $\mathcal{F}$.*

**Proof** The construction is very similar to that of 4.2.9, and we shall not give it in great detail. For our signature, we take (i) a basic sort $\ulcorner A \urcorner$ for each object $A$ of $\mathcal{E}$; (ii) a function symbol $\ulcorner f \urcorner\colon \ulcorner A \urcorner \to \ulcorner B \urcorner$ for each morphism $f\colon A \to B$ in $\mathcal{E}$; (iii) a function symbol $\iota\colon 1 \to \ulcorner 1 \urcorner$ and function symbols $\iota\colon \ulcorner A \urcorner \times \ulcorner B \urcorner \to \ulcorner A \times B \urcorner$ for each pair of objects $(A, B)$; and (iv) a function symbol $\tilde{\iota}\colon P\ulcorner A \urcorner \to \ulcorner PA \urcorner$ for each object $A$. The axioms are (the sequents corresponding to) the equations taken as axioms in 4.2.9(*a*) and (*b*), plus the following:

(*c*) for each monomorphism $m\colon A' \rightarrowtail A$ in $\mathcal{E}$ with classifying map $\phi\colon A \to \Omega$, the two axioms $((\ulcorner m \urcorner(y) = \ulcorner m \urcorner(y')) \vdash_{y,y'} (y = y'))$ and

$$((\ulcorner \phi \urcorner(x) = \ulcorner \top \urcorner(\iota(*))) \vdash_x (\exists y)(\ulcorner m \urcorner(y) = x));$$

(*d*) for each object $A$, the axioms

$$((x \in w) \dashv\vdash_{x,w} (\ulcorner \mathrm{ev} \urcorner(\iota(\langle \tilde{\iota}(w), x \rangle)) = \ulcorner \top \urcorner(\iota(*))))$$

where $x$ and $w$ are variables of types $\ulcorner A \urcorner$ and $P\ulcorner A \urcorner$ respectively, and

$$(\top \vdash_u (u = \tilde{\iota}(\{x\colon A \mid (\ulcorner \mathrm{ev} \urcorner(\iota(\langle u, x \rangle)) = \ulcorner \top \urcorner(\iota(*)))\})))$$

where $u$ is of type $\ulcorner PA \urcorner$. (Here ev denotes the evaluation map $PA \times A \to \Omega$ in $\mathcal{E}$.)

Now we saw in 4.2.9 that a model $M$ (in a topos $\mathcal{F}$, say) for the axioms in groups (*a*) and (*b*) is essentially the same thing as a functor $F\colon \mathcal{E} \to \mathcal{F}$ preserving finite products; such a model satisfies the axioms in (*c*) iff the corresponding functor $F$ preserves arbitrary pullbacks of $\top\colon 1 \rightarrowtail \Omega$ (which, by a remark that we made following A1.6.1, is equivalent to saying that it preserves all finite limits); and finally $M$ satisfies the axioms in (*d*) iff the interpretation in $M$ of $\tilde{\iota}$ yields a two-sided inverse for the canonical comparison map $\phi_A\colon F(PA) \to P(FA)$ for each $A$, i.e. iff $F$ is a logical functor. □

As we did with $\lambda$-theories in 4.2.13, we now wish to extend our notion of $\tau$-theory by adding list types (or at least the particular list type $N = L1$) to our signature. (Since, as we saw in A2.5.17, any topos with a natural number object has list objects – and since any logical functor between toposes with natural number objects preserves the natural number object by A2.2.10(i) and A2.5.6(ii), and hence also preserves list objects – it does not make any essential difference which we do.)

**Definition 4.3.16** (*a*) By a *$\tau L$-signature*, we mean a higher-order signature $\Sigma$ having the type constructors of 4.1.1(i), (ii), (iv) and (v), and the term constructors of 4.1.2(i)–(iv) and (vii)–(ix), plus the three types of atomic formulae of 4.1.3 and the full range of (finitary) logical connectives and quantifiers. A *$\tau L$-theory* is a set of sequents (or sentences, if you prefer) over such a signature.

(*b*) The rules of the *$\tau L$-calculus* are those of the $\tau$-calculus as given in 4.3.1, plus the following rules for list types: the axioms

$$(\top \vdash_{\vec{z},w} (\mathsf{iter}_{x,y}(s,w,[\,]) = w)) \text{ and}$$
$$(\top \vdash_{\vec{z},u,v,w} (\mathsf{iter}_{x,y}(s,w,\mathsf{cons}(u,v)) = s[\mathsf{iter}_{x,y}(s,w,v),u/x,y])) ,$$

where $\vec{z}$ is any context containing the free variables of $s$ other than $x$ and $y$, and 'Peano's fifth postulate'

$$((([\,] \in z) \wedge (\forall x)(\forall y)((y \in z) \Rightarrow (\mathsf{cons}(x,y) \in z))) \vdash_z (\forall y)(y \in z))$$

where $x, y, z$ are of types $A, LA, P(LA)$ respectively.

If we are merely given the particular list type $N$ in our signature, we shall call it a $\tau N$-signature, and speak of $\tau N$-theories and the $\tau N$-calculus. In practice, we usually work with the latter; but for many purposes it is no harder to work with arbitrary list types.

**Remarks 4.3.17** (*a*) The Soundness Theorem for the $\tau L$-calculus is as usual easy to prove: *if $\sigma$ is provable in a $\tau L$-theory $\mathbb{T}$, then it is satisfied in all models of $\mathbb{T}$ in toposes with natural number objects.* For we verified the soundness of the first two axioms of 4.3.16(*b*) in 4.1.7(iv) above; the validity of Peano's fifth postulate, for the particular case of $L1 = N$, was verified in A2.5.9, and the same argument is easily seen to work for general list objects.

(*b*) The reader may have been surprised not to see the third sequent of 4.1.7(iv) (that is, $(\top \vdash_z (\mathsf{iter}_{x,y}(\mathsf{cons}(y,x),[\,],z) = z)))$ appearing as one of the axioms of the $\tau L$-calculus. However, now that we have power types available, and hence can formulate Peano's fifth postulate, we may derive this sequent from the other axioms. Specifically, if $t$ denotes the closed term $\{z : LA \mid (\mathsf{iter}_{x,y}(\mathsf{cons}(y,x),[\,],z) = z)\}$, then the first two axioms of 4.3.16(*b*) easily imply the sequents $(\top \vdash ([\,] \in t))$ and $((y \in t) \vdash_{x,y} (\mathsf{cons}(x,y) \in t))$, whence by the Peano postulate we deduce $(\forall y : LA)(y \in t)$.

(*c*) In a similar vein, we may show that (the analogues for list objects of) the third and fourth Peano postulates are provable in the $\tau L$-calculus; that is, we have $((\mathsf{cons}(x,y) = []) \vdash_{x,y} \bot)$ and

$$((\mathsf{cons}(x,y) = \mathsf{cons}(x',y')) \vdash_{x,x',y,y'} ((x = x') \wedge (y = y'))) .$$

For the first of these, we note that if we substitute $\mathsf{cons}(x,y)$ and $[]$ for the variable $z$ in the term $\mathsf{iter}_{u,v}(\widehat{\top}, \widehat{\bot}, z)$, we obtain $\widehat{\top}$ and $\widehat{\bot}$ respectively (where, as in 4.3.2, $\widehat{\phi}$ denotes the term $\{x: 1 \mid \phi\}$ of type $\Omega$). So from $(\mathsf{cons}(x,y) = [])$ we may deduce $(\widehat{\top} = \widehat{\bot})$, from which we obtain $(* \in \widehat{\bot})$ and hence $\bot$. Similarly, if we substitute $\mathsf{cons}(x,y)$ for $z$ in the term $\mathsf{iter}_{u,v}(v, x'', z)$ we recover $x$; so from $(\mathsf{cons}(x,y) = \mathsf{cons}(x',y'))$ we may deduce $(x = x')$ (in a context which contains a third variable $x''$ of type $A$; but we may then eliminate the latter by the method which we noted at the end of 1.3.1(*a*)). And, if we substitute $\mathsf{cons}(x,y)$ for $z$ in the term $\mathsf{snd}(t)$, where $t$ is the term

$$\mathsf{iter}_{u,v}(\langle \mathsf{cons}(v, \mathsf{fst}(u)), \mathsf{fst}(u)\rangle, \langle [], []\rangle, z)$$

of type $LA \times LA$, we recover $y$. For the derivability of the sequent in (*b*) above enables us to deduce $(\mathsf{fst}(t) = z)$, and hence $(t[\mathsf{cons}(x,y)/z] = \langle \mathsf{cons}(x,y), y\rangle)$.

Given a $\tau L$-theory $\mathbb{T}$, we construct its syntactic category $\mathcal{E}_{\mathbb{T}}$ exactly as we did for a $\tau$-theory earlier in this section; the proof that it is a topos of course remains valid. So we need only prove

**Proposition 4.3.18** *Let $\mathbb{T}$ be a $\tau L$-theory over a signature $\Sigma$. Then, for each type $A$ of $\Sigma$, the object $\overline{LA}$ of $\mathcal{E}_{\mathbb{T}}$ is a list object over $\overline{A}$, in the sense of* A2.5.15. *In particular, $\mathcal{E}_{\mathbb{T}}$ has list objects.*

**Proof** The structure maps $o_A : \overline{1} \to \overline{LA}$ and $s_A : \overline{A} \times \overline{LA} \to \overline{LA}$ are respectively represented by the closed terms $\{z: 1 \times LA \mid (\mathsf{snd}(z) = [])\}$ and

$$\{z: (A \times LA) \times LA \mid (\mathsf{snd}(z) = \mathsf{cons}(\mathsf{fst}(\mathsf{fst}(z)), \mathsf{snd}(\mathsf{fst}(z))))\} .$$

Given an arbitrary object $b: PB$ and morphisms $[c]: \overline{1} \to b$, $[t]: \overline{A} \times b \to b$, we first consider the closed term

$$\begin{aligned} g = \{w: P(LA \times B) \mid ((\forall u)((u \in w) \Rightarrow (\mathsf{snd}(u) \in b)) \wedge \\ (\exists y: B)((\langle *, y\rangle \in c) \wedge (\langle [], y\rangle \in w)) \wedge \\ (\forall z: LA)(\forall y: B)(\forall x: A)((\langle z, y\rangle \in w) \Rightarrow \\ (\exists y': B)((\langle\langle x, y\rangle, y'\rangle \in t) \wedge (\langle \mathsf{cons}(x,z), y'\rangle \in w))))\} \end{aligned}$$

(informally, $g$ is the set of all relations $[w]: \overline{LA} \nrightarrow b$ which are 'compatible with the recursion data $[c], [t]$'). Then we form the term of type $P(LA \times B)$ which is the intersection of all the members of $g$, that is

$$f = \{u: LA \times B \mid (\forall w: P(LA \times B))((w \in g) \Rightarrow (u \in w))\} .$$

Since the relation $\{u: LA \times B \mid (\mathsf{snd}(u) \in b)\}$ clearly belongs to $g$, it is clear that $f$ is (or rather represents) a relation $\overline{LA} \nrightarrow b$ in $\mathcal{E}_{\mathbb{T}}$, and that it is compatible with the recursion data. We claim that it is functional, in the sense defined earlier: for this we just have to show that

$$\{z: LA \mid (\exists! y: B)(\langle z, y\rangle \in f)\}$$

satisfies the hypotheses of the fifth Peano postulate (where the unique existential quantifier $\exists! y$ is as usual defined by

$$(\exists! y)\phi \equiv (\exists y)(\phi \wedge (\forall y')(\phi[y'/y] \Rightarrow (y = y'))) \text{ .)}$$

But this is a straightforward induction, using the definition of compatibility with the recursion data and the third and fourth Peano postulates as established in 4.3.17($c$). A similar induction tells us that $[f]$ is the unique morphism $\overline{LA} \to b$ satisfying the given recursion data; alternatively, we could argue that if $[f']$ is another such, then $(f' \in g)$ must hold, whence we deduce $[f] \leq [f']$ in the allegory $\mathbf{Rel}(\mathcal{E}_{\mathbb{T}})$, and conclude $[f] = [f']$ by A3.2.3.

Thus we have verified that every object in $\mathcal{E}_{\mathbb{T}}$ of the form $\overline{A}$ has a list object. A similar, but more complicated, argument could be given to construct list objects for arbitrary objects of the syntactic category; but we do not need to do so, since we may conclude in particular that $\overline{N} = \overline{L1}$ is a natural number object in $\mathcal{E}_{\mathbb{T}}$, and so we may apply A2.5.17 to obtain arbitrary list objects. □

**Remarks 4.3.19** ($a$) Proposition 4.3.18 implicitly contains a proof of the fact, which we mentioned in Section A2.5, that the five Peano postulates suffice to characterize the natural number object in a topos; for we did not make use of the first two sequents of 4.3.16($b$) in the proof, but only of the third and fourth Peano postulates which we deduced from them. However, we shall provide a more explicit proof of this result in 5.1.2 below.

($b$) The proof of 4.3.10 now extends in the obvious way to show that, for any $\tau L$-theory $\mathbb{T}$, the canonical $\Sigma$-structure $M_{\mathbb{T}}$ in $\mathcal{E}_{\mathbb{T}}$ is a conservative $\mathbb{T}$-model. So we obtain the Completeness Theorem for the $\tau L$-calculus (i.e. the converse of the Soundness Theorem stated in 4.3.17($a$)).

($c$) Since, as we observed earlier, any logical functor between toposes preserves list objects, it is clear that a logical functor $F: \mathcal{E} \to \mathcal{F}$ (between toposes with natural number objects) induces a functor $\mathbb{T}\text{-Mod}(\mathcal{E}) \to \mathbb{T}\text{-Mod}(\mathcal{F})$, for any $\tau L$-theory $\mathbb{T}$. So we have an immediate extension of 4.3.13, proved in exactly the same way: *for any $\tau L$-theory $\mathbb{T}$ and any topos $\mathcal{F}$ with a natural number object, the functor $\mathfrak{Log}(\mathcal{E}_{\mathbb{T}}, \mathcal{F}) \to \mathbb{T}\text{-Mod}(\mathcal{F})$ is one half of an equivalence of categories.*

($d$) In particular we may, as in 4.3.14($a$), consider the empty $\tau L$-theory over the empty signature, and thus obtain the *free topos with natural number object*, i.e. the initial object in the full sub-2-category $\mathfrak{Log}_N \subseteq \mathfrak{Log}$ of toposes with natural number objects. (Note that, by A2.5.6(ii), this subcategory is a cosieve in $\mathfrak{Log}$.) And by slicing this topos over a suitable subterminal object as in 4.3.14($e$), we may obtain the initial object of the 2-category $\mathfrak{BooLog}_N$ of Boolean toposes with natural number objects. However, the latter is appreciably more complicated than the initial object of $\mathfrak{BooLog}$: in particular, its unique (up to isomorphism) logical functor to **Set** is not conservative. For in the $\tau L$-calculus (indeed, in the $\tau N$-calculus) plus the Law of Excluded Middle, we may carry through the proof of Gödel's Incompleteness Theorem; and if $\phi$ is the unprovable sentence constructed in that proof, then $[\![\phi]\!] \rightarrowtail 1$ is not an isomorphism in the free Boolean topos with natural number object (since $\phi$ is unprovable), but it is mapped to an isomorphism in **Set**. (And if we slice the free Boolean topos with natural number object over the complement of $[\![\phi]\!]$, we obtain a non-degenerate Boolean topos which admits no logical functor to **Set**.) On the other hand, we shall see in Section F3.3 that the initial object of $\mathfrak{Log}$ is, in a sense, no less complicated than the initial object of $\mathfrak{Log}_N$.

(*e*) Just as in 4.3.15, for any small topos $\mathcal{E}$ with natural number object we may construct a $\tau L$-theory $\mathbb{T}_{\mathcal{E}}$ such that $\mathbb{T}_{\mathcal{E}}$-models in $\mathcal{F}$ correspond to logical functors $\mathcal{E} \to \mathcal{F}$. Indeed, we do not need to add any further axioms to the list given in the proof of 4.3.15 – though we could if we wished add function symbols $\hat{\iota}\colon \ulcorner LA \urcorner \to L\ulcorner A \urcorner$ for each type $A$, together with axioms which say that the interpretation of $\hat{\iota}$ in a model $M$ is a two-sided inverse for the canonical comparison map $F(LA) \to L(FA)$ which exists for any product-preserving functor between categories with list objects. We leave the formulation of these axioms to the reader.

**Suggestions for further reading:** Bell [95], Boileau & Joyal [138], Fourman [358], Lambek & Scott [682], Lavendhomme & Lucas [688].

## D4.4 Predicative type theories

In this section (which may easily be skipped by readers who are anxious to press on with the study of applications of higher-order logic in toposes), we shall attempt to describe the relationship between the ideas of the three preceding sections and the predicative type theories (often associated with the name of P. Martin-Löf, cf. [800]) which are studied by many logicians as a framework for constructive mathematics.

We have seen from an early stage in this book that topos theory is inherently non-classical, in that relatively few toposes satisfy the Law of Excluded Middle (cf. 1.3.3); and we have (particularly in Parts B and C) freely used the word 'constructive' to describe the style of argument which it is appropriate to use when working over a base topos $\mathcal{S}$ which may not be Boolean. However, for many of those who adopt a constructivist view of mathematics, the notion of topos (or the equivalent notion of $\tau$-theory which we described in the last section) is unacceptable, because of the presence of power objects (or power types, as the case may be), and the freedom which they give one to use impredicative definitions.

To explain the meaning of the word 'impredicative' in this context, it is helpful to consider a specific example: one which will be fresh in the mind of anyone who has just read Section D4.3 occurs in the proof of Proposition 4.3.18. Here we wished to construct a particular morphism $[f]\colon \overline{LA} \to b$ in our syntactic category $\mathcal{E}_{\mathbb{T}}$; and we did so by considering the intersection of all relations $\overline{LA} \nrightarrow b$ with a particular 'compatibility property'. But $[f]$ itself, once we have constructed it, turns out to be such a relation; in other words, to 'construct' $[f]$, we have quantified over a set which we could not have constructed (in the strict sense of specifying all its members) without constructing $[f]$ itself. (A similar example occurs in our proof of the Knaster–Tarski theorem 4.1.10, where we obtained a fixed point of $f\colon A \to A$ as the join of a set of 'pre-fixed points' which included the fixed point we were trying to construct.) Although this type of argument is commonplace in the everyday practice of classical mathematicians (it occurs almost everywhere that closure operations are to be found), it is anathema to a strict constructivist. Such people therefore reject the existence of the 'set' which we denoted by the term $g$ in the proof of 4.3.18; and since they do not wish to jettison the Separation Principle that sets may be 'separated out' from pre-existing sets by forming the subset of elements satisfying a given formula, they are bound to reject the existence of the power type $P(LA \times B)$ from which $g$ was separated out by this principle. (For another reason why impredicative power types may be thought 'too powerful' by constructivists, see 4.5.8 below.)

The use of function types (or of list types) does not lead to the same problems of impredicativity; so, if we are searching for a predicative type theory to serve as a foundation for mathematics, a natural starting-point might be the (typed) $\lambda N$-calculus of Section D4.2. However, this is clearly too weak, since it does not contain any of the first-order logical connectives and quantifiers. There was a good reason for this omission: namely that, as we saw in Section A1.5, a cartesian closed category (even if properly cartesian closed) need not have many of the other 'set-like' properties studied in Chapter A1 – in particular, it need not be regular, and so need not support a sound interpretation even of the regular fragment of first-order logic. But we also saw the remedy for this failing, in A1.5.13: a category which is locally cartesian closed is a Heyting category (and thus supports a sound interpretation of full intuitionistic first-order logic), provided it is also cocartesian. So we might reasonably seek a type calculus which corresponds to locally cartesian closed categories, in the same way that $\lambda$-calculus and $\tau$-calculus correspond to cartesian closed categories and toposes respectively. In honour of P. Martin-Löf, who was the first to propose such a type calculus in [799], this calculus is often referred to as *Martin-Löf type theory*; for brevity, we shall call it the *$\mu\lambda$-calculus*.

In this book, we do not have space even to begin to describe the large body of constructive mathematics which has been developed within the $\mu\lambda$-calculus. But, since we have had a good deal to say about locally cartesian closed categories in the book, it seems appropriate to give at least a sketch of how this notion may be translated into type-theoretic terms; and that is our goal in the present section. There are many different ways of presenting the $\mu\lambda$-calculus; the one we have chosen is designed to emphasize its connection with locally cartesian closed categories. However, one feature which they all share, and which differentiates them from the other calculi we have studied in this chapter, is the fact that the collection of types is no longer 'fixed once for all': in addition to 'constant types', we also have 'variable types' indexed by variables which run over other types, and we shall be able to form 'dependent sums and products' of such types.

**Example 4.4.1** To explain these notions, the following simple example (borrowed from [490]) may be helpful. Suppose we wish to define a type whose individuals are dates (of the Christian era, as usually recorded): our first idea might be that this is simply a product type $D \times M \times Y$ (day, month, year), where the individuals of type $D$ are the integers from 1 to 31, those of type $M$ are the integers from 1 to 12, and those of type $Y$ are arbitrary positive integers. But this product type would contain individuals such as 31.9.2001 and 29.2.2002 (in the usual notation), which do not represent actual dates; in order to exclude them, we need to think of $D$ as a variable type $D(m, y)$, depending on variables $m$ and $y$ of types $M$ and $Y$, and the type of dates is then the dependent sum $\Sigma_{y:Y}\Sigma_{m:M}D(m, y)$. Similarly, the day on which a monthly payment falls due might naively be thought of as an individual of the function type $[M \times Y \to D]$, but it really belongs to the dependent product $\Pi_{y:Y}\Pi_{m:M}D(m, y)$. (Indeed, the type of dates might itself be dependent on variables of other types, such as the country under consideration: for example, 10.9.1752 is a valid date in France, but not in England.)

Our language thus has a new feature, namely *type declarations* which are 'sequents' of the form

$$(\Gamma \vdash (A \in \Sigma\text{-Typ}))$$

where $\Gamma$ is a context and $A$ is some expression involving free variables $x_1, \ldots, x_n$ which appear in $\Gamma$. The type constructors which we used in earlier sections of this chapter become 'rules of inference' for manipulating such type declarations; for example, the presence of binary product types, as in 4.1.1(ii), would correspond to the rule

$$\frac{(\Gamma \vdash (A \in \Sigma\text{-Typ})) \quad (\Gamma \vdash (B \in \Sigma\text{-Typ}))}{(\Gamma \vdash (A \times B \in \Sigma\text{-Typ}))}\,.$$

Moreover, the notion of context becomes more complicated than it has been hitherto (which explains our change of notation from $\vec{x}$ to $\Gamma$): a context is now a finite sequence $(x_1 \colon A_1), (x_2 \colon A_2), \ldots, (x_n \colon A_n)$ of distinct *typed* variables, with the proviso that for each $i \leq n$ the type declaration

$$((x_1 \colon A_1), \ldots, (x_{i-1} \colon A_{i-1}) \vdash (A_i \in \Sigma\text{-Typ}))$$

is derivable in our system. (So in particular $(A_1 \in \Sigma\text{-Typ})$ must be derivable in the empty context [ ].)

If $\Gamma$ is a context such that $(\Gamma \vdash (A \in \Sigma\text{-Typ}))$ is derivable, we shall often express this by saying that $A$ is a *type in the context* $\Gamma$, or that $\Gamma$ is a *suitable context* for $A$. In addition to type declarations, our language will contain *term declarations* of the form $(\Gamma \vdash (t\colon A))$, where $A$ is a type in the context $\Gamma$, and we shall have rules of inference for these too. (The primitive term declarations take the place of function symbols in our language: a function symbol $f\colon A \to B$ becomes a term declaration $((x : A) \vdash (f(x) : B))$. For simplicity, we shall not allow any primitive relation symbols other than equality, since we know from 1.4.9 that we can eliminate them in favour of function symbols.)

**Definition 4.4.2** A *$\mu\lambda$-signature* is specified by sets of *basic type declarations* $(\Gamma \vdash (A \in \Sigma\text{-Typ}))$, and *primitive term declarations* $(\Gamma \vdash (t\colon A))$ from which we may derive further declarations by the following rules:

(*a*) the *Weakening Rule*

$$\frac{(\Gamma \vdash \theta)}{(\Delta \vdash \theta)}$$

whenever $\Gamma$ is a sub-context of $\Delta$ (that is, $\Delta$ contains all the variables in $\Gamma$ – possibly not in the same order, but at least in an order that makes it a legitimate context), and $\theta$ denotes either an expression of the form $(A \in \Sigma\text{-Typ})$ or one of the form $(t\colon A)$;

(*b*) the *Variable Declaration Rule*

$$\frac{(\Gamma \vdash (A \in \Sigma\text{-Typ}))}{(\Gamma, (x_{n+1}\colon A) \vdash (x_{n+1}\colon A))}$$

where $x_{n+1}$ is a variable not appearing in $\Gamma$;

(*c*) the *Substitution Rule*

$$\frac{(\Gamma, (y\colon B) \vdash \theta) \quad (\Gamma \vdash (t\colon B))}{(\Gamma \vdash \theta[t/y]))}$$

where, once again, $\theta$ may be either a type declaration or a term declaration – but in the latter case the substitution of $t$ for $y$ must be made in both the term and the type;

(*d*) the *Dependent Sum Rules*

$$\frac{(\Gamma, (x\colon A) \vdash (B \in \Sigma\text{-Typ}))}{(\Gamma \vdash (\Sigma_{x:A} B \in \Sigma\text{-Typ}))}$$

(here all occurrences of $x$ in the expression $\Sigma_{x:A} B$ – which we often abbreviate to $\Sigma_x B$, if the type of $x$ is clear from the context – are taken to be bound), and

$$\frac{(\Gamma \vdash (s\colon A)) \quad (\Gamma, (x\colon A) \vdash (B \in \Sigma\text{-Typ})) \quad (\Gamma \vdash (t\colon B[s/x]))}{(\Gamma \vdash (\langle s,t\rangle : \Sigma_{x:A} B))}$$

plus the rules that from $(\Gamma \vdash (t\colon \Sigma_{x:A} B))$ we may infer $(\Gamma \vdash (\mathsf{fst}(t)\colon A))$ and $(\Gamma \vdash (\mathsf{snd}(t)\colon B[\mathsf{fst}(t)/x]))$;

(*e*) the *Dependent Product Rules*

$$\frac{(\Gamma, (x\colon A) \vdash (B \in \Sigma\text{-Typ})),}{(\Gamma \vdash (\Pi_{x:A} B \in \Sigma\text{-Typ}))} \quad \frac{(\Gamma, (x\colon A) \vdash (t\colon B))}{(\Gamma \vdash (\lambda x\colon A\,.\,t\colon \Pi_{x:A} B))}$$

and

$$\frac{(\Gamma \vdash (s\colon \Pi_{x:A} B)) \quad (\Gamma \vdash (t\colon A))}{(\Gamma \vdash (\mathsf{app}(s,t)\colon B[t/x]))}$$

where, once again, the occurrences of $x$ in the expression $\Pi_{x:A} B$ (and in $\lambda x\colon A\,.\,t$) are taken to be bound; and

(*f*) the *Unit Type Rules* which are simply the axioms $([\,] \vdash (1 \in \Sigma\text{-Typ}))$ and $([\,] \vdash (*\colon 1))$.

The above rules define the basic notion of a signature for the $\mu\lambda$-calculus. However, for practical purposes, we shall wish to add the formation of equalizers to the type structure in the form of *Equality Types*, for which we have the following rules:

(*g*) Given two term declarations $(\Gamma, (x\colon A) \vdash (s\colon B))$ and $(\Gamma, (x\colon A) \vdash (t\colon B))$, we may infer the type declaration $(\Gamma \vdash (\mathsf{Eq}_x(s,t) \in \Sigma\text{-Typ}))$ (where all occurrences of the variable $x$ in $\mathsf{Eq}_x(s,t)$ are bound) and the term declaration $(\Gamma, (y\colon \mathsf{Eq}_x(s,t)) \vdash (\mathsf{e}(y)\colon A))$.

If we are given a $\mu\lambda$-signature with these extra rules, we shall call it a *$\mu\lambda E$-signature*.

The rules for dependent sums and dependent products are strongly reminiscent of the term constructors for product types and function types, which we introduced in 4.1.2. This is of course no accident, since product and function types are a special case of dependent sums and products: if the type $B$ does not in fact depend on the variable $x\colon A$, then $\Sigma_x B$ will play the rôle of the product type $A \times B$, and $\Pi_x B$ will play the rôle of $[A \to B]$. Thus we do not need to include ordinary (binary) product and function types explicitly in Definition 4.4.2; but we do still need to include the unit type 1.

Note, incidentally, that 4.4.2(*c*) allows us to substitute a term only for the *last* variable in our context (though the limited freedom to permute contexts, allowed to us by (*a*), to some extent compensates for this). The reason is the obvious one that if we substituted for an earlier variable, on which some of the later types in the context were dependent, the removal of that variable from the context would leave something which could not be made into a valid context. For the same reason, dependent sums and products may be indexed only by the last variable in a context.

Before going on to consider the formulae of the $\mu\lambda$-calculus, we next explain how the types and terms are to be interpreted in a locally cartesian closed category $\mathcal{C}$. The basic idea is that a context $\Gamma = (x_1 : A_1), \ldots, (x_n : A_n)$ will be interpreted as a composable string $MA_n \to MA_{n-1} \to \cdots \to MA_2 \to MA_1$ of morphisms of $\mathcal{C}$. (We shall write $M\Gamma$ for the domain $MA_n$ of the first morphism in the sequence; if $\Gamma$ is the empty context, we interpret $M\Gamma$ as the terminal object 1 of $\mathcal{C}$.) If $B$ is a type whose existence is derivable in $\Gamma$, then it will be interpreted as a further morphism $MB \to M\Gamma$; and any term declaration $(t\colon B)$ in the context $\Gamma$ will be interpreted as a section of $MB \to M\Gamma$. (Properly, we ought to use some such notation as $M(\Gamma\,.\,B)$ for the interpretation of a type $B$ in a context $\Gamma$, since the interpretation will definitely depend on $\Gamma$ as well as $B$; but this notation is really too cumbersome for practical use.) Formally, we do this as follows:

**Definition 4.4.3** Let $\Sigma$ be a $\mu\lambda$-signature, and $\mathcal{C}$ a locally cartesian closed category. A *structure* $M$ for $\Sigma$ in $\mathcal{C}$ assigns to each context $\Gamma$ a composable string of morphisms as above, to each type declaration $(\Gamma \vdash (B \in \Sigma\text{-Typ}))$ a morphism $MB \to M\Gamma$, and to each term declaration $(\Gamma \vdash (t\colon B))$ a morphism $M\Gamma \to MB$ such that the composite $M\Gamma \to MB \to M\Gamma$ is the identity, as follows: the interpretations of the basic type declarations and primitive term declarations are assigned arbitrarily. The interpretations of contexts are defined inductively: if $\Delta = \Gamma, (x_{n+1}\colon A_{n+1})$ and we have already interpreted the context $\Gamma$ and the type declaration $(\Gamma \vdash (A_{n+1} \in \Sigma\text{-Typ}))$, then the interpretation of $\Delta$ is the string $MA_{n+1} \to MA_n \to \cdots \to MA_1$ obtained by concatenating these two interpretations. Derived type and term declarations are interpreted according to the following rules:

(*a*) For the weakening rule, we deal with two sub-cases: first, when $\Gamma$ is an initial segment of $\Delta$, and secondly when $\Delta$ is obtained from $\Gamma$ by permuting its terms. In the first case, say $\Gamma = (x_1 : A_1), \ldots, (x_n : A_n)$ and $\Delta = (x_1 : A_1), \ldots, (x_m : A_m)$ where $m > n$, then the composite of the morphisms which lie in the interpretation of $\Delta$ but not in that of $\Gamma$ is a morphism $M\Delta \to M\Gamma$ in $\mathcal{C}$, and we obtain the interpretation of a type or term declaration $\theta$ in the context $\Delta$ simply by pulling back its interpretation in the context $\Gamma$ along this morphism. To deal with the case when $\Delta$ is obtained by permuting $\Gamma$, it suffices to consider that when $\Delta$ is obtained by transposing two adjacent members of $\Gamma$, say $(x_i : A_i)$ and $(x_{i+1} : A_{i+1})$, since such transpositions generate the full permutation group. Now, since $\Gamma$ and $\Delta$ are both valid contexts, the types $A_i$ and $A_{i+1}$ must both exist in the context $\Theta = (x_1\colon A_1), \ldots, (x_{i-1}\colon A_{i-1})$; so their type declarations in this context are interpreted by morphisms $MA_i \to MA_{i-1}$ and $MA_{i+1} \to MA_{i-1}$, and the interpretation of the type declaration of $A_{i+1}$ in the context $\Theta, (x_i\colon A_i)$ is the pullback of the latter along the former, i.e. the projection $MA_i \times_{MA_{i-1}} MA_{i+1} \to MA_i$. Similarly, the interpretation of the type declaration of $A_i$ in the context $\Theta, (x_{i+1}\colon A_{i+1})$ is the projection $MA_{i+1} \times_{MA_{i-1}} MA_i \to MA_{i+1}$. But the domains of these two projections are (canonically) isomorphic, and this isomorphism now 'propagates up' the interpretations of the rest of $\Gamma$ and $\Delta$ to yield a canonical isomorphism $M\Delta \cong M\Gamma$. So we obtain the interpretation of $\theta$ in the new context $\Delta$ from its interpretation in $\Gamma$ by composing with this isomorphism (or its inverse, depending on whether $\theta$ is a type or a term declaration).

(*b*) For the variable declaration rule, if we have interpreted the type declaration of $A_{n+1}$ in the context $\Gamma$ as a morphism $MA_{n+1} \to M\Gamma = MA_n$, then its interpretation in the extended context $\Gamma, (x_{n+1} : A_{n+1})$ is the projection $MA_{n+1} \times_{MA_n} MA_{n+1} \to MA_{n+1}$, and we interpret the variable declaration $(x_{n+1} \colon A_{n+1})$ in this context as the diagonal map.

(*c*) The substitution rule is simply interpreted by pullback: if the term declaration $(t \colon B)$ has been interpreted in the context $\Gamma$ as a morphism $M\Gamma \to MB$, then we obtain the interpretation of $\theta[t/y]$ in this context from that of $\theta$ in the extended context $\Gamma, (y \colon B)$ by pulling back along this morphism. (Note that, if the type and/or term appearing in $\theta$ does not actually involve the variable $y$ – that is, if it already exists in the context $\Gamma$ – we shall arrive back at its original interpretation in that context if we add a 'dummy variable' $y$ and then substitute a term for it.)

(*d–e*) The dependent sum and product types $\Sigma_{x:A}B$ and $\Pi_{x:A}B$ are of course interpreted (in a context $\Gamma$) by applying the left and right adjoints to pullback along $MA \to M\Gamma$ to the interpretation of $B$ in the extended context $\Gamma, (x \colon A)$. For the terms associated with these types, we proceed as follows:

(i) The interpretation of $(\langle s, t\rangle \colon \Sigma_x B)$ in the context $\Gamma$ is the top composite in the diagram

$$\begin{array}{ccccc} M\Gamma & \xrightarrow{Mt} & M(B[s/x]) & \longrightarrow & MB \\ & & \downarrow & & \downarrow \\ & & M\Gamma & \xrightarrow{Ms} & MA \end{array}$$

where $Ms$ and $Mt$ are the interpretations of $s$ and $t$ in the context $\Gamma$, and the square is a pullback. (Note that the interpretation of $\Sigma_x B$ in the context $\Gamma$ is simply the composite $MB \to MA \to M\Gamma$, so this makes sense.)

(ii) Given the interpretation of a term $(t \colon \Sigma_x B)$ in $\Gamma$, the interpretation of $(\mathsf{fst}(t) : A)$ is the composite of this morphism with the morphism $MB \to MA$ which interprets the type $B$ in the context $\Gamma, (x \colon A)$, and the interpretation of $(\mathsf{snd}(t) : B[\mathsf{fst}(t)/x])$ is its factorization through the pullback which is used to define the interpretation of $B[\mathsf{fst}(t)/x]$ in $\Gamma$.

(iii) The interpretation of $(\lambda x.t : \Pi_x B)$ in the context $\Gamma$ is obtained by regarding the interpretation of $(t \colon B)$ as a morphism $f^*(1_{M\Gamma}) \cong 1_{MA} \to MB$ in $\mathcal{C}/MA$ (where $f$ is the name of the morphism $MA \to M\Gamma$ interpreting the type $A$), and transposing it across the adjunction $(f^* \dashv \Pi_f)$.

(iv) Given the interpretations $Ms, Mt$ of terms $(s : \Pi_x B)$ and $(t : A)$ in the context $\Gamma$, we interpret $(\mathsf{app}(s,t) \colon B[t/x])$ as the pullback along $Mt$ of the composite

$$MA \xrightarrow{f^*(Ms)} f^*M\Pi_x B \longrightarrow MB$$

in $\mathcal{C}/MA$, where $f$, as before, is the name of the morphism $MA \to M\Gamma$ and the second factor above is the counit of $(f^* \dashv \Pi_f)$.

($f$) The unit type 1 is of course interpreted in the empty context as the terminal object of $\mathcal{C}$, and the term $(*\colon 1)$ is interpreted as the identity morphism on this object.

($g$) If $\Sigma$ has equality types as in 4.4.2($g$), then $M\mathsf{Eq}_x(s,t)$ is interpreted in a context $\Gamma$ as the composite $E \rightarrowtail MA \to M\Gamma$, where $E \rightarrowtail MA$ is the equalizer of the morphisms $MA \rightrightarrows MB$ interpreting $s$ and $t$, and the term $\mathsf{e}(y) : A$ is interpreted in the context $\Gamma, (y\colon \mathsf{Eq}_x(s,t))$ as the morphism $E \to E \times_{M\Gamma} MA$ which is the graph of $E \rightarrowtail MA$ regarded as a morphism in $\mathcal{C}/M\Gamma$.

Now we may turn to considering the formulae of the $\mu\lambda$-calculus. Of course, our atomic formulae are simply equalities-in-context $\Gamma\,.\,(s =_A t)$, where $s$ and $t$ are terms such that the term declarations $(\Gamma \vdash (s : A))$ and $(\Gamma \vdash (t : A))$ are derivable in $\Sigma$. We shall distinguish between the *full* $\mu\lambda$-calculus, in which we allow ourselves the full range of (finitary) first-order logical connectives and quantifiers from 1.1.3 – but with the restriction that we may quantify only over the *last* variable in a context (though we are of course free to permute the variables in a context, provided it remains a valid context) – and the *cartesian* $\mu\lambda$-calculus in which we allow only cartesian logic as defined in 1.3.4. If $\phi$ and $\psi$ are formulae, we now write the sequent asserting that $\psi$ is a logical consequence of $\phi$ in the context $\Gamma$ as $(\Gamma, \phi \vdash \psi)$ – though if $\phi$ is the constant $\top$, as it very often will be, we omit it from this notation.

**Definition 4.4.4** Given a structure $M$ for a $\mu\lambda$-signature $\Sigma$ in a locally cartesian closed category $\mathcal{C}$, we assign to each cartesian formula-in-context $\Gamma\,.\,\phi$ an *interpretation* $[\![\Gamma\,.\,\phi]\!]_M \rightarrowtail M\Gamma$ in a straightforward way; and if $\mathcal{C}$ is also a Heyting category, then we may extend this interpretation to arbitrary first-order formulae-in-context. Explicitly, an atomic formula $\Gamma\,.\,(s =_A t)$ is interpreted as the equalizer of the morphisms $M\Gamma \rightrightarrows MA$ interpreting $s$ and $t$ in the context $\Gamma$, the first-order connnectives are interpreted exactly as in 1.2.6, and quantifiers in almost exactly the same way – the only difference being that the morphism of $\mathcal{C}$ along which we apply the left and right adjoints to pullback is no longer necessarily a product projection. We say that a sequent $(\Gamma, \phi \vdash \psi)$ is *satisfied* in a structure $M$ if $[\![\Gamma\,.\,\phi]\!]_M \leq [\![\Gamma\,.\,\psi]\!]_M$ in $\mathrm{Sub}(M\Gamma)$. And if $\mathbb{T}$ is a $\mu\lambda$-theory (that is, a set of sequents) over $\Sigma$, we say $M$ is a *model* of $\mathbb{T}$ if it satisfies all the sequents in $\mathbb{T}$.

**Definition 4.4.5** The *rules of inference* of the full (resp. cartesian) $\mu\lambda$-calculus are all the finitary first-order rules of 1.3.1($a$–$g$) (resp. the rules of regular logic) with substitution restricted to the last variable in a context, but with weakening allowed in all cases where it makes sense, plus the following rules for dependent sums and products, and the unit type:

(*a*) If $(\Gamma \vdash (t\colon \Sigma_{x:A}B))$, then we may infer $(\Gamma \vdash (t = \langle \mathsf{fst}(t), \mathsf{snd}(t)\rangle))$. Similarly, if $(\Gamma \vdash (s : A))$ and $(\Gamma \vdash (t : B[s/x]))$, then $(\Gamma \vdash (\mathsf{fst}(\langle s,t\rangle) = s))$ and $(\Gamma \vdash (\mathsf{snd}(\langle s,t\rangle) = t))$.

(*b*) If $(\Gamma \vdash (t : A))$ and $(\Gamma, (x : A) \vdash (s : B))$, then $(\Gamma \vdash (\mathsf{app}(\lambda x\,.\,s, t) =_{B[t/x]} s[t/x]))$. And if $(\Gamma \vdash (t\colon \Pi_{x:A}B))$, then $(\Gamma \vdash (t = \lambda x\colon A\,.\,\mathsf{app}(t,x)))$.

(*c*) For the unit type, we have the single axiom $((x\colon 1) \vdash (x =_1 *))$.

If we are working over a $\mu\lambda E$-signature, then we adopt the following additional rules for equality types:

(*d*) We have the axiom

$$(\Gamma, (y\colon \mathsf{Eq}_x(s,t)), (y'\colon \mathsf{Eq}_x(s,t)), (\mathsf{e}(y) = \mathsf{e}(y')) \vdash (y = y'))$$

and the rule that, from the term declarations $(\Gamma \vdash (r : A))$, $(\Gamma, (x : A) \vdash (s\colon B))$ and $(\Gamma, (x\colon A) \vdash (t\colon B))$ plus the equation $(\Gamma \vdash (s[r/x] = t[r/x]))$, we may infer a new term declaration $(\Gamma \vdash (\mathsf{fact}_{s,t}(r) : \mathsf{Eq}_x(s,t)))$ and the equation $(\Gamma \vdash (r = \mathsf{e}(\mathsf{fact}_{s,t}(r))))$. (We normally omit the subscripts from the term $\mathsf{fact}_{s,t}(r)$.)

It will be noted that the rules of 4.4.5(*a*–*c*) are exactly those of 4.2.3(*c*–*d*), adapted to our new setting. In particular, the proof that the rules of 4.2.3 are valid in any cartesian closed category easily generalizes to show that those of 4.4.5 are valid in any locally cartesian closed category; and since the first-order rules are valid in any Heyting category, we obtain the usual Soundness Theorem:

**Proposition 4.4.6** *Let $\mathbb{T}$ be a cartesian (resp. full) $\mu\lambda$-theory over a $\mu\lambda$-signature $\Sigma$, and let $\sigma$ be a sequent over $\Sigma$. If $\sigma$ is derivable in $\mathbb{T}$, then it is satisfied in all models of $\mathbb{T}$ in locally cartesian closed categories (resp. locally cartesian closed Heyting categories).* □

It is clear, too, that 4.4.6 extends straightforwardly to theories over $\mu\lambda E$-signatures: the first axiom of 4.4.5(*d*) is valid because equalizers are monic, and if we interpret the term $\mathsf{fact}_{s,t}(r)$ by the unique factorization of $Mr$ through the equalizer of $Ms$ and $Mt$, then the rule is easily seen to be sound.

The reason for adding equality types to our signature becomes apparent when we consider the problem of building a syntactic category for a $\mu\lambda$-theory. The problem is that, if we proceed along the lines of Section D1.4 (that is, if we take the objects of the category to be (the denotations of) formulae-in-context $(x\colon A)\,.\,\phi)$, we are faced with the requirement to construct exponentials of the form $(y\colon B)\,.\,\psi^{(x:A)\,.\,\phi}$, and (in the absence of power types) we cannot readily construct this from the particular case $\phi = \psi = \top$, which we have already 'built into' the type structure. So, as in Section D4.2, we must take the objects of our syntactic category to be types, and therefore we need to have equalizers, as well as finite products, built into the type structure as well.

Explicitly, given a cartesian $\mu\lambda$-theory $\mathbb{T}$ over a $\mu\lambda E$-signature $\Sigma$, the objects of our syntactic category $\mathcal{C}_{\mathbb{T}}$ will be the types of $\Sigma$ (in the empty context). If $A$ and $B$ are such types, then morphisms $A \to B$ will be represented by terms $t$ for which the term declaration $((x\colon A) \vdash (t\colon B))$ is derivable, two such terms $t$ and $t'$ representing the same morphism if $((x : A) \vdash (t = t'))$ is derivable in $\mathbb{T}$. Composition is defined by substitution, as in Section D4.2; the identity morphisms of $\mathcal{C}_{\mathbb{T}}$ are provided by the variable declaration rule of 4.4.2($b$).

**Proposition 4.4.7** *The category $\mathcal{C}_{\mathbb{T}}$ defined above is locally cartesian closed.*

**Proof** First we show that $\mathcal{C}_{\mathbb{T}}$ is properly cartesian closed; except for the construction of equalizers, this is exactly like the proof of 4.2.5. The terminal object is the type 1, and the unique morphism $A \to 1$ is represented by $((x\colon A) \vdash (*\colon 1))$, which we obtain from 4.4.2($f$) by weakening. The product of two types $A$ and $B$ is $\Sigma_{x:A}B$ (where we use the weakening rule to regard $B$ as a type in the context $(x : A)$, of course); the product projections are induced by $\mathsf{fst}$ and $\mathsf{snd}$ in the obvious way, and morphisms into the product are induced by the term constructor $\langle -, - \rangle$. The equalizer of two morphisms $[((x : A) \vdash (s : B))]$ and $[((x : A) \vdash (t : B))]$ is of course given by the equality type $\mathsf{Eq}_x(s,t)$, together with the morphism $[((y\colon \mathsf{Eq}_x(s,t)) \vdash (\mathsf{e}(y)\colon A))]$. And the exponential $B^A$ is the dependent product $\Pi_{x:A}B$, with structure induced by $\mathsf{app}$ and $\lambda x.-$ as in the proof of 4.2.5.

Next, we observe that, if $A$ is a particular type in the empty context, we may similarly build a category $\mathcal{C}_{\mathbb{T}}[A]$ whose objects are types in the context $(x\colon A)$, and (since all the rules of the calculus are 'insensitive' to adding an additional term to the beginning of a context) the same arguments will show that $\mathcal{C}_{\mathbb{T}}[A]$ is (properly) cartesian closed. We claim that $\mathcal{C}_{\mathbb{T}}[A]$ is equivalent to the slice category $\mathcal{C}_{\mathbb{T}}/A$.

To prove this, observe first that we have a functor $\Phi\colon \mathcal{C}_{\mathbb{T}}[A] \to \mathcal{C}_{\mathbb{T}}/A$ which sends a type $B$ in the context $(x : A)$ to $\Sigma_{x:A}B$, equipped with the morphism to $A$ represented by the term declaration $((z\colon \Sigma_x B) \vdash (\mathsf{fst}(z)\colon A))$. A morphism $B \to C$ in $\mathcal{C}_{\mathbb{T}}[A]$, represented by a term declaration $((x\colon A),(y\colon B) \vdash (t\colon C))$, is mapped to the morphism represented by

$$((z\colon \Sigma_x B) \vdash (\langle \mathsf{fst}(z), t[\mathsf{fst}(z), \mathsf{snd}(z)/x,y]\rangle \colon \Sigma_x C))\ .$$

It is easy to check that this is indeed functorial. In the opposite direction, the functor $\Psi\colon \mathcal{C}_{\mathbb{T}}/A \to \mathcal{C}_{\mathbb{T}}[A]$ sends an object $B$ of $\mathcal{C}_{\mathbb{T}}$ equipped with a morphism $[((y\colon B) \vdash (t\colon A))]\colon B \to A$ to the equality type $\mathsf{Eq}_y(t,x)$ in the context $(x\colon A)$; and if $[r]\colon [t] \to [s]$ is a morphism of $\mathcal{C}_{\mathbb{T}}/A$, we map it to the morphism represented by the term declaration

$$((w\colon \mathsf{Eq}_y(t,x)) \vdash (\mathsf{fact}_{s,x}(r[\mathsf{e}(w)/y])\colon \mathsf{Eq}_z(s,x)))\ .$$

(Note that, as usual, the construction of the functor in this direction depends on our ability to choose representatives for the morphisms in $\mathcal{C}_{\mathbb{T}}$, as in 1.4.3.) Now, given a type $B$ in the context $(x\colon A)$, we have an isomorphism between $B$ and $\Psi\Phi(B)$ represented by the term declarations

$$((x\colon A),(y\colon B)\vdash(\mathsf{fact}(\langle x,y\rangle)\colon \mathsf{Eq}_z(\mathsf{fst}(z),x)))$$

and

$$((x\colon A),(w\colon \mathsf{Eq}_z(\mathsf{fst}(z),x))\vdash(\mathsf{snd}(\mathsf{e}(w))\colon B[x/x]))\ .$$

It is straightforward to verify that this is a natural isomorphism between $\Psi\Phi$ and the identity; and the construction of a natural isomorphism $\Phi\Psi\cong 1$ is similar. So the claim is established, and hence $\mathcal{C}_{\mathbb{T}}$ is locally cartesian closed. □

**Remark 4.4.8** In the same way that we defined the category $\mathcal{C}_{\mathbb{T}}[A]$ in the proof above, we could of course have defined a category $\mathcal{C}_{\mathbb{T}}[\Gamma]$ for any context $\Gamma$, and proved that it is cartesian closed. If $\Gamma$ is the context $(x_1 : A_1),\ldots,(x_n : A_n)$, this category may be shown to be equivalent to the slice category $\mathcal{C}_{\mathbb{T}}/\Sigma_{x_1:A_1}\Sigma_{x_2:A_2}\cdots\Sigma_{x_{n-1}:A_{n-1}}A_n$.

It is now straightforward as usual to define a $\Sigma$-structure in the category $\mathcal{C}_{\mathbb{T}}$, and to prove that it satisfies exactly those cartesian sequents which are derivable in $\mathbb{T}$. So we obtain the expected completeness theorem:

**Theorem 4.4.9** *Let $\Sigma$ be a $\mu\lambda E$-signature, $\mathbb{T}$ a cartesian $\mu\lambda$-theory over $\Sigma$, and $\sigma$ a cartesian sequent over $\Sigma$. Then $\sigma$ is satisfied in all $\mathbb{T}$-models in locally cartesian closed categories iff it is derivable in $\mathbb{T}$.* □

If we wish to put back the full first-order logic, the simplest way of doing so is to rely on A1.5.13, and to ensure that our syntactic category has enough cocartesian structure (finite coproducts and coequalizers of effective equivalence relations) to imply that it is a Heyting category. We may do this by building yet more type constructors into our signature: in fact we choose to add disjoint coproducts and coequalizers of arbitrary equivalence relations, so that the corresponding class of categories is actually that of locally cartesian closed pretoposes. (The construction of quotients by equivalence relations, though it uses the power-set axiom in the traditional set-theoretic approach, is predicative and hence acceptable to 'strict' constructivists.) We have room here for only a brief sketch of how this may be done; for a much more detailed account, we refer the reader to [490].

For coproducts, we first assume given a particular type 2 (in the empty context) with closed terms $\dagger,\ddagger$ of type 2, for which the sequent $((\dagger=\ddagger)\vdash\bot)$ is an axiom (in the empty context). (Note that we do not have to add the empty coproduct 0 explicitly, since we can obtain it as the equality type $\mathsf{Eq}_x(\dagger,\ddagger)$ where

$x$ is of type 1.) Then we introduce a new type constructor

$$\frac{(\Gamma \vdash (A \in \Sigma\text{-Typ})) \quad (\Gamma \vdash (B \in \Sigma\text{-Typ}))}{(\Gamma, (x\colon 2) \vdash ((\mathsf{case}\ x\ \mathsf{of}\ A\ \mathsf{or}\ B) \in \Sigma\text{-Typ}))}$$

with the convention that this type reduces to $A$ (resp. $B$) if † (resp. ‡) is substituted for $x$, and a similar constructor for terms: given terms $s, t$ of types $A, B$ in a context $\Gamma$, we have a term $(\mathsf{case}\ x\ \mathsf{of}\ s\ \mathsf{or}\ t)$ of type $(\mathsf{case}\ x\ \mathsf{of}\ A\ \mathsf{or}\ B)$ in the context $\Gamma, (x\colon 2)$. The coproduct of $A$ and $B$ in the syntactic category will then be $\Sigma_{x:2}(\mathsf{case}\ x\ \mathsf{of}\ A\ \mathsf{or}\ B)$. (Of course, we need further term constructors and axioms to ensure that this is indeed a coproduct; but we shall not describe them in detail here.)

For coequalizers, our type constructor starts from the assumption that we have type declarations $(\Gamma \vdash (A \in \Sigma\text{-Typ}))$ and $(\Gamma \vdash (R \in \Sigma\text{-Typ}))$, plus two terms $s, t\colon A$ in the context $\Gamma, (y\colon R)$ for which the sequents asserting that $R \rightrightarrows A$ is an equivalence relation (in the category $\mathcal{C}_{\mathbb{T}}[\Gamma]$) are derivable. Then we may infer a new type declaration $(\Gamma \vdash (A/R \in \Sigma\text{-Typ}))$ and a term declaration $(\Gamma, (x\colon A) \vdash (\mathsf{q}(x) : A/R))$ satisfying appropriate axioms. To ensure that $[\mathsf{q}(x)]\colon A \to A/R$ really is a coequalizer in $\mathcal{C}_{\mathbb{T}}[\Gamma]$, we need a further term constructor which, given a term $r$ of type $C$ in the context $\Gamma, (x\colon A)$ for which the sequent

$$(\Gamma, (y\colon R) \vdash (r[t/x] = r[s/x]))$$

is derivable, produces a new term $\mathsf{cofact}_{s,t}(r, w)$ in which the occurrences of $x$ in $R$ are bound, but which has a new free variable $w$ of type $A/R$. We leave to the reader the task of formulating the axioms which say that $[\mathsf{q}(x)]$ is a coequalizer and $([s], [t])$ is its kernel-pair.

On adding these type and term constructors to the (full) $\mu\lambda E$-calculus, we arrive at a logical calculus which we might call the *$\mu\lambda F$-calculus* ($F$ for 'full first-order logic'), which is interpretable in arbitrary cartesian closed pretoposes and which satisfies a completeness theorem for interpretations in such categories. Moreover, unlike the $\tau$-calculus which we studied in the previous section, it is acceptable to strict constructivists. However, as will be clear from what we have done in this section, that acceptability has been won at the cost of a very considerable increase in the complexity of the calculus itself, and so we shall not pursue it further.

**Suggestions for further reading:** Beeson [90], Jacobs [490], Maietti [772], Maietti & Valentini [774], Martin-Löf [799, 800], Sambin [1079, 1080], Seely [1107].

## D4.5 Axioms of choice and booleanness

For the remaining three sections of this chapter, we turn from the formal business of interpreting higher-order logic in categories such as toposes to its exploitation: that is, to the consideration of certain properties of toposes that are best studied by making use of the higher-order internal logic of toposes. (This theme will continue in Chapter D5, where we look again at natural number objects, and at various notions of finiteness in toposes.) We begin by considering the rôle of the axiom of choice in topos theory.

It is well known that the classical axiom of choice is equivalent to the statement that every surjective map is a split epimorphism in the category **Set**. Accordingly, the assertion 'every epimorphism splits' is often taken as the correct formulation of the axiom of choice for a general topos. However, this statement is really the conjunction of two conditions, one of which holds for **Set** even if we do not assume the axiom of choice. In a general topos, it is frequently useful to consider these two conditions separately.

**Definition 4.5.1**

(*a*) We say that *supports split* in a topos $\mathcal{E}$, or that $\mathcal{E}$ satisfies (SS), if every subterminal object is projective in $\mathcal{E}$; equivalently, if for every object $A$ the epic part of the image factorization of $A \to 1$ is split epic.

(*b*) We say that an object $A$ of a topos $\mathcal{E}$ is *internally projective* if $\Pi_A : \mathcal{E}/A \to \mathcal{E}$ is a regular functor (equivalently, preserves epimorphisms). And we say $\mathcal{E}$ satisfies the *internal axiom of choice* (IC) if every object of $\mathcal{E}$ is internally projective.

**Examples 4.5.2** (*a*) If $\mathcal{E}$ is the topos $[\alpha^{\text{op}}, \mathbf{Set}]$ where $\alpha$ is an ordinal (regarded as a well-ordered set), then it is easy to see that every nonzero subterminal object is representable, and hence projective. So $\mathcal{E}$ satisfes (SS); but if $\alpha > 1$ then $\mathcal{E}$ is not Boolean, from which it follows by 4.5.8 below that it cannot satisfy (IC).

(*b*) If $G$ is a group, then the topos $[G, \mathbf{Set}]$ satisfies (IC) provided **Set** does; for the forgetful functor $[G, \mathbf{Set}] \to \mathbf{Set}$ is logical, and so commutes with the functors $\Pi_A$. However, if $G$ has more than one element then $[G, \mathbf{Set}]$ does not satisfy (SS), since the epimorphism $G \twoheadrightarrow 1$ (where $G$ acts on itself by left translations) fails to split.

(*c*) If $G$ is a topological group, then the topos $\mathbf{Cont}(G)$ of continuous $G$-sets may fail to satisfy (IC), even if we assume it in **Set**. For example, if we take $G = \mathbb{Z}$ with the topology generated by the filter of subgroups of finite index, $A = \mathbb{N}$ with trivial $G$-action, and $B$ to be the coproduct of the finite cyclic $G$-sets $C_n$ of all possible sizes, then $\Pi_A(B \to A)$ is the coreflection in $\mathbf{Cont}(G)$ of the product $\Pi_{n \in \mathbb{N}} C_n$ as computed in $[G, \mathbf{Set}]$; but all $G$-orbits of the latter are infinite, so its coreflection is empty and does not map epimorphically to $1 = \Pi_A(1_A)$.

(*d*) Let $X$ be a locale. An open sublocale $U$ of $X$, regarded as a subterminal object of $\mathbf{Sh}(X)$, is projective iff every open covering of $U$ has a pairwise-disjoint refinement. For, if this condition holds and we are given a local homeomorphism $E \to X$ such that $E \to U$ is epic, then we can cover $U$ by opens over which $E$ admits a section, and after refining this cover to a pairwise-disjoint one we can patch the sections together. Conversely, if $U$ is projective and $(V_i \mid i \in I)$ is an open cover of $U$, then the disjoint union $E$ of the $V_i$ is the domain of a local homeomorphism over $X$ with support $U$, and a section $s\colon U \to E$ defines a pairwise-disjoint cover of $U$ by the sublocales $s^{-1}(V_i) \subseteq V_i$. Thus the topos $\mathbf{Sh}(X)$ satisfies (SS) iff every family of open sublocales of $X$ can be refined to a pairwise-disjoint family with the same union: such locales are sometimes called *strongly zero-dimensional.* We note that they include all zero-dimensional locales $X$ which are 'second countable', i.e. such that $\mathcal{O}(X)$ is countably generated as a complete join-semilattice. For, given a family $\mathcal{U}$ of opens in such a locale, we may refine it to a countable family $\mathcal{V} = \{V_1, V_2, V_3, \ldots\}$ of clopens with the same union; then, if we define $W_1 = V_1$, $W_2 = V_2 \cap \complement V_1$, $W_3 = V_3 \cap \complement(V_1 \cup V_2)$, $\ldots$, we obtain a pairwise-disjoint family with the same union as $\mathcal{V}$ (and hence as $\mathcal{U}$). (On the other hand, $\mathbf{Sh}(X)$ satisfies (IC) iff it satisfies (AC), iff $\mathcal{O}(X)$ is Boolean; cf. 4.5.15 below.)

(*e*) We remark that, even for spatial locales $X$, the condition of second countability in the previous paragraph cannot be weakened to separability (the possession of a countable dense subset). For a counterexample, consider the 'Sorgenfrey plane', that is the set $\mathbb{R}^2$ with the topology generated by all 'half-open rectangles' $[a, b) \times [c, d)$ $(a, b, c, d \in \mathbb{R})$. This is clearly zero-dimensional, since the complements of all such rectangles are also open; and it is separable since $\mathbb{Q} \times \mathbb{Q}$ is dense in it. But the family of open sets

$$\{[a, a+1) \times [-a, -a+1) \mid a \in \mathbb{R}\}$$

has no pairwise-disjoint refinement. For if $\mathcal{U}$ were a pairwise-disjoint family of open sets, each contained in a member of the above family, then for each $\epsilon > 0$ the set

$$\{a \in \mathbb{R} \mid [a, a+\epsilon) \times [-a, -a+\epsilon) \text{ is contained in a member of } \mathcal{U}\}$$

would be countable, and hence only countably many points of the line $\{\langle a, -a\rangle \mid a \in \mathbb{R}\}$ could belong to members of $\mathcal{U}$.

In order to establish the relationship between the conditions of 4.5.1 and the axiom of choice, we need

**Lemma 4.5.3** *For an object $A$ of a topos $\mathcal{E}$, the following are equivalent:*

(i) *$A$ is internally projective.*

(ii) *The functor $(-)^A\colon \mathcal{E} \to \mathcal{E}$ preserves epimorphisms.*

(iii) *For every epimorphism $e\colon B \twoheadrightarrow A$, there exists $C \twoheadrightarrow 1$ such that $C^*(e)$ is split epic.*

**Proof** (i) $\Rightarrow$ (ii) since $(-)^A$ is the composite $\Sigma_A A^*$, and $\Sigma_A$ preserves epimorphisms.

(ii) $\Rightarrow$ (i) because we have a pullback square

$$\begin{array}{ccc} \Pi_A(f) & \longrightarrow & B^A \\ \big\downarrow & & \big\downarrow f^A \\ 1 & \xrightarrow{\overline{1_A}} & A^A \end{array}$$

for any $f: B \to A$, and pullback along a fixed morphism preserves epimorphisms.

(i) $\Rightarrow$ (iii): Given $e$, take $C$ to be $\Pi_A(e)$, which maps epimorphically to $\Pi_A(1_A) \cong 1$. The counit map $A^*(C) \to e$ in $\mathcal{E}/A$ can be regarded as a splitting of $C^*(e)$ in $\mathcal{E}/C$.

(iii) $\Rightarrow$ (i) since $C^*$ commutes with the functors $\Pi_A$ in an appropriate sense, and reflects epimorphisms. □

**Corollary 4.5.4** *For a topos $\mathcal{E}$, the following are equivalent:*

(i) *Every object of $\mathcal{E}$ is projective.*

(ii) *Every epimorphism in $\mathcal{E}$ is split.*

(iii) *$\mathcal{E}$ satisfies* (SS) *and* (IC).

(iv) *$\mathcal{E}$ satisfies* (IC) *and its terminal object is projective.*

**Proof** (i) $\Leftrightarrow$ (ii) $\Rightarrow$ (iii) $\Rightarrow$ (iv) is trivial.

For (iv) $\to$ (ii), (IC) says that every epimorphism $e$ in $\mathcal{E}$ acquires a splitting when pulled back along some $C \twoheadrightarrow 1$, by 4.5.3; but if $C \twoheadrightarrow 1$ itself has a splitting $c: 1 \to C$, we can pull back the splitting of $C^*e$ along it to obtain a splitting for $e$. □

A topos satisfying the equivalent conditions of 4.5.4 will be said to satisfy the (*external*) *axiom of choice* (AC).

The usual set-theoretic formulation of the axiom of choice is concerned not with projective objects but with *choice objects*, that is objects $A$ admitting a choice function $c: P^+A \to A$, where $P^+A$ is the object of inhabited subobjects of $A$ (that is, the image of $\in_A \rightarrowtail PA \times A \to PA$), such that the sentence $(\forall w: P^+A)(c(w) \in w)$ is satisfied – equivalently, the graph of $c$ factors through $\in_A \rightarrowtail P^+A \times A$. To establish the relationship between choiceness and projectivity, we need to consider entire relations: we say a relation $\phi: A \nrightarrow B$ (in the sense of Section A3.1) in a regular category is *entire* if $\phi^\circ\phi \geq 1_A$.

**Lemma 4.5.5** *An object $A$ of a regular category is projective (with respect to covers) iff every entire relation with domain $A$ contains (the graph of) a morphism.*

**Proof** Let $\phi: A \nrightarrow B$ be a relation. If $(u: T \to A, v: T \to B)$ is a tabulation of $\phi$, then the assertion that $\phi$ is entire says precisely that $u$ is a cover. If $s$ is a splitting of it, then the morphism $f = vs$ clearly satisfies $f_\bullet \leq \phi$. Conversely, if $A$ satisfies the condition, let $e\colon B \twoheadrightarrow A$ be a cover. Then $e^\bullet\colon A \nrightarrow B$ is an entire relation; so we have $f\colon A \to B$ with $f_\bullet \leq e^\bullet$ and hence $(ef)_\bullet \leq e_\bullet e^\bullet = 1_A$, whence $ef = 1_A$ by A3.2.3(ii). □

**Lemma 4.5.6** *An object $A$ of a topos is choice iff every entire relation with codomain $A$ contains a morphism.*

**Proof** To say that $\phi\colon B \nrightarrow A$ is entire means precisely that $\ulcorner\phi\urcorner\colon B \to PA$ factors through $P^+A \rightarrowtail PA$. If we are given a choice function $c$, then the morphism $f = c\ulcorner\phi\urcorner$ has the required properties. For the converse, we consider $\in_A$ itself as a relation $P^+A \nrightarrow A$; to say that a morphism $P^+A \to A$ is contained in this relation is exactly to say that it is a choice function. □

Thus we see that, in a topos, (AC) is equivalent to the assertion that every object is choice. There is also a notion of 'internal choiceness': $A$ is internally choice if the object of choice functions for $A$, constructed as an appropriate subobject of $A^{P^+A}$, is well-supported. And the above argument, with pullback functors $C^*$ inserted at the appropriate places, shows that $\mathcal{E}$ satisfies (IC) iff every object of $\mathcal{E}$ is internally choice. Note, however, that $A$ is internally choice iff there exists $C \twoheadrightarrow 1$ such that $C^*A$ is a choice object in $\mathcal{E}/C$; in fact we can take $C$ to be the object of choice functions for $A$. Thus there is not much gain in generality by working with internally rather than externally choice objects, and from now on we shall mainly confine ourselves to the latter.

In any category, a finite coproduct of projective objects is projective. For choice objects, the picture is distinctly different:

**Proposition 4.5.7** *The following conditions on a topos $\mathcal{E}$ are equivalent:*

(i) *$\mathcal{E}$ is Boolean.*

(ii) *Finite coproducts of choice objects are choice.*

(iii) $2 = 1 \amalg 1$ *is a choice object.*

(iv) 2 *is an internally choice object.*

**Proof** (i) ⇒ (ii): Suppose $A_1$ and $A_2$ are choice objects, and let

$$B \overset{u}{\twoheadleftarrow} T \overset{v}{\longrightarrow} A_1 \amalg A_2$$

be a tabulation of an entire relation $\phi\colon B \nrightarrow A_1 \amalg A_2$. Let $T_1 = v^*(A_1)$, let $B_1$ be the image of $T_1 \rightarrowtail T \to B$, let $B_2$ be the complement of $B_1$ in $\mathrm{Sub}(B)$, and let $T_2 = u^*(B_2)$. Then $T_2 \cap T_1 = 0$ in $\mathrm{Sub}(T)$, so $v$ maps $T_2$ into $A_2$; and $T_1$ and $T_2$ tabulate entire relations $\phi_1\colon B_1 \nrightarrow A_1$ and $\phi_2\colon B_2 \nrightarrow A_2$ respectively. By assumption, these contain morphisms $f_1\colon B_1 \to A_1$ and $f_2\colon B_2 \to A_2$; but $B \cong B_1 \amalg B_2$, so these combine to yield a morphism $f\colon B \to A_1 \amalg A_2$, which is contained in the relation tabulated by $T_1 \amalg T_2$ and hence in $\phi$.

(ii) $\Rightarrow$ (iii): 1 is trivially choice, since any entire relation with codomain 1 is already a morphism (cf. A3.2.8); so (ii) implies that $2 = 1 \amalg 1$ is choice.

(iii) $\Rightarrow$ (iv) is trivial.

(iv) $\Rightarrow$ (i): Clearly, if there exists $C \twoheadrightarrow 1$ such that $\mathcal{E}/C$ is Boolean, then $\mathcal{E}$ is Boolean, since $C^*$ reflects the validity of the identity $\neg\neg = 1_\Omega$. So we may as well assume that 2 is (externally) choice. It further suffices to prove that $\mathrm{Sub}_{\mathcal{E}}(1)$ is Boolean, since the hypothesis that 2 is choice is preserved by $B^* : \mathcal{E} \to \mathcal{E}/B$ for any $B$. So let $U$ be a subterminal object in $\mathcal{E}$, and form the cokernel-pair $1 \rightrightarrows B$ of $U \rightarrowtail 1$. As in the proof of 4.5.5, we may regard the epimorphism $1 \amalg 1 \twoheadrightarrow B$ as an entire relation $B \nrightarrow 2$, and hence find a splitting for it; so $B$ may be identified with a subobject of 2, and is therefore decidable by A1.4.15. But $\mathcal{E}^{\mathrm{op}}$ is regular, so $U \rightarrowtail 1$ is the equalizer of $1 \rightrightarrows B$ and is therefore a pullback of the diagonal $B \rightarrowtail B \times B$; hence it is complemented. □

**Remark 4.5.8** In particular, it follows from 4.5.7 that *a topos which satisfies* (IC) *is necessarily Boolean.* This result (which was first proved by R. Diaconescu [281]) is sometimes viewed as a defect of topos theory by those constructivists who reject the impredicative power-set axiom, as discussed in Section D4.4: to them, the fact that the choiceness of 2 (equivalently, by 4.5.13 below, its well-orderability) implies the Law of Excluded Middle is further evidence that the existence of the power object $P2$ allows one 'too much freedom' to define subobjects of 2 which 'ought not to exist' in a truly constructive context. We prefer to see it as evidence of the remarkable power of the axiom of choice, and as a warning that it should not lightly be assumed in mathematical arguments.

What can we say about the class of choice objects in a general topos? With the exception of coproducts, it has good closure properties:

**Lemma 4.5.9** *In any topos, the class of choice objects is closed under subobjects, quotients and finite products.*

**Proof** For subobjects, suppose we have $m \colon A' \rightarrowtail A$ where $A$ is choice and $\phi \colon B \nrightarrow A'$ is entire; then $m_\bullet \phi \colon B \nrightarrow A$ is still entire, and any morphism contained in it must factor through $m$. For quotients, we have already observed that any quotient of a choice object appears as a subobject. We also observed that 1 is choice, in the proof of 4.5.7; for binary products, suppose $A_1$ and $A_2$ are choice and $\phi \colon B \nrightarrow A_1 \times A_2$ is entire. Then we may first choose a morphism $f_1 \colon B \to A_1$ contained in $(\pi_1)_\bullet \phi$, then verify that $\phi \cap (\pi_1)^\bullet (f_1)_\bullet$ is still entire and choose a morphism $f_2 \colon B \to A_2$ contained in its composite with $(\pi_2)_\bullet$, and finally verify that $(f_1, f_2) \colon B \to A_1 \times A_2$ is contained in $\phi$. □

Thus, in any Boolean topos, the full subcategory of choice objects is a subpretopos, in which every epimorphism splits. However, it is not a topos in general: it is well known that, in models of set theory without (AC), there exist sets $A$ such that $A$ is choice but $PA$ is not. (On the other hand, it is interesting to note that, in the topos **Cont**$(G)$ of 4.5.2$(c)$, the internally choice objects are exactly the uniformly continuous $G$-sets as defined in A2.1.7, at least provided we assume (AC) in **Set**; so they do form a topos in this case.)

In **Set**, Zermelo's Theorem tells us that the sets which admit choice functions are exactly those which can be well-ordered. The notion of well-ordering is definable in an arbitrary topos: an ordered object $(A, \leq)$ is said to be *well-ordered* if there exists a choice function $c\colon P^+A \to A$ such that the sentence asserting '$(\forall w\colon P^+A)(c(w)$ is the least element of $w)$' is satisfied. Clearly, a well-orderable object is a choice object; in the converse direction, the usual proof of Zermelo's Theorem uses the law of excluded middle, but is otherwise interpretable in the logic of a topos, so we know that any choice object in a Boolean topos admits a well-ordering.

Somewhat surprisingly, the same result holds in non-Boolean toposes. In order to prove this, we need a clearer picture of what choice objects look like in a non-Boolean topos. We shall need to use the notion of widespread subterminal object introduced in A1.6.11. Recall that, in any distributive lattice $L$, an element $u$ is called widespread if the lattice $\{v \in L \mid v \geq u\}$ is complemented; and we say that a subterminal object $U$ in a topos is (internally) widespread if $A \times U \rightarrowtail A$ is widespread in $\mathrm{Sub}(A)$ for all objects $A$ – which is equivalent to saying that the sentence

$$(\forall p\colon \Omega)(p \vee (p \Rightarrow \ulcorner U \urcorner))$$

is valid in the internal logic of the topos, and to saying that the closed subtopos of $\mathcal{E}$ complementary to $\mathcal{E}/U$ (cf. A4.5.3) is Boolean. (Note that we have now ceased to distinguish notationally between a term $t$ of type $\Omega$ and the corresponding formula $(* \in t)$ of the internal language, which we denoted $\bar{t}$ in Section D4.3.) More generally, we say a subobject $A' \rightarrowtail A$ is widespread in $\mathcal{E}$ if it is widespread as a subterminal object of $\mathcal{E}/A$. We may construct a subobject $W \rightarrowtail \Omega$ 'classifying' the class of widespread subobjects, namely the interpretation of

$$\{q\colon \Omega \mid (\forall p\colon \Omega)(p \vee (p \Rightarrow q))\} .$$

$W$ is sometimes called the *Higgs object* of $\mathcal{E}$, in honour of D. Higgs who was the first to investigate it (in the context that we have already met in Section A1.6).

It is clear that, for any object $B$ of $\mathcal{E}$, the forgetful functor $\Sigma_B\colon \mathcal{E}/B \to \mathcal{E}$ reflects the property of being choice, since it preserves entire relations. We shall also need

**Lemma 4.5.10** *Let $U$ be a subterminal object in a topos $\mathcal{E}$, and $A$ an object which is a sheaf for the closed local operator $c(U)$. Then $A$ is choice as an object of $\mathcal{E}$ iff it is choice as an object of $\mathbf{sh}_{c(U)}(\mathcal{E})$.*

**Proof** The assertion that $A$ is a $c(U)$-sheaf says that $U^*(A) \cong 1_U$; so $U^*(P^+A) \cong P^+(1_U) \cong 1_U$, i.e. $P^+A$ (as constructed in $\mathcal{E}$) is a $c(U)$-sheaf. It follows that the inclusion functor $\mathbf{sh}_{c(U)}(\mathcal{E}) \to \mathcal{E}$ preserves the construction of $P^+$, from which the result follows. □

**Lemma 4.5.11** *Let $A$ be a choice object of a topos $\mathcal{E}$, and suppose there exists a morphism $a\colon 1 \to A$. Then the classifying map of $a\colon 1 \rightarrowtail A$ factors through $W \rightarrowtail \Omega$.*

**Proof** Form the pushout

$$\begin{array}{ccc} 1 & \xrightarrow{\;a\;} & A \\ {\scriptstyle a}\downarrow & & \downarrow \\ A & \longrightarrow & B \end{array} \quad .$$

The two morphisms $(1_A \times a), (a \times 1_A)\colon A \rightrightarrows A \times A$ induce a morphism $B \to A \times A$, which is monic by A1.4.3; so by 4.5.9 $B$ is a choice object. It remains choice when we regard it as an object of $\mathcal{E}/A$ via the codiagonal map; but as an object of this topos, it lives in the closed subtopos $\mathbf{sh}_{c(a)}(\mathcal{E}/A)$, and in this subtopos it is simply the coproduct of two copies of the terminal object. So 4.5.10 says that $1 \amalg 1$ is a choice object in $\mathbf{sh}_{c(a)}(\mathcal{E}/A)$, and hence by 4.5.7 this topos is Boolean, i.e. $a$ is internally widespread as a subterminal object of $\mathcal{E}/A$. □

**Proposition 4.5.12** *In any topos, the Higgs object $W$ is well-orderable; in particular, it is a choice object.*

**Proof** First we note that, if $p$ and $q$ are variables of type $W$, then the formulae $(p \vee (p \Rightarrow q))$ and $(q \vee (q \Rightarrow p))$ are valid, whence we have $(p \vee q \vee (p \Leftrightarrow q))$, or equivalently

$$(\forall p, q\colon W)((p = \top) \vee (q = \top) \vee (p = q)) \, .$$

(In other words, $W$ is a torsor over the two-element monoid $\{1, e \mid e^2 = e\}$; cf. B3.2.4(c).) It follows easily that the binary relation on $W$ defined by the term

$$\{\langle p, q\rangle \colon W \times W \mid ((p = \top) \vee (p = q))\}$$

is a total ordering (note that it is the opposite of the ordering induced by the usual ordering on $\Omega$). We claim that it is a well-ordering.

To prove this, let $B \rightarrowtail W$ be a well-supported subobject. Form the pullback

$$\begin{array}{ccc} U & \rightarrowtail & 1 \\ \downarrow & & \downarrow{\scriptstyle \top} \\ B & \rightarrowtail & W \end{array} \quad ;$$

then $U$ is widespread as a subobject of $B$, so we can find a subobject $C \rightarrowtail B$ which is a complement for $B \times U$ in $\{B' \in \mathrm{Sub}(B) \mid U \leq B'\}$. We have

$\sigma C \cup \sigma(B \times U) = \sigma C \cup U = \sigma B = 1$; but $\sigma C \geq U$ since there exists a morphism $U \rightarrowtail C$, so $\sigma C = 1$. Now we have

$$(\forall q\colon B)((q = \top) \Rightarrow (\top \in \ulcorner B \urcorner)) ,$$

so from $(q = \top)$ we may deduce that $U = 1$ and hence that $C = U$. Thus

$$(\forall p\colon C)(\forall q\colon B)((q = \top) \Rightarrow (p = \top)) ,$$

and combining this with the property of $W$ established in the first paragraph of the proof we have

$$(\forall p\colon C)(\forall q\colon B)((p = \top) \vee (p = q)) ,$$

that is, $(\forall p\colon C)(\forall q\colon B)(p \leq q)$. Combined with the fact that $C$ is well-supported, this shows that $C \cong 1$ and that the image of $C \rightarrowtail B$ is the least element of $B$. Applying this argument to the generic well-supported subobject of $W$ in the topos $\mathcal{E}/P^+W$, we deduce that the sentence of the internal language asserting the well-orderedness of $W$ is satisfied. □

**Theorem 4.5.13** *In any topos, the choice objects are exactly the well-orderable objects.*

**Proof** We have already observed that well-orderable objects are choice, so we have to prove the converse. Let $A$ be a choice object in a topos $\mathcal{E}$; by working in the topos $\mathcal{E}/\sigma A$, where $\sigma A$ is the support of $A$, we may assume that $A$ is well-supported, and hence that it has an element $a\colon 1 \to A$. By 4.5.11, the classifying map of $a$ factors through $W \rightarrowtail \Omega$, so we may regard $(\chi_a\colon A \to W)$ as an object of $\mathcal{E}/W$. Also, since

$$\begin{array}{ccc} 1 & \longrightarrow & 1 \\ {\scriptstyle a}\downarrow & & \downarrow{\scriptstyle \top} \\ A & \xrightarrow{\ \chi_a\ } & W \end{array}$$

is a pullback, $\chi_a$ lives in the closed subtopos $\mathbf{sh}_{c(\top)}(\mathcal{E}/W)$ by A4.5.3(ii); and it is choice as an object of this topos, by 4.5.10. But this topos is Boolean because $\top$ is widespread in $W$; so by Zermelo's proof we may find a well-ordering of $\chi_a$ in this topos, and by an easy extension of 4.5.10 it remains a well-ordering of $\chi_a$ in $\mathcal{E}/W$.

We are thus reduced to proving that, given a morphism $f\colon A \to B$ in a topos $\mathcal{E}$, a well-ordering $\leq_B$ of $B$ and a well-ordering $\leq_f$ of $f$ in $\mathcal{E}/B$, the 'lexicographic' ordering of $A$ given by

$$(x \leq_A y) \dashv\vdash ((fx \leq_B fy) \vee ((fx = fy) \wedge (x \leq_f y)))$$

is a well-ordering. But the well-known set-theoretic proof of this is constructive, and so valid in a topos: given an inhabited subobject $A' \rightarrowtail A$, we let

$B' = \exists_f(A') \rightarrowtail B$, find the $\leq_B$-least element $b\colon 1 \to B$ of $B'$, and then find the least element of the pullback

$$\begin{array}{ccc} A'' & \longrightarrow & A' \\ \big\downarrow & & \big\downarrow \\ 1 & \xrightarrow{\;b\;} & B' \end{array}$$

for the well-ordering which is the pullback of $\leq_f$ along $b$. □

Although, as we have seen, the axiom of choice in a topos is incompatible with non-Booleanness, there is a classically equivalent assertion, namely Zorn's Lemma, which can hold in non-Boolean toposes. It should be noted, however, that uses of Zorn's Lemma in mathematics are almost always followed immediately by an appeal to the law of excluded middle: having obtained a maximal element of some inductive poset, one assumes it does not have the property one is seeking and derives a contradiction by constructing a strictly larger element of the poset. Thus the validity of Zorn's Lemma in a non-Boolean topos is perhaps less useful than it appears at first sight – though we shall see one significant application of it in 4.6.15 below.

Given a poset $(A, \leq)$ in a topos, we say a subobject $A' \rightarrowtail A$ is a *chain* if it is totally ordered by (the restriction of) $\leq$, i.e. if it satisfies $(\forall x, y : A')$ $((x \leq y) \vee (y \leq x))$. And we say $(A, \leq)$ is *inductive* if it satisfies

$$(\forall w\colon PA)((w \text{ is a chain}) \Rightarrow (\exists x\colon A)(x \text{ is an upper bound for } w))\ .$$

**Proposition 4.5.14** *Assume* (AC) *holds in* **Set**, *and let* $\mathcal{E}$ *be a localic* **Set**-*topos. If* $(A, \leq)$ *is an inductive poset in* $\mathcal{E}$, *then there exists* $a\colon 1 \to A$ *which is (internally) a maximal element of* $A$, *i.e. satisfies* $(\forall x\colon A)((a \leq x) \Rightarrow (a = x))$.

**Proof** Consider the (external!) poset $C$ of chains in $A$, ordered by inclusion. It is clear that $C$ is an inductive poset in **Set**, since the union of a chain of chains is a chain (and $\mathcal{E}$, being defined over **Set**, has arbitrary unions of subobjects). So it has an (externally) maximal element $A_0 \rightarrowtail A$, say. Since $A$ is inductive, there exists $B \twoheadrightarrow 1$ in $\mathcal{E}$ and a morphism $a'\colon 1_B \to B^*A$ which is an upper bound for $B^*(A_0)$; we claim first that $a'$ factors through $B^*(A_0)$, and is therefore the greatest element of this subobject. Since $B$ can be covered by subterminal objects, it suffices to prove that, for every $f\colon U \to B$ with $U$ subterminal, $f^*(a')$ factors through $U^*(A_0)$; but if $U$ is subterminal, then $A_1 = A_0 \cup U \rightarrowtail A$ (where $U$ maps to $A$ by the transpose of $f^*(a')$) is easily seen to be a chain, and so must equal $A_0$ by maximality.

Now since greatest elements are unique when they exist, we see that the pullbacks of $a'$ along the two projections $B \times B \rightrightarrows B$ must be equal; hence $a'$ is itself the pullback along $B \to 1$ of a global element $a\colon 1 \to A$, which is the greatest element of $A_0$. We claim that it is (internally) a maximal element of $A$. For, if we are given an object $D$ and a morphism $b\colon 1_D \to D^*A$ satisfying $D^*a \leq b$, then it suffices as before to prove that $b$ and $D^*a$ coincide when pulled back along any $g\colon V \to D$ with $V$ subterminal, and we may do this as before by constructing a chain $A_2 = A_0 \cup V$ containing $A_0$. □

Using 4.5.14, we may give a characterization of those **Set**-toposes which satisfy (AC):

**Theorem 4.5.15** *Assume* (AC) *holds in* **Set**. *Then a* **Set**-*topos* ($\gamma\colon \mathcal{E} \to$ **Set**) *satisfies* (AC) *iff* $\mathcal{E}$ *is Boolean and* $\gamma$ *is localic.*

**Proof** If $\mathcal{E}$ satisfies (AC), then it is Boolean by 4.5.8. We must show that the subterminal objects of $\mathcal{E}$ form a separating set: suppose given a parallel pair $f, g\colon A \rightrightarrows B$ with $f \neq g$. The equalizer $E \rightarrowtail A$ of $f$ and $g$ is not the whole of $A$, so its complement $E' \rightarrowtail A$ is nonzero; hence by (SS) we can find a nonzero subterminal object $U$ and a morphism $h\colon U \to A$ factoring through $E'$. Now the equalizer of $fh$ and $gh$ is $h^*(E \rightarrowtail A) \cong (0 \rightarrowtail U)$, so $fh \neq gh$.

Conversely, suppose $\mathcal{E}$ is Boolean and $\gamma$ is localic. Suppose given an epimorphism $f\colon A \twoheadrightarrow B$ in $\mathcal{E}$; then we may construct an internal poset $S \rightarrowtail P(A \times B)$ whose elements are (graphs of) partial sections of $f$, i.e. commutative diagrams

$$\begin{array}{ccc} & & A \\ & \overset{s}{\nearrow} & \downarrow{\scriptstyle f} \\ B' & \rightarrowtail & B \end{array}$$

with the partial ordering given by $s \leq s'$ iff $s'$ extends $s$. It is clear that $S$ is inductive, so it has an (external) maximal element, corresponding to a partial section $s_0\colon B_0 \to A$. We must show that $B_0$ is the whole of $B$. Suppose not; then its complement $B_1 \rightarrowtail B$ is nonzero, and hence so is the pullback $A_1$ of $A$ along $B_1 \rightarrowtail B$. Thus the coprojections $A_1 \rightrightarrows A_1 \amalg A_1$ are not equal, and so there exists a nonzero subterminal object $U$ and a morphism $U \to A_1$. But now the composite $U \to A_1 \rightarrowtail A \to B$ is monic, and disjoint from $B_0 \rightarrowtail B$; so we may extend our section $s_0$ to one defined on $B_0 \amalg U$, contradicting the maximality of $s_0$. Thus we have shown that every epimorphism in $\mathcal{E}$ is split, i.e. $\mathcal{E}$ satisfies (AC). □

We have seen in the proof of 4.5.15 that if a topos is Boolean and satisfies (SS), then its subterminal objects form a separating set. The assumption of Booleanness is essential here: if $\mathcal{E}$ is the topos of sets equipped with an idempotent endomorphism, then $\mathcal{E}$ is 2-valued and its terminal object is projective, but not a separator.

Another application of (SS) allows us to 'lift' a weak form of the axiom of choice, namely (countable) dependent choices, from **Set** to at least some non-Boolean toposes. We recall that the *axiom of dependent choices* (DC) says that, if we are given a set $A$ and a subset $R \subseteq A \times A$ which is entire as a relation $A \nrightarrow A$ (i.e. such that $(\forall x : A)(\exists y : A)(\langle x, y\rangle \in R)$ is satisfied), then for any $a \in A$ there exists $f : \mathbb{N} \to A$ with $f(0) = a$ and $(\forall n : \mathbb{N})(\langle f(n), f(n+1)\rangle \in R)$. This axiom plays an important rôle in analysis; we shall meet it again in our discussion of the real numbers in a topos (see 4.7.12 below).

**Lemma 4.5.16** *Suppose* $\mathcal{E} = \mathbf{Sh}(X)$ *is localic over* **Set** *and satisfies* (SS) *(and assume* (DC) *holds in* **Set***). Then* $\mathcal{E}$ *satisfies* (DC).

**Proof** Suppose given objects $A$ and $R$ satisfying the hypothesis of (DC) internally in $\mathcal{E}$. The key point is that, given an open $U \subseteq X$ and an element $x$ of $A(U)$, we can find another element $y$ of $A(U)$ such that $(\langle x, y\rangle \in \ulcorner R \urcorner)$ holds; for the object $[\![\{y : A \mid \langle x, y\rangle \in \ulcorner R \urcorner\}]\!]$ has support $U$ by assumption. Thus, starting from any element $a$ of $A(U)$, we can (using (DC) in **Set**) construct an infinite sequence of elements of $A(U)$ such that each is $R$-related to its successor; but since the natural number object in $\mathcal{E}$ is just the countable copower of 1, this is exactly what we need. □

**Suggestions for further reading:** Blass [123, 129], Diaconescu [281], Fourman & Ščedrov [365], Freyd [375], Penk [953].

## D4.6 De Morgan's law and the Gleason cover

The assumption of Booleanness for a topos is in some ways an uncomfortably restrictive one, in that it eliminates most of the examples of toposes of greatest interest. However, there are various intermediate possibilities between the logic of an arbitrary topos and that of a Boolean topos; in fact there is a whole sequence of successively weaker conditions that we can add to the rules of intuitionistic propositional logic, corresponding to an increasing sequence of elements of the free Heyting algebra on one generator (the $n$th condition says that the $n$th element in the sequence is equal to $\top$). As they become weaker, these conditions become progressively less interesting (although, of course, there are progressively more toposes which satisfy them), but the first of them, which has come to be known as *De Morgan's law*, is of some interest as it arises naturally in both the logical and the geometrical aspects of topos theory. We devote the present section to studying it. (For information on the weaker conditions in the sequence, see [40, 41].)

In classical propositional logic, the name 'De Morgan's laws' is given to the sequents

$$(\neg(p \vee q) \dashv\vdash (\neg p \wedge \neg q)) \quad \text{and} \quad (\neg(p \wedge q) \dashv\vdash (\neg p \vee \neg q))$$

which express the fact that negation is a lattice anti-isomorphism in a Boolean algebra. The first of these two laws is in fact valid in any Heyting algebra: since $\neg(-) = ((-) \Rightarrow \bot)$ is self-adjoint on the right, it converts joins to meets. But the second one fails in general: the right-to-left entailment is still valid, but the left-to-right one is not.

**Lemma 4.6.1** *Let $H$ be a Heyting algebra. The following conditions are equivalent:*

(i) *For all $p, q \in H$, $\neg(p \wedge q) = (\neg p \vee \neg q)$.*

(ii) *For all $p \in H$, $(\neg p \vee \neg\neg p) = \top$.*

(iii) *Every $\neg\neg$-fixed element of $H$ is complemented.*

(iv) *The $\neg\neg$-fixed elements of $H$ form a sublattice.*

(v) *$\neg\neg\colon H \to H$ is a lattice homomorphism.*

**Proof** (i) $\Rightarrow$ (ii): Substitute $\neg p$ for $q$ in (i). Since $(p \wedge \neg p) = \bot$, we deduce the identity of (ii).

(ii) $\Rightarrow$ (iii): (ii) says that $\neg\neg p$ has a complement, namely $\neg p$.

(iii) $\Rightarrow$ (iv): A complemented element is always $\neg\neg$-fixed, so (iii) implies that the $\neg\neg$-fixed elements of $H$ coincide with the complemented elements; but the latter always form a sublattice.

(iv) $\Rightarrow$ (v): $\neg\neg$ always preserves $\bot$, $\top$ and binary meets; and it preserves binary joins as a map from $H$ to the lattice $H_{\neg\neg}$ of $\neg\neg$-fixed elements, since it is left adjoint to the inclusion. So (iv) implies that it preserves binary joins as a map $H \to H$.

(v) $\Rightarrow$ (i): If (v) holds, then we have

$$\begin{aligned}(\neg p \vee \neg q) &= (\neg\neg\neg p \vee \neg\neg\neg q)\\ &= \neg\neg(\neg p \vee \neg q)\\ &= \neg(\neg\neg p \wedge \neg\neg q)\\ &= \neg\neg\neg(p \wedge q)\\ &= \neg(p \wedge q)\end{aligned}$$

using the identity $\neg = \neg\neg\neg$ and the fact that the first De Morgan law always holds. □

A Heyting algebra satisfying the equivalent conditions of 4.6.1 is sometimes called a *Stone algebra*. We shall say that a topos $\mathcal{E}$ satisfies *De Morgan's law* if its subobject classifier is an internal Stone algebra in $\mathcal{E}$; equivalently, if for every subobject $A' \rightarrowtail A$ in $\mathcal{E}$ we have $\neg A' \vee \neg\neg A' \cong A$ in $\mathrm{Sub}(A)$. There are many different ways of expressing this condition: the next proposition lists a selection of them.

**Proposition 4.6.2** *The following conditions on a topos $\mathcal{E}$ are equivalent:*

(i) *$\mathcal{E}$ satisfies De Morgan's law.*

(ii) *Every $\neg\neg$-closed subobject in $\mathcal{E}$ has a complement.*

(iii) *The subobject* $\bot \colon 1 \rightarrowtail \Omega$ *has a complement.*

(iv) *An object of* $\mathcal{E}$ *is separated for the local operator* $\neg\neg$ *(cf.* A4.5.9*) iff it is decidable.*

(v) *Every* $\neg\neg$*-sheaf in* $\mathcal{E}$ *is decidable.*

(vi) $\Omega_{\neg\neg}$ *is decidable in* $\mathcal{E}$.

(vii) *The canonical monomorphism* $(\top, \bot) \colon 2 = 1 \amalg 1 \rightarrowtail \Omega_{\neg\neg}$ *is an isomorphism in* $\mathcal{E}$.

(viii) 2 *is an internally complete poset in* $\mathcal{E}$.

(ix) 2 *is an injective object of* $\mathcal{E}$.

(x) *The class of injective objects of* $\mathcal{E}$ *is closed under binary coproducts.*

(xi) 2 *is a retract of* $\Omega$ *in* $\mathcal{E}$.

(xii) 2 *is a* $\neg\neg$*-sheaf in* $\mathcal{E}$.

(xiii) *The subcategory* $\mathbf{sh}_{\neg\neg}(\mathcal{E})$ *is closed under finite coproducts.*

**Proof** (i) $\Leftrightarrow$ (ii) is immediate from 4.6.1; and (ii) $\Leftrightarrow$ (iii) because a subobject is $\neg\neg$-closed iff it occurs as the negation of something, iff it is a pullback of $\bot$.

(ii) $\Rightarrow$ (iv): By A4.3.6(*a*), an object $A$ is separated for a local operator $j$ iff its diagonal is $j$-closed.

(iv) $\Rightarrow$ (v) is trivial; and (v) $\Rightarrow$ (vi) since $\Omega_{\neg\neg}$ is a $\neg\neg$-sheaf by A4.3.7.

(vi) $\Rightarrow$ (vii): If (v) holds, then $\top \colon 1 \to \Omega_{\neg\neg}$ has a complement, which must be $\bot \colon 1 \to \Omega_{\neg\neg}$ since the latter is the largest subobject of $\Omega$ disjoint from $\top$.

(vii) $\Rightarrow$ (ii) since 2 classifies complemented subobjects in $\mathcal{E}$, and $\Omega_{\neg\neg}$ classifies $\neg\neg$-closed subobjects.

(vii) $\Rightarrow$ (viii) since $\Omega_{\neg\neg}$, being reflective in $\Omega$, is always an internally complete poset in a topos.

(viii) $\Rightarrow$ (ix): The underlying object of an internally complete poset is always injective, since it is a retract of a power object by B2.3.9(iv).

(ix) $\Leftrightarrow$ (x): Suppose (ix) holds: let $A$ and $B$ be injective objects, and suppose we are given a monomorphism $m \colon A \amalg B \rightarrowtail C$. By injectivity of 2, we may find a commutative triangle

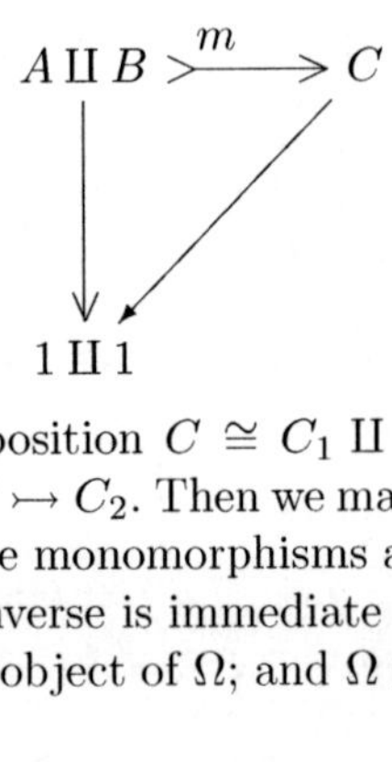


and hence a coproduct decomposition $C \cong C_1 \amalg C_2$ such that $m$ restricts to monomorphisms $A \rightarrowtail C_1$ and $B \rightarrowtail C_2$. Then we may split these monomorphisms to obtain a splitting for $m$. Since monomorphisms are stable under pushout in a topos, this is sufficient. The converse is immediate since 1 is always injective.

(ix) $\Leftrightarrow$ (xi): 2 is always a subobject of $\Omega$; and $\Omega$ is always injective by A2.2.6.

(xi) ⇒ (xii): Since 2 is always decidable (cf. A1.4.15), it is $\neg\neg$-separated; injectivity forces it to be a sheaf for any local operator for which it is separated.

(xii) ⇔ (xiii): Suppose (xii) holds; let $A_1$ and $A_2$ be $\neg\neg$-sheaves, and suppose we are given a diagram

$$\begin{array}{ccc} B & \xrightarrow{f} & A_1 \amalg A_2 \\ {\scriptstyle m}\downarrow & & \\ C & & \end{array}$$

with $m$ $\neg\neg$-dense. Then the composite $B \to A_1 \amalg A_2 \to 1 \amalg 1$ has a unique extension along $m$; so we obtain coproduct decompositions $C \cong C_1 \amalg C_2$ and $B \cong B_1 \amalg B_2$ such that the morphisms $f$ and $m$ similarly decompose as $f_1 \amalg f_2$ and $m_1 \amalg m_2$. Then we may extend $f_1$ uniquely along $m_1$ and $f_2$ uniquely along $m_2$ (since $m_1$ and $m_2$, being pullbacks of $m$ along the coprojections, are $\neg\neg$-dense), and verify that these combine to yield the unique extension of $f$ along $m$. Thus a binary coproduct of $\neg\neg$-sheaves is a $\neg\neg$-sheaf; but the empty coproduct 0 is always a $\neg\neg$-sheaf. The converse is again immediate since 1 is always a sheaf.

(xii) ⇒ (vii): Since $\mathbf{sh}_{\neg\neg}(\mathcal{E})$ is Boolean, its subobject classifier $\Omega_{\neg\neg}$ is the coproduct of two copies of 1 in it; in other words, it is the associated $\neg\neg$-sheaf of 2, the unit of the adjunction being the morphism in (vii). So if 2 is itself a $\neg\neg$-sheaf, this morphism is an isomorphism. □

For yet more conditions equivalent to De Morgan's law in a topos, see 4.6.14 and 4.7.11 below.

**Examples 4.6.3** (*a*) Let $\mathcal{C}$ be a small category. We recall that the subobject classifier in $[\mathcal{C}^{\mathrm{op}}, \mathbf{Set}]$ is defined by

$$\Omega(A) = \{\text{sieves on } A \text{ in } \mathcal{C}\}\ ,$$

and $\bot : 1 \to \Omega$ is the natural transformation which picks out the empty sieve on each object of $\mathcal{C}$. So 4.6.2(ii) is equivalent to the statement that the collection of nonempty sieves forms a subfunctor $\Omega'$ of $\Omega$, i.e. that the pullback of a nonempty sieve along an arbitrary morphism is nonempty. But, as we saw in A2.1.11(*h*), this in turn is equivalent to saying that $\mathcal{C}$ satisfies the 'right Ore condition' that any pair of morphisms with common codomain can be embedded in a commutative square. Note in particular that this condition holds if $\mathcal{C}$ has pullbacks; thus, for example, we may conclude from 3.1.1 that *the clasifying topos (over* **Set***) of any cartesian theory satisfies De Morgan's law.* (This may be contrasted with the very special nature of those coherent theories whose classifying toposes are Boolean; cf. 3.4.6. And see also C4.3.2, for a class of Grothendieck toposes which always satisfy De Morgan's law but are almost never Boolean.)

(*b*) For a locale $X$, we saw in C1.5.10 that $\mathbf{Sh}(X)$ satisfies De Morgan's law iff $X$ is *extremally disconnected*, i.e. iff the closure of every open sublocale of $X$ is open.

(*c*) A particular case of (*b*) which will be of importance later in this section: if $B$ is a Boolean algebra (regarded as a coherent category) and $C$ is its coherent coverage (cf. A2.1.11(*b*)), then $\mathbf{Sh}(B, C)$ *satisfies De Morgan's law iff* $B$ *is complete.* Although, as just stated, this looks rather different from (*b*), it is a special case because C2.2.4(*b*) tells us that $\mathbf{Sh}(B, C)$ is equivalent to $\mathbf{Sh}(X)$ where $X$ is the Stone space of $B$ (see [520]), that is the locale corresponding to the frame $I(B)$ of ideals of $B$. It is well known that this locale is extremally disconnected iff $B$ is complete, but we can give a direct proof as follows. Let $J$ be an ideal of $B$; then an element $b$ of $B$ belongs to its negation $\neg J$ (in $I(B)$) iff $b \wedge c = 0$ for all $c \in J$, iff its complement $\neg b$ is an upper bound for $J$. So $\neg J$ is a principal ideal, for all ideals $J$ of $B$, iff every ideal has a least upper bound, iff $B$ is complete. But to say that the negation of every ideal is principal implies that $I(B)$ is an (external) Stone algebra, since the principal ideals form a sublattice. Conversely, if $B$ is complete, we may 'relativize' the above argument to every principal ideal of $B$, to deduce that the subobject classifier of $\mathbf{Sh}(B, C)$ is an internal Stone algebra.

It will be seen that the key condition in 4.6.2 is (vii), which says that 2 coincides with $\Omega_{\neg\neg}$; most of the other conditions say either that 2 (resp. the class of all decidable objects) has some property which is known to hold for $\Omega_{\neg\neg}$ (resp. the class of all $\neg\neg$-sheaves) in any topos, or that $\Omega_{\neg\neg}$ (resp. the class of all $\neg\neg$-sheaves) has some property which is known to hold for 2 (resp. the class of all decidable objects) in any topos. One further condition of this kind, which looks as if it 'ought to be' equivalent to those of 4.6.2 but turns out to be slightly weaker, is contained in the following lemma.

**Lemma 4.6.4** *The following conditions on a topos $\mathcal{E}$ are equivalent, and are implied by those of* 4.6.2*:*

(i) $2^A$ *is decidable for any object $A$ of $\mathcal{E}$.*

(ii) *The decidable objects form an exponential ideal in $\mathcal{E}$.*

**Proof** Condition (ii) is implied by 4.6.2(iv), since the separated objects for any local operator form an exponential ideal by A4.4.3(ii). It is clear that (ii) implies (i); for the converse, suppose $B$ is decidable. Then we have a pullback diagram of the form

$$\begin{array}{ccc} B & \longrightarrow & 1 \\ {\scriptstyle \Delta}\big\downarrow & & \big\downarrow \\ B \times B & \longrightarrow & 2 \end{array}$$

which is preserved by the functor $(-)^A$ for any $A$. If $2^A$ is decidable, then any morphism $1 \cong 1^A \to 2^A$ is a complemented subobject; hence the diagonal $\Delta\colon B^A \rightarrowtail B^A \times B^A$ is complemented. □

**Example 4.6.5** Let $\mathcal{C}$ be a small category satisfying the condition that, for every $f\colon A \to B$ in $\mathcal{C}$, there exist $g\colon B \to A$ and $h\colon B \to C$ such that $h = hfg$. Then the topos $[\mathcal{C}, \mathbf{Set}]$ satisfies the conditions of 4.6.4. For we recall from A1.4.16 that a functor $F\colon \mathcal{C} \to \mathbf{Set}$ is decidable in $[\mathcal{C}, \mathbf{Set}]$ iff $F(f)$ is injective for all $f$, and from A1.5.5 that the exponential $G^F$ in $[\mathcal{C}, \mathbf{Set}]$ is defined by setting $G^F(A)$ to be the set of natural transformations $\mathcal{C}(A, -) \times F \to G$. So suppose $G$ is decidable, and let $\alpha, \beta$ be two such natural transformations which have the same composite with $\mathcal{C}(k, -) \times 1_F$ for some $k\colon A \to D$; in other words, they agree on all pairs of the form $(f, x)$ where $f$ factors through $k$. Now consider $\alpha_B(f, x)$ for an arbitrary $f\colon A \to B$ and $x \in F(B)$; choosing $g$ and $h$ as in the condition above, we have

$$\begin{aligned} G(h)(\alpha_B(f,x)) &= \alpha_C(hf, F(f)(x)) \\ &= \alpha_C(hf, F(hfg)(x)) \\ &= G(hf)\alpha_A(1_A, F(g)(x)) \,. \end{aligned}$$

But since $G(k)$ is injective and $\alpha_D(k, F(kg)(x)) = \beta_D(k, F(kg)(x))$, we have

$$\alpha_A(1_A, F(g)(x)) = \beta_A(1_A, F(g)(x)) \;;$$

hence $G(h)(\alpha_B(f,x)) = G(h)(\beta_B(f,x))$, and since $G(h)$ is injective we have $\alpha_B(f,x) = \beta_B(f,x)$. Thus $\alpha = \beta$; so we have shown that $G^F(k)$ is injective for an arbitrary morphism $k$ of $\mathcal{C}$, i.e. $G^F$ is decidable.

Now take $\mathcal{C}$ to be the three-element monoid $\{1, a, b\}$ with $a^2 = ba = a$ and $b^2 = ab = b$. Since the morphisms of $\mathcal{C}$ are all idempotent, it is easy to see that $\mathcal{C}$ satisfies the condition above; but it does not satisfy the left Ore condition. So the topos $[\mathcal{C}, \mathbf{Set}]$ satisfies the conditions of 4.6.4, but not those of 4.6.2.

We may also mention a stronger condition than De Morgan's law: we say that a topos satisfies the *strong De Morgan's law* if its subobject classifier is internally totally ordered, i.e. if the sentence

$$(\forall p, q\colon \Omega)(((p \Rightarrow q) \vee (q \Rightarrow p)) = \top)$$

is satisfied. It is easy to see that this implies De Morgan's law (in the form given in 4.6.1(ii)), by substituting $\neg p$ for $q$, but the converse is false. For a functor category $[\mathcal{C}^{\mathrm{op}}, \mathbf{Set}]$, it is easily seen to be equivalent to the condition that every slice category $\mathcal{C}/A$ is strongly connected (i.e., given any two morphisms $f, g$ of $\mathcal{C}$ with common codomain, either $f$ factors through $g$ or $g$ factors through $f$) – which is clearly stronger than the Ore condition of 4.6.3($a$). However, we have the following result:

**Lemma 4.6.6** *For a topos $\mathcal{E}$, the following are equivalent:*

(i) *$\mathcal{E}$ satisfies the strong De Morgan's law.*

(ii) *For every object $A$ of $\mathcal{E}$ and every local operator $j$ in $\mathcal{E}/A$, $\mathbf{sh}_j(\mathcal{E}/A)$ satisfies the strong De Morgan's law.*

(iii) *For every object $A$ of $\mathcal{E}$ and every closed local operator $c$ in $\mathcal{E}/A$, $\mathbf{sh}_c(\mathcal{E}/A)$ satisfies De Morgan's law.*

**Proof** (i) $\Rightarrow$ (ii): Since the strong De Morgan's law is expressible by a sentence in the internal language, it is clearly inherited by slice categories; so we need only show that it is inherited by sheaf subtoposes. But, if $j$ is a local operator in $\mathcal{E}$, then $\Omega_j$ is a sub-poset of $\Omega$ and hence totally ordered in $\mathcal{E}$; and the associated sheaf functor preserves total orderings, so it is totally ordered in $\mathbf{sh}_j(\mathcal{E})$.

(ii) $\Rightarrow$ (iii) is trivial.

(iii) $\Rightarrow$ (i): If $p$ and $q$ are variables of type $\Omega$, then $(p \wedge q = \bot)$ is easily seen to imply $((p \Rightarrow q) \vee (q \Rightarrow p)) = (\neg p \vee \neg q) \geq (\neg p \vee \neg\neg p)$; so the strong form of De Morgan's law follows from the ordinary version in this particular case. Thus, to verify that the strong form holds in $\mathcal{E}$, it is sufficient to know that the ordinary form holds in the closed subtopos of $\mathcal{E}/\Omega \times \Omega$ complementary to the subterminal object $(\top, \top)\colon 1 \rightarrowtail \Omega \times \Omega$ which is classified by the meet of the two projection maps $\Omega \times \Omega \rightrightarrows \Omega$. □

Using this result, it is easy to verify that a localic topos $\mathbf{Sh}(X)$ satisfies the strong De Morgan's law iff every closed sublocale of $X$ is extremally disconnected. (It can be shown directly that this is equivalent to saying that every sublocale of $X$ is extremally disconnected, using the fact that any sublocale is an intersection of sublocales which are the union of an open and a closed sublocale; cf. C1.1.17.)

Because of the presence of negation in De Morgan's law, we cannot expect its validity to be preserved or reflected along geometric morphisms, in general. However, there are two particular cases of interest:

**Lemma 4.6.7**

(i) *If $f\colon \mathcal{F} \to \mathcal{E}$ is an open surjection, and $\mathcal{F}$ satisfies De Morgan's law, then so does $\mathcal{E}$.*

(ii) *If $\mathcal{E}$ is a retract in $\mathfrak{Top}$ of a topos satisfying De Morgan's law, then $\mathcal{E}$ satisfies De Morgan's law.*

**Proof** (i) is immediate from the fact that $f^*$ is a conservative Heyting functor.

(ii) Let $r\colon \mathcal{F} \to \mathcal{E}$, $i\colon \mathcal{E} \to \mathcal{F}$ be geometric morphisms with $ri \cong 1_{\mathcal{E}}$. Given an arbitrary subobject $A' \rightarrowtail A$ in $\mathcal{E}$, we have $r^*(\neg A') \leq \neg(r^*(A'))$ in $\mathrm{Sub}(r^*(A))$, since $r^*(\neg A')$ is disjoint from $r^*(A')$. The functor $i^*$ preserves this inequality, but we also have $i^*(\neg(r^*(A'))) \leq \neg(i^*r^*(A')) \cong \neg A'$ in $\mathrm{Sub}(A)$, for a similar reason, and hence $\neg A' \cong i^*(\neg(r^*(A')))$. Since $i^*$ preserves complemented subobjects, it follows that $\neg A'$ is complemented; so $\mathcal{E}$ satisfies De Morgan's law. □

We remark that the analogues of both parts of 4.6.7 hold for the strong De Morgan's law of 4.6.6: they may be proved by similar arguments, or alternatively deduced from 4.6.6(iii).

We saw in A4.5.23 that, for any topos $\mathcal{E}$, we can find a (geometric) surjection $f: \mathcal{F} \to \mathcal{E}$ with $\mathcal{F}$ Boolean. Indeed, we have a canonical construction of such a topos $\mathcal{F}$; but the morphism $f$ does not have any particularly good properties (apart from being localic). If we make the more modest demand that the 'covering topos' $\mathcal{F}$ should satisfy De Morgan's law, then we can do rather better: by 4.6.7(i), we cannot hope for the covering morphism to be an open surjection, but it turns out that we can take it to be a proper surjection (indeed, tidy in the sense of C3.4.2), and hence a descent morphism.

Before stating the next result, we need a new definition: we say a localic surjection $f: \mathcal{F} \to \mathcal{E}$ is *minimal* if the only closed subtopos of $\mathcal{F}$ which maps surjectively to $\mathcal{E}$ is $\mathcal{F}$ itself. If $f$ is a closed map in the sense of C3.2.1, so that the image of a closed subtopos $\mathbf{sh}_{c(U)}(\mathcal{F})$ (where $U \in \mathrm{Sub}_{\mathcal{F}}(1)$) is simply given by $\mathbf{sh}_{c(f_*(U))}(\mathcal{E})$, this is equivalent to saying that $f_*: \mathrm{Sub}_{\mathcal{F}}(1) \to \mathrm{Sub}_{\mathcal{E}}(1)$ reflects, as well as preserving, the bottom element.

**Theorem 4.6.8** *For any topos $\mathcal{E}$, there exists a topos $\gamma\mathcal{E}$ satisfying De Morgan's law and a surjective geometric morphism $f: \gamma\mathcal{E} \to \mathcal{E}$ which is localic, proper (in the sense of* C3.2.12*), separated (in the sense of the same reference) and minimal in the sense defined above. Moreover, $\gamma\mathcal{E}$ is characterized up to equivalence in $\mathfrak{Top}/\mathcal{E}$ by these properties.*

**Proof** We define $\gamma\mathcal{E}$ to be the topos of sheaves on the internal site in $\mathcal{E}$ obtained by equipping the internal Boolean algebra $\Omega_{\neg\neg}$ with its coherent coverage; equivalently, it is the topos of sheaves on the internal frame $I(\Omega_{\neg\neg})$ of ideals of $\Omega_{\neg\neg}$. Since $\Omega_{\neg\neg}$ is a complete Boolean algebra, it follows from 4.6.3($c$) (which did not make any appeal to the classical logic of **Set**) that this topos indeed satisfies De Morgan's law. Moreover, $I(\Omega_{\neg\neg})$ is a coherent frame, so it is compact (indeed, strongly compact, by C3.4.1($c$)); it is also regular, since the principal ideals are complemented and form a basis for it, and so Hausdorff by C1.2.17(i). Hence $\gamma\mathcal{E} \to \mathcal{E}$ is proper and separated. For minimality, we note that if $J$ is an ideal of $\Omega_{\neg\neg}$ (that is, a subterminal object of $\gamma\mathcal{E}$), then $f_*(J)$ is simply the truth-value $[\![\top \in J]\!]$; so $f_*(J) = \bot$ is equivalent to $\neg(\top \in J)$, and hence to $J = \{\bot\}$ (since any ideal must contain $\bot$, and $\{\bot\}$ is the pseudocomplement of $\{\top\}$ in $\Omega_{\neg\neg}$).

For the converse, suppose $f: \mathcal{F} \to \mathcal{E}$ is a geometric morphism with the stated properties. Since $f$ is localic, it corresponds to an internal locale $X$ in $\mathcal{E}$; we must show that $\mathcal{O}(X)$ is isomorphic to $I(\Omega_{\neg\neg})$. Since $f$ is proper and separated, $X$ is a compact Hausdorff locale, and hence regular by C3.2.10(ii). Moreover, it is extremally disconnected since $\mathcal{F}$ satisfies De Morgan's law; so, from the information that every $U \in \mathcal{O}(X)$ is a union of opens whose closures are contained in $U$, we deduce that every $U \in \mathcal{O}(X)$ is a union of complemented (and hence compact) elements of $\mathcal{O}(X)$. Thus $\mathcal{O}(X) \cong I(B)$, where $B$ is the sub-semilattice of compact elements of $\mathcal{O}(X)$; and since the compact elements are exactly the complemented ones by C3.2.10(i), $B$ is actually a Boolean algebra – and it is complete, by 4.6.3($c$). Finally, the minimal surjectivity of $f$ tells us, as before, that the Heyting pseudocomplement of the singleton $\{1_B\}$ in $\mathrm{Sub}(B)$ must be $\{0_B\}$ – equivalently, since complementation is an isomorphism $B \to B$, $\{1_B\}$ is the pseudocomplement of $\{0_B\}$. So the classifying map $\chi\colon B \to \Omega$ of $\{1_B\}$ factors through $\Omega_{\neg\neg}$; and since we have

$$(\forall b\colon B)\neg\neg((b = 1_B) \vee (b = 0_B))$$

(as the union of a subobject and its pseudocomplement is always $\neg\neg$-dense), it is straightforward to verify that the induced factorization $B \to \Omega_{\neg\neg}$ is an isomorphism of Boolean algebras. □

The topos $\gamma\mathcal{E}$ is called the *Gleason cover* of $\mathcal{E}$ in honour of A. M. Gleason [409] who was the first to investigate the corresponding problem of covering an arbitrary space by an extremally disconnected one. The construction for toposes was first given in [512]. Note that the morphism $\gamma\mathcal{E} \to \mathcal{E}$ is entire in the sense of B4.4.21($a$); indeed, we could have replaced 'proper and separated' by 'entire' in the characterization above.

Note also that if $\mathcal{E}$ itself satisfies De Morgan's law, then $\gamma\mathcal{E} \to \mathcal{E}$ is an equivalence; this may of course be deduced from the characterization of it in 4.6.8, but also follows directly from the definition since if $\mathcal{E}$ satisfies De Morgan's law we have $I(\Omega_{\neg\neg}) \cong I(2) \cong \Omega$. This suggests that the construction $\mathcal{E} \mapsto \gamma\mathcal{E}$ should be a coreflection of some kind; indeed it is, although the category on which it is functorial is far from being the whole of $\mathfrak{Top}$.

**Lemma 4.6.9** *For a geometric morphism $f\colon \mathcal{F} \to \mathcal{E}$, the following are equivalent:*

(i) *$f$ restricts to a geometric morphism* $\mathbf{sh}_{\neg\neg}(\mathcal{F}) \to \mathbf{sh}_{\neg\neg}(\mathcal{E})$.

(ii) *$f^*$ preserves $\neg\neg$-dense monomorphisms.*

(iii) *For any monomorphism $A' \rightarrowtail A$ in $\mathcal{E}$, we have $\neg\neg f^*(A') \cong \neg f^*(\neg A')$ in* $\mathrm{Sub}_{\mathcal{F}}(f^*(A))$.

**Proof** (i) $\Leftrightarrow$ (ii) is a particular case of A4.3.12.

(ii) $\Rightarrow$ (iii): If (ii) holds, then $f^*(A') \vee f^*(\neg A') \rightarrowtail f^*(A)$ must be $\neg\neg$-dense for any $A' \rightarrowtail A$; pulling back along $\neg f^*(A') \rightarrowtail f^*(A)$ we deduce that $f^*(\neg A') \rightarrowtail \neg f^*(A')$ is $\neg\neg$-dense (note that the former is always contained in the latter, since it is disjoint from $f^*(A')$), and taking pseudocomplements we obtain (iii).

(iii) $\Rightarrow$ (ii): If (iii) holds, then on applying it to a $\neg\neg$-dense subobject $A' \rightarrowtail A$ we deduce that $\neg\neg(f^*A') \cong \neg f^*(0) \cong f^*(A)$. □

Geometric morphisms satisfying the conditions of 4.6.9 are commonly called *skeletal*. They include all open maps in the sense of C3.1.7 (since the inverse image of an open map commutes with negation), but also all dense inclusions since if $\mathcal{F}$ is a dense subtopos of $\mathcal{E}$ then $\mathbf{sh}_{\neg\neg}(\mathcal{F})$ coincides with $\mathbf{sh}_{\neg\neg}(\mathcal{E})$ (cf. A4.5.21). In fact we can characterize skeletal inclusions as follows:

**Lemma 4.6.10** *Let $f\colon \mathcal{F} \to \mathcal{E}$ be an inclusion, corresponding to a local operator $j$ on $\mathcal{E}$. Then $f$ is skeletal iff the exterior of $j$ (that is, the open complement of the closure of $j$, cf.* A4.5.19(i)*) is a $\neg\neg$-closed subterminal object of $\mathcal{E}$.*

**Proof** First suppose $f$ is skeletal. From the proof of A4.5.19(i), we recall that $\mathrm{ext}(j)$ is the image of the initial object $0$ of $\mathcal{F}$ under $f_*$; but $0$ is a $\neg\neg$-sheaf in $\mathcal{F}$, so $\mathrm{ext}(j)$ must be a $\neg\neg$-sheaf in $\mathcal{E}$. Equivalently, by A4.3.8, it is a $\neg\neg$-closed subobject of 1.

Conversely, suppose the condition is satisfied, and consider the pullback

$$\begin{array}{ccc} \mathcal{F}' & \longrightarrow & \mathbf{sh}_{\neg\neg}(\mathcal{E}) \\ \downarrow & & \downarrow \\ \mathcal{F} \simeq \mathbf{sh}_j(\mathcal{E}) & \xrightarrow{f} & \mathcal{E} \end{array} .$$

By A4.5.16, $\mathcal{F}'$ is simply the intersection of the two subcategories $\mathbf{sh}_j(\mathcal{E})$ and $\mathbf{sh}_{\neg\neg}(\mathcal{E})$ of $\mathcal{E}$; in particular it contains the object $\mathrm{ext}(j)$, since the given condition implies that this is a $\neg\neg$-sheaf as well as a $j$-sheaf. So $\mathcal{F}'$ contains the initial object of $\mathcal{F}$, and is therefore dense; hence it contains the subtopos $\mathbf{sh}_{\neg\neg}(\mathcal{F})$, and so $f$ is skeletal. (In fact $\mathcal{F}'$ must coincide with $\mathbf{sh}_{\neg\neg}(\mathcal{F})$ in this case, since it is a subtopos of $\mathbf{sh}_{\neg\neg}(\mathcal{E})$ and therefore Boolean by A4.5.22.) □

**Corollary 4.6.11** *The class of skeletal inclusions is the smallest class $\Sigma$ such that*

(i) *open inclusions are in $\Sigma$, and*

(ii) *given a composable pair of inclusions*

$$\mathcal{G} \xrightarrow{g} \mathcal{F} \xrightarrow{f} \mathcal{E}$$

*where $g$ is dense, we have $f \in \Sigma$ iff $fg \in \Sigma$.*

**Proof** The class of skeletal inclusions certainly has these closure properties (the second one because, if $g$ is dense, then $\mathbf{sh}_{\neg\neg}(\mathcal{F})$ and $\mathbf{sh}_{\neg\neg}(\mathcal{G})$ coincide, as we recalled earlier). Conversely, suppose $f\colon \mathbf{sh}_j(\mathcal{E}) \to \mathcal{E}$ is skeletal, and let $U$ be the pseudo-complement of $\mathrm{ext}(j)$ in $\mathrm{Sub}_{\mathcal{E}}(1)$. Then $\mathrm{ext}(o(U)) = \neg U = \mathrm{ext}(j)$ by 4.6.10, so the open subtopos $\mathbf{sh}_{o(U)}(\mathcal{E})$ and $\mathbf{sh}_j(\mathcal{E})$ are both dense in the closed subtopos $\mathbf{sh}_{c(\mathrm{ext}(j))}(\mathcal{E})$. Hence $f \in \Sigma$. □

For more information about the composition properties of skeletal morphisms, see [519].

It is easy to see that $\gamma\mathcal{E} \to \mathcal{E}$ is always skeletal; for we can represent $\mathbf{sh}_{\neg\neg}(\mathcal{E})$ as the topos of sheaves for the canonical coverage $C$ on $\Omega_{\neg\neg}$, and the inclusion $\mathbf{Sh}_{\mathcal{E}}(\Omega_{\neg\neg}, C) \to \mathbf{Sh}_{\mathcal{E}}(\Omega_{\neg\neg}, P)$ (where $P$ is the coherent coverage) is clearly dense. Indeed, since 4.6.2(vii) says that the inclusion $\mathbf{sh}_{\neg\neg}(\mathcal{E}) \simeq \mathbf{sh}_{\neg\neg}(\gamma\mathcal{E}) \to \gamma\mathcal{E}$ is pure in the sense of C3.4.12, we could alternatively have constructed $\gamma\mathcal{E}$ as (the middle term of) the pure–entire factorization of $\mathbf{sh}_{\neg\neg}(\mathcal{E}) \to \mathcal{E}$. From the latter observation, and the functoriality of the pure–entire factorization, we immediately deduce

**Proposition 4.6.12** *Let $\mathfrak{Top}_{sk}$ denote the 2-category of toposes, skeletal geometric morphisms and geometric transformations between them, and $\mathfrak{DMTop}_{sk}$ the full sub-2-category whose objects are toposes satisfying De Morgan's law. Then $\mathcal{E} \mapsto \gamma\mathcal{E}$ is a functor $\mathfrak{Top}_{sk} \to \mathfrak{DMTop}_{sk}$, right adjoint to the inclusion.*

**Proof** The '1-dimensional' part of the proof is contained in the discussion above; to complete it, we have only to discuss the effect of $\gamma$ on geometric transformations. For this we use an idea that we have exploited before in B3.2.14, namely that the Sierpiński topos over $\mathcal{F}$ (i.e. the diagram category $[\mathbf{2}, \mathcal{F}]$) may be regarded as the tensor $\mathbf{2} \otimes \mathcal{F}$ in $\mathfrak{Top}$. Now the subobject classifier in $[\mathbf{2}, \mathcal{F}]$ may, by the construction of A2.1.12, be identified with the diagram $(\vee : \Omega_1 \to \Omega)$, where $\Omega$ is the subobject classifier of $\mathcal{F}$ and $\Omega_1$ is, as usual, its order-relation; and an easy calculation shows that $\Omega_{\neg\neg}$ in $[\mathbf{2}, \mathcal{F}]$ is simply the identity morphism $(\Omega_{\neg\neg} \to \Omega_{\neg\neg})$ (where the inclusion into $\Omega_{[\mathbf{2},\mathcal{F}]}$ maps the first $\Omega_{\neg\neg}$ into $\Omega_1$ via the diagonal). In particular, we see that if $\mathcal{F}$ satisfies De Morgan's law, so that $\Omega_{\neg\neg}$ coincides with 2 in $\mathcal{F}$, then so does $[\mathbf{2}, \mathcal{F}]$. Also, for any $\mathcal{F}$, we have $\gamma[\mathbf{2}, \mathcal{F}] \cong [\mathbf{2}, \gamma\mathcal{F}]$; the topos $\mathbf{sh}_{\neg\neg}([\mathbf{2}, \mathcal{F}])$ does not coincide with $[\mathbf{2}, \mathbf{sh}_{\neg\neg}(\mathcal{F})]$ (since the latter is not Boolean!) but with $\mathbf{sh}_{\neg\neg}(\mathcal{F})$, mapping into $[\mathbf{2}, \mathcal{F}]$ via the open inclusion $\mathcal{F} \to [\mathbf{2}, \mathcal{F}]$. Hence the projection $[\mathbf{2}, \mathcal{F}] \to \mathcal{F}$, and the open inclusion $\mathcal{F} \to [\mathbf{2}, \mathcal{F}]$, are both skeletal; the closed inclusion is not skeletal (so that $[\mathbf{2}, \mathcal{F}]$ cannot be regarded as a tensor $\mathbf{2} \otimes \mathcal{F}$ in the 2-category $\mathfrak{Top}_{sk}$), but if we are given any 2-cell $\alpha : f \to g$ between morphisms $f, g : \mathcal{F} \rightrightarrows \mathcal{E}$ such that $g$ is skeletal (in particular, any 2-cell of $\mathfrak{Top}_{sk}$ with source $\mathcal{F}$), the induced morphism $[\mathbf{2}, \mathcal{F}] \to \mathcal{E}$ is skeletal, since its composite with the open inclusion is $g$. Hence we may define $\gamma$ on such 2-cells by lifting the morphism $[\mathbf{2}, \mathcal{F}] \to \mathcal{E}$ to a morphism $[\mathbf{2}, \gamma\mathcal{F}] \to \gamma\mathcal{E}$. Thus we have shown that $\gamma$ is a 2-functor $\mathfrak{Top}_{sk} \to \mathfrak{Top}_{sk}$; and since the canonical map $\gamma\mathcal{E} \to \mathcal{E}$ is a natural transformation from $\gamma$ to the identity, which is an equivalence precisely when $\mathcal{E}$ satisfies De Morgan's law, $\gamma$ is right adjoint to the inclusion $\mathfrak{DMTop}_{sk} \to \mathfrak{Top}_{sk}$. □

In passing, we note that it is almost immediate from the definition of skeletal morphisms that the assignment $\mathcal{E} \mapsto \mathbf{sh}_{\neg\neg}(\mathcal{E})$ defines a right adjoint to the inclusion $\mathfrak{BooTop} \to \mathfrak{Top}_{sk}$, where $\mathfrak{BooTop}$ is the 2-category of Boolean toposes and geometric morphisms. (Of course, any geometric morphism between Boolean toposes is skeletal.) Note also that $\gamma\mathcal{E}$ is Boolean only if $\mathcal{E}$ itself is Boolean, since in this case it must coincide with $\mathbf{sh}_{\neg\neg}(\mathcal{E})$ and hence the latter maps surjectively to $\mathcal{E}$.

**Remark 4.6.13** An alternative proof of the 2-functoriality of $\gamma$ may be given along the following lines. Given a skeletal morphism $f\colon \mathcal{F} \to \mathcal{E}$, there is a unique morphism $\theta\colon f^*((\Omega_{\neg\neg})_{\mathcal{E}}) \to (\Omega_{\neg\neg})_{\mathcal{F}}$ making the diagram

$$\begin{array}{ccc}
f^*(2_{\mathcal{E}}) & \xrightarrow{\ \sim\ } & 2_{\mathcal{F}} \\
\big\downarrow & & \big\downarrow \\
f^*((\Omega_{\neg\neg})_{\mathcal{E}}) & \xrightarrow{\ \theta\ } & (\Omega_{\neg\neg})_{\mathcal{F}}
\end{array}$$

commute, since $f^*(2) \rightarrowtail f^*(\Omega_{\neg\neg})$ is $\neg\neg$-dense and $\Omega_{\neg\neg}$ is a $\neg\neg$-sheaf. (Note that this morphism is *not* simply the restriction of the familiar comparison map $\phi_1\colon f^*(\Omega_{\mathcal{E}}) \to \Omega_{\mathcal{F}}$; the latter does not map $f^*(\Omega_{\neg\neg})$ into $\Omega_{\neg\neg}$ in general.) $\theta$ is easily seen to be a Boolean homomorphism (since it is homomorphic on the $\neg\neg$-dense subalgebra $f^*(2_{\mathcal{E}})$), and hence a morphism of sites when its domain and codomain are equipped with their coherent coverages; hence it corresponds to a geometric morphism $\gamma\mathcal{F} \to f^*(\gamma\mathcal{E})$ over $\mathcal{F}$, by C2.3.4 and C2.4.3. Composing this with the pullback of $f$ along $\gamma\mathcal{E} \to \mathcal{E}$ yields the effect of $\gamma$ on a 1-cell of $\mathfrak{Top}_{sk}$; to define its effect on 2-cells, we use the fact that $\gamma\mathcal{E} \to \mathcal{E}$ is a fibration in $\mathfrak{Top}$, by B4.4.11. Thus, given a 2-cell $\alpha\colon f \to g$ with codomain $\mathcal{E}$, we obtain a diagram

$$\begin{array}{ccc}
f^*(\gamma\mathcal{E}) & \longrightarrow & \gamma\mathcal{E} \\
\big\uparrow & \downarrow & \nearrow \\
g^*(\gamma\mathcal{E}) & &
\end{array}$$

commuting up to a (non-invertible) 2-cell, where the left vertical arrow is induced by the Boolean homomorphism $\alpha_{\Omega_{\neg\neg}}\colon f^*(\Omega_{\neg\neg}) \to g^*(\Omega_{\neg\neg})$ in $\mathcal{F}$. And if $f$ and $g$ are skeletal, then the diagram

$$\begin{array}{ccc}
\gamma\mathcal{F} & \longrightarrow & f^*(\gamma\mathcal{E}) \\
& \searrow & \big\uparrow \\
& & g^*(\gamma\mathcal{E})
\end{array}$$

commutes in $\mathfrak{Top}/\mathcal{F}$, since the corresponding diagram of Boolean algebras in $\mathcal{F}$ commutes (by uniqueness of $\theta$). So on pasting the two diagrams above, we obtain the effect of $\gamma$ on the 2-cell $\alpha$.

A natural 'companion' to 4.6.8, which was also first investigated by Gleason in the spatial case, is the projectivity theorem for extremally disconnected spaces; this was developed for toposes in [515]. First, we need an algebraic equivalent of De Morgan's law: given an internal lattice (or ring) $A$ in a topos $\mathcal{E}$, we say an ideal $J$ of $A$ is *proper* (no connection with the notion of proper map!) if it satisfies $\neg(1_A \in J)$; by a *maximal ideal* we of course mean a maximal proper ideal. An ideal $J$ of a lattice $A$ is said to be *prime* if it is proper and satisfies

$$(\forall a_1, a_2 \colon A)((a_1 \wedge a_2 \in J) \Rightarrow ((a_1 \in J) \vee (a_2 \in J))) \; ;$$

primeness for ring ideals is defined similarly, with multiplication in place of meet.

**Lemma 4.6.14** *For a topos $\mathcal{E}$, the following are equivalent:*

(i) *$\mathcal{E}$ satisfies De Morgan's law.*

(ii) *For any internal distributive lattice $A$ in $\mathcal{E}$, every maximal ideal of $A$ is prime.*

(iii) *For any internal commutative ring $A$ in $\mathcal{E}$, every maximal ideal of $A$ is prime.*

(iv) *For any internal Boolean algebra $B$ in $\mathcal{E}$, the maximal ideals of $B$ are exactly the prime ideals.*

**Proof** (i) $\Rightarrow$ (ii): Let $A$ be an internal distributive lattice in $\mathcal{E}$, $J$ a maximal ideal of $A$, and suppose given elements $a_1, a_2$ satisfying $(a_1 \wedge a_2 \in J)$. Let $K_i$ $(i = 1, 2)$ be the ideal generated by $J$ together with $a_i$, i.e. the ideal of all elements of the form $b \vee c$ where $b \in J$ and $c \leq a_i$. By distributivity, it is clear that $K_1 \cap K_2 = J$; so since $J$ is proper we have $\neg((1_A \in K_1) \wedge (1_A \in K_2))$. Since De Morgan's law holds, this implies $\neg(1_A \in K_1) \vee \neg(1_A \in K_2)$, i.e. one of $K_1$ or $K_2$ must be proper. But since $J \subseteq K_i$ for $i = 1, 2$, this implies that we have $(J = K_1) \vee (J = K_2)$, and hence $(a_1 \in J) \vee (a_2 \in J)$. So we have shown that $J$ is prime.

The proof of (i) $\Rightarrow$ (iii) is identical apart from notational changes. For (ii) $\Rightarrow$ (iv) and (iii) $\Rightarrow$ (iv), we note that a Boolean algebra is both a distributive lattice and a commutative ring (and the two senses of the word 'ideal' coincide), so either (ii) or (iii) implies that maximal ideals in a Boolean algebra are prime. But the converse holds without any assumption on $\mathcal{E}$: for if $J$ is a prime ideal in a Boolean algebra $B$, then for any $b \in B$ we have $(b \in J) \vee (\neg b \in J)$, and so if $K$ is any proper ideal containing $B$, then we have

$$\begin{aligned} (b \in K) &\Rightarrow \neg(\neg b \in K) \text{ since } K \text{ is proper} \\ &\Rightarrow \neg(\neg b \in J) \text{ since } J \subseteq K \\ &\Rightarrow (b \in J) \end{aligned}$$

so $K = J$.

(iv) $\Rightarrow$ (i): Consider the internal Boolean algebra $\Omega_{\neg\neg}$. This has a unique proper ideal $\{\bot\}$, as we saw in the proof of 4.6.8, so the latter must be maximal.

But the assertion that $\perp$ is a prime ideal of $\Omega_{\neg\neg}$ is exactly the statement of De Morgan's law (restricted to $\neg\neg$-stable truth-values, but this is sufficient since $\neg(p \wedge q)$ is equivalent to $\neg(\neg\neg p \wedge \neg\neg q)$). □

To deduce the projectivity theorem for toposes satisfying De Morgan's law, we shall have to make use of Zorn's Lemma in the form in which we stated it in 4.5.14. We must therefore restrict ourselves to toposes which are localic over the 'classical' topos **Set**, in which the axiom of choice is presumed to hold.

**Theorem 4.6.15** *For a localic* **Set**-*topos* $\mathcal{E}$, *the following are equivalent:*

(i) $\mathcal{E}$ *satisfies De Morgan's law.*

(ii) $\mathcal{E}$ *is projective with respect to entire surjections in* $\mathfrak{Top}/\mathbf{Set}$.

(iii) $\mathcal{E}$ *is projective with respect to proper separated localic surjections in* $\mathfrak{Top}/\mathbf{Set}$.

(iv) *Every compact Hausdorff locale in* $\mathcal{E}$ *which is consistent (in the sense of* C2.4.8*) has a point.*

(v) *Every coherent internal locale in* $\mathcal{E}$ *which is consistent has a point.*

**Proof** (i)⇒(v): Let $X$ be a coherent internal locale in $\mathcal{E}$: that is, $\mathcal{O}(X) \cong I(B)$, where $B$ is the distributive lattice of compact open sublocales of $X$. It is clear that such an $X$ is consistent iff $B$ is non-degenerate, i.e. satisfies $\neg(0_B = 1_B)$. Also, points of $X$ correspond to completely prime filters in $\mathcal{O}(X)$ (cf. C1.2.2); and since every element of $I(B)$ is a join of principal ideals, it is easy to see that a completely prime filter of $I(B)$ is determined by the principal ideals which it contains, and that in fact there is a bijection between completely prime filters in $I(B)$ and (ordinarily) prime filters in $B$. But if $B$ is non-degenerate then the poset of proper filters in $B$ is (inhabited, and hence) inductive; so by 4.5.14 it contains a maximal element. And by 4.6.14 (applied to the dual lattice $B^{\mathrm{op}}$) such a maximal filter is prime.

(v) ⇒ (iv) follows easily from C4.1.13, where we showed that every compact Hausdorff locale is a retract of a coherent locale: clearly, the latter is necessarily consistent if the former is.

(iv) ⇒ (iii): Since proper separated localic surjections are stable under pullback in $\mathfrak{Top}$, it suffices to prove that every such map with codomain $\mathcal{E}$ can be split. But such a map with codomain $\mathcal{E}$ corresponds to a consistent compact Hausdorff locale in $\mathcal{E}$, and a splitting of it corresponds to a point of this locale; so the implication is immediate. And (iii)⇒(ii) is immediate since entire morphisms are localic, proper and separated.

(ii) ⇒ (i): Suppose $\mathcal{E}$ is projective. Then the Gleason cover map $\gamma\mathcal{E} \to \mathcal{E}$ must split. But this is equivalent to saying that the internal Boolean algebra $\Omega_{\neg\neg}$ in $\mathcal{E}$ has a prime ideal, and we saw in the proof of 4.6.14 that this is equivalent to De Morgan's law in $\mathcal{E}$. (Alternatively, we can use 4.6.7(ii) to deduce that $\mathcal{E}$ inherits De Morgan's law from $\gamma\mathcal{E}$.) □

**Remark 4.6.16** In combination with 4.6.8, the result of 4.6.15 implies that any geometric morphism $f\colon \mathcal{F} \to \mathcal{E}$ between localic **Set**-toposes can be lifted to a morphism $\gamma\mathcal{F} \to \gamma\mathcal{E}$. However, in view of the arbitrary choice involved in the lifting, we cannot hope to make the latter functorial on a larger category than that of skeletal maps.

**Suggestions for further reading:** Johnstone [509, 510, 512, 515], Kock & Reyes [645], Mulvey & Pelletier [882], Niefield & Rosenthal [897, 898].

## D4.7 Real numbers in a topos

The familiar set-theoretic constructions of the ring of integers, the field of rationals and the field of real numbers starting from the semiring of natural numbers may all be carried out within the higher-order type theory described in Section D4.3, and so make sense in any topos $\mathcal{E}$, provided it has a natural number object from which the construction can start. However, the non-classical nature of the internal logic of $\mathcal{E}$ makes itself felt at the final stage of this construction: although all sensible constructions of the integers and of the rationals yield the same results, there are various different constructions of the reals which are classically equivalent but may yield different results in a non-Boolean topos.

Throughout this section we work in a topos with a natural number object $N$. (The constructions from $N$ of the object $Z$ of integers and the object $Q$ of rationals, being essentially first-order, could in fact be carried out in any pretopos with a natural number object.) We define $Z$ to be the quotient of $N \times N$ by the equivalence relation which identifies $\langle m, n\rangle$ with $\langle m', n'\rangle$ iff $m + n' = m' + n$, and we define a monomorphism $N \rightarrowtail Z$ to send $n$ to the equivalence class of $\langle n, o\rangle$. The arithmetic operations of addition and multiplication (cf. A2.5.4) are extended to $Z$ in an obvious way, and make it into a commutative ring: in fact it is the free commutative ring (with 1) on no generators, and its underlying additive group is the free group on one generator in $\mathcal{E}$ (cf. 5.3.5 below). Then we define $Q$ to be the field of fractions of $Z$, i.e. the quotient of $Z \times Z*$ (where $Z*$ is the subobject of nonzero elements of $Z$, i.e. the complement of $0\colon 1 \rightarrowtail Z$ – note that this element is indeeed complemented, since the equivalence relation we defined on $N \times N$ is complemented and hence $Z$ is decidable) by the equivalence relation which identifies $\langle z, w\rangle$ with $\langle z', w'\rangle$ iff $z \cdot w' = z' \cdot w$. Once again, this equivalence relation is complemented, and so $Q$ is decidable; we embed $Z$ into $Q$ by sending $z$ to the equivalence class of $\langle z, 1\rangle$. And we can again extend the arithmetic operations from $Z$ to $Q$: for example, the sum of the equivalence classes of $\langle z, w\rangle$ and $\langle z', w'\rangle$ is the equivalence class of $\langle zw' + z'w, ww'\rangle$. The total ordering on $N$, which we defined in A2.5.13, also extends to both $Z$ and $Q$ in a straightforward manner.

**Lemma 4.7.1** *In any topos with a natural number object, $Q$ with its arithmetic operations is a model of the coherent theory of fields described in* 1.1.7(*h*); *and*

*$Q$ with its order relation is a model of the theory $\mathbb{L}_\infty$ of dense linearly ordered objects without endpoints, described in* 3.4.11.

**Proof** It is straightforward to verify that the usual set-theoretic proofs of these facts are constructive, and so valid in any topos. □

We note that the constructions used so far are all preserved by coherent functors, in particular by inverse image functors: since the latter also preserve natural number objects by A2.5.6, it follows that they preserve objects of integers and of rationals. In particular, in any topos of the form $[\mathcal{C}, \mathbf{Set}]$ the object of rationals is simply the constant functor on $\mathcal{C}$ with value $\mathbb{Q}$, and in a topos of the form $\mathbf{Sh}(X)$ it is the constant sheaf with stalk $\mathbb{Q}$, i.e. the sheaf whose sections over an open $U$ are locally constant functions $U \to \mathbb{Q}$ (equivalently, continuous functions $U \to \mathbb{Q}$, where $\mathbb{Q}$ is given the discrete topology).

For most of this section, we shall consider real numbers as Dedekind sections of the object of rationals (though we briefly discuss an alternative construction in 4.7.12 below). However, there are still various choices to be made: do we work with 'one-sided' or 'two-sided' sections, and if we use two-sided sections how do we express the idea that the two sides are at zero distance from each other? Classically, these choices do not matter, since they yield isomorphic models of the real numbers; but we shall see that in constructive logic they yield different results.

We begin with one-sided sections. Let $(A, <)$ be a model of the theory $\mathbb{L}_\infty$ in a topos $\mathcal{E}$: we define an *open lower section* of $A$ to be a subobject $L \rightarrowtail A$ such that the sequents

$$(((x < y) \wedge (y \in \ulcorner L \urcorner)) \vdash_{x,y} (x \in \ulcorner L \urcorner)),$$

$$((x \in \ulcorner L \urcorner) \vdash_x (\exists y)((x < y) \wedge (y \in \ulcorner L \urcorner))) \text{ and}$$

$$(\top \vdash (\exists x)(x \in \ulcorner L \urcorner))$$

are satisfied. We say an open lower section is *proper* if it also satisfies

$$(\top \vdash (\exists x)\neg(x \in \ulcorner L \urcorner)) :$$

the reason for separating this axiom from the other three is that, unlike them, it is not expressible as a coherent sequent. Clearly, we may form a subobject $A_\downarrow^+$ of $PA$ whose elements are the open lower sections of $A$; and we shall write $A_\downarrow$ for the subobject of $A_\downarrow^+$ whose elements are the proper sections. Associated with any element $a \colon 1 \to A$, we have a proper open lower section $\downarrow a = \{x \colon A \mid x < a\}$; this defines a morphism $\downarrow\colon A \to A_\downarrow$. We define the object $R_l$ of *lower semicontinuous real numbers* in $\mathcal{E}$ to be $Q_\downarrow$.

We may also consider open lower sections of $A$ as models of a propositional geometric theory over $\mathcal{E}$ (in the sense of B4.2.12, or of 1.1.7($m$)), expressed in a language with primitive propositions of the form $(a \in \ulcorner L \urcorner)$, $a \in A$. For simplicity we shall assume that $\mathcal{E}$ is defined over $\mathbf{Set}$, and that $A$ is of the form

$\gamma^* A_0$ for some $\mathbb{L}_\infty$-model $A_0$ in **Set** (as it is in the case of interest to us), where $\gamma\colon \mathcal{E} \to \mathbf{Set}$ is the geometric morphism: then we may identify open lower sections of $A$ in $\mathcal{E}$ with geometric morphisms from $\mathcal{E}$ to the classifying topos of this propositional theory.

**Lemma 4.7.2** *Let $A$ be an $\mathbb{L}_\infty$-model in* **Set**, *and let $\mathbb{T}$ denote the propositional theory of open lower sections of $A$. Then the classifying topos* $\mathbf{Set}[\mathbb{T}]$ *may be taken to be* $\mathbf{Sh}(Y)$, *where $Y$ is the locale whose frame $\mathcal{O}(Y)$ is generated by symbols $\uparrow a$, $a \in A$, subject to the relations $\uparrow a \wedge \uparrow b = \uparrow(\max\{a, b\})$,*

$$\uparrow a = \bigvee\{\uparrow b \mid b > a\}$$

*for all $a \in A$, and $\top = \bigvee\{\uparrow a \mid a \in A\}$. Moreover, this locale is spatial; it may be identified with the space $Y = \overline{A}^+$ obtained from the (classical) Dedekind–MacNeille completion $\overline{A}$ of $A$ by adding a top point $\infty$, endowed with the topology generated by the sets $\{y \in Y \mid a < y\}$, $a \in A$.*

**Proof** By 3.1.14 (or by B4.2.12), we know that $\mathbf{Set}[\mathbb{T}]$ is localic over **Set**, and the frame corresponding to it is the Lindenbaum algebra of $\mathbb{T}$. The latter is generated by the primitive propositions $(a \in \ulcorner L \urcorner)$, $a \in A$, subject to relations corresponding to the axioms of the theory; the relations in the statement of the lemma are a direct translation of the three coherent sequents we wrote down earlier, with a change in notation from $(a \in \ulcorner L \urcorner)$ to $\uparrow a$ throughout. So the first assertion of the lemma is a triviality. The second assertion, that the locale $Y$ is spatial, is slightly less trivial; but points of $Y$ correspond to frame homomorphisms $\mathcal{O}(Y) \to \mathcal{O}(1)$, and hence to mappings $\{\uparrow a \mid a \in A\} \to \mathcal{O}(1)$ preserving the given relations; and it is easy to see that these correspond exactly to the points of $\overline{A}$ (the point $y$ which corresponds to a lower section $L$ sending $\uparrow a$ to $\top$ iff $a \in L$), together with the point $\infty$ which sends every $\uparrow a$ to $\top$. Moreover, the topology on $Y_p$ is that generated by the sets $\{y \in Y \mid a < y\}$; we must show that this is isomorphic to $\mathcal{O}(Y)$.

However, the first relation in the definition of $\mathcal{O}(Y)$ (plus the infinite distributive law) tells us that any element of $\mathcal{O}(Y)$ is equal to a join of generators; and the other relations tell us that we have $\uparrow a \leq \bigvee\{\uparrow b \mid b \in S\}$ (resp. $\top \leq \bigvee\{\uparrow b \mid b \in S\}$) provided that for every $c > a$ (resp. for every $c \in A$) there exists $b \in S$ with $b < c$. And these relations are in turn implied by the corresponding inclusions between subsets of $Y_p$; so the canonical frame surjection $\mathcal{O}(Y) \twoheadrightarrow \mathcal{O}(Y_p)$ is bijective. □

Note that if we omit the top point $\infty$ from the space $Y$ of 4.7.2, we obtain one which is not sober. This is related to the fact that the 'properness' axiom for open lower sections cannot be formulated geometrically.

**Corollary 4.7.3** *Let $X$ be a (sober) topological space. Then, in the topos* $\mathbf{Sh}(X)$,

(i) *the object $R_l^+$ is the sheaf whose sections over an open $V \subseteq X$ are all lower semicontinuous functions from $V$ to the set $\mathbb{R}^+ = \mathbb{R} \cup \{\infty\}$;*

(ii) $R_l$ *is the sheaf whose sections over an open* $V$ *are all those lower semicontinuous functions* $f\colon V \to \mathbb{R}$ *which are 'locally bounded above', i.e. such that for all* $x \in V$ *there exists* $q \in \mathbb{Q}$ *and a neighbourhood* $W$ *of* $x$ *such that* $f(y) < q$ *for all* $y \in W$*.*

**Proof** (i) By definition, sections of $R_l^+$ over $V$ correspond to models of the geometric propositional theory of open lower sections of $\mathbb{Q}$ in the topos $\mathbf{Sh}(V)$. So this is immediate from the fact that lower semicontinuous functions are exactly the continuous functions when $\mathbb{R}^+$ is equipped with the topology described in 4.7.2, plus the fact that continuous functions $V \to \mathbb{R}^+$ correspond bijectively to (isomorphism classes of) geometric morphisms $\mathbf{Sh}(V) \to \mathbf{Sh}(\mathbb{R}^+)$ (C1.4.5).

(ii) follows from (i) and the fact that, for the lower section $L$ corresponding to a lower semicontinuous $f\colon V \to \mathbb{R}^+$, the truth-value of $(\exists x)\neg(x \in \ulcorner L \urcorner)$ is the union over all $q \in \mathbb{Q}$ of the interiors of the sets $\{x \in V \mid f(x) < q\}$. □

The local boundedness condition in (ii) is stronger than simply asserting that $f$ never takes the value $\infty$; for example, consider the function $f$ defined on $\mathbb{R}$ by $f(x) = 0$ for all $x \leq 0$ and $f(x) = 1/x$ for $x > 0$. For more information about the approach to real numbers via one-sided Dedekind sections, see [1001].

One obvious problem with one-sided sections is that they fail to inherit the full algebraic structure of $\mathbb{Q}$: although we can add two lower semicontinuous functions, we do not have additive inverses, and multiplication is even more problematic (unless we restrict ourselves to functions taking only positive values). Therefore, for most applications, it is more convenient to work with two-sided sections; that is, with pairs $\langle L, U\rangle$ such that $L$ is an open lower section of our $\mathbb{L}_\infty$-model $A$, $U$ is an open upper section, $L$ and $U$ are disjoint (i.e.

$$(((x \in \ulcorner L \urcorner) \wedge (x \in \ulcorner U \urcorner)) \vdash_x \bot)\ )$$

and '$L$ and $U$ are at zero distance apart'. However, we still have a choice about how we formulate the last of these conditions. If we wish our sections to be models of a geometric theory, we are led to use the axiom

$$((x < y) \vdash_{x,y} ((x \in \ulcorner L \urcorner) \vee (y \in \ulcorner U \urcorner)))\ .$$

However, we can also consider the pair of axioms

$$(((x < y) \wedge \neg(y \in \ulcorner U \urcorner)) \vdash_{x,y} (x \in \ulcorner L \urcorner)) \text{ and}$$

$$(((x < y) \wedge \neg(x \in \ulcorner L \urcorner)) \vdash_{x,y} (y \in \ulcorner U \urcorner))\ ;$$

these are both strictly weaker than the coherent sequent above, and (in the presence of the other axioms) they express the idea that $L$ is the largest open lower section disjoint from $U$, and $U$ is the largest open upper section disjoint from $L$. We shall call a pair $\langle L, U\rangle$ a *Dedekind section* of $A$ if it satisfies the stronger axiom above (plus the earlier axioms), and a *MacNeille section* if it satisfies the two weaker ones. Clearly, we have subobjects $\overline{A}_d$ and $\overline{A}_m$ of $PA \times PA$ corresponding to these two notions; in the particular case when $A = Q$, we shall write $R_d$ and $R_m$. Note also that we always have $A_d \subseteq A_m$ as subobjects of $PA \times PA$; and we have an embedding $A \rightarrowtail A_d$ given by $x \mapsto \langle \downarrow x, \uparrow x \rangle$, as well as an embedding $A_m \rightarrowtail A_\downarrow$ given by $\langle L, U \rangle \mapsto L$. (The latter map is monic because, for a MacNeille section $\langle L, U \rangle$, we can recover $U$ from $L$:

$$((y \in \ulcorner U \urcorner) \dashv\vdash_y (\exists x)((x < y) \wedge \neg(x \in \ulcorner L \urcorner)))\ .)$$

As with the one-sided sections, we begin our investigation of two-sided sections by considering the classifying topos for the geometric propositional theory of Dedekind sections of an $\mathbb{L}_\infty$-model $A$ in **Set**. For simplicity, we shall restrict ourselves to the case $A = \mathbb{Q}$ (recall that this is not as special as it seems, since every countable model of $\mathbb{L}_\infty$ is isomorphic to $\mathbb{Q}$).

**Lemma 4.7.4** *Let $\mathbb{T}_d$ denote the theory of Dedekind sections of $\mathbb{Q}$. The classifying topos* **Set**$[\mathbb{T}_d]$ *is of the form* **Sh**$(Y)$, *where $Y$ is the locale corresponding to the frame $\mathcal{F}(\mathbb{R})$ (sometimes called the frame of* formal reals*) which is generated by symbols $(p, q)$ where $p$ and $q$ are rationals with $p < q$, subject to the following relations:*

$$(p_1, q_1) \wedge (p_2, q_2) = \begin{cases} (\max\{p_1, p_2\}, \min\{q_1, q_2\}) & \textit{if } \max\{p_1, p_2\} < \min\{q_1, q_2\} \\ \bot & \textit{otherwise;} \end{cases}$$

$$(p, q) = (p, q_1) \vee (p_1, q) \quad \textit{if } p \leq p_1 < q_1 \leq q;$$

$$(p, q) = \bigvee\{(p', q') \mid p < p' < q' < q\}\ ;\ \textit{and}$$

$$\top = \bigvee\{(p, q) \mid p < q\}\ .$$

*Moreover, this locale is spatial, and it may be identified with the space $\mathbb{R}$ equipped with the usual (Euclidean) topology.*

**Proof** As in 4.7.2, the first part is merely an explicit description of the Lindenbaum algebra of $\mathbb{T}_d$. The latter is generated by primitive propositions of the forms $(p \in \ulcorner L \urcorner)$ and $(q \in \ulcorner U \urcorner)$ $(p, q \in \mathbb{Q})$; the generators $(p, q)$ which we have used for $\mathcal{F}(\mathbb{R})$ are simply the conjunctions $((p \in \ulcorner L \urcorner) \wedge (q \in \ulcorner U \urcorner))$. (For some purposes it is convenient to allow the use of the symbol $(p, q)$ when $p \geq q$; of course, in this case, it is equal to the bottom element of the frame, by the disjointness axiom.) We can recover the original generator $(p \in \ulcorner L \urcorner)$ as the join $\bigvee\{(p, q) \mid q > p\}$, and similarly for $(q \in \ulcorner U \urcorner)$; so the elements $(p, q)$ do indeed generate the frame. Then the first condition in our presentation becomes a translation of the axioms saying that $L$ is a lower section and $U$ is an upper section; the third translates the condition that they are open, and the fourth is the condition that they are both inhabited. Finally, the second condition expresses the 'Dedekind version' of the condition that they are at zero distance apart.

The real meat of the lemma, once again, comes in the assertion that the locale defined by this frame presentation is spatial. Of course, the points of the locale may be identified with $\mathbb{T}_d$-models in **Set**, that is with real numbers (Dedekind sections of $\mathbb{Q}$) in the classical sense; and the topology induced upon them is that generated by the rational open intervals $\{x \in \mathbb{R} \mid p < x < q\}$, which are the images of the formal symbols $(p, q)$ – that is, the usual topology on $\mathbb{R}$. The problem is thus to show that the subframe of $P(\mathbb{R})$ generated by these subsets satisfies only those conditions which are deducible from those in the given presentation of $\mathcal{F}(\mathbb{R})$. We note that the first condition in the presentation enables us to reduce any element of $\mathcal{F}(\mathbb{R})$ to a (possibly empty) join of generators, so as in 4.7.2 we are reduced to considering inequalities of the form $(p, q) \leq \bigvee\{(p_i, q_i) \mid i \in I\}$ or $\top \leq \bigvee\{(p_i, q_i) \mid i \in I\}$. We shall deal only with the first of these; the second is similar.

The key ingredient that we need is the Heine–Borel theorem; that is, the assertion that every bounded closed interval in $\mathbb{R}$ is compact. Given this, we see that if an actual interval $\{x \in \mathbb{R} \mid p < x < q\}$ is covered by the intervals $\{x \mid p_i < x < q_i\}$, then for any $(p', q')$ with $p < p' < q' < q$ we must have a finite subcover of the closed interval $\{x \mid p' \leq x \leq q'\}$, and hence we can find a finite sequence of indices $i_1, \ldots, i_n$ with $p_{i_1} < p'$, $q_{i_n} > q'$ and $p_{i_{j+1}} < q_{i_j}$ for all $j$. But these inequalities, plus the second and third conditions in the definition of $\mathcal{F}(\mathbb{R})$, ensure that the inequality $(p, q) \leq \bigvee\{(p_i, q_i) \mid i \in I\}$ holds in the latter. □

The use of the Heine–Borel theorem in the foregoing proof is unavoidable. Although this theorem does not make any use of the axiom of choice, it does require the law of excluded middle; we shall see in 4.7.13 below that there are toposes in which it fails for the internal space of Dedekind reals. On the other hand, the locale $R_f$ of formal reals (the locale corresponding to the frame $\mathcal{F}(\mathbb{R})$, as constructed in a topos) is constructively locally compact; more specifically, for any two rationals $p$ and $q$, the quotient frame $\mathcal{F}([p, q])$ of $\mathcal{F}(\mathbb{R})$ obtained by adjoining the relations $(r, s) = \bot$ whenever $s \leq p$ or $r \geq q$ (the 'formal closed interval $[p, q]_f$') is compact (see [520, IV 1.2], for a proof). Hence, if we construct the locale $R_f$ inside the topos of 4.7.13, it will not be spatial.

**Corollary 4.7.5** *Let $X$ be a (sober) topological space. Then, in the topos* $\mathbf{Sh}(X)$,

(i) *$R_d$ is the sheaf whose sections over an open $V \subseteq X$ are all continuous functions $f \colon V \to \mathbb{R}$;*

(ii) *$R_m$ is the sheaf whose sections over $V$ are pairs $\langle \underline{f}, \overline{f} \rangle$ of functions $V \to \mathbb{R}$ satisfying*

$$\overline{f}(x) = \inf\{\sup\{\underline{f}(y) \mid y \in U\} \mid U \in \mathcal{N}_x\}$$

*and*

$$\underline{f}(x) = \sup\{\inf\{\overline{f}(y) \mid y \in U\} \mid U \in \mathcal{N}_x\}$$

*for all $x \in V$, where $\mathcal{N}_x$ denotes the filter of neighbourhoods of $x$ in $V$.*

**Proof** (i) This follows from 4.7.4 just as 4.7.3(i) followed from 4.7.2.

(ii) A section of $R_m$ over $V$ is, in particular, a pair of proper one-sided sections of $\mathbb{Q}$ in $\mathbf{Sh}(V)$, and hence corresponds to a pair of functions $\underline{f}: V \to \mathbb{R}$ and $\overline{f}: V \to \mathbb{R}$ which are respectively lower semicontinuous and upper semicontinuous. The 'MacNeille form' of the condition that $L$ and $U$ are at zero distance apart translates easily into the conditions on $\underline{f}$ and $\overline{f}$ given in the statement; but these conditions imply the required semicontinuity properties of the two functions, and so we do not have to state them explicitly. □

Of course, a pair of functions $(\underline{f}, \overline{f})$ as in 4.7.5(ii) corresponds to an element of $R_d(V) \subseteq R_m(V)$ iff the two functions coincide (in which case they are necessarily two-sidedly continuous). On the other hand, it is easy to give examples of MacNeille reals which are not Dedekind reals; for example, the pair of functions $(\underline{f}, \overline{f}): \mathbb{R} \rightrightarrows \mathbb{R}$ defined by $\underline{f}(x) = \overline{f}(x) = 0$ for all $x < 0$, $\underline{f}(x) = \overline{f}(x) = 1$ for $x > 0$, $\underline{f}(0) = 0$ and $\overline{f}(0) = 1$. We shall revert to the question of when $R_d$ and $R_m$ coincide in 4.7.11 below.

Our next task, however, is to extend the order and algebraic structures from $Q$ to $R$. This may be done either for $R_d$ or for $R_m$, by essentially the same constructions; although we are mainly interested in $R_d$, we shall give the constructions for $R_m$, since they may then easily be restricted to $R_d$. If $t$ is a term of type $R_m$ or $R_d$, we shall write $L_t$ and $U_t$ for the terms of type $PQ$ which should properly be written $\mathsf{fst}(\ulcorner i \urcorner(t))$ and $\mathsf{snd}(\ulcorner i \urcorner(t))$, where $i: R \rightarrowtail PQ \times PQ$ is the canonical inclusion. We deal first with the order structure: we have two ways of defining an order relation on MacNeille sections, the *strong ordering*

$$((x < y) \dashv\vdash (\exists p: Q)((p \in U_x) \wedge (p \in L_y)))$$

and the *weak ordering*

$$((x \leq y) \dashv\vdash (\forall p: Q)((p \in L_x) \Rightarrow (p \in L_y))) \; .$$

(The apparent asymmetry in the definition of $\leq$ is only apparent: because $U_x$ is recoverable from $L_x$, as we noted earlier, the condition $L_x \subseteq L_y$ is equivalent to $U_y \subseteq U_x$.) It is straightforward to verify that both these relations are transitive, that the first is irreflexive, and that the second is reflexive and antisymmetric. Also, the first relation is a two-sided ideal in the second (that is, $(x < y)$ implies $(x \leq y)$, and $(x \leq y < z \leq w)$ implies $(x < w)$); once again, this is easily verified from the definitions. And for variables $x, y, z$ of type $R_d$ (though not, in general, of type $R_m$) we have

$$((x < y) \vdash_{x,y,z} ((x < z) \vee (z < y))) \; ;$$

for from $(x < y)$ and the openness of the sections defining $x$ and $y$ we can deduce the existence of rationals $p < q$ with $((p \in U_x) \wedge (q \in L_y))$, and then we must have either $(p \in L_z)$ or $(q \in U_z)$.

On the other hand, it is not true that $(x \leq y)$ is equivalent to $((x < y) \vee (x = y))$, nor do we have $(\forall x, y)((x \leq y) \vee (y \leq x))$, even for Dedekind reals $x$ and $y$. For a counterexample to the first in $\mathbf{Sh}(\mathbb{R})$, take $x$ to be the identity function $\mathbb{R} \to \mathbb{R}$ and $y$ to be the absolute-value function; then the truth-value of $(x \leq y)$ is the whole of $\mathbb{R}$, but that of $((x < y) \vee (x = y))$ is $\mathbb{R} \setminus \{0\}$. Similarly, for the second we take $x$ to be the identity function and $y$ to be the function $t \mapsto -t$ (or the constant function with value 0). However, we do have one useful relationship between the two orderings:

**Lemma 4.7.6** *In any topos, we have* $((x \leq y) \dashv\vdash_{x,y} \neg(y < x))$ *for variables* $x, y$ *of type* $R_m$. *Hence in particular the objects* $R_m$ *and* $R_d$ *are* $\neg\neg$*-separated in any topos.*

**Proof** Let $x$ and $y$ be MacNeille reals. Clearly, from $(x \leq y)$ and $(y < x)$ we deduce $(\exists p)((p \in U_y) \wedge (p \in L_y))$, contradicting the disjointness axiom; so $(x \leq y)$ implies $\neg(y < x)$. Conversely, $\neg(y < x)$ is equivalent to $(\forall p)\neg((p \in U_y) \wedge (p \in L_x))$, so from $(q \in L_x)$ we deduce $(\exists p)((p > q) \wedge (p \in L_x))$ by openness, and hence $(\exists p)((p > q) \wedge \neg(p \in U_y))$. But the latter implies $(q \in L_y)$ by the definition of a MacNeille real; so we have verified that $L_x \subseteq L_y$, i.e. that $(x \leq y)$.

The second assertion follows immediately from the first and A4.3.6($a$), since the formula $(x = y)$ whose interpretation is the diagonal subobject of $R_m \times R_m$ (or of $R_d \times R_d$) is equivalent to $((x \leq y) \wedge (y \leq x))$ and hence also equivalent to $\neg((x < y) \vee (y < x))$. □

We shall sometimes write $(x \# y)$ for the relation $((x < y) \vee (y < x))$ on $R_d$, and call it the *apartness relation* on $R_d$. In general, a symmetric binary relation $\#$ on an object $X$ is called an apartness relation if it satisfies

$$((x = y) \dashv\vdash_{x,y} \neg(x \# y))$$

and

$$((x \# y) \vdash_{x,y,z} ((x \# z) \vee (y \# z))) .$$

(For $R_d$, the second of these conditions follows from the condition $((x < y) \vdash_{x,y,z} ((x < z) \vee (z < y)))$, which we established earlier.) Objects with apartness relations have been extensively studied in the context of constructive mathematics, as a useful generalization of decidable objects (cf. [90, p. 22]); the fact that $R_d$ comes equipped with a 'natural' apartness relation means that results established for such objects can be applied to it.

On the other hand, neither $R_m$ nor $R_d$ is decidable, in general: once again, a counterexample to $((x = y) \vee \neg(x = y))$ may be given in $\mathbf{Sh}(\mathbb{R})$ by taking $x$ and $y$ to be the identity and absolute value functions. Nor is either object a $\neg\neg$-sheaf, in general. For if we weaken the definition of a two-sided section of $Q$ by replacing the positive condition that $L$ and $U$ should be inhabited with the negative condition that they should be nonempty (i.e. $\neg(\forall q \colon Q)\neg(q \in \ulcorner L \urcorner)$, etc.), we obtain objects $*R_d$ and $*R_m$ in which $R_d$ and $R_m$ are $\neg\neg$-densely embedded (and which are still $\neg\neg$-separated, by the same proof as above), but which do not coincide with $R_d$ and $R_m$ in general; for example, in $\mathbf{Sh}(\mathbb{R})$ the function $(x \mapsto 1/|x|)$ (undefined at $x = 0$) yields a global section of $*R_d$ which does not lie in $R_d$ or even in $R_m$.

In general, $R_d$ enjoys more good properties than $R_m$: we have already seen that it has an apartness relation, and we shall see shortly that it has better algebraic properties as well. However, there is one respect in which $R_m$ is better, namely order-completeness. Of course, neither $R_d$ nor $R_m$ is order-complete in the sense in which we usually use that term, since they lack top and bottom elements. One way to get round this would be to consider a closed interval $[a, b]$ instead of the whole real line; alternatively we can modify the definition of completeness. We shall say that a poset $X$ is *conditionally complete* if every inhabited subset of $X$ which has an upper bound has a least upper bound; this condition is also sometimes known as Dedekind-completeness, but since $R_d$ does not satisfy it in a general topos that name would be confusing in the present context.

**Lemma 4.7.7** *In any topos, $R_m$ is a conditionally complete poset.*

**Proof** Let $S$ be a bounded inhabited subset of $R_m$. To construct a least upper bound $x = \langle L, U\rangle$ for $S$, we take $U$ to be the interior of the intersection of all the upper sections of the members of $S$, i.e.

$$U = \{q\colon Q \mid (\exists p < q)(\forall y\colon S)(p \in U_y)\} .$$

For $L$, we might be tempted to take simply the union of the lower sections of the members of $S$, but this will not yield a MacNeille real in general, so we have to define it from $U$:

$$L = \{p\colon Q \mid (\exists q\colon Q)((p < q) \wedge \neg(q \in U))\} .$$

Verification of most of the conditions for $\langle L, U\rangle$ to be a MacNeille real is straightforward (for example, inhabitedness of $L$ and of $U$ follow respectively from the conditions that $S$ is inhabited and that it is bounded above – note that $L$ certainly contains the union of the left sets of the members of $S$). The only one which requires some work is

$$(((p < q) \wedge \neg(p \in L)) \Rightarrow (q \in U)) ;$$

given $p$ and $q$ satisfying the hypotheses of this implication, let $r = (2p+q)/3$ and $s = (p + 2q)/3$, so that $p < r < s < q$. Then from the definition of $L$ we obtain $\neg\neg(r \in U)$. But since $U \subseteq U_y$ for all $y \in S$, we have $U \cap L_y = \emptyset$ for all such $y$, and so this implies $\neg(r \in L_y)$ for all such $y$. Hence we have $(\forall y\colon S)(s \in U_y)$, and so $q \in U$, as required.

We have also observed that $L_y \subseteq L$ for all $y \in S$, so $x$ is an upper bound for $S$. But if $z$ is any upper bound for $S$, then its upper section $U_z$ is open and contained in $U_y$ for all $y \in S$, so it must be contained in $U$; hence $x \leq z$. $\square$

It follows straightforwardly from 4.7.7 that any bounded closed interval $[a, b]_m \subseteq R_m$ is a complete poset in the usual sense. However, we shall see in 4.7.11 below that $R_d$ is not conditionally complete in general. (On the other hand, we note for future reference that $R_d$ does have binary join and meet operations – we shall denote them by $\max\{x, y\}$ and $\min\{x, y\}$, as is customary – which are obtained simply by taking unions and intersections of the appropriate sections.)

Next we consider the algebraic structure on $R_d$ and $R_m$. In fact the same definitions work in both cases; until further notice, we shall cease to specify whether we are working with Dedekind or MacNeille reals, and write $R$ to denote either $R_d$ or $R_m$. Defining addition is straightforward: we set

$$\begin{aligned} &\langle L_1, U_1\rangle + \langle L_2, U_2\rangle \\ &\quad = \langle\{q_1 + q_2 \mid (q_1 \in L_1) \wedge (q_2 \in L_2)\}, \{q_1 + q_2 \mid (q_1 \in U_1) \wedge (q_2 \in U_2)\}\rangle \end{aligned}$$

and verify that this is a Dedekind (resp. MacNeille) real if both $\langle L_1, U_1\rangle$ and $\langle L_2, U_2\rangle$ are. It is also easy to verify that this operation makes $R$ into an abelian group, the additive inverse of $\langle L, U\rangle$ being $\langle\{-q \mid q \in U\}, \{-q \mid q \in L\}\rangle$. However, multiplication is a little more tricky, because the classical subdivision into cases according to the signs of the numbers being multiplied will not work in our constructive context, where we do not have a 'trichotomy law' for the ordering. To get round this difficulty, we use an idea based on J. H. Conway's recursive definition of multiplication [248], which was first suggested in [504]. We first define the product of a real number and a rational (that is, we make $R$ into a module over $Q$), for which we may legitimately subdivide into cases since the ordering on $Q$ satisfies the trichotomy law:

$$q \cdot x = \begin{cases} \langle\{q \cdot r \mid r \in L_x\}, \{q \cdot r \mid r \in U_x\}\rangle & \text{if } q > 0 \\ \langle\{q \cdot r \mid r \in U_x\}, \{q \cdot r \mid r \in L_x\}\rangle & \text{if } q < 0 \\ 0 & \text{if } q = 0\,. \end{cases}$$

It is not hard to verify that this does indeed satisfy the identities for a $Q$-module. Now we exploit the idea that if $q_1 - x_1$ and $q_2 - x_2$ have the same sign then $(x_1 - q_1)(x_2 - q_2)$ should be positive; that is, we define $L_{x_1 \cdot x_2}$ to be

$$\begin{aligned} &\{q \colon Q \mid (\exists q_1, q_2)((((q_1 \in L_{x_1}) \wedge (q_2 \in L_{x_2})) \vee ((q_1 \in U_{x_1}) \wedge (q_2 \in U_{x_2})))\wedge \\ &\qquad (q + q_1 \cdot q_2 \in L_{q_2 \cdot x_1 + q_1 \cdot x_2}))\} \end{aligned}$$

with a similar definition for $U_{x_1 \cdot x_2}$ (in which the rationals $q_1$ and $q_2$ are taken from the sections on opposite sides of $x_1$ and $x_2$). A large amount of tedious but straightforward verification, which we omit, allows us to conclude

**Proposition 4.7.8** *The above definitions of addition and multiplication make $R$ into a commutative ring.* □

Next, it is natural to ask in what sense, if any, the real number objects are fields. The example of a spatial topos, in which the stalks of the sheaf of continuous real-valued functions are well known to be local rings but not fields in general, shows that we cannot hope for even $R_d$ to be a field in the coherent sense defined in 1.1.7($h$), although we can hope to show that it is a local ring in the sense of 1.1.7($g$). In fact both $R_d$ and $R_m$ are fields in a constructively weaker sense: we say that a commutative ring is a *residue field* if it satisfies the nontriviality axiom $((0 = 1) \vdash \bot)$ and the non-coherent sequent

$$(\neg(\exists y)(xy = 1) \vdash_x (x = 0)) .$$

(The reason for the name 'residue field' is that if we attempt to form the residue field of a local ring – that is, if we factor out the ideal of non-invertible elements – what we obtain is exactly a ring satisfying this axiom.)

In order to prove that $R_d$ and $R_m$ are residue fields, we need to determine their invertible elements. The key step in this is the following:

**Lemma 4.7.9** *We have*

$$(\forall x, y\colon R)((x \cdot y > 0) \Rightarrow (((x > 0) \wedge (y > 0)) \vee ((x < 0) \wedge (y < 0)))) .$$

**Proof** The hypothesis that $0 \in L_{x \cdot y}$ tells us that we have either $q \in L_x$ and $r \in L_y$ with $q \cdot r \in L_{q \cdot y + r \cdot x}$, or else $q \in U_x$ and $r \in U_y$ satisfying a similar condition. The analysis of the two cases is similar; each proceeds by considering the possible signs of $q$ and $r$, and we shall do only the first case. Clearly, if $q \geq 0$ and $r \geq 0$ then we have $x > 0$ and $y > 0$, so we need only consider the sub-cases when one of $q$ and $r$ is strictly less than 0. If $q < 0 = r$, then the condition becomes $0 \in L_{q \cdot y}$, which implies $0 \in U_y$; but this contradicts $0 = r \in L_y$. If $q < 0 < r$, then we have $s \in U_y$ and $t \in L_x$ such that $q \cdot r = q \cdot s + r \cdot t$, or equivalently $q \cdot (r - s) = r \cdot t$; but $q \cdot (r - s) > 0$ since both $q$ and $(r - s)$ are negative, and hence $t > 0$. But this forces $x > 0$, since $t \in L_x$, and we already have $y > 0$ since $r \in L_y$. Finally, we need to deal with the case when both $q$ and $r$ are negative. In this case, we obtain $s \in U_y$ and $t \in U_x$ such that $q \cdot r = q \cdot s + r \cdot t$, from which we get $r \cdot t = q \cdot (r - s) > 0$ and hence $t < 0$, and similarly $s < 0$. But this forces both $x$ and $y$ to be negative. □

**Proposition 4.7.10**

(i) *In both $R_d$ and $R_m$, we have*

$$((\exists y\colon R)(x \cdot y = 1) \dashv\vdash_x ((x > 0) \vee (x < 0))) .$$

(ii) *$R_d$ and $R_m$ are both residue fields.*

(iii) *$R_d$ is a local ring.*

**Proof** (i) One direction follows easily from 4.7.9. Conversely, suppose $x > 0$; then we may define its multiplicative inverse to be the section

$$\langle\{q\colon Q \mid ((q \leq 0) \vee ((q > 0) \wedge (1/q \in U_x)))\}, \{q\colon Q \mid ((q > 0) \wedge (1/q \in L_x))\}\rangle$$

(note that $x > 0$ implies $1/n \in \ulcorner L_x \urcorner$ for some natural number $n$, so that the upper section of this pair is inhabited). It is again straightforward to verify that this (is a section of the required type and) is a multiplicative inverse for $x$. Similarly if $x < 0$.

(ii) follows immediately from (i) and 4.7.6.

(iii) In $R_d$, we have $(\forall x)((x > 0) \vee (x < 1))$, and hence by (i) we have $(\forall x)((\exists y)(xy = 1) \vee (\exists y)((1 - x)y = 1))$. But this is equivalent to the local-ring axiom as stated in 1.1.7($g$). □

However, $R_m$ is not a local ring in general (see 4.7.11 below). On the other hand, we can say a good deal more about the algebraic character of $R_d$: it is a 'separably real-closed local ring'. This means that it satisfies the axioms of a coherent theory (which we shall not state here explicitly) whose models in **Set** are Henselian local rings with real-closed residue fields. (Once again, we note that the stalks of the sheaf of continuous real-valued functions on any topological space are well known to be rings of this type.) For details of the proof, see [611, 511].

Now we revert to the question, which we deferred earlier, of when the objects $R_d$ and $R_m$ coincide. The answer turns out to be straightforward:

**Theorem 4.7.11** *In a topos $\mathcal{E}$ with natural number object, the following conditions are equivalent:*

(i) *$\mathcal{E}$ satisfies De Morgan's law (cf. 4.6.2).*

(ii) *The objects $R_d$ and $R_m$ coincide in $\mathcal{E}$.*

(iii) *$R_m$ is a local ring.*

(iv) *The relation $(x < y) \vee (y < x)$ defines an apartness relation on $R_m$.*

(v) *$R_d$ is conditionally order-complete (cf. 4.7.7).*

**Proof** First suppose De Morgan's law holds, and let $x$ be a MacNeille real in $\mathcal{E}$. To show it is a Dedekind real, suppose given rationals $p, q$ with $p < q$; let $r = (p + q)/2$. By disjointness of $L_x$ and $U_x$, plus De Morgan's law, we have $(\neg(r \in U_x) \vee \neg(r \in L_x))$; but since $p < r$ the first disjunct implies $(p \in L_x)$, and the second similarly implies $(q \in U_x)$. Thus (i) implies (ii); and the fact that (ii) implies (iii), (iv) and (v) is clear from the results already established about $R_d$ and $R_m$.

In the converse direction, the key idea is that if we are given a truth-value $w\colon \Omega$, we may construct a MacNeille real $x(w)$ by setting

$$x(w) = \langle\{q\colon Q \mid ((q < 0) \vee ((q < 1) \wedge \neg\neg w))\}, \{q\colon Q \mid ((q > 1) \vee ((q > 0) \wedge \neg w))\}\rangle\ .$$

It is an easy exercise to verify that $x(w)$ is indeed a MacNeille real. However, if it were a Dedekind real then we should have $((0 \in L_{x(w)}) \vee (1 \in U_{x(w)}))$, which is equivalent to $(\neg\neg w \vee \neg w)$; since $w$ was arbitrary, this shows that De Morgan's law follows from (ii). Also, if the indicated relation were an apartness relation on $R_m$, then we should have $((0 < x(w)) \vee (x(w) < 1))$ (since we certainly have $(0 \leq x(w) \leq 1)$), but this again reduces to the statement of De Morgan's law. Similarly, if $R_m$ is assumed to be a local ring, then either $x(w)$ or $1 - x(w)$ must be invertible, which yields the same conclusion via 4.7.10(i). Finally, we note that the set

$$S_w = \{q \colon Q \mid ((q = 0) \vee ((q = 1) \wedge w))\}$$

is inhabited and bounded in $R_d$. But if this set has a supremum ($y(w)$, say) in $R_d$, then we have $(w \vdash (y(w) = 1))$ and $(\neg w \vdash (y(w) = 0))$, and so from $((0 < y(w)) \vee (y(w) < 1))$ we may deduce $(\neg\neg w \vee \neg w)$. Thus, once again, we obtain De Morgan's law. □

We remark that the elements $x(w)$ constructed in the proof of 4.7.11 are all idempotents in the ring $R_m$; for they satisfy $\neg\neg((x(w) = 0) \vee (x(w) = 1))$ and hence $\neg\neg(x(w)^2 = x(w))$, from which the result follows by $\neg\neg$-separatedness of $R_m$. In fact the Boolean algebra of idempotents of $R_m$ is readily seen to be isomorphic to $\Omega_{\neg\neg}$ (whereas, since $R_d$ is a local ring, its algebra of idempotents is simply the two-element set $\{0, 1\}$). This fact may be used in conjunction with 4.6.2(vii) to give another proof that the equality $R_d = R_m$ implies De Morgan's law. Also, the failure of $R_m$ to be an indecomposable ring, in general, may be exploited to give another construction of the Gleason cover $\gamma\mathcal{E}$ described in the previous section: in fact $(\gamma\mathcal{E}, R_d)$ is the Pierce representation of the ringed topos $(\mathcal{E}, R_m)$ (cf. B4.4.23). For more details, see [512].

Whilst we are on the subject of comparisons between different objects of real numbers, it seems appropriate to mention the other popular way of defining the reals from the rationals, via equivalence classes of Cauchy sequences. This leads to an object commonly called the *Cauchy real number object* (though 'Cantor real number object' would be more historically accurate; fortunately our notation $R_c$ will do for either.) When working constructively with Cauchy sequences, it is convenient to restrict attention to sequences that converge 'at a uniform rate'; thus we define the object $C \subseteq Q^N$ of Cauchy sequences to be the interpretation of the term

$$\{f \colon Q^N \mid (\forall m, n \colon N)((0 < m \leq n) \Rightarrow (|f(m) - f(n)| < 1/m))\} .$$

With this definition, we can then define the equivalence relation $E \subseteq C \times C$ of 'converging to the same limit' by the term

$$\{\langle f, g\rangle \colon C \times C \mid (\forall n \colon N)((0 < n) \Rightarrow (|f(n) - g(n)| < 3/n))\} .$$

It requires a little work to verify that $E$ is indeed an equivalence relation (specifically, that it is transitive); but if we assume $\langle f, g\rangle \in E$, $\langle g, h\rangle \in E$ and $n > 0$, we have $|f(n) - f(6n)| < 1/n$, $|f(6n) - g(6n)| < 1/2n$, $|g(6n) - h(6n)| < 1/2n$ and $|h(6n) - h(n)| < 1/n$, yielding the required inequality. The object $R_c$ is then defined to be the quotient of $C$ by $E$; we may proceed to define the arithmetic operations and order relations on $C$ (for example, we define addition by $f + g = \lambda n \,.\, f(2n) + g(2n)$ to ensure that the sequence converges at the required rate), and check that they induce the appropriate structure on the quotient. We may also define a mapping $h \colon C \to R_d$ by the term

$$\langle \{q \colon Q \mid (\exists n)(q < f(n) - 1/n)\}, \{q \colon Q \mid (\exists n)(q > f(n) + 1/n)\} \rangle$$

where $f$ is a free variable of type $C$; again, it requires verification that this is indeed a Dedekind real, but if we are given $p < q$ in $Q$ then we can choose $n$ with $3/n < q - p$, and then we must have either $p < f(n) - 1/n$ or $q > f(n) + 1/n$. It is similarly straightforward to verify that we have

$$(\forall f, g \colon C)((h(f) = h(g)) \Leftrightarrow (\langle f, g \rangle \in E)) \ ,$$

so that $h$ induces a monomorphism $R_c \to R_d$. Moreover, this monomorphism preserves the algebraic and order structure.

However, $R_c \rightarrowtail R_d$ is far from being an isomorphism in general. The reason can be summarized in two words: 'countable choice'. If we are in a context where the axiom of countable choice holds (in other words, a topos where the natural number object is projective), then we may express any Dedekind real as the limit of a Cauchy sequence of rationals, since for every Dedekind real $x$ and every nonzero natural number $n$ we may find a rational $q$ with $|x - q| < 1/n$. (To do this, note first that since $L_x$ and $U_x$ are inhabited we may certainly find rationals $p, r$ with $p < x < r$; then we may divide the interval $[p, r]$ into finitely many subintervals of length at most $1/n$.) But in a topos where the axiom is not valid, $R_c$ may be very much smaller than $R_d$. We give two examples to show the different types of behaviour that can occur:

**Examples 4.7.12** (*a*) Let $\mathcal{E}$ be the topos of sheaves on a locally connected locale $X$ (or more generally any locally connected topos over **Set**). Then the inverse image functor $\gamma^* \colon \mathbf{Set} \to \mathcal{E}$ preserves exponentials (cf. C1.5.9), and so $Q^N \cong \gamma^*(\mathbb{Q}^{\mathbb{N}})$ is the sheaf whose sections over an open $U \subseteq X$ are simply the locally constant functions $U \to \mathbb{Q}^{\mathbb{N}}$. Similarly, $C$ is the sheaf whose sections over $U$ are the locally constant Cauchy-sequence-valued functions on $U$, and $E$ is also a constant sheaf; so we deduce that $R_c$ is simply the sheaf $\gamma^*(\mathbb{R})$ of locally constant (Cauchy-)real-valued functions over $X$. In contrast, $R_d$ may be substantially larger than $\gamma^*(\mathbb{R})$, for example if $X$ itself is $\mathbb{R}$.

(*b*) Let $\mathcal{E}$ be a localic **Set**-topos satisfying (SS), for example the topos of sheaves on a second countable zero-dimensional locale $X$. Then we saw in 4.5.16 that we may 'lift' the axiom of dependent choices from **Set** to $\mathcal{E}$, and hence prove internally that every Dedekind real in $\mathcal{E}$ is the limit of a Cauchy sequence of rationals; thus in such a topos we have $R_c \cong R_d$. If $\mathcal{E}$ is the topos of 4.5.2(*a*), this result is not surprising, since the corresponding locale has the property that every continuous real-valued function on it is constant; but there are other examples provided by 4.5.2($d$), for example the topos $\mathbf{Sh}(\mathbb{Q})$ (where $\mathbb{Q}$ is topologized as a subspace of $\mathbb{R}$), in which there are many continuous real-valued functions which are not locally constant, and so $R_c$ is very far from coinciding with $\gamma^*(\mathbb{R})$ in this case.

It can be shown that, for a locale $X$, $R_c$ coincides with $\gamma^*(\mathbb{R})$ in $\mathbf{Sh}(X)$ iff, for every open $U \subseteq X$, the lattice of (relatively) clopen sublocales of $U$ is closed under countable unions. (For a second countable locale $X$, this condition is equivalent to local connectedness.) For details of the proof, see [357].

The fact that, in a spatial topos, $R_c$ need not coincide with either the sheaf of continuous real-valued functions or the sheaf of locally constant real-valued functions means that it is generally regarded as less useful than $R_d$ as a model of 'what the real numbers ought to be', even though its algebraic and order structure is in general rather easier to work with. Another reason for discarding $R_c$ is that, when we regard it as an internal topological space in $\mathcal{E}$ (equipped with the topology generated by rational open intervals, i.e. the image in $P(R_c)$ of the frame $\mathcal{F}(R)$ of formal reals defined in 4.7.4), it is not in general sober (cf. C1.6.8); whereas $R_d$, being by definition the space of points of the formal reals, is always sober.

**Example 4.7.13** This seems a good point at which to give our promised example of a topos $\mathcal{E}$ in which the Heine–Borel theorem fails, so that the locale $R_f$ of formal reals does not coincide with the space $R_d$. The first such example was given by M. Fourman and M. Hyland [364]; we present a slightly different example due to A. Joyal, which constructs $\mathcal{E}$ as the classifying topos of a geometric propositional theory, namely the 'theory of an open cover $\mathcal{U}$ of $[0,1]$ with no finite subcover'. Actually, in order to say 'with no finite subcover' in a positive (geometric) way, we demand a stronger condition: namely, that each finite subset of $\mathcal{U}$ should have total Lebesgue measure strictly less than $\frac{1}{2}$.

The primitive propositions of our theory $\mathbb{T}$ are formal expressions of the form $((p,q) \in \mathcal{U})$, where $p$ and $q$ are rationals with $0^- \leq p < 1$, $0 < q \leq 1^+$ and $0 < q - p < \frac{1}{2}$. (Note: for the sake of uniformity of notation, we write $(0^-, q)$ for the half-open interval $[0,q) = \{x \in \mathbb{R} \mid 0 \leq x < q\}$, and similarly for $(p, 1^+)$.) For technical reasons, we wish our covering to be a lower set in the poset of rational open intervals, so we adopt the axioms

$$(((p,q) \in \mathcal{U}) \vdash ((p',q') \in \mathcal{U}))$$

whenever $p \leq p' < q' \leq q$. Next, we adopt the axioms

$$\Big(\bigwedge_{i=1}^{n} ((p_i,q_i) \in \mathcal{U}) \vdash \bot\Big)$$

for each finite sequence $((p_1, q_1), \ldots, (p_n, q_n))$ such that the Lebesgue measure of $\bigcup_{i=1}^{n}(p_i, q_i) \subseteq \mathbb{R}$ is greater than or equal to $\frac{1}{2}$. Finally, for each real number $x$ with $0 \leq x \leq 1$, we adopt the axiom

$$(\top \vdash \bigvee\{((p, q) \in \mathcal{U}) \mid p < x < q\}) .$$

Clearly, $\mathbb{T}$ has no models in **Set**, so its classifying topos will be of the form **Sh**$(X)$ where $X$ is a locale with no points; nevertheless, we shall see shortly that it is consistent. We shall write $\mathbb{T}_0$ for the subtheory of $\mathbb{T}$ defined by the first two groups of axioms, and **Sh**$(Y)$ for the classifying topos of $\mathbb{T}_0$; much of the argument which follows is concerned with determining the relationship between $Y$ and its sublocale $X$.

The frame $\mathcal{O}(Y)$ is easy to describe. Consider the poset $P$ whose elements (which we shall call *nodes*) are formal finite conjunctions $\bigwedge_{i=1}^{n}((p_i, q_i) \in \mathcal{U})$, subject to the condition that $\bigcup_{i=1}^{n}(p_i, q_i)$ has Lebesgue measure less than $\frac{1}{2}$ – we refer to this condition by saying that the conjunction is *consistent* – and ordered by setting

$$\bigwedge_{j=1}^{m}((r_j, s_j) \in \mathcal{U}) \leq \bigwedge_{i=1}^{n}((p_i, q_i) \in \mathcal{U})$$

iff, for each $i$, there exists $j$ such that $r_j \leq p_i < q_i \leq s_j$. (Thus we move downwards in the poset $P$ by either increasing the number of terms in our conjunction, or enlarging the intervals to which they refer.) Then $\mathcal{O}(Y)$ is simply the frame of lower sets of $P$; equivalently, **Sh**$(Y)$ is simply the functor category $[P^{\mathrm{op}}, \mathbf{Set}]$. Thus **Sh**$(X)$ may be identified with **Sh**$(P, T)$ for a suitable coverage $T$ on $P$; equivalently, $\mathcal{O}(X)$ is the frame of $T$-ideals of $P$, in the sense of C1.1.16($e$). Again, $T$ is easy to describe: for each real number $x \in [0, 1]$, each node $n$ is covered by the set of all conjunctions $n \wedge ((p, q) \in \mathcal{U})$ where $p < x < q$, and the extra interval $(p, q)$ is small enough for this new conjunction to be consistent. Since the definition of consistency involves a strict inequality, it is clear that we can always find such an interval, for any node $n$ and any $x \in [0, 1]$; hence every cover in $T$ is inhabited – equivalently, $X$ is a dense sublocale of $Y$. In particular, this shows that $X$ is nontrivial; so $\mathbb{T}$ is consistent, as we claimed earlier.

But in fact $X$ satisfies a much stronger condition than denseness in $Y$; it is actually a flat sublocale of $Y$ as defined in C1.1.16($d$), i.e. $\mathcal{O}(X)$ is closed under finite joins in $\mathcal{O}(Y)$ (which are simply unions, of course). To show this, it suffices by C1.1.16($e$) to show that the covers in $T$ are (upwards) directed; but this is easy, since if $R$ is a cover of $n$ and we have $n \wedge ((p_i, q_i) \in \mathcal{U}) \in R$ for $i = 1, 2$, then the node $n \wedge ((p_3, q_3) \in \mathcal{U})$, where $p_3 = \max\{p_1, p_2\}$ and $q_3 = \min\{q_1, q_2\}$, is an upper bound for them which lies in $R$ (it is clearly consistent, since the interval $(p_3, q_3)$ is contained in both $(p_1, q_1)$ and $(p_2, q_2)$).

Now we wish to identify the object $R_d$ in **Sh**$(X)$ (or at least the closed interval $[0, 1]_d \rightarrowtail R_d$ which is the interpretation of $\{x : R_d \mid 0 \leq x \leq 1\}$). To do this, we first consider its global sections, that is the actual Dedekind real numbers in $\mathbf{Sh}(X)$. We note that $Y$ is spatial, and that it has a focal point in the sense of C1.5.6 (that is, a point whose only neighbourhood is the whole space), corresponding to the empty family of rational intervals. So the reflection of $Y$ in the category of Hausdorff spaces is a singleton, and thus Dedekind real numbers in $\mathbf{Sh}(Y)$ are just constant real-valued functions on $Y$. We now appeal to Joyal's lemma C4.1.15(ii): since the locale corresponding to the frame $\mathcal{F}([0,1])$ is compact Hausdorff, each morphism from $X$ to it can be uniquely extended to a morphism from $Y$. Thus the Dedekind reals in $\mathbf{Sh}(X)$ which lie between 0 and 1 are simply the constant real numbers in this interval. A similar argument with $X$ and $Y$ replaced by their open sublocales corresponding to a principal ideal $\downarrow(n)$ in $P$ (note that every principal ideal is a $T$-ideal) yields the same conclusion about the sections of $[0,1]_d$ over any such open in $X$: that is, $[0,1]_d$, considered as a $T$-sheaf on $P$, is no more than the constant functor with value $[0,1]$ in $\mathbf{Set}$. (Again, it is not hard to verify directly that this functor is a $T$-sheaf; but of course that on its own would not suffice to identify it with the object $[0,1]_d$ as constructed in $\mathbf{Sh}(X)$.) So the generic $\mathbb{T}$-model in $\mathbf{Sh}(X)$ really does define an open cover of the closed interval $[0,1]_d$ in the sense of this topos; and it clearly has no finite subcover.

**Remark 4.7.14** Even if $R_d$ is not the whole of $R_f$, it may easily be seen to be strongly dense in the latter, in the sense introduced in C1.1.22: whatever the extra covers are that we have to add to the presentation of $\mathcal{F}(R)$ to obtain $\mathcal{O}(R_d)$, they are certainly inhabited, since each rational open interval $(p,q)$ contains points. Also, $R_d$ is an open locale in the sense of C3.1.16, because it is spatial. It follows from the 'closed subgroup theorem' C5.3.2 that it cannot be a localic subgroup of $R_f$ unless it coincides with $R_f$: that is, the addition operation for Dedekind reals, which we (implicitly) defined on the spatial product $(R_d \times R_d)_p$ (we didn't actually verify that it was continuous, but that is easy), cannot be extended to the locale product. (On the other hand, if $R_d$ is locally compact, then the spatial and localic versions of $R_d \times R_d$ coincide, by C4.1.8, and so $R_d$ is a localic group; this provides another proof that the Heine–Borel theorem is sufficient for the isomorphism $R_d \cong R_f$.) This is another reason for preferring $R_f$ to $R_d$ in contexts (such as that just given) where the two differ.

Finally in this section, we describe a universal characterization of the Dedekind reals (or rather, of the closed unit interval therein), due to P. Freyd. We consider posets $P$ equipped with top and bottom elements 1 and 0 which are *DM-separated* in the sense that we have

$$(\forall p \colon P)(\neg(0 = p) \vee \neg(p = 1)) \;;$$

the reason for the name is that, if De Morgan's law holds, this is equivalent to the simpler condition $\neg(0 = 1)$, but in general it is strictly stronger. In particular, we note that this condition holds for the subobject classifier $\Omega$ iff De Morgan's law holds in our topos $\mathcal{E}$. (It does, however, hold for the Dedekind unit interval

$[0,1]_d \subseteq R_d$ in any topos, since we have $(\forall x\colon R_d)((0 < x) \vee (x < 1))$.) We write $\mathbf{dms}(\mathcal{E})$ for the category of posets in $\mathcal{E}$ satisfying this condition (the morphisms being maps preserving order and the two distinguished elements).

Classically, the ordinal sum or 'ordered wedge' of two posets $P$, $Q$ with top and bottom elements is defined to be the poset obtained from the disjoint union of $P$ and $Q$ by identifying the top element of $P$ with the bottom element of $Q$. It is well known that it can also be identified with a sub-poset of $P \times Q$, namely

$$\{\langle p, q\rangle\colon P \times Q \mid ((p = 1) \vee (0 = q))\} .$$

In our constructive context, we have to modify this definition slightly: we define the 'thick ordered wedge' $P \oplus Q$ to be

$$\{\langle p, q\rangle\colon P \times Q \mid (\neg(p = 1) \Rightarrow (0 = q)) \wedge (\neg(0 = q) \Rightarrow (p = 1))\} .$$

Clearly, each of the two conditions in the definition of $P \oplus Q$ is implied by $((p = 1) \vee (0 = q))$, so the 'classical ordered wedge' is contained in this one: we can think of it as obtained from the classical ordered wedge by 'thickening up' the latter around the point $\langle 1, 0\rangle$ to make the two parts fit together more tightly. Note also that, if $P$ and $Q$ are equipped with apartness relations $\#$ such that equality is the negation of apartness (for example, if they are closed intervals in $R_d$), then each of the conditions in the definition of $P \oplus Q$ is equivalent to

$$\neg((p \# 1) \wedge (0 \# q)) ,$$

since the latter is clearly equivalent to $((p \# 1) \Rightarrow (0 = q))$ and hence (since the truth-value of $(0 = q)$ is $\neg\neg$-closed) to $(\neg\neg(p \# 1) \Rightarrow (0 = q))$. However, in general neither of the two conditions in the definition implies the other.

Since the top and bottom elements of $P \oplus Q$ are $\langle 1, 1\rangle$ and $\langle 0, 0\rangle$, it is clear that it is a DM-separated poset if either $P$ or $Q$ is DM-separated, and hence that the mapping $\langle P, Q\rangle \mapsto P \oplus Q$ defines a bifunctor $\mathbf{dms}(\mathcal{E}) \times \mathbf{dms}(\mathcal{E}) \to \mathbf{dms}(\mathcal{E})$. We shall be concerned with the 'diagonalization' of this bifunctor, i.e. the functor $P \mapsto P \oplus P$.

Freyd's characterization asserts that $[0,1]_d$ is a terminal coalgebra for this endofunctor of $\mathbf{dms}(\mathcal{E})$. In order to prove this, we first need to show that it is a coalgebra (for which the structure map $[0,1]_d \to [0,1]_d \oplus [0,1]_d$ is an isomorphism, cf. A1.1.4). But since any closed interval in $R_d$ is isomorphic to any other, it will suffice to prove

**Lemma 4.7.15** *For any three Dedekind reals $a, b, c$ with $a < b < c$, we have $[a, c] \cong [a, b] \oplus [b, c]$.*

This lemma is, of course, the reason why we had to adopt the 'thickened' definition of the ordered wedge; it fails to hold for the classical definition.

**Proof** For convenience, we shall take $a, b$ and $c$ to be $-1, 0$ and $1$ respectively. The maps establishing the isomorphism are then easy to define: they are

$(x \mapsto \langle \min\{x,0\}, \max\{x,0\}\rangle)$ and $(\langle y,z\rangle \mapsto y+z)$. We have to show that the first map does indeed take values in $[-1,0] \oplus [0,1]$, and that the two maps are inverse to each other.

The first statement is easy to verify, since $R_d$ has an apartness relation: it is enough to verify

$$(\forall x\colon [-1,1])\neg((x<0) \wedge (0<x)) .$$

But this is immediate from the definition of $<$. The identity $x = \min\{x,0\} + \max\{x,0\}$ holds for all $x$, not just for those in $[-1,1]$. And if $y \leq 0 \leq z$, then we certainly have $y \leq y+z$ and hence $y \leq \min\{y+z,0\}$; but if we had $y < \min\{y+z,0\}$, then we should have $y<0$, and also $y<y+z$ and hence $0<z$, which contradicts the assumption that the pair $\langle y,z\rangle$ belongs to $[-1,0] \oplus [0,1]$. Thus we have $y \geq \min\{y+z,0\}$, and hence $y = \min\{y+z,0\}$. Similarly, $z = \max\{y+z,0\}$ whenever $\langle y,z\rangle \in [-1,0] \oplus [0,1]$. □

For future reference, we note that the coalgebra structure on $[0,1]$ which we obtain from 4.7.15 is given by the mapping

$$x \mapsto \langle \min\{2x,1\}, \max\{2x-1,0\}\rangle \colon [0,1] \to [0,1] \oplus [0,1]$$

(and its inverse is given by 'averaging': $\langle y,z\rangle \mapsto (y+z)/2$).

Now consider an arbitrary coalgebra $(c\colon X \to X \oplus X)$. It will be convenient to consider not $c$ itself but its two coordinate projections $d,u\colon X \rightrightarrows X$: note that these maps are order-preserving and satisfy

$$(\forall x\colon X)(\neg(dx=1) \Rightarrow (0=ux))$$

and the dual condition. We first need to verify

$$(\forall x\colon X)((0=ux) \vee ((0=uux) \wedge (ddx=1)) \vee (dx=1)) \qquad (*)$$

For this, observe that for any $x$ we have $(\neg(0=dux) \vee \neg(dux=1))$, since $X$ is DM-separated; from $\neg(dux=1)$ we may deduce $(0=uux)$, and from $\neg(0=dux)$ we may deduce $\neg(0=ux)$ (since $d$ preserves 0) and hence $(dx=1)$. Combining this with the similar deduction from $(\neg(0=udx) \vee \neg(udx=1))$ yields the displayed formula above.

To define a coalgebra homomorphism $f\colon X \to [0,1]_d$, we suppose given an element $x$ of $X$, and proceed to construct a Dedekind real $\langle L_x, U_x\rangle$ as follows. We consider the binary tree $T$ whose nodes are all formal finite strings of $d$'s and $u$'s (including the empty string $[\,]$), ordered by $v \leq w$ iff $w = sv$ for some string $s$; given such a string $w$, we write $wx$ for the element of $X$ that we get by evaluating this string at $x$. We also associate with each node $w$ a dyadic rational $r_w$ (that is, one whose denominator is a power of 2) in $(0,1)$, in a straightforward way; namely $r_{[\,]} = \frac{1}{2}$ and, if $w$ is a string of length $n \geq 0$, then $r_{dw} = r_w - 1/2^{n+2}$ and $r_{uw} = r_w + 1/2^{n+2}$. (Equivalently, $r_w$ is the unique real number mapped by $w$ to $\frac{1}{2}$ in the coalgebra structure already described on $[0,1]$.) Clearly, every dyadic rational in $(0,1)$ occurs as $r_w$ for a unique node $w$.

We now construct $\langle L_x, U_x \rangle$ by the following recursive procedure. Initially $L_x$ contains all rationals less than 0, and $U_x$ all rationals greater than 1. We work up the binary tree examining each node in turn; by 'examining a node' $w$, we mean asking the two questions 'Is $0 = uwx$?' and 'Is $dwx = 1$?'. If $0 = uwx$, we put all rationals greater than $r_w$ into the set $U_x$, and if $dwx = 1$ we put all rationals less than $r_w$ into $L_x$. Formally, we have

$$L_x = \{q \colon Q \mid (q < 0) \vee (\exists w \colon T)((dwx = 1) \wedge (q < r_w))\}$$

with a similar definition for $U_x$.

**Lemma 4.7.16** *The mapping $x \mapsto \langle L_x, U_x \rangle$ defined above is a coalgebra homomorphism $f \colon X \to [0,1]_d$.*

**Proof** First we have to verify that $\langle L_x, U_x \rangle$ really is a Dedekind real (it clearly lies in $[0,1]$). It is also clear that $L_x$ is an open lower section and $U_x$ is an open upper section, so we have to verify that they are disjoint and satisfy the 'zero distance apart' condition. For disjointness, we have to show that if $r_v < r_w$ (for two nodes $v, w$ of $T$), then we cannot have both $0 = uvx$ and $dwx = 1$. It is clear that this cannot occur if $v$ is an ancestor of $w$ (that is, if $w = sv$ for some string $s$); for then the condition $r_v < r_w$ would imply that $uv$ was also an ancestor of $w$ and so $0 = uvx$ would imply $0 = wx$ and hence $0 = dwx$. Similarly if $w$ is an ancestor of $v$. So suppose neither is an ancestor of the other, and let $z$ be their longest common ancestor; again since $r_v < r_w$, $v$ must have the form $sdz$ and $w$ must have the form $tuz$ for some strings $s, t$. Now we have $(\neg(0 = uvx) \vee \neg(uvx = 1))$; but from $\neg(uvx = 1)$ we can deduce $\neg(dzx = 1)$ since the composite $us$ preserves 1. Similarly, from $\neg(0 = dwx)$ we could deduce $\neg(0 = uzx)$; but we cannot have both of these since the pair $\langle dzx, uzx \rangle$ belongs to $X \oplus X$. So we must have either $\neg(0 = uvx)$ or $\neg(dwx = 1)$.

For the 'zero distance apart' condition, we use the displayed formula $(*)$ above: the point of this formula is that it assures us that, by the time we have examined all nodes of length at most $n$, we shall have 'tied down' $fx$ to lie in an interval of length at most $1/2^n$. Thus, given rationals $q$ and $r$ with $q < r$, we choose $n$ such that $1/2^n < r - q$, and then by examining all nodes of length at most $n$ we shall succeed in establishing either $(q \in L_x)$ or $(r \in U_x)$.

Next, we must verify that $f$ is order-preserving. But this follows easily from the fact that $d$ and $u$ are order-preserving: if $x_1 \leq x_2$ in $X$, then for any word $w \in T$ we have $wx_1 \leq wx_2$, and so $wx_1 = 1$ implies $wx_2 = 1$; thus we obtain $L_{x_1} \subseteq L_{x_2}$. A similar argument shows that $f$ preserves 0 and 1.

Finally, we must show that $f$ is a coalgebra homomorphism. But it is easy to verify that for any node $w$ of $T$ we have $r_{wd} = r_w/2$, and hence that $f(dx) = \min\{2f(x), 1\}$, as required (and similarly $f(ux) = \max\{2f(x) - 1, 0\}$). □

**Theorem 4.7.17** *In any topos* $\mathcal{E}$*, the Dedekind unit interval* $[0,1]_d$ *is a terminal coalgebra for the endofunctor* $X \mapsto X \oplus X$ *of* $\mathbf{dms}(\mathcal{E})$.

**Proof** After the last two lemmas, we have only to verify that the coalgebra homomorphism $f$ constructed above is unique. Suppose we have another such homomorphism $g$, and suppose we have an $x\colon X$ such that $(fx < gx)$. Choose a dyadic rational $r$ such that $fx < r < gx$, and let $w$ be the unique node of $T$ such that $r_w = r$. Then we have $0 = uwx$ since $r \in U_x$; however, since $g$ commutes with $u$ and $d$, it is easy to see that we have $0 < g(uwx)$, since $r = r_w$ is the largest element of $[0,1]$ such that $uwr = 0$. Thus we have contradicted our supposition; that is, we have proved

$$(\forall x\colon X)\neg(fx < gx)\ .$$

Similarly, we may prove $(\forall x\colon X)\neg(gx < fx)$; so we conclude $(\forall x\colon X)(fx = gx)$, i.e. $f = g$. □

**Remarks 4.7.18** (*a*) It will be observed that the order-relation on the posets in $\mathbf{dms}(\mathcal{E})$ does not play any essential rôle in the foregoing argument. Thus we could alternatively work in a category whose objects are simply objects of $\mathcal{E}$ equipped with two distinguished elements which are DM-separated, and describe $[0,1]_d$ as the terminal coalgebra of the 'thick wedge' endofunctor of this category.

(*b*) It is also interesting to note that, if we weaken the DM-separatedness condition to mere separatedness (that is, to the condition $\neg(0 = 1)$), then the terminal coalgebra for the corresponding endofunctor of our enlarged category is simply the MacNeille unit interval $[0,1]_m$. Once again, most of the preceding proof goes through in this case without significant modification.

**Suggestions for further reading:** Banaschewski & Mulvey [61, 62], Dubuc [301], Fourman [357], Fourman & Hyland [364], Kennison & Ledbetter [598], Negri & Soravia [890], Reichman [1001], Rousseau [1071], Stout [1123].

# D5

# ASPECTS OF FINITENESS

## D5.1 Natural number objects revisited

The definition and some of the basic properties of natural number objects in a topos were introduced in Section A2.5. However, there were some important properties which could not be developed there because they required the ability to interpret higher-order logic in a topos. Having developed the techniques for this in the previous chapter, we are now ready to return to the study of natural number objects and complete what we left unfinished in Section A2.5.

Let us, for the time being, write $\mathbb{T}$ for the algebraic theory freely generated by one nullary and one unary operation (so that a $\mathbb{T}$-algebra is simply an object $A$ equipped with morphisms $a\colon 1 \to A$ and $t\colon A \to A$). We recall that, if $(N, o, s)$ is a natural number object in a topos $\mathcal{E}$ (that is, an initial object in the category of $\mathbb{T}$-algebras in $\mathcal{E}$), then we have two colimit diagrams $1 \to N \leftarrow N$ and $N \rightrightarrows N \to 1$ (A2.5.5), and $N$ satisfies the 'Peano postulates' that $s$ is monic, $o$ and $s$ are disjoint subobjects of $N$, and any $(o, s)$-closed subobject of $N$ is the whole of $N$ (A2.5.8 and A2.5.9). Our first objective in this section is to prove that the converses of these results are valid. For the moment, we shall call a $\mathbb{T}$-algebra $(N, o, s)$ a *Lawvere natural number object* if it satisfies Definition A2.5.1, a *Freyd natural number object* if the two diagrams of A2.5.5 are colimits, and a *Peano natural number object* if it satisfies the Peano postulates.

Given a $\mathbb{T}$-algebra $(A, a, t)$, we shall say a subobject $A' \rightarrowtail A$ is *closed* (or $(a, t)$-*closed*, if it is necessary to specify the structure maps) if it is a sub-$\mathbb{T}$-algebra of $A$, i.e. if there exist morphisms $a'$ and $t'$ making

$$\begin{array}{ccccc}
1 & \xrightarrow{\;a'\;} & A' & \xleftarrow{\;t'\;} & A' \\
 & \searrow^{a} & \downarrow & & \downarrow \\
 & & A & \xleftarrow{\;t\;} & A
\end{array}$$

commute. And we shall say that $A'$ is *recursive* if, in addition, the pair $(a', t')$ is jointly epic.

**Lemma 5.1.1** *Any $\mathbb{T}$-algebra contains a unique smallest closed subobject, which is recursive.*

**Proof** It is easy to see that an arbitrary (internal) intersection of sub-$\mathbb{T}$-algebras is a sub-$\mathbb{T}$-algebra (cf. 5.3.2 below), so we may obtain the smallest one by forming the intersection of all of them. Also, if $(A, a, t)$ is a $\mathbb{T}$-algebra, the subobject which is the union of the images of $a$ and $t$ is $(a, t)$-closed, so if $A$ is minimal in the above sense this subobject must be the whole of $A$. □

**Theorem 5.1.2** *For a $\mathbb{T}$-algebra $(N, o, s)$ in a topos $\mathcal{E}$, the following are equivalent:*

(i) *$(N, o, s)$ is a Lawvere natural number object.*

(ii) *$(N, o, s)$ is a Freyd natural number object.*

(iii) *$(N, o, s)$ is a Peano natural number object.*

**Proof** (i) ⇒ (ii) and (i) ⇒ (iii) were proved in Section A2.5.

(ii) ⇒ (iii): Clearly, the first of Freyd's two conditions implies that $s$ is monic and its image is disjoint from $o$. So we have only to verify the induction postulate. Suppose $m\colon N' \rightarrowtail N$ is a $(o, s)$-closed subobject of $N$; by 5.1.1, we might as well assume that $N'$ is actually recursive. Now consider the binary relation $S \rightarrowtail N \times N$ which is the symmetrization of $(1, s)\colon N \rightarrowtail N \times N$, i.e. the union of this relation and its opposite. The assertion that $N'$ is $(o, s)$-recursive implies that the formula

$$(\forall x, y\colon N)(((\langle x, y\rangle \in \ulcorner S \urcorner) \Rightarrow ((x \in \ulcorner N' \urcorner) \Leftrightarrow (y \in \ulcorner N' \urcorner)))$$

is valid. Now let $T \rightarrowtail N \times N$ be the interpretation of the closed term

$$\{z\colon N \times N \mid (\forall w\colon PN)((w \text{ is } S\text{-closed}) \Rightarrow ((\mathsf{fst}(z) \in w) \Leftrightarrow (\mathsf{snd}(z) \in w)))\},$$

where '$w$ is $S$-closed' is an abbreviation for the formula

$$(\forall x, y)(((\langle x, y\rangle \in \ulcorner S \urcorner) \Rightarrow ((x \in w) \Leftrightarrow (y \in w))) .$$

It is clear that $T$ is an equivalence relation, and that it contains $S$; so it must contain the kernel-pair of the coequalizer of $S \rightrightarrows N$. But this coequalizer is $N \to 1$, since $S$ contains the graph of $s$; so $T$ is the whole of $N \times N$. Also, since $N'$ is $S$-closed, it is also $T$-closed, i.e.

$$(\forall x, y\colon N)(((\langle x, y\rangle \in \ulcorner T \urcorner) \Rightarrow ((x \in \ulcorner N' \urcorner) \Leftrightarrow (y \in \ulcorner N' \urcorner)));$$

but since $(o \in \ulcorner N' \urcorner)$ holds, it follows that we have

$$(\forall x\colon N)(x \in \ulcorner N' \urcorner),$$

i.e. $N'$ is the whole of $N$.

(iii) $\Rightarrow$ (i): Suppose given a $\mathbb{T}$-algebra $(A, a, t)$. Applying 5.1.1 to $N \times A$, we obtain a diagram

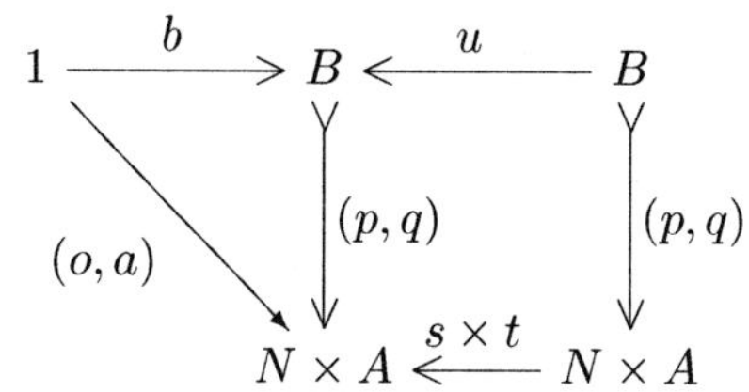

where $(b, u)$ is jointly epic. We shall show that $(p, q)$ is the graph of a morphism $N \to A$, i.e. that $p$ is an isomorphism.

It is clear that $p$ is epic, since its image is a closed subobject of $N$. To show that it is monic, consider the subobject $N' \rightarrowtail N$ which is the interpretation of the term

$$\{x: N \mid (\forall y, y': B)(py = x = py') \Rightarrow (y = y')\};$$

we shall show that $N'$ is $(o, s)$-closed, and so is the whole of $N$. First, $o \in \ulcorner N' \urcorner$ because the square

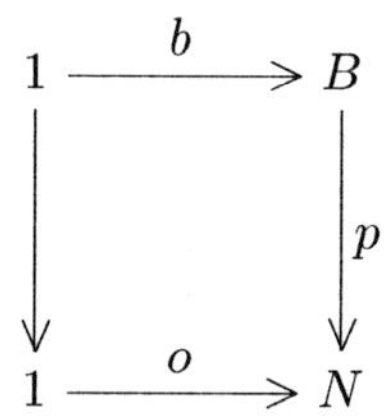

is not merely commutative but a pullback, since $B$ is the union of $b$ and the image of $u$, and the latter is mapped by $p$ into the subobject $s$ which is disjoint from $o$. Similarly, the square

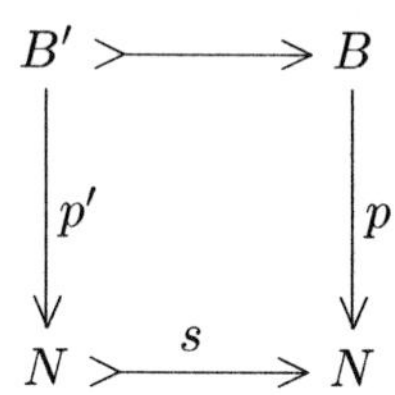

is a pullback, where $B'$ is the image of $u$ (note that we don't yet know that $u$ is monic, but it doesn't matter) and $p'$ is the unique factorization of $p$ through $B \twoheadrightarrow B'$ (which exists because $s$ is monic). Thus from $(py = sx = py')$ we may deduce

$$(\exists z, z': B)((uz = x) \wedge (uz' = x') \wedge (pz = x = pz')),$$

and hence we obtain $(x \in \ulcorner N' \urcorner) \Rightarrow (sx \in \ulcorner N' \urcorner)$.

Thus we have verified that $(N, o, s)$ satisfies the 'existence' half of Definition A2.5.1. For the uniqueness, suppose $f, g: (N, o, s) \rightrightarrows (A, a, t)$ are two

$\mathbb{T}$-algebra homomorphisms; then the equalizer of $f$ and $g$ is a $(o, s)$-closed subobject of $N$, and so $f = g$. □

**Corollary 5.1.3** *A topos $\mathcal{E}$ has a natural number object iff it contains an object $A$ equipped with a monomorphism $t\colon A \rightarrowtail A$ and a well-supported subobject $B \rightarrowtail A$ disjoint from $t$.*

**Proof** First suppose there exists a morphism $a\colon 1 \to A$ factoring through $B$. Then, applying 5.1.1 to the $\mathbb{T}$-algebra $(A, a, t)$, we obtain a subobject of $A$ which is readily seen to be a Peano natural number object. In general, we may apply this argument to the object $B^*(A)$ of $\mathcal{E}/B$ to prove that the latter topos has a natural number object; but since $B$ is well-supported the canonical geometric morphism $\mathcal{E}/B \to \mathcal{E}$ is a surjection by A4.2.7($a$), and so $\mathcal{E}$ has a natural number object by A4.2.1(v). □

For 2-valued toposes (i.e. those in which the only subterminal objects are 1 and 0), we have an even more striking result:

**Corollary 5.1.4** *Suppose $\mathcal{E}$ is a 2-valued topos. Then the following conditions are equivalent:*

(i) *$\mathcal{E}$ has a natural number object.*

(ii) *There exists a monic endomorphism $f\colon A \rightarrowtail A$ in $\mathcal{E}$ which is not an isomorphism (i.e. $\mathcal{E}$ contains an object which is not 'Dedekind-finite').*

(iii) *There exists an epic endomorphism $g\colon A \twoheadrightarrow A$ in $\mathcal{E}$ which is not an isomorphism.*

**Proof** (i) $\Rightarrow$ (ii) and (i) $\Rightarrow$ (iii) are trivial.

(ii) $\Rightarrow$ (i): Given $f$ as in (ii), consider $f^A\colon A^A \rightarrowtail A^A$. The transpose $1 \to A^A$ of $1_A$ does not factor through $f^A$, because $f$ is not a split epimorphism, so the pullback of $f^A$ along it is a proper subobject of 1 and hence must be 0. Hence we can apply 5.1.3.

(iii) $\Rightarrow$ (i): Given $g$ as in (iii), we argue similarly using $A^g\colon A^A \rightarrowtail A^A$. □

We remark in passing that Dedekind-finite objects in general toposes have been studied by L. N. Stout [1127].

**Remark 5.1.5** There are analogues of 5.1.1, 5.1.2 and 5.1.3 for list objects, as introduced in A2.5.15: given an object $B$ equipped with morphisms $b\colon 1 \to B$ and $t\colon A \times B \to B$ (where $A$ is a given object), there is a unique smallest subobject

$B' \rightarrowtail B$ which is $(b,t)$-closed in the sense that we have a commutative diagram

$$\begin{array}{ccccc} 1 & \xrightarrow{b'} & B' & \xleftarrow{t'} & A \times B' \\ & \searrow^{b} & \downarrow & & \downarrow \\ & & B & \xleftarrow{t} & A \times B \end{array} \quad ;$$

for this subobject, the pair $(b',t')$ is jointly epic, and the subobject will have the universal property of a list object $LA$ provided $t'$ is monic and its image is disjoint from $b'$. The proofs are essentially similar to those given above.

We note that this provides an alternative, less explicit, proof of the existence of list objects in a topos with natural number object (A2.5.17): given an object $A$, the object $(1 \amalg A)^N$ admits morphisms $(\nu_1)^N : 1 \cong 1^N \to (1 \amalg A)^N$ and

$$A \times (1 \amalg A)^N \xrightarrow{\nu_2 \times 1} (1 \amalg A) \times (1 \amalg A)^N \cong (1 \amalg A)^{(1 \amalg N)} \cong (1 \amalg A)^N$$

whose images are disjoint, so it contains a subobject which is a list object over $A$.

We saw in Section A2.5 that the natural number object comes equipped with a total ordering $N_1 \rightarrowtail N \times N$. It is natural to ask whether this is in any sense a well-ordering. Since there exists a monomorphism $1 \amalg 1 \rightarrowtail N$, the result of 4.5.7 tells us that it cannot be a well-ordering as defined in Section D4.5, unless the ambient topos $\mathcal{E}$ is Boolean; but, given this impossibility, it comes as close as it can. We say an ordered object $(A, \leq)$ is *decidably well-ordered* if it satisfies the sentence in the internal language which asserts that every inhabited complemented subobject of $A$ has a least element; and we shall see in the next section (5.2.10(ii)) that $(N, \leq)$ has this property in any topos – in particular, it is well-ordered in any Boolean topos. The proof is deferred to Section D5.2, because it involves properties of finite cardinals; however, we note one consequence of it here, which extends a result already observed in Section A2.5.

**Proposition 5.1.6** *Let $\mathcal{E}$ be a topos with a natural number object. Then every partial recursive function $f$ of $k$ variables is 'realizable' by a partial map $\overline{f} : N^k \rightharpoonup N$ in the sense that, for standard natural numbers $\overline{n_i} = s^{n_i} o$ in $\mathcal{E}$, the morphism $(\overline{n_1}, \ldots, \overline{n_k}) : 1 \to N^k$ factors through the domain of $\overline{f}$ iff $f(n_1, \ldots, n_k)$ is defined, and we then have*

$$\overline{f}(\overline{n_1}, \ldots, \overline{n_k}) = \overline{f(n_1, \ldots, n_k)} \, .$$

**Proof** We use the result that every partial recursive function is constructible from primitive recursive functions plus a single application of the $\mu$-operator: specifically, for any $f$, there exist primitive recursive functions $g$

and $h$ (of $k+1$ variables), such that

$$f(n_1, \ldots, n_k) = g(n_1, \ldots, n_k, \mu n\,.\,(h(n_1, \ldots, n_k, n) = 0))$$

where '$\mu n\,.\,(\ldots)$' means 'the least $n$ such that $\ldots$' (and $f(n_1, \ldots, n_k)$ is undefined if $h(n_1, \ldots, n_k, n) \neq 0$ for all $n$). We saw in A2.5.2 how to realize primitive recursive functions of $k+1$ variables by morphisms $N^{k+1} \to N$ in $\mathcal{E}$; so we have in particular such a morphism $\overline{h}$. Now the subobject $\overline{h}^*(o)$ is complemented in $N^{k+1}$, since $o$ is complemented in $N$; so we may regard it as a complemented subobject of $(N^k)^*(N)$ in $\mathcal{E}/N^k$. Let $m\colon D \rightarrowtail N^k$ be the interpretation of the sentence which asserts that this subobject is inhabited; then in $\mathcal{E}/D$ we have an inhabited complemented subobject of $D^*N$, so its least element defines a natural number which, when regarded as a partial map $d\colon N^k \rightharpoondown N$, realizes the function $\mu n\,.\,(h(n_1, \ldots, n_k, n) = 0)$. (Note that we do *not* assert that $D$ is a complemented subobject of $N^k$; in general it need not be.) Then we form the partial map

$$\begin{array}{ccccc} D & \xrightarrow{(m,d)} & N^{k+1} & \xrightarrow{\overline{g}} & N \\ {\scriptstyle m}\big\downarrow & & & & \\ N^k & & & & \end{array}$$

which is the required realization of $f$. $\square$

The reader should be warned, however, that if $f$ is (classically) a total recursive function $\mathbb{N}^k \to \mathbb{N}$, the partial map $\overline{f}\colon N^k \rightharpoondown N$ constructed in the proof of 5.1.6 need not be a morphism $N^k \to N$ in $\mathcal{E}$ – its domain contains all the standard natural numbers, but the union of the latter need not be the whole of $N$. (We shall return to this point in Section F3.4.) In this connection, we say a topos $\mathcal{E}$ with a natural number object is *standard* if the standard natural numbers in $\mathcal{E}$ (those of the form $s^n o$ for some external natural number $n$) form an epimorphic family of morphisms $1 \to N$. We saw in Section A2.5 that in any topos with countable copowers $N$ is the countable copower of copies of 1, with the standard natural numbers as the coprojections; so all such toposes are standard. However, not all toposes with natural number objects are standard:

**Example 5.1.7** Let $\Phi$ be a filter of subsets of the set $\mathbb{N}$ of natural numbers containing all cofinite sets, and let $\mathcal{E}$ be the filterpower $(\mathbf{Set}/\mathbb{N})_\Phi$ (cf. A2.1.13). Since the projection $P_\Phi\colon \mathbf{Set}/\mathbb{N} \to (\mathbf{Set}/\mathbb{N})_\Phi$ is logical, $P_\Phi(\mathbb{N}^*\mathbb{N})$ is a natural number object in $\mathcal{E}$. It is clear that there are natural numbers in $\mathcal{E}$ which are not standard: for example, the number which is the image under $P_\Phi$ of the diagonal map $\mathbb{N} \to \mathbb{N} \times \mathbb{N}$. But $P_\Phi$ maps every finite subset of $\mathbb{N}$ to 0, so this natural number is actually disjoint from every standard natural number in $\mathcal{E}$.

Since epimorphic families are stable under pullback in any topos, the standard natural numbers cannot form an epimorphic family in $\mathcal{E}$.

We note that the topos of 5.1.7 is not merely nonstandard; it does not admit any bicartesian (that is, cartesian and cocartesian) functor to any standard topos. For any such functor would preserve the natural number object (and hence the standard natural numbers), by A2.5.6; but it would also preserve equalizers of pairs of morphisms $1 \rightrightarrows N$, and hence map the particular natural number constructed in 5.1.7 to a natural number disjoint from all the standard ones. On the other hand, we have

**Proposition 5.1.8** *Let $\mathcal{E}$ be a small standard topos. Then there is a full and faithful bicartesian functor from $\mathcal{E}$ to a Grothendieck topos.*

**Proof** Let $\mathcal{F}$ be the topos of sheaves on $\mathcal{E}$ for the coverage consisting of all epimorphic families in $\mathcal{E}$. It is easy to see that this coverage is subcanonical, and so the canonical functor $\mathcal{E} \to \mathcal{F}$ is full and faithful (cf. C2.2.15); it preserves finite limits, and all epimorphic families which exist in $\mathcal{E}$ (hence in particular it is a coherent functor). To prove that it preserves arbitrary coequalizers, it therefore suffices to show that it commutes with the construction of the equivalence relation on $A$ generated by a parallel pair $B \rightrightarrows A$ in $\mathcal{E}$; equivalently (since the reflexive and symmetric relation generated by a pair may be constructed using finite limits and images), to show that it commutes with the construction of the transitive closure of a (reflexive and symmetric) relation.

However, in any topos with a natural number object, we may construct the transitive closure as an 'internal $N$-indexed union'; that is, given a relation $R \rightrightarrows A$, we may construct a relation $R* \rightrightarrows N^*A$ in $\mathcal{E}/N$ such that the pullback of $R*$ along the standard natural number $s^n o$ is the $n$th iterate $R^{\langle n \rangle}$ of the relation $R$, and then verify that the image of $\Sigma_N R* \to A \times A$ is the transitive closure $\overline{R}$ of $R$. (Explicitly, we take $R*$ to be the relation named by the morphism $N \to P(A \times A)$ which is induced by the morphism $1 \to P(A \times A)$ naming the diagonal subobject and the morphism $P(A \times A) \to P(A \times A)$ which internalizes the operation of composing an arbitrary relation $A \nrightarrow A$ with $R$; cf. also 5.5.8 below.) Now since $\mathcal{E}$ is standard, it follows that the family of morphisms $R^{\langle n \rangle} \rightarrowtail \overline{R}$ is epimorphic; so it is preserved by the embedding $\mathcal{E} \to \mathcal{F}$. □

In [371], P. Freyd showed that any topos satisfying the hypotheses of 5.1.8 in fact admits a jointly faithful family of bicartesian functors to **Set**.

The definition of a natural number object tells us that morphisms whose domain is $N$ (or, more generally, an object of the form $A \times N$), may be constructed recursively. However, we frequently wish to construct objects of $\mathcal{E}/N$ recursively, as well: that is, given an object $A$ of $\mathcal{E}$ and a 'procedure' $T$ for constructing new objects from old, we wish to find an object $F$ of $\mathcal{E}/N$ such that $o^*(F) \cong A$ and $s^*(F) \cong T^N(F)$, where $T^N$ denotes the procedure $T$ 'applied fibrewise' to objects of $\mathcal{E}/N$. To assign a precise meaning to the latter informal idea, we shall assume that $T$ is actually a functor, and indeed an $\mathcal{E}$-indexed functor $\mathbb{E} \to \mathbb{E}$, where $\mathbb{E}$ denotes the canonical indexing of $\mathcal{E}$ over itself as defined in B1.2.2(c). We shall refer to the pair $(A, T)$ as *recursion data* for constructing an object of $\mathcal{E}/N$, and say that $F$ *satisfies* the recursion data $(A, T)$ if $o^*F \cong A$ and $s^*F \cong T^N(F)$. For example, the generic finite cardinal $C$ of A2.5.14 satisfies the recursion data $(0, 1 \amalg (-))$, and the list object $(l\colon LA \to N)$ over $A$, constructed in A2.5.17, satisfies the recursion data $(1, A \times (-))$.

We shall not consider the general existence question here, since in practice it will always be easy (as it was for the list object) to construct an explicit solution of any recursion problem we encounter. (The general problem is discussed at length in [549], where it is shown that for a general $\mathcal{E}$ there may be recursion problems which do not have a solution, but there is a large class of problems which do.) However, the following general uniqueness result will very frequently be of use to us in the next couple of sections.

**Theorem 5.1.9** *Let $\mathcal{E}$ be a topos with a natural number object, $A$ an object of $\mathcal{E}$, and $T\colon \mathbb{E} \to \mathbb{E}$ an $\mathcal{E}$-indexed endofunctor of $\mathbb{E}$. Then there exists, up to canonical isomorphism, at most one object $F$ of $\mathcal{E}/N$ satisfying $o^*(F) \cong A$ and $s^*(F) \cong T^N(F)$.*

**Proof** Suppose $F'$ is another solution of the recursion problem. We have to construct an isomorphism $F \cong F'$ in $\mathcal{E}/N$; equivalently, we have to construct a morphism $1_N \to \mathrm{Iso}(F, F')$, where $\mathrm{Iso}(F, F')$ denotes the object of isomorphisms constructed in $\mathcal{E}/N$, i.e. the interpretation of the term

$$\{f\colon [F \to F'] \mid (\exists g\colon [F' \to F])((\forall x\colon F)(g(f(x)) = X) \wedge (\forall y\colon F')(f(g(y)) = y))\}$$

in the internal language of this topos. Now pullback functors preserve objects of isomorphisms (since they are logical), so we have a morphism

$$1 \xrightarrow{\overline{1_A}} \mathrm{Iso}(A, A) \cong \mathrm{Iso}(o^*(F), o^*(F')) \cong o^*(\mathrm{Iso}(F, F'))\ .$$

Similarly, since indexed functors are strong by B2.2.2, $T$ induces a morphism

$$\mathrm{Iso}(F, F') \longrightarrow \mathrm{Iso}(T^N(F), T^N(F')) \cong s^*(\mathrm{Iso}(F, F'))\ .$$

But by A2.5.16 these are precisely what we need in order to construct a morphism $1_N \to \mathrm{Iso}(F, F')$. □

We remark that, in the above proof, the indexed category $\mathbb{E}$ could be replaced by any locally small $\mathcal{E}$-indexed category (that is, any locally internal category over $\mathcal{E}$ in the sense of B2.2.1).

**Suggestions for further reading:** Coste et al. [257], Freyd [371], Johnstone & Wraith [549], Loiseau [730], Rosebrugh [1034], Stout [1127].

## D5.2 Finite cardinals

There are numerous possible notions of 'finiteness' for objects of a topos. Even in classical logic, it is well known that there are many different definitions of 'finite set', and that (at least some part of) the axiom of choice is required to prove all of them equivalent; in the non-classical internal logic of a topos, the range of possibilities is even wider, and we shall not in this work be able to explore more than a small fraction of those which have been considered. However, there are two particular notions which seem to be by far the most important for applications, and which we shall consider in the present section and Section D5.4 respectively.

We devote the present section to studying finite cardinals. The definition of finite cardinals was given in Section A2.5: a finite cardinal in a topos $\mathcal{E}$ (with a natural number object) is an object which occurs as a pullback, along a morphism $p\colon 1 \to N$, of the particular object $C = (s\pi_2\colon N_1 \to N)$ of $\mathcal{E}/N$, the *generic finite cardinal*. As in section A2.5, we shall write $[p]$ for the cardinal corresponding to a morphism $p\colon 1 \to N$. The key feature of cardinal-finiteness, which makes it such a good notion to work with, is precisely the fact that the finite cardinals in $\mathcal{E}$ are 'parametrized' by the generic finite cardinal, which in a sense contains all of them as particular cases; thus we can prove general results about finite cardinals by simply proving that they hold for the generic cardinal, and then observing that they are stable under pullback in an appropriate sense. We shall see many examples of this style of argument in what follows.

We saw in A2.5.14 that we have $[o] \cong 0$ and $[sp] \cong 1 \amalg [p]$ for any $p$. This gives rise to an important 'induction principle' for proving facts about finite cardinals, which we shall use repeatedly:

**Lemma 5.2.1** *Let* P *be a property of objects which is expressible in the internal language of a topos, and suppose* (i) *that the initial object* 0 *satisfies* P, *and* (ii) *that whenever an object* $A$ *satisfies* P, *so does* $1 \amalg A$. *Then every finite cardinal satisfies* P.

**Proof** Since P is expressible in the internal language, we can construct a subobject $N' \rightarrowtail N$ which is the truth-value of the assertion that the generic finite cardinal satisfies P in $\mathcal{E}/N$. The two conditions on P imply that $N'$ is a $(o, s)$-closed subobject of $N$; so it is the whole of $N$. □

Condition (ii) of 5.2.1 may of course be split into two: that 1 satisfies P, and that the class of objects satisfying P is closed under binary coproducts. In this connection, we note

**Lemma 5.2.2** *For natural numbers* $p$ *and* $q$ *in a topos* $\mathcal{E}$, *we have isomorphisms* $[p+q] \cong [p] \amalg [q]$, $[p \times q] \cong [p] \times [q]$ *and* $[p \leftarrow q] \cong [p]^{[q]}$. *In particular, the class of finite cardinals in* $\mathcal{E}$ *is closed under finite coproducts, finite products and exponentials.*

**Proof** Since the pullback functor $q^*$ preserves coproducts, products and exponentials, it suffices to establish the three isomorphisms for the pair of natural numbers $(N^*p, 1_N)$ in $\mathcal{E}/N$. But we can do this using 5.1.9, by verifying that the objects on each side of the isomorphism satisfy the same recursion data. For example, for addition we have $[p+o] = [p] \cong [p] \amalg [o]$, $[p+sq] = [s(p+q)] \cong [p+q] \amalg 1$ and $[p] \amalg [sq] \cong [p] \amalg ([q] \amalg 1) \cong ([p] \amalg [q]) \amalg 1$, so that both sides are solutions of the data $o^*F \cong [p]$, $s^*F \cong F \amalg 1$. Similarly, the two sides of the second isomorphism satisfy $o^*F \cong 0$ and $s^*F \cong F \amalg [p]$; and those of the third isomorphism satisfy $o^*F \cong 1$ and $s^*F \cong F \times [p]$. The second assertion of the lemma is immediate from the first, plus the facts that $0 \cong [o]$ and $1 \cong [so]$ are finite cardinals. □

We write $\mathcal{E}_{fc}$ for the full subcategory of $\mathcal{E}$ whose objects are finite cardinals in $\mathcal{E}$. In addition to finite products and coproducts, it is closed under equalizers and coequalizers: to prove this, we require a couple more lemmas. Note first that cardinals are decidable, since they are subobjects of $N$; hence the equalizer of any parallel pair $[p] \rightrightarrows [q]$ is a complemented subobject of $[p]$.

**Lemma 5.2.3** *A complemented subobject of a finite cardinal is a finite cardinal.*

**Proof** We note first that a complemented subobject of 1 is a cardinal: if $U \rightarrowtail 1$ has a complement $V \rightarrowtail 1$, we may identify it with $[p]$ where $p$ is the unique morphism making the diagram

$$\begin{array}{ccccc} U & \rightarrowtail & 1 & \leftarrowtail & V \\ \downarrow & & \downarrow{\scriptstyle p} & & \downarrow \\ 1 & \xrightarrow{so} & N & \xleftarrow{o} & 1 \end{array}$$

commute.

Now consider the generic case. We have an object $D = (N^*2)^C$ in $\mathcal{E}/N$ indexing the complemented subobjects of the generic cardinal $C$; we have to construct a morphism $D \to N^*N$ whose cardinal is isomorphic to the generic complemented subobject of $C$. But constructing such a morphism is equivalent to constructing an element of the exponential $(N^*N)^D$ in $\mathcal{E}/N$; and we may do this by A2.5.16 using the morphism

$$1 \xrightarrow{o} N \cong N^1 \cong o^*((N^*N)^{(N^*2)^C})$$

and the morphism $(N^*N)^D \to s^*((N^*N)^D) \cong (N^*N)^{s^*D}$ whose exponential transpose is

$$(N^*N)^{(N^*2)^C} \times (N^*2)^C \times N^*2 \xrightarrow{\mathrm{ev} \times N^*u} N^*N \times N^*N \xrightarrow{+} N^*N$$

where $u\colon 2 \to N$ is the 'cardinality' of the generic complemented subobject of 1, constructed as above. It is then a straightforward application of 5.1.9 to verify that the cardinal of this natural number is isomorphic to the generic complemented subobject of $C$. □

In the opposite direction, we have

**Lemma 5.2.4** *The image of any morphism $f\colon [p] \to [q]$ between finite cardinals is a complemented subobject of $[q]$.*

**Proof** Fix the cardinal $[q]$. The assertion, for an arbitrary object $A$, that the 'image' map $[q]^A \to \Omega^{[q]}$ factors through the subobject $2^{[q]} \rightarrowtail \Omega^{[q]}$ is expressible by a sentence in the internal language of $\mathcal{E}$. This sentence is trivially valid when $A = 0$, and its validity for $A = 1$ is just the assertion that $[q]$ is decidable. And if it holds for two objects $A$ and $B$, then it holds for their coproduct, since a finite union of complemented subobjects is complemented. Hence by 5.2.1 it holds for all finite cardinals $[p]$. □

**Lemma 5.2.5** *The coequalizer of a parallel pair of morphisms between finite cardinals is a finite cardinal.*

**Proof** As in 5.2.3, we consider first the case of a pair $f, g\colon 1 \rightrightarrows [q]$. By the last two lemmas, we have a coproduct decomposition

$$1 \xrightarrow{\ f\ } [q] \longleftarrow [r]\ ;$$

pulling this back along $g$, we get a coproduct decomposition $1 \cong U \amalg V$. Now the morphisms $1 \amalg g'\colon 1 \cong U \amalg V \to U \amalg [r]$ (where $g'$ is the restriction of $g$) and $\nu_2\colon [r] \to U \amalg [r]$ induce a morphism $[q] \to U \amalg [r]$, which is readily seen to be a coequalizer of $f$ and $g$; but $U$ is a complemented subobject of 1 and hence a cardinal by 5.2.3, and so $U \amalg [r]$ is a cardinal by 5.2.2.

Now consider the general case: fix a cardinal $[p]$ in $\mathcal{E}$, and consider the assertion, about a variable object $A$, which says 'for each pair of morphisms $A \rightrightarrows [p]$, there exists $q\colon 1 \to N$ and a morphism $[p] \twoheadrightarrow [q]$ such that $A \rightrightarrows [p] \twoheadrightarrow [q]$ is a coequalizer'. This assertion is expressible in the internal language of $\mathcal{E}$, and it is clearly true for $A = 0$ since two morphisms $0 \rightrightarrows [p]$ must be equal. Suppose it holds for $A$, and consider a pair of morphisms $1 \amalg A \rightrightarrows [p]$. Then the coequalizer of $A \rightrightarrows [p]$ can be written in the form $[p] \twoheadrightarrow [q]$, and we have to form the coequalizer of the two composites $1 \rightrightarrows [p] \twoheadrightarrow [q]$. But by the first part of the proof this coequalizer is a finite cardinal; so $1 \amalg A$ satisfies the assertion above. Hence by 5.2.1 the assertion holds for all finite cardinals. □

**Corollary 5.2.6** *A quotient of a finite cardinal is isomorphic to a finite cardinal iff it is decidable.*

**Proof** One direction is immediate from the fact that finite cardinals are decidable. Conversely, given an epimorphism $[p] \twoheadrightarrow A$ where $A$ is decidable, its kernel-pair is a complemented subobject of $[p] \times [p] \cong [p^2]$, and hence isomorphic to a finite cardinal by 5.2.3; but any epimorphism in a topos is the coequalizer of its kernel-pair, so the result follows from 5.2.5. □

Putting together the above results, we have

**Theorem 5.2.7** *For any topos $\mathcal{E}$ with a natural number object, the full subcategory $\mathcal{E}_{fc}$ of finite cardinals in $\mathcal{E}$ is a Boolean topos. The inclusion functor $\mathcal{E}_{fc} \to \mathcal{E}$ preserves finite limits, finite colimits and exponentials; it is logical iff $\mathcal{E}$ is Boolean.*

**Proof** The existence of finite limits, finite colimits and exponentials, and their preservation by the inclusion functor, follow from 5.2.2, 5.2.3 and 5.2.5. By 5.2.3 and 5.2.4, the subobjects of a cardinal $[p]$ in $\mathcal{E}_{fc}$ are precisely its complemented subobjects in $\mathcal{E}$; so the cardinal $[sso] \cong 2$ will serve as a subobject classifier in $\mathcal{E}_{fc}$, and it is preserved by the inclusion functor iff $\mathcal{E}$ is Boolean. □

**Examples 5.2.8** (*a*) Let $\mathcal{C}$ be a small category. Since inverse image functors preserve natural number objects by A2.5.6, the natural number object in $[\mathcal{C}, \mathbf{Set}]$ is simply the constant functor $\mathcal{C} \to \mathbf{Set}$ with value $\mathbb{N}$. Hence a natural number in $[\mathcal{C}, \mathbf{Set}]$ is a natural-number-valued function on ob $\mathcal{C}$ which is constant on each connected component of $\mathcal{C}$; and a finite cardinal is a finite-set-valued functor which is constant on each connected component. Thus $[\mathcal{C}, \mathbf{Set}]_{fc} \simeq (\mathbf{Set}_f)^I$, where $I$ is the set of connected components of $\mathcal{C}$. (In particular, if $G$ is a group, then $[G, \mathbf{Set}]_{fc}$ is equivalent to $\mathbf{Set}_f$, rather than (as one might perhaps have hoped) to the topos $[G, \mathbf{Set}_f]$ of A2.1.4; for the latter, one needs to take the topos $[G, \mathbf{Set}]_{dKf}$ of 5.4.18 below.)

(*b*) Similarly, if $X$ is a topological space, the natural number object in $\mathbf{Sh}(X)$ is the constant sheaf $\mathbb{N}$, i.e. the sheaf of sections of the local homeomorphism $(\pi_1 \colon X \times \mathbb{N} \to X)$ (where $\mathbb{N}$ has the discrete topology); so a natural number in $\mathbf{Sh}(X)$ is a continuous (= locally constant) function $X \to \mathbb{N}$. If the space of components of $X$ is discrete (for example if $X$ is locally connected), then we may deduce that $\mathbf{Sh}(X)_{fc} \simeq (\mathbf{Set}_f)^I$, where $I$ is the set of components of $X$.

Next, we note some further consequences of the induction principle 5.2.1.

**Lemma 5.2.9**

(i) *Finite cardinals are (internally) Dedekind-finite; that is, the canonical monomorphism* $\mathrm{Iso}([p],[p]) \rightarrowtail \mathrm{Mono}([p],[p])$ *is an isomorphism for all p.*

(ii) *Finite cardinals are internally projective in the sense of* 4.5.1(*b*)*; that is, the functor* $(-)^{[p]}$ *preserves epimorphisms.*

(iii) *Finite cardinals are 'decidably well-ordered'; that is, if we order* $[p]$ *as a subobject of* $N$*, it satisfies the sentence which says that every complemented inhabited subobject of* $[p]$ *has a least member.*

**Proof** (i) The assertion that an object $A$ is internally Dedekind-finite is expressible by a sentence in the internal language, and it is clearly true for 0 since $\mathrm{Iso}(0,0) \cong \mathrm{Mono}(0,0) \cong 1$. Suppose it is true for $A$, and suppose we have a monomorphism $m\colon 1 \amalg A \rightarrowtail 1 \amalg A$ (in some slice category $\mathcal{E}/B$ – but, to simplify the notation, we shall assume $B = 1$). Form the pullbacks

$$\begin{array}{ccccc} U_1 \amalg A_1 & \rightarrowtail & 1 \amalg A & \leftarrowtail & U_2 \amalg A_2 \\ \downarrow{\scriptstyle m_1} & & \downarrow{\scriptstyle m} & & \downarrow{\scriptstyle m_2} \\ 1 & \xrightarrow{\nu_1} & 1 \amalg A & \xleftarrow{\nu_2} & A \end{array} .$$

Since $m_1$ is monic, we see that $A_1$ is subterminal, and indeed contained in the complement $U_2$ of $U_1$ in $\mathrm{Sub}(1)$; thus we have a monomorphism

$$A \cong A_1 \amalg A_2 \rightarrowtail U_2 \amalg A_2 \overset{m_2}{\rightarrowtail} A$$

which must be an isomorphism by hypothesis. It now follows easily that $m_2$ and $A_1 \rightarrowtail U_2$ are both isomorphisms, whence $m = m_1 \amalg m_2$ is an isomorphism.

(ii) The assertion that $A$ is internally projective is not expressible by a sentence in the internal language, since it involves quantification over arbitrary epimorphisms in $\mathcal{E}$. However, the assertion, for a given epimorphism $e\colon B \twoheadrightarrow C$, that $e^A$ is epic is so expressible. It is trivially satisfied when $A = 0$ or $A = 1$; and if it holds for $A_1$ and $A_2$ then it holds for $A_1 \amalg A_2$, since $(-)^{A_1 \amalg A_2} \cong (-)^{A_1} \times (-)^{A_2}$. So it holds for all finite cardinals, and for all epimorphisms in $\mathcal{E}$.

(iii) Here we are dealing with a property of ordered objects, rather than of objects pure and simple; but the induction principle works in the same way. Clearly 0 is (decidably) well-ordered. Suppose $(A, \leq)$ is decidably well-ordered, and consider a well-supported complemented subobject $B \rightarrowtail 1 \amalg A$, where (for the moment) we regard the extra element 1 as preceding all of $A$. We can decompose $B$ as a coproduct $U \amalg A'$, where $U$ is a complemented subterminal object; the fact that $B$ is well supported ensures that $\sigma A'$ contains the complement $V$ of $U$, and so $V^*A'$ is a well-supported subobject of $V^*A$ in $\mathcal{E}/V$. Hence we can find a morphism $a'\colon V \to A'$ which is its least element; then the unique morphism $a$ making

$$\begin{array}{ccccc} U & \longrightarrow & 1 & \longleftarrow & V \\ \downarrow & & \downarrow{\scriptstyle a} & & \downarrow{\scriptstyle a'} \\ U & \longrightarrow & B & \longleftarrow & A' \end{array}$$

commute is easily seen to be the least element of $B$.

Strictly speaking, we have proved that a finite cardinal is decidably well-ordered in the *opposite* of its usual ordering; if we identify $[p]$ with the subobject

$\{x\colon N \mid sx \leq p\}$, then the extra element of $[sp] \cong 1 \amalg [p]$ comes after the elements of $[p]$, not before them. However, any finite cardinal is order-isomorphic to its opposite; for 0 this is trivial, and for a successor cardinal $[sp]$ the isomorphism is given by the map $p \dot{-} (-)$. So $[p]$ is also decidably well-ordered in its usual ordering. □

We shall prove a stronger version of 5.2.9(ii) in the next section (see 5.3.10(i)).

**Corollary 5.2.10** *In any topos $\mathcal{E}$ with a natural number object,*

(i) *the subcategory $\mathcal{E}_{fc}$ satisfies* (AC);

(ii) *the natural number object is decidably well-ordered.*

**Proof** (i) Lemma 5.2.9(ii) implies that $\mathcal{E}_{fc}$ satisfies (IC), since the inclusion $\mathcal{E}_{fc} \to \mathcal{E}$ preserves exponentials. However, as an object of $\mathcal{E}_{fc}$ the terminal object $1 \cong [so]$ is not just internally but externally projective; for if a cardinal $[p]$ is well-supported, then it has a (least) element by 5.2.9(iii). So the result follows from 4.5.4.

(ii) Let $A \rightarrowtail N$ be a well-supported complemented subobject. Since $A$ is well-supported, we may assume (after pulling back along some $B \twoheadrightarrow 1$) that it contains some natural number $p$; so $A \cap [sp]$ is well-supported, and hence has a least element, which is clearly the least element of $A$. □

We may make the categories $(\mathcal{E}/I)_{fc}$, $I \in \text{ob}\,\mathcal{E}$, into an $\mathcal{E}$-indexed category $\mathbb{E}_f$, since pullback functors preserve finite cardinals. As an indexed category, $\mathbb{E}_f$ is 'small'; that is, it is equivalent to the standard indexing of an internal category, namely the internal full subcategory of the canonical indexing of $\mathcal{E}$ over itself generated by the generic finite cardinal (cf. B2.3.5). This internal category has already been exploited in B3.2.9; the following lemma is of use there, and also in Section D5.3.

**Lemma 5.2.11** *Inverse image functors preserve exponentiation to the power of a finite cardinal; that is, if $f\colon \mathcal{F} \to \mathcal{E}$ is a geometric morphism, $p$ a natural number in $\mathcal{E}$ and $A$ an object of $\mathcal{E}$, then the canonical comparison map $f^*(A^{[p]}) \to (f^*A)^{[f^*p]}$ is an isomorphism.*

**Proof** It suffices to prove that $(f/N)^*$ preserves the generic such exponential $(N^*A)^C$. We can do this either by recalling that $\Sigma_N((N^*A)^C)$ is the list object $LA$ (A2.5.17) and that list objects are preserved by cartesian functors having right adjoints, or alternatively using 5.1.9 and the fact that the two objects of $\mathcal{F}/N$ which we want to prove isomorphic satisfy the same recursion data. □

In dealing with finite cardinals in slice categories of $\mathcal{E}$, the following result is often useful.

**Proposition 5.2.12** *Let $f\colon A \to [p]$ be a morphism of $\mathcal{E}$ whose codomain is a finite cardinal. Then $f$ is (isomorphic to) a finite cardinal in $\mathcal{E}/[p]$ iff $A$ is a finite cardinal in $\mathcal{E}$.*

**Proof** First suppose $A$ is a finite cardinal $[q]$, say. Then we have a pullback diagram

$$\begin{array}{ccc} [q] & \xrightarrow{\ f\ } & [p] \\ {\scriptstyle (1,f)}\big\downarrow & & \big\downarrow{\scriptstyle \Delta} \\ [q]\times[p] & \xrightarrow{\ f\times 1\ } & [p]\times[p] \end{array}$$

in $\mathcal{E}$, which we may reinterpret as a pullback

$$\begin{array}{ccc} f & \longrightarrow & 1_{[p]} \\ \big\downarrow & & \big\downarrow \\ [p]^*[q] & \xrightarrow{\ [p]^*f\ } & [p]^*[p] \end{array}$$

in $\mathcal{E}/[p]$. Since $(\mathcal{E}/[p])_{fc}$ is closed under pullbacks by 5.2.7, it follows that $f$ is a finite cardinal.

Conversely, consider the assertion about an object $B$ which says that, for every natural number $r\colon B \to N$ in $\mathcal{E}/B$, there exists $q\colon 1 \to N$ such that $\Sigma_B[r] \cong [q]$. This assertion is expressible in the internal language, and it is clearly true for $B = 0$ and $B = 1$. If it holds for $B_1$ and $B_2$, then for any $r = (r_1, r_2)\colon B_1 \amalg B_2 \to N$ it is easy to see that $\Sigma_B[r] \cong \Sigma_{B_1}[r_1] \amalg \Sigma_{B_2}[r_2]$, so it is a finite cardinal by 5.2.2. So the assertion holds for all finite cardinals, by 5.2.1. □

The next two results 'internalize' the idea that arbitrary coproducts may be constructed from finite coproducts and filtered colimits.

**Lemma 5.2.13** *Let $\mathcal{S}$ be a topos with a natural number object, and let $\mathbb{C}$ and $\mathbb{D}$ be $\mathcal{S}$-indexed categories with $\mathcal{S}$-indexed coproducts, such that $\mathbb{D}$ is locally small and both $\mathbb{C}$ and $\mathbb{D}$ are stacks for the coherent coverage on $\mathcal{S}$. If $F\colon \mathbb{C} \to \mathbb{D}$ is an $\mathcal{S}$-indexed functor preserving (fibrewise) finite coproducts, then $F$ also preserves coproducts indexed by finite cardinals in $\mathcal{S}$, i.e. the diagram*

$$\begin{array}{ccc} \mathcal{C}^I & \xrightarrow{\ F^I\ } & \mathcal{D}^I \\ {\scriptstyle \Sigma_x}\big\downarrow & & \big\downarrow{\scriptstyle \Sigma_x} \\ \mathcal{C}^J & \xrightarrow{\ F^J\ } & \mathcal{D}^J \end{array}$$

*commutes up to isomorphism whenever $x\colon I \to J$ is a finite cardinal in $\mathcal{S}/J$.*

**Proof** Since the Beck–Chevalley conditions hold for coproducts in both $\mathbb{C}$ and $\mathbb{D}$, it suffices to consider the case when $x$ is the generic finite cardinal $C: N_1 \to N$. (Actually, we need to consider the generic cardinal in $\mathcal{S}/J$ for an arbitrary object $J$; but since the hypotheses are 'stable under slicing' we may as well take $J = 1$.) In this case, given an object $A$ of $\mathcal{C}^{N_1}$, we have to construct an isomorphism $\Sigma_C F^{N_1}(A) \to F^N \Sigma_C(A)$ in $\mathcal{D}^N$; more precisely, to show that the canonical morphism between these two, regarded as a morphism $1 \to \mathbb{D}(\Sigma_C F^{N_1}(A), F^N \Sigma_C(A))$ in $\mathcal{S}/N$, factors through the object of isomorphisms $\mathrm{Iso}(\Sigma_C F^{N_1}(A), F^N \Sigma_C(A))$. To do this, we use 5.1.9 (or rather the extension of 5.1.9 mentioned in the remark which follows it). Applying $o^*$ to this object of isomorphisms yields $\mathrm{Iso}(0_{\mathbb{D}}, F^1(0_{\mathbb{C}}))$ where $0_{\mathbb{C}}$ and $0_{\mathbb{D}}$ denote the initial objects of $\mathcal{C}^1$ and $\mathcal{D}^1$ respectively, since $\mathcal{C}^0 \simeq \mathcal{D}^0 \simeq \mathbf{1}$ by the descent condition, and this object is isomorphic to 1 since $F^1$ preserves the initial object. A similar argument using the fact that $F^N$ preserves binary coproducts yields the required morphism

$$\mathrm{Iso}(\Sigma_C F^{N_1}(A), F^N \Sigma_C(A)) \longrightarrow s^*(\mathrm{Iso}(\Sigma_C F^{N_1}(A), F^N \Sigma_C(A)))\,.$$

□

**Proposition 5.2.14** *In addition to the hypotheses of* 5.2.13, *suppose that* $\mathbb{C}$ *and* $\mathbb{D}$ *have, and* $F$ *preserves, arbitrary* $\mathcal{S}$*-indexed filtered colimits. Then* $F$ *preserves arbitrary* $\mathcal{S}$*-indexed coproducts.*

**Proof** The hypotheses on filtered colimits are to be taken, as in Sections C3.2 and C3.4, to refer to filtered internal categories in arbitrary slice categories $\mathcal{S}/J$ of $\mathcal{S}$; equivalently, by B2.6.6, to arbitrary weakly filtered categories in $\mathcal{S}$. In other words, the statement that $F$ preserves filtered colimits means that, for a weakly filtered internal category $\mathbb{I}$ with $\pi_0\mathbb{I} \cong J$, the diagram

$$\begin{array}{ccc} [\mathbb{I}, \mathcal{C}] & \xrightarrow{[\mathbb{I}, F]} & [\mathbb{I}, \mathcal{D}] \\ \Big\downarrow \varinjlim_{\mathbb{I}} & & \Big\downarrow \varinjlim_{\mathbb{I}} \\ \mathcal{C}^J & \xrightarrow{F^J} & \mathcal{D}^J \end{array}$$

commutes up to canonical isomorphism. With this proviso, the hypotheses of the proposition are stable under slicing, so it suffices to show that for any object $J$ of $\mathcal{S}$ the diagram

$$\begin{array}{ccc} \mathcal{C}^J & \xrightarrow{F^J} & \mathcal{D}^J \\ \Big\downarrow \Sigma_J & & \Big\downarrow \Sigma_J \\ \mathcal{C}^1 & \xrightarrow{F^1} & \mathcal{D}^1 \end{array}$$

commutes.

The key idea is that we can express $J$ as a filtered colimit of finite cardinals. In fact we have already done this in the proof of B3.2.9; let us recall that, in that example, we associated with an object $J$ of $\mathcal{S}$ an $\mathbb{S}_f$-torsor $\mathbb{J}$ given by equipping the list object $L(J) = \Sigma_N((N^*J)^C)$ with an appropriate right action of $\mathbb{S}_f$. The assertion that $\mathbb{J}$ corresponds to a geometric morphism $\mathcal{S} \to [\mathbb{S}_f, \mathcal{S}]$ whose inverse image sends the generic object to $J$ becomes, in this context, that the colimit in $\mathbb{S}$ of the diagram $\mathbb{J} \to \mathbb{S}_f \to \mathbb{S}$ (where the first factor is the discrete fibration, and the second is the inclusion functor) is $J$. Hence we may compute the $J$-indexed coproduct of an object of $\mathcal{C}^J$ by first computing the $L(J)$-indexed family of finite coproducts corresponding to this diagram, and then forming their filtered colimit. But $F$ commutes up to isomorphism with both these operations (the first by 5.2.13, and the second by assumption); so it commutes with $\Sigma_J$, as required. □

**Corollary 5.2.15** *Suppose $\mathbb{C}$ and $\mathbb{D}$ are cocomplete $\mathcal{S}$-indexed categories (where $\mathcal{S}$ is a topos with a natural number object), which are stacks for the coherent coverage on $\mathcal{S}$, and suppose that $\mathbb{D}$ is locally small. Then an $\mathcal{S}$-indexed functor $F: \mathcal{C} \to \mathcal{D}$ is $\mathcal{S}$-cocontinuous iff it preserves finite (fibrewise) colimits and filtered $\mathcal{S}$-indexed colimits.*

**Proof** This is immediate from 5.2.14 and the definition of cocontinuity (B1.4.13) for indexed functors. □

**Suggestion for further reading:** Johnstone & Wraith [549].

## D5.3 Finitary algebraic theories

In this section we explore the relationship between finitary algebraic theories (in the sense of 1.1.7(*a*)) in toposes and monoids in the object classifier (cf. 3.2.1). We begin by recalling some facts about reflexive coequalizers (cf. A1.2.11).

**Lemma 5.3.1** *Let $\mathcal{E}$ be a cartesian closed category, and $\mathbb{T}$ a finitary algebraic theory. Then the forgetful functor $\mathbb{T}$-$\mathbf{Mod}(\mathcal{E}) \to \mathcal{E}$ creates coequalizers of reflexive pairs. If in addition $\mathcal{E}$ has coequalizers of reflexive pairs, then the forgetful functor $\mathbb{T}$-$\mathbf{Mod}(\mathcal{E}) \to \mathcal{E}$ is monadic iff it has a left adjoint.*

**Proof** If $h, k: A \rightrightarrows B$ is a reflexive pair of $\mathbb{T}$-model homomorphisms and we are given a coequalizer $q: B \to C$ for (the underlying morphisms of) $f$ and $g$ in $\mathcal{E}$, then it follows from A1.2.12 (plus induction) that $A^n \rightrightarrows B^n \to C^n$ is a coequalizer for each natural number $n$. Hence, for each $n$-ary function symbol $f$ of $\mathbb{T}$, the morphisms $f_A$ and $f_B$ induce a unique morphism $f_C: C^n \to C$ such that $q$ is a homomorphism. Also, since $q^n$ is epic for each $n$, $C$ satisfies any equation in these operations which is satisfied by $B$; in particular, it is a $\mathbb{T}$-model. It is now straightforward to verify that, when we equip $C$ with this $\mathbb{T}$-model structure, $q: B \to C$ becomes a coequalizer for $h$ and $k$ in $\mathbb{T}$-$\mathbf{Mod}(\mathcal{E})$.

The second assertion is immediate from the first and A1.1.2, since the forgetful functor is clearly conservative. □

We shall also require the following properties of categories of $\mathbb{T}$-models:

**Lemma 5.3.2** *Let $\mathbb{T}$ be a finitary algebraic theory.*

(i) *If $\mathcal{E}$ is regular (resp. effective regular), then $\mathbb{T}$-$\mathbf{Mod}(\mathcal{E})$ is regular (resp. effective regular).*

(ii) *If $\mathcal{E}$ is locally cartesian closed, then the $\mathcal{E}$-indexed category $\mathbb{T}$-$\mathbb{M}\mathrm{od}(\mathcal{E})$ defined by $\mathbb{T}\text{-}\mathbf{Mod}(\mathcal{E})^I = \mathbb{T}\text{-}\mathbf{Mod}(\mathcal{E}/I)$ is $\mathcal{E}$-complete.*

(iii) *If $\mathcal{E}$ is locally cartesian closed and cocartesian, then $\mathbb{T}$-$\mathbb{M}\mathrm{od}(\mathcal{E})$ is $\mathcal{E}$-cocomplete provided the forgetful functor $\mathbb{T}\text{-}\mathbf{Mod}(\mathcal{E}/I) \to \mathcal{E}/I$ has a left adjoint for every $I$.*

**Proof** (i) Since image factorizations in $\mathcal{E}$ are stable under finite products, it is clear that the image in $\mathcal{E}$ of any homomorphism $h\colon A \to B$ of $\mathbb{T}$-models in $\mathcal{E}$ can be given a unique $\mathbb{T}$-model structure which makes both halves of the factorization of $h$ into homomorphisms. It follows that the covers in $\mathbb{T}$-$\mathbf{Mod}(\mathcal{E})$ are exactly the homomorphisms whose underlying $\mathcal{E}$-morphisms are covers; hence also $\mathbb{T}$-$\mathbf{Mod}(\mathcal{E})$ has images, and they are stable under pullback. For effectiveness, we similarly verify that if $R \rightrightarrows A$ is an equivalence relation in $\mathbb{T}$-$\mathbf{Mod}(\mathcal{E})$, then the coequalizer $Q$ of $R \rightrightarrows A$ in $\mathcal{E}$ can be given a unique $\mathbb{T}$-model structure which makes the cover $A \twoheadrightarrow Q$ into a homomorphism; and $R \rightrightarrows A$ is the kernel-pair of $A \twoheadrightarrow Q$ in $\mathbb{T}$-$\mathbf{Mod}(\mathcal{E})$, since it is so in $\mathcal{E}$ and the forgetful functor creates limits.

(ii) It is trivial that $\mathbb{T}$-$\mathbb{M}\mathrm{od}(\mathcal{E})$ has $\mathcal{E}$-indexed finite limits. For $\mathcal{E}$-indexed products, we have simply to observe that the pullback functors $x^*\colon \mathcal{E}/I \to \mathcal{E}/J$ induced by morphisms $x\colon J \to I$ in $\mathcal{E}$, and their right adjoints $\Pi_x$, both preserve finite limits and so lift to functors between the corresponding categories of $\mathbb{T}$-models.

(iii) The existence of finite colimits in the categories $\mathbb{T}$-$\mathbf{Mod}(\mathcal{E}/I)$, and their preservation by pullback functors, follows from 5.3.1 and a theorem of Linton [727]. The functors $\Sigma_x\colon \mathcal{E}/J \to \mathcal{E}/I$ do not lift directly to functors between the categories of $\mathbb{T}$-models, since they do not preserve finite products, but it follows from A1.1.3(i) that the 'lifted' left adjoints exist. □

If $\mathcal{E}$ satisfies the hypotheses of 5.3.2(i) and (ii) and $A$ is a particular $\mathbb{T}$-model in $\mathcal{E}$, then we note that the $\mathcal{E}$-indexed category which to an object $I$ associates the preorder of sub-$\mathbb{T}$-algebras of $I^*A$ is $\mathcal{E}$-complete, since it is reflective in the $\mathcal{E}$-indexed slice category $\mathbb{T}$-$\mathbb{M}\mathrm{od}(\mathcal{E})/A$. In other words, we can form the internal intersection of an arbitrary $\mathcal{E}$-indexed family of subalgebras of a given algebra – a fact which we have already exploited in 5.1.1 (and in B4.2.10). Of course, it is not hard to prove directly that such intersections exist.

It is clear from 5.3.1 and 5.3.2 that we need to investigate the circumstances in which the forgetful functor $\mathbb{T}$-$\mathbf{Mod}(\mathcal{E}) \to \mathcal{E}$ has a left adjoint. There is one case in which the construction of this left adjoint is particularly easy: namely, when $\mathbb{T}$ is the theory of monoids.

**Proposition 5.3.3** *Let $\mathcal{E}$ be a topos with a natural number object. Then, for any object $A$ of $\mathcal{E}$, the list object $LA$ over $A$ has the structure of a monoid; and in fact $LA$ is the free monoid generated by $A$.*

**Proof** By 5.2.2, we have $[p+q] \cong [p] \amalg [q]$, from which it follows easily that $+^*(l\colon LA \to N) \cong \pi_1^*(l) \times \pi_2^*(l)$ in $\mathcal{E}/N \times N$, i.e. we have a pullback square

$$\begin{array}{ccc} LA \times LA & \xrightarrow{+_A} & LA \\ \Big\downarrow{\scriptstyle l \times l} & & \Big\downarrow{\scriptstyle l} \\ N \times N & \xrightarrow{+} & N \end{array} .$$

We take the top edge of this square to be the multiplication of the monoid $LA$; the unit is similarly defined by the pullback square

$$\begin{array}{ccc} 1 & \xrightarrow{o_A} & LA \\ \Big\downarrow & & \Big\downarrow{\scriptstyle l} \\ 1 & \xrightarrow{o} & N \end{array} .$$

The fact that $(LA, +_A, o_A)$ satisfies the axioms of the theory of monoids follows straightforwardly from the fact that $(N, +, o)$ does so. We note also that the construction of $+_A$ and $o_A$ is 'natural' in $A$, so that $L$ becomes a functor $\mathcal{E} \to$ **Mon**$(\mathcal{E})$.

To verify that $L$ is left adjoint to the forgetful functor, we shall construct the unit and counit of the adjunction. The unit is the top edge of the pullback square

$$\begin{array}{ccc} A & \xrightarrow{\eta_A} & LA \\ \Big\downarrow & & \Big\downarrow{\scriptstyle l} \\ 1 & \xrightarrow{so} & N \end{array} ;$$

again, this is clearly natural in $A$ (and we note that $\eta_A = s_A(1 \times o_A)$). To construct the counit, let $(M, m, e)$ be a monoid in $\mathcal{E}$; by the definition of list objects, we have a unique morphism $\epsilon_M \colon LM \to M$ such that

$$\begin{array}{ccccc} 1 & \xrightarrow{o_M} & LM & \xleftarrow{s_M} & M \times LM \\ & \searrow^{e} & \downarrow{\scriptstyle \epsilon_M} & & \downarrow{\scriptstyle 1 \times \epsilon_M} \\ & & M & \xleftarrow{m} & M \times M \end{array}$$

commutes. Now we have $\epsilon_M \eta_M = \epsilon_M s_M(1 \times o_M) = m(1 \times \epsilon_M)(1 \times o_M) = m(1 \times e) = 1_M$, so we see that any morphism $f \colon A \to M$ from an arbitrary object $A$ to the underlying object of a monoid $M$ can be extended to a monoid homomorphism $\epsilon_M Lf \colon LA \to LM \to M$. But if we had another such extension $g$, the equalizer of $g$ and $\epsilon_M Lf$ would be a submonoid of $LA$ containing $\eta_A$, from which it is easy to verify that it would be a $(o_A, s_A)$-closed subobject and hence the whole of $LA$ (cf. 5.1.5). So the extension is unique, and the adjunction is established. □

**Remark 5.3.4** In fact the existence of a natural number object in $\mathcal{E}$ is necessary as well as sufficient for the existence of a free functor $\mathcal{E} \to \mathbf{Mon}(\mathcal{E})$. We can see this using 5.1.3: for if $(M, m, e)$ is a monoid freely generated by 1 (with $g \colon 1 \to M$ as the unit of the adjunction), then it is easily verified that $1 \amalg M$ is also a monoid with unit $\nu_1$ and multiplication

$$(1 \amalg M) \times (1 \amalg M) \cong 1 \amalg M \amalg M \amalg (M \times M) \xrightarrow{(\nu_1, \nu_2, \nu_2, \nu_2 sm)} 1 \amalg M,$$

where $s$ is the composite

$$M \xrightarrow{1 \times g} M \times M \xrightarrow{m} M,$$

and that $1 \amalg M$ is freely generated by the element $\nu_2 e \colon 1 \to 1 \amalg M$. So we have an isomorphism $M \cong 1 \amalg M$, and hence by 5.1.3 $\mathcal{E}$ has a natural number object – which is of course $M$ itself. (Alternatively, we could argue as in the proof of 5.4.10 below to show that a free monoid generated by $A$ necessarily has the universal property of a list object over $A$.)

Variants of this argument can be given for a number of other familiar algebraic theories (for example, for groups); but there are also some nontrivial theories, such as that of semilattices (cf. 5.4.9 below), for which the free functor exists in any topos.

**Theorem 5.3.5** *Let $\mathcal{E}$ be a topos with a natural number object, and let $\mathbb{T}$ be a finitely-presented finitary algebraic theory (i.e. one whose signature has finitely many function symbols, and which has finitely many axioms). Then the forgetful functor $\mathbb{T}$-$\mathbf{Mod}(\mathcal{E}) \to \mathcal{E}$ has a left adjoint.*

**Proof** We consider first the case when $\mathbb{T}$ is a free theory, i.e. one with no axioms. Let $F = \{f_1, f_2, \ldots, f_k\}$ be the finite set of function symbols of $\mathbb{T}$; as usual, we identify $F$ with a finite copower of 1 in $\mathcal{E}$, and write $\alpha\colon F \to N$ for the morphism indexing each operation by its arity (regarded as a standard natural number in $\mathcal{E}$). We shall construct the free $\mathbb{T}$-model on an object $A$ of $\mathcal{E}$ as a subobject of the list object $L = L(F \amalg A)$.

We note that $L$ itself has a $\mathbb{T}$-model structure induced by its monoid structure: given an operation $f_i$ (with $\alpha(f_i) = n_i$, say), we define $(f_i)_L\colon L^{n_i} \to L$ to be the interpretation of the term $\eta\nu_1(f_i) + x_1 + \cdots + x_{n_i}$, where $\eta$ and $+$ are as defined in the proof of 5.3.3, and $x_1, \ldots, x_{n_i}$ are variables of sort $L$. Also, we have a morphism $\eta\nu_2\colon A \to L$.

Now let $N_\perp$ denote $1 \amalg N$, with the element $\nu_1\colon 1 \to 1 \amalg N$ denoted by $\perp$ (and elements of $N$ identified with their images under $\nu_2$). We define $p\colon L \to N_\perp$ to be the unique morphism making the diagram

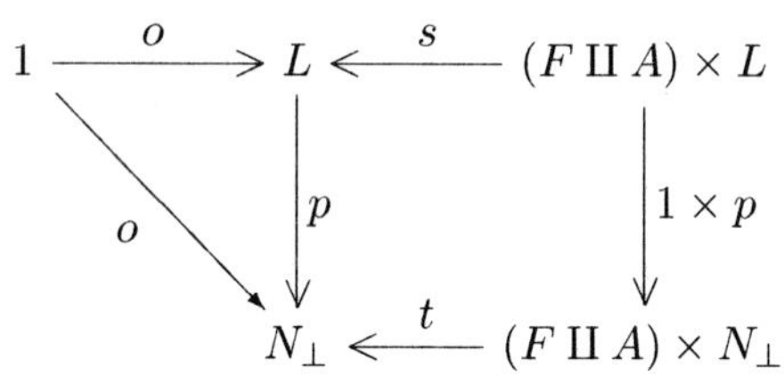


commute, where $t$ is the morphism defined by

$$t(x, y) = \begin{cases} \perp & \text{if } y = \perp \\ sy & \text{if } y \in N \text{ and } x \in A \\ s(y \dot{-} \alpha x) & \text{if } y \in N,\ x \in F \text{ and } \alpha x \leq y \\ \perp & \text{if } y \in N,\ x \in F \text{ and } \alpha x > y\,. \end{cases} \tag{5.1}$$

(Intuitively, $p$ is the morphism which sends a string of elements of $F \amalg A$ to $n$ if the string can be 'parsed' as a sequence of $n$ 'well-formed words', and to $\perp$ if it cannot be so parsed.) It is now straightforward to verify that the pullback

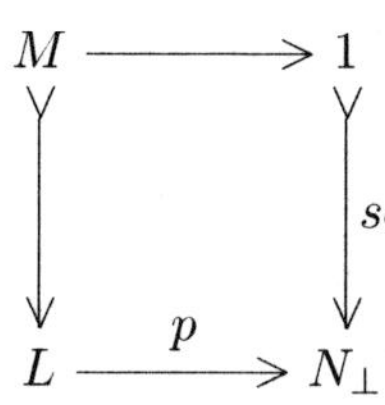


is a sub-$\mathbb{T}$-model of $L$, and that it contains $\eta\nu_2\colon A \rightarrowtail L$; also, the restrictions of the $(f_i)_L\colon L^{n_i} \to L$ to $M^{n_i}$ are all monic, since if $p(\eta\nu_1(f_i) + x) = so$, then $p(x) = n_i$ and there is a unique way of decomposing $x$ as a sum of $n_i$ elements of $M$. And the images of these morphisms are disjoint from each other and from $\eta\nu_2$, since this is already true for $L$. It is also easy to see that these morphisms are jointly epic, so in fact we have a coproduct decomposition $M \cong A \amalg M^{n_1} \amalg M^{n_2} \amalg \ldots \amalg M^{n_k}$.

It can be shown without much difficulty that $M$ is generated as a $\mathbb{T}$-model by $\eta\nu_2 \colon A \rightarrowtail M$ (i.e. that it is the internal intersection of all sub-$\mathbb{T}$-models containing this subobject); but even without verifying this we could cut down to the submodel generated by $A$ by the remarks after 5.3.2, and then proceed much as in the proof of 5.1.2(iii) $\Rightarrow$ (i). Given a $\mathbb{T}$-model $B$, together with a morphism $h \colon A \to B$, we consider the smallest sub-$\mathbb{T}$-model $(a, b) \colon R \rightarrowtail M \times B$ which contains the image of $(g, h) \colon A \to M \times B$, and verify that $R$ is the graph of a homomorphism $M \to B$ by showing that $\{x \colon M \mid (\exists! y \colon R)(a(y) = x)\}$ defines a sub-$\mathbb{T}$-model of $M$ containing $A$. Hence every such $h$ extends to a homomorphism $M \to B$; but the equalizer of any two such homomorphisms would be a sub-$\mathbb{T}$-model of $M$ containing $A$, and so the extension is unique.

We now prove the general case by induction on the number of axioms of $\mathbb{T}$. Suppose that $\mathbb{T}$ is obtained by adding a single axiom to a theory $\mathbb{S}$, and we already know that free $\mathbb{S}$-models exist. We shall show that $\mathbb{T}$-$\mathbf{Mod}(\mathcal{E})$ is reflective in $\mathbb{S}$-$\mathbf{Mod}(\mathcal{E})$. Suppose the extra equation in $\mathbb{T}$ involves $n$ free variables; then for each $\mathbb{S}$-model $B$ we may construct a pair of morphisms $B^n \rightrightarrows B$ in $\mathcal{E}$ corresponding to the terms on either side of the equation, such that these morphisms are equal iff $B$ is a $\mathbb{T}$-model. Let $F$ denote the free $\mathbb{S}$-model functor, and form the coequalizer $q \colon B \to C$ of the induced pair $F(B^n) \rightrightarrows B$ in $\mathbb{S}$-$\mathbf{Mod}(\mathcal{E})$ (which we may do by 5.3.2(iii)). By the proof of 5.3.2(i), we know that $q$ is epic in $\mathcal{E}$, and hence that $q^n \colon B^n \to C^n$ is epic; but since $q$ is a homomorphism it commutes with the morphisms $B^n \rightrightarrows B$ and $C^n \rightrightarrows C$ which are the interpretations of the terms in the extra equation, and hence $C$ must satisfy this equation, i.e. it is a $\mathbb{T}$-model. But any homomorphism $h \colon B \to D$ from $B$ to a $\mathbb{T}$-model must have equal composites with $B^n \rightrightarrows B$ and hence with $F(B^n) \rightrightarrows B$; so it factors uniquely through $q$. In particular, if $B$ is the free $\mathbb{S}$-model on some object $A$ of $\mathcal{E}$, then $C$ has the universal property of a free $\mathbb{T}$-model on $A$. □

We note that, in both halves of the proof of 5.3.5, the finite presentability assumption could be replaced by an '$\mathcal{E}$-presentability' assumption: in the first part, we could replace the finite set $F$ by an arbitrary object of $\mathcal{E}$ equipped with an 'arity' map $F \to N$, and in the second we could replace the single equation by an '$I$-indexed family of equations'. In particular, if $\mathcal{E}$ is cocomplete, we can construct free functors for arbitrary (**Set**-based) finitary algebraic theories; but in fact the assertion we have just made is more general than this, as we shall see below.

**Remark 5.3.6** There is an alternative, less explicit, proof of 5.3.5, using the ideas of B4.2.10. Given a finitely-presented algebraic theory $\mathbb{T}$ and an object $A$ of $\mathcal{E}$, we may consider the geometric theory $(A \downarrow \mathbb{T})$ over $\mathcal{E}$ (in the sense of B4.2.7) whose models consist of a $\mathbb{T}$-model $M$ together with a morphism from $A$ to the underlying object of $M$. We may construct a classifying topos $(p \colon \mathcal{E}[(A \downarrow \mathbb{T})] \to \mathcal{E})$ for this theory, containing a generic model $(f \colon p^*A \to M)$, by the method of B4.2.9. Then, as in the proof of B4.2.10, we may show that the transpose $\overline{f}\colon A \to p_* M$ of $f$ is a weakly initial object in the category of $(A \downarrow \mathbb{T})$-models in $\mathcal{E}$; and, by cutting down to the internal intersection of all sub-$\mathbb{T}$-models of $p_* M$ which contain the image of $\overline{f}$, we may obtain an initial object of this category, that is a free $\mathbb{T}$-model generated by $A$.

Next, we note

**Lemma 5.3.7** *Let $f\colon \mathcal{F} \to \mathcal{E}$ be a geometric morphism, and $\mathbb{T}$ an algebraic theory such that the forgetful functors $\mathbb{T}$-$\mathbf{Mod}(\mathcal{E}) \to \mathcal{E}$ and $\mathbb{T}$-$\mathbf{Mod}(\mathcal{F}) \to \mathcal{F}$ have left adjoints (for example, suppose that $\mathbb{T}$ is finitely-presented and that $\mathcal{E}$ (and hence $\mathcal{F}$) has a natural number object). Then the diagram*

$$\begin{array}{ccc} \mathcal{E} & \xrightarrow{\;f^*\;} & \mathcal{F} \\ \downarrow & & \downarrow \\ \mathbb{T}\text{-}\mathbf{Mod}(\mathcal{E}) & \xrightarrow{\;f^*\;} & \mathbb{T}\text{-}\mathbf{Mod}(\mathcal{F}) \end{array}$$

*commutes up to natural isomorphism, where the vertical arrows denote the free functors.*

**Proof** The functors in the diagram all have right adjoints, and the diagram of right adjoints trivially commutes. So this is immediate from uniqueness of adjoints. □

**Corollary 5.3.8** *Let $\mathcal{E}$ be a topos with a natural number object, and $\mathbb{T}$ a finitely-presented algebraic theory. For each $\mathcal{E}$-topos $(f\colon \mathcal{F} \to \mathcal{E})$, let $\mathbb{T}_{\mathcal{F}} = (T_{\mathcal{F}}, \eta_{\mathcal{F}}, \mu_{\mathcal{F}})$ be the monad on $\mathcal{F}$ induced by the free $\mathbb{T}$-algebra functor and its right adjoint. Then the monads $\mathbb{T}_{\mathcal{F}}$ form a $\mathfrak{Top}/\mathcal{E}$-indexed monad on the $\mathfrak{Top}/\mathcal{E}$-indexed category $(f\colon \mathcal{F} \to \mathcal{E}) \mapsto \mathcal{F}$.*

**Proof** This is immediate from 5.3.7 and the fact that inverse image functors also commute with the forgetful functors $\mathbb{T}$-$\mathbf{Mod}(\mathcal{F}) \to \mathcal{F}$. □

We have seen indexed monads of the type described in 5.3.8 before. In 3.2.1 we defined a monoidal structure on the object classifier $\mathbf{Set}[\mathbb{O}]$, and observed that monoids for this structure correspond to $\mathfrak{Top}/\mathbf{Set}$-indexed monads. The same argument works over any base topos $\mathcal{E}$ with a natural number object: if $\mathcal{E}[\mathbb{O}]$ denotes the object classifier over $\mathcal{E}$ (which exists by B3.2.9), then an indexed endofunctor of $\mathcal{E}$-toposes corresponds to an object $T = T_{\mathcal{E}[\mathbb{O}]}(G_{\mathbb{O}})$ of $\mathcal{E}[\mathbb{O}]$ (where $G_{\mathbb{O}}$ is the generic object), and an indexed monad structure on the functors $T_{\mathcal{F}}$ corresponds to a monoid structure on $T$. Accordingly, we now introduce the following definition:

**Definition 5.3.9** Let $\mathcal{E}$ be a topos with a natural number object. By an (*internal*) *finitary algebraic theory* in $\mathcal{E}$, we mean a monoid in the monoidal category $(\mathcal{E}[\mathbb{O}], \otimes, G_{\mathbb{O}})$ of 3.2.1. If $\mathbb{T} = (T, m, e)$ is such a monoid, we write $\mathbb{T}$-$\mathbf{Mod}(\mathcal{F})$ (where $\mathcal{F}$ is an arbitrary topos defined over $\mathcal{E}$) for the category of algebras of the monad whose functor part is the $\mathcal{F}$-component $T_{\mathcal{F}}$ of the indexed endofunctor of $\mathcal{E}$-toposes corresponding to $T$.

We have seen that, in the case $\mathcal{E} = \mathbf{Set}$, the above definition includes the classical notion of finitary algebraic theory as a special case. (In fact, as we shall see below, it is equivalent to the latter.) We next establish the analogue of 5.3.1 for our new notion:

**Lemma 5.3.10** *Let $\mathcal{E}$ be a topos with a natural number object.*

(i) *If $p\colon 1 \to N$ is a natural number in $\mathcal{E}$, then the functor $(-)^{[p]}\colon \mathcal{E} \to \mathcal{E}$ preserves coequalizers of reflexive pairs.*

(ii) *If $T$ is an object of $\mathcal{E}[\mathbb{O}]$, then for any $\mathcal{E}$-topos $\mathcal{F}$ the functor $T_{\mathcal{F}}\colon \mathcal{F} \to \mathcal{F}$ preserves coequalizers of reflexive pairs.*

(iii) *If $\mathbb{T}$ is a finitary algebraic theory in $\mathcal{E}$ (in the sense of 5.3.9), then for any $\mathcal{E}$-topos $\mathcal{F}$ the forgetful functor $\mathbb{T}$-$\mathbf{Mod}(\mathcal{F}) \to \mathcal{F}$ creates coequalizers of reflexive pairs.*

**Proof** (i) This is proved by the same method as 5.2.9(ii): given a particular reflexive coequalizer diagram $A \rightrightarrows B \twoheadrightarrow C$ in $\mathcal{E}$, the assertion that an exponential functor $(-)^X$ preserves it is expressible by a sentence in the internal language of $\mathcal{E}$. This sentence is clearly satisfied when $X = 0$ or $X = 1$; and if it holds for $X_1$ and $X_2$ then A1.2.12 ensures that it holds for $X_1 \amalg X_2$. So it holds for all finite cardinals.

(ii) Since the hypotheses are stable under change of base from $\mathcal{E}$ to $\mathcal{F}$, it suffices to consider the case $\mathcal{E} = \mathcal{F}$. We recall from B3.2.9 that the object classifier $\mathcal{E}[\mathbb{O}]$ may be constructed as the internal diagram category $[\mathbb{E}_f, \mathcal{E}]$, and that the object of objects of $\mathbb{E}_f$ is $N$. Hence by B2.3.16 $\mathcal{E}[\mathbb{O}]$ is monadic over $\mathcal{E}/N$. In particular, any object $T$ of $\mathcal{E}[\mathbb{O}]$ admits a free presentation, that is a (reflexive) coequalizer diagram

$$\mathbb{R}(r) \rightrightarrows \mathbb{R}(g) \longrightarrow T,$$

where $g\colon G \to N$ and $r\colon R \to N$ are objects of 'generators' and 'relations' in $\mathcal{E}/N$ and $\mathbb{R}$ is the left adjoint to the forgetful functor (cf. B2.5.4(c)). But, for any object $A$ of $\mathcal{E}$, the functor $T \mapsto T_{\mathcal{E}}(A)$ is the inverse image $\overline{A}^*$ of the geometric morphism $\overline{A}\colon \mathcal{E} \to \mathcal{E}[\mathbb{O}]$, and hence preserves coequalizers; so we have a coequalizer diagram

$$\mathbb{R}(r)_{\mathcal{E}}(A) \rightrightarrows \mathbb{R}(g)_{\mathcal{E}}(A) \longrightarrow T_{\mathcal{E}}(A)\,.$$

By the construction of B3.2.9, the $\mathbb{E}_{fc}$-torsor corresponding to $A$ has $(N^*A)^C$ for its underlying object, where $C$ is the generic cardinal in $\mathcal{E}/N$, and it follows easily that, for any $g\colon G \to N$, the functor $\mathbb{R}(g)_{\mathcal{E}}$ may be identified with the composite

$$\mathcal{E} \xrightarrow{\;G^*\;} \mathcal{E}/G \xrightarrow{\;(-)^{[g]}\;} \mathcal{E}/G \xrightarrow{\;\Sigma_G\;} \mathcal{E},$$

i.e. the partial product functor $P(-, g)$ (cf. A1.5.7). And this preserves reflexive coequalizers, by (i) and the fact that $G^*$ and $\Sigma_G$ have right adjoints; so the result for $T_{\mathcal{E}}$ follows by a straightforward diagram-chase.

(iii) is immediate from (ii) and the definition of $\mathbb{T}$-**Mod**$(\mathcal{F})$. □

**Corollary 5.3.11** *Let $\mathcal{E}$, $\mathbb{T}$ and $\mathcal{F}$ be as in* 5.3.10(iii). *Then* $\mathbb{T}$-**Mod**$(\mathcal{F})$ *is effective regular and cocartesian.*

**Proof** The forgetful functor $\mathbb{T}$-**Mod**$(\mathcal{F}) \to \mathcal{F}$ creates limits (in particular, kernel-pairs); so 5.3.10(iii) enables us to lift image factorizations from $\mathcal{F}$ to $\mathbb{T}$-**Mod**$(\mathcal{F})$, and to check that they are stable under pullback and that equivalence relations in $\mathbb{T}$-**Mod**$(\mathcal{F})$ are kernel-pairs of their coequalizers. The existence of arbitrary finite colimits in $\mathbb{T}$-**Mod**$(\mathcal{F})$ follows from Linton's theorem, as in 5.3.2(iii). □

**Remark 5.3.12** In the case $\mathcal{E} = \mathbf{Set}$, the functor $T_{\mathbf{Set}}\colon \mathbf{Set} \to \mathbf{Set}$ induced by an object $T$ of $\mathbf{Set}[\mathbb{O}] = [\mathbf{Set}_f, \mathbf{Set}]$ may be alternatively described as the left Kan extension of $T$ along the inclusion $\mathbf{Set}_f \to \mathbf{Set}$ (cf. the discussion after 3.2.1, or alternatively the proof of 5.3.10(ii)). Thus a $\otimes$-monoid in $\mathbf{Set}[\mathbb{O}]$ induces a monad on **Set** whose functor part is finitary; but this in turn can be presented as a (finitary) algebraic theory in the usual sense, taking the elements of $T(n)$ as $n$-ary function symbols for each natural number $n$, with appropriate equations. Combining this with 5.3.8, we see that internal finitary algebraic theories in **Set** are (up to equivalence) the same thing as algebraic theories in the classical sense. However, the advantage of Definition 5.3.9 is that it enables us to give a unified treatment of these theories and of others whose operations and equations 'vary within a topos': for example, if $R$ is an internal ring in a topos $\mathcal{E}$, we have a notion of $R$-module (that is, of $f^*(R)$-module) in any $\mathcal{E}$-topos $f\colon \mathcal{F} \to \mathcal{E}$; provided $\mathcal{E}$ has a natural number object, it is easy to construct free $R$-modules, by an appropriate modification of the construction in 5.3.5, and hence to express $R$-modules as the models of an internal finitary algebraic theory in $\mathcal{E}$.

If $T$ is an object of $\mathcal{E}[\mathbb{O}]$, then $(-) \otimes T$ and $T \otimes (-)$ both preserve reflexive coequalizers as functors $\mathcal{E}[\mathbb{O}] \to \mathcal{E}[\mathbb{O}]$: the former because it has a right adjoint by 3.2.1, and the latter by 5.3.10(ii). From this, it follows by A1.2.12 (and the argument in the proof of 5.3.1) that the forgetful functor $\mathbf{Mon}(\mathcal{E}[\mathbb{O}], \otimes, G_{\mathbb{O}}) \to \mathcal{E}[\mathbb{O}]$

creates reflexive coequalizers. Given that it also has a left adjoint (which may be constructed by an appropriate recursion – we refer to [549] for the details), it follows by A1.1.2 that it is monadic; and so also is the composite forgetful functor

$$\mathbf{Mon}(\mathcal{E}[\mathbb{O}], \otimes, G_{\mathbb{O}}) \longrightarrow \mathcal{E}[\mathbb{O}] \longrightarrow \mathcal{E}/N \, .$$

Thus we obtain the idea of a *free internal finitary algebraic theory* generated by an object $g \colon G \to N$ of $\mathcal{E}/N$ (that is, by a $G$-indexed family of 'finitary operations', together with a morphism specifying their arities), and the fact that any internal finitary algebraic theory has a 'free presentation' as a coequalizer of a pair of morphisms between such free theories. We shall not pursue this topic further: the reader is referred to [549] for a more detailed account.

**Suggestions for further reading:** Blass [124], Johnstone & Wraith [549], Lesaffre [719, 720], Rosebrugh [1032, 1033], Schumacher [1099].

## D5.4 Kuratowski-finiteness

The notion of finite cardinal, studied in Section D5.2, provides us with a notion of 'finite object' in any topos with a natural number object, and as we have seen it enables us to develop a lot of 'finitary mathematics' inside such a topos. However, there is another notion of finiteness, which has the advantage that it can be defined in any topos (without assuming a natural number object), and which is more appropriate for many purposes – particularly in contexts involving ordered objects and lattices (cf. 5.4.26 below). This notion first appeared, in the context of set theory, in a paper by W. Sierpiński [1109]; but the first detailed investigation of it was made by C. Kuratowski [655], and it has become generally known as Kuratowski-finiteness (or $K$-finiteness for short).

We saw in 5.2.1 that cardinal-finiteness corresponds to a certain 'induction principle': if we can prove (in the internal logic of our topos) that some assertion holds for the particular finite cardinals $0 = [o]$ and $1 = [so]$, and that it holds for a binary coproduct (= disjoint union) $A \amalg B$ provided it holds for both $A$ and $B$, then it holds for all finite cardinals. Kuratowski-finiteness corresponds in the same way to a very similar induction principle: the only formal difference is that we replace the disjoint unions $A \amalg B$ by arbitrary binary unions $A \cup B$ of subobjects. However, the crucial difference is that the Kuratowski induction principle is 'local'; that is, it takes place inside the poset of subobjects of some fixed object of the topos, rather than in the topos as a whole. This is the reason why the Kuratowskian definition works without a natural number object: we can reasonably expect that the collection of all finite subobjects of some given object $A$ should be 'parametrized' by some object $K(A)$ of the topos (we shall shortly see how to construct it as a subobject of $PA$) – whereas the existence of an object $F$ parametrizing the collection of all finite objects of the topos, for any reasonable definition of finiteness, will imply the existence of a natural number object, since we shall have morphisms $1 \to F$ (corresponding to the object 0) and $F \rightarrowtail F$ (corresponding to the operation $A \mapsto A \amalg 1$) whose images are clearly disjoint. (In fact, even if our topos $\mathcal{E}$ has a natural number object, we shall not in general be able to construct an object parametrizing *all* the $K$-finite objects of $\mathcal{E}$ in this sense.)

The starting-point of the theory is thus the definition of the object $K(A)$ for an arbitrary object $A$ of $\mathcal{E}$.

**Definition 5.4.1**

(*a*) Let $A$ be an object of a topos $\mathcal{E}$. We define $K(A) \rightarrowtail PA$ to be the sub-join-semilattice of $PA$ generated by the subobject $\{\}: A \rightarrowtail PA$: in other words, it is the internal intersection of all subobjects $B$ of $PA$ which contain $\{\}$ and $\ulcorner 0 \urcorner: 1 \to PA$ (the name of the subobject $0 \rightarrowtail A$), and are closed under the binary join map $\cup: PA \times PA \to PA$. (Note that, in this and the next section, we shall generally write $\cup$ rather than $\vee$ for the binary join map, in order to distinguish it from disjunction in the internal language of $\mathcal{E}$.)

(*b*) We say $A$ is *Kuratowski-finite* (or simply *K-finite*) if the top element $\top_A: 1 \to PA$ of $PA$ factors through $K(A) \rightarrowtail PA$.

We shall see before long that $K(A)$ is indeed the object of $K$-finite subobjects of $A$, in the sense that a morphism $1 \to PA$ factors through $K(A)$ iff (the domain of) the subobject $A' \rightarrowtail A$ which it names is a $K$-finite object. However, it is *not* true in general that every subobject of a $K$-finite object is $K$-finite; thus we do not assert that $A$ is $K$-finite iff $K(A)$ is the whole of $PA$. (Again, we shall see a counterexample before long.) On the other hand, saying that $A$ is $K$-finite *is* equivalent to saying that the internal poset $K(A)$ has a greatest element; for such an element must be an (internal) upper bound for the singletons of $A$, and hence it must be $\top_A$.

**Remark 5.4.2** $K(A)$ could equivalently be defined as the smallest subobject of $PA$ which contains $\ulcorner 0 \urcorner: 1 \to PA$ and is closed under the operation of 'adding singletons', in the sense that

$$A \times PA \xrightarrow{\{\} \times 1} PA \times PA \xrightarrow{\cup} PA$$

restricts to a morphism $A \times K(A) \to K(A)$ (which we shall denote by $\sigma_A$). For $K(A)$ clearly has these closure properties; conversely, if we write $K'(A)$ for the smallest subobject with these closure properties, then we may show that $K'(A)$ is a join-semilattice (and hence has the closure properties of $K(A)$), by showing that the subobject of $K'(A)$ defined by the term

$$\{w: K'(A) \mid (\forall w': K'(A))((w \cup w') \in \ulcorner K'(A) \urcorner)\}$$

has the closure properties of $K'(A)$ and hence is the whole of $K'(A)$.

**Lemma 5.4.3**
(i) *The assignment $A \mapsto K(A)$ defines a functor $\mathcal{E} \to \mathcal{E}$ (in fact a subfunctor of the covariant power-object functor).*
(ii) *The functor $K$ preserves monomorphisms and epimorphisms.*

**Proof** (i) If $f: A \to B$ is a morphism of $\mathcal{E}$, then the diagram

$$\begin{array}{ccc} A & \xrightarrow{f} & B \\ {\scriptstyle \{\}}\big\downarrow & & \big\downarrow{\scriptstyle \{\}} \\ PA & \xrightarrow{\exists f} & PB \end{array}$$

commutes, as we saw in A2.3.6(i), and $\exists f$ (being an internal left adjoint) is a join-semilattice homomorphism; so it restricts to a morphism $K(f): K(A) \to K(B)$. Thus $K$ is a subfunctor of the covariant power-object functor.

(ii) The fact that $K$ preserves monomorphisms is immediate from the fact that the covariant power-object functor does so (cf. A2.2.5). For epimorphisms, let $f: A \twoheadrightarrow B$ be an epimorphism. The image of $K(A)$ under $\exists f: PA \to PB$ is a sub-join-semilattice of $PB$, since $\exists f$ is a join-semilattice homomorphism; and it contains $\{\}: B \rightarrowtail PB$ by the commutativity of the diagram in the proof of (i) and the fact that $f$ is epic. So it contains $K(B)$; but the reverse inclusion is simply the functoriality of $K$. □

We may now establish some of the basic closure properties of the class of $K$-finite objects.

**Lemma 5.4.4**
(i) *The objects $0$ and $1$ are $K$-finite.*
(ii) *Epimorphic images of $K$-finite objects are $K$-finite.*
(iii) *An object which is a union of two $K$-finite subobjects is $K$-finite.*
(iv) *A coproduct $A \amalg B$ is $K$-finite iff both $A$ and $B$ are $K$-finite.*

**Proof** (i) We have $P(0) \cong 1$, so its top and bottom elements coincide; $K(0)$ contains the bottom element by definition, so it contains the top element. For $1$, we claim that $K(1)$ is the subobject $(\bot, \top): 1 \amalg 1 \rightarrowtail \Omega$; for it contains these two elements of $P(1) \cong \Omega$ (note that $\top$ is the singleton map $1 \to P(1)$), and they form a sub-join-semilattice. In particular, it contains the top element of $\Omega$.

(ii) If $f: A \to B$ is epimorphic, then the composite $\exists f \circ \top_A: 1 \to PA \to PB$ equals $\top_B$; so this is immediate from 5.4.3(i).

(iii) Similarly, for a monomorphism $m: A \rightarrowtail B$, we have $\exists m \circ \top_A = \ulcorner m \urcorner$, so if $B$ is the union of $m$ and $m': A' \rightarrowtail B$ where $A$ and $A'$ are $K$-finite, then both $\ulcorner m \urcorner$ and $\ulcorner m' \urcorner$ factor through $K(B)$. But since $K(B)$ is a join-semilattice, so does the name of their union, i.e. $\top_B$.

(iv) One direction follows immediately from (iii). Conversely, suppose $A \amalg B$ is $K$-finite. It is easily seen that the square

$$\begin{array}{ccc} A \amalg B & \longrightarrow & A \amalg 1 \\ \Big\downarrow \{\} & & \Big\downarrow (\{\}, \ulcorner 0 \urcorner) \\ P(A \amalg B) & \xrightarrow{P\nu_1} & PA \end{array}$$

commutes, since both ways round correspond to the subobject $(\nu_1, 1_A) \colon A \rightarrowtail (A \amalg B) \times A$. But $P\nu_1$ is a join-semilattice homomorphism since pullback preserves unions of subobjects; and since $K(A)$ is a semilattice it contains the element $\ulcorner 0 \urcorner$. Hence $P\nu_1$ maps $K(A \amalg B)$ into $K(A)$, and so $\top_A = P\nu_1 \circ \top_{A \amalg B}$ factors through $K(A)$. □

**Corollary 5.4.5**

(i) *$K(A)$ is 'the object of $K$-finite subobjects of $A$'; i.e., given a subobject $m \colon A' \rightarrowtail A$, $A'$ is $K$-finite iff $\ulcorner m \urcorner \colon 1 \to PA$ factors through $PA$.*

(ii) *A subterminal object is $K$-finite iff it is complemented.*

(iii) *For any two objects $A$ and $B$, we have $K(A \amalg B) \cong K(A) \times K(B)$.*

**Proof** (i) If $A'$ is $K$-finite, then $\ulcorner m \urcorner = \exists m \circ \top_{A'}$ factors through $K(A)$ by the argument of 5.4.4(iii). For the converse, we observe that the assertion '$A$ is $K$-finite' is expressible by a sentence in the internal language of $\mathcal{E}$, so we may construct 'the object of $K$-finite subobjects of $A$' as a subobject $\hat{K}(A)$ of $PA$, by evaluating the truth-value of this sentence for the generic subobject of $PA^*(A)$ in $\mathcal{E}/PA$. Then parts (i) and (iii) of 5.4.4 ensure that $\hat{K}(A)$ is a sub-join-semilattice of $PA$ and that it contains $\{\} \colon A \rightarrowtail PA$; so it contains $K(A)$.

(ii) follows easily from (i) and the fact, which we observed in the proof of 5.4.4(i), that $K(1) \cong 1 \amalg 1$ is the classifier for complemented subobjects.

(iii) similarly follows from (i) and 5.4.4(iv): morphisms $I \to K(A \amalg B)$, for an arbitrary $I$, correspond to $K$-finite subobjects of $I^*(A \amalg B)$ in $\mathcal{E}/I$, and these correspond in turn to pairs of $K$-finite subobjects of $I^*(A)$ and $I^*(B)$. □

We note that part (ii) of 5.4.5 justifies the assertion, made earlier in this section, that not all subobjects of $K$-finite objects need be $K$-finite. By 5.4.4(iv), we know that complemented subobjects of $K$-finite objects are always $K$-finite; however, a general $K$-finite object may have $K$-finite subobjects which are not complemented. (We shall return to this point in 5.4.17 below.) Note also that, in conjunction with the fact (5.4.4(ii)) that the support of any $K$-finite object is $K$-finite, 5.4.5(ii) tells us that it is true in the internal logic of $\mathcal{E}$ that 'any finite object is either empty or inhabited'. This is characteristic of the fact that many classical modes of reasoning, whilst invalid for arbitrary objects of a topos, may nevertheless be safely employed for finite objects. As a further example, we sketch the proof of the 'dual Frobenius rule' (cf. 1.3.9).

**Lemma 5.4.6** *For any (first-order) formulae $\phi$ and $\psi$ such that $\phi$ does not involve the variable $y$, the sequent*

$$((\forall y)(\phi \vee \psi) \vdash_{\vec{x}} (\phi \vee (\forall y)\psi))$$

*is valid in the internal logic of a topos, provided (the object interpreting) the sort of the variable $y$ is a $K$-finite object.*

**Proof** Let $A$ be the product of (the objects interpreting) the sorts of the variables in $\vec{x}$, and let $B$ be the sort of $y$. Then $\phi$ and $\psi$ are respectively interpreted as subobjects $X \rightarrowtail A$ and $Y \rightarrowtail A \times B$. We need to show that $\forall_{\pi_1}((X \times B) \cup Y) \leq X \cup \forall_{\pi_1}(Y)$ in $\mathrm{Sub}(A)$ (in fact we have equality here, since the reverse inclusion is true in general). It is clear that we may form a subobject $L$ of $PB$ which is 'the object of subobjects $B'$ such that $\forall_{\pi_1}((X \times B') \cup (Y \cap (A \times B'))) \leq X \cup \forall_{\pi_1}(Y \cap (A \times B'))$'. Now $L$ clearly contains $\ulcorner 0 \urcorner$ and singletons, and it is closed under binary unions since $\mathrm{Sub}(A)$ is a distributive lattice. Hence $K(B) \leq L$; in particular the top element of $PB$ belongs to $L$, and so the result is established. □

A similar argument shows that, in a topos where De Morgan's law is satisfied (cf. 4.6.2), the sequent

$$(\neg(\forall y)\phi \vdash_{\vec{x}} (\exists y)\neg\phi)$$

is valid for any $\phi$ with free variables in the string $\vec{x}, y$, provided the sort of $y$ is $K$-finite. Indeed, this may be taken to be yet another equivalent way of expressing De Morgan's law in a topos, since it reduces to the usual formulation of the latter when the sort of $y$ is 2.

Although a subobject of a $K$-finite object need not be $K$-finite, the following rather technical lemma (due to T. Coquand [249]) provides a partial substitute which is of use in several contexts.

**Lemma 5.4.7** *Let $A$ be an object of a topos $\mathcal{E}$, and let $A_1, A_2, A_3$ be subobjects of $A$ such that $A_1 \leq A_2 \cup A_3$ and $A_1$ is $K$-finite. Then it is locally true that $A_1$ is contained in the union of two $K$-finite subobjects of $A_2$ and $A_3$, i.e. there exists $B \twoheadrightarrow 1$ in $\mathcal{E}$ and $K$-finite subobjects $A_2' \rightarrowtail B^*A_2$, $A_3' \rightarrowtail B^*A_3$ in $\mathcal{E}/B$ such that $B^*A_1 \leq A_2' \cup A_3'$.*

Classically (i.e. in a Boolean topos), this result would be a triviality, because we could simply take $B = 1$ and $A_j' = A_1 \cap A_j$ $(j = 2, 3)$. However, using 5.4.14 below it is easy to give examples in non-Boolean toposes where we really need to localize, i.e. there do not exist suitable $K$-finite subobjects with $B = 1$.

**Proof** It suffices to show that the sentence

$$(\forall u, v, w)(((u \in \ulcorner K(A) \urcorner) \wedge (u \leq v \cup w)) \Rightarrow$$
$$(\exists v')((v' \leq v) \wedge (v' \in \ulcorner K(A) \urcorner) \wedge (u \leq v' \cup w)))$$

(where all variables are of type $PA$) is valid in the internal language of $\mathcal{E}$, since applying this twice will yield the result in the statement. To do this, we consider the subobject $L$ of $PA$ defined by the term

$$\{u \mid (\forall v, w)((u \leq v \cup w) \Rightarrow (\exists v')((v' \leq v) \wedge (v' \in \ulcorner K(A) \urcorner) \wedge (u \leq v' \cup w)))\},$$

and show that it has the closure properties of 5.4.2. It clearly contains $\ulcorner 0 \urcorner$, since if $u = \ulcorner 0 \urcorner$ then we can take $v'$ to be $\ulcorner 0 \urcorner$ as well. If $u \in L$ and $u' = \{x\} \cup u$, then from $(u' \leq v \cup w)$ we deduce the (local) existence of a finite $v' \leq v$ with $u \leq v' \cup w$, and also $((x \in v) \vee (x \in w))$. If $(x \in v)$ holds, we define $v'' = \{x\} \cup v'$, and if $(x \in w)$ we define $v'' = v'$; in either case, it satisfies the conditions. □

As well as finite coproducts, the class of $K$-finite objects is also closed under finite products. However, the proof of this fact is a little more complicated: in effect, it involves a 'double induction'.

**Proposition 5.4.8** *A product of two $K$-finite objects is $K$-finite.*

**Proof** Let $\theta_{A,B} \colon PA \times B \to P(A \times B)$ be the name of the relation

$$\in_A \times B \rightarrowtail PA \times A \times B \times B \cong PA \times B \times A \times B$$

(where the monomorphism $B \rightarrowtail B \times B$ is the diagonal). In 'elementwise' terms, $\theta_{A,B}$ sends $(A', b)$ to $A' \times \{b\}$; in fact it is a strength for the covariant power-object functor, in the sense of B2.1.4. Since the product of a $K$-finite object and a singleton is clearly $K$-finite, $\theta_{A,B}$ restricts to a morphism $K(A) \times B \to K(A \times B)$, which is a strength for the functor $K$. Hence, if $A$ is $K$-finite, we have a diagram

$$\begin{array}{ccccc} B & \xrightarrow{(\top_A, 1_B)} & K(A) \times B & \xrightarrow{\theta_{A,B}} & K(A \times B) \\ \big\downarrow{\scriptstyle \{\}} & & & & \big\downarrow \\ PB & & \xrightarrow{P\pi_2} & & P(A \times B) \end{array}$$

which is readily seen to commute, since both ways round name the same subobject of $B \times A \times B$. But $P\pi_2$ is a join-semilattice homomorphism, so the pullback of $K(A \times B)$ along it is a sub-join-semilattice of $PB$, and we have just seen that it contains $\{\}\colon B \rightarrowtail PB$; so it contains $K(B)$. Thus if $B$ is also $K$-finite, we deduce that the composite

$$1 \xrightarrow{\top_B} PB \xrightarrow{P\pi_2} P(A \times B)$$

factors through $K(A \times B)$; but this is precisely the top element of $P(A \times B)$. □

We have seen that $K$ is a functor $\mathcal{E} \to \mathcal{E}$, and the factorization of the singleton map $A \rightarrowtail PA$ through $K(A)$ clearly yields a natural transformation $\eta$ from the identity functor to $K$. It is no great surprise that $\eta$ is the unit of a monad structure on $K$; what is perhaps more unexpected is that the algebras for this monad turn out to be something very familiar.

**Proposition 5.4.9** *For any $A$, $K(A)$ is the free semilattice generated by $A$. In particular, the forgetful functor from the category* $\mathbf{SLat}(\mathcal{E})$ *of internal semilattices in $\mathcal{E}$ to $\mathcal{E}$ is monadic, even if $\mathcal{E}$ does not have a natural number object.*

**Proof** By definition, $K(A)$ carries a semilattice structure, and $K(f)$ is a semilattice homomorphism for each morphism $f\colon A \to B$ of $\mathcal{E}$, since it is a restriction of the semilattice homomorphism $\exists f\colon PA \to PB$. So we can regard $K$ as a functor $\mathcal{E} \to \mathbf{SLat}(\mathcal{E})$.

Now let $B$ be an internal semilattice in $\mathcal{E}$. The equalizer of the semilattice operation $\vee\colon B \times B \to B$ and the second projection is a partial order on $B$; we may construct the object $C \rightarrowtail PB$ of subobjects of $B$ having least upper bounds for this ordering, and since least upper bounds are unique when they exist, they define a morphism $C \to B$. We claim that $K(B) \leq C$, so that this restricts to a morphism $\epsilon_B\colon K(B) \to B$. Clearly, $C$ is a sub-join-semilattice of $PB$, since the zero element of $B$ is a least upper bound for the zero subobject, and the least upper bound of the union of two members of $C$ is the join of their least upper bounds; but the least upper bound of a singleton is its unique member, and so $\{\}\colon B \to PB$ factors through $C$. Thus the claim is established; moreover, it follows from the proof that $\epsilon_B$ is a semilattice homomorphism.

Now suppose we are given an arbitrary morphism $f\colon A \to B$, where $B$ has a semilattice structure. Then the composite

$$K(A) \xrightarrow{K(f)} K(B) \xrightarrow{\epsilon_B} B$$

is a semilattice homomorphism; and its composite with $\eta_A$ is $f$ since $\epsilon_B \eta_B$ is the identity on $B$. But if we had two semilattice homomorphisms $K(A) \rightrightarrows B$ extending $f$, their equalizer would be a sub-semilattice of $K(A)$ containing the image of $\eta_A$, and hence would be the whole of $K(A)$. Thus the adjunction is established.

Finally, the monadicity of the forgetful functor $\mathbf{SLat}(\mathcal{E}) \to \mathcal{E}$ follows from 5.3.1. □

We may use 5.4.9 to deduce further properties of $K$-finiteness from known results about finitary algebraic theories. For example, it follows immediately from 5.4.9 and 5.3.7 that inverse image functors commute up to isomorphism with the functor $K$. But in fact a stronger result is true: arbitrary bicartesian (that is, cartesian and cocartesian) functors between toposes commute with $K$, even if they do not have right adjoints. Before proving this, we need an alternative universal characterization of $K(A)$, which stands in the same relation to 5.4.9 as list objects do to free monoids.

Given an object $A$ of a topos $\mathcal{E}$, let us write $\mathbb{T}_A$ for the internal algebraic theory freely generated by one nullary operation and an $A$-indexed family of unary operations, so that a $\mathbb{T}_A$-algebra is simply an object $B$ equipped with morphisms $b\colon 1 \to B$ and $t\colon A \times B \to B$. (Thus a list object $LA$, if it exists, is an initial object of the category $\mathbb{T}_A$-**Mod**$(\mathcal{E})$.) We shall say that a $\mathbb{T}_A$-algebra $(B, b, t)$ is *idempotent* (resp. *commutative*) if it satisfies the sequent $(\top \vdash_{x,y} (t(x, t(x, y)) = t(x, y)))$ (resp.

$$(\top \vdash_{x,x',y} (t(x, t(x', y)) = t(x', t(x, y)))));$$

and we shall write $\mathbb{S}_A$ for the theory of idempotent commutative $\mathbb{T}_A$-algebras. Clearly, the structure maps $\ulcorner 0 \urcorner\colon 1 \to K(A)$ and $\sigma_A\colon A \times K(A) \to K(A)$ of 5.4.2 make $K(A)$ into an $\mathbb{S}_A$-algebra.

**Proposition 5.4.10** *For any $A$, $(K(A), \ulcorner 0 \urcorner, \sigma_A)$ is an initial object of the category $\mathbb{S}_A$-**Mod**$(\mathcal{E})$.*

**Proof** Suppose given an arbitrary $\mathbb{S}_A$-algebra $(B, b, t)$. Consider the transpose $\bar{t}\colon A \to B^B$ of $t$; let $\overline{A} \rightarrowtail B^B$ denote its image. Since $(B, b, t)$ is idempotent, it is clear that $\overline{A}$ is contained in the subobject $\mathrm{Idem}(B) \rightarrowtail B^B$ of idempotent endomorphisms of $B$, defined by the term

$$\{f\colon B^B \mid (f \circ f = f)\}$$

(where we are using $f \circ g$ as a shorthand for the term $\lambda x\,.\,\mathsf{app}(f, \mathsf{app}(g, x))$). We define successively smaller subobjects $T$, $S$ of $B^B$ by the terms

$$\{f\colon B^B \mid ((f \in \ulcorner \mathrm{Idem}(B) \urcorner) \wedge (\forall g)((g \in \ulcorner \overline{A} \urcorner) \Rightarrow (f \circ g = g \circ f)))\}$$

and

$$\{f\colon B^B \mid ((f \in \ulcorner T \urcorner) \wedge (\forall g)((g \in \ulcorner T \urcorner) \Rightarrow (f \circ g = g \circ f)))\}$$

respectively. Since $(B, b, t)$ is commutative, it is easy to see that we have $\overline{A} \leq S$ in $\mathrm{Sub}(B^B)$; but since the members of $S$ commute with each other they are closed under composition, i.e. $S$ is a sub-monoid of $B^B$. By construction, it is also idempotent and commutative, so it is a semilattice. Hence by 5.4.9 we may extend the composite $\bar{t}\colon A \twoheadrightarrow \overline{A} \rightarrowtail S$ uniquely to a semilattice homomorphism $\hat{t}\colon K(A) \to S$. Now the composite

$$K(A) \xrightarrow{\hat{t}} S \rightarrowtail B^B \xrightarrow{1 \times b} B^B \times B \xrightarrow{\text{ev}} B$$

is easily seen to be a homomorphism of $\mathbb{S}_A$-algebras; and it is unique, since the equalizer of two such homomorphisms would be a sub-$\mathbb{S}_A$-algebra of $K(A)$, and hence would be the whole of $K(A)$ by 5.4.2. □

In fact $\mathbb{S}_A$-**Mod**$(\mathcal{E})$, like **SLat**$(\mathcal{E})$, is monadic over $\mathcal{E}$ even if $\mathcal{E}$ does not have a natural number object; the free $\mathbb{S}_A$-algebra on an arbitrary object $B$ is simply $K(A) \times (1 \amalg B)$. However, we shall not need this; instead, we turn to a characterization of $K(A)$ which is similar to Freyd's characterization of natural number objects and list objects:

**Corollary 5.4.11** *Let $A$ and $B$ be objects of a topos. Then $B \cong K(A)$ iff there exist morphisms $b\colon 1 \to B$ and $t\colon A \times B \to B$ for which the coherent sequents*

$$(\top \vdash_{x,y} (t(x, t(x, y)) = t(x, y)))$$
$$(\top \vdash_{x,x',y} (t(x, t(x', y)) = t(x', t(x, y))))$$
$$((t(x, y) = b) \vdash_{x,y} \bot)$$
$$((t(x, t(x', y)) = t(x', y)) \vdash_{x,x',y} ((x = x') \vee (t(x, y) = y)))$$

*and*

$$(\top \vdash_y ((y = b) \vee (\exists x)(t(x, y) = y)))$$

*are satisfied (where $x$ and $y$ are variables of types $A$ and $B$ respectively), and the diagram*

$$A \times B \underset{\pi_2}{\overset{t}{\rightrightarrows}} B \longrightarrow 1$$

*is a coequalizer.*

**Proof** If $B = K(A)$, then $\ulcorner 0 \urcorner\colon 1 \to B$ and the $\sigma_A\colon A \times B \to B$ are easily seen to satisfy the given conditions. In particular, the last displayed sequent expresses the fact, which we noted after 5.4.5, that any $K$-finite object is either empty or inhabited. To verify the last condition, let $R \rightrightarrows B$ be the equivalence relation generated by the parallel pair $(\sigma_A, \pi_2)$ (i.e. the kernel-pair of its coequalizer); then it is easy to see that the $R$-equivalence class of $\ulcorner 0 \urcorner$ satisfies the closure conditions of 5.4.2, and is thus the whole of $K(A)$.

Conversely, suppose $B$ satisfies the conditions. The first two say that $(B, b, t)$ is an $\mathbb{S}_A$-algebra, so by 5.4.10 we have a unique homomorphism $f\colon K(A) \to B$. But the last two conditions imply that $B$ satisfies the analogue of Peano's fifth postulate: that is, any subobject $B' \rightarrowtail B$ which is a sub-$\mathbb{S}_A$-algebra must be the whole of $B$. (The proof of this is essentially the same as the proof of (ii) ⇒ (iii) in 5.1.2.) Now we define a morphism $g\colon B \to PA$ by the term-in-context $y.\{x\colon A \mid (t(x,y) = y)\}$. Clearly, we have $(\top \vdash (g(b) = \ulcorner 0 \urcorner))$ and $(\top \vdash_{x,y} (g(t(x,y)) = \{x\} \cup g(y)))$ by the third and fourth displayed sequents, so the subobject $B' \rightarrowtail B$ defined by the term $\{y\colon B \mid (g(y) \in \ulcorner K(A) \urcorner)\}$ is a sub-$\mathbb{S}_A$-algebra, and hence we may regard $g$ as a morphism $B \to K(A)$. Moreover, it is clearly an $\mathbb{S}_A$-algebra homomorphism; and the composite $fg$ (resp. $gf$) is equal to the identity, since in each case the equalizer of the composite and the identity is a sub-$\mathbb{S}_A$-algebra of $B$ (resp. $K(A)$). □

**Corollary 5.4.12** *Let $F\colon \mathcal{E} \to \mathcal{F}$ be a bicartesian functor (for example, an inverse image functor). If $A$ is a $K$-finite object of $\mathcal{E}$, then $F(A)$ is $K$-finite in $\mathcal{F}$.*

**Proof** By 5.4.11 (or by 5.4.9 and 5.3.7, if $F$ is an inverse image functor), we have an isomorphism $F(K(A)) \cong K(F(A))$; and this is easily seen to be an isomorphism of internal posets. But $F(K(A))$ clearly has a greatest element if $K(A)$ has. □

An alternative proof of 5.4.12, in the case when the toposes $\mathcal{E}$ and $\mathcal{F}$ have natural number objects, may be deduced from A2.5.7 and the fact (3.2.10) that $K$-finite objects are exactly the models of a $\sigma$-coherent theory $\mathbb{K}$; but the latter identification depends on 5.4.13 below, as we remarked in 1.2.15($k$).

The converse of 5.4.12 does not hold even if $F$ is conservative. It follows from 5.4.12 that if $A$ is a $K$-finite object in a functor category $[\mathcal{C}, \mathbf{Set}]$, then $A(c)$ is a finite set for each object $c$ of $\mathcal{C}$; but this condition is not sufficient for $K$-finiteness of $A$, as we shall see in 5.4.14 below.

An important consequence of 5.4.9 is that it enables us to determine the precise relationship between $K$-finiteness and cardinal-finiteness in the case when $\mathcal{E}$ has a natural number object.

**Theorem 5.4.13** *Let $\mathcal{E}$ be a topos with a natural number object, $A$ an object of $\mathcal{E}$. Then $A$ is $K$-finite iff it is locally a quotient of a finite cardinal, i.e. iff there exist $B \twoheadrightarrow 1$ in $\mathcal{E}$, a natural number $p$ in $\mathcal{E}/B$ and an epimorphism $[p] \twoheadrightarrow B^*(A)$.*

**Proof** First we observe that finite cardinals are $K$-finite: this is an immediate consequence of 5.2.1 and 5.4.4(i) and (iii). Hence, by 5.4.4(ii), any quotient of a finite cardinal is $K$-finite; and since $K$-finiteness is equivalent to the validity of a sentence in the internal language of $\mathcal{E}$, it is reflected by conservative logical functors such as $B^*$. This proves the right-to-left implication.

For the converse, we observe that, since the algebraic theory of semilattices is a quotient of that of monoids (or, if you prefer, because $\mathbb{S}_A$ is a quotient of $\mathbb{T}_A$), the free semilattice $K(A)$ on an object $A$ must be a quotient of the free monoid $L(A) = \Sigma_N(N^*(A)^C)$ constructed in 5.3.3. Since the epimorphism $L(A) \twoheadrightarrow K(A)$ is a monoid homomorphism, it is easy to see that its 'elementwise' description must be as the operation which sends a morphism $[p] \to A$ to its image considered as a $K$-finite subobject of $A$. In particular, if $A$ is $K$-finite and we form the pullback

$$\begin{array}{ccc} B & \twoheadrightarrow & 1 \\ \downarrow & & \downarrow{\scriptstyle \top_A} \\ L(A) & \twoheadrightarrow & K(A) \end{array} ,$$

then the natural number $p$ in $\mathcal{E}/B$ and the morphism $[p] \to B^*(A)$ which correspond to the left vertical map in this diagram have the required properties. □

**Example 5.4.14** Let $\mathcal{C}$ be a small category. Then an object $A$ of the functor category $[\mathcal{C}, \mathbf{Set}]$ is $K$-finite iff each $A(c)$, $c \in \mathrm{ob}\, \mathcal{C}$, is a finite set, and each $A(f)$, $f: c \to d$ in $\mathcal{C}$, is surjective. For we saw in 5.2.8($a$) that the finite cardinals in $[\mathcal{C}, \mathbf{Set}]$ are finite-set-valued functors which are constant on each connected component of $\mathcal{C}$. Clearly, if $A$ is a quotient of such a functor, then all the $A(f)$ must be surjective; and this property is 'reflected by localizations', so the necessity of the condition is established. For the sufficiency, observe that if the condition holds then, for each object $c$ of $\mathcal{C}$, $H_c^*(A)$ is a quotient of $H_c^*([n])$ in $[\mathcal{C}, \mathbf{Set}]/H_c$, where $n$ is the number of elements in $A(c)$ (and $H_c$ denotes the functor $\mathcal{C}(c, -)$); and the coproduct of all the $H_c$ has global support.

**Remark 5.4.15** In contrast to finite cardinals, $K$-finite objects are not internally projective in general; nor is exponentiation to the power of a $K$-finite object preserved by inverse image functors (cf. 5.2.9(ii) and 5.2.11). For a counterexample to both, let $\mathcal{E} = [\mathbf{2}, \mathbf{Set}]$ be the Sierpiński topos, and consider the object $A = (2 \to 1)$, where $n$ denotes an $n$-element set. It is clear that we have an epimorphism $[sso] \twoheadrightarrow A$, and hence that $A$ is $K$-finite; but $(-)^A$ does not preserve this epimorphism, since $[sso]^A$ and $A^A$ respectively look like $(2 \to 2)$ and $(4 \to 1)$. Also, if $c: \mathbf{Set} \to [\mathbf{2}, \mathbf{Set}]$ is the closed point of $\mathcal{E}$, then $c^*$ fails to preserve the exponential $[sso]^A$. It is true in the Sierpiński topos that $B^A$ is $K$-finite provided both $A$ and $B$ are (and it is true in any topos with a natural number object that an object of the form $B^{[p]}$ is $K$-finite if $B$ is, by an easy induction using 5.4.8), but in general the class of $K$-finite objects can fail to be closed under exponentials: for a counterexample, take $\mathcal{E}$ to be the topos of diagrams of shape $(\bullet \leftarrow \bullet \rightarrow \bullet)$ in $\mathbf{Set}$, and consider the exponential $[sso]^A$, where $A$ is the $K$-finite object $(1 \leftarrow 2 \rightarrow 2)$.

In general, the $K$-finiteness of an object $A$ neither implies nor is implied by that of its power object $PA$. It is easy to give examples of toposes in which $\Omega \cong P(1)$ is not $K$-finite: one such is the functor category whose subobject classifier is displayed before A1.6.10. On the other hand, the nontrivial subterminal object $U = (0 \to 1)$ in the Sierpiński topos $[\mathbf{2}, \mathbf{Set}]$ is not complemented and hence not $K$-finite, but $PU$ is isomorphic to $1 \amalg 1$ and hence $K$-finite. In contrast, we have:

**Proposition 5.4.16** *An object $A$ is $K$-finite iff $K(A)$ is $K$-finite.*

**Proof** First suppose $A$ is $K$-finite. We may form the subobject $L \rightarrowtail PA$ of subobjects $A' \rightarrowtail A$ such that $K(A')$ is finite, as the interpretation of an appropriate formula in the internal language of $\mathcal{E}$. Our aim is to show that $L$ is a sub-join-semilattice of $PA$ and contains $\{\}: A \rightarrowtail PA$. The proof that it contains 0 and singletons is easy, since we know that $K(0) \cong 1$ and $K(1) \cong 1 \amalg 1$ are both $K$-finite. So suppose we have subobjects $A'$ and $A''$ such that $K(A')$ and $K(A'')$ are both $K$-finite. Then the epimorphism $A' \amalg A'' \twoheadrightarrow A' \cup A''$ induces an epimorphism $K(A' \amalg A'') \twoheadrightarrow K(A' \cup A'')$, by 5.4.3(ii); but $K(A' \amalg A'') \cong K(A') \times K(A'')$ by 5.4.5(iii), and so it is $K$-finite by 5.4.8. Hence $K(A' \cup A'')$ is $K$-finite by 5.4.4(ii). Thus $L$ contains $K(A)$, and in particular $\top_A$ factors through it; i.e. $K(A)$ is $K$-finite.

Conversely, suppose $K(A)$ is $K$-finite. We note that the counit map $\epsilon_{K(A)}: K(K(A)) \to K(A)$ is order-preserving (since it is a semilattice homomorphism) and (split) epimorphic; so it must map the greatest element of $K(K(A))$ to a greatest element for $K(A)$. So $A$ is $K$-finite. □

The operation $A \mapsto K(A)$ thus acts something like a 'power-object functor' for the subcategory $\mathcal{E}_{Kf}$ of $K$-finite objects of $\mathcal{E}$. Of course, it does not in general have all the properties of the power-object functor in a topos: in particular, it does not normally carry the structure of a contravariant functor, since the pullback of a $K$-finite subobject $B' \rightarrowtail B$ along a map $A \to B$ need not be $K$-finite, even if $A$ and $B$ both are. However, if we restrict our attention to objects which are decidable (i.e. have complemented diagonal) as well as $K$-finite, this problem can be overcome:

**Lemma 5.4.17** *If $A$ is decidable, then every $K$-finite subobject of $A$ is complemented; in fact $K(A) \leq 2^A$ as subobjects of $PA$.*

**Proof** $2^A$ is a sub-join-semilattice (in fact a sublattice) of $PA$, since finite unions of complemented subobjects are complemented. The assertion that $A$ is decidable says precisely that $\{\}: A \to PA$ factors through $2^A$, so the second assertion of the lemma is immediate from the definition of $K(A)$. The first follows from applying the second to global elements of $PA$. □

If $A$ is $K$-finite, then applying the proof of 5.4.4(iv) to the generic complemented subobject of $A$ in $\mathcal{E}/(2^A)$ yields the information that $2^A \leq K(A)$ in $\mathrm{Sub}(PA)$; so if $A$ is both decidable and $K$-finite then $K(A)$ coincides with $2^A$. We may thus conclude:

**Theorem 5.4.18** *For any topos $\mathcal{E}$, the full subcategory $\mathcal{E}_{dKf}$ of decidable $K$-finite objects of $\mathcal{E}$ is a Boolean topos. In particular, if $\mathcal{E}$ itself is Boolean, then $\mathcal{E}_{Kf}$ is a topos.*

**Proof** A product of two $K$-finite objects is $K$-finite, as we saw in 5.4.8; and a product of two decidable objects is decidable, by A1.4.15. Since 1 is both decidable and $K$-finite, it follows that $\mathcal{E}_{dKf}$ is closed under finite products in $\mathcal{E}$.

It is also closed under equalizers, since the equalizer of two morphisms $A \rightrightarrows B$ is a complemented subobject of $A$ if $B$ is decidable (and is therefore $K$-finite if $A$ is), and any subobject of a decidable object is decidable. Thus $\mathcal{E}_{dKf}$ is cartesian. Also, monomorphisms in $\mathcal{E}_{dKf}$ coincide with those in $\mathcal{E}$; so every subobject in $\mathcal{E}_{dKf}$ is complemented, and hence $K(A) \cong 2^A$ has the universal property of a power object for $A$ in $\mathcal{E}_{dKf}$, provided it lies in this subcategory. We already know it is $K$-finite, by 5.4.16; so we need only prove it is decidable.

For this, we argue inductively as usual to prove that, for any $K$-finite $A$, $2^A$ is decidable. We may form the subobject $L \rightarrowtail PA$ of subobjects $A' \rightarrowtail A$ for which $2^{A'}$ is decidable; this clearly contains 0 and singletons since $2^0 \cong 1$ and 2 are decidable, and it is closed under binary unions since $2^{A' \cup A''}$ admits a monomorphism to $2^{A' \amalg A''} \cong 2^{A'} \times 2^{A''}$, corresponding to the epimorphism $A' \amalg A'' \twoheadrightarrow A' \cup A''$. So $K(A) \leq L$, and hence if $A$ itself is $K$-finite $\top_A$ factors through $L$.

This completes the proof that $\mathcal{E}_{dKf}$ is (a weak topos, and hence by A2.3.4) a topos. The second assertion follows since in a Boolean topos every object is decidable. □

**Example 5.4.19** Let $\mathcal{C}$ be a small category. Combining 5.4.14 and A1.4.16, we see that a functor $A: \mathcal{C} \to \mathbf{Set}$ is decidable and $K$-finite as an object of $[\mathcal{C}, \mathbf{Set}]$ iff $A(c)$ is finite for each object $c$ of $\mathcal{C}$ and $A(f)$ is bijective for each morphism $f$ of $\mathcal{C}$. Thus we see that the topos $[\mathcal{C}, \mathbf{Set}]_{dKf}$ is equivalent to the topos $[\mathcal{G}, \mathbf{Set}_f]$ (cf. A2.1.5), where $\mathcal{G}$ is the groupoid reflection of $\mathcal{C}$, i.e. the category obtained by freely adjoining inverses for all the morphisms of $\mathcal{C}$. In particular, if $\mathcal{C}$ itself is a groupoid, then $[\mathcal{C}, \mathbf{Set}]_{dKf} \cong [\mathcal{C}, \mathbf{Set}_f]$.

More generally, by combining 5.4.13 and 5.2.6 we see that, in a topos with a natural number object, an object is decidable and $K$-finite iff it is locally isomorphic to a finite cardinal.

**Remark 5.4.20** It is possible for $\mathcal{E}_{Kf}$ to be a topos even if $\mathcal{E}$ is not Boolean, but (perhaps surprisingly) this cannot happen unless it coincides with $\mathcal{E}_{dKf}$. In fact it can be shown that *the following conditions on a topos $\mathcal{E}$ are equivalent:*

(i) *$\mathcal{E}_{Kf}$ is a topos.*

(ii) *Every $K$-finite object of $\mathcal{E}$ is decidable.*

(iii) *Every subobject of a $K$-finite object of $\mathcal{E}$ is $K$-finite.*

(iv) *The (external) lattice* $\mathrm{Sub}_{\mathcal{E}}(1)$ *of subterminal objects of $\mathcal{E}$ is Boolean.*

(v) *$\mathcal{E}_{Kf}$ is closed under the formation of equalizers in $\mathcal{E}$.*

We omit the proof, which can be found in [543].

The fact that subobjects of $K$-finite objects are not in general $K$-finite may be 'remedied' by modifying the definition in either of two ways. We could simply consider the class of objects which occur as subobjects of $K$-finite objects (cf. 5.4.20(iii)); however, this yields a condition which is not local (i.e. an object

$A$ of $\mathcal{E}$ may be such that $B^*A$ is a subobject of a $K$-finite object of $\mathcal{E}/B$ for some $B \twoheadrightarrow 1$, without $A$ being a subobject of any $K$-finite object of $\mathcal{E}$). A better approach is to replace the subobject $\{\}: A \rightarrowtail PA$ in the definition of $K(A)$ by the partial-map classifier $\tilde{A}$, regarded (as in A2.4.10) as 'the object of subobjects of $A$ having at most one element'.

Formally, we define $\tilde{K}(A)$ to be the sub-join-semilattice of $PA$ generated by $\tilde{A} \rightarrowtail PA$.

**Lemma 5.4.21** *$\tilde{K}(A)$ is downwards-closed as a subobject of $PA$.*

**Proof** For any subobject $B \rightarrowtail A$, the mapping $(-) \cap B: PA \to PA$ is a join-semilattice homomorphism (since $PA$ is a distributive lattice) and it maps $\tilde{A}$ into itself since $\tilde{A}$ is downwards-closed. So it maps $\tilde{K}(A)$ into itself. Since this is true for all $B$, $\tilde{K}(A)$ is downwards-closed. □

Thus we see that, for a given $A$, the top element $\ulcorner A \urcorner$ of $PA$ factors through $\tilde{K}(A)$ iff the latter is the whole of $PA$; we say that $A$ is *$\tilde{K}$-finite* if these conditions hold. The elementary properties of the functor $\tilde{K}$, and of $\tilde{K}$-finite objects, may be developed along the same lines as those of $K$ in the earlier part of this section; but it is quicker to use

**Proposition 5.4.22** *An object $A$ is $\tilde{K}$-finite iff it is locally a subobject of a $K$-finite object.*

**Proof** Since $\tilde{K}(A)$ is generated by $\tilde{A}$ as a semilattice, it must be an epimorphic image of the free semilattice $K(\tilde{A})$. It is easy to see that in 'elementwise' terms the epimorphism $K(\tilde{A}) \twoheadrightarrow \tilde{K}(A)$ sends a $K$-finite subobject $B \rightarrowtail \tilde{A}$ to the subobject $B' \rightarrowtail A$ defined by the pullback

$$\begin{array}{ccc} B' & \rightarrowtail & A \\ \downarrow & & \downarrow i \\ B & \rightarrowtail & \tilde{A} \end{array} \quad ;$$

for this operation is a join-semilattice homomorphism, and has the right effect on the generators. So, if $\ulcorner A \urcorner: 1 \to PA$ factors through $\tilde{K}(A) \rightarrowtail PA$, then by forming the pullback

$$\begin{array}{ccc} C & \longrightarrow & K(\tilde{A}) \\ \downarrow & & \downarrow \\ 1 & \xrightarrow{\ulcorner A \urcorner} & \tilde{K}(A) \end{array}$$

we obtain a $K$-finite subobject $B$ of $C^*(\tilde{A})$ for which the corresponding $B'$ is the whole of $C^*(A)$. Conversely, if $A$ is a subobject of a $K$-finite object $B$, then the image of the map $B \to \tilde{A}$ corresponding to the partial map $(A \rightarrowtail B, 1_A)$ defines an element of $K(\tilde{A})$ whose image under $K(\tilde{A}) \twoheadrightarrow \tilde{K}(A)$ is $\ulcorner A \urcorner$. And since $\tilde{K}$-finiteness is a local property by the way in which it is defined, we may conclude that any object which is locally a subobject of a $K$-finite object is $\tilde{K}$-finite. □

In particular, if $\mathcal{E}$ has a natural number object, then an object of $\mathcal{E}$ is $\tilde{K}$-finite iff it is locally a subquotient of a finite cardinal, by 5.4.13 and 5.4.22.

$\tilde{K}$-finiteness, like $K$-finiteness and cardinal-finiteness, corresponds to an induction principle: if P is a property of subobjects of $A$ (expressible by a formula in the internal language of $\mathcal{E}$) such that P holds for all subsingletons (that is, all subobjects $U \rightarrowtail A$ whose domains are subterminal objects), and P holds for a union $B_1 \cup B_2$ provided it holds for $B_1$ and $B_2$, then P holds for all $\tilde{K}$-finite subobjects of $A$. In practice, this induction principle is less useful than that associated with $K$-finiteness, since it is hard to 'get the induction started'; i.e. the class of properties which hold for all subsingletons is uncomfortably restricted. However, we note one case where it may be applied:

**Proposition 5.4.23** *The category $\mathcal{E}_{\tilde{K}f}$ of $\tilde{K}$-finite objects of $\mathcal{E}$ is a logical subtopos of $\mathcal{E}$ iff $\Omega$ is $K$-finite.*

**Proof** Clearly, if $\mathcal{E}_{\tilde{K}f}$ is a logical subtopos then it must contain $\Omega$; but $\Omega$ is injective by A2.2.6, so if it is $\tilde{K}$-finite then it is (locally, and hence globally) $K$-finite.

Conversely, suppose $\Omega$ is $K$-finite. It follows easily from 5.4.22 that $\mathcal{E}_{\tilde{K}f}$ is closed under finite limits (and finite colimits) in $\mathcal{E}$; so we need only prove that a power object $PA$ is $\tilde{K}$-finite (equivalently, $K$-finite) if $A$ is $\tilde{K}$-finite. For this we use the induction principle mentioned above: consider the sentence which asserts about a subobject $B$ of $A$ that $PB$ is $K$-finite. It holds for subsingletons, since if $B$ is subterminal then $PB$ is a retract of $P1 = \Omega$, by A2.2.5. And if $B = B_1 \cup B_2$, then $PB$ is a retract of $P(B_1 \amalg B_2) \cong PB_1 \times PB_2$, so the result follows from 5.4.8. □

**Corollary 5.4.24** *If $\mathcal{E}$ is a topos whose subterminal objects form a generating family (for example, a localic* **Set***-topos), then $\mathcal{E}_{\tilde{K}f}$ is a topos iff $\Omega$ is $K$-finite in $\mathcal{E}$.*

**Proof** One direction follows from 5.4.23. Conversely, suppose $\mathcal{E}_{\tilde{K}f}$ is a topos; let $\Omega'$ denote its subobject classifier. The generic monomorphism in $\mathcal{E}_{\tilde{K}f}$ is a monomorphism in $\mathcal{E}$, so it is classified by a morphism $\Omega' \to \Omega$; but since every subterminal object of $\mathcal{E}$ is in $\mathcal{E}_{\tilde{K}f}$, it follows easily from the hypothesis that this morphism is an isomorphism. So $\Omega$ is $\tilde{K}$-finite in $\mathcal{E}$; as in the proof of 5.4.23, this implies that it is $K$-finite. □

In general, however, $\mathcal{E}_{\tilde{K}f}$ may be a topos without being a logical subtopos of $\mathcal{E}$. Examples may be constructed using 5.4.20 above, or alternatively using the following:

**Example 5.4.25** If $\mathcal{E}$ is a functor category $[\mathcal{C}, \mathbf{Set}]$, then a functor $A: \mathcal{C} \to \mathbf{Set}$ which is $\tilde{K}$-finite as an object of $\mathcal{E}$ must take finite sets as values, though its transition maps need not be either monic or epic. However, in general not every finite-set-valued functor on $\mathcal{C}$ is $\tilde{K}$-finite as an object of $[\mathcal{C}, \mathbf{Set}]$, even if $\mathcal{C}$ itself is finite. For if $\mathcal{C}$ contains a parallel pair $(f, g)$ such that $f \neq g$ but $fh = gh$ for some $h$, then it is clear that any $K$-finite object $A$ of $[\mathcal{C}, \mathbf{Set}]$ must satisfy $A(f) = A(g)$; so this condition is inherited by any subobject of a $K$-finite object, and also by any $\tilde{K}$-finite object (the latter because, if $B$ is a well-supported object such that $B^*(A)$ is a subobject of a $K$-finite object, then $B(c)$ must be nonempty, where $c$ is the domain of $h$). For finite categories $\mathcal{C}$, this is the only obstruction to $\tilde{K}$-finiteness: *if $\mathcal{C}$ is a finite category, then $[\mathcal{C}, \mathbf{Set}]_{\tilde{K}f}$ may be identified with $[\mathcal{C}/R, \mathbf{Set}_f]$, where $R$ is the congruence on $\mathcal{C}$ generated by all pairs $(f, g)$ for which there exists $h$ with $fh = gh$.* In particular, $[\mathcal{C}, \mathbf{Set}]_{\tilde{K}f}$ is a topos for any finite $\mathcal{C}$, although if the congruence $R$ is nontrivial it need not be a logical subtopos of $[\mathcal{C}, \mathbf{Set}]$.

To prove this, consider first the case when $\mathcal{C}$ has an initial object (so that $R$ consists of all parallel pairs in $\mathcal{C}$). If $A: \mathcal{C} \to \mathbf{Set}_f$ is a functor respecting the congruence $R$, we define

$$\overline{A}(c) = \left( \coprod_{d \in \text{ob } \mathcal{C}} A(d) \right) \Big/ \equiv_c$$

for each $c \in \text{ob } \mathcal{C}$, where $\equiv_c$ is the equivalence relation which identifies $x \in A(d)$ with $y \in A(e)$ iff there exist $f: d \to c$ and $g: e \to c$ such that $A(f)(x) = A(g)(y)$. (The fact that $A$ respects $R$ ensures that this is indeed an equivalence relation.) It is easy to see that if there exists a morphism $c \to d$ in $\mathcal{C}$ then $\equiv_c \subseteq \equiv_d$; so the assignment $c \mapsto \overline{A}(c)$ may be made into a functor $\mathcal{C} \to \mathbf{Set}_f$ whose transition maps are surjective, and which is therefore $K$-finite by 5.4.14. Moreover, $\equiv_c$ cannot identify distinct elements of $A(c)$, so we have an injective map $A(c) \rightarrowtail \overline{A}(c)$, which is easily seen to be the $c$-component of a natural transformation $A \to \overline{A}$. So we have expressed $A$ as a subobject of a $K$-finite object of $[\mathcal{C}, \mathbf{Set}]$.

For the general case, let $c$ be an arbitrary object of $\mathcal{C}$ and let $H_c$ denote the functor $\mathcal{C}(c, -)$. The total category of the discrete opfibration corresponding to $H_c$ (as in A1.1.7) is the co-slice category $c \backslash \mathcal{C}$, which has an initial object; moreover, if a functor $A$ respects the congruence $R$ on $\mathcal{C}$, then $H_c^*(A)$, regarded as a functor on $c \backslash \mathcal{C}$, respects the corresponding congruence on the latter. So if $A$ also takes finite sets as values, we see that $H_c^*(A)$ is a subobject of a $K$-finite object of $[\mathcal{C}, \mathbf{Set}]/H_c$; and since the coproduct of all the $H_c$, $c \in \text{ob } \mathcal{C}$, is well-supported it follows that $A$ is locally a subobject of a $K$-finite object. So the result follows from 5.4.22.

Note in particular that if every morphism of $\mathcal{C}$ is epic, then the congruence $R$ is trivial, and so $[\mathcal{C}, \mathbf{Set}]_{\tilde{K}f} \cong [\mathcal{C}, \mathbf{Set}_f]$ is a logical subtopos of $[\mathcal{C}, \mathbf{Set}]$. (Of course, it is easy to see that in this case $\Omega$ has surjective transition maps, and is therefore $K$-finite.) However, the reader should be warned that the quotient category $\mathcal{C}/R$ may not have the property that all its morphisms are epic; it may be necessary to iterate the quotient construction a finite number of times before we arrive at a category $\mathcal{C}/\overline{R}$ with the latter property. Moreover, the objects of $[\mathcal{C}, \mathbf{Set}]$ which are globally expressible as subobjects of $K$-finite objects are exactly the finite-set-valued functors which respect this larger congruence $\overline{R}$; so, as we claimed earlier, the latter property is not equivalent to $\tilde{K}$-finiteness. For more details, see [543].

For an infinite category $\mathcal{C}$, there are further restrictions on the objects of $[\mathcal{C}, \mathbf{Set}]_{\tilde{K}f}$. For example, if $\mathcal{C}$ is the ordered set of natural numbers, then it is easy to see that the functor $A$ defined by $A(n) = \{0, 1\}$ for each $n$, with each transition map $A(n) \to A(n+1)$ sending both 0 and 1 to 0, is not $\tilde{K}$-finite. Moreover, $[\mathcal{C}, \mathbf{Set}]_{\tilde{K}f}$ is not a topos in this case, since it lacks a subobject classifier. (Recall that we pictured the subobject classifier of $[\mathcal{C}, \mathbf{Set}]$, for this particular $\mathcal{C}$, before A1.6.10. The object $A$ which we have just defined occurs naturally as a subobject of $\Omega$; in fact it is the Higgs object of the topos $[\mathcal{C}, \mathbf{Set}]$, as defined before 4.5.10.)

In 5.2.14 and 5.2.15 we saw one way in which preservation of finite colimits may be broken down into preservation of finite colimits and of filtered colimits. The notion of $K$-finiteness gives us another way of doing this, which is simpler in that it does not require the topos to have a natural number object; however, it works only for indexed preorders. The reason is that, if we are dealing with an indexed category $\mathbb{C}$ which is not a preorder, then an object $A$ in a fibre $\mathcal{C}^J$ of $\mathbb{C}$ will not in general satisfy $A \cong A + A$; so, if we are given a morphism $x\colon [p] \to J$ to $J$ from a finite cardinal $[p]$, with ($K$-finite) image $m\colon J' \rightarrowtail J$, then the coproducts $\Sigma_{[p]} x^* A$ and $\Sigma_{J'} m^* A$ will in general be different. But if $\mathbb{C}$ is an indexed preorder, then they coincide; so we can forget about the $L(J)$-indexed family of all morphisms from finite cardinals to $J$, and work instead with the poset $K(J)$ of $K$-finite subobjects of $J$. Thus we have

**Proposition 5.4.26** *Let $\mathcal{S}$ be a topos, $\mathbb{C}$ and $\mathbb{D}$ two cocomplete $\mathcal{S}$-indexed preorders which are stacks for the coherent coverage on $\mathcal{S}$, and $F\colon \mathbb{C} \to \mathbb{D}$ an $\mathcal{S}$-indexed functor.*

(i) *If $F$ preserves (fibrewise) finite joins, then it preserves joins indexed by $K$-finite objects of $\mathcal{S}$, i.e. the diagram*

$$\begin{array}{ccc} \mathcal{C}^I & \xrightarrow{F^I} & \mathcal{D}^I \\ \downarrow{\scriptstyle \Sigma_x} & & \downarrow{\scriptstyle \Sigma_x} \\ \mathcal{C}^J & \xrightarrow{F^J} & \mathcal{D}^J \end{array}$$

*commutes up to isomorphism whenever $x: I \to J$ is a $K$-finite object of $\mathcal{S}/J$.*

(ii) *If $F$ preserves finite joins and $\mathcal{S}$-indexed directed joins, then it is $\mathcal{S}$-cocontinuous.*

**Proof** (i) For simplicity, we consider the case $J = 1$. Given an object $A$ of $\mathcal{C}^I$, we may construct in $\mathcal{S}$ the subobject $L \rightarrowtail PI$ indexing those subobjects $I' \rightarrowtail I$ such that the square commutes for $A$ restricted to $\mathcal{C}^{I'}$; the fact that $\mathbb{C}$ and $\mathbb{D}$ are stacks and $F$ preserves fibrewise finite joins easily implies that $L$ is a sub-join-semilattice of $PI$, and it contains singletons since the vertical edges of the diagram reduce to identity maps if $I'$ is a singleton. So $K(I) \leq L$, and in particular the top element $\ulcorner I \urcorner$ of $PI$ factors through $L$.

(ii) Again, we deal with the case when $J = 1$. For any $I$, $K(I)$ is a directed internal poset in $\mathcal{S}$, because it is a join-semilattice; and we may compute the join of an $I$-indexed family $A \in \mathrm{ob}\, \mathcal{C}^I$ by first computing the joins of all its $K$-finite subfamilies, and then forming the directed join of the latter. So if $F$ commutes with joins of both types, then it commutes with arbitrary joins; but this suffices for cocontinuity, since we are dealing with preorders. □

**Suggestions for further reading:** Acuña-Ortega & Linton [14], Blass [132], Freyd [373], Johnstone & Linton [543], Kock et al. [635].

## D5.5 Orbitals and numerals

We observed at the start of the previous section that, in a topos without a natural number object, we cannot hope to have an object parametrizing all the 'finite' objects of the topos, for any reasonable notion of finiteness. Nevertheless, it does seem reasonable to expect that we can find some non-local notion of 'counting' in such toposes. The theory of numerals, introduced by P. Freyd [373], provides such a notion, which relates well to $K$-finiteness (and to cardinal-finiteness, when the topos does have a natural number object). In this account, we shall approach it via the theory of orbitals, which was developed more recently (but independently) by J. Bénabou and B. Loiseau [106].

The starting-point of the theory is an idea which we have already exploited in 5.1.1. As in Section D5.1, we shall write $\mathbb{T}$ for the algebraic theory freely generated by one nullary and one unary operation.

**Definition 5.5.1** By an *orbital* in a topos $\mathcal{E}$, we mean a $\mathbb{T}$-algebra $(A, a, t)$ which 'satisfies Peano's fifth postulate' internally, i.e. satisfies the sentence

$$(\forall w : PA)((w \text{ is } (a,t)\text{-closed}) \Rightarrow (w = \ulcorner A \urcorner)) .$$

In this terminology, then, 5.1.1 says that every $\mathbb{T}$-algebra contains a unique orbital (and that in an orbital the morphisms $a$ and $t$ are jointly epic). Hence we do not have to worry about interpreting the displayed sentence internally; if it is externally true that a $\mathbb{T}$-algebra $(A, a, t)$ has no proper $(a, t)$-closed subobjects, then the orbital which it contains must be the whole of $A$.

**Lemma 5.5.2**

(i) *Let $(A, a, t)$ and $(B, b, u)$ be orbitals in a topos $\mathcal{E}$. Then there exists at most one $\mathbb{T}$-algebra morphism $A \to B$, and if such a morphism exists it is an epimorphism (in $\mathcal{E}$).*

(ii) *If $(A, a, t)$ is an orbital and $f: (A, a, t) \twoheadrightarrow (B, b, u)$ is an epimorphism (in $\mathcal{E}$) and a $\mathbb{T}$-algebra homomorphism, then $(B, b, u)$ is an orbital.*

(iii) *If we write $(A, a, t) \geq (B, b, u)$ when there exists a morphism of $\mathbb{T}$-algebras $(A, a, t) \to (B, b, u)$, then the resulting preorder $\mathrm{Orb}(\mathcal{E})$ has finite joins and finite nonempty meets; and it has a greatest element iff $\mathcal{E}$ has a natural number object.*

(iv) *If we define an $\mathcal{E}$-indexed category $\mathbb{O}\mathsf{rb}(\mathcal{E})$ by $\mathrm{Orb}(\mathcal{E})^I = \mathrm{Orb}(\mathcal{E}/I)$, then this category has $\mathcal{E}$-indexed colimits; and it has $\mathcal{E}$-indexed limits if $\mathcal{E}$ has a natural number object.*

**Proof** (i) Given two $\mathbb{T}$-algebra morphisms $f, g: A \rightrightarrows B$, their equalizer is an $(a, t)$-closed subobject of $A$, and so must be the whole of $A$; similarly, the image of any homomorphism $f$ must be a $(b, u)$-closed subobject of $B$.

(ii) Pullback along $f$ maps $(b, u)$-closed subobjects to $(a, t)$-closed subobjects, and it preserves properness of subobjects.

(iii) The terminal object 1 of $\mathbb{T}$-**Mod**$(\mathcal{E})$ is clearly an orbital, and provides a least element of $\mathrm{Orb}(\mathcal{E})$. To form the join $(A, a, t) \cup (B, b, u)$ – we shall denote joins and meets in $\mathrm{Orb}(\mathcal{E})$ by $\cup$ and $\cap$ rather than $\vee$ and $\wedge$, for reasons which will become clear later – we observe that $(A \times B, (a, b), t \times u)$ is a $\mathbb{T}$-algebra, and so contains an orbital $A \cup B$ which admits morphisms to both $A$ and $B$. Moreover, if $(C, c, v)$ is another orbital which does this, then the image of the induced morphism $C \to A \times B$ is (an orbital, and hence) equal to $A \cup B$. So $A \cup B$ is a least upper bound for $A$ and $B$ in $\mathrm{Orb}(\mathcal{E})$. To form the meet of $A$ and $B$, consider the pushout

$$\begin{array}{ccc} A \cup B & \twoheadrightarrow & A \\ \downarrow & & \downarrow \\ B & \twoheadrightarrow & A \cap B \end{array}$$

in $\mathcal{E}$. It is easily seen that $A \cap B$ can be given a unique $\mathbb{T}$-algebra structure such that the morphisms $A \twoheadrightarrow A \cap B$ and $B \twoheadrightarrow A \cap B$ are homomorphisms, and it is an orbital by (ii). But any pair of morphisms $(A \to C, B \to C)$ where $C$ is an orbital must factor through this pushout, since the category of orbitals is a preorder; hence $A \cap B$ is a greatest lower bound for $A$ and $B$. Finally, if $N$ exists then it is initial in the category of $\mathbb{T}$-algebras and hence (since we have reversed the arrows) a greatest element in $\mathrm{Orb}(\mathcal{E})$; conversely, a greatest element, if it exists, admits a unique homomorphism to each orbital and hence (by 5.1.1) to each $\mathbb{T}$-algebra, so it is a natural number object.

(iv) Since the property of being an orbital is defined by a sentence in the internal language, it is preserved by logical functors such as pullback functors; so the preorders $\mathrm{Orb}(\mathcal{E}/I)$ do indeed fit together to form an $\mathcal{E}$-indexed preorder. We may similarly observe that the process of cutting down a $\mathbb{T}$-algebra to its orbital, which provides a right adjoint to the inclusion $\mathrm{Orb}(\mathcal{E})^{\mathrm{op}} \to \mathbb{T}\text{-}\mathbf{Mod}(\mathcal{E})$, commutes with pullback functors; so $\mathbb{O}\mathsf{rb}(\mathcal{E})^{\mathrm{op}}$ is coreflective in the $\mathcal{E}$-indexed category of $\mathbb{T}$-algebras, and hence inherits $\mathcal{E}$-completeness (and $\mathcal{E}$-cocompleteness, if $\mathcal{E}$ has a natural number object) from the latter. □

Now suppose given an object $A$ equipped with an endomorphism $t\colon A \to A$. We may form the object $C(A,t) \rightarrowtail PA$ of $t$-closed subobjects of $A$ (i.e. those $A' \rightarrowtail A$ satisfying $A' \leq t^*(A')$). This subobject is clearly closed under arbitrary (internal) intersections in $PA$, and so the inclusion $C(A,t) \rightarrowtail PA$ has a left adjoint, giving rise to a closure operation $c\colon PA \to PA$. We shall write $O\colon A \to PA$ for the composite of $c$ with the singleton map $\{\}\colon A \to PA$, and call it the *orbit map* associated with $t$. Clearly, for any $a\colon 1 \to A$, the subobject of $A$ named by the composite $Oa$ is an orbital (with distinguished element $a$).

We define a binary relation $\preceq$ on $A$ by setting $x \preceq y$ iff $O(y) \leq O(x)$; i.e. $\preceq \rightarrowtail A \times A$ is the pullback along $O \times O$ of the opposite of the usual order-relation on $PA$. We also write $x \prec y$ for $tx \preceq y$. By the *cyclic part* $C(A)$ of $A$, we mean the subobject $\{x\colon A \mid x \prec x\}$; we say $(A,t)$ is *acyclic* if its cyclic part consists entirely of fixed points of $t$, i.e. $C(A) \rightarrowtail A$ is the equalizer of $t$ and $1_A$.

**Lemma 5.5.3** *With the above notation,*

(i) *$\preceq$ is a preorder on $A$.*

(ii) *If $f\colon (A,t) \to (B,u)$ is a morphism of objects-with-an-endomorphism, then $f$ is an order-preserving map $(A,\preceq) \to (B,\preceq)$. In particular, $t$ is an order-preserving map $(A,\preceq) \to (A,\preceq)$.*

(iii) *We have $(\forall x,y\colon A)((x \preceq y) \Leftrightarrow ((x \prec y) \vee (x = y)))$.*

(iv) *If $(A,a,t)$ is an orbital, then it satisfies $(\forall x : A)(a \preceq x)$ and $(\forall x,y\colon A)((x \preceq y) \vee (y \preceq x))$.*

(v) *$(A,t)$ is acyclic iff $\preceq$ is a partial order on $A$.*

**Proof** (i) It is clear that $\preceq$ inherits reflexivity and transitivity from the ordering on $PA$.

(ii) It is also clear that if $f$ satisfies the hypothesis, then, for any $x\colon A$, $Of(x)$ is the image of $O(x)$ under $f$, since it is an orbital with distinguished element

$f(x)$. In other words, the diagram

$$\begin{array}{ccc} A & \xrightarrow{f} & B \\ \Big\downarrow{\scriptstyle O} & & \Big\downarrow{\scriptstyle O} \\ PA & \xrightarrow{\exists f} & PB \end{array}$$

commutes. So the result follows from the fact that $\exists f$ is order-preserving. The second assertion follows from the fact that $t$ commutes with itself.

(iii) It is again clear that $x \preceq y$ is equivalent to $y \in O(x)$; but since $O(x)$ is an orbital, this is in turn equivalent to $((x = y) \vee (\exists z)((z \in O(x)) \wedge (tz = y)))$ by 5.1.1. From the second half of this disjunction, we deduce $(tx \preceq y)$ (i.e. $(x \prec y)$) since $t$ is order-preserving; so we have proved the left-to-right implication in (iii). But the right-to-left implication follows trivially from (i), since $x \preceq tx$.

(iv) The first assertion is clear since $Oa$ is the whole of $A$. For the second, consider the subobject $A' \rightarrowtail A$ which is the interpretation of

$$\{x \colon A \mid (\forall y \colon A)((x \preceq y) \vee (y \preceq x))\};$$

we shall show that $A'$ is $(a, t)$-closed, and hence the whole of $A$. Clearly $a$ factors through $A'$, by the result just established. Suppose $(x \in \ulcorner A' \urcorner)$; then for any $y$ we have $((x \preceq y) \vee (y \preceq x))$. But by (iii) the first possibility is equivalent to $((x = y) \vee (tx \preceq y))$; and both $(x = y)$ and $(y \preceq x)$ imply $(y \preceq tx)$. So we have shown that $((x \in \ulcorner A' \urcorner) \Rightarrow (tx \in \ulcorner A' \urcorner))$.

(v) Suppose $(A, t)$ is acyclic. Then from $((x \preceq y) \wedge (y \preceq x))$ we may deduce $((x = y) \vee ((x \prec y) \wedge (y \preceq x)))$, by (iii), and hence $((x = y) \vee (x \prec x))$, i.e. $((x = y) \vee (x \in \ulcorner C(A) \urcorner))$. But from $(x \in \ulcorner C(A) \urcorner)$ we deduce $(x = tx)$ and hence $(O(x) = \{x\})$ since $\{x\}$ is $t$-closed; so this possibility also leads to $(x = y)$. So we have shown that $\preceq$ is antisymmetric, and hence a partial order. Conversely, suppose $\preceq$ is antisymmetric; then from $(x \prec x)$ we deduce $((x \preceq tx) \wedge (tx \preceq x))$, and hence $(x = tx)$. So $C(A)$ is contained in the equalizer of $t$ and $1_A$; but the reverse inclusion always holds. □

We define a *numeral* to be an acyclic orbital. This is not Freyd's original definition; he took the partial order $\preceq$, as well as the morphisms $a$ and $t$, as part of the primitive structure of a numeral. However, the following lemma shows that Freyd's definition is equivalent to the one just given.

**Lemma 5.5.4** *Let $(A, a, t)$ be an orbital, and suppose given a partial order $\leq$ on $A$ such that $t$ is order-preserving and $a$ is the least element of $A$. Then $\leq$ coincides with $\preceq$; in particular, $(A, a, t)$ is a numeral.*

**Proof** First we observe that we have $(\forall x \colon A)(x \leq tx)$, since the subobject of $A$ which is the interpretation of $\{x \colon A \mid x \leq tx\}$ is $(a, t)$-closed by the hypotheses on $\leq$. It is now clear that $(x \preceq y)$ implies $(x \leq y)$, since $\{y : A \mid x \leq y\}$ is a $t$-closed subobject of $A$ containing $x$, and hence contains $O(x)$. For the converse, consider the subobject $A' \rightarrowtail A$ which is the interpretation of

$$\{x \colon A \mid (\forall y \colon A)((x \leq y) \Rightarrow (x \preceq y))\};$$

we shall show that $A'$ is $(a,t)$-closed, and hence the whole of $A$. Clearly, $a$ factors through $A'$, since $Oa$ is the whole of $A$; so suppose $(x \in \ulcorner A' \urcorner)$, and let $(tx \leq y)$. Since $(x \leq tx)$, we have $(x \leq y)$ and hence $(x \preceq y)$, so by 5.5.3(iii) we have $((x = y) \vee (x \prec y))$. But from the first possibility we deduce $(tx \leq x)$, whence $(x = tx)$ by antisymmetry of $\leq$, and so $(tx \preceq y)$; and the second possibility is exactly the statement that $(tx \preceq y)$. Thus we have shown that $((x \in \ulcorner A' \urcorner) \Rightarrow (tx \in \ulcorner A' \urcorner))$, i.e. $A'$ is $t$-closed. □

Given an arbitrary orbital $(A, a, t)$, we may consider the equivalence relation $\approx$ on $A$ which is the intersection of $\preceq$ and its opposite. The quotient $\overline{A} = A/\approx$ clearly inherits a $\mathbb{T}$-algebra structure from $A$; and it is an orbital since we have an epimorphism $A \twoheadrightarrow \overline{A}$. Since it also carries a partial order (the image of $\preceq$) satisfying the conditions of 5.5.4, we deduce that it is a numeral. Moreover, any morphism from $A$ to a numeral must factor through $A \twoheadrightarrow \overline{A}$, since it preserves $\preceq$ and hence $\approx$; so we have proved

**Corollary 5.5.5** *The sub-preorder* Num($\mathcal{E}$) *of numerals in* $\mathcal{E}$ *is coreflective in* Orb($\mathcal{E}$). □

Moreover, the coreflection can be made into an $\mathcal{E}$-indexed coreflection, as in the proof of 5.5.2(iv). Thus the $\mathcal{E}$-indexed preorder $\mathbb{N}\mathsf{um}(\mathcal{E})$ enjoys the same completeness properties as $\mathbb{O}\mathsf{rb}(\mathcal{E})$ (cf. 5.5.2(iv)).

Next, we prove a result which is the analogue for numerals of Freyd's characterization of natural number objects (5.1.2).

**Proposition 5.5.6** *Let $(A, a, t)$ be a $\mathbb{T}$-algebra in a topos $\mathcal{E}$, and $\leq$ a partial order on $A$ such that $t$ is order-preserving and $a$ is the least element of $A$. Then $(A, a, t)$ is a numeral iff it satisfies the following conditions:*

(i) $(\forall x \colon A)(x \leq tx)$;

(ii) $(a, t)$ *is jointly epic;*

(iii) $\leq$ *is a total order;*

(iv) $(\forall x, y \colon A)(((x \leq y) \wedge (y \leq tx)) \Rightarrow ((x = y) \vee (y = tx)))$;

(v) *the coequalizer of $t$ and $1_A$ is $A \to 1$.*

**Proof** First suppose $(A, a, t)$ is a numeral. Then we have already seen that (i) holds in the proof of 5.5.4, (ii) holds by 5.1.1, and (iii) holds by 5.5.3(iv). For (iv), we observe that $(x \leq y)$ implies $((x = y) \vee (tx \leq y))$ by 5.5.3(iii) and 5.5.4, and that $((tx \leq y) \wedge (y \leq tx))$ implies $(y = tx)$ since $\leq$ is antisymmetric. Finally, for (v), suppose we have a morphism $f \colon A \to B$ satisfying $f = ft$. Then $f$ is a

$\mathbb{T}$-algebra morphism $(A, a, t) \to (B, fa, 1_B)$, so its image is the orbit $O(fa) \rightarrowtail B$, which is clearly $\{fa\}$. Thus $f$ factors through $A \to 1$ (and the factorization is unique since $A \to 1$ is split epic).

Conversely, suppose the five conditions hold. Let $A' \rightarrowtail A$ be the orbit named by $Oa$; we shall argue as in the proof of 5.1.2(ii) $\Rightarrow$ (iii) to show that $A'$ is the whole of $A$. First of all, we claim that

$$(\forall x, y \colon A)(((x \leq y) \wedge (y \in \ulcorner A' \urcorner)) \Rightarrow (x \in \ulcorner A' \urcorner));$$

to prove this, let $A'' \rightarrowtail A'$ be the interpretation of

$$\{y \colon A' \mid (\forall x \colon A)((x \leq y) \Rightarrow (x \in \ulcorner A' \urcorner))\} .$$

We claim that $A''$ is $(a, t)$-closed, and hence the whole of $A'$. Clearly, $a$ factors through $A''$ since $(x \leq a)$ implies $(x = a)$ by antisymmetry of $\leq$. If $(y \in A'')$ and $(x \leq ty)$, then we have either $(x \leq y)$ or $(y \leq x)$ by (iii); the first of these implies $(x \in \ulcorner A' \urcorner)$, and the second implies $((y = x) \vee (x = ty))$ by (iv), from which we again deduce $(x \in \ulcorner A' \urcorner)$. Next, we claim that

$$(\forall x \colon A)((x \in \ulcorner A' \urcorner) \Leftrightarrow (tx \in \ulcorner A' \urcorner));$$

the left-to-right implication is clear since $A'$ is $t$-closed, so suppose $(tx \in \ulcorner A' \urcorner)$. From (ii), we deduce $((tx = a) \vee (\exists y : A')(tx = ty))$; but $(tx = a)$ implies $(a \leq x \leq tx = a)$ and hence $(x = a)$, so $(x \in \ulcorner A' \urcorner)$. Given $y$ such that $((y \in \ulcorner A' \urcorner) \wedge (tx = ty))$, we have $((x \leq y) \vee (y \leq x))$ by (iii); the first possibility implies $(x \in A')$ by the argument already given, and the second implies $(y \leq x \leq tx = ty)$, whence $((y = x) \vee (x = ty))$ by (iv), and either of these possibilities implies $(x \in \ulcorner A' \urcorner)$.

Thus we have shown that $A'$ is $S$-closed, where $S \rightarrowtail A \times A$ is the symmetrization of the graph of $t$ (i.e. the union of the graph and its opposite). Arguing exactly as in the proof of 5.1.2(ii) $\Rightarrow$ (iii), we now deduce that it is $T$-closed, where $T$ is the kernel-pair of the coequalizer of $S \rightrightarrows A$. But $T$ is the whole of $A \times A$ by (v); so, since $A'$ contains the element $a$, it must be the whole of $A$. □

**Corollary 5.5.7** *Any bicartesian functor between toposes preserves numerals.*

**Proof** Such a functor preserves the validity of the conditions of 5.5.6 (note that the first four of them are expressible as coherent sequents, and are thus preserved by arbitrary coherent functors). □

Let $A$ be an object of a topos equipped with a reflexive relation $R \colon A \nrightarrow A$. Then the composite of $R$ with the universal relation $\in_A \colon PA \nrightarrow A$ (cf. A3.4.5) defines a morphism $r \colon PA \to PA$, which corresponds to the operation of composing an arbitrary relation $B \nrightarrow A$ with $R$. It is clear that $r$ is order-preserving (for the usual ordering on $PA$) and inflationary (i.e. it satisfies $(\forall w \colon PA)(w \leq rw)$).

So if we fix any particular subobject $A' \rightarrowtail A$ and cut down the $\mathbb{T}$-algebra $(PA, \ulcorner A' \urcorner, r)$ to an orbital, the latter will be a numeral by 5.5.4. Let us write $B$ for this numeral, and consider the subobject $A'' \rightarrowtail A$ which is the internal union of the $B$-indexed family of subobjects named by $B \rightarrowtail PA$. We claim that $A''$ is the $R$-closure of $A'$, that is the smallest subobject satisfying $A' \leq A''$ and

$$(\forall x, y \colon A)(((x \in \ulcorner A'' \urcorner) \wedge (\langle x, y \rangle \in \ulcorner R \urcorner)) \Rightarrow (y \in \ulcorner A'' \urcorner)) \, .$$

For $A''$ clearly has this closure property (since $B$ is $r$-closed), and contains $A'$ since $\ulcorner A' \urcorner$ factors through $B$. Conversely, if $C \rightarrowtail A$ is $R$-closed in the above sense, then $\ulcorner C \urcorner \colon 1 \to PA$ is a fixed point of $r$; hence if we also have $A' \leq C$ then $\{w \colon PA \mid \ulcorner A' \urcorner \leq w \leq \ulcorner C \urcorner\}$ is a sub-$\mathbb{T}$-algebra of $(PA, \ulcorner A' \urcorner, r)$ and so contains $B$, i.e. $(\forall w \colon B)(w \leq \ulcorner C \urcorner)$.

We may now deduce, for toposes not necessarily having natural number objects, the analogue of a result which we proved for toposes with natural number objects back in A2.5.7:

**Proposition 5.5.8** *Let $T \colon \mathcal{E} \to \mathcal{F}$ be a coherent functor between toposes. Then the following conditions are equivalent:*

(i) *$T$ is cocartesian (equivalently, preserves coequalizers);*

(ii) *$T$ preserves $R$-closures of subobjects, for any reflexive relation $R$;*

(iii) *$T$ preserves transitive closures of reflexive relations.*

**Proof** (i) $\Rightarrow$ (ii): Let $R \rightarrowtail A \times A$ be a reflexive relation in $\mathcal{E}$, $A' \rightarrowtail A$ an arbitrary subobject and $A'' \rightarrowtail A$ its $R$-closure. Since a coherent functor preserves composition of relations, it sends $A''$ to a $TR$-closed subobject of $TA$ containing $TA'$; we have to show that it is no larger than the $TR$-closure $C \rightarrowtail TA$ of $TA'$. But we constructed $A''$ above as the image of $v \colon S \to A$, where $(u, v) \colon S \rightarrowtail B \times A$ is the relation corresponding to $B \rightarrowtail PA$; so $TA''$ is the image of $Tv \colon TS \to TA$. Now consider

$$\{y \colon TB \mid \{z \colon TA \mid \langle y, z \rangle \in \ulcorner TS \urcorner\} \leq \ulcorner C \urcorner\};$$

it is not hard to verify that this is a $(T\ulcorner A' \urcorner, Tr)$-closed subobject of $TB$, but $TB$ is a numeral by 5.5.7 and so it is the whole of $TB$. Hence $TA'' \leq C$, as required.

(ii) $\Rightarrow$ (iii): Given a reflexive relation $R \rightarrowtail A \times A$, let $B = A \times A$ and let $\widetilde{R} \rightarrowtail B \times B$ be the relation defined by the term

$$\{\langle x, y, z, t \rangle \colon A^4 \mid ((x = z) \wedge (\langle y, t \rangle \in \ulcorner R \urcorner))\} \, .$$

If we take $B' \rightarrowtail B$ to be the diagonal subobject $A \rightarrowtail A \times A$, then it is clear that the $\widetilde{R}$-closure of $B'$ is just the transitive closure of $R$.

(iii) $\Rightarrow$ (i): Any coherent functor between toposes preserves coequalizers of equivalence relations; and it preserves the construction of the reflexive and symmetric relation generated by a parallel pair of morphisms in $\mathcal{E}$, since the latter may be constructed using finite limits, finite coproducts and images. Hence if (iii) holds, $T$ preserves the construction of the equivalence relation generated by a parallel pair. □

So far in this section, we have not had much to say about finiteness as such. We now make good this deficit.

**Lemma 5.5.9** *Let $(A, a, t)$ be an orbital, and let $C(A)$ denote the cyclic part of $A$.*

(i) *$(A, a, t)$ is a natural number object iff $C(A) \cong 0$.*

(ii) *$A$ is $K$-finite iff $C(A)$ is well-supported.*

(iii) *The equalizer of $t$ and $1_A$ is a subterminal object.*

(iv) *$(A, a, t)$ is a $K$-finite numeral iff $C(A) \cong 1$.*

**Proof** (i) The left-to-right implication is clear, since the preorder $\preceq$ on $N$ must coincide with the usual partial order by 5.5.4. Conversely, suppose $C(A) \cong 0$. Then the image of $t$ is disjoint from $a$, since $(tx = a)$ would imply $(tx \preceq x)$, i.e. $(x \in \ulcorner C(A) \urcorner)$. So by 5.1.2 it suffices to prove that $t$ is monic. Suppose $(tx = ty)$; by 5.5.3(iv) we have either $(x \preceq y)$ or $(y \preceq x)$. If the former holds, then we have $(x \preceq y \preceq ty = tx)$; but $(A, t)$ is clearly acyclic, and so by 5.5.6(iv) we have $((x = y) \vee (y = tx))$. But $(y = tx)$ would imply $(y \in \ulcorner C(A) \urcorner)$, which is impossible, so we have $(x = y)$. The argument if $(y \preceq x)$ is similar.

(ii) First suppose $A$ is $K$-finite. We shall say that a subobject $A' \rightarrowtail A$ is bounded if $(\exists y : A)(\forall x : A')(x \preceq y)$; clearly, we may construct a subobject $L \rightarrowtail PA$ indexing the bounded subobjects of $A$. This subobject clearly contains $\ulcorner 0 \rightarrowtail A \urcorner$ and singletons; and it is closed under binary unions by 5.5.3(iv). So $K(A) \leq L$ and hence $A$ is bounded, i.e. $(\exists y \colon A)(\forall x \colon A)(x \preceq y)$. Substituting $ty$ for $x$ in this formula, we deduce that any such $y$ must be cyclic.

For the converse, we first assume that $(A, t)$ is acyclic. Suppose $(y \in \ulcorner C(A) \urcorner)$; then $\{x : A \mid (x \preceq y)\}$ defines an $(a, t)$-closed subobject of $A$ (since $(x \preceq y)$ implies $(tx \preceq ty = y)$) which must be the whole of $A$, i.e. $y$ must be an upper bound for $A$. Now consider the subobject $A' \rightarrowtail A$ defined by

$$\{y \colon A \mid \{x \colon A \mid (x \preceq y)\} \text{ is } K\text{-finite}\} \; ;$$

we shall show that $A'$ is $(a, t)$-closed, and so any bounded subobject of $A$ (in particular, $A$ itself) is $K$-finite. Clearly $a$ factors through $A'$ since $\{x \colon A \mid (x \preceq a)\} = \{a\}$; and from 5.5.6(iii) and (iv) we obtain

$$\{x \colon A \mid (x \preceq ty)\} = \{x \colon A \mid (x \preceq y)\} \cup \{ty\},$$

whence $(\forall y \colon A)((y \in \ulcorner A' \urcorner) \Rightarrow (ty \in \ulcorner A' \urcorner))$.

Unfortunately, if $(A, t)$ contains nontrivial cycles, the above argument will not work, since the sets $\{x : A \mid x \preceq y\}$ need not be $K$-finite in this case. For such an $A$, we consider the morphism $\hat{t}\colon K(A) \to K(A)$ given by

$$K(A) \xrightarrow{(1_{K(A)}, K(t))} K(A) \times K(A) \xrightarrow{\cup} K(A),$$

and write $\widehat{O}\colon A \to P(K(A))$ for the composite of the singleton map $A \to K(A)$ and the orbit map for $\hat{t}$. We claim first that we have

$$(\forall x\colon A)(\forall w\colon K(A))((w \in \widehat{O}(x)) \Rightarrow (\exists y\colon A)(\hat{t}w = w \cup \{ty\}))\ .$$

We prove this, for a given $x$, by induction over $w$ in $\widehat{O}(x)$: clearly, for $w = \{x\}$ we may take $y = x$, and if $w = \hat{t}w'$ and $y'$ satisfies the condition for $w'$, then $ty'$ satisfies it for $y$. Similarly, we may prove

$$(\forall x, y\colon A)(\forall w\colon K(A))(((w \in \widehat{O}(x)) \wedge (y \in w)) \Rightarrow (O(x) = w \cup O(y)))\ .$$

The key idea is now to consider

$$\{w\colon K(A) \mid ((w \in \widehat{O}(x)) \wedge (\forall y\colon A)(((y \in w) \wedge (ty = x)) \Rightarrow (w = O(x))))\}$$

where $x$ is a free variable of type $A$. Once again, we may show that this set contains $\{x\}$ and is $\hat{t}$-closed, so it is the whole of $\widehat{O}(x)$. We deduce that

$$((\exists y\colon A)((y \in O(x)) \wedge (ty = x)) \Rightarrow (O(x) \text{ is } K\text{-finite}));$$

but we know that $(\exists x\colon A)(tx \preceq x)$, and this particular $x$ must equal $ty$ for some $y \in O(x)$. Now since $Oa = \ulcorner A \urcorner$, we have

$$(\exists w\colon K(A))((w \in \widehat{O}(a)) \wedge (x \in w))$$

for this particular $x$, but we then have $\ulcorner A \urcorner = w \cup O(x)$. So $A$ is the union of two $K$-finite subobjects, and hence $K$-finite.

(iii) Suppose $(x = tx)$; then, as in the proof of (ii), we deduce that $x$ is an upper bound for $A$, i.e. $(\forall y\colon A)(x \in O(y))$. But if we also have $(y = ty)$ then $O(y) = \{y\}$; so any two fixed points of $t$ must be equal.

(iv) If $A$ is a $K$-finite numeral, then $C(A)$ is well-supported by (ii) and subterminal by (iii); so it is isomorphic to 1. Conversely, if $C(A) \cong 1$, then $A$ is $K$-finite by (ii). Also, it is clear that if $(x \in \ulcorner C(A) \urcorner)$ then we also have $(tx \in \ulcorner C(A) \urcorner)$; so $C(A) \cong 1$ implies that any cyclic element $x$ satisfies $(x = tx)$. □

Thus, in a 2-valued topos, every orbital is either $K$-finite or a natural number object. In the opposite direction, it is clear that every finite successor cardinal can be given the structure of a numeral: we can 'truncate' the successor morphism on $N$ to yield a morphism $[sp] \to [sp]$ with the required properties. However, not every quotient of such a cardinal can be given a numeral structure or even an orbital structure. For example, let $\mathcal{C}$ be the finite category with four objects $a, b, c, d$ and three non-identity morphisms $a \to b, a \to c, a \to d$, and let $A \in$ ob $[\mathcal{C}, \mathbf{Set}]$ be the functor defined by $A(a) = \{0, 1, 2\}$, $A(b) = A(c) = A(d) = \{0, 1\}$ with $A(a \to b), A(a \to c)$ and $A(a \to d)$ being surjections which identify the pairs $(1, 2)$, $(0, 2)$ and $(0, 1)$ respectively. Then it is easily seen that there is no way of defining a transitive 'successor map' on $A(a)$ which is compatible with all three transition maps. (If we delete one of the three 'legs' of this diagram, we obtain a $K$-finite object which admits an orbital structure but no numeral structure.)

But the class of $K$-finite numerals does contain more than just the finite cardinals:

**Lemma 5.5.10**

(i) *If $\mathcal{E}$ has a natural number object, then* $\mathsf{Num}(\mathcal{E})$ *is equivalent to the opposite of (the standard indexing of) the internal poset of $s$-closed subobjects of $N$.*

(ii) *Even if $\mathcal{E}$ does not have a natural number object,* $\mathsf{Num}(\mathcal{E})^{\mathrm{op}}$ *is cartesian closed.*

**Proof** (i) For any numeral $(A, a, t)$, we have a unique $\mathbb{T}$-algebra morphism $g\colon N \twoheadrightarrow A$, and $A$ is characterized up to isomorphism by the set $\{n\colon N \mid g(n) = g(sn)\}$. Conversely, given an $s$-closed subobject $B \rightarrowtail N$, the pushout

$$\begin{array}{ccc} B & \rightarrowtail & N \\ \downarrow & & \downarrow g \\ \sigma B & \rightarrowtail & A \end{array}$$

inherits a numeral structure from $N$; and since this square is also a pullback by A2.4.3, we can recover $B$ as $\{n : N \mid g(n) = g(sn)\}$. Thus we have an order-reversing bijection between isomorphism classes of numerals in $\mathcal{E}$ and $s$-closed subobjects of $N$; and the same argument works in $\mathcal{E}/I$ for any $I$, so we have an equivalence of $\mathcal{E}$-indexed categories.

(ii) It suffices to prove that, given any numeral $(A, a, t)$, the preorder $\{B \in \text{ob Num}(\mathcal{E}) \mid B \leq A\}^{\mathrm{op}}$ is cartesian closed. But, as in (i), we may identify these numerals up to isomorphism with subobjects of $A$ which are $t$-closed (equivalently, which are upwards closed for the relation $\preceq$) and contain the subobject $\{x\colon A \mid (x = tx)\}$. These clearly form a sublattice of Sub$(A)$; they do not form a sub-Heyting-algebra, but they do have an implication defined by

$$(B \Rightarrow C) = \{x\colon A \mid (\forall y)(((x \preceq y) \wedge (y \in \ulcorner B \urcorner)) \Rightarrow (y \in \ulcorner C \urcorner))\} .$$

□

In the situation of 5.5.10(i), it is clear that the $K$-finite numerals correspond to the inhabited $s$-closed subobjects of $N$, and the inhabited finite cardinals correspond to the $s$-closed subobjects with least elements – equivalently, to the complemented ones. Thus, for example, whereas we saw in 5.2.8($b$) that cardinals in a spatial topos $\mathbf{Sh}(X)$ correspond to continuous (= locally constant) functions $f\colon X \to \mathbb{N}$, the finite numerals in this topos correspond to (everywhere-nonzero) upper semicontinuous functions, i.e. those for which $\{x \in X \mid f(x) \leq n\}$ is open for each $n$. (Explicitly, a numeral $A$ corresponds to the function whose value at $x \in X$ is the number of elements in the stalk $A_x$.)

There is another important connection between numerals and $K$-finiteness. Given an arbitrary object $A$ of a topos, consider the relation $R \rightarrowtail PA \times PA$ defined by the term

$$\{z\colon PA \times PA \mid ((\mathsf{fst}(z) = \mathsf{snd}(z)) \vee (\exists x\colon A)(\mathsf{snd}(z) = \mathsf{fst}(z) \cup \{x\}))\}\ .$$

Clearly, $R$ is reflexive, and so we can use the ideas described before 5.5.8 to construct the $R$-closure of $\ulcorner 0 \urcorner\colon 1 \rightarrowtail PA$; but, by 5.4.2, the latter is precisely $K(A)$. Thus we have a numeral $(n(A), o, s)$ (which we shall call the numeral associated with $A$) and a relation $\phi\colon n(A) \looparrowright K(A)$ satisfying the coherent sequents $(\phi(o,w) \dashv\vdash_w (w = \ulcorner 0 \urcorner))$ and

$$(\phi(sn,w) \dashv\vdash_{n,w} (\phi(n,w) \vee (\exists w'\colon K(A))(\exists x\colon A)(\phi(n,w') \wedge (w = (w' \cup \{x\})))))$$

(where $n$ and $w$ are variables of types $n(A)$ and $K(A)$ respectively). The idea is that $n(A)$ 'counts the number of elements required to cover each finite subobject of $A$'.

**Proposition 5.5.11** *Let $A$ be a $K$-finite object. Then*

(i) *$n(A)$ is $K$-finite;*

(ii) *$n(A)$ is characterized up to isomorphism in* $\mathrm{Num}(\mathcal{E})$ *by the sequents above together with*

$$(\phi(n, \ulcorner A \urcorner) \dashv\vdash_n (n = sn));$$

(iii) *if $A$ underlies a numeral $(A, a, t)$, then $n(A)$ is isomorphic to the numeral $(A, a, t)^+$ with underlying object $1 \amalg A$ and structure maps $\nu_1\colon 1 \to 1 \amalg A$ and $\nu_2(a,t)\colon 1 \amalg A \to 1 \amalg A$.*

**Proof** (i) We first establish the validity of

$$(\forall n\colon n(A))(\forall w, w'\colon K(A))((\phi(n,w) \wedge (w' \leq w)) \Rightarrow \phi(n,w'))$$

by showing that the set of $n$ for which the condition holds is a $(o,s)$-closed subobject of $n(A)$. Clearly, the condition holds for $o$ since $\ulcorner 0 \urcorner$ is the least element of $K(A)$. Suppose it holds for $n$; let $B \rightarrowtail A$ be a $K$-finite subobject for which we have $\phi(sn, \ulcorner B \urcorner)$ and $B' \rightarrowtail A$ a $K$-finite subobject contained in $B$. Then we have either $\phi(n, \ulcorner B \urcorner)$ or $B = B'' \cup \{a\}$ for some $a\colon 1 \to A$ and some $K$-finite

$B''$ such that $\phi(n, \ulcorner B'' \urcorner)$. In the first case, we clearly have $\phi(n, \ulcorner B' \urcorner)$ and hence $\phi(sn, \ulcorner B' \urcorner)$. In the second case, things are more complicated: because the union $B'' \cup \{a\}$ is not necessarily disjoint, the intersections $B' \cap B''$ and $B' \cap \{a\}$ need not be $K$-finite. However, we can prove

$$(\forall w \colon K(B))((w \leq \ulcorner B'' \urcorner) \vee (\exists w' \colon K(B))((w' \leq \ulcorner B'' \urcorner) \wedge (w = w' \vee \ulcorner \{a\} \urcorner)))$$

by showing that the object of $K$-finite subobjects of $B$ satisfying this condition is a join-semilattice and contains singletons; so we have either $B' \leq B''$ or there exists a $K$-finite $C \leq B''$ such that $B' = C \cup \{a\}$. In either case, we deduce $\phi(sn, \ulcorner B' \urcorner)$, as required.

Now since $A$ is $K$-finite, there exists $n$ such that $\phi(n, \ulcorner A \urcorner)$ holds. But this $n$ satisfies $(\forall w \colon K(A))\phi(n, w)$, from which it follows that $n = sn$; so $n(A)$ has an $s$-fixed point, and is thus $K$-finite by 5.5.9(ii).

(ii) If we have $\phi(n, \ulcorner A \urcorner)$, then by (i) we have $n = sn$. Conversely, if $n = sn$, then $n$ is the $\preceq$-largest element of $n(A)$, and so $\phi(n, \ulcorner A \urcorner)$ follows from the fact that the mapping $n \mapsto \{w \colon K(A) \mid \phi(n, w)\}$ is order-preserving.

Conversely, if $(B, b, t)$ is any numeral equipped with a relation $\psi \colon B \nrightarrow K(A)$ satisfying the sequents before the statement of the proposition, then the name $\ulcorner \psi \urcorner \colon B \to PPA$ of the composite relation $B \nrightarrow K(A) \rightarrowtail PA$ is easily seen to be a morphism of $\mathbb{T}$-algebras, where $PPA$ is given the $\mathbb{T}$-algebra structure $(\{\ulcorner 0 \urcorner\}, r)$ used in the definition of $n(A)$. So its image is precisely $n(A)$. The additional condition in the statement of (ii) says precisely that, as a morphism $B \to n(A)$, $\ulcorner \psi \urcorner$ reflects the cyclic element; but since we have

$$(\forall y, z \colon B)((y = z) \vee (y \prec z) \vee (z \prec y))$$

by 5.5.3(iii) and (iv), this easily implies that $\ulcorner \psi \urcorner$ is injective and hence an isomorphism.

(iii) Let $\downarrow \colon A \to K(A)$ be the morphism defined by the term

$$\{y \colon A \mid y \preceq x\}$$

where $x$ is a free variable of type $A$ (note that the sets of this form are indeed $K$-finite, by the proof of 5.5.9(ii)). Now we claim that

$$(\forall x \colon A)(\exists n \colon n(A))(\phi(n, \downarrow x) \wedge (\forall m \colon n(A))(\phi(m, \downarrow x) \Rightarrow (n \preceq m))) \; ;$$

we prove this by showing that the subobject of those $x$ for which the condition holds is $(a, t)$-closed. The condition holds for $x = a$, since we have $\downarrow a = \{a\}$, and hence $\phi(so, \downarrow a)$ (but not $\phi(o, \downarrow a)$). Suppose $x = ty$ and that the condition holds for $y$; let $n$ be the $\preceq$-least element of $n(A)$ satisfying $\phi(n, \downarrow y)$. Since $\downarrow x = \downarrow y \cup \{x\}$, it is clear that we have $\phi(sn, \downarrow x)$; also, any $m$ for which $\phi(m, \downarrow x)$ holds also satisfies $\phi(m, \downarrow y)$ and hence $n \preceq m$. And if $\phi(n, \downarrow x)$ holds, then we must have $\downarrow x = \downarrow y$, whence $ty = y$, so $\downarrow y$ is the whole of $A$ and hence $sn = n$. Thus we see that $sn$ is the $\preceq$-least element of $n(A)$ satisfying $\phi(sn, \downarrow x)$.

Since the least $n$ associated with $x$ by the above formula is clearly unique, we have thus defined a morphism $f: A \to n(A)$, which we may extend to a morphism $\overline{f}: 1 \amalg A \to n(A)$ by sending the extra element to $o$. From the construction, it is clear that $\overline{f}$ is monic, and that it is a morphism of $\mathbb{T}$-algebras, where $1 \amalg A$ is given the structure maps in the statement of the proposition; so by 5.5.2(i) it is an isomorphism. □

Following on from 5.5.11(i), we define an object $A$ of a topos to be *R-finite* if $n(A)$ is $K$-finite. ($R$ stands for 'Russell'; intuitively, $A$ is $R$-finite if there exists a finite bound for the sizes of its $K$-finite subobjects.) We note some of the basic properties of this finiteness notion:

**Lemma 5.5.12**

(i) *An object $A$ is $R$-finite iff there exists a $K$-finite numeral $(B, b, t)$ and a relation $\psi: B \nrightarrow K(A)$ satisfying the sequents $(\psi(b, w) \dashv\vdash_w (w = \ulcorner 0 \urcorner))$ and*

$$(\psi(ty, w) \dashv\vdash_{y,w} (\psi(y, w) \vee (\exists w': K(A))(\exists x: A)(\phi(y, w') \wedge (w = (w' \cup \{x\}))))).$$

(ii) *Any subobject of an $R$-finite object is $R$-finite.*

(iii) *Any $\tilde{K}$-finite object (cf. 5.4.22) is $R$-finite.*

(iv) *A numeral is $R$-finite iff it is $K$-finite.*

(v) *Bicartesian functors between toposes preserve $R$-finiteness.*

**Proof** (i) One direction is immediate by taking $B = n(A)$. Conversely, if $\psi$ satisfies the conditions, then as in the proof of 5.5.11(ii) we see that $\ulcorner \psi \urcorner: B \to PPA$ induces a morphism of numerals $B \to n(A)$, so $n(A)$ inherits $K$-finiteness from $B$.

(ii) If $A'$ is a subobject of $A$, we may identify $K(A')$ with the sub-semilattice of $K(A)$ defined by the term $\{w : K(A) \mid (\forall x : A)((x \in w) \Rightarrow (x \in \ulcorner A' \urcorner))\}$. It is then easy to see that the relation $\phi: n(A) \nrightarrow K(A)$ restricts to a relation $n(A) \nrightarrow K(A')$ having the properties in (i); so $A'$ is $R$-finite.

(iii) By (ii) and 5.5.11(i), every subobject of a $K$-finite object is $R$-finite. But $R$-finiteness is clearly a local property, so the result follows from 5.4.22.

(iv) is immediate from 5.5.11(iii) (whose proof did not in fact make use of the $K$-finiteness of $A$).

(v) follows easily from (i), since bicartesian functors preserve $K$-finite numerals by 5.5.7 and 5.4.12. □

**Example 5.5.13** The converse of 5.5.12(iii) is false. Let $W \rightarrowtail \Omega$ be the Higgs object, as constructed in Section D4.5: it follows easily from the first displayed formula in the proof of 4.5.12 that $W$ satisfies

$$(\forall x, y, z: W)((x = y) \vee (y = z) \vee (x = z)),$$

from which it follows that any inhabited $K$-finite subobject of $W$ is a quotient of 2, and hence that $n(W) \leq 3$ in $\mathrm{Num}(\mathcal{E})$; so $W$ is $R$-finite in any topos. But we identified the Higgs object of the functor category $[\mathbf{N}, \mathbf{Set}]$ (where $\mathbf{N}$ is the ordered set of natural numbers) at the end of 5.4.25, and we observed that it is not $\tilde{K}$-finite.

**Remark 5.5.14** We may now develop an 'arithmetic of numerals' which parallels and extends the arithmetic of finite cardinals in a topos with natural number object. We have already defined a successor operation $(A, a, t) \mapsto (A, a, t)^+$ on numerals; the corresponding 'predecessor operation' $(-)^-$ sends $(A, a, t)$ to the image of $t$, equipped with the structure maps $ta$ and the restriction of $t$ to its image. Because numerals are necessarily well-supported, we have a slightly awkward 'shift' between cardinals and numerals: we have to regard 1 as the numeral version of zero (it is, of course, $n(0)$), and $1 \amalg 1 = n(1)$ as the numeral version of one. We define the sum $(A, a, t) \oplus (B, b, u)$ to be $n(A \vee B)^-$, where $A \vee B$ is the pushout

$$\begin{array}{ccc} 1 & \xrightarrow{b} & B \\ {\scriptstyle a}\downarrow & & \downarrow \\ A & \longrightarrow & A \vee B \end{array} \quad ;$$

note that $A \vee B$ is $K$-finite if $A$ and $B$ are, since it is a quotient of $A \amalg B$. The morphisms $1_A \times b \colon A \cong A \times 1 \to A \times B$ and $a \times 1_B \colon B \cong 1 \times B \to A \times B$ induce a monomorphism $A \vee B \rightarrowtail A \times B$, and we may thus define the product $(A, a, t) \otimes (B, b, u)$ to be $n(A \wedge B)^-$, where $A \wedge B$ is the pushout

$$\begin{array}{ccc} A \vee B & \rightarrowtail & A \times B \\ \downarrow & & \downarrow \\ 1 & \longrightarrow & A \wedge B \end{array}$$

(again, this is $K$-finite if $A$ and $B$ are, since it is a quotient of $A \times B$). We can even define truncated subtraction: given numerals $A$ and $B$; the least numeral $C$ satisfying $C \oplus B \geq A$ is given by $n(D)^-$, where $D$ is the 'kernel' of the $\mathbb{T}$-algebra epimorphism $A \twoheadrightarrow A \cap B$, i.e. the $s$-closed subobject of $A$ which corresponds to $A \cap B$ as in the proof of 5.5.10(ii). Note that $D$ need not be $K$-finite if $A$ is, since it need not be complemented in $A$; however, $n(D)$ is still $K$-finite, since $D$ is certainly a subobject of a $K$-finite object.

It is not hard to verify that the operations on numerals thus defined satisfy (most of!) the usual laws of arithmetic, and that if $\mathcal{E}$ does have a natural number object then the mapping $p \mapsto [sp] = n([p])$ is a 'homomorphism' $\mathcal{E}(1, N) \to \mathrm{Num}(\mathcal{E})$. However, some familiar identities involving $\dot{-}$ fail to hold for numerals, because of the non-Boolean nature of their arithmetic: for example, on the subset

$\{A \in \mathrm{Num}(\mathcal{E}) \mid A \leq n(1)\}$, the operations $\oplus$ and $\otimes$ are readily seen to coincide with the lattice operations $\cup$ and $\cap$, and hence $\dot{-}$ coincides with the co-Heyting implication on this preorder (which is equivalent to $\mathrm{Sub}_{\mathcal{E}}(1)^{\mathrm{op}}$, by the argument of 5.5.10). So, for example, $n(1) \dot{-} (n(1) \dot{-} A)$ need not be isomorphic to $A$ if $A \leq n(1)$. We shall leave the further exploration of the arithmetic of numerals to the reader.

**Suggestions for further reading:** Bénabou & Loiseau [106], Freyd [373].

# BIBLIOGRAPHY


[1] O. Acuña-Ortega, Some results in the theory of lattices in an arbitrary topos (Spanish), *Cienc. Tecn.* 2 (1978), 3–6; MR 82c:18004.

[2] O. Acuña-Ortega, A note on finiteness in an elementary Boolean topos (Spanish), *Cienc. Tecn.* 2 (1978), 7–11; MR 82c:18005.

[3] O. Acuña-Ortega, *Tertium non datur* in a topos of finite sets (Spanish), *Cienc. Tecn.* 3 (1979), 21–26; MR 84a:18005a.

[4] O. Acuña-Ortega, On a characterization of toposes of finite cardinals (Spanish), *Cienc. Tecn.* 4 (1980), 3–6; MR 84a:18005b.

[5] O. Acuña-Ortega, A characterization of $k$-finite decidable objects, *Cienc. Tecn.* 6 (1982), 3–10; MR 84f:18007.

[6] O. Acuña-Ortega, Internally projective objects and equivalence relations, *Cienc. Tecn.* 6 (1982), 11–15; MR 84f:18008.

[7] O. Acuña-Ortega, A finiteness theorem of Tarski in an arbitrary topos $E$, *Cienc. Tecn.* 7 (1983), 3–14; MR 85i:03194.

[8] O. Acuña-Ortega, Automorphisms of finite cardinals, *Cienc. Tecn.* 7 (1983), 15–28; MR 85g:03094.

[9] O. Acuña-Ortega, Finite cardinals in an arbitrary topos (Spanish), *Mat. Costarricense* 1 (1984), 7–28; MR 85d:03126.

[10] O. Acuña-Ortega, An exact coexact characterization of the finite cardinals, *J. Pure Appl. Alg.* 43 (1986), 211–233; MR 88j:18003.

[11] O. Acuña-Ortega, Finite objects and extensional relations, *Cahiers Top. Géom. Diff. Catégoriques* 28 (1987), 173–181; MR 88k:18007.

[12] O. Acuña-Ortega, Finite objects and automorphisms, *Commun. Alg.* 20 (1992), 3459–3478; MR 93k:18008.

[13] O. Acuña-Ortega, Definability and finite cardinals, *FernUniversität Hagen, Seminarberichte aus dem Fachbereich Mathematik* 63 (1998), 529–544.

[14] O. Acuña-Ortega and F. E. J. Linton, Finiteness and decidability, I, in *Applications of sheaves*, Lecture Notes in Math. vol. 753 (Springer–Verlag, 1979), 80–100; MR 81f:18016a.

[15] J. Adámek, On quasitopos hulls of topological categories, *Rend. Circ. Mat. Palermo Suppl.* (II) 24 (1990), 21–33; MR 92g:54010.

[16] J. Adámek, How to sketch quasivarieties, *J. Algebra* 185 (1996), 643–659; MR 98k:03041.

[17] J. Adámek and H. Herrlich, A characterization of concrete quasitopoi by injectivity, *J. Pure Appl. Alg.* 68 (1990), 1–9; MR 91m:18006.

[18] J. Adámek, H. Herrlich and J. Rosický, Essentially equational categories, *Cahiers Top. Géom. Diff. Catégoriques* 29 (1988), 175–192; MR 90b:18008.

[19] J. Adámek, P. T. Johnstone, J. A. Makowsky and J. Rosický, Finitary sketches, *J. Symbolic Logic* 62 (1997), 699–707; MR 99e:03044.

[20] J. Adámek, V. Koubek and V. Trnková, How large are left exact functors?, *Theory Appl. Categ.* 8 (2001), 377–390.

[21] J. Adámek and J. Reiterman, The quasitopos hull of the category of uniform spaces, *Topology Appl.* 27 (1987), 97–104; MR 88j:54014; corrigendum *ibid.* 48 (1992), 179–184; MR 93m:54023.

[22] J. Adámek, J. Reiterman and F. Schwarz, On universally topological hulls and quasitopos hulls, *Houston J. Math.* 17 (1991), 375–383; MR 93a:18002.

[23] J. Adámek and J. Rosický, *Locally presentable and accessible categories*, L.M.S. Lecture Notes Series no. 189 (Cambridge Univ. Press, 1994); MR 95j:18001.

[24] J. Adámek and J. Rosický, Finitary sketches and finitely accessible categories, *Math. Struct. Comput. Sci.* 5 (1995), 315–322; MR 97b:03086.

[25] J. Adámek and J. Rosický, On geometric and finitary sketches, *Appl. Categ. Struct.* 4 (1996), 227–240; MR 98j:18004.

[26] J. Adámek and J. Rosický, On sifted colimits and generalized varieties, *Theory Appl. Categ.* 8 (2001), 33–53; MR 01m:18001.

[27] J. Adamek and W. Tholen, Total categories with generators, *J. Algebra* 133 (1990), 63–78; MR 91h:18004.

[28] J. Adámek and W. Tholen, Totality of product completions, *Comment. Math. Univ. Carolinae* 41 (2000), 9–24; MR 01b:18002.

[29] M. Adelman, Points in topoi of sheaves over distributive lattices, *Bull. Austral. Math. Soc.* 20 (1979), 273–279; MR 81e:18007.

[30] M. Adelman and A. R. Blass, Exact functors, local connectedness and measurable cardinals, *Rend. Sem. Mat. Fis. Milano* 54 (1984), 9–28; MR 88j:18002.

[31] M. Adelman and J. V. Corbett, A sheaf model for intuitionistic quantum mechanics, *Appl. Categ. Struct.* 3 (1995), 79–104; MR 96a:81010.

[32] M. Adelman and P. T. Johnstone, Serre classes for toposes, *Bull. Austral. Math. Soc.* 25 (1982), 103–115; MR 84a:18018.

[33] P. Ageron, The logic of structures, *J. Pure Appl. Alg.* 79 (1992), 15–34; MR 93e:03083.

[34] C. Anghel and P. Lecouturier, Généralisation d'un résultat sur le triple de la réunion, *Ann. Fac. Sci. de Kinshasa (Zaire), Sect. Math.-Phys.* 1 (1975), 65–94; MR 53/582.

[35] M. Artin, *Grothendieck topologies*, Seminar notes, Harvard University (1962).

[36] M. Artin, A. Grothendieck and J. L. Verdier, *Théorie des topos et cohomologie étale des schémas*, Séminaire de Géométrie Algébrique du Bois-Marie, année 1963–64; second edition published as Lecture Notes in Math. vols. 269, 270 and 305 (Springer–Verlag, 1972); MR 50/7130–2.

[37] S. Awodey, Structures in mathematics and logic: a categorical perspective, *Philos. Math.* (3) 4 (1996), 209–237; MR 99c:03106.

[38] S. Awodey, Sheaf representation for topoi, *J. Pure Appl. Alg.* 145 (2000), 107–121; MR 01a:18003.

[39] S. Awodey and C. Butz, Topological completeness for higher-order logic, *J. Symbolic Logic* 65 (2000), 1168–1182.

[40] A. Bagchi, De Morgan's law and related identities in classifying topoi, in *Category theory 1991*, C.M.S. Conf. Proc. vol. 13 (Amer. Math. Soc., 1992), 1–31; MR 94h:03069.

[41] A. Bagchi, The Lee identities in topoi, I, *J. Pure Appl. Alg.* 120 (1997), 143–159; MR 98k:18003.

[42] E. S. Bainbridge, P. J. Freyd, A. Scedrov and P. J. Scott, Functorial polymorphism, *Theoret. Comput. Sci.* 70 (1990), 35–64; errata *ibid.* 71 (1990), 431; MR 91g:03129; also in *Logical foundations of functional programming* (Addison–Wesley, 1990), 315–327.

[43] D. Ballard and W. Boshuck, Definability and descent, *J. Symbolic Logic* 63 (1998), 372–378; MR 99f:03092.

[44] B. Banaschewski, Recovering a space from its Banach sheaves, in *Categorical topology*, Lecture Notes in Math. vol. 719 (1979), 1–12; MR 80m:18004.

[45] B. Banaschewski, The duality of distributive continuous lattices, *Canad. J. Math.* 32 (1980), 385–394; MR 81m:54072.

[46] B. Banaschewski, Extension of invariant linear functionals: Hahn–Banach in the topos of $M$-sets, *J. Pure Appl. Alg.* 17 (1980), 227–248; MR 82c:46801.

[47] B. Banaschewski, Injective sheaves of abelian groups: a counterexample, *Canad. J. Math.* 32 (1980), 1518–1521; MR 82f:18015a.

[48] B. Banaschewski, When are divisible abelian groups injective?, *Quaest. Math.* 4 (1981), 285–307; MR 83e:20063.

[49] B. Banaschewski, Coherent frames, in *Continuous lattices*, Lecture Notes in Math. vol. 871 (1981), 1–11.

[50] B. Banaschewski, Injectivity and modelling in the Blass topos, *J. Pure Appl. Alg.* 49 (1987), 1–10; MR 89a:18006.

[51] B. Banaschewski, Another look at the localic Tychonoff theorem, *Comment. Math. Univ. Carolinae* 29 (1988), 647–656; MR 90a:06002.

[52] B. Banaschewski, Radical ideals and coherent frames, *Comment. Math. Univ. Carolinae* 37 (1996), 349–370; MR 97g:13002.

[53] B. Banaschewski, A uniform view of localic realcompactness, *J. Pure Appl. Alg.* 143 (1999), 49–68; MR 01i:54023.

[54] B. Banaschewski and K. R. Bhutani, Boolean algebras in a localic topos, *Math. Proc. Camb. Philos. Soc.* 100 (1986), 43–55; MR 87f:18003.

[55] B. Banaschewski and G. C. L. Brümmer, Thoughts on the Cantor–Bernstein theorem, *Quaest. Math.* 9 (1986), 1–27; MR 87i:04001.

[56] B. Banaschewski and R. Harting, Lattice aspects of radical ideals and choice principles, *Proc. Lond. Math. Soc.* (3) 50 (1985), 385–404; MR 86g:16047.

[57] B. Banaschewski and G. H. Moore, The dual Cantor–Bernstein theorem and the partition principle, *Notre Dame J. Formal Logic* 31 (1990), 375–381; MR 91k:03128.

[58] B. Banaschewski and C. J. Mulvey, Stone–Čech compactification of locales, I, *Houston J. Math.* 6 (1980), 301–312; MR 82b:06010.

[59] B. Banaschewski and C. J. Mulvey, Stone–Čech compactification of locales, II, *J. Pure Appl. Alg.* 33 (1984), 107–122; MR 86d:06009.

[60] B. Banaschewski and C. J. Mulvey, A constructive proof of the Stone–Weierstrass theorem, *J. Pure Appl. Alg.* 116 (1997), 25–40; MR 98d:46028.

[61] B. Banaschewski and C. J. Mulvey, The spectral theory of commutative $C*$-algebras: the constructive spectrum, *Quaest. Math.* 23 (2000), 425–464; MR 02b:46112a.

[62] B. Banaschewski and C. J. Mulvey, The spectral theory of commutative $C*$-algebras: the constructive Gelfand–Mazur theorem, *Quaest. Math.* 23 (2000), 465–488; MR 02b:46112b.

[63] B. Banaschewski and S. B. Niefield, Projective and supercoherent frames, *J. Pure Appl. Alg.* 70 (1991), 45–51; MR 92b:06034.

[64] B. Banaschewski and A. Pultr, Variants of openness, *Appl. Categ. Struct.* 2 (1994), 331–350; MR 95j:06012.

[65] B. Banaschewski and A. Pultr, Booleanization, *Cahiers Top. Géom. Diff. Catégoriques* 37 (1996), 41–60; MR 97b:06006.

[66] B. Banaschewski and J. J. C. Vermeulen, Polynomials and radical ideals, *J. Pure Appl. Alg.* 113 (1996), 219–227; MR 98c:13004.

[67] H. Barendregt, *The lambda calculus: its syntax and semantics*, Studies in Logic and the Foundations of Math. vol. 103 (North–Holland, 1984); MR 86a:03012.

[68] M. Barr, Exact categories, in *Exact categories and categories of sheaves*, Lecture Notes in Math. vol. 236 (Springer–Verlag, 1971), 1–120.

[69] M. Barr, The point of the empty set, *Cahiers Top. Géom. Diff.* 13 (1972), 357–368; MR 48/2216.

[70] M. Barr, Right exact functors, *J. Pure Appl. Alg.* 4 (1974), 1–8; MR 51/10439.

[71] M. Barr, Toposes without points, *J. Pure Appl. Alg.* 5 (1974), 265–280; MR 53/13354.

[72] M. Barr, $*$-*Autonomous categories*, Lecture Notes in Math. vol. 752 (Springer–Verlag, 1979); MR 81h:18008.

[73] M. Barr, Abstract Galois theory, *J. Pure Appl. Alg.* 19 (1980), 21–42; MR 81m:18001.

[74] M. Barr, Abstract Galois theory, II, *J. Pure Appl. Alg.* 25 (1982), 227–247; MR 83j:18001.

[75] M. Barr, Representation of categories, *J. Pure Appl. Alg.* 41 (1986), 113–137; MR 87h:18005.

[76] M. Barr, Fuzzy set theory and topos theory, *Canad. Math. Bull.* 29 (1986), 501–508; MR 88a:03129.

[77] M. Barr, Models of sketches, *Cahiers Top. Géom. Diff. Catégoriques* 27 (1986), 93–107; MR 87h:18009.

[78] M. Barr, On categories with effective unions, in *Categorical algebra and its applications*, Lecture Notes in Math. vol. 1348 (Springer–Verlag, 1988), 19–35; MR 89k:18010.

[79] M. Barr, Models of Horn theories, in *Categories in computer science and logic*, Contemp. Math. vol. 92 (Amer. Math. Soc., 1989), 1–7; MR 90k:18006.

[80] M. Barr, Accessible categories and models of linear logic, *J. Pure Appl. Alg.* 69 (1990), 219–232; MR 92a:03043.

[81] M. Barr and R. Diaconescu, Atomic toposes, *J. Pure Appl. Alg.* 17 (1980), 1–24; MR 81e:18013.

[82] M. Barr and R. Diaconescu, On locally simply connected toposes and their fundamental groups, *Cahiers Top. Géom. Diff.* 22 (1981), 301–314; MR 83e:18002.

[83] M. Barr and M. Makkai, On representations of Grothendieck toposes, *Canad. J. Math.* 39 (1987), 168–221; MR 88f:18005.

[84] M. Barr and R. Paré, Molecular toposes, *J. Pure Appl. Alg.* 17 (1980), 127–152; MR 81d:18010.

[85] M. Barr and M. C. Pedicchio, $\mathbf{Top}^{\mathrm{op}}$ is a quasi-variety, *Cahiers Top. Géom. Diff. Catégoriques* 36 (1995), 3–10; MR 96c:08013.

[86] M. Barr and M. C. Pedicchio, Topological spaces and quasi-varieties, *Appl. Categ. Struct.* 4 (1996), 81–85; MR 97d:54018.

[87] M. Barr and C. Wells, *Toposes, triples and theories*, Grundl. Math. Wissenschaften no. 278 (Springer–Verlag, 1985); MR 86f:18001.

[88] M. Barr and C. Wells, *Category theory for computing science* (Prentice-Hall, 1990); MR 92g:18001.

[89] M. Barr and C. Wells, On the limitations of sketches, *Canad. Math. Bull.* 35 (1992), 287–294; MR 93i:18009.

[90] M. J. Beeson, *Foundations of constructive mathematics*, Ergebnisse der Math., 3. Folge, Band 6 (Springer–Verlag, 1985); MR 86k:03055.

[91] J. L. Bell, Isomorphism of structures in $\mathcal{S}$-toposes, *J. Symbolic Logic* 46 (1981), 449–459; MR 83a:03068.

[92] J. L. Bell, Categories, toposes and sets, *Synthèse* 51 (1982), 293–337; MR 83j:03109.

[93] J. L. Bell, Some aspects of the category of subobjects of constant objects in a topos, *J. Pure Appl. Alg.* 24 (1982), 245–259; MR 83m:18004.

[94] J. L. Bell, On the strength of the Sikorski extension theorem for Boolean algebras, *J. Symbolic Logic* 48 (1983), 841–846; MR 86b:03061.

[95] J. L. Bell, *Toposes and local set theories: an introduction*, Oxford Logic Guides no. 14 (Oxford Univ. Press, 1988); MR 90e:18002.

[96] J. L. Bell, Zorn's lemma and complete Boolean algebras in intuitionistic type theories, *J. Symbolic Logic* 62 (1997), 1265–1279; MR 99g:03062.

[97] J. L. Bell, *A primer of infinitesimal analysis* (Cambridge Univ. Press, 1998); MR 99h:00002.

[98] J. L. Bell and S. Gebellato, Precovers, modalities and universal closure operations in a topos, *Math. Logic Quart.* 42 (1996), 289–299; MR 98c:03136.

[99] J. Bénabou, Introduction to bicategories, in *Reports of the Midwest category seminar*, Lecture Notes in Math. vol. 47 (Springer–Verlag, 1967), 1–77; MR 36/3841.

[100] J. Bénabou, Théories relatives à un corpus, *C. R. Acad. Sci. Paris* 281 (1975), A831–834; MR 52/13990.

[101] J. Bénabou, Fibrations petites et localement petites, *C. R. Acad. Sci. Paris* 281 (1975), A897–900; MR 52/13991.

[102] J. Bénabou, Fibred categories and the foundations of naive category theory, *J. Symbolic Logic* 50 (1985), 10–37; MR 87h:18001.

[103] J. Bénabou, Some remarks on 2-categorical algebra, I, *Bull. Soc. Math. Belg.* (A) 41 (1989), 127–194; MR 91a:18008.

[104] J. Bénabou, Some remarks on free monoids in a topos, in *Category theory*, Lecture Notes in Math. vol. 1488 (Springer–Verlag, 1991), 20–29; MR 93h:18008.

[105] J. Bénabou, Some geometric aspects of the calculus of fractions, *Appl. Categ. Struct.* 4 (1996), 139–165; MR 97g:18007.

[106] J. Bénabou and B. Loiseau, Orbits and monoids in a topos, *J. Pure Appl. Alg.* 92 (1994), 29–54; MR 94k:18002.

[107] R. Betti, Categorie variabili, *Rend. Sem. Mat. Fis. Milano* 57 (1987), 483–518; MR 91b:18010.

[108] R. Betti, Change of base for locally internal categories, *J. Pure Appl. Alg.* 61 (1989), 233–242; MR 91a:18007.

[109] R. Betti, An elementary characterizaton of presheaves categories, *Rend. Circ. Mat. Palermo* Suppl. (2) 24 (1990), 257–266; MR 92c:18014.

[110] R. Betti, On internal topologies and the inverse image, *Rend. Circ. Mat. Palermo* Suppl. (2) 99 (1992), 339–352; MR 93k:18009.

[111] R. Betti, Sheaves in cocomplete categories, in *Category theory 1991*, C.M.S. Conf. Proc. vol. 13 (Amer. Math. Soc., 1992), 43–54; MR 93j:18006.

[112] R. Betti, Formal theory of internal categories, *Le Matematiche* 51 (1996), Suppl. 35–52; MR 98h:18001.

[113] R. Betti, Weak equivalence of internal categories, *Appl. Categ. Struct.* 8 (2000), 307–316; MR 01c:18010.

[114] R. Betti, Descent theory of locally internal categories, *J. Pure Appl. Alg.* 154 (2000), 15–26; MR 01f:18021.

[115] R. Betti and A. Carboni, Cauchy completion and the associated sheaf, *Cahiers Top. Géom. Diff.* 23 (1982), 243–256; MR 84g:18026.

[116] K. R. Bhutani, Injectivity and injective hulls of abelian groups in a localic topos, *Bull. Austral. Math. Soc.* 37 (1988), 43–59; MR 89a:18018.

[117] K. R. Bhutani, Abelian groups in a topos of sheaves: torsion and essential extensions, *Internat. J. Math. Math. Sci.* 12 (1989), 89–98; MR 90a:18008.

[118] K. R. Bhutani, Stability of abelian groups in a topos of sheaves, *J. Pure Appl. Alg.* 68 (1990), 47–54; MR 91m:18007.

[119] L. Biondo and G. C. Meloni, Locali 'étalé' nel contesto dei topoi, *Boll. Un. Mat. Ital.* (7) 8–A (1994), 157–167; MR 95c:18004.

[120] G. J. Bird, G. M. Kelly, A. J. Power and R. H. Street, Flexible limits for 2-categories, *J. Pure Appl. Alg.* 61 (1989), 1–27; MR 91a:18009.

[121] A. R. Blass, Exact functors and measurable cardinals, *Pacific J. Math.* 63 (1976), 335–346; MR 54/2466.

[122] A. R. Blass, Two closed categories of filters, *Fund. Math.* 94 (1977), 129–143; MR 56/3083.

[123] A. R. Blass, Injectivity, projectivity and the axiom of choice, *Trans. Amer. Math. Soc.* 255 (1979), 31–59; MR 81j:04004.

[124] A. R. Blass, Words, free algebras and coequalizers, *Fund. Math.* 117 (1983), 117–160; MR 85d:03127.

[125] A. R. Blass, Cohomology detects failures of the axiom of choice, *Trans. Amer. Math. Soc.* 279 (1983), 257–269; MR 84h:03116.

[126] A. R. Blass, The interaction between category theory and set theory, in *Mathematical applications of category theory*, Contemp. Math. vol. 30 (Amer. Math. Soc., 1984), 5–29; MR 85m:03045.

[127] A. R. Blass, Prime ideals yield almost maximal ideals, *Fund. Math.* 127 (1986), 57–66; MR 88d:03099.

[128] A. R. Blass, Functions on universal algebras, *J. Pure Appl. Alg.* 42 (1986), 25–28; MR 87i:03134.

[129] A. R. Blass, Well-ordering and induction in intuitionistic logic and topoi, in *Mathematical logic and theoretical computer science*, Lecture Notes Pure Appl. Math. vol. 106 (Marcel Dekker, 1987), 29–48; MR 89c:03095.

[130] A. R. Blass, Classifying topoi and the axiom of infinity, *Algebra Universalis* 26 (1989), 341–345; MR 91a:03117.

[131] A. R. Blass, Geometric invariance of existential fixed-point logic, in *Categories in computer science and logic*, Contemp. Math. vol. 92 (Amer. Math. Soc., 1989), 9–22; MR 90g:03066.

[132] A. R. Blass, An induction principle and pigeonhole principles for $K$-finite sets, *J. Symbolic Logic* 60 (1995), 1186–1193; MR 96k:03140.

[133] A. R. Blass and A. Ščedrov, Boolean classifying topoi, *J. Pure Appl. Alg.* 28 (1983), 15–30; MR 84e:03078.

[134] A. R. Blass and A. Ščedrov, Classifying topoi and finite forcing, *J. Pure Appl. Alg.* 28 (1983), 111–140; MR 84g:03035.

[135] A. R. Blass and A. Ščedrov, Small decidable sheaves, *J. Symbolic Logic* 51 (1986), 726–731; MR 87i:03124.

[136] A. R. Blass and A. Scedrov, *Freyd's models for the independence of the axiom of choice*, Memoirs Amer. Math. Soc. no. 404 (1989); MR 90d:03097.

[137] A. R. Blass and A. Scedrov, Complete topoi representing models of set theory, *Ann. Pure Appl. Logic* 57 (1992), 1–26; MR 93d:03056.

[138] A. Boileau and A. Joyal, La logique des topos, *J. Symbolic Logic* 46 (1981), 6–16; MR 82a:03063.

[139] F. Borceux, When is Ω a cogenerator in a topos?, *Cahiers Top. Géom. Diff.* 16 (1975), 3–15; MR 52/3277.

[140] F. Borceux, Topologies sur les topos de faisceaux, *Ann. Soc. Sci. Bruxelles* 94 (1980), 163–165; MR 82e:54013.

[141] F. Borceux, Algebraic localizations and elementary toposes, *Cahiers Top. Géom. Diff.* 21 (1980), 393–401; MR 82g:18002.

[142] F. Borceux, Sheaves of algebras for a commutative theory, *Ann. Soc. Sci. Bruxelles* 95 (1981), 3–19; MR 83c:18006.

[143] F. Borceux, Higher order sheaves and Banach modules, in *categorical topology*, Lecture Notes in Math. vol. 915 (Springer–Verlag, 1982), 40–49; MR 83f:46079.

[144] F. Borceux, On algebraic localizations, in *Category theory*, Lecture Notes in Math. vol. 962 (Springer–Verlag, 1982), 13–22; MR 84c:18007.

[145] F. Borceux, A propos d'un théorème de Barr, *Ann. Soc. Sci. Bruxelles* 97 (1983), 41–58; MR 86c:18002.

[146] F. Borceux, Examples of quantales in topos theory, *Ann. Soc. Sci. Bruxelles* 101 (1987), 61–67; MR 90a:18003.

[147] F. Borceux, *Handbook of categorical algebra* (3 volumes) (Cambridge Univ. Press, 1994); MR 96g:18001.
[148] F. Borceux and R. Cruciani, Sheaves on a quantale, *Cahiers Top. Géom. Diff. Catégoriques* 34 (1993), 209–228; MR 94h:06017.
[149] F. Borceux and R. Cruciani, Skew Ω-sets coincide with Ω-posets, *Cahiers Top. Géom. Diff. Catégoriques* 39 (1998), 205–220; MR 00b:18003.
[150] F. Borceux and B. J. Day, Universal algebra in a closed category, *J. Pure Appl. Alg.* 16 (1980), 133–147; MR 81f:18023.
[151] F. Borceux and G. M. Kelly, On locales of localizations, *J. Pure Appl. Alg.* 46 (1987), 1–34; MR 88k:18004.
[152] F. Borceux and M. Korostenski, Open localizations, *J. Pure Appl. Alg.* 74 (1991), 229–238; MR 92k:18003.
[153] F. Borceux and M. C. Pedicchio, De Morgan's and strong De Morgan's laws in a topos of sheaves, *Acta Univ. Carolin. Math. Phys.* 28 (1987), 9–12; MR 89e:18007.
[154] F. Borceux and M. C. Pedicchio, On primeness and maximality of filters, *Cahiers Top. Géom. Diff. Catégoriques* 30 (1989), 167–181; MR 90g:06023.
[155] F. Borceux and M. C. Pedicchio, Prime elements in a localic topos, *Algebra Universalis* 26 (1989), 166–177; MR 90g:06021.
[156] F. Borceux and M. C. Pedicchio, A characterization of quasi-toposes, *J. Algebra* 139 (1991), 505–526; MR 92e:18002.
[157] F. Borceux and M. C. Pedicchio, Left exact presheaves on a small pretopos, *J. Pure Appl. Alg.* 135 (1999), 9–22; MR 99j:18012.
[158] F. Borceux, M. C. Pedicchio and F. Rossi, Boolean algebras in a localic topos, *J. Pure Appl. Alg.* 68 (1980), 55–65; MR 92b:18002.
[159] F. Borceux, C. Quinteiro and J. Rosický, A theory of enriched sketches, *Theory Appl. Categ.* 4 (1998), 47–72; MR 99i:18009.
[160] F. Borceux, H. Simmons and G. Van Den Bossche, A sheaf representation for modules with applications to Gelfand rings, *Proc. London Math. Soc.* (3) 48 (1984), 230–246; MR 85j:16061.
[161] F. Borceux and G. Van Den Bossche, Recovering a frame from its sheaves of algebras, *J. Pure Appl. Alg.* 28 (1983), 141–154; MR 85e:18009.
[162] F. Borceux and G. Van Den Bossche, *Algebra in a localic topos with applications to ring theory*, Lecture Notes in Math. vol. 1038 (Springer–Verlag, 1983); MR 85h:18005.
[163] F. Borceux and G. Van Den Bossche, Structure des topologies d'un topos, *Cahiers Top. Géom. Diff.* 25 (1984), 37–39; MR 86a:18006.
[164] F. Borceux and G. Van Den Bossche, The structure of algebraic localizations, *Rev. Roum. Math. Pures Appl.* 31 (1986), 367–370; MR 88c:18001.
[165] F. Borceux and G. Van Den Bossche, Quantales and their sheaves, *Order* 3 (1986), 61–87; MR 87k:18012.
[166] F. Borceux and B. Veit, Continuous Grothendieck topologies, *Ann. Soc. Sci. Bruxelles* 100 (1986), 31–42; MR 88e:18006.
[167] F. Borceux and B. Veit, On the left exactness of orthogonal reflections, *J. Pure Appl. Alg.* 49 (1987), 33–42; MR 88m:18005.
[168] F. Borceux and B. Veit, Subobject classifier for algebraic structures, *J. Algebra* 112 (1988), 306–314; MR 89g:18006.
[169] R. Börger, Disjointness and related properties of coproducts, *Acta Univ. Carolin. Math. Phys.* 35 (1994), 43–63; MR 96k:18001.
[170] D. Bourn, Ditopos, *C. R. Acad. Sci. Paris* 279 (1974), A731–732 and A911–913; MR 51/639.
[171] D. Bourn, Une autre propriété universelle pour le champ associé, *Cahiers Top. Géom. Diff.* 21 (1980), 403–410; MR 82e:18005.

[172] S. Bozapalides, Some remarks on lax-presheafs, *Ill. J. Math.* 24 (1980), 676–680; MR 81m:18006.

[173] S. Bozzi and G. C. Meloni, Completezza propositionale per l'operatore modale 'accade localmente che', *Boll. Un. Mat. Ital.* A (5) 14 (1977), 489–497; MR 57/9491.

[174] S. Bozzi and G. C. Meloni, Representation of Heyting algebras with covering and propositional intuitionistic logic with local operator, *Boll. Un. Mat. Ital.* A (5) 17 (1980), 436–442; MR 82k:03099.

[175] L. Breen, Bitorseurs et cohomologie non abélienne, in *The Grothendieck Festschrift*, vol. I, Progress in Math. vol. 86 (Birkhäuser–Verlag, 1990), 401–476; MR 92m:18019.

[176] O. P. Bruno, Logical opens of exponential objects, *Cahiers Top. Géom. Diff. Catégoriques* 26 (1985), 311–323; MR 87f:58002.

[177] O. P. Bruno, Vector fields on $R^R$ in well adapted models of synthetic differential geometry, *J. Pure Appl. Alg.* 45 (1987), 1–14; MR 88m:18007.

[178] A. Bucalo and G. Rosolini, Repleteness and the associated sheaf, *J. Pure Appl. Alg.* 127 (1998), 147–151; MR 99k:18005.

[179] I. Bucur, Quelques propriétés des topos, *Rev. Roum. Math. Pures Appl.* 23 (1978), 161–167; MR 58/5855.

[180] M. C. Bunge, Relative functor categories and categories of algebras, *J. Algebra* 11 (1969), 64–101; MR 38/4536.

[181] M. C. Bunge, Topos theory and Souslin's hypothesis, *J. Pure Appl. Alg.* 4 (1974), 159–187; MR 51/2908; corrigenda *ibid.* 14 (1979), 115–116; MR 80d:18006.

[182] M. C. Bunge, Internal presheaves toposes, *Cahiers Top. Géom. Diff.* 18 (1977), 291–330; MR 57/411.

[183] M. C. Bunge, Stack completion and Morita equivalence for categories in a topos, *Cahiers Top. Géom. Diff.* 20 (1979), 401–436; MR 81f:18018.

[184] M. C. Bunge, Sheaves and prime model extensions, *J. Algebra* 68 (1981), 79–96; MR 83d:03043.

[185] M. C. Bunge, Models of differential algebra in the context of synthetic differential geometry, *Cahiers Top. Géom. Diff.* 22 (1981), 31–44; MR 83a:12033.

[186] M. C. Bunge, On the transfer of an abstract Nullstellensatz, *Commun. Alg.* 10 (1982), 1891–1906; MR 84c:03074.

[187] M. C. Bunge, Synthetic aspects of $C^\infty$-mappings, *J. Pure Appl. Alg.* 28 (1983), 41–63; MR 84h:58019.

[188] M. C. Bunge, Toposes in logic and logic in toposes, *Topoi* 3 (1984), 13–22; MR 86e:03060.

[189] M. C. Bunge, An application of descent to a classification theorem for toposes, *Math. Proc. Camb. Philos. Soc.* 107 (1990), 59–79; MR 90k:18002.

[190] M. C. Bunge, Classifying toposes and fundamental localic groupoids, in *Category theory 1991*, C.M.S. Conf. Proc. vol. 13 (Amer. Math. Soc., 1992), 75–96; MR 93j:18001.

[191] M. C. Bunge, Universal covering localic toposes, *C. R. Math. Rep. Acad. Sci. Canada* 24 (1992), 245–250; MR 93m:18007.

[192] M. C. Bunge, Cosheaves and distributions on toposes, *Alg. Universalis* 34 (1995), 469–484; MR 98g:18001.

[193] M. C. Bunge and A. Carboni, The symmetric topos, *J. Pure Appl. Alg.* 105 (1995), 233–249; MR 96i:18004.

[194] M. C. Bunge and E. J. Dubuc, Archimedean local $C^\infty$-rings and models of synthetic differential geometry, *Cahiers Top. Géom. Diff. Catégoriques* 27 (1986), 3–22; MR 88c:58004.

[195] M. C. Bunge and E. J. Dubuc, Local concepts in SDG and germ representability, in *Mathematical logic and theoretical computer science*, Lecture Notes Pure Appl. Math. vol. 106 (Marcel Dekker, 1987), 39–158; MR 89f:58005.

[196] M. C. Bunge and J. Funk, Constructive theory of the lower power locale, *Math. Struct. Comput. Sci.* 6 (1996), 1–15; MR 98f:18004.

[197] M. C. Bunge and J. Funk, Spreads and the symmetric topos, *J. Pure Appl. Alg.* 113 (1996), 1–38; MR 98f:18003.

[198] M. C. Bunge and J. Funk, Spreads and the symmetric topos, II, *J. Pure Appl. Alg.* 130 (1998), 49–84; MR 99k:18006.

[199] M. C. Bunge and J. Funk, On a bicomma object condition for KZ-doctrines, *J. Pure Appl. Alg.* 143 (1999), 69–105; MR 01b:18006.

[200] M. C. Bunge, J. Funk, M. Jibladze and T. Streicher, Distribution algebras and duality, *Adv. Math.* 156 (2000), 133–155; MR 02a:18005.

[201] M. C. Bunge and F. Gago Couso, Synthetic aspects of $C^\infty$-mappings, II: Mather's theorem for infinitesimally represented germs, *J. Pure Appl. Alg.* 55 (1988), 213–250; MR 90b:58022.

[202] M. C. Bunge and M. Heggie, Synthetic calculus of variations, in *Mathematical applications of category theory*, Contemp. Math. vol. 30 (Amer. Math. Soc., 1984), 30–62; MR 85m:18004.

[203] M. C. Bunge and I. Moerdijk, On the construction of the Grothendieck fundamental group of a topos by paths, *J. Pure Appl. Alg.* 116 (1997), 99–113; MR 98b:18007.

[204] M. C. Bunge and S. B. Niefield, Exponentiability and single universes, *J. Pure Appl. Alg.* 148 (2000), 217–250; MR 01f:18020.

[205] M. C. Bunge and R. Paré, Stacks and equivalence of indexed categories, *Cahiers Top. Géom. Diff.* 20 (1979), 373–399; MR 81f:18017.

[206] M. C. Bunge and G. E. Reyes, Boolean spectra and model completions, *Fund. Math.* 113 (1981), 165–173; MR 83a:03069.

[207] M. C. Bunge and P. Sawyer, On connections, geodesics and sprays in synthetic differential geometry, *Cahiers Top. Géom. Diff.* 25 (1984), 221–258; MR 86k:58011.

[208] C. W. Burden, The Hahn–Banach theorem in a category of sheaves, *J. Pure Appl. Alg.* 17 (1980), 25–34; MR 81h:46096.

[209] C. W. Burden and C. J. Mulvey, Banach spaces in categories of sheaves, in *Applications of sheaves*, Lecture Notes in Math. vol. 753 (Springer–Verlag, 1979), 169–196; MR 81h:46095.

[210] C. Butz, Syntax and semantics of the logic $\mathcal{L}^\lambda_{\omega\omega}$, *Notre Dame J. Formal Logic* 38 (1997), 374–384; MR 00a:03111.

[211] C. Butz, A topological completeness theorem, *Arch. Math. Logic* 38 (1999), 79–101; MR 00i:03092.

[212] C. Butz and P. T. Johnstone, Classifying toposes for first-order theories, *Ann. Pure Appl. Logic* 91 (1998), 33–58; MR 99b:03081.

[213] C. Butz and I. Moerdijk, Représentation de topos par des espaces topologiques, *C. R. Acad. Sci. Paris* Sér. I 325 (1997), 461–464; MR 00b:18004.

[214] C. Butz and I. Moerdijk, Representing topoi by topological groupoids, *J. Pure Appl. Alg.* 130 (1998), 223–235; MR 99i:18005.

[215] C. Butz and I. Moerdijk, Topological representation of sheaf cohomology of sites, *Compositio Math.* 118 (1999), 217–233; MR 00g:14027.

[216] C. Butz and I. Moerdijk, An elementary definability theorem for first order logic, *J. Symbolic Logic* 64 (1999), 1028–1036; MR 01h:03055.

[217] X. Caicedo, Logic of sheaves of structures (Spanish), *Rev. Acad. Colombiana Cienc. Exact. Fis. Natur.* 19 (1995), 569–586; MR 98g:03149.

[218] A. Carboni, Categorie di relazioni, *Ist. Lombardo Accad. Sci. Lett. Rend.* A 110 (1976), 342–350; MR 58/22228.

[219] A. Carboni, Analisi non-standard e topos, *Rend. Ist. Mat. Univ. Trieste* 14 (1982), 1–16; MR 85k:18005.

[220] A. Carboni, Some free constructions in realizability and proof theory, *J. Pure Appl. Alg.* 103 (1995), 117–148; MR 96j:03088.

[221] A. Carboni and R. Celia Magno, The free exact category on a left exact one, *J. Austral. Math. Soc.* A 33 (1982), 295–301; MR 84g:18017.

[222] A. Carboni, P. J. Freyd and A. Scedrov, A categorical approach to realizability and polymorphic types, in *Mathematical foundations of programming language semantics*, Lecture Notes in Computer Science vol. 298 (Springer–Verlag, 1988), 23–42; MR 89g:68403.

[223] A. Carboni and M. Galuzzi, Anelli regolari e topoi, *Atti Accad. Sci. Torino* 111 (1977), 227–231; MR 57/6143.

[224] A. Carboni and P. T. Johnstone, Connected limits, familial representability and Artin glueing, *Math. Struct. Comput. Sci.* 5 (1995), 441–459; MR 98f:18005.

[225] A. Carboni, G. M. Kelly, D. R. B. Verity and R. J. Wood, A 2-categorical approach to change of base and geometric morphisms, II, *Theory Appl. Categ.* 4 (1998), 82–136; MR 99e:18007.

[226] A. Carboni, G. M. Kelly and R. J. Wood, A 2-categorical approach to change of base and geometric morphisms, I, *Cahiers Top. Géom. Diff. Catégoriques* 32 (1991), 47–95; MR 92j:18003.

[227] A. Carboni, S. G. Lack and R. F. C. Walters, Introduction to extensive and distributive categories, *J. Pure Appl. Alg.* 84 (1993), 145–158; MR 93k:18004.

[228] A. Carboni and S. Mantovani, An elementary characterization of categories of separated objects, *J. Pure Appl. Alg.* 89 (1993), 63–92; MR 94k:18013.

[229] A. Carboni and G. C. Meloni, Costruzione algebrica dello spazio étalé, *Boll. Un. Mat. Ital.* (4) 12 (1975), 192–197; MR 52/13998.

[230] A. Carboni and G. Rosolini, Locally cartesian closed exact completions, *J. Pure Appl. Alg.* 154 (2000), 103–116; MR 01f:18009.

[231] A. Carboni and E. M. Vitale, Regular and exact completions, *J. Pure Appl. Alg.* 125 (1998), 79–116; MR 99b:18003.

[232] A. Carboni and R. F. C. Walters, Cartesian bicategories I, *J. Pure Appl. Alg.* 49 (1987), 11–32; MR 88k:18009.

[233] S. Carel, $I_{n,m}$-objekt in einem Elementartopos, *Bul. Univ. Braşov* C 30 (1988), 65–67; MR 89i:18002.

[234] J. C. Carrega, The categories **Set** $H$ and **Fuz** $H$, *Fuzzy Sets Syst.* 3 (1983), 327–332; MR 84i:18002.

[235] H. Cartan, Théorie des filtres, *C. R. Acad. Sci. Paris* 205 (1937), 595–598.

[236] P. Cartier, Catégories, logique et faisceaux: modèles de la théorie des ensembles, *Sém. Bourbaki*, exposé 513 (1978); MR 80m:03111.

[237] J. Cartmell, Generalised algebraic theories and contextual categories, *Ann. Pure Appl. Logic* 32 (1986), 209–243; MR 88j:03046.

[238] J. Chapman and F. Rowbottom, *Relative category theory and geometric morphisms: a logical approach*, Oxford Logic Guides no. 16 (Oxford Univ. Press, 1991); MR 93i:18004.

[239] B. P. Chisala and M. M. Mawanda, Counting measure for Kuratowski-finite parts and decidability, *Cahiers Top. Géom. Diff. Catégoriques* 32 (1991), 345–353; MR 93f:03044.

[240] G. Choquet, Convergences, *Ann. Univ. Grenoble, Sect. Sci. Math. Phys. (N.S.)* 23 (1948), 57–112; MR 10–53.

[241] A. Church, A set of postulates for the foundation of logic, *Ann. Math.* (2) 33 (1932), 346–366.

[242] J. R. B. Cockett, On the decidability of objects in a locos, in *Categories in computer science and logic*, Contemp. Math. vol. 92 (Amer. Math. Soc., 1989), 23–46; MR 90f:03101.

[243] J. R. B. Cockett, List-arithmetic distributive categories: locoi, *J. Pure Appl. Alg.* 66 (1990), 1–29; MR 91k:03152.

[244] J. R. B. Cockett, Introduction to distributive categories, *Math. Struct. Comput. Sci.* 3 (1993), 277–307; MR 94m:18002.

[245] J. C. Cole, Categories of sets and models of set theory, in *Proc. Bertrand Russell Memorial Logic Conf., Uldum 1971* (Leeds, 1973), 351–399; MR 50/9584.

[246] J. C. Cole, Classifying topoi, in *Algebraische Modelle, Kategorien und Gruppoide*, Studien zur Algebra und ihre Anwendungen Band 7 (Akademie–Verlag, 1979), 5–20; MR 81e:18008.

[247] F. Conduché, Au sujet de l'existence d'adjoints à droite aux foncteurs 'image réciproque' dans la catégorie des catégories, *C. R. Acad. Sci. Paris* 275 (1972), A891–894; MR 46/9136.

[248] J. H. Conway, *On numbers and games*, L.M.S. Monographs no. 6 (Academic Press, 1976); MR 56/8365.

[249] T. Coquand, An intuitionistic proof of Tychonoff's theorem, *J. Symbolic Logic* 57 (1992), 28–32; MR 93c:03076.

[250] T. Coquand, S. Sadocco, G. Sambin and J. M. Smith, Formal topologies on the set of first-order formulae, *J. Symbolic Logic* 65 (2000), 1183–1192; MR 01j:03112.

[251] W. H. Cornish, The Chinese remainder theorem and sheaf representations, *Fund. Math.* 96 (1977), 177–187; MR 58/444.

[252] M. F. Coste, Construction d'un modèle booléen de la théorie des ensembles à partir d'un topos booléen, *C. R. Acad. Sci. Paris* 278 (1974), A1073–1076; MR 49/5114.

[253] M. F. Coste and M. Coste, The generic model of an $\epsilon$-stable geometric extension of rings is of line type, in *Topos theoretic methods in geometry*, Aarhus Univ. Var. Publ. Ser. 30 (1979), 29–36; MR 80m:03112.

[254] M. F. Coste and M. Coste, Topologies for real algebraic geometry, in *Topos theoretic methods in geometry*, Aarhus Univ. Var. Publ. Ser. 30 (1979), 37–100; MR 80m:14002.

[255] M. F. Coste and M. Coste, Le spectre étale réel d'un anneau est spatial, *C. R. Acad. Sci. Paris* 290 (1980), A91–94; MR 81c:14001.

[256] M. F. Coste-Roy and M. Coste, Le topos étale réel d'un anneau, *Cahiers Top. Géom. Diff.* 22 (1981), 19–24; MR 82h:14016.

[257] M. F. Coste, M. Coste and L. Mahé, Contributions to the study of the natural number object in elementary topoi, *J. Pure Appl. Alg.* 17 (1980), 35–68; MR 81h:18005.

[258] M. Coste, Localization, spectra and sheaf representation, in *Applications of sheaves*, Lecture Notes in Math. vol. 753 (Springer–Verlag, 1979), 212–238; MR 83c:18002.

[259] M. Coste and G. Michon, Petits et gros topos en géométrie algébrique, *Cahiers Top. Géom. Diff.* 22 (1981), 25–30; MR 82g:14024.

[260] J. Coulon and J. L. Coulon, Is the category JTF a topos?, *Fuzzy Sets Syst.* 27 (1988), 11–19; MR 89h:18003.

[261] J. Coulon and J. L. Coulon, Morphisms in the category JTF$^\infty$: weak classifier of monomorphisms, *Portugal. Math.* 45 (1988), 29–47; MR 89h:18004.

[262] J. Coulon and J. L. Coulon, Injectivity in the quasitopos of separated presheaves on a complete Heyting algebra, *Portugal. Math.* 47 (1990), 227–241; MR 92e:03085b.

[263] J. Coulon and J. L. Coulon, About some categories of $\Omega$-valued sets, *J. Math. Anal. Appl.* 154 (1991), 273–278; MR 92e:03085a.
[264] M. Crabbé, Prelogic of logoi, *Studia Logica* 35 (1976), 219–226; MR 55/10248.
[265] S. E. Crans, Quillen closed model structures for sheaves, *J. Pure Appl. Alg.* 101 (1995), 35–57; MR 97f:18005.
[266] R. L. Crole, *Categories for types* (Cambridge Univ. Press, 1993); MR 95h:18007.
[267] D. Ćubrić, On the semantics of the universal quantifier, *Ann. Pure Appl. Logic* 87 (1997), 209–239; MR 99a:03009.
[268] P. L. Curien and A. Obtułowicz, Partiality, cartesian closedness and toposes, *Inform. Comput.* 80 (1989), 50–95; MR 90b:18010b.
[269] H. B. Curry, Grundlagen der kombinatorischen Logik, *Amer. J. Math.* 52 (1930), 509–536.
[270] A. Daigneault, Lawvere's elementary theories and polyadic and cylindric algebras, *Fund. Math.* 66 (1970), 307–328; MR 41/5205.
[271] D. van Dalen and F. J. de Vries, Intuitionistic free abelian groups, *Z. Math. Logik Grundl. Math.* 34 (1988), 3–12; MR 89c:03096.
[272] C. Dapueto, Interpretations in an elementary topos, *Rend. Mat.* (7) 2 (1982), 531–545; MR 84f:03056.
[273] B. A. Davey, Sheaf spaces and sheaves of universal algebras, *Math. Z.* 134 (1973), 275–290; MR 48/8345.
[274] R. C. Davis, Toposes, monoid actions and universal coalgebra, *Proc. Amer. Math. Soc.* 98 (1986), 547–552; MR 87m:18005.
[275] B. J. Day, An adjoint-functor theorem over topoi, *Bull. Austral. Math. Soc.* 15 (1976), 381–394; MR 61/450.
[276] B. J. Day and G. M. Kelly, On topological quotient maps preserved by pullbacks or products, *Proc. Camb. Philos. Soc.* 67 (1970), 553–558; MR 40/8024.
[277] B. J. Day and R. H. Street, Localisation of locally presentable categories, *J. Pure Appl. Alg.* 58 (1989), 227–233; MR 90h:18012.
[278] B. J. Day and R. H. Street, Localisations of locally presentable categories, II, *J. Pure Appl. Alg.* 63 (1990), 225–229; MR 91h:18007.
[279] J. P. Delale, Ensemble sous-jacent dans un topos, *C. R. Acad. Sci. Paris* 277 (1973), A153–156; MR 51/8197.
[280] R. Diaconescu, Change of base for toposes with generators, *J. Pure Appl. Alg.* 6 (1975), 191–218; MR 52/532.
[281] R. Diaconescu, Axiom of choice and complementation, *Proc. Amer. Math. Soc.* 51 (1975), 176–178; MR 51/10093.
[282] R. Diaconescu, Grothendieck toposes have Boolean points — a new proof, *Commun. Alg.* 4 (1976), 723–729; MR 54/2757.
[283] R. Diaconescu, On comparability in a topos, *Proc. Amer. Math. Soc.* 98 (1986), 389–393; MR 87m:18006.
[284] Y. Diers, Familles universelles de morphismes, *Ann. Soc. Sci. Bruxelles* 93 (1979), 175–195; MR 81i:18001.
[285] Y. Diers, Multimonads and multimonadic categories, *J. Pure Appl. Alg.* 17 (1980), 153–170; MR 81f:18024.
[286] Y. Diers, Catégories multialgébriques, *Arch. Math. (Basel)* 34 (1980), 193–209; MR 82m:18003a.
[287] Y. Diers, Catégories localement multiprésentables, *Arch. Math. (Basel)* 34 (1980), 344–356; MR 82m:18003b.
[288] Y. Diers, Un critère de représentabilité par sections continues de faisceaux, in *Category theory*, Lecture Notes in Math. vol. 962 (Springer–Verlag, 1982), 51–61; MR 82h:18006.

[289] Y. Diers, Une déscription axiomatique des catégories de faisceaux de structures algébriques sur les espaces topologiques booléens, *Adv. Math.* 47 (1983), 258–299; MR 84e:18007.

[290] Y. Diers, *Categories of Boolean sheaves of simple algebras*, Lecture Notes in Math. vol. 1187 (Springer–Verlag, 1986); MR 87j:18006.

[291] S. Di Sieno and M. Galuzzi, Categorie basate su un'algebra di Heyting, *Atti Accad. Sci. Torino* (I) 112 (1978), 333–343; MR 80h:18005.

[292] H. Dobbertin, Measurable refinement monoids and applications to distributive semilattices, Heyting algebras, and Stone spaces, *Math. Z.* 187 (1984), 13–21; MR 85h:20072.

[293] D. E. Dobbs, On characterizing injective sheaves, *Canad. J. Math.* 29 (1977), 1031–1039; MR 56/5685; corrigenda *ibid.* 32 (1980), 1522; MR 82f:18015b.

[294] L. van den Dries, Some applications of a model-theoretic fact to (semi-)algebraic geometry, *Proc. Kon. Nederl. Akad. Weten.* A 85 (1982), 397–401 = *Indag. Math.* 44 (1982), 397–401; MR 84m:14029.

[295] I. de F. Druck, Un modèle de filtres pour l'analyse réelle synthétique, *Cahiers Top. Géom. Diff. Catégoriques* 34 (1993), 83–120; MR 94g:18001.

[296] E. J. Dubuc, Free monoids, *J. Algebra* 29 (1974), 208–228; MR 50/13191.

[297] E. J. Dubuc, Concrete quasitopoi, in *Applications of sheaves*, Lecture Notes in Math. vol. 753 (Springer–Verlag, 1979), 239–254; MR 81e:18010.

[298] E. J. Dubuc, Sur les modèles de la géométrie différentielle synthétique, *Cahiers Top. Géom. Diff.* 20 (1979), 234–279; MR 81c:58003.

[299] E. J. Dubuc, $C^\infty$-schemes, *Amer. J. Math.* 103 (1981), 683–690; MR 83a:58004.

[300] E. J. Dubuc, Open covers and infinitary operations in $C^\infty$-rings, *Cahiers Top. Géom. Diff.* 22 (1981), 287–300; MR 83m:18010.

[301] E. J. Dubuc, Logical opens and real numbers in topoi, *J. Pure Appl. Alg.* 43 (1986), 129–143; MR 88d:18003.

[302] E. J. Dubuc, Integration of vector fields and synthetic differential geometry (Spanish), *Rev. Un. Mat. Argentina* 35 (1989), 151–162; MR 95c:58007.

[303] E. J. Dubuc, Germ representability and local integration of vector fields in a well adapted model of SDG, *J. Pure Appl. Alg.* 64 (1990), 131–144; MR 91g:18011.

[304] E. J. Dubuc, Topoi and (multisorted) higher-order intuitionistic logic, in *Séminaire sur les structures algébriques ordonnées*, vol. II, Publ. Math. Univ. Paris VII no. 33 (1990), 127–140; MR 91h:03090.

[305] E. J. Dubuc, Axiomatic etal maps and a theory of spectrum, *J. Pure Appl. Alg.* 149 (2000), 15–45; MR 02a:18006.

[306] E. J. Dubuc and G. M. Kelly, A presentation of topoi as algebraic relative to categories or graphs, *J. Algebra* 81 (1983), 420–433; MR 85c:18009.

[307] E. J. Dubuc and A. Kock, On 1-form classifiers, *Commun. Alg.* 12 (1984), 1471–1531; MR 86b:58007.

[308] E. J. Dubuc and J. Penon, Objets compacts dans les topos, *J. Austral. Math. Soc.* (A) 40 (1986), 203–217; MR 87k:18004.

[309] E. J. Dubuc and G. E. Reyes, Subtoposes of the ring classifier, in *Topos theoretic methods in geometry*, Aarhus Univ. Var. Publ. Ser. 30 (1979), 101–122; MR 81j:03098.

[310] E. J. Dubuc and G. Taubin, Analytic rings, *Cahiers Top. Géom. Diff.* 24 (1983), 225–265; MR 86j:32011.

[311] E. J. Dubuc and J. G. Zilber, On analytic models of synthetic differential geometry, *Cahiers Top. Géom. Diff. Catégoriques* 35 (1994), 49–73; MR 95f:18007.

[312] E. J. Dubuc and J. G. Zilber, Banach spaces in an analytic model of synthetic differential geometry, *Cahiers Top. Géom. Diff. Catégoriques* 39 (1998), 117–136; MR 99h:58003.

[313] E. J. Dubuc and J. G. Zilber, Infinitesimal and local structures for Banach spaces and its exponentials in a topos, *Cahiers Top. Géom. Diff. Catégoriques* 41 (2000), 82–100.

[314] E. J. Dubuc and J. G. Zilber, Inverse function theorems for Banach spaces in a topos, *Cahiers Top. Géom. Diff. Catégoriques* 41 (2000), 207–224; MR 01f:18006.

[315] P. Dupont, Projectivity of sheaves on a locale and of free modules, *J. Pure Appl. Alg.* 62 (1989), 7–18; MR 90k:18003.

[316] P. Dupont, Rings and modules in a localic topos, *Bull. Soc. Math. Belg.* (B) 41 (1989), 63–71; MR 91c:18002.

[317] P. Dupont and B. Loiseau, A logical glance at sheaves, *Ann. Soc. Sci. Bruxelles* (I) 101 (1987), 133–149; MR 90m:03108.

[318] J. W. Duskin, *Simplicial methods and the interpretation of 'triple' cohomology*, Memoirs Amer. Math. Soc. no. 163 (1975); MR 52/14006.

[319] J. W. Duskin, Higher-dimensional torsors and the cohomology of topoi: the abelian theory, in *Applications of sheaves*, Lecture Notes in Math. vol. 753 (Springer–Verlag, 1979), 255–279; MR 82c:18006.

[320] J. W. Duskin, An outline of non-abelian cohomology in a topos, I: the theory of bouquets and gerbes, *Cahiers Top. Géom. Diff.* 23 (1982), 165–191; MR 83k:14020.

[321] R. Dyckhoff and W. Tholen, Exponentiable morphisms, partial products and pullback complements, *J. Pure Appl. Alg.* 49 (1987), 103–116; MR 88m:18003.

[322] M. M. Ebrahimi, Algebra in a Grothendieck topos: injectivity in quasi-equational classes, *J. Pure Appl. Alg.* 26 (1982), 269–280; MR 84d:18010.

[323] M. M. Ebrahimi, Equational compactness of sheaves of algebras on a Noetherian locale, *Alg. Universalis* 16 (1983), 318–330; MR 84e:08010.

[324] M. M. Ebrahimi, Bimorphisms and tensor products in a topos, *Bull. Iran. Math. Soc.* 15 (1988), 1–31; MR 91g:08002.

[325] M. M. Ebrahimi, Internal completeness and injectivity of Boolean algebras in the topos of $M$-sets, *Bull. Austral. Math. Soc.* 41 (1990), 323–332; MR 91b:03102.

[326] M. M. Ebrahimi and M. Mahmoudi, When is the category of separated $M$-sets a quasitopos or a topos?, *Bull. Iran. Math. Soc.* 21 (1995), 25–33; MR 98a:18004.

[327] M. M. Ebrahimi and M. Mahmoudi, The category of $M$-sets, *Ital. J. Pure Appl. Math.* 9 (2001), 123–132.

[328] K. Eda, A minimal flabby sheaf and an abelian group, *Tsukuba Math. J.* 7 (1983), 157–168; MR 85d:18007.

[329] K. R. Edwards, *Relative finiteness and the preservation of filtered colimits*, Ph.D. thesis, University of Chicago (1980).

[330] C. Ehresmann, Gattungen von lokalen Strukturen, *Jber. Deutsch. Math.-Verein.* 60 (1957), 59–77; MR 20/2392.

[331] C. Ehresmann, *Catégories et structures* (Dunod, 1965); MR 30/4809.

[332] C. Ehresmann, Esquisses et types de structures algébriques, *Bul. Inst. Politehn. Iaşi* 14 (1968), 1–14; MR 39/278.

[333] T. Ehrhard, Dictoses, in *Category theory and computer science*, Lecture Notes in Computer Science vol. 389 (Springer–Verlag, 1989), 213–223; MR 91b:68070.

[334] D. P. Ellerman, Sheaves of structures and generalized ultraproducts, *Ann. Math. Logic* 7 (1974), 163–195; MR 51/12516.

[335] H. Engenes, Subobject classifiers and classes of subfunctors, *Math. Scand.* 34 (1974), 145–152; MR 51/8200.

[336] Yu.L. Ershov, Computable numerations of morphisms (Russian), *Algebra i Logika* 10 (1971), 247–308; English translation in *Algebra and Logic* 10 (1971), 155–191; MR 46/5124.

[337] L. Esakia, M. Jibladze and D. Pataraia, Scattered toposes, *Ann. Pure Appl. Logic* 103 (2000), 97–107; MR 01g:03121.

[338] M. H. Escardó, The regular-locally-compact reflection of a stably locally compact locale, *J. Pure Appl. Alg.* 157 (2001), 41–55.

[339] L. Español, Le spectre d'un anneau dans l'algèbre constructive et applications à la dimension, *Cahiers Top. Géom. Diff.* 24 (1983), 133–144; MR 85e:13034.

[340] L. Español, A note on integral domains in toposes (Spanish), in *Proc. Tenth Spanish–Portuguese Conf. on Math.*, vol. I (Univ. Murcia, 1985), 142–147; MR 87j:18007.

[341] L. Español, The spectrum and the ring dimension in algebra over a topos (Spanish), *Rev. Colomb. Mat.* 20 (1986), 105–128; MR 89g:18007.

[342] L. Español, The spectrum lattice of Baer rings and polynomials, in *Categorical algebra and its applications*, Lecture Notes in Math. vol. 1348 (Springer–Verlag, 1988), 118–124; MR 90e:18002.

[343] L. Español and L. Lambán, A tensor–hom adjunction in a topos related to vector topologies and bornologies, *J. Pure Appl. Alg.* 154 (2000), 143–158; MR 01f:18007.

[344] L. Español and M. C. Minguez, Logical open sets of convenient spaces in the Cahiers topos, in *Proc. Twelfth Portuguese–Spanish Conf. on Math.*, vol. II (Univ. do Minho, 1987), 597–602.

[345] M. Eytan, Engeler algorithms in a topos, in *Fundamentals of computation theory*, Math. Research vol. 2 (Akademie–Verlag, 1979), 128–137; MR 81g:03081.

[346] M. Eytan, Fuzzy sets: a topos-logical point of view, *Fuzzy Sets Syst.* 5 (1981), 47–67; MR 82k:03087.

[347] S. Fakir, Monade idempotente associée à une monade, *C. R. Acad. Sci. Paris* 270 (1970), A99–101; MR 41/1828.

[348] M. F. Farina, Una costruzione del fascio associato, *Ist Lombardo Accad. Sci. Lett. Rend.* (A) 110 (1976), 332–341; MR 58/16841.

[349] M. F. Farina and G. C. Meloni, Il funtore fascio associato nei topoi: la costruzione $X^+$, *Boll. Un. Mat. Ital.* A (5) 15 (1978), 639–647; MR 80b:18006.

[350] M. F. Farina and G. C. Meloni, The associated sheaf functor, *Ist. Lombardo Accad. Sci. Lett. Rend.* (A) 114 (1980), 50–55; MR 85d:18008.

[351] B. Fawcett and R. J. Wood, Constructive complete distributivity, I, *Math. Proc. Camb. Philos. Soc.* 107 (1990), 81–89; MR 90k:06017.

[352] P. Feit, *Axiomization of passage from 'local' structure to 'global' object*, Memoirs Amer. Math. Soc. no. 485 (1993); MR 94f:18009.

[353] Y. Félix and R. Lavendhomme, On De Rham's theorem in synthetic differential geometry, *J. Pure Appl. Alg.* 69 (1991), 21–31; MR 92a:58003.

[354] M. P. Fiore and G. D. Plotkin, An extension of models of axiomatic domain theory to models of synthetic domain theory, in *Computer science logic (Utrecht 1996)*, Lecture Notes in Computer Science vol. 1258 (Springer–Verlag, 1997), 129–139; MR 98k:03124.

[355] M. P. Fiore and G. Rosolini, Two models of synthetic domain theory, *J. Pure Appl. Alg.* 116 (1997), 151–162; MR 98j:18003.

[356] M. Fontana and G. Mazzola, Arithmétique fonctorielle des topologies de Grothendieck, *Ann. Univ. Ferrara Sez. VII* (N. S.) 22 (1976), 49–94; MR 56/12097.

[357] M. P. Fourman, Comparaison des réelles d'un topos; structures lisses sur un topos élémentaire, *Cahiers Top. Géom. Diff.* 16 (1976), 233–239.

[358] M. P. Fourman, The logic of topoi, in *Handbook of mathematical logic*, Studies in Logic and the Foundations of Math. vol. 90 (North–Holland, 1978), 1053–1090; MR 58/10343.

[359] M. P. Fourman, Sheaf models for set theory, *J. Pure Appl. Alg.* 19 (1980), 91–101; MR 82i:03078.

[360] M. P. Fourman, Notions of choice sequence, in *The L.E.J. Brouwer centenary symposium*, Studies in Logic and the Foundations of Math. vol. 110 (North–Holland, 1982), 91–105; MR 85d:03115.

[361] M. P. Fourman, $T_1$ spaces over topological sites, *J. Pure Appl. Alg.* 27 (1983), 223–224; MR 84m:18004.

[362] M. P. Fourman, Continuous truth I: non-constructive objects, in *Logic Colloquium '82*, Studies in Logic and the Foundations of Math. vol. 112 (North–Holland, 1984), 161–180; MR 86b:03084.

[363] M. P. Fourman and R. J. Grayson, Formal spaces, in *The L.E.J. Brouwer centenary symposium*, Studies in Logic and the Foundations of Math. vol. 110 (North–Holland, 1982), 107–122; MR 85c:03023.

[364] M. P. Fourman and J. M. E. Hyland, Sheaf models for analysis, in *Applications of sheaves*, Lecture Notes in Math. vol. 753 (Springer–Verlag, 1979), 280–301; MR 82g:03069.

[365] M. P. Fourman and A. Ščedrov, The 'world's simplest axiom of choice' fails, *Manuscripta Math.* 38 (1982), 325–332; MR 83k:03074.

[366] M. P. Fourman and D. S. Scott, Sheaves and logic, in *Applications of sheaves*, Lecture Notes in Math. vol. 753 (Springer–Verlag, 1979), 302–401; MR 82d:03061.

[367] R. H. Fox, On topologies for function-spaces, *Bull. Amer. Math. Soc.* 51 (1945), 429–432; MR 6–278.

[368] T. Fox, Coalgebras and cartesian categories, *Commun. Alg.* 4 (1976), 665–667; MR 53/8189.

[369] M. Fréchet, Sur quelques points du calcul fonctionnel, *Rend. Circ. Mat. Palermo* 22 (1906), 1–71.

[370] P. J. Freyd, The theories of functors and models, in *The theory of models*, Studies in Logic and the Foundations of Math. (North–Holland, 1965), 107–120; MR 34/1371.

[371] P. J. Freyd, Aspects of topoi, *Bull. Austral. Math. Soc.* 7 (1972), 1–76; MR 53/576; corrigenda *ibid.*, 467–480; MR 54/7571.

[372] P. J. Freyd, The axiom of choice, *J. Pure Appl. Alg.* 19 (1980), 103–125; MR 82i:03079.

[373] P. J. Freyd, Numerology in topoi, preprint, c. 1980.

[374] P. J. Freyd, All topoi are localic; or, Why permutation models prevail, *J. Pure Appl. Alg.* 46 (1987), 49–58; MR 88e:03091.

[375] P. J. Freyd, Choice and well-ordering, *Ann. Pure Appl. Logic* 35 (1987), 149–166; MR 88g:03093.

[376] P. J. Freyd, Combinators, in *Categories in computer science and logic*, Contemp. Math. vol. 92 (Amer. Math. Soc., 1989), 63–66; MR 90m:03029.

[377] P. J. Freyd, H. Friedman and A. Scedrov, Lindenbaum algebras of intuitionistic theories and free categories, *Ann. Pure Appl. Logic* 35 (1987), 167–172; MR 88g:03094.

[378] P. J. Freyd, P. S. Mulry, G. Rosolini and D. S. Scott, Extensional PERs, in *Proc. Fifth IEEE Symp. on Logic in Computer Science* (IEEE Computer Soc. Press, 1990), 346–354; also published in *Info. Comput.* 98 (1992), 211–227; MR 93f:68065.

[379] P. J. Freyd, E. P. Robinson and G. Rosolini, Dinaturality for free, in *Applications of categories in computer science*, L.M.S. Lecture Notes Series no. 177 (Cambridge Univ. Press, 1992), 107–118; MR 94a:68084.

[380] P. J. Freyd, E. P. Robinson and G. Rosolini, Functorial parametricity, in *Proc. Seventh IEEE Symp. on Logic in Computer Science* (IEEE Computer Soc. Press, 1992), 444–452.

[381] P. J. Freyd and A. Scedrov, *Categories, allegories* (North–Holland, 1990); MR 93c:18001.

[382] P. J. Freyd and R. H. Street, On the size of categories, *Theory Appl. Categ.* 1 (1995), 174–178; MR 96m:18003.

[383] J. Funk, The display locale of a cosheaf, *Cahiers Top. Géom. Diff. Catégoriques* 36 (1995), 53–93; MR 96d:18007.

[384] J. Funk, The locally connected coclosure of a Grothendieck topos, *J. Pure Appl. Alg.* 137 (1999), 17–27; MR 00b:18015.

[385] J. Funk, On branched covers in topos theory, *Theory Appl. Categ.* 7 (2000), 1–22; MR 00m:18008.

[386] P. Gabriel and F. Ulmer, *Lokal präsentierbare Kategorien*, Lecture Notes in Math. vol. 221 (Springer–Verlag, 1971); MR 48/6205.

[387] P. Gabriel and M. Zisman, *Calculus of fractions and homotopy theory*, Ergebnisse der Math. Band 35 (Springer–Verlag, 1967); MR 35/1019.

[388] F. Gago Couso, Compactness and Kock's principle (Galician), in *Proc. Twelfth Portuguese–Spanish Conf. on Math.*, vol. II (Univ. do Minho, 1987), 80–85.

[389] F. Gago Couso, Morse germs in synthetic differential geometry, in *Categorical algebra and its applications*, Lecture Notes in Math. vol. 1348 (Springer–Verlag, 1988), 125–129; MR 90a:58002.

[390] F. Gago Couso, Singularités dans la géométrie différentielle synthétique, *Bull. Soc. Math. Belg.* A 41 (1989), 279–287; MR 91b:18014.

[391] R. Gates, On the generic solution to $P(X) \cong X$ in distributive categories, *J. Pure Appl. Alg.* 125 (1998), 191–212; MR 99b:18013.

[392] R. Gates, On generic separable objects, *Theory Appl. Categ.* 4 (1998), 208–248; MR 00i:18015.

[393] N. Gavioli, $\mathcal{V}$-matrices over a topos, *Rend. Circ. Mat. Palermo Suppl.* (II) 24 (1990), 375–386; MR 92e:18004.

[394] M. Geanău, La catégorie des objets groupes abéliens dans un topos élémentaire est une catégorie abélienne, *Bul. Inst. Politehn. Bucureşti* 42 (1980), 9–19; MR 82c:18007.

[395] M. Geanău, Sur un invariant dans un topos élémentaire, *An. Ştiinţ. Univ. din Iaşi Secţ. IA Mat. (N.S.)* 27 (1981), 247–251; MR 83c:18003.

[396] M. Geanău, Objets injectifs dans la catégorie $\mathbf{ab}(\xi)$ des objets groupes abéliens dans un topos élémentaire, *Bul. Inst. Politehn. Bucureşti* 43 (1981), 9–14; MR 83i:18005.

[397] M. Geanău, Cohomologie abélienne dans un topos élémentaire, *Bull. Math. Soc. Sci. Math. Roum.* 26 (74) (1982), 51–57; MR 83g:18008.

[398] M. Geanău, L'orbite dans un topos élémentaire, *An. Ştiinţ. Univ. din Iaşi Secţ. IA Mat. (N.S.)* 30 (1984), 3–6; MR 87c:18001.

[399] M. Geanău, Quelques propriétés du topos des $G$-objets, *Bul. Inst. Politehn. Bucureşti* 46 (1985), 17–24; MR 87i:18003.

[400] S. Ghilardi, Presheaf semantics and independence results for some nonclassical first-order logics, *Arch. Math. Logic* 29 (1989), 125–136; MR 91f:03048.

[401] S. Ghilardi, Incompleteness results in Kripke semantics, *J. Symbolic Logic* 56 (1991), 517–538; MR 93b:03020.

[402] S. Ghilardi, Free Heyting algebras as bi-Heyting algebras, *C. R. Math. Rep. Acad. Sci. Canada* 24 (1992), 240–244.

[403] S. Ghilardi and M. W. Zawadowski, A sheaf representation and duality for finitely presented Heyting algebras, *J. Symbolic Logic* 60 (1995), 911–939; MR 96i:03063.

[404] G. Gierz, K. H. Hofmann, K. Keimel, J. D. Lawson, M. Mislove and D. S. Scott, *A compendium of continuous lattices* (Springer–Verlag, 1980); MR 82h:06005.

[405] J. Giraud, Analysis situs, *Séminaire Bourbaki*, exposé 256 (1963); MR 33/1343.

[406] J. Giraud, *Méthode de la descente*, Bull. Soc. Math. France, Mémoire 2 (1964); MR 32/7556.

[407] J. Giraud, *Cohomologie non abélienne*, Grundl. Math. Wissen. Band 179 (Springer–Verlag, 1971); MR 49/8992.

[408] J. Giraud, Classifying topos, in *Toposes, algebraic geometry and logic*, Lecture Notes in Math. vol. 274 (Springer–Verlag, 1972), 43–56; MR 50/2300.

[409] A. M. Gleason, Projective topological spaces, *Ill. J. Math.* 2 (1958), 482–489; MR 22/12509.

[410] P. G. Goerss and J. F. Jardine, Localization theories for simplicial presheaves, *Canad. J. Math.* 50 (1998), 1048–1089; MR 99j:55009.

[411] R. I. Goldblatt, *Topoi: the categorial analysis of logic*, Studies in Logic and the Foundations of Math. vol. 98 (North–Holland, 1979; revised second edition, 1984); MR 81a:03063 and 85m:03002.

[412] R. I. Goldblatt, Grothendieck topology as geometric modality, *Z. Math. Logik Grundl. Math.* 27 (1981), 495–529; MR 83d:03069.

[413] I. Graham, Fuzzy sets and toposes — towards higher order fuzzy logic, *Fuzzy Sets Syst.* 23 (1987), 19–32; MR 88g:03071.

[414] J. W. Gray, Sheaves with values in a category, *Topology* 3 (1964), 1–18; MR 28/2545.

[415] J. W. Gray, Fragments of the history of sheaf theory, in *Applications of sheaves*, Lecture Notes in Math. vol. 753 (Springer–Verlag, 1979), 1–79; MR 82j:01060.

[416] R. J. Grayson, Heyting-valued models for intuitionistic set theory, in *Applications of sheaves*, Lecture Notes in Math. vol. 753 (Springer–Verlag, 1979), 402–414; MR 82g:03089.

[417] R. J. Grayson, Concepts of general topology in constructive mathematics and in sheaves, *Ann. Math. Logic* 20 (1981), 1–41; MR 82g:03105; corrigenda *ibid.* 23 (1982), 99; MR 84d:03075.

[418] R. J. Grayson, Concepts of general topology in constructive mathematics and in sheaves, II, *Ann. Math. Logic* 23 (1982), 55–98; MR 84c:03102.

[419] P. A. Grillet, Regular categories, in *Exact categories and categories of sheaves*, Lecture Notes in Math. vol. 236 (Springer–Verlag, 1971), 121–222.

[420] A. Grothendieck, Sur quelques points d'algèbre homologique, *Tohôku Math. J.* 9 (1957), 119–221; MR 21/1328.

[421] A. Grothendieck, Technique de descente et théorèmes d'existence en géométrie algébrique, I–VI, *Sém. Bourbaki*, exposés 190/195/212/221/232/236 (1959–62); MR 26/3566.

[422] A. Grothendieck, *Revêtements étales et groupe fondamental*, Séminaire de Géométrie Algébrique du Bois-Marie, année 1960–61; second edition published as Lecture Notes in Math. vol. 224 (Springer–Verlag, 1971); MR 50/7129.

[423] J. H. C. Gunawardena, Geometric logic, causality and event structures, in *CONCUR '91*, Lecture Notes in Computer Science vol. 527 (Springer–Verlag, 1991); MR 93b:03043.

[424] A. K. Guts, A topos-theoretic approach to the foundations of relativity theory (Russian), *Dokl. Akad. Nauk. SSSR* 318 (1991), 1294–1297; English translation in *Soviet Math. Dokl.* 43 (1991), 904–907; MR 92m:83083.

[425] J. Haigh, Essential geometric morphisms between toposes over finite sets, *Math. Proc. Camb. Philos. Soc.* 87 (1980), 21–24; MR 80k:18006.

[426] M. Hakim, *Topos annelés et schémas relatifs*, Ergebnisse der Math. Band 64 (Springer–Verlag, 1972); MR 51/500.

[427] A. W. Hales, On the non-existence of free complete Boolean algebras, *Fund. Math.* 54 (1964), 45–66; MR 29/1162.

[428] R. Harting, A remark on injectivity of sheaves of abelian groups, *Arch. Math. (Basel)* 36 (1981), 230–233; MR 82j:20101.

[429] R. Harting, Locally injective $G$-sheaves of abelian groups, *Cahiers Top. Géom. Diff.* 22 (1981), 115–122; MR 84a:18022.

[430] R. Harting, Abelian groups in an elementary topos, *Commun. Alg.* 10 (1982), 1173–1237; MR 83i:18006.

[431] R. Harting, Locally injective abelian groups in a topos, *Commun. Alg.* 11 (1983), 349–376; MR 84m:18005.

[432] R. Harting, Abelian groups in a topos: injectives and injective effacements, *J. Pure Appl. Alg.* 30 (1983), 247–260; MR 85h:18002.

[433] S. Hayashi, On set theories in toposes, in *Logic symposia, Hakone 1979–80*, Lecture Notes in Math. vol. 891 (Springer–Verlag, 1981), 23–29; MR 84b:18002.

[434] W. He and Y. M. Liu, Inverse limits in the category of locales, *Sci. China* (A) 41 (1998), 476–482; MR 99i:18008.

[435] W. He and Y. M. Liu, Steenrod's theorem for locales, *Math. Proc. Camb. Philos. Soc.* 124 (1998), 305–307; MR 99c:18001.

[436] M. Hébert, Characterizations of axiomatic categories of models canonically isomorphic to (quasi-) varieties, *Canad. Math. Bull.* 31 (1988), 287–300; MR 90d:03064.

[437] M. Hébert, Syntactic characterization of closure under connected limits, *Arch. Math. Logic* 31 (1991), 133–143; MR 93e:03050.

[438] M. Hébert, Syntactic characterization of closure under pullbacks and of locally polypresentable categories, *Ann. Pure Appl. Logic* 84 (1997), 73–95; MR 97k:18003.

[439] A. Heller and K. A. Rowe, On the category of sheaves, *Amer. J. Math.* 84 (1962), 205–216; MR 26/1887.

[440] D. Higgs, Boolean-valued equivalence relations and complete extensions of complete Boolean algebras, *Bull. Austral. Math. Soc.* 3 (1970), 65–72; MR 42/156.

[441] D. Higgs, A category approach to Boolean-valued set theory, Lecture notes, Univ. of Waterloo (1973).

[442] D. Higgs, A universal characterization of $[0, \infty]$, *Proc. Kon. Nederl. Akad. Weten.* A 81 (1978) = *Indag. Math.* 40 (1978), 448–455; MR 80a:08007.

[443] D. Higgs, Injectivity in the topos of complete Heyting algebra valued sets, *Canad. J. Math.* 36 (1984), 550–568; MR 85m:18003.

[444] H. L. Hiller, Fibrations and Grothendieck topologies, *Bull. Austral. Math. Soc.* 14 (1976), 111–128; MR 53/13355.

[445] M. Hochster, Prime ideal structure in commutative rings, *Trans. Amer. Math. Soc.* 142 (1969), 43–60; MR 40/4257.

[446] W. Hodges, *Model theory*, Encyclopaedia of Mathematics and its Applications vol. 42 (Cambridge Univ. Press, 1993); MR 94e:03002.

[447] G. van der Hoeven and I. Moerdijk, On an independence result in the theory of lawless sequences, *Proc. Kon. Nederl. Akad. Weten.* A 86 (1983) = *Indag. Math.* 45 (1983), 185–191; MR 85d:03116.

[448] G. van der Hoeven and I. Moerdijk, Sheaf models for choice sequences, *Ann. Pure Appl. Logic* 27 (1984), 63–107; MR 86m:03091.

[449] G. van der Hoeven and I. Moerdijk, On choice sequences determined by spreads, *J. Symbolic Logic* 49 (1984), 908–916; MR 87m:03093.

[450] K. H. Hofmann, Stably continuous frames, and their topological manifestations, in *Categorical topology*, Sigma Ser. Pure Math. no. 5 (Heldermann–Verlag, 1984), 282–307; MR 86h:06019.

[451] K. H. Hofmann and K. Keimel, Sheaf-theoretical concepts in analysis, in *Applications of sheaves*, Lecture Notes in Math. vol. 753 (Springer–Verlag, 1979), 415–441; MR 81f:46085.

[452] K. H. Hofmann and J. D. Lawson, The spectral theory of distributive continuous lattices, *Trans. Amer. Math. Soc.* 246 (1978), 285–310; MR 80c:54045.

[453] U. Höhle, Fuzzy topologies and topological space objects in a topos, *Fuzzy Sets Syst.* 19 (1986), 299–304; MR 87m:18007.

[454] U. Höhle, Monoidal closed categories, weak topoi, and generalized logics, *Fuzzy Sets Syst.* 42 (1991), 15–35; MR 92i:03071.

[455] U. Höhle and L. N. Stout, Foundations of fuzzy sets, *Fuzzy Sets Syst.* 40 (1991), 257–296; MR 92c:04009.

[456] D. A. J. Hoskin, The Stein topos, in *Category theoretic methods in geometry*, Aarhus Univ. Var. Publ. Ser. 35 (1983), 154–167; MR 85c:32027.

[457] D. Howe, Module categories over topoi, *J. Pure Appl. Alg.* 21 (1981), 161–165; MR 82m:18002.

[458] H. Hu and W. Tholen, A note on free regular and exact completions and their infinitary generalizations, *Theory Appl. Categ.* 2 (1996), 113–132; MR 98e:18001.

[459] V. Huber-Dyson, *Gödel's Theorems: a workbook on formalization*, Teubner-Texte zur Mathematik, Band 122 (Teubner–Verlag, 1991); MR 93a:03001.

[460] J. M. E. Hyland, Continuity in spatial toposes, in *Applications of sheaves*, Lecture Notes in Math. vol. 753 (Springer–Verlag, 1979), 442–465; MR 83g:18009.

[461] J. M. E. Hyland, Function spaces in the category of locales, in *Continuous lattices*, Lecture Notes in Math. vol. 871 (Springer–Verlag, 1981), 264–281.

[462] J. M. E. Hyland, The effective topos, in *The L.E.J. Brouwer centenary symposium*, Studies in Logic and the Foundations of Math. vol. 110 (North–Holland, 1982), 165–216; MR 84m:03101.

[463] J. M. E. Hyland, A small complete category, *Ann. Pure Appl. Logic* 40 (1988), 135–165; MR 90a:18007.

[464] J. M. E. Hyland, First steps in synthetic domain theory, in *Category theory*, Lecture Notes in Math. vol. 1488 (Springer–Verlag, 1991), 131–156; MR 93g:68075.

[465] J. M. E. Hyland, P. T. Johnstone and A. M. Pitts, Tripos theory, *Math. Proc. Camb. Philos. Soc.* 88 (1980), 205–232; MR 81i:03102.

[466] J. M. E. Hyland and C. H. L. Ong, Modified realizability toposes and strong normalization proofs, in *Typed lambda calculi and applications*, Lecture Notes in Computer Science vol. 664 (Springer–Verlag, 1993), 179–194.

[467] J. M. E. Hyland and A. M. Pitts, The theory of constructions: categorical semantics and topos-theoretic models, in *Categories in computer science and logic*, Contemp. Math. vol. 92 (Amer. Math. Soc., 1989), 137–199; MR 90h:03023.

[468] J. M. E. Hyland, E. P. Robinson and G. Rosolini, The discrete objects in the effective topos, *Proc. London Math. Soc.* (3) 60 (1990), 1–36; MR 90k:18004.

[469] J. M. E. Hyland, E. P. Robinson and G. Rosolini, Algebraic types in PER models, in *Mathematical foundations of programming semantics*, Lecture Notes in Computer Science vol. 442 (Springer–Verlag, 1990), 333–350; MR 91h:68128.

[470] P. M. Idziak, Sheaves in universal algebra and model theory, I, *Rep. Math. Logic* 23 (1989), 39–65; MR 92g:08010a.

[471] P. M. Idziak, Sheaves in universal algebra and model theory, II, *Rep. Math. Logic* 24 (1990), 61–86; MR 92g:08010b.
[472] C. K. Im, On elementary toposes, *Bull. Korean Math. Soc.* 16 (1980), 55–71; MR 81h:18006.
[473] C. Ioniță, Characterization of Lawvere regular categories with exact filtered colimits and generators, *Rev. Roum. Math Pures Appl.* 27 (1981), 43–59; MR 83g:18010.
[474] C. Ioniță, Algebraic toposes and topologies, *Rev. Roum. Math Pures Appl.* 27 (1982), 831–847; MR 84g:18013.
[475] J. R. Isbell, General functorial semantics, I, *Amer. J. Math.* 94 (1972), 535–596; MR 53/580.
[476] J. R. Isbell, Atomless parts of spaces, *Math. Scand.* 31 (1972), 5–32; MR 50/11184.
[477] J. R. Isbell, Function spaces and adjoints, *Math. Scand.* 36 (1975), 317–339; MR 53/9134.
[478] J. R. Isbell, Product spaces in locales, *Proc. Amer. Math. Soc.* 81 (1981), 116–118; MR 82c:54006.
[479] J. R. Isbell, Direct limits of meet-continuous lattices, *J. Pure Appl. Alg.* 23 (1982), 33–35; MR 83a:18015.
[480] J. R. Isbell, Completion of a construction of Johnstone, *Proc. Amer. Math. Soc.* 85 (1982), 333–334; MR 83i:06011.
[481] J. R. Isbell, Varieties of frames, *Bull. London Math. Soc.* 17 (1985), 41–42; MR 86c:08011.
[482] J. R. Isbell, Graduation and dimension in locales, in *Aspects of topology in memory of Hugh Dowker*, L.M.S. Lecture Notes Series no. 93 (Cambridge Univ. Press, 1985), 195–210; MR 86h:54042.
[483] J. R. Isbell, General function spaces, products and continuous lattices, *Math. Proc. Camb. Philos. Soc.* 100 (1986), 193–205; MR 87k:54023.
[484] J. R. Isbell, First steps in descriptive theory of locales, *Trans. Amer. Math. Soc.* 327 (1991), 353–371; MR 92b:54078; corrigenda *ibid.* 341 (1994), 467–468; MR 94c:54071.
[485] J. R. Isbell, On dissolute spaces, *Top. Appl.* 40 (1991), 63–70; MR 92d:18002.
[486] J. R. Isbell, I. Kříž, A. Pultr and J. Rosický, Remarks on localic groups, in *Categorical algebra and its applications*, Lecture Notes in Math. vol. 1348 (Springer–Verlag, 1988), 154–172; MR 90f:18009.
[487] J. R. Isbell and S. H. Schanuel, Weak powers and small-valued functors, *Bull. London Math. Soc.* 14 (1982), 221–222; MR 83h:18003.
[488] C. J. Isham, Topos theory and consistent histories: the internal logic of the set of all consistent sets, *Internat. J. Theor. Phys.* 36 (1997), 785–814; MR 99a:81014.
[489] C. J. Isham and J. Butterfield, Some possible roles for topos theory in quantum theory and quantum gravity, *Found. Phys.* 30 (2000), 1707–1735; MR 02c:83037.
[490] B. Jacobs, *Categorical logic and type theory*, Studies in Logic and the Foundations of Math. vol. 141 (North-Holland, 1999); MR 01b:03077.
[491] W. James, Sheaf spaces on finite closed sets, *Logique & Analyse* 137–8 (1992), 175–188; MR 98e:03041.
[492] A. W. Jankowski and M. W. Zawadowski, Sheaves over Heyting lattices, *Studia Logica* 44 (1985), 237–256; MR 88a:18004.
[493] P. Jara, A. Verschoren and C. Vidal, *Localization and sheaves: a relative point of view*, Pitman Research Notes in Math. vol. 339 (Longman, 1995); MR 97m:18011.

[494] J. F. Jardine, Simplicial objects in a Grothendieck topos, in *Applications of K-theory in algebraic geometry and number theory*, Contemp. Math. vol. 55 (Amer. Math. Soc., 1986), 193–239; MR 88g:18008.

[495] J. F. Jardine, Simplicial presheaves, *J. Pure Appl. Alg.* 47 (1987), 35–87; MR 88j:18005.

[496] C. B. Jay, Finite objects in a locos, *J. Pure Appl. Alg.* 116 (1997), 169–183; MR 98a:18003.

[497] M. Jibladze, Geometric morphisms and indexed toposes (Russian), *Trudy Tbiliss. Mat. Inst. Razmadze Akad. Nauk. Gruzin. SSR* 91 (1988), 12–18; MR 90m:18005; English translation in *Categorical topology* (World Scientific, 1989), 10–18; MR 91c:18003.

[498] M. Jibladze, A presentation of the initial lift-algebra, *J. Pure Appl. Alg.* 116 (1997), 185–198; MR 98c:18002.

[499] M. Jibladze, Lower bagdomain as a glueing, *Proc. A. Razmadze Math. Inst.* 118 (1998), 33–41; MR 00b:18005.

[500] M. Jibladze and P. T. Johnstone, The frame of fibrewise closed nuclei, *Cahiers Top. Géom. Diff. Catégoriques* 32 (1991), 99–112; MR 93b:18010.

[501] P. T. Johnstone, The associated sheaf functor in an elementary topos, *J. Pure Appl. Alg.* 4 (1974), 231–242; MR 50/10002.

[502] P. T. Johnstone, Internal categories and classification theorems, in *Model theory and topoi*, Lecture Notes in Math. vol. 445 (Springer–Verlag, 1975), 103–113; MR 53/581.

[503] P. T. Johnstone, Adjoint lifting theorems for categories of algebras, *Bull. London Math. Soc.* 7 (1975), 294–297; MR 52/10845.

[504] P. T. Johnstone, *Topos theory*, L.M.S. Monographs no. 10 (Academic Press, 1977); MR 57/9791.

[505] P. T. Johnstone, Rings, fields and spectra, *J. Algebra* 49 (1977), 238–260; MR 56/8335.

[506] P. T. Johnstone, Automorphisms of $\Omega$, *Alg. Universalis* 9 (1979), 1–7; MR 80f:18003.

[507] P. T. Johnstone, On a topological topos, *Proc. London Math. Soc.* (3) 38 (1979), 237–271; MR 80i:18010.

[508] P. T. Johnstone, A syntactic approach to Diers' localizable categories, in *Applications of sheaves*, Lecture Notes in Math. vol. 753 (Springer–Verlag, 1979), 466–478; MR 82k:03102.

[509] P. T. Johnstone, Conditions related to De Morgan's law, in *Applications of sheaves*, Lecture Notes in Math. vol. 753 (Springer–Verlag, 1979), 479–491; MR 81e:03062.

[510] P. T. Johnstone, Another condition equivalent to De Morgan's law, *Commun. Alg.* 7 (1979), 1309–1312; MR 81d:03067.

[511] P. T. Johnstone, Remarks on Kock's paper 'Formally real local rings, and infinitesimal stability', in *Topos theoretic methods in geometry*, Aarhus Univ. Var. Publ. Ser. 30 (1979), 137–138; MR 81b:03064.

[512] P. T. Johnstone, The Gleason cover of a topos, I, *J. Pure Appl. Alg.* 19 (1980), 171–192; MR 82a:18002.

[513] P. T. Johnstone, Open maps of toposes, *Manuscripta Math.* 31 (1980), 217–247; MR 81f:18020.

[514] P. T. Johnstone, Tychonoff's theorem without the axiom of choice, *Fund. Math.* 113 (1981), 21–35; MR 84h:03117.

[515] P. T. Johnstone, The Gleason cover of a topos, II, *J. Pure Appl. Alg.* 22 (1981), 229–247; MR 83a:18011.

[516] P. T. Johnstone, Scott is not always sober, in *Continuous lattices*, Lecture Notes in Math. vol. 871 (Springer–Verlag, 1981), 282–283.

[517] P. T. Johnstone, Injective toposes, in *Continuous lattices*, Lecture Notes in Math. vol. 871 (Springer–Verlag, 1981), 284–297.

[518] P. T. Johnstone, Factorization theorems for geometric morphisms, I, *Cahiers Top. Géom. Diff.* 22 (1981), 3–17; MR 82j:18007.

[519] P. T. Johnstone, Factorization theorems for geometric morphisms, II, in *Categorical aspects of topology and analysis*, Lecture Notes in Math. vol. 915 (Springer–Verlag, 1982), 216–233; MR 83j:18006.

[520] P. T. Johnstone, *Stone spaces*, Cambridge Studies in Advanced Math. no. 3 (Cambridge Univ. Press, 1982); MR 85f:54002.

[521] P. T. Johnstone, Quotients of decidable objects in a topos, *Math. Proc. Camb. Philos. Soc.* 93 (1983), 409–419; MR 84h:18006.

[522] P. T. Johnstone, Almost maximal ideals, *Fund. Math.* 123 (1984), 197–209; MR 86f:03081.

[523] P. T. Johnstone, Open locales and exponentiation, in *Mathematical applications of category theory*, Contemp. Math. vol. 30 (Amer. Math. Soc., 1984), 84–116; MR 85i:18005.

[524] P. T. Johnstone, How general is a generalized space?, in *Aspects of topology in memory of Hugh Dowker*, L.M.S. Lecture Notes Series no. 93 (Cambridge Univ. Press, 1985), 77–111; MR 87f:03173.

[525] P. T. Johnstone, When is a variety a topos?, *Alg. Universalis* 21 (1985), 198–212; MR 87j:18008.

[526] P. T. Johnstone, Vietoris locales and localic semilattices, in *Continuous lattices and their applications*, Lecture Notes Pure Appl. Math. vol. 101 (Marcel Dekker, 1985), 155–180; MR 87e:54026.

[527] P. T. Johnstone, A simple proof that localic subgroups are closed, *Cahiers Top. Géom. Diff. Catégoriques* 29 (1988), 157–161; MR 89e:18019.

[528] P. T. Johnstone, A constructive 'closed subgroup theorem' for localic groups and groupoids, *Cahiers Top. Géom. Diff. Catégoriques* 30 (1989), 3–23; MR 90e:22006.

[529] P. T. Johnstone, A topos-theorist looks at dilators, *J. Pure Appl. Alg.* 58 (1989), 235–249; MR 90f:18002.

[530] P. T. Johnstone, Collapsed topses as bitopological spaces, in *Categorical topology* (World Scientific, 1989), 19–35; MR 91g:18002.

[531] P. T. Johnstone, Collapsed toposes and cartesian closed varieties, *J. Algebra* 129 (1990), 446–480; MR 91c:18007.

[532] P. T. Johnstone, Two notes on nuclei, *Order* 7 (1990), 205–210; MR 92d:06028.

[533] P. T. Johnstone, Fibrewise separation axioms for locales, *Math. Proc. Camb. Philos. Soc.* 108 (1990), 247–256; MR 91h:06024.

[534] P. T. Johnstone, The 'closed subgroup theorem' for localic herds and pregroupoids, *J. Pure Appl. Alg.* 70 (1991), 97–106; MR 92c:22008.

[535] P. T. Johnstone, Partial products, bagdomains and hyperlocal toposes, in *Applications of categories in computer science*, L.M.S. Lecture Notes Series no. 177 (Cambridge Univ. Press, 1992), 315–339.

[536] P. T. Johnstone, Fibrations and partial products in a 2-category, *Appl. Categ. Struct.* 1 (1993), 141–179; MR 94i:18007.

[537] P. T. Johnstone, Variations on the bagdomain theme, *Theoret. Comput. Sci.* 136 (1994), 3–20; MR 96g:68070.

[538] P. T. Johnstone, Remarks on quintessential and persistent localizations, *Theory Appl. Categ.* 2 (1996), 90–99; MR 97j:18004.

[539] P. T. Johnstone, Cartesian monads on toposes, *J. Pure Appl. Alg.* 116 (1997), 199–220; MR 97m:18007.

[540] P. T. Johnstone, A note on discrete Conduché fibrations, *Theory Appl. Categ.* 5 (1999), 1–11; MR 00c:18001.

[541] P. T. Johnstone, An 'unsitely' result on atomic morphisms, *Appl. Categ. Struct.* 8 (2000), 7–15; MR 01d:18005.

[542] P. T. Johnstone and A. Joyal, Continuous categories and exponentiable toposes, *J. Pure Appl. Alg.* 25 (1982), 255–296; MR 83k:18005.

[543] P. T. Johnstone and F. E. J. Linton, Finiteness and decidability, II, *Math. Proc. Camb. Philos. Soc.* 84 (1978), 207–218; MR 81f:18016b.

[544] P. T. Johnstone, F. E. J. Linton and R. Paré, Injectives in topoi, II: connections with the axiom of choice, in *Categorical topology*, Lecture Notes in Math. vol. 719 (Springer–Verlag, 1979), 207–216; MR 80j:18007b.

[545] P. T. Johnstone and I. Moerdijk, Local maps of toposes, *Proc. London Math. Soc.* (3) 58 (1989), 281–305; MR 90a:18004.

[546] P. T. Johnstone, A. J. Power, T. Tsujishita, H. Watanabe and J. Worrell, The structure of categories of coalgebras, *Theoret. Comput. Sci.* 260 (2001), 87–117.

[547] P. T. Johnstone and E. P. Robinson, A note on inequivalence of realizability toposes, *Math. Proc. Camb. Philos. Soc.* 105 (1989), 1–3; MR 90b:03095.

[548] P. T. Johnstone and S. J. Vickers, Preframe presentations present, in *Category theory*, Lecture Notes in Math. vol. 1488 (Springer–Verlag, 1991), 193–212; MR 93g:06006.

[549] P. T. Johnstone and G. C. Wraith, Algebraic theories in toposes, in *Indexed categories and their applications*, Lecture Notes in Math. vol. 661 (Springer–Verlag, 1978), 141–242; MR 81f:18019.

[550] D. de Jongh, A class of intuitionistic connectives, in *The Kleene symposium*, Studies in Logic and the Foundations of Math. vol. 101 (North–Holland, 1980), 103–111; MR 81m:03013.

[551] B. Jónsson and A. Tarski, On two properties of free algebras, *Math. Scand.* 9 (1961), 95–101; MR 23/A3695.

[552] A. Joyal, Une théorie combinatoire des séries formelles, *Adv. Math.* 42 (1981), 1–82; MR 84d:05025.

[553] A. Joyal and I. Moerdijk, Toposes are cohomologically equivalent to spaces, *Amer. J. Math.* 112 (1990), 87–95; MR 90m:18006.

[554] A. Joyal and I. Moerdijk, Toposes as homotopy groupoids, *Adv. Math.* 80 (1990), 22–38; MR 91b:18004.

[555] A. Joyal and I. Moerdijk, A categorical theory of cumulative hierarchies of sets, *C. R. Math. Rep. Acad. Sci. Canada* 13 (1991), 55–58; MR 92c:18002.

[556] A. Joyal and I. Moerdijk, A completeness theorem for open maps, *Ann. Pure Appl. Logic* 70 (1994), 51–86; MR 95j:03104; abstracted in *C. R. Math. Rep. Acad. Sci. Canada* 12 (1990), 253–256; MR 91m:18008.

[557] A. Joyal and I. Moerdijk, *Algebraic set theory*, L.M.S. Lecture Notes Series no. 220 (Cambridge Univ. Press, 1995); MR 96k:03127.

[558] A. Joyal and G. E. Reyes, Separably real closed local rings, *Rev. Colomb. Mat.* 19 (1985), 107–115; MR 88d:18004; also in *J. Pure Appl. Alg.* 43 (1986), 271–279; MR 89e:03054.

[559] A. Joyal and R. H. Street, Pullbacks equivalent to pseudopullbacks, *Cahiers Top. Géom. Diff. Catégoriques* 34 (1993), 153–156; MR 94a:18004.

[560] A. Joyal and M. Tierney, *An extension of the Galois theory of Grothendieck*, Memoirs Amer. Math. Soc. no. 309 (1984); MR 86d:18002.

[561] A. Joyal and M. Tierney, Universal bundles in simplicial sheaves, *C. R. Math. Rep. Acad. Sci. Canada* 12 (1990), 167–172; MR 91j:18020.

[562] A. Joyal and M. Tierney, Strong stacks and classifying spaces, in *Category theory*, Lecture Notes in Math. vol. 1488 (Springer–Verlag, 1991), 213–236; MR 92c:18013; abstracted in *C. R. Math. Rep. Acad. Sci. Canada* 13 (1991), 2–6; MR 93h:18019.

[563] A. Joyal and M. Tierney, Classifying spaces for sheaves of simplicial groupoids, *J. Pure Appl. Alg.* 89 (1993), 135–161; MR 94i:18005.

[564] A. Joyal and M. Tierney, On the homotopy theory of sheaves of simplicial groupoids, *Math. Proc. Camb. Philos. Soc.* 120 (1996), 263–290; MR 97g:55025.

[565] A. Joyal and M. Tierney, On the theory of path groupoids, *J. Pure Appl. Alg.* 149 (2000), 69–100; MR 01j:55012.

[566] A. Joyal and G. C. Wraith, Eilenberg–Mac Lane toposes and cohomology, in *Mathematical applications of category theory*, Contemp. Math. vol. 30 (Amer. Math. Soc., 1984), 117–131; MR 85k:18006.

[567] P. Karazeris, Compact topologies on locally presentable categories, *Cahiers Top. Géom. Diff. Catégoriques* 38 (1997), 227–255; MR 98e:18003.

[568] P. Karazeris, Gabriel topologies on coherent quantales, *J. Pure Appl. Alg.* 127 (1998), 177–192; MR 99e:18004.

[569] S. Kasangian and S. Vigna, The topos of trees: a categorical semantics for SCCS, *Fund. Inform.* 32 (1997), 27–45; MR 99f:18007.

[570] Y. Katsov, Model theory of functors: axiomatizability problems, *J. Pure Appl. Alg.* 119 (1997), 285–296; MR 98m:03074.

[571] E. B. Katsov and E. G. Shul'geifer, On the groupoid of varieties of group obects of a topos of presheaves (Russian), in *Algebraic systems*, Volgograd Gos. Ped. Inst. (1989), 81–93; MR 94c:18014.

[572] Y. Kawahara, Pushout-complements and basic concepts of grammars in toposes, *Theoret. Comput. Sci.* 77 (1990), 267–289; MR 91m:68113.

[573] Y. Kawahara and Y. Mizoguchi, Categorical assertion semantics in topoi, *Adv. Software Sci. Tech.* 4 (1992), 137–149.

[574] A. Kayihura and M. M. Mawanda, On a categorical analysis of Zadeh generalized subsets of sets, II, *Fuzzy Sets Syst.* 51 (1992), 219–226; MR 93m:18006.

[575] O. Keane, Abstract Horn theories, in *Model theory and topoi*, Lecture Notes in Math. vol. 445 (Springer–Verlag, 1975), 15–50; MR 52/2871.

[576] W. F. Keigher, Differential algebra in a topos, *Cahiers Top. Géom. Diff.* 22 (1981), 45–51; MR 82g:13022.

[577] G. M. Kelly, A unified treatment of transfinite constructions for free algebras, free monoids, colimits, associated sheaves, and so on, *Bull. Austral. Math. Soc.* 22 (1980), 1–83; MR 82h:18003.

[578] G. M. Kelly, *Basic concepts of enriched category theory*, L.M.S. Lecture Notes Series no. 64 (Cambridge Univ. Press, 1982); MR 84e:18001.

[579] G. M. Kelly, Structures defined by finite limits in the enriched context, I, *Cahiers Top. Géom. Diff.* 23 (1982), 3–42; MR 83h:18007.

[580] G. M. Kelly, On the essentially-algebraic theory generated by a sketch, *Bull. Austral. Math. Soc.* 26 (1982), 45–56; MR 84g:18019.

[581] G. M. Kelly, Two addenda to the author's 'Transfinite Constructions', *Bull. Austral. Math. Soc.* 26 (1982), 221–237; MR 84a:18011.

[582] G. M. Kelly, A survey of totality for enriched and ordinary categories, *Cahiers Top. Géom. Diff. Catégoriques* 27 (1986), 109–132; MR 87k:18009.

[583] G. M. Kelly, Elementary observations on 2-categorical limits, *Bull. Austral. Math. Soc.* 39 (1989), 301–317; MR 90f:18004.

[584] G. M. Kelly, A note on relations relative to a factorization system, in *Category theory*, Lecture Notes in Math. vol. 1488 (Springer–Verlag, 1991), 249–261; MR 93g:18007.

[585] G. M. Kelly, S. G. Lack and R. F. C. Walters, Coinverters and categories of fractions for categories with structure, *Appl. Categ. Struct.* 1 (1993), 95–102; MR 94k:18012.

[586] G. M. Kelly and F. W. Lawvere, On the complete lattice of essential localizations, *Bull. Soc. Math. Belg.* (A) 41 (1989), 289–319; MR 91c:18001.

[587] J. F. Kennison, On limit-preserving functors, *Illinois J. Math.* 12 (1968), 616–619; MR 38/208.

[588] J. F. Kennison, Integral domain type representations in sheaves and other topoi, *Math. Z.* 151 (1976), 35–56; MR 54/2758.

[589] J. F. Kennison, Galois theory and theaters of action in a topos, *J. Pure Appl. Alg.* 18 (1980), 149–164; MR 81j:18008.

[590] J. F. Kennison, Triples and compact sheaf representations, *J. Pure Appl. Alg.* 20 (1981), 13–38; MR 81m:18005.

[591] J. F. Kennison, Separable algebraic closure in a topos, *J. Pure Appl. Alg.* 24 (1982), 7–24; MR 84h:18007.

[592] J. F. Kennison, The fundamental group of a topos, *J. Pure Appl. Alg.* 30 (1983), 23–28; MR 85j:18007.

[593] J. F. Kennison, The fundamental group of a molecular topos, *J. Pure Appl. Alg.* 46 (1987), 187–215; MR 88k:18008.

[594] J. F. Kennison, What is the fundamental group?, *J. Pure Appl. Alg.* 59 (1989), 187–200; MR 90h:18003.

[595] J. F. Kennison, Pro-group actions and fundamental pro-groups, *J. Pure Appl. Alg.* 66 (1990), 185–218; MR 91j:18009.

[596] J. F. Kennison, The fundamental localic groupoid of a topos, *J. Pure Appl. Alg.* 77 (1992), 67–86; MR 93b:18009.

[597] J. F. Kennison, Synthetic solution manifolds for differential equations, *J. Pure Appl. Alg.* 143 (1999), 255–274; MR 00k:34022.

[598] J. F. Kennison and C. S. Ledbetter, Sheaf representations and the Dedekind reals, in *Applications of sheaves*, Lecture Notes in Math. vol. 753 (Springer-Verlag, 1979), 500–513; MR 83j:18012.

[599] I. S. Kim, On some properties of the Blass topos, *J. Korea Soc. Math. Educ.* B 2 (1995), 25–29; MR 00c:18004.

[600] I. S. Kim, On the axiom of choice in a well-pointed topos, *J. Korea Soc. Math. Educ.* B 3 (1996), 131–139.

[601] I. S. Kim, A study of Boolean algebras in the Fraenkel–Mostowski topos, *J. Korea Soc. Math. Educ.* B7 (2000), 19–26; MR 01i:18008.

[602] B. Klunder, Topos based semantics for constructive logic with strong negation, *Pol. Acad. Sci. Inst. Philos. Sociol. Bull. Sect. Logic* 19 (1990), 133–138; MR 92b:03009; also in *Z. Math. Logik Grundl. Math.* 38 (1992), 509–519; MR 95c:03145.

[603] A. Kock, Bilinearity and cartesian closed monads, *Math. Scand.* 29 (1971), 161–174; MR 46/9141.

[604] A. Kock, Strong functors and monoidal monads, *Arch. Math. (Basel)* 23 (1972), 113-120; MR 46/3591.

[605] A. Kock, Monads for which structures are adjoint to units, preprint, Aarhus Univ. (1973); revised version published in *J. Pure Appl. Alg.* 104 (1995), 41–59; MR 96k:18009.

[606] A. Kock, Algebraic theories of power series, *Cahiers Top. Géom. Diff.* 16 (1975), 266–270.

[607] A. Kock, Linear algebra in a local ringed site, *Commun. Alg.* 3 (1975), 545–561; MR 52/5690.

[608] A. Kock, Universal projective geometry via topos theory, *J. Pure Appl. Alg.* 9 (1976), 1–24; MR 55/3959.

[609] A. Kock, A simple axiomatics for differentiation, *Math. Scand.* 40 (1977), 183–193; MR 56/12098.

[610] A. Kock, Taylor series calculus for ring objects of line type, *J. Pure Appl. Alg.* 12 (1978), 271–293; MR 58/18529.

[611] A. Kock, Formally real local rings, and infinitesimal stability, in *Topos theoretic methods in geometry*, Aarhus Univ. Var. Publ. Ser. 30 (1979), 123–136; MR 81b:03064.

[612] A. Kock, On the synthetic theory of vector fields, in *Topos theoretic methods in geometry*, Aarhus Univ. Var. Publ. Ser. 30 (1979), 139–157; MR 81c:58004.

[613] A. Kock, Formal manifolds, and synthetic theory of jet bundles, *Cahiers Top. Géom. Diff.* 21 (1980), 227–246; MR 82f:58006.

[614] A. Kock, Properties of well-adapted models for synthetic differential geometry, *J. Pure Appl. Alg.* 20 (1981), 55–70; MR 82f:58004.

[615] A. Kock, *Synthetic differential geometry*, L.M.S. Lecture Notes Series no. 51 (Cambridge Univ. Press, 1981); MR 83f:51023.

[616] A. Kock, Some problems and results in synthetic functional analysis, in *Category theoretic methods in geometry*, Aarhus Univ. Var. Publ. Ser. 35 (1983), 168–191; MR 85i:18004.

[617] A. Kock, Remarks on connections and sprays, in *Category theoretic methods in geometry*, Aarhus Univ. Var. Publ. Ser. 35 (1983), 192–202; MR 86k:53047.

[618] A. Kock, A combinatorial theory of connections, in *Mathematical applications of category theory*, Contemp. Math. vol. 30 (Amer. Math. Soc., 1984), 132–144; MR 85i:53077.

[619] A. Kock, Synthetic characterization of reduced algebras, *J. Pure Appl. Alg.* 36 (1985), 273–279; MR 87f:58003.

[620] A. Kock, Combinatorics of non-holonomous jets, *Czech. Math. J.* 35 (110) (1985), 419–428; MR 87c:58008.

[621] A. Kock, Combinatorial notions relating to principal fibre bundles, *J. Pure Appl. Alg.* 39 (1986), 141–151; MR 87c:18007.

[622] A. Kock, Convenient vector spaces embed into the Cahiers topos, *Cahiers Top. Géom. Diff. Catégoriques* 27 (1986), 3–17; MR 87m:58009; for corrigenda see [644].

[623] A. Kock, Synthetic reasoning in differential geometry, *Rev. Colomb. Mat.* 20 (1986), 179–185; MR 89h:58004.

[624] A. Kock, Lie-group-valued integration in well-adapted toposes, *Bull. Austral. Math. Soc.* 34 (1986), 395–410; MR 88d:58003.

[625] A. Kock, Generalized fibre bundles, in *Categorical algebra and its applications*, Lecture Notes in Math. vol. 1348 (Springer–Verlag, 1988), 194–207; MR 90c:18009.

[626] A. Kock, Fibre bundles in general categories, *J. Pure Appl. Alg.* 56 (1989), 233–245; MR 90b:18012.

[627] A. Kock, A Godement theorem for locales, *Math. Proc. Camb. Philos. Soc.* 105 (1989), 463–471; MR 90e:18005.

[628] A. Kock, On the integration theorem for Lie groupoids, *Czech. Math. J.* 39 (114) (1989), 423–431; MR 90j:20124.

[629] A. Kock, Algebras for the partial map classifier monad, in *Category theory*, Lecture Notes in Math. vol. 1488 (Springer–Verlag, 1991), 262–278; MR 93g:18012.

[630] A. Kock, Combinatorics of curvature, and the Bianchi identity, *Theory Appl. Categ.* 2 (1996), 69–89; MR 98c:58001.

[631] A. Kock, Geometric construction of the Levi-Civita parallelism, *Theory Appl. Categ.* 4 (1998), 195–207; MR 00c:51017.

[632] A. Kock: The osculating plane of a space curve – synthetic formulations, *Rend. Circ. Mat. Palermo* (2) 64 (2000), 67–79; MR 01h:14035.

[633] A. Kock, Differential forms as infinitesimal cochains, *J. Pure Appl. Alg.* 154 (2000), 257–264; MR 01h:58002.

[634] A. Kock and R. Lavendhomme, Strong infinitesimal linearity, with applications to strong difference and affine connections, *Cahiers Top. Géom. Diff.* 25 (1984), 311–324; MR 87c:58004.

[635] A. Kock, P. Lecouturier and C. J. Mikkelsen, Some topos-theoretic concepts of finiteness, in *Model theory and topoi*, Lecture Notes in Math. vol. 445 (Springer–Verlag, 1975), 209–283; MR 52/2882.

[636] A. Kock and C. J. Mikkelsen, Topos-theoretic factorization of non-standard extensions, in *Proc. Victoria Symposium on Nonstandard Analysis*, Lecture Notes in Math. vol. 369 (Springer–Verlag, 1974), 122–143; MR 58/841.

[637] A. Kock and I. Moerdijk, Presentations of étendues, *Cahiers Top. Géom. Diff. Catégoriques* 32 (1991), 145–164; MR 92m:18007.

[638] A. Kock and I. Moerdijk, Every étendue comes from a local equivalence relation, *J. Pure Appl. Alg.* 82 (1992), 155–174; MR 93i:18005.

[639] A. Kock and T. Plewe, Glueing analysis for complemented subtoposes, *Theory Appl. Categ.* 2 (1996), 100–112; MR 97m:18008.

[640] A. Kock and G. E. Reyes, Doctrines in categorical logic, in *Handbook of mathematical logic*, Studies in Logic and the Foundations of Math. vol. 90 (North–Holland, 1977), 283–313; MR 58/10395.

[641] A. Kock and G. E. Reyes, Manifolds in formal differential geometry, in *Applications of sheaves*, Lecture Notes in Math. vol. 753 (Springer–Verlag, 1979), 514–533; MR 81d:58001.

[642] A. Kock and G. E. Reyes, Connections in formal differential geometry, in *Topos theoretic methods in geometry*, Aarhus Univ. Var. Publ. Ser. 30 (1979), 158–195; MR 81h:53030.

[643] A. Kock and G. E. Reyes, Models for synthetic integration theory, *Math. Scand.* 48 (1981), 145–152; MR 83a:51023.

[644] A. Kock and G. E. Reyes, Corrigendum and addenda to the paper 'Convenient vector spaces embed into the Cahiers topos', *Cahiers Top. Géom. Diff. Catégoriques* 28 (1987), 99–110; MR 89d:58002.

[645] A. Kock and G. E. Reyes, Relatively Boolean and de Morgan toposes and locales, *Cahiers Top. Géom. Diff. Catégoriques* 35 (1994), 249–261; MR 95g:18004.

[646] A. Kock and G. E. Reyes, A note on frame distributions, *Cahiers Top. Géom. Diff. Catégoriques* 40 (1999), 127–140; MR 00i:18006.

[647] A. Kock and G. E. Reyes, Aspects of fractional exponent functors, *Theory Appl. Categ.* 5 (1999), 251–265; MR 00m:18009.

[648] A. Kock and J. Schmidt, A coherent theory of sites, *Bull. Soc. Math. Belg.* (A) 41 (1989), 321–331; MR 90m:18007.

[649] A. Kock and G. C. Wraith, *Elementary toposes*, Aarhus Univ. Lect. Notes Ser. 30 (1971); MR 49/7324.

[650] J. Koslowski, Continuous categories, in *Mathematical foundations of programming semantics*, Lecture Notes in Computer Science vol. 239 (Springer–Verlag, 1986), 149–161; MR 88b:18003.

[651] I. Kříž, A constructive proof of Tychonoff's theorem for locales, *Comment. Math. Univ. Carolinae* 26 (1985), 619–630; MR 87e:03113.

[652] I. Kříž and A. Pultr, Products of locally connected locales, *Rend. Circ. Mat. Palermo* (II) Suppl. 11 (1985), 61–70; MR 88j:54003.

[653] I. Kříž and A. Pultr, Peculiar behaviour of connected locales, *Cahiers Top. Géom. Diff. Catégoriques* 30 (1989), 25–43; MR 90e:54043.

[654] R. Kurata, Foundations of topoi, I: topoi in logic (Japanese), *Sûgaku* 35 (1983), 50–69; MR 84m:18006.

[655] C. Kuratowski, Sur la notion d'ensemble fini, *Fund. Math.* 1 (1920), 130–131.

[656] A. Labella, Costruzione del monoide dei quozienti in un topos elementare, *Rend. Mat.* (VI) 7 (1974), 151–168; MR 50/10009.

[657] G. Labelle, L'arithmétique toposienne des mots naturels, *Canad. Math. Bull.* 17 (1974), 685–688; MR 52/3103.

[658] C. Lair, Catégories modélables et catégories esquissables, *Diagrammes* 6 (1981), 1–120; MR 84j:18004.

[659] C. Lair, Sur le genre d'esquissabilité des catégories modelables (accessibles) possédant un objet terminal, *Diagrammes* 35 (1996), 3–23; MR 99a:18002a.

[660] C. Lair, Sur le genre d'esquissabilité des catégories modelables (accessibles) possédant les produits de deux, *Diagrammes* 35 (1996), 25–52; MR 99a:18002b.

[661] C. Lair, Sur le genre d'esquissabilité des catégories modelables (accessibles) possédant les limites d'indexations finies (resp. finies et non vides, finies et connexes, finies et connexes et non vides), *Diagrammes* 35 (1996), 53–90; MR 99a:18002c.

[662] F. Lamarche, On the stack completion of a category object in a pretopos, *C. R. Math. Rep. Acad. Sci. Canada* 10 (1988), 47–49; MR 89b:18007.

[663] J. Lambek, Deductive systems and categories, I, *Math. Systems Theory* 2 (1968), 287–318; MR 38/4277.

[664] J. Lambek, Deductive systems and categories, II, in *Category theory, homology theory and their applications*, vol. I, Lecture Notes in Math. vol. 86 (Springer–Verlag, 1969), 76–122; MR 39/3967.

[665] J. Lambek, Subequalizers, *Canad. Math. Bull.* 13 (1970), 337–349; MR 43/315.

[666] J. Lambek, Deductive systems and categories, III, in *Toposes, algebraic geometry and logic*, Lecture Notes in Math. vol. 274 (Springer–Verlag, 1972), 57–82; MR 50/1850.

[667] J. Lambek, From types to sets, *Adv. Math.* 36 (1980), 113–164; MR 81h:03124.

[668] J. Lambek, From λ-calculus to cartesian closed categories, in *To H. B. Curry: essays on combinatory logic, lambda calculus and formalism* (Academic Press, 1980), 375–402; MR 81m:03020.

[669] J. Lambek, Toposes are monadic over categories, in *Category theory*, Lecture Notes in Math. vol. 962 (Springer–Verlag, 1982), 153–166; MR 84b:18003.

[670] J. Lambek, Multicategories revisited, in *Categories in computer science and logic*, Contemp. Math. vol. 92 (Amer. Math. Soc., 1989), 217–239; MR 90e:18010.

[671] J. Lambek, On the sheaf of possible worlds, in *Categorical topology* (World Scientific, 1989), 36–53; MR 91f:03128.

[672] J. Lambek, On some connections between logic and category theory, *Studia Logica* 48 (1989), 269–278; MR 91i:03126.

[673] J. Lambek, An equational variant of Lawvere's natural numbers object, *J. Pure Appl. Alg.* 154 (2000), 265–272; MR 01g:18010.

[674] J. Lambek and I. Moerdijk, Two sheaf representations of elementary toposes, in *The L.E.J. Brouwer centenary symposium*, Studies in Logic and the Foundations of Math. vol. 110 (North–Holland, 1982), 275–295; MR 85h:03070.

[675] J. Lambek and B. A. Rattray, Localization and sheaf reflectors, *Trans. Amer. Math. Soc.* 210 (1975), 279–283; MR 56/5677.

[676] J. Lambek and P. J. Scott, Intuitionist type theory and the free topos, *J. Pure Appl. Alg.* 19 (1980), 215–257; MR 82b:03112.

[677] J. Lambek and P. J. Scott, Intuitionist type theory and foundations, *J. Philos. Logic* 10 (1981), 101–115; MR 83j:03111.

[678] J. Lambek and P. J. Scott, Algebraic aspects of topos theory, *Cahiers Top. Géom. Diff.* 22 (1981), 129–140; MR 84e:18005.

[679] J. Lambek and P. J. Scott, Independence of premisses and the free topos, in *Constructive mathematics*, Lecture Notes in Math. vol. 873 (Springer–Verlag, 1981), 191–207; MR 83e:03098.

[680] J. Lambek and P. J. Scott, New proofs of some intuitionistic principles, *Z. Math. Logik Grundl. Math.* 29 (1983), 493–504; MR 85e:03149.

[681] J. Lambek and P. J. Scott, Aspects of higher order categorical logic, in *Mathematical applications of category theory*, Contemp. Math. vol. 30 (Amer. Math. Soc., 1984), 145–174; MR 85i:03196.

[682] J. Lambek and P. J. Scott, *Introduction to higher order categorical logic*, Cambridge Studies in Advanced Math. no. 7 (Cambridge Univ. Press, 1986); MR 88a:03032.

[683] D. Lascar, On the category of models of a complete theory, *J. Symbolic Logic* 47 (1982), 249–266; MR 84g:03055.

[684] R. Lavendhomme, *Basic concepts of synthetic differential geometry* (Kluwer, 1996); MR 98e:58008.

[685] R. Lavendhomme and T. Lucas, Vers une géométrie algébrique locale, in *Category theoretic methods in geometry*, Aarhus Univ. Var. Publ. Ser. 35 (1983), 203–225; MR 85e:14004.

[686] R. Lavendhomme and T. Lucas, Une interprétation modale de la logique intuitionniste, *C. R. Acad. Sci. Paris* 298 (1984), I 193–196; MR 85b:03016.

[687] R. Lavendhomme and T. Lucas, A non-Boolean version of Feferman–Vaught's theorem, *Z. Math. Logik Grundl. Math.* 31 (1985), 299–308; MR 87d:03106.

[688] R. Lavendhomme and T. Lucas, Toposes and intuitionistic theories of types, *J. Pure Appl. Alg.* 57 (1989), 141–157; MR 90d:03138.

[689] R. Lavendhomme, T. Lucas and G. E. Reyes, Formal systems for topos-theoretic modalities, *Bull. Soc. Math. Belg.* (A) 41 (1989), 333–372; MR 91f:03032.

[690] R. Lavendhomme and H. Nishimura, Differential forms in synthetic differential geometry, *Internat. J. Theor. Phys.* 37 (1998), 2823–2832; MR 00h:58004.

[691] R. Lavendhomme and J. R. Roisin, Note on non-Abelian cohomology, in *Applications of sheaves*, Lecture Notes in Math. vol. 753 (Springer–Verlag, 1979), 534–541; MR 82k:18005.

[692] R. Lavendhomme and J. R. Roisin, Cohomologie non abélienne de structures algébriques, *J. Algebra* 67 (1980), 385–414; MR 82g:18004.

[693] J. D. Lawson, The duality of continuous posets, *Houston J. Math.* 5 (1979), 357–386; MR 81i:06003.

[694] F. W. Lawvere, Functorial semantics of algebraic theories, *Proc. Nat. Acad. Sci. U. S.A.* 50 (1963), 869–872; MR 28/2143.

[695] F. W. Lawvere, An elementary theory of the category of sets, *Proc. Nat. Acad. Sci. U. S.A.* 52 (1964), 1506–1511; MR 30/3025.

[696] F. W. Lawvere, Algebraic theories, algebraic categories and algebraic functors, in *The theory of models*, Studies in Logic and the Foundations of Math. (North–Holland, 1965), 413–418; MR 34/1373.

[697] F. W. Lawvere, The category of categories as a foundation for mathematics, in *Proc. Conf. on Categorical Algebra, La Jolla 1965* (Springer–Verlag, 1966), 1–20; MR 34/7332.

[698] F. W. Lawvere, Diagonal arguments and cartesian closed categories, in *Category theory, homology theory and their applications* vol. II, Lecture Notes in Math. vol. 92 (Springer–Verlag, 1969), 134–145; MR 39/4075.

[699] F. W. Lawvere, Adjointness in foundations, *Dialectica* 23 (1969), 281–296.

[700] F. W. Lawvere, Quantifiers and sheaves, in *Actes du Congrès International des Mathématiciens, Nice 1970*, Tome I (Gauthier–Villars, 1971), 329–334; MR 55/3029.

[701] F. W. Lawvere, Introduction, in *Toposes, algebraic geometry and logic*, Lecture Notes in Math. vol. 274 (Springer–Verlag, 1972), 1–12; MR 51/12793.

[702] F. W. Lawvere, Continuously variable sets: algebraic geometry = geometric logic, in *Logic Colloquium '73*, Studies in Logic and the Foundations of Math. vol. 80 (North–Holland 1975), 135–156; MR 52/5419.

[703] F. W. Lawvere, Introduction, in *Model theory and topoi*, Lecture Notes in Math. vol. 445 (Springer–Verlag, 1975), 3–14; MR 51/12982.

[704] F. W. Lawvere, Variable quantities and variable structures in topoi, in *Algebra, topology and category theory: a collection of papers in honor of Samuel Eilenberg* (Academic Press, 1976), 101–131; MR 54/7256.

[705] F. W. Lawvere, Categorical dynamics, in *Topos theoretic methods in geometry*, Aarhus Univ. Var. Publ. Ser. 30 (1979), 1–28; MR 81c:18019.

[706] F. W. Lawvere, Toward the description in a smooth topos of the dynamically possible motions and deformations of a continuous body, *Cahiers Top. Géom. Diff.* 21 (1980), 377–392; MR 82i:58015.

[707] F. W. Lawvere, Taking categories seriously, *Rev. Colomb. Mat.* 20 (1986), 147–178; MR 89g:18016.

[708] F. W. Lawvere, Categories of spaces may not be generalized spaces, as exemplified by directed graphs, *Rev. Colomb. Mat.* 20 (1986), 179–186; MR 89h:18005.

[709] F. W. Lawvere, Qualitative distinctions between some toposes of generalized graphs, in *Categories in computer science and logic*, Contemp. Math. vol. 92 (Amer. Math. Soc., 1989), 261–299; MR 90g:18005.

[710] F. W. Lawvere, Display of graphics and their applications, as exemplified by 2-categories and the Hegelian 'taco', in *Proc. First Internat. Conf. on Algebraic Methodology and Software Technology* (Univ. of Iowa, 1989), 51–75.

[711] F. W. Lawvere, More on graphic toposes, *Cahiers Top. Géom. Diff. Catégoriques* 32 (1991), 5–10; MR 92m:18008.

[712] F. W. Lawvere, Some thoughts on the future of category theory, in *Category theory*, Lecture Notes in Math. vol. 1488 (Springer–Verlag, 1991), 1–13; MR 93g:18001.

[713] F. W. Lawvere, Intrinsic co-Heyting boundaries and the Leibniz rule in certain toposes, in *Category theory*, Lecture Notes in Math. vol. 1488 (Springer–Verlag, 1991), 279–281; MR 93e:18007.

[714] F. W. Lawvere, Cohesive toposes and Cantor's 'lauter Einsen', *Philos. Math.* (3) 2 (1994), 5–15; MR 95e:00020.

[715] F. W. Lawvere, Unity and identity of opposites in calculus and physics, *Appl. Categ. Struct.* 4 (1996), 167–174; MR 97g:18003.

[716] F. W. Lawvere, Comments on the development of topos theory, in *The development of mathematics 1950–2000* (Birkhäuser–Verlag, 2000), 715–734; MR 01i:18009.

[717] F. W. Lawvere and S. H. Schanuel, *Conceptual mathematics* (Cambridge Univ. Press, 1997); MR 99e:18001.

[718] O. Leroy, Groupoïde fondamental et théorème de van Kampen en théorie des topos, *Cahiers Math. Montpellier* 17 (1979); MR 82i:18006.

[719] B. Lesaffre, Structures algébriques dans les topos élémentaires, *C. R. Acad. Sci. Paris* 277 (1973), A663–666; MR 48/8597.

[720] B. Lesaffre, Théories algébriques internes dans les topos, *C. R. Acad. Sci. Paris* 286 (1978), A1103–1106; MR 58/11062.

[721] D. B. Lever, Continuous families: categorical aspects, *Cahiers Top. Géom. Diff.* 24 (1983), 393–432; MR 86b:18004.

[722] D. B. Lever, Precategory objects of toposes, *J. Pure Appl. Alg.* 35 (1985), 47–75; MR 86h:18001.

[723] L. G. Lewis, Open maps, colimits, and a convenient category of fibre spaces, *Topology Appl.* 19 (1985), 75–89; MR 86j:54049.

[724] F. E. J. Linton, Some aspects of equational categories, in *Proceedings of the Conference on Categorical Algebra, La Jolla 1965* (Springer–Verlag, 1966), 84–94; MR 35/233.

[725] F. E. J. Linton, Autonomous equational categories, *J. Math. Mech.* 15 (1966), 637–642; MR 32/7619.

[726] F. E. J. Linton, An outline of functorial semantics, in *Seminar on triples and categorical homology theory*, Lecture Notes in Math. vol. 80 (Springer–Verlag, 1969), 7–52; MR 39/5655.

[727] F. E. J. Linton, Coequalizers in categories of algebras, in *Seminar on triples and categorical homology theory*, Lecture Notes in Math. vol. 80 (Springer–Verlag, 1969), 75–90; MR 39/5656.

[728] F. E. J. Linton, Injectives in topoi, III: stability under coproducts, *Bull. Acad. Polon. Sci.* 29 (1981), 341–347; MR 83j:18007.

[729] F. E. J. Linton and R. Paré, Injectives in topoi, I: representing coalgebras as algebras, in *Categorical topology*, Lecture Notes in Math. vol. 719 (Springer–Verlag, 1979), 196–206; MR 80j:18007a.

[730] B. Loiseau, Some higher-order properties of a natural number object in a topos, *Bull. Soc. Math. Belg.* (B) 42 (1990), 361–376; MR 91i:03127.

[731] B. Loiseau and M. M. Mawanda, On natural number objects, finiteness and Kripke–Platek models in toposes, *J. Pure Appl. Alg.* 61 (1989), 257–266; MR 90k:18005.

[732] J. R. Longley and A. K. Simpson, A uniform approach to domain theory in realizability models, *Math. Struct. Comput. Sci.* 7 (1997), 469–505; MR 98m:68168.

[733] G. Loullis, Infinite forcing for Boolean valued models, *Bull. Greek Math. Soc.* 19 (1978), 155–182; MR 80f:03042.

[734] G. Loullis, Sheaves and Boolean valued model theory, *J. Symbolic Logic* 44 (1979), 153–183; MR 80k:03037.

[735] V. A. Lyubetskiĭ, Estimates and sheaves: some problems in nonstandard analysis (Russian), *Uspekhi Mat. Nauk* 44/4 (1989), 99–153; English translation in *Russian Math. Surveys* 44/4 (1989), 37–112; MR 91k:03155.

[736] V. A. Lyubetskiĭ and E. I. Gordon, Embedding of sheaves in a Heyting-valued universe (Russian), *Dokl. Akad. Nauk. SSSR* 268 (1983), 794–798; English translation in *Soviet Math. Dokl.* 27 (1982), 159–164; MR 84f:03034.

[737] W. MacCaull, On the validity of Hilbert's Nullstellensatz, Artin's theorem and related results in Grothendieck toposes, *J. Symbolic Logic* 53 (1988), 1177–1187; MR 90a:03109.

[738] W. MacCaull, Hilbert's Nullstellensatz revisited, *J. Pure Appl. Alg.* 54 (1988), 289–297; MR 90c:18003.

[739] W. MacCaull, Positive definite functions over regular $f$-rings and representations as sums of squares, *Ann. Pure Appl. Logic* 44 (1989), 243–257; MR 91a:03085.

[740] J. MacDonald and A. Stone, Topoi over graphs, *Cahiers Top. Géom. Diff.* 25 (1984), 51–62; MR 86g:18002.

[741] A. J. Macintyre, Model completeness for sheaves of structures, *Fund. Math.* 81 (1973), 73–89; MR 49/2361.

[742] S. Mac Lane, *Categories for the working mathematician*, Graduate Texts in Math. no. 5 (Springer–Verlag, 1971); MR 50/7275; revised edition 1998; MR 01j:18001.

[743] S. Mac Lane, Sets, topoi and internal logic in categories, in *Logic Colloquium '73*, Studies in Logic and the Foundations of Math. vol. 80 (North–Holland, 1975), 119–134; MR 52/5419.

[744] S. Mac Lane, The genesis of mathematical structures, as exemplified in the work of Charles Ehresmann, *Cahiers Top. Géom. Diff.* 21 (1980), 353–365; MR 83b:01056.

[745] S. Mac Lane, History of abstract algebra: origins, rise and decline of a movement, in *American mathematical heritage: algebra and applied mathematics*, Math. Ser. no. 13 (Texas Tech. Univ., 1981), 3–35; MR 83m:01042.

[746] S. Mac Lane, The development of mathematical ideas by collision: the case of categories and topos theory, in *Categorical topology* (World Scientific, 1989), 1–9; MR 91e:18001.

[747] S. Mac Lane, Categories in geometry, algebra and logic, *Math. Japon.* 42 (1995), 169–178; MR 96e:18001.

[748] S. Mac Lane, The development and prospects for category theory, *Appl. Categ. Struct.* 4 (1996), 129–136; MR 97e:18001.

[749] S. Mac Lane, Samuel Eilenberg's work in category theory, *Appl. Categ. Struct.* 4 (1996), 137–138.

[750] S. Mac Lane and I. Moerdijk, Reals and forcing with an elementary topos, in *Logic from computer science*, MSRI Publ. no. 21 (Springer–Verlag, 1992), 373–385; MR 94h:03133.

[751] S. Mac Lane and I. Moerdijk, *Sheaves in geometry and logic: a first introduction to topos tTheory* (Springer–Verlag, 1992); MR 96c:03119.

[752] S. Mac Lane and I. Moerdijk, Topos theory, in *Handbook of algebra*, vol. I (North–Holland, 1996), 501–528; MR 97j:18005.

[753] C. McLarty, Local, and some global, results in synthetic differential geometry, in *Category theoretic methods in geometry*, Aarhus Univ. Var. Publ. Ser. 35 (1983), 226–256.

[754] C. McLarty, Left exact logic, *J. Pure Appl. Alg.* 41 (1986), 63–66; MR 88a:03163.

[755] C. McLarty, Elementary axioms for canonical points of toposes, *J. Symbolic Logic* 52 (1987), 202–204; MR 88a:03164.

[756] C. McLarty, Defining sets as sets of points of spaces, *J. Philos. Logic* 17 (1988), 75–90; MR 88m:03095.

[757] C. McLarty, Stable surjection logic, *Diagrammes* 22 (1989), 45–57; MR 92a:03079.

[758] C. McLarty, The uses and abuses of the history of topos theory, *Brit. J. Philos. Sci.* 41 (1990), 351–375; MR 92b:01044.

[759] C. McLarty, Axiomatizing a category of categories, *J. Symbolic Logic* 56 (1991), 1243–1260; MR 93a:03010.

[760] C. McLarty, *Elementary categories, elementary toposes*, Oxford Logic Guides no. 21 (Oxford Univ. Press, 1992); MR 94c:18001.

[761] C. McLarty, Failure of cartesian closedness in NF, *J. Symbolic Logic* 57 (1992), 555–556; MR 94a:03084.

[762] C. McLarty, Category theory in real time, *Philos. Math.* (3) 2 (1994), 36–44; MR 95d:00005.

[763] R. G. McLean and M. W. Warner, Locale theory and fuzzy topology, *Fuzzy Sets Syst.* 54 (1993), 91–97; MR 94a:54027.

[764] D. S. Macnab, Some applications of double-negation sheafification, *Proc. Edinburgh Math. Soc.* 20 (1977), 279–285; MR 57/412.

[765] D. S. Macnab, Modal operators on Heyting algebras, *Alg. Universalis* 12 (1981), 5–29; MR 82j:03082.

[766] J. J. Madden, $\kappa$-frames, *J. Pure Appl. Alg.* 70 (1991), 107–127; MR 92d:06030.

[767] J. J. Madden and A. Molitor, Epimorphisms of frames, *J. Pure Appl. Alg.* 70 (1991), 129–132; MR 92d:06031.

[768] J. J. Madden and J. Vermeer, Lindelöf locales and realcompactness, *Math. Proc. Camb. Philos. Soc.* 99 (1986), 473–480; MR 87g:54060.

[769] L. Mahé, Topos infinitesimal, *C. R. Acad. Sci. Paris* 277 (1973), A497–500; MR 49/8986.

[770] L. Mahé, Théorèmes, exemples et contre-exemples pour certaines propriétés des entiers naturels dans les topos, *C. R. Acad. Sci. Paris* 282 (1976), A1273–1276; MR 54/7255.

[771] M. E. Maietti, Some aspects of the categorical semantics for the polymorphic $\lambda$-calculus, in *Logic and algebra*, Lecture Notes Pure Appl. Math. vol. 180 (Marcel Dekker, 1996), 589–601; MR 99a:03022.

[772] M. E. Maietti, The internal type theory of a Heyting pretopos, in *Types for proofs and programs*, Lecture Notes in Computer Science vol. 1512 (Springer–Verlag, 1998), 216–235.

[773] M. E. Maietti, V. C.V. de Paiva and E. Ritter, Categorical models for intuitionistic and linear type theory, in *Foundations of software science and computer structures*, Lecture Notes in Computer Science vol. 1784 (Springer–Verlag, 2000), 223–237; MR 01i:03131.

[774] M. E. Maietti and S. Valentini, Can you add power-sets to Martin-Löf's intuitionistic set theory?, *Math. Logic Quarterly* 45 (1999), 521–532; MR 00h:03020.

[775] M. Makkai, On full embeddings, I, *J. Pure Appl. Alg.* 16 (1980), 183–195; MR 83g:18007.

[776] M. Makkai, The topos of types, in *Logic year 1979–80*, Lecture Notes in Math. vol. 859 (Springer–Verlag, 1981), 157–201; MR 82k:03103.

[777] M. Makkai, Full continuous embeddings of toposes, *Trans. Amer. Math. Soc.* 269 (1982), 167–196; MR 83c:03058.

[778] M. Makkai, A Stone-type representation theory for first-order logic, in *Mathematical applications of category theory*, Contemp. Math. vol. 30 (Amer. Math. Soc., 1984), 175–243; MR 85i:03197.

[779] M. Makkai, Ultraproducts and categorical logic, in *Methods in mathematical logic*, Lecture Notes in Math. vol. 1130 (Springer–Verlag, 1985), 222–309; MR 87f:03174.

[780] M. Makkai, Stone duality for first order logic, *Adv. Math.* 65 (1987), 97–170; MR 89h:03067.

[781] M. Makkai, Strong conceptual completeness for first order logic, *Ann. Pure Appl. Logic* 40 (1988), 167–215; MR 90b:03096.

[782] M. Makkai, A theorem on Barr-exact categories, with an infinitary generalization, *Ann. Pure Appl. Logic* 47 (1990), 225–268; MR 91h:18003.

[783] M. Makkai, *Duality and definability in first order logic*, Memoirs Amer. Math. Soc. no. 503 (1993); MR 94b:03104.

[784] M. Makkai, Avoiding the axiom of choice in general category theory, *J. Pure Appl. Alg.* 108 (1996), 109–173; MR 97h:18002.

[785] M. Makkai, Generalized sketches as a framework for completeness theorems, *J. Pure Appl. Alg.* 115 (1997), 49–79, 179–212 and 241–274; MR 98a:03103–5.

[786] M. Makkai, Towards a categorical foundation of mathematics, in *Logic Colloquium '95*, Lecture Notes in Logic vol. 11 (Springer–Verlag, 1998), 153–190; MR 00f:03015.

[787] M. Makkai and R. Paré, *Accessible categories: the foundations of categorical model theory*, Contemp. Math. vol. 104 (Amer. Math. Soc., 1989); MR 91a:03118.

[788] M. Makkai and A. M. Pitts, Some results on locally finitely presentable categories, *Trans. Amer. Math. Soc.* 299 (1987), 473–496; MR 88a:03162.

[789] M. Makkai and G. E. Reyes, Model-theoretic methods in the theory of topoi and related categories, *Bull. Acad. Polon. Sci.* 24 (1976), 379–392; MR 54/10009.

[790] M. Makkai and G. E. Reyes, *First order categorical logic*, Lecture Notes in Math. vol. 611 (Springer–Verlag, 1977); MR 58/21600.

[791] M. Makkai and G. E. Reyes, Completeness results for intuitionistic and modal logic in a categorical setting, *Ann. Pure Appl. Logic* 72 (1995), 25–101; MR 96b:03087.

[792] J. Malgoire and C. Voisin, Factorisation de Stein topologique (découpe), *Topology* 20 (1981), 191–207; MR 83m:54015.

[793] J. Malitz, The Hanf number for complete $L_{\omega_1\omega}$ sentences, in *The syntax and semantics of infinitary languages*, Lecture Notes in Math. vol. 72 (Springer–Verlag, 1968), 166–181.

[794] C. Marchini, Funtori che conservano e riflettono le formule di Horn, *Atti Sem. Mat. Fis. Univ. Modena* 22 (1973), 60–65; MR 51/3251.

[795] C. Marchini, Funtori rappresentabili e formule di Horn, *Atti Sem. Mat. Fis. Univ. Modena* 22 (1973), 335–347; MR 52/7891.

[796] C. Marchini, Alcune questioni di semantica in un topos elementare, *Riv. Mat. Univ. Parma* (4) 2 (1976), 213–220; MR 56/80.

[797] C. Marchini, Confronto tra due semantiche categoriali, *Boll. Un. Mat. Ital.* A (5) 16 (1979), 103–108; MR 80m:03113.

[798] F. Marmolejo, Continuous families of coalgebras, *J. Pure Appl. Alg.* 130 (1998), 197–215; MR 99f:18015.

[799] P. Martin-Löf, An intuitionistic theory of types: predicative part, in *Logic Colloquium '73*, Studies in Logic and the Foundations of Math. vol. 80 (North-Holland, 1975), 73–118; MR 52/7856; revised version in *Twenty-five years of constructive type theory*, Oxford Logic Guides no. 36 (Oxford Univ. Press, 1998), 127–172.

[800] P. Martin-Löf, *Intuitionistic type theory* (Bibliopolis, 1984); MR 86j:03005.

[801] C. Maurer, Universes in topoi, in *Model theory and topoi*, Lecture Notes in Math. vol. 445 (Springer–Verlag, 1975), 284–296; MR 52/95.

[802] M. M. Mawanda, Well-ordering and choice in toposes, *J. Pure Appl. Alg.* 50 (1988), 171–184; MR 89f:03062.

[803] M. M. Mawanda, Finite cardinals in general topoi, *J. Pure Appl. Alg.* 50 (1988), 185–194; MR 89f:03063.

[804] X. Q. Meng, A brief introduction to topos theory (Chinese), *Adv. Math. (Beijing)* 21 (1992), 1–24.

[805] B. N. Mesablishvili, Fundamental theorem for finite Galois extensions of an internal connected commutative ring in an elementary topos, and the functor $T$ (Russian), *Tbiliss. Gos. Univ. Inst. Prikl. Mat. Trudy* 36 (1990), 9–27; MR 92j:18006.

[806] E. Michael, Bi-quotient maps and cartesian products of quotient maps, *Ann. Inst. Fourier* 18 (1968), 287–302; MR 39/6277.

[807] E. Michael, Complete spaces and tri-quotient maps, *Illinois J. Math.* 21 (1977), 716–733; MR 57/7543.

[808] M. V. Mielke, Convenient categories for internal singular algebraic topology, *Illinois J. Math.* 27 (1983), 519–534; MR 84m:54011.

[809] M. V. Mielke, Homotopically trivial toposes, *Pacific J. Math.* 110 (1984), 171–182; MR 85b:18004.

[810] M. V. Mielke, Topos based homology theory, *Comment. Math. Univ. Carolinae* 34 (1993), 549–565; MR 94e:55010.

[811] C. J. Mikkelsen, *Lattice-theoretic and logical aspects of elementary topoi*, Aarhus Universitet Var. Publ. Ser. 25 (1976); MR 55/2572.

[812] K. C. Min, Y. S. Kim and J. W. Park, Fibrewise exponential laws in a quasitopos, *Cahiers Top. Géom. Diff.* 40 (1999), 242–260; MR 01c:18004.

[813] M. C. Minguez, Wedge product of forms in synthetic differential geometry, *Cahiers Top. Géom. Diff. Catégoriques* 29 (1988), 59–66; MR 89h:58006.

[814] F. Miraglia, The downward Löwenheim–Skolem theorem for $L$-structures in $\Omega$-sets, in *Methods and applications of mathematical logic*, Contemp. Math. vol. 69 (Amer. Math. Soc., 1988), 189–208; MR 89h:03059.

[815] W. Mitchell, Boolean topoi and the theory of sets, *J. Pure Appl. Alg.* 2 (1972), 261–274; MR 47/8299.

[816] W. Mitchell, On topoi as closed categories, *J. Pure Appl. Alg.* 3 (1973), 133–139; MR 50/427.

[817] W. Mitchell, Categories of Boolean topoi, *J. Pure Appl. Alg.* 3 (1973), 193–201; MR 50/9585.

[818] A. Möbus, Syntactical theory of functors, *Cahiers Top. Géom. Diff.* 23 (1982), 47–53; MR 84a:03081.

[819] J. Močkoř, Sheaves and approximation theorems, *Comment. Math. Univ. St. Paul.* 38 (1989), 199–212; MR 90k:18013.

[820] J. L. Moens, *Caractérisation des topos de faisceaux sur un site interne à un topos*, Ph.D. thesis, Univ. Catholique de Louvain (1982).

[821] I. Moerdijk, Glueing topoi and higher order disjunction and existence, in *The L.E.J. Brouwer centenary symposium*, Studies in Logic and the Foundations of Math. vol. 110 (North–Holland, 1982), 359–375; MR 84k:03149.

[822] I. Moerdijk, Some topological spaces which are universal for intuitionistic predicate logic, *Proc. Kon. Ned. Akad. Weten.* (A) 85 = *Indag. Math.* 44 (1982), 227–235; MR 83j:03023.

[823] I. Moerdijk, Equational classes of toposes, *Commun. Alg.* 11 (1983), 839–842; MR 84g:03106.

[824] I. Moerdijk, On the Freyd cover of a topos, *Notre Dame J. Formal Logic* 24 (1983), 517–526; MR 85h:03072.

[825] I. Moerdijk, Spaced spaces, *Compositio Math.* 53 (1984), 171–209; MR 87a:18007.

[826] I. Moerdijk, Heine–Borel does not imply the Fan theorem, *J. Symbolic Logic* 49 (1984), 514–519; MR 86h:03106.

[827] I. Moerdijk, An elementary proof of the descent theorem for Grothendieck toposes, *J. Pure Appl. Alg.* 37 (1985), 185–191; MR 86k:18002.

[828] I. Moerdijk, Continuous fibrations and inverse limits of toposes, *Compositio Math.* 58 (1986), 45–72; MR 87f:18004.

[829] I. Moerdijk, On the embedding of manifolds into the smooth Zariski topos, in *Mathematical logic and theoretical computer science*, Lecture Notes Pure Appl. Math. vol. 106 (Marcel Dekker, 1987), 261–276; MR 89c:18008.

[830] I. Moerdijk, Path-lifting for Grothendieck toposes, *Proc. Amer. Math. Soc.* 102 (1988), 242–248; MR 89c:18004; addendum *ibid.* 125 (1997), 2815–2818; MR 97j:18006.

[831] I. Moerdijk, The classifying topos of a continuous groupoid, I, *Trans. Amer. Math. Soc.* 310 (1988), 629–668; MR 90a:18005.

[832] I. Moerdijk, Toposes and groupoids, in *Categorical algebra and its applications*, Lecture Notes in Math. vol. 1348 (Springer–Verlag, 1988), 280–298; MR 89m:18003.

[833] I. Moerdijk, Morita equivalence for continuous groups, *Math. Proc. Camb. Philos. Soc.* 103 (1988), 97–115; MR 88j:22001.

[834] I. Moerdijk, Prodiscrete groups and Galois toposes, *Proc. Kon. Nederl. Akad. Weten.* (A) 92 = *Indag. Math.* 51 (1989), 219–234; MR 90h:18014.

[835] I. Moerdijk, Descent theory for toposes, *Bull. Soc. Math. Belg.* (A) 41 (1989), 373–391; MR 91b:18005.

[836] I. Moerdijk, Bisimplicial sets and the group-completion theorem, in *Algebraic K-theory: connections with geometry and topology*, NATO Adv. Sci. Inst. Ser. C 279 (Kluwer, 1989), 225–240; MR 91j:18021.

[837] I. Moerdijk, The classifying topos of a continuous groupoid, II, *Cahiers Top. Géom. Diff. Catégoriques* 31 (1990), 137–168; MR 92c:18003.

[838] I. Moerdijk, Classifying toposes and foliations, *Ann. Inst. Fourier* 41 (1991), 189–209; MR 92i:57028.

[839] I. Moerdijk, Foliations, groupoids and Grothendieck étendues, *Rev. Acad. Cienc. Zaragoza* (2) 48 (1993), 5–33; MR 95d:58148.

[840] I. Moerdijk, Espace classifiant, topos classifiant et ordres augmentées, *C. R. Acad. Sci. Paris* 317 (1993), I 293–298; MR 94d:18005.

[841] I. Moerdijk, A model for intuitionistic non-standard arithmetic, *Ann. Pure Appl. Logic* 73 (1995), 37–51; MR 96k:03145.

[842] I. Moerdijk, *Classifying spaces and classifying topoi*, Lecture Notes in Math. vol. 1616 (Springer–Verlag, 1995); MR 98f:18006.

[843] I. Moerdijk, Classifying spaces for toposes with enough points, *Rend. Sem. Mat. Fis. Milano* 66 (1996), 377–389; MR 99m:18002.

[844] I. Moerdijk, Proof of a conjecture of A. Haefliger, *Topology* 37 (1998), 735–741; MR 99b:18015.

[845] I. Moerdijk, Sets, topoi, and intuitionism, *Philos. Math.* (3) 6 (1998), 169–177; MR 99k:03009.

[846] I. Moerdijk and E. Palmgren, Minimal models of Heyting arithmetic, *J. Symbolic Logic* 62 (1997), 1448–1460; MR 99i:03074.

[847] I. Moerdijk and E. Palmgren, Wellfounded trees in categories, *Ann. Pure Appl. Logic* 104 (2000), 189–218; MR 01j:03016.

[848] I. Moerdijk and D. A. Pronk, Orbifolds, sheaves and groupoids, *K-Theory* 12 (1997), 13–21; MR 98i:22004.

[849] I. Moerdijk, N. V. Quê and G. E. Reyes, Forcing smooth square roots and integration, *Fund. Math.* 128 (1987), 145–158; MR 89d:58003.

[850] I. Moerdijk and G. E. Reyes, Cohomology theories in synthetic differential geometry, in *Category theoretic methods in geometry*, Aarhus Univ. Var. Publ. Ser. 35 (1983), 1–67; MR 85m:58004; also in *Rev. Colomb. Mat.* 20 (1986), 223–276; MR 89k:58004.

[851] I. Moerdijk and G. E. Reyes, Smooth spaces versus continuous spaces in models for synthetic differential geometry, *J. Pure Appl. Alg.* 32 (1984), 143–176; MR 85i:03198.

[852] I. Moerdijk and G. E. Reyes, De Rham's theorem in a smooth topos, *Math. Proc. Camb. Philos. Soc.* 96 (1984), 61–71; MR 85e:18001.

[853] I. Moerdijk and G. E. Reyes, Rings of smooth functions and their localizations, I, *J. Algebra* 99 (1986), 324–336; MR 87j:58010.

[854] I. Moerdijk and G. E. Reyes, On the relation between connections and sprays, *Rev. Colomb. Mat.* 20 (1986), 187–222; MR 89k:18019.

[855] I. Moerdijk and G. E. Reyes, A smooth version of the Zariski topos, *Adv. Math.* 65 (1987), 229–253; MR 88k:18013.

[856] I. Moerdijk and G. E. Reyes, *Models for smooth infinitesimal analysis* (Springer–Verlag, 1991); MR 91m:18017.

[857] I. Moerdijk and J. J. C. Vermeulen, Proof of a conjecture of A. Pitts, *J. Pure Appl. Alg.* 143 (1999), 329–338; MR 01c:18003.

[858] I. Moerdijk and J. J. C. Vermeulen, *Proper maps of toposes*, Memoirs Amer. Math. Soc. no. 705 (2000); MR 01j:18008.

[859] I. Moerdijk and G. C. Wraith, Connected locally connected toposes are path-connected, *Trans. Amer. Math. Soc.* 295 (1986), 849–859; MR 87c:18002.

[860] G. P. Monro, On generic extensions without the axiom of choice, *J. Symbolic Logic* 48 (1983), 39–52; MR 84d:03061.

[861] G. P. Monro, Quasitopoi, logic and Heyting-valued models, *J. Pure Appl. Alg.* 42 (1986), 141–164; MR 88m:03096.

[862] G. P. Monro, A category-theoretic approach to Boolean-valued models of set theory, *J. Pure Appl. Alg.* 42 (1986), 245–274; MR 88f:03045.

[863] G. P. Monro, Logic, sheaves and factorization systems, *J. Symbolic Logic* 58 (1993), 872–893; MR 94k:03082.

[864] P. S. Mulry, Generalized Banach–Mazur functionals in the topos of recursive sets, *J. Pure Appl. Alg.* 26 (1982), 71–83; MR 84e:03079.

[865] P. S. Mulry, Some connections between models of computation, in *Categories in computer science and logic*, Contemp. Math. vol. 92 (Amer. Math. Soc., 1989), 317–324; MR 91a:68061.

[866] P. S. Mulry, A categorical approach to the theory of computation, *Ann. Pure Appl. Logic* 43 (1989), 293–305; MR 91f:03129.

[867] P. S. Mulry, Categorical fixed point semantics, *Theoret. Comput. Sci.* 70 (1990), 85–97; MR 91c:03049.

[868] P. S. Mulry, Partial map classifiers and partial cartesian closed categories, *Theoret. Comput. Sci.* 136 (1994), 109–123; MR 95k:68128.

[869] C. J. Mulvey, Intuitionistic algebra and representations of rings, in *Recent advances in the representation theory of rings and $C^*$-algebras by continuous sections*, Memoirs Amer. Math. Soc. no. 148 (1974), 3–57; MR 53/2650.

[870] C. J. Mulvey, A generalization of Swan's theorem, *Math. Z.* 151 (1976), 51–70; MR 55/2909.

[871] C. J. Mulvey, A remark on the prime stalk theorem, *J. Pure Appl. Alg.* 10 (1977), 253–256; MR 57/397.

[872] C. J. Mulvey, A categorical characterization of compactness, *J. London Math. Soc.* (2) 17 (1978), 356–362; MR 57/10673.

[873] C. J. Mulvey, Compact ringed spaces, *J. Algebra* 52 (1978), 411–436; MR 80b:54016.

[874] C. J. Mulvey, A generalization of Gelfand duality, *J. Algebra* 56 (1979), 499–505; MR 80d:16028.

[875] C. J. Mulvey, Banach spaces over a compact space, in *Categorical topology*, Lecture Notes in Math. vol. 719 (Springer–Verlag, 1979), 243–249; MR 80m:18005.

[876] C. J. Mulvey, Representations of rings and modules, in *Applications of sheaves*, Lecture Notes in Math. vol. 753 (Springer–Verlag, 1979), 542–585; MR 82e:16039.

[877] C. J. Mulvey, Banach sheaves, *J. Pure Appl. Alg.* 17 (1980), 69–83; MR 81h:46097.

[878] C. J. Mulvey, A non-commutative Gel'fand–Naimark theorem, *Math. Proc. Camb. Philos. Soc.* 88 (1980), 425–428; MR 82m:46062.

[879] C. J. Mulvey, &, *Rend. Circ. Mat. Palermo Suppl.* (II) 12 (1986), 99–104; MR 87j:81017.

[880] C. J. Mulvey, The maximality of filters, *J. Pure Appl. Alg.* 68 (1990), 253–258; MR 91m:06022.

[881] C. J. Mulvey and J. W. Pelletier, The dual locale of a seminormed space, *Cahiers Top. Géom. Diff.* 23 (1982), 73–92; MR 84k:46052.

[882] C. J. Mulvey and J. W. Pelletier, On points of locales in a De Morgan topos, in *Categorical topology*, Sigma Ser. Pure Math. 5 (Heldermann–Verlag, 1984), 392–407; MR 86j:18005.

[883] C. J. Mulvey and J. W. Pelletier, A globalisation of the Hahn–Banach theorem, *Adv. Math.* 89 (1991), 1–59; MR 93c:46132.

[884] C. J. Mulvey and J. W. Pelletier, A quantisation of the calculus of relations, in *Category theory 1991*, C.M.S. Conf. Proc. vol. 13 (Amer. Math. Soc., 1992), 345–360; MR 94c:18016.

[885] G. S. Murchiston, Note on paper of Geanău, *Bull. Math. Soc. Sci. Math. Roum.* 27 (75) (1983), 73–74; MR 84d:18004.

[886] G. S. Murchiston and M. G. Stanley, A "$T_1$" space with no closed points, and a "$T_1$" locale which is not '$T_1$', *Math. Proc. Camb. Philos. Soc.* 95 (1984), 421–422; MR 86d:54004.

[887] C. V. Negoiţă, Fuzzy sets in topoi, *Fuzzy Sets Syst.* 8 (1982), 93–99; MR 84e:03080.

[888] C. V. Negoiţă and A. C. Ştefănescu, Fuzzy objects in topoi: a generalization of fuzzy sets, *Bul. Inst. Politehn. Iaşi* (I) 24 (1978), 25–28; MR 80j:03081.

[889] S. Negri, Stone bases, alias the constructive content of Stone representation, in *Logic and algebra*, Lecture Notes Pure Appl. Math. vol. 180 (Marcel Dekker, 1996), 617–636; MR 97f:06023.

[890] S. Negri and D. Soravia, The continuum as a formal space, *Arch. Math. Logic* 38 (1999), 423–447; MR 00k:03144.

[891] S. Negri and S. Valentini, Tychonoff's theorem in the framework of formal topologies, *J. Symbolic Logic* 62 (1997), 1315–1332; MR 99d:54005.

[892] S. B. Niefield, Cartesian inclusions: locales and toposes, *Commun. Alg.* 16 (1981), 1639–1671; MR 83a:18012.

[893] S. B. Niefield, Cartesianness: topological spaces, uniform spaces and affine schemes, *J. Pure Appl. Alg.* 23 (1982), 147–167; MR 83b:18012.

[894] S. B. Niefield, Cartesian spaces over $T$ and locales over $\Omega(T)$, *Cahiers Top. Géom. Diff.* 23 (1982), 257–267; MR 84c:54016.

[895] S. B. Niefield, Exactness and projectivity, in *Category theory*, Lecture Notes in Math. vol. 962 (Springer–Verlag, 1982), 221–227; MR 84c:18016.

[896] S. B. Niefield, Exponentiable morphisms: posets, spaces, locales and Grothendieck toposes, *Theory Appl. Categ.* 8 (2001), 16–32; MR 01k:18007.

[897] S. B. Niefield and K. I. Rosenthal, Spec($R$), ideals and the strong De Morgan's law, *J. Algebra* 93 (1985), 169–181; MR 86f:18009.

[898] S. B. Niefield and K. I. Rosenthal, A note on the algebraic De Morgan's law, *Cahiers Top. Géom. Diff.* 26 (1985), 115–120; MR 86m:13003.

[899] S. B. Niefield and K. I. Rosenthal, Sheaves of integral domains on Stone spaces, *J. Pure Appl. Alg.* 47 (1987), 173–179; MR 88m:18015.

[900] S. B. Niefield and K. I. Rosenthal, Spatial sublocales and essential primes, *Topology Appl.* 26 (1987), 263–269; MR 88k:54023.

[901] S. B. Niefield and K. I. Rosenthal, Constructing locales from quantales, *Math. Proc. Camb. Philos. Soc.* 104 (1988), 215–234; MR 89f:18003.

[902] S. B. Niefield and K. I. Rosenthal, Componental nuclei, in *Categorical algebra and its applications*, Lecture Notes in Math. vol. 1348 (Springer–Verlag, 1988), 299–306; MR 90a:06013.

[903] S. B. Niefield and K. I. Rosenthal, Sheaves of semiprime ideals, *Cahiers Top. Géom. Diff. Catégoriques* 31 (1990), 213–228; MR 92b:18003.

[904] S. B. Niefield and S. H. Sun, Algebraic De Morgan's laws for non-commutative rings, *Cahiers Top. Géom. Diff. Catégoriques* 36 (1995), 127–140; MR 96c:16006.

[905] H. Nishimura, Logical quantizations of first-order structures, *Internat. J. Theor. Phys.* 35 (1996), 495–517; MR 98g:18005.

[906] H. Nishimura, Logical quantization of topos theory, *Internat. J. Theor. Phys.* 35 (1996), 2555–2596; MR 98j:81028.

[907] H. Nishimura, Nonlinear connections in synthetic differential geometry, *J. Pure Appl. Alg.* 131 (1998), 49–77; MR 99i:53011.

[908] H. Nishimura, Differential forms in synthetic differential supergeometry, *Internat. J. Theor. Phys.* 38 (1999), 653–663; MR 00h:58005.

[909] H. Nishimura, Infinitesimal calculus of variations, *Internat. J. Theor. Phys.* 38 (1999), 1771–1782; MR 00e:58028.

[910] H. Nishimura, General Jacobi identity revisited, *Internat. J. Theor. Phys.* 38 (1999), 2163–2174; MR 00h:58006.

[911] S. C. Nistor and I. Tofan, On the category $\mathbf{ab}(\mathcal{E})$ (Romanian), *Bul. Inst. Politehn. Iaşi* (I) 31 (1985), 205–207; MR 87g:18001.

[912] S. C. Nistor and I. Tofan, A functorial characterization of categories of modules in an $\omega$-topos (Romanian), in *Proc. Conf. on Algebra, Timişoara 1986* (Univ. of Timişoara, 1987), 66–69; MR 89m:18004.

[913] A. Obtułowicz, The logic of categories of partial functions and its applications, *Dissertationes Math.* (*Rozprawy Mat.*) 241 (1986); MR 88b:03106

[914] A. Obtułowicz, Rough sets and Heyting algebra valued sets, *Bull. Pol. Acad. Sci. Math.* 35 (1987), 667–671; MR 89e:03110.

[915] A. Obtułowicz, Categorical and algebraic aspects of Martin-Löf type theory, *Studia Logica* 48 (1989), 299–317; MR 91k:03156.

[916] J. van Oosten, The modified realizability topos, *J. Pure Appl. Alg.* 116 (1997), 273–289; MR 98a:03096.

[917] J. van Oosten, Extensional realizability, *Ann. Pure Appl. Logic* 84 (1997), 317–349.

[918] J. van Oosten, Fibrations and calculi of fractions, *J. Pure Appl. Alg.* 146 (2000), 77–102; MR 00k:18008.

[919] J. van Oosten and A. K. Simpson, Axioms and (counter)examples in synthetic domain theory, *Ann. Pure Appl. Logic* 104 (2000), 233–278; MR 02f:68105.

[920] G. Osius, Categorical set theory: a characterization of the category of sets, *J. Pure Appl. Alg.* 4 (1974), 79–119; MR 51/643.

[921] G. Osius, The internal and external aspects of logic and set theory in elementary topoi, *Cahiers Top. Géom. Diff.* 15 (1974), 157–180; MR 52/7896.

[922] G. Osius, Logical and set-theoretical tools in elementary topoi, in *Model theory and topoi*, Lecture Notes in Math. vol. 445 (Springer–Verlag, 1975), 297–346; MR 52/7897.

[923] G. Osius, A note on Kripke–Joyal semantics for the internal language of topoi, in *Model theory and topoi*, Lecture Notes in Math. vol. 445 (Springer–Verlag, 1975), 349–354; MR 52/7898.

[924] E. Palmgren, Constructive sheaf semantics, *Math. Logic Quarterly* 43 (1997), 321–327; MR 98g:03151.

[925] E. Palmgren, A sheaf-theoretic foundation for nonstandard analysis, *Ann. Pure Appl. Logic* 85 (1997), 69–86; MR 97m:03098.

[926] E. Palmgren, Real numbers in the topos of sheaves over the category of filters, *J. Pure Appl. Alg.* 160 (2001), 275–284.

[927] R. Paré, Colimits in topoi, *Bull. Amer. Math. Soc.* 80 (1974), 556–561; MR 48/11245; also published in *Rev. Roum. Math. Pures Appl.* 22 (1977), 335–340; MR 56/442.

[928] R. Paré, Indexed categories and generated topologies, *J. Pure Appl. Alg.* 19 (1980), 385–400; MR 82c:18008.

[929] R. Paré, A topos with no geometric morphism to any Boolean one, *Math. Proc. Camb. Philos. Soc.* 97 (1985), 397–398; MR 86d:18003.
[930] R. Paré, Some applications of categorical model theory, in *Categories in computer science and logic*, Contemp. Math. vol. 92 (Amer. Math. Soc., 1989), 325–339; MR 91h:03048.
[931] R. Paré, Simply connected limits, *Canad. J. Math.* 42 (1990), 731–746; MR 91j:18004.
[932] R. Paré and L. Roman, Dinatural numbers, *J. Pure Appl. Alg.* 128 (1998), 33–92; MR 99f:18003.
[933] R. Paré and D. Schumacher, Abstract families and the adjoint functor theorems, in *Indexed categories and their applications*, Lecture Notes in Math. vol. 661 (Springer–Verlag, 1978), 1–125; MR 80b:18004.
[934] J. Paseka, $T_2$-separation axioms on frames, *Acta Univ. Carolin. Math. Phys.* 28 (1987), 95–98; MR 89a:54025.
[935] J. Paseka, Products in the category of locales: which properties are preserved?, *Discrete Math.* 108 (1992), 63–73; MR 94d:18006.
[936] J. Paseka and P. Sekanina, A note on extremally disconnected frames, *Acta Univ. Carolin. Math. Phys.* 31 (1990), 75–84; MR 92f:54035.
[937] J. Paseka and B. Šmarda, $T_2$-frames and almost compact frames, *Czech Math. J.* 42 (117) (1992), 385–402; MR 93i:18006.
[938] B. A. Pasynkov, Partial topological products, *Trans. Moscow Math. Soc.* 13 (1965), 153–272; MR 29/6469.
[939] D. Pataraia, Internal categories in a left exact cosimplicial category, *Georgian Math. J.* 4 (1997), 533–556; MR 98h:18002.
[940] V. Patryshev, On the Grothendieck topologies in the toposes of presheaves, *Cahiers Top. Géom. Diff.* 25 (1984), 207–215; MR 87a:18008.
[941] D. Pavlović, On completeness and cocompleteness in and around small categories, *Ann. Pure Appl. Logic* 74 (1995), 121–152; MR 96h:03106.
[942] M. C. Pedicchio, On Grothendieck quasi-topoi, in *Recent developments of general topology and its applications*, Math. Research vol. 67 (Akademie–Verlag, 1992), 252–255; MR 94c:18005.
[943] M. C. Pedicchio and F. Borceux, A remark on categories of separated objects, *Rend. Circ. Mat. Palermo Suppl.* (II) 24 (1990), 475–484; MR 92d:18007.
[944] M. C. Pedicchio and J. Rosický, Comparing coequalizer and exact completions, *Theory Appl. Categ.* 6 (1999), 77–82; MR 01b:18004.
[945] M. C. Pedicchio and W. Tholen, Localizations of locally presentable categories and exact topologies, *J. Pure Appl. Alg.* 64 (1990), 293–301; MR 91k:18007.
[946] M. C. Pedicchio and J. J. C. Vermeulen, A remark on the 'local character' condition, *Ann. Soc. Sci. Bruxelles* (I) 103 (1989), 73–85; MR 91j:18017.
[947] C. Pellegrino, Monomorfismi regolari e monomorfismi parziali: loro classificatore per una classe di categorie comma, *Atti Sem. Mat. Fis. Univ. Modena* 24 (1975), 300–305; MR 54/7572.
[948] C. Pellegrino, Construction of the subobject classifier for a class of comma categories (Italian), *Boll. Un. Mat. Ital.* B 16 (1979), 533–542; MR 82j:18003.
[949] J. W. Pelletier, Applications of the dual functor in Banach spaces, in *Mathematical applications of category theory*, Contemp. Math. vol. 30 (Amer. Math. Soc., 1984), 277–307; MR 85m:46071.
[950] J. W. Pelletier, Locales in functional analysis, *J. Pure Appl. Alg.* 70 (1991), 133–145; MR 92b:46121.
[951] J. W. Pelletier and R. D. Rosebrugh, The category of Banach spaces in sheaves, *Cahiers Top. Géom. Diff.* 20 (1979), 353–372; MR 81c:46055.

[952] J. W. Pelletier and R. D. Rosebrugh, On subcategories of Banach spaces in sheaves, in *Categorical aspects of topology and analysis*, Lecture Notes in Math. vol. 915 (Springer–Verlag, 1982), 260–274; MR 84k:46051.

[953] A. M. Penk, Two forms of the axiom of choice for an elementary topos, *J. Symbolic Logic* 40 (1975), 197–212; MR 51/5698.

[954] J. Penon, Quasitopos, *C. R. Acad. Sci. Paris* 276 (1973), A237–240; MR 48/11246.

[955] J. Penon, Catégories localement internes, *C. R. Acad. Sci. Paris* 278 (1974), A1577–1580; MR 51/10435.

[956] J. Penon, Sur les quasi-topos, *Cahiers Top. Géom. Diff.* 18 (1977), 181–218; MR 58/848.

[957] J. Penon, Infinitésimaux et intuitionnisme, *Cahiers Top. Géom. Diff.* 22 (1981), 67–72; MR 82m:51021.

[958] J. Penon, Logique de la géométrie algébrique, *Cahiers Top. Géom. Diff. Catégoriques* 33 (1992), 277–278.

[959] J. Penon, Construction d'infinitésimaux, *Cahiers Top. Géom. Diff. Catégoriques* 35 (1994), 339–349; MR 95j:54015.

[960] I. Petrescu, Model-companions for logical functors, *Rev. Roum. Math. Pures Appl.* 23 (1978), 413–417; MR 80a:03090.

[961] I. Petrescu, Existential morphisms and existentially closed models of logical categories, *Z. Math. Logik Grundl. Math.* 27 (1981), 363–370; MR 82k:03104.

[962] H. P. Phan, Regular topos I (Vietnamese), *Tap chi Toan hoc* 14 (1986), 18–26; MR 88m:18008.

[963] W. K. S. Phoa, Relative computability in the effective topos, *Math. Proc. Camb. Philos. Soc.* 106 (1989), 419–422; MR 90h:18004.

[964] W. K. S. Phoa, Effective domains and intrinsic structure, in *Proc. Fifth IEEE Symp. on Logic in Computer Science* (IEEE Computer Soc. Press, 1990), 366–377.

[965] L. Picco Botta, Sui punti e sugli aperti di un topos, *Univ. Politecn. Torino Rend. Sem. Mat.* 34 (1976), 189–200; MR 55/8144.

[966] L. Picco Botta, Topoi connessi, *Ist. Lombardo Accad. Sci. Lett. Rend.* (A) 111 (1977), 151–162; MR 58/16839.

[967] A. M. Pitts, Fuzzy sets do not form a topos, *Fuzzy Sets Syst.* 8 (1982), 101–104; MR 84e:03081.

[968] A. M. Pitts, Amalgamation and interpolation in the category of Heyting algebras, *J. Pure Appl. Alg.* 29 (1983), 155–165; MR 85c:03024.

[969] A. M. Pitts, An application of open maps to categorical logic, *J. Pure Appl. Alg.* 29 (1983), 313–326; MR 85c:03025.

[970] A. M. Pitts, On product and change of base for toposes, *Cahiers Top. Géom. Diff.* 26 (1985), 43–67; MR 87a:18009.

[971] A. M. Pitts, Polymorphism is set theoretic, constructively, in *Category theory and computer science*, Lecture Notes in Computer Science vol. 283 (Springer–Verlag, 1987), 12–39; MR 89c:03022.

[972] A. M. Pitts, Interpolation and conceptual completeness for pretoposes via category theory, in *Mathematical logic and theoretical computer science*, Lecture Notes Pure Appl. Math. vol. 106 (Marcel Dekker, 1987), 301–327; MR 89g:03096.

[973] A. M. Pitts, Applications of sup-lattice enriched category theory to sheaf theory, *Proc. London Math. Soc.* (3) 57 (1988), 433–480; MR 89m:18002.

[974] A. M. Pitts, Conceptual completeness for first order intuitionistic logic: an application of categorical logic, *Ann. Pure Appl. Logic* 41 (1989), 33–81; MR 90c:03065.

[975] A. M. Pitts, Non-trivial power types can't be subtypes of polymorphic types, in *Proc. Fourth IEEE Symp. on Logic in Computer Science* (IEEE Computer Soc. Press, 1989), 6–13.

[976] A. M. Pitts, On an interpretation of second-order quantification in first-order intuitionistic propositional logic, *J. Symbolic Logic* 57 (1992), 33–52; MR 93h:03009.

[977] A. M. Pitts and P. Taylor, A note on Russell's paradox in locally Cartesian closed categories, *Studia Logica* 48 (1989), 377–387; MR 91k:03018.

[978] T. Plewe, Localic products of spaces, *Proc. London Math. Soc.* (3) 73 (1996), 642–678; MR 97d:54012.

[979] T. Plewe, Localic triquotient maps are effective descent maps, *Math. Proc. Camb. Philos. Soc.* 122 (1997), 17–43; MR 98b:54022.

[980] T. Plewe, Quotient maps of locales, *Appl. Categ. Struct.* 8 (2000), 17–44; MR 01j:18009.

[981] T. Plewe, Higher order dissolutions and Boolean coreflections of locales, *J. Pure Appl. Alg.* 154 (2000), 273–293; MR 01f:18010.

[982] T. Plewe, A. Pultr and A. Tozzi, Regular monomorphisms of Hausdorff frames, *Appl. Categ. Struct.* 9 (2001), 15–33; MR 01k:18001.

[983] D. Ponasse, Some remarks on the category $\mathbf{Fuz}(H)$ of M. Eytan, *Fuzzy Sets Syst.* 9 (1983), 199–204; MR 84e:03082.

[984] D. Ponasse, Categorical studies of fuzzy sets, *Fuzzy Sets Syst.* 28 (1988), 235–244; MR 89k:03070.

[985] N. Popescu, *Abelian categories with applications to rings and modules*, L.M.S. Monographs no. 3 (Academic Press, 1973); MR 49/5130.

[986] H. J. Porta and O. Wyler, On compact space objects in topoi, in *Categorical aspects of topology and analysis*, Lecture Notes in Math. vol. 915 (Springer–Verlag, 1992), 375–385; MR 83g:18011.

[987] A. J. Power and E. P. Robinson, A characterization of pie limits, *Math. Proc. Camb. Philos. Soc.* 110 (1991), 33–47; MR 92d:18004.

[988] A. Preller, An interpretation of Martin-Löf's theory of types in elementary topos theory, *Z. Math. Logik Grundl. Math.* 38 (1992), 213–240; MR 95c:03146.

[989] M. Proietti, Connections between partial maps categories and tripos theory, in *Category theory and computer science*, Lecture Notes in Computer Science vol. 283 (Springer–Verlag, 1987), 254–269; MR 89a:18007.

[990] D. A. Pronk, Etendues and stacks as bicategories of fractions, *Compositio Math.* 102 (1996), 243–303; MR 97d:18011.

[991] A. I. Provotar, Incompleteness in a topos, *Cybernet. Systems Anal.* 32 (1996), 876–884; MR 98h:03082.

[992] A. I. Provotar, Linear morphisms in a topos, *Cybernet. Systems Anal.* 33 (1997), 155–161; MR 98e:18004.

[993] A. Pultr and W. Tholen, Localic enrichments of categories, *Cahiers Top. Géom. Diff. Catégoriques* 41 (2000), 121–142; MR 01i:18016.

[994] A. G. Radu, Sur les topos de Giraud–Grothendieck, *Ann. Fac. Sci. Kinshasa (Zaire), Sect. Math.-Phys.* 2 (1976), 108–118; MR 54/10381.

[995] A. G. Radu, Quelques catégories cartésiennes remarquables, *An. Ştiinţ. Univ. din Iaşi Secţ. IA Mat. (N.S.)* 25 (1979), 5–36; MR 81g:18014.

[996] A. G. Radu, Topologii Grothendieck pe categorii regulate şi categorii Boole, *Stud. Cerc. Mat.* 31 (1979), 463–478; MR 81c:18015.

[997] A. G. Radu, *Teoria toposurilor* (2 volumes) (Editura Acad. R. S. România, 1981–2); MR 82j:18001 and 84g:18014.

[998] A. G. Radu and G. G. Radu, Existential and universal quantifiers in an elementary topos, *An. Ştiinţ. Univ. din Iaşi Secţ. IA Mat. (N.S.)* 27 (1981), 19–30; MR 82k:18003.

[999] G. G. Radu and A. G. Radu, Topologia dublei negaţii, *Stud. Cerc. Mat.* 33 (1981), 547–552; MR 83m:03074.

[1000] G. G. Radu and A. G. Radu, Internal adjunction, *Rev. Roum. Math. Pures Appl.* 27 (1982), 187–198; MR 83m:18005.

[1001] J. Z. Reichman, Semicontinuous real numbers in a topos, *J. Pure Appl. Alg.* 28 (1983), 81–91; MR 84j:18002.

[1002] J. Reiterman, The category of complete lattices as a category of algebras, *Alg. Universalis* 26 (1989), 367–379; MR 91b:18006.

[1003] J. Reiterman and W. Tholen, Effective descent maps of topological spaces, *Top. Appl.* 57 (1994), 53–69; MR 95f:18008.

[1004] G. E. Reyes, From sheaves to logic, in *Studies in algebraic logic*, M.A.A Studies in Math. vol. 9 (Math. Assoc. of America, 1974), 143–204; MR 50/13182.

[1005] G. E. Reyes, Sheaves and concepts: a model-theoretic introduction to Grothendieck topoi, *Cahiers Top. Géom. Diff.* 18 (1977), 105–137; MR 58/5184.

[1006] G. E. Reyes, Théorie des modèles et faisceaux, *Adv. Math.* 30 (1978), 156–170; MR 81f:03050.

[1007] G. E. Reyes, Cramer's rule in the Zariski topos, in *Applications of sheaves*, Lecture Notes in Math. vol. 753 (Springer–Verlag, 1979), 586–594; MR 81e:03063.

[1008] G. E. Reyes, Analyse dans les topos lisses, *Cahiers Top. Géom. Diff.* 22 (1981), 156–160; MR 83m:13018.

[1009] G. E. Reyes, A topos-theoretic approach to reference and modality, *Notre Dame J. Formal Logic* 32 (1991), 359–391; MR 92m:03039.

[1010] G. E. Reyes and N. V. Quê, Smooth functors and synthetic calculus, in *The L.E.J. Brouwer centenary symposium*, Studies in Logic and the Foundations of Math. vol. 110 (North–Holland, 1982), 377–395; MR 85d:58006.

[1011] G. E. Reyes and G. C. Wraith, A note on tangent bundles in a category with a ring object, *Math. Scand.* 42 (1978), 53–63; MR 80f:18011.

[1012] G. E. Reyes and H. Zolfaghari, Topos-theoretic approaches to modality, in *Category theory*, Lecture Notes in Math. vol. 1488 (Springer–Verlag, 1991), 359–378; MR 93h:18009.

[1013] G. E. Reyes and H. Zolfaghari, Bi-Heyting algebras, toposes and modalities, *J. Philos. Logic* 25 (1996), 25–43; MR 97d:03020.

[1014] G. D. Reynolds, Alexandroff algebras and complete regularity, *Proc. Amer. Math. Soc.* 76 (1979), 322–326; MR 81d:54014.

[1015] G. D. Reynolds, On the spectrum of a real representable ring, in *Applications of sheaves*, Lecture Notes in Math. vol. 753 (Springer–Verlag, 1979), 595–611; MR 81c:18008.

[1016] M. D. Rice, Discrete uniform structures and quasitopoi, *Quaest. Math.* 7 (1984), 385–396; MR 86e:18007.

[1017] M. Richter, Limites in Kategorien von Relationalsystemen, *Z. Math. Logik Grundl. Math.* 17 (1971), 75–90; MR 43/4878.

[1018] E. P. Robinson, Stable theories of local rings, in *Category theoretic methods in geometry*, Aarhus Univ. Var. Publ. Ser. 35 (1983), 257–280; MR 85d:13040.

[1019] E. P. Robinson, The *p*-adic spectrum, *J. Pure Appl. Alg.* 40 (1986), 281–296; MR 88d:14002.

[1020] E. P. Robinson, The geometric theory of *p*-adic fields, *J. Algebra* 110 (1987), 158–172; MR 88k:12011.

[1021] E. P. Robinson, How complete is PER?, in *Proc. Fourth IEEE Symp. on Logic in Computer Science* (IEEE Computer Soc. Press, 1989), 106–111.

[1022] E. P. Robinson and G. Rosolini, Categories of partial maps, *Info. Comput.* 79 (1988), 95–130; MR 90b:18010a.

[1023] E. P. Robinson and G. Rosolini, Colimit completions and the effective topos, *J. Symbolic Logic* 55 (1990), 678–699; MR 91f:03130.

[1024] E. P. Robinson and G. Rosolini, Polymorphism, set theory and call-by-value, in *Proc. Fifth IEEE Symp. on Logic in Computer Science* (IEEE Computer Soc. Press, 1990), 12–18.

[1025] R. O. Robson, Model theory and spectra, *J. Pure Appl. Alg.* 63 (1990), 301–327; MR 91n:03039.

[1026] P. Rocos, D'un isomorphisme de deux catégories, *C. R. Acad. Sci. Paris* 282 (1976), A179–181; MR 54/2759.

[1027] J. R. Roisin, Introduction à une approche catégorique en théorie des modèles, *Bull. Soc. Math. Belg.* (B) 29 (1977), 161–174; MR 57/16068.

[1028] J. R. Roisin, On functorializing usual first-order model theory, in *Applications of sheaves*, Lecture Notes in Math. vol. 753 (Springer–Verlag, 1979), 612–622; MR 81f:03051.

[1029] L. Roman, Ultradiophantine categories, *Z. Math. Logik Grundl. Math.* 34 (1988), 289–295; MR 90d:03139.

[1030] L. Roman, Cartesian categories with natural numbers object, *J. Pure Appl. Alg.* 58 (1989), 267–278; MR 91a:18012.

[1031] J. E. Roos, Sur la distributivité des foncteurs $\varprojlim$ par rapport aux $\varinjlim$ dans les catégories de faisceaux (topos), *C. R. Acad. Sci. Paris* 259 (1964), 969–972, 1605–1608 and 1801–1804; MR 30/4816 and 32/5714–5.

[1032] R. D. Rosebrugh, Coequalizers in algebras for an internal type, in *Indexed categories and their applications*, Lecture Notes in Math. vol. 661 (Springer–Verlag, 1978), 243–260; MR 80m:03114.

[1033] R. D. Rosebrugh, On algebras defined by operations and equations in a topos, *J. Pure Appl. Alg.* 17 (1980), 203–221; MR 81d:18011.

[1034] R. D. Rosebrugh, On defining objects by recursion in a topos, *J. Pure Appl. Alg.* 20 (1981), 325–335; MR 82e:18006.

[1035] R. D. Rosebrugh, On endomorphisms of internal presheaf topoi, *Commun. Alg.* 9 (1981), 1901–1912; MR 83c:18004.

[1036] R. D. Rosebrugh, Bounded functors, finite limits and an application to injective topoi, *Cahiers Top. Géom. Diff.* 24 (1983), 267–278; MR 85h:18003.

[1037] R. D. Rosebrugh and R. J. Wood, Cofibrations in the bicategory of topoi, *J. Pure Appl. Alg.* 32 (1984), 71–94; MR 85j:18008.

[1038] R. D. Rosebrugh and R. J. Wood, Cofibrations II: left exact right actions and composition of gamuts, *J. Pure Appl. Alg.* 39 (1986), 283–300; MR 87e:18011.

[1039] R. D. Rosebrugh and R. J. Wood, Proarrows and cofibrations, *J. Pure Appl. Alg.* 53 (1988), 271–296; MR 89i:18005.

[1040] R. D. Rosebrugh and R. J. Wood, Gamuts and cofibrations, *Cahiers Top. Géom. Diff. Catégoriques* 31 (1990), 197–211; MR 92c:18007.

[1041] R. D. Rosebrugh and R. J. Wood, Pullback preserving functors, *J. Pure Appl. Alg.* 73 (1991), 73–90; MR 92g:18004.

[1042] R. D. Rosebrugh and R. J. Wood, Constructive complete distributivity, II, *Math. Proc. Camb. Philos. Soc.* 110 (1991), 245–249; MR 92j:06012.

[1043] R. D. Rosebrugh and R. J. Wood, Constructive complete distributivity, III, *Canad. Math. Bull.* 35 (1992), 537–547; MR 93k:06020.

[1044] R. D. Rosebrugh and R. J. Wood, Constructive complete distributivity, IV, *Appl. Categ. Struct.* 2 (1994), 119–144; MR 95e:06030.

[1045] R. D. Rosebrugh and R. J. Wood, An adjoint characterization of the category of sets, *Proc. Amer. Math. Soc.* 122 (1994), 409–413; MR 95a:18003.

[1046] R. D. Rosebrugh and R. J. Wood, Distributive adjoint strings, *Theory Appl. Categ.* 1 (1995), 119–145; MR 96h:18004.

[1047] K. I. Rosenthal, Étendues and categories with monic maps, *J. Pure Appl. Alg.* 22 (1981), 193–212; MR 83a:18013.
[1048] K. I. Rosenthal, Local equivalence relations, *Top. Appl.* 13 (1982), 167–176; MR 83c:54074.
[1049] K. I. Rosenthal, Quotient systems in Grothendieck topoi, *Cahiers Top. Géom. Diff.* 23 (1982), 425–438; MR 84m:18007.
[1050] K. I. Rosenthal, Sheaves and local equivalence relations, *Cahiers Top. Géom. Diff.* 25 (1984), 179–206; MR 87c:54012.
[1051] K. I. Rosenthal, Covering étendues and Freyd's theorem, *Proc. Amer. Math. Soc.* 99 (1987), 221–222; MR 88a:18005.
[1052] K. I. Rosenthal, *Quantales and their applications*, Pitman Res. Notes Math. no. 234 (Longman, 1990); MR 92e:06028.
[1053] J. Rosický, Categories of models of infinitary Horn theories, *Arch. Math. (Brno)* 14 (1978), 219–226; MR 80h:18004.
[1054] J. Rosický, Concrete categories and infinitary languages, *J. Pure Appl. Alg.* 22 (1981), 309–339; MR 82m:18004.
[1055] J. Rosický, A note on exponentiation in regular locales, *Arch. Math. (Brno)* 22 (1986), 157–158; MR 87m:18008.
[1056] J. Rosický, A categorical characterization of sets among classes, *Arch. Math. (Brno)* 23 (1987), 117–120; MR 89a:03089.
[1057] J. Rosický, Elementary categories, *Arch. Math. (Basel)* 52 (1989), 284–288; MR 90i:03043.
[1058] J. Rosický, Models of Horn theories revisited, *J. Pure Appl. Alg.* 92 (1994), 185–190; MR 94m:03057.
[1059] J. Rosický, More on directed colimits of models, *Appl. Categ. Struct.* 2 (1994), 71–76; MR 95j:03072.
[1060] J. Rosický, Cartesian closed exact completions, *J. Pure Appl. Alg.* 142 (1999), 261–270; MR 00h:18010.
[1061] J. Rosický and B. Šmarda, $T_1$-locales, *Math. Proc. Camb. Philos. Soc.* 98 (1985), 81–86; MR 86h:54027.
[1062] J. Rosický and W. Tholen, Accessibility and the solution set condition, *J. Pure Appl. Alg.* 98 (1995), 189–208; MR 95m:18001.
[1063] J. Rosický, V. Trnková and J. Adámek, Unexpected properties of locally presentable categories, *Alg. Universalis* 27 (1990), 153–170; MR 91a:18001.
[1064] G. Rosolini, Semireticoli e cornici in un topos, *Riv. Mat. Univ. Parma* (4) 4 (1978), 369–384; MR 81i:03013.
[1065] G. Rosolini, Estensioni mediante cornici in un topos, *Riv. Mat. Univ. Parma* (4) 7 (1981), 225–232; MR 83m:03075.
[1066] G. Rosolini, Domains and dominical categories, *Riv. Mat. Univ. Parma* (4) 11 (1986), 387–397; MR 87m:18010.
[1067] G. Rosolini, About modest sets, *Internat. J. Found. Comp. Sci.* 1 (1990), 341–353; MR 92b:68047.
[1068] C. Rousseau, Topos theory and complex analysis, *J. Pure Appl. Alg.* 10 (1977), 299–313; MR 57/413.
[1069] C. Rousseau, Topos theory and complex analysis, in *Applications of sheaves*, Lecture Notes in Math. vol. 753 (Springer–Verlag, 1979), 623–659; MR 81d:32014.
[1070] C. Rousseau, Complex structures on topoi, in *Topos theoretic methods in geometry*, Aarhus Univ. Var. Publ. Ser. 30 (1979), 196–210; MR 81h:53001.
[1071] C. Rousseau, Nombres réels et complexes dans les topos spatiaux, *Ann. Sci. Math. Québec* 3 (1979), 143–154; MR 80c:18004.
[1072] C. Rousseau, Formes normales des matrices rectangulaires dans les topos et applications, *Ann. Sci. Math. Québec* 5 (1981), 81–85; MR 82k:18004.

[1073] C. Rousseau, Spectral decomposition theorem for real symmetric matrices in topoi and applications, *J. Pure Appl. Alg.* 38 (1985), 91–102; MR 87b:18005.

[1074] D. Rovella, Sul lemma di Nakayama in un topos elementare, *Ist. Lombardo Accad. Sci. Lett. Rend.* (A) 110 (1976), 420–429; MR 58/11072.

[1075] K. A. Rowe, Images in topoi, *Canad. Math. Bull.* 20 (1977), 471–478; MR 57/16375.

[1076] W. B. G. Ruitenburg, On the period of sequences $(A^n(p))$ in intuitionistic propositional calculus, *J. Symbolic Logic* 49 (1984), 892–899; MR 86b:03016.

[1077] I. B. Rumbos, The Lambek sheaf re-examined, *Commun. Alg.* 19 (1991), 2291–2301; corrigenda *ibid.* 20 (1992), 623; MR 92m:18018.

[1078] G. Sambin, Intuitionistic formal spaces – a first communication, in *Mathematical logic and its applications* (Plenum Press, 1987), 187–204; MR 89f:03056.

[1079] G. Sambin, Intuitionistic formal spaces and their neighbourhood, in *Logic Colloquium '88*, Studies in Logic and the Foundations of Math. vol. 127 (North–Holland, 1989), 261–285; MR 90i:03069.

[1080] G. Sambin, Pretopologies and completeness proofs, *J. Symbolic Logic* 60 (1995), 861–878; MR 96m:03015.

[1081] G. Sambin, Formal topology and domains, *Elect. Notes Theor. Comp. Sci.* 35 (2000), 14pp; MR 01k:54003.

[1082] H. Sato, *E*-ccc: between ccc and topoi, *Theoret. Comput. Sci.* 64 (1989), 55–66; MR 90e:68068.

[1083] A. Ščedrov, Consistency and independence results in intuitionistic set theory, in *Constructive mathematics*, Lecture Notes in Math. vol. 873 (Springer–Verlag, 1981), 54–86; MR 83a:03062.

[1084] A. Ščedrov, Independence of the Fan theorem in the presence of continuity principles, in *The L.E.J. Brouwer centenary symposium*, Studies in Logic and the Foundations of Math. vol. 110 (North–Holland, 1982), 435–442; MR 85b:03106.

[1085] A. Ščedrov, *Forcing and classifying topoi*, Memoirs Amer. Math. Soc. no. 295 (1984); MR 86d:03057.

[1086] A. Ščedrov, Differential equations in constructive analysis and in the recursive realizability topos, *J. Pure Appl. Alg.* 33 (1984), 69–80; MR 85h:03063.

[1087] A. Ščedrov, On some non-classical extensions of second-order intuitionistic propositional calculus, *Ann. Pure Appl. Logic* 27 (1984), 155–164; MR 86f:03022.

[1088] A. Scedrov, Diagonalization of continuous matrices as a representation of intuitionistic reals, *Ann. Pure Appl. Logic* 30 (1986), 201–206; MR 87k:03078.

[1089] A. Scedrov, Some aspects of categorical semantics: sheaves and glueing, in *Logic Colloquium '85*, Studies in Logic and the Foundations of Math. vol. 122 (North–Holland, 1987), 281–301; MR 88g:03088.

[1090] A. Scedrov, Kleene computable functions and the higher order existence property, *J. Pure Appl. Alg.* 52 (1988), 313–320; MR 89g:18008.

[1091] A. Ščedrov and P. J. Scott, A note on the Friedman slash and Freyd covers, in *The L.E.J. Brouwer centenary symposium*, Studies in Logic and the Foundations of Math. vol. 110 (North–Holland, 1982), 443–452; MR 85d:03118.

[1092] A. Scedrov and P. Scowcroft, Decompositions of finitely generated modules over $C(X)$: sheaf semantics and a decision procedure, *Math. Proc. Camb. Philos. Soc.* 103 (1988), 257–268; MR 89c:46095.

[1093] A. Schalk, Domains arising as algebras for powerspace constructions, *J. Pure Appl. Alg.* 89 (1993), 305–328; MR 95a:18004.

[1094] G. Schlitt, The Lindelöf Tychonoff Theorem and choice principles, *Math. Proc. Camb. Philos. Soc.* 110 (1991), 57–65; MR 92b:03056.

[1095] G. Schlitt, Sheaves of abelian groups and the quotients $A^{**}/A$, *J. Algebra* 158 (1993), 50–60; MR 94e:20072.

[1096] D. Schlomiuk, An elementary theory of the category of topological spaces, *Trans. Amer. Math. Soc.* 149 (1970), 259–278; MR 41/3559.

[1097] D. Schlomiuk, Topos di Grothendieck e topos di Lawvere e Tierney, *Rend. Mat.* (VI) 7 (1974), 513–553; MR 51/3252.

[1098] M. Schönfinkel, Über die Bausteine der mathematischen Logik, *Math. Annalen* 92 (1924), 305–316.

[1099] D. Schumacher, Absolutely free algebras in a topos containing an infinite object, *Canad. Math. Bull.* 19 (1976), 323–328; MR 55/12790.

[1100] D. Schumacher, Restricted internal choice in a topos, *Commun. Alg.* 12 (1984), 81–101; MR 85c:18004.

[1101] D. Schumacher and R. Street, Some parametrized categorical concepts, *Commun. Alg.* 16 (1988), 2313–2347; MR 89k:18001.

[1102] D. S. Scott, Continuous lattices, in *Toposes, algebraic geometry and logic*, Lecture Notes in Math. vol. 274 (Springer–Verlag, 1972), 97–136; MR 53/7879.

[1103] D. S. Scott, Identity and existence in intuitionistic logic, in *Applications of sheaves*, Lecture Notes in Math. vol. 753 (Springer–Verlag, 1979), 660–696; MR 81a:03060.

[1104] D. S. Scott, Relating theories of the λ-calculus, in *To H. B. Curry: Essays on combinatory logic, lambda-calculus and formalism* (Academic Press, 1980), 403–450; MR 82d:03025.

[1105] R. A. G. Seely, Weak adjointness in proof theory, in *Applications of sheaves*, Lecture Notes in Math. vol. 753 (Springer–Verlag, 1979), 697–701; MR 81b:03063.

[1106] R. A. G. Seely, Hyperdoctrines, natural deduction and the Beck condition, *Z. Math. Logik Grundl. Math.* 29 (1983), 505–542; MR 86c:03054.

[1107] R. A. G. Seely, Locally Cartesian closed categories and type theory, *Math. Proc. Camb. Philos. Soc.* 95 (1984), 33–48; MR 86b:18008.

[1108] V. M. Sergeev, On the topos structure on categories of topos-valued functors (Russian), *Cestnik Moskov. Univ.* I (1980), 38–42; MR 82a:18003.

[1109] W. Sierpiński, L'axiome de M. Zermelo et son rôle dans la théorie des ensembles et l'analyse, *Bull. Internat. Acad. Sci. Cracovie* A (1918), 97–152.

[1110] H. Simmons, A framework for topology, in *Logic Colloquium 1977*, Studies in Logic and the Foundations of Math. vol. 96 (North-Holland, 1978), 239–251; MR 80b:06008.

[1111] H. Simmons, An algebraic version of Cantor–Bendixson analysis, in *Categorical aspects of topology and analysis*, Lecture Notes in Math. vol. 915 (Springer–Verlag, 1982), 310–323; MR 83i:06022.

[1112] H. Simmons, The glueing construction and lax limits, *Math. Struct. Comput. Sci.* 4 (1994), 393–431; MR 96d:18002.

[1113] A. K. Simpson, Computational adequacy in an elementary topos, in *Computer science logic*, Lecture Notes in Computer Science vol. 1584 (Springer–Verlag, 1999), 323–342; MR 00g:68093.

[1114] J. D.H. Smith, *Mal'cev varieties*, Lecture Notes in Math. vol. 554 (Springer–Verlag, 1976); MR 55/5499.

[1115] I. Sols, Bon ordre dans l'objet des nombres naturels d'un topos booléen, *C. R. Acad. Sci. Paris* 281 (1975), A601–603; MR 52/96.

[1116] I. Sols, Programming in topoi, *Cahiers Top. Géom. Diff.* 16 (1976), 312–319.

[1117] I. Sols, Logic, foundations, geometry and automata in the area of toposes (Spanish), in *Coloquio sobre Logica Simbolica, Madrid 1975* (Universidad Complutense, 1976), 159–176; MR 56/15419.

[1118] A. C. Ştefănescu, The category of abelian groups in a topos, *Bull. Soc. Sci. Math. Roum.* 25 (73) (1981), 179–189; MR 83c:18005.

[1119] A. C. Ştefănescu, Structura obiectului de numere integri şi de numere raţionale intr-un topos Peano, *Studii Cerc. Mat.* 34 (1982), 568–579; MR 85a:18006a.

[1120] A. C. Ştefănescu, Grupul aditiv al numerelor reale Cauchy intr-un topos Peano, *Studii Cerc. Mat.* 35 (1983), 220–232; MR 85a:18006b.

[1121] T. C. Stevens, Connectedness of complete metric groups, *Colloq. Math.* 50 (1986), 233–240; MR 88h:54046.

[1122] L. N. Stout, Topological space objects in a topos II: $\mathcal{E}$-completeness and $\mathcal{E}$-cocompleteness, *Manuscripta Math.* 17 (1975), 1–14; MR 54/2751.

[1123] L. N. Stout, Topological properties of the real numbers object in a topos, *Cahiers Top. Géom. Diff.* 17 (1976), 295–326; MR 54/10015.

[1124] L. N. Stout, Quels sont les espaces topologiques dans les topos?, *Ann. Sci. Math. Québec* 2 (1978), 123–141; MR 80d:18007.

[1125] L. N. Stout, Laminations, or how to build a quantum-logic-valued model of set theory, *Manuscripta Math.* 28 (1979), 379–403; MR 81i:03099.

[1126] L. N. Stout, Topoi and categories of fuzzy sets, *Fuzzy Sets Syst.* 12 (1984), 169–184; MR 85i:18008.

[1127] L. N. Stout, Dedekind finiteness in topoi, *J. Pure Appl. Alg.* 49 (1987), 219–225; MR 88m:18009.

[1128] L. N. Stout, A survey of fuzzy set theory and topos theory, *Fuzzy Sets Syst.* 42 (1991), 3–14; MR 92h:03087.

[1129] R. Street, Elementary cosmoi I, in *Proc. Sydney Category Seminar 1973*, Lecture Notes in Math. vol. 420 (Springer–Verlag, 1974), 134–180; MR 50/7290.

[1130] R. Street, Limits indexed by category-valued 2-functors, *J. Pure Appl. Alg.* 8 (1976), 350–379; MR 53/5695.

[1131] R. Street, Cosmoi of internal categories, *Trans. Amer. Math. Soc.* 258 (1980), 271–318; MR 82a:18007.

[1132] R. Street, Fibrations in bicategories, *Cahiers Top. Géom. Diff.* 21 (1980), 111–160; MR 81f:18028.

[1133] R. Street, Conspectus of variable categories, *J. Pure Appl. Alg.* 21 (1981), 307–338; MR 85i:18006.

[1134] R. Street, Notions of topos, *Bull. Austral. Math. Soc.* 23 (1981), 199–208; MR 83a:18014.

[1135] R. Street, Two-dimensional sheaf theory, *J. Pure Appl. Alg.* 23 (1982), 251–270; MR 83d:18014.

[1136] R. Street, Characterization of bicategories of stacks, in *Category theory*, Lecture Notes in Math. vol. 962 (Springer–Verlag, 1982), 282–291; MR 84d:18006.

[1137] R. Street, The family approach to total cocompleteness and toposes, *Trans. Amer. Math. Soc.* 284 (1984), 355–369; MR 85f:18003.

[1138] R. Street, The petit topos of globular sets, *J. Pure Appl. Alg.* 154 (2000), 299–315; MR 01f:18008.

[1139] R. Street and R. F. C. Walters, The comprehensive factorization of a functor, *Bull. Amer. Math. Soc.* 79 (1973), 936–941; MR 49/10753.

[1140] R. Street and R. F. C. Walters, Yoneda structures on 2-categories, *J. Algebra* 50 (1978), 350–379; MR 57/3214.

[1141] J. R. Strooker, *Introduction to categories, homological algebra and sheaf cohomology* (Cambridge Univ. Press, 1978); MR 58/16815.

[1142] S.-H. Sun, A localic approach to minimal prime spectra, *Math. Proc. Camb. Philos. Soc.* 103 (1988), 47–53; MR 88j:06035.

[1143] M. E. Szabo, *Algebra of proofs*, Studies in Logic and the Foundations of Math. vol. 88 (North–Holland, 1978); MR 80b:03097.

[1144] M. E. Szabo, Categorical De Morgan laws, *Alg. Universalis* 12 (1981), 93–102; MR 83c:03057.

[1145] M. E. Szabo, The continuous realizability of entailment, *Z. Math. Logik Grundl. Math.* 29 (1983), 219–233; MR 85e:03050.

[1146] M. E. Szabo, Variable truth, *Z. Math. Logik Grundl. Math.* 30 (1984), 401–414; MR 86e:03030.

[1147] C. Szasz, Das Objekt 'ganze Zahlen' in einem elementaren Topos, *An. Ştiinţ. Univ. din Iaşi Secţ. IA Mat. (N.S.)* 31 (1985), 88–89; MR 88a:18006.

[1148] G. Szeto, The sheaf representation of near-rings and its applications, *Commun. Alg.* 5 (1977), 773–782; MR 55/10534.

[1149] G. Szeto, On the sheaf representation of a biregular near-ring, *Canad. Math. Bull.* 20 (1977), 495–500; MR 57/9762.

[1150] G. Takeuti, Boolean valued analysis, in *Applications of sheaves*, Lecture Notes in Math. vol. 753 (Springer–Verlag, 1979), 714–731; MR 81c:03045.

[1151] J. Tavakoli, Elements of free modules in topoi, *Commun. Alg.* 10 (1982), 171–201; MR 84a:18006.

[1152] J. Tavakoli, Normal forms of matrices in topoi, *Cahiers Top. Géom. Diff.* 23 (1982), 317–340; MR 84c:18009.

[1153] J. Tavakoli, A characterization of geometric fields in a topos, *Commun. Alg.* 13 (1984), 101–111; MR 86b:18005.

[1154] J. Tavakoli, Tensor products of modules in a topos, *Bull. Iran. Math. Soc.* 11 (1984), 23–32; MR 86i:18004.

[1155] J. Tavakoli, On products of matrices in a topos, *J. Austral. Math. Soc.* A 38 (1985), 416–420; MR 86e:18005.

[1156] J. Tavakoli, On topologies in a topos, *Bull. Austral. Math. Soc.* 41 (1990), 387–392; MR 91g:18003.

[1157] J. Tavakoli, A note on the sheaf functor, *Bull. Iran. Math. Soc.* 18 (1992), 1–7; MR 93d:18005.

[1158] J. Tavakoli, Locally free vector spaces in a topos, *Commun. Alg.* 24 (1996), 1199–1205; MR 96m:18010.

[1159] P. Taylor, The fixed point property in synthetic domain theory, in *Proc. Sixth IEEE Symp. on Logic in Computer Science* (IEEE Computer Soc. Press, 1991), 152–160.

[1160] P. Taylor, Intuitionistic sets and ordinals, *J. Symbolic Logic* 61 (1996), 705–744; MR 97j:03102.

[1161] P. Taylor, *Practical foundations of mathematics*, Cambridge Studies in Advanced Math. no. 59 (Cambridge Univ. Press, 1999); MR 00h:03002.

[1162] P. Taylor, Geometric and higher order logic in terms of abstract Stone duality, *Theory Appl. Categ.* 7 (2000), 284–338; MR 02b:03137.

[1163] B. R. Tennison, *Sheaf theory*, L.M.S. Lecture Notes Series no. 20 (Cambridge Univ. Press, 1975); MR 53/8192.

[1164] M.-F. Thibault, Pre-recursive categories, *J. Pure Appl. Alg.* 24 (1982), 79–93; MR 83f:03040.

[1165] R. W. Thomason, The finite stable homotopy type of some topoi, *J. Pure Appl. Alg.* 47 (1987), 89–104; MR 88k:14010.

[1166] M. Tierney, Sheaf theory and the continuum hypothesis, in *Toposes, algebraic geometry and logic*, Lecture Notes in Math. vol. 274 (Springer–Verlag, 1972), 13–42; MR 51/10088.

[1167] M. Tierney, Axiomatic sheaf theory: some constructions and applications, in *Proc. C.I.M.E. Summer School on Categories and Commutative Algebra, Varenna 1971* (Edizioni Cremonese, 1973), 249–326; MR 50/7277.

[1168] M. Tierney, On the spectrum of a ringed topos, in *Algebra, topology and category theory: a collection of papers in honor of Samuel Eilenberg* (Academic Press, 1976), 189–210; MR 53/13356.

[1169] M. Tierney, Forcing topologies and classifying topoi, in *Algebra, topology and category theory: a collection of papers in honor of Samuel Eilenberg*, Academic Press (1976), 211–219; MR 53/13357.

[1170] I. Tofan, Sur les catégories internes, *An. Ştiinţ. Univ. din Iaşi Secţ. IA Mat. (N.S.)* 26 (1980), 267–269; MR 82e:18007.

[1171] I. Tofan, Triples in elementary topoi (Romanian), *Bul. Inst. Politehn. Iaşi Sect. 1* (1985), 209–211; MR 87d:18005.

[1172] H. Toth, Categorical properties of $f$-set theory, *Fuzzy Sets Syst.* 33 (1989), 99–109; MR 90m:03096.

[1173] C. F. Townsend, Localic Priestley duality, *J. Pure Appl. Alg.* 116 (1997), 323–335; MR 98c:06012.

[1174] M. S. Tsalenko, The structure of correspondence categories, *Soviet Math. Dokl.* 18 (1977), 1498–1502.

[1175] H. Tsukada, Category theory not based upon set theory, *Sci. Papers Coll. Gen. Ed. Univ. Tokyo* 31 (1981), 1–24; MR 83d:18001.

[1176] M. Turgi, A sheaf-theoretic interpretation of the Kuroš theorem, in *Abelian group theory*, Lecture Notes in Math. vol. 616 (Springer–Verlag, 1977), 173–196; MR 57/308.

[1177] T. Uesu, Intuitionistic theories and toposes, in *Logic Symposia, Hakone 1979, 1980*, Lecture Notes in Math. vol. 891 (Springer–Verlag, 1981), 323–358; MR 84f:03057.

[1178] K.-H. Ulbrich, On the correspondence between gerbes and bouquets, *Math. Proc. Camb. Philos. Soc.* 108 (1990), 1–5; MR 91j:18010.

[1179] K.-H. Ulbrich, On cocycle bitorsors and gerbes over a Grothedieck topos, *Math. Proc. Camb. Philos. Soc.* 110 (1991), 49–55; MR 92g:18006.

[1180] F. Ulmer, Locally $\alpha$-presentable and locally $\alpha$-generated categories, in *Reports of the Midwest category seminar V*, Lecture Notes in Math. vol. 195 (Springer–Verlag, 1971), 230–247; MR 45/1990.

[1181] F. Ulmer, On the existence and exactness of the associated sheaf functor, *J. Pure Appl. Alg.* 3 (1973), 295–306; MR 51/10431.

[1182] V. Vajner, The category of complete Boolean algebras is not an intersection of reflective subcategories of the category of frames, *Appl. Categ. Struct.* 1 (1993), 191–195; MR 94k:18001.

[1183] S. Valentini, Points and co-points in formal topology, *Boll. Un. Mat. Ital.* (VII) 7–A (1993), 7–19; MR 93k:54025.

[1184] S. Valentini, A completeness theorem for formal topologies, in *Logic and Algebra*, Lecture Notes Pure Appl. Math. vol. 180 (Marcel Dekker, 1996), 689–702; MR 97g:06009.

[1185] P. Vámos, Sheaf-theoretical methods in the solution of Kaplansky's problem, in *Applications of sheaves*, Lecture Notes in Math. vol. 753 (Springer–Verlag, 1979), 732–738; MR 81h:13008.

[1186] G. Van Den Bossche, Algèbres de Heyting complètes étalées et faisceaux, *Ann. Soc. Sci. Bruxelles* 91 (1977), 107–116; MR 58/5854.

[1187] G. Van De Wauw–De Kinder, Arithmétique de premier ordre dans les topos, *C. R. Acad. Sci. Paris* 280 (1975), A1579–1582; MR 52/8217.

[1188] D. H. Van Osdol, Sheaves in regular categories, in *Exact categories and categories of sheaves*, Lecture Notes in Math. vol. 236 (Springer–Verlag, 1971), 233–239.

[1189] D. H. Van Osdol, Coalgebras, sheaves and cohomology, *Proc. Amer. Math. Soc.* 33 (1972), 257–263; MR 45/3517.

[1190] D. H. Van Osdol, Homological algebra in topoi, *Proc. Amer. Math. Soc.* 50 (1975), 52–54; MR 51/5714.

[1191] D. H. Van Osdol, Simplicial homotopy in an exact category, *Amer. J. Math.* 99 (1977), 1193–1204; MR 57/17649.

[1192] D. H. Van Osdol, A Borel topos, *Cahiers Top. Géom. Diff.* 22 (1981), 123–128; MR 84h:18013.

[1193] V. L. Vasyukov, Quantum logic in topoi (Russian), in *Investigations in nonclassical logics* (Russian), Nauka (1989), 333–348; MR 91k:03148.

[1194] V. L. Vasyukov, Implicative logics in categories, *Bull. Sect. Logic Univ. Łódź* 26 (1997), 188–192.

[1195] B. Veit Riccioli, Il forcing come principio logico per la costruzione dei fasci, I, *Rend. Mat.* (VI) 11 (1978), 329–353; MR 80b:03109a.

[1196] B. Veit Riccioli, Il forcing come principio logico per la costruzione dei fasci, II, *Rend. Mat.* (VI) 11 (1978), 601–625; MR 80b:03109b.

[1197] B. Veit, A proof of the associated sheaf theorem by means of categorical logic, *J. Symbolic Logic* 46 (1981), 45–55; MR 82d:03103.

[1198] B. Veit, Convergence in some ringed toposes, *Cahiers Top. Géom. Diff. Catégoriques* 31 (1990), 245–274; MR 92b:18004.

[1199] B. Veit, Sheaves, localizations and unstable extensions: some counterexamples, *J. Algebra* 140 (1991), 370–391; MR 92i:18005.

[1200] J. J. C. Vermeulen, Some constructive results related to compactness and the strong Hausdorff property for locales, in *Category Theory*, Lecture Notes in Math. vol. 1488 (Springer–Verlag, 1991), 401–409; MR 93g:54033.

[1201] J. J. C. Vermeulen, A note on iterative arguments in a topos, *Math. Proc. Camb. Philos. Soc.* 110 (1991), 57–62; MR 92h:18003.

[1202] J. J. C. Vermeulen, Weak compactness in constructive spaces, *Math. Proc. Camb. Philos. Soc.* 111 (1992), 63–74; MR 92i:54028.

[1203] J. J. C. Vermeulen, Proper maps of locales, *J. Pure Appl. Alg.* 92 (1994), 79–107; MR 95d:54009.

[1204] J. J. C. Vermeulen, A note on stably closed maps of locales, *J. Pure Appl. Alg.* 157 (2001), 335–339; MR 01m:06019.

[1205] S. J. Vickers, *Topology via logic*, Cambridge Tracts in Theoret. Comp. Sci. no. 5 (Cambridge Univ. Press, 1989); MR 90j:03110.

[1206] S. J. Vickers, Geometric theories and databases, in *Applications of categories in computer science*, L.M.S. Lecture Notes Series no. 177 (1992), 288–314; MR 93j:68139.

[1207] S. J. Vickers, Information systems for continuous posets, *Theoret. Comput. Sci.* 114 (1993), 201–229; MR 95c:68148.

[1208] S. J. Vickers, Toposes pour les vraiment nuls, in *Advances in theory and formal methods of computing* (Imperial College Press, 1996), 1–12.

[1209] S. J. Vickers, Constructive points of powerlocales, *Math. Proc. Camb. Philos. Soc.* 122 (1997), 207–222; MR 98h:18003.

[1210] S. J. Vickers, Topical categories of domains, *Math. Struct. Comput. Sci.* 9 (1999), 569–616; MR 00h:18007.

[1211] E. M. Vitale, Characterization of monadic categories over **Set**, *Cahiers Top. Géom. Diff. Catégoriques* 35 (1994), 351–358; MR 95m:18003.

[1212] E. M. Vitale, Localizations of algebraic categories, *J. Pure Appl. Alg.* 108 (1996), 315–320; MR 96m:18013.

[1213] E. M. Vitale, Localizations of algebraic categories, II, *J. Pure Appl. Alg.* 133 (1998), 317–326; MR 99h:18007.

[1214] E. M. Vitale, Essential localizations and infinitary exact completion, *Theory Appl. Categ.* 8 (2001), 465–480; MR 02f:18005.

[1215] H. Volger, Completeness theorem for logical categories, in *Model theory and topoi*, Lecture Notes in Math. vol. 445 (Springer–Verlag, 1975), 51–86; MR 51/12983.

[1216] H. Volger, Logical categories, semantical categories and topoi, in *Model theory and topoi*, Lecture Notes in Math. vol. 445 (Springer–Verlag, 1975), 87–100; MR 51/12984.

[1217] H. Volger, Ultrafilters, ultrapowers and finiteness in a topos, *J. Pure Appl. Alg.* 6 (1975), 345–356; MR 52/84.

[1218] H. Volger, Preservation theorems for limits of structures and global sections of sheaves of structures, *Math. Z.* 166 (1979), 27–54; MR 80d:03029; MR 80d:03029.

[1219] H. Volger, Sheaf representations of algebras and transfer theorems for model-theoretic properties, in *Algebraische Modelle. Kategorien und Gruppoide*, Studien zur Algebra und ihre Anwendungen, Band 7, Akademie–Verlag (1979), 155–163; MR 81m:03050.

[1220] R. F. C. Walters, Sheaves and Cauchy-complete categories, *Cahiers Top. Géom. Diff.* 22 (1981), 283–286; MR 83f:18011.

[1221] R. F. C. Walters, Sheaves on sites as Cauchy-complete categories, *J. Pure Appl. Alg.* 24 (1982), 95–102; MR 83e:18006.

[1222] R. F. C. Walters, *Categories and computer science* (Cambridge Univ. Press, 1993); MR 94i:68001.

[1223] H. Watanabe, A criterion for the existence of subobject classifiers, *Hokkaido Math. J.* 28 (1999), 117–132; MR 99m:18003.

[1224] H. Watanabe, The subobject classifier of the category of functional bisimulations, *Hokkaido Math. J.* 28 (1999), 301–314; MR 00f:18002.

[1225] M. Weinless, The samhita of sets: Maharishi's Vedic science and the foundations of mathematics, *Modern Science and Vedic Science* 1 (1987), 141–204; MR 88i:03016.

[1226] C. Wells, A generalization of the concept of sketch, *Theoret. Comput. Sci.* 70 (1990), 159–178; MR 91d:68082.

[1227] D. Wigner, Two notes on frames, *J. Austral. Math. Soc.* A 28 (1979), 257–268; MR 81d:06016.

[1228] R. Wilkinson, Semigroups in a topos and structure theory of inverse semigroups, *Bull. Austral. Math. Soc.* 26 (1982), 471–472.

[1229] J. T. Wilson, *The assembly tower and some categorical and algebraic aspects of frame theory*, Ph.D. thesis, Carnegie–Mellon Univ. (1994).

[1230] R. J. Wood, $\mathcal{V}$-indexed categories, in *Indexed categories and their applications*, Lecture Notes in Math. vol. 661 (Springer–Verlag, 1978), 126–140; MR 80j:18012.

[1231] R. J. Wood, From tensor products to products, *Commun. Alg.* 8 (1980), 663–669; MR 81i:18008.

[1232] R. J. Wood, Some remarks on total categories, *J. Algebra* 75 (1982), 538–545; MR 83f:18007.

[1233] R. J. Wood, Abstract proarrows I, *Cahiers Top. Géom. Diff.* 23 (1982), 279–290.

[1234] R. J. Wood, Proarrows II, *Cahiers Top. Géom. Diff. Catégoriques* 26 (1985), 135–168; MR 86i:18010.

[1235] G. C. Wraith, Artin glueing, *J. Pure Appl. Alg.* 4 (1974), 345–358; MR 49/9040.

[1236] G. C. Wraith, Lectures on elementary topoi, in *Model theory and topoi*, Lecture Notes in Math. vol. 445 (Springer–Verlag, 1975), 114–206; MR 52/13989.

[1237] G. C. Wraith, Logic from topology: a survey of topoi, *Bull. Inst. Math. Appl.* 12 (1976), 115–119; MR 58/27176.

[1238] G. C. Wraith, Locally equivalent toposes, *Univ. Nat. Zaire Ann. Fac. Sci. Sect. Math.-Phys.* 4 (1978), 155–170; MR 81h:18007.

[1239] G. C. Wraith, Generic Galois theory of local rings, in *Applications of sheaves*, Lecture Notes in Math. vol. 753 (Springer–Verlag, 1979), 739–767; MR 81c:13004.

[1240] G. C. Wraith, Complexification of local fields, in *Topos theoretic methods in geometry*, Aarhus Univ. Var. Publ. Ser. 30 (1979), 211–217; MR 81f:18022.

[1241] G. C. Wraith, Intuitionistic algebra: some recent developments in topos theory, in *Proc. Internat. Cong. Math., Helsinki 1978*, Acad. Sci. Fenn. (1980), vol. I, 331–337; MR 81f:18021.

[1242] G. C. Wraith, Galois theory in a topos, *J. Pure Appl. Alg.* 19 (1980), 401–410; MR 83g:18012.

[1243] G. C. Wraith, Localic groups, *Cahiers Top. Géom. Diff.* 22 (1981), 61–66; MR 82e:18008.

[1244] G. C. Wraith, Toposes and simplicial sets: the cohomological connection, in *Category theoretic methods in geometry*, Aarhus Univ. Var. Publ. Ser. 35 (1983), 281–290; MR 85h:18004.

[1245] G. C. Wraith, Unsurprising results on localic groups, *J. Pure Appl. Alg.* 67 (1990), 95–100; MR 91j:22001.

[1246] G. C. Wraith, Using the generic interval, *Cahiers Top. Géom. Diff. Catégoriques* 34 (1993), 259–266; MR 94j:06018.

[1247] O. Wyler, Are there topoi in topology?, in *Categorical topology*, Lecture Notes in Math. vol. 540 (Springer–Verlag, 1976), 699–719; MR 56/16549.

[1248] O. Wyler, *Lecture notes on topoi and quasitopoi* (World Scientific, 1991); MR 92c:18004.

[1249] O. Wyler, Fuzzy logic and categories of fuzzy sets, in *Non-classical logics and their applications to fuzzy subsets*, Theory Decis. Lib. Ser. B no. 32 (Kluwer, 1995), 235–268; MR 96g:03053.

[1250] A. V. Yakovlev, Galois theory for sheaves of sets (Russian), *Trudy Mat. Inst. Steklov.* 148 (1978), 253–268; MR 81c:12037.

[1251] D. Yetter, Categories of modules in synthetic differential geometry, *Cahiers Top. Géom. Diff. Catégoriques* 28 (1987), 161–170; MR 89d:58007.

[1252] D. Yetter, On right adjoints to exponential functors, *J. Pure Appl. Alg.* 45 (1987), 287–304; MR 88f:18002; corrigenda *ibid.* 58 (1989), 103–105; MR 90c:18001.

[1253] D. Yetter, Models for synthetic supergeometry, *Cahiers Top. Géom. Diff. Catégoriques* 29 (1988), 87–108; MR 89h:58017.

[1254] X.-H. Yuan, Comparisons between category Fuz and category Set, *J. Fuzzy Math.* 5 (1997), 907–914; MR 98h:04013.

[1255] X.-H. Yuan and E. S. Lee, Category Fuz, wtopos, and category FuzFuz, *J. Math. Anal. Appl.* 201 (1996), 489–501; MR 97b:18002.

[1256] D. Zangurashvili, Some categorical-algebraic properties of quasivarieties of algebras in a Grothendieck topos (Georgian), *Soobshch. Akad. Nauk Gruz. SSR* 139 (1990), 25–28; MR 92g:18009.

[1257] A. Zarelua, Sheaf theory and zero-dimensional mappings, in *Applications of sheaves*, Lecture Notes in Math. vol. 753 (Springer–Verlag, 1979), 768–779; MR 81h:55003.

[1258] M. W. Zawadowski, The Skolem–Löwenheim theorem in toposes, *Studia Logica* 42 (1983), 461–475; MR 86b:03085.

[1259] M. W. Zawadowski, The Skolem–Löwenheim theorem in toposes, II, *Studia Logica* 44 (1985), 25–38; MR 87i:03137.

[1260] M. W. Zawadowski, Descent and duality, *Ann. Pure Appl. Logic* 71 (1995), 131–188; MR 96i:03065.

[1261] M. W. Zawadowski, Lax descent theorems for left exact categories, *Dissertationes Math.* (*Rozprawy Mat.*) 346 (1995); MR 96k:03148.

[1262] V. Zöberlein, Doctrines on 2-categories, *Math. Zeitschrift* 148 (1976), 267–279; MR 54/12854.

# INDEX OF NOTATION

## ($a$) Notation for categories



*Sections A and B are in Vol. 1; Sections C and D are in Vol. 2*

| | | |
|---|---|---|
| $\mathbb{T}$-**Mod**$(\mathcal{C})$ | Category of $\mathbb{T}$-models in $\mathcal{C}$ | D1.2.12, D2.1.1(*c*), D4.3.13 |
| $\mathbb{T}$-**Mod**$(\mathcal{C})_e$ | Ditto, with elementary morphisms | D1.2.12 |
| **Tors**$(\mathbb{C}, \mathcal{E})$ | Category of $\mathbb{C}$-torsors in $\mathcal{E}$ | B3.2.3 |
| **Unif**$(G)$ | Category of uniformly continuous $G$-sets | A2.1.7 |

## (*b*) Notation for 2-categories

| Notation | Meaning | Introduced |
|---|---|---|
| $\mathfrak{BooLog}$ | Boolean toposes and logical functors | D4.3.14(*e*) |
| $\mathfrak{BooTop}$ | Boolean toposes and geometric morphisms | D4.6.12 |
| $\mathfrak{BTop}$ | Toposes and bounded geometric morphisms | B3.1.11 |
| $\mathfrak{Cart}$ | Small cartesian categories and functors | A4.1.10 |
| $\mathfrak{CART}$ | (Possibly) large cartesian categories | B1.2.2(*d*) |
| $\mathfrak{Cat}$ | Small categories and functors | A4.1.4 |
| $\mathfrak{CAT}$ | (Possibly) large categories and functors | B1.1.1 |
| $\mathfrak{Cat}_{\mathcal{S}}$ | Locally internal categories over $\mathcal{S}$ | B2.2.1 |
| $\mathfrak{Cat}(\mathcal{S})$ | Internal categories in $\mathcal{S}$ | B2.3.1 |
| $\mathfrak{CAT}_{\mathcal{S}}$ | $\mathcal{S}$-indexed categories | B1.2.1 |
| $\mathfrak{Cau}_f$ | Finite Cauchy-complete categories | C2.2.23 |
| $\mathfrak{cFib}_{\mathcal{S}}$ | Cloven fibrations over $\mathcal{S}$ | B1.3.6 |
| $\mathfrak{Cocomp}_{\mathcal{S}}$ | Cocomplete locally small $\mathcal{S}$-indexed categories | B4.5.1 |
| $\mathfrak{Coh}$ | (Small) coherent categories and coherent functors | D3.5.5 |
| $\mathfrak{Comp}_{\mathcal{S}}$ | Complete locally small $\mathcal{S}$-indexed categories | B4.5.3 |
| $\mathfrak{DMTop}_{sk}$ | De Morgan toposes and skeletal maps | D4.6.12 |
| $\mathfrak{DTop}/\mathcal{S}$ | Diagram toposes over $\mathcal{S}$ | B3.2.8(*c*) |
| $\mathfrak{Fib}_{\mathcal{S}}$ | Fibrations over $\mathcal{S}$ | B1.3.6 |
| $\mathfrak{FILT}_{\mathcal{S}}$ | $\mathcal{S}$-indexed categories with filtered colimits | C4.3.3 |
| $\mathfrak{GFrm}_{\mathcal{S}}$ | Giraud frames over $\mathcal{S}$ | B4.5.1 |
| $\mathfrak{LocPres}_{\mathcal{S}}$ | Locally presentable $\mathcal{S}$-indexed categories | B4.5.2 |
| $\mathfrak{LocTop}/\mathcal{S}$ | Local toposes over $\mathcal{S}$ | C3.6.14 |
| $\mathfrak{Log}$ | Toposes and logical functors | D4.3.13 |
| $\mathfrak{Log}_N$ | Ditto, with natural number objects | D4.3.19(*d*) |
| $\mathfrak{LTop}$ | Toposes and localic morphisms | A4.6.12 |
| $\mathfrak{PreTop}$ | (Small) pretoposes and coherent functors | D2.2.5 |
| $\mathfrak{Prof}_{\mathcal{S}}$ | Internal profunctors in $\mathcal{S}$ | B2.7.1 |
| $\mathfrak{pTop}/\mathcal{S}$ | Pointed bounded $\mathcal{S}$-toposes | C3.6.13 |
| $\mathfrak{PTop}/\mathcal{S}$ | Ditto (lax version) | C3.6.14 |
| $\mathfrak{Reg}$ | (Small) regular categories and regular functors | D2.2.3 |
| $\mathfrak{rTors}_{\mathcal{S}}$ | Profunctors which are right torsors | B3.2.8(*c*) |
| $\mathfrak{sFib}_{\mathcal{S}}$ | Split fibrations over $\mathcal{S}$ | B1.3.6 |
| $\mathfrak{Span}(\mathcal{C})$ | Bicategory of spans in $\mathcal{C}$ | A3.3.8 |

## (*c*) Miscellaneous notation

# GENERAL INDEX



*Sections A and B are in Vol. 1; Sections C and D are in Vol. 2*